ŒUVRES COMPLÈTES

Volume I

ÉCRITS PHILOSOPHIQUES ET POLITIQUES

(1926-1939)

BIBLIOTHÈQUE DES TEXTES PHILOSOPHIQUES
Fondateur : Henri GOUHIER Directeur : Jean-François COURTINE

Georges CANGUILHEM

ŒUVRES COMPLÈTES

Volume I
ÉCRITS PHILOSOPHIQUES ET POLITIQUES
(1926-1939)

Textes présentés et annotés par
Jean-François BRAUNSTEIN, Michele CAMMELLI et Xavier ROTH

sous la direction de
Jean-François BRAUNSTEIN et Yves SCHWARTZ

Préface de
Jacques BOUVERESSE

Ouvrage publié avec le concours du Centre national du Livre,
du Centre d'Épistémologie et d'Ergologie comparatives (CNRS - UMR 6059),
Aix-Marseille Université et de l'Université Paris 1 Panthéon - Sorbonne,
EA 3562 Philosophies Contemporaines, équipe EXeCO

PARIS
LIBRAIRIE PHILOSOPHIQUE J. VRIN
6, Place de la Sorbonne, V[e]
2011

Les textes de Raymond Aron qui figurent dans ce volume sont reproduits avec l'aimable autorisation de Madame Dominique Schnapper.

Les lettres de Georges Canguilhem à Jean-Richard Bloch (publiées à l'origine sous le titre « L'intellectuel dans l'action : lettres de Georges Canguilhem à Jean-Richard Bloch (1927-1946) », présentation par Michel Trebitsch, *Vingtième Siècle. Revue d'histoire*, 50, avril-juin 1996, p.111-121, Les Presses de Sciences Po.) sont reproduites avec l'aimable autorisation des éditeurs de la revue *Vingtième Siècle*.

L'éditeur s'est employé à identifier tous les détenteurs de droits. Il s'efforcera de rectifier, dès que possible, toute omission qu'il aurait involontairement commise.

Imprimé en France
ISSN 0249-7972
ISBN 978-2-7116-2360-0

www.vrin.fr

PRÉFACE AUX *ŒUVRES COMPLÈTES* DE GEORGES CANGUILHEM

JACQUES BOUVERESSE

CANGUILHEM ÉDUCATEUR

Raymond Aron, dans ses *Mémoires*, dit de Georges Canguilhem, dont il a été depuis le début et est resté jusqu'au bout l'ami et qu'il a retrouvé une deuxième fois, en 1955, à la Sorbonne, après l'avoir fait une première fois, en 1939, à Toulouse: « Parfois il terrifiait les étudiants, mais il fut toujours respecté par eux. Docteur en médecine, historien de la pensée médicale et biologique, il a travaillé, enseigné, écrit (tous ses cours étaient rédigés) beaucoup plus que ses publications ne le suggèrent. Aussi bien les vrais lecteurs ne se laissent pas abuser par sa modestie : ils le placent à son rang, au niveau qu'il mérite »[1]. Dans l'épilogue du livre, qui a été publié en 1983, quelques semaines seulement avant sa mort, Aron fait également mention de Canguilhem, dont il constate qu'il a fait preuve, pour sa part, de plus de sagesse que lui et s'est donné les moyens de jouir d'une tranquillité bien méritée : « Un des rares de ma génération qui survit avec moi, Georges Canguilhem, mérite la paix dont il jouit; son retrait, sa modestie, la qualité rare de ses livres réservés au petit nombre, le mettent en dehors de la bataille pour le prestige ou l'autorité parisienne »[2].

Il est tout à fait exact que Canguilhem n'a eu aucun besoin de participer de quelque façon que ce soit à la bataille pour le prestige et l'autorité, à l'écart de laquelle il s'est toujours tenu complètement, pour bénéficier, même dans les milieux intellectuels les plus parisiens, d'un prestige et d'une autorité à peu près inégalés et qui n'ont jamais

1. R. Aron, *Mémoires*, édition intégrale inédite, préface de N. Baverez, avant-propos de T. Todorov, Paris, Robert Laffont, 2010, p. 74.
2. *Ibid.*, p. 975.

été contestés. Le lecteur de ce premier volume de ses œuvres complètes pourra constater également qu'Aron est encore nettement en-dessous de la vérité quand il souligne qu'il a écrit beaucoup plus que ses publications ne le suggèrent. Canguilhem n'a pas seulement écrit beaucoup plus qu'il n'a publié et ne souhaitait voir publier de ce qu'il a écrit, il a également publié, en fin de compte, considérablement plus et sur des sujets bien plus divers qu'on ne le suppose généralement et que ne le suggèrent les cinq ou six livres qui sont censés la plupart du temps constituer l'essentiel de sa bibliographie.

Aron dit de sa modestie qu'elle n'a pas abusé les vrais lecteurs sur le niveau réel auquel se situe son œuvre. C'est aussi ce que je crois, tout en ayant l'impression qu'il est probablement loin d'avoir eu autant de vrais lecteurs qu'on pourrait le croire à première vue. Je l'ai entendu présenter assez souvent, par des gens qui ne faisaient sûrement pas partie de ces lecteurs-là, comme appartenant à la catégorie, toujours considérée comme plus ou moins inférieure, du philosophe « universitaire » réputé et du grand professeur, dont le mérite principal réside, tout compte fait, moins dans ce qu'il a apporté lui-même par son œuvre philosophique personnelle que dans celles qu'il a directement influencées, autrement dit, dans le fait d'avoir formé des élèves et inspiré des disciples dont certains sont devenus particulièrement fameux. J'ai toujours considéré, pour ma part, que c'était une erreur d'évaluation sérieuse et je suis convaincu plus que jamais, après avoir, dans la perspective de la réalisation de cette édition, lu pour la première fois ou relu un bon nombre de ses écrits, que l'œuvre philosophique et épistémologique de Canguilhem est plus importante et résistera mieux au temps que celle de la plupart des disciples qu'on lui attribue, y compris les plus illustres d'entre eux.

Mais la modestie ombrageuse de Canguilhem n'en est pas moins de nature à susciter une appréhension réelle chez celui qui, comme je suis en train de le faire, essaie de remplir envers lui le devoir de mémoire et de reconnaissance qui lui incombe. « Il se fâcherait, dit Aron, si je me risquais à un portrait littéraire, peu en accord avec un demi-siècle d'amitié »[1]. Bien que je l'aie connu d'assez près et aie entretenu avec lui des relations qui ont duré en gros depuis le milieu des années soixante jusqu'à sa disparition en 1995, je n'ai évidemment pas les mêmes titres qu'Aron pour me risquer à un portrait, littéraire ou non, de Canguilhem et encore beaucoup plus de raisons de craindre de trahir sa mémoire si j'essayais sérieusement de le faire. Même à présent, où j'ai dépassé d'un bon nombre d'années l'âge qu'il avait lorsque je l'ai rencontré pour la première fois, il m'est difficile, je l'avoue, d'écrire sur lui, ce que je n'avais encore jamais fait auparavant, sans éprouver de temps à autre quelque chose comme la sensation de son regard à la fois réprobateur et amusé posé sur moi.

Je crois pouvoir malgré tout me risquer à affirmer, en plein accord avec l'hommage que lui a rendu Wolf Lepenies au début des *Leçons* qu'il a données en 1991-1992 au Collège de France, en tant que titulaire de la Chaire européenne, que

1. R. Aron, *Mémoires*, *op. cit.*, p. 74.

Canguilhem, aussi connu et célébré qu'il puisse être en apparence, est probablement encore loin, même en France, d'occuper réellement la place qui devrait être la sienne :

> La grande tradition de la Sorbonne s'incarne selon moi en la personne de Georges Canguilhem, successeur de Gaston Bachelard au poste de directeur de l'Institut d'histoire des sciences et des techniques de l'université de Paris, certainement hors de France et peut-être même dans son pays le « maître à lire » le plus sous-estimé de l'après-guerre. J'ai eu la chance de pouvoir lui rendre fréquemment et régulièrement visite au cours de nombreuses années dans sa maison de Marly-le-Roi et d'y rencontrer de temps à autre Suzanne Bachelard qui lui succéda à la Sorbonne. Georges Canguilhem est, à mes yeux, l'un des historiens des sciences les plus importants que l'Europe ait produits. Ce mélange d'originalité et de précision, caractéristique de ses recherches, lui était unique. Ce fut une joie de faire la connaissance de l'épistémologue, un grand scientifique, en même temps que celle d'un homme moral, plein de probité et de droiture, qui fut un membre courageux de la Résistance [1].

J'ai eu moi-même l'occasion de rencontrer Canguilhem dans sa maison de Marly-le-Roi et également plus tard, dans des conditions sur lesquelles je me permettrai de dire quelques mots à la fin, à l'endroit où il passait chaque été une partie de ses vacances, dans la Haute-Loire. Et je peux dire, comme Lepenies, que je considère comme une joie de l'avoir connu et d'avoir pu l'approcher de plus près que ne semblaient à première vue le permettre les relations de l'élève que j'étais à un maître comme lui.

Je ne suis pas surpris de ce que Lepenies raconte à propos du dîner qui avait eu lieu le 21 février 1992, après sa leçon inaugurale au Collège de France, et où lui-même, Canguilhem et leurs épouses s'étaient retrouvés en compagnie de Bourdieu à la brasserie Balzar : « Il était émouvant de voir combien Pierre Bourdieu, habituellement nerveux et agité, avait retrouvé, en présence de Canguilhem, toute sa sérénité et redevenait un jeune garçon levant respectueusement les yeux sur un adulte admiré » [2]. C'est un peu ce que nous redevenions effectivement tous plus ou moins en présence de Canguilhem. Lepenies a raison de dire qu'il incarnait la tradition de la Sorbonne dans ce qu'elle avait de meilleur et de plus prestigieux. Mais, avec le recul, le lecteur de ses œuvres complètes se rendra compte, je crois, qu'il incarnait aussi, en un certain sens, beaucoup plus que cela. Quand Lepenies dit que « ce soir-là, le savoir français dans sa grande tradition et dans sa grande modernité dînait à notre table », il ne suggère évidemment pas que Canguilhem représentait plutôt la tradition et Bourdieu la modernité. Il veut dire que l'un et l'autre représentaient à la fois la grande tradition et la grande modernité.

Si l'on s'en tient à la réception des idées de Canguilhem en France, Foucault, qui exagérait souvent, ne l'a probablement pas fait quand il l'a décrit comme un penseur

1. W. Lepenies, *Qu'est-ce qu'un intellectuel européen ? Les intellectuels et la politique de l'esprit dans l'histoire européenne*, Chaire du Collège de France (1991-1992), Paris, Seuil, 2007, p. 17.

2. *Ibid.*, p. 10.

auquel on ne peut pas oublier de se référer sans perdre à peu près toute chance de comprendre une bonne partie de ce qui s'est passé en France, en philosophie, en épistémologie et dans une multitude d'autres domaines, en particulier le marxisme, la sociologie et la psychanalyse, au début des années soixante et dans les décennies qui ont suivi. C'est une chose dont peuvent témoigner aisément ceux qui, comme moi, ont fait leurs études de philosophie au début des années soixante et ont suivi ses cours, avant d'observer, parfois avec étonnement et même, dans certains cas, avec une incompréhension presque totale, les utilisations qui ont commencé à être faites un peu partout de son enseignement et de ses écrits par des gens qui se présentaient, à tort ou à raison, comme ses disciples et ses héritiers. Quelque chose de cela subsiste manifestement encore aujourd'hui, et s'il est vrai que, comme on dit, même le Diable peut citer les Écritures, il est presque aussi vrai que tout le monde ou à peu près tout le monde en philosophie, y compris les anciens « nouveaux philosophes », peut citer Canguilhem et s'efforcer de croire et de faire croire qu'il n'a fait, pour l'essentiel, qu'appliquer consciencieusement les leçons et suivre rigoureusement l'exemple du maître[1].

Quand je parle de ce qui a changé en philosophie au début des années soixante, pour une part essentielle sous l'influence de Canguilhem, j'y inclus, bien entendu, aussi atypique et marginal que puisse sembler à cet égard mon exemple personnel, la façon dont les choses se sont passées dans mon propre cas. Parler de l'œuvre, de l'influence et de l'importance de Canguilhem est pour moi une chose en un sens très difficile et en un autre très facile. Difficile, pour des raisons de compétence, puisque les questions sur lesquelles j'ai travaillé, qui relèvent plutôt de l'épistémologie et de la philosophie de la logique et, pour une part essentielle, de la philosophie du langage n'ont pas grand rapport avec le domaine dans lequel il a effectué l'essentiel de ses recherches, à savoir l'histoire et l'épistémologie des sciences biologiques et médicales. Facile, parce que, bien que cela puisse sembler surprenant au premier abord, il fait partie des quelques maîtres qui ont exercé sur moi l'influence la plus décisive et contribué pour une part essentielle, directement ou indirectement, à déterminer mon orientation future, et que le fait que je me sois tourné vers des choses *a priori* aussi éloignées de ses intérêts et de ses compétences n'a, je crois, jamais constitué un obstacle au sentiment que nous avions (ou peut-être devrais-je dire, plus modestement, que j'avais en tout cas) que nous nous comprenions tout à fait, que nous poursuivions par des chemins à première vue très différents des objectifs assez semblables et que nous partagions la même conception de ce que devrait être le travail philosophique réel, quel que soit l'objet auquel il s'applique, et qu'il est malheureusement si rarement. Il n'en est pas moins vrai que l'on peut apprendre d'un même maître des choses étonnamment différentes et que je suis toujours surpris de voir à quel point ce que j'ai appris personnellement de Canguilhem peut être, dans certains cas, différent

1. Pour un exemple récent, voir par exemple B.-H. Lévy, « Vive l'axe Lacan-Canguilhem-Lautréamont », *Le Nouvel Âne*, n° 9, juillet 2008, p. 42.

de ce qu'en ont appris généralement, de leur côté, ceux qui se présentent comme ses élèves et ses héritiers les plus fidèles.

Bien qu'il ait toujours pris un air assez sceptique, lorsque j'ai essayé de lui expliquer à quel point son exemple, ses leçons et ses publications avaient été importants pour moi, une réaction qui se comprend sans peine étant donné la nature des choses auxquelless je m'intéressais – je pense ici en particulier à l'étonnement que suscitait chez lui ma façon de prendre tout à fait au sérieux et de défendre contre les critiques absurdes et malhonnêtes de certains de ses disciples réels ou supposés les idées du Cercle de Vienne –, je peux réellement dire que, comme beaucoup d'autres philosophes de ma génération, je n'imagine tout simplement pas que j'aurais pu devenir, sans être passé d'abord par son enseignement, le genre de philosophe que j'ai fini par être. Je n'ai cependant pas, cela va sans dire, la prétention d'avoir été capable de le comprendre réellement comme il devait l'être et je ne suis malheureusement pas non plus assez optimiste pour croire que ce qu'il a écrit, en 1990, à propos des philosophes-écrivains et des écrivains-philosophes, dans « Qu'est-ce qu'un philosophe en France aujourd'hui ? » pourrait amener certains de ceux qui se prétendent aujourd'hui ses continuateurs, s'ils consentent à le lire et à le prendre au sérieux, à se montrer un peu plus prudents.

« Dans les derniers jours de janvier [1990], raconte-t-il, la lecture du journal *Le Monde* m'a rendu perplexe. L'auteur d'un article plus prétentieux que convaincant était annoncé comme "philosophe *et* écrivain" Quelques jours plus tard, c'est d'un "écrivain-philosophe" qu'il s'agissait. Cette insistance à souligner le côté écrivain d'un philosophe est, je crois, un symptôme de l'ambition propre aux journalistes d'être tenus eux-mêmes, pour des écrivains »[1]. Venant d'un philosophe qui écrivait de façon aussi remarquable et souvent admirable que Canguilhem, ces remarques méritent certainement qu'on leur accorde une certaine attention. L'usage de la désignation « philosophe et écrivain » est devenu désormais tellement naturel et courant – notamment, mais pas seulement, dans le milieu journalistique – que c'est malheureusement plutôt l'étonnement qu'il manifeste sur ce point qui risque d'étonner le lecteur d'aujourd'hui.

On comprend certainement beaucoup mieux la réaction de Canguilhem à ce qui lui fait à peu près l'effet d'un oxymore, si l'on se souvient d'une chose qu'il ne devrait pas être nécessaire de rappeler, à savoir qu'il se percevait avant tout comme un philosophe enseignant et qu'il trouvait regrettable, pour ne pas dire plus, la scission progressive entre la philosophie et l'enseignement, dont un des symptômes objectifs a été, à ses yeux, « l'augmentation du nombre de chercheurs accueillis et stabilisés par le C.N.R.S., Villa Médicis sans palais, sans jardin et sans contrainte »[2]. Or, estimait-t-il,

1. « Qu'est-ce qu'un philosophe en France aujourd'hui ? », Conférence du 10 mars 1990, à la Société des Amis de Jean Cavaillès, École normale supérieure, parue dans *Commentaire*, vol. 14, n° 53, printemps 1991, p. 107-112, p. 107.

2. *Ibid.*, p. 110.

« quiconque a travaillé, étudié, publié comme enseignant en philosophie peut raisonnablement se déclarer surpris de voir accolés "philosophes" et "écrivains" ». L'émergence et l'intronisation du philosophe-écrivain, qui bénéficie généralement auprès des journalistes, pour des raisons qui ne sont sûrement pas sans rapport avec la suggestion qu'il fait, d'un prestige bien supérieur à celui du philosophe enseignant constituent évidemment elles-mêmes un autre des symptômes de la scission qu'il déplore. Il cite, sur ce point, le mot de Julien Green, selon lequel l'écrivain est le seul maître de son monde. Or c'est justement, d'après lui, ce que le philosophe n'est pas et ne doit pas devenir : « Je me demande quel est le philosophe qui voudrait se dire le maître de son monde » [1]. Trop de philosophes, aux yeux de Canguilhem, ont tendance à oublier tout simplement que le monde, que la philosophie est censée s'efforcer de comprendre, n'est pas *leur* monde et qu'ils n'en sont pas les maîtres, et encore moins les auteurs.

Bien que je l'aie toujours entendu, dans les conversations que j'ai eues avec lui, parler de Sartre de façon amicale et chaleureuse (il était, c'est le moins qu'on puisse dire, nettement plus réservé en ce qui concerne Nizan), il est clair qu'il était irrité fortement par les déclamations qui visent de façon récurrente la « philosophie des professeurs », et l'avait été particulièrement par les attaques de Sartre et des philosophes de l'existence contre les philosophes « techniciens » et les philosophes professionnels en général, qui, dans cette nouvelle version d'un grief presque aussi vieux que la philosophie elle-même, étaient accusés une fois de plus d'avoir perdu tout contact réel avec les « vrais » problèmes de la philosophie. Il n'avait pas apprécié non plus, cela va sans dire, la façon dont Sartre, au cours des événements de mai 1968, s'était réjoui de voir les détenteurs du savoir (et du pouvoir) universitaires déchus de leurs privilèges et sommés enfin de rendre des comptes au peuple étudiant et aux masses populaires en général. Des désignations comme « philosophe de métier » et « philosophe universitaire » ne comportaient certainement, à ses yeux, aucun des aspects péjoratifs et négatifs que les philosophes essayistes et les journalistes qui les célèbrent ont l'habitude d'y rattacher. Pour celui qui ne consent pas à la dissocier complètement de l'enseignement, la philosophie ne peut justement pas ne pas être aussi un métier et un métier qui comporte des exigences probablement encore plus rigoureuses que la plupart des autres.

Pendant les vacances d'été de 1968, à un moment où l'Université évoquait assez fortement un champ de ruines sur lequel tout semblait à reconstruire, Canguilhem m'envoya une carte à en-tête de la Sorbonne, avec une citation de Descartes : « Les grands corps sont malaisés à relever, étant abattus … » [2]. Ce n'était pas pour lui une façon de parler. Il était réellement pessimiste sur la possibilité que l'Université se

1. « Qu'est-ce qu'un philosophe en France aujourd'hui ? », p. 107.

2. La phrase complète et exacte est : « Ces grands corps sont trop malaisés à relever étant abattus ou même à retenir étant ébranlés, et leurs chutes ne peuvent être que très rudes. », R. Descartes, *Discours de la méthode*, dans *Œuvres et lettres*, éd. A. Bridoux, « Bibliothèque de la Pléiade », Paris, Gallimard, 1953, p. 134.

relève un jour réellement de sa chute et convaincu que la tâche de reconstruction serait, en tout état de cause, d'une difficulté considérable. Mais cela allait être, ajoutait-il, un problème pour les gens de ma génération, et ne le serait bientôt plus pour ceux de la sienne, qui étaient sur le point d'en terminer avec l'Université (au moment où les événements de mai 1968 ont ébranlé les fondements du « grand corps », j'enseignais depuis deux ans seulement dans l'Université et c'est à peu de chose près le nombre d'années qu'il avait prévu de continuer à y enseigner lui-même).

Cela ne l'avait pas empêché, à un moment où la tendance générale, chez les « mandarins », était plutôt de se tenir prudemment à l'écart, en attendant que la situation redevienne, si possible, un peu plus normale, de rester très présent sur les lieux et de continuer à s'intéresser de près à ce qui était en train de se passer. Ceux qui ont vécu les événements peuvent témoigner du fait qu'il fut l'un des rares enseignants de rang professoral à assister régulièrement aux débats et à affronter la contestation étudiante sans jamais céder à une forme quelconque de complaisance plus ou moins démagogique – de toutes les choses qu'il avait en horreur, la démagogie, dans l'exercice du métier d'enseignant et en général, était certainement l'une des pires – et en faisant preuve constamment d'une fermeté et d'une autorité qu'il était justement, en raison du prestige considérable dont il continuait à disposer, même dans des circonstances aussi exceptionnelles, l'un des rares à pouvoir se permettre.

Il n'en était pas moins visiblement déconcerté au plus haut point et parfois aussi attristé par ce qu'il entendait. Je me souviens qu'au sortir d'une assemblée générale qui avait donné lieu, comme c'était malheureusement assez souvent le cas, à un déferlement de rhétorique politico-philosophique particulièrement creuse et confuse, il me dit, sur un ton dans lequel l'ironie le disputait à l'accablement : « Quand je pense que vous leur enseignez la logique ! ». Il va sans dire que l'ironie de la situation ne concernait pas seulement ni même spécialement, à ses yeux, les logiciens, mais le corps enseignant dans son ensemble, qui, à travers les formes les plus radicales et les plus agressives de la contestation, découvrait subitement à la fois un aspect inattendu du résultat de ses efforts et l'image particulièrement dégradée que le monde étudiant en était venu apparemment à se faire de ses maîtres et de l'institution en général. Canguilhem avait, comme je l'ai dit, le sentiment que quelque chose d'irréversible était en train de se passer et que, même s'il existerait sans doute encore dans l'avenir une Université, celle qu'il avait connue lui-même avait en tout cas vécu.

Une des dernières fois où j'eus l'occasion de parler avec lui avant les vacances, il m'expliqua qu'il fallait être d'une naïveté totale pour croire que les universitaires allaient pouvoir recommencer un jour à préparer et à donner des cours à peu près dans les formes dans lesquelles ils l'avaient fait jusqu'à présent. Certains diraient sans doute qu'il était, sur ce point, un peu trop pessimiste et d'autres, au contraire, qu'il était trop optimiste. Quand la rentrée se fit, avec le retard plus ou moins important que les événements avaient rendu inévitable, je fus personnellement surpris par la rapidité avec laquelle le corps professoral, qui, à quelques exceptions près, n'avait manifestement pas appris grand-chose, retrouva ses bonnes vieilles habitudes et les choses redevinrent dans l'ensemble à peu près semblables à ce qu'elles avaient été auparavant, y compris sur des points sur lesquels il était tout à fait possible et en outre absolument nécessaire de les changer sérieusement. Les événements de 1968 n'ont assurément pas détruit l'Université, mais, alors qu'ils ont provoqué des changements extrêmement importants dans un bon nombre d'autres domaines, ils ont malheureusement constitué pour elle essentiellement une occasion de se transformer qui a été à peu près complètement manquée.

CANGUILHEM ET CAVAILLÈS
LA NÉCESSITÉ LOGIQUE ET L'OBLIGATION MORALE

Parlant du rapport entre la personne de Cavaillès et son action dans la Résistance, Canguilhem a écrit :

> Cavaillès était un philosophe de la rigueur. Pour lui la philosophie s'apparentait davantage aux mathématiques qu'à la littérature. Il pensait que philosopher, c'est démontrer plutôt que faire des confidences sur sa subjectivité propre [1].
> Si je ne me trompe, c'est dans sa rigueur logique qu'il faut chercher l'unité de Cavaillès philosophe et de Cavaillès résistant. En cherchant les ressorts de la pure pensée rationnelle, Cavaillès est venu à la logique. C'est pour mieux la fonder en approfondissant la structure des théories mathématiques qu'il est allé en Allemagne explorer l'œuvre d'un Cantor, d'un Hilbert, d'un Husserl. Mais c'est en Allemagne aussi qu'il découvre une menace non équivoque pour les valeurs rationnelles en quoi consiste selon lui l'essentiel et le meilleur de l'esprit [2].

Bachelard a été frappé, lui aussi, par cette volonté de Cavaillès de ne tolérer aucune espèce d'accommodement et de relâchement logiques dans la démarche discursive et rationnelle qui doit être celle de la philosophie :

> Il voulait écarter de la pensée philosophique tout ce qui fût détente, tout ce qui pût paraître déclin de la preuve. Pour lui, le vraisemblable, le plausible n'étaient que de fausses valeurs, la vraisemblance ne préparait pas la vérité qu'il aimait en spinoziste. Pour Cavaillès, *toute pensée pure* devait être *pensée sûre*, pensée discursivement attachée à ses critères. La pensée philosophique ne pouvait donc être le don contingent d'une heure d'inspiration, la soudaine lumière d'une intuition heureuse. Elle devait être une construction gagée par une nécessité, vérifiée par un accord des meilleurs esprits, des plus acharnés travailleurs [3].

1. « Commémoration à l'ORTF (France-Culture, 28 octobre 1969) », reproduit dans G. Canguilhem, *Vie et mort de Jean Cavaillès*, Paris, Éditions Allia, 1996, p. 35-36.
2. « Jean Cavaillès, Résistant », *Bulletin de la Faculté des Lettres de Strasbourg*, 22-23, décembre 1945, p. 33.
3. G. Bachelard, « L'œuvre de Jean Cavaillès », dans G. Ferrières, *Jean Cavaillès, Philosophe et combattant, 1903-1944*, avec une étude de son œuvre par G. Bachelard, Paris, P.U.F., 1950, p. 222.

Une conséquence qui résulte de cette attitude est la tendance à traiter les fautes contre la logique comme étant également des fautes contre la morale et à considérer, inversement, les fautes morales comme des sortes de manquements à la logique.

Canguilhem rapporte qu'au cours d'une conversation qu'il a eue avec lui en 1941, au Chambon-sur-Lignon, où ils avaient décidé éventuellement de refuser le fameux serment de fidélité, « Cavaillès déclarait, en regrettant qu'on n'enseignât pas assez la logique en France : "Toute la sottise malfaisante de l'heure est à base de sophismes. La morale c'est la rectitude du raisonnement" »[1]. J'ai toujours pensé et je pense aujourd'hui plus que jamais qu'une bonne partie des sottises malfaisantes qui se disent, s'écrivent et se font, y compris malheureusement quand elles sont le fait de philosophes, est à base de sophismes. Il y a donc sûrement, ne serait-ce que déjà pour cette simple raison, une relation d'une certaine sorte entre la logique et la morale, même s'il est vrai que, loin de considérer les fautes contre la logique comme étant également des fautes morales, les philosophes ont souvent tendance non seulement à les excuser facilement, mais même à les considérer plutôt comme des actions d'éclat. C'est, d'après les souvenirs que j'ai gardés de cette période, incontestablement une des raisons qui m'ont fait opter pour l'enseignement de la logique en 1966, au moment où, grâce aux efforts du regretté Roger Martin et avec l'approbation et le soutien de Canguilhem, qui n'avait sûrement pas oublié ce que lui avait dit sur ce point Cavaillès, elle a commencé à être enseignée enfin sérieusement, sous la forme sous laquelle elle se présente aujourd'hui, aux étudiants de philosophie.

Dans chacun des hommages qu'il a rendus à Cavaillès, Canguilhem a insisté sur le fait que, chez lui, la Résistance n'avait pas été une question de choix entre différentes options possibles, car il n'y en avait réellement qu'une seule et pas de place pour un choix réel. En 1943, à Londres, Cavaillès avait dit à Raymond Aron : « Je suis spinoziste, je crois que nous saisissons partout du nécessaire. Nécessaires les enchaînements des mathématiciens, nécessaires même les étapes de la science mathématique, nécessaire aussi cette lutte que nous menons »[2]. C'est une conception de la liberté qui aurait pu difficilement être plus éloignée de celle de Sartre et qui n'avait cependant pas empêché Cavaillès de faire sans la moindre hésitation le bon choix et de l'assumer jusqu'à la mort. Je me suis souvent demandé si Canguilhem, quand il parlait du « spinozisme » de Cavaillès, ne parlait pas aussi implicitement de sa propre attitude, de son propre engagement, et du genre de nécessité et de sens philosophique qu'il attribuait à celui-ci. Mais pour en savoir plus sur ce point, il aurait fallu se risquer à l'interroger sur les conditions dans lesquelles il s'était engagé et avait combattu lui-même dans la Résistance, ce qu'aucun d'entre nous, cela va sans dire, n'aurait osé faire.

1. « Jean Cavaillès, Résistant », *ibid.*

2. Cité par Canguilhem, « Inauguration de l'Amphithéâtre Jean Cavaillès à la nouvelle Faculté des lettres de Strasbourg » (9 mai 1967), dans G. Canguilhem, *Vie et mort de Jean Cavaillès*, *op. cit.*, p. 29.

« Jean Cavaillès, dit-il, c'est la logique de la Résistance vécue jusqu'à la mort. Que les philosophes de l'existence et de la personne fassent aussi bien, la prochaine fois, s'ils le peuvent »[1]. J'ai toujours trouvé cette mise en garde on ne peut plus justifiée et salutaire. L'exemple de Cavaillès et celui de Canguilhem lui-même ont montré que les logiciens et les philosophes des sciences, auxquels on continue à reprocher régulièrement de s'intéresser à des problèmes beaucoup trop abstraits et sans rapport avec la vie réelle, ont fait parfois beaucoup mieux, quand il a fallu choisir et combattre, que les philosophes de l'existence, de la personne et de la morale. Mais les conclusions que l'on peut tirer de cela ne sont pas simples et la relation qui existe, dans les cas de cette sorte, entre la logique et la morale ne l'est sûrement pas non plus. Je ne suis pas du tout sûr, du reste, que la référence à Spinoza nous permette d'y voir beaucoup plus clair sur ce point. Je me suis toujours senti personnellement, je l'avoue, nettement plus proche de Leibniz que de lui. Pour un vrai spinoziste, s'il y en a encore réellement, tout n'est pas seulement nécessaire, mais l'est d'une seule et unique façon, à savoir la façon mathématique ou, si l'on préfère, logico-mathématique, alors que Leibniz tenait pardessus tout à maintenir une distinction stricte entre différentes espèces de nécessité et considérait en particulier comme erronée et fatale à la liberté l'assimilation de la nécessité morale à la nécessité logique. Je ne soupçonne pas, bien entendu, des philosophes comme Cavaillès ou Canguilhem d'avoir été tentés par unc identification plus ou moins littérale des deux espèces de nécessité. Mais si on dit de la contrainte logique et de l'obligation morale qu'elles peuvent avoir en commun une forme de nécessitation à peu près inexorable, au moins en ce sens qu'elles peuvent être perçues l'une et l'autre de cette façon par celui qui s'y sent soumis, ce qui, je crois, est tout à fait vrai, cela ne suffit certainement pas encore à clarifier réellement la relation exacte qui existe entre elles.

Je pense souvent, sur ce point, à ce que dit Bertrand Russell, à propos de la manière dont il a cru possible pendant un temps, dans sa jeunesse, de résoudre le conflit entre, d'un côté, « les délices des mathématiques et des possibilités magnifiques de la prédiction scientifique » et, de l'autre, la peur des conséquences dévastatrices et déprimantes qui semblent résulter du déterminisme strict pour la morale et pour l'idée que l'on se fait traditionnellement de « l'importance de l'effort humain » :

> Ce conflit a été en partie résolu pour moi bien que ce soit d'une façon que je ne crois plus valide, quand j'ai lu l'*Éthique* de Spinoza. Spinoza a calmé la suspicion que je nourrissais à l'égard du sentiment par sa méthode géométrique. L'appareil de définitions, d'axiomes et de propositions démontrées a endormi mes doutes. Le déterminisme rigide de son système me permettait de penser qu'il n'y avait rien en lui que la rigueur scientifique la plus austère ait besoin de considérer avec méfiance. Et néanmoins, en dépit de tout cela, il est parvenu à la fin à un degré de sublimité éthique dont je ne trouvais pas d'équivalent chez ceux qui défendaient la liberté au nom de la morale. Je pense toujours que Spinoza était un très grand homme, dont la vie a été en cohérence avec sa

1. G. Canguilhem, *Vie et mort de Jean Cavaillès*, *op. cit.*, p. 38.

> croyance, et a été vécue d'une façon profondément admirable. Moralement, il occupe toujours pour moi la position qui était la sienne, mais intellectuellement, en dépit de l'étalage de rigueur mathématique contraignante qu'il affiche, je trouve ses doctrines presque complètement insatisfaisantes [1].

Ma réaction est, sur ce point, à peu près la même que celle de Russell. Je pense que l'exemple de Spinoza (et celui de Cavaillès, s'il était réellement aussi spinoziste qu'il l'a dit) constituent certainement la réfutation la plus éclatante que l'on puisse imaginer de l'argument traditionnel qui consiste à invoquer contre le nécessitarisme le fait qu'il ne peut que constituer un encouragement à l'irresponsabilité et à l'immoralité complètes. Mais cela ne rend malheureusement pas le nécessitarisme plus plausible et plus facile à concilier avec la liberté. Spinoza avait apparemment résolu le conflit pour Cavaillès. Que pensait réellement Canguilhem de ce type de solution? Je n'en sais malheureusement pas suffisamment pour répondre à cette question.

A la différence de Cavaillès, ce n'est pas pour les mathématiques, où règne le genre de nécessité implacable que le jeune Russell trouvait particulièrement sublime et exaltant, qu'a opté Canguilhem, mais pour les sciences de la vie et pour la part apparemment irréductible de contingence, d'incertitude et d'imprédictibilité que semble comporter l'objet dont elles s'occupent. Pour celui qui a fréquenté, aussi peu que ce soit, ce genre de domaine, il est probablement difficile de continuer pendant longtemps à prendre au sérieux l'idée qui avait enthousiasmé au départ Russell :

> Je croyais qu'il devait être possible, à condition de disposer d'assez de faits et d'assez de savoir-faire mathématique, de calculer tous les mouvements de la matière pendant toute la durée du passé et du futur, et je supposais que cela doit être vrai également des mouvements de la matière vivante, et que les mouvements des lèvres et de la langue d'un homme quand il parle doivent être des conséquences calculables de la distribution de la matière dans la nébuleuse primitive [2].

En choisissant comme objet d'étude la vie et l'histoire, même si c'est de l'histoire de la connaissance qu'il s'agissait, Canguilhem a choisi clairement un domaine qui semble être essentiellement celui de l'accident, et non du nécessaire.

Comme l'écrit Macherey, qui rappelle au passage à quel point Canguilhem est loin d'avoir mérité le reproche absurde que lui font aujourd'hui certains sociologues des sciences d'avoir ignoré ou sous-estimé l'importance de la relation que la science entretient avec la société qui la produit :

> Si la science n'existe pas par la société, au sens d'un rapport univoque de détermination causale, qui ferait d'elle un simple instrument, elle existe en elle et avec elle, comme une forme de pensée concrète, c'est-à-dire comme une figure indissociablement vivante et individuée.

1. B. Russell, « The Pursuit of Truth », in *Fact and Fiction*, with a new Introduction by John G. Slater, London-New York, Routledge, 1994, p. 43-44.
2. B. Russell, « The Pursuit of Truth », *op. cit.*, p. 43.

> L'attention théorique portée par Canguilhem aux problèmes de la vie et de l'existence individuée, avec les « valeurs négatives » propres à celles-ci, était donc inséparable de son intérêt pour l'histoire de la connaissance, conçue comme une pratique humaine, dont l'étude suppose la prise en considération d'événements liés au déroulement accidenté et contrasté de cette pratique, déroulement qui, n'étant en aucune manière prédeterminé, maintient jusqu'au bout le caractère d'une aventure : ainsi la connaissance de la vie avait-elle pour corrélat, dans son esprit, la vie de la connaissance, vie et connaissance étant également confrontées au problème de l'erreur, puisqu'il y a des erreurs de la vie comme il y a des erreurs de la science, et révélant à l'occasion de cette confrontation ce qui est essentiel en elles.
> De ce point de vue, et pour ramener cette question à un dilemme traditionnel, Canguilhem considérait l'histoire de la pensée, et plus particulièrement celle de la pensée scientifique, davantage comme une invention que comme une découverte [...] [1]

Il serait certainement beaucoup trop simple et de plus assez inexact de suggérer, en adaptant à son propre cas la formule qu'il a utilisée à propos de Cavaillès, que, pour Canguilhem, la philosophie s'apparentait davantage aux sciences expérimentales qu'à la littérature. Il a, en effet, toujours insisté au moins autant sur les raisons pour lesquelles la philosophie ne peut pas et ne doit pas essayer de ressembler à une science que sur ce qui la distingue de la littérature. La philosophie, pour lui, a besoin de la science non pas comme d'un modèle qu'il faut chercher à imiter, de façon à remplacer aussi complètement que possible la philosophie traditionnelle par une philosophie devenue enfin « scientifique », ce qui constituait le projet de philosophes comme Bertrand Russell et les membres du Cercle de Vienne, mais parce qu'elle a besoin de connaître la réalité et qu'il n'est pas possible de le faire sans s'intéresser à ce que dit la science.

Dans le compte rendu, qu'il a rédigé en 1934, de la traduction française des *Essais sceptiques* de Russell, Canguilhem écrit : « La science est-elle superstitieuse, se demande-t-il? (chap. III). Mais il fallait aussi se demander s'il n'y avait pas une superstition de la science »[2]. Il n'y a sûrement pas beaucoup de philosophes qui me semblent avoir été aussi peu exposés que l'était Russell à la tentation d'une forme de croyance superstitieuse dans les pouvoirs et les vertus de la science. Mais, indépendamment de ce qu'on peut penser, sur ce point, du cas personnel de l'auteur des *Essais sceptiques*, il est clair que Canguilhem n'appréhendait rien tant, de façon générale, en philosophie que le risque de voir la science et plus généralement la raison transformées elles-mêmes en idoles d'un nouveau genre. C'est un point sur lequel ses réactions spontanées ressemblent, tout compte fait, nettement plus à celles de Wittgenstein qu'à celles de Russell. « Enseigner le scepticisme à l'égard de tout ce qui est opinion, croyance, sentiment, observe-t-il, c'est voir en eux, pour les nier, autant d'illusions par référence à la raison et préférence de la raison. On fait alors l'apologie des mesures et

1. P. Macherey, « Georges Canguilhem : un style de pensée », dans *De Canguilhem à Foucault, La force des normes*, Paris, La Fabrique, 2009, p. 115-116.

2. Cf. *infra*, p. 472.

des preuves et il est logique que l'on renvoie aux experts tous les problèmes de politique »[1]. Justifiées ou non (je ne suis pas convaincu, personnellement, qu'elles le soient totalement), les positions très réservées (pour ne pas dire plus) que Canguilhem a adoptées par la suite à l'égard de disciplines comme la psychologie ou les neurosciences s'expliquent en grande partie par la conviction, qui ne s'est jamais démentie chez lui, qu'il y a des domaines, en particulier la politique et la morale, qu'il ne faut surtout pas rêver de rendre « scientifiques », ce qui risque de signifier tôt ou tard, à peu près immanquablement, assujettis au pouvoir des « experts ».

Je me rends compte aujourd'hui, en relisant certains des textes qu'il a écrits, que j'ai peut-être sous-estimé sur le moment le degré auquel Canguilhem tenait à défendre la dignité, l'autonomie et la spécificité de la philosophie contre les griefs de ceux qui invoquent, pour lui faire la leçon, l'exemple de la science et à ne pas donner l'impression d'accorder à celle-ci un privilège spécial qu'elle n'a pas à revendiquer. C'est, du reste, probablement pour cette raison que l'on rencontre si facilement des philosophes qui croient pouvoir invoquer, de façon pour le moins paradoxale, l'exemple de Canguilhem pour justifier le peu d'intérêt qu'ils accordent à la science. Comme l'a dit Musil : « Il y a des hommes qui nient les faits et appellent cela penser. Ce n'est pas d'eux qu'il sera question en premier lieu, bien que beaucoup soient poètes (*Dichter*) et que des philosophes très philosophiques en fassent partie »[2]. C.P. Snow dit dans un entretien de 1957, auquel participait Russell :

> Il est non seulement absolument indispensable dans un sens utilitaire, mais il me semble être absolument essentiel dans un sens culturel profond que les gens comprennent le monde dans lequel ils vivent. Or le monde dans lequel nous vivons est, dans une mesure gigantesque, déterminé et étudié par les méthodes de la science exacte. Je veux dire que ça a été la révolution de notre époque, qui est une révolution des trois derniers siècles, une révolution aussi profonde que la découverte de l'agriculture. A moins que vous ne sachiez ce que veut dire le deuxième principe de la thermodynamique, vous ne pouvez pas prétendre vous considérer comme une personne cultivée (*educated*)[3].

Canguilhem fait partie du petit nombre de ceux auxquels je suis particulièrement reconnaissant pour la façon dont ils m'ont fait comprendre, à un moment où l'idée que je me faisais de la philosophie n'était pas particulièrement orientée dans cette direction, à quel point il est important pour un philosophe de commencer par essayer de comprendre le monde au sens dont parle Snow.

A la différence de beaucoup de philosophes très philosophiques de notre époque, il était, comme je l'ai dit, le dernier à croire que l'on puisse philosopher sérieusement sans connaître les faits et également que l'on puisse connaître les faits sans s'intéresser

1. *Ibid.*, p. 473.

2. R. Musil, *Gesammelte Werke in neun Bänden*, Reinbek bei Hambourg, Rowohlt Verlag, 1978, Band 8, p. 1391.

3. « Science and Survival » (1957), *in* B. Russell, *The Collected Papers*, vol. 29, *Detente or Destruction (1955-1957)*, London-New York, Routledge, 2005, p. 263.

de quelque façon que ce soit à ce que dit la science. Pour ce qui est de la question tant débattue de savoir si la philosophie, qui, de son point de vue, présuppose et utilise nécessairement des connaissances, et en particulier des connaissances scientifiques, est ou non capable également de produire elle-même une forme de connaissance spécifique qui mérite d'être appelée « philosophique » – une question à laquelle il donne généralement l'impression de répondre, au moins implicitement, de façon négative –, je ne suis pas suffisamment certain d'avoir compris ce qu'il pensait réellement pour pouvoir en discuter sérieusement et c'est un des points que je regrette souvent de n'avoir jamais abordé directement dans les conversations que j'ai eues avec lui.

La menace que représentaient, aux yeux de Canguilhem, les tentatives de pénétration directe de la science dans des domaines qui auraient plutôt besoin d'être défendus contre ses prétentions est certainement tout à fait réelle et sérieuse. Mais j'ai toujours été pour ma part, je l'avoue, un peu gêné par un certain type, malheureusement très répandu dans la culture contemporaine, de dénonciation complètement unilatérale des abus de pouvoir de la science, qui aurait plutôt tendance, de façon générale, à me donner envie de défendre celle-ci, peut-être parce qu'un des avantages principaux qu'il présente pourrait bien être justement de faire oublier les abus de pouvoir bien réels et parfois lourds de conséquences – même s'ils sont, il est vrai, généralement plus difficiles à identifier et à caractériser exactement – dont les littéraires et les philosophes peuvent, eux aussi, se rendre coupables dans les domaines qu'ils considèrent comme étant à peu près exclusivement de leur ressort. C'est un des points sur lesquels on pourrait être tenté, justement, de rappeler ce que disait Cavaillès à propos de l'origine de la sottise malfaisante de l'heure. Le moins que l'on puisse dire des philosophes et des littéraires en général est qu'ils ne se distinguent pas particulièrement, de façon générale, et ne l'ont en tout cas sûrement pas fait dans la période récente, par leur aptitude à respecter les exigences de la logique. Et s'ils ne perdent jamais une occasion d'exprimer leur admiration pour ceux qui, comme Cavaillès, s'efforcent de le faire jusqu'au bout et quel qu'en soit le prix, ils ne manifestent, en revanche, la plupart du temps aucun empressement à essayer de suivre leur exemple.

Je ne crois pas que des philosophes comme Russell ou les membres du Cercle de Vienne aient jamais été naïfs au point de s'imaginer que les méthodes des sciences de la nature pourraient un jour être appliquées de façon plus ou moins littérale à des questions comme celles qui relèvent de la philosophie pratique. Mais ils étaient certainement beaucoup plus sensibles que d'autres au problème que soulève Valéry et aux inquiétudes qu'il manifeste dans une adresse dont il n'est pas sans intérêt de remarquer qu'elle a été faite, justement, à un congrès de médecins :

> Il semble que ce que nous pouvons faire, et que nous faisons, dans l'ordre des sciences de la nature, nous soyons, non seulement incapables, mais de plus en plus incapables de le faire, sinon même de le concevoir, dans l'ordre des choses morales et politiques. Ici, les expériences, les observations, les méditations paraissent ne point profiter aux hommes, et servir, trop souvent, à les diviser plutôt qu'à les unir. On ne voit pas du tout, à côté de ce capital croissant de résultats que la science nous offre, se constituer un capital de compréhension mutuelle, de relations sûres et dominées par des principes communs. On

> dirait même que les groupes humains se comprennent de moins en moins, rendent leurs différences plus sensibles et plus irritantes. Il y a là quelque chose d'étrange et d'assez effrayant. L'avenir de la culture et bien d'autres avenirs sont en jeu [1].

Ce que Valéry trouvait déjà étrange et effrayant est certainement en train de le devenir encore beaucoup plus aujourd'hui. Et je ne suis malheureusement pas convaincu que les philosophes aient raison d'être aussi certains qu'ils semblent l'être la plupart du temps d'avoir contribué constamment à augmenter de façon significative, sur les questions les plus importantes, non seulement le capital de résultats essentiels, mais également le capital de compréhension mutuelle dont parle Valéry. Ceux d'entre eux qui ont suggéré, comme Russell, que la démarche de la science pouvait conserver, sur ce point, une certaine exemplarité ne pensaient pas nécessairement que s'inspirer de l'exemple de la science ne peut vouloir dire qu'une chose, à savoir essayer d'étendre directement ses méthodes à des objets pour lesquels elles ne sont manifestement pas faites. « Considéré du point de vue technique, constate Musil, le monde devient franchement comique; mal pratique en tout ce qui concerne les rapports des hommes entre eux, au plus haut point inexact et contraire à l'économie en ses méthodes. A celui qui a pris l'habitude d'expédier ses affaires avec la règle à calcul, il devient carrément impossible de prendre au sérieux la bonne moitié des affirmations humaines »[2]. Mais ceux qui parlent d'essayer d'introduire un peu plus d'exactitude dans le traitement des affaires humaines ne proposent pas forcément, même si c'est toujours de cela qu'on les soupçonne plus ou moins, de leur appliquer de but en blanc la méthode de la règle à calcul.

LE PHILOSOPHE DE LA RIGUEUR

Même si ce n'est pas comme un « philosophe scientifique », que Canguilhem n'aurait voulu être en aucun cas, c'est du moins, incontestablement, comme un philosophe de la rigueur que nous le considérions, lui aussi, pour reprendre l'expression qu'il utilise à propos de Cavaillès. En un certain sens, Jean-François Braunstein résume parfaitement ce qui m'a immédiatement impressionné et attiré chez lui quand il écrit : « Philosopher sans grandiloquence, résister sans phrases, là est la grandeur de Canguilhem »[3]. Quel que soit le sujet ou l'auteur dont il parlait, qu'il s'agisse de science, de technique, de philosophie, d'éthique, d'esthétique ou de littérature,

1. « Message de Paul Valéry pour les assises Franco-Italiennes de Médecine générale » (Centre Universitaire Méditerranéen, 5 avril 1936), dans *Paul Valéry vivant*, Cahiers du Sud, 1946, p. 153.

2. R. Musil, *L'Homme sans qualités*, traduit de l'allemand par Ph. Jaccottet, Paris, Seuil, 1956, tome 1, p. 42-43.

3. J.-F. Braunstein, « Présentation », dans J.-F. Braunstein (dir.), *Canguilhem, Histoire des sciences et politique du vivant*, Paris, P.U.F., 2007, p. 9-16, p. 13.

Canguilhem le faisait invariablement avec une clarté, une précision et une sobriété impressionnantes. Comme j'étais déjà convaincu à l'époque qu'il ne faut pas seulement résister sans phrases, mais également, autant que possible, philosopher sans phrases et trouvais particulièrement insupportable le verbiage philosophique prétentieux qui me semblait tenir lieu, un peu trop souvent, de réflexion véritable, je n'ai aucun mal à m'expliquer l'attirance que j'ai éprouvée instinctivement pour la façon de philosopher qu'avait choisie Canguilhem. Une maxime de Valéry, intitulée « CONSEIL À L'ÉCRIVAIN », énonce que : « Entre deux mots, il faut choisir le moindre. (Mais que le philosophe entende aussi ce petit conseil) »[1]. C'est une recommandation que peu de philosophes entendent, mais Canguilhem donnait l'impression de l'avoir fait, pour sa part, réellement. En philosophie, choisir le moindre mot peut être également, dans bien des cas, une façon de choisir aussi le moindre mal.

A une époque où beaucoup se plaignaient plutôt que la philosophie soit beaucoup trop dépendante du modèle de la science et ne soit pas pratiquée de façon plus littéraire, Canguilhem démontrait par la pratique qu'il est possible de parler des sujets réputés en principe les plus "littéraires" de façon incomparablement plus sobre, plus précise et plus argumentée que ne le font généralement les philosophes. L'entendre s'exprimer sur des questions quelconques, y compris métaphysiques, morales, esthétiques ou religieuses, c'était toujours entendre quelque chose de bien différent de ce à quoi nous étions habitués. Il ne donnait pas l'impression de croire qu'il pouvait y avoir deux espèces de sujets en philosophie : ceux qui se prêtent à l'exercice de la rigueur intellectuelle et ceux qui ne tolèrent, au contraire, que la rhétorique, l'approximation et le flou littéraire. Comme c'est malheureusement à peu près toujours de cette façon que l'on continue à considérer les choses, en dépit du nombre considérable de disciples qu'il est supposé avoir, je crains fort qu'il n'ait été, tout compte fait, beaucoup plus célébré que réellement imité (la première chose est, de façon générale, nettement plus facile que la deuxième). Il est vrai qu'il n'y a certainement pas beaucoup de mots qui soient aussi galvaudés en philosophie que celui de « rigueur » et que tous les philosophes sont persuadés, comme il se doit, d'être rigoureux à leur façon (qui, bien entendu, n'est pas celle de la rigueur logique, que Canguilhem célèbre dans le cas de Cavaillès, et qu'ils considèrent le plus souvent comme la moins philosophique, pour ne pas dire la plus antiphilosophique, de toutes).

Musil a suggéré que l'on devrait peut-être renoncer totalement, pendant une période de cinq ans, à se servir du mot « intuition », en attendant d'y voir un peu plus clair sur ce qu'il est censé désigner. J'ai pensé plus d'une fois que l'on pourrait faire une suggestion du même genre à propos du mot « rigueur », tel qu'il est employé la plupart du temps par les philosophes et les littéraires. Parmi tous les mots qui sont utilisés à peu près comme des talismans et de façon plus ou moins magique par les philosophes, il n'y en a sans doute pas beaucoup qui suscitent chez moi une méfiance

1. P. Valéry, « Tel Quel », in *Œuvres* II, édition établie et annotée par J. Hytier, « Bibliothèque de la Pléiade », Paris, Gallimard, 1960, p. 555.

aussi instinctive. Mais cela ne diminue en rien l'importance de la différence qui existe entre ceux qui croient simplement être rigoureux et ceux qui, comme Canguilhem, se donnent les moyens de l'être et le sont réellement. Il aurait d'ailleurs sûrement été d'accord pour dire qu'il en va de la rigueur intellectuelle à peu près comme de la rigueur morale : ceux qui l'exercent naturellement se contentent généralement de le faire et n'éprouvent guère le besoin de dire et de répéter qu'ils le font.

David Stove fait une constatation très éclairante quand il parle de la « neutralisation des termes de succès » (*success-words*), qui est caractéristique de la philosophie des sciences irrationaliste, et qui consiste à utiliser des termes comme « connaissance », « découverte », « fait », « vérifier », « compréhension », « explication », « solution (d'un problème) » et un bon nombre d'autres, qui impliquent un accomplissement cognitif d'une certaine sorte, en neutralisant cet aspect. Pour expliquer ce dont il s'agit, il prend l'exemple suivant :

> Actuellement en Australie un journaliste écrira souvent une phrase comme « Le ministre a réfuté aujourd'hui les allégations selon lesquelles il aurait trompé le Parlement », alors que ce qu'il veut dire est que le ministre a nié ces allégations. « Réfuter » est un verbe avec une « grammaire de succès » (selon l'expression de Ryle). Dire que le ministre a réfuté les allégations consiste à lui attribuer un certain accomplissement cognitif, celui d'avoir montré que les allégations étaient fausses. « Nier », en revanche, n'a pas de grammaire de succès. Par conséquent, un journaliste qui a utilisé « réfuter », alors que tout ce qu'il voulait dire était « nier », a utilisé un terme de succès, mais sans avoir l'intention de transmettre l'idée de succès, d'accomplissement cognitif, qui fait partie de la signification du mot. Il a *neutralisé* un terme de succès [1].

Stove suggère qu'un des procédés utilisés le plus souvent par les épistémologues postmodernes est celui qui consiste à neutraliser sciemment les termes de succès quand ils les appliquent à la science, comme ils continuent malgré tout à le faire, alors que les journalistes, quand ils font ce genre de chose, le font la plupart du temps par simple ignorance. Je ne suis pas sûr, je le confesse, de la façon dont il faut comprendre et juger le comportement que les philosophes adoptent généralement sur ce point. Utiliser le langage du succès à propos de la science, mais en le neutralisant, permet évidemment de minimiser la réalité de ce qu'elle accomplit du point de vue cognitif sans prendre le risque de contester ouvertement la bonne opinion que l'on a généralement de ce qu'elle fait. Mais la neutralisation possède également l'avantage de permettre à ceux qui y ont intérêt de faire un usage considérablement étendu et particulièrement généreux des termes de succès ; et c'est ce qui se passe quand ils sont appliqués à la philosophie, d'une façon qui tend à exagérer au contraire nettement l'importance de ce qu'elle effectue du point de vue proprement cognitif.

J'ai toujours été très étonné, pour ma part, de la quantité considérable de choses inédites que les philosophes qui ont compté le plus dans les années 1960-1980 étaient

1. D. Stove, *Scientific Irrationalism, Origins of a Postmodern Cult*, New Brunswick-London, Transaction Publishers, 2001, p. 27.

supposés avoir « démontrées » et de celle des vérités ou des évidences traditionnelles qu'ils étaient supposés, corrélativement, avoir « réfutées », sans discussion possible et de façon définitive, alors qu'il s'agissait plutôt, à mes yeux, dans la plupart des cas de choses qu'ils s'étaient contentés pour l'essentiel d'affirmer ou de nier avec une assurance et une vigueur particulières. Si j'ai cru bon d'évoquer cet aspect de la question, c'est parce qu'une des raisons essentielles de l'admiration que j'ai éprouvée immédiatement pour Canguilhem provenait du fait qu'il était un des rares philosophes de l'époque à avoir les idées tout à fait claires sur la différence qui existe entre avoir découvert, démontré ou vérifié une chose importante et affirmer simplement qu'on l'a fait, et à rester, en toutes circonstances, parfaitement conscient du fait que le langage du succès, aussi naturel, légitime et inévitable qu'il puisse être dans le cas de la science, ne devrait être utilisé, dans celui de la philosophie, qu'avec la plus extrême prudence ou en tout cas avec une prudence nettement plus grande qu'on ne le fait le plus souvent.

Près de cinquante ans se sont écoulés à présent depuis que j'ai suivi pour la première fois un cours de Canguilhem (je crois que c'était celui de 1961-1962 sur le statut social de la science moderne), mais l'impression ressentie, quand j'y pense, n'est pas différente de celle que décrivait Macherey dans un article publié en 1993 : « Cette impression, celui qui, près de quarante ans plus tard, écrit ces lignes l'éprouve toujours aussi vive, tant l'effet produit par cette parole intransigeante était saisissant » [1]. Quand on parle de rigueur à propos de Canguilhem, il ne faut pas oublier que la réserve dont il faisait preuve et qui le rendait si impressionnant ne résidait pas simplement dans la forme de l'exposé : elle était véritablement une manière d'être. Comme le dit Macherey :

> Pour ceux qui l'ont approché, cette réserve était un trait constitutif de sa personnalité, qui répugnait à tout ce qui pouvait s'apparenter au fait même de paraître, à tous les sens du terme. Or l'influence qu'il a exercée, on peut sans doute parler à ce propos d'un véritable magistère intellectuel qui a marqué plusieurs générations, a été directement liée à cette volonté de retrait, à cette décision, observée jusqu'au bout sans concessions et sans compromis, de s'en tenir à l'indispensable dans l'exercice de sa fonction de professeur et de philosophe [2].

Macherey a raison d'insister sur le fait qu'il s'agissait d'une forme de rigueur qui était simplement pratiquée avec une opiniâtreté tranquille et n'avait nul besoin d'être expliquée, commentée ou justifiée.

J'ai connu Canguilhem pour commencer, dans les circonstances que je viens d'évoquer, comme un maître respecté et redouté, que nous trouvions terriblement imposant. Mais même lorsque j'ai commencé à le connaître d'une façon que j'ose à peine qualifier d'un peu plus intime, ce qui, je crois, a commencé au cours des événements de mai 1968, j'ai été constamment frappé par la réserve extrême dont il

1. P. Macherey, « Georges Canguilhem : un style de pensée », art. cit., p. 110.
2. *Ibid.*

continuait à faire preuve, y compris dans les échanges en principe les plus spontanés et les moins intellectuels. Même avec les années, alors que tant de gens ont tendance, l'âge venant, à se laisser aller plus facilement à extérioriser des sentiments et des émotions qu'ils auraient auparavant tenus secrets, je ne me souviens pas de l'avoir jamais vu manifester un quelconque relâchement de cette sorte.

Lucien Fabre raconte qu'au cours d'une conversation avec Valéry, après que celui-ci se fut montré à un moment donné ému à un degré pour le moins inhabituel chez lui et eut manifesté ensuite le sentiment de gêne de quelqu'un qui se reproche de s'être laissé surprendre en quelque sorte en état de moindre vigilance, il y eut entre eux un instant d'embarras :

> Il va sans dire qu'il sentit à travers mon silence combien j'étais saisi de son trouble et de cette effusion sentimentale à un tel propos – saisi et, bien évidemment, ému moi-même.
> Vous êtes *épaté*, reprit-il avec une confusion gentille ; pas tant que moi. C'est peut-être que je vieillis...
> Je protestai. Mais il reprit :
> Oh ! Je m'entends ! Je vieillis ; cela veut dire que je suis physiquement moins maître de moi. Cela ne veut pas dire du tout que j'éprouve des émotions que je n'eusse pas ressenties autrefois. Au contraire. Mais la vieillesse est obscène ; elle laisse paraître ce que l'âge mûr a la pudeur de cacher [1].

Quand je pense à cet épisode, au cours duquel Valéry expliqua à son interlocuteur que l'amour qu'il avait pour la langue était « plus qu'intellectuel, *pire* qu'intellectuel », qu'il appartenait à « l'ordre du cœur » et était de la nature d'une affection et même d'une passion qui « entraîne des désordres et des sentiments satellites » [2], je me dis que je n'ai pour ainsi dire jamais eu l'occasion d'observer chez Canguilhem le moindre signe de « vieillissement » en ce sens-là et que je n'ai pendant longtemps presque rien soupçonné des affections et des passions qui pouvaient se manifester à travers certaines de ses réactions apparemment les plus « intellectuelles ». Il est vrai que la répugnance qu'il éprouvait à parler de lui-même de façon un tant soit peu personnelle et la discrétion extrême dont il continuait à faire preuve, sur ce point, dans les relations avec ses anciens élèves, même après que celles-ci étaient devenues, comme cela s'est passé dans mon cas, d'une espèce nettement plus familière et détendue, allaient en un sens beaucoup plus loin que cela. D'après ce que m'ont dit les membres de sa famille que j'ai eu l'occasion de rencontrer, même avec eux il ne faisait allusion que de façon rarissime et parcimonieuse à des choses comme les activités qu'il avait eues, les événements auxquels il avait participé et les dangers qu'il avait affrontés pendant les années où il a combattu dans la Résistance. Et il est remarquable que, quand il parle de Cavaillès et des relations qu'il a eues avec lui, il s'efface toujours, avec l'humilité du survivant, presque complètement derrière la figure du héros disparu et ne dise à peu

1. L. Fabre, « Le langage, l'impasse et la course au flambeau », dans *Paul Valéry vivant*, *op. cit.*, p. 163.
2. *Ibid.*

près rien du rôle qu'il a joué, de son côté, et des responsabilités qu'il a exercées dans les mouvements Libération et Libération-Sud, et à nouveau pendant les années de la reconstruction et de la réorganisation qui ont suivi immédiatement la fin de la guerre.

Même si nous avions généralement entendu parler de son passé de philosophe combattant et organisateur, nous ne savions la plupart du temps presque rien de précis sur ces choses. Je l'ai entendu en parler pour la première fois, je crois, quand il m'a expliqué, à propos de la façon dont Foucault avait décrit et dénoncé l'état lamentable et révoltant de notre système carcéral, que les fonctions dont il avait été chargé à la Libération l'avaient amené à s'occuper lui-même directement de ce problème et qu'il pouvait témoigner par expérience directe que les affirmations de Foucault non seulement n'avaient rien d'exagéré, mais étaient même encore en-dessous de la vérité. Il lui est arrivé à nouveau par la suite d'évoquer brièvement devant moi certains épisodes de sa vie qui remontent aux années de la guerre et de l'immédiat après-guerre. Mais c'était toujours comme en passant et presque en s'excusant de parler de choses déjà aussi lointaines et aussi difficiles à comprendre pour les gens de ma génération.

Si son passé et sa morale de résistant qui, même s'il ne parlait presque jamais de ces choses, n'avait rien oublié, se manifestaient néanmoins parfois clairement, c'était plutôt, tout compte fait, au moins pour ceux qui savaient à peu près à quoi s'en tenir, dans les jugements qu'il formulait parfois sur les hommes et les événements de l'actualité. Ce fut le cas, par exemple, en 1981, lors de l'élection présidentielle qui entraîna le retour de la gauche au pouvoir. Le lendemain de la victoire de Mitterrand, sachant que j'avais fait partie du petit nombre des philosophes qui avaient signé l'appel des intellectuels à voter pour lui (aussi étrange que cela puisse sembler aujourd'hui, nous n'étions réellement pas beaucoup à l'avoir fait), il me demanda si j'étais satisfait du résultat. Je lui répondis que, sans me faire trop d'illusions sur ce que l'on pouvait espérer, je l'étais malgré tout effectivement. Il ne me dit rien du choix qu'il avait fait lui-même, et je ne lui posai, bien entendu, aucune question sur ce point; mais je n'eus aucun mal à comprendre qu'il y avait dans le passé politique du nouveau président des choses qu'il n'était pas disposé à lui pardonner.

Le Canguilhem que j'ai connu quand j'étais étudiant, à peu près en même temps qu'Aron, dont je suivais aussi les cours et envers qui j'ai également une dette importante, même si j'ai abandonné assez rapidement l'idée de me consacrer à la philosophie politique, nous faisait l'effet d'un philosophe détaché et austère, spécialisé dans le traitement de problèmes relativement techniques et ésotériques d'épistémologie et d'histoire des sciences, évitant généralement aborder directement les « grandes » questions philosophiques, comme on les appelle, celles qui relèvent de la métaphysique et de la morale, et à première vue aussi éloigné de la politique et du désir d'intervenir, directement ou indirectement, dans ce domaine qu'il est possible de l'être quand on enseigne une discipline comme la philosophie. Dans la perception que nous avions de lui, il apparaissait à peu près comme l'antithèse exacte du philosophe engagé, tel que le voulait Sartre. J'ai commencé à voir les choses de façon sensiblement différente, quand j'ai eu l'occasion de parler directement avec lui. Mais, en dépit de ce que j'ai pu apprendre de cette manière-là, je n'en ai pas moins eu, en prenant connaissance pour la première fois de l'ensemble des textes qui ont été réunis dans ce premier volume de ses œuvres complètes, la surprise de découvrir un Canguilhem sur bien des points tout à fait inattendu et qui m'était resté jusqu'à présent presque complètement inconnu. C'est aussi, cela va sans dire, le genre d'expérience que feront presque certainement la plus grande partie des lecteurs de ce premier volume.

Pour ceux qui, comme moi, l'ont entendu pour la première fois au début des années soixante, il était difficile, pour ne pas dire impossible, d'imaginer un Canguilhem qui avait été dans sa jeunesse politiquement très concerné et engagé, et un Sartre qui, au même moment, était encore presque complètement apolitique (Aron lui-même, de son propre aveu, était relativement peu politisé à l'époque, mais l'était tout de même plus que Sartre). Il était même difficile, pour les gens comme nous, de se souvenir que Canguilhem avait été, à l'École normale supérieure, le condisciple de philosophes comme Sartre et Nizan et de se faire rétrospectivement une idée du genre de relation qui avait pu exister entre eux, autrement dit, entre trois jeunes gens dont l'un allait devenir par la suite ce que certains appelleraient un philosophe universitaire typique, alors que les deux autres manifestaient des dispositions et ont suivi un itinéraire qui correspondent probablement, au contraire, à ce qu'on peut imaginer de plus opposé à cela.

J'ai déjà évoqué au début la façon élogieuse et chaleureuse dont Canguilhem m'a toujours parlé de Sartre, alors qu'il n'avait vraisemblablement pas – c'est en tout cas ce que, à tort ou à raison, je supposais – beaucoup plus d'affinités proprement philosophiques avec lui que je n'en avais moi-même, pour des raisons qui étaient à la fois individuelles et liées au fait que la génération à laquelle j'appartiens avait déjà cessé largement d'être attirée par Sartre et commencé à emprunter, avec les débuts du structuralisme, des chemins qui n'avaient plus grand-chose de commun avec le sien. En avril 1980, je rencontrai par hasard Canguilhem rue Soufflot quelques jours après la mort de Sartre et je fus frappé par son air positivement accablé. Quand j'essayai de savoir, pour autant que je pouvais me permettre de l'interroger sur ce genre de chose, ce qui n'allait pas, il me répondit que la mort de Sartre signifiait que sa génération était décidément en train de disparaître et que, pour lui aussi, ce serait bientôt la fin. Je ne sais plus à quel genre de banalité rassurante je recourus, comme on le fait généralement en pareil cas, pour essayer de lui remonter le moral et de le convaincre que l'âge ne semblait pour ainsi dire pas avoir de prise sur lui – ce qui était bien l'impression qu'il donnait à ceux qui, comme moi, avaient fait sa connaissance une vingtaine d'années auparavant. Mais je n'ai en tout cas jamais oublié cet épisode ni la façon dont, lorsqu'il parlait de Sartre et des relations qu'il avait pu y avoir entre eux à l'École normale supérieure, il insistait toujours sur sa serviabilité et sa générosité extrêmes.

J'ai dit également qu'il réagissait de façon nettement différente quand il était question de Nizan. Une des raisons de cela était manifestement politique et liée à la sympathie (heureusement passagère) que Nizan avait commencé à éprouver, probablement dans les derniers mois de l'année 1925 ou au début de 1926, pour les idées de Georges Valois et aux relations qu'il avait entretenues avec le Faisceau. J'ai entendu personnellement, au moins à deux reprises, Canguilhem raconter l'épisode fameux de la bombe à eau, sur lequel on trouvera des détails dans le livre de Sirinelli [1]. Nizan ayant fait inviter pour une conférence-débat à l'École normale supérieure Hubert Bourgin (1874-1955), un socialiste repenti, qui avait été, à la rue d'Ulm, influencé fortement par Lucien Herr, mais était devenu, après la guerre, un proche de Georges Valois et un membre du Faisceau, un groupe de normaliens, dont faisait partie Canguilhem et dans lequel il joua manifestement un rôle déterminant, se posta en haut de l'escalier au moment de l'arrivée du conférencier en compagnie de Nizan, et laissa tomber une bombe à eau sur les deux hommes. Même après tant d'années, Canguilhem racontait encore, avec une jubilation évidente, que la bombe était tombée, avec une précision remarquable, en plein sur le chapeau de Bourgin. Et il expliquait également, avec une satisfaction non dissimulée, que Nizan, indigné et furieux, avait exigé de l'auteur du forfait qu'il se dénonçât, avec la menace de lui faire payer physiquement le prix de sa faute, mais était devenu subitement beaucoup moins combatif quand le coupable, à savoir Canguilhem lui-même, avait avoué effectivement le crime et s'était déclaré prêt à affronter le châtiment.

Il est peu probable, cependant, que les réticences manifestées par Canguilhem à l'égard de Nizan tiennent uniquement à ce genre de différend politique. Elles s'expliquent probablement aussi par des raisons d'une espèce plus générale et qui doivent être cherchées dans la difficulté que semble avoir éprouvée Nizan à entretenir des relations à peu près normales et relativement sereines avec ses condisciples de l'École Normale. Après avoir évoqué, à travers le témoignage de Georges Cogniot, les rapports difficiles que les élèves communistes entretenaient avec le reste de la communauté normalienne, Sirinelli explique que les problèmes de Nizan étaient d'un type bien différent :

> Aussi « dandy » que Georges Cogniot était « rustaud », aussi renfermé que le futur parlementaire communiste était bavard, aussi sombre que l'autre était exubérant, sa réserve semble avoir été davantage motivée au début par un malaise existentiel, dont le départ pour Aden fut l'éphémère exutoire, que par une « mauvaise humeur révolutionnaire ». Mais le résultat fut identique : des années d'École en marge de la communauté normalienne et des rapports difficiles avec ses camarades [2].

Ceux qui ont connu Canguilhem d'un peu près peuvent difficilement ignorer à quel point il appréciait chez les gens auxquels il avait affaire, dans le métier d'enseignant et dans la vie ordinaire, la fermeté de caractère et la constance dans les convictions et les sentiments. On peut donc conjecturer sans grand risque que l'instabilité psychologique et le parcours politique pour le moins hésitant et sinueux de Nizan, dont Sartre a parlé, en 1960, comme de quelqu'un qui avait été « communiste, puis valoisien, puis à nouveau communiste » [3], n'étaient pas particulièrement suscepti-

1. J.-F. Sirinelli, *Génération intellectuelle, Khâgneux et normaliens dans l'entre-deux-guerres*, Paris, P.U.F., 1994.

2. *Ibid.*, p. 418.

3. *Ibid.*, p. 408.

bles de le rendre sympathique à ses yeux. Quand Nizan a adhéré au Faisceau, c'était à la fin d'une période au cours de laquelle il avait apparemment envisagé successivement d'entrer dans les ordres, puis de se convertir au protestantisme. « La première année normalienne de Paul Nizan, d'octobre 1924 à l'été de 1925, écrit Sirinelli, fut [...] apparemment placée sous le signe d'une certaine confusion spirituelle et politique qui s'inscrit, au fond, dans le droit fil de l'année de khâgne qui, en 1923-1924, l'avait vu passer du Bloc des gauches à des positions maurrassiennes »[1]. Si Canguilhem n'avait, c'est le moins qu'on puisse dire, aucune bienveillance pour les positions maurrassiennes, on peut penser que, déjà à cette époque-là, il en avait, si possible, encore moins pour les gens qui étaient capables de changer aussi subitement et aussi radicalement de couleur.

Le 160e des *Propos*, daté du 7 février 1912, qui ont été réunis dans les *Éléments d'une doctrine radicale* d'Alain (1925) s'intitule « De la Fidélité ». L'auteur y écrit que :

> [...] Sans quelque parti pris, on est entraîné inévitablement d'un système à un autre, on voyage parmi les idées, on est un touriste d'idées. Je n'aime point cela ; cela est trop loin de la nature, la touche trop peu, et à vrai dire ne la change point du tout. En sorte que tel a fait un grand tour par socialisme, anarchisme, monarchisme et autres paysages d'idées, sans rien gagner; tandis qu'en organisant les idées et les faits selon ma nature, il me semble que j'ai plus de chances de la purger et redresser[2].

Alain parle, dans le domaine de la littérature politique, d'une catégorie de gens pour lesquels il éprouve une antipathie instinctive, ceux qu'il appelle « des gloutons d'idées », dont la caractéristique est qu'« aussitôt qu'on leur fait briller quelque opinion d'apparence raisonnable, ils se précipitent la bouche ouverte, et ils avalent l'appât, l'hameçon et la ligne d'un seul coup de gorge »[3], en invoquant à chaque fois le droit à l'erreur commise de bonne foi et en jetant au nez des gens qui s'étonnent et se scandalisent leur sincérité et leur probité intellectuelle. La philosophie a, elle aussi, hélas ses touristes et ses gloutons d'idées, qui se comportent, dans leur domaine à peu près comme les politiciens dont parle Alain dans le leur et, en présence de n'importe quelle idée qui a l'air un peu nouvelle, sont toujours prêts à ouvrir la bouche pour béer d'admiration et avaler ce qu'on leur propose.

Au nombre des raisons pour lesquelles j'ai éprouvé depuis le début de l'admiration pour Canguilhem et me suis senti proche de lui figure à coup sûr le mépris qu'il manifestait pour les touristes d'idées du monde philosophique, dont j'ai toujours eu l'impression désagréable qu'ils abondent malheureusement beaucoup plus qu'il ne le faudrait dans une discipline intellectuelle dont la nature même devrait, semble-t-il, les exclure encore plus radicalement que celle de n'importe quelle autre. Le tourisme

1. J.-F. Sirinelli, *Génération intellectuelle*, *op. cit.*, p. 409.
2. Alain, *Éléments d'une doctrine radicale*, Paris, Gallimard, 4e édition, 1933, p. 332.
3. « La Phalange », 2 mars 1912, *ibid.*, p. 336.

d'idées était, pour Canguilhem, une chose qu'un philosophe digne de ce nom devrait laisser aux journalistes philosophiques, dont c'est, après tout, à peu de chose près le métier et la tâche. Un des aspects sous lesquels je repense toujours, et aujourd'hui plus que jamais, à lui est celui de l'homme de la *fidélité* : fidélité à ses principes philosophiques, éthiques et politiques les plus fondamentaux, fidélité envers ses maîtres (comme Alain), envers les institutions auxquelles il appartenait, à l'égard desquelles il estimait avoir une dette importante et dont il se considérait comme solidaire (ce fut le cas en 1968, pour l'Université, dans une atmosphère et dans des circonstances qui encourageaient plutôt à la défection et au reniement), envers les gens de sa génération qu'il a à la fois aimés et admirés (comme Cavaillès), envers ceux des générations suivantes qui ont eu la chance d'être ses élèves et, tout particulièrement, ceux auxquels il a fait l'honneur de les considérer aussi comme ses amis.

DU PACIFISME À LA RÉSISTANCE
LE RÔLE D'ALAIN DANS LA FORMATION DE CANGUILHEM

Le comportement de Canguilhem pendant les années qu'il a passées à l'École normale supérieure ne peut être compris complètement que si l'on se souvient qu'il appartenait à l'époque, aussi bien du point de vue politique que du point de vue philosophique, au petit groupe des élèves « chartiéristes » (ou, comme on dit aussi, « alanistes » ou « alinistes ») de l'École, et en était même un des éléments les plus importants. Comme il le confirme lui-même, il est d'ailleurs resté jusqu'au bout un des proches d'Alain : « [...] J'ai continué jusqu'au bout à voir Alain, c'est quand même moi qui lui ai fermé les yeux au Vésinet »[1]. C'est aussi une chose que je n'ai découverte, pour ma part, que tardivement et avec un étonnement que le lecteur comprendra, je crois, facilement. Cela s'est passé, autant que je m'en souvienne, peu de temps après que j'eus obtenu, en 1976, le prix Cavaillès pour la thèse de doctorat que j'avais soutenue l'année précédente sur Wittgenstein[2], dans la maison de campagne que Gabrielle Ferrières, la sœur de Cavaillès, et son mari possédaient en Touraine et où nous avions été invités, ma femme et moi, en compagnie de Canguilhem, de son

1. « Entretien réalisé le 25 juin 1995 par F. Bing et J.-F. Braunstein avec Canguilhem », dans F. Bing, J.-F. Braunstein, É. Roudinesco (dir.), *Actualité de G. Canguilhem. Le normal et le pathologique*, Le Plessis-Robinson, Institut Synthélabo, 1998, p. 8.

2. Je n'ai jamais oublié la petite cérémonie à laquelle donna lieu la remise du prix à l'Institut d'Histoire des Sciences. Parmi les gens qui avaient été les condisciples de Canguilhem et faisaient aussi partie de ses amis, il y avait notamment Raymond Aron, alors président de la Société des amis de Jean Cavaillès, Henri Cartan et Georges Friedmann (que j'ai rencontré pour la première et la dernière fois à cette occasion). Par un heureux hasard, dû au fait qu'il se trouvait à ce moment-là à Paris pour une autre raison, Georg Henrik von Wright, qui avait été le successeur de Wittgenstein à sa chaire de Cambridge, était également présent. Le dernier des survivants de cette glorieuse génération, Henri Cartan, est mort en 2008.

épouse, Simone, et de Suzanne Bachelard. Je m'étais permis une remarque quelque peu condescendante et ironique à propos d'Alain, dont je compris immédiatement que, même si, avec le tact qui le caractérisait, Canguilhem se garda bien de m'administrer le genre de leçon que les anciens réservent généralement aux jeunes gens qui parlent avec suffisance de choses dont ils ignorent presque tout, elle l'avait un peu choqué.

Il faut dire que j'appartiens à une génération qui n'avait généralement pas une opinion très élevée d'Alain, et c'était aussi mon cas, même si j'avais été séduit brièvement par lui pendant les deux années que j'avais passées en khâgne au lycée Lakanal (1959-1961), où j'avais eu comme professeur de philosophie Jean Laubier, un élève et disciple d'Alain, que Canguilhem semblait d'ailleurs connaître assez bien. Du point de vue politique, Alain incarnait, à nos yeux, la philosophie du radicalisme, dont nous ne faisions pas grand cas : dans la confrontation entre le radicalisme et le socialisme, qui a marqué de façon importante la pensée politique d'Alain, la plupart d'entre nous avaient opté résolument pour le deuxième, sans s'inquiéter outre mesure de la part d'encouragement à la contrainte et à la violence qu'il peut sembler comporter et qui, pour Alain, constituait une objection décisive contre lui (pour nous, à l'inverse, du point de vue politique, la modération était sûrement plutôt le contraire d'une vertu). Du point de vue philosophique, nous avions tendance (c'était vrai, en tout cas, pour moi) à trouver son style de pensée un peu trop littéraire et rhétorique : nous étions convaincus que cette façon de faire de la philosophie appartenait désormais à une époque plus ou moins révolue et que, quelle que soit la séduction qu'elle pouvait encore exercer, le moment n'en était pas moins venu d'essayer quelque chose de plus théorique, plus précis et plus ambitieux.

C'est dans ces circonstances que Canguilhem me parla des conditions dans lesquelles le campagnard qu'il était avait quitté sa province pour venir à Paris et entrer en hypokhâgne au lycée Henri IV, en même temps que du rôle déterminant qu'Alain allait jouer dans son orientation. « Vaguement sillonniste en entrant, dit Sirinelli des trois années que Canguilhem a passées au lycée Henri IV, il en ressort profondément imprégné par la pensée d'Alain »[1]. Ce qu'il m'a expliqué, en tout cas, est que c'était précisément à cause d'Alain qu'il avait choisi la philosophie et était parvenu finalement là où il se trouvait, ayant compris, grâce à son exemple, qu'un « paysan » (le mot est évidemment à comprendre au sens large – Alain, si je ne me trompe, était fils de vétérinaire), que rien ne prédestinait à cela, pouvait néanmoins devenir un philosophe et même – il ne semble pas avoir jamais changé d'avis sur ce point en ce qui concerne Alain – un philosophe de première importance. S'il semble avoir été « découvert », au cours de ses années de collège à Castelnaudary, par son professeur de latin, Monsieur Claux, qui a dû convaincre ses parents de l'envoyer à Paris, une chose pour laquelle il lui est resté reconnaissant toute sa vie, c'est après son entrée au lycée Henri IV, la rencontre avec Alain qui a décidé pour l'essentiel de la vocation de Canguilhem. Ayant moi-même des origines assez semblables aux siennes et ayant connu, bien des années

1. J.-F. Sirinelli, *Génération intellectuelle*, *op. cit.*, p. 465.

après, au moment où je suis entré en hypokhâgne au lycée Lakanal, une expérience du même genre que celle qu'il m'a décrite, celle du sentiment de gêne et d'infériorité que suscite le fait de pénétrer dans un monde qui n'était pas fait pour vous et dans lequel vous n'étiez pas invité ni même vraiment autorisé à entrer, je n'eus aucun mal à comprendre ce qu'il me racontait.

Il m'est arrivé, du reste, en songeant rétrospectivement à cet épisode, de me demander si je ne m'étais pas trouvé moi-même à un moment donné de façon plus ou moins inconsciente, par rapport au maître qu'était Canguilhem et à ce qu'il représentait, dans une position un peu comparable à ce qu'avait été la sienne pendant les années où Alain était devenu pour lui une référence essentielle et un modèle à suivre. Inversement, le fait que j'étais moi-même un des rares normaliens de l'époque à avoir une origine paysanne et une connaissance du monde paysan qui n'avait rien de livresque a été certainement pour quelque chose dans le genre d'intérêt et de curiosité un peu spécial qu'il a manifesté relativement tôt pour mon cas et pour mon propre devenir intellectuel et philosophique, une chose dont je n'ai commencé à me rendre compte qu'en 1965, après avoir passé l'agrégation de philosophie, devant un jury qu'il présidait.

Sirinelli indique que, chez les khâgneux des années 1920, la proportion de fils d'agriculteurs ne représente que 3% de l'ensemble[1] et observe que, si on raisonne en termes de « chance d'accès » ou de « probabilité objective d'accès à l'enseignement supérieur », on obtient, pour les fils d'ouvriers et d'agriculteurs, des indices quasiment nuls[2]. Ce sont des chiffres dont il n'est pas inutile de se souvenir quand on essaie de se faire une idée concrète des dispositions dans lesquelles se trouvait Canguilhem quand il est entré en khâgne au lycée Henri IV et de l'idée qu'il pouvait se faire d'une chose comme ses « probabilités objectives d'accès à l'enseignement supérieur ». Ce qui est remarquable est que ses dispositions ne donnent pas l'impression d'avoir beaucoup changé par la suite et que, même bien des années après que ce qui était, objectivement et subjectivement, improbable au plus haut degré fut, malgré tout, arrivé, cela ne lui semblait toujours pas vraiment normal et naturel.

Je ne me souviens pas qu'il m'ait jamais parlé de la façon dont ses rapports avec Alain et avec le milieu chartiériste ont évolué par la suite, autrement dit, de l'éloignement progressif et de la rupture finale qui se sont produits entre eux sur la question cruciale du pacifisme. Aron, dans un article de 1941, intitulé « Prestige et illusions du citoyen contre les pouvoirs », que j'ai lu en 1963 et qui m'avait particulièrement frappé, à une époque où je ne savais rien de la façon dont Canguilhem avait été influencé pendant un temps par les idées d'Alain (pas seulement, du reste, celle de la paix à tout prix, mais également celle de l'existence d'une sorte de devoir de résistance à tous les pouvoirs, qui va de pair avec la première pour des raisons qui n'ont rien d'accidentel) juge de façon particulièrement négative le prestige considérable dont il a

1. *Ibid.*, p. 182.
2. *Ibid.*, p. 178.

bénéficié auprès d'une fraction de la jeunesse intellectuelle, en particulier pendant les dix années qui ont suivi la fin de la Première Guerre mondiale :

> Également étranger à la situation de la France et de l'Europe, également abstrait et théorique, Alain a convaincu une partie de l'opinion de gauche que l'opposition morale du citoyen aux pouvoirs apportait la meilleure garantie des libertés et de la paix.
> Pour qui n'a pas connu Alain et éprouvé personnellement l'ascendant de l'homme, le phénomène risque de paraître impénétrable, presque absurde parfois. Car on cherche vainement les conceptions neuves, profondes, dans l'ordre politique, qui expliqueraient la dévotion des disciples. Bien plus, tant des affirmations d'Alain ont été pour ainsi dire emportées par la tourmente, que l'on est tenté plus d'une fois moins de les discuter que de les confronter avec les faits[1].

Quand je parle du lien qui existe, chez Alain, entre le pacifisme et le devoir d'opposition au pouvoir, sous toutes les formes et dans toutes ses manifestations, je pense à ce que dit Aron :

> Toujours et partout les pouvoirs gouvernent pour eux-mêmes et tendent à abuser de leur autorité. Toujours et partout les citoyens aiment la paix et se laissent duper par leurs passions et par leurs maîtres. [...] Toutes les idées politiques d'Alain se retrouvent dans sa théorie de la guerre. La guerre est à ses yeux le triomphe des pouvoirs, parce que ceux-ci tendent vers l'ordre militaire comme vers leur forme parfaite et que, en temps de guerre, l'ordre militaire s'étend à la nation entière. Aussi Alain soupçonne-t-il toujours les pouvoirs de provoquer ou de favoriser les conflits entre les peuples. Et il faut entendre les pouvoirs dans tous les pays, car Alain pousse l'ignorance volontaire des différences entre pays jusqu'à l'extrême. Partout, il devine, il affirme la présence de la même lutte entre pouvoirs et citoyens[2].

Mais Aron, dans cet article, juge Alain essentiellement en tant que le maître à penser politique qu'il ne voulait pas être et qu'il n'aurait jamais dû devenir, puisqu'il n'a fait, d'après lui, qu'élever au niveau de la philosophie, « la pensée, ou plus exactement, l'attitude la plus rebelle en apparence à cette transfiguration : le radicalisme », et réussi à conférer une sorte de valeur intemporelle à des idées dont l'origine était en réalité on ne peut plus historique et accidentelle (en gros, la mauvaise humeur que l'électeur provincial éprouve à l'égard de l'administration centrale parisienne) :

> Le citoyen soupçonneux et grognon, le parlementaire représentant des humbles dans leur village et leurs champs, avocat des "petits", deviennent sous sa plume les exécuteurs d'une grande tâche, les défenseurs des individus contre l'administration, des personnes contre les pouvoirs, des communes contre le monde parisien, de la liberté des personnes contre la tyrannie des Importants et des Grands[3].

1. R. Aron, « Prestige et illusions du citoyen contre les pouvoirs », dans *L'Homme contre les tyrans*, Paris, Gallimard, 1946, 2ᵉ édition, p. 99.
2. R. Aron, « Prestige et illusions du citoyen contre les pouvoirs », *op. cit.*, p. 103.
3. *Ibid.*, p. 98.

Dans le langage d'aujourd'hui, cette méfiance exacerbée à l'égard du pouvoir central et des élites en général serait qualifiée, je suppose, de « populiste ».

Aron (que je me souviens d'avoir interrogé une fois sur le genre de fascination qu'avait pu exercer sur les gens de sa génération un philosophe comme Alain) n'a pas été son élève et il dit que c'est peut-être Canguilhem qui fut l'intercesseur entre Alain et lui[1]. Tous les deux ont connu en tout cas Alain de près et ont eu l'occasion d'expérimenter personnellement l'ascendant de l'homme. Mais même ceux qui ne sont pas dans ce cas peuvent, me semble-t-il, comprendre sans difficulté le genre d'impression qu'était susceptible de faire sur un jeune provincial d'origine rurale arrivant à Paris pour y faire des études supérieures le type de refus de soumission et de méfiance envers les grands et les importants qu'incarnait et enseignait Alain, surtout s'il s'agissait de quelqu'un qui, comme c'était apparemment le cas de Canguilhem, était déjà doté naturellement au départ d'une solide capacité de résistance au pouvoir, aussi bien civil que militaire, et à l'arbitraire, qui n'allait pas tarder à se confirmer au cours des années qu'il a passées à l'École normale supérieure.

Dans la séduction que pouvaient exercer, du point de vue politique, l'attitude d'Alain et la position de sage qu'il en était venu à occuper, où se situaient exactement l'illusion et l'erreur? « Aucun disciple, écrit Aron, ne voyait le piège et l'artifice; quelle qu'ait pu être la grandeur d'Alain, combattant volontaire dans une guerre qu'il n'approuvait pas, l'attitude qu'il recommandait, la leçon qu'il enseignait plaisait parce qu'elle flattait les passions alors les plus communes. Au lendemain de la guerre, les invectives contre la guerre, le bourrage de crâne, les pouvoirs, les fausses grandeurs répondaient aux sentiments à la mode. Or Alain, pratiquement, justifiait ces sentiments, il tendait à les éterniser, il ne les épurait pas plus qu'il ne les éclairait. Il ne les transformait pas en principes d'une action efficace. Les disciples, jusqu'au bout fidèles à l'orthodoxie, en sont restés aux formules du citoyen-grognard »[2]. Sur Alain philosophe, Aron conclut par un jugement qui n'est guère moins sévère : « Trop proche du syncrétisme pour être reconnu comme un philosophe original, ne reste-t-il pas un moraliste et un écrivain d'idées ? »[3]. Je suppose que c'est à peu près ce que je devais penser aussi à l'époque où Canguilhem m'a parlé de l'importance qu'il avait eue pour lui. Aujourd'hui, je ferais preuve, je crois, de plus de perspicacité et d'équité, même si je considère qu'Aron a en partie raison quand il reproche à Alain de n'avoir pas voulu connaître certaines des conquêtes intellectuelles de son siècle et d'être resté « à l'intérieur de la "philosophie éternelle" telle que la concevait la corporation des enseignants de philosophie dans les lycées et les universités de France »[4]. Je ne sais pas si Alain appartient réellement à la catégorie des « écrivains d'idées », comme il les appelle; mais il faisait en tout cas entre eux et les philosophes proprement dits une

1. R. Aron, *Mémoires*, *op. cit.*, p. 74.
2. *Ibid.*, p. 107.
3. *Ibid.*, p. 74.
4. *Ibid.*

distinction aussi stricte que Canguilhem. Je n'ai pas de mal à imaginer la façon dont ils jugeraient l'un et l'autre une évolution qui pourrait bien finir par faire des écrivains d'idées, avec le concours des journalistes, les seuls vrais philosophes.

On trouvera, dans ce premier volume des œuvres de Canguilhem, toute la documentation, tous les renseignements et toutes les explications nécessaires pour reconstruire de façon aussi précise que l'on peut espérer y parvenir l'histoire compliquée de sa rupture progressive avec l'orthodoxie dont parle Aron. Je ne sais pas si l'on peut le soupçonner réellement d'avoir cédé pendant un temps à une tentation à laquelle il était, pour des raisons évidentes, sûrement plus exposé que son condisciple de l'École normale supérieure, à savoir celle de conférer à ce que celui-ci appelle « les formules du citoyen-grognard » une dignité politique et philosophique qu'elles ne méritent pas. Mais ceux qui l'ont connu ne seront pas surpris, en tout cas, de constater, que, quoi qu'il ait pu penser lui-même, à l'époque où Aron écrivait l'article que j'ai cité, de l'erreur fondamentale que représentaient, du point de vue politique, l'attitude et la doctrine d'Alain et que les événements eux-mêmes étaient en train de révéler de façon tragique, cela n'a rien changé à la conviction, qu'il a manifestement conservée jusqu'au bout, de la grandeur morale de l'homme et de celle du philosophe. Je me souviens, du reste, qu'il lui arrivait, dans ses cours, de recommander vivement la lecture de certains de ses livres.

Sirinelli note qu'au moment où se produit la scission dont je suis en train de parler :

> Le microcosme chartiériste s'ordonne en plusieurs cercles d'admiration et de fidélité. Au centre trônent les puissances tutélaires : Alain, bien sûr, mais aussi Romain Rolland, Valéry et Charles Gide. C'est du moins ce qui ressort de l'hommage rendu à ce dernier, après sa mort, par Michel Alexandre dans la revue *Europe :* « En France, pendant et depuis la guerre, quatre hommes en tout de cette taille – quatre Grands : Charles Gide, Romain Rolland, Alain, Valéry. Pas un de plus. » [...] Ces quatre hommes, en fait, sont des « Grands » aux yeux de Michel Alexandre et de ses amis parce qu'ils ont pris, sur des registres différents mais convergents, des positions pacifistes. Celles de Romain Rolland sont connues et celles de Charles Gide ont déjà été évoquées plus haut [cf. notamment p. 434, 445]. Quant à Paul Valéry, il a, par exemple, prononcé, au début des années 1930, plus précisément le 22 janvier 1931, en recevant le maréchal Pétain à l'Académie française, un discours aux accents pacifistes qui a connu un grand écho [1].

L'admiration du milieu chartiériste pour ces quatre figures tutélaires était certainement partagée largement par Canguilhem, qui avait été à la pointe du combat pacifiste et impliqué directement, en 1927, dans la renaissance des *Libres propos*. En ce qui concerne plus particulièrement Valéry, qui est un auteur auquel je m'étais intéressé moi-même très tôt et de beaucoup plus près qu'on ne le faisait généralement à l'époque (ce qui intriguait quelque peu Canguilhem, parce qu'il lui semblait être, justement, un écrivain et un penseur qui avait été un maître pour les gens de sa génération, mais ne devait probablement plus dire grand-chose à ceux de la mienne),

1. J.-F. Sirinelli, *Génération intellectuelle*, *op. cit.*, p. 462.

j'ai eu l'occasion de me rendre compte personnellement de l'étendue et de la précision de la connaissance qu'il avait de son œuvre. (C'était d'ailleurs un des auteurs qu'il citait assez régulièrement, la plupart du temps de mémoire, dans ses cours.) Quand je lui envoyai le texte d'une conférence que j'avais faite en 1993 à Oxford sur « La philosophie d'un anti-philosophe : Paul Valéry », il m'écrivit une lettre particulièrement amicale et chaleureuse dans laquelle il m'expliquait qu'il avait redescendu des rayons de sa bibliothèque toutes les œuvres de Valéry qui y figuraient pour s'assurer qu'il ne s'était pas trompé quand il avait eu l'impression de retrouver, dans ce que j'avais écrit, à peu près exactement le Valéry qu'il avait lu et dont il avait gardé le souvenir. Je n'ai pas besoin de souligner à quel point, venant de lui, un tel hommage me toucha.

Je ne connaissais pas, bien entendu, à l'époque, et il n'y a jamais fait allusion devant moi, la lettre qu'il écrivit en réponse au discours prononcé par Valéry à l'occasion de la réception du Maréchal Pétain à l'Académie française[1]. On y découvre un Canguilhem au meilleur de sa forme dans la pratique de l'ironie cinglante et du sarcasme, et que le prestige considérable et même presque écrasant du grand homme n'empêche pas de réaffirmer, contre lui, avec la même vigueur les convictions pacifistes et antimilitaristes radicales et intransigeantes auxquelles il s'était rallié, sous l'influence d'Alain, depuis le début des années vingt. A la différence de beaucoup d'autres, Canguilhem ne s'est manifestement pas laissé abuser par les accents pacifistes que l'on avait cru la plupart du temps déceler dans le discours de Valéry et par la condamnation solennelle de la guerre sur laquelle il se termine. C'est que, pour être crédible, il aurait fallu éviter de se prosterner, après tant d'autres, devant la Patrie. « Vous n'avez point voulu, écrit Canguilhem, toucher à cette idole »[2]. Il aurait pu, je crois, citer, sur ce point Maupassant : « Si la guerre est une chose horrible, le patriotisme ne serait-il pas l'idée-mère qui l'entretient ? »[3].

Entre les accents pacifistes et les accents patriotards qui se font entendre simultanément dans le texte, Canguilhem ne voit aucune possibilité d'harmonisation. Quant Valéry absout la France et ses alliés de toute responsabilité dans le déclenchement du conflit et ose écrire à ce propos : « On peut affirmer que l'idée de déclarer la guerre à quelqu'une des nations voisines ne s'est jamais présentée à un esprit français depuis 1870 ... », Canguilhem réagit en s'exclamant : « Ô Boulanger, ô Déroulède, ô trublions innombrables de la *Ligue des Patriotes* ... Quel affront ! »[4]. Quant a la manière dont Valéry avait loué Pétain pour l'humanité avec laquelle il avait réprimé les mutineries de 1917, elle l'amène à remarquer que l'auteur semble ignorer

1. P. Valéry, « Réponse au remerciement du maréchal Pétain à l'Académie française » (22 janvier 1931), dans P. Valéry, *Œuvres I*, édition établie et annotée par J. Hytier, « Bibliothèque de la Pléiade », Paris, Gallimard, 1957, p. 1098-1128.

2. « La guerre et la paix – Le discours de M. Paul Valéry au maréchal Pétain ». Cf. *infra*, p. 335-337, p. 336.

3. « Les Dimanches d'un bourgeois de Paris », *Le Gaulois* (31 mai-18 août 1880).

4. « La guerre et la paix », *op. cit.*, cf. *infra*, p. 336, note a.

ou avoir oublié l'horreur des exécutions « pour l'exemple ». « Vous aviez, écrit-il, une occasion unique d'analyser à ce propos ce que c'est que le mécanisme inhumain du commandement et d'expliquer que nécessité n'a pas de loi. Vous laissez croire à ces sophistes criminels que l'humanité peut être là où la guerre est »[1]. On mesure la difficulté du chemin que Canguilhem a eu à parcourir pour passer du pacifisme à la Résistance et le prix considérable qu'a dû coûter, pour celui qui avait soutenu que l'humanité et la guerre ne pouvaient jamais se trouver au même endroit, l'obligation d'admettre que la guerre était devenue à un moment donné non seulement inévitable, mais moralement nécessaire, et que la cause de l'humanité elle-même exigeait que l'on renonce à l'idée de la paix au-dessus de tout et sans aucune réserve.

En 1927, l'année où Canguilhem a été reçu à l'agrégation de philosophie et la dernière qu'il a passée à l'École normale supérieure, a été publié le livre d'Albert Thibaudet, *La République des professeurs*. On peut être tenté, en le lisant, d'appliquer à Canguilhem trois distinctions que fait l'auteur. La première est celle du normalien paysan ou du paysan normalien et du normalien citadin, même si, pour des raisons sur lesquelles il n'est pas nécessaire de s'attarder, l'exemple de Péguy, que Thibaudet oppose sur ce point à Michelet, n'est sûrement pas celui auquel il faut penser[2] : « Le premier, il offrit ce scandale, d'un élève reçu à l'École Normale, et qui traverse l'École Normale sans en emporter la moindre parcelle de style cultivé, classique, traditionnel, restant, en long et en large, paysan, comme un écossais en *kilt* dans le plus noble collège d'Oxford »[3]. Je ne sais pas si l'on peut ou non dire exactement cela de Péguy ; et ce que je veux dire à propos de Canguilhem n'est sûrement pas qu'il était et est resté paysan en ce sens-là (ce serait tout à fait absurde), mais seulement qu'il avait et a gardé jusqu'au bout avec les choses de la terre une proximité réelle et concrète (et non pas, comme d'autres, qui ont généralement tendance à remplacer, d'une façon qui l'exaspérait, la réalité par le mythe, essentiellement « spirituelle »), qu'il ne faisait jamais complètement abstraction, même dans ses cours, de ses origines paysannes et de sa connaissance du monde paysan, et qu'il semble avoir gardé toute sa vie le souvenir de l'espèce d'« incongruité » qu'avaient représentée, du point de vue social, la présence d'un élève venant d'un milieu comme le sien dans un endroit comme l'École normale supérieure et même, encore longtemps après, celle d'un professeur comme lui dans l'Université, qui n'était pas non plus le genre de lieu où il aurait dû normalement se retrouver pour finir.

1. « La guerre et la paix », *op. cit.*, cf. *infra*, p. 337.

2. J.-F. Sirinelli observe qu'en dehors des enseignants la seule catégorie socioprofessionnelle dont la proportion dépasse 10% chez les normaliens est la catégorie, très hétéroclite, des « commerçants », au sens large ; et c'est dans cette catégorie-là qu'il inclut Péguy, dont la mère était rempailleuse de chaises (*op. cit.*, p. 173). Il serait, par ailleurs, pour le moins étrange de rapprocher le cas de Canguilhem de celui de l'écrivain dont Thibaudet dit qu'il lui était revenu, en 1914, de faire l'appel et de crier : « Les hommes de quarante ans, rassemblement ! » (A. Thibaudet, *La République des professeurs*, Paris, Grasset, 1927, p. 82).

3. *Ibid.*, p. 83.

Il va sans dire que personne n'aurait pu être mieux protégé que Canguilhem, qui savait sur ce point, par expérience, exactement de quoi il retourne, contre le genre de « sentimentalisation » de la réalité terrienne que décrit Victor Klemperer quand il parle de la mystification que constituait, chez les nazis, l'exaltation des valeurs de la paysannerie traditionnelle :

> Chaque jour de mars 1945, je me cassai la tête en vain devant une image exposée à la devanture du *Falkensteiner Anzeiger*. On y voyait une demeure villageoise à colombages, jolie assurément, et, au-dessous, une parole de Rosenberg affirmant qu'une demeure paysanne vieille-allemande contenait « plus de liberté spirituelle et de force créatrice que toutes les villes à gratte-ciel et toutes les baraques de tôle ondulée réunies ». J'ai cherché en vain une justification possible de cette phrase; elle ne peut résider que dans l'hybris nazie et nordique et dans son remplacement de la pensée par le sentiment [1].

Quand il nous arrivait d'évoquer des questions comme celle de la chasse, de la préservation des espèces naturelles ou de la protection de l'environnement en général, Canguilhem ne cédait jamais non plus à la tentation d'idéaliser et de sentimentaliser la réalité. Je me souviens de l'avoir entendu me dire qu'il fallait assurément respecter la nature, mais qu'on ne devait pas se sentir obligé pour autant de la laisser faire n'importe quoi.

La deuxième distinction à laquelle on peut songer, dans son cas, est celle de l'héritier et du boursier, pour laquelle Thibaudet utilise comme paradigmes, d'un côté, Barrès et, de l'autre, Lagneau, Burdeau, qui a servi avec lui de modèle au Bouteiller des *Déracinés*, et Alain, autrement dit, trois des philosophes qui, directement ou indirectement, ont joué un rôle important dans la formation de Canguilhem. « Vous avez parlé noblement, explique Thibaudet à Jean Guéhenno, dans votre *Michelet*, des hommes du peuple arrivés, qui ne renient pas leurs origines. Herriot disait de même, avec une vive conviction, devant le monument de Burdeau. Alain a pu faire des études parce qu'un député lui a fait obtenir une bourse. [...] Quand Herriot, entre Painlevé et Blum, a été porté au pouvoir le 11 mai, il était le délégué de toute une famille intellectuelle, celle de la petite démocratie, celle d'Alain, la vôtre »[2]. De Lagneau, Thibaudet dit que : « Le Lorrain Lagneau, voilà le contraire d'un prince : il est l'homme dans le rang, le simple soldat que se voudra Alain, l'esprit qui, sous la raillerie du grand bourgeois, a porté l'oiseau comme Burdeau, au lieu de se sentir des ailes comme Barrès »[3].

Il est tout à fait possible, bien entendu, que Thibaudet, comme le pense Sirinelli, ait surestimé l'importance du phénomène des boursiers[4] ou que l'idée d'une « République des professeurs » corresponde bien moins à la réalité qu'à la perception

1. V. Klemperer, *LTI, La langue du IIIe Reich, Carnets d'un philologue*, traduit de l'allemand et annoté par E. Guillot, Paris, Albin Michel, 1996, p. 311.

2. A. Thibaudet, *La République des Professeurs*, *op. cit.*, p. 197-198.

3. *Ibid.*, p. 142.

4. J.-F. Sirinelli, *Génération intellectuelle*, *op. cit.*, p. 193-194.

qu'en avaient l'opinion publique, et plus particulièrement la droite, après la victoire du Cartel des gauches. Mais ce n'est évidemment pas cette question qui nous intéresse ici. C'est plutôt le fait que la famille intellectuelle dont parle Thibaudet est aussi celle à laquelle a appartenu Canguilhem, et qu'on ne peut d'ailleurs guère non plus hésiter sur le fait que, dans l'opposition que Thibaudet établit entre les écrivains (le plus souvent privilégiés par leurs origines sociales et de droite) et les professeurs (arrivés généralement par leurs propres moyens et de gauche), c'est du côté des seconds que devaient aller naturellement les sympathies de Canguilhem. Thibaudet résume, de façon assez caricaturale, ce qu'il pense être le point de vue d'Alain en disant que, pour lui, « il est aussi difficile à l'écrivain de talent d'être républicain qu'au riche d'entrer dans le royaume de Dieu »[1]. Mais cela ne nous éclaire évidemment pas sur une autre question, que j'ai évoquée tout au début, celle de savoir s'il ne pourrait pas y avoir aussi, pour un écrivain de talent (ce qu'Alain était indiscutablement lui-même en philosophie, même s'il est vrai qu'il ne se serait sûrement jamais présenté comme un écrivain-philosophe ou un philosophe-écrivain), une certaine difficulté à entrer réellement dans le royaume de la philosophie.

La troisième des distinctions dont il peut être utile de dire quelques mots et qui, même aujourd'hui, semble n'avoir rien perdu de sa pertinence est celle des « normaliens du dedans » et des « normaliens du dehors » :

> Trois têtes qu'un destin artiste n'eût pu choisir plus ingénieusement pour instituer une expérience : Herriot, le plus brillant des agrégés des lettres, Painlevé, grand professeur mathématicien, et Blum, le Normalien du dehors, l'universitaire *in partibus Parisiorum*, représentant cette importante partie de l'École – son aristocratie (vous [Guéhenno] n'avez pas l'honneur d'en être) qui n'a cherché dans l'éducation normalienne qu'un sûr passage vers le monde, la littérature, le théâtre, le journalisme, la politique, les Intérêts Economiques, la S.d.N., le B.I.T.)[2].

Canguilhem, qui était, lui aussi, très éloigné de l'aristocratie dont parle Thibaudet, peut être considéré, à bien des égards, comme le prototype du normalien du dedans, celui que ses origines sociales modestes incitent à considérer plutôt l'enseignement comme le débouché naturel et le seul qui soit réellement à sa portée de l'éducation normalienne. Il ne semble pas avoir jamais envisagé de devenir autre chose qu'un enseignant. Et pas plus que Cavaillès, s'il avait survécu à la guerre et à l'occupation, on ne l'imagine un seul instant, après la Libération, tenté d'utiliser son passé de résistant pour se lancer dans une carrière extra-universitaire quelconque, par exemple politique. Comme je l'ai dit, il semblait même considérer comme une sorte de privilège auquel il n'avait pas vraiment espéré accéder le fait d'être devenu professeur d'Université. Et je l'ai même entendu dire à plusieurs reprises qu'étant entré dans l'Université de façon

1. J.-F. Sirinelli, *Génération intellectuelle*, *op. cit.*, p. 134.
2. A. Thibaudet, *La République des Professeurs*, *op. cit.*, p. 14.

relativement tardive et un peu inattendue, il s'était promis également très tôt d'en partir un peu avant la date à laquelle il était tenu, administrativement parlant, de le faire.

L'ÉPISTÉMOLOGIE FRANÇAISE ET SON « AUTRE »

Si l'on en croit Hacking : « Les lecteurs de langue anglaise, qui veulent savoir d'où viennent Bruno Latour et d'autres Français iconoclastes contemporains, devraient lire davantage Canguilhem »[1]. Il n'est pas douteux que les lecteurs de langue anglaise auraient intérêt à lire davantage Canguilhem, dans le cas précis et en général (ils le font d'ailleurs nettement plus depuis un certain temps). Mais, bien que je n'aie sûrement pas la prétention d'être un spécialiste ou même simplement un interprète réellement qualifié de la pensée de Canguilhem, j'ai, je l'avoue, des doutes sérieux sur la possibilité de considérer Latour comme un de ses héritiers spirituels, surtout quand je lis des choses comme celles-ci, qui ont de quoi faire sursauter même un lecteur un peu superficiel des œuvres de Canguilhem :

> [D'après Ludwig Fleck], le rationnel n'est qu'un état stabilisé de l'irrationnel, un «*point fixe*» [...], une «*habitude de pensée*» [...]. Pour les lecteurs français, habitués à l'épistémologie de Bachelard ou de Canguilhem dont tout le travail consiste à extraire la rationalité cachée dans les méandres de l'histoire sociale des sciences pour mieux faire ressortir la différence totale entre le rationnel et l'irrationnel, entre la science et l'idéologie, Fleck semble avoir les mêmes défauts que cette explication sociale des sciences qu'ils ont tant combattue. Qu'il soit le précurseur de cette aberration relativiste ne peut qu'ajouter à ses défauts : vraiment, il n'y a pas de quoi se vanter de l'avoir inventée[2].

Si les conceptions iconoclastes dont on nous parle consistent à s'en prendre à des notions déraisonnablement fortes qui ne sont pratiquement plus, depuis longtemps déjà, défendues par personne, comme celles d'une « pensée affranchie de toute espèce d'émotion », d'une « rationalité pure en tant que telle », d'une « différence totale » entre le rationnel et l'irrationnel ou entre la science et l'idéologie, le moins que l'on puisse dire est que ce n'est pas du côté de Bachelard ou de Canguilhem, qui savaient parfaitement à quoi s'en tenir sur ce point et l'ont dit à maintes reprises, que l'on peut espérer leur trouver des partisans.

De toute évidence, pour satisfaire les exigences de Latour, Canguilhem aurait dû être prêt à aller nettement plus loin qu'il ne l'a fait et renoncer probablement à distinguer le vrai de ce qui est considéré à un moment donné et dans certaines

1. I. Hacking, « Canguilhem parmi les cyborgs », dans J.-F. Braunstein (dir.), *Canguilhem, Histoire des sciences et politique du vivant*, *op. cit.*, p. 113-141, p. 119.

2. B. Latour, « Transmettre la syphilis, partager l'objectivité », postface à Ludwig Fleck, *Genèse et développement d'un fait scientifique*, traduit de l'allemand par N. Jas, Paris, Les Belles Lettres, 2005, p. 254-255.

conditions comme tel, le rationnel de l'irrationnel et la science de l'idéologie. Or, affirme-t-il :

> Lorsqu'on étend le concept d'idéologie scientifique jusqu'à faire l'économie du vrai, on est soi-même un idéologue, du moins est-on contraint de se reconnaître comme tel, et dans ce cas comment critiquer idéologiquement une idéologie ? [...] Le propre d'un savoir consiste à parvenir à répondre à une question portant sur un objet. Nos rapports à la réalité peuvent être conventionnels, mais le rapport de Watson et Crick à l'A.D.N. ne l'est pas. On peut certainement parler d'utilisation idéologique des résultats valides de la génétique et de manière générale il est certain que la construction de la science est conditionnée par la culture, mais cela n'affecte pas la signification et la structure du vrai, pas plus que la structure et la signification de l'A.D.N. ne constituent des énoncés idéologiques. Je ne peux pas approuver l'idée de non-vérité ou de non-vérification, on est obligé de poser le problème du vrai. Il faudrait même dire que pour qu'il y ait vérité il faut qu'il y ait vérification : on doit donc passer par une technique, car on n'a aucune vérité à titre de simple proposition [1].

Dans le contexte actuel, une telle déclaration suffirait presque à faire passer Canguilhem lui-même pour un positiviste endurci. Pendant des décennies, on a entendu répéter *ad nauseam* que, contrairement à ce que persistent à croire naïvement les « positivistes » (j'ai renoncé, je l'avoue, depuis longtemps à demander des exemples précis de philosophes des sciences positivistes qui croyaient réellement cela), on peut, grâce à ce que nous a appris la tradition de l'épistémologie historique, observer que : « La science n'apparaît plus comme le simple constat d'une vérité nue et donnée, que l'on trouverait ou révélerait, mais comme la production (ayant une histoire) de connaissances, production dominée par des éléments complexes dont les théories, les concepts, les méthodes et les rapports internes multiples, qui lient organiquement les différents éléments »[2]. Mais il est clair que nous sommes tenus désormais d'aller beaucoup plus loin que cela. Le reproche que l'on croit pouvoir faire à la science n'est plus de se considérer comme le simple constat d'une vérité nue et donnée, qui fait l'objet d'une découverte ou d'une révélation, mais plutôt de continuer à entretenir une relation, que les épistémologues comme Canguilhem considéraient manifestement encore comme essentielle, avec des choses comme la connaissance et la vérité objectives.

Canguilhem n'a assurément anticipé, en épistémologie, ni le constructionnisme social ni le genre d'idéalisme radical que professent certains de ses défenseurs, pour qui la réalité, comme on l'appelle, est faite à chaque fois par nous et vient en quelque sorte au monde au moment où nous nous mettons d'accord pour décider de son existence et lui reconnaître (ou, peut-être faudrait-il plutôt dire, lui conférer) des pro-

1. J.-P. Chretien-Goni et Ch. Lazzeri, « Entretien avec Georges Canguilhem », *Indisciplines*, Cahiers S. T. S. I, 1984, p. 21-34, p. 23.

2. L. Althusser, cité par P. Macherey, « Georges Canguilhem : un style de pensée », *op. cit.*, p. 120.

priétés de telle ou telle espèce. Mais le discours réaliste qu'il continue à tenir sur ce point n'est sûrement pas une chose qu'il pourrait me venir à l'esprit de regretter. Dans « Descartes et la technique », une conférence qu'il a donnée en 1937 au congrès international qui a été organisé à la Sorbonne pour commémorer le tricentenaire du *Discours de la méthode*, il écrit que : « La science procède de la technique non pas en ceci que le vrai serait une codification de l'utile, un enregistrement du succès, mais au contraire en ceci que l'embarras technique, l'insuccès et l'échec invitent l'esprit à s'interroger sur ces résistances rencontrées par l'art humain, à concevoir l'obstacle comme objet indépendant des désirs humains, et à rechercher une connaissance vraie »[1].

Cela ne doit pas être lu simplement comme une critique du pragmatisme, mais également, me semble-t-il, comme un rejet de l'idée que l'*objet* de la connaissance vraie ou considérée en tout cas comme telle peut aussi en être le *produit*. Si l'on en croit Lecourt, la dernière phrase de la conférence que Canguilhem a donnée le 26 février 1938 à la Société toulousaine de philosophie sous le titre « Activité technique et création » mérite d'être citée « pour sa charge polémique antipositiviste »[2] : « Créer pour connaître, c'est peut-être *scientifiquement* inintelligible, pourquoi serait-ce aussi *philosophiquement* inintelligible ? »[3]. Ce que Canguilhem dit, avant d'en arriver à cette conclusion un peu lapidaire et énigmatique, est qu'on ne peut faire du réel, que la science cherche à connaître, la seule valeur parce que cela revient à ignorer qu'« une philosophie pour qui toute valeur est le réel oublie précisément ce caractère du réel d'être une valeur »[4]. On ne peut pas non plus, pour la même raison, faire de la connaissance le seul but, en oubliant que :

> A côté et indépendamment de la connaissance quoique parfois servie par elle, *la création continue*. Si ce qui est à connaître était *fini*, pourquoi verrions-nous tout idéal de connaissance définitive aussitôt démenti par l'événement ? [...] Pourquoi la philosophie sacrifierait-elle à la tyrannie de la science l'originalité de l'art ? Pourquoi ne reconnaîtrait-elle pas que l'histoire de la science – la science n'étant rien d'autre que son progrès – n'aurait aucun sens si une pensée créatrice n'apportait constamment à la pensée déterministe, sous forme de ces mutations brusques ou de ces fabrications par petites variations que sont les machines et les procédés, des occasions de remettre en question ses questions mêmes et les solutions qu'elle leur donnait ?[5].

Comme c'est malheureusement un peu trop souvent le cas quand il est question d'une erreur du positivisme qui doit être combattue, je ne suis pas sûr de comprendre qui sont exactement – en dehors de Comte, auquel il est bien connu que Canguilhem reproche vigoureusement la formule fameuse et le présupposé sur lequel elle repose :

1. « Descartes et la technique », cf. *infra*, p. 490-498, p. 494-497.
2. D. Lecourt, *Georges Canguilhem*, Paris, P.U.F., 2008, p. 72.
3. « Activité technique et création », cf. *infra*, p. 499-506, p. 506.
4. *Ibid.*, p. 502.
5. *Ibid.*, p. 506.

« Science, d'où prévoyance ; prévoyance, d'où action » – les « positivistes », coupables d'avoir ignoré que pour connaître il faut agir et créer, qui sont visés en l'occurrence. Mais ce qui est certain, en revanche, est que, si « la science apparaît comme réflexion sur les échecs que rencontre l'"élan fabricateur" »[1], ce que l'on peut conclure de cela n'est pas que la réalité, que la science réussit, au moins jusqu'à un certain point, à connaître, est elle-même « fabriquée » et n'est connaissable justement que pour cette raison, et dans cette mesure, mais plutôt exactement l'inverse.

« Le sens du réel, écrit Nietzsche est le moyen d'avoir en main la puissance nécessaire pour former les choses à notre gré. Le plaisir de former et de transformer – un plaisir originel. Nous ne pouvons *comprendre* d'autre monde que celui que nous avons *fait* nous-mêmes »[2]. Il est assurément tout à fait légitime de parler d'une inspiration nietzschéenne chez Canguilhem et il se peut, bien entendu, que je me sois trompé grossièrement sur ce qu'il voulait dire, mais je ne crois pas qu'il ait jamais pensé sérieusement que nous ne réussissons à comprendre la réalité que parce que et pour autant que nous l'avons faite. Faire de la création la seule valeur est tout aussi absurde que d'accorder ce privilège à la réalité. Canguilhem parle de l'*esthétisme*, qu'il définit comme le type de philosophie qui subordonne toutes les fonctions de la conscience à la fonction esthétique, comme ayant été une au moins des philosophies de Nietzsche et il illustre cela par la citation suivante : « Le problème de la science ne peut être résolu sur le terrain de la science… Il faut considérer la science sous l'optique de l'art et l'art sous l'optique de la vie… L'art est la tâche la plus haute et l'activité essentiellement métaphysique de cette vie… C'est seulement comme phénomène esthétique que peuvent se justifier éternellement l'existence et le monde »[3]. On ne peut cependant en aucun cas déduire de cela que l'esthétisme est celle des philosophies de Nietzsche pour laquelle Canguilhem éprouve le plus de sympathie et à laquelle il est disposé à se rallier.

C'est un point sur lequel il a toujours été parfaitement clair : l'histoire des sciences est l'histoire d'un objet qui a réellement une histoire, le discours appelé, pour des raisons qui restent à déterminer exactement, « scientifique », sur un objet. Mais la science elle-même est la science d'un objet qui n'a pas d'histoire.

> Quand on parle de la science des cristaux, la relation entre la science et les cristaux n'est pas une relation de génitif comme quand on parle de la mère d'un petit chat. La science des cristaux est un discours sur la nature des cristaux, la nature des cristaux n'étant rien d'autre que les cristaux considérés dans leur identité à eux-mêmes, minéraux différents

1. D. Lecourt, *Georges Canguilhem*, *op. cit.*, p. 71.

2. F. Nietzsche, *Fragments posthumes, Printemps-automne 1884*, Textes établis et annotés par G. Colli et M. Montinari, traduit de l'allemand par J. Launay, Paris, Gallimard, 1982, p. 156.

3. F. Nietzsche, *L'origine de la tragédie ou Hellénisme et pessismisme*, trad. fr. par H. Albert, Paris, Mercure de France, 1901, passim. L'affirmation, citée par Canguilhem, selon laquelle « l'art est la tâche la plus haute et l'activité essentiellement métaphysique de cette vie » est formulée dèjà dans la *Dédicace à Richard Wagner*.

> des végétaux et des animaux, et indépendants de tout usage à quoi l'homme les fait servir sans qu'ils y soient naturellement destinés. A partir du moment où la cristallographie, l'optique cristalline, la chimie minérale sont constituées comme sciences, la nature des cristaux c'est le contenu de la science des cristaux, c'est-à-dire un exposé de propositions objectives déposées par un travail d'hypothèses et de vérifications oublié au profit de ses résultats. Quand Hélène Metzger a écrit *La Genèse de la Science des cristaux*, elle a composé un discours sur des discours tenus sur la nature des cristaux, discours qui n'étaient pas d'abord les bons discours aux termes desquels les cristaux sont devenus l'objet exposé dans leur science. Donc l'histoire des sciences est l'histoire d'un objet qui est une histoire, qui a une histoire, alors que la science est science d'un objet qui n'est pas histoire, qui n'a pas d'histoire [1].

Ou encore, pourrait-on dire aussi, la science est une création, et une création qui a une histoire ; mais l'objet dont elle parle et dont elle cherche à connaître la nature n'est pas créé et n'a pas d'histoire. Nous ne réussissons à connaître la réalité que grâce à des choses que nous faisons, mais cela ne signifie en aucune façon que nous la faisons, à peu près au sens auquel on parle de « faire » un enfant.

Canguilhem était évidemment un trop bon connaisseur de Nietzsche pour perdre de vue le fait que, quand on parle d'acquérir une connaissance vraie de la nature ou de quoi que ce soit d'autre, la question qui se pose n'est pas seulement celle de la nature de la vérité, mais également celle de sa valeur, une question que la science n'éprouve généralement pas le besoin de se poser, mais que la philosophie ne peut ignorer. Pas plus que le réel, le vrai ne peut être considéré comme la seule valeur et il ne va pas non plus de soi que les valeurs cognitives en général doivent être considérées comme les valeurs essentielles ou même simplement comme les plus importantes. Mais cela n'oblige pas à contester que la vérité puisse posséder néanmoins une valeur réelle et spécifique, qui ne se réduit en aucune façon à l'utilité.

Le *Traité de logique et de morale*, que Canguilhem a publié en 1939 avec Camille Planet et qui est reproduit dans ce volume, comporte, dans le chapitre IX, intitulé « Sur la valeur de la science », une critique du pragmatisme dans laquelle les auteurs expliquent que, même si le pragmatisme (en particulier sous la forme sous laquelle il est exposé par William James dans *Le Pragmatisme*) prolonge à bien des égards l'empirisme, il a néanmoins le mérite « d'avoir essayé d'opérer un renversement de l'ordre ontologique classique, en subordonnant tout jugement d'existence, fût-il scientifique, à un jugement de valeur : c'est le sens dans lequel il faut interpréter cette définition célèbre de la Vérité qui prétend réduire celle-ci au "succès", à la "réussite", au "rendement", à ce qui "paie" ; si on ne prend pas ces formules à la lettre, elles signifient que le bénéfice du progrès scientifique est dans une plus stricte organisation intellectuelle, comme telle favorable à l'amélioration des conditions de la vie humaine. » Canguilhem et Planet éprouvent cependant le besoin d'ajouter que :

1. G. Canguilhem, « L'Objet de l'histoire des sciences » (1968), dans *Études d'histoire et de philosophie des sciences*, Paris, Vrin, 5e édition, 1983, p. 16.

> [...] Le vrai problème des valeurs dépasse sans doute celui de la Vérité scientifique ; le pragmatisme l'a certes entrevu, mais il n'en a guère conclu que l'obligation de restaurer, avec le pluralisme impliqué dans tout empirisme, le droit des « expériences » les plus diverses (métaphysiques ou religieuses) à se tenir pour également valables. A ce moment, c'est à un amalgame de tous les dogmatismes qu'aboutit normalement le pragmatisme ; par une étrange contradiction, c'est la valeur de toute critique qui semble compromise : car toute modalité d'action, mise sur le même plan que toute autre, lui devient équivalente et l'effort de l'organisation théorique n'a ni plus ni moins de *sens* que telle ou telle autre « croyance », satisfaisante un moment pour celui qui juge utile de l'adopter[1].

Pour toutes les raisons que je viens d'évoquer, Paul Rabinow n'a pas tort de remarquer, à propos de la comparaison que fait Althusser de la démarche de Canguilhem avec celle d'un anthropologue inspiré par le respect le plus scrupuleux de la réalité de l'objet réel (en l'occurrence, la science) :

> [...] Les études ethnographiques de la vie de laboratoire, comme celles de Bruno Latour, allaient venir plus tard et ne viseraient pas seulement à corriger une compréhension positiviste et idéaliste de la science comme constituant une activité unifiée unique aboutissant à une compréhension cumulative de la nature, mais également à démanteler l'idée même de la science – une position aussi éloignée de celle de Canguilhem qu'on pourrait l'imaginer[2].

Malheureusement, comme je l'ai dit, la façon dont certains « Français iconoclastes contemporains » essaient d'aller plus loin que leur inspirateur supposé et les critiques qu'ils formulent, implicitement ou explicitement, contre lui montrent surtout qu'ils poursuivent des objectifs qui n'ont à peu près plus rien à voir avec les siens. Quand la critique de la conception positiviste et idéaliste de la science que Canguilhem s'efforçait de corriger commence à être retournée contre le critique lui-même, soupçonné de ne l'avoir pas poussée suffisamment loin, ce n'est effectivement pas seule-

1. G. Canguilhem et C. Planet, *Traité de logique et de morale*, *infra*, p. 798. Ce passage me semble signifier à peu près le contraire de ce que D. Lecourt (*op. cit.*, p. 78) fait dire à Canguilhem et Planet. Selon eux, le pragmatisme n'a pas véritablement reconnu, mais seulement entrevu, que le vrai problème des valeurs dépasse celui de la vérité scientifique et ce qu'on peut lui reprocher n'est pas de n'avoir pas conclu à l'obligation de rétablir le droit des « expériences » les plus diverses (métaphysiques ou religieuses) à se considérer comme également valables, mais de n'avoir conclu *que* cela et d'avoir ainsi autorisé toute croyance qui satisfait celui qui juge à un moment donné et pour un temps utile de l'adopter comme ayant une valeur égale à celle de croyances qui, comme celles de la science, peuvent prétendre à une forme de vérité qui ne se réduit justement pas à l'utilité. Sans être aussi radicale que celle de Russell, la critique de Canguilhem et Planet va dans le même sens que la sienne : le pragmatisme finit par priver de tout avantage réel les croyances qui ont le plus de chance d'être vraies et, alors qu'il aurait fallu se donner les moyens de faire des différences, par octroyer, de façon complètement indifférenciée, exactement les mêmes droits à toutes les autres.

2. P. Rabinow, « Introduction : A Vital Rationalist », in *A Vital Rationalist, Selected Writings from Georges Canguilhem*, edited by F. Delaporte, New York, Zone Books, 2000, p. 13.

ment sa conception, mais l'idée même de la science, qui finit par être menacée. Ceux qui critiquent Canguilhem de la façon que j'ai évoquée et prétendent l'avoir dépassé manifestent généralement une compréhension de ses intentions et de son œuvre qui, pour ce qui est du sérieux et de l'honnêteté, me semble à peu près du même niveau affligeant que celle que ses disciples ont eue le plus souvent des philosophes et des épistémologues dont ils croyaient possible de régler définitivement le sort en les qualifiant simplement de « positivistes ».

Comme le dit très justement Claude Debru :

> Canguilhem a distingué et réuni l'histoire et l'épistémologie. A ce titre, il a réalisé une partie de la synthèse projetée par Gaston Bachelard, dont il n'a cessé de se réclamer. Mais la prise en compte réelle, sérieuse, de l'histoire l'amenait sur d'autres terrains que ceux de la science proprement dite, au premier chef celui de l'idéologie, et par là aussi celui des pratiques sociales. A cet égard il donnait plus qu'un commencement de réalisation à la synthèse bachelardienne dans son intégralité, précisément parce qu'il était attentif à tous les supports de l'activité scientifique, à tous les dehors de la science, à tous les territoires définis par le partage de la science et de la non-science [1].

Mais, aussi attentif qu'il ait pu être, effectivement, à tous les « dehors » de la science, Canguilhem n'était justement pas disposé à renoncer à des partages comme celui de la science et de l'idéologie scientifique ou celui de la science et de la non-science, et pas non plus à les considérer comme étant essentiellement et peut-être même uniquement le produit de normes ou de conventions qui sont de nature sociale. Un des résultats de l'évolution actuelle pourrait bien être d'amener un nombre de plus en plus grand de gens à la conclusion qu'il serait sans doute plus sage, dans l'intérêt supposé de la science elle-même et de la société qui la produit, de s'abstenir une fois pour toutes dorénavant d'essayer de faire une distinction réelle et fondée entre la science et les autres pratiques sociales à prétention de connaissance. Il n'est pas difficile de deviner ce que Canguilhem aurait pu penser de cela.

Quand il a publié, en 1977, *Idéologie et rationalité dans l'histoire des sciences de la vie,* il m'en a envoyé un exemplaire, avec la dédicace suivante : « A Jacques Bouveresse, que sa rationalité préserve des idéologies ». Je ne suis évidemment pas du tout certain d'avoir jamais mérité un tel compliment et même à peu près certain du contraire. Mais ce que je veux dire est que j'ai toujours perçu, pour ma part, Canguilhem comme un défenseur de la raison et de la rationalité, et que je ne suis pas surpris qu'il soit resté encore beaucoup trop rationaliste, aux yeux de certains, pour pouvoir être considéré comme le genre de philosophe des sciences dont nous avons besoin à présent. Dans quel sens, pour un épistémologue et un historien des sciences, ayant une connaissance aussi approfondie que l'était celle de Canguilhem de la façon dont se fait *réellement* la science, celle-ci peut-elle encore apparaître comme un

1. C. Debru, *Georges Canguilhem, science et non-science*, Paris, Éditions Rue d'Ulm, 2004, p. 82.

produit de la raison ? Valéry, un auteur que, comme je l'ai dit, il connaissait particulièrement bien et dont j'ai eu l'occasion de discuter parfois avec lui, dit, dans un passage souvent cité des *Cahiers* que Canguilhem connaissait sans doute et qu'il n'aurait en tout cas sûrement pas désapprouvé :

> La Science n'est pas le résultat nécessaire, immanquable, de la « raison humaine » ni du « bon sens » ni de l'observation indéfinie. Cette raison et cette observation ont pu exister pendant des siècles sans que la science se fît, ou s'accrût d'une ligne.
> Mais la Science est due à des accidents heureux, à des hommes déraisonnables, à des désirs absurdes, à des questions saugrenues ; à des amateurs de difficultés ; à des loisirs et à des vices ; au hasard qui a fait trouver le verre ; à des imaginations de poètes.
> [...]
> La rigueur, la généralisation, la vision du possible, la culture des phénomènes rares, l'application passionnée à des phénomènes arbitraires, etc. – tout ceci n'a rien à voir avec la raison.
> Mais les désirs insensés, l'ambition d'une puissance, le goût du merveilleux sont à l'origine des sciences [1].

Valéry, dont la philosophie des sciences était pourtant un mélange de positivisme et de pragmatisme d'une espèce assez radicale – il a dit de la science qu'elle était « l'ensemble des procédés qui réussissent toujours, en tant qu'on peut les ordonner et les décrire » [2] –, savait mieux que personne que la science est, avant toute autre chose, une œuvre de l'imagination. « Sans les religions, constate-t-il, les sciences n'eussent pas existé, car la tête humaine n'aurait pas été habituée à s'écarter de l'apparence immédiate et constante qui lui définit la réalité » [3]. On a tendance à oublier cependant que, quand il critique l'idée de la science comme constituant « le résultat nécessaire, immanquable » de la raison humaine, il veut dire d'abord que la raison peut exister et a existé pendant longtemps sans que la science existe aussi, et sûrement pas que celle-ci n'est en aucun sens et en aucune façon le résultat de l'exercice de la raison et encore moins qu'elle n'a finalement, comme certains des héritiers dissidents que l'on attribue aujourd'hui à Canguilhem cherchent à nous en convaincre, à peu près aucun rapport avec la raison. De la même façon, quand Canguilhem insiste sur le fait que la science n'est pas le résultat de l'application d'une logique, et pas davantage d'une méthode scientifique ni même probablement d'une méthode rationnelle, au sens que l'on a donné la plupart du temps à cette expression, cela ne peut certainement pas être considéré comme un encouragement à ce que l'on est tenté d'appeler le processus d'« irrationalisation » plus ou moins complète de la science auquel on assiste depuis quelque temps.

1. P. Valéry, *Cahiers*, édition établie, annotée et présentée par J. Robinson, « Bibliothèque de la Pléiade », t. II, Paris, Gallimard, 1974, p. 838-839.
2. *Ibid.*, p. 852.
3. P. Valéry, *Analecta*, Paris, Gallimard, 1935, p. 144.

Une bonne partie des choses que l'on peut lire, encore aujourd'hui, sur ce point, semble reposer sur une confusion d'un type élémentaire entre la possibilité d'une logique inductive et celle d'une logique de l'invention scientifique. C'est une confusion que j'ai entendu commettre si fréquemment, et souvent par des philosophes et des épistémologues qui comptent parmi les plus réputés, que je me demande si on réussira un jour à en sortir complètement. George Henrik von Wright, dans un ouvrage publié en 1960, la décrivait de la façon suivante :

> La possibilité d'une Logique de l'Induction, étudiant le mécanisme inférentiel du raisonnement inductif, implique, croit-on, la possibilité d'une Logique de la Découverte, fournissant des règles ou des préceptes pour l'invention de vérités dans la science. L'erreur a des racines profondes dans l'histoire de la philosophie. Elle est sous-jacente au fameux *Ars magna* de Lulle, qui était également supposé être un *ars inventiva veritatum*. Elle est, en particulier, liée à la réaction universelle au seizième et au dix-septième siècle contre la logique aristotélicienne comme étant « inutile ». Descartes, Pascal et les auteurs de ce qu'on appelle la Logique de Port Royal sont des représentants typiques de la conception selon laquelle la logique devrait être d'une certaine façon « inventive ». Dans un esprit qui est à peu près le même Zabarella, Galilée et Leibniz ont exprimé leurs opinions sur l'induction et la méthodologie. Mais l'exemple de beaucoup le plus important de la confusion en question se trouve dans les écrits de Francis Bacon, qui était fortement convaincu que ses contributions à l'étude logique de l'inférence inductive allaient rendre la découverte scientifique aussi indépendante de « l'acuité et la vigueur des esprits » que l'invention du compas avait rendu le tracé de cercles exacts indépendant de « la constance et la pratique de la main »[1].

Comme le souligne von Wright, il existe également une confusion symétrique, qui conclut de l'impossibilité d'une logique de la découverte à celle d'une logique de l'induction, qui « donne une explication du mécanisme logique de l'anticipation à partir de l'expérience »[2]. C'est une erreur qui est liée évidemment de façon directe, selon von Wright, à la réaction légitime qui s'est produite pendant les cent dernières années (en gros les années 1860-1960) contre les prétentions injustifiées de la logique dans le domaine de la découverte. (Ce sont manifestement celles-ci qui continuent la plupart du temps à être visées, de façon parfaitement incongrue, dans les critiques simplistes formulées contre toute philosophie des sciences héritée, de près ou de loin, du positivisme logique et qui ont pour fonction d'établir à bon compte la supériorité éclatante de la tradition française de l'épistémologie historique, en oubliant que, quand des philosophes comme Carnap parlent d'une « logique de la science » il ne s'agit évidemment en aucun cas d'une logique de la découverte scientifique, capable de rivaliser sur son terrain avec l'histoire des sciences ou de la rendre superflue.) Or, aussi compréhensible qu'elle puisse être, la réaction dont parle von Wright n'en a pas moins,

1. G.H. von Wright, *A Treatise on Induction and Probability*, New Jersey, Littlefield, Adams & Co., Paterson, 1960, p. 18-19.
2. *Ibid.*, p. 19.

selon lui, « négligé indûment les aspects inférentiels de l'induction et doit donc à un certain degré être tenue pour responsable du fait regrettable que, en dépit du développement énorme de la logique dans la période récente, l'étude logique des procédures inductives n'a pas avancé beaucoup par rapport à l'état dans lequel Mill l'avait laissée »[1]. Une fois que la différence entre l'anticipation et la découverte a été clairement comprise, il est évident, estime Von Wright, que la controverse passée concernant la possibilité et la nature d'une Logique de la Découverte cesse d'avoir une incidence directe quelconque sur la discipline qui constitue l'objet principal de son livre, à savoir celle qui peut être appelée la « Logique de l'induction ».

Il se trouve que le livre de von Wright fait partie de ceux que j'ai commencé à lire dans le milieu des années soixante, en même temps que celui de Carnap sur les fondements logiques de la probabilité, qui avait été publié dix ans auparavant[2] – ce qui, il ne devrait pas être nécessaire de le préciser, n'a diminué en rien mon intérêt pour les travaux d'épistémologues et historiens des sciences comme Canguilhem. On comprendra donc sans peine à quel point j'ai trouvé incompréhensible et absurde, pour la raison que j'ai indiquée en citant von Wright, l'idée reçue qui voulait que la contribution déterminante qu'avait apportée au débat la tradition française de l'épistémologie historique ait rendue ridicule et complètement dépassée la tentative de constitution d'une logique inductive, qui était censée être inspirée essentiellement par l'ignorance désastreuse du fait que les hypothèses et les théories scientifiques sont le résultat d'une invention et non de généralisations inductives effectuées à partir de l'expérience. Et il va sans dire que, pour poser la question en sens inverse, je n'ai jamais compris non plus et je ne comprends toujours pas sur quelle justification reposait l'idée, qui est malheureusement loin d'avoir disparu aujourd'hui, que le simple fait de s'intéresser d'un peu près à la logique inductive, à des auteurs comme Carnap et à l'épistémologie « anglo-saxonne » en général ne pouvait être interprété autrement que comme constituant déjà par lui-même une sorte de déclaration de guerre à la tradition française de l'épistémologie historique.

Le combat contre les prétentions injustifiées de la logique dans le domaine de la découverte scientifique et finalement, en vertu d'une inférence complètement fallacieuse, contre les prétentions légitimes qu'elle pouvait avoir malgré tout dans le domaine de l'épistémologie en général a malheureusement continué bien au-delà des années soixante et bien plus longtemps qu'il ne l'aurait dû.

1. G.H. von Wright, *A Treatise on Induction and Probability*, *op. cit.*, p. 20.

2. R. Carnap, *Logical Foundations of Probability*, London, The University of Chicago Press, Routledge & Kegan Paul, 1950.

LA SCIENCE, LA MÉTAPHYSIQUE ET LA POLITIQUE CANGUILHEM, POPPER, LE CERCLE DE VIENNE ET LA TRADITION ÉPISTÉMOLOGIQUE « ANGLO-SAXONNE »

« Au cours des années 1960, écrit Lecourt, alors que son enseignement à la Sorbonne connaissait parmi les étudiants une faveur toute particulière, on a pris l'habitude de présenter les travaux de Canguilhem comme relevant du genre "français" de l'épistémologie historique. Qu'une telle tradition existe, qu'elle se soit développée en marge, et pour certains par refus de l'épistémologie dite anglo-saxonne marquée par l'héritage du Cercle de Vienne, du positivisme logique et de la philosophie du langage, c'est ce que des études historiques précises ont maintenant permis d'établir. Comme l'a indiqué Canguilhem lui-même, la paternité de cette tradition qui associe l'histoire des sciences à la philosophie des sciences peut être assignée à Comte »[1]. Ceux qui, comme moi, ont vécu ces années-là n'ont sûrement pas oublié que le fait de pouvoir être considéré comme un des promoteurs de l'histoire des sciences, pour laquelle il a proposé, en 1832, au ministre Guizot la création d'une chaire au Collège de France, et d'une philosophie des sciences dont la démarche ne peut être dissociée de celle de l'histoire des sciences ne semble malheureusement pas avoir pesé d'un poids très lourd à côté du mépris avec lequel on était tenu à l'époque de traiter tout ce qui évoque de près ou de loin le positivisme, comtien ou autre. Il vaut également mieux éviter, par charité, de s'appesantir sur la façon dont on réglait le compte de « positivistes » comme Mach, en ignorant ou en faisant semblant d'ignorer qu'il avait été un des défenseurs les plus fervents de l'histoire des sciences et considérait comme particulièrement souhaitable qu'elle soit enseignée à tous les scientifiques. J'ai toujours trouvé singulièrement ironique, étant donné la façon dont Mach a été et continue à être traité la plupart du temps en France, que ce soit justement lui qui a proposé, selon une définition que Boltzmann lui-même, dans le contexte d'une discussion sur le concept d'*atome*, qualifie de « réussie »[2], de considérer comme proprement « métaphysique » (au mauvais sens du terme) un concept dont nous avons oublié de quelle façon nous sommes parvenus à lui, autrement dit, dont nous avons oublié l'histoire. C'est une chose dont les membres du Cercle de Vienne, qui se sont présentés comme des héritiers de Mach, auraient eu certainement intérêt à se souvenir davantage.

Une des choses les plus exaspérantes, pendant les années dont je parle, a été d'entendre dire et répéter *ad nauseam* par les défenseurs attitrés de la « bonne » épistémologie (la française) que l'épistémologie anglo-saxonne dans son ensemble, identifiée généralement à l'héritage du positivisme logique et parfois, de façon encore plus absurde, au mouvement lui-même, traité à peu près comme s'il était encore vivant et resté à peu près ce qu'il était dans les années trente, commettait l'erreur fatale

1. D. Lecourt, *Georges Canguilhem*, *op. cit.*, p. 51-52.

2 . Cf. L. Boltzmann, « Nochmals über die Atomistik » dans *Popülare Schriften*, Leipzig, Johann Ambrosius Barth, 1905, p. 160, n. 1.

d'ignorer que la science a une histoire ou en tout cas que cette histoire n'est pas linéaire, cumulative et continue, mais comporte des discontinuités et des ruptures importantes. La situation, entre-temps, a certainement changé de façon significative, mais je ne suis pas sûr que le changement ait conduit réellement, de façon générale, à un jugement à la fois mieux informé, plus honnête et plus positif sur les conceptions défendues par les ennemis que l'on s'était découverts ou avait inventés.

Comme le dit André Carus dans le livre qu'il a publié en 2007 sur Carnap :

> En dépit d'un intérêt historique récent pour le mouvement, il [le positivisme logique] est toujours considéré avec un mépris à peu près universel. Il fonctionne dans les humanités et les sciences sociales comme une sorte d'"autre", contre lequel la position d'à peu près tout le monde peut être définie ou identifiée. L'influence funeste du "positivisme logique" a été ressentie si largement que le nom est maintenant reconnu comme une injure dans presque tous les domaines en dehors des sciences de la nature [1].

Le problème est que ceux qui considèrent comme une tâche urgente et prioritaire de combattre des mouvements comme le « positivisme logique » ou l'« empirisme logique » s'en prennent, encore aujourd'hui, la plupart du temps à des idées qu'aucune de leurs figures majeures, dont on a tout simplement ignoré les doctrines réelles, n'a jamais soutenues. Comme l'écrit Carus, à propos des idées que Carnap a réellement défendues :

> [...] Ces idées ont peu de ressemblance avec la caricature grossière d'elles qui prévaut dans la littérature. Même certains des interlocuteurs les plus proches de Carnap – y compris Ayer, Hempel, Popper et Quine – ont représenté de façon erronée certains aspects fondamentaux de la conception du Carnap de la maturité. Carnap, on s'en rendra compte, a clairement anticipé les critiques récentes antimodernes (ou « post-modernes »), et en a tenu compte ; il avait eu après tout à faire face à un bon nombre des mêmes idées romantiques, antimodernes dans l'Allemagne de Weimar. Il avait accueilli avec plaisir l'introduction par Kuhn d'une dimension historique dans la philosophie des sciences et la considérait comme complémentaire de son œuvre personnelle [...] Effectivement, il a publié lui-même *La Structure des révolutions scientifiques* comme une partie de l'*Encyclopédie de la science unifiée* qu'il éditait. Et les fameux « deux dogmes de l'empirisme » que Quine a attribués à Carnap en 1951 avaient été en fait [...] abandonnés résolument par Carnap deux décennies auparavant au début des années 1930[2].

Je ne sais pas ce qui subsiste aujourd'hui exactement de l'opposition que l'on faisait autrefois entre la « philosophie des sciences » (essentiellement anglo-saxonne) et l'« épistémologie » (française), ou de l'idée que l'épistémologie (la vraie, en tout cas) avait rendu désuète et vaine non seulement la philosophie des sciences, mais également la théorie de la connaissance elle-même. Si je me suis permis de m'attarder un

1. A. W. Carus, *Carnap and Twentieth-Century Thought, Explication and Enlightenment*, Cambridge, Cambridge University Press, 2007, p. 6.

2. *Ibid.*, p. 8.

peu sur ces choses, ce n'est évidemment pas pour le simple plaisir de rappeler à quel point des gens qui, aussi bien dans le domaine de la philosophie que dans celui des sciences, ne juraient en principe que par l'histoire étaient incapables d'adopter un point de vue autre que complètement anhistorique, abstrait et à peu près sans rapport avec les auteurs et les œuvres concernés quand ils parlaient de choses comme le positivisme ou l'empirisme. Le mieux serait peut-être, là encore, de s'imposer comme règle de ne plus utiliser pendant un certain temps un mot comme « positivisme », en attendant qu'il redevienne possible de lui donner un sens autre que celui de « doctrine qu'un philosophe digne de ce nom ne peut en aucun cas défendre et que ne défend en tout cas pas celui qui parle ». Il y a, de toute façon, sûrement mieux à faire, quand on cherche à défendre la tradition épistémologique française, dont les mérites sont suffisamment grands pour qu'elle n'ait pas besoin de cela, que de ressasser indéfiniment, à propos des bons (les « antipositivistes ») et des méchants (les « positivistes ») de l'histoire, des généralités et des clichés qui n'ont apporté à peu près aucune contribution réelle au débat.

Peu de temps après la parution de la traduction française de *La Logique de la découverte scientifique* de Popper, en 1973, Canguilhem a organisé à l'Institut d'Histoire des Sciences, une petite confrontation dont le but était de s'interroger sur les raisons de l'incompréhension et de l'ignorance réciproques qui semblaient caractériser les relations entre l'épistémologie française et l'épistémologie anglo-saxonne. Comme le montra clairement la présentation qu'il fit lui-même, dans son exposé, des conceptions de Popper, il avait été particulièrement irrité par la leçon que le préfacier de l'édition française, Jacques Monod, s'était cru autorisé à administrer aux philosophes et aux épistémologues français :

> Voici enfin que nous parvient, traduit en français, ce grand et puissant livre. Qu'une œuvre d'une telle importance ne soit publiée en France que quarante ans après l'édition originale allemande et plus de vingt ans après la traduction anglaise, cela paraîtra incroyable aux hommes de science, dont les disciplines ne contiennent pas de frontières nationales ou idéologiques. Cette carence, aujourd'hui heureusement réparée, est sans doute, comme d'autres, imputable à la "sociologie fermée" de la philosophie française qui semble ne s'être largement ouverte, depuis nombre d'années, qu'aux plus obscures extravagances de la métaphysique allemande [1].

Popper, aux yeux de Canguilhem, n'avait en réalité pas fait grand-chose de plus que redécouvrir et exploiter de façon systématique le fait bien connu et déjà souligné à différentes reprises par d'autres de l'asymétrie qui existe dans le cas des hypothèses et des théories entre la vérification et la falsification (un terme auquel il reprochait en outre, comme beaucoup d'autres, de n'être pas français quand il est utilisé dans ce sens) : pour vérifier complètement une assertion universelle il faudrait pouvoir

1. K. R. Popper, *La Logique de la découverte scientifique*, traduit de l'anglais par N. Thyssen-Rutten et Ph. Devaux, Paris, Payot, 1973, Préface, p. 1.

examiner tous les cas particuliers qui l'exemplifient sans aucune exception, mais un seul d'entre eux peut permettre de la réfuter. Canguilhem ne voyait rien non plus de très nouveau dans l'idée que ce qui compte dans le cas d'une théorie qui se veut scientifique est qu'elle soit réfutable, et non qu'elle soit vérifiable. L'épistémologie française, qui avait mieux à proposer, n'avait donc, à ses yeux, rien d'important à apprendre d'épistémologues comme Popper et, pour des raisons évidentes, encore moins de philosophes des sciences comme ceux du Cercle de Vienne et leurs héritiers proches ou lointains. J'avais déjà commencé à l'époque, depuis un certain nombre d'années, à réagir assez fortement contre ce que je percevais, moi aussi, comme la « sociologie fermée » (d'un seul côté pourrait-on ajouter) de la philosophie française et je me souviens que la façon dont Canguilhem avait présenté les choses ce jour-là suscita, de ma part, une protestation assez vive. Quelques jours plus tard, je reçus de lui, qui ne m'en avait manifestement pas voulu de cette intervention un peu osée, une lettre dans laquelle il m'expliquait qu'il me faisait tout à fait confiance et me considérait comme meilleur juge que lui sur la question qui avait donné lieu à notre désaccord et sur ce type de question en général.

A vrai dire, je ne suis pas du tout certain d'avoir réussi à le faire changer réellement d'avis sur Popper. Mais ce n'est pas le point important. Jacques Monod idéalise certainement un peu les choses quand il dit que les hommes de science, dans leurs disciplines, ignorent les frontières nationales et idéologiques. Cela n'est sûrement pas tout à fait vrai et cela ne pourrait l'être que si les hommes de science se comportaient toujours, au moins dans leur science, de façon scientifique. Mais il n'en est pas moins vrai que le caractère exagérément national et idéologique qu'a pris à un moment donné l'opposition entre l'épistémologie française et la philosophie des sciences anglo-saxonne était particulièrement difficile à comprendre et plus encore à accepter. J'ai eu souvent l'impression, pour ma part, qu'en dehors du fait d'être anglo-saxonne et politiquement suspecte (à l'époque où tout dans la philosophie était supposé être politique, il était peu probable que la philosophie des sciences puisse échapper à la règle), ceux qui la rejetaient le plus violemment n'avaient pas grand-chose de proprement philosophique à reprocher à l'épistémologie anglo-saxonne, que, de toute façon, ils ne croyaient pas nécessaire de connaître pour se sentir autorisés à la combattre et même obligés de le faire. Quoi qu'en pensent les philosophes, la propagande peut aussi jouer un rôle important dans leurs confrontations et une des règles fondamentales de la propagande politique est qu'il faut avoir toujours un ennemi privilégié et même si possible unique, le présenter de façon aussi simple et même simpliste que possible, le décrire comme particulièrement puissant et menaçant, rappeler sans cesse son existence et l'attaquer sans relâche. C'est à peu près le rôle qu'a joué pendant un temps et que continue encore aujourd'hui, dans certains cas, à jouer l'épistémologie anglo-saxonne.

Le simple fait de parler, sans autre précision, d'épistémologie anglo-saxonne, est déjà en lui-même particulièrement contestable, non seulement parce qu'un bon nombre des représentants les plus illustres de celle-ci sont en réalité originaires d'Europe centrale ou d'Allemagne, mais également parce que le contexte dans lequel ils se sont formés et sont parvenus à la formulation de leur programme philosophique et politique n'avait rien d'anglo-saxon. L'exemple de Carnap est, à cet égard, tout à fait typique. Comme le souligne André Carus :

> […] C'est à l'intérieur de ce contexte culturel allemand spécifique [celui dans lequel il a été éduqué] que le projet philosophique de Carnap dans son entier peut être le mieux compris. Le programme du Cercle de Vienne, dans cette perspective, était à la base une tentative de procurer un fondement à un nouvel idéal englobant de civilisation (un *Bildungsideal* nouveau) capable de rivaliser avec les idéaux allemands hérités. C'était, en fait, la tentative de fournir un *Bildungsideal* approprié à la modernité – à l'éthos et aux exigences de la science et de la société démocratique [1].

Considéré de ce point de vue, le programme de la « reconstruction rationnelle » prend évidemment une signification bien différente de celle qu'on a l'habitude de lui attribuer :

> Le programme de la reconstruction rationnelle a été la forme particulière prise par la réponse quasi-utopique de Carnap à la Grande Guerre. A Vienne, il a trouvé un bon nombre d'autres gens qui avaient des motivations semblables. Les idées philosophiques fondamentales du programme étaient en place au début de 1922, avant que Carnap ait lu le *Tractatus*. Et bien que le programme de l'*Aufbau* ait subi de nombreux changements avant sa publication, il pouvait encore jouer le rôle « politique » central que Carnap avait envisagé pour un "système de la connaissance" en 1918 – autrement dit, le rôle de transformer la culture conformément à une « forme de communauté » [*Gemeinschafts-gestalt*] optimale et de coordonner les efforts humains « pour les éloigner de l'arbitraire chaotique et les subordonner à la raison orientée vers un but ». La mission du Cercle de Vienne (et son bras public, le Verein Ernst Mach) sont décrits dans des termes très semblables à ceux dans lesquels Carnap avait énoncé son programme « politique » pour la philosophie en 1918 […][2].

Si je me suis permis d'évoquer cet aspect du problème, ce n'est évidemment pas pour plaider la cause de Carnap, ce qui serait tout à fait incongru dans ce contexte, mais parce que la question de la responsabilité des représentants de l'esprit, et notamment des philosophes, dans le genre de catastrophe dont le comportement de l'Allemagne avait été, d'après lui, et allait être à nouveau, une vingtaine d'années plus tard, la cause principale a joué un rôle déterminant dans l'évolution des idées de Carnap. On aurait sans doute été moins choqué par la réaction antimétaphysique et par le fameux programme d'« élimination » ou, en tout cas, de « dépassement » (*Überwindung*) de la métaphysique exposé en 1929 dans le Manifeste du Cercle de Vienne si on avait été capable de tenir compte de cet aspect. Aux yeux de Carnap et de ses amis, il y avait dans l'image que donnait l'Allemagne d'une philosophie dominée à ce point par la métaphysique et par le genre d'irresponsabilité intellectuelle que celle-ci lui semblait

1. A. Carus, *Carnap and Twentieth-Century Thought*, *op. cit.*, p. 41-42.
2. *Ibid.*, p. 181.

justifier et encourager quand elle est conçue et pratiquée comme une *théorie,* qui donne l'impression d'échapper à toutes les contraintes usuelles, quelque chose de fondamentalement insatisfaisant et préoccupant pour l'avenir.

Il ne s'agissait donc pas simplement, en l'occurrence, d'une réaction positiviste et antimétaphysique du même genre que celle qui s'était produite en Allemagne peu de temps après la mort de Hegel et que Helmholtz, qui a été un de ses acteurs importants, décrit de la façon suivante :

> Les sciences de la nature ont accompli des progrès plus étendus et plus rapides dans la mesure où elles se sont soustraites à l'influence de la prétendue déduction a priori. Dans notre pays, ceci n'a eu lieu qu'extrêmement tard, mais de manière on ne peut plus tranchée, et la physiologie allemande, notamment, peut témoigner de l'ampleur et de l'importance de cette décision. Or ceci s'est produit dans le combat contre les derniers grands systèmes de la spéculation métaphysique, qui avaient capté et enchaîné à un degré suprême l'intérêt de la partie cultivée de la nation, comme si le travail de la pensée pure était seul conforme à une manière élevée de sentir, et la collection des faits empiriques, en revanche, mesquine et vulgaire.
> Si je limite ici le terme de métaphysique à cette supposée science ayant pour but d'obtenir, par la pure pensée, des vues sur les principes ultimes de l'ordre du monde, c'est pour me garder d'imputer à la philosophie en général ce que je reproche à la métaphysique en particulier. Il me semble que rien n'a été plus funeste à la philosophie que sa confusion toujours répétée avec la métaphysique. Cette dernière a joué à l'égard de la première le même rôle que l'astrologie à l'égard de l'astronomie. C'est principalement la métaphysique qui a tourné le regard de la grande masse des dilettantes de la science vers la philosophie, et qui lui a livré des flopées d'étudiants et d'adhérents, dont beaucoup lui ont causé plus de dommages que n'auraient pu le faire ses opposants les plus acharnés[1].

Les membres du Cercle de Vienne se sont bien gardés, eux aussi, d'imputer à la philosophie dans son ensemble ce qu'ils reprochaient à la métaphysique en particulier; et le fait qu'ils aient été soupçonnés la plupart du temps d'avoir formulé un programme dont la réalisation ne pouvait signifier que la destruction de la philosophie elle-même ne fait que confirmer la tendance opiniâtre et désastreuse que l'on a à confondre la philosophie avec la métaphysique, ou en tout cas avec la façon dont la deuxième semble devoir être pratiquée obligatoirement et dont elle l'est effectivement le plus souvent, à savoir celle, que conteste précisément Helmholtz, qui accorde un privilège exclusif à la déduction *a priori* et à l'usage de la « pensée pure ». Mais ce que les philosophes comme Carnap reprochaient à la métaphysique en particulier n'était pas seulement ce qu'un esprit scientifique est enclin à considérer comme un manque de rigueur caractéristique et une absence d'intérêt regrettable pour les faits empiriques en général. C'était également le fait que la situation de l'époque, les dangers qu'elle

1. H. von Helmholtz, « Sur l'ambition de vulgariser la science » (1874), traduction française par Ch. Bouriau, *Philosophia Scientiae*, vol. 9, Cahier 1, 2005, p. 69-70.

comportait du point de vue politique et la tâche de reconstruction qui devait être entreprise pour empêcher un nouveau désastre exigeaient, de la part des philosophes, une démarche intellectuelle et un style de pensée bien différents de ce que la métaphysique avait à offrir et avait réussi à imposer comme étant la norme.

J'ai parlé de la réaction de Canguilhem à la manière dont Jacques Monod s'en était pris à la déférence excessive que la philosophie et l'épistémologie françaises avaient manifestée, selon lui, pendant trop longtemps à l'égard de la métaphysique allemande. Je me suis souvent demandé ce qu'il aurait fallu faire pour réussir à convaincre des philosophes qui avaient été confrontés, *mutatis mutandis*, au même genre de problème que Carnap, qu'il pouvait y avoir, dans la façon dont il n'a pas hésité, pour sa part, à incriminer directement la métaphysique quelque chose d'un peu plus sérieux, plus réfléchi et plus respectable que la simple haine de la philosophie en général qu'on y a vu la plupart du temps en France. C'est en Allemagne, nous dit Canguilhem, que Cavaillès a découvert « une menace non équivoque pour les valeurs rationnelles en quoi consiste selon lui l'essentiel et le meilleur de l'esprit ». Mais c'est aussi en Allemagne, autrement dit, dans leur propre pays, que des philosophes comme Carnap ont découvert ce genre de chose et ont choisi de s'y opposer en essayant de défendre les valeurs rationnelles et l'héritage des Lumières contre la menace, y compris lorsque celle-ci leur semblait susceptible de provenir de la philosophie elle-même, et notamment de celle de penseurs aussi réputés et prestigieux que l'était déjà à l'époque Heidegger.

Ceux qui ont protesté avec indignation contre l'idée d'une « destruction de la raison », à laquelle la philosophie elle-même a apporté à l'époque une contribution active, et ont réagi à cela en rejetant, justement, l'essentiel de la faute sur la raison elle-même et en réitérant, sous des formes diverses, le slogan « delenda est ratio », dont on perçoit aujourd'hui à nouveau les échos dans certaines critiques postmodernes de la rationalité et de la science, ne font pas partie uniquement des adversaires directs de Carnap, mais également de ceux de Cavaillès. Aucun des deux n'était disposé à croire que la protestation contre les abus de la rationalisation à tout prix et dans tous les domaines, aussi légitime qu'elle puisse être, soit susceptible de justifier l'indulgence coupable dont la philosophie a été capable en même temps de faire preuve pour ceux de la mythologisation (en particulier, la mythologisation de la politique) et pour certains des mythes et des fétiches les plus dangereux de l'époque, qui ont été à l'origine de catastrophes de la pire espèce.

Il s'est trouvé que Carnap et Cavaillès (le premier avait à l'époque 38 ans et le deuxième 26) ont assisté tous les deux, en 1929, à Davos, aux *Cours universitaires* qui ont donné lieu à la confrontation fameuse entre Cassirer et Heidegger[1]. Je trouve très

1. Pour ce qui concerne la participation de Carnap, qui , de toute évidence, avait des travaux de Heidegger une connaissance beaucoup plus réelle et précise qu'on ne le suppose la plupart du temps, voir notamment M. Friedman, *A Parting of the Ways: Carnap, Cassirer and Heidegger*, Chicago, Open Court, 2000.

regrettable que ceux qui ont consacré leurs recherches à ce que Lepenies appelle « le thème de la guerre des cultures franco-allemande qui a tant affecté l'histoire de nos deux pays »[1], ne se soient pas intéressés d'un peu plus près à la façon dont, pour reprendre l'expression de Friedman, « les chemins se sont séparés », pour les philosophes et les intellectuels en général, dans les années qui ont suivi la rencontre de Davos, et cela non pas seulement en France ou entre la France et l'Allemagne, mais également et même, pour commencer, déjà en Allemagne. Au lieu de considérer uniquement le résultat auquel semble avoir abouti pour finir la séparation et de parler, à peu près comme s'il s'agissait de deux entités préconstituées et intemporelles, d'une opposition entre une tradition française ou franco-allemande et une tradition « anglo-saxonne » – à laquelle des philosophes comme Carnap appartenaient, sinon par leur origine et par leur formation, du moins en quelque sorte par destination –, il serait, en tout état de cause, plus judicieux de regarder de près où, quand et comment le partage et la scission ont réellement pris naissance et de quelle manière se sont effectués les choix des uns et des autres.

Rétrospectivement, c'est aussi un des problèmes dont je regrette le plus de n'avoir pas parlé davantage avec Canguilhem. Si je l'avais fait, j'aurais peut-être réussi à lui faire comprendre un peu mieux pourquoi je me suis éloigné du chemin pour lequel avait opté massivement la philosophie française, au point de lui préférer, tout compte fait, au moins pour un temps celui de Carnap. Et j'aurais sans doute également mieux compris sa propre attitude à l'égard de questions comme celles de l'« innocence » de la métaphysique et de la légitimité de ses prétentions. J'ai toujours eu des difficultés sérieuses à accepter l'espèce de réflexe de solidarité qui opère de façon à peu près automatique en sa faveur, en dépit des fautes bien réelles et parfois lourdes de conséquence qu'elle est capable, elle aussi, de commettre et que, pour les antimétaphysiciens comme Carnap, elle a commises à l'époque dont nous parlons. Comme je l'ai déjà dit, à la différence d'un bon nombre de philosophes, je ne considère pas comme tout à fait incongru de se poser, en plus de la question des abus de pouvoir dont la philosophie se plaint régulièrement d'être la victime, en particulier de la part des sciences, celle des abus de pouvoir qu'elle est capable de commettre elle-même, notamment en affichant, dans le domaine de la connaissance, des prétentions exorbitantes qu'elle se considère en quelque sorte comme dispensée par nature de justifier.

Canguilhem n'était sûrement pas indifférent à cet aspect du problème. Mais il n'aimait manifestement pas voir la métaphysique attaquée de la façon dont elle l'a été par les philosophes du Cercle de Vienne et dont elle l'est généralement par les scientifiques. Il aurait sans doute pu dire, comme Wittgenstein l'a fait à propos de Carnap, qu'il ne voyait pas l'intérêt de se débarrasser de la métaphysique traditionnelle si c'était pour la remplacer par une métaphysique de physicien. Il ne pensait en tout cas pas que la solution du problème que se sont posé des philosophes comme Russell et Carnap puisse consister à essayer de rendre la philosophie plus scientifique, dans

1. W. Lepenies, *Qu'est-ce qu'un intellectuel européen ?*, *op. cit.*, p. 15-16

l'espoir de réussir à la rendre, du même coup, également plus consciente et plus responsable non seulement du point de vue intellectuel, mais également du point de vue social et politique. L'exemple que donne généralement, sur ce point, le comportement du milieu scientifique ne lui semblait pas suffisamment encourageant pour justifier ce genre d'idée. Et contrairement à ce que certains de ses disciples ont pu donner pendant un temps l'impression de chercher, au moment où l'épistémologie est devenue à la mode et a même réussi à occuper momentanément le devant de la scène philosophique, il ne rêvait sûrement pas non plus de voir la philosophie des sciences supplanter les autres prétendantes dans le rôle de partie centrale ou fondamentale de la philosophie.

Peu de gens se souviennent sans doute encore aujourd'hui que nous avons été chargés, Derrida et moi, en 1989, par le Ministre de l'Éducation Nationale, Lionel Jospin, de coprésider une commission ayant pour tâche d'élaborer un rapport sur la réforme du contenu de l'enseignement de la philosophie[1], qui, avant même d'être rendu public, a suscité immédiatement une opposition de principe particulièrement violente de l'Inspection générale et de la grande majorité du corps des enseignants de philosophie, aussi bien du supérieur que du secondaire. Si j'évoque cette question, c'est à cause d'un des rares bons souvenirs que j'ai conservés de cet épisode. Les circonstances ont fait que j'ai rencontré Canguilhem immédiatement après une confrontation à la fois éprouvante et édifiante que la commission avait eue avec les représentants de l'Inspection générale et des professeurs de philosophie du secondaire. Avec la franchise dont j'avais l'habitude de faire preuve avec lui, je lui expliquai que je ne voulais surtout pas lui donner l'impression d'insulter une corporation à laquelle il avait appartenu autrefois, mais que je n'en avais pas moins trouvé particulièrement désolant, du point de vue proprement philosophique, le comportement des inspecteurs généraux. Il me répondit avec amusement qu'il était plutôt étonné, pour sa part, de ma surprise et me raconta qu'il avait été prié avec insistance (il n'est pas difficile de comprendre pourquoi) de signer la pétition de protestation qu'avait suscitée notre rapport, mais avait refusé de le faire, trouvant les propositions que nous avions faites au total fort raisonnables et tout à fait acceptables. Il est vrai qu'il avait été confronté lui-même de façon directe aux difficultés et aux résistances auxquelles nous nous heurtions et ne s'était pas privé, déjà lorsqu'il n'était encore qu'un jeune enseignant, de dire franchement tout le mal qu'il pensait d'une conception de l'enseignement de la philosophie qui est probablement restée encore aujourd'hui dominante et qui s'exprime notamment dans le choix des sujets de baccalauréat. Il était, d'une certaine façon, mieux placé que quiconque pour formuler un jugement mesuré et équitable sur la pertinence et la réalisabilité des changements (modestes) que nous suggérions.

D'après ce que j'ai compris (ou en tout cas cru comprendre) sur le moment, dans l'esprit de la plupart des enseignants de philosophie, une commission de réforme

1. Le texte de ce rapport a été publié ensuite par J. Derrida, dans *Du Droit à la philosophie*, Paris, Éditions Galilée, 1990, p. 616-659.

coprésidée par des philosophes comme Derrida et moi ne pouvait signifier qu'une conspiration ourdie par une sorte d'alliance paradoxale du déconstructionnisme avec le positivisme contre la vraie philosophie (y compris, bien entendu, la vraie philosophie des sciences). Canguilhem ne croyait manifestement pas à ce genre de sottises. Une des choses dont j'ai toujours été extrêmement reconnaissant envers lui est le fait que, même si ses intérêts et ses préférences différaient, sur certains points, considérablement des miens, il ne semble pas avoir jamais été effleuré par la tentation de voir dans ce que les gens comme moi essayaient de faire une menace contre laquelle l'épistémologie et la philosophie en général, telles qu'il les concevait et les pratiquait pour sa part, devaient être prêtes à se défendre en permanence.

Encore une fois, je ne crois pas que les défenseurs de l'idée d'une philosophie scientifique aient été, de façon générale, aussi exposés qu'on se l'imagine la plupart du temps, à la tentation d'une forme de croyance superstitieuse aux avantages insurpassables de la scientificité et de la science dans tous les domaines. Mais il n'en est pas moins vrai qu'une des choses que beaucoup d'entre nous doivent à Canguilhem et pour laquelle les générations futures continueront, je l'espère, à s'inspirer de son exemple, est la clarté et la fermeté réellement exemplaires avec lesquelles il a traité la question des rapports de la philosophie avec les sciences et nous a aidés à déterminer ce que peut être une attitude correcte, mesurée et raisonnable du philosophe envers celles-ci, une attitude qui ne soit ni celle de la vénération superstitieuse, ni celle de la peur panique et du rejet systématique. Il ne cherchait pas seulement à convaincre les philosophes de respecter davantage la science, mais également à convaincre les scientifiques de respecter davantage la philosophie et il pensait que la façon réellement appropriée de s'y prendre pour pouvoir espérer y parvenir n'est pas celle qui consiste à essayer de faire ressembler davantage la philosophie à la science, mais une autre, sensiblement différente, qui ne peut faire l'économie d'une approche historique sérieuse de la science et de la culture scientifique.

> En France, à la fin du XIXe siècle, et parallèlement à l'extinction des derniers tenants du spiritualisme éclectique, des penseurs comme Boutroux, H. Poincaré, Bergson et les fondateurs de la *Revue de Métaphysique et de Morale* ont entrepris avec juste raison de rapprocher étroitement la philosophie et les sciences. Mais il ne suffit pas, semble-t-il, de donner à la philosophie une allure de sérieux en lui faisant perdre celle d'une jonglerie verbale et dialectique au mauvais sens du mot. Il ne serait pas vain que la science retirât de son commerce philosophique une certaine allure de liberté qui lui interdirait désormais de traiter superstitieusement la connaissance comme une révélation, voire longuement implorée, et la vérité comme un dogme, voire qualifié de positif. Il peut donc être profitable de chercher les éléments d'une conception de la science et même d'une méthode de culture dans l'histoire des sciences entendue comme une psychologie de la conquête progressive des notions dans leur contenu actuel, comme une mise en forme de

généalogies logiques et, pour employer une expression de M. Bachelard, comme un recensement des « obstacles épistémologiques » surmontés [1].

IN MEMORIAM : SOUVENIRS DE LA HAUTE-LOIRE

Je n'ai à peu près rien dit de substantiel et de précis, faute de compétence, du domaine auquel Canguilhem est connu pour avoir apporté ses contributions les plus importantes, à savoir la philosophie, l'épistémologie et l'histoire des sciences biologiques et médicales. Si je m'étais cru autorisé à en parler réellement, j'aurais sans doute commencé par citer le *Faust* de Lenau : « Si ce cadavre pouvait rire, par ma foi ! Quel soudain éclat de rire il pousserait devant nous qui le dépeçons, qui le considérons, et interrogeons les morts sur la vie. Mon ami, le scalpel grossier tâtonne en vain sur la piste éventée de la vie qui a fini. Il y a beau temps que la bête craintive est partie, s'est échappée en traversant l'Achéron et dérobant sa trace au chasseur » [2]. Je crois pouvoir au moins me risquer à dire, sur ce genre de question, que je ne me souviens pas d'avoir jamais entendu quelqu'un qui soit capable de parler du problème de la vie comme le faisait Canguilhem et de maîtriser avec une sûreté comparable à la sienne l'aporie qu'évoque Lenau et qui, d'une certaine façon, resurgit de façon désespérante à chaque fois que l'on s'efforce de philosopher sur la vie. Pour parler d'elle de façon rationnelle et scientifique, ne faut-il pas d'une certaine façon commencer par la tuer, et par conséquent la nier ? Et, dans ces conditions, si l'on veut parler réellement d'elle, ne faut-il pas commencer par accepter intégralement l'irrationalité et le mystère qu'elle semble comporter par essence ?

C'est à peu près à ce genre de chose que l'on assiste dans certaines versions de la « philosophie de la vie », où celle-ci se voit conférer le statut de norme et de référence suprêmes, et est censée fournir la réponse à toutes les questions, mais ne peut être soumise elle-même à aucune d'entre elles, et surtout pas à celles qui proviennent de l'intellect, de la raison et de la science. Herbert Schnädelbach qualifie la *philosophie de la vie* de « métaphysique du prérationnel, arationnel, antirationnel [qui] *met en question le rationalisme occidental* dans son ensemble et le soumet à la pression de la légitimation » [3]; et il dit d'elle que « la figure métaphysique fondamentale qu'elle représente replace tout ce qui a précédé dans un contexte nouveau: elle est une *métaphysique nouvelle, qui pénètre tout,* dont l'histoire dure toujours aujourd'hui » [4]. Le concept de la vie a été, selon Schnädelbach, à un moment donné (en gros pendant

1. « La théorie cellulaire » (1945), dans *La Connaissance de la vie*, Paris, Vrin, 1965, 2e édition revue et augmentée, p. 47.

2. N. Lenau, *Faust*, trad. fr. par V. Descreux, Paris, Stalker, 2006, p. 9.

3. H. Schnädelbach, *Philosophie in Deutschland 1831-1933*, Francfort, Suhrkamp, 1983, p. 176.

4. *Ibid.*

les décennies qui se situent entre 1880 et 1930) le thème dominant la totalité de la philosophie, une chose dont nous avons perdu à peu près complètement le souvenir et dont il est difficile à présent de se faire une idée exacte. Il est significatif que ce soit justement dans ce genre de contexte que Canguilhem a commencé sa propre réflexion sur le problème de la vie et a choisi, pour essayer de comprendre un peu mieux ce qu'elle est, de s'intéresser d'abord à la biologie et à la médecine, et pas seulement à la métaphysique (nouvelle ou ancienne).

Que la philosophie de la vie ait produit une métaphysique de la vie, ne signifie, bien entendu, pas forcément qu'elle ait été appelée à juste titre une philosophie de la vie (une philosophie de la vie digne de ce nom devrait, semble-t-il, être autre chose qu'une philosophie inspirée simplement, parfois jusqu'à la dévotion, par le spectacle fascinant de la vie). Si on peut parler aujourd'hui d'une approche philosophique du problème de la vie et d'une philosophie de la vie dans un sens plus conforme à ce qu'on est en droit d'attendre de la philosophie, c'est en grande partie à Canguilhem qu'on le doit. Mais l'approche qu'il a choisie était justement rationaliste et opposée radicalement à toutes les exploitations idéologiques antirationalistes qui ont été faites pendant la période qu'évoque Schnädelbach et continuent encore aujourd'hui à être faites du concept de la vie. C'est avec raison, me semble-t-il, que, dans le titre du recueil de textes qui a été publié par François Delaporte, Canguilhem, qui se méfiait plus que quiconque des possibilités suspectes et dangereuses qu'offrent, dans tous les domaines, l'irrationalité et le mystère supposés, est appelé « A Vital Rationalist », ce qui peut se comprendre, je suppose, comme voulant dire à la fois un rationaliste de la vie et un rationaliste vivant. Canguilhem a été, selon Dagognet, « celui qui inventa et nous proposa un "vitalisme rationnel" – mieux "surrationnel" (le "sur" signifie un clin d'œil au surréalisme qui a visé l'affranchissement par rapport au convenu et aux règles) » [1]. Montrer comment nous ne sommes pas réduits, du point de vue scientifique, à interroger uniquement les morts sur la vie, mais pouvons aussi interroger les vivants sur elle, et de quelle façon nous devons le faire pour pouvoir espérer obtenir des réponses, est certainement, en tout cas, le genre de chose dans lequel il a excellé par-dessus tout.

J'ai parlé naturellement, dans tout ce que j'ai dit, jusqu'à présent de lui, de la façon dont je l'ai compris et continue à le comprendre. Il m'arrive parfois, en lisant certaines des choses qui s'écrivent à son sujet, de penser que j'ai dû décidément me tromper sérieusement. J'essaie de me rassurer sur ce point en réfléchissant à ce que dit Valéry :

> Avec les philosophes, il ne faut jamais craindre de ne pas comprendre. Il faut craindre énormément de comprendre.

1. F. Dagognet, « Pourquoi la maladie et le réflexe dans la philosophie biomédicale de Canguilhem ? », dans J.-F. Braunstein (dir.), *Canguilhem. Histoire des sciences et politique du vivant*, *op. cit.*, p. 24.

Mais il faut chercher à les comprendre, eux [1].

J'ai cherché réellement à comprendre ce qu'écrit Canguilhem et également à le comprendre, lui. Mais je ne suis évidemment pas certain d'y être parvenu complètement. Tout comme je suis parfois surpris de ce que je lis à son propos, ceux qui passent généralement pour ses interprètes les plus autorisés le seront sans doute de la façon dont je l'ai lu et de ce que j'ai retenu, pour ma part, de son enseignement et de l'exemple qu'il nous a donné. Et ils trouveront probablement encore plus étonnant que la responsabilité d'une édition de ses œuvres complètes ait été confiée à un philosophe dont l'orientation et les recherches ont à première vue aussi peu à voir avec les siennes et, de façon plus générale, sont restées pour le moins éloignées de ce que Dominique Lecourt désigne comme « le genre "français" de l'épistémologie historique ».

Pour expliquer de quelle façon les choses se sont passées sur ce point, il me faudrait pouvoir parler plus longuement que sa réserve et sa discrétion (pour ne rien dire du principe « De nobis ipsis silemus », que j'ai déjà transgressé de bien des façons) ne m'y autorisent des contacts privilégiés que j'ai eus avec Canguilhem pendant la dernière période de sa vie, où je l'ai rencontré non seulement occasionnellement à Paris, mais également à peu près chaque été dans la Haute-Loire, à Mazalibrand, un hameau situé sur la commune du Mazet-Saint-Voy, où il passait les vacances avec sa famille (la maison de Mazalibrand où il séjournait avait été le lieu de résidence du grand-père paternel de sa femme, dont les parents habitaient Tence, et elle y venait pour les fêtes de famille et les vacances jusqu'au moment où, en 1917, son père étant au front, la famille a quitté Tence pour Nîmes). Il s'est trouvé que, par un concours de circonstances qui est presque entièrement le fait du hasard, nous séjournions, ma femme et moi, tout près de là : les premières années dans un gîte rural à La Suchère, un hameau proche du Chambon-sur-Lignon, où a résidé Francis Ponge et auquel font référence certains de ses poèmes, et ensuite au Chambon même. Je me souviens d'avoir vu arriver un matin à La Suchère Canguilhem, qui connaissait évidemment tout à fait bien l'endroit et était très intrigué de nous savoir là (il se demandait pourquoi le Franc-Comtois d'origine que je suis avait choisi cette région à laquelle rien, apparemment, ne le rattachait de près ou de loin). Ceux qui ont lu le livre de Raymond Depardon sur « La Terre des paysans » (2008) ou vu les documentaires qu'il a tournés sur l'évolution de la vie paysanne dans cette région de moyenne montagne, qui est réputée pour avoir été une terre de résistance (protestante pour commencer et ensuite, sous l'occupation, anti-nazie) n'auront sans doute pas trop de mal à se faire une idée du paysage et du genre d'environnement dans lequel vivait Canguilhem lorsqu'il se retrouvait dans un milieu auquel il donnait l'impression d'être parfaitement intégré et redevenait en quelque sorte, de façon concrète et active, le paysan qu'il n'avait, d'une certaine façon, jamais vraiment cessé d'être.

1. Paul Valéry, *Analecta*, *op. cit.*, p. 231-232.

Je ne repense jamais sans émotion à ces années-là, au Canguilhem que j'ai eu le privilège de connaître grâce à elles et à sa femme, Simone, à laquelle je ne voudrais pas laisser passer cette occasion de rendre l'hommage spécial qu'elle mérite, elle aussi, à mes yeux. J'ai gardé d'elle le souvenir d'une personne qui était, dans un genre différent, au moins aussi impressionnante que son mari et pouvait aisément susciter un respect et une admiration aussi grands que lui. Je n'ai jamais oublié la discrétion, la modestie et l'humour avec lesquels elle parlait de sa propre et brève carrière de professeur de philosophie et évoquait certains de ses souvenirs d'enfance et de jeunesse dans la Haute-Loire, comme par exemple la pêche aux écrevisses dans le Lignon, la façon dont, à cause d'un problème pulmonaire possible, ses parents l'avait emmenée consulter, au Chambon-sur-Lignon, le médecin qui a servi de modèle à Jules Romains (lui-même originaire de la région – il est né à Saint-Julien-Chapteuil) pour le personnage du docteur Knock ou les relations qu'elle avait entretenues avec Simone Weil, qu'elle avait connue de près et dont elle avait même, à la demande de la mère de celle-ci, partagé l'appartement pendant sa première année d'enseignement, en 1931, avec pour mission de veiller en quelque sorte sur elle et de suppléer à la distraction et à la maladresse dont elle faisait preuve dans le traitement des questions de la vie pratique.

Nous avons, ma femme et moi, revu pour la dernière fois Canguilhem au mois de juillet 1995, à Mazalibrand, sans rien soupçonner de la gravité d'une maladie dont son comportement ne laissait rien paraître et qui l'a emporté deux mois plus tard. Je me souviens que sa femme et lui avaient insisté pour que nous acceptions, comme nous le faisions en principe chaque année, de venir déjeuner une fois encore à Mazalibrand et que nous nous étions sentis obligés de refuser par peur d'imposer à des personnes de leur âge un dérangement excessif. Quand j'ai appris, au mois de septembre, la mort de Canguilhem, j'ai pensé qu'une des raisons de son insistance un peu plus grande que d'ordinaire avait été qu'il savait ou en tout cas pressentait que c'était la dernière fois que nous nous voyions. L'année suivante, j'ai demandé à Simone Canguilhem la permission de me rendre avec elle, pour un dernier hommage, sur la tombe de son mari, dans le petit cimetière familial où il repose au fond du pré et où elle a été inhumée à son tour en 2001.

Le 17 janvier 1996, en réponse à une question que je lui avais posée, en tant que président de la Société des Amis de Jean Cavaillès, qui s'était proposé de rendre hommage à Canguilhem (lui-même avait été non seulement un de ses membres les plus actifs, mais également un de ses présidents) au cours de sa réunion du 27 janvier, Simone Canguilhem m'a envoyé une lettre dont elle m'a autorisé à faire état et dont je me permets de citer un passage :

> Je tiens à vous faire connaître les recommandations que mon mari, à plusieurs reprises, nous a faites, aux enfants et à moi, et qu'il nous a chargés de transmettre à ses amis.
>
> 1) Il était absolument opposé à ce qu'on constitue une Société des Amis de Georges Canguilhem.
>
> 2) Il désirait qu'on n'organise aucun hommage en son honneur.

> Ils nous a demandé de refuser de faire partie d'une Société des Amis de G. C. et de n'assister à aucune cérémonie commémorative.
> 3) Pas de publication d'inédits.

Dans la même lettre, Simone Canguilhem me faisait part de son désir d'avoir mon avis sur toutes les questions ayant trait à la mémoire de son mari et à l'avenir de son œuvre, « car, ajoutait-elle, c'est celui d'un ami en qui mon mari avait toute confiance ». J'ai essayé de mon mieux, dans les années suivantes, de me montrer digne de cette confiance et de respecter et de faire respecter, pour autant que cela dépendait de moi, aussi scrupuleusement que possible les volontés, clairement exprimées, de Canguilhem, notamment quand a commencé à se poser la question d'une édition de ses œuvres complètes, dont Simone Canguilhem m'a demandé finalement, peu de temps avant sa mort, de bien vouloir assumer moi-même la responsabilité. Entre-temps, nous avions déjà eu des discussions, notamment à propos de la conception d'ensemble et de l'organisation du projet, et du choix d'un éditeur. Peu de temps après la mort de Canguilhem, à la fin de l'année 1995, Pierre Bérès avait déjà proposé que les Éditions Hermann se chargent de la réalisation d'une édition de ses œuvres complètes. Mais, pour des raisons dont je me souviens d'avoir parlé à plusieurs reprises avec elle, Simone Canguilhem avait refusé et il nous était apparu dès ce moment-là que le choix le plus conforme aux vœux de Canguilhem ne pouvait être finalement que celui des Éditions Vrin.

Rien de concret, cependant, n'a pu, en raison de difficultés diverses, sur lesquelles il ne serait pas utile que je m'attarde, être entrepris avant la mort de Simone Canguilhem et c'est seulement en 2003 que Bernard Canguilhem et sa sœur, Francette, ont repris contact avec moi et m'ont demandé si j'étais prêt à me charger de la tâche que leur mère avait souhaité me confier. Comme on peut le comprendre, j'ai hésité pendant un certain temps à répondre positivement, tellement l'entreprise me semblait à la fois difficile en elle-même, compliquée par les relations pour le moins distantes que j'ai toujours entretenues avec la plupart des disciples et des héritiers « officiels » de Canguilhem, et surtout, éloignée des choses sur lesquelles j'ai l'habitude de travailler et du domaine de mes compétences philosophiques et épistémologiques, même comprises de la façon la plus généreuse qui soit. J'ai malgré tout accepté finalement la charge et le risque, avec le sentiment d'avoir à remplir une sorte d'obligation morale, à laquelle il ne m'était pas possible de me dérober, envers Canguilhem, son épouse et sa famille. Il n'a, heureusement, pas été trop difficile de compenser mon manque de compétence par la constitution d'un comité éditorial dont les membres ont été choisis parmi les meilleurs spécialistes de l'œuvre de Canguilhem et qui, de ce point de vue, présentait toutes les garanties nécessaires. Je ne peux que remercier dès à présent chaleureusement, pour la quantité et la qualité du travail déjà accompli, tous les membres de ce comité et également tous ceux qui ont accepté d'apporter, sous une forme ou sous une autre, leur concours à la réalisation de cette édition.

Pour des raisons sur lesquelles je n'ai pas besoin de revenir, elle ne contiendra, conformément à la demande de l'auteur, que des textes qui avaient déjà été, d'une façon ou d'une autre, publiés, mais dont, comme le contenu de ce premier volume permet déjà de s'en rendre compte, un bon nombre étaient devenus à peu près inaccessibles et sont même parfois – comme c'est le cas par exemple de la brochure sur « Le Fascisme et les paysans » (1935), que Canguilhem a rédigée, en tant que spécialiste des questions paysannes, à la demande du Comité de vigilance des intellectuels antifascistes – à peu près inconnus. Si les volumes suivants permettront de retrouver un Canguilhem déjà relativement familier pour tous ceux qui se sont intéressés de près ou de loin à son œuvre, le premier, comme le souligne Jean-François Braunstein, concerne pour l'essentiel un Canguilhem que l'on considérait généralement comme perdu ou même dont on ne soupçonnait tout simplement pas l'existence.

Je ne crois pas nécessaire d'ajouter des commentaires détaillés aux explications données dans l'avertissement qui suit sur la façon, en partie thématique et en partie chronologique, dont ont été choisis et regroupés les textes originaux dans les six volumes que comportera l'édition. Canguilhem, comme je l'ai indiqué, a finalement beaucoup écrit et c'est typiquement le genre d'auteur dont on aimerait pouvoir lire encore plus de choses, ce qui signifie, en l'occurrence, plus de choses qu'il ne l'avait souhaité lui-même. Les choix que l'on est obligé de faire dans les questions de cette sorte sont toujours délicats et il est rare qu'ils ne provoquent pas un certain mécontentement ou une certaine frustration aussi bien chez le lecteur ordinaire que dans le monde des spécialistes. Il n'a évidemment pas toujours été facile de déterminer, à propos de certains textes, si oui ou non et en quel sens ils devaient être considérés comme ayant déjà été « publiés » et pouvaient par conséquent l'être à nouveau, et ce n'est pas non plus sans difficulté que nous sommes parvenus finalement à une décision concernant la façon la plus satisfaisante et la plus rationnelle de répartir et d'ordonner l'ensemble. S'il est compréhensible que certains des choix qui ont été faits puissent sembler parfois surprenants ou contestables, je ne peux malheureusement pas faire beaucoup plus que de garantir au lecteur qu'ils sont le résultat d'une longue période de réflexion et de nombreuses discussions entre les membres du comité éditorial, qui se sont efforcés de prendre réellement en considération tous les éléments et tous les aspects de la question.

Je ne voudrais pas terminer cette présentation sans adresser des remerciements spéciaux à deux personnes. D'abord, à Bernard Canguilhem, qui a participé à tous les travaux du comité et lui a apporté une aide irremplaçable en lui fournissant des documents, des informations et des avis qu'il était le seul à pouvoir lui communiquer et dont la contribution a permis la conception et la réalisation d'une édition des œuvres complètes de Canguilhem dont on peut espérer qu'elle sera aussi proche que possible de ce que l'auteur aurait pu envisager lui-même. D'autre part, à Camille Limoges, qui a une connaissance de la bibliographie de Canguilhem qui est véritablement sans égale et dont les recherches inlassables ont conduit et continueront probablement encore dans l'avenir à des découvertes parfois inattendues. S'il y a une chance pour qu'aucun des textes qui ont pu être publiés, sous une forme ou sous une autre, du vivant de Canguilhem, n'ait été ignoré dans cette édition, c'est essentiellement à lui que nous le devrons. Je voudrais enfin remercier les Éditions Vrin pour avoir accepté de se charger de la publication de ce qui deviendra, je l'espère, l'édition de référence en ce qui concerne les œuvres de Canguilhem et pour la patience avec laquelle elles ont supporté les complications et les retards qu'a pris la réalisation. La tâche à accomplir pour aboutir à la parution de ce premier volume s'est révélée au total nettement plus longue et plus ardue que nous ne l'avions envisagé au départ. Je serais presque tenté de dire, en parodiant *Les Plaideurs*, que ce que nous savions le plus mal, c'était justement notre commencement, ou, plus exactement, celui de Canguilhem, sur lequel nous avions d'une certaine façon presque tout à apprendre (c'était en tout cas certainement la situation dans laquelle je me trouvais pour ma part). La suite de l'entreprise devrait normalement être un peu plus facile que le début. En proposant au public le premier volume de cette édition, je forme l'espoir et le souhait qu'il fasse partager à un grand nombre de lecteurs, aussi bien anciens que nouveaux, de Canguilhem, l'excitation de la découverte que sa préparation a représentée pour nous.

Wittgenstein dit, dans une remarque de 1947, que: « Les œuvres des grands maîtres sont des soleils, qui se lèvent et se couchent autour de nous »[1]. Même si Canguilhem est incontestablement, depuis un bon moment déjà, un auteur très célébré et honoré, je ne suis pas tout à fait certain, pour ma part, que le soleil de l'œuvre du grand maître qu'il était se soit réellement levé. Si j'ai raison sur ce point, la publication de ce premier volume des œuvres complètes lui permettra, je l'espère, de commencer enfin à le faire.

1. L. Wittgenstein, *Vermischte Bemerkungen (Culture and Value)*, trad. angl. par P. Winch, Oxford, Blackwell, 1980, p. 15.

PRINCIPES DE L'ÉDITION

Cette édition des *Œuvres complètes* de Georges Canguilhem proposera au total cinq tomes en six volumes. Le tome premier, présenté ici, regroupe tous les écrits de Georges Canguilhem publiés avant l'année 1940 et redonne ainsi accès à nombre de travaux, jusqu'à présent indisponibles ou éparpillés. Les deux tomes suivants comprendront les recueils dans lesquels Canguilhem a rassemblé des écrits de philosophie et d'histoire des sciences ou de la médecine : dans le tome II, *Le Normal et le pathologique*, *La connaissance de la vie* et *La formation du concept de réflexe* ; dans le tome III, les *Études d'histoire et de philosophie des sciences* et *Idéologie et rationalité*. Les deux volumes du tome IV rassembleront tous les autres textes postérieurs à 1939, disséminés dans des revues ou des volumes collectifs, ainsi que des entretiens, des interventions publiques, etc. Enfin, un dernier tome proposera une bio-bibliographie établie par Camille Limoges, ainsi qu'un index général reprenant les entrées de tous les volumes.

Ce premier tome, placé sous la responsabilité de Jean-François Braunstein et Yves Schwartz, s'articule en trois parties : il réunit tout d'abord, dans l'ordre chronologique, tous les textes publiés par Canguilhem (en son nom propre, de manière anonyme ou sous un pseudonyme) dans les *Libres Propos* d'Alain et diverses autres revues, de 1926 à 1939 : articles, discours, recensions, conférences, ainsi que quelques lettres. Suit la brochure publiée en 1935 au nom du Comité de Vigilance des Intellectuels Antifascistes, *Le fascisme et les paysans*. Et enfin, le *Traité de logique et de morale*, co-écrit avec Camille Planet et publié en 1939.

Ces trois grandes parties sont présentées et annotées par les trois éditeurs spécialistes de ces textes, respectivement Jean-François Braunstein, Michele Cammelli et Xavier Roth, qui ont travaillé en étroite collaboration avec Camille Limoges afin d'harmoniser l'ensemble du volume. Chacun a fait précéder ces écrits – souvent en prise directe sur l'événement – d'une présentation qui en précise le contexte philosophique, historique et politique et en facilite la lecture.

Comme nous l'avons déjà signalé, l'ordre d'apparition des textes dans le volume est essentiellement *chronologique*. A chaque fois que nous avons dû contrevenir à ce principe, une fausse fenêtre signale la date de parution originale du texte, et renvoie le lecteur à la partie du volume concernée.

La traduction par Canguilhem de la thèse latine d'Émile Boutroux, étant un document d'une nature différente, a été placée en Annexe. On trouvera également en Annexe quelques écrits peu accessibles d'autres auteurs associés à la publication de certains textes de Canguilhem.

Selon le souhait de Canguilhem lui-même et celui de ses ayants droit, la composition des recueils déjà existants a été respectée : nous n'avons opéré ni démembrement de ces volumes, ni modification dans l'ordre des textes. De même, seuls les textes ayant déjà fait l'objet d'une publication ou d'une diffusion radiophonique ou télévisuelle seront reproduits dans ces volumes d'*Œuvres*. Les inédits conservés dans le Fonds Canguilhem au CAPHÉS ne seront pas publiés, ce qui aurait été contraire à la volonté de leur auteur. Ces documents restent à la disposition des chercheurs au CAPHÉS, rue d'Ulm. Des lettres provenant d'autres Fonds pourront toutefois être reproduites ; ainsi par exemple, dans le présent volume, celles adressées à Jean-Richard Bloch qui ont déjà fait l'objet, en grande partie, d'une publication par Michel Trebitsch.

TRANSCRIPTION DES TEXTES, NOTES ET INDEX

Dans la transcription de ces écrits, l'usage des majuscules par Canguilhem a été respecté, de même que sa ponctuation. En revanche, les coquilles ont été corrigées sans mention. Toutes les autres modifications sont indiquées en note et, le cas échéant, par l'usage de crochets.

Les notes originales de Canguilhem ont été reprises dans un premier étage de notes. Toutefois, les références qu'il donne étant parfois incomplètes au regard des normes éditoriales adoptées aujourd'hui, nous les avons complétées entre crochets [ ] avec les précisions bibliographiques qui s'imposaient. Ces notes sont appelées dans le texte par des lettres (a, b, c...).

Un second étage de notes, appelées cette fois-ci par des chiffres (1, 2, 3...), regroupe les annotations des éditeurs scientifiques. En particulier, des notices biographiques de certains auteurs, figures scientifiques ou hommes politiques mentionnés par Canguilhem apparaissent à la première occurrence du nom propre dans le volume. Nous espérons que ces notices, limitées à une brève description contextualisée, permettront au lecteur, philosophe ou profane, de mieux s'orienter dans toutes ces références canguilhemiennes.

Enfin, un index reprend en fin de volume les noms cités par Canguilhem dans tous les écrits rassemblés ici de même que ceux figurant dans les textes des éditeurs.

ABRÉVIATIONS ET ÉDITIONS UTILISÉES

Pour les références aux œuvres de Canguilhem, nous utilisons les abréviations communes suivantes (les indications de pagination renvoyant aux éditions courantes, actuellement disponibles dans le commerce):

CV: *La Connaissance de la vie* (selon l'édition de poche Vrin)
EHPS: *Études d'histoire et de philosophie des sciences* (selon l'édition Vrin)
FCR: *La Formation du concept de réflexe* (selon l'édition Vrin)
F&P: *Le Fascisme et les paysans*
IR: *Idéologie et rationalité* (selon l'édition de poche Vrin)
LP: *Libres Propos.*
NP: *Le normal et le pathologique*, Paris, P.U.F., 4e édition, 1984.
OC: La présente édition des *Œuvres complètes* de Georges Canguilhem
TLM: *Traité de Logique et de Morale*, écrit avec Camille Planet, imprimerie F. Robert et fils, Marseille, 1939.

Pour les références aux papiers inédits, nous avons pris le parti de ne mentionner que le titre du document ou du dossier et nous renvoyons le lecteur, pour toute information complémentaire, à l'indispensable inventaire établi par le CAPHÉS, sous la direction de Madame Nathalie Queyroux, et désormais accessible en ligne (URL: http://www.caphes.ens.fr/wp-content/uploads/2010/03/archivesgcanguilhem.pdf)

PRÉSENTATION

JEUNESSE D'UN PHILOSOPHE

YVES SCHWARTZ

Pour tous les esprits marqués par les écrits, la personne, et la vie de Georges Canguilhem, ce premier volume des *Œuvres complètes* peut constituer quelque chose comme un événement. Moins peut-être une découverte, même si ce peut être le cas, que le sentiment d'une rencontre avec ce qu'on avait trop facilement accepté de laisser en pénombre : la genèse, l'ourdissage d'une grande pensée philosophique.

Certes ce sentiment paradoxal d'un vide à peine ressenti comme tel est assez caractéristique d'une certaine conjoncture de la rencontre avec le philosophe : celle d'une génération d'apprentis philosophes, qui l'a connu après la guerre. Pour beaucoup de ceux-ci, G. Canguilhem, au-delà de sa respectabilité scientifique et institutionnelle, qui en imposait fortement, restait un personnage austère, d'une grande générosité et ouverture dès lors que l'on avait acquis sa confiance, mais réservé, peu enclin à se donner en spectacle. Respecté – et craint – comme historien des sciences, maître exemplaire dans le maniement du concept, et si on le voulait philosophe, un « philosophe de la vie ». Bref, un personnage dont la thèse de médecine en 1943, *Essai sur quelques problèmes concernant le normal et le pathologique*, inaugurait vraiment l'entrée dans l'univers intellectuel.

Même si cette présentation force un peu le trait, elle a sa part de vérité. Notre contribution à la présentation de ce premier volume, celui qui rassemble les écrits publiés de G. Canguilhem jusqu'en 1939, avant cette thèse de 1943, a pour motif d'attirer l'attention de tous ceux, dont nous avons fait partie, qui ont rencontré l'homme et l'œuvre à travers cette fenêtre : à prendre connaissance du foisonnement de textes de ce volume, ce que nous connaissons du G. Canguilhem « classique » apparaît bien résulter d'une aventure intégralement philosophique, jamais reniée, croyons-nous, même si rendue plus discrète dans l'œuvre de « maturité ». Au fond, il nous semble que ce premier volume leur fera sans doute mieux comprendre les motifs de leur admiration, même s'il peut aussi contribuer à quelques révisions et réappréciations dans le rapport aux œuvres publiées ultérieurement.

Certes, tout le monde n'en est pas resté à cette « fenêtre », notamment après la première version de la bibliographie de Camille Limoges[1]. Mais que l'article qui nous semble fondateur de Jean-François Braunstein, « Canguilhem avant Canguilhem » (c'est-à-dire avant 1943) date de 2000 dit assez bien à quel point le monde universitaire s'est, sauf quelques rares exceptions, longtemps accommodé d'une grande méconnaissance de ces écrits antérieurs[2]. Pourtant J.-F. Braunstein y affirmait ce qu'on évoquait à l'instant, que ces écrits « permettent de mieux comprendre l'évolution ultérieure de l'œuvre, de saisir (...) ce qui subsiste de ce point de départ », de « rectifier l'image courante qui fait de Canguilhem un pur historien des sciences » ; lecture peut-être « sacrilège » pour ceux « qui ne veulent connaître que le Canguilhem de la maturité, l'historien des sciences », mais « pourtant autorisée par avance par Canguilhem lui-même »[3].

C'est cette compétence et cet intérêt pour le « Canguilhem d'avant Canguilhem » qui ont commandé la conception de ce premier volume.

Deux éminents spécialistes et connaisseurs de l'ensemble de la vie et de l'œuvre de notre philosophe l'ont avant tout rendu possible : Jean-François Braunstein, qui va présenter de manière synthétique la structure de ce volume en fonction des types de textes publiés par G. Canguilhem avant 1943 ; et Camille Limoges, responsable de deux volumes à venir, et d'une bio-bibliographie. Tous les lecteurs de Canguilhem savent que depuis 1994, notre collègue québecois a engagé un immense travail bibliographique sur son œuvre, travail indéfini puisque de nouveaux compléments ne

1. La bibliographie de Camille Limoges, dans le volume 5, rendra justice à tous les lecteurs du jeune Canguilhem. Il faut noter que c'est cette première version de cette bibliographie en 1994 qui a permis d'ouvrir ces nouveaux espaces de travaux sur G. Canguilhem, en identifiant une mine de textes jusque là totalement inconnus du plus grand nombre. Voir C. Limoges, « Critical Bibliography » dans F. Delaporte (dir.), *A Vital Rationalist. Selected Writings from Georges Canguilhem*, New York, Zone Books, 1994, p. 385-454.

2. On notera dans l'ouvrage organisé par F. Bing, J.-F. Braunstein et É. Roudinesco, *Actualité de G. Canguilhem : Le normal et le pathologique*, Le Plessis-Robinson, Institut Synthélabo, 1998, beaucoup de références précieuses à cette période de la vie de G. Canguilhem, notamment l'entretien terminal.

3. *Georges Canguilhem en son temps*, numéro spécial de la *Revue d'histoire des sciences*. vol. 53, n° 1, janv.-mars 2000, p. 9-26, p. 10-11. Dans un bel article « Le philosophe, la vie et l'existence », où il s'appuie notamment sur « Descartes et la technique » de 1937 et *Le traité de Logique et de Morale* de 1939, Jean Svagelski ne dit pas autre chose : « Jamais Georges Canguilhem ne reviendra sur ces idées philosophiques de base et il n'aura de cesse de les préciser, d'en étendre la portée et d'en tirer les conséquences, dans tous les ordres, aussi bien épistémologiques, qu'historiques, et éthiques », *Cahiers Philosophiques*, n° 69, décembre 1996, p. 67-83, p. 74.

cessent de s'ajouter à la liste des écrits de cet homme réputé pour avoir peu produit… Sans être nommément présent dans la liste des responsables de ce volume, Camille Limoges n'a cessé par ses conseils, sa science, sa connaissance de la philosophie canguilhémienne, de superviser amicalement nos efforts [1].

Cet appui a été particulièrement précieux pour les deux autres protagonistes de ce volume. Contrairement à Camille Limoges, Jean-François Braunstein et nous-même, Michele Cammelli et Xavier Roth n'ont pas connu G. Canguilhem. Leur ferveur, nous dirons même leur enthousiasme engagés dans ce travail, nous paraissent singulièrement significatifs quant à l'impact probable de la philosophie de G. Canguilhem sur les générations à venir.

Michele Cammelli avait déjà en 2006 présenté et traduit en italien [2] cet ouvrage si surprenant de 1935, *Le Fascisme et les Paysans*, publié anonymement à Cahors dans le cadre des publications du Comité de Vigilance des Intellectuels Antifascistes. Sur cette base, le Comité d'Édition des *Œuvres complètes* lui a demandé de prendre en responsabilité la version originale française de ce texte, avec des notes et une présentation facilitant la lecture de ce document engagé dans les événements de cette époque troublée.

Xavier Roth ayant pu se procurer un des rares exemplaires disponibles du *Traité de Logique et de Morale*, ouvrage co-publié par Canguilhem en 1939 avec son collègue et ami Camille Planet, s'est immédiatement dédié à la remise en circulation de ce texte si peu connu. Cet ouvrage de 299 pages est le seul vrai livre de G. Canguilhem [3] avant *Le normal et le pathologique*. Seul ouvrage où est couvert, de façon méthodique et pensée, non pas tel problème particulier d'histoire des sciences ou tel commentaire d'un auteur, mais, aux fins d'enseignement, l'ensemble du champ traditionnellement reconnu à l'ambition philosophique.

Tous les autres textes publiés avant 1939 seront établis et présentés par Jean-François Braunstein.

*

Le projet commun de ce volume est le suivant : rassembler tous les textes épars de cette époque aujourd'hui recensés, en permettre le repérage historique, les conditions éditoriales. Offrir donc aux lecteurs l'accès à ces textes, la plupart méconnus ou inconnus, pour une lecture de notre philosophe que nous croyons plus ou moins susceptible d'en être renouvelée.

1. On ajoutera bien sûr la présence attentive, bienveillante et précieuse de Bernard Canguilhem, professeur de Médecine, dont les souvenirs, mais aussi les conseils, les appréciations nous ont été, à tous, indispensables.

2. Michele Cammelli, *Il fascismo e i contadini*, Bologna, Il Mulino, 2006.

3. La question délicate de la collaboration des deux auteurs sera étudiée dans la présentation de l'ouvrage.

Un tel projet suggère donc que la lecture de ces textes nous renvoie à de multiples interrogations. Il est fort improbable qu'elles nous laissent « indemnes » quant à notre rapport avec l'interprétation du personnage et sa philosophie. Un nouveau champ de problèmes, de débats, de contradictions partielles paraît inévitablement s'ouvrir.

Pour autant, les présentateurs de ce volume, tout conscients qu'ils soient de ces convocations à (re)penser partiellement certaines cohérences, filiations, ou pondérations, de la pensée canguilhémienne, ne souhaitent en aucun cas imposer ici telle grille de lecture. Sans doute chacun d'eux devra esquisser des parcours de problèmes que ces textes, par eux-mêmes et compte tenu de ce que l'on connaît bien de l'œuvre publiée, ne peuvent manquer de susciter. Mais ce ne peut être que sous forme interrogative et ouverte, le souci d'établissement et de présentation factuelle restant la préoccupation essentielle des contributeurs.

Qu'ils aient progressivement construit de cette rencontre intense avec le jeune et bouillant Canguilhem des réflexions, des éléments d'interprétation susceptibles à leurs yeux de renouveler certaines approches du philosophe, est une conséquence attendue de ce travail. Mais c'est pour l'essentiel dans un autre cadre qu'ils en feront part, ou qu'ils l'ont déjà fait.

*

Pour nous acquitter de notre propre tâche, il nous reste à évoquer ce qui peut à notre sens constituer les points les plus saillants et parfois les plus surprenants de la rencontre entre les lecteurs du Canguilhem d'« après » et cette production écrite, dont la limite a été fixée, à l'orée des années noires de l'Occupation, en 1939. Nous souhaitons ainsi faire partager à ce type de lecteurs dont nous fûmes, le désir d'ancrer ce qui vaut pour eux comme patrimoine canguilhémien dans les intenses convocations à penser qui entre 1926 et 1939 en ont dessiné les profonds sillons.

Rencontre intense, disions-nous : une des premières surprises, c'est en effet l'intensité d'engagement du jeune Canguilhem dans ses écrits, particulièrement jusque vers 1935. « Philosophie (…) de la tension », disait Jean Svagelski en 1996[1] : bien loin des « détours stratégiques » de ses écrits ultérieurs[2], loin d'une pensée nouée mais presque masquée par des exigences érudites et des références dépaysantes qu'ont connue les lecteurs « d'après », la pensée et la personne du philosophe sont ici présentes en acte, comme appelées à se prononcer sans tergiverser sur des choix que la période leur propose, ou plutôt, aux yeux de Canguilhem, leur impose. Il faut dire que cet entre-deux-guerres n'épargne pas qui se sent comptable des options de civilisation à trancher : l'hécatombe du premier conflit si proche dont l'Europe ne peut panser les meurtrissures, les traités qui y ont mis fin, non exempts d'esprit de revanche et de

1. J. Svagelski, « Le philosophe, la vie et l'existence », art. cit., p. 70.

2. J. Piquemal, « Georges Canguilhem, professeur de terminale (1937-1938) », *Revue de Métaphysique et de Morale*, n° 90, spécial Canguilhem, janvier – mars 1985, p. 63-82, p. 66.

nationalisme exacerbé qui laissent partout des braises sur lesquelles vont bientôt souffler fascisme et hitlérisme, une organisation internationale (la Société des Nations) intentionnellement décrédibilisée, une « question sociale » criante, qui laisse mal entrevoir comment unifier sans les confondre les revendications des exploités : apprécier les inégalités massives, divisant le monde paysan, au poids encore majeur à cette époque (intérêts opposés de la petite et de la grande paysannerie), et celles qui traversent le monde industriel en pleine croissance où des trusts grandis encore par la production de guerre exploitent une classe ouvrière qui se construit dans les conflits politiques et syndicaux. En arrière fond de ces luttes sociales, les suites de la révolution bolchevique de 1917, avec ses alternatives eschatologiques portées par une philosophie, le marxisme, qui prétend polémiquement se substituer à un univers intellectuel, supposé incapable de penser ces bouleversements qui s'annoncent.

Le défi du marxisme fait partie des éléments qui interpellent la tradition philosophique : tout en poursuivant sa production, elle ne peut manquer de s'interroger sur sa capacité à être à la hauteur des convocations du présent. C'est dans cette configuration instable que doivent se reposer pour elle le statut des savoirs, des sciences de la nature qui se développent sur des bases élargies et voient le champ des savoirs sur le social et l'humain revendiquer à leur tour le qualificatif de « scientifique ». Dans ce même contexte historique, n'y a-t-il pas à réévaluer le rapport des populations à la « culture », les objectifs de l'enseignement, les productions littéraires, artistiques que de grands noms ne cessent de continuer à nourrir ? Bref, pour un esprit généreux que ne préoccupe pas seulement une carrière de professeur, le champ des positions à prendre n'est pas de nature à laisser l'esprit en repos.

Mais comment ne pas être surpris par la tonalité de cet engagement ? Le débat n'est pas toujours courtois, la vigueur, voire la violence du ton étonne le lecteur habitué à la contention du *Réflexe* ou du *Normal et le Pathologique* : on laisse ce lecteur découvrir par exemple le pastiche contre Lanson, directeur de l'École Normale[1], la critique des sujets de baccalauréat jugés « exécrables »[2], la démolition de Ruyssen, à propos des débats sur le pacifisme entre ce dernier et Félicien Challaye[3], la charge contre la maison de Wendel[4] ... Sans doute cette « impertinence » du jeune intellectuel est

1. *LP*, 1927, cf. *infra*, p. 181-185.

2. *LP*, 1930, cf. *infra*, p. 275.

3. Canguilhem répond à Ruyssen en « philosophe, en pacifiste, en "jeune animal sportif" ». *LP*, 1932, cf. *infra*, p. 400.

4. A propos du *Journal des Débats* considéré comme trop favorable aux intérêts de la maison de Wendel, on le nommerait plus exactement « *Journal des combats*. Maison de Wendel, forges, blindages, canons et barbelés ! A la vôtre, Monsieur, bonne et heureuse ! ». *LP*, 1932, cf. *infra*, p. 420.

parfois revendiquée[1], mais on a rarement le sentiment d'un attrait gratuit pour la bravade, le goût du spectacle : dire les choses sans détour, parce qu'il le faut.

Cette entrée si surprenante en philosophie conduira le lecteur, familier du Canguilhem de la maturité et de ses thématiques d'historien des sciences, à se demander s'il ne faut pas se défier, dans le cas de Canguilhem lui-même, du « virus du précurseur » : le jeune Canguilhem est-il le « précurseur de lui-même » ? Question évidemment centrale d'où résultera la signification à accorder à ce premier volume, mais dont la mise à disposition de son contenu permettra à chacun de se faire une idée. S'il paraît néanmoins difficile – le contraire serait surprenant – de ne pas repérer, comme l'ont fait déjà quelques lecteurs scrupuleux, des continuités profondes sous des productions écrites très différentes, il convient d'éviter d'abord de prendre comme un tout homogène le Canguilhem « d'avant ». Entre 1926 et 1939, une pensée aussi en éveil que fut la sienne a dû repenser certaines de ses positions, et ceci d'autant plus qu'elles se sont exprimées dans les premières années avec ce peu de nuances que nous signalions. Les présentateurs feront autant de clarté que possible sur ces inflexions, on notera deux ou trois points qui illustrent ces « repensées » :

– la pensée bergsonienne est très profondément réévaluée entre l'approbation presque totale du pamphlet de Georges Politzer, « La fin d'une parade philosophique, le bergsonisme » dans *LP*, 1929[2], et son éloge de la critique bergsonienne des sciences dont il reconnaît la « profonde portée » dans le *TLM*[3], ainsi que son « Commentaire au Troisième chapitre de *L'évolution créatrice* » paru en 1943 dans le *Bulletin de la faculté des lettres de Strasbourg*[4]. A un moindre degré, le pragmatisme bénéficie aussi d'une certaine réévaluation : William James, « bafouilleur s'il en fut » dans *LP*, 1932[5], est crédité dans le *TLM* de 1939 de subordonner « tout jugement d'existence, fut-il scientifique, à un jugement de valeur »[6].

1. « Il faut que la jeunesse soit impertinente » ; dans sa réponse à l'enquête lancée en 1926 par la *Revue de Genève* sur « Ce que pense la jeunesse universitaire d'Europe », cf. *infra*, p. 151.

2. Cf. *infra*, p. 221 *sq*.

3. Cf. *infra*, p. 798.

4. *Bulletin de la faculté des lettres de Strasbourg*, vol. 21, n° 5-6, mars-avril 1943, p. 126-143, et n° 8, juin 1943, p. 199-214. Sur ce point, voir notamment J.-F. Braunstein, « Canguilhem, Comte et le positivisme », dans F. Bing, J.-F. Braunstein, É. Roudinesco (dir.), *Actualité de G. Canguilhem*, *op. cit.*, p. 95-120, p. 104 ; « Canguilhem avant Canguilhem », *op. cit.*, p. 16 *sq*. Cet intérêt nouveau pour Bergson, Canguilhem l'attribuerait lui-même à ses études médicales. Dans sa présentation du *TLM*, Xavier Roth parle d'une « rupture par rapport aux textes de jeunesse », marquée notamment par l'entrée au panthéon philosophique de notre auteur de Bergson et Bachelard. Une de ses thèses est que Bergson, lu désormais avec impartialité, ouvre une perspective qui permettra à Canguilhem de prolonger l'approche réflexive héritée d'Alain dans une philosophie de la vie, où la vie apparaît, elle aussi, à quelque degré, comme une puissance de choix.

5. Cf. *infra*, p. 418.

6. Cf. *infra*, p. 798.

– le second point est beaucoup plus connu, même si quelques parts d'ombre subsistent. Disciple d'Alain, G. Canguilhem s'engage à partir de 1927 dans la collaboration avec les *Libres Propos*. On sait que cette contribution devait s'achever en 1934. On sait aussi qu'une profonde divergence va progressivement se développer sur le bien fondé de l'engagement farouchement pacifiste de la revue et du Maître. La participation de Canguilhem au Comité de Vigilance des Intellectuels Antifascistes et la production du *Fascisme et Les paysans* en 1935, laissent peu de doute sur la base de ce qui est plus ici qu'une inflexion dans la trajectoire intellectuelle du jeune Canguilhem. Mais de quand dater précisément le rejet du pacifisme chez Canguilhem ? Quand va-t-il exactement donner congé à cet engagement qui le liait si fort à son maître Alain ? Qu'est-ce qui est au départ rejeté ? N'y a-t-il pas au début déconnection partielle chez lui entre lutte contre les ferments fascisants dans la société française, et reconsidération des rapports avec une Allemagne gangrenée par l'hitlérisme ? La mise au point de ce premier volume a été l'objet de nouvelles recherches sur ces points d'histoire et de biographie intellectuelle entre les responsables des présentations, et Camille Limoges. Il apparaît en tout cas que les années 1934-1936 sont une période restée longtemps un peu « obscure » dans cette trajectoire biographique où les événements de l'histoire et les engagements du jeune philosophe ont conduit à des réorientations intellectuelles sensibles (la découverte récente de certains textes de l'époque a dissipé beaucoup de ces obscurités). La production écrite va en un certain sens se raréfier, se concentrer, mais aussi modifier sa forme et sa tonalité. Cette époque « obscure » est aussi celle où il commence ses études de médecine (automne 1936). Une lente inflexion est sans doute en train de s'opérer que la seconde guerre et son engagement dans la Résistance vont durablement approfondir : à la question de F. Bing et de J.-F. Braunstein [1], si « la médecine d'un côté et la résistance de l'autre », avec la figure de J. Cavaillès ne sont pas « deux choses qui vous ont fait rompre avec tout un passé », G. Canguilhem ne reprend pas l'idée de « rupture » mais admet une certaine exactitude de la remarque : « Cela a distendu pour moi beaucoup de choses, de relations qui, auparavant étaient assez étroites ». Phrase assez sibylline mais qui assume une trajectoire de repensée des investissements intellectuels traversant cette période du Canguilhem « d'avant ». Comment l'interpréter ? C'est un chantier que ce volume peut désormais ouvrir dans de nouvelles conditions.

« Résistance » : cette rencontre, sa rencontre avec l'histoire, le Canguilhem « classique », publiquement, n'en parlait guère ou pas, sinon par l'intermédiaire des textes qu'il a écrits sur Jean Cavaillès, celui qui l'a précisément introduit en résistance. Pour des raisons aisément compréhensibles, ce volume 1 n'en parle pas non plus ; mais son lecteur ne peut qu'essayer de suivre la sourde logique cheminant à travers ses textes qui le conduira à accepter naturellement, avec tous les risques effectivement

1. J.-F. Braunstein, avec François Bing, « Entretien avec G.Canguilhem », dans F. Bing, J.-F. Braunstein, É. Roudinesco (dir.), *Actualité de G. Canguilhem*, *op. cit.*, p. 121-135, p. 129.

encourus, les responsabilités que Jean Cavaillès devait lui demander d'assumer en Auvergne. Cette prise de l'histoire sur le destin du jeune philosophe, dans le silence d'une pensée qui y tisse sa cohérence, est sans doute une dimension majeure et spécifique de ce volume.

Un mot pourtant sur ce terme : on vient d'évoquer l'inflexion essentielle, qui se joue dans ce premier volume et que reconnaît Canguilhem lui-même, quand s'articulent en lui rencontre des études médicales et engagement dans la Résistance. Double rencontre qui échappe aux lecteurs des seuls ouvrages de la maturité et qui pourtant en expliquerait partiellement la genèse. Élisabeth Roudinesco[1] a écrit de riches pages sur cette articulation : « Si l'entrée dans la médecine permit au philosophe Canguilhem de devenir Lafont <son nom de Résistance>, c'est que la Résistance, en tant que rébellion singulière, fonctionna pour lui comme le paradigme d'une discontinuité dans l'ordre de la normativité, c'est-à-dire comme l'adoption d'une nouvelle norme, issue de la vie ».

Question ouverte : ce « paradigme d'une discontinuité » promeut-il une discontinuité dans le cheminement d'une cohérence intellectuelle en construction au cours de ce premier volume ? La désingularisation du débat de normes qui conduit à l'acte de résister, sa désubjectivation « au nom d'un universel »[2], cela peut faire penser au texte célèbre de 1958 sur « Qu'est-ce que la psychologie ? » ; la référence à Nietzsche[3], certes connu de lui, mais pas spécialement mis en valeur à cette époque, et l'évocation de « l'inversion de filiations » entre Canguilhem et Foucault[4] sur la normalité sociale, apportent certes des éclairages précieux. Mais ne faut-il pas aussi se méfier du risque de lecture rétroactive, qui pourrait affaiblir une continuité substantielle en travail dans ce premier volume, et sur laquelle il faudrait attirer l'attention du lecteur parce qu'elle aurait chance d'éclairer la lecture des œuvres postérieures ? Oui, Canguilhem est allergique à tous les conformismes, mais pas par principe : en soi, résister ne dit rien de ce au nom de quoi on résiste[5]. Ce qui se dessine dans ce premier volume, n'est-ce pas d'abord l'astreinte d'un esprit humain, et parce qu'humain, à la dramatique du choix ?

*

1. É. Roudinesco, « G. Canguilhem, de la médecine à la résistance : destin du concept de normalité », dans F. Bing, J.-F. Braunstein, É. Roudinesco (dir.), *Actualité de G. Canguilhem*, *op. cit.*, p. 13-41.

2. *Ibid.*, p. 28-29.

3. *Ibid.*, p. 28.

4. *Ibid.*, p. 40.

5. Dans *Europe* en 1934, « A propos des *Essais Sceptiques* de B. Russell », il appelle bien à une « critique systématique du dogmatisme moderne », mais c'est au nom du refus de « l'intempérance mathématique » (cf. *infra*, p. 474).

« Il faut choisir » : c'est ainsi que s'achève, à propos de la paix et de la guerre, en 1939, le *Traité de Logique et de Morale*. On touche là à une des demi-surprises les plus frappantes de cet ensemble de textes. Demi-surprise parce que la tension palpable dans l'œuvre et la personne de Canguilhem ne laissait aucun doute sur le fait que rien dans la conduite de sa vie, intellectuelle et sociale, ne tolérait l'opportunisme, le laisser faire, l'absence de délibération de la volonté sur le bien et le mal. Et la question des *valeurs*, au nom desquelles la vie s'oriente, se polarise dans son rapport au milieu de vie, court certes comme un fil rouge dans l'ensemble de son œuvre. Mais cette obligation de la vie humaine, si toutefois elle se veut telle, à exercer sa volonté, à sans cesse choisir ici et maintenant ce qu'elle veut comme vie humaine, prend tout au long de ces textes une force, une visibilité frappantes, qu'elles n'ont eu à aucun titre dans les publications ultérieures. C'est chacun de nous, comme être humain singulier qui doit assumer cette prise sur nous d'un débat polarisé en valeurs.

Or, on l'a souvent dit, au Canguilhem « d'après », rien n'était plus étranger que toute attitude moraliste, toute mise en scène de débats « subjectifs ». Comment aurait-on pu concilier un « bavardage moralisant » avec cette image du maître en histoire des concepts, aux antipodes de la rhétorique du « se choisir » que la philosophie sartrienne déployait dans les années cinquante ? Le fait d'être en proie à une « verticalité axiologique », selon une expression qu'il devait lui-même employer, ne méritait à ses yeux, dans son enseignement universitaire, sinon dans l'abstraction philosophique, aucun commentaire, si cette prise était pourtant sans doute sentie par tous comme intense dans le personnage. Il eût sans doute profondément déconcerté ses auditeurs et élèves s'il était sorti de cette réserve, même si ses sautes d'humeur peu prévisibles, ses colères rares mais mémorables en disaient assez sur cette tension cachée.

Alors que s'est-il passé ? Chacun à partir de ces textes pourra retravailler l'histoire d'une vie et le « ré-usinage » des concepts. « Ré-usinage » car il est difficile de penser que le Canguilhem mûr a passé aux pertes et profits des convictions qui furent sa vie même : il faut lire ces textes d'une vigueur incroyable qui broient littéralement tous ceux qui se font les complices de refus de (se) choisir. L'effondrement de toute pensée (philosophique), c'est l'acceptation des « contraintes du milieu », c'est « l'adoration du fait ». Le *Discours de Charleville*, de 1930, l'exprime sans doute avec la plus grande vigueur (son auteur n'a pas plus de 26 ans), dans son hostilité à tous les sectateurs de Taine : « Ainsi, ou bien une âme traduit la façon dont l'univers possède l'homme, ou bien une âme traduit la façon dont l'homme possède l'univers ». Et dans cette déclaration qu'on peut penser provocatrice à l'égard des élites locales « bien pensantes », cette « verticalité axiologique » s'exprime sans fard : « Que si au contraire, on considère l'humanité comme pensante, la question de fait devient une question de droit, et il s'agit dès lors de savoir si l'humanité a un droit de regard sur son avenir ou plutôt, car l'avenir n'est pas tracé d'avance, mais à construire un peu chaque jour, si l'humanité a le devoir de faire sa destinée ».

Mais cette opposition matricielle entre fait et valeur, qu'on retrouvera tout au long des textes de ce volume, elle est déjà exprimée avec une formidable sobriété dans les

LP de 1927[1] : « le fait n'a point par lui-même de valeur », un « fait » a toujours ses « conditions », or « les conditions, qui les connaît les change ». Dix ans plus tard, on retrouve toujours cette opposition dans « Activité technique et Création », et elle court d'un bout à l'autre du Traité de 1939 (« Si le mot *valeur* a un sens, c'est en tant qu'il désigne le contraire du *fait* », p. 201). On lira sur cette question du « déterminisme du milieu » le texte de J.-F. Braunstein, « Psychologie et milieu. Éthique et histoire des sciences chez G. Canguilhem »[2]. Comment ne pas saisir une continuité profonde avec par exemple « Le vivant et son milieu » (1946-1947), et la thèse qu'aucun vivant ne vit dans son milieu comme un contenu dans son contenant ; et en même temps constater que dans ces textes du présent volume, au moins tendanciellement, cette allergie absolue à la détermination par le milieu concerne des êtres *humains* (et non pas des vivants en général), c'est-à-dire des êtres qui « ne peuvent s'empêcher de penser »[3]. On est donc face à un *factum* d'une redoutable véhémence, sans équivalent, à notre sens, dans les textes ultérieurs. Rien ne peut nous exonérer d'engager notre pensée, et par là même notre agir, dans un choix toujours risqué de devenir humain.

Mais d'où le jeune Canguilhem tient-il ce *factum* ?

*

Ne pas s'empêcher de penser, c'est ne pas s'empêcher de juger.

Comme l'indiquent J.-F. Braunstein, Xavier Roth, et déjà Piquemal[4], cet entendement, c'est une puissance d'activité, une instance absolument originaire de jugement. Le lecteur peu familier de ces textes pourra éprouver quelque surprise à mesurer, à travers Alain, l'importance de la tradition réflexive française, Lachelier, Boutroux et surtout Lagneau. Auteurs qui sans disparaître complètement (notamment Lagneau) s'effaceront dans les œuvres ultérieures. Mais à travers cette tradition, c'est la place privilégiée du kantisme dans le patrimoine philosophique du jeune Canguilhem qui, nous semble-t-il, doit être pensée et évaluée. L'« unité originairement synthétique de l'aperception », le penser comme synthèse originaire, va marquer l'usage de la notion de synthèse et sans doute aider à comprendre ce *factum*[5]. Même le temps kantien ne doit pas être conçu comme un « milieu » homogène donné d'un seul coup, « cette notion est déjà plus près de celle d'un acte que ne l'est la notion de

1. Cf. *infra*, p. 167.

2. J.-F. Braunstein, « Psychologie et milieu. Éthique et histoire des sciences chez G. Canguilhem », dans J.-F. Braunstein (dir.), *Canguilhem, Histoire des sciences et politique du vivant*, Paris, *op. cit*, p. 63-89.

3. Comme il le disait dans son texte de 1947 sur « Milieu et normes de l'homme au travail » qui d'ailleurs se termine par une reformulation de l'opposition Fait/Valeur (« le mécanique et la valeur »).

4. J. Piquemal, « Georges Canguilhem, professeur de Terminale (1937-1938). Un essai de témoignage », art. cit..

5. Voir *Europe*, 1930, cf. *infra*, p. 319.

milieu »[1]. Même si le *TLM* ne fait pas unilatéralement crédit au kantisme en toutes circonstances, il reste quand même, semble-t-il, une vraie philosophie de référence. C'est cette puissance originaire de synthèse qui le conduit aux positions anti-empiristes, qui le fait récuser la prétention hiérarchique de l'induction[2], et critiquer l'atomisme mental[3].

Kant ne disparaît certes pas de son enseignement ultérieur. On a noté que Canguilhem a poussé à la réédition de l'*Essai pour introduire en philosophie le concept de grandeur négative*[4]. Mais il ne nous paraît pas y bénéficier de ce traitement privilégié manifeste dans ce premier volume. Pourquoi ? Une étude du traitement de Kant à travers l'ensemble de l'œuvre publiée nous semblerait hautement instructive de l'histoire d'une pensée à l'épreuve de la rencontre de savoirs nouveaux et de l'histoire dont il faut être acteur.

On notera deux ou trois nœuds singuliers qui se détachent à la lecture. Ainsi, (dans quelle mesure ses maîtres ci-dessus évoqués autorisent-ils cette sorte de relecture de Kant ?), on a le sentiment que cette dissociation vitale chez lui entre le fait et la valeur ne peut s'accommoder que partiellement de la distinction des deux premières Critiques. Sans doute la première Critique en questionnant la « légitimité » de la connaissance du réel, soulève la question de « la valeur de la connaissance » ce qui évite les « préjugés ontologiques » qui redonneraient priorité au « fait »[5]. Sans doute la distinction du « naturel » et du « moral », fondée par la dualité des Critiques, est « remarquable et décisive » en ce qu'elle nous éloigne de croire que « la Vérité comme telle, c'est-à-dire comme représentation fidèle du Réel, peut et doit seule incliner le jugement »[6]. Mais en même temps, on a le sentiment que dans notre rapport au monde *phénoménal*, la synthèse d'entendement est déjà amorce d'un jugement en valeur. Ne pas s'empêcher de penser, ce serait déjà ne pas pouvoir s'empêcher de se situer en valeur par rapport à ce qui nous est donné à penser.

Certes pour qui la « matière à penser » s'absorbe dans le seul dialogue avec la tradition philosophique, cette version de l'entendement comme activité de jugement peut prendre ses distances avec les interpellations du monde phénoménal, et s'absenter des choix que celui-ci, à foison, requiert. Mais dès lors que cet entendement qui juge

1. *LP*, 1930, cf. *infra*, p. 270.
2. Cf. *infra*, p. 674.
3. Cf. *infra*, p. 760.
4. Voir G. Le Blanc, *La vie humaine, Anthropologie et biologie chez Georges Canguilhem*, Paris, P.U.F, 2002, note 3 p. 175, pour une pertinente interprétation de l'intérêt de Canguilhem pour cet opuscule. On pourrait ajouter les références et explications de Canguilhem dans ses enseignements à la Sorbonne autour des années 1965-1966 sur « l'horizon logique » dans la « Dialectique Transcendantale », que semble évoquer sa critique des prétentions de l'induction dans *TLM*, cf. *infra*, p. 674, § 6.
5. *TLM*, cf. *infra*, p. 799.
6. *TLM*, cf. *infra*, p. 800.

est originairement immergé dans des convocations à penser telles que les textes de ce volume les évoquent en une vigueur surprenante, il n'y a pas de rapport au monde phénoménal qui ne soit *ipso facto* appel à le polariser en valeur. Densité du kantisme dans les textes de ce premier volume, dépassement partiel de la distinction des deux Critiques au nom de la sauvegarde de la distinction fait / valeur ne contribueraient-ils pas à orienter cette investigation souhaitable sur le traitement canguilhémien de Kant dans l'ensemble de l'œuvre ?

Ce point rejoint un autre nœud, qui ne peut manquer d'attirer l'attention du « néo-lecteur » de ces textes : l'usage de la dichotomie analyse / synthèse, tout particulièrement dans le *Traité*, dont il constitue une des clés de lecture. Autour de l'analyse, se regroupent les exigences de réduction du disparate, de la quantité, de la mesure, de la réduction à l'identique, de la mise en mathématiques. Autour de la notion de synthèse se joue une puissance hybride, qui face à un monde bigarré et sans ordre, anticipe, dans le risque et l'horizon d'erreur, des cohérences, donc des choix, à divers niveaux d'explicitation réflexive, pour assurer témérairement sa jouissance de la vie. Et le propre de la vie humaine est sans doute, comme il le dit clairement à plusieurs reprises, de vivre énigmatiquement ce qu'il n'appelle pas (encore?) ici cette dialectique du concept et de la vie : « Si l'on se reporte à la relation qui nous a paru s'établir normalement entre l'Analyse théorique et l'action synthétique qui lui fournit indéfiniment des prétextes, donc si l'on considère (cela revient au même) le cours de l'évolution humaine comme la conjonction de deux forces, dont l'une *crée* témérairement ce que l'autre aura seulement à *comprendre*, enfin si l'on envisage à toutes les étapes de l'évolution la rencontre d'un Art et d'une science comme le tissu empirique de cette évolution », alors on sera à même de poser en termes justes la valeur « limitative » de la Science dans son rapport à l'action créatrice humaine [1].

Avec cette dichotomie Analyse / Synthèse, ne se joue-t-il pas, à la fin de cette époque une dimension essentielle de la philosophie canguilhémienne? Dans quelle exacte mesure et pourquoi se reformulera-t-elle plus ou moins différemment avec et au-delà du *Normal et le Pathologique*? On peut même se demander s'il n'y a pas là, notamment avec ce concept d'activité synthétique, une mise en cohérence philosophique des rapports entre vie, perception, technique, art, et la polarisation en valeur de l'expérience humaine, une mise en cohérence que le Canguilhem « d'après », pour des raisons à élucider, ne proposera plus.

> ...la vie est la première forme de cette activité synthétique dont la technique, l'art, constituent dans l'humanité un exercice plus ou moins pur». Si le «jugement de nécessité» renvoie à l'unification par le travail de l'analyse, c'est-à-dire le travail de la science, celle-ci est « impuissante à rendre compte de l'activité en sa totalité », parce que lui échappera sans cesse cette autre branche de l'expérience humaine, qui pourtant la

1. *TLM*, cf. *infra*, p. 801-802.

nourrit, cette activité synthétique, qui unifie l'expérience « selon le jugement de puissance et de valeur[1].

Difficile de ne pas voir qu'il y a comme une sorte de montée en régime de ce rapport en valeur au monde phénoménal, qui commence avec l'acte perceptif, expérience d'abord irréfléchie. Qu'on lise ce chapitre II de la première partie du *Traité*, « Analyse et Synthèse » : sorte de phénoménologie de la perception où celle-ci intègre originairement « nos désirs », un « jugement d'existence contrarié et déformé par un jugement d'intérêt », les « préoccupations urgentes de l'Action »[2]. Ne touche-t-on pas ici ce que nous suggérions à l'instant comme un dépassement partiel de la distinction des deux Critiques, l'unité synthétique de la pensée étant originairement « jugement de valeur » ? Amorce de rapport en valeur au phénoménal, dont la *synthèse technique*, « irréductible à quelque mécanisme donnant automatiquement des résultats » ne « fait guère que reproduire à un degré de complication plus élevé celle qui, dans la perception spontanée, lie déjà une ébauche de science à un art indécis… »[3].

C'est dans cette « philosophie à étages » de l'activité synthétique que s'inscrit, sans discontinuité repérable, la « synthèse technique » : certes, comme l'acte perceptif, elle prolonge « l'instinct » et « la vie »[4], et « les organes montés » par elle[5], comme elle, elle est « expérience irréfléchie »[6], mais elle est une véritable « création »[7], une invention. Elle reste ordonnée sans doute aux exigences et urgences de la vie[8] mais elle est assez affranchie[9], assez libérée des « fins non satisfaites par la perception du réel » pour que ces fins puissent être qualifiées de « fins proprement spirituelles »[10]. Un des rares textes du jeune Canguilhem, connu des lecteurs « d'après », sa si remarquable intervention sur « Descartes et la Technique », de 1937, s'inscrivait dans cette philosophie de l'activité synthétique, inapparente sans doute pour la majorité de ces lecteurs : « Voir dans la technique une action toujours à quelque degré synthétique, donc en tant que telle inanalysable, ce n'est pas, du point de vue cartésien même, nous semble-t-il, lui retirer toute valeur, puisque c'est voir en elle un mode, quoique inférieur, de création »[11]. Dès lors que la technique est créative, alors elle devient un point de fixation essentiel d'échanges avec la science, de cette « conjonction des deux

1. *TLM*, cf. *infra*, p. 755.
2. Cf. *infra*, p. 652-653.
3. Cf. *infra*, p. 667.
4. *TLM*, cf. *infra*, p. 685.
5. « Activité technique et création », cf. *infra*, p. 506.
6. *Ibid*, cf. *infra*, p. 502.
7. *Ibid*, cf. *infra*, p. 502.
8. *TLM*, cf. *infra*, p. 679, 680, 745-746.
9. *Ibid*, cf. *infra*, p. 684.
10. « Activité technique et création », cf. *infra*, p. 503.
11. Cf. *infra*, p. 497. Qu'on ôte « mode inférieur » et on serait proche de l'opinion propre de l'auteur.

forces » évoquée plus haut : mystère des échanges au sein d'une « même humanité (...) à la fois savante et fabricatrice » [1].

Pris dans la dynamique de ce jugement synthétique de puissance et de valeur, les principaux textes de cette période sur la technique humaine ne se réduisent donc pas au refus de l'antécédence de la science sur l'invention technique, même si ces développements « classiques » s'y trouvent aussi. Il serait intéressant de confronter ces textes avec par exemple « Machine et Organisme » (de 1946-1947) : quelle signification y donner ici et là à la notion de vie ? Qu'est devenue, dans ce dernier texte et la philosophie « d'après » cette philosophie de la dualité des « formes possibles d'unification » [2] ?

Dans cette philosophie de la synthèse, l'« étage » de l'acte technique se distingue de l'acte perceptif parce qu'il est création : est-ce alors un hasard si la réflexion sur l'art est à cette époque plusieurs fois développée : qualifiant l'acte technique chez Descartes d'action « synthétique » inanalysable, il se demande pourquoi alors Descartes n'a pas produit logiquement une « théorie de la création, c'est-à-dire au fond, une esthétique » [3]. Sans plus de stricte discontinuité qu'entre perception et technique, la création artistique semble s'inscrire dans la suite de l'acte technique : « la technique est quelque part entre la vie et l'art » dit-il dans « Activité technique et création » en 1938 [4]. Ce texte, comme les autres passages du *Traité* de 1939 sur l'Art, s'inscrit dans cette cohérence philosophique, l'autre grand texte sur l'art étant postérieur à notre période mais marqué par ses héritages [5]. Cette philosophie de l'expérience humaine comme puissance de création synthétique expliquerait-elle que cette dimension esthétique soit plus présente dans les textes de cette époque que dans les textes ultérieurs [6] ?

1. « Activité technique et création », cf. *infra*, p. 505.

2. On notera dans « Machine et Organisme » cette idée que « le tour de main dans l'ajustement, que la synthèse dans la production, ce qu'on a coutume d'appeler l'ingéniosité (...) est aussi inexplicable dans son mouvement formateur que peut l'être la production d'un œuf de mammifère hors de l'ovaire » (p. 157).

3. *Op. cit.*, cf. *infra*, p. 497.

4. Cf. *infra*, p. 505.

5. « Réflexions sur la création artistique selon Alain », *Revue de Métaphysique et de Morale*, vol. 57, n° 2, avril – juin 1952, p. 171-186.

6. On notera qu'à propos de la « culture technique » et de la « culture artistique », le commentaire de G. Le Blanc (*op. cit.*) porte essentiellement sur ces textes de 1938 et de 1952 (p. 146-175).

Notons également que la thématique ainsi portée de la création conduit Canguilhem à s'interroger sur le « passage » à l'être, et donc sur le non-être. Thématique qu'il ne nous semble pas voir réapparaître au-delà de ces deux textes. Dans « Activité technique et création », il écrit ainsi : « La création, passage du néant à l'être, c'est la substitution de l'être du possible au néant du réel » (cf. *infra*, p.502). Il sera beaucoup plus explicite dans le second texte de 1952, s'interrogeant, à propos de l'esthétique d'Alain et de Bergson sur les conditions de possibilité

*

Une question peut néanmoins se poser, liée aux inflexions des investissements intellectuels du jeune Canguilhem. « L'humanité a le devoir de faire sa destinée », disait le « Discours de Charleville », dans cette opposition aux « adorateurs du fait ». Soit : cet appel à *faire* le devenir ne nous semble pas poser de difficultés tant que les prises de position se font sur la guerre et la paix, la littérature, la politique, la culture, l'enseignement, l'art… Certes la préoccupation de la connaissance scientifique n'est pas neutralisée, dans les divers comptes-rendus de l'époque : les ouvrages de Russell, de Vialleton, d'Allendy, de Goblot, sont passés au crible, un sujet de baccalauréat sur « La certitude mathématique » est traité dans *LP*, 1930[1]. Mais avec ses études de médecine et l'écriture du *Traité*, d'autres « matières étrangères » sont prises en considération et doivent être traitées avec la rigueur que Canguilhem, en collaboration avec Planet, manifeste en toute circonstance. Certes, Canguilhem a toujours mentionné la valeur du « Vrai », mais il nous semble que c'est avec le *Traité* que la dichotomie Analyse / Synthèse va vraiment se déployer comme opérateur de cohérence ; les premiers chapitres de cet ouvrage vont élaborer avec systématicité ce qui est dû en propre à « l'humanité savante », sur le versant de l'Analyse, et du « jugement de nécessité ». En cela, le *Traité* est bien, comme le dit Xavier Roth, un texte « charnière » : l'enseignement de « matières étrangères » issues des sciences (la partie appelée Logique du Programme officiel, voir le Programme d'Enseignement de la Philosophie, de 1923, à la fin de la présentation de Xavier Roth) va devoir être présenté selon une ascèse normative qui n'est plus celle du jugement de valeur.

La question va dès lors se compliquer quand les caractéristiques propres à l'Analyse vont devoir légitimement se déployer non seulement dans le champ des sciences du vivant[2] – le vivant, source, on l'a vu, de l'activité synthétique –, mais plus encore de ce vivant « pensant » et social qu'est l'homme. Cette rencontre entre l'espace légitime à consentir à la posture analytique (quantité, nombre, mesure…) et les « conditions de notre liberté effective »[3] nous paraît un moment très singulier et critique dans la trajectoire intellectuelle du philosophe. Comment parler de « sciences morales » ? Comment se situer par rapport non seulement à Auguste Comte, mais à ses

chez eux du néant, d'où peut surgir cet écart créateur à l'être. On remarquera que dans l'intervalle était paru *L'Être et le Néant* de Sartre, son contemporain et condisciple à Normale.

1. Cf. *infra*, p. 300 *sq*.

2. Alors qu'en 1947 (« Milieu et normes de l'homme au travail », *op. cit.*), Canguilhem parle des « outrances mécanistes » de Loeb, dans le *Traité*, il défend ces hypothèses (cf. *infra*, p. 754). Preuve qu'en rédigeant le *Traité*, les auteurs ne sont pas prêts à sacrifier ce qui est dû à l'Analyse et à la Valeur du Vrai à la reconnaissance de l'activité synthétique inanalysable. Equilibre rigoureux et délicat que la suite de l'œuvre ne cessera de retravailler (voir par exemple *La formation du concept de réflexe)* même si certains comme Loeb, font les frais de ce retravail. Sur ce sujet, voir aussi J.-F. Braunstein, « Psychologie et milieu. Éthique et histoire des sciences chez G. Canguilhem », *op. cit.*, p. 73.

3. *TLM*, cf. *infra*, p. 814.

héritiers récents, comme Durkheim? Et plus encore par rapport au marxisme, et sa « méthode », très présents dans la Seconde Partie du *Traité*? Comment ne pas déconsidérer l'ambition des « sciences morales » sauf à contredire la « valeur du Vrai », tout en maintenant l'ambition de « devoir faire sa destinée », en cohérence avec le « Discours de Charleville » et les textes véhéments de ce premier volume? Pas si facile à négocier: nous renvoyons le lecteur aux dernières pages du chapitre II de la seconde partie, sur « Morale et Science ».

Pour tout dire, n'est-ce pas cette dimension synthétique de l'expérience humaine qui laisse entière les exigences de la « morale », dans le champ de ce que la philosophie classique appelait le « libre arbitre » ? En même temps, n'est-ce pas elle qui évite, dans le traitement de la « conscience morale », la retombée inacceptable dans un idéalisme conservateur ou conservatif, si vigoureusement combattu jusque là (« attitude moralement nulle »[1]) ? S'il ne peut y avoir de « science des valeurs »[2] – ce qui serait la ruine de la distinction Fait / Valeur –, n'est-ce point en vertu de ce qu'on pourrait appeler un « progressivisme »[3], posture qui va permettre de traiter toutes les questions posées par le Programme de Morale, étudiées l'une après l'autre dans cette seconde partie? Face au « disparate » du monde donné à penser, il faut toujours anticiper et choisir dans l'incertitude[4]. De cela il n'y a pas de science et nous sommes renvoyés ici et maintenant à nous-mêmes. A propos de « Nature et Valeur de la conscience morale », l'ouvrage indique l'hypothèse qui va nourrir les chapitres à venir « selon laquelle la moralité, étant au fond *moralisation*, est la forme que prend en l'humanité une *création* qui se poursuit, une ascension progressive »[5].

Bertrand Saint-Sernin, dans un bel article de 1996, avait bien *supposé* cette « intuition métaphysique » chez Canguilhem, citant un personnage de Conrad dans *Lord Jim*: « l'homme est un être extraordinaire, mais ce n'est pas un idéal »[6]. Il nous semble que ce que l'on pourrait appeler un humanisme énigmatique[7] est à cette époque explicite dans tous ces textes; et une question rétroactive, dont le seul mérite serait de nous faire réfléchir sur les trajectoires biographiques dans l'histoire pourrait être celle-ci : pourquoi au moment où Louis Althusser dans le « chaudron intellectuel » de la rue d'Ulm argumentait en 1964 sur l'« antihumanisme théorique », G. Canguilhem n'était pas, n'était plus dans la disposition de déplacer la question dans cette direction d'un humanisme énigmatique? Sans doute cet humanisme « énigmatique » avait

1. *TLM*, cf. *infra*, p. 906.

2. « Milieu et normes de l'homme au travail », *op. cit.*

3. Voir l'avant-dernière phrase du *Traité*; cf. *infra*, p. 922.

4. *TLM*, p. 801-802.

5. *TLM*, p. 815, voir aussi p. 822, 823, 824; *LP*, 1930, cf. *infra*, p. 273.

6. « Une anthropologie biologique et historique », *Cahiers philosophiques*, n° 69, décembre 1996, p. 57-65.

7. « Il y a malgré tout quelques professeurs qui pour 16 000 ou 26 000 francs par an essaient de donner à leurs élèves une culture qui soit humaine au sens fort du mot avant d'être secondaire », *LP*, 1931, cf. *infra*, p. 335.

ceci en commun avec l'« antihumanisme théorique » qu'il se refuse catégoriquement à présupposer quelque concept d'homme « achevé », à partir de quoi faire de la science et / ou de la politique. Mais il en diffère profondément en ceci que l'idéal d'humanité, pour obscur qu'il soit, doit en chaque individu viser une certaine universalité, définie en valeur, qui doit ou devrait faire norme pour notre agir social. Il y avait là, croyons-nous, un espace de confrontation et de divergence profonde, pour autant –mais on peut se tromper – que cette forme d'« humanisme » – même retravaillé – continuait à habiter Canguilhem. Mais où, pourquoi, comment, dans ces conditions historiques, en faire état?

En tout cas, il est clair que l'humanité n'est faite, ni par « le milieu » (naturel ou social), ni par quelque pouvoir transcendant : elle est à faire, et que ce soit sur les questions d'intérêt général, sur le Droit, sur la valeur de la famille[1], de l'éducation… c'est ce qui permet de donner sens à toutes les formes du Devoir et de la conscience morale. Les si belles pages sur le suicide poussent à l'extrême cette énigme, ce débat en nous qui peut aller jusqu'à nous convaincre que cet « à faire » est muré[2]. La vie y apparaît, non comme une fin pour elle-même, mais comme « l'occasion, le moyen et l'obstacle de la moralité »[3]. Dès 1932, à propos de « La Paix sans réserve ? Oui », il disait : « L'humanité donne un sens à la vie en créant des valeurs »[4].

*

Un autre sujet d'étonnement pour le « néo-lecteur » est la véhémence de l'engagement de Canguilhem, au-delà ou dans l'axe du gouffre entre Fait et Valeur, sur des batailles politico-sociales fondées sur la postulation absolue de l'universalité humaine. La tonalité définitivement polémique de défense de la stricte égalité entre les hommes, quelle que soit leur position sociale ou nationale, est frappante voire saisissante. Et cela court tout au long de cette période. Personne a priori ne peut en imposer à personne, « aucune conscience ne vaut en soi-même mieux qu'aucune autre », il est inacceptable de penser que « des hommes (…) sont faits pour vous, ne fût-ce que des portiers »[5]. Il y a vraiment un langage cru d'opposition « de classe », dont la lecture du *Fascisme et les Paysans*, apporte un témoignage étonnant.

Ceci vaut tout du long jusqu'à la période 1934-1936 sur l'internationalisme et la bataille pacifiste contre le nationalisme guerrier : de part et d'autre de la montagne,

1. *TLM*, cf. *infra*, p. 832, p. 860-861, p. 879.

2. « Dieu, s'il admet les pogroms, pourquoi n'admettrait-il pas les suicides » (cf. *infra*, p. 874).

3. *TLM*, p. 873. Dans une note non publiée consacrée à « La Société humaine selon Bergson », hommage lu à La Société Toulousaine de Philosophie signalé par Camille Limoges et à nous communiqué par Xavier Roth, on voit Canguilhem créditer Bergson du même « progressivisme » du Devoir.

4. *LP*, 1932, cf. *infra*, p. 404.

5. *LP*, 1932, cf. *infra*, p. 405.

« on y voit des deux côtés des mêmes gens »[1], le bellicisme est tout en même temps emprise de la passion, effondrement de la raison[2], et la négation de l'égalité humaine à l'intérieur de chaque nation : « Quand il s'agit de la guerre, c'est-à-dire de mort d'hommes, nous n'acceptons pas de voir la vie d'un laboureur et la vie d'un ingénieur ou d'un professeur devenues subitement sans comparaison possible »[3]. Mais même après 1936, l'hostilité au nationalisme reste présente[4] et, si guerre il y a, elle se fait « pour l'organisation de la société humaine »[5]. Ceci vaut également pour une critique sans fard d'une « culture bourgeoise », manifestation de mépris défendant les droits d'une aristocratie intellectuelle[6]. On lira avec étonnement les deux articles consacrés à la culture à propos de *Mort de la Morale bourgeoise*, d'Emmanuel Berl (1930). La culture bourgeoise, c'est la culture du « riche ». Il y rapporte avec faveur les thèses de l'auteur : c'est explicitement au nom du prolétariat qu'il faut remplacer cette culture par l'encyclopédie, « négation d'une hiérarchie de valeurs intellectuelles, le seul enseignement d'inspiration révolutionnaire » ; et ceci même s'il s'interroge un peu plus loin sur la capacité de l'encyclopédie, « excellent procédé d'instruction », à « former la pensée ». Sans quoi il y a « substitution de généalogie », les fils des prolétaires apprenant tout de l'histoire de France, y inclus Thiers, « mais peuvent tout ignorer de ceux que ledit Thiers fit fusiller »[7]. En arrière-fond de ces convictions engageant l'agir social, la volonté intempérante, inconditionnelle de la justice. On lira la fin du *Discours de Charleville* (« la suprême valeur », pour l'homme, « ce n'est ni l'agréable, ni l'utile, mais le juste », cf. *infra*, p. 311) ; neuf ans plus tard dans le *TLM*, la justice s'impose à nous au nom de « l'équivalence qu'il nous paraît normal de concevoir entre les différentes personnes humaines » (p. 859).

On ne peut s'empêcher de reposer ici la question : mais au nom de quoi cet universalisme, ce souci farouche d'égalité entre semblables, qu'aucune déduction analytique ne peut fonder ? Canguilhem laisse entendre en plusieurs endroits[8], comme certains aujourd'hui à propos du droit du travail, que les principes de la Révolution française ont pu tout aussi bien servir à justifier l'exploitation des prolétaires par les puissants, ce n'est donc pas de la Déclaration des Droits de l'Homme que cet universalisme véhément tient sa conviction inconditionnelle. « Ainsi le bien des personnes et le bien des sociétés ne peut être défini initialement et irrévocablement (…). Chaque personne, chaque génération, chaque société a ses *problèmes propres* qu'il n'appartient qu'à elle de résoudre. A moins de nier le *temps* et *l'histoire*, il faut bien admettre que *l'homme se fait* et qu'il n'est pas fait pour un monde invariable dans lequel il

1. *LP*, 1927, cf. *infra*, p. 186.
2. *LP*, 1930, cf. *infra*, p. 289-294.
3. *LP*, 1927, cf. *infra*, p. 165.
4. *TLM*, cf. *infra*, p. 915.
5. *TLM*, p. 922.
6. *LP*, 1927, cf. *infra*, p. 158.
7. *LP*, 1930, cf. *infra*, p. 329 ; 1931, p. 332 *sq*.
8. *TLM*, cf. *infra*, p. 859 ; *LP*, 1930, p. 277-278, 327 *sq*. ; 1932, p. 405.

tiendrait une place fixe »[1]. Ne peut-on penser que cet « humanisme énigmatique », retirant à tout individu, au nom de son pouvoir ou de sa position sociale, légitimité à énoncer le bien et le mal à l'endroit de *son semblable*, est ce qui peut soutenir cet engagement personnel *ne varietur* sur ces positions universalistes et égalitaristes ? Ne sommes-nous pas tous « semblables » dans cette nécessité de résoudre nos *problèmes propres* ?

Resterait à se demander là encore : pourquoi après la guerre, pourquoi dans ses textes et ses enseignements, ce type de conviction n'est plus explicité publiquement ? J.-F. Braunstein rappelle ces propos de Canguilhem en 1953, « Le philosophe n'a pas à exhorter, à convertir, pas même à moraliser »[2]. Pourtant nul ne doute que ces convictions, qui l'ont engagé dans la Résistance, n'ont jamais cessé de l'habiter dans l'intime. Alors pourquoi ? Nous laisserons ce champ d'interrogations ouvert.

*

On évoquait à l'instant la posture du philosophe : J.-F. Braunstein note que Canguilhem, en tout cas le Canguilhem « d'après », ne s'exprime qu'en de « rares passages » sur ce qu'est la philosophie, et de façon « très elliptique » : la « valeur philosophique » serait comme « l'idée d'un tout où chacune des valeurs serait à sa place relativement aux autres ». On peut néanmoins penser que ce qu'il dit alors pourrait être une reprise discrète, « elliptique », de la mission qu'il conçoit plus explicitement de la philosophie dans ces écrits antérieurs. Le *travail* que l'on attend du philosophe apparaît comme une sorte de mission impossible, toujours à refaire.

Dans « Activité technique et Création », il admet la définition de Le Senne, du philosophe comme « professeur d'unité » : « Tout le monde s'accordera là-dessus faute de s'entendre »[3]. Cette idée de l'« action » philosophique comme « mise en ordre de nos pensées », il la développe déjà depuis 1927[4]. Xavier Roth y insiste à juste titre dans sa présentation. Le monde naturel, le monde de la vie est déjà « infidèle », selon une formule du *Normal et le Pathologique*[5], le monde historique et social plus encore. C'est parce que le désordre est premier que l'activité synthétique de la vie doit anticiper dans le risque des jugements d'unité qui sont déjà des jugements de valeur. « Un ordre est toujours ce qu'il faut faire et non ce qui existe »[6]. Et comme pour un être d'entendement, ces jugements de valeur, créatifs d'un monde technique, nourrissent « les exigences normatives » propres aux jugements de nécessité qui doivent en réduire

1. *TLM*, cf. *infra*, p. 823.
2. J.-F. Braunstein, « Psychologie et milieu. Éthique et histoire des sciences chez G. Canguilhem », *op. cit.*, p. 12.
3. Cf. *infra*, p. 501.
4. *LP*, 1927, cf. *infra*, p 157.
5. *NP*, p. 131.
6. *TLM*, cf. *infra*, p. 908.

le disparate selon un processus spiralaire indéfini[1], l'exigence de mise en ordre est à plusieurs niveaux. N'est-ce pas alors au philosophe de prolonger, de manière argumentée et explicite cet effort de mise en ordre qui est en même temps toujours choix de valeur? « Une âme, disait-il dans son *Discours de Charleville*, c'est l'effort toujours dû, quelquefois tragique, par lequel un homme fait le départ de ce qu'il apporte en naissant d'instinctif, d'aveugle, de périssable et de borné avec ce qu'il veut établir et ordonner en lui de raisonnable, de conscient, d'indestructible et d'universel »[2]. Toute « *valeur morale* », qu'elle soit du savant, de l'artiste, du politique, et sans doute à une puissance supérieure, du philosophe, « *c'est de créer de l'unité, là où elle n'est pas* »[3].

Mission de remise en ordre toujours en partie à remettre en chantier parce que le désordre qui fait défi à la pensée est sans cesse reconfiguré par l'histoire. D'un côté, l'histoire humaine, dans son disparate, repropose au philosophe à chaque époque historique une modalité renouvelée de « chaos de problèmes » ; et de l'autre, comme il le dit dans son hommage à Bergson (voir ci-dessus note 3, p. 87), « le propre des grandes philosophies, c'est de ne pas perdre de vue la totalité de l'expérience humaine qu'elles tendent à juger afin de la corriger ».

Il nous semble toutefois que cette « profession d'unité », limitée à la confrontation entre ce « chaos » historique de problèmes et la recherche d'une mise en ordre totalisante, rendrait encore insuffisamment compte du travail du philosophe, tel qu'on voit le jeune Canguilhem le mettre en pratique dans ces textes. De fait, il y a des constances partielles dans ces chaos de problèmes, et donc aussi, dans ces essais de totalisation, des conceptualisations fécondes, offertes par le patrimoine philosophique tel qu'il se cristallise à chaque époque. Le travail philosophique doit s'appuyer sur elles, en opérant donc un tri au sein de ce patrimoine, en fonction de ses propres valeurs confrontées au « désordre » de l'expérience présente. Le jeune Canguilhem s'insurge contre l'idée qu'à chaque génération sa philosophie[4]. Il nous semble donc que le travail philosophique au présent pourrait se représenter aux yeux du jeune Canguilhem selon une structure triangulaire où l'on aurait à un pôle ce chaos de problèmes ou de ce qu'il appellera dans l'Introduction au *Normal et le Pathologique* les *matières étrangères*, à un second le patrimoine philosophique. Au troisième, le philosophe à l'ouvrage, tenterait une mise en ordre systématique (la « totalité ») retravaillant et par là même discriminant les ressources du second pôle en fonction de l'aide qu'elles peuvent fournir à cette mise en ordre à actualiser du fait des convocations du premier pôle.

1. « Activité technique et création », cf. *infra*, p. 504-505.

2. Cf. *infra*, p. 308.

3. *TLM*, cf. *infra*, p. 824.

4. « Le temps viendra sans doute où nous lirons que Platon n'était bon qu'en son temps et Descartes et Spinoza de même », dans « Ce que pense la jeunesse universitaire d'Europe », cf. *infra*, p. 149.

Question là encore : si cette figuration du travail du philosophe est exacte, pourquoi ultérieurement Canguilhem sera-t-il si « elliptique » sur la définition d'une activité, la philosophie, dont son exercice personnel devait pourtant être si considérable en son temps ?

*

Les textes de ce volume, sur la façon dont le jeune Canguilhem se situe par rapport au patrimoine philosophique, réservent là aussi quelques surprises ou manifestent de sensibles inflexions. Dans ses enseignements et ses écrits ultérieurs, Canguilhem évitait des discriminations trop sensibles à l'intérieur de cette tradition. Dans la période qui nous occupe, tout lecteur sera frappé par la prodigieuse culture philosophique du jeune agrégé (et pas seulement philosophique d'ailleurs). Pour autant, son maniement différencié des auteurs est très instructif tant quant à ses choix philosophiques et la construction de sa pensée, que sur l'histoire de la philosophie française d'entre les deux guerres. Là aussi nous appelons de nos vœux une étude systématique, nous contentant de noter quelques points particulièrement significatifs.

Nous avons déjà mentionné le rapport, à approfondir, certes, du jeune Canguilhem au kantisme. C'est vrai aussi de Descartes, et du bergsonisme dont le côté positif de l'ambivalence ne cessera de grandir. Il regrette la méconnaissance de l'hégélianisme, comme il en appelle à une intégration de Nietzsche dans le programme de philosophie ; ce qui ne veut pas dire qu'il en fait à cette époque un interlocuteur essentiel.

Un sort à part devra être réservé au marxisme, une des plus grandes surprises de cette lecture. La discrétion du Canguilhem « d'après » sur le marxisme était notable. Dans quelle mesure doit-on l'imputer à sa propre expérience pendant et après la Résistance, aux développements et aux dérives du marxisme – léninisme politiques et philosophiques dans les pays de l'Est, aux prises de position des Partis communistes européens, français, à la volonté de se tenir à l'écart des débats intellectuels autour du marxisme, de Sartre à Althusser ? Cette part d'ombre ne doit pas faire conclure à une méconnaissance ni à une quelconque posture dénonciatrice[1]. Mais le fait est que le « néo-lecteur » de ces textes est surpris par la tonalité très favorable et l'incorporation d'un langage marxisant totalement absent des textes ultérieurs.

C'est vrai dès 1927, à propos de Goblot[2], c'est particulièrement net dans les deux textes du débat, déjà cités, sur l'ouvrage d'Emmanuel Berl[3]. Contre « L'Internationale sanglante des Armements », il oppose avec faveur *Le Manifeste de 1847*[4]. Les références favorables au marxisme sont nombreuses dans *Le Traité* de 1939, un

1. Notons par exemple que *l'Idéologie allemande* avait été mise en 1967 au programme de l'agrégation de philosophie dont G. Canguilhem était président de jury.

2. *LP*, 1927, cf. *infra*, p. 179.

3. Voir *LP*, 1930 et 1931.

4. *LP*, 1931, cf. *infra*, p. 362, de fait paru en 1848.

marxisme « latent » ou explicite traverse le chapitre 10 de la seconde partie, consacré à « Morale et Economie »; et il paraît difficile de penser que sa brève évocation du passage de la manufacture à la fabrique, avec l'invention décisive de la *machine outil*[1], ne lui vient pas de sa lecture du chapitre 14 du Livre I du *Capital*[2]. Il reste que c'est dans *Le fascisme et les Paysans* que l'appropriation de la critique du système capitaliste, comme « oligarchie économique »[3], comme « doctrine du profit illimité »[4], la défense du « prolétariat » exploité, l'usage de termes propres à la conceptualité marxiste sont les plus nets. Et ceci, même si « l'alliance contre la tyrannie » suppose une unité à construire entre les partis ouvriers et, ce qui ne va pas de soi du côté de la politique communiste, la petite paysannerie[5].

On lira avec le plus grand intérêt la présentation de Michele Cammelli. A l'aide de celle-ci et des autres textes de cette période, il apparaît clairement qu'une recherche spécifique sur Canguilhem et le marxisme est à faire : comment au cours de cette période s'organisent la lecture, le jugement de Canguilhem sur l'œuvre de Marx ?[6]. Qu'est-ce qui dans la conceptualité marxiste lui paraît pertinent, légitimement utilisable ? Et quelles sont, dans ces textes, les réserves plus discrètes mais explicites, que les événements historiques ont pu faire grandir, aidant ainsi à rendre compte de cette discrétion ultérieure dont nous parlions ?

Dans quelle mesure l'élaboration philosophique du jeune Canguilhem ne conduit-elle pas à revenir sur les rapports entre Michel Foucault et lui ? Il n'a jamais caché « l'admiration » qu'il a conservée pour lui[7], attestée par ce qu'il a pu écrire sur certains de ses livres. Pour autant, on a mentionné plus haut l'expression d'« inversion de filiation »; beaucoup de jeunes philosophes ont éprouvé de l'intérêt pour Canguilhem par la médiation des rapports entre ce dernier et Michel Foucault. Sa lecture de Nietzsche aurait pu bénéficier de cette rencontre intellectuelle. Au fond, Canguilhem aurait renouvelé son concept de *norme*, singulièrement la dimension sociale de celle-ci, à la lecture de l'*Histoire de la folie à l'âge classique*. L'énorme prestige de Michel Foucault, la fascination qu'il exerce *urbi et orbi* ne seraient pas loin de nous mener à une « rétro-histoire », où l'originalité canguilhémienne pourrait être dévaluée, à

1. Cf. *infra*, p. 889.

2. Voir aussi son compte-rendu de P. M. Schuhl, *Machine et Philosophie*, de 1938, paru dans la *Revue Philosophique*, cf. *infra*, p. 510 *sq*.

3. Cf. *infra*, p. 562.

4. Cf. *infra*, p. 567.

5. Cf. *infra*, p. 571.

6. Selon Camille Limoges, les années 1935-1936 sont probablement celles où Canguilhem est le plus proche des communistes, et utilise le plus directement des éléments du marxisme comme méthode d'analyse des faits sociaux.

7. J.-F. Braunstein, avec François Bing, « Entretien avec G.Canguilhem », dans F. Bing, J.-F. Braunstein, É. Roudinesco (dir.), *Actualité de G. Canguilhem*, *op. cit.*, p. 126.

proportion du crédit essentiel qu'on lui reconnaîtrait d'avoir été un promoteur du premier.

Comme sur bien d'autres questions, le débat mérite d'être ré-ouvert. Les tendances que l'on vient d'évoquer ne sont pas sans arguments. Notons simplement les points suivants :

– La notion de « norme » est omniprésente dans tous ces textes de jeunesse. Sa densité de présence nous paraît même surprenante (le *Traité* l'atteste particulièrement), dans des espaces d'argumentation où elle nous semble peu usitée, voire inusitée à l'époque. Une étude linguistique et conceptuelle nous paraîtrait tout à fait instructive. Quoiqu'il en soit, l'opposition du fait et de la valeur, si vitale dans ces textes et prises de position, oblige à considérer que rien, dans l'univers social, n'était *nécessaire* [1] : toute règle de vie collective, s'appellerait-elle « loi », est *instituée* dans l'histoire. L'usage du concept de norme nous paraît construire sa cohérence en ce point.

– D'où vient l'énergie, la convocation à philosopher, où se construit en ces années la pensée de Canguilhem ? Les textes que ce volume rend disponibles, et qui sont autant de prises de position, sont sans équivoque. Toute interprétation des évolutions de la pensée canguilhémienne, qui sous-évaluerait la force de ces convocations initiales ne risquerait-elle pas de manquer des exigences cachées, peut-être, mais partiellement inaltérables ?

– On a beaucoup insisté non sans raison sur la positivité de l'erreur chez Canguilhem, motif de rapprochement avec Foucault, et à travers lui, avec Nietzsche. Soit. Mais l'activité synthétique, qui, dès son premier « stade » perceptif, héberge en elle toujours déjà un jugement de valeur, propre au vivant humain « qui a vécu avant de réfléchir » [2] implique toujours déjà le risque d'erreur.

A côté de son rapport au patrimoine philosophique, la rencontre de Canguilhem avec ce nouveau champ des « sciences morales », et pas seulement dans le *Traité* dans le cadre des obligations du Programme, mérite là aussi une étude d'ensemble. Auguste Comte, bien sûr, étudié dès 1926 [3] pour son Mémoire d'Études Supérieures [4], mais

1. J.-F. Braunstein note à juste titre que « ce n'est sans doute pas par hasard que Canguilhem ne cite jamais le chapitre consacré à la distinction du normal et du pathologique dans *Les Règles de la méthode sociologique* de Durkheim » (J.-F. Braunstein, « Canguilhem, Comte et le positivisme », dans F. Bing, J.-F. Braunstein, É. Roudinesco (dir.), *Actualité de G. Canguilhem*, *op. cit.*, p. 117).

2. *TLM*, cf. *infra*, p. 717.

3. C'est le premier texte de la bibliographie de Camille Limoges, son Mémoire pour le Diplôme d'études supérieures : « La théorie de l'ordre et du progrès chez Auguste Comte ».

4. Sur le rapport de Canguilhem à A. Comte, nous renvoyons à l'excellente contribution de J.-F. Braunstein, « Canguilhem, Comte et le positivisme », *ibid.*, p. 95 *sq.* Voir aussi G. Le Blanc, *La vie humaine, Anthropologie et biologie chez Georges Canguilhem*, *op. cit.*, p. 5 *sq.*

aussi Durkheim[1], Lévy-Bruhl, Max Weber et la sociologie allemande, via Raymond Aron[2]. On recommandera au lecteur le remarquable compte-rendu dans *LP*, 1931[3], sur « les causes du suicide » de Maurice Halbwachs[4] et la reprise partielle de sa substance dans *Le fascisme et les paysans*[5]. Du souci de Halbwachs de replacer « la société dans la nature », Canguilhem nous conduit vers la géographie humaine, Vidal de la Blache, Demangeon, Roger Dion, Gaston Roupnel, d'une part et de l'autre du côté de ce qui sera l'École des Annales, qu'il appelle l'école strasbourgeoise autour de Lucien Febvre. Les premiers promeuvent, à partir de l'étude de la terre et du monde rural[6], le concept de « genre de vie », les seconds s'employant « à trouver à la société des racines cosmiques », moins arbitraires que les fictions durkheimiennes. Au-delà de la manifestation d'une curiosité universelle, ce texte conduit le jeune Canguilhem à une réflexion « métaphysique » – dit-il en s'excusant auprès des sociologues-, à notre sens d'une grande profondeur. En même temps, il n'est pas étonnant de constater que ces références jouent un rôle certain dans *Le fascisme et les paysans*, dans la mesure où de manière assez surprenante, Canguilhem n'hésite pas à « dénommer marxiste » cette orientation de géographie humaine[7]. On lira là-dessus la présentation de Michele Cammelli. On peut penser que c'est sous condition de cette diversification des catégories trop « massives » du marxisme que Canguilhem s'autorise à utiliser ces références. En tout cas, alors même qu'il avoue, à la fin de sa vie, qu'à la place de la médecine son enracinement rural aurait pu le pousser vers la « géographie agricole », aujourd'hui « écologie »[8], il ne nous semble pas que mis à part une brève évocation dans « Le vivant et son milieu » (1946-1947)[9], et une intervention dans *Dialogues*, en

1. Voir notamment G. Le Blanc, *La vie humaine, Anthropologie et biologie chez Georges Canguilhem*, *op. cit.*, p. 130 *sq*. Même s'il ne s'appuie prioritairement sur les textes du jeune Canguilhem – ce qui est normal –, cet ouvrage est important pour le rapport de Canguilhem aux diverses sciences humaines. De même J.-F. Braunstein, « Psychologie et milieu. Éthique et histoire des sciences chez G. Canguilhem », *op. cit.*, p. 63-89.

2. *Europe*, 1936, cf. *infra*, p. 487-488.

3. Cf. *infra*, p. 375-382.

4. Deux des plus beaux textes de cette période portent sur le suicide. Serait-ce parce que ces situations extrêmes ne nous laissent plus aucune échappatoire pour penser notre rapport entre Vie et Valeur ?

5. *Le fascisme et les paysans*, p. 542 et note 1, p. 545.

6. Ce qui ne pouvait pas manquer d'attirer celui qui signait en 1926 sa contribution à l'enquête déjà mentionnée « Languedocien. Élève à l'École normale supérieure pour préparer l'agrégation de philosophie. Le reste du temps à la campagne, à labourer ».

7. *LP*, 1931, cf. *infra*, p. 379.

8. J.-F. Braunstein, avec François Bing, « Entretien avec G.Canguilhem », dans F. Bing, J.-F. Braunstein, É. Roudinesco (dir.), *Actualité de G. Canguilhem*, *op. cit.*, p. 132-133.

9. *La connaissance de la vie*, 2e éd., p. 142.

1974, « La question de l'écologie : la technique ou la vie »[1], cette riche thématique réapparaisse dans les œuvres « de maturité ».

Quant à Freud qui, semble-t-il le fascina dans ses dernières années[2], il ne l'ignore pas mais ne le connaît pas assez pour en parler. Quand il est question de psychanalyse, c'est plutôt de Bachelard qu'il s'agit.

*

Au final, comment rendre cohérent ce Canguilhem « d'avant » avec cette figure d'un maître en histoire des sciences, telle qu'elle s'est cristallisée à partir des années soixante ? Le *Traité*, co-rédigé avec Camille Planet, dans le temps où Canguilhem faisait son apprentissage des études de médecine (ce qui suppose un minimum de vue en perspective sur toutes les sciences de la nature), fut, on peut le supposer, un chaînon décisif. Trois points nous paraissent là encore se signaler au lecteur profane.

– Ces choix d'investissement intellectuel déplacent incontestablement Canguilhem du côté du fonctionnement intellectuel et des productions scientifiques. Il y a comme une veille attentive et rigoureuse sur ce qui émerge en physique, en biologie, Xavier Roth note à quel point les références philosophiques dans le *Traité* s'effacent nettement au bénéfice de renvois extérieurs à la discipline, et particulièrement au bénéfice de scientifiques. Mais nous sommes frappés par ceci : au cœur de cet effort dont on voit comment il pourra se prolonger ultérieurement en direction d'études érudites et « sévères », le souci est constant de replacer ce travail scientifique du « jugement de nécessité » dans une dialectique – qu'il n'appelle pas ainsi à l'époque – entre le jugement du Vrai et le jugement du Bien, ou, pour rester sur un plan plus nettement épistémologique, entre Analyse et Synthèse, l'une réduisant, limitant, les anticipations nécessaires de l'autre. Dès ses premiers écrits, Canguilhem se rebelle contre toute confusion entre les deux[3], en 1938, il rappelait qu'« aucune connaissance ne peut d'elle-même produire. Par définition, elle ne peut que *réduire des produits* »[4]. Comme si à cette époque, et il nous semble que ce ne sera plus du tout ni systématique, ni exprimé de la même manière plus tard, G. Canguilhem ne pouvait investir et donner toute sa légitimité aux exigences de la norme scientifique sans la mettre simultanément en regard des exigences normatives de l'expérience humaine comme activité synthétique[5]. « L'humilité originelle des mathématiques est un des aspects

1. Cahiers n° 22, mars 1974, p. 37-44.

2. Voir par exemple « La Décadence de l'idée de progrès », *Revue de Métaphysique et de Morale*, vol. 92, n° 4, nov. – déc. 1987, p. 437-454.

3. *LP*, 1927, cf. *infra*, p. 177-180.

4. « Activité technique et création », cf. *infra*, p. 504.

5. Camille Limoges, renvoyant à l'entretien de Canguilhem avec Alain Badiou en 1965 (*Revue de l'enseignement philosophique*, vol. 15, n°2, p. 10-17), Xavier Roth à celui avec Hyppolite la même année (*Revue de l'Enseignement philosophique*, vol 15, n° 4, avril-mai 1965,

de l'humilité de l'humanité qui a vécu avant de réfléchir et qui a réfléchi pour mieux vivre »[1].

– On connaît cette phrase de Canguilhem, qui a tant plu aux jeunes philosophes des années soixante : « Travailler un concept, c'est en faire varier l'extension et la compréhension, le généraliser par l'incorporation des traits d'exception (…) bref lui conférer progressivement, par des transformations réglées, la fonction d'une forme »[2]. Or on peut penser que cette attention à la fois fascinée et inquiète sur la vie du concept se noue au fait que le concept est produit et reproduit dans cette spirale interactive entre produire dans le provisoirement irréfléchi pour vivre et réfléchir sur les produits de cette vie créative pour relancer continûment le vivre. Dès 1929, on trouve cette inquiétude d'un usage du concept, dégradé en préjugé dès lors qu'il est déconnecté de l'effort qui le produit et le limite : « Le langage porte des concepts, mais les concepts sont faux de toute chose, car ils ne sont vrais d'aucune chose »[3]. Dans le *Traité*, le concept apparaît toujours comme un compromis, résidu d'un « litige » entre le disparate de l'expérience – d'abord perceptive – et sa réduction par la quantité, la mesure …[4] Le concept est donc toujours, y compris dans l'architecture des théories scientifiques, un résultat historique.

Si les mots qui encadrent ici l'historicité du concept ne se retrouvent plus à l'identique dans les études ultérieures d'histoire des sciences, on mesure –virus du précurseur ? – comment ils les préparent.

p. 11-21), font très justement remarquer que Canguilhem a toujours maintenu la vocation à la totalisation de la philosophie et la confrontation que celle-ci doit organiser entre « certains langages spéciaux, certains codes, avec ce qui reste foncièrement naïf dans l'expérience vécue ».

Il reste que Canguilhem ne l'exprime que dans des entretiens, donc sans la même tonalité conceptuelle que dans ses textes. Les termes utilisés n'ont pas la même systématicité que dans ces textes de jeunesse, où l'« activité synthétique de *la vie* » ne commence à produire ses effets philosophiquement pertinents qu'avec la double puissance de *jugement d'un esprit* articulant progressivement en lui la perception, le faire technique, et l'art, la puissance d'analyse venant décomposer, limiter, opérationnaliser ces anticipations téméraires. Comme si, avec *Le normal et le pathologique*, l'élargissement des horizons philosophiques rendait moins systématiquement exprimable cette dualité dans l'expérience humaine, même si celle-ci doit rester, pour G. Canguilhem, au cœur de l'essai de totalisation philosophique.

1. *TLM*, cf. *infra*, p. 717.

2. « Dialectique et Philosophie du Non » chez Gaston Bachelard, dans *Études d'Histoire et de Philosophie des Sciences*, p. 206.

3. *LP*, 1929, cf. *infra*, p. 240. Phrase puissante dès que l'on s'interroge sur les risques permanents d'« usurpation » dans l'usage du concept décrivant, s'appropriant, codifiant toute activité industrieuse.

4. *Traité*, p. 651-653, 719, 721, 788.

– L'activité synthétique humaine est téméraire, liée à l'aventure[1] de l'humaine pensée. Comment alors qualifier cette anticipation, qui ne peut être jugée selon le Vrai, mais qui, comme objet à réduire, rend possible le travail analytique du savant ?

Cette terme d'anticipation « téméraire », (donc matrice d'erreur), on le trouve plusieurs fois dans le *Traité*[2]. Or n'est-ce pas exactement ce que vise G. Canguilhem dans son texte de 1977 sur les « Idéologies scientifiques »[3], parlant de l'histoire des rapports entre l'histoire et la nature « Ne peut-on soutenir (…) que la production progressive de connaissances scientifiques nouvelles requiert, à l'avenir comme dans le passé, une certaine antériorité de l'aventure intellectuelle sur sa rationalisation, un dépassement présomptueux, par les exigences de la vie et de l'action, de ce qu'il faudrait déjà connaître et avoir vérifié avec prudence et méfiance, pour que les hommes se rapportent à la nature selon de nouveaux rapports en toute sécurité ». On pourra interpréter les glissements sémantiques, mais sur l'anticipation aventureuse, « présomptueux » a simplement remplacé « téméraire ».

Nous avons nommé « altérité énigmatique » ce terreau, à la fois « obstacle et condition de possibilité »[4] du travail de conceptualisation scientifique[5]. On constate bien que cette interaction spiralaire nous mène sur cette voie. On parlera de dialectique du concept et de la vie et plus précisément d'« épistémologie historique », où l'on verra un Canguilhem prendre la suite de Gaston Bachelard. Mais ces textes permettent d'apprécier, croyons-nous, dans quelle mesure le rapprochement de ces deux termes s'enracinent aussi très profondément dans la *philosophie* du jeune Canguilhem.

*

La « philosophie » de G. Canguilhem : « les lecteurs actuels de Canguilhem sont de plus en sensibles à la tonalité propre de son œuvre », dit J.-F. Braunstein, ce qui va ensemble, à notre sens, avec le souhait « qu'il ne soit jamais considéré comme un historien « professionnel » des sciences »[6].Tel est semble-t-il un des enjeux de ce volume : mesurer l'ambition philosophique de l'homme, quelque discrète, voire cachée qu'elle ait pu être, dans l'ensemble de textes inauguré par *Le normal et le pathologique* en 1943. « Historien des Sciences parce que philosophe », cette formule

1. Sur cette idée d'« aventure », voir par exemple « Discours de Charleville », cf. *infra*, p. 312; voir également *LP*, 1932, cf. *infra*, p. 399.

2. Voir *TLM*, cf. *infra*, p. 742, 783, 801 ; « Activité technique et création », p. 504, 506.

3. Dans *Idéologie et rationalité dans l'histoire des sciences de la Vie*, Paris, Vrin, 2009, p. 46. Sur ce point, voir P. Macherey, « Georges Canguilhem : un style de pensée », *Cahiers philosophiques*, n° 69, décembre 1996, p. 47-56, p. 49 *sq*.

4. *IR*, p. 46.

5. Y. Schwartz, *Le paradigme ergologique ou un métier de philosophe*, Toulouse, Octarès Éditions, 2000, introduction à la seconde partie, p. 110.

6. J.-F. Braunstein, « Psychologie et milieu. Éthique et histoire des sciences chez G. Canguilhem », *op. cit*, p. 10.

aujourd'hui assez récurrente peut être une manière d'éviter une approche trop limitée de l'œuvre; mais nous ne sommes pas persuadé qu'elle suffise à rendre compte d'une trajectoire que les *Œuvres complètes* mettront à disposition du public. L'histoire des sciences n'est sans doute qu'une composante dans ce qui était pour lui la manière d'accomplir son métier de philosophe, un des éléments de la contrainte de mise en ordre; peut-être même y a-t-il eu une part de contingence dans l'importance de cet investissement intellectuel spécifique [1].

Finalement ces textes ne permettent-ils pas de réfléchir sur la manière dont on « devient » philosophe? Nous avons toujours pensé qu'il fallait prendre au sérieux cette obligation, pour la philosophie, de s'instruire de « matières étrangères », qu'affirme abruptement l'Introduction au *Normal et le Pathologique* [2]. Comment définissait-il l'« étrangeté » de ces matières? C'est là encore objet de débat possible, mais cela veut en tout cas dire, croyons-nous, que le « travailleur » de la philosophie, s'il doit s'alimenter du patrimoine de sa discipline, comme on l'a dit plus haut, ne peut s'en contenter s'il a vraiment l'ambition de retravailler ce patrimoine dans l'univers actualisé d'expérience qui est le sien. A lire cette profusion de textes sur les sujets les plus divers, on est saisi par l'ampleur et l'intensité de cette convocation à engager sa pensée. Le générosité de réponse à cette convocation est proprement déroutante. On a mentionné déjà maints comptes-rendus, mais on pourrait évoquer, dans le désordre, c'est le cas de le dire, un « chaos » de circonstances où le jeune rédacteur des *Libres-Propos* s'implique entièrement dans l'avis à donner: tel ouvrage sur Descartes, tel nouveau manuel de philosophie, tels essais sur la philosophie orientale comparée à l'occidentale, sur le sentiment du religieux et du sacré, tel livre scolaire paru en Allemagne, tel livre sur Balzac, telles opinions de Paul Valéry; rien ne lui est étranger sur la question de la guerre et des traités, il fait l'analyse des lois militaires, du débat chiffré sur le budget de la guerre à l'Assemblée Nationale, rien ne lui échappe des constructions navales en Allemagne, il évoque le discours courageux d'Henderson,

1. Il est à souhaiter la publication rapide d'une importante conférence de Camille Limoges au Centre interuniversitaire de recherche sur la science et la technologie (Université du Québec à Montréal), le 23 avril 2009. Il y constatait qu'avant la publication de *La formation du concept de Réflexe* en 1955, aucun texte ne porte centralement sur une question d'histoire des sciences, même le texte fameux de *La connaissance de la vie* sur la théorie cellulaire dont le sous-titre originaire est « Du sens et de la valeur des théories scientifiques ». Et après son départ à la retraite, à nouveau, on constate une grande diversité de sujets philosophiques, absolument pas centrés sur l'histoire des sciences. Entre les deux, ses textes se proposent, non une œuvre d'érudition, mais, à travers celle-ci, une occasion de se poser des problèmes sur le travail de la connaissance. Au fond, de quel poids scientifique a pu peser l'obligation d'assurer, avec la conscience professionnelle qu'on connaît de G. Canguilhem, la succession de Gaston Bachelard à l'Institut d'Histoire des Sciences de la Sorbonne?

2. Rappelons la deuxième partie de cette phrase aujourd'hui célèbre: « ... et nous dirions volontiers pour qui <la réflexion philosophique> toute bonne matière doit être étrangère »? Ce n'est pas prendre des gants ... Voir Y. Schwartz, *Le paradigme ergologique ou un métier de philosophe*, *op. cit.*, notamment p. 44-56.

ministre des Affaires Etrangères anglais et « ancien ouvrier mouleur », à la Société des Nations. La question des responsabilités du conflit mondial le conduit à revenir plusieurs fois sur les débats entre Julien Benda et Romain Rolland, il rend compte de manière acerbe d'ouvrages sur Foch et Clemenceau ; comment distinguer le jugement sur la guerre nationale et la guerre civile ? Mais le sport, la morale sexuelle ne sont pas non plus en dehors de ses préoccupations...

Derrière la prodigieuse diversité de ces convocations se profile cette exigence de « totalité », que Canguilhem, à travers Bergson en 1941, attend de la philosophie. Est-on philosophe si on neutralise une dimension de l'expérience humaine, malgré la diversité chaotique que nous avons à rencontrer en elle ? Georges Canguilhem, sans qu'il l'ait certainement théorisé initialement, a senti qu'il ne pouvait se soustraire à cette exigence impossible de « mise en ordre ».

C'est sans doute à cette condition que l'on devient philosophe. Un grand philosophe.

*

Voilà quelques points qui, croyons-nous, ne sauraient échapper aux yeux étonnés – et peut-être comblés – d'un lecteur, honorable connaisseur du Canguilhem « d'après », mais néophyte du Canguilhem « d'avant ». Comme on l'a suggéré chemin faisant, ce recueil appelle à débats et approfondissements tous ceux pour qui la connaissance de la personne et de l'œuvre de Georges Canguilhem importent à l'exercice de leur métier de philosophe ; et sans doute, bien au-delà [1].

1. Qu'il nous soit permis d'exprimer nos dettes dans cet itinéraire de découverte : Xavier Roth, qui nous a donné à lire ces textes, et en a très vite et lucidement perçu les thématiques les plus fortes et les plus originales ; Camille Limoges que nous avons retrouvé des décennies après notre rencontre au séminaire de Canguilhem ; l'outillage érudit qu'il nous transmet à tous si généreusement, les longues discussions avec lui, ont été pour nous essentiels, et son avis – quand il est favorable ... – nous vaut *imprimatur*. Les textes de J.-F. Braunstein, qui s'est en partie consacré depuis plusieurs années à faire ressaisir une approche transversale de l'œuvre canguilhémienne ont été particulièrement précieux. Que Michele Cammelli, qui a « réinventé » *Le fascisme et les paysans* avec les intenses débats que ce texte appelle soit chaleureusement remercié.

Bien entendu, les publications d'autres collègues, même si elles ne portaient pas prioritairement sur la période qui concerne ce volume, nous ont accompagné dans notre travail collectif. Nous nous permettrons de mentionner plus particulièrement Claude Debru, Anne Fagot, Guillaume Le Blanc (voir notamment G. Le Blanc, *La vie humaine, Anthropologie et biologie chez Georges Canguilhem*, *op. cit.*) et Dominique Lecourt (voir notamment le premier chapitre de son « Que sais-je », consacré à Georges Canguilhem).

Enfin, on ne saurait évoquer la figure de Georges Canguilhem, sans évoquer celle de François Dagognet : une longue amitié l'a lié à Canguilhem, il a joué une large part dans la diffusion de sa pensée et de son œuvre ; la volumineuse correspondance qu'il a entretenue avec lui abrite encore sans doute bien des trésors. Il n'est que justice qu'il nous fasse l'honneur de donner une conclusion à l'ensemble de cette œuvre collective.

INTRODUCTION

À LA DÉCOUVERTE D'UN « CANGUILHEM PERDU »

Jean-François BRAUNSTEIN

Les écrits reproduits dans ce premier volume des *Œuvres complètes* de Georges Canguilhem restituent la figure d'une sorte de « Canguilhem perdu », comme on parle d'un « Aristote perdu », qui ne manquera pas d'étonner bien des lecteurs familiers du *Normal et du pathologique* ou de ses travaux classiques d'histoire des sciences. Il s'agit en effet d'un ensemble imposant, à la fois quantitativement et qualitativement, qui ne peut se réduire à quelques simples « œuvres de jeunesse » ou articles oubliés. Georges Canguilhem a publié, entre 1926 et 1939, plus d'une centaine d'articles et de comptes rendus, notamment dans la revue d'Alain, les *Libres propos*, ou dans la revue fondée par Romain Rolland, *Europe*. Mais il a également répondu, avec Daniel Lagache et Raymond Aron, à une enquête sur la « jeunesse universitaire d'Europe », prononcé un « discours de distribution des prix » au lycée de Charleville, donné plusieurs communications. Il a publié deux brochures, l'une en 1932, avec Félicien Challaye, *La paix sans aucune réserve*, et l'autre, non signée, en 1935, sur *Le fascisme et les paysans*. Il a aussi écrit, en collaboration avec Camille Planet, un véritable livre, le *Traité de logique et de morale*, paru en 1939[1]. Il ne s'agit pas à proprement parler d'écrits de jeunesse, puisqu'il faut se souvenir que la thèse de médecine sur le normal

1. Nous avons décidé de prendre ce livre comme terme de ce premier volume des *Œuvres complètes*. La déclaration de guerre marque en effet un tournant évident dans la vie et dans l'œuvre de Canguilhem. Le dernier chapitre de ce *Traité* est consacré à : « La nation et les relations internationales ». La dernière phrase de ce dernier chapitre, en 1939, méritait aussi de clore ce premier volume : « Une morale idéaliste enjoint d'opter pour les groupes qui représentent un idéal progressif. Ici, comme l'Hamlet de Shakespeare, il faut choisir ».

et le pathologique, que l'on considère en général comme le premier livre de Canguilhem, a été publiée en 1943, c'est-à-dire alors que Canguilhem avait déjà près de quarante ans. De toutes ces œuvres, il ne restait quasiment aucune trace jusqu'à ce que Camille Limoges propose, en 1994, la première bibliographie quasi-exhaustive de l'œuvre de Canguilhem[1]. Yves Schwartz, dans sa « Présentation », témoigne de la sorte d'« événement » que constitue cette découverte pour ceux qui furent ses plus proches élèves : à considérer le « foisonnement de textes » de ce premier volume, le « G. Canguilhem « classique » apparaît bien résulter d'une aventure intégralement philosophique, jamais reniée », dont la dimension éthique d'une « défense de la stricte égalité entre les hommes » ne saurait être sous-estimée[2]. Il nous a semblé utile de donner une introduction plus historique à l'ensemble de ces textes, qui est complétée par des introductions spécifiques au *Fascisme et les paysans* et au *Traité de logique et de morale*, réalisées par deux jeunes chercheurs, Michele Cammelli et Xavier Roth, qui témoignent ainsi de la puissance d'attraction que peut exercer l'œuvre de Canguilhem sur ceux-là même qui n'ont pas connu l'homme Canguilhem.

Il serait évidemment absurde de penser que l'on peut découvrir le « vrai Canguilhem » dans ces premiers écrits : Canguilhem a assez moqué le « virus du précurseur » pour que l'on ne se donne pas le ridicule de faire de cet *UrCanguilhem* le « précurseur » du Canguilhem de la maturité[3]. Une telle recherche de précurseur interdirait à la fois de comprendre le sens et la portée de ces premiers écrits, mais empêcherait également de comprendre en quoi les travaux de la maturité apportent de réelles innovations et une véritable réorientation de la pensée de Canguilhem. En

1. Cette bibliographie est publiée dans l'édition américaine, par François Delaporte, d'une anthologie des écrits de Georges Canguilhem, sous le titre *A Vital Rationalist. Selected Writings from Georges Canguilhem*, New York, Zone Books, 1994. C'est cette lecture qui avait aiguisé notre curiosité et nous avait conduit à rédiger un article sur « Canguilhem avant Canguilhem » (*Revue d'histoire des sciences*, vol. 53, n° 1, 2000, p. 9-26). Qu'il nous soit permis de remercier Camille Limoges pour sa contribution essentielle à cette édition des *Œuvres complètes*, et plus spécifiquement au premier volume : ses indications et découvertes bibliographiques ont joué un grand rôle dans sa mise au point. Les recherches sur l'œuvre de Georges Canguilhem sont rendues aujourd'hui bien plus aisées grâce au dépôt, par sa famille, de ses archives au Centre d'Archives de Philosophie, d'Histoire et d'Édition des Sciences (CAPHES) : qu'il nous soit permis de la remercier ici. Nathalie Queyroux et l'équipe du CAPHES ont fait un travail remarquable de classement et de conservation de ces archives et en assurent la mise à disposition des chercheurs dans des conditions qui sont aujourd'hui exceptionnelles en France : nous voulions également les remercier pour le soutien qu'ils ont apporté à cette édition.

2. Y. Schwartz, « Présentation », cf. *supra*, p. 87.

3. Même si les trois premiers textes de Canguilhem, Lagache et Aron, publiés en 1926 en réponse à une enquête de la *Revue de Genève*, et reproduits ici, laissent étonnamment transparaître bien des traits de leurs œuvres ultérieures. Le sérieux et l'engagement politique modéré du jeune Aron, l'exaltation en faveur de la psychiatrie de Lagache, qui se voit en « ingénieur des âmes », le caractère volontiers provocateur du jeune Canguilhem, qui reformule la question qui était posée, sur l'idée de génération.

même temps, on peut considérer qu'il n'est pas sans intérêt de lire aujourd'hui, pour la première fois, ces écrits, reproduits dans leur intégralité et dans l'ordre même où ils ont été publiés. Canguilhem lui-même n'était pas hostile à ce qu'on en fasse mention. Ecrivant à Jeanne Alexandre, qui rédigeait une histoire des *Libres propos*, il lui expliquait qu'il ne regrettait rien « de [ses] écrits ou actes dont la collection des *Libres propos* conservera la trace pour la postérité », et ajoutait : « Ayant changé sur quelques points fondamentaux, je n'éprouve aucune gêne à voir rappelées les positions dont je suis parti » [1]. On peut penser qu'il y a ce que Canguilhem aurait appelé une « filiation » entre ces œuvres oubliées et les œuvres classiques de la maturité.

Il nous semble que cette lecture permet de mieux comprendre certains traits caractéristiques de l'œuvre de Canguilhem, qu'il s'agisse de ses motifs ou de son style. Ses motifs d'abord. Lorsqu'il aborde tel ou tel article de la maturité, comme « Qu'est-ce que la psychologie ? », « Qu'est-ce qu'un philosophe en France aujourd'hui ? », ou les articles consacrés à Cavaillès, le lecteur ne peut manquer d'être frappé par la véhémence de Canguilhem, son indignation devant certaines attitudes philosophiques ou politiques. Il est certain alors, que l'on s'en réjouisse ou qu'on le déplore, que Canguilhem n'est pas un historien des sciences « professionnel » comme les autres mais bien plutôt un philosophe combattant. Le sens de cet engagement se comprend mieux lorsqu'on lit ces premiers écrits. La virulence du Canguilhem de la maturité n'est rien au regard de la violence avec laquelle il s'en prend, dans sa jeunesse, aux bellicistes ou aux pacifistes trop tièdes. Certains des thèmes de la maturité sont déjà traités de manière très polémique dans ces premiers écrits. La première fois qu'il traite de psychologie c'est pour dénoncer, après Alain, l'œuvre de « basse police » qui est celle des psychologues. Lorsqu'il écrit d'abord sur le réflexe, c'est pour en dénoncer les usages politiques. Quand il traite du milieu, c'est pour s'en prendre à Taine et à l'anti-dreyfusisme de Barrès. Si l'on relit alors les œuvres scientifiques de la maturité, on s'aperçoit qu'y sont insérées, discrètement, quelques remarques qui indiquent le motif de travaux apparemment purement « scientifiques ». Ainsi, en quelques lignes de *La formation du concept de réflexe*, il est indiqué que ce travail d'« histoire critique » vise à montrer que « la physiologie de l'automatisme est plus aisée à faire que celle de l'autonomie » [2]. L'œuvre de Canguilhem nous semble en effet répondre à des motifs éthiques ou politiques, au sens large. Si l'on n'a pas lu ces premières œuvres de Canguilhem, il est plus difficile de comprendre le « tonus » qui anime les œuvres du Canguilhem de la maturité, leur ton heureusement non académique.

1. Lettre du 20 janvier 1968 à Jeanne Alexandre, *Bulletin de l'Association des amis d'Alain*, n° 26, mai 1968, p. 48-49. On peut même imaginer que Georges Canguilhem attendait que l'on découvre l'ensemble de ces premiers travaux et de ses cours : l'extrême minutie avec laquelle sont conservées, classées et commentées par lui ses archives, déposées au CAPHES, laisse penser qu'il souhaitait que des années de travail intensif ne soient pas perdues.

2. *La formation du concept de réflexe aux* XVIIe *et* XVIIIe *siècles*, (1955), Paris, Vrin, 2000, p. 7.

Le style ensuite. Il nous semble que l'une des raisons de l'intérêt de l'œuvre de Canguilhem tient à l'impératif, présenté comme une sorte de mot d'ordre au début du *Normal et du pathologique*, selon lequel « la philosophie est une réflexion pour qui toute matière étrangère est bonne, et nous dirions volontiers pour qui toute bonne matière doit être étrangère »[1]. La curiosité universelle, le goût du concret, voire du curieux, sont des traits remarquables de l'œuvre de Canguilhem et de ses disciples les plus proches[2]. Il s'intéresse, dans sa maturité, aussi bien à « La physiologie et à la pathologie de la thyroïde au XIXe siècle » qu'à « La question de l'écologie », à « Hegel en France » comme à « L'*Histoire des sciences de l'organisation* de Blainville et l'abbé Maupied », à « La monstruosité et [au] monstrueux » en même temps qu'à « La décadence de l'idée de progrès ». Cette curiosité universelle était déjà un trait saillant des premiers écrits de Canguilhem, qu'indique bien la simple énumération des titres de ses articles : de la question de la génération à celle de la création, en passant par les élections anglaises ou une crise ministérielle française, d'une pièce de théâtre de Sherriff à un examen des sujets du baccalauréat. Ses lectures et références sont aussi variées : Alain puis Bergson surtout, mais aussi Descartes ou Leibniz, Balzac et Stendhal, Valéry ou Benda, Taine et Barrès, Keyserling ou Allendy, Lagneau, Hamelin ou Le Senne, Politzer ou Halbwachs, bien d'autres encore. A certains moments, il semble même que Canguilhem ait été tenté par un véritable travail de journaliste, notamment lorsqu'il traite de l'actualité politique ou relève les absurdités et les compromissions des journalistes de son temps.

Pacifisme et antimilitarisme

Canguilhem est d'abord un disciple d'Alain, qui fut son professeur de khâgne au lycée Henri IV. Une fois entré à l'École normale supérieure, Canguilhem devient une sorte d'animateur du groupe des « chartiéristes » de l'École[3]. C'est dans la revue d'Alain, les *Libres propos*, lancée par Michel Alexandre, qu'il va publier près d'une centaine d'articles de 1927 à 1935 : il assurera même le secrétariat de rédaction de la revue durant l'année 1932 où il est en congé pour convenance personnelle[4]. Comme

1. *Le normal et le pathologique* (1966), Paris, P.U.F., 2009, p. 7. Sur cette question des « matières étrangères » et de la philosophie, *cf.* Y. Schwartz, *Le paradigme ergologique ou un métier de Philosophe*, *op. cit.*, p. 47-64.

2. Ian Hacking note, à propos de Foucault, qu'il est un « *fact-lover* » (I. Hacking, *Historical Ontology*, Cambridge-Londres, 2002, Harvard University Press, p. 74). La même remarque pourrait être faite à propos d'un autre élève de Canguilhem, François Dagognet.

3. Sur ce milieu et le jugement que porte Raymond Aron sur les « chartiéristes », *cf.* J.-F. Sirinelli, « Raymond Aron avant Raymond Aron (1923-1933) », *Vingtième Siècle. Revue d'histoire*, 1984, 2, 2.

4. Nous avons reproduit l'ensemble des textes signés Canguilhem, C. G. ou de son pseudonyme C.-G. Bernard, ainsi que les « Notes militaires », non signées, qu'il a publiées durant

Alain, il affecte un certain côté « rustique », notamment lorsqu'il signe son premier article, une réponse à une enquête de la *Revue de Genève* en 1926 : « A l'École normale pour préparer l'agrégation de philosophie. Le reste du temps à la campagne à labourer »[1].

Dans les *Libres propos* de ces années-là Alain et ses disciples critiquent sans cesse le militarisme et s'engagent énergiquement en faveur du pacifisme[2]. Les contributions de Canguilhem vont dans le même sens, comme son action à l'École normale supérieure. En 1927, lors de la revue annuelle de l'École, il ridiculise la préparation militaire supérieure instaurée par la loi militaire Paul-Boncour et, en 1928, il est à l'origine d'une pétition des normaliens contre cette même loi. En 1931 aussi il signe une pétition contre la « caporalisation des intellectuels ». Bien plus tard, en 1968, se rappelant cette période, Canguilhem revendiquera « cette pensée militante contre le militarisme français, contre la séquelle politique d'une « victoire » surestimée et d'un carnage passé au compte de profits et pertes »[3]. Un des principaux reproches que Canguilhem, comme Politzer et bien d'autres jeunes gens, fait alors à Bergson, « penseur qui n'est pas inviolable et sacré », c'est d'avoir soutenu des positions chauvines durant la première guerre mondiale. Bergson annonçait une « marche au concret » ; on a donc, avec Politzer, « le droit et le devoir de juger Bergson sur la façon dont il a rencontré le concret. Cette rencontre, qui eut lieu en l'an de grâce 1914 et les années suivantes, où le concret se révélait particulièrement sévère et frappant, est digne de l'*Echo de Paris* et du *Gaulois.* Je connaissais déjà la façon dont Bergson étreignait le concret dans le *Bulletin des Armées*, où il retrouvait Boutroux, un grand spiritualiste aussi. Elle vaut bien la façon dont il étreignait le concret dans ces discours prononcés sous la coupole de l'Institut, dont Arouet fait un exposé terrible »[4].

Le point de départ du militantisme d'Alain et de Canguilhem en faveur de la paix est bien sûr l'absurde et choquante boucherie de la première guerre mondiale. Dans un texte très personnel Canguilhem évoque son souvenir de la mobilisation en août 1914. Il avait alors dix ans et il se rappelle avec dégoût comment la déclaration de guerre avait donné une importance à « toutes les nullités d'un chef-lieu d'arrondissement, toutes les vanités, toutes les importances époussetées, redorées, revigorées, le verbe haut, le gosier sec, l'œil protecteur »[5]. L'un des seuls à s'être opposé très tôt à l'enthousiasme guerrier qui saisit toutes les nations européennes au début de la première guerre

son service militaire. Nous avons aussi reproduit les textes choisis par Canguilhem, notamment pour la rubrique « Anniversaires », mais aussi les extraits de journaux qu'il commente ainsi que les pétitions, peu nombreuses, qu'il a signées durant ces années là.

1. « Ce que pense la jeunesse universitaire française », cf. *infra*, p. 152.

2. Sur cette époque et cette génération normalienne, la référence essentielle est J.-F. Sirinelli, *Génération intellectuelle : Khâgneux et normaliens dans l'entre-deux-guerres*, Paris, Fayard, 1988.

3. « Lettre du 20 janvier 1968 à Jeanne Alexandre », *op. cit.*, p. 48.

4. « La fin d'une parade philosophique. Le bergsonisme », cf. *infra*, p. 222.

5. « Août 1914. Août 1931. Rêveries très positives du citoyen mobilisable », cf. *infra*, p. 360.

mondiale est Romain Rolland, ce que Canguilhem n'oubliera jamais : il le défend contre les attaques de Benda et il cite toujours élogieusement sa pièce de théâtre *Liluli*, qui dénonce l'« illusion » belliciste. Un autre des héros de Canguilhem est alors Aristide Briand, le « pèlerin de la paix » : selon lui il faudrait que chacun s'approprie « le mot de Briand : Tant que je serai là, il n'y aura pas de guerre »[1]. Une autre référence de Canguilhem, moins connue aujourd'hui, est Norman Angell, prix Nobel de la paix en 1933, qui avait dénoncé l'absurdité, y compris économique de la guerre : « A l'origine on cherche du bétail ou des esclaves, ou des terres fertiles ou fertilisables, puis des débouchés commerciaux, des matières premières pour l'industrie ou bien ce qu'on appelle de la "matière imposable" ». Mais il y a là « une illusion, comme on l'a montré avec force », et « la guerre ne paie pas au bout du compte celui qui croit en tirer profit »[2]. Canguilhem accorde une grande importance à son argumentaire dans son engagement pacifiste[3]. Mais c'est bien sûr Alain qui est encore la référence centrale pour Canguilhem, avec son livre de 1921, *Mars ou la guerre jugée*.

Ce pacifisme conduit Canguilhem et les collaborateurs des *Libres propos* à s'interroger sur la question des responsabilités de la première guerre mondiale. A l'occasion de l'« affaire Demartial », ou lorsqu'il rend compte de « deux nouveaux livres français sur les origines de la guerre », Canguilhem soutient que les responsabilités sont au moins partagées entre les « Empire centraux » et la « Triple Entente »[4]. Cette question était évidemment cruciale, dans la mesure où en dépendait celle des réparations de guerre, qui constituaient un des arguments essentiels utilisés par Hitler. D'après Canguilhem la guerre a été faite au seul profit de « l'internationale sanglante des armements », selon le titre d'un ouvrage de Lehmann-Rüssbuldt dont il rend compte.

L'engagement pacifiste radical de Canguilhem se manifeste en particulier à l'occasion de la polémique que Félicien Challaye engage fin 1931 avec le pacifiste modéré Théodore Ruyssen, qui dirigeait l'organisation « La paix par le droit ». Cette controverse, commencée dans les colonnes du journal de Ruyssen *La paix par le droit*, se poursuivra dans les *Libres propos*. Canguilhem intervient dans ce débat et il en publie tous les éléments dans une brochure de la série des *Documents des Libres*

1. « Documents. France – Les intellectuels et le désarmement », cf. *infra*, p. 330.

2. *Traité de logique et de morale*, Marseille, F. Robert et fils, 1939. Cf. *infra*, p. 918. Canguilhem cite les deux livres de Norman Angell, *La grande illusion*, de 1911, et le *Chaos européen*, de 1920.

3. *Cf.* ce qu'il en dit à Sirinelli, *Génération intellectuelle*, p. 597. Les exemplaires des livres d'Angell sont parmi les plus compulsés de la bibliothèque de Georges Canguilhem, conservée au CAPHES.

4. « Deux nouveaux livres français sur les origines de la guerre. Camille Bloch-*Les causes de la guerre mondiale* (Hartmann, éd.), 1933. Jules Isaac – *1914-Le problème des origines de la guerre* (éd. Rieder), 1933 ». Cf. *infra*, p. 460-465.

propos, en 1932, au titre explicite : *La paix sans aucune réserve*[1]. Ce recueil sera pour une bonne part à l'origine du courant que l'on qualifiera de « pacifiste intégral ». Challaye y énonce pour la première fois sa proposition « défaitiste » : « Plutôt l'occupation étrangère que la guerre », qui le conduira par la suite à la Collaboration. Canguilhem intervient, assez brutalement, dans cette polémique, « en philosophe, en pacifiste, et en jeune "animal sportif" qu'une éventuelle mobilisation inviterait à quitter, immédiatement et sans délai, soit sa classe qu'il a la faiblesse d'aimer, soit un coin d'univers qui, pour n'être pas Noirmoutiers, n'est pas un appel moins énergique à goûter la vie »[2]. Canguilhem n'accepte pas l'argumentation de Ruyssen qui fait référence à « l'existence de fait du sentiment national ». Il ne faut pas se résigner à un tel « fait » : « Que la guerre ait encore une existence de fait, cela signifie seulement que jusqu'ici en aucune conscience d'homme ne se sont trouvés réunis un assez violent sentiment de réprobation de la guerre avec un courage suffisant à affronter tous les préjugés, même ceux des pacifistes, et une intelligence assez vive pour voir une voie où d'autres n'ont rien vu. M. Ruyssen contesterait-il à quelqu'un le droit et le devoir d'être créateur en matière de morale ? »[3]. Quant à la comparaison que fait Ruyssen entre la guerre et le sport – « l'homme, et c'est son honneur, est un animal sportif qui ne redoute pas le risque et y trouve une enivrante volupté. Ruskin a pu dire avec raison : "*All healthy men like fighting and the sense of danger*" », elle semble proprement scandaleuse au jeune sportif qu'est Canguilhem : le sport est un jeu où l'on ne triche pas, où il y a des règles que la conscience suit à tout moment, alors que « dans la guerre, une fois posé le but, la conscience démissionne, et, parce que la fin justifie les moyens, toutes sortes de moyens sont appelés à la servir ». La guerre ne connaît pas de lois, « à la guerre, tous les moyens, même les pires sont bons »[4].

Le pacifisme de Canguilhem présente un certain nombre de caractéristiques propres. La première est qu'il ne se limite pas à un simple pacifisme, mais s'élargit en un antimilitarisme radical. Canguilhem n'a pas directement connu la guerre mais il a fait son service militaire : or, selon lui, l'armée c'est déjà la guerre. Les « Notes militaires » ou « Notes d'un soldat », parues de 1927 à 1929, anonymes mais qui peuvent sans aucun doute lui être attribuées, décrivent bien l'absurdité de la vie militaire, de cette « prison » que constitue pour lui l'armée[5]. L'armée dégrade l'homme, elle va le chercher « au plus bas pour le lier à ce qui est en lui de moins noble » : « la caserne c'est

1. Félicien Challaye rééditera ses contributions à cette brochure, à compte d'auteur, jusqu'en 1935, où il en donne une « sixième édition revue augmentée ».

2. « La paix sans réserve ? Oui ». Cf. *infra*, p. 401.

3. *Ibid.*

4. *Ibid.*

5. Alain lui envoie un exemplaire de ses *Souvenirs concernant Jules Lagneau*, conservé au CAPHES, avec cette dédicace : « A Georges Canguilhem, en sa prison. Pour qu'il se garde du courage sans joie. Bien affectueusement ». Canguilhem commente sur la page de garde : « pour Alain "en sa prison" voulait dire en sa caserne à Nîmes ».

déjà la guerre au milieu de nous »[1], notamment dans la mesure où elle se sert des hommes comme d'« instruments »[2]. L'idéal de l'armée c'est de « mécaniser les actes » et donc de retourner d'une certaine manière au « système des castes » : « en imposant une manière immuable de mettre le masque protecteur, ou de garnir les sacoches de cavalier et de les fixer à la selle, ce qu'on pourchasse c'est la réflexion mangeuse de temps, la recherche et l'adaptation. Ainsi l'art militaire se flatte d'éviter l'hésitation, l'embarras, l'emportement brouillon. L'idéal avoué, proclamé, imposé, est de mécaniser les actes »[3].

Une seconde caractéristique du pacifisme de Canguilhem est qu'il s'efforce particulièrement de réfuter l'argument « biologique » en faveur de la guerre. Canguilhem s'en prend notamment au biologiste René Quinton, assez oublié aujourd'hui, dont il trouve cependant les « maximes sur la guerre » assez significatives pour les reproduire dans les *Libres propos*[4]. Pour Quinton, « l'idée essentielle est que la guerre est un fait de nature; elle est l'état naturel des mâles ». L'homme est ici identifié à l'animal, selon une « idée de Darwin, déformée et hypertrophiée par Spencer »[5]. Mais il y a là, note Canguilhem, une contradiction : « comment ne pas sentir immédiatement la contradiction qu'il y a à vouloir glorifier un fait ? Un fait est un fait ». Si seule compte la force, il n'y plus à parler de « valeur, droit, justice, sacrifice »[6]. Dès lors Quinton ne fournit même pas de véritable justification de la guerre. Canguilhem élargit cette critique à une critique de toutes les « philosophies de la vie » qui tendent à faire l'éloge de la force : « Après Schopenhauer, après Nietzsche, après Bergson même, c'est encore une fois la philosophie de la Vie qui fait faillite, dans les maximes de Quinton »[7].

Plus largement enfin, comme chez un certain nombre de pacifistes de cette époque, la lutte contre le militarisme s'élargit en une critique radicale de l'« exploitation

1. « Lettre aux parents des soldats – Notes militaires », cf. *infra*, p. 217.

2. « La paix sans réserve ? Oui », cf. *infra*, p. 406. La même critique sera reprise contre la psychologie du comportement qui définit l'homme « comme outil » dans « Qu'est-ce que la psychologie ? ».

3. « Du temps. Notes militaires », cf. *infra*, p. 202.

4. Dans ses cours d'Albi en 1930-1931 sur « Philosophie de la guerre et de la paix » Quinton est aussi une référence importante, avec de Maistre et Darwin : Canguilhem note que « le transport des idées biologiques dans l'ordre social a été récemment renouvelé par le livre de R. Quinton : *Maximes sur la guerre* ».

5. « Deux explications philosophiques de la Guerre : Alain et Quinton », cf. *infra*, p. 339-340.

6. *Ibid*, p. 340.

7. Canguilhem évoque d'ailleurs la contradiction qu'il y a peut-être entre le pacifisme de son ami Challaye et son bergsonisme. Canguilhem entend l'argument de Ruyssen qui renvoie Challaye à son inspirateur Bergson : « Qu'il y ait quelque incompatibilité entre l'affirmation morale du devoir de paix et une doctrine d'inspiration biologique, liée à une certaine conception d'impérialisme anarchique et oppresseur (à quoi les discours de Bergson pendant la guerre n'apportent pas de démenti, au contraire !), ce n'est pas ici la question, et au surplus ce serait à discuter avec Challaye ».

capitaliste », elle aussi identifiée à la guerre. Canguilhem note ainsi, dans une formule au ton très « alaniste » : « C'est la guerre qui a l'éclat, et tout ce qui a éclat touche à la guerre. Les bals de l'opéra, les bijoux des femmes, les expositions coloniales, les fêtes aériennes, les mannequins parés et les hommes suffisants, tout cela c'est guerre et encore guerre » [1]. Dans un passage moins littéraire, il note, contre Ruyssen, que « toute exploitation de l'homme par l'homme suppose que quelque part des consciences sont traitées comme des choses. Et cela, déjà, c'est la guerre en son principe » [2].

L'ÉLOIGNEMENT DU PACIFISME

La question qui se pose bien sûr est celle de savoir comment Canguilhem a su refuser le destin qui fut celui de la plupart de ses camarades pacifistes et disciples d'Alain, qui ont fini par choisir, dans leur grande majorité, avec plus ou moins d'allant, la Collaboration. Alors que Canguilhem s'engageait activement dans la Résistance, comme son ami Cavaillès ou comme Raymond Aron à Londres, ces alanistes sont ainsi fidèles à leur maître Alain, qui soutiendra les accords de Munich, signera, après la déclaration de guerre, avec Giono, l'appel initié par Louis Lecoin « Pour une paix immédiate », et finira même par noter, dans son *Journal*, en juillet 1940 : « pour ma part j'espère que l'Allemand vaincra : car il ne faut pas que le genre de Gaulle l'emporte chez nous. Il est remarquable que la guerre revient à une guerre juive, c'est-à-dire à une guerre qui aura des milliards et aussi des Judas Macchabées. Qui peut savoir ? » [3].

La date à laquelle Canguilhem s'éloigne de ce pacifisme est difficile à déterminer. A cette question Canguilhem nous avait répondu : « après le Comité de vigilance des intellectuels antifascistes, je n'avais pas apprécié la persistance dans un certain pacifisme de certains alanistes, avec qui j'avais auparavant beaucoup de rapports très étroits et pour qui je conserve encore un souvenir respectueux [4] ». Le Comité de vigilance avait été fondé en mars 1934, à la suite des émeutes du 6 février, et cela confirmerait donc ce que Canguilhem avait déclaré à Jean-François Sirinelli, c'est-à-

1. « Civilité puérile et honnête », cf. *infra*, p. 248.

2. « La paix sans réserve ? Oui », cf. *infra*, p. 405.

3. Cité par P. Burrin, *La dérive fasciste. Doriot, Déat, Bergery. 1933-1945* (1986), Paris, Seuil, 2003, p. 373. Ce passage est discuté par T. Leterre, *Alain. Le premier intellectuel*, Paris, Stock, 2006, p. 489-490. Les élèves et les proches d'Alain qui s'engagèrent dans la Collaboration, à des degrés divers, furent nombreux : René Château, Claude Jamet, Georges Bénézé, Léon Émery, René Gérin, etc. Sur cette importance de la gauche et du pacifisme dans la venue à la Collaboration, *cf.* le livre de P. Burrin, mais aussi celui, paradoxal mais fort stimulant, de S. Epstein, *Un paradoxe français. Antiracistes dans la Collaboration, antisémites dans la Résistance*, Paris, Albin Michel, 2008.

4. F. Bing, J.-F. Braunstein, « Entretien avec Georges Canguilhem », dans F. Bing, J.-F. Braunstein, É. Roudinesco (dir.), *Actualité de Georges Canguilhem, op. cit.*, p. 124.

dire qu'il aurait eu « vers 1934-1935 la prise de conscience qu'on ne peut traiter avec Hitler » et aurait dès lors commencé une « évolution » »[1]. Cependant les textes retrouvés récemment par Camille Limoges, et reproduits dans ce volume, montrent que Canguilhem avait accepté, en 1935 encore, d'écrire dans les *Feuilles libres de la quinzaine* de l'ultra-pacifiste et futur collaborateur Léon Émery. Début 1936 Canguilhem fait toujours partie du courant majoritaire, ultra-pacifiste, du Comité de vigilance des intellectuels antifascistes et, en mai 1936, la section de Béziers du Comité de vigilance, qu'il dirige, s'illusionne encore, après l'entrée en mars des troupes allemandes en Rhénanie démilitarisée, sur la possibilité de répondre pacifiquement aux provocations hitlériennes : « Ce qui nous paraissait vrai et juste concernant l'absurdité et l'inhumanité des traités de paix, concernant la duperie tragique qu'a été la conférence dite du désarmement, tout cela reste vrai après le coup de force hitlérien. La politique national-socialiste ne prend de force que ce qu'on ne saurait sans iniquité lui refuser. La brutalité du geste que nous blâmons ne doit pas masquer la justice de la revendication »[2].

En revanche, en 1939, dans le *Traité de logique et de morale*, le changement est total et radical : tout en citant encore, en note, *Mars ou la guerre jugée* comme « l'un des livres les plus importants sur la question » de la guerre, Canguilhem souligne l'erreur de la « thèse de ceux qui placent la paix au-dessus de tout » : « quelle que soit la générosité de son inspiration et la solidité des arguments qu'elle fait valoir, elle souffre aussi de ce défaut : ce qu'elle nomme la paix reste une négation purement verbale de la guerre ; autrement dit le pacifisme semble méconnaître que ce qui a reçu jusqu'à présent le nom de Paix ce n'est pas l'inexistence ou l'annulation des conflits internationaux, mais une forme de ces conflits dont la guerre n'est qu'une autre forme ». Il faut dès lors faire preuve de courage et il faut « opter » en faveur de l'humanité : il ne s'agit plus seulement de mots, et il ne faut plus distinguer, comme le faisait Alain à propos de l'Allemagne, entre politique intérieure et politique extérieure. Le *Traité* se conclut sur ces mots : « Il n'y a plus de politique intérieure, plus de politique extérieure, la guerre se fait pour l'organisation de la société humaine. Une morale idéaliste enjoint d'opter pour les groupes qui représentent un idéal progressif. Ici, comme l'Hamlet de Shakespeare, il faut choisir »[3].

La date tardive de cette prise de distance à l'égard du pacifisme permet de mieux comprendre quels sont les arguments qui ont été décisifs dans cette évolution de Canguilhem. Raymond Aron avait été le premier à mettre en garde son ami contre le

1. Ces formules de Canguilhem dans un entretien avec J.-F. Sirinelli en 1981 sont citées dans *Génération intellectuelle. Khâgneux et Normaliens dans l'entre-deux-guerres*, p. 597.

2. « Résolution de la Section du Comité de Béziers du Comité de Vigilance des Intellectuels Antifascistes », cf. *infra*, p. 489.

3. *Ibid.*, p. 922.

« pacifisme intégral », en 1933 : ce pacifisme est « une doctrine de chrétiens, de philosophes, ou de révolutionnaires », ce n'est pas une doctrine de citoyen : « le problème politique n'est pas un problème moral »[1]. Canguilhem n'avait alors pas écouté ses arguments : « j'avoue n'être pas convaincu par l'argumentation d'Aron, si bien divisée et d'apparence si rigoureuse »[2], mais il semblera en revanche y être plus sensible par la suite. En 1952 Canguilhem regrettera ainsi le manque de sens politique et historique d'Alain. Si celui-ci, avant la seconde guerre mondiale, croit que la situation de 1914 se répète, alors que tout a changé, c'est parce qu'il « croit à la nature humaine, à l'Eternelle Histoire »[3]. Un détail, mais très significatif, témoignerait de ce désintérêt d'Alain pour le particulier de l'histoire : « il n'aimait pas qu'on lui rappelât que les statues grecques étaient peintes »[4]. Canguilhem retrouve ici l'appréciation de Raymond Aron qui note, dans le même numéro de la *Revue de Métaphysique et de Morale* : « pourquoi ce contraste entre la profondeur et l'importance des idées directrices et le caractère simpliste des suggestions pratiques ? La faute en est surtout à la méthode d'Alain, au passage du cas concret à l'idée éternelle ou prétendument telle, sans l'intermédiaire de l'étude historique. Il est loisible de penser, comme Alain, que les sociétés ne changent pas plus, en leur fond, que la nature des hommes. Encore ne faut-il pas ignorer les diversités, si l'on veut démontrer la permanence. Pour surmonter l'histoire, il convient d'abord de la connaître »[5]. En ce sens c'est aussi l'intérêt pour la diversité du réel, le contact avec le réel que lui procure la médecine, qui ont permis à Canguilhem de s'éloigner de la philosophie d'Alain : l'« alanisme », « cela m'a passé, et ce qui m'a fait passer cela, c'est précisément l'occupation, la résistance et la suite ... et la médecine »[6].

D'autres critiques contre les pacifistes intégraux avaient été avancées par le normalien communiste René Maublanc, dont Canguilhem apprécie les travaux, lorsque les communistes avaient décidé de quitter le CVIA, où ils avaient été mis en minorité[7]. Maublanc avait dénoncé en 1936 les « idéalistes, amis ou élèves d'Alain », comme Challaye, Alexandre ou Émery qui ne font pas de différence entre le nazisme et un simple « nationalisme » et pensent qu'il convient de « combattre Hitler en cédant à Hitler ». « Antifascistes en politique intérieure, ils en arrivent à paraître profascistes en politique extérieure »[8]. Lorsqu'il refusera, dans le *Traité de logique* de 1939, la

1. R. Aron, « Réflexions sur le pacifisme intégral », cf. *infra*, p. 1002.

2. « Essais. Pacifisme et révolution », cf. *infra*, p. 450.

3. « Réflexions sur la création artistique selon Alain », *Revue de Métaphysique et de Morale*, vol. 57, n° 2, avril-juin 1952, p. 171-186, p. 181.

4. *Ibid.*

5. R. Aron, « Remarques sur la pensée politique d'Alain », *Revue de Métaphysique et de Morale*, vol. 57, n° 2, avril-juin 1952, p. 187-199, p.199.

6. F. Bing, J.-F. Braunstein, « Entretien avec Georges Canguilhem », *op. cit.*, p. 129.

7. Cf. *infra*, p. 482, n. 1.

8. R. Maublanc, *Le pacifisme et les intellectuels*, Paris, Publications du Comité mondial contre la guerre et le fascisme, 1936, p. 6.

distinction que faisait Alain entre politique intérieure et politique extérieure, on peut penser que Canguilhem a entendu certains des arguments de Maublanc.

Mais Canguilhem s'explique mieux sur cette évolution la seule fois où il revient de lui-même sur cette période, à l'occasion d'un hommage rendu en 1985 à Silvio Trentin (1885-1944), professeur de droit et militant antifasciste italien, qui avait choisi de démissionner de son poste lors de l'arrivée de Mussolini au pouvoir. Trentin vivait en exil à Toulouse et y tenait une librairie à l'époque où Canguilhem y était professeur. Canguilhem fréquentait cette librairie militante et il fit partie avec lui d'un Comité d'aide à la République espagnole[1]. Lors de cet hommage Canguilhem donne la liste des dates qu'il considère comme les plus importantes de cette époque : 6 février 1934, place de la Concorde, 7 mars 1936, entrée en Rhénanie démilitarisée des troupes allemandes, mai 1936, victoire électorale du Front populaire, 19 juillet 1936, annonce du coup d'État franquiste en Espagne, 30 septembre 1938, Munich, 26 janvier 1939, prise de Barcelone par les franquistes, 22 août, annonce du pacte germano-soviétique, 1er septembre, offensive allemande en Pologne. On voit l'importance qu'il accorde à la guerre d'Espagne, à Munich et au pacte germano-soviétique. Commentant cette chronologie, Canguilhem reconnaît sa dette à l'égard de Trentin : « Durant cette période, et face à ces événements, bien des attitudes et convictions politiques qu'il est convenu de qualifier « de gauche » ont donné lieu à des confusions, à des amalgames, à des translations dont l'interprétation et l'appréciation alimentent encore les querelles idéologiques. On a vu des socialistes prendre leurs distances par rapport à l'antifascisme. On a vu des pacifistes compréhensifs pour l'hitlérisme. On a vu des intellectuels marxistes approuver le pacte germano-soviétique. Par contre, ceux qui ont eu la chance – et j'ajoute l'honneur – d'écouter Trentin dans ses analyses, de le suivre dans ses démarches, parfois de l'accompagner dans ses entreprises, peuvent lui être reconnaissants d'avoir, grâce à lui, évité les pièges où tombent ordinairement les bonnes volontés sans expérience politique critique »[2]. Canguilhem insiste également sur le rôle que jouera Trentin dans les débuts de la Résistance à Toulouse : « dès la défaite de mai 1940, l'armistice et la formation du gouvernement de Vichy, Trentin a inspiré à ses amis français la décision de résistance. S'il y a un lieu en France où l'opposition clandestine est née presque avant sa cible, c'est bien à Toulouse. C'est alors que, de modèle, Trentin est devenu pour nous un expert »[3]. Il semble bien que ce sont les fines analyses de la situation politique que lui délivra Trentin et la connaissance directe du franquisme, et indirecte du fascisme, qu'il eut par son intermédiaire, qui permirent à Canguilhem d'éviter de croire que le nazisme n'était

1. *Cf.* P. Arrighi, *Silvio Trentin : Un Européen en résistance (1919-1943)*, Portet-sur-Garonne, Loubatières, 2007.

2. G. Canguilhem, « Témoignage », *in* AA.VV., *Silvio Trentin e la Francia. Saggi e testimonianze*, Venezia, Marsilio Editori, 1991, p. 176-178, p. 177.

3. *Ibid.*, p. 178.

qu'une autre forme de nationalisme, comme continuent alors de le penser certains de ses proches, comme Alain ou Challaye[1].

CONTRE LA SOUMISSION AU FAIT

Dès son quatrième article, en 1927, Canguilhem exprime très bien ce qui deviendra un leitmotiv des écrits reproduits dans ce premier volume, mais sans doute aussi de son œuvre en général. Il s'en prend à ceux qui se résignent aux « faits » et en particulier au soi-disant « fait » que serait l'existence de la guerre. Protestant contre la loi Paul-Boncour « sur l'organisation de la nation en temps de guerre », Canguilhem dénonce « l'esprit militaire », « fondé sur la force », auquel il oppose « une conception pacifique fondée sur la résistance aux emportements ». Or « le fait n'a point par lui-même de valeur. Et même, du moment qu'il existe comme fait, c'est qu'il porte avec lui ses conditions. Les conditions, qui les connaît les change. Aussi le fait traduit-il non pas ce qu'on fait, mais ce qu'on ne fait pas »[2]. La résistance contre l'état de fait, c'est déjà le Canguilhem résistant, qui, bien seul dans ce cas, se fera mettre en congé de son poste lors de l'arrivée au pouvoir de Pétain et écrira au recteur de l'Académie de Toulouse : « je n'ai pas passé l'agrégation de philosophie pour enseigner "Travail, Famille, Patrie" ». C'est d'ailleurs en ces termes de refus du fait qu'il évoquera la réaction immédiate de Cavaillès qui décide de s'évader pour continuer la lutte contre le nazisme, même s'il semble montrer que l'engagement de celui-ci répond à une nécessité plus profonde : « Cavaillès s'évade et, par la Belgique, rejoint Lille. Pari de casse-cou ? Décision lucide de ne pas accepter les faits parce qu'ils ne sont après tout, que des faits ?, ou bien, une fois encore, ce sentiment si profond, si permanent, d'être contraint de participer à la réalisation d'une tâche essentielle, une fois entrevue »[3]. De même, dès 1930, alors que *Le Figaro* attaque Challaye pour ses prises de position

1. On a noté que c'est l'influence de Trentin qui permit au mouvement de Résistance « Libérer et Fédérer » de comprendre d'emblée la dimension politique que devait prendre la Résistance : « contrairement à beaucoup de Français, même résistants, qui ne cachaient pas – au moins au début – une certaine affinité idéologique aux valeurs de la soi-disant « Révolution nationale » de Vichy, Trentin se rendit tout de suite compte de la nature fasciste du régime de Pétain » (H. W. Tober, « Silvio Trentin et son influence idéologique sur les idées politiques et sociales de la Résistance française », in AA. VV., *Silvio Trentin e la Francia*, *op. cit.*, p. 103).

2. « La mobilisation des intellectuels – Protestations d'Etudiants », cf. *infra*, p. 167.

3. *Vie et mort de Jean Cavaillès*, Ambialet, Pierre Laleure, 1976, p. 17. En parlant de cet approfondissement des raisons de l'action, Canguilhem évoque sans doute aussi la propre évolution de son engagement. Canguilhem ne parle jamais de sa propre action dans la Résistance, il ne le fait qu'indirectement, à travers son évocation du souvenir de Jean Cavaillès, qu'il s'efforcera de prolonger en animant, après la guerre et jusqu'à sa mort, la Société des Amis de Jean Cavaillès. Il fait allusion une seule fois à son propre engagement, avec une extrême discrétion, toujours à propos de Cavaillès : « parler de lui ne va pas sans quelque sentiment de honte, puisque, si on lui survit, c'est qu'on a fait moins que lui » (*Vie et mort de Jean Cavaillès*, p. 38).

anticolonialistes, Canguilhem s'indigne que l'on puisse poursuivre un professeur de philosophie qui n'a comme seul tort que de « ne pas avaler le Fait comme une couleuvre » et de ne pas accepter une « morale toute faite et toute préparée », mais au contraire de pouvoir proposer une « morale étayée sur la conscience », qui puisse la « juger » et même « travailler à la détruire s'il l'estime inacceptable »[1] ? En 1931, à propos des deux livres où Alain et Quinton ont entrepris, à l'occasion de leurs expériences respectives pendant la première guerre mondiale, de « confronter avec la brutalité du fait les idées qui leur étaient chères », Canguilhem répète, contre Quinton, que « la guerre n'est pas un fait de la nature, déterminé comme la couleur de notre peau » : la guerre n'est pas « une fatalité sur laquelle on n'aurait pas prise, mais au contraire la stricte mesure de notre faiblesse à vouloir, de notre abdication dans un domaine où justement il est de notre devoir de gouverner ». Et Canguilhem de conclure : « un tel fait, comme tout autre fait d'ordre humain, et par exemple l'injustice sociale, n'est ainsi que la traduction évidente de ce que nous ne faisons pas »[2].

Canguilhem n'accepte jamais que le réel puisse être considéré comme un « donné » non susceptible d'être jugé et transformé. Cette capacité à mettre en question un prétendu ordre du monde est exactement ce que Canguilhem qualifie de « pensée ». Sur ce point, au début de son œuvre, c'est à Jules Lagneau, le maître de son maître Alain, que Canguilhem fait référence : « Ceux qui soupçonnent que penser est autre chose qu'accueillir des faits, que les faits au contraire relèvent de la pensée, ceux-là trouveront en Lagneau confirmation de leur doute et l'assurance que le doute est la seule chose qui importe »[3]. Selon Canguilhem il n'y a rien de mieux sur le sujet que « les pages invincibles par lesquelles Lagneau définit la nécessité et la valeur dans le *Cours sur l'existence de Dieu* »[4]. Dans ces pages Lagneau insistait, à propos de Dieu, sur ce que peut être la pensée : « toute pensée est libre, c'est-à-dire la liberté est dans toute pensée »[5]. La pensée réside dans la distance prise à l'égard du donné, dans la distance du fait au droit. Ailleurs, contre « ceux dont l'idéalisme fatigué revient à se ranger au parti du plus fort », qui disent, avec le proverbe italien, « ce qui sera, sera », Canguilhem cite une autre formule de Lagneau : « ce qui méritera d'être, sera »[6]. Dans cette première période, Canguilhem se réfère également à Julien Benda et surtout à Paul Valéry, qu'il admire, pour s'insurger contre cette acceptation du monde tel qu'il est. Faisant en 1929 le compte rendu de *La fin de l'éternel*, et malgré les critiques de

1. « Deux histoires d'hérésie. – Pensées liminaires ». Cf. *infra*, p. 305.
2. « Deux explications philosophiques de la Guerre : Alain et Quinton », cf. *infra*, p. 339.
3. « Quelques livres. – *Célèbres leçons* de Jules Lagneau », cf. *infra*, p. 220 Sur cette influence de Lagneau sur Canguilhem, *cf.* D. Lecourt, *Georges Canguilhem*, Paris, P.U.F., 2008, p. 80-83.
4. « La logique des jugements de valeur », *infra*, p. 179.
5. J. Lagneau, *Célèbres leçons et fragments*, (1926), Paris, P.U.F., 1964, p. 148.
6. « Discours de distribution des prix au lycée de Charleville », cf. *infra*, p. 312. La formule de Lagneau est tirée des « Simples notes pour un programme d'union et d'action » (*Célèbres leçons*, *op. cit.*, p. 32).

Benda à l'encontre d'Alain, il note que « M. Benda dit une chose de première importance en notant que « l'essence du clerc est de ne pas accepter le monde tel qu'il est; il est essentiellement un utopiste ». Cela rappelle Valéry disant : « L'homme est incessamment et nécessairement opposé à ce qui est par le souci de ce qui n'est pas ! Notre malheur serait de n'avoir plus ni utopies ni songes. Je salue derechef. »[1].

A ce « fait » qu'il convient de ne pas accepter comme nécessaire, Canguilhem oppose non seulement la pensée, mais aussi, dès son troisième article, la notion de « valeur ». Alors qu'un journal financier annonce que les actions des mitrailleuses Hotchkiss représentent des « valeurs » pleines d'avenir, Canguilhem rappelle le véritable sens du mot « valeur » : « valeur est un beau mot. Ce qui vaut entre les hommes, c'est, ou bien ce qu'ils ont fait de leur travail, ou bien ce à quoi leur idéal donne force et vie »[2]. Critiquant en 1927 le livre, trop « positiviste » à son goût, d'Edmond Goblot sur *La logique des jugements de valeur*, Canguilhem revient sur cette question de la valeur, dont il fait crédit à Lagneau de l'avoir bien posée. Il explique même qu'il serait possible de créditer le socialisme d'être sans doute « un effort pour reconnaître des valeurs dans un domaine longtemps abandonné à la nécessité brute », celui de l'économie et de la société[3]. En 1939 le *Traité de logique* insiste sur cette opposition de la valeur et du fait et la met à la base d'une conduite authentiquement morale : « Si le mot de valeur a un sens, c'est en tant qu'il désigne le contraire du fait. Tout en avouant l'impossibilité de fixer une fois pour toutes ce qu'est en fait le Bien et quelle est en fait la destinée humaine, nous voyons dans cette impossibilité même l'essence de la valeur morale. La valeur morale c'est de créer de l'unité, là où elle n'est pas »[4]. Il convient de ne jamais se résigner à l'ordre, ou plutôt à l'absence d'ordre, du monde et le *Traité* conclut qu'« une action purement conservatrice d'un état de choses donné est moralement nulle »[5].

Selon Canguilhem le réel, s'il est correctement « pensé », comprend en lui-même les possibilités de sa transformation et donc des « valeurs » : « une philosophie pour qui toute valeur est le réel oublie précisément ce caractère du réel d'être une valeur »[6]. Le réel n'est pas un fait inerte et nécessaire : le réel lui même est une valeur, dans la mesure où il comprend également tous les possibles. C'est ce que ne comprend pas l'adorateur du fait : « Celui qui n'admet d'autre valeur que le réel sacrifie allègrement tous les possibles[7] ».

Ce possible auquel il convient de faire une place et qu'il faut opposer au fait, Canguilhem l'identifie aussi, dans le domaine social et politique, comme étant le

1. « La fin de l'éternel, par Julien Benda », cf. *infra*, p. 273.
2. « Placement sûr », cf. *infra*, p. 259.
3. « La logique des jugements de valeurs », cf. *infra*, p. 179.
4. G. Canguilhem, C. Planet, *Traité de logique et de morale*, cf. *infra*, p. 824.
5. *Ibid.*, p. 906.
6. « Activité technique et création », cf. *infra*, p. 502.
7. *Ibid.*, p. 502.

« droit ». Ainsi lorsqu'il trouve la Ligue des droits de l'homme trop timorée dans sa lutte pour la paix : « J'avais cru que le Droit, c'est ce qui d'abord ne peut pas être, et à quoi pourtant il faut faire place parmi nous. Tout Droit est d'abord impossible, comme il était impossible que les hommes fussent égaux. En ce beau temps où les hommes devenaient égaux, Mirabeau rugissait : « Impossible, ne me dites jamais ce bête de mot ! » La paix aujourd'hui, par le désarmement total n'est pas possible, comme au temps de Dreyfus il n'était pas possible que la raison d'État cédât. (...) J'attends que la Ligue redevienne la Ligue des idées impossibles, des actions impossibles, des hommes impossibles. Nous n'avons rien à faire de fins possibles, de moyens possibles, de députés possibles »[1]. Ici c'est la référence à l'affaire Dreyfus qui illustre le sursaut de ceux qui n'ont pas accepté de prétendus « faits », comme celui de la culpabilité de Dreyfus.

Canguilhem développe ainsi une véritable philosophie de l'opposition au fait, qu'il qualifie de diverses manières. Philosophie de la « révolte » lorsqu'il se réfère à Lucien Herr, dont il rappelle le rôle essentiel au moment de l'affaire Dreyfus. Pour Herr, cité par Canguilhem, « l'insurrection, la révolte, c'est à dire en langage simple, l'examen et la critique, est un devoir, non seulement dans les cas exceptionnels et graves, mais toujours »[2]. Philosophie du « dire non », quand Canguilhem fait allusion à une autre figure exemplaire, celle de Romain Rolland, pacifiste en pleine première guerre mondiale. Quel était alors le « remède aux entraînements collectifs » bellicistes ? Pour « sauver l'Esprit », il fallait simplement, comme l'a fait Romain Rolland, « dire non d'emblée à toute espèce de mensonges nationaux (...). Dire non aussi à l'injustice évidente qui, au mépris de toute mémoire et de tout bon sens, rejetait sur l'une des parties la culpabilité unique et donc satanique de la guerre (...). Refuser la condamnation sommaire et fanatique, nier l'insanité meurtrière de l'adversaire-démon »[3]. Cette philosophie du « dire non » évoque aussi le chapitre « Dire non » du *Mars ou la guerre jugée* d'Alain : « Dire non, ce n'est point facile. Il est plus facile de punir les pouvoirs par la violence ; mais c'est encore guerre ; chacun l'aperçoit aussitôt ; ainsi la gueule du monstre est ouverte partout, d'où vient cette résignation passive. Mais l'esprit mène une autre guerre. Une grève est déjà puissante ; la grève de l'esprit est souveraine si tout le monde s'y met ; mais si vous attendez les autres, personne ne s'y mettra ; commencez donc. Guerre à vos passions guerrières, si enivrantes dans le spectacle et la parade, dans la victoire surtout. A toutes ces ivresses, dire non »[4]. Canguilhem parle aussi à ce sujet de cette « volonté d'opposition

1. « Commentaires et documents. Adresse à la Ligue des droits de l'homme », cf. *infra*, p. 211.

2. L. Herr, cité dans « Autour de Lucien Herr », p. 434.

3. Avec M. Alexandre, « La trahison des clercs. – Autour de Romain Rolland », cf. *infra*, p. 293.

4. Alain, *Mars ou la guerre jugée* (1921), dans *Les Passions et la Sagesse*, Paris, Gallimard, 1960, p. 694.

permanente », qu'Alain appelle « radicalisme » et qu'il préfère pour sa part appeler « politique du parti-pris humain », qu'il veut fonder sur une « philosophie du parti-pris »[1].

Ce refus du fait a des implications morales. Dans un cours de 1937 sur les valeurs, Canguilhem notait : « La morale doit faire, c'est-à-dire changer. Au nom des valeurs nous nions le réel »[2]. Ce rejet de ce qui est au nom de ce qui doit être, c'est aussi ce qui définit une vie réussie : une vie véritablement humaine c'est une aventure et Canguilhem oppose une « vie *à faire*, et dont le modèle n'est pas donné » et « une vie toute faite ou tout au moins dont les linéaments sont déjà fournis par la nature »[3]. Il doit y avoir une part de risque dans la vie et il écrit même, une fois, que la pensée « est à gauche, avec le Risque »[4] : « Ainsi la justice n'est jamais faite, mais toujours à faire, même s'il faut risquer, même s'il faut s'aventurer »[5]. Dans un style plus « révolutionnaire », lorsqu'il fait le compte rendu du livre à succès de Robert Aron et Arnaud Dandieu sur *Le cancer américain*, Canguilhem apprécie que ces auteurs, malgré leurs critiques d'Alain, sachent montrer les limites d'un « rationalisme » qui, en substituant « à la totalité des actions et réactions humaines et cosmiques, une série de plans artificiels et conventionnels », assurances, crédits ou statistiques, veut exclure « le risque, l'aventure, la création en un mot » : la « révolution » serait urgente contre cet « esclavage savant et mathématique »[6]. Ailleurs, contre Descartes et son idée que la technique peut se déduire de la science, Canguilhem relevait que « l'action comporte normalement un élan et un risque », ce qui signifie « l'impossibilité d'une science analytique « définitive », comme (Descartes) avait voulu que fût la sienne »[7]. De même, dans un chapitre inédit sur « La création », il souligne à nouveau que « toute invention est un risque à courir et qu'il n'y a pour oser se risquer que l'esprit (...). Les choses sont ce qu'elles sont, inertes. L'esprit c'est ce qui anticipe et se tient à son anticipation, avec cette confiance à soi qui est le contraire de l'obstination. Il n'y a pas d'originalité sans ténacité »[8]. L'action est toujours risque et anticipation et une vie ne vaut d'être vécue que si elle comprend cette projection au-delà des faits prétendument établis. Le *Traité de logique* conclut sur ce point : « En résumé, l'arithmétique des plaisirs enlève à la vie le ressort même du plaisir, c'est-à-dire la capacité subjective d'invention, de création, d'imprévu. Avec le risque disparaît aussi le sel de la vie. C'est une morale de commerçant prudent »[9].

1. « Essais. Pacifisme et révolution », cf. *infra*, p. 453.
2. Fonds Canguilhem, CAPHES.
3. *Traité de logique et de morale*, cf. *infra*, p. 840.
4. « Réflexions sur une crise ministérielle », cf. *infra*, p. 264.
5. « Discours de distribution des prix du lycée de Charleville », cf. *infra*, p. 310.
6. « Lectures. *Décadence de la nation française. – Le cancer américain*, par Aron et Dandieu », cf. *infra*, p. 399.
7. « Descartes et la technique », cf. *infra*, p. 498.
8. Ce cours est conservé dans le Fonds Canguilhem du CAPHES.
9. *Traité de logique et de morale*, cf. *infra*, p. 830.

La morale que propose Canguilhem a alors quelque chose d'une morale de sportif, d'athlète, qui repousse sans cesse les « normes » établies. On se souvient du passage du *Normal et du pathologique* où Canguilhem soulignera, à propos des « sportifs », que, « si l'on peut parler d'homme normal, déterminé par le physiologiste, c'est parce qu'il existe des hommes normatifs, des hommes pour qui il est normal de faire craquer les normes et d'en instituer de nouvelles »[1]. Et lorsque Canguilhem éprouvait le besoin de réfuter les arguments de Ruyssen, qui voyait dans la guerre une sorte de sport, c'était aussi pour remarquer que la guerre moderne annule de toute façon de plus en plus l'« héroïsme » qui avait pu s'incarner dans la figure de l'« aviateur » de la première guerre mondiale, « combattant solitaire qui tire de lui-même l'initiative et la disposition de son action » : « il s'agit de plus en plus de substituer l'attaque en masse au patrouilleur isolé, de fondre l'action personnelle dans la charge anonyme. La guerre c'est de plus en plus l'anéantissement nécessaire et voulu comme tel de tout héroïsme »[2].

Cette morale héroïque est donc aussi une morale individualiste, dans la mesure où Canguilhem refuse le conformisme de la « horde » qui accepte toujours le fait établi. C'est dans les lettres à Jean-Richard Bloch que se manifeste le plus explicitement cet « individualisme » de Canguilhem et son hostilité à tout « conformisme ». Il fait part à Bloch de son accord avec un article sur « Orient et Occident de la Révolution », où celui-ci soulignait, contre la doctrine marxiste de la révolution, « la primauté finale de l'individu sur la société »[3]. Canguilhem ajoute qu'il est possible de ne pas rejeter la morale, si on la définit comme valeur « trouvée dans l'unique » :

> Ce que vous dites sur la valeur première et dernière de l'individu ; sur la véritable nature de la révolution qui est, n'est-il pas vrai, la pensée pensante, m'a fait trouver prix à la vie. C'est ce que j'ai tâché d'enseigner en morale à mes élèves, très mal il est vrai, et mes meilleurs élèves qui lisent *Europe* et connaissent bien J.-R.B., n'auront pas manqué, comme moi, de se réjouir. Je ne dirais peut-être pas que la morale est affaire de horde, il me semble au contraire que la morale c'est justement cette valeur suprême trouvée dans l'unique. Ce qui est affaire de horde c'est le conformisme, dont nous avons chaque jour à casser les statues de plâtre. Mais il n'importe[4].

Il ne s'agit pas là simplement de propos de circonstances, dans une lettre à un écrivain célèbre, pour qui Canguilhem professe alors une très grande admiration. De la même manière, dans son compte rendu du livre de Politzer contre Bergson, *La fin d'une parade philosophique : le bergsonisme*, Canguilhem avait déjà insisté sur ce que doit être la véritable « tâche » de la philosophie : « la philosophie a une autre tâche,

1. *Le normal et le pathologique*, p. 106.

2. « La paix sans réserve ? Oui », cf. *infra*, p. 410.

3. Jean-Richard Bloch, « Orient et Occident de la révolution », *Europe*, 15 juillet 1930, p. 393-396, p. 395.

4. « Dixième lettre à J.-R. Bloch », cf. *infra*, p. 313.

qu'elle élude depuis un siècle : c'est la compréhension et la libération de l'individu »[1]. Il s'oppose sur ce point à Berl, pour qui « l'individu n'existe pas » et n'est qu'une invention « bourgeoise » : « pourquoi (…) ne pas admettre que le jugement individuel, formé par la culture contre les lieux communs, est la seule force contre les forces »[2]. Pour cette raison aussi Canguilhem refuse, comme Bloch à cette époque, le communisme : « la cause de la méfiance qu'il inspire à beaucoup de libres esprits, c'est précisément que le mot liberté et le mot individu n'ont pas de sens pour lui. Le communisme qui s'est dressé contre l'impérialisme napoléonien se trouve être un « napoléonisme retourné »[3]. Par la suite, dans le *Traité de logique et de morale*, Canguilhem et Planet rappelleront que le communisme fait preuve « en pratique » d'une « hostilité délibérée » à l'égard des « utopies libertaires et, plus généralement, de tout individualisme », même s'il veut annoncer pour l'avenir une « association normale d'individus libérés »[4]. Fascisme et nazisme sont certes plus hostiles encore à l'individualisme et Canguilhem cite Mussolini pour montrer que « les doctrines « totalitaires », ou « fascistes », ou « nazistes » ou « racistes » (…), elles, tendent délibérément à placer en dehors et au-dessus des individus le sens de toute l'action morale : il en résulte dans les applications de ces doctrines la soumission totale de la vie individuelle à la vie du groupe que l'on considère comme légitime »[5]. On peut sans conteste conclure sur ce point, comme le fait, dans la « Postface » de ces *Œuvres complètes*, celui qui est son disciple le plus proche, et le meilleur connaisseur de son œuvre, François Dagognet : il s'agit bien là d'une « philosophie de la liberté et de l'individu »[6].

Les « adorateurs du fait » : psychologues, historiens et sociologues

Canguilhem, au long de ces années, a un certain nombre d'adversaires privilégiés, qu'il réunirait sans doute volontiers sous la bannière des « adorateurs du fait »[7]. C'est d'abord dans le domaine militaire qu'il les rencontre et les dénonce. Canguilhem s'emporte en premier lieu contre les tentatives de justifier la guerre par le « fait » de la

1. « La fin d'une parade philosophique : le bergsonisme », cf. *infra*, p. 221.

2. « Humanités et marxisme. Prolétariat, marxisme et culture », cf. *infra*, p. 334.

3. « Quelques livres. Deux livres de Jean-Richard Bloch », cf. *infra*, p. 357.

4. G. Canguilhem, C. Planet, *Traité de logique et de morale*, cf. *infra*, p. 849.

5. *Ibid.*, p. 849-850.

6. F. Dagognet, « Postface » aux *Œuvres complètes* de Georges Canguilhem. Anne Fagot-Largeault partage ce jugement lorsqu'elle évoque Canguilhem « le résistant, le libertaire » (A. Fagot-Largeault, « Conclusion », dans A. Fagot-Largeault, C. Debru, M. Morange (dir.), H.-J. Han (éd.), *Philosophie et médecine. En hommage à Georges Canguilhem*, Paris, Vrin, 2008, p. 225-232, p. 225.

7. L'expression est empruntée à Alain, dans son article « Lâches penseurs », que Canguilhem cite avec approbation dans son compte rendu de Politzer.

force. Mais il est trois autres sortes d'adorateurs du fait que Canguilhem condamne, à la suite d'Alain, mais avec une vigueur encore accrue.

Les premiers sont les psychologues, que Canguilhem dénoncera jusqu'à ses toutes dernières interventions, avec notamment ses articles célèbres, « Qu'est-ce que la psychologie ? » et « Le cerveau et la pensée ». Il s'en prend à eux dès ses premiers articles dans les *Libres propos.* C'est notamment le cas dans le compte rendu enthousiaste qu'il fait du livre de Politzer contre Bergson. Outre le chauvinisme de Bergson, il dénonce, à la suite de Politzer, le caractère faussement « concret » de la psychologie de l'auteur de l'*Essai sur les données immédiates de la conscience.* La psychologie bergsonienne n'est rien d'autre que la psychologie « classique » qu'elle prétend critiquer : elle « part de la réalité du fait psychologique. Elle ne le peut qu'en posant ces faits comme des choses, ce qu'Arouet appelle une position à la troisième personne (...). On pense invinciblement à ce chapitre de *Mars ou la Guerre jugée* intitulé : Lâches penseurs, que les psychologues n'ont sans doute jamais lu, pour leur repos »[1]. Canguilhem reprend à son compte les critiques d'Alain qui estimait que les psychologues effectuent « un travail de haute police » et désapprennent à « penser debout »[2].

Ailleurs dans ces articles de jeunesse la critique des psychologues revient très régulièrement, et à des occasions fort diverses, sous la plume de Canguilhem. En 1930, il ironise sur « Pawlow » qui « faisait saliver des chiens en leur montrant un disque vert. On fait venir l'eau à la bouche d'un général en lui montrant une rosette, disque rouge »[3]. Dans un article consacré à André Tardieu et aux élections de 1932 il remarque que « les amis de M. Tardieu ont une conception publicitaire de la propagande politique. Ils s'imaginent que l'électeur réagit mécaniquement et que le vote est un réflexe conditionnel. C'est encore un méfait de la psychologie expérimentale »[4]. En 1932 aussi, faisant le compte rendu des *Propos sur l'éducation* d'Alain, il note : « Et pourtant le bel avantage si l'on tue les maîtres d'industrie pour se donner des maîtres de psychologie expérimentale et si c'est un graphique ou une statistique et non plus l'argent qui règlent du dehors les destinées humaines ! »[5]. La psychologie est critiquée non pas d'un point de vue épistémologique mais d'un point de vue éthique : la psychologie, dont le behaviorisme ou la réflexologie sont la vérité, fait de l'homme un « outil », c'est ce que Canguilhem ne lui pardonnera jamais[6]. Cette critique de la psychologie, pavlovienne en particulier, reviendra aussi dans un article de *La Dépêche*

1. « La fin d'une parade philosophique : le bergsonisme », cf. *infra*, p. 223.

2. Alain, « *Mars ou la guerre jugée* » (1921), dans *Les Passions et la sagesse*, éd. cit., p. 645.

3. « Foch et Clemenceau ou la mort avec phrases », cf. *infra*, p. 325.

4. Ces critiques de la psychologie expérimentale, notamment celle de Piéron, se rencontrent souvent dans la collection des *Libres propos*, sous la plume de Michel Alexandre ou Jean Laubier.

5. « Alain, *Propos sur l'éducation*, un vol. in 16. (Collection Europe, Rieder, 1932) », cf. *infra*, p. 446.

6. *Cf.* J.-F. Braunstein, « La critique canguilhemienne de la psychologie », *Bulletin de psychologie*, vol. 52, n° 2, mars-avril 1999, p. 181-190.

du Midi en 1958, « Colonels et psychologues », qui dénonce l'usage de « l'arme psychologique » par l'armée durant la guerre d'Algérie : de même que « la technique communiste – mais fasciste aussi – de prise du pouvoir par la subversion, qu'on a nommée le viol des foules, a cherché ses fondements d'efficacité dans la théorie du réflexe conditionné, que le physiologiste russe Pavlov avait élaborée bien avant que les ingénieurs soviétiques des âmes se soient avisés de l'exploiter », de même « l'arme psychologique, ce n'est donc rien que le nom pompeux donné à une vieille technique, celle du dressage, du montage de réactions et d'opinions »[1].

Une seconde catégorie d'adorateurs du fait, critiqués tout à la fois par Alain et par Canguilhem, ce sont les « historiens ». On sait qu'Alain avait dit qu'« il y a deux sortes d'hommes, les intelligents et les historiens »[2]. Même s'il est moins critique à l'égard des historiens que des psychologues, Canguilhem n'est pas éloigné de reprendre ce jugement d'Alain, à l'occasion du compte rendu qu'il fait d'un livre de Charles Andler sur Lucien Herr : « Ce n'est pas la *Vie de Lucien Herr* qui me réconciliera avec l'histoire. L'histoire ne saisit rien d'une vie »[3]. L'historien, comme ce sera plus tard le cas de l'historien des sciences, ne devrait pas accepter comme « donnés » de prétendus « faits historiques ». C'est à lui de choisir et d'établir ces faits. Dans le *Traité de logique* Canguilhem et Planet notent que « le travail de l'historien consiste à juger, et donc à apprécier, relativement au but poursuivi, la valeur significative des documents dont il dispose »[4]. Canguilhem voit un exemple d'une méthode historique correcte dans le livre de Jules Isaac sur *Le problème des origines de la guerre*, qu'il oppose au livre sur *Les causes de la guerre mondiale* de Camille Bloch. Isaac annonce « un *débat* et un *problème* », car il sait qu'« il y a problème là où la seule nécessité cesse de faire loi (...), dès que la pensée humaine a vaincu l'idée de la fatale échéance des choses »[5]. En revanche Bloch procure « à ses lecteurs le sommeil du juste » en prétendant restituer « la "vérité historique", simple récit de ce qui s'est *réellement* passé en juillet 1914 »[6].

En outre la référence à l'histoire telle qu'on l'entend couramment empêche de « juger » le présent. Le « relativisme » est inhérent à tout point de vue historique. C'est d'ailleurs l'un des principaux reproches que Canguilhem fait au marxisme : « on peut définir en gros le marxisme comme une doctrine selon laquelle les valeurs de la civilisation sont relatives à un mode de production des richesses, variable comme la

1. « Colonels et Psychologues », *La Dépêche du Midi*, 20 août 1958, p. 1-2, p. 2.

2. Alain, *Cahiers de Lorient*, 1904-1905, cité par J.-F. Sirinelli, *Génération intellectuelle. Khâgneux et Normaliens dans l'entre-deux-guerres*, p. 631.

3. « Autour de Lucien Herr », cf. *infra*, p. 435.

4. G. Canguilhem, C. Planet, *Traité de logique et de morale*, cf. *infra*, p. 767.

5. « Deux nouveaux livres français sur les origines de la guerre. Camille Bloch-*Les causes de la guerre mondiale* (éd. Hartmann), 1933. Jules Isaac – *1914-Le problème des origines de la guerre* (éd. Rieder), 1933 », cf. *infra*, p. 465.

6. « France-Allemagne. *Incertitudes Allemandes*, par Pierre Viénot », cf. *infra*, p. 461.

technique. Selon Marx, ce ne sont pas les principes qui commandent les époques, ce sont les époques qui commandent les principes (*Misère de la philosophie*) »[1]. Le marxisme interdit de se poser des questions sur la valeur des choix que l'on opère et occupe ainsi une place intermédiaire entre histoire et sociologie, dont il cumule les défauts.

En effet, le troisième type d'adoration du fait est représenté par le « dogmatisme sociologique » de Durkheim et des « sociologues purs » qui prétendent ne se mouvoir que dans le monde du fait et éliminer la considération des valeurs. D'une certaine manière on peut même définir l'idéal sociologique, « traiter les faits sociaux comme des choses », comme visant à l'élimination de la valeur : « De fait, à considérer l'usage normal qui peut être fait des procédés analytiques prescrits par Comte et par Durkheim, on s'apercevra de nouveau que ces procédés valent, théoriquement, pour la recherche de lois dans la mesure où, concernant des ensembles dénombrables d'objets, ils réussissent à exclure, des énoncés obtenus, l'appréciation qui en peut être faite par ailleurs subjectivement ; c'est la valeur des choses pour les hommes, c'est-à-dire la pensée, qui est normalement éliminée, et c'est une réalité présumée valable en soi que l'analyse substitue à cette valeur. Là où quelque précision théorique peut être atteinte, ce sont des conditions d'existence, une fois de plus, qui se trouvent définies ; ce n'est ni un idéal, ni une Volonté, ni un pouvoir »[2].

La situation de la sociologie semble cependant moins grave que celle de la psychologie, dans la mesure où certains sociologues sont épargnés par Canguilhem, alors qu'il est difficile de citer un seul psychologue qui ne tomberait pas, selon lui, dans le « psychologisme ». Les sociologues qu'il apprécie sont ceux, comme Célestin Bouglé ou Maurice Halbwachs, qui ont su garder l'exigence des « valeurs ». De Bouglé, qui dirigea son mémoire de Diplôme d'études supérieures sur « La théorie de l'ordre et du progrès chez Auguste Comte », il explique, après Cavaillès, que « sa sociologie n'a rien d'un sociologisme »[3]. Canguilhem apprécie en particulier que, pour l'auteur des *Leçons de sociologie sur l'évolution des valeurs*, « la place de la nécessité dans l'ordre social ne lui paraissait pas exclusive de l'intérêt pour les utopies qu'elle a périmées »[4]. Ses études scientifiques du régime des castes ne sont pas exclusives d'une prise de parti résolue contre un tel type d'organisation sociale. Maurice Halbwachs apparaît comme moins sociologiste encore. Dans les *Libres propos* de 1931, Canguilhem souligne l'importance des *Causes du suicide* d'Halbwachs, dont les « conclusions rabattent les prétentions de ce dogmatisme sociologique que Durkheim

1. « France-Allemagne. *Incertitudes Allemandes*, par Pierre Viénot », p. 372. Outre ce relativisme, Canguilhem critique toujours sévèrement le communisme du fait de son hostilité à l'individualisme. Cf. *infra*, p. 849.

2. G. Canguilhem, C. Planet, *Traité de logique et de morale*, cf. *infra*, p. 774.

3. « Célestin Bouglé », *Association amicale des anciens élèves de l'École Normale supérieure*, 1978, p. 31-32.

4. *Ibid.*

introduisit sans nuances sur le marché sociologique »[1]. Là aussi il est question de valeur : « peut-être va-t-on enfin admettre que la société comme toute autre réalité a exactement la valeur que lui confère un esprit »[2]. Là aussi il est question de ne pas traiter l'homme comme une chose : Halbwachs a su par exemple tenir compte de la « valeur de l'individualité », à la différence de « certains sociologues qui n'ont pas toujours échappé à la tentation de traiter l'homme comme un mécanisme qu'on peut dominer de l'extérieur du moment qu'on en connaît les lois »[3].

La conception « déterministe » du milieu

Lorsqu'il dénonce la soumission au monde du « fait » et qu'il la refuse au nom des « valeurs », Canguilhem reste d'une certaine manière fidèle à ses maîtres Lagneau et Alain. Mais il va bientôt poser ce problème en de nouveaux termes, qui lui sont propres et qui resteront au cœur de son œuvre ultérieure. C'est en particulier le cas dans son retentissant « Discours à la distribution des prix du lycée de Charleville » de 1930. Gardant en mémoire le souvenir très vivace de l'affaire Dreyfus, sur les terres de Taine, le jeune professeur de philosophie dénonce les justifications récentes qui ont pu être données à ce règne du fait, par Taine ou Barrès, qui prétendaient trouver dans la notion scientifique de « milieu » un argument à l'appui de leurs préjugés[4]. Canguilhem s'en prend aussi à Paul Bourget et à Barrès, et à l'image que ceux-ci donnaient du professeur de philosophie, dans *Le Disciple* et *Les Déracinés*, coupable de faire perdre leurs « racines » à ses élèves[5]. Il montre que s'opposent en fait « deux manières de concevoir une âme » : « Une âme, c'est selon les auteurs, un héritage ou une conquête »[6]. Ceux, comme Barrès, qui veulent faire de l'âme un héritage, se réfèrent à « votre Taine », originaire de Charleville, à sa théorie de « la race, du milieu et du moment ». Pour eux l'âme est « un fait qu'expliquent le sol natal, la tradition nationale, le sang familial ». A Taine, Canguilhem oppose Lucien Herr, qui refuse ce « détermi-

1. « Sociologie. *Les causes du suicide* », cf. *infra*, p. 380.

2. *Ibid.*, p. 381.

3. *Ibid.*, p. 376, n. 1.

4. En cette même année 1930 Canguilhem s'interroge sur l'importance du concept de milieu dans le transformisme, à l'occasion d'un article consacré à Louis Vialleton : « Le transformisme est une hypothèse qui rattache les êtres vivants les uns aux autres et à leur milieu. Expliquer c'est rattacher disait A. Comte. Le transformisme est au sens fort du mot une explication des êtres vivants parce qu'il construit, à propos des organismes, des relations spatiales et des séries temporelles. Ce qui est relié et ordonné est par là même compris » (cf. *infra*, p. 297).

5. Dans un cours à l'Institut agronomique de Toulouse, Canguilhem note avec approbation un passage de Brunschvicg : « Sans doute ceux-là se plaindront d'être « déracinés » qui ont le regret de la vie végétative ; mais – le mot est déjà dans Aristote – il faut choisir d'être une plante ou d'être un homme ». Cf. *infra*, p. 307, n. 1.

6. « Discours à la distribution des prix du lycée de Charleville », cf. *infra*, p. 307.

nisme » du milieu, du sol et du climat : ce qui compte « ce n'est pas ce qu'un homme a dans le sang, c'est ce qu'il a dans l'esprit et ce qu'il veut faire »[1]. L'affaire Dreyfus est présente en arrière-plan et Canguilhem s'indigne de ce que Barrès, « l'ancien ennemi des lois devenu ami de la loi », ait vu « dans les réclamations de la justice lors d'une affaire à la fois tristement et noblement célèbre, une orgie de métaphysiciens ». En vérité la justice « est ce pourquoi il n'y a ni race privilégiée ou maudite, ni milieu favorable ou hostile, ni moment opportun ou importun »[2]. C'est dans ce « Discours de Charleville » qu'il est pour la première fois question, de manière développée, de cette notion de « milieu » qui occupera une place centrale chez le Canguilhem de la maturité[3].

La critique du déterminisme du milieu a alors une valeur explicitement morale, comme ce sera également le cas dans le *Traité de logique et de morale* :

> Ce qui nous paraît devoir être retenu des théories idéalistes, c'est qu'une véritable honnêteté ne peut consister en aucun cas dans un simple effort utilitaire d'adaptation au milieu ; on ne peut pas dire que tous les hommes agissant et même agissant de façon « correcte » dans un milieu social donné se conduiront de la meilleure façon possible. Il faut bien comprendre que la conscience morale c'est avant toute une conscience créatrice d'elle-même ou encore progressive (...). Autrement dit, la conscience morale a cette valeur d'être perpétuellement à la recherche de ce qu'elle n'est pas en fait, et de ce qu'elle ne saurait être d'une façon durable[4].

La lecture de ces articles de jeunesse permet ainsi de mieux comprendre la place centrale que Canguilhem accordera par la suite à cette notion, notamment dans l'article célèbre sur « Le vivant et son milieu ». Il y notera, et l'on voit alors qu'il ne s'agit pas ici que d'histoire des sciences, que la notion de milieu est « en train de devenir un modèle universel et obligatoire de saisie de l'expérience et de l'existence des êtres vivants » et que l'on pourrait « presque parler de sa constitution comme catégorie de la pensée contemporaine »[5]. Sa conclusion, après une longue argumentation scientifique, est alors claire : « Un vivant ne se réduit pas à un carrefour d'influences. D'où l'insuffisance de toute biologie qui, par soumission complète à l'esprit des sciences physico-chimiques, voudrait éliminer de son domaine toute considération de sens. Un sens, du point de vue biologique et psychologique, c'est une appréciation de valeurs en rapport avec un besoin »[6]. De même lorsque Canguilhem consacre tout un livre à l'histoire du

1. « Discours à la distribution des prix du lycée de Charleville », p. 310.
2. *Ibid.*, p. 310.
3. On retrouve cette hostilité au concept de milieu considéré comme « quelque chose de plein et de cohérent en dehors des choses » dans un autre article de 1930, sur le temps selon Kant : Canguilhem note qu'il vaut mieux parler de « trame » que de « milieu » à propos de la conception kantienne du temps, car la notion de trame « est déjà plus près de celle d'un acte que ne l'est la notion de milieu » (cf. *infra*, p. 270).
4. G. Canguilhem, C. Planet, *Traité de logique et de morale*, cf. *infra*, p. 822.
5. *La connaissance de la vie*, (1952), Paris, Vrin, 2009, p. 165.
6. *Ibid.*, p. 155.

concept de réflexe, ce n'est pas pour des raisons simplement « érudites » : quel intérêt aurait cette recherche s'il ne s'agissait aussi de défendre la « dignité éminente qu'à tort ou à raison l'homme attribue à la vie humaine »[1] ? « L'essence de la dignité c'est le pouvoir de commander, c'est le vouloir » et Canguilhem va démontrer que la physiologie réflexologique, qui croit pouvoir se limiter aux stimulations du « milieu », échoue à rendre compte de ce « vouloir »[2]. Là, comme dans l'article « Qu'est-ce que la psychologie ? » qui s'en prend pour les mêmes raisons au behaviorisme de Watson, le tonus et la véhémence de Canguilhem se comprennent mieux si l'on se souvient de ces indignations de jeunesse contre la conception déterministe du milieu. Il est certain que les thèses de la maturité, appuyées sur une documentation historique très précise et sur un grand raffinement argumentatif, ne peuvent se réduire à ces brusques prises de parti de jeunesse. Mais il y a une continuité indéniable entre les deux périodes : dans les œuvres de la maturité il s'agit pour Canguilhem de montrer que la conception déterministe du milieu, qu'il avait d'abord rejetée parce qu'injuste, est également scientifiquement erronée.

D'ailleurs, dès les articles et cours de la fin des années 30, Canguilhem avait déjà entamé une critique épistémologique de cette conception « mécaniste » du milieu, en s'aidant notamment des résultats de la géographie humaine et de la théorie des « genres de vie » de Vidal de la Blache et de Lucien Febvre. Canguilhem souligne que, pour Vidal de la Blache et l'école française de géographie humaine, le milieu ne fait que présenter à l'homme des possibilités, il ne lui impose rien. Ce n'est pas la nature qui implique tel genre de vie, ce sont au contraire les genres de vie de l'homme qui expliquent « la nature telle que nous la voyons »[3]. On sait d'ailleurs l'importance qu'auront les arguments tirés de la géographie humaine, et notamment de l'œuvre de Maximilien Sorre, dans *Le normal et le pathologique* : « Les travaux de l'école française de géographie humaine ont montré qu'il n'y a pas de fatalité géographique. Les milieux n'offrent à l'homme que des virtualités d'utilisation technique et d'activité collective. C'est un choix qui décide »[4].

CRÉATION ET TECHNIQUE

De même qu'il a identifié dans la conception « déterministe » du milieu ce qu'il dénonçait auparavant comme soumission au fait, Canguilhem va progressivement s'attacher à définir l'acte qui permet de s'opposer à cette influence du milieu, acte qu'il

1. *La formation du concept de réflexe aux XVII*[e] *et XVIII*[e] *siècles*, p. 7.

2. *Ibid.*

3. Cours de 1939-1940 à l'Institut agronomique de Toulouse, conservé au CAPHES. Dans ce même cours Canguilhem cite également la formule de Lucien Febvre : « l'homme est un agent géographique ». Sur cette influence de la géographie humaine, *cf.* la présentation de Michele Cammelli pour *Le fascisme et les paysans*, *infra*, p. 515-533.

4. *Le normal et le pathologique*, p. 114.

qualifiera de « création ». C'est notamment le cas dès 1931 dans l'article « Critique et philosophie : Sur le problème de la création », consacré à *Créatures chez Balzac*, un livre écrit par Pierre Abraham, le frère de Jean-Richard Bloch. Abraham définit la création littéraire et artistique comme un « effort pour fuir le milieu », un « antagonisme » avec ce milieu : « Créer, c'est bien réellement un effort pour fuir le milieu qui ne peut être que moyenne ou compromis »[1]. Canguilhem apprécie les « formules pleines de sens » où Abraham a su montrer « l'opposition de la création et de l'automatisme, et ainsi l'antagonisme entre le créateur et son milieu ». Il le cite : « La création, prise en soi, est un phénomène révolutionnaire. Révolutionnaire parce qu'antisocial »[2]. Et il le complète lorsqu'il note que « tout créateur est d'intention un extrémiste »[3]. Canguilhem nomme dès lors comme « création » ce qu'il appelle encore aussi « pensée » en se référant à Lagneau. Ne mérite d'être qualifié de pensée que ce qui peut être rapproché de la création : « Cela revient à poser, comme c'est fait explicitement d'ailleurs à la dernière ligne de l'ouvrage, l'équation entre création et pensée. Et alors le problème de la création va ressortir non plus désormais à une critique expérimentale, mais à une psychologie réflexive »[4].

Canguilhem est cependant plus dubitatif quant à la solution que Pierre Abraham propose au « secret du miracle », c'est-à-dire au secret de la création[5]. La référence, à propos de Balzac, à la notion de « translation », de « transposition d'une classe d'impressions à une autre classe, en l'espèce de ce qui est visuel à ce qui est sonore », ne lui semble pas suffisante, dans la mesure où « il y a des automatismes, résultant d'un dressage ou d'une association naturelle – auxquels on donne le nom savant de réflexes conditionnels – qui supposent transposition d'un sens à l'autre »[6]. Il vaudrait mieux alors parler d'une « relation » qui permettrait de « lier » un chaos de sensations. Mais Canguilhem ne présente pas non plus cette solution de manière assurée : « La création ne serait-elle pas plutôt relation que translation »[7] ? C'est en grande partie à éclaircir cette question de la « création » que Canguilhem va consacrer ses écrits de la fin des années 30. Il souligne le caractère crucial que cette question revêt alors pour lui : « la forme d'expérience qui spirituellement nous importe le plus est celle de la création »[8]. Car la création c'est aussi la liberté, comme il le note dans un cours de 1937 sur « Les valeurs » : « il y a toujours bien peu d'hommes libres, c'est-à-dire créateurs »[9].

Canguilhem y revient en particulier dans une communication peu connue sur « Activité technique et création », prononcée devant la Société toulousaine de

1. « Critique et philosophie : Sur le problème de la création », cf. *infra*, p. 394.
2. *Ibid.*, p. 394.
3. *Ibid.*, p. 394.
4. *Ibid.*, p. 394.
5. *Ibid.*, p. 395.
6. *Ibid.*, p. 394.
7. *Ibid.*, p. 394.
8. « Activité technique et création », cf. *infra*, p. 501.
9. Fonds Canguilhem, CAPHES.

philosophie en 1938. Il poursuivra cette réflexion après la guerre, notamment dans un cours à l'Université de Strasbourg en 1947-1948 sur « Le problème de la création » et dans un article de 1952, « Réflexions sur la création artistique selon Alain ». Ces recherches sur la création se font à une époque où Bergson développe lui aussi sa propre « philosophie de la création », notamment dans l'article fameux sur « Le possible et le réel », publié pour la première fois en français dans *La pensée et le mouvant* en 1934. Dans « Activité technique et création » Canguilhem reconnaît sa proximité avec Bergson, puisqu'il conclut son intervention ainsi : « on notera aisément comment la thèse proposée se rapproche du bergsonisme (généralement si mal compris) et comment elle s'en écarte »[1]. Au début du texte il avait repris à son compte une formule de Bergson : « La philosophie est l'ambition d'une "expérience intégrale" (Bergson) »[2]. Canguilhem ne cache pas les ambitions « métaphysiques » de sa communication et il reconnaît en note avoir laissé de côté « les services que la biologie et la sociologie technologique peuvent et doivent rendre à la philosophie sur le problème considéré », afin de conserver à son exposé « un caractère explicitement métaphysique »[3]. Cette question a même eu historiquement une dimension religieuse, puisque « consciemment ou non, l'idée que l'homme se fait de son pouvoir poétique répond à l'idée qu'il se fait de la création du monde et à la solution du problème de l'origine radicale de toutes choses » : on retrouve ainsi le « dogme chrétien de la création *ex nihilo* »[4].

Comme l'indique le titre de la communication, c'est dans le domaine de la technique que se manifeste le mieux l'activité créatrice. C'est ce qui conduit Canguilhem à réfléchir sur la technique : « situons la technique dans une philosophie de la création »[5]. Il sera possible de mieux connaître la création à travers la technique dans la mesure où celle-ci est une forme simple, quotidienne, ordinaire, de la création, qui ne suppose ni « génie », ni « inspiration » particulière : la technique c'est « l'expé-rience irréfléchie inconsciemment orientée vers la création »[6]. Et Canguilhem va établir qu'elle est située « quelque part sur la voie de la fabrication universelle entre *la vie* et *l'art* »[7].

Dans cette perspective, la question que se pose Canguilhem à propos de la technique, est celle de son rapport à la science. La technique n'est pas une science

1. « Activité technique et création », cf. *infra*, p. 506.
2. *Ibid.*, p. 499-500.
3. *Ibid.*, p. 506, n. a.
4. « Réflexions sur la création artistique selon Alain », *Revue de métaphysique et de morale*, vol. 57, n° 2, avril-juin 1952, p. 174.
5. « Activité technique et création », p. 502.
6. Lors de la discussion, à un intervenant qui voyait dans cette notion d'« expérience irréfléchie » une dévalorisation de la technique, Canguilhem rétorque qu'il a au contraire « tenté de montrer la valeur spirituelle et créatrice des techniques » et « loin de rabaisser les arts aux techniques, entendues comme progrès matériels, il a apparenté les techniques aux arts, formes diverses de la conscience humaine en tant qu'elle est esprit » (cf. *infra*, p. 508).
7. « Activité technique et création », cf. *infra*, p. 505.

appliquée et Canguilhem critique ici, et ne cessera de refuser, tout au long de son œuvre, ce qu'il appelle la « maxime positiviste fondamentale », « aussi trompeuse qu'elle est célèbre », « savoir pour prévoir afin de pouvoir » [1]. Il n'est absolument pas possible de « déduire » la technique à partir de la théorie : « de la seule mécanique nous ne saurions tirer directement la moindre possibilité de fabrication. En aucune façon la connaissance intégrale des lois du frottement n'eût pu conduire à la fabrication du fer à cheval par exemple » [2]. Cette critique ne vise pas seulement Comte mais aussi et peut-être surtout le Descartes de la VIe partie du *Discours de la méthode*, et bien d'autres auteurs, de Bacon et Vinci à Marx en passant par les Encyclopédistes. Si Canguilhem s'emporte si souvent contre cette maxime, c'est qu'elle lui semble rendre incompréhensible l'apparition de toute nouveauté et impliquer donc une résignation à l'ordre établi : elle suppose que « l'avenir ressemble au passé, dans la mesure où aucun pouvoir ne peut altérer le cours nécessaire des phénomènes » [3].

En fait, selon Canguilhem, la technique est indépendante de la science et elle est le lieu même de la création. L'existence de la technique démontre qu'« à côté et indépendamment de la connaissance, quoique parfois servie par elle, *la création continue* » [4]. Il y a une « originalité créatrice et libératrice de la technique » qui s'oppose à la « tyrannie de la science » déterministe et explique l'apparition de la nouveauté dans l'histoire des sciences [5]. « L'histoire de la science – la science n'étant rien d'autre que son progrès – n'aurait aucun sens si une pensée créatrice n'apportait constamment à la pensée déterministe, sous forme de ces mutations brusques ou de ces fabrications par petites variations que sont les machines et les procédés, des occasions de remettre en question ses questions mêmes et les solutions qu'elle leur donnait » [6]. La science naît de la technique, comme le montrent les exemples de la dioptrique cartésienne – issue de la taille des verres – ou de la pensée galiléenne – née de la balistique. Plus exactement, elle naît de ses échecs et c'est en ce sens que la thèse de Canguilhem se différencie de la vision bergsonienne d'une technique qui prolongerait l'élan vital : « L'essor de la pensée scientifique a pour condition l'échec de la pensée technique (…) La science apparaît comme réflexion sur les échecs et les obstacles » [7].

Lorsqu'il montre que la technique ne peut être déduite de la science Canguilhem vise donc aussi Descartes. C'est à cette question de la technique cartésienne qu'il consacre sa première communication scientifique, sur « Descartes et la technique », au Congrès Descartes de 1937. Il y critique la « thèse » cartésienne de « la connaissance convertible en action technique », mais il estime que cette thèse ne va pas sans

1. *Ibid.*, p. 504.
2. *Ibid.*, p. 506.
3. *Ibid.*, p. 504.
4. *Ibid.*, p. 506.
5. *Ibid.*, p. 506.
6. *Ibid.*, p. 506.
7. *Ibid.*, p. 504.

« d'importantes restrictions » [1]. Descartes a en fait « considéré le rapport de la théorie et de la pratique de façon plus ample et plus nuancée qu'on ne le croit généralement » [2]. Selon Canguilhem, il faudrait relire sur ce point avec attention l'« admirable *Dioptrique* » ou la correspondance, où Descartes, « curieux de recettes et de pratiques », a été plus sensible à l'originalité de la technique. Descartes aurait compris « l'impossibilité d'une déduction intégrale des effets à partir des causes », de la technique à partir de la théorie, comme le montre la formule des *Principes* sur la pratique qui « fait honte à la théorie », que Canguilhem commente ainsi : « Toute synthèse technique doit normalement inclure, opérant sur des espèces de corps dont la déduction ne peut être intégrale, de l'imprévisible et de l'inattendu » [3].

La technique est en ce sens tout à fait exemplaire de l'activité créatrice qui existe, à un niveau supérieur dans l'art, mais aussi, à un niveau plus élémentaire, dans la vie. Elle est une émanation de la vie, comme le montre l'exemple des machines qui sont des « organes de la vie ». A tel point que « *la démarcation entre les machines primitives naïves et les organes montés par la vie est impossible*. Une machine n'est au fond que le produit d'un effort universel d'organisation que la conscience humaine alimente à un moment donné des résultats de son effort de connaissance » [4]. C'est sur cette question des rapports entre les machines et la vie que Canguilhem est le plus proche de Bergson. Jusqu'à la fin de son œuvre il jugera que le « principal apport » du bergsonisme sera d'avoir été une « philosophie biologique du machinisme, traitant les machines comme des organes de la vie et jetant les bases d'une organologie générale » [5]. Bergson a su montrer que la fabrication d'outils est un prolongement de l'élan vital, que la technique est une fonction du vivant. Les outils sont des organes artificiels qui nous servent dans cette exploitation de la matière qu'exige la vie. Canguilhem soulignera cette « origine irrationnelle » des machines et citera par la suite *Les deux sources de la morale et de la religion* pour montrer que « l'esprit d'invention mécanique, quoique alimenté par la science, en reste distinct et pourrait, à la rigueur, s'en séparer » [6].

« VERS LE CONCRET », VERS LA MÉDECINE

Si l'on s'en tenait à ces affirmations sur la technique et la vie, on risquerait de surestimer la proximité entre Bergson et Canguilhem et de faire de celui-ci un

1. « Descartes et la technique », cf. *infra*, p. 494.
2. *Ibid.*, p. 490.
3. *Ibid.*, p. 496.
4. « Activité technique et création », cf. *infra*, p. 506.
5. « Note sur la situation faite en France à la philosophie biologique », *Revue de Métaphysique et de Morale*, vol. 52, n° 3, juil. – oct. 1947, p. 322-332, p. 332.
6. *La connaissance de la vie*, p. 161 n.

« philosophe de la vie » parmi d'autres. En fait, pour Canguilhem, la technique n'est pas seulement un prolongement de l'activité créatrice du vivant. Il ajoute à cela une autre caractéristique de la technique, qui continue ses réflexions antérieures sur les valeurs opposées au fait : la technique est au service de l'homme, elle choisit dans le monde et instaure des valeurs. Dans le *Traité de logique* Canguilhem et Planet soulignent cet autre aspect de l'opposition entre science et technique :

> On peut voir dès maintenant que science et technique procèdent de vocations inverses. La science tend à affirmer une existence pure, indifférente aux préférences comme aux répulsions. La technique cherche à permettre une puissance intéressée par ces mêmes tendances humaines, dont la science n'a cure. La science vise à découvrir ce qui est par delà ce qu'on croit qui peut être ; la technique vise à substituer ce qui n'est pas et qui est souhaité à ce qui est. La science a pour idéal la réalité et la technique veut réaliser quelque idéal. Alors que la science nie l'originalité et l'indépendance de l'humanité par rapport à la nature et la traite comme une partie de la nature (physiologie-sociologie), la technique nie la valeur en soi de la nature indépendante de l'homme et prétend la lui subordonner, la plier aux espoirs de l'impatience [1].

La technique a une dimension de choix, de polarisation ou de valorisation proprement humaines, à la différence de la science. Elle s'efforce de réaliser ce qui est souhaité et de plier le monde à des valeurs. La technique n'est pas seulement créatrice, elle est indexée à des valeurs humaines. C'est sans doute pour cette raison que Canguilhem va choisir de s'intéresser à cette technique particulière qu'est la médecine. Alors que Bergson, Politzer ou Jean Wahl, comme d'autres à l'époque, proclamaient leur volonté de s'orienter « vers le concret », Canguilhem va, pour sa part, effectivement se consacrer à un objet déterminé et concret, la médecine, qui offre à sa réflexion une « matière étrangère ». Il évitera ainsi l'abstraction d'Alain ou de Bergson qui ne traitaient que de « la technique » en général et non de telle ou telle technique particulière. Alain en particulier ne s'intéressait ni au concret ni à l'histoire, comme Canguilhem le déplorera plus tard : Alain comme Valéry « croit à la nature humaine, à l'Eternelle Histoire [2] ».

Outre qu'elle donne à sa réflexion une dimension concrète, la médecine illustre de manière éminente les deux principaux traits de la technique selon Canguilhem, innovation et finalité proprement humaine. Canguilhem s'en expliquera dans un passage célèbre, au début du *Normal et du pathologique* : « Nous attendions précisément de la médecine une introduction à des problèmes humains concrets. La médecine nous apparaissait, et nous apparaît encore, comme une technique ou un art au carrefour de plusieurs sciences, plutôt que comme une science proprement dite » [3]. Contrairement à la vision trop répandue qui fait de Canguilhem un « philosophe des sciences », il faut alors comprendre que si la médecine intéresse Canguilhem, c'est justement parce

1. G. Canguilhem, C. Planet, *Traité de logique et de morale*, cf. *infra*, p. 684.
2. « Réflexions sur la création artistique selon Alain », art. cit., p. 181.
3. *Le normal et le pathologique*, p. 7.

qu'elle n'est pas une science : elle est une « technique d'instauration ou de restauration du normal, qui ne se laisse pas entièrement et simplement réduire à la seule connaissance »[1].

La médecine est créatrice, dans la mesure où elle doit obligatoirement anticiper sur la prudence et la lenteur de la connaissance, sa « témérité » étant justifiée par l'urgence vitale. La clinique se développe indépendamment de la physiologie, et, le plus souvent, antérieurement à elle. La médecine est également « humaine » dans la mesure où elle vise à rétablir une norme de santé, à sauver tel homme individuel, tel « individu », tel « malade » et non à étudier des « maladies » abstraites. C'est ce que montre déjà le premier article que Canguilhem consacre à la médecine, en 1929, sous un titre à cette époque provocateur : « A la gloire d'Hippocrate, père du tempérament ». Dans ce compte rendu du livre du médecin et psychanalyste René Allendy, *Orientation des idées médicales*, il reprend à son compte l'idée que « c'est tel homme que le médecin doit sauver, et sans doute l'Humanité en chacun, mais cette Humanité nullement abstraite qui fait que sa souffrance, son mal diffèrent de ceux d'un chien, d'un cheval, maux identiques et simples depuis qu'il est des animaux et qui ne pensent pas. Bienfaiteur de l'homme, voilà ce que doit être le médecin, quand il a une foi humaine, et non la foi au microbe »[2]. Ce qui intéresse Canguilhem dans la médecine, c'est qu'elle s'adresse à tel ou tel homme en particulier, et considéré comme un tout. C'est ce que Comte appelait le caractère « synthétique » de la médecine du « digne praticien »[3].

LA PHILOSOPHIE ET LES VALEURS

Il est un autre point sur lequel les premières œuvres de Georges Canguilhem éclairent d'une certaine manière son œuvre ultérieure, celui de la définition de ce que peut bien être la philosophie. C'est surtout dans le *Traité de logique et de morale* que Canguilhem « expose directement (...) des positions philosophiques », comme le montre la présentation de Xavier Roth[4]. Canguilhem et Planet y évoquent en effet le sens de l'activité philosophique d'une manière relativement traditionnelle. Dans la préface du *Traité*, ils expliquent que « si un enseignement philosophique a un sens

1. *Ibid.*, p. 8.

2. « A la gloire d'Hippocrate, père du tempérament », cf. *infra*, p. 250.

3. Canguilhem en vient tout naturellement à citer le « jugement féroce » de Comte contre les médecins : « Au fond ils n'étudient en nous que l'animal et non l'homme, dont tous les attributs essentiels leur restent habituellement inconnus, davantage même qu'au vulgaire illettré, d'après leurs préoccupations corporelles. Nos prétendus médecins ne constituent réellement que des vétérinaires, mais plus mal élevés que ceux-ci ne le sont maintenant, du moins en France, et dès lors aussi peu capables ordinairement de guérir les animaux que les hommes » (*Système de politique positive*, t. II, Paris, Carilian-Gœury et Dalmont, 1852, p. 436).

4. X. Roth, présentation du *Traité de logique et de morale*, cf. *infra*, p. 613.

éducatif, c'est pour autant, croyons-nous, qu'il peut donner le goût de cette unité (de l'esprit) »[1]. La philosophie est définie comme un « effort vers l'unification »[2]. Canguilhem se souvient ici de la formule de Le Senne qu'il cite aussi en 1938 : le philosophe est un « professeur d'unité »[3]. Dès 1933 il avait insisté sur cette fonction unificatrice de la philosophie dans son compte rendu du livre du même Le Senne sur *Le Devoir* : « Pour la première fois depuis longtemps la philosophie se définit à nouveau en sa pure fonction d'unité, et le titre même de l'ouvrage, *Le Devoir*, indique comment l'unité doit être à tout instant conquise et défendue, par delà les résultats disparates et tout relatifs de quelque empirisme que ce soit, scientifique ou social ». Mais cette unité n'est pas donnée, elle doit être « conquise et défendue »[4].

Comme le remarquent Canguilhem et Planet, cette visée « unificatrice » est cependant, en tant que telle, trop indéterminée : il convient de décider de quel type d'unification il s'agit, réduction ou harmonie. Pour certains l'unité est obtenue par « réduction de toutes les fonctions spirituelles à une seule », pour d'autres elle consiste dans leur « harmonie, laquelle ne peut consister que dans une subordination des unes à quelque autre »[5]. Dans le premier cas il s'agit essentiellement de l'illusion, que Canguilhem qualifie de « positiviste », qui veut réduire l'Esprit à la Nature. Or, comme l'a démontré Kant, « les deux ordres de valeurs ne coïncident pas, le naturel n'étant pas le moral, le réel n'étant pas le bon »[6]. Cette indication kantienne permet de « fixer une juste attitude *critique*, de nous inviter à la défiance à l'égard de préjugés « réalistes » ; c'en est un (persistant en particulier dans le positivisme, mais aussi dans la plupart des philosophies, « idéalistes » ou autres, qui lui ont succédé) que celui qui consiste à croire, *a priori* et sans nul examen, que la Vérité comme telle, c'est-à-dire comme représentation fidèle du Réel, peut et doit seule incliner le jugement, et autrement dit qu'il n'y a point pour l'homme vivant, pensant et agissant, d'autres valeurs que celles qui sont d'abord empruntées d'une Réalité »[7].

Il existe en fait d'autres normes que celle de vérité, qui doivent en rester indépendantes. Canguilhem, comme son ami Planet, avait apprécié la tentative de Le Senne de transposer « en termes de valeur toutes les notions que la critique de la connaissance nous a trop habitués à considérer comme des nécessités logiques », et il

1. G. Canguilhem, C. Planet, *Traité de logique et de morale*, cf. *infra*, p. 635.

2. *Ibid.*, p. 727.

3. « Activité technique et création », cf. *infra*, p. 501. En fait, selon Le Senne, c'est exactement le métaphysicien et non le philosophe qui était « professeur d'unité » (*Le devoir*, Paris, Alcan, 1930, p. 384).

4. « R. Le Senne – *Le Devoir* », cf. *infra*, p. 441. Sur l'inspiration kantienne de cette conception du « penser comme synthèse originaire », et, plus largement, sur « la place privilégiée du kantisme dans le patrimoine philosophique du jeune Canguilhem » qui mérite d'être « pensée et évaluée », *cf.* Y. Schwartz, « Présentation », p. 800.

5. « Activité technique et création », cf. *infra*, p. 501.

6. G. Canguilhem, C. Planet, *Traité de logique et de morale*, cf. *infra*, p. 800.

7. *Ibid.*, p. 800.

estimait lui-aussi que la philosophie doit maintenir l'existence de normes distinctes et irréductibles[1]. Selon le *Traité de logique* il existe plusieurs « moralités » distinctes qui ne doivent pas être réduites à une seule : « La moralité du savant c'est de réduire la diversité phénoménale à l'unité des lois ; la moralité de l'artiste c'est d'établir la communion entre la nature et l'homme ; la moralité du politique c'est d'établir une communauté entre les hommes ; – et la moralité de tout homme, éparse en ses vertus et identique en toutes, consiste en une concentration de ses efforts, en la construction progressive d'une personnalité responsable »[2]. Le postulat du déterminisme ne vaut donc que pour la théorie. Canguilhem et Planet s'en expliquent dans le chapitre « Morale et science » du *Traité* : « autrement dit, si la pensée humaine contient d'autres principes d'interprétation de la vie que ce postulat, enfin si les créations de l'homme procèdent en lui de facultés différentes des facultés de connaissance, il semble non pas certes que nous puissions alors agir dans n'importe quel sens et en toute liberté de fantaisie, mais que du moins nous puissions espérer de coordonner, avec les conditions déterministes, cette puissance relativement libre d'invention que nous reconnaissons, d'autre part, à l'esprit : le problème ne peut pas être d'un mélange confus, mais d'une coordination ou mieux peut-être d'une subordination d'un groupe de facultés à son

1. « R. Le Senne – *Le Devoir* », *Méthode. Revue de l'enseignement philosophique*, n°5, février 1933. Cf. *infra*, p. 442. Canguilhem cite toujours élogieusement la philosophie des valeurs de Le Senne. On peut penser que les travaux de Planet ont également été inspirés, au moins partiellement, par l'œuvre de Le Senne, notamment lorsque Planet présente son projet de thèse sur *Valeur et réalité. Essai d'une axiologie de la connaissance* comme « une interprétation axiologique de l'expérience, c'est-à-dire telle que les faits ou assertions interprétées s'y comprennent toujours comme certaines appréciations, estimations, enfin comme valeurs ». Canguilhem adressera d'ailleurs Planet à Le Senne, après le refus d'André Lalande d'accepter la direction de cette thèse fort peu académique, comme le souligne Xavier Roth, dans sa présentation du *Traité de logique*. Il n'est pas douteux, comme l'a aussi montré Xavier Roth, que les réflexions de Planet sur les relations entre « valeur et norme », sur la notion de santé et celle d'erreur, ou son intérêt pour la *Wertphilosophie* allemande, seront au cœur de la philosophie de la maturité de Canguilhem. Mais il est également certain que l'abstraction extrême des textes de Planet n'a pas grand-chose à voir avec le souci du concret qui est celui de Canguilhem, notamment dans *Le normal et le pathologique*. La réflexion plus concrète de Le Senne, parfois tirée de l'histoire des sciences, dans le cas de sa fameuse analyse de la découverte de l'argon dans *Le Devoir*, correspond mieux à ce qui sera la méthode de Canguilhem. Dans son compte rendu du *Devoir*, Canguilhem apprécie également « l'inspiration essentiellement tonique » qui est celle de Le Senne. La philosophie de la « résistance » qui sera celle de Canguilhem correspond assez bien au tableau qu'il donne alors de celle de Le Senne : « De même que les lois de la résistance ne deviennent objet d'intérêt que parce que je me heurte, de même les lois de la vie ne m'intéressent que parce que je dois mourir, de même les lois de la société ne m'intéressent que parce que le désordre et l'injustice me révoltent. Autant de contradictions entre une prétention d'unité et un déchirement impossible à réparer une fois pour toutes. La contradiction appelle l'option : "L'essence de la moralité consiste à affronter la contradiction, celle de l'immoralité à s'en détourner" » (cf. *infra*, p. 443).

2. G. Canguilhem, C. Planet, *Traité de logique et de morale*, cf. *infra*, p. 824.

opposé »[1]. Sous une autre forme, trente ans après, Canguilhem fera brièvement allusion à une même définition possible de la philosophie : « la valeur philosophique ce n'est pas la valeur de vérité, ce n'est pas davantage la valeur de liberté comme dans la morale ou dans l'esthétique. C'est une idée, c'est l'idée d'un tout où chacune des valeurs serait à sa place relativement aux autres »[2]. La philosophie vise à hiérarchiser les valeurs, non à les réduire à une seule, et en particulier pas à la seule valeur de vérité, qui est celle de la science. C'est tout le sens de la formule fameuse et scandaleuse de Canguilhem : « il n'y a qu'un domaine où l'on puisse parler de vérité c'est celui de la science »[3]. Ce qui implique en particulier que la philosophie n'a pas affaire qu'à la seule valeur de vérité, mais qu'elle doit systématiser et hiérarchiser les différentes valeurs, de vérité, de liberté ou de beauté notamment[4]. Dans le *Traité de logique* ce pluralisme des valeurs s'opposait explicitement à la pensée antique qui tenait pour « *l'Unicité de la Valeur* » et unifiait réalité et valeur : « en trouvant la Vérité, le sage prétendait atteindre, par surcroît, au bien et à la beauté : l'esprit classique et la morale du Sage impliquent la confiance dans *l'Unicité de la Valeur* »[5]. Depuis Nietzsche au moins, et aussi depuis le « polythéisme des valeurs » de Max Weber, que Canguilhem connaît par l'intermédiaire de Raymond Aron, il n'est plus possible de tenir pour une telle unicité de la valeur.

*

On relève donc, dans ces premiers textes de Canguilhem, des constantes et des infléchissements. Constante que son refus du fait et de l'ordre établi au nom du jugement et des valeurs. Constante que son rejet de toutes les doctrines de la soumission au milieu. Constante que son intérêt pour la technique comme exemple privilégié de l'acte de création. Evolution dans ses engagements politiques qui, du pacifisme radical des débuts vont se muer en un antifascisme déterminé, qui le conduira à participer activement à la Résistance. Evolution aussi dans ses références philosophiques, qui voit Canguilhem s'éloigner progressivement d'Alain et se rapprocher, pour un temps seulement, de Bergson. Comme l'a rappelé Yves Schwartz dans sa « Présentation », il

1. G. Canguilhem, C. Planet, *Traité de logique et de morale*, cf. *infra*, p. 809.

2. « Philosophie et science », Entretien entre Georges Canguilhem et Alain Badiou, *Dossiers pédagogiques de la Radio-Télévision scolaire*, n°8, 18-30 janvier 1965, repris dans *Cahiers philosophiques*, Hors série, « Le temps des philosophes », juin 1993, p. 18-32, p. 28-29.

3. *Ibid.*, p. 27.

4. Y. Schwartz, dans sa « Présentation », évoque à ce sujet une « contrainte de mise en ordre » qui pourrait être considérée comme le propre du « métier de philosophe » de Canguilhem (cf. *supra*, p. 98).

5. G. Canguilhem, C. Planet, *Traité de logique et de morale*, cf. *infra*, p. 816. Canguilhem cite sur ce point Eugène Dupréel, qui défend le « pluralisme des valeurs » et leur hiérarchisation dans l'*Esquisse d'une philosophie des valeurs* de 1939. Dans *La connaissance de la vie* Canguilhem appréciera aussi cette « théorie des valeurs, si originale et si profonde » (*La connaissance de la vie*, p. 220).

convient d'éviter « de prendre comme un tout homogène le Canguilhem "d'avant" »[1]. Ainsi, après l'avoir violemment critiqué, à la manière de Politzer, Canguilhem qualifie Bergson de « grand philosophe » dans le *Traité de logique* de 1939[2]. Symétriquement, Canguilhem s'éloigne progressivement d'Alain, en partie pour des raisons politiques et sans doute aussi du fait de l'expérience de la Résistance, dont l'impact sur *Le normal et le pathologique* est trop souvent négligé : comme l'a souligné Claude Debru, c'est « le lien de la médecine et de la Résistance » qui a donné lieu à ce « chef d'œuvre de la littérature philosophique »[3]. Curieusement, c'est alors à Bergson que Canguilhem emprunte, contre la soumission au fait et l'oubli des valeurs, certains arguments qu'il trouvait auparavant chez Alain : en 1943 il apprécie que Bergson ait montré que « la première des conditions pour brutaliser un être est de le tenir pour brut et c'est pourquoi la haine est d'abord retrait de valeur ou refus de valeur. (...). Fixer, c'est tuer »[4]. Mais ce nouvel intérêt pour Bergson, Canguilhem l'explique aussi et surtout par ses études médicales : « Je l'ai mieux lu après mes études de médecine qu'auparavant »[5]. Bergson est le premier à avoir compris que « la philosophie doit se faire un regard neuf devant le fait vital », doit aller au delà des « méthodes employées en physique, pour expliquer la « matière inerte »[6]. Canguilhem rappelle que *L'évolution créatrice* fut un choc lors de sa parution : « les philosophes français avaient pu, la première stupeur passée, méditer sur *L'évolution créatrice* », qui va contre la tradition française « d'indifférence, dans le cas le plus favorable, mais aussi de méfiance et même d'hostilité à l'égard de la philosophie biologique »[7]. Descartes est le responsable de cette tournure d'esprit française : « à cause de Descartes, plus exactement que depuis Descartes, la philosophie biologique est chez nous un genre de

1. Y. Schwartz, « Présentation », cf. *supra*, p. 76.

2. *Traité de logique*, p. 661, n. a. Canguilhem et Planet jugent que, sur le problème du temps, « le premier ouvrage de ce grand philosophe est déjà décisif sur l'ensemble de la question », dans la mesure où Bergson a compris qu'il convient d'opposer radicalement les deux « ordres » de la quantité et de la qualité.

3. C. Debru, « L'engagement philosophique dans le champ de la médecine », dans J.-F. Braunstein (coord.), *Canguilhem. Histoire des sciences et politique du vivant*, Paris, P.U.F., 2007, p. 45-62, p. 46.

4. G. Canguilhem, « Commentaire au troisième chapitre de *L'évolution créatrice* », *Bulletin de la Faculté des Lettres de Strasbourg*, 21ᵉ année, n°5-6, mars-avril 1943, p. 126-143, p. 142. Cet article a été republié, avec une intéressante présentation de G. Bianco, dans *les Annales bergsoniennes*, t. III, Paris, P.U.F., 2007, p. 99-111 (pour l'introduction). Cette critique se retrouvera dans « Qu'est-ce que la psychologie ? » : « la défense du testé, c'est la répugnance à se voir traiter comme un insecte, par un homme à qui il ne reconnaît aucune autorité pour lui dire ce qu'il est » (*Études d'histoire et de philosophie des sciences*, Paris, Vrin, 2002, p. 379).

5. F. Bing, J.-F. Braunstein, « Entretien avec Georges Canguilhem », *op. cit*, p. 129.

6. « Commentaire au troisième chapitre de *L'évolution créatrice* », *Bulletin de la Faculté des Lettres de Strasbourg*, 21ᵉ année, n°5-6, mars-avril 1943, p. 126-143, p. 131.

7. « Note sur la situation faite en France à la philosophie biologique », art. cit,, p. 323-324.

spéculation assez suspect », dans la mesure où il n'y a, dans le système cartésien, « aucune originalité ontologique » pour la vie[1].

Canguilhem sera alors conscient que la considération de la vie doit conduire à un nouveau type de philosophie, d'où son intérêt pour le bergsonisme et sa volonté de le « réhabiliter » au lendemain de la guerre, « contre l'assimilation » « entre le mysticisme, le romantisme, et le fascisme », « entre Hegel, Nietzsche, Bergson ou Hitler »[2]. Contre ce qu'on appelait alors les « rationalistes modernes », c'est-à-dire les marxistes, Canguilhem refuse que « la philosophie de l'élan vital (soit) souvent présentée comme un irrationalisme mystique révélant la décomposition, la perte de confiance en soi et la chute de tension constructive du capitalisme français à la fin du XIXe siècle »[3]. Mais Canguilhem ne fait pas pour autant « profession d'adhésion au bergsonisme », il fait « simplement aveu de perplexité devant la tâche philosophique du moment », qui est de manifester un « intérêt métaphysique, et non plus seulement scientifique, pour les problèmes biologiques »[4]. A la différence de Bergson, Canguilhem estime que cette nouvelle philosophie de la vie doit rester un « rationalisme », même s'il s'agit d'un « rationalisme de type nouveau », qui sache prendre en compte que, « la raison est régulière comme un comptable; la vie, anarchique comme un artiste »[5]. Il est significatif que ce soit dans cette « Note sur la philosophie biologique » de 1947 que Canguilhem fait pour la première fois une référence très élogieuse et un peu développée à un auteur dont il n'a jamais été l'élève, mais qu'il se choisira alors pour maître, Gaston Bachelard[6]. Il conclut ainsi cet article :

> Si l'on entend par raison moins un pouvoir d'aperception de rapports essentiels inclus dans la réalité des choses ou de l'esprit qu'un pouvoir d'institution de rapports normatifs dans l'expérience de la vie, alors en ce sens nous voulons nous dire aussi rationaliste, ou,

1. *Ibid.*, p. 324.
2. *Ibid.*, p. 325.
3. *Ibid.*, p. 330.
4. *Ibid.*, p. 332.
5. *Ibid.*, p. 326.
6. Bachelard n'avait jusqu'alors été cité, très brièvement, qu'à trois reprises : une fois dans la discussion faisant suite à la communication de Parodi à la Société toulousaine de philosophie le 29 janvier 1938, une fois dans le compte rendu du livre de P.-M. Schuhl sur le machinisme et, enfin, deux fois dans le texte et trois fois en note dans le *Traité de logique et de morale*. A l'inverse on peut remarquer que la référence à Bergson s'effacera progressivement chez Canguilhem, surtout après la conférence de 1966 sur « Le concept et la vie », publiée dans les *Études d'histoire et de philosophie des sciences*, où il fait le bilan de ce qu'il doit à Bergson, comme il l'avait fait, dix ans avant, pour ce qu'il devait à Alain. Pendant les trente années qui suivirent, Canguilhem ne fera quasiment plus mention de Bergson, y compris dans des articles, comme les articles « Vie » ou « Régulation » de l'*Encyclopaedia Universalis*, qui auraient très naturellement pu lui faire place, mais où il citera plus volontiers Auguste Comte pour illustrer ce que peut être une conception vitaliste et romantique de la biologie. Il n'y a en particulier pas un mot sur Bergson dans le discours en forme de bilan de son œuvre que Canguilhem donne lors de sa réception de la médaille d'or du CNRS en 1987.

plus exactement, nous pouvons souscrire à la belle formule de M. Bachelard, dans son livre l'*Eau et les rêves* : « Rationaliste ? nous nous efforçons de le devenir… » [1].

Canguilhem va alors devenir historien et philosophe des sciences, d'un genre nouveau, mais il reste aussi à jamais le philosophe combattant que nous font découvrir les écrits réunis dans ce premier volume des *Œuvres complètes*.

1. « Note sur la situation faite en France à la philosophie biologique », art. cit., p. 332.

Georges Canguilhem. Languedocien.
Élève à l'École normale supérieure pour préparer l'agrégation de philosophie.
Le reste du temps, à la campagne, à labourer.

ARTICLES, DISCOURS ET CONFÉRENCES
(1926-1938)

PRÉSENTATION

Jean-François BRAUNSTEIN

Si l'on met à part le manuel de philosophie qu'est le *Traité de logique et de morale* de 1939, la première partie de l'œuvre de Canguilhem, jusqu'à 1939, réunie dans ce premier volume, est constituée par plus d'une centaine d'articles et de comptes rendus, mais aussi d'interventions diverses, discours, conférences, brochures ou pétitions. Ce ne sont pas, pour la plupart, des articles scientifiques comme ceux que Canguilhem publiera après la guerre : ce n'est d'ailleurs qu'à la toute fin des années 1930 qu'il va donner ses premières contributions à des revues philosophiques traditionnelles. Ces interventions de Canguilhem portent bien sûr souvent sur des questions philosophiques, ou des questions d'enseignement philosophique, mais elles traitent tout autant, voire même plus, de problèmes d'actualité et de questions politiques – en particulier en liaison avec son pacifisme militant – mais aussi de médecine ou de psychologie, de littérature ou de théâtre, de religion ou de technique. Ces articles frappent cependant par la continuité d'inspiration que l'on peut aujourd'hui noter entre les motifs de ses engagements, voire même de ses emportements de jeunesse, et l'œuvre du Canguilhem de la maturité. Il en est ainsi du premier article de Canguilhem, publié en 1926 en réponse à une enquête sur « la jeunesse universitaire d'Europe », menée par la *Revue de Genève*, et à laquelle il répond avec Raymond Aron et Daniel Lagache, dont les articles sont également reproduits dans ce volume. Les personnalités de ces trois normaliens se retrouvent étonnamment en germe dans ce qui est le premier article publié de chacun d'entre eux, que Canguilhem, volontiers provocateur, signe : « Georges Canguilhem. Languedocien. Élève à l'École normale supérieure pour préparer l'agrégation de philosophie. Le reste du temps, à la campagne, à labourer »[1]. De même dans le bouillant *Discours prononcé à la distribution des prix du Lycée de*

1. Cf. *infra*, p. 152.

Charleville en 1930, également reproduit dans ce volume, Canguilhem s'en prend très directement à Taine et Barrès, et à leur théorie de la « race », du « milieu » et du « moment », comme il critiquera par la suite toute conception déterministe ou « mécaniste » du milieu.

L'ENGAGEMENT DANS LES *LIBRES PROPOS* D'ALAIN

La plus grande partie des articles réunis dans ce volume est constituée par des contributions aux *Libres Propos*, la revue d'Alain. Il s'agit de la « deuxième série » de cette revue, qui paraît du 20 mars 1927 au 30 septembre 1934, et fait suite à une « première série », publiée de 1921 à 1924. Les *Libres Propos* sont le « journal d'Alain », comme l'indique le sous-titre de la revue, mais c'est le professeur de philosophie Michel Alexandre et sa femme Jeanne qui ont encouragé Alain à les publier, et en ont assuré avec lui la responsabilité éditoriale. La revue est imprimée à Nîmes, par l'imprimerie coopérative « La Laborieuse », grâce au soutien financier de Michel Alexandre. Les *Libres propos* sont publiés dans un petit format et, pour les « Annexes », dans une typographie très serrée qui donne souvent un aspect compact et difficilement lisible à cette revue que Canguilhem, dans une lettre à Jean-Richard Bloch qualifie d'« étrange follicule »[1].

La revue comporte, outre les « Propos » d'Alain qui ouvrent chaque numéro et sont publiés dans un corps de plus grande taille, une part toujours croissante d'« annexes », dues aux élèves d'Alain comme Jean Laubier, Simone Weil, Simone Pétrement, Georges Bénézé ou à des proches comme les Alexandre, Raymond Aron ou le « cheminot syndiqué », Lucien Cancouët. L'objectif principal de cette nouvelle série des *Libres propos* est le combat contre le militarisme, pour le pacifisme. Dès le premier numéro, le quatrième « Propos » d'Alain s'élève contre la loi Paul-Boncour sur « l'organisation de la nation en temps de guerre » : comme le note Jeanne Alexandre, « le Destin fit bien les choses : rien de moins que la Loi Paul Boncour sur "l'organisation de la nation en temps de guerre". Quel morceau d'ouverture pour les *Libres Propos* »[2]. De même un propos d'Alain du 28 mars 1931, reproduit dans les *Libres propos* d'avril 1931, résume bien l'orientation qui est alors celle de la revue : « que les hommes regardent la guerre en face; qu'ils y voient un autre genre de blessure. Quoi ? Le mépris ; l'esclavage ; l'homme pris comme outil [...]. La guerre est l'extrême d'un mal politique contre lequel le citoyen ne cesse de lutter [...]. Et comme tous les tyrans ont l'œil sur la guerre, qui est leur suprême ressource, et leur renaissance et leur triomphe,

1. Cf. *infra*, p. 467.

2. Jeanne Alexandre, « Esquisse d'une histoire des *Libres propos (Journal d'Alain)* », *Bulletin de l'Association des amis d'Alain*, n° 25, décembre 1967, p. 1-143, p. 72.

ainsi les hommes libres ont l'œil sur la guerre, qui est toujours et absolument contre eux »[1].

Canguilhem écrivit dans la revue de 1927 à 1934. Il a également donné deux articles, sur le marxisme, en 1935, aux *Feuilles libres de la Quinzaine*, issues de la fusion des *Libres propos* et de *La Flèche. Hebdomadaire lyonnais de combat et de doctrine contre le fascisme* de l'ultra-pacifiste et futur collaborateur Léon Émery, qui paraîtront jusqu'en 1939. Canguilhem, qui s'était mis en 1931-1932 en « congé d'inactivité, avec un traitement de un franc par an », assura aussi la responsabilité éditoriale des *Libres propos* en 1932, remplaçant pour un temps Michel Alexandre. Jeanne Alexandre témoigne de l'animation de cette période : « en cette année 1932, mon mari se trouvant plus occupé par son nouvel enseignement en Hypokhâgne, [les annexes] furent plus spécialement confiées au dévouement inépuisable de Georges Canguilhem, – que Mme Morre Lambelin appelait « notre dictateur ». La virulence des « Annexes » n'ayant et ne devant cesser de croître, il serait très injuste de lui attribuer la responsabilité des petits scandales qui foisonnèrent, – les circonstances y prêtaient »[2].

Outre ses articles de fond et ses comptes rendus pour la chronique « Quelques livres », Canguilhem traite certains sujets d'examen dans la rubrique « Examen des examens » ou sélectionne des textes des auteurs classiques qu'il affectionne pour la rubrique « Anniversaires » – Rabelais, Bayle, Leibniz, Stendhal – ou pour la rubrique « Textes et documents » – Lucien Herr. Il choisit également les articles de journaux qui alimenteront le « Sottisier », ou les lettres pour « Le coin des ruades ». Nous n'avons donné de ces textes que ceux qui sont explicitement « communiqués par G. C. ». Nous n'avons pas reproduit certains autres textes de ces rubriques, même s'il est probable qu'ils ont aussi été choisis par Canguilhem, comme en témoignent quelques notes manuscrites conservées au CAPHES. Nous avons également choisi de reproduire, dans un corps plus réduit, la plupart des articles que commente Canguilhem, ou les réponses qu'il reçoit à ses propres articles. Nous donnons ainsi le commentaire que Raymond Aron fait de la brochure *La paix sans aucune réserve*, à laquelle Canguilhem participe avec Félicien Challaye, et qui résume bien leurs positions pacifistes. L'autre brochure qui est l'œuvre de Canguilhem, sur *Le fascisme et les paysans*, publiée sans nom d'auteur par le Comité de vigilance des intellectuels antifascistes en 1935, nous a paru mériter d'être présentée de manière séparée plutôt qu'à sa date de publication[3].

Canguilhem signe ses contributions aux *Libres propos* de différentes manières : la plupart du temps « G. Canguilhem » ou « G. C. », mais aussi, quand il est au service militaire ou lorsqu'il s'agit de textes plus politiques, « C.-G. Bernard ». Nous donnons donc chacune de ces signatures. Les articles signés « Un soldat », témoignages sur la vie de garnison qui datent exactement de l'époque de son service militaire, et sont bien

1. *Libres propos (Journal d'Alain)*, avril 1931, p. 170.

2. Jeanne Alexandre, article cité, p. 98. Marie Monique Morre-Lambelin était la compagne d'Alain.

3. Cf. *infra*, p. 535-593.

dans son style, peuvent très vraisemblablement lui être attribués. Ils ont donc été reproduits ici.

LES ARTICLES DANS *EUROPE*

Un autre ensemble important est constituée par les articles de Canguilhem dans la revue *Europe*, à laquelle il collabore de 1929 à 1936, sans doute à l'initiative de Jean Guéhenno et de Jean-Richard Bloch[1]. Dans *Europe* Canguilhem donne, pour la rubrique intitulée « Chronique des idées », des articles en général moins politiques, moins polémiques et plus « philosophiques » que ceux qu'il publiait dans les *Libres propos*[2]. Il s'agit pour l'essentiel de comptes rendus d'ouvrages, d'Alain à Pierre-Maxime Schuhl ou Raymond Aron, en passant par Bertrand Russell ou Rudolf Otto. A l'occasion du compte rendu d'un livre de Vialleton sur le transformisme, il rédige un article sur « La renaissance du vitalisme » qui annonce ses intérêts ultérieurs pour la philosophie de la biologie. Ses articles sur Platon, Vialleton et Rudolf Otto, parus d'abord dans « La chronique des idées » de la revue *Europe*, seront également repris dans la revue *La chronique des idées*, que le directeur d'*Europe* et des éditions Rieder de l'époque, Albert Crémieux, fait paraître en parallèle avec *Europe* à partir de janvier 1927, en reprenant certains des articles publiés dans *Europe*.

Mais, en publiant dans *Europe*, Canguilhem reste dans la même sphère pacifiste[3]. Cette revue avait en effet été fondée en février 1923 par le poète Roger Arcos et le critique belge Paul Colin, proches de Romain Rolland, pacifiste « au dessus de la mêlée » pendant la première guerre mondiale, pour lequel Canguilhem manifestera toujours la plus grande admiration. Rolland voulait faire d'*Europe* une « grande revue de culture internationale en français » qui puisse faire concurrence à la *NRF*. Un temps déçu par la revue, Rolland s'en rapprochera lorsqu'elle sera dirigée par Jacques Robertfrance, de 1927 à 1929, puis par Jean Guéhenno à partir de 1929. Guéhenno réussit à en faire une revue de gauche non dogmatique, accueillant aussi bien Trotski ou Nizan que Giono ou Victor Serge, Gorki que Panaït Istrati. Jean-Richard Bloch y publie alors des « Commentaires », Jean Prévost une « Chronique des idées » qui ont un grand écho. Après les émeutes de février 1934 Guéhenno engage *Europe* dans le

1. Nous avons d'ailleurs pu également reproduire dans ce volume la correspondance entre Canguilhem et Jean-Richard Bloch, conservée à la Bibliothèque Nationale de France, qui est un témoignage irremplaçable sur la vie et les intérêts du jeune Canguilhem.

2. C'est cependant dans *Europe*, en mars 1931, que paraît une pétition signée par Canguilhem contre la répression en Indochine, que nous avons reproduite.

3. Sur la revue *Europe*, *cf.* N. Racine, « La revue *Europe* (1923-1939). Du pacifisme rollandien au compagnonnage de route », *Matériaux pour l'histoire de notre temps*, 1993, 30, n° 1, p. 21-26 et P. Niogret, *La revue* Europe *et les romans français de l'entre-deux-guerres (1923-1939)*, Paris, L'Harmattan, 2004.

combat antifasciste. En 1936 la revue se rapproche du Parti communiste et, à l'instigation d'Aragon, Guéhenno est évincé au profit de Jean Cassou : Rolland devient alors un « compagnon de route » du Parti communiste, ce qui le conduit rompre avec son ami Panaït Istrati, qui avait dénoncé la dictature stalinienne.

Europe fut un temps favorable à un pacifisme extrême, par exemple lorsqu'elle publie en 1928 un dossier sur « l'affaire Demartial ». En avril 1935 encore, dans un article intitulé « Vouloir la paix », Guéhenno se prononce contre les arguments de ceux qui font valoir la menace inédite de l'hitlérisme : « Entre la paix et l'Hitlérisme en Allemagne, je choisis la paix. C'est au peuple allemand lui-même à se débarrasser d'Hitler. Tant qu'il le gardera, je tiens que faire la guerre à Hitler c'est faire la guerre au peuple allemand »[1]. Mais il est alors assez isolé et son pacifisme ne sera sans doute pas pour rien dans son éviction de la direction d'*Europe*.

En revanche, en 1936 *Europe* sera favorable à l'intervention aux côté des républicains espagnols et le philosophe marxiste Georges Friedmann y critique les pacifistes « purs », ce qui provoque le départ des « pacifistes intégraux », Félicien Challaye et René Gérin, qui exposeront alors leurs positions ultra-pacifistes dans *Le Barrage*, revue de la Ligue internationale des combattants de la paix. En mars 1936, dans l'hebdomadaire *Vendredi*, Romain Rolland se détourne des thèses pacifistes, au grand dam d'Alain, et proclame la nécessité d'une stratégie anti-fasciste, contre ces pacifistes comme Challaye qui se portent garant « contre l'évidence des faits de la pureté des intentions, de la loyauté des assurances de l'auteur de *Mein Kampf* » qui « n'a jamais renié une ligne de sa bible de haine raciste et de vengeance anti-française ». *Europe* est une des premières revues à critiquer les accords de Munich en publiant dès le 15 octobre 1938 un éditorial de la rédaction : « le fascisme et la guerre sont une seule et même chose ». La revue cesse de paraître lors de la signature du pacte germano-soviétique en août 1939, que seuls Aragon et Jean-Richard Bloch approuvent. *Europe* reparaîtra après la guerre en janvier 1946 mais sera alors entièrement contrôlée par le Parti communiste : en octobre 1948, elle sera même conduite à présenter au lecteur français les théories de Lyssenko que l'autre grande revue communiste, *La Pensée*, refusait de présenter.

AUTRES ARTICLES ET PREMIERS TRAVAUX UNIVERSITAIRES

Outre le premier article de 1926 et le *Discours à la distribution des prix du lycée de Charleville* de 1930, outre les articles des *Libres propos* et d'*Europe*, ce volume regroupe d'autres textes de Canguilhem. Notamment trois articles dans *Méthode. Revue de l'enseignement philosophique*, fondée en 1932 par Paul Arbousse-Bastide et Georges Bénézé, qui cessera de paraître en 1934, après six numéros et dont une part

1. « Vouloir la paix », *Europe*, 148, 15 avril 1935, p. 563-567, p. 565.

importante est accordée à l'enseignement de la philosophie dans le secondaire et le supérieur, avec la rubrique : « la philosophie aux examens et concours ». La revue est essentiellement rédigée par Georges Bénézé, mais Albert Lautman, Raymond Aron sur Hegel, Jean Hyppolite sur Descartes y collaborent également. Le premier article de Canguilhem est une charge acerbe contre l'agrégation de philosophie, le second une critique de la sociologie durkheimienne, le troisième un éloge argumenté et très appuyé du « tonus » de la philosophie de Le Senne.

De même sont reproduits les premiers travaux proprement universitaires de Canguilhem. Tout d'abord sa traduction de la thèse latine d'Émile Boutroux, *Des vérités éternelles chez Descartes*, qui est publiée aux éditions Alcan en 1927, avec une préface de Léon Brunschvicg sur « La philosophie d'Émile Boutroux ». Cette traduction est donnée en annexe. Elle constitue le premier d'une série de travaux continus sur Descartes, dont certains n'ont jamais été publiés : un volume d'extraits de Descartes et le manuscrit d'un livre, *Pour connaître la pensée de Descartes*, sont ainsi conservés au CAPHES. Puis, toujours sur Descartes, l'intervention de Canguilhem au IXe Congrès international de philosophie, le fameux « Congrès Descartes » de 1937, avec une communication sur « Descartes et la technique ». Ensuite une communication très importante, et totalement méconnue, à la Société Toulousaine de Philosophie en 1938, sur « Activité technique et création »[1].

Technique et création sont au cœur des réflexions de Canguilhem à la fin des années 30. La voie est ouverte pour une philosophie de la médecine qui sera définie, dans la thèse de médecine de 1943, comme « une technique ou un art au carrefour de plusieurs sciences ».

1. Nous donnons également les « observations » présentées par Canguilhem, devant cette même Société, la même année, à la suite d'une intervention de Dominique Parodi sur « Idéalisme et réalisme ». Canguilhem fait la même année le compte rendu d'un livre de Pierre-Maxime Schuhl sur *Machinisme et philosophie* que nous reproduisons aussi. C'est dans ces deux occasions, nous l'avons vu, que Canguihem cite pour la première fois, brièvement, Gaston Bachelard.

ARTICLES, DISCOURS ET CONFÉRENCES (1926-1938)

CE QUE PENSE LA JEUNESSE UNIVERSITAIRE FRANÇAISE

Bibliothèque universelle et Revue de Genève, décembre 1926[1]

Vous me demandez de répondre à une enquête sur les problèmes qui paraissent les plus urgents à la génération qui vient. Bien que n'étant nullement qualifié pour exprimer une opinion commune à ce qu'on appelle la jeunesse universitaire, je me permets d'exprimer bien franchement mon sentiment propre.

Je n'ai point l'habitude de me poser semblables questions, mais je ne pense pas que l'on puisse parler de générations. Je voudrais que ce mot eût un sens. Il n'en a pas. Ou plutôt s'il en a un c'est pour le perdre aussitôt. J'entends parler de générations chez les étudiants que je connais peu. Je n'entends jamais ce mot chez les paysans que je connais bien. J'entrevois le sourire du paysan à qui

1. Ce texte de Canguilhem, paru dans la rubrique « La chronique internationale », était précédé de la réponse de Raymond Aron et suivi de celle de Daniel Lagache, qui sont reproduites en annexes, p. 927-934. La *Revue de Genève*, fondée en 1920 par Robert de Traz (1884-1951), se présentait comme une « revue de liaison intellectuelle et de documentation originale », « internationale » mais « pas internationaliste », inspirée par l'« esprit de Genève », c'est-à-dire notamment par les idéaux de la Société des nations, établie à Genève en 1920, à la suite du Traité de Versailles. Robert de Traz sera d'ailleurs l'auteur en 1929 d'un livre qui connaîtra un grand succès sur *L'esprit de Genève*. La revue fusionne en 1925 avec la *Bibliothèque universelle*. Elle comprend trois sections : une rubrique de « textes d'imagination et d'idées », qui publie notamment Albert Thibaudet, Hermann Hesse, Tolstoï, James Joyce, Virginia Woolf, Stefan Zweig, Proust, Freud, Gide ou Mauriac, des « chroniques nationales », la chronique française étant sous la responsabilité de Daniel Halévy, et une « chronique internationale », publiant une

on demanderait si les générations ont changé les problèmes des semailles ou du labour. Je laboure comme mon grand-père, et certainement beaucoup plus mal. En revanche, quand on parle de la génération de Bergson ou de Bataille, on croit avoir dit quelque chose [1]. Mais on a parlé tout simplement de gens pour qui la pensée ou l'art ont une mode, et que le changement distrait autant et au même titre que le fait de quitter un costume pour un autre. « Ce n'est plus de ma génération », disent les vieux ou les fatigués pour excuser leur paresse. Les jeunes en disent autant. C'est l'excuse majeure du penseur sans courage. Soumis au cours des ans, comme aux variations de l'atmosphère et laissant aux éléments tout le soin de faire ses pensées. O le plaisant penseur, comme dit Pascal. Ainsi, chacun croyant n'avoir à faire et à penser que ce qui est de son temps, ne fait rien ni ne peut rien.

Je pense que si ce qu'on appelle « génération qui vient » a quelque chose à faire, c'est bien de tuer l'idée de génération [2]. Voilà le problème le plus urgent à

série d'enquêtes, sur l'avenir de l'Europe, ou le rapprochement des Églises, et ici sur « ce que pense la jeunesse universitaire d'Europe ». La question est posée ainsi par la revue : « Pour cette nouvelle enquête, nous nous sommes adressés à la jeunesse. Il est convenu que la jeunesse détient la vérité et même qu'elle appliquera plus tard les idées qui l'animent maintenant. Nous verrons bien. En tout cas il est intéressant de l'interroger et de recueillir son opinion avec le plus grand sérieux. Nous lui avons posé des questions assez vagues : que pensez-vous de l'art, de l'action, etc. Et nous y avons ajouté une question précise : êtes vous l'ennemie des générations qui vous ont précédée, et si oui, pourquoi ? Comme la "jeunesse internationale", c'est très vaste, nous avons réduit nos ambitions à interroger la jeunesse universitaire, laquelle, nous dit-on, est la plus éclairée » (*Bibliothèque universelle et Revue de Genève*, 1926, t. 13, vol. 2, p. 509-520). A cette enquête répondent, pour la France, Canguilhem, Aron et Lagache : ce sont les trois premiers textes publiés de ceux qui sont alors de jeunes étudiants. Leurs témoignages font suite à des ceux d'étudiants anglais, italiens et allemands. Sur la *Revue de Genève*, *cf.* J.-P. Meylan, *La* Revue de Genève. *Miroir des lettres européennes (1920-1930)*, Genève, Droz, 1969. Les trois textes d'Aron, Canguilhem et Lagache ont déjà été republiés, avec une présentation de J. Carroy, dans le *Bulletin de psychologie*, t. 52 (2), 440, mars-avril 1999.

1. Henri Bataille (1872-1922), dramaturge assez critique de la société de son temps mais néanmoins considéré par la suite comme un auteur caractéristique de la « Belle Époque » de l'avant première guerre mondiale.

2. Canguilhem reviendra sur cette question des générations dans un chapitre sur « la création » faisant partie « d'un cours ou d'un ouvrage, dont la rédaction, commencé à Charleville, a été achevée à Paris en 1932 lors d'une année sabbatique », conservé dans Fonds Canguilhem, CAPHES. Il y note : « Le problème des générations ne fait qu'un avec le problème de l'originalité. Les fils se tournent contre les pères quand ceux-ci prétendent les finir à leurs propres fins. Mais ce qui est fin d'une génération devient moyen pour l'autre, puisque la fin ne s'épuise pas dans le fini. La pensée est ingrate, dit Hegel (*Logique*, par. XII, rem.). Le problème des générations c'est le problème de l'ingratitude. Dire que la pensée procède par médiations et négations progressives, c'est justifier l'ingratitude comme essentielle à la pensée. Toute pensée qui a porté ma pensée m'est une ennemie. Mais c'est par ma faute, par mon manque de jugement qu'elle devient mon préjugé ».

résoudre dans l'ordre de la pensée aussi bien que dans celui de l'action. Le temps viendra sans doute où nous lirons que Platon n'était bon qu'en son temps et Descartes et Spinoza de même. A chaque temps il faut son système. On appelle cela reviser les valeurs. Et on fonde des revues pour le dire [1]. Le problème est le suivant : y a-t-il des valeurs humaines ? S'il y en a, la sagesse est là, et possible en tout temps, et la même en tout temps. Rejeter Spinoza c'est rejeter cette parole que la vie du sage est une méditation sur la vie et non sur la mort. La sagesse d'aujourd'hui consistera-t-elle à mourir par anticipation? Quel besoin a-t-on de cette gymnastique à renversements une fois que l'on a pris engagement envers les seules choses qui soient de valeur? Le temps n'a rien à voir là. La sagesse c'est peut-être la seule chose au monde que l'on ne puisse manquer, à condition de la vouloir. Changer les pensées avec le temps, cela paraît signifier quelque chose. Mais il faut pousser la chose à bout et demander si on va changer les pensées avec les saisons. Y aura-t-il changement de pensée aux solstices et aux équinoxes? A moi les pensées d'été, puis les pensées d'hiver. Comme, au théâtre du Châtelet, il y a des costumes de figurants pour chaque acte d'une pièce. Changeons de pensée comme d'habit. « Nous avons, Messieurs, tous les articles : voici la pensée-coutil, et voici la pensée-molleton. Même des pensées de demi-saison. » Le problème des générations n'a peut-être pas plus de sens que cela. Et dans le domaine de l'action, la seule tâche urgente qui est de vouloir la conservation pour tous de la vie et de la liberté par le moyen de la paix, est-ce une chose neuve? Ce n'est pas d'aujourd'hui que l'on doit aller à la paix avant tout, parce que ce n'est pas d'aujourd'hui que l'on tient à la vie et à la liberté avant tout. Condamner nos pères, c'est facile à dire. C'est une attitude que l'on peut toujours se donner, pour laisser croire que l'on fait plus qu'eux. Il vaut mieux faire que faire croire. Les raisons ne manqueraient pas de condamner. Mais, encore une fois, cela est trop facile et sans profit. Aucune guerre ne vaut d'être déclarée. Celle-là moins que tout autre, où l'on se donne d'avance victoire. On dit, pour condamner les pères, qu'ils furent lâches, et c'est trop vrai. Mais il faut leur laisser leur faute. Tous ne le furent pas. Il y a Alain, il y a Romain Rolland, il y a Jaurès, il y a Charles Péguy [2]. Et

1. Canguilhem fait sans doute ici allusion à la revue *La révolution surréaliste*, fondée en 1924, dans laquelle André Breton parle d'une « nécessité absolue de révision des valeurs réelles sur lesquelles aujourd'hui tous les esprits s'accordent » (*La révolution surréaliste*, 4, juillet 1925, p. 27).

2. Le philosophe Alain (1868-1951), l'écrivain Romain Rolland (1866-1944), le philosophe et homme politique Jean Jaurès (1859-1914) et son disciple l'écrivain Charles Péguy (1873-1914) ont en commun d'avoir été des militants pacifistes : Canguilhem restera toujours attaché à leur souvenir.

bien d'autres inconnus et tous grands. Quant à ceux qui renièrent leur courage d'homme et l'esprit des hommes, ils l'ont fait comme on le faisait avant eux, comme on le fera, comme on le fait aujourd'hui. Des lâches, il n'y a qu'à ouvrir les yeux pour en voir parmi nous de notre âge. Par cela même déjà enclos dans la vieillesse et retirés de la cité des hommes. Irons-nous les compter pour quelque chose et nous alarmer quand ils s'agiteront, se tournant d'un autre côté pour mieux dormir ? La lâcheté est chose durable et répandue. Il est beau qu'elle ne soit pas universelle. Ce qui est à rejeter, ce n'est pas les parties de l'humanité qui sont d'un temps, mais une partie qui est de toujours, une partie de l'homme qui est de toujours. Ce qui est à faire, c'est ce que les autres n'ont pas fait, qui furent avant nous. Trop heureux si nous pouvions tout faire. Pourquoi rougir de reprendre de vieilles choses ? Lorsqu'on se donne, comme travail soutenu volontairement et toujours repris, la justice à réaliser, il ne faut pas croire que l'on se donne peu. Mais ce sont là mots trop communs, devant lesquels les intellectuels fuient. Il leur faut du raffiné : ce langage simple et accessible à tous, qu'importe qu'il soit méprisé par les professionnels ou les amateurs de littérature. Il faut arriver à comprendre que rien jamais ne sera fait par ceux qui font, de penser, une profession, et d'écrire, un métier. Si ce métier était jugé au même rang que les autres, encore ne serait-ce rien. Mais le pire de tout c'est qu'on le veut supérieur. Laissons ces gens à leur stérilité. On doit être avec ceux qui font quelque chose, se trompant, mais travaillant. Et pour qui la vie n'a de sens que par le mot d'effort. Ceux qui sont aux partis extrêmes voudraient nous faire croire qu'il faut du courage pour s'y tenir. Et pourtant cela est si facile et coûte si peu. On est dans un parti comme on est dans une chemise : on en vient à les identifier. Tous les partis, qu'ils soient extrêmes ou non, sont des positions stables et un lieu de repos. C'est le domaine de l'inertie. Tout est simple à partir de là : il n'y a qu'à se répéter ou à répéter les autres. Mais n'avoir point fait de choix, n'avoir pas choisi au passé, choisir au présent et au présent toujours, cela nous passe.

La solution, la seule qu'on puisse réellement voir, (et pour être seule, elle n'est pas plus facile) c'est de faire que chaque jour nous voie prêts à la lutte, à toutes les luttes. Contre les riches d'abord et les puissants que la richesse ou le pouvoir ferment à toute pensée et à toute générosité vraie, contre ceux qui croient avoir des droits, contre les faux intellectuels, contre les vaniteux et les prophètes. Contre ceux qui, pour excuser leur nullité et leur paresse, disent que les problèmes sont compliqués. Contre ceux qui présentent les choses comme troubles, aussi bien en littérature qu'en politique. Les problèmes n'ont point besoin d'être compliqués pour être difficiles. Le simple ne doit pas détourner. Il demande assez de courage pour qu'on s'attache à lui. Ouvrir les yeux et pénétrer toutes choses d'un clair regard, cela tous le veulent, autant qu'ils sont jeunes et qu'ils sont ceux qui viennent. Le malheur est qu'ils deviennent tôt ceux qui sont venus. Alors ils ne regardent plus les choses et les choses leur font peur. A cela il n'y a qu'un remède : être toujours en train de venir et mépriser ceux qui sont arrivés. Et ne les tenir pour rien, afin qu'ils ne soient rien. Être sans respect, cruels si c'est nécessaire et sachant rire. Se sauver en riant, et marcher. C'est là un beau travail auquel il faut convier tous ceux qui ont vingt ans. Ce travail c'est d'aller piquer les outres pour voir si elles sont pleines. Il faut que la jeunesse soit impertinente, dédaignant ceux qui se croient prédestinés à faire de force le salut des hommes et se donnent l'air de porter en eux une création. Jean Prévost a dit qu'il n'y a pas de mal du siècle, mais des maux du siècle et ceux qu'il reconnaît ne sont pas nouveaux[1]. Il n'y a pas de problème nouveau pour notre génération. Il y a des problèmes éternels à résoudre par des méthodes éternelles. Ce qui sera nouveau peut-être ce sera de croire à la méthode et de l'appliquer. La guerre n'est pas un problème d'aujourd'hui. Et si nous allons d'abord là comme au plus pressé, il serait bien prétentieux de croire que nous ferons la paix par des procédés nouveaux. Si nous faisons la paix et la maintenons à tout moment, cela sera nouveau, mais la paix n'est pas nouvelle. Si réellement les problèmes étaient nouveaux, si les méthodes naissaient tout d'un coup, il ne serait plus permis de juger les actions de ceux qui furent avant. C'est la plus grande marque d'incohérence que de croire les générations étrangères les unes aux autres et, à la fois, de vouloir juger les générations antérieures. Ceux-là seuls peuvent légitimement juger, qui pensent que les choses sont les mêmes, les hommes les mêmes. Moi du moins dans cette chute de tout, je reste le même, l'honneur et le devoir le même, ainsi dit le héros de Claudel[2].

On voudrait nous dire que l'humanité est vieille et qu'elle ne sait pas résoudre des problèmes nouveaux. Cela, nous ne pouvons pas le croire. Et il faut citer ici une des plus belles histoires qui soient. Comme un de ses amis rencontrait un jour le vieux Michel Ange dehors dans la neige par un matin glacial, il lui demanda : « Où vas-tu, Michel Ange ? » A quoi Michel Ange répondit : « A l'école pour apprendre quelque chose. » Or ce n'est point du nouveau que l'on va chercher à l'école, mais de vieilles choses. L'humanité

1. Jean Prévost (1901-1944), élève d'Alain, reçu à l'École normale supérieure en 1919, écrivain, journaliste, critique littéraire et critique d'art, il est, comme Canguilhem, l'un des rares élèves d'Alain à participer très activement à la Résistance. Il est tué lors d'une embuscade dans le maquis du Vercors en août 1944.

2. L'expression est celle de Georges, dans *l'Otage* (*Théâtre*, « Bibliothèque de la Pléiade », t. II, Paris, Gallimard, 1965, p. 236).

n'est point si vieille qu'elle refuse d'aller encore à l'école. Comme l'a dit Hippocrate : « La vie est courte, l'art est long, l'expérience trompeuse, le jugement difficile ».

Je m'excuse, Monsieur, d'avoir si mal répondu à votre enquête, et vous prie d'agréer l'expression de mes sentiments dévoués.

Georges CANGUILHEM
Languedocien. Élève à l'École normale supérieure
pour préparer l'agrégation de philosophie.
Le reste du temps, à la campagne, à labourer.

TRADUCTION DE LA THÈSE LATINE D'ÉMILE BOUTROUX, *DES VÉRITÉS ÉTERNELLES CHEZ DESCARTES*, 1927 [1]

Cette thèse, parue d'abord aux éditions Alcan, avec une préface de Léon Brunschvicg sur « La philosophie d'Émile Boutroux », a été reprise en 1985 aux éditions Vrin : elle est reproduite en annexe p. 935-978 [2].

ANNIVERSAIRES
23 MARS – MORT DE STENDHAL À PARIS (1842)

Libres Propos (Journal d'Alain), 20 mars 1927

Dialogue de Lucien Leuwen et de son père le banquier, homme d'esprit : « …Et que désirez-vous que je sois ? demanda Lucien d'un air simple. – Un coquin, reprit le père, je veux dire un homme politique, un Martignac, je n'irai pas jusqu'à dire un Talleyrand. A votre âge et dans vos journaux, on appelle ça être un coquin. Dans dix ans, vous saurez que Colbert, que Sully, que le cardinal de Richelieu, en un mot que tout ce qui a été homme politique, c'est-à-dire dirigeant les hommes, s'est élevé au moins à ce premier degré de coquinerie que je désire vous voir. N'allez pas faire comme N… qui, nommé secrétaire général de la police, au bout de quinze jours donna

1. Émile Boutroux (1845-1921) enseigna d'abord à l'École normale supérieure puis à la Sorbonne, où il fut professeur d'histoire de la philosophie moderne. Auteur d'une thèse fameuse, *De la contingence des lois de la nature* (1874), il professe un positivisme spiritualiste qui refuse que science et religion soient considérées comme antagonistes. C'est la thèse complémentaire de Boutroux que Canguilhem choisit de traduire en 1927.

2. Léon Brunschvicg (1869-1944), fut à la Sorbonne le professeur de Canguilhem, qui le tient en assez haute estime (cf. *infra*, p. 254, n. 2). Les notes prises par Canguilhem à plusieurs de ses cours sont conservées au CAPHES.

sa démission sous prétexte que cela était trop sale. Il est vrai que, dans le temps, on faisait fusiller Frotté par des gendarmes chargés de le conduire de sa maison en prison. Les gendarmes savaient qu'il tenterait de s'échapper en route et les obligerait à le tuer… Ah ! Diable, mon jeune ami, comme disent les pères nobles, vous êtes étonné ? — On le serait à moins, répond souvent le jeune premier, dit Lucien. Je croyais que les Jésuites seuls et la Restauration… — Ne croyez rien, mon ami, que ce que vous aurez vu et vous serez plus sage. »

Lucien se résigne et accepte d'entrer pour un an au cabinet du Ministre de l'Intérieur (sous Louis-Philippe). Le père insiste : « Les friponneries, les mensonges, les manœuvres ne rompront pas notre marché ? — Je ne ferai pas les pamphlets menteurs ? … — Fi donc ! Cela regarde les gens de lettres. Dans la guerre sale, vous dirigez ; vous ne faites jamais. Voici le principe : tout gouvernement, même celui des États-Unis, ment toujours et en tout ; quand il ne peut pas mentir sur le fond, il ment sur le détail. Ensuite, il y a les bons mensonges et les mauvais. Les bons sont ceux que croit le petit public, de 50 louis de rente à 12 ou 15 mille francs. Les excellents attrapent quelques gens à voiture. Les exécrables sont ceux que personne ne croit et qui ne sont répétés que par les ministériels éhontés. Ceci est bien entendu. Voilà une première maxime d'État ; elle ne doit jamais sortir de votre mémoire ni de votre bouche. — J'entre dans une caverne de voleurs, mais tous leurs secrets, petits et grands, sont confiés à mon honneur ! — Le gouvernement escamote les droits et l'argent des populations tout en jurant, tous les matins, de les respecter. Vous souvenez-vous du fil rouge que l'on trouve au centre de tous les cordages, gros ou petits, appartenant à la marine royale d'Angleterre ? Ou plutôt vous souvenez-vous de *Werther*, où j'ai lu, je crois, cette belle chose ? — Très bien. — Voilà l'image d'une corporation ou d'un homme qui a un mensonge de fond à soutenir. Jamais de vérité pure et simple ; voyez les doctrinaires. — Les mensonges de Napoléon n'étaient pas aussi grossiers à beaucoup près. — Il n'y a que deux choses sur lesquelles on n'ait pas encore trouvé moyen d'être hypocrite : amuser quelqu'un dans une conversation et gagner une bataille. Du reste, ne parlons pas de Napoléon. Laissez le sens moral à la porte en entrant au ministère, comme de son temps on laissait l'amour de la patrie en entrant dans sa garde. » – (*Lucien Leuwen*, passim).

26 MARS – MORT DE BEETHOVEN (1827)

Au prince Lichnowsky : « Prince, ce que vous êtes, vous l'êtes par le hasard de la naissance ; ce que je suis, je le suis par moi. Des princes, il y en a et il y en aura encore des milliers. Il n'y a qu'un Beethoven » 1806. – (Trait cité par Romain Rolland dans la puissante et poignante étude qu'il va consacrer à Beethoven et dont la première partie a paru dans le nº d'*Europe* du 15 mars).

31 MARS – NAISSANCE DE DESCARTES (1596)

Descartes et ses contradicteurs.

« …Et s'il vous parle de vous renvoyer encore ci-après d'autres écrits, je vous supplie de le prier de les mieux digérer que les précédents ; autrement je vous prie de ne prendre point la commission de me les envoyer. Car entre nous, si, lorsqu'il voudra me faire l'honneur de me proposer des objections, il ne veut pas se donner plus de peine qu'il a pris la première fois, j'aurais honte qu'il me fallût prendre la peine de répondre à si peu de chose, et je ne m'en pourrais honnêtement dispenser lorsqu'on saurait que vous me les auriez envoyées. Je serai bien aise que ceux qui me voudront faire des objections ne se hâtent point, et qu'ils tâchent d'entendre tout ce que j'ai écrit, avant que de juger d'une partie; car le tout se tient, et la fin sert à prouver le commencement. » (Lettre à Mersenne, janvier 1638, AT I, 484).

« Je pensais vous envoyer un billet séparé pour le Géostaticien, mais je me ravise, car je crois qu'il n'en vaut pas la peine. Et s'il vous parle, vous lui pourrez ici faire voir que je vous ai prié de me mander si celui qui m'a écrit en ces termes : « Qu'il démontre, etc. », est quelque roi ou autre qui ait autorité sur moi ; et que, si cela est, je me mettrai en devoir de lui obéir; mais que, si c'est une personne qui n'ait aucun droit de me commander, je juge de son style qu'il ne mérite pas que je l'oblige en lui enseignant ce qu'il demande. Ou s'il ne veut pas avouer qu'il l'ignore et qu'il pense avoir quelque méthode meilleure que moi pour chercher toutes sortes de questions, c'est à lui à examiner si j'ai failli et à se taire jusqu'à ce qu'il le puisse montrer. » (Lettre à Mersenne, 31 mars 1638, AT II, 98).

« Les papiers du Géostaticien que vous m'avez envoyés me sont les plus inutiles que j'aie ici, et je n'y trouve aucune chose qui ne soit fort digne de lui. Je me soucie si peu de ce que lui, ou Petit, ou leurs semblables diront de moi que vous me ferez plus de plaisir de m'envoyer dans vos paquets de vieilles chansons du Pont-neuf qu'aucun papier qui vienne d'eux. » (Lettre à Mersenne, 9 février 1639, AT II, 602).

« Assurez-vous qu'il n'y a rien, en ma Métaphysique, que je ne croie être *vel lumine naturali notissimum, vel accurate demonstratum*; et que je me fais fort de le faire entendre à ceux qui voudront et pourront y méditer. Mais je ne puis pas donner de l'esprit aux hommes, ni faire voir ce qui est au fond d'un cabinet à des gens qui ne veulent pas entrer dedans pour le regarder. » (Lettre à Mersenne, 21 janvier 1641, AT III, 284).

« Que si mon dessein n'a pas réussi et qu'il y ait trop peu de gens au monde qui soient capables d'entendre mes raisons, ce n'est pas ma faute, et elles n'en sont pas moins vraies pour cela; mais il y aurait de ma faute si je m'en fâchais ou que j'employasse davantage de temps à répondre aux impertinentes objections de vos gens.

« J'admire que vous vous soyez avisé de m'envoyer une des lettres de feu M.N. après sa mort, vu que vous ne les aviez pas jugées dignes que je les visse pendant sa vie. Car cet homme n'a jamais été capable de rien écrire que des paralogismes très impertinents, quand il a même cherché la vérité; ce serait merveille s'il l'avait rencontrée en n'ayant dessein que de médire d'un homme qu'il haïssait, et je ne réponds autre chose à sa belle lettre sinon qu'il n'y a pas un seul mot contre moi qui ne soit faux et sans preuve. Je serais bien marri que vous prissiez la peine de m'envoyer ses autres lettres; car nous avons ici assez de papier pour le dernier usage, et elles ne peuvent servir à autre chose. » (Lettre à Mersenne, septembre 1641, AT III, 437).

Textes communiqués par G.C.

LA PHILOSOPHIE D'HERMANN KEYSERLING [a] [1]

Libres Propos (Journal d'Alain), 20 mars 1927

M. Maurice Boucher n'avait pas à s'excuser dans l'introduction à son livre de présenter la philosophie de Keyserling d'après un plan qui n'est ni dans la pensée de l'auteur, ni dans les divisions de ses œuvres, qui est simplement un plan d'exposition. Il serait mal venu au lecteur qui ignore Keyserling de refuser la forme sous laquelle on lui présente ce philosophe, surtout quand cette forme est suffisamment cohérente comme c'est ici le cas. M. Boucher a pris le parti modeste de s'effacer et de paraphraser Keyserling. Qu'il se contente, puisqu'il l'a voulu, d'être remercié et de voir Keyserling seulement mis en cause. Ce n'est pas un abrégé d'abrégé que l'on veut tenter ici, mais seulement la brève indication de quelques problèmes posés par ce livre.

Ce qui surprend dans la doctrine de Keyserling ce n'est pas, comme on s'y attend avant d'ouvrir le livre et sur la foi accordée à la renommée, ce qu'il y a de nouveau en elle mais bien plutôt ce qu'il y a de solidement établi, on dirait presque de familier. Quels lecteurs seront surpris de lire que : le seul péché est contre l'Esprit, que le seul péché contre l'Esprit est la paresse, et que la seule attitude convenable est l'héroïsme? Pour crier à l'inédit, à la vue de ces passages, il faudrait ignorer les *Entretiens* d'Épictète, les *Lettres à la princesse Élisabeth*, ou les *Marchands de sommeil*[2]. Si la pensée de Keyserling trouve

a. *La philosophie d'Hermann Keyserling*, par Maurice Boucher, éd. Rieder, Paris, [1927].

1. Hermann von Keyserling (1880-1946) est un philosophe allemand, qui a voyagé en Europe, en Orient et en Amérique. Il est surtout connu pour son *Journal de voyage d'un philosophe*, paru en 1918, traduit en 1928-1929, où il montre que la société occidentale est en déclin, mais qu'elle pourrait se sauver en faisant appel aux valeurs spirituelles de l'Orient : Keyserling oppose ainsi la « compréhension » au « savoir » et prône la « sagesse » contre la « science abstraite ». Maurice Boucher (1885-1977), dont le livre a fait connaître Keyserling en France, est professeur de langue et littérature allemande à la Sorbonne.

2. *Les marchands de sommeil* est le « Discours de distribution des prix » prononcé par Alain au Lycée Condorcet en juillet 1904, qui sera repris en tête des *Vigiles de l'esprit* (1942).

accès en des milieux où ne pénètre pas l'écho de doctrines plus anciennes et peut-être plus hautaines malgré l'apparence, c'est tant mieux assurément. Il est à craindre seulement qu'en ces milieux elle ne mette en éveil qu'une passagère curiosité. Ceux qui font leur substance et leur vie des grandes pensées humaines, ceux-là refuseront sans doute de voir en Keyserling une révélation. Ce sera assez pour eux de voir leur foi encore confirmée. Et c'est là un mérite suffisant quoiqu'on en pense. Il n'y a pas à regretter de se rencontrer avec les penseurs du passé. Ce qui met en garde et engage à la réserve sur cette doctrine, c'est qu'elle s'annonce un peu comme une révélation et Keyserling comme un prophète. Le mot commence à irriter. Quand on abuse des prophéties, et cela surtout en politique, on arrive à justifier tout ce que l'on fait dans le présent, et par là à appeler ce qui, seul, ne serait pas venu. Le problème réel auquel on doit toujours en venir, quand une doctrine est proposée qui prétend régénérer le monde, c'est bien celui de savoir comment cette doctrine prendra force dans les esprits et manifestera son pouvoir. Or la sagesse qui est ici offerte comme levier, quelle est-elle ?

Une analyse préalable oppose l'esprit d'Orient et l'esprit d'Occident. L'Oriental s'attache à l'être, il vit en dehors du temps. Il s'attache non aux choses mais aux idées. En toutes ses pensées il recherche la vérité absolue, inexprimable. La philosophie de l'Inde ne repose pas sur l'intelligibilité; l'absolu est pour les Hindous un état vécu. Au contraire, l'Occidental est caractérisé par l'action. Le présent n'est pour lui qu'un état préparatoire. Aussi l'idée d'avenir comme l'idée de devoir est-elle au fond de sa pensée. Par cette frénésie d'action qui le caractérise, l'Occidental s'est détaché de l'être. Il s'attache à la connaissance avant toute chose. Sa culture est une culture de l'entendement. Il n'est plus question de perfection intérieure comme pour l'Oriental, il est question de progrès. L'Occident ignore quels sont les fondements de notre être. Sauf toutefois quelques exceptions. C'est ainsi que « la métaphysique, depuis Bergson, s'engage sur la voie où la pensée hindoue s'est toujours mue ».

Cette opposition de l'Orient et de l'Occident nous l'avons lue déjà plus d'une fois, et toujours avec le même déplaisir. Cette opposition de l'être et du connaître, cette plaidoirie pour l'absolu rend un son un peu trop bien connu. Ce sont là bien grands mots et derrière lesquels on peut faire passer trop de notions obscures. On ne peut, sans finir par se mépriser, donner cours ainsi à la monnaie commune. Et même au prix de passer pour borné, il faut tenir pour la raison. Que l'intelligence renonce à l'être en faveur du connaître, c'est une critique qu'on ne pourra jamais recevoir, sauf si l'on aime jouer avec les mots et se laisser effrayer par eux. Si l'humanité s'est développée dans le sens de la connaissance, ce n'est pas sans doute tout à fait au hasard. La science est un fait immense, comme Comte avait bien vu; nos pensées et nos actions en sont faites, elle soutient partout notre existence. Mais même à considérer métaphysiquement les choses, aucun homme sensé n'acceptera de refuser plus d'un jour, et parce qu'il sera fatigué, sa confiance à la seule manière qu'il ait de rendre compte des choses et de lui-même, de se retrouver dans ce monde et de se libérer. Il y a bien, si l'on veut, un moyen de connaître la mer, par exemple, autrement qu'en spectateur prudent et méfiant et toujours prêt à se retirer du jeu, c'est de s'anéantir entièrement en elle et de se livrer, chose parmi les choses, au mouvement réel de ses eaux. Mais le mouvement de refus où se mêle un peu de colère annonce un pouvoir qui ne veut point plier, qui aime mieux ne pas posséder l'être que périr dans cette possession. Si nous voulons savoir jusqu'où ira notre pensée et jusqu'à quand nous serons nous-mêmes et si cela c'est s'attacher à l'ordre du connaître, nous refusons de mépriser la connaissance. Nous n'avions pas attendu à aujourd'hui pour reconnaître en Bergson la triste complainte d'Ionie, renouvelée d'Héraclite. Quant à Socrate, quelquefois pris à partie par Keyserling, il a rompu définitivement avec l'esprit ionien et oriental, du moment qu'il s'est appliqué à connaître ce qu'il mettait dans ses pensées, et non ce que l'univers y mettait. Aussi Platon lui fait-il dire justement dans le *Phédon*: « Il me sembla que je devais avoir recours aux notions de l'esprit pour observer en elles la vérité des choses. » Dès lors il ne nous est plus permis de parler d'absolu comme d'un au-delà mystérieux. Ce qu'on entend par absolu, c'est-à-dire ce qui n'est pas épuisé par la connaissance du moment, par l'action du moment, ce n'est pas une terre hors de notre atteinte, car nous n'en aurions même pas l'idée; c'est, en nous, l'activité qui nous fait dépasser le moment particulier de notre connaissance, c'est ce qui nous fait dépasser le présent. Ce n'est rien qui nous attire, vu au travers d'une eau agitée. Cette exigence est en nous et non pas dans les choses. Qui a compris cela, comme Lagneau l'a fait, ne peut plus accorder la moindre valeur à une contemplation condamnée d'avance à la stérilité[1]. Si l'Occident est inquiet, il faut avouer que sa part n'est point mauvaise. Nous préservent les dieux d'être jamais satisfaits.

Quoi d'étonnant dès lors si la mise en ordre des pensées s'impose à nous comme une action. C'est en quoi consiste la vertu de la connaissance. La seule obligation que connaisse un Descartes est sans doute celle-là. Qui donc plus que lui a rejeté la vieille logique peu préoccupée du choix des prémisses?

1. Jules Lagneau (1851-1894) professeur de philosophie au lycée Michelet de Vanves, où il eut Alain pour élève. Sur Lagneau, cf. *infra*, p. 220-221.

Quand on vient nous dire que « le propre de l'entendement est une indifférence de principe à l'égard de tous les possibles », « qu'il accepte toutes les prémisses qui lui sont données », nous pouvons répondre que les *Regulæ ad directionem ingenii* avaient été écrites pour expliquer cela. Et le mot à dire n'est pas « Déjà ! », mais au contraire « Encore ! », en voyant proposer comme nouveauté ce que la véritable réflexion philosophique a mis au jour du premier coup. Ce n'est pas qu'on ne soit heureux de retrouver les préceptes de la droite raison. Mais le même bonheur qu'on prend à les reconnaître interdit aussi de s'extasier comme devant une révélation.

Ceci dit, on peut bien admettre que le machinisme et le matérialisme occidental sont en grande partie cause de nos difficultés et de nos malheurs, et que notre agitation tue le goût des réconforts spirituels. Il est bien évident qu'il n'y a pas à chercher les responsables et à les charger. Mais quand nous voyons proposer comme remèdes un apprentissage de la sagesse et la formation d'une aristocratie intellectuelle qui répandrait, par l'exemple, l'attachement à des valeurs supérieures, nous ne pouvons nous empêcher de penser que ceux qui étaient par fonction gardiens de ces valeurs et qui auraient dû les répandre ont manqué à tous leurs plus élémentaires devoirs. Il n'est pas sûr qu'une aristocratie quelle qu'elle soit ne laisse dédaigneusement tomber sur les autres ce qu'elle croirait dégrader en prenant courageusement parti d'ouvrir à tous. Aristocrate et prophète, cela ne peut aller sans une arrière-pensée de mépris. On nous excusera donc de refuser l'aristocratie. Ce que nous demandons, nous autres jeunes, est plus simple et plus sûr ; nous demandons de pouvoir enseigner dès l'école le prix du jugement, et cela aussi bien par « gymnastique et musique » que par les sciences. Nous demandons à apprendre la joie de l'éveil à un âge où le sommeil n'est encore que préparation à l'épanouissement. Nous voulons bien être héroïques et aider les autres à le devenir. Mais il faut du temps pour cela. Et il n'est pas sûr qu'on nous donnera ce temps. Il y en a bien d'autres avant nous, et qui peuvent beaucoup, qui sont attachés non pas au passé – puisque le passé c'est aussi bien Platon et Descartes – mais à certains lieux communs où ils se retrouvent dans la communion du moindre effort, pour employer une expression de Keyserling. Nous avons beaucoup de retard, nous aurons peut-être trop de retard toujours. L'éducation est une longue chose, et si on nous laissait à notre tâche tout serait trop bien. Mais peut-être faudra-t-il la quitter cette tâche, pour prévenir certains orages que les autres laisseront se former, si toutefois ils n'aident pas à leur formation. Keyserling, nous dit-on, « exige » que l'intelligence ne reste plus spectatrice, mais engage sa responsabilité. Si nous acceptons, ce n'est pas parce que Keyserling exige. Nous voulons bien engager notre responsabilité, mais nous ne voudrions pas que l'on détourne notre volonté et notre travail au profit de buts que nous ne pouvons pas admettre, et que l'on nous envoie par exemple un de ces jours en Chine, pour étudier sur place le malentendu qui est né entre l'esprit de l'Orient et celui de l'Occident.

C.-G. BERNARD

PLACEMENT SÛR

Libres Propos (Journal d'Alain), 20 mars 1927

Valeur est un beau mot. Ce qui vaut entre les hommes, c'est, ou bien ce qu'ils ont fait de leur travail, ou bien ce à quoi leur idéal donne force et vie. On peut croire que le travail humain ne vaut qu'autant qu'il sert l'humanité, et on a raison de le croire. Mais on peut dire qu'il y a plusieurs façons, et toutes bonnes, de servir l'humanité. Est-il vrai que toutes les façons soient bonnes ? C'est à chacun de le dire, et de se demander en son cœur si par hasard la mitrailleuse Hotchkiss ne serait pas, aux yeux des hommes, le dernier mot de l'entreprise menée par eux sur la planète afin d'assurer l'avènement de la paix et de la joie[1]. Voici un avis sans ambiguïté, utile à tous ceux qui, parmi les lecteurs des *Libres Propos*, auraient quelque argent à placer ou quelque fils en âge de porter les armes.

« Hotchkiss. – Au début du mois nous recommandions l'action de cette puissante entreprise au-dessous de 1.050 francs. Elle a franchi hier une importante étape, s'inscrivant à 1.190 et 1.216 francs avec un marché extrêmement nourri en ferme et primes. La progression ne semble nullement être arrivée à son terme.

« L'Extrême-Orient est en complète conflagration. En Europe même les brandons de discorde ne manquent point, et certaines puissances ne semblent bouder l'Assemblée de Genève que pour avoir les coudées plus franches dans une politique de prestige et de force. Jamais la grande firme qui, dans le monde entier, détient le monopole de fait de la construction des armes automatiques, n'a vu s'ouvrir des débouchés aussi importants pour ses fabrications de guerre. L'année dernière, c'étaient les puissances balkaniques qui lui commandaient pour 80 millions de fusils-mitrailleurs. Par la suite l'Espagne et la Turquie ont

1. Les mitrailleuses lourdes de marque Hotchkiss, utilisées par l'armée française pendant la première guerre mondiale, ont fait la renommée de cette entreprise, fondée en France au XIXe siècle par l'Américain Benjamin Berkeley Hotchkiss (1826-1885).

fait de même, avec des ordres portant sur des millions de dollars. Le carnet de la Société est plein, pour la branche artillerie, à concurrence de nombreux mois. L'entreprise est en plein essor. Une grande partie de ses recettes s'effectue en monnaies appréciées. Aux niveaux actuels, ce titre semble avoir encore devant lui une marge intéressante de hausse. » (*Le Capital*, 20 septembre 1926).

Hé quoi, diront les lecteurs, cela est vieux. Oui, mais ce bel avenir ouvert devant la Hotchkiss au mois de septembre dernier, lui est encore ouvert maintenant. Voyez encore, lecteur, et recensez vos économies :

« Hotchkiss. – La Hotchkiss, nous l'avons déjà dit, est une valeur qui a un grand défaut : celui de trop prêter à la spéculation. Une certaine idéologie peut lui dénier tout avenir, alors que la réalité montre qu'il en va tout autrement.

« Ayons pour nous servir de muets serviteurs. »

« Il y aura toujours des gens pour estimer qu'il est bon d'avoir des canons, mais surtout des canons qui ne parlent pas. Il y a donc encore de beaux jours pour la Société Hotchkiss. » (*Le Capital*, 3 janvier 1927).

Après cela, tiendrons-nous encore pour « une certaine idéologie » ?

G. C.

PREMIÈRE LETTRE À JEAN-RICHARD BLOCH [1927][1]

Monsieur, les élèves de première supérieure du lycée Henri IV voudraient envoyer en corps des signatures à la protestation d'*Europe* pour le prochain numéro. Êtes-vous disposé à les accepter ? Et si oui, auriez-vous la bonté de me le faire dire demain par Claude et France ?

Votre dévoué
G. CANGUILHEM

1. La correspondance entre Canguilhem et Jean-Richard Bloch s'étend, avec de longues interruptions, de 1927 à 1946. Six de ces lettres ont été publiées, avec une présentation de Michel Trebitsch, sous le titre « L'intellectuel dans l'action : Lettres de Georges Canguilhem à Jean-Richard Bloch (1927-1946) », *Vingtième Siècle. Revue d'histoire*, No. 50 (avril – Juin, 1996). Elles seront reproduites à leur date dans ce volume. Les autres lettres proviennent du Fond Jean-Richard Bloch conservé à la Bibliothèque Nationale de France.

Jean-Richard Bloch (1884-1947), écrivain français, d'origine juive, agrégé d'histoire, journaliste, co-fondateur de la revue *Europe* avec Romain Rolland en 1923, directeur de collection aux éditions Rieder. Membre du Parti socialiste unifié avant la guerre puis un moment

LA DÉCLARATION « D'*EUROPE* », (N° DU 15 AVRIL)

Libres propos (Journal d'Alain), 20 avril 1927

« Nous avons pris connaissance des deux derniers paragraphes de l'article IV de la « Loi sur l'organisation générale de la Nation pour le temps de guerre » votée le 7 mars dernier par la Chambre des Députés par 500 voix contre 31, et ainsi formulés :

ARTICLE IV. – La mobilisation des armées de terre et de mer, acte principal de la mobilisation nationale, est préparée respectivement par le Ministre de la Guerre et par le Ministre de la Marine et exécutée par leurs soins.

La mobilisation nationale comporte en outre :

... 4. Dans l'ordre intellectuel, une orientation des ressources du pays dans le sens des intérêts de la Défense Nationale.

5. Enfin, toutes les mesures nécessaires pour garantir le moral du pays.

« Ce texte nous semble abroger pour la première fois en temps de guerre toute indépendance intellectuelle et toute liberté d'opinion, supprimer le simple droit de penser. Nous estimons qu'il constitue l'atteinte la plus grave qui ait jamais été portée à la liberté de conscience, qu'il serait d'ailleurs en désaccord avec l'idée d'une nation armée qui suppose le libre assentiment des citoyens. Nous devons en conséquence nous élever de toutes nos forces contre cette inadmissible et irréalisable ingérence de la loi dans un domaine qui lui échappe ».

La première liste de signatures comprend 160 noms parmi lesquels : ALAIN. — CH. ANDLER, professeur au Collège de France. — H. BARBUSSE. — BELLAMY, rédacteur en chef du *Progrès Civique*. — JEAN-RICHARD BLOCH. — BONJEAN. — F. CHALLAYE. — A. CHAMSON. — MAURICE CHARNY. — JEAN COCTEAU. — MICHEL CORDAY. — P.-L. COUCHOUD. — BENJAMIN CREMIEUX. — A. CREMIEUX. — H. DAUDIN. — A. DAUZAT. — F. DELAISI. — G. DEMARTIAL. — L. DESCAVES. — G. DUHAMEL. — E. DUJARDIN. — A. DUNOIS. — LUC DURTAIN. — A. F. HÉROLD. — LÉON FRAPIÉ. — J. GAUMENT. — CHARLES GIDE, professeur au Collège de France. — GOUTTENOIRE DE TOURY. — GRILLOT DE GIVRY. — PIERRE

du Parti communiste, il se rapproche au début des années 30 du pacifisme, s'intéresse au sionisme. A partir de 1932, il se rapproche de l'Union soviétique et revient au Parti communiste après 1934. Il sera le fondateur, avec Aragon, du quotidien communiste *Ce soir* en 1937. Il a rencontré Canguilhem en 1925, quand il cherchait un répétiteur pour ses deux filles cadettes, Claude et France, auxquelles il est fait allusion dans cette lettre. Jean-Richard Bloch est fortement impressionné par Canguilhem et il écrit à Elie Faure : « Georges Canguilhem. Retenez ce nom. Il marquera. Il a déjà marqué. Ame brûlante, esprit singulier, nature haute, conscience exigeante et non-conformiste, intelligence narquoise, à qui on ne la fait pas, mais à qui on ne la fait pas non plus dans le sens du refus d'enthousiasme » (Fonds J.-R. Bloch, cité par M. Trebitsch, art. cit., p. 112). Sur Jean-Richard Bloch, *cf.* A. Angremy, M. Trebitsch (dir.), *Jean-Richard Bloch ou l'écriture et l'action*, Paris, Bibliothèque nationale de France, 2002.

HAMP. — J. JOLINON. — RENE LALOU. — PAUL LANGEVIN, professeur au Collège de France. — FREDERIC LEFEVRE, rédacteur en chef des *Nouvelles Littéraires.* — PIERRE MAC-ORLAN. — VICTOR MARGUERITTE. — MARCEL MARTINET. — E. MONOD-HERZEN. — MATHIAS MOHHARDT. — GEORGES PIOCH. — A. PRENANT, professeur à la Faculté de Médecine de Paris. — JEAN PREVOST. — L.-P. QUINT. — GEORGES RENARD, professeur au Collège de France. — ROMAIN ROLLAND. — FLORENT SCHMITT. — E. SCHNEIDER. — P. SCIZE. — C. SERPEILLE DE GOBINEAU. — SEVERINE. — PHILIPPE SOUPAULT. — ANDRE SPIRE. — H. TORRES. — CH. VILDRAC. — VUILLERMOZ, rédacteur en chef de l'*Impartial Français.* — LEON WERTH. etc., etc.

A l'École Normale Supérieure, cette déclaration d'Indépendance a été signée aussitôt par 54 élèves :

A. ALEXANDRE. — M. ALLIOT. — R. ARON. — J. BAILLON. — A. BÉDÉ. — A. BÉRARD. — J. BERNAMONT. — P. BERTAUX. — P. BOIVIN. — P. BONTOUX. — J. BRILLE. — S. BROUSSAUDIER. — J. BRUHAT. — G. CANGUILHEM. — L. CATTAN. — J. CAVAILLÈS. — P. CHAMBON. — A. CHAUX. — M. CHATELET. — CHAMPION. — R. DELBIAUSSE. — R. DELUCHAT. — CH. EHRESMAN. — P. EVRARD. — M. FOURNIOL. — J. GANUCHAUD. — H. GUILLEMIN. — G. HARNOIS. — J. HYPPOLITE. — E. HOCHARD. — R. JOLY. — R. JOXE. — J. KEROMEN. — D. LAGACHE. — M. LARROUTIS — A. LAUTMAN. — J. LE BAIL. — G. LECARME. — G. LEFRANC. — G. LUCIANI. — H. MARROU. — J. MARTIN. — F. METZ. — F. MOLINO. — R. MEYNIEUX. — J. NIVAT. — A. PERPILLON. — J. RAYNAUD DE LAGE. — P. RUFFEL. — J.-P. SARTRE. — G. SCHIRMER. — D. THONON. — P. VILAR. — J. WYART.

Une nouvelle liste paraîtra dans le numéro d'*Europe* du 15 mai. Envoyer les adhésions le plus tôt possible, 7, place Saint-Sulpice, Paris (VIe).

LA MOBILISATION DES INTELLECTUELS – PROTESTATIONS D'ETUDIANTS

Libres propos (Journal d'Alain), 20 avril 1927[1]

« J'avais indiqué, moi-même, avec un souci d'exactitude historique nécessaire que, sous les ministres qui passent, il y avait, dans ce projet, une réalité militaire persistante et continue, et que les bureaux de la guerre étaient

1. La protestation de Canguilhem est insérée entre d'autres « protestations » d'étudiants. Celle qui précède est due à Jacques Ganuchaud (1905-1982), élève d'Alain, normalien de la promotion 1925, proche de Simone Weil, collaborateur régulier des *Libres propos* et du journal pacifiste, fondé en 1927 par Madeleine Vernet, *La volonté de paix*. Agrégé de philosophie en 1947, il sera professeur de philosophie au lycée de Béthune de 1937 à 1981 : « Il y a trois manières

les auteurs des textes présentés par les divers ministres et par la commission. » (*L'Officiel*, 4 mars 1927, p. 643). C'est la phrase la plus instructive de tout le débat sur la loi militaire. Elle est d'Ernest Lafont, le seul représentant du peuple français qui ait eu dans la discussion du projet une attitude sans reproche, le seul qui se soit opposé formellement, sans réticences comme sans théâtrale indignation, à la militarisation intégrale du pays [1]. La loi socialiste est dans son fond une loi venue de l'état-major. Nous n'avions pas autre chose à attendre des généraux, nous avions autre chose à attendre des socialistes. Or qui a joué avec le feu ne doit pas ensuite se plaindre s'il s'est brûlé. Et voici qu'en ce jour (2 avril) on apprend que le second projet de loi sur la réorganisation de l'armée autorise l'emploi de la force armée pour assurer l'ordre à l'intérieur du pays (par exemple en cas de grève) « *à titre exceptionnel* ». Ce qu'il y a décidément de plus admirable et de plus effrayant dans les dispositions de ces lois, c'est la forme même des expressions : *en cas de défense seulement ; à titre exceptionnel*. Il suffit pourtant d'un instant de réflexion pour comprendre que tout peut être déterminé par des formules négatives, quand on ignore de quelle affirmation positive la négation est le corrélatif. Or *défense, exception*, de quelles réalités affirmatives sont-ce la corrélation ? Tout passera sous le nom de défense, tout passera sous le nom d'exception. Rien ne sera changé à ce qui était avant, sinon qu'il passera plus de choses.

Mais le plus triste au sujet de cette loi, c'est qu'elle a ramené à sa suite toute une littérature dans le goût de celle du temps de guerre, où nous sommes ainsi rejetés par des journalistes qui se disent animés de l'esprit démocratique et pacifiste. Paul-Boncour nous a donné dans *l'Œuvre* du 25 mars et dans *le*

de convaincre. La première est celle du colonel, qui, ayant la force, se contente de l'obéissance. La seconde est celle du prêtre et du médecin, qui, dépourvus d'escorte, règnent par l'imagination. La troisième est celle du professeur, qui ne cherche ni à contraindre ni même à faire peur, mais qui appelle tous les autres hommes à suivre avec lui les idées claires. Le prêtre comme le médecin, pauvres de démonstrations, ont besoin d'être vénérés par leurs fidèles. Quant à la supériorité du colonel, elle ne saurait être mise en question. Mais le professeur, qui ne demande qu'à être compris, veut que ses élèves soient ses égaux. Aussi est-il bon que le prêtre et le médecin aient un costume spécial qui prépare l'assentiment par l'admiration, tandis que le professeur doit s'efforcer de ressembler à tout le monde, afin que chacun, mis en confiance, lui déclare sa force. Parfois les médecins et les prêtres, non contents de leurs bonnets et de leurs robes, revêtent le costume des chefs militaires. Mais alors ils font rire les soldats, que leurs occupations rendent étrangers à la peur, et ils se sauvent en punissant, comme ferait le colonel. Cependant le ministre socialiste, soucieux de conserver des mains blanches à ses professeurs, leur impose le galon, le commandement et la colère, comme si la science était un autre genre d'autorité. Et les professeurs se laissent faire, et refusent le service du corps à la société qui les nourrit ».

1. Ernest Lafont (1879-1946) est député socialiste de la Loire.

Populaire du 26 mars deux échantillons de cette prose[1]. Dans le premier, il s'étonne de ce que la revue *Europe* s'apprête à protester contre la mobilisation des intelligences; il s'étonne de ce que des intellectuels puissent ne pas lui tresser des couronnes pour le fait de leur avoir laissé leurs plumes et de leur éviter le balai. Cette injure faite à l'esprit véritable de la protestation se trouve complaisamment reprise dans un article de G. Guy-Grand (*le Quotidien*, 1er avril 1927), où se lit par surcroît cette phrase qui est un chef-d'œuvre de lâcheté psychologique : « La lecture des journaux anglais, en particulier, a éclairé une fois de plus d'une lumière crue la physiologie profondément différente des deux peuples »[2]. Ainsi le mépris de ce qui fait la dignité humaine va jusqu'à attribuer à une différence de vaisseaux sanguins l'attitude des travaillistes de Ramsay Mac Donald opposée à celle des compagnons parlementaires de M. Paul-Boncour[3]. Mais comme la même attitude se trouve chez certains en France, et chez beaucoup plus que ne peut le penser M. Guy-Grand, il va falloir aussi admettre une différence de physiologie à l'intérieur d'un même peuple. Alors on ne sait plus à quoi correspond le mot peuple et c'est très ennuyeux. Du reste cette pointe contre les socialistes anglais si justement émus de l'atteinte portée à la mission pacifique du prolétariat, c'est celle de M. Paul-Boncour qui dans le deuxième article précédemment signalé (*le Populaire*, 26 mars) retourne tout simplement le reproche de militarisme contre les travaillistes d'Angleterre. Ce procédé rappelle fâcheusement le ton et l'esprit des polémiques sur la question des responsabilités. Serait-ce déjà là comme un avant-goût de ce beau travail d'argumentation auquel les intellectuels seront obligatoirement invités en temps de guerre? Il faut noter aussi que le même article de l'élégant M. Paul-Boncour commence par ces mots : « Non, mais sans blague ! », comme si c'était se mettre à la portée des prolétaires que de prendre les allures de la barrière et de cracher entre ses dents !

Il faut dire que tout cela passe à côté, et volontairement, ce qui est plus grave. Si l'on proteste contre l'utilisation des intellectuels, c'est parce qu'il y a

1. Joseph Paul-Boncour (1873-1972), à l'époque membre de la SFIO, député et membre des commissions de l'armée et des affaires étrangères, est le rapporteur de la loi de mars 1927 qui porte son nom, et qui prévoyait « dans l'ordre intellectuel, une orientation des ressources intellectuelles du pays dans le sens de la défense nationale ». Il fut Président du Conseil et plusieurs fois ministre dans les années 30. Il sera l'un des quatre-vingt députés qui voteront contre les pleins pouvoirs au maréchal Pétain.

2. Georges Guy-Grand (1879-1957), directeur du collège Lavoisier, philosophe du droit et de la politique, dreyfusard et républicain, il dirige l'Union pour la vérité, qui continue l'Union pour l'action morale, fondée par Lagneau.

3. Le travailliste Ramsay MacDonald (1866-1937) est alors premier ministre anglais.

là le signe le plus décisif d'un effort pour enrôler tout un pays à la suite d'un état-major, pour rendre à l'armée un prestige qu'elle est en train de perdre, pour renforcer un ordre aristocratique et autoritaire. Or c'est précisément cette aristocratie que nous refusons ici comme ailleurs. Quant il s'agit de guerre, c'est-à-dire de mort d'hommes, nous n'acceptons pas de voir la vie d'un laboureur et la vie d'un ingénieur ou d'un professeur devenues subitement sans comparaison possible; nous n'acceptons pas ce rapport irréversible qui va de ceux qui poussent, et encouragent ou bien somment, à ceux qui sont poussés. Nous refusons de nous laisser étiqueter sous la rubrique : Elite. Si élite n'a pas une signification morale, ce mot n'a pas de signification. Or il ne peut y avoir d'élite en ce sens qu'après preuves faites. Nous voulons faire nos preuves au même titre que les bûcherons et les mineurs, car là il ne s'agit plus que d'être hommes, et le moins que nous puissions vouloir alors, c'est l'égalité.

Mais l'idée de la valeur humaine mène aussitôt plus loin; par là même que nous la définissons, nous ne pouvons plus supporter cette pensée qu'on spécule à l'avance sur un emploi de l'homme qui est bien clairement un crime, que l'on organise à l'avance des moyens pour cette fin reconnue crime. Peut-être ces moyens ne peuvent-ils être supprimés d'un coup, comme pensent certains trop pressés. Mais qu'on n'y ajoute pas davantage, et qu'au contraire on les comprime. Ainsi c'est par le même jugement que, refusant dès maintenant toute approbation d'esprit à la guerre et à ce qui s'y rattache, nous n'acceptons pas non plus de pouvoir être un jour mis au-dessus d'un homme de troupe. Nous avons très bien compris, Messieurs les Avocats; ne prenez plus la peine de nous expliquer qu'il s'agit pour nous de gagner au change. Que l'on nous donne à manger, passe encore, mais que l'on ne nous méprise pas.

C.-G. BERNARD[1]

1. Suivent cette protestation celles de Robertselle et de Jean Laubier. Selon Robertselle : « Cette loi est tombée sur les Français à l'improviste, et combien auront tout perdu de l'admirable spectacle ! Or on peut encore se retourner et voir le socialiste Paul-Boncour qui triomphe à la tribune. Il me fait rire amèrement. La vraie grandeur de cette loi c'est bien son impudence. « La mobilisation nationale comporte dans l'ordre intellectuel une orientation des ressources du pays dans le sens des intérêts de la défense nationale. » Il y a un mois, j'aurais applaudi, croyant à une proposition pleine d'humour pour ouvrir une satire des folies de la guerre. Hélas ! Non. Les mots viennent d'être prononcés ingénument, le projet est sérieux. La sympathie, la contagion expliquaient, sans l'excuser, la plus grande tristesse de la guerre, les esprits se ruant à la servitude, se précipitant au niveau du « bon Français ». Non pas tout-à-fait tous, heureusement ! Or aujourd'hui cet embrigadement des consciences dont on est honteux, dont chacun est honteux pour tous, voici qu'on l'accepte, non, qu'on l'organise ! Mais que ferez-vous du vieil homme qui dira non lorsque vous lui demanderez de célébrer les mérites du 75 ou de tresser des couronnes aux jeunes héros qui… ? Est-ce pour lui le conseil de guerre ? Non, à l'esprit qui juge nulle mobilisation n'enlèvera

Quel était le problème à résoudre pour les amis de la paix, depuis la fin du meurtre collectif? Clairement et directement c'était de réduire l'esprit militaire en tous les pays, à commencer par le nôtre. C'était de dire en toute occasion, de faire savoir partout qu'il n'y a pas d'autre cause de guerre qu'un genre d'esprit, ou plutôt qu'un genre de passion, limitée, bornée à soi, incapable de cette réciprocité dans la façon de concevoir les relations humaines qui est le caractère le plus immédiat de la réflexion. Oui, c'était de s'élever sans aucun ménagement contre cet égoïsme d'imagination qui nous fait poser d'abord sans discussion, notre valeur et notre droit inaccessibles à la contestation et qui, à partir de là, établit, sans appel et sans recours, une hiérarchie descendante. « Mon pays ne saurait avoir tort ». C'est cette même prétentieuse sécurité qui fait les ordres d'un colonel incommensurables à ceux d'un capitaine. Voilà ce qu'il fallait dénoncer sans trêve et sans pudeur. On ne l'a pas fait assez, il faut croire. Qu'on se souvienne de l'acquittement de Landau, et du défi publiquement jeté à la politique de réconciliation, et de l'irritation aussitôt rallumée ici et là-bas[1]. Personne ne voudra dire que les militaires ignorent leur métier. Au contraire, le vote de la loi militaire nous prouve que les civils ignorent le leur.

son pouvoir. Le rire est sauf, comme dit Polichinelle dans *Liluli*[2]. Rien de changé qu'un personnage de plus dans la farce. C'est maintenant le Socialiste qui à la tête des Cerveaux Enchaînés dirige le chœur… ».

La protestation suivante est particulièrement brève : « Je suis partisan de toutes protestations, jugeant que la liberté est le seul bien à quoi nous devons tenir sans réserves ». Elle est due à Jean Laubier (1901-1988), élève d'Alain, collaborateur des *Libres propos* dès 1921, qui éditera par la suite des textes choisis d'Auguste Comte, dans la collection « Grands textes », qu'il dirige aux P.U.F. Dans la notice nécrologique qu'il rédigera pour l'Annuaire des anciens élèves de l'E.N.S., Canguilhem note que Jean Laubier a donné aux *Libres propos*, dans les années 1930-1936, « quelques textes de critique des institutions et pratiques militaires sous le nom de « Général Cognets-Desmarteaux ». Son pacifisme était alors plus mesuré que le mien. C'est lui qui avait raison » (« Laubier, Jean », *Association amicale des anciens élèves de l'École normale supérieure*, Paris, Secrétariat de l'Association, 1989, p. 46).

1. En 1926 le conseil de guerre français de Landau a acquitté le lieutenant Rouzier, des armées françaises d'occupation en Allemagne, alors qu'il était responsable de la mort d'un Allemand, lors d'une rixe, sous prétexte qu'il s'agissait d'une provocation « revancharde » allemande. En revanche, les autres Allemands blessés lors de la rixe ont été condamnés (cf. *Le Petit Journal*, 22 décembre 1926).

2. *Liluli* est une pièce de théâtre écrite par Romain Rolland en 1918. Cette farce, qui met face à face « Gallipoulets » et « Hurluberloches », est une dénonciation grotesque de la guerre en cours. Les deux peuples vont se battre au nom de Liluli, la déesse de l'illusion.

Ce long travail de substituer à une conception militaire fondée sur la force une conception pacifique fondée sur la résistance aux emportements, et sur une éducation nouvelle des vertus de courage et d'entreprise, qu'importe qu'il paraisse compromis ! Ce ne sont pas les invitations à regarder autour de nous la persistance de l'esprit guerrier, qui pourraient nous faire quitter nos opinions. Le fait n'a point par lui-même de valeur. Et même, du moment qu'il existe comme fait, c'est qu'il porte avec lui ses conditions. Les conditions, qui les connaît les change. Aussi le fait traduit-il non pas ce qu'on fait, mais ce qu'on ne fait pas. Si un Parlement ne comprend pas son rôle, cela ne peut valoir contre le Parlement. Moins préoccupés de répondre et d'applaudir aux flatteries d'un avocat, les députés auraient su que leur rôle est de s'opposer au nom du peuple à l'envahissement des pouvoirs de fait. L'armée est un pouvoir de fait que le contrôle doit réduire. On ne pouvait tourner plus clairement le dos à la solution vraie qu'en décidant de former tous les esprits sur le modèle militaire. Jusqu'ici on pouvait éviter, sinon la contrainte du service obligatoire, du moins de souscrire à l'esprit et aux méthodes de l'infanterie ; car, malgré une préparation militaire peu à peu mais savamment organisée, nul n'était tenu d'endosser l'uniforme de chef, de faire le geste du chef, de penser les gestes du chef. Et maintenant, qu'on le veuille ou non, il faudrait donner accès en sa pensée à la façon d'entrevoir les problèmes qui définit un adjudant ! En échange de quoi il faudrait renoncer à la liberté de choisir soi-même sa place et d'aller où l'on se veut selon le courage, selon la sévère justice que l'on se doit. On se verrait rivé aux mathématiques, à la propagande ethnique et historique, aux discours. On chanterait la noblesse de qui vous a fait une âme d'esclave en vous assurant la vie, de qui s'est vu justifié d'avoir infailliblement mesuré les hommes si bas. Mais nul ne t'a condamné, dit Marc-Aurèle. Ce don qui dégrade, cette flatterie qui avilit, on peut les repousser. Et je pense que nous avons le droit de tenir pour la justice commutative, justice d'égalité, quand un chef socialiste s'oublie jusqu'à larmoyer d'émotion en nous imposant, pour notre propre bonheur, une justice distributive où les premiers seraient en vérité les derniers.

G. CANGUILHEM

TEXTES ET DOCUMENTS
A MAURICE BARRÈS – A PROPOS DE LA RÉVISION DU PROCÈS DREYFUS [1]

Libres propos (Journal d'Alain), 20 mai 1927[a]

— ... Il y a chez vous une idée constante, fixe à force d'être constante, fixe à force d'être, si je compte bien, votre unique idée. C'est l'idée de race et des sous-races dans la race; c'est l'idée des petites patries locales se fondant dans les petites patries provinciales et des petites patries provinciales se rejoignant dans leur résultante commune, dans la grande patrie française, substance unique, âme que vous voulez close et intangible. Cette métaphysique ethnique, si vous la regardiez d'un peu près, de votre œil d'analyste, si vous en retranchiez ce qu'elle contient de Michelet et de Taine confusément et hâtivement assimilé, vous y trouveriez bien du verbalisme romantique et vous la jugeriez sans doute inférieure encore en qualité à l'éclatante et sonore doctrine sociale de votre ami M. Izoulet[2]. Au fond de votre patriotisme provincial, vous trouveriez, en cherchant, la vieille tradition chauvine de la province frontière, la terreur héréditaire des bandes d'outre-Vosges qui, périodiquement, descendaient ravager la plaine; plus au fond encore, en cherchant bien, vous trouveriez la haine de province à province, de ville à ville, de village à village, la haine barbare, la haine native de ce qui est autre. Au fond de votre patriotisme national, si vous saviez écarter tout ce qui est d'excitation littéraire, vous trouveriez non pas la vieille France qui avait une tête et qui n'avait pas d'âme, mais la France conquérante, altière et brutale, la France napoléonienne, c'est-à-dire le chauvinisme cocardier des grandes villes,

a. On trouvera dans le prochain cahier, à la même place, quelques extraits d'une protestation de la *Revue blanche*, en 1898, contre la conduite du procès Dreyfus. C'est de cette protestation que Barrès s'était raillé, et c'est à quoi répond ici Lucien Herr.

1. Maurice Barrès (1862-1923), écrivain nationaliste français, antidreyfusard et président de la Ligue des patriotes, qui a été critiqué par Lagneau et par Lucien Herr. Canguilhem s'en prendra à lui à plusieurs reprises, et surtout très directement dans son *Discours à la distribution des prix du lycée de Charleville* de 1930. Cf. *infra*, p. 307.

2. Jules Michelet, historien français (1798-1874). Hippolyte Taine (1828-1893), est un philosophe et historien français. Ses œuvres principales sont *Les philosophes français du XIXe siècle* (1857), *De l'intelligence* (1870), *Histoire de la littérature anglaise* (1864) et *Les origines de la France contemporaine* (1875-1893). Taine et sa théorie de « la race, du milieu et du moment », exposée dans la préface à l'*Histoire de la littérature anglaise*, seront une cible constante de Canguilhem, du tout début jusqu'à l'ultime fin de son œuvre, notamment dans le *Discours à la distribution des prix du lycée de Charleville*, dans l'article sur « Le vivant et son milieu » de *La connaissance de la vie* ou dans sa dernière conférence « Qu'est-ce qu'un philosophe en France aujourd'hui ? » en 1990. Jean Izoulet (1854-1929), auteur de *La cité moderne. La métaphysique de la sociologie* (1894) avait été élu, contre Durkheim, professeur de philosophie sociale au Collège de France à partir de 1897. Selon cet admirateur déclaré du fondateur de l'Action Française, l'écrivain monarchiste Charles Maurras (1868-1952), « le grand problème social est d'équilibrer justement l'Elite et la Foule dans la Cité ».

l'instinct passionné de la gloire guerrière, c'est-à-dire encore l'exaltation barbare, la haine et l'orgueil de la force.

Tout cela c'est de la littérature, ce n'est ni de la vérité ni de la vie. Soyez convaincu que si le mot race a un sens, vous êtes comme nous tous, non pas l'homme d'une race, mais le produit de trois, de six, de douze races fondues en vous et indissolublement mêlées. Les impulsions que vous sentez surgir du plus profond de vous, et que vous jugez précieuses entre toutes, primordiales et souveraines, soyez persuadé qu'elles sont, aux heures de défaillance cérébrale, la poussée aveugle de l'antique brutalité qui couve, mal éteinte, au fond de vous. L'homme qui, en vous, hait les juifs, et hait les hommes d'outre-Vosges, soyez sûr que c'est la brute du douzième siècle et le barbare du dix-septième. Et croyez que le monde moderne serait peu de chose, s'il n'était l'avènement du droit nouveau, la lente croissance d'une volonté raisonnable, maîtresse de ces instincts et tueuse de ces haines.

Ce qui est, en moi, de race, de nature, ce sont quelques traits, peut-être essentiels, peut-être secondaires, de mon caractère et de mon tempérament. Il se peut que mes réactions, mes impulsions et mes passions ne soient ni tout-à-fait celles d'un Toulousain, ni tout-à-fait celles d'un Normand. Je consens que vous les déclariez germaniques, ou italiennes, ou suisses : que vous importe ? Ce qui vous concerne, ce n'est pas le rythme et l'allure de ma conduite, c'est cette conduite elle-même et les motifs abstraits qui dirigent ma conduite, motifs dont je défie plus savant que vous de déterminer les origines ; c'est enfin la cohérence et la dignité, la valeur éthique de ma conduite ...

— ...Prenez garde, vous vous croyez d'accord avec la nation, vous avez avec vous cette grosse fraction bruyante, fluctuante et changeante de la nation qui vous a déçus lors du boulangisme, et qui n'est pas une force ; et vous avez les parlementaires que vous méprisez, et les intérêts satisfaits, et le monde, et le capitalisme juif et chrétien, et les Semaines religieuses de la France entière ; et tout cela, vous le savez, c'est une faiblesse. Vous avez contre vous à la fois le vrai peuple et les hommes de volonté réfléchie, les déracinés, ou, si vous le voulez bien, les désintéressés, la plupart des hommes qui savent faire passer le droit et un idéal de justice avant leurs personnes, avant leurs intérêts de nature et leurs égoïsmes de groupes. Ceux-là, qui sont la force active, auront raison de vous et des brutalités que vous déchaînez.

— ...Il y a trois modes possibles d'action : l'action de personne, qu'un homme exerce par cela seul qu'il est d'essence héroïque et souveraine ; l'action par la pensée, qui exige un effort consciencieux et sincère ; et l'action par le moyen des instincts qui réclame de la force et de l'audace. La première n'est pas pour vous, ni, je crois, pour personne. Vous méprisez la seconde. Je crains fort que vous ne soyez pas fait pour la troisième. Il n'est guère possible de crier la haine sans avoir de la haine ; et je crains que vous n'ayez pas plus de haine tenace que vous n'avez d'amour actif et généreux. Lorsqu'on n'est fort ni de nature, ni de volonté et de raison ; lorsqu'on n'a ni des appétits puissants, ni une générosité impulsive et ardente, le plus sage est de s'abstenir de l'action.

Aussi bien qu'avons-nous à y perdre ? Que nous importe une action qui n'est pour l'acteur qu'un divertissement, et où il ne poursuit d'autre but que son action même et sa joie d'agir ? Vous avez pris, durant quelques années, votre plaisir à vous jouer dans les rythmes souples et variés de l'émotion sentimentale ; nous avons pris un plaisir exquis et charmant au jeu de cette émotion aiguë et précise, au dépliement de votre âme lyrique et joueuse, à la logique ténue et fragile de votre analyse. Vous faites aujourd'hui un autre jeu qui n'est pas pour nous plaire. « Il y a en nous un certain nombre d'appétits qui ne peuvent se satisfaire que dans cette relation avec le monde des apparences, dite vie active. Je leur ai trouvé là des joujoux ; et la certitude que j'ai de l'inanité du but qu'ils poursuivent, me laisse une parfaite indifférence quant aux résultats… » Ce sont là jeux de prince. Nos raisons médiocres ne croient pas être le centre du monde, et ne jugent pas que les choses leur soient données en amusement. La vie est là, difficile, pressante et sérieuse, et nous n'avons le loisir ni de jouer, ni de nous complaire à vos jeux. « Je veux que l'on me considère comme un Maître ou rien. » Nous sommes des âmes simples ; trouvez-en de plus raffinées, qui veuillent de votre maîtrise).

Lucien HERR (*Revue blanche*, 1898, tome I)[1]

Texte communiqué par G.C.

JUGEMENT DES LECTEURS

Libres propos (Journal d'Alain), 20 juin 1927

Réponse (à M. M., professeur dans l'Ouest) des étudiants qui refusent non seulement tout poste d'intellectuel à l'abri, mais même tout privilège d'officier[2].

1. Lucien Herr (1864-1926), normalien, agrégé de philosophie, personnage central du combat dreyfusard, il a peu écrit, mis à part un article fameux sur « Hegel » dans la *Grande Encyclopédie*. Refusant une carrière universitaire, il a choisi d'être bibliothécaire de l'École normale supérieure et de devenir ainsi le maître à penser de plusieurs générations de normaliens, dont Jaurès et Blum, qu'il gagnera au socialisme. Avec Jaurès il fonde *L'Humanité* en 1904. De Herr, qu'il a fréquenté à l'École normale supérieure, où il est entré en 1924, Canguilhem dira : « c'était un homme droit, d'abord rugueux mais chaleureux, étranger aux honneurs. Je lui dois beaucoup » (« La problématique de la philosophie de l'histoire au début des années 30 », dans Jean-Claude Chamboredon, (éd.), *Raymond Aron, le philosophe de l'histoire et les sciences sociales*, Paris, Éditions de la rue d'Ulm, 1999, p. 12.). Il le cite aussi très élogieusement dans son *Discours à la distribution des prix du lycée de Charleville*, où il l'oppose à Barrès (cf. *infra*, p. 310).

2. Il s'agit d'une réponse à un « lecteur, professeur dans l'Ouest » qui intervenait dans le débat sur la loi Paul-Boncour, parue dans les *Libres Propos* du 20 mai 1927 :

« La pointe de M. M. contre la protestation d'étudiants, on la devine, socialiste. – Laissons *Mars* que je pourrais, Ô M. M., redire par cœur, si j'étais votre élève, en composition de récitation. Quant aux gants blancs, ils seront pour ceux qui pieusement recueillent en leur mémoire les cours de la préparation militaire, aimant mieux, comme dit Alain au propos XIII, le pouvoir que la liberté.

« Les mots « faire ses preuves » n'ont pas été mis sans réflexion, ni par fureur guerrière. Oui, refus absolu de ce qui est une supériorité sur les autres et qu'on veut nous allouer d'après nos brevets. Oui; décision irrévocable de se trouver au niveau de tous les culs-terreux. Car ce qui fait l'assurance de tous les pouvoirs, c'est cette complicité foncière et presque d'essence qu'ils devinent si bien en tous ceux qui, par titre ou fonction, ont la tête au dessus des autres. S'ils savaient, les pouvoirs, que tous ceux que leur culture ou leur profession peut amener à être clairvoyants, ou du moins plus difficilement satisfaits de grossière propagande, se trouvent par serment du côté des résistants et des donneurs de ruades, s'ils savaient cela, nous entendrions moins d'explosions bruyantes et de mots ronflants sur l'admirable ressort du pays et sur les vertus de la race. Donc, avertissement bien pesé que quelques-uns refusent de se croire un droit, si minime soit-il, à une situation privilégiée. Et c'est la raison pourquoi on ne peut supporter de voir le sens véritable du mot *élite* fixé

« 1) Vous recommandez à A. B. de mieux lire *Mars*; mais ou bien je n'y ai rien compris, ou bien ce conseil est à donner aussi aux étudiants protestataires. Il y a bien de la passion, et qui deviendrait facilement guerrière dans leur *Potius mori quam fœdari*: Plutôt mourir qu'être embusqué. Nous voulons faire nos preuves…, etc. « Bien moins jaloux de leur survivre, que de partager leur cercueil !… ». Qu'ils se rassurent ! Les objecteurs de conscience civils ne resteront pas longtemps civils et à l'arrière, l'esprit soumis à une intolérable servitude. On pense très librement face à la mort. Je propose que ces normaliens là chargent en gants blancs.

2) Vous définissez le Socialisme comme un effort de résistance au pouvoir. C'est ce qu'Alain dit du Radicalisme, et il y a là déjà une difficulté. Mais n'est-il pas singulier qu'aucun radical, aucun socialiste connu ne réponde à cette définition?

3) Il y a bien de la confusion dans le concept vulgaire et militaire d'« intellectuels ». Le théâtre aux Armées, les opérateurs cinématographiques, Botrel[1], des interprètes, des chimistes, quelques plumitifs et quelques orateurs, voilà ce que doit viser cette loi bureaucratique. Tous les « penseurs » ont tort de se voir mobilisés à l'avance. D'autant que les volontaires seront surabondants…

4) En parlant de l'asservissement de la pensée par la mobilisation, tout le monde postule que la pensée est actuellement libre. Erreur grave; cette loi même en est la preuve : nos chers élus ont oublié d'y penser, et la presse s'abstiendra soigneusement d'y revenir. On peut dire plus : en temps de guerre, la notion de « bourrage de crâne » est de sens commun; la saveur de la propagande est bien connue, et les esprits les moins cultivés la régurgitent sans difficulté. Mais maintenant ? » M. M.

1. Théodore Botrel (1868-1925) chanteur patriotique français

d'avance, comme dans une société selon les castes. Gardez donc vos gants, car nous n'en mettons ni n'en mettrons aucuns, qu'ils soient blancs ou rouges ! »

C. G. BERNARD

ANNIVERSAIRES
1er JUILLET – NAISSANCE DE LEIBNIZ (1646)

Libres propos (Journal d'Alain), 20 juillet 1927

Sang-froid : « Comme il allait par mer dans une petite barque, seul et sans aucune suite, de Venise à Mesola dans le Ferrarois, il s'éleva une furieuse tempête ; le pilote qui ne croyait pas être entendu par un Allemand et qui le regardait comme cause de la tempête parce qu'il le jugeait hérétique, proposa de le jeter à la mer, en conservant néanmoins ses hardes et son argent. Sur cela Leibniz, sans marquer aucun trouble, tira un chapelet, qu'apparemment il avait pris par précaution, et le tourna d'un air assez dévot. Cet artifice lui réussit; un marinier dit au pilote que puisque cet homme-là n'était pas un hérétique, il n'était pas juste de le jeter à la mer. » (Fontenelle, *Éloge de Leibniz*).

Mais voici ce qu'en même péril avait fait Descartes : « Étant sur le point de partir (de Danemark) pour se rendre en Hollande avant la fin du mois de novembre de la même année (1621), il se défit de ses chevaux et d'une bonne partie de son équipage, et il ne retint qu'un valet avec lui. Il s'embarqua sur l'Elbe, soit que ce fût à Hambourg, soit que ce fût à Gluckstadt, sur un vaisseau qui devait lui laisser prendre terre dans la Frise orientale, parce que son dessein était de visiter les côtes de la mer d'Allemagne à son loisir… Il avait affaire à des mariniers qui étaient des plus rustiques et des plus barbares qu'on pût trouver parmi les gens de cette profession… Les mariniers qui le prenaient plutôt pour un marchand forain que pour un cavalier, jugèrent qu'il devait avoir de l'argent. C'est ce qui leur fit prendre des résolutions qui n'étaient nullement favorables à sa bourse … et leurs délibérations allaient à l'assommer, à le jeter dans l'eau et à profiter de ses dépouilles. Monsieur Descartes voyant que c'était tout de bon, se leva tout d'un coup, changea de contenance, tira l'épée d'une fierté imprévue, leur parla en leur langue d'un ton qui les saisit, et les menaça de les percer sur l'heure s'ils osaient lui faire insulte. Ce fut en cette rencontre qu'il s'aperçut de l'impression que peut faire la hardiesse d'un homme sur une âme basse ; je dis une hardiesse qui s'élève beaucoup au-dessus des forces et du pouvoir dans l'exécution ; une hardiesse qui en d'autres occasions pourrait passer pour une pure rodomontade. Celle qu'il fit paraître pour lors eut un effet merveilleux sur l'esprit de ces misérables. L'épouvante qu'ils en eurent fut suivie d'un étourdissement qui les empêcha de considérer leur avantage, et ils le conduisirent aussi paisiblement qu'il pût souhaiter. » – (Baillet, *Vie de Descartes*, AT, X, p. 189[1]).

Textes communiqués par G.C.

DE LA VULGARISATION PHILOSOPHIQUE – UNE ÉDITION DU *DISCOURS DE LA MÉTHODE*

Libres propos (Journal d'Alain), 20 juillet 1927

Une collection d'auteurs classiques vendue à bon marché semble rendre inexcusable l'ignorance des œuvres premières de la pensée européenne. Si étonné que l'on soit de voir le même professeur éditer indifféremment le *Discours de la Méthode*, le *Manuel* d'Épictète et les *Fondements de la Métaphysique des Mœurs*, on se dit qu'après tout il n'est pas besoin d'une compétence universelle, mais seulement de patience, d'attention, de bonne foi. Modestes vertus. Mais non, pas si modestes. La librairie Hatier publie dans ses « Classiques pour tous », par les soins de M. Paul Lemaire, un *Discours de la Méthode* mutilé[2].

C'est peu ; il s'agit d'une phrase. Faute d'impression, omission, pourra-t-on dire. Omission qui suffit à nous avertir, contre si peu d'exactitude ou si peu de fidélité aux textes. Mais n'est-ce qu'une omission, et cette lacune ne signifie-t-elle pas bien davantage ? Qu'on en juge.

Descartes peut paraître un théologien pour qui Dieu revient à tout propos ; et, à le lire simplement, on peut prendre les preuves de Dieu pour une entreprise de piété. Il faut plus d'une lecture et bien des confrontations des *Lettres* et des *Méditations* pour voir au-delà. Mais dès le *Discours de la Méthode*, Descartes juge la théologie. Il dit là qu'il a fait son choix « entre les occupations des hommes purement hommes » ; or, pour entendre quelque chose à la théologie, il faut, dit-il, « être plus qu'homme » ; car les vérités révélées sont « au-dessus de l'intelligence ». Qui sait ce que l'intelligence est pour Descartes se dit que la théologie n'a pas de quoi être flattée. Et en effet, dans cette sévère revue des vaines disciplines de son temps, tout juste avant la philosophie de l'École, laquelle « donne moyen de parler vraisemblablement de toutes choses et de se faire admirer des moins savants », Descartes écarte la théologie par

1. Adrien Baillet (1649-1706), écrivain et érudit français, auteur d'une *Vie de Descartes* parue en 1691.

2. Paul Lemaire est l'auteur d'un *Précis de philosophie* (Paris, Hatier, 1925) et de nombreuses éditions scolaires des philosophes classiques.

cette brève sentence « qu'elle enseigne à gagner le ciel ». C'est beaucoup, peut-on dire; et Descartes n'y contredit pas. Mais, en fait, il a passé sa vie – sans toutefois craindre la mort (AT II, 481) – à tâcher de prolonger la vie humaine et à pousser les mathématiques. Il y a plus. Dans l'épître dédicatoire des *Méditations Métaphysiques* à la Sacrée Faculté de Théologie de Paris, Descartes dit que les infidèles doivent être convaincus par la raison naturelle, et ce n'est pas peu, étant donné ce qui précède : « J'ai toujours estimé que les deux questions de Dieu et de l'âme étaient les principales de celles qui doivent plutôt être démontrées par les raisons de la philosophie que de la théologie… » (Voilà donc l'infidèle qui a des droits. Il a le droit de dire au nom de la raison qu'il y a un cercle dans l'argumentation théologique) « …Et quoi qu'il soit absolument vrai qu'il faut croire qu'il y a un Dieu parce qu'il est ainsi enseigné dans les Saintes Écritures, et d'autre part qu'il faut croire les Saintes Écritures parce qu'elles viennent de Dieu (la raison de cela est que la foi étant un don de Dieu, celui-là même qui donne la grâce pour faire croire les autres choses, le peut aussi donner pour faire croire qu'il existe), on ne saurait néanmoins proposer cela aux infidèles qui pourraient s'imaginer que l'on commettrait en ceci la faute que les logiciens nomment un cercle. » O sacrée faculté de théologie ! Que voilà un homme qui s'entend bien à penser comme l'infidèle, et qui sait à quel prix on peut affirmer ! Car que peut valoir une doctrine qui donne elle-même les motifs pour qu'on la croie ? Croire ne vaut qu'après qu'on a examiné, confronté, comparé. Et la certitude est alors la récompense inséparable du doute. Or la révélation refuse de sortir d'elle-même pour se laisser juger. C'est elle qui dit ce qu'elle est. Juge et partie. Mais l'esprit seul est juge : « un esprit entièrement libre de tous préjugés », dit Descartes dans la même épître. La révélation c'est le verdict sans jugement, c'est-à-dire, à la lettre, le préjugé. Il est inutile de chercher à comprendre Descartes si on ne le comprend en ce qu'il apporte d'absolument inouï jusqu'alors, si même on ne va pas jusqu'à percer le secret de sa prudence qui réserve par dessus tout la liberté d'esprit et se garde par suite des attaques directes. Descartes est Descartes, pour lui et contre tous. Il est Descartes pour avoir écrit que « la théologie enseigne à gagner le ciel ».

Aussi n'est-ce pas sans un peu d'irritation que l'on voit cette phrase absente de la page 16 dans l'édition Hatier (Collection « les Classiques pour tous ») du *Discours de la Méthode*. Il est singulier que toute une phrase soit tombée à l'impression et telle précisément que rien ne peut faire soupçonner une coupure dans le développement. Si c'est là une collection classique, on se demande en quelle classe les professeurs ont appris leur Descartes pour passer là-dessus les yeux fermés ? Il est vrai qu'il y a à la page 17 : « Je révérais notre théologie et prétendais autant qu'aucun autre à gagner le ciel. » Mais il n'y a plus ici la relation expressément reconnue dans la phrase absente, et il y a le coup de bonnet. Cette phrase, d'ailleurs, ne pouvait tomber parce qu'elle commence un paragraphe. Et puis, qui verrait le sens véritable de cette « révérence », sans avoir vu d'abord la désinvolture du jugement ?

Ceci n'est dit que pour recommander la méfiance à l'égard de tous les textes. Ce n'est pas parce que la librairie en question est un fournisseur d'institutions religieuses que nous nous étonnerons de voir instaurer une si originale méthode d'édition. Cela ferait rire les pieux représentants d'un système sûr de son inaltérable vérité, et qui reproche assez souvent son insuffisance et sa partialité à l'enseignement d'État. Nous demandons qu'on supprime des collections de vulgarisation les notes tautologiques et les instructions ridicules, et qu'on nous donne en revanche des textes aussi exacts que possible pour vingt sous. S'il faut deux sous de plus, on les trouvera bien.

G. CANGUILHEM

SOTTISIER

Libres propos (Journal d'Alain), 20 juillet 1927

« La tenue militaire apparaît pitoyable, même à ceux qui sont le plus dénués du sens de l'esthétique… A l'appui de mon dire, je citerai quelques passages d'une lettre à moi écrite par un sous-officier rengagé de la garnison de Marseille : « …Connaissez-vous, mon colonel, la toile qu'on livre depuis deux ans pour servir à la confection des tenues d'été des sergents rengagés ? On a presque honte de s'habiller avec. Celle qu'on donnait auparavant ne faisait certes pas des tenues élégantes, mais elle était « potable », et vous donnait un peu tout de même l'aspect militaire. Aujourd'hui on a l'air d'être dans un sac… Si l'on continue à nous habiller aussi mal, je crois bien que les 70.000 militaires de carrière qui existent actuellement diminuent au lieu d'augmenter. » Voilà l'état d'esprit d'un brave garçon qui ne gémit pas pour le plaisir de se faire plaindre.

« Aussi bien, à ces doléances, les officiers ne restent pas étrangers, autant pour eux-mêmes que pour ceux qu'ils ont l'honneur de commander. Il y a quelques semaines se tenait l'assemblée générale de la Saint-Cyrienne… Et voici ce que disait l'un d'eux : « L'habillement misérable que les soldats traînent le dimanche par les rues afflige tous nos camarades. Le panache a toujours ses droits en France. Rappelons-nous nos enthousiasmes ; si le recrutement de l'École s'affaiblit chaque année, la cause en vient d'abord à cette question d'uniforme, si facile à résoudre. » – Lt. Colonel Rousset (*Petit Marseillais*, 23 juin).

Communiqué par G.C.

DEUXIÈME LETTRE À JEAN-RICHARD BLOCH

Vendredi matin [29 juillet 1927 de la main de JRB]

A Jean-Richard Bloch,

Voici; ils m'ont pris second : j'étais premier à l'écrit mais j'ai perdu une place par suite d'une leçon de psychologie un peu bête[1]. Mais je dois dire et vous me croirez que je suis entièrement heureux comme ça. Ils ont bien voulu me dire qu'ils étaient très contents de moi. Et moi donc ! (pas de moi ; d'eux). Je laisse tout cela. C'est suffisant. Je n'y vois que la liberté d'être maintenant mauvaise tête et de ne plus faire servir mon application qu'à ce qui me plaît.

Je vous écris à vous, parce que je ne vous ai jamais rien écrit bien que vous m'ayez comblé de vos livres et fait ma joie. Vous avez présenté *les Chasses de Renaut* comme une liquidation[2]. Mais les auteurs sont déconcertants. J'en suis encore transporté et jure que « Locomotives » figure parmi le plus beau de ce que vous avez fait, et je ne le connaissais pas ! Vous avez paru quelquefois surpris, me semble-t-il, de ma réserve et de ma répugnance à parler beaucoup. Je pense que vous n'avez jamais interprété cela comme défiance. Il faut dire seulement que si je fais le point après ces six années de travail à Paris je me revois à 17 ans, ignorant de tout, timide et superstitieux. J'avais vu de braves gens avant de venir à Paris; mais je ne savais pas qu'il y avait de grands hommes. Je ne soupçonnais pas que l'histoire était faite d'hommes un jour vivants, et que les hommes n'avaient pas tellement changé. Or tous les Hommes que j'ai trouvés depuis, il ne faut pas m'en vouloir si j'ai préféré me taire et contempler, plutôt que les importuner.

Je pars lundi chez moi, j'espère arriver à temps pour les gros travaux des gerbes. On verra bien.

Je pense que le ciel de la Mérigote[3] est chic, un peu plus que celui de Paris, et que bicyclettes et motos ont à avaler. Vous voudrez bien dire à Madame Bloch et à tous que je leur envoie mes plus véritables amitiés. J'ai un grand

1. Georges Canguilhem a été reçu second à l'agrégation de philosophie en 1927. Le premier est Paul Vignaux (1904-1987), futur historien de la philosophie médiévale et dirigeant du syndicat enseignant SGEN-CFDT. Le troisième est Jean Lacroix (1900-1986), proche du personnalisme d'Emmanuel Mounier, qui assurera une chronique de philosophie pendant près de quarante ans au journal *Le Monde*. Le quatrième est Jean Cavaillès (1903-1944), philosophe des mathématiques et résistant, ami de Canguilhem qui consacrera plusieurs textes à sa mémoire.

2. *Les chasses de Renaut. Deuxième livre de contes* de Jean-Richard Bloch vient de paraître en 1927 aux éditions de la N.R.F.

3. La Mérigote, à Poitiers, est la résidence secondaire puis, dans les années 20, la résidence principale de Jean-Richard Bloch.

regret à penser qu'il peut passer bien du temps avant que je vous revoie. Je n'avais pas l'habitude d'aller chez vous. C'était chaque fois une joie autre et nouvelle, et je n'ai jamais pu introduire là-dedans en pensée la régularité d'une fonction. Que je vous aie connus, que j'aie essayé de travailler avec France et Claude, je ne peux plus faire comme si cela n'était pas, comme si cela n'était pas promis par moi à la durée.

Cela dit, vous ne vous étonnerez pas que je me dise
Votre fidèle et affectueux

Georges CANGUILHEM

LA LOGIQUE DES JUGEMENTS DE VALEURS

Libres propos (Journal d'Alain), 20 août 1927 [a]

Le *Traité de Logique* de M. Goblot contenait quelques remarques vigoureuses sur la démonstration mathématique et sur la finalité, mais le chapitre concernant les jugements de valeur paraissait bien pauvre à côté. L'ouvrage consacré aujourd'hui à la logique propre de ces jugements ne l'est pas moins, aussi bien dans les chapitres de théorie que dans les exercices d'application. Ne voulant être ni proprement sociologue, ni courageusement métaphysicien, l'auteur est tombé dans une sorte de description verbale, de compilation riche en lieux communs. « Un traitement bon pour la santé est presque toujours mauvais pour le porte-monnaie » (p. 48). Tous les proverbes trouvent place dans ce livre, faux comme tous les proverbes dès qu'on y cherche un sens au lieu de s'en tenir au sentiment immédiat et, on dirait presque, au son qu'ils rendent.

Il s'agissait en somme de savoir ce qui guide les hommes dans leurs appréciations, en distinguant la valeur des choses et la valeur humaine. M. Goblot ramène à trois les fins ultimes des jugements de valeur : 1) la vie ; 2) le plaisir, la joie, le bonheur ; 3) les valeurs spirituelles, le vrai et le juste. « Les jugements de valeur qui concernent des fins ultimes ne peuvent être prouvés par aucun raisonnement » (p. 93). La remarque a de quoi surprendre ;

a. Un volume par E. Goblot [1], Paris, Armand Colin, 1927.

1. Edmond Goblot (1858-1935), professeur d'histoire de la philosophie des sciences à l'Université de Lyon, auteur d'un *Traité de logique* (1918) et d'un *Système des sciences* (1922). Il est aussi connu comme sociologue à la suite de son livre *La barrière et le niveau. Étude sociologique sur la bourgeoisie française moderne* (1925).

car si un raisonnement logique au sens ordinaire du mot pouvait prouver la valeur, à quoi bon chercher une autre logique pour les jugements qui la concernent ? C'est pourquoi nous refusons de voir le vrai mis ainsi au niveau du juste, et c'est peut-être là qu'est le nœud du problème. Car, pour ce qui est de la vie et du plaisir, c'est bien plutôt, malgré les apparences, de la nécessité qu'ils relèvent que de la valeur.

Sommairement, voici ce qui devrait guider une recherche sur les valeurs, autant qu'on peut dire d'après la réflexion. Tout ce que l'expérience sociale recommande d'après la tradition, tous les proverbes, ne visent qu'aux conséquences et reviennent à poser dialectiquement que si l'on veut telle chose, il faut faire telle autre. Mais ce sont préceptes comme pour pêcher à la ligne ou jouer aux échecs. Et la question alors devient de savoir si on pêchera à la ligne. Il n'y a qu'un proverbe qui, d'avance, nie les conséquences, et veuille la chose pour elle-même : « Fais ce que dois, advienne que pourra ». La logique de la prudence sociale se trouve désemparée devant ce genre de conclusion : « Tu dois, donc tu peux », exactement, comme la logique du syllogisme se trouve désemparée devant le « Je pense, donc je suis ». Cette manière de conclure, de poser un donc, doit faire soupçonner pour les idées un autre genre de liaison que la déduction classique. Voilà peut-être en quel sens on peut parler d'une logique des jugements de valeur. Bref, qu'on le veuille ou non, c'est Kant qui a fondé la logique des valeurs en réfléchissant sur les conditions de l'approbation universelle des hommes à l'égard des hommes, et en trouvant la liberté. On peut toujours railler ou injurier Kant, ou simplement passer une vie à le réfuter. M. Goblot ne lui ménage pas les critiques, bien que lui rendant justice (p. 75). Fouillée, par exemple, s'en est pris à Kant ; mais qui voudrait se faire un nom à ce prix ? Qui lit Fouillée aujourd'hui ? Qui le lira dans dix ans[1] ? Kant a trouvé en somme une logique dont la liberté est le levier, et il l'a fait à sa manière qui est la manière critique ou réflexive. Mais il n'a pas trouvé d'autre valeur que celle que tous les hommes reconnaissent. Descartes écrivait à la reine Christine le 20 nov. 1647 (AT V, p. 84) : « Tous les autres biens méritent d'être estimés, et non point d'être honorés ou loués, si ce n'est en tant qu'on présuppose qu'ils sont acquis ou obtenus de Dieu par le bon usage du libre-arbitre. Car l'honneur et la louange est une espèce de récompense, et il n'y a

1. Alfred Fouillée (1838-1912), maître de conférences à l'École normale supérieure, auteur de nombreux livres où il développe sa doctrine de *L'évolutionnisme des idées-forces* (1890) qui vise à « réconcilier dans son sein tous les systèmes », en particulier le positivisme et le spiritualisme.

rien que ce qui dépend de la volonté qu'on ait sujet de récompenser ou de punir ».

Toute autre logique, celle de la spéculation, qu'elle soit purement formelle, ou qu'elle soit transcendantale comme chez Kant, a pour appui la nécessité. Et l'intelligence elle-même, en tant qu'elle se réduit à la construction d'idées, n'échappe pas à la nécessité. Et de là vient que l'intelligence n'a de valeur elle-même que si elle révèle un autre pouvoir. C'est tant pis pour M. Goblot s'il n'a pas compris ce qu'est chez Platon l'idée du Bien, s'il parle ridiculement de l'idée du Parfait chez Descartes qu'il appelle un concept métaphysique (p. 22). Mais justement, toute la force de Descartes c'est que le parfait n'est pas un concept pour lui, mais la condition de toute pensée, donnée dans l'infinie liberté qui porte le doute à tous les moments des démarches de l'esprit. Aussi, que l'on admire un peu ce jugement ! « … Ce bien unique et total, l'Idée du Bien des Platoniciens, l'Idée de la Perfection de Descartes n'a jamais servi et ne peut servir à former aucun jugement de valeur. Ce pseudo-concept sert à poser des pseudo-problèmes qu'on résout par de pseudo-raisonnements, et ce n'est pas sans peine que l'esprit s'affranchit de toute cette pseudo pensée » (p. 25). M. Goblot a certainement oublié comment Descartes traitait les contradicteurs, et cela vaut mieux pour son repos intellectuel. La difficulté essentielle, qui aurait été d'opposer à la logique de la nécessité la logique de la liberté, et de voir si, au fond, la première n'aurait pas sa raison d'être dans la seconde, et s'il n'y a pas aussi des jugements de valeur dans ce que l'on dit du vrai, n'a pas été une seule fois abordée. Aussi bien c'est parfaitement inutile, et nous sommes une fois de plus confirmés dans cette opinion qu'on n'ajoutera rien aux pages invincibles par lesquelles Lagneau définit la nécessité et la valeur dans le *Cours sur l'existence de Dieu*[1]. M. Brunschvicg ne s'y est pas mépris dans son dernier ouvrage *Le progrès de la conscience dans la philosophie occidentale*, et c'est dans ce même livre que M. Goblot pourrait trouver une pensée à méditer : « Il n'y a rien au-delà de la liberté » (t. II, p. 754).

Ajoutons, pour terminer, que les quelques essais d'analyse de questions économiques ne paraissent pas mieux réussis, et que le socialisme est violemment malmené, sans qu'on essaie de se demander s'il n'y a pas là un effort pour reconnaître des valeurs dans un domaine longtemps abandonné à la nécessité brute. « Les militants du parti croient tout ce que l'Église socialiste enseigne ; ils croient les yeux fermés, sans savoir ce qu'ils croient » (p. 152). Ce n'est pas ici le lieu de parler politique, mais ne pense-t-on pas qu'il en est ainsi ailleurs que dans le socialisme, par exemple dans l'Église catholique ou dans

1. Sur Lagneau, cf. *infra*, p. 220.

les troupeaux chauvins de la firme Maginot-Marin[1] ? Et s'il y a de l'incrédulité quelque part, et une inclination naturelle à contredire, n'est-ce pas pourtant dans le prolétariat, comme le notait A. Comte ; et ne venons-nous pas de voir, à propos d'une loi récente, que c'est aussi – bien heureusement pour lui – dans le socialisme. Ce n'est pas pour reprocher à M. Goblot de n'être pas socialiste. Mais on a le droit de lui demander de ne pas ajouter un lieu commun à tant d'autres qui figurent dans son livre.

A la fin de sa préface, M. Goblot, expliquant pourquoi il a publié un livre qu'il estime insuffisamment élaboré, écrit : « Quand viendra l'irréparable outrage des ans, quel Gil Blas m'en avertira ? ». Si nous n'étions pas gentils comme nous le sommes, nous laisserions entendre à M. Goblot que ce Gil Blas nous croyons l'avoir trouvé dans son livre. Mais par ailleurs, il serait inutile d'être sévères, puisque M. Goblot s'est méfié et s'est habilement mis hors d'atteinte par ces mots : « Et à quoi bon un tel avertissement puisque l'archevêque de Grenade a mieux aimé penser que son secrétaire n'y entendait rien ? ».

TROISIÈME LETTRE À JEAN-RICHARD BLOCH

Dimanche 4 septembre (1927)

Voilà. J'ai été bien heureux de recevoir votre lettre et je n'accepte les longues explications préliminaires que parce qu'elles m'apprennent un peu de vous et que vous êtes vainqueur, ce qui est toujours chic et la seule chose que j'aime sans réserve chez les autres et aussi chez moi quand j'essaie. Je regrette que vous écourtiez votre lettre à la pensée que j'irai là-bas parler avec vous, et que vous teniez à des explications de ma part que vous voulez faites sur place. Je peux dire que j'ai la plus grande envie d'aller à la Mérigote et qu'aucun scrupule ne me retient après ce que vous me dites. Mais depuis trois ou quatre ans des événements toujours trop semblables, et malheureusement inévitables encore pendant quelque temps, se jettent en avant de mes projets et de mes préférences. Je n'ai pas à choisir entre un mode de vie et un autre. Je ne puis quitter celui que j'ai. Je fais de nécessité vertu et j'en suis heureux à la fin, car lorsque la volonté transforme le hasard en délibération et l'accident en

1. André Maginot (1877-1932), ministre de la guerre dans le gouvernement Poincaré en 1922, il sera en 1929 à l'origine de la construction de la ligne de fortifications qui porte son nom. Louis Marin (1871-1960), ethnographe et homme politique nationaliste, ministre des pensions dans le gouvernement Poincaré en 1926, il est hostile à la politique étrangère d'Aristide Briand.

persévérance, c'est un signe que l'on ne renie pas, je crois, sa tâche d'homme qui est d'être quelque part. Si j'avais le choix je serais marin et non laboureur et cavalier en espoir. Mais je laboure. Beaucoup trop d'affaires auxquelles un enfant ne devrait pas avoir part sont ici. Si je partais, nul ne dirait rien, tous seraient heureux très fort du bonheur que j'irais chercher. Mais je n'aime pas ces résignations même joyeuses. Je ne veux aucun sacrifice pour moi.

Je dirai donc ce qui est. Il reste très peu d'espoir et une très grande envie. Je ne dis pas non car ce ne serait pas tout à fait cela et je repousse de toutes mes forces l'absolu. Mais je ne peux dire oui. Je peux seulement promettre que je ferai tout pour le petit espoir. Ce ne serait pas plus de cinq jours, après le 20 sept. mais ce serait beaucoup pour moi. Je me refuse à garantir, car j'accepte ici une nécessité indépendante de moi et je ne veux pas vous donner de fausse joie. On verra.

Pour J.-R. Bloch et les siens je reste

Georges CANGUILHEM

ESSAIS – A LA MANIÈRE DE ...[1]

Libres propos (Journal d'Alain), 20 octobre 1927

Quand Essival mourut, Evatsug Nosnal fut nommé directeur et chef dans la Haute École Normale où les jeunes Francomans étaient préparés à l'art

1. Cet article est un compte rendu par Canguilhem et Broussaudier, à la manière de Voltaire, de la revue annuelle de l'École normale supérieure de la rue d'Ulm (Mlu) de 1927. Essival désigne l'historien Ernest Lavisse (1842-1922), auteur de célèbres manuels d'histoire et directeur de l'École normale supérieure depuis 1904. Evastug Nosnal, c'est l'historien de la littérature Gustave Lanson (1857-1934), qui succède en 1927 à Lavisse à la direction de l'École normale. Evelniap est Paul Painlevé (1863-1933), normalien, professeur de mathématiques au Collège de France, qui est alors ministre de la guerre. Xueadrob, est Henry Bordeaux (1870-1963), avocat et romancier catholique traditionaliste. Etoryep est Peyrotte, le commandant militaire de l'École normale supérieure. Les élèves réprimandés à la suite de cette revue sont Sylvain Broussaudier (1904-1980), (Reiduassuorb), Georges Canguilhem (Mehliugnac) et Jean Le Bail (1904-1965), (Liab-El). Broussaudier et Le Bail sont membres du groupe socialiste de l'École normale supérieure. Broussaudier, futur militant syndicaliste enseignant, beau-frère de Jean Le Bail, sera membre de la Ligue internationale des combattants de la paix, présidée par Félicien Challaye, mais, à la différence de celui-ci, il ne collaborera pas sous l'occupation. De même Jean Le Bail, pacifiste mais non collaborationniste, qui sera après la guerre député, puis sénateur socialiste de la Haute-Vienne. Sur cette revue de 1927, *cf.* J.-F. Sirinelli, *Génération intellectuelle. Khâgneux et Normaliens dans l'entre-deux-guerres*, Paris, Fayard, 1988, p. 322-343. Durant cette revue est chanté un morceau, « Sur l'utilisation des intellectuels en temps de guerre », dont J.-F. Sirinelli

d'enseigner. Evatsug venait en droite ligne, par la rue de Mlu, de l'antique Ennobros où ses pareils déjà faisaient la joie de Rabelais. De taille petite et de voix faible, Evatsug balançait ces infirmités par un ton d'autorité convulsif, indécent à un vieux et sage derviche couvert de plaques et d'ans. Les jeunes Francomans qui venaient s'instruire dans la rue de Mlu feignaient la plupart du temps d'avoir mauvais caractère, et parfois l'avaient réellement. A penser, on peut apprendre à briser les apparences où le monde se meut et où Evatsug passait sa vie. Mais les regards sans respect importunent tout ce qui craint d'être mis à nu, et c'est pourquoi l'on crie à la corruption de la jeunesse.

Un temps vint où la Haute École fut pacifiquement envahie par les guerriers de profession. On enseigna aux jeunes lévites francomans non seulement à instruire les gens, mais encore à pouvoir, le cas échéant, faire tuer proprement des hommes. « Car, leur disait le satrape Etoryep, c'est vous en somme, Elite de la Nation, qui conduirez au feu les troupes ». Troupeaux aurait

attribue la paternité à Georges Canguilhem. Les références négatives à Paul-Boncour, Taine et Lévy-Bruhl sont en effet bien dans sa veine (*Cf.* Sirinelli, p. 326-327).

I

Quand l'heure sonnera de défendre la France,
Quand vieillards et marmots partiront tour à tour,
Faudra que vous marchiez pour nous sans rouspétance
Ou vous aurez le cul botté par Paul-Boncour !
Refrain
Vous coupiez les ailes au génie,
Faudra les fair' servir demain
Aux canards lâchés en série
Sur Moscou, sur Berlin !

II

Lévy-Bruhl prouvera, en mesurant des crânes,
Que les Poméraniens sont des rétrogradés,
Que les fils de la Louve ont des mâchoires d'ânes,
Et qu'ils ont à Moscou les neurones atrophiés !
Refrain

III

Bédier, pour démontrer que notre France seule
A cultivé l'esprit, publiera les portraits
De Taine et de Lanson, dont les radieuses gueules
Font éclater aux yeux le pur génie français !
Refrain

Déjà à l'occasion de la revue de l'École normale supérieure de 1925, qui moquait Gustave Lanson, et à laquelle assistait Édouard Herriot, alors Président du Conseil, Canguilhem avait improvisé un texte, plus bon enfant, chanté sur l'air du *Petit soldat de bois* : « Herriot, si on avait su plus tôt ta venue/On t'aurait fait dans la revue/Une place tout aussitôt/Tout de même tu as eu raison/De venir prendre une leçon/Ne fais pas comme Lanson » (*Cf.* A. Cohen-Solal, *Sartre (1905-1980)*, Paris, Gallimard, 1985, p. 97).

aussi bien sonné dans sa bouche. Les sbires inférieurs, chargés du menu de l'instruction guerrière, faisaient du sort réservé à l'élite des tableaux délicieux : « Ici, disait-on en montrant un schéma d'échauffourée, soyez sans crainte aucune, vous périrez infailliblement ». Charmante sécurité de la mathématique ! D'autres fois on ajoutait qu'en de telles circonstances pas un lévite n'en était revenu vivant. Tout cela réchauffait les cœurs. Les fils de grand-vizir tressaillaient d'aise et perdaient le repos. Certains lévites – dont on murmura après coup que la qualité était inférieure – prirent le parti de contredire et eurent l'audace d'être mécontents, l'audace pire de manifester leur répugnance.

Tous les ans les lévites donnaient un divertissement-ballet où leurs instructeurs étaient représentés sous ces traits ridicules qui enchantent les uns et font se hérisser les autres, selon le côté par où l'on voit la vérité. Les instructeurs y venaient avec bonne grâce s'instruire sur eux-mêmes, à l'exception de ce petit nombre de suffisants qui, partout et toujours, croit se connaître assez. Les instructeurs guerriers jouaient leur rôle dans la caricature, comme on le comprend aisément si l'on songe qu'ils étaient du haut personnel de l'établissement et y tenaient bien leur place. On les voyait mieux que tous les autres, à cause de leur accoutrement, et l'on connaît la fable sur « Les Deux Mulets ». Fable sans faute, si l'on veut bien le dire, et qui aurait dû épargner aux satrapes la colère de se voir exposés aux projections de traits.

Bref, à l'un de ces divertissements, les instructeurs à cimeterre furent peints sans ménagement. L'un deux chantait en quelques couplets sa joie des escarmouches, raison de son métier, tout comme un vitrier dirait sa joie des garnements qui lancent des pavés aux fenêtres. Ces couplets exprimaient en termes violents un sentiment qu'aurait compris l'académicien Xuaedrob lui-même, ancien satrape à trois galons de feu. Mais Evatsug et les pontifes avaient mal lu le G.Q.G.. Qui plus est, ils n'allaient pas aux leçons des instructeurs guerriers et ignoraient que le métier d'un homme est fait de ce qu'il fait, et qu'il faut appeler pelle, une pelle, sabre, un sabre, mort, la mort. Le souci de garder le bon ton, pour plaire au Sultan, fit que le feu prit. Le divertissement avait été sifflé par quelques fils de satrapes et quelques-uns de ceux dont les vœux appellent le fouet pour la canaille. Un folliculaire, célèbre pour avoir un jour souillé des étendards, s'alarma pour la cause des étendards – qui sait ? peut-être pour les mêmes – et il mit en cause Evatsug, qui n'en demandait pas tant pour faire sentir sa présence. Interrogatoires, sermons, tout fut mis en œuvre. Et malgré cinquante lévites qui se présentèrent selon l'usage comme responsables des refrains, quelques noms seulement furent retenus, et pour une fois avec raison, car il faut bien qu'enfin les réputations aient un sens et que les caractères se soutiennent Il y eut séance dans la Grand'Chambre où Evatsug vint en justicier lire devant la foule des lévites ce qu'il avait arrêté. Ne te fie pas à ta justice, dit saint Antoine dans Jacques de Voragine[1]; mais le derviche Nosnal ne lisait pas les livres saints. Evatsug se croyait fort subtil et sage parce qu'il lisait son éloge partout. Il avait écrit sur les écrivains de ces livres où l'on mesure le génie et la valeur des autres d'après ceux qu'on croit posséder. Or, comme dit l'Ingénu, « il y a de certains moucherons qui vont déposer leurs œufs dans le derrière des plus beaux chevaux : cela ne les empêche pas de courir ».

Donc, Evatsug Nosnal lut dans le silence : « J'ai jugé que la complainte où le corps des officiers francomans était pris à partie de la façon la plus outrageante et la plus calomnieuse, sortait complètement de l'ordre des plaisanteries qui font le caractère habituel de ces divertissements, et constituait une manifestation de parti et de haine sociale. Les auteurs et le chanteur de ces couplets indignes d'une intelligence cultivée et probe (la première rédaction de l'arrêt portait : qui dénotent une très basse mentalité) ont compromis l'École en faisant servir la Revue de l'École à la manifestation d'opinions et de passions particulières ». Après quoi Evatsug blâmait sévèrement les lévites Reiduassuorb, Mehliugnac et Liab-El, ce dernier « parce qu'il avait pris au cours de l'enquête une attitude impertinente dont on pouvait se demander si elle n'était pas calculée pour masquer son véritable rôle dans l'affaire » (*sic*).

A la fin d'un livre sur l'art de la prose (p. 302-03), Evatsug Nosnal avait jadis écrit : « Et peut-être qu'un jour, après que nous nous serons appliqués pour notre compte à bien penser et à parler juste, peut-être un jour que grâce à eux, après notre mort, quelqu'un feuilletant nos paperasses, écrits professionnels, correspondance d'affaire ou d'amitié y remarquera un accent, un effet, où à notre insu, malgré nous, nous aurons en quelque endroit trouvé le style, où notre prose pratique pendant un moment aura pris le grain d'une prose d'art ». Comme on voit, Evatsug avait parlé pour lui, et son rapport de police avait vraiment pris le grain ; on y trouvait l'accent. Littérairement donc, Evatsug restait sans reproche, mais judiciairement il était en défaut. Car non content d'avoir usurpé le pouvoir de justice qui appartenait à un conseil d'instructeurs, il avait de lui-même transmis le nom des coupables aux instructeurs guerriers et au Grand Chef des Satrapes Francomans, Evelniap, en qualité de camarade. Les lévites non blâmés protestèrent auprès d'Evatsug qui

1. Jacques de Voragine (v. 1228-1298), archevêque de Gênes, est surtout connu comme l'auteur de la *Légende dorée*, qui est une compilation de vies de saints et de saintes du calendrier liturgique.

nomma lâcheté cet acte collectif d'indépendance. Les lévites mis en cause se plaignirent au Recteur Magnifique qui fit le mort.

Les jeunes lévites avaient en tête de plus réels et plus pressants soucis, et une fois de plus ce sont ceux qui ont le moins peur des coups qui laissèrent le dernier mot au faible, préférant la paix aux hostilités. Nosnal put se croire vainqueur et béni de la Francomanie tout entière, ignorant que l'adjectif nosnalesque était pris désormais comme équivalent à grotesque, oubliant que le mépris n'est pas si méprisable que disent les méprisés et veut plus de hauteur d'âme qu'ils ne jugent, que rien enfin n'est si ridicule et odieux qu'un vieillard belliqueux dont l'impunité ne vient que de l'imbécillité même.

Ceci n'est pas un conte moral. Il n'y a pas de tableau final de réhabilitation et d'apothéose. Les sages à parchemins sont désarmés ici. Pour ce qui arriva, Nosnal le sait et quelques autres.

VOLTAIRE

N.-B. – Par une incroyable erreur typographique, tous les noms propres de ce conte, à l'exception de Rabelais, de saint Antoine et de Jacques de Voragine, ont été renversés. On a pensé que les lecteurs aimeraient les rétablir eux-mêmes.

S. BROUSSAUDIER et G. CANGUILHEM

MONTAGNES ET FRONTIÈRES

Libres propos (Journal d'Alain), 20 novembre 1927

Quand l'homme est au pied des montagnes et que derrière elles le soleil se lève ou se couche, que les nuages montent d'une vallée dérobée aux regards, poussés par un vent qu'on ne sent pas encore, l'homme n'accepte pas ces apparitions et disparitions comme une inexplicable fantaisie. Tout enfant a joué au jeu de cache-cache, jeu plein de profondeur, où l'esprit et le corps s'excitent mutuellement à l'investigation et à rétablir les liaisons des objets, trouvant dans les règles du jeu, par la vertu de l'institution, la raison de la sécurité pensante. C'est ainsi que l'enfant apprend à étaler à ses yeux le monde où il joue, et c'est pourquoi l'homme sait percevoir. « Plus avant » est une belle devise, et réellement toute pensée qui n'est pas répétition va plus avant, comme toute découverte enrichit[1]. C'est jusque-là qu'il faut aller pour

1. « Plus avant », « plus oultre » est la devise de Charles Quint.

comprendre l'appel des montagnes et les marches vers les cols et l'enthousiasme migrateur.

Un mont n'est donc en rien un obstacle, mais au contraire un attrait, s'il est vrai qu'il n'y a point d'obstacle qui ait un sens sans l'idée inséparable de le franchir et de le nier. Voir au delà, contourner le mont, c'est comme pour l'enfant découvrir tout l'univers, et retrouver ce qui manquait en contournant la robe de la mère prudemment serrée dans de petites mains. Pour l'imagination seule, les montagnes sont frontière, et de loin les peuples se croient à l'abri, ayant éprouvé qu'une haie coupe le vent. Mais si l'on va à la montagne, on y voit des deux côtés les mêmes gens, passant de part et d'autre, semblables la plupart du temps pour les travaux, l'endurance et l'ardeur. Il faut penser à ces échanges entre un versant et l'autre, et voir dans la contrebande bien autre chose qu'un défi aux lois, mais plutôt une institution réelle qui, aux frontières mêmes, nie énergiquement les frontières, et maintient l'union vraie contre l'arbitraire; institution portée par le sol, infailliblement guidée par les détours des sentiers et des ruisseaux, ces signes humains et naturels de la nécessité. Tandis que la frontière suit une ligne incertaine, proprement sans existence, bien moins large dans la réalité que sur une carte d'atlas où l'œil de l'écolier suit des sinuosités aux couleurs vives.

C'est sur le carton seulement que l'astuce politique a pu faire, grâce à un peu de rouge, une démarcation; et c'est sur le carton seulement que la plupart des hommes ont vu la frontière. Dans *Liluli*, les écoliers franchissant les montagnes sont condamnés à lire dans leur manuel : « Quand Annibal passa les Alpes… »[1]. Ainsi pour nous tous. Cependant peu à peu, dans les travaux des savants, on voit s'évanouir le mythe des frontières naturelles. Mais les peuples n'en savent rien. Ils ignorent aussi par quel miracle les anciens ont appelé pont, c'est-à-dire passage, ce qui paraît à l'imagination un obstacle définitif, l'immensité marine. La réflexion découvre qu'un pas n'a pas de sens, qu'un champ n'a pas de sens, qu'une baie n'a pas de sens, mais qu'il faut toute la route, toute la terre, toute la mer. On ne peut s'arrêter avant le haut du mont, puisque la pente est tout entière présente dans la moindre de ses parties, qu'on est porté où l'on est par tout ce qu'on a monté, et que le lieu où l'on est ne tient que par ce qui reste à gravir. L'espace s'ouvre toujours, car l'esprit est toujours devant, reliant tout et faisant l'unité des démarches et des entreprises et du monde qui les contrarie ou les soutient. Si donc l'on ne va pas au bout, c'est par fatigue uniquement et non parce qu'il y aurait des séparations véritables. Et c'est moins souvent par fatigue que par lâcheté. Quand la frontière est en

1. Cf. *supra*, p. 106 et p. 166, n. 2.

question, le gouvernement se retire à Bordeaux. Symbole inoubliable. On ne peut mieux refuser de voir la chose, et trahir la fureur de se crever les yeux pour se donner raison.

Il fut un temps où l'on croyait à un monde où les dieux pourraient soudainement faire des déchirures pour produire au jour ou retirer ce qui leur plaisait; et malgré Descartes et la physique, il y a encore des vieilles femmes pour croire aux revenants. Sans doute, en politique, nous avons à peine quitté le moment où l'on croit à des pays fermés, à des races sans merci; et les Descartes de la politique sont trop peu nombreux pour que l'opinion n'appartienne pas encore aux vieilles femmes, c'est-à-dire aux gouvernants. Et si nous avons à défendre les frontières, n'est-ce pas en fin de compte parce que les hommes ignorent encore qu'ils perçoivent et parcourent un monde un? Les géographes, depuis quelques années, proclament l'unité du tout terrestre comme une découverte de grand éclat. Merci au Collège de France! Mais les courbes de niveau et le marteau du géologue étaient en vérité bien inutiles ici. La réflexion suffit, et un peu de plaisir à parcourir l'univers. Les politiques seuls s'obstinent à protester sèchement contre l'unité de leurs perceptions, et peut-être après tout ne savent-ils plus percevoir. Et ceux qui s'appliquent à montrer de la docilité de caractère et disent timidement oui à ce qu'ont entrepris de crier les gens simples, réjouis simplement de la loi de leur pensée – comme ceux qui ont manqué une porte ouverte et reconnaissent après coup qu'elle était entrebâillée, pour ne point sembler si sots de nier ce qui crevait les yeux, et ceux qui craignent de tirer sur un câble dont les filins sont usés. Imbéciles! Tirez donc, la corde est solide.

G. CANGUILHEM

FAMILLE ET CASERNE. NOTES DU SOLDAT

Libres propos (Journal d'Alain), 20 décembre 1927[1]

Je tourne et retourne un livre venu témoigner pour la famille en un lieu où la patrie nie et détruit la famille par l'armée. Le colonel dit: « Mes enfants, votre régiment est une grande famille ». Imposture. Ici, au lieu de cet amour qui pousse et presse à chercher l'homme au plus haut et à supposer le meilleur sous

1. De novembre 1927 à avril 1929, Georges Canguilhem accomplit son service militaire. Les « notes du soldat » ou « notes militaires », non signées, qui courent sur toute cette période, peuvent assez plausiblement lui être attribuées.

peu de signes, c'est l'inverse et l'on va chercher l'homme au plus bas pour le lier à ce qui est en lui de moins noble. Tous les paysans ou forgerons ou maçons qui s'honorent dans leur famille de leur vaillance et de leur habileté reconnues, louées, renforcées par l'appel qu'on leur adresse, sont ici dispersés aux quatre coins, loin des regards des maîtres, mécontents de tout, et agissant sans cœur par cela seul que vingt fois par jour on les méprise ouvertement, on met en doute leur courage, on se défie d'eux. Les femmes échappent à cette vie et c'est à quoi l'on doit de voir la famille toujours construire et élever, malgré les négations. Mais l'homme revient un moment à l'animalité pour les mœurs, l'expression, le langage. Si l'on pense qu'on ne peut réellement forcer les paysans à envoyer à l'école leurs petits, et que pas un ne songe à discuter la caserne obligatoire, tellement elle apparaît de coutume et de nécessité, on doit se demander en quelle préhistoire nous vivons.

Le soldat

QUATRIÈME LETTRE À JEAN-RICHARD BLOCH

Nîmes, 8 janvier 1928
A Jean-Richard Bloch
Du deuxième canonnier-conducteur G. Canguilhem

L'amitié sait trouver ses voies et venir au secours. Que ce soit vous qui m'écriviez le premier me couvre de honte, ce sentiment ne m'étant pas encore devenu étranger malgré le cynisme militaire. Et considérant votre bonté bien plutôt que mes mérites (lesquels du reste ? je le demande) je me vois confondu. Tant pis. J'ai décidé de me laisser aller tout à fait à la joie d'avoir votre lettre, même imméritée. Je pense qui si J. et M. Alexandre vous voient ces jours-ci comme ils en ont l'intention ils vous donneront de moi des nouvelles plus réelles, parce que soutenues par le souvenir de la perception récente[1]. C'est

1. Michel Alexandre (1888-1952), agrégé de philosophie en 1912, professeur en classes préparatoires au lycée Henri IV, marié à Jeanne Halbwachs. Pacifiste dès 1915, il est secrétaire de la Société d'études documentaires et critiques sur la guerre, fondée en janvier 1916 par l'économiste Charles Gide. Élève d'Alain, il le convainc de publier les *Libres propos* de 1921 à 1936, et permet la publication de cette revue grâce à un héritage qu'il vient de faire. De 1934 à 1939, il représente Alain au Comité de vigilance des intellectuels anti-fascistes, que celui-ci avait créé avec le physicien Paul Langevin (1872-1946) et l'anthropologue Paul Rivet (1876-1958) au lendemain du 6 février 1934. Il y incarne la tendance « pacifiste intégrale » avec Léon Émery : il est ainsi hostile à l'aide aux républicains espagnols. Il fait également partie de la minorité ultra-pacifiste de la Ligue des droits de l'homme, qu'il quitte en 1937 en raison de la politique

vrai qu'on a beaucoup parlé de vous à nous trois et que l'on a souvent confronté vos pensées supposées ou reconstituées aux nôtres. C'est bête que ceux qui se sont connus par l'intermédiaire les uns des autres ne puissent jamais être réunis. Ce que nous avons dit, et comment je prends ma situation présente vous sera rapporté par la vigilante amitié, si vous n'avez pas encore fui vous dérobant aux ennuyeux, mais du même coup et malheureusement aux vrais fidèles.

Au cas où la province vous abriterait et pour longtemps peut-être, je veux moi-même pour vous faire le point.

Il ne fallait pas s'attendre naturellement à ce que j'accepte d'être officier ici, l'ayant refusé à Normale à un moment où il y aurait eu une raison valable d'accepter, c'est-à-dire une réduction de six mois d'esclavage. J'ai donc opposé un non calme et résolu aux prières, aux prédications, aux ordres. J'ai acquis la haine du capitaine, l'estime du commandant, l'indignation de deux colonels. Je n'ai pas changé. Je n'ai cessé de dire que je voulais faire un bon simple soldat conducteur. Trois lieutenants m'ont fait des avances à quoi je n'ai pas répondu. Les plus simples de mes compagnons ont compris et dit que mon attitude n'était pas flatteuse pour les officiers. Tout le monde a su que j'avais insulté l'armée en disant dans mon récit d'impression que j'étais heureux de venir vivre avec les chevaux. J'ai donc passé un mois à la batterie à étriller, à tirer du fumier, à cirer des bottes d'adjudant. Après quoi on m'a enrôlé d'office dans le peloton des sous-officiers. Là je n'ai rien à dire puisque, brigadier, on vit avec les hommes et on peut les aider. Il me suffit d'être séparé par cette barrière infranchissable qui met un abîme entre un adjudant même de

de fermeté de la Ligue face au nazisme. Il est également très favorable aux accords de Munich : si la paix a été sauvée, « c'est que, pour la première fois, la France et l'Angleterre ont appliqué la formule qui depuis quatre ans fut d'emblée nôtre : ne résister que sur des positions enfin défendables, c'est-à-dire après avoir fait pleine justice aux revendications adverses ». En septembre 1938 il lance la pétition du Syndicat national des instituteurs : « nous ne voulons pas la guerre ». En 1939 il signe le tract « Paix immédiate » rédigé par Louis Lecoin. Révoqué par les lois anti-juives de Vichy, arrêté, puis libéré grâce à l'intervention de Léon Émery, qui était alors devenu collaborateur, Alexandre se réfugie ensuite en zone libre, où il se cache pendant la guerre. Après la guerre il sera professeur de philosophie en classes préparatoires aux lycées Louis-le-Grand et Fénelon. Deux volumes de ses cours ont été édités par ses élèves : *En souvenir de Michel Alexandre.Leçons, textes, lettres* (Paris, Mercure de France, 1956) et *Lecture de Kant* (Paris, P.U.F., 1961). Jeanne Alexandre (1890-1980), née Halbwachs, est elle aussi une militante féministe et pacifiste très engagée, dès le début de la première guerre mondiale : elle est alors secrétaire générale du Comité international des femmes pour la paix permanente (Sur les Alexandre, *cf.* J.-F. Sirinelli, *Génération intellectuelle*, *op. cit.*, p. 431-436. Sur M. Alexandre, *cf.* Collectif, *En souvenir de Michel Alexandre, leçons, textes, lettres*, Paris, Mercure de France, 1956 et J. Alexandre, M.-J. Flamand, *Michel Alexandre par lui-même*, recueil ronéotypé, Nîmes, 1981).

50 ans et un sous-lieutenant même de 22 ans. Il me suffit d'être de la tourbe sur laquelle tombent les regards méprisants des chefs.

L'ennui serait mortel et l'humiliation sans mesure, si les exercices à cheval ne me procuraient un plaisir vif, plus fort que je n'espérais lorsque je tenais, malgré tant d'avis contraires, pour vouloir être dans un régiment monté.

J'ai une simplicité assez rustique pour n'être froissé ou choqué par rien, même par ce qui passe les bornes. Il ne faut donc pas aller croire que je puisse souffrir. Certes je le pourrais, si j'écoutais mon cœur. Mais je ne veux pas. Cette épreuve était sue, voulue d'avance, mesurée d'avance. Irais-je me plaindre des coups. « Tu l'as voulu Georges Canguilhem ». Ceux pour qui intellectuel et philosophe sont l'équivalent de subtil, de précieux et de compassé, sont renversés de me voir si rudimentaire et si primitif avec les chevaux ou avec les hommes quand il le faut. Mais j'avais la vie paysanne, et j'ai deux métiers. Donc tout est bien. Je vois, et je retiens. La colère ne chôme pas, mais je l'apaise.

Alain a raison. La politique est un problème d'élection et de résistance. Qui ne veut pas être soldat d'abord, électeur ensuite n'entendra rien au jeu des pouvoirs, même socialistes, même communistes. J'avais du mépris pour certains camarades j'en ai encore plus maintenant. Je déteste les prophètes.

Mais voilà assez sur moi.

Je voudrais savoir si les Simler continuent à vivre et si l'on retrouvera bientôt Joseph, Ben, et Louis, et si l'on lira encore les lettres d'Hélène[1]. Pardon pour cette indiscrétion outrée. Mais j'ai besoin autour de moi d'hommes de la trempe Ben[2]. A Paris il s'en trouvait quelques uns. Ici c'est le désert.

Je pense que vos travaux ont pour eux le temps et l'espace et que vous avez les joies du métier.

J'espère aller en permission à Paris au printemps prochain et si cela est je serai heureux de savoir que votre trajectoire ne s'en écarte pas trop.

1. Les Simler, une famille d'industriels juifs du textile, originaires d'Alsace et réfugiés à Vendeuvre en Normandie après la guerre de 1870, sont les héros du livre de Jean-Richard Bloch, ... *Et compagnie*. La bibliothèque de Georges Canguilhem conserve un exemplaire de 1925 avec comme envoi : « A Georges Canguilhem, en vigoureuse sympathie, confiance et reconnaissance ».

2. Dans ...*Et compagnie* Benjamin Stern, un cousin des Simler, qui a fait fortune aux États-Unis, est sans doute le représentant de Jean-Richard Bloch. Il a certes réussi matériellement mais ne devient pas pour autant un bourgeois comme les autres et il reste fidèle à ses valeurs juives : « le difficile n'était pas de les surpasser, mais de les surpasser en restant soi-même, et non pas en devenant de simples gens riches, semblables à tous les parvenus du monde. Quand on est, sur toute la terre, le plus ancien des ouvriers et le plus ancien des aristocrates, on ne se permet pas de déchoir » (... *Et Compagnie*, Paris, 1925, p. 446).

Je vous prie de me rappeler au bon souvenir de Mme Bloch et d'assurer tous les vôtres de la consolation que j'ai à évoquer ce que je dois à l'amitié.

Je vous souhaite des journées bien remplies et joyeuses, et vous envoie mes reconnaissantes pensées,

Georges CANGUILHEM
19e RAD, Peloton E.S O., Nîmes

NOTES MILITAIRES

Libres propos (Journal d'Alain), 20 janvier 1928

Il y a une phrase qu'on peut répondre à presque toutes les questions posées aux soldats sur l'état et l'entretien règlementaires des vêtements, des armes, des chevaux, des locaux. Comment doivent être tenues les écuries ? Les écuries doivent être tenues dans le plus grand état de propreté. Comment doit-on entretenir les vêtements ? Les vêtements doivent être entretenus dans le plus grand état de propreté. Quels sont les devoirs du bon soldat ? Le premier devoir du soldat c'est d'être propre. Si l'on voyait paraître au régiment une décision ainsi conçue : « Désormais les chevaux, mulets et autres animaux de trait présenteront, comme les hommes, aux appels du matin et de l'après-midi, leurs sabots noircis et reluisants », il n'en faudrait pas rire. Le système est à cette hauteur. Et que voit-on ? Des écuries propres, des cuisines douteuses, des vêtements sales, des lavoirs indescriptibles.

Le règlement règle aussi la distribution de l'eau. Il y a donc les heures pour l'eau et les heures sèches. On s'attend à découvrir dans quelque coin un fellah égyptien ouvrant et fermant des canaux, près d'une source, et nouant sa corde de fibre, en guise de comptabilité. C'est un trait de l'Orient que de mesurer l'eau, et sur ce point, comme sur tant d'autres, le pouvoir militaire a quelque chose d'oriental. Assurément, d'être préposé aux robinets est une fonction complète et définie, une caste parmi les castes, avec une manière propre de s'accroupir et de fumer. Mais comme il existe, à côté de cette stricte règlementation, un arbitraire fondé sur le pouvoir qu'a un supérieur, pour ordonner telle corvée, d'interrompre le travail commencé ou de supprimer l'exercice prévu par un chef moins élevé en grade, on en vient à une négation du règlement par le pouvoir même, puisque les travaux ne coïncident plus avec les horaires. Et le pouvoir oriental qui voulait économiser l'eau la fait couler en pure perte.

Certainement tout chef de corps sera indigné de cette supposition que la caserne peut être sale, plus encore de cette insinuation que les soldats le sont. Il offrira de prouver le contraire, et de bonne foi. Et l'on verra caserne propre et soldats nets. Mais pour qui nettoie, le secret de la chose est dans le déplacement et le retour éternel de la saleté essentielle, selon que la revue est passée ici ou là. Il y a un art de paraître propre, et le voici en deux mots : « Si ta tunique est sale et si tes camarades aiment le vin, trouve pour la revue une tunique propre et paie un verre de vin. »

DU SUPÉRIEUR ET DE L'INFÉRIEUR – *NOTES MILITAIRES*

Libres propos (Journal d'Alain), 20 février 1928

Quand le pavillon couvre la marchandise, on s'attend à de la contrebande. Quand la discussion libre est interdite et qu'on doit croire sur parole, il faut prévoir la sottise. Tout ce dont la nature est fixée par décret immuable est une tromperie. Les plus grands hommes ont été méfiants et scrupuleux peseurs. Ce que nous savons de décisif concernant le juste et le vrai, c'est qu'on ne peut les dire tels d'après l'apparence, c'est qu'ils sont le résultat d'examens, de confrontations, c'est que leur marque vient d'un rapport. Platon ne veut rien voir d'injuste dans le fait de prendre à un fou son arme, car ce fou en usera mal. Pourtant, vue de loin, cette violence faite est un vol. Platon, Descartes, Kant nous ont appris à l'égard des pavillons le coup d'œil soupçonneux de la critique. Pourtant les capitaines de navires continuent à vouloir que le pavillon couvre le tafia qu'ils transportent.

Le système militaire classe de sa propre autorité les hommes en inférieurs et supérieurs, et hisse les pavillons. L'inférieur ne doit pas seulement obéissance et soumission aveugle, mais respect. Or, si la valeur d'un homme est un rapport et n'est conclue qu'après épreuve, il suit qu'un sentiment comme le respect ne va pas sans un rapport aussi, et n'est justifiable qu'à proportion de la valeur qui le mérite. Un respect mécanique et sur commande se nie. Par contre si l'on laisse chacun juge du respect qu'il doit, il y aura des juges sévères. Ainsi, le salut militaire obligatoire, marque extérieure du respect, est le fruit d'une expérience séculaire. On conçoit sans peine les saluts et les vivats de mercenaires qui choisissaient leur chef et maître, qui pouvaient le déposer, au besoin le tuer, et le remplacer par celui qui leur semblait le plus hardi et le plus équitable. Il y avait au moins un semblant de spontanéité. Maintenant au contraire les mains se préparent dès qu'un képi anonyme paraît à un tournant de rue. Cette politesse forcée est laide.

La toque de Gessler au bout d'une pique est une image populaire et forte[1]. Dans l'histoire que sait tout écolier, est-ce Gessler lui-même ou un garde qui est auprès de la pique pour faire respecter l'édit ? Il n'importe, c'est toujours le tyran. Gessler n'est pas mort, il est toujours vigilant auprès de la pique pour exiger qu'on salue cet emblème. Quand on ne salue pas le képi, c'est Gessler en personne, portant son képi, qui vient d'un pas pressé vers l'imprudent. Il y a donc sous chaque képi un Gessler et une perche de bois. On croit saluer un homme, mais c'est réellement une perche que l'on salue.

Supérieurs, inférieurs, ces mots annoncent des rapports. On est supérieur à quelqu'un en quelque chose, comme un arbre à tel moment de sa croissance est grand par rapport à tel homme à tel moment de sa vie, comme l'or est plus lourd que l'étain. Que les grandeurs, les poids, les couleurs soient pensés comme des rapports, après avoir été pensés comme des qualités propres, cela marque que le moyen-âge est passé. Mais non pas en tout. Et un système d'autorité absolue, de supériorité hiérarchique va bien avec la pensée scolastique. Un colonel a sa place dans le système comme, dans Aristote, le feu a sa place à la périphérie du monde. Descartes physicien a tué l'inhérence. Quand tombera enfin l'inhérence intellectuelle et morale ? Ce n'est pas que nous n'ayons pas notre Descartes politique. Mais combien le lisent ? Et surtout combien le croient ? Le système militaire est le dernier et plus solide appui de ceux qui tiennent à l'inhérence sociale, et c'est pourquoi il est si bien défendu. Les ouvriers ont obtenu en 1868 la suppression de l'article 1781 du *Code Civil* disant qu'en cas de différend entre le patron et l'employé sur la quotité des gages, c'est le patron qui sera cru sur son affirmation. S'il y eut la moindre justice dans cette réforme, et si réellement la justice vaut d'être poursuivie, il y a à faire encore pour établir l'équilibre entre ceux qui veulent être crus sur parole et ceux qui demandent l'égalité. Supérieurs ? Peut-être. Inférieurs ? Soit. Mais il faut apporter des preuves, sans quoi on mettra les perches en fagot sous le bras.

1. Le bailli autrichien Gessler aurait mis son bonnet sur une perche sur la place publique d'Altdorff, devant lequel Guillaume Tell, accompagné de son fils, aurait refusé de s'incliner. Pour le punir Gessler l'obligea à tirer une flèche avec son arbalète sur une pomme placée sur la tête de son fils. Cet épisode mythique serait à l'origine de la rébellion des Suisses contre l'Autriche.

Discours aux âmes pieuses – *Notes militaires*

Libres propos (Journal d'Alain), 20 mars 1928

Il y avait tous les ans, au départ des conscrits, dans chaque paroisse, une messe pour les futurs soldats. Cérémonie que le peuple, dans l'ensemble, ne manquait pas. Cette messe a encore lieu, dans les mêmes circonstances, en certaines villes. A ceux qui vont à une institution où les formes, où les mœurs, où le secours tiré par l'homme de l'extérieur n'existent positivement pas, on conseille l'oubli de soi, l'honnêteté, la chasteté. Alliant la cause de Dieu et celle de la Patrie, on envoie ces hommes à l'adjudant. On leur demande de rester purs, dans un lieu où il n'y a que bruit, hâte comme devant un danger perpétuel, où les soucis vont d'abord à soi-même, et où il n'y a de puissance à manifester à l'égard des camarades et des chevaux que sous forme de brutalité, à l'égard de soi que sous forme d'ivresse. Le prêtre dit de belles paroles et vraies, mais qu'on sent inertes et privées d'espoir. C'est vouloir repasser une chemise sale. Le soir même de cette messe les conscrits vont au bal public donné en leur honneur, et finissent la nuit auprès des prostituées.

Quand les soldats arrivent au régiment, on les classe en lettrés et illettrés. Ceux qui n'ont pas le certificat d'études primaires passent obligatoirement un examen écrit. Il arrive qu'on marque un cinquième ou un quart d'illettrés. On les envoie, certains jours, après le repas du soir, suivre des cours à leur usage dans les écoles communales. On les conduit en ordre militaire et leur présence est sévèrement contrôlée. C'est l'alphabet devenu corvée, car bien peu vont avec plaisir apprendre ce qu'ils ignorent. Pour aimer apprendre il faut déjà savoir. Les résultats sont médiocres sans contredit. Mais mauvais esprit celui qui blâmera l'institution ! Et pourtant c'est encore une chemise sale qu'on repasse. Il vaudrait mieux laver d'abord. Mais il ne peut pas y avoir à la fois l'armée et l'école obligatoires. Ce qui va d'un côté ne peut aller de l'autre. Les gens pieux dénoncent avec application tant d'argent dépensé pour la primaire. O travailleurs pauvres qui ne pouvez supporter d'avoir vos enfants, aides à gagner le pain, partagés entre l'école et l'armée, vous n'avez pas à choisir l'obligation à laquelle vous échapperez. Les pieux augmenteraient volontiers le budget de la guerre pour intensifier les cours de soldats illettrés, Hé quoi ! Vénérables pieux, auriez vous fait vœu de ne jamais laver les chemises sales ?

CINQUIÈME LETTRE À JEAN-RICHARD BLOCH[À MME JEAN-RICHARD BLOCH]

Nîmes, mercredi soir 28 [mars] (1928)

J'ai été trop heureux, Madame, de votre bonne lettre pour n'y pas répondre à part des nouvelles données à France et à Claude. Je ne peux avoir dans l'isolement militaire de joie meilleure que la pensée d'une amitié née hors de toute préparation et prévision mais complète comme de toute éternité. Réellement, et sans chercher à plaire, je puis affirmer que mon travail en compagnie des deux petites (aujourd'hui grandes) filles est, de tout mon travail, le plus vrai et le plus heureusement récompensé; je me place évidemment à mon point de vue propre. Quand Claude et France me disent qu'« Hercule » leur semble encore se tenir, j'aime ce témoignage joyeux et je me réjouis de la réciprocité du résultat. Si donc je suis longtemps muet, je ne voudrais pas laisser croire à un oubli de ce qui m'est précieux. Mais, si réservé que je veuille être sur ce sujet, je ne dois pas laisser ignorer qu'il y a un genre de fatigue, jusqu'ici inconnu de moi qui pensais connaître là-dessus ce qu'il y a de plus accompli – qui coupe net les jambes et le mouvement et qui fait remettre – à tort – bien des choses. Il y a aussi cette idée qu'on ne pourra pas dire l'essentiel de ce qu'on veut dans une lettre et qu'il vaut mieux attendre une entrevue. Mai ne passera pas sans que je vienne à Paris. On verra alors si le canonnier connaît le chemin de Meudon.

Je peux dire en résumé que je n'ai aucun regret d'avoir choisi le parti des serfs; que je ne pense laisser rien échapper dans ce système inimitable qui soit à remarquer et à interpréter; que j'éprouve avec un certain bonheur la puissance des refus et de l'opinion libre; que je n'apprends rien en ce qui concerne ma conduite propre mais beaucoup en ce qui concerne ma conduite à l'égard des autres et qu'on pourrait appeler politique. Mais tout cela sera raconté à Meudon. Il y aura alors six mois environ que je porte l'uniforme et j'aurai à peu près terminé de retourner l'institution comme une peau de lapin.

La lettre reçue de France avant-hier m'a transporté. En ces occasions, les camarades, pourtant bien peu perspicaces, ont remarqué que je suis encore plus vif et disons plus téméraire cavalier. Je ne dis pas cela pour qu'on ne m'envoie plus que des oraisons funèbres. Le philosophe doit savoir qu'on n'aime pas méditer sur la mort.

Je vous prie de croire, Madame, à mon tout affectueux dévouement,

Georges CANGUILHEM

PRÉSENTATION DE L'ADJUDANT – *NOTES MILITAIRES*

Libres propos (Journal d'Alain), 20 avril 1928

Il faudrait, avant de le classer, une longue observation du bec, des serres, et des ailes. Mais Buffon n'est plus là [1]. L'adjudant ou l'adjudant-chef est le plus haut en grade des sous-officiers. Il est roi dans un sous-ordre. Cela le définit. Il est en deçà d'une barrière qu'il ne franchira pas. Le vieillissement dans une peau est sa raison d'être. C'est là qu'il faut le saisir. Si par miracle il passe la barrière et devient sous-lieutenant il restera malgré tout adjudant ; il y a un port du képi et un genre de moustaches qui ne peuvent sortir que du rang. Son unique pensée est de laisser courir le temps et augmenter la retraite. Il se détourne de la barrière. Cette barrière c'est l'intelligence ou du moins la prétention à l'intelligence qui habite en tout officier à partir du sous-lieutenant. C'est cette prétention qui définit l'autre ordre. Cela mis à part, l'adjudant dans sa compagnie ou sa batterie est au centre. Il y a plusieurs sergents, il n'y a qu'un adjudant. Un lieutenant n'est pas plus au centre que lui ; un lieutenant est de l'autre ordre. Dans sa compagnie, l'adjudant fait tout, c'est-à-dire fait tout faire. A lui vient expirer la puissance descendante. A lui commence l'exécution. Tous ceux qu'il appelle ses hommes, l'adjudant les connaît ; s'il y a aussi des chevaux, il les connaît tous. C'est lui qui répartit entre ses hommes les travaux commandés. Tout le service dépend de lui.

En lui, il y a du tapissier et de la bonne à tout faire. Il règne comme le Destin sur la tenue des chambrées et les paquetages. C'est derrière son épaule que les lieutenants viennent regarder. Un capitaine s'abaisse rarement jusqu'à ce genre de contrôle. La moindre poussière soulève les clameurs de l'adjudant. En lui mûrit une mystique singulière. C'est la mystique du paquetage qu'un Péguy aurait bien dû célébrer. Si le linge de corps est correctement plié sur les tuniques, si les souliers sont répartis à droite et à gauche, le paquetage est proclamé beau. Il est vrai qu'il n'y a pas là de règle. C'est le goût personnel qui prononce. Un ukase esthétique peut exiger le transport à droite de tous les souliers, ou à gauche. Mais les dimensions du paquetage sont rigoureusement établies. Le canon est non point la règle en plomb des Lesbiens, mais une planchette amenuisée.

On ne connaît à l'adjudant aucun genre d'indulgence.

Voir délirer un homme récemment vacciné, écouter un bref récit du chef de chambrée, assister à l'arrivée des infirmiers et du brancard, ne pas se pencher,

1. Georges-Louis Leclerc, comte de Buffon (1707-1788). Naturaliste, philosophe et écrivain français.

ne pas desserrer les dents, garder la figure rosée et durcie de l'artiste de cirque qui fait le gladiateur dans les jeux romains, partir sans avoir dit un mot, tel est le genre de sévérité qui définit l'adjudant.

Faire de l'esprit ne peut lui déplaire. Le mot favori de cet homme, gros déjà à sa trentième année, est ceci : « Quand j'étais jeune, je n'aurais pas supporté, Pigeonnot, d'être gras comme vous. J'aurais fait chaque matin le tour des casernes au pas de course. » Hé ! Que ne le fait-il maintenant ?

L'adjudant a un idiome propre, du reste très vite compris. « Vous irez chez vous dans mes souliers, Félix » annonce une permission supprimée.

La compagnie de ses congénères est chère à tout adjudant. Il règne entre eux tous une cordialité d'institution. Très souvent aux heures des appels ou des rassemblements les adjudants se réunissent en un concile animé. Discussions interminables, parfois houleuses, sur l'avancement et la retraite. La visière du képi sur les yeux, une cigarette aux lèvres, ardents et passionnés comme à une Bourse du Travail, ils travaillent inlassablement, devant la salle d'armes ou plus souvent devant les urinoirs, au maintien jaloux d'un tarif syndical assez honorable pour leur permettre de tenir un rang, le leur, et d'ajouter, pour le plus grand bien des caisses publiques, une pension telle qu'un cantonnier n'en saurait rêver, à leurs futurs bénéfices de cantiniers ou à leur future paye de préposé d'octroi ou de facteur-receveur.

ÉLOGE DE L'ADJUDANT – *NOTES MILITAIRES*

Libres propos (Journal d'Alain), 20 mai 1928

Ce qui est intolérable en les hommes, c'est la prétention à une mission ou à une vertu incompatible et contradictoire avec leur raison d'être, comme en les riches de vouloir être les soutiens de la justice. Ainsi l'officier prétend à moraliser. Le moindre lieutenant se croit un rôle d'éducateur. C'est vouloir être à la fois dompteur et professeur. Il faut choisir entre les deux genres de dressage. La morale n'est pas l'affaire de qui s'impose par la force.

L'adjudant ne fait pas de morale et ne prétend à rien. Il ne voit pas la patrie au-dessus de l'armée et la justifiant, il ne voit que l'armée. Pour lui, non seulement le système militaire n'est pas mis en question, mais il n'a même pas l'idée que c'est un système. Ce n'est pas une façon de prendre les choses, ce sont les choses elles-mêmes. Il n'y a pas l'ombre d'un doute et d'un retour sur soi en l'adjudant. Ses quinze ans de service témoignent de la pérennité de l'institution. En lui le milieu s'exprime et se traduit. Pas plus qu'un loup ne doute de ses pattes, comme le montre l'idée de Darwin, pas plus l'adjudant ne doute de son autorité. Il s'exprime par des cris et des punitions, comme un cheval par des ruades. C'est la force nue.

L'officier plait parce qu'il paraît intelligent. L'adjudant incarne depuis longtemps ce que l'armée a de pire. Il est temps de renverser ce lieu commun. Des deux, de l'officier et de l'adjudant, c'est l'adjudant que l'on doit choisir. L'adjudant ne peut tromper, comme peut le faire l'officier. Il faut avoir le courage de ne pas vouloir être trompé sur la marchandise, lorsqu'on ne trompe pas dans le paiement. La force nue et qui s'étale est bonne et salutaire. Car on la reconnaît, et chacun s'en accommode à son gré. La force d'un cheval qui rue est bonne et salutaire. Elle ne peut tromper. Elle a son domaine et ses limites. Hors de portée, on peut laisser ruer le cheval, il ne passera pas les limites. Sans compter que l'on peut éviter les ruades au voisinage immédiat du cheval, en lui attachant haut la tête, ou en enroulant autour d'un doigt quelques crins de la queue quand on passe derrière ses fesses. Avec l'adjudant on sait à qui l'on a affaire. On peut donc décider sans supercherie à l'égard de soi et des autres, si l'on aime ou non ce genre d'homme. Et s'il faut avoir affaire absolument avec lui, il faut en user comme à l'égard de tout ce qui traduit seulement une force aveugle. Aimables adjudants, qui donc saura composer avec vous, et vivre paisible en dehors de vos ruades pour avoir su vous lever haut la tête?

SÉVÉRITÉS – *NOTES MILITAIRES*

Libres propos (Journal d'Alain), 20 juin 1928

Pierrefeu raconte de Pétain ceci : il recevait les généraux, chefs d'armée, pour recueillir leurs observations concernant la conduite de la guerre[1]. Comme un général demandait à Pétain s'il devait imposer à ses officiers le port uniforme des molletières de drap ou des bottes, Pétain eut un regard terrible et cria un formidable : « A un autre ! » On croit retrouver la justice dans cette réponse et l'on s'enthousiasme pour cette rapide mise en fuite de la plate flatterie. On met en parallèle d'une part l'enfer de feu et de sang, et les morts, et les détresses et d'autre part la mesquinerie des préoccupations d'un chef. On frémit à la pensée de cette inhumaine légèreté, et on trouve de la générosité dans ce mépris des vanités et cette résolution de voir sérieusement la tâche.

1. L'écrivain Jean de Pierrefeu (1881-1940), est l'auteur de *G.Q.G. Secteur I. Trois ans au grand quartier général* (2 vol., Paris, L'édition française illustrée, 1920), qui relate son expérience au Grand Quartier Général, à partir de 1915, où il était chargé de rédiger le « communiqué quotidien officiel ».

Cette sévérité ou cette indulgence, comme on voudra dire, semble honorer l'espèce. Mais il faut mieux voir. Gageons que si le même général avait dit à Pétain : « De mes hommes, les uns portent la ceinture de flanelle, les autres ne la portent pas, que dois-je faire ? » Pétain n'aurait pas répondu si rapidement mais aurait rembarré le général en lui demandant s'il avait perdu le sens du métier à ce point de laisser ses hommes libres en la moindre des choses. On aurait vu alors des circulaires sévères et des majors impitoyables pour ceux des malades qu'ils auraient découverts dépourvus de ceintures en flanelle. Les soldats auraient dit alors en leur énergique langage : « Ce général s'occupe de bien petites choses. » Le même homme sait comment, pour la même faute, il doit battre son propre chien et le roquet du voisin. Mais les chiens n'ont pas d'idée de la justice.

Un colonel, s'il constate que ses hommes portent des souliers de cuir fin ou s'enivrent, fera pleuvoir les jours de prison. Mais si Pigeonnot, le cireur de l'adjudant, a été mis en prison pendant huit jours, pour avoir porté une cravate blanche, l'adjudant, privé de son cireur, dira : « C'est beaucoup pour rien. Pigeonnot n'est pas un mauvais type. » Le même adjudant s'il doit transformer en cavaliers de jeunes soldats, sera sans pitié pour les hésitants et les timides, et portera à l'instruction une longue chambrière pour fouetter les chevaux et désarçonner les apprentis centaures. Terreur dans le peuple aux fesses endolories. Le colonel, survenant sur sa jument grise, et annonçant : « La prochaine chambrière que je vois coûtera des arrêts, Nom de Dieu ! » semble le Père des destins lui-même brandissant les foudres de l'équité. Et les centaures encore trop futurs se prennent d'admiration pour leur Père. Mais que les centaures, devenus enfin dignes de Bucéphale, et non contents de sauter à cheval, s'avisent de sauter par dessus le mur, et ils connaîtront la main du Père.

Et le cousin de Pigeonnot, croyant d'abord que toutes les indulgences sont liées, et s'apercevant qu'il se trompe, se dira qu'il n'y a plus de justice et que le mieux est encore de se saouler.

REVUES – *NOTES MILITAIRES*

Libres propos (Journal d'Alain), 20 juillet 1928

Le général fut mécontent des fantassins parce qu'ils présentaient mal les armes. Après la revue, une circulaire fut envoyée aux chefs de bataillon et aux commandants de compagnie : « Le général commandant la place a eu la pénible surprise de constater, etc. ». En vertu de quoi les emplois du temps portèrent de nouveau, de la main même des capitaines, l'inscription monumentale de *Séance de manœuvre à pied*; manœuvre désignant la main, pied désignant le pied, séance désignant la fesse. Que l'on imagine quel genre de gymnastique suédoise est signifié à la lettre par cette expression ! Toujours est-il que les recrues ne quittèrent plus le Lebel et que les adjudants eurent des échos à éveiller[1]. Pour deux soldats qui tenaient mal leur arme, toute la section dut rester au soleil et le regard fixe, donnant un démenti à La Rochefoucauld[2]. Cependant, le général, oubliant cette remarque qu'il avait rendue circulaire, ignorant des longues stations faites par les hommes dans les cours ensoleillées, des cris perçants accueillant le moindre bruit de crosse, des corvées supplémentaires largement distribuées pour un bras raidi ou un trop terrestre regard, s'en fut assister à des manœuvres de cadres et fut passé en revue par un général plus riche en étoiles. Cet envoyé des Dieux ne s'attacha pas à la correction de l'attitude dans le port du sabre ou à l'observation stricte du règlement sur l'ordre de succession des décorations, plaques, croix et cordons. Par contre, il fut mécontent des applications qui furent faites du Titre 74 A bis modifié, concernant la protection contre les gaz de combat. Les généraux reçurent dans les huit jours un avertissement d'en-haut : « Le ministre de la guerre rappelle que, selon les dispositions du règlement modifiant, en vertu du décret du 29 octobre 1926, les paragraphes sous-indiqués de l'ancien Titre 74 revu et corrigé, il est formellement prescrit… etc. ». Le général était en permission, comme bien l'on pense, après d'aussi fatigantes manœuvres. Un humble secrétaire des bureaux reçut l'expression du mécontentement ministériel, prit demi-heure de peine avant de découvrir dans quel classeur il devait la conserver, souleva un peu de poussière, éternua, et sonna un planton pour envoyer chercher une bouteille de bière au Bar des Alliés.

DISCIPLINE MILITAIRE

Libres propos (Journal d'Alain), 20 août 1928

On a pensé que les *Notes militaires* seraient avantageusement remplacées en ces mois des manœuvres et des réservistes par un tableau des armées de Frédéric le Grand, bien propre à donner l'idée de faire, à l'usage des classes, un

1. Le « Lebel » est le fusil qui équipe les troupes d'infanterie française durant la première guerre mondiale et jusqu'à la seconde guerre mondiale.

2. François, duc de la Rochefoucauld (1613-1680). Moraliste français, qui écrivit dans ses *Maximes* : « Le soleil ni la mort ne se peuvent regarder fixement ».

choix de lectures sur la guerre tirées des bons auteurs de tous pays et de tous temps[1].

« Il rapporta au comte les souffrances, l'esclavage et le désespoir de cette nombreuse milice prussienne, précieuse à la guerre, mais si dangereuse durant la paix, qu'on en était venu pour la réduire, à un système de terreur et de barbarie sans exemple. Il raconta l'épidémie de suicide qui s'était répandue dans l'armée, et les crimes que commettaient des soldats honnêtes et dévots d'ailleurs, dans le seul but de se faire condamner à mort pour s'échapper à l'horreur de la vie qu'on leur avait faite.

« Croiriez-vous, dit-il, que les rangs surveillés sont ceux qu'on recherche avec le plus d'ardeur? Il faut que vous sachiez que ces rangs surveillés sont composés de recrues étrangères, d'hommes enlevés ou de jeunes gens de la nation prussienne, lesquels au début d'une carrière militaire qui ne doit finir qu'avec la vie, sont généralement en proie, durant les premières années au plus horrible découragement. On les divise par rangs et on les fait marcher, soit en paix, soit en guerre, devant une rangée d'hommes plus soumis ou plus déterminés, qui ont la consigne de tirer chacun sur celui qui marche devant lui, si ce dernier montre la plus légère intention de fuir ou de résister. Si le rang chargé de cette exécution la néglige, le rang placé derrière, qui est encore choisi parmi de plus insensibles ou de plus farouches (car il y en a parmi les vieux soldats endurcis et les volontaires, qui sont presque tous des scélérats), ce troisième rang, dis-je, est chargé de tirer sur les deux premiers; et ainsi de suite, si le troisième rang faiblit dans l'exécution. Ainsi chaque rang de l'armée a dans la bataille l'ennemi en face et l'ennemi sur ses talons, nulle part des semblables, des compagnons ou des frères d'armes. Partout la violence, la mort et l'épouvante ! C'est avec cela, dit le grand Frédéric, qu'on forme des soldats invincibles. Eh bien, une place dans ces premiers rangs est enviée et recherchée par le jeune miliaire prussien; et sitôt qu'il y est placé, sans concevoir la moindre espérance de salut, il se débande et jette ses armes, afin d'attirer sur lui les balles de ses camarades. Ce mouvement de désespoir en sauve plusieurs, qui, risquant le tout pour le tout, et bravant les plus insurmontables dangers, parviennent à s'échapper, et souvent passent à l'ennemi. Le roi ne s'abuse pas sur l'horreur que son joug de fer inspire à l'armée et vous savez peut-être son mot au duc de Brunswick, son neveu, qui assistait à une de ses grandes revues, et ne se lassait pas d'admirer la belle tenue et les superbes manœuvres de ses troupes; « La réunion et l'ensemble de tant de beaux hommes vous surprend? lui dit Frédéric; et moi, il y a quelque chose qui m'étonne bien davantage ! Quoi donc ? dit le jeune duc. – C'est que nous soyons en sûreté, vous et moi, au milieu d'eux, répondit le roi ».

George SAND (*Consuelo*)

1. Frédéric II de Hohenzollern, dit le Grand, roi de Prusse (1712-1786).

DU TEMPS – *NOTES MILITAIRES*

Libres propos (Journal d'Alain), 20 septembre 1928

Les journaux écrivent que le général déplace sa division de cavalerie de telle vallée dans telle plaine. Un journaliste, plus empressé encore à grandir la gloire des chefs, écrit que nos cavaliers « volent » vers l'aile droite. C'est en ces termes que nous apprenons des manœuvres qu'elles ont été décisives, et de l'armée, qu'elle tient bien.

Cette abstraction que l'on fait du cours du temps, en décrivant d'aussi rapides déplacements, peut étonner qui réfléchit. Mais on doit savoir que se découvre ainsi un principe caché de l'esprit militaire, qui est de s'exprimer au présent toujours, et de fuir, comme une abdication et une intolérable négation, la pensée de la lente succession des choses.

Le règlement prévoit dans toute manœuvre collective que tel homme fait une action bien délimitée, cependant qu'un autre homme concourt par gestes définis au résultat commun. Dans la mise en action d'une mitrailleuse, dans la mise en batterie d'un canon, chaque soldat doit savoir quelle partie de l'arme, et quelle seule, il a à manier et à disposer. C'est comme un retour du système des castes. Tel qui met en équilibre le trépied ne saurait toucher à la culasse, exactement comme chez les Égyptiens ceux des tueurs de bœufs qui pelaient l'animal ne pouvaient en retirer les entrailles. En imposant une manière immuable de mettre le masque protecteur, ou de garnir les sacoches de cavalier et de les fixer à la selle, ce qu'on pourchasse c'est la réflexion mangeuse de temps, la recherche et l'adaptation. Ainsi l'art militaire se flatte d'éviter l'hésitation, l'embarras, l'emportement brouillon. L'idéal avoué, proclamé, imposé, est de mécaniser les actes. Comprenez par là les hurlements, pour ne pas dire plus, si le novice porte sur telle partie de son arme une main pour l'autre; si encore, faute plus grave, il délaisse l'outil réglementaire pour un moyen de fortune, ou, pire encore, pour un autre instrument, détourné momentanément de son usage reconnu et prescrit.

Il faut examiner cette prétention. Dans le fond, l'erreur militaire est de prendre l'espace pour le temps. Erreur énorme. Ce que fait l'apprentissage militaire, c'est un rangement dans l'espace en disposant les gens pour qu'ils ne se gênent pas; mais cela n'est rien et ne fait pas gagner un seul instant; car le temps est par essence dérangement. Dès qu'ils manœuvrent, les soldats peuvent fort bien, contre toute règle, se blesser ou trébucher, même sans compter leurs pesants souliers. Certes, on voudrait bien prévoir l'imprévu, et même on s'efforce de le faire. C'est ainsi qu'on prescrit un moyen d'attacher les chevaux au bivouac dans le cas où tous les moyens réglementaires manqueraient, afin de n'être pas retardés; et ainsi pour tout. De sorte que, tout étant prévu afin d'aller vite, tout finit par se faire selon l'imprévu, pour cette raison précisément qu'il faut aller vite. Le règlement parle comme s'il avait supprimé l'existence des choses, c'est-à-dire cet immense entrecroisement de voies, de trajectoires, d'actions et de répulsions; mais l'existence ne se laisse pas oublier. Et ce sont les bureaux de la Guerre qui cèdent. Cette guerre qu'on finissait en quinze jours avant de l'avoir déclarée et qui dura quatre ans, voilà un grand symbole de ce qui se produit chaque jour. Et si quelque instrument réglementaire n'a pu arriver à temps choisi parce qu'enfin tout n'est pas libre et ouvert devant le ferraillement des fourgons militaires, on se passe de l'instrument et l'on fait comme on peut et dans le temps qu'on peut. Le règlement prescrit bien une allure de marche pour les fourgons, mais le règlement ne règle pas les voitures de foin qui peuvent sans autorisation des services d'État-Major verser et barrer un moment la route; mais le règlement a compté sans ces nouvelles routes polies et glissantes où les chevaux s'abattent et brisent leur harnachement. Finalement, on va comme on peut. Et il faut bien en revenir à la simplicité paysanne, assise par les soins de la conscription sur le siège des fourgons, revêtue de gros drap et fumant dans la pipe le tabac règlementaire.

Voilà donc les ambitieuses prétentions humiliées. Il n'est pas difficile de faire se dérouler des manœuvres dans un bon vieux camp, bien connu, bien parcouru, bien jalonné. Cela est un champ clos. Mais cela aussi n'a pas beaucoup plus d'existence qu'une carte, étant en fin de compte de l'espace théorique. Dans la mesure où l'on se borne au camp, on peut dire que l'on y fait ce que l'on veut. Mais regardons au delà, et de près.

Tu te plais à lire, ô abonné du *Temps*, que « le commandement porte sa cavalerie vers... ». Sais-tu ce qu'il y a derrière ces mots? Il y a des chevaux emballés et des hommes jetés à bas, des fers perdus et le maréchal-ferrant ouvrant en hâte sa sacoche à clous sur le bord de la route; il y a des manteaux et des sabres qui tombent, un cavalier qui met pied à terre, le gros du peloton qui s'éloigne, et les chevaux retardés que l'impatience rend fous, des hussards qui n'arrivent pas à chausser leur étrier pour monter en selle, des bruits de mors, des coups, des punitions. Il y a des patrouilles égarées par un sous-officier qui prit le nord pour l'ouest; des vedettes qui trouvent un chemin coupé par les pluies et qui se perdent et qui errent et qui ont faim; il y a des repas manqués; il y a des corps harassés... O lecteur du *Temps*, de ton fauteuil, vois-tu ce que cache cette « cavalerie qui se porte »? C'est que « se porter » c'est du mouvement, et nul mouvement ne va sans frottement.

Même dans un camp où tout, à la rigueur, va si bien, il a fallu venir, il en faudra sortir; il y faut apporter chaque jour le ravitaillement. Ici, les jours paraissent, et, avec eux, vent, pluie, glace, soleil. Les routes, on peut les fermer à la circulation civile. Mais le cours du temps n'admet pas de règlement, et ne reçoit pas ces sentinelles en armes qui marquent les frontières d'un monde arrangé selon la fantaisie des Chefs. Nous dirons donc que, malgré Leurs désirs, Ils ne disposent pas théoriquement du temps, et que, selon un mot bien éloigné de cette application, le temps est la marque de Leur impuissance.

Le congrès d'Angers et la crise ministérielle – *Le nez du Petit-Père*

Libres propos (Journal d'Alain), 20 novembre 1928[1]

Or donc, le 6 novembre 1928, le ministère d'Union Nationale a été renversé par M. Émile Combes. Tel est le pouvoir des morts. M. Émile Combes n'eut pas un mot à dire, pas un geste à faire. Il n'eut pas, comme fait Protagoras dans le *Théétète* de Platon, à sortir sa tête au ras de terre. Sa statue n'eut pas même un hochement à faire comme dans *la Légende des Siècles* :

> ... Tout à coup, rien n'est plus formidable,
> Que l'immobilité faisant un mouvement ...

M. Émile Combes agit par son absence et par son néant. Vivant, M. Émile Combes eût peut-être apaisé et empêché, car il y a bien de l'imprévu dans une vie. Mort et nu, M. Émile Combes ne put s'empêcher d'être lui-même, d'être plus que lui-même, d'être ce que réellement il voulut être, et de l'être absolument. Cet absolu est ce avec quoi il a fallu compter. Les radicaux avaient pu jusqu'ici accepter des impôts consentis par milliards aux satrapes, des mots hargneux et des exercices belliqueux contre d'anciens ennemis estimables par la loyauté. Les radicaux n'ont pu accepter que le pouvoir des derviches fût rétabli. Ils n'ont pu supporter de voir l'idole du briseur d'idoles brisée par ceux qui adorent les idoles au nom d'une doctrine qui n'en veut point.

Pascal a dit : « Le nez de Cléopâtre, s'il eût été plus court, toute la face de la terre aurait changé. » Paul-Jean Toulet a dit à son tour : « Le nez de Cléopâtre, s'il eût été plus court, toute la face de la terre aurait changé? Et la sienne

1. Le 6 novembre 1928, à la suite du congrès d'Angers, Daladier, Caillaux et l'aile gauche du parti radical ont contraint les ministres radicaux Herriot et Queuille à quitter le cabinet d'union nationale de Poincaré. Ils prennent notamment pour prétexte le fait que ce cabinet serait trop favorable aux congrégations. Ils s'autorisent ainsi du souvenir du « Petit Père Combes » (1835-1921), radical, président du Conseil de 1902 à 1905, qui mena une politique anticléricale, à l'origine de la loi de séparation des Églises et de l'État de 1905.

donc ? »[1] Nous dirons à notre tour : « Le nez de M. Combes, plus court, la face de la terre changea, et la sienne propre. »

C. G. B

ENGAGEMENTS – NOTES MILITAIRES

Libres propos (Journal d'Alain), 20 novembre 1928[a2]

On voit maintenant dans les plus lointains villages, aux portes des mairies, sur les petites cabanes du poids public, aux auberges des carrefours, les marques évidentes de l'intérêt que portent au travail de la terre les défenseurs du sol. On part pour acheter des bœufs et l'on tombe un peu partout sur les affiches des Racoleurs. Vraiment il y a bien de l'esprit de suite dans les préoccupations de la société « Les Pouvoirs Réunis ». Voltaire est mort, mais on boit toujours à la santé du roi des Bulgares qui est toujours le plus charmant des rois. Et qui donc encore lit *Candide* ? « Engagez-vous dans les troupes de la métropole ! Engagez-vous dans les troupes coloniales ! » Grandes affiches où le tank dresse sa masse irrésistible, où le chameau semble attendre le roi Mage. « Engagez-vous dans la marine ! » Ici deux marins arrivent à une île luxuriante, pliant déjà sous le poids des bananes et accueillis par une femme de couleur. Beaux placards pour cinéma ; mais au cinéma on peut, ayant payé, sortir. Le Ministère de la Guerre ne distribue pas de coupons de sortie. On doit rester.

On saura bientôt, dans toutes les campagnes, qu'en cas de désaccord survenu entre un père et un fils, le fils aura la ressource d'aller chercher à la caserne un asile inviolable. Et quand on aura fait un enfant à quelque fille, on pourra aussi s'enfuir par peur des conséquences. A quoi bon chercher un étang ou acheter une arme quand le suicide momentané est offert, est permis, est encouragé ? Sans compter que l'invitation à vivre à la ville aura son effet. Il n'est pas nécessaire que le parti des traditions remarque comment d'une part il déplore l'appât de la ville sur la campagne et comment d'autre part il donne à tous ceux qu'un peu d'humeur agite un moyen honoré de fuir le travail. Tel est

a. De deux bouts de la France, contemplant les mêmes affiches, deux lecteurs nous envoient presqu'en même temps ces deux essais sur les Recruteurs. L'introduction, qui est de Voltaire, a été reproduite ci-dessus aux Anniversaires.

1. Citation tirée de *Les trois impostures* (1922) de l'écrivain français Paul-Jean Toulet (1867-1920).

2. L'autre essai, envoyé par un lecteur des *Libres Propos* qui signe Y. E., s'intitule « Devant des affiches » et fait référence à un passage de *Candide*, cité au début du numéro, où Candide se fait recruter dans l'armée du roi des Bulgares.

le beau résultat de ce socialisme pour rengagés dont M. Paul-Boncour édifie opiniâtrement la doctrine.

L'affiche de propagande ne parle pas du paquetage; elle ne laisse pas soupçonner qu'on peut, pour avoir les cheveux trop longs, être privé de permission pendant un mois; elle ne dit pas qu'on sera puni si l'on va à la visite et si l'on n'est pas reconnu malade; l'affiche ne dit pas qu'il faudra faire la chambre et cirer les souliers d'un sous-officier; l'affiche ne dit pas qu'on sera puni pour n'avoir pas crié : Fixe ! à l'entrée d'un officier dans une chambre. L'affiche ne dit rien. Elle dit : engagez-vous !

Un engagement, ordinaire, c'est un acte de liberté. On jure, sachant des choses ce que l'on en sait, de garder à leur égard la même attitude que l'on a maintenant. Un engagement ne vaut que si l'on sait bien tout, et si tout est bien clair. Or, ici, rien n'est clair et nul ne sait où il va, car ceux qui ont connu la caserne ne savent pas en parler et ceux qui en disent du mal inspirent la méfiance. On se livre donc à Moloch pour être englouti. Si nous avions l'amour de la liberté comme nous disons l'avoir, nous collerions à côté du placard des Recruteurs un extrait du règlement concernant la tenue des chambres ou l'entretien des armes. Qui donc pourrait y trouver à redire ?

ARCHIVES DE LA TRAHISON DES CLERCS

Libres Propos (Journal d'Alain), 20 novembre 1928

> Le clerc n'est pas seulement vaincu, il est assimilé. L'homme de science, l'artiste, le philosophe sont attachés à leur nation autant que le laboureur et le marchand. J. Benda (*Trahison des Clercs*, p. 222)[1].

LA VOIX DES SAVANTS. – Les extraits suivants sont pris d'une enquête de MM. Gabriel Petit et Maurice Leudet, publiée en 1916 sous le titre *Les Allemands et la Science*, (préface de M. Paul Deschanel, de l'Académie française, président de la Chambre des Députés. – Paris, librairie Félix Alcan).

I. *Amabilités préliminaires*. – « La peinture allemande sans séductions naturelles, sans cœur, n'a guère passé la frontière et n'est connue que des spécialistes ou de ceux qui aiment à tout savoir.

1. Julien Benda (1867-1956), essayiste et philosophe français, est devenu célèbre avec la publication de *La trahison des clercs*, en 1927, à laquelle Canguilhem fait ici référence. Benda y déplore que les intellectuels, qui devraient se consacrer à la recherche de la vérité, soient de plus en plus touchés « par une passion de race ou de classe ou de nation et le plus souvent par les trois ». Canguilhem fera un compte rendu très élogieux de *La fin de l'éternel*, paru en cette même année 1927 (cf. *infra*, p. 272-273).

« L'architecture allemande ancienne n'est principalement caractérisée, au moyen âge et au XVIIIe siècle, que par l'imitation et l'alourdissement des admirables inventions françaises…

« Elle ne voudra plus (la race française) avoir de communication avec la pensée allemande, dont nous nous sommes passés pendant près de dix-neuf siècles, et qui ne nous a aidés, lorsque nous nous sommes follement épris d'elle, à rien faire de grand, de neuf, ni d'original ». – ARSENE ALEXANDRE, inspecteur général des Musées, rédacteur au Figaro.

II. *Plaignons les Romains, peuple loyal et généreux aux vaincus* – « Les succès de Drusus et de Tibère dans la région de la Lippe et du Weser firent croire aux Romains que la Germanie allait se laisser conquérir avec autant de facilité que la Gaule. Devant les protestations de soumission et de fidélité des chefs germains, on ne se rendit pas compte que l'on avait affaire à des tribus chez lesquelles la duplicité et la perfidie sont par instinct, comme chez les sauvages, les principes de l'attitude à tenir vis-à-vis du maître ou des étrangers plus forts. Les Romains allaient apprendre, à leurs dépens, à connaître l'astuce, la fourberie, la cruauté féroce du Barbare ». – ERNEST BABELON, membre de l'Institut, professeur au Collège de France.

III. *Microbes pernicieux et substance grise*. – « La mentalité de l'élite des peuples ennemis, telle qu'elle nous a été, sinon révélée, du moins confirmée et préconisée par le fameux manifeste des Intellectuels, nous apparait comme une sorte de monstrueux anachronisme dans l'évolution de l'Humanité.

« Ce spectacle nous met donc en présence d'un phénomène de véritable régression…

« L'évolution allemande présente deux aspects : un aspect progressif, d'ordre purement matériel, un aspect régressif d'ordre spirituel et moral. Ce dernier correspond à un retour, à une chute vers la sauvagerie des origines…

« … Il semble que le cerveau germanique ait été envahi par des microbes pernicieux, qui ont altéré les territoires de la substance grise correspondant à la finesse du raisonnement, à la perspicacité psychologique, aux opérations intuitives, tous impondérables dont Bismarck lui-même comprenait la prééminence. Seule la force brutale a survécu. » – MARCELLIN BOULE, professeur au Muséum National d'histoire naturelle.

IV. *Comment croire à l'unité de l'esprit humain quand trois membres de l'Institut prouvent le contraire ?* – « Nous avons trop de tendance à croire qu'il y a une mentalité commune à tous les peuples et tout au moins qu'il y a un homme moyen Européen, obéissant aux mêmes disciplines morales et intellectuelles. Ce n'est pas vrai. Le croire est s'exposer aux pires surprises. Sous le vernis commun s'abritent des structures fondamentalement différentes. L'âme germanique, l'esprit germanique, en particulier, différent des nôtres, en des parties essentielles. En ce qui concerne l'esprit scientifique, les récentes études de notre profond philosophe Em. Boutroux, de M. Em. Picard, le savant mathématicien et de M. P. Duhem, tous trois membres de l'Institut, ne laissent pas d'incertitude sur les principales caractéristiques du mécanisme cérébral des Allemands en comparaison avec le nôtre. » – A. DASTRE, Membre de l'Institut et de l'Académie de Médecine, Président de la Société de Biologie.

V. *Histoire du* DOCTEUR BOCHENSIS (*olim germanicus, obsol.*) *Variété mal connue de l'espèce Homo sapiens (Linn). Anatomie, Physiologie, Mœurs, Industrie*[a]. – « Les circonstances m'ont mis en situation d'être bien documenté sur les travaux des biologistes allemands. Etant donné le but de ces ouvrages, je devais, après chaque lecture, me recueillir pour écarter le fatras des inutilités, revivre la pensée de l'auteur, la faire momentanément mienne et l'éclairer d'une lumière plus française : en somme, rompre l'os et sucer la moelle comme disait le bon Rabelais. J'ai donc rompu un nombre considérable d'os boches, au figuré s'entend, et sucé quelque peu de moelle.

« Les anatomistes divisent les os en longs, courts et plats. Les os germaniques sont longs, très longs ; ils sont faits d'une substance épaisse et compacte qui leur donne une grande solidité, mais leur canal médullaire est court et exigu en sorte que la quantité de moelle est fort restreinte. Parfois savoureuse, cette moelle est le plus souvent maigre et peu nutritive ; fréquemment il arrive que le canal médullaire renferme la moelle d'un os étranger (souvent français), découpée, pour masquer son origine, en morceaux cousus avec du fil blanc.

« Après avoir caractérisé les œuvres, venons-en à leurs auteurs. Ceux ci possèdent une particularité caractéristique. Ils ont deux yeux comme tout être humain, mais l'un est extrêmement myope, l'autre extraordinairement presbyte…

« … Mais, si par hasard ils sont mal partis (les Allemands) – la chose peut arriver aux gens les plus méticuleux – alors cela devient très dangereux, car avec cet œil myope et cet œil presbyte qui ne voient point les choses moyennes, ils sont privés de cette ressource dont usent à chaque instant leurs collègues de race latine, de regarder sans cesse autour de soi pour discerner, d'après tous les indices que fournit le voisinage, si l'on est bien resté sur la bonne route. Ils font des erreurs quelquefois mais souvent se rattrapent, tandis que l'Allemand mal parti va toujours jusqu'au bout de sa bêtise. »

YVES DELAGE,
Membre de l'Institut, Professeur à la Sorbonne.

a. C'est là le titre même de la réponse adressée par le professeur Delage [1].

1. Dans la note de présentation de cet article, au titre effectivement étonnant, il est écrit par les éditeurs : « Le professeur Yves Delage est l'un des Maîtres éminents de la biologie générale. Nul n'était plus capable de s'attaquer, avec autant de fine ironie que de profondeur et de hardiesse, et un sens critique plus averti, à la réputation étrangement surfaite de certains pontifes d'outre-Rhin, dont le fameux Haeckel, l'un des signataires du "Manifeste des intellectuels" » (*Les Allemands et la science*, Paris, Alcan, 1916, p. 99). Yves Delage (1854-1920) est l'un des plus grands zoologistes français de l'époque, directeur de la Station biologique de Roscoff. Il est alors professeur à la Sorbonne et membre de l'Académie des sciences, comme le physiologiste Albert Dastre (1844-1917), également distingué par Canguilhem pour ses réflexions sur « les principales caractéristiques du mécanisme cérébral des Allemands en comparaison avec le nôtre ».

VI. *Chirurgiens ? Allons donc! Bouchers!* – « Ce qu'il y a de plus extraordinaire dans la renommée injustifiée de la chirurgie allemande, c'est qu'elle a été faite en grande partie par des chirurgiens français.

« Je n'y ai contribué en rien : je ne suis pas un germanophobe post bellum. Je n'ai rien dit, rien écrit depuis la guerre sur la science et la mentalité allemandes, que je n'aie dit, écrit et répété avant.

« … Quand j'ai commencé mes études de médecine, on considérait la gynécologie comme une science allemande. C'était l'époque où bien des Français avaient, hélas ! une mentalité de vaincus, époque humiliante où l'on a pu entendre des chirurgiens se vanter d'avoir été les premiers à exécuter en France des opérations qui étaient déjà pratiquées à l'étranger.

« … Un jouet, un meuble de France ne ressemblent pas à ceux qui viennent d'Allemagne. Comment voudrait-on que la chirurgie allemande ressemblât à la chirurgie française ?

« Personne ne peut douter aujourd'hui qu'il y a une mentalité propre à l'Allemagne, ni qu'elle est de l'ordre le plus grossier. Or de tous les actes humains, l'acte chirurgical est peut-être celui où se marque le plus complètement le caractère de celui qui l'accomplit.

« … Le chirurgien allemand, orgueilleux de sa technique brutale, peu soucieux de son prochain, ayant désappris ou plutôt n'ayant jamais connu la vraie sensibilité, arrive aisément à une formule qui, heureusement, n'a eu que bien peu d'adeptes en France : ouvrir pour voir.

« … Les caractéristiques de la manière allemande sont la brutalité, le manque de précision et de souplesse.

« La brutalité est dans leur caractère ; elle est liée à leur culte de la force : c'est le vice allemand. » – PIERRE DELBET, professeur de clinique chirurgicale à la Faculté de Médecine de Paris.

Textes communiqués par G. C.

ESSAI SUR LA FAVEUR – *NOTES MILITAIRES*

Libres propos (Journal d'Alain), 20 janvier 1929

Les hommes se connaissent mal et jureraient presque, lorsqu'on leur parle de l'égalité, que le sentiment de l'égalité leur est inconnu. Mais il faut croire aux paroles moins qu'aux actes et voir si le contraire de l'égalité, si les faveurs sont aimées et recherchées. Nul ne veut de la faveur. La faveur est universellement méprisée, même par celui qui en tire profit ; celui-là plus que les autres, mieux piqué que les autres au centre même du pouvoir de juger et de balancer, s'attache à proclamer qu'il n'y eut pas pour lui de faveur. Au régiment, ceux qui reviennent du travail ont un regard impossible à soutenir pour celui que la décision d'un chef a arbitrairement exempté, et qui a collé des étiquettes pendant que les deuxièmes canonniers conducteurs, ses camarades, transportaient le fumier tiré des écuries. Sans compter que nul ne se résigne facilement à ignorer ce genre de joie, qui naît, qui pousse sur tout travail, sur toute peine même, que l'entreprise collective s'applique à accomplir. Nul ne peut supporter de s'entendre dire : « Tu n'en étais pas ». Ce sentiment est vif et puissant. Tous fuient la faveur comme la peste, et vont à la peine avec les compagnons.

C'est que le piège de la faveur est profond. Celui que la faveur a une fois distingué et mis à part des autres, celui-là est proprement mis au secret. Ignorant un moment du sort de ses camarades, il faut qu'il se résigne à ignorer toute la suite de leur sort. C'est ainsi que le favorisé restera dans la faveur, pour se faire une sorte de situation spéciale, et comme pour narguer, en le justifiant, le mépris dont il se voit l'objet. Qui a une fois accepté la faveur doit la solliciter par la suite. C'est ainsi que les chefs finissent par avoir leurs courtisans.

En revanche, il faut connaître le genre de honte qu'il peut y avoir à obtenir, seul parmi tous ceux qui l'ont demandée, une permission de minuit et à s'entendre dire qu'on l'obtient pour services exceptionnels. Dans ce cas, la punition d'avoir demandé est d'être exaucé. Entendez-bien qu'on demandait la permission parce qu'on en avait besoin, et qu'on n'avait pas estimé la nature des services rendus par soi. Ce qu'on voulait, c'était une permission qu'on aurait eue même sans services, sans ces mêmes services qui auraient fait dire si la permission avait été refusée : « Les V…., pour le travail que je leur fais, ils auraient pu m'en donner une ! » Cela aurait été dit, c'est sûr ; car le soldat croit qu'il met au dessus de tout la liberté de sortir. Mais il n'en est pas moins vrai que le sentiment de tout homme – et tout soldat est un homme – est toujours que les services exceptionnels ne doivent être pour rien dans une permission, et que le comble de l'injustice est d'avoir, lorsque toutes les permissions sont refusées, une permission accordée pour services exceptionnels.

COMMENTAIRES ET DOCUMENTS
ADRESSE À LA LIGUE DES DROITS DE L'HOMME

Libres propos (Journal d'Alain), 20 février 1929

> Quelle est la grande action qui ne soit pas un extrême au moment où on l'entreprend ? C'est quand elle est accomplie qu'elle semble possible aux êtres du commun. Stendhal, *Le Rouge et le Noir*, chap. XLI.

Quand un des membres importants de la Ligue eut achevé son discours sur la paix, et fait remarquer qu'il proposait seulement des remèdes *possibles* à cette folie d'armer que l'on voit partout, un jeune homme se leva.

« Je ne suis pas de la Ligue. Mais j'en serai demain. Et je veux dire que j'en serai, non parce que les raisons du citoyen sont bonnes, mais au contraire parce qu'elles ne le sont pas. J'ai entendu que les précédentes mesures n'étaient proposées et recommandées que parce qu'elles sont possibles, et avec chance d'aboutir. Qu'est-ce donc que ce verbe qu'on nous apprend à conjuguer ? « Je peux, tu peux, il peut. Nous pouvons essayer, vous pouvez espérer, ils peuvent objecter. » D'où vient ce son funèbre et ce glas de la défaite ? « Je ne peux pas, nous ne pouvons pas. » Oh ! La belle Ligue des droits !

« J'avais cru que le Droit, c'est ce qui d'abord ne peut pas être, et à quoi pourtant il faut faire place parmi nous. Tout Droit est d'abord impossible, comme il était impossible que les hommes fussent égaux. En ce beau temps où les hommes devenaient égaux, Mirabeau rugissait. « Impossible, ne me dites jamais ce bête de mot ! » La paix aujourd'hui, par le désarmement total n'est pas possible, comme au temps de Dreyfus il n'était pas possible que la raison d'État cédât. Comme la raison d'État céda hier, la guerre aussi demain.

« Cela me plaît de voir la paix impossible, et non pas mise sur le même pied que cette guerre toujours possible, toujours annoncée ! La paix, si nous la savions possible, qui lèverait le doigt pour elle ? Heureusement pour la paix, heureusement pour le désarmement, ils sont impossibles ; et c'est cela qui nous les fait demander intégralement, jour après jour, et c'est cela qui fait que nous les aurons. J'attends que la Ligue redevienne la Ligue des idées impossibles, des actions impossibles, des hommes impossibles. Nous n'avons rien à faire de fins possibles, de moyens possibles, de députés possibles.

« Car tout ce possible, regardez bien, il s'étale du côté Pouvoir. Vous connaissez le mot : « *Si c'est possible c'est déjà fait, si c'est impossible cela se fera* »[1]. Tous les moyens possibles d'arrêter les armements ? Mais nous les avons ! Tout ce possible est au pouvoir. Et que sort-il de ce possible ? Six hommes pour tenir tête à un. Gloire à ces preux champions de la paix ! Pensez un peu au mot Pouvoir. Vous savez bien que viser à pouvoir c'est viser au-dessous de ce qu'on espère, car nul ne peut agir sans s'accrocher çà et là et sans voir diminuer ses forces. Crions bien fort que nous n'avons rien à faire du possible et du pouvoir.

1. Citation attribuée à Charles-Alexandre de Calonne, ministre des finances de Louis XVI, s'adressant à Marie-Antoinette.

« Des Conférences il y en a eu, des réunions de politiques il y en a eu, des projets de limitation des armements il y en a eu. C'est trop naturel, tout cela était possible. Des rapports à la Ligue, il y en a eu. Cela encore c'était possible. Qu'est-ce qui n'a pas été essayé de tout ce qui est possible? Ce qu'on n'a pas essayé, c'est de déclarer la lutte à fond aux champions du possible, et aux spécialistes des conventions préparatoires à des entretiens préliminaires. Ce qu'on n'a pas essayé, c'est d'apprendre au peuple l'hérésie à l'égard des personnes et des opinions régnantes, c'est d'apprendre au prolétariat sa force de refus au lieu de le laisser divisé et désespérant; c'est d'apprendre aux hommes enfin qu'on n'est pas déshonoré par l'amour invincible de la paix et par le rejet absolu de tout ce qui est moyen pour la guerre.

« Hélas, dit-on, tout cela n'est pas possible. Eh bien nous rêvons, nous, d'un futur pour ces impossibles. Et nous allons d'abord en étaler l'impossibilité. Et je dis que tous les hommes de cœur, alors, ne se porteront pas du côté où *c'est déjà fait.* Je les attends du côté où *cela se fera.* Me voici, quant à moi. Et j'en vois venir d'autres. »

Ce discours peut-être ne fut pas prononcé, mais il n'importe. On l'entendra.

C.-G. BERNARD

SIXIÈME LETTRE À JEAN-RICHARD BLOCH

Lundi (mars 1929) [carte]

A la suite d'une ignominie – naturellement – des militaires, je pars ce soir même pour dix jours en permission et à mon retour le 26 serai libéré. Ce n'est donc pas demain que je quitte la livrée mais il n'importe. C'est après le 26 que je vous verrai. C'est après le 26 aussi que je vous demanderai une place pour *Karl et Anna*[1] que je veux voir.

Puis-je vous demander si vous auriez la bonté d'envoyer 3 places pour samedi ou dimanche prochain à de chics amis de Normale, à Harnois[2] 45 rue d'Ulm etc. Si vous ne pouvez, c'est comme si vous aviez pu et c'est très chic.

Merci. Pardon.

Et à bientôt

Votre
G. CANGUILHEM

1. Il s'agit d'une pièce de l'écrivain allemand Leonhard Frank (1882-1961), créée en 1928 au Théâtre Gaston Baty, dont Jean-Richard Bloch avait assuré la traduction.

2. Guy Harnois, entré à l'ENS en 1925, lui aussi élève d'Alain à Henri IV, auteur d'un ouvrage sur *Les théories du langage en France de 1660 à 1821* (Paris, Les Belles Lettres, 1929).

ESSAIS. ESQUISSE D'UNE POLITIQUE DE PAIX. PRÉAMBULE

Libres propos (Journal d'Alain), 20 mars 1929

La paix en tant que telle (et non comme repos après une guerre) entre difficilement dans nos mœurs, parce que nous ne faisons rien pour elle. On s'attache aux gens dans la mesure où on leur rend service, et aux choses dans la mesure où on travaille pour elles. Comment pourrions-nous dire nôtre une chose comme la paix pour quoi la seule peine prise par nous c'est de remuer les lèvres? Quand un village n'est desservi que par un mauvais chemin, les habitants vont comme ils peuvent, en carriole ou à pied, parmi les trous et les ornières; mais quand, une année, un surcroît de prospérité ou de loisir fait qu'on a pu transporter quelques charretées de gravier jusqu'aux mauvais passages, les améliorant ainsi, l'affaire est finie; désormais la commune augmente ses centimes additionnels, fait un emprunt et se donne un chemin. Hé bien, le problème est d'augmenter nos centimes additionnels pour la paix. Quand il existera un premier budget annuel de la paix, fût-il de cent millions, il n'y aura plus longtemps un budget de la guerre.

PROJET D'UN BUDGET DE LA PAIX

Chapitre premier – Réalisation d'une culture pacifique.

Article 1er. – Chaque année, chaque commune désignera un illettré total (volontaire ou non) âgé de 17 à 25 ans pour passer une année dans une école spécialisée. Un mois et demi de vacances pour l'année. Tous frais d'entretien payés. Equivalence du service militaire. Sanctions pénales en cas de refus ou d'abandon. Indemnité aux parents égale au salaire du jeune homme.

Art. 2. – Chaque année, chaque arrondissement désignera un instituteur non marié, sortant de l'École Normale dans un des derniers rangs, pour assurer l'enseignement des illettrés ci-dessus désignés. Ces instituteurs resteront obligatoirement dans le département, mais changeront obligatoirement d'arrondissement. Equivalence du service militaire. Sanctions pénales en cas de refus ou d'abandon. Equivalence pour le traitement, l'avancement et la retraite.

Art. 3. – Chaque année, chaque syndicat départemental (C.G.T. et C.G.T.U.) désignera deux jeunes ouvriers (âgés de 20 ans, volontaires) de sa corporation pour aller exercer en commun le même métier dans un autre département, le plus éloigné possible. Ces ouvriers seront placés par les soins des autres syndicats départementaux correspondants. Salaire au moins égal assuré quoi qu'il arrive. Déplacements et 21 jours de congé annuel payés par l'État. Equivalence du service militaire. Sanctions pénales.

Art. 4. – Chaque année, dix jeunes paysans, par département, (volontaires ou non, âgés de 20 ans) sachant lire, écrire et compter, seront envoyés dans les écoles d'agriculture de leur région pour y apprendre ce qu'ils pourront, ne fût-ce qu'à atteler proprement des chevaux, à creuser des fossés d'écoulement, à utiliser les fumiers et les engrais. Salaire assuré égal au salaire moyen d'un maître-valet dans le département d'origine. Equivalence du service militaire. Sanctions pénales.

Art. 5. – Chaque année dans chaque chef-lieu d'arrondissement il sera désigné trois volontaires, âgés de 20 ans, qui iront faire pendant un an, à Paris, leur apprentissage de sapeur pompier. Pension payée. Pécule égal à la moitié du salaire de leur 19e année. A la fin de l'apprentissage les candidats seront employés obligatoirement par les municipalités de province comme sapeurs-pompiers professionnels. Ils feront leur année de début dans une ville autre que la leur. Equivalence du service militaire. Sanctions pénales.

Art. 6 – Chaque année, 20 jeunes sportifs classés, âgés de 20 ans, iront passer un an dans un collège d'athlètes ou un centre sportif étranger, dans le pays de leur choix, dont obligatoirement 4 en Russie, 2 en Italie, 2 en Espagne. (Il ne s'agit pas d'aller faire uniquement de la bicyclette ou uniquement de la natation. Au moins 3 sports pratiqués sur pied d'égalité.) Tous frais de déplacement et d'entretien payés. Equivalence du service militaire. Sanctions.

Art. 7. – Chaque année, un instituteur par département, non marié, venant de terminer sa première année d'enseignement au sortir du service militaire, changera de département et passera obligatoirement dans un centre de nature différente (d'un centre rural à un centre ouvrier et inversement, d'un centre maritime à un centre terrien, etc.). Frais de déplacement et de logement payés en plus du traitement ordinaire.

Art. 8. – Chaque année 2 jeunes professeurs (1 agrégé, 1 licencié) seront pris dans chaque académie (volontaires) pour exercer le métier d'instituteur primaire dans une autre académie (non au choix). Salaire fixé par moyenne arithmétique entre le salaire équivalent au diplôme possédé et le salaire d'un instituteur. Equivalence du service militaire. Equivalence pour l'avancement et la retraite.

Art. 9. – Chaque année, dans chacune des provinces d'ancien régime, 1 volontaire (homme de lettres, ingénieur, professeur, instituteur, prêtre, etc.) sera pris pour aller parler dans les provinces autres que la sienne les jours de manifestations régionalistes, félibréennes, autonomistes, etc., etc. Le conférencier devra célébrer l'excellence des mœurs et traditions dans la province d'où il est originaire. Salaire assuré égal soit au traitement, soit au revenu de la profession que le conférencier devra interrompre. Déplacements payés. Assurance en cas d'accidents et assurance sur la vie.

Art. 10. – En ce qui concerne le présent chapitre, le budget de la paix sera alimenté : par les sommes prévues pour le service militaire des jeunes gens dispensés, dont le budget de la guerre sera naturellement diminué ; – par les sommes que lui remettront les ministères de la prévoyance sociale et l'hygiène, instruction publique, agriculture, travail, dont le budget ordinaire aura été accru des frais correspondant à chacun des articles ci-dessus.

Art. 11. – Quel que soit le résultat à la fin de la première année, l'expérience sera recommencée durant les deux années suivantes, et pendant ces trois ans le nombre des ressortissants au budget de la paix restera invariable.

(*à suivre*)[1]

Commentaire. – On dit que la paix doit se faire dans les esprits, voilà pourquoi nous commençons par la culture pacifique. Mais on remarquera que le corps n'a point été séparé de l'esprit ; car si le corps ne suit pas l'esprit et se jette à l'aventure dans timidité ou fureur, c'est de nouveau le trouble et la négation de la paix. On verra que le projet précèdent n'a rien d'international ou d'anti-guerrier. La paix que nous cherchons n'est pas la paix par la peur de la guerre, mais la paix pour l'amour de la paix. C'est donc la paix en tant que telle (laquelle existe déjà depuis qu'il y a des métiers, un commerce, une culture) que nous voulons asseoir définitivement, et non la paix qui n'est qu'horreur du sang, des canons et des armées. Ce qui fait la paix c'est la reconnaissance et l'acceptation des différences, et, par la conciliation de ces différences, leur négation. Nous voulons que les hommes se connaissent comme le pays et la coutume les font. Mais nous voulons leur apprendre aussi que la coutume n'est rien parce qu'on prend très bien d'autres coutumes. Nous voulons qu'un fondeur de Grenoble sache comment des hommes différents fondent à Vierzon ; qu'un mineur de Carmaux sache comment on descend dans les mines de Lens ; et qu'un instituteur de Lorient sache comment on apprend à lire dans les Cévennes. Afin qu'ils sachent tous que si les actions ou le vocabulaire changent, la façon d'ordonner des moyens en vue d'une fin ou de donner sens à un mot par le contexte est universelle.

1. Cette suite annoncée ne sera pas réalisée.

Nous voulons apprendre aux gens le désaccord et la discorde, afin qu'ils s'en réjouissent[a]. Si le conférencier venu parler des mœurs flamandes et des combats de coqs aux Martigues, pays des cigales et des taureaux, s'en retournait avec l'œil droit poché et le chapeau emporté comme une cocarde, nous le regretterions; mais ayant payé le pharmacien et le chapelier, nous enverrions l'année suivante, aux Martigues, un Breton authentique ou M. Henri Pourrat[1]. Ce que nous voulons atteindre, par le dépaysement obligatoire, mais, qu'on le remarque, dans les limites de la profession, c'est un genre d'universalité qui tue l'égoïsme sans faire renier aux hommes rien de leur position sur la terre. Nous voulons apprendre aux gens le point de vue des autres en leur demandant de garder le leur, puisqu'il n'y a jamais pour chacun qu'un point de vue qui est le bon. On verra que nous ne comptons pas trop sur les intellectuels, sur les diplomates, et sur les politiques. Nous nous moquons du cosmopolitisme. Nous comptons sur la force des lois et de la police. Pourquoi ne pas obliger les gens à savoir lire exactement comme on les oblige à savoir se battre? Pourquoi ne pas obliger les gens à savoir porter secours aux autres, en cas de sinistre? Quelle différence d'un sapeur-pompier à un soldat? C'est le même ordre et la même discipline, la même préparation à tous les désastres et à tous les sacrifices? Il n'y a pas la moindre hérésie, j'entends au point de vue sacré du patriotisme et du militarisme, à faire s'engager les jeunes gens dans les sapeurs-pompiers. Nous demandons très peu d'argent d'abord. Nous prendrons par la suite tout celui qu'on voudra nous donner. Avec quelques millions et quelques individus par département, la paix aura une existence officielle, publique, légale. Nous ne voulons pas de Ligues pour la paix. Nous voulons quelques individus passant leur vie sous le signe de la paix. Y viendra ensuite qui voudra. Nous attendons maintenant un peu d'argent et deux ou trois comptables ou dactylos pris dans chaque ministère (il y en a tant qui n'y font pas grand chose). Pour les dévouements et les volontaires, nous n'avons pas de crainte. Merci.

C.-G. BERNARD

a. On a si longtemps demandé au peuple l'union pour la guerre que nous voudrions essayer de lui demander un peu de discorde consentie, pour la paix.

1. Henri Pourrat (1887-1959), chantre de la vie rurale et du folklore auvergnat dans *Gaspard des Montagnes* (1921-1931). Il est aussi à l'époque journaliste au *Flambeau*, organe des Croix de Feu.

LETTRE AUX PARENTS DES SOLDATS – *NOTES MILITAIRES*

Libres propos (Journal d'Alain), 20 mars 1929

Vous avez lu sans doute qu'en Rhénanie des soldats étaient morts du froid et de la grippe, parce qu'ils étaient mal nourris, mal chauffés, mal soignés, et traités comme des bêtes ne le sont pas. On m'a écrit l'autre jour qu'à la campagne on faisait boire les bestiaux dans les étables, à cause du froid. A Trèves les soldats faisaient des marches dans le gel ; et, la nuit, quand ils étaient malades, ils traversaient la cour glacée. Je sais ce que c'est pour l'avoir fait aussi. Les militaires disent qu'ils emploient le prix de nos ordures à nous faire mieux manger. Il y a des jours où l'on croit vivre à un autre âge. Vous savez aussi que des officiers dansaient pendant que des soldats mouraient. Tout le monde saura ça désormais. Ce n'est pas de la propagande, c'est du vrai.

Il y a un père et une mère qui ont remercié un officier d'avoir apporté une couronne à leur enfant mort. Cela fait regretter d'avoir des parents. Cet officier, évidemment, n'était pas de ceux qui pensaient à danser : mais, puisqu'il pensait à la mort, il fallait qu'il y pensât bien. On ne s'arrête pas à mi-chemin avec ce compagnon de route. D'où venait cette mort pour le garçon ? Non pas du fond des âges, comme on l'a dit pour le boulet qui tua Turenne, mais d'une anticipation de l'avenir ; car c'est parce que le système militaire annonce guerre, qu'il justifie ce mépris des hommes et ces traitements à peine convenables pour du matériel. La caserne, c'est la guerre déjà au milieu de nous. Ce soldat a reçu sa couronne pour être mort d'une idée fausse et meurtrière, l'idée que nous n'éviterons pas les combats. Cette idée de la guerre est maintenant un crime, par la loi des nations. Celui qui a porté la couronne devait, si la mort lui paraissait inique, renoncer à vivre d'une institution condamnée à produire le crime. Il devait partir. Un homme dans ce cas trouve toujours du travail. S'il reste avec les autres, malgré sa couronne il est comme les autres. Et ces parents qui remercient sont des malheureux.

Sur ces parents de trois cents tués, y en a-t-il un seul qui soit allé dire au colonel de son fils : « Vous êtes couvert du sang de mon garçon ; et vous lui aviez dit comme à tous que vous étiez son père ! » Son père ! Nos colonels ne sont pas des pères, et nos pères sont tous un peu des colonels. Nous sommes jeunes, et ça n'est pas facile de l'être ; et vous nous laissez là tout seuls. Comme consolation, il y a le vin et les femmes. Vous, les pères, vous le savez, l'ayant vu ; mais vous ne voulez pas être pères. Vous bougonnez comme des colonels, disant : « Le régiment le débrouillera ». Vous, les mères, vous n'êtes jamais venues voir comment nous mangeons, comment nous dormons, comment nous travaillons. Vous savez de la caserne ce que l'on en dit. On n'en dit rien. Il y a des légendes, des chansons, des romans où tout finit par le ridicule. Il y a ce que disent les chefs, qui est faux. Et nous, nous ne disons rien parce que notre cœur est jeune et que nous voudrions l'avoir dur. Et nous passons sur nos misères. Car ici tout est si inhumain que décrire passe pour se plaindre. Il faut des morts pour que l'on pense à nous.

Pourquoi sommes-nous ainsi dans la mort physique et morale? Pour vous défendre? Est-ce à ce prix que vous exigerez votre sécurité? Et quelle sécurité? Votre argent, on vous le prend sous le prétexte de vous le garantir. Vos petits, on les tue sous prétexte de garantir vos vies. Si c'est cela que vous avez voulu, si c'est notre mort pour que l'impôt vous gruge, il fallait le dire : nous aurions su comment vous aimer. Nous aurions su comment lire vos lettres. Ce qui nous désespère c'est que vous, nos parents, vous ne ferez, au fond, rien pour nous. Vous devriez être, vous, l'armée qui nous défend; et vous dormez comme les apôtres. Vous aurez peut-être ces jours-ci un peu d'indignation et des mots vifs dans les conversations entre amis, mais ce n'est rien. Vous entendrez chaque jour sans frémir le canon tonner sur les hauteurs du champ de tir. Vous laisserez François courir de ses petites jambes pour voir passer les tirailleurs. Vous saluerez bas le général quand il viendra à la villa pour les vacances; et quand Bertrand viendra fendre du bois, vous lui demanderez des nouvelles de son neveu l'adjudant. Quand vous lirez combien d'argent Painlevé va donner aux parents des garçons morts, vous trouverez que c'est peu, comme s'il y avait du peu et du beaucoup pour compenser le néant, et comme si la mort était cotée en Bourse[1].

Vous vivrez comme avant, et nous serons seuls comme avant, parce que nos parents ont sur ces questions deux idées, c'est-à-dire deux refus de penser. La première idée c'est que les militaires sont des gens comme les autres, dont le métier est de même nature que celui des autres, et avec lesquels on doit avoir les rapports communs de société. La deuxième, c'est que nous, garçons, nous avons l'insensibilité à apprendre. Hé bien, oui, on nous l'apprend, l'insensibilité. Tellement bien que trois cents gosses de notre âge qui l'an dernier sentaient avec avidité, avec ardeur, avec emportement, ne sentiront plus jamais rien, rien, rien.

Un soldat

1. Paul Painlevé est en 1929 ministre de la guerre du gouvernement Poincaré. En 1928 il avait fait voter la loi sur le service militaire d'un an.

SEPTIÈME LETTRE À JEAN-RICHARD BLOCH

Mardi matin (printemps 1929)

Bien que je ne me connaisse pas de bosses, je pense que le mot de *chameau* vous est déjà venu pour me qualifier. Je profite en effet de la complaisance de Michel Alexandre à un moment où j'ai affaire, je profite ensuite de vos nouvelles bontés pour donner le jour à huit feuilles de mon écriture, et je reste à trouver cela comme naturel. Rassurez-vous, je ne suis pas chameau jusque là. Et ce n'est pas parce que j'ai oublié mon article, après en avoir été empoisonné pendant un mois, que j'oublie Jean-Richard Bloch et son indulgence pour un grand garçon ridicule. Je dois signaler au géographe que vous êtes que l'administration personnifiée par Parodi après m'avoir promis Cherbourg m'envoie à Charleville où le philosophe professionnel fait défaut[1]. Je n'aurais aucune raison de préférer Cherbourg à Charleville. Mais de Cherbourg je savais pouvoir espérer l'Océan et ses joies, au lieu que je ne sais qu'espérer des Ardennes et de la Meuse. J'ai toujours pensé aussi qu'il y aurait plus d'intérêt à dire certaines choses dans l'Est patriote que du côté de chez moi. Donc j'ai appris sans trop râler ma nomination à Charleville à dater du 1er mai. Et puis, je pourrai toujours essayer de partir en octobre, si les dieux carolopolitains sont contraires. Je suis encore sous l'habit militaire jusqu'au 17 ou 18 avril. Je n'ai pas à dire si j'ai peur de ne pouvoir passer sur cette date comme une vague par dessus une digue, car il est vrai que j'ai peur et ce sentiment est parfois intolérable. Je pense que j'aurai l'occasion de vous voir encore plusieurs fois avant mon départ et surtout dans les heures qui suivront ma transformation en papillon de printemps. Allez-vous aller à la Mérigote pour ces vacances de Pâques ? C'est presque sûr.

Je suppose que Melle Marianne est tout à fait remise de cette attaque de grippe, et qu'en général vous allez tous bien.

Je lis du Kipling et traduis du Wells pour apprendre l'anglais.

Je vous prie de transmettre à Madame Bloch et à tous mes meilleures amitiés et de croire à mon joyeux dévouement.

Georges CANGUILHEM

1. Le philosophe rationaliste Dominique Parodi (1870-1955) fut inspecteur général de l'Instruction publique de 1919 à 1934 et dirigea la la *Revue de Métaphysique et de Morale* de 1935 à 1955.

QUELQUES LIVRES – *CÉLÈBRES LEÇONS* DE JULES LAGNEAU

(*Evidence et certitude. La perception. Le jugement*) – 1 vol. (tirage limité), La Laborieuse, Nîmes, 1928 ; dépôt à Paris, librairie Picart, 59, boul. Saint-Michel, 14 fr.

Libres propos (Journal d'Alain), 20 avril 1929[1]

Voici une pensée qui sort d'entre les morts, preuve d'immortalité. Complétant et commentant les *Ecrits de Jules Lagneau* – recueil capital et déjà presque épuisé – les *Célèbres Leçons* nous apportent le travail d'une méditation qui recrée sans cesse l'objet auquel elle s'attache, en vue de le définir strictement. Ce ne sont pas ici de brillantes improvisations pour cours public, c'est une réflexion ininterrompue, soucieuse non de l'effet, mais de l'effort; soucieuse non de gagner et de persuader, mais d'exposer la difficulté et l'ordre de chaque sujet, même au risque de perdre. Ce qui importe au philosophe ce n'est pas la fin, mais le moyen.

Lagneau cherchait avec ses élèves ce que c'est que penser. On pourra dans ces Leçons chercher et apprendre avec Lagneau les règles de la pensée. Ceux qui soupçonnent que penser est autre chose qu'accueillir des faits, que les faits au contraire relèvent de la pensée, ceux-là trouveront en Lagneau confirmation de leur doute et l'assurance que le doute est la seule chose qui importe.

Lagneau, héros solitaire de la pensée, est mort sans avoir rien composé. Nouveau trait de ce doute sur la valeur des résultats, qui était pour lui la seule valeur. Mais ses disciples, voulant donner un objet à leur culte et aider les jeunes étudiants d'aujourd'hui à se sauver comme eux-mêmes se sauvèrent,

1. Jules Lagneau enseigne une « philosophie réflexive » : « la philosophie c'est la réflexion aboutissant à reconnaître sa propre insuffisance et la nécessité d'une action absolue du dedans ». Ses cours seront publiés par ses disciples, dont Alain et Michel Alexandre : *Ecrits réunis par les soins de ses disciples* (1924), *L'existence de Dieu* (1925) et les *Célèbres leçons et fragments* (1928) présentés ici. Dans une conférence prononcée à Metz, en 1951, sur « Lagneau, l'homme et le professeur », dont le texte est conservé au CAPHES, Canguilhem met en avant la vie exemplaire de Lagneau. Il apprécie « la méfiance que Lagneau manifestait toujours pour toute popularité et pour tout rôle public qui repose sur elle ». Il « appartient à la génération et à l'espèce des grands professeurs républicains, mais non à l'espèce des professeurs politiciens ». Canguilhem rappelle que Lagneau a quitté l'Alsace occupée en 1870 et poursuit : « J'ai souvent pensé, depuis la dernière guerre, à une galerie des philosophes français intransigeants, des philosophes combattants, des philosophes franc-tireurs. Deux figures au moins y rayonnent : Jules Lagneau, Jean Cavaillès. (…). Cavaillès, qui aimait bien l'œuvre de Lagneau, qui la connaissait bien et qui la faisait approfondir à ses étudiants ». Quant à la philosophie de Lagneau, Canguilhem souligne que c'est aussi une philosophie pratique, « une spéculation à la fois analytique et constructive sur la valeur ».

ont ajouté aux *Ecrits* et à l'*Existence de Dieu*, ces *Célèbres Leçons* afin que l'œuvre de Lagneau prenne place dans le temps pour le vaincre.

G. Canguilhem

LA FIN D'UNE PARADE PHILOSOPHIQUE : LE BERGSONISME

Libres propos (Journal d'Alain), 20 avril 1929 [a]

François Arouet, nom dissimulé par un mémorable pseudonyme, est devenu pseudonyme à son tour. François Arouet vient d'exécuter Bergson [b]. Je n'ai pas cherché à savoir qui est Arouet. J'ai vu que les gens sérieux tenaient son livre pour négligeable et même moins. Ce n'a été qu'une autre raison de le relire et de le trouver fort. Je prends Arouet pour Arouet, son livre pour un fameux livre et Bergson pour un penseur qui n'est pas inviolable et sacré. Sans doute, ne connaissant pas Freud, connaissant Marx imparfaitement, on pourrait trouver excuse à ne pas parler du livre. Ce serait lâcheté que de sembler faire chorus dans cette foule de bouches closes. Après tout, on connaît Bergson.

Que la philosophie aille chercher l'*imprimatur* à l'Académie des Sciences et soit une paraphrase des savants, que l'on aille chez M. Émile Picard savoir ce qu'il faut penser du *vieux* Kant, cela pour Arouet c'est la trahison [1]. La philosophie a une autre tâche, qu'elle élude depuis un siècle : c'est la compréhension et la libération de l'individu. « *La philosophie sera humaine ou elle devra disparaître* » (p. 86). Dans la suite hégélienne éclairée par Marx, Arouet

a. Parmi les meilleurs exposés du bergsonisme, parus récemment, il faut signaler le *Bergson* de F. Challaye, chez Mellotée, 48, rue Monsieur le Prince, Paris (Note de Michel Alexandre).

b. *La Fin d'une parade philosophique : Le Bergsonisme*, 9 francs. Éditions « Les Revues », 47, rue Monsieur-le-Prince [2].

1. Émile Picard (1856-1941), normalien, mathématicien, professeur à la Faculté des sciences, il s'intéresse également à la philosophie des sciences. Il est élu à l'Académie des sciences en 1889 et à l'Académie française en 1924.

2. L'auteur du livre, sous ce pseudonyme qui est le vrai nom de Voltaire, est Georges Politzer (1903-1942), jeune agrégé de philosophie, qui se passionne alors pour la psychanalyse (*Critique des fondements de la psychologie. La psychologie et la psychanalyse*, 1928). Il adhère au Parti communiste français en 1929 et publie la même année son livre contre Bergson. Il se consacrera dès lors au militantisme et publiera des *Principes élémentaires de philosophie* (1935-1936), qui seront pendant des années à la base de la formation des militants communistes français. Résistant, il est fusillé au Mont-Valérien en 1942.

traite des problèmes humains en syndicaliste révolutionnaire plus qu'en lauréat de l'Institut. Contre le spiritualisme bergsonien c'est le matérialisme qu'il avance, parce que seul le matérialisme honore et sauve l'homme, au lieu que le spiritualisme qui devrait le sauver, le tue. La guerre sert d'exemple. Le matérialisme seul peut s'appliquer au concret, c'est-à-dire à l'individu singulier.

Or, Bergson, se séparant dédaigneusement des philosophes, annonçait une marche au concret. Arouet a donc le droit et le devoir de juger Bergson sur la façon dont il a rencontré le concret. Cette rencontre, qui eut lieu en l'an de grâce 1914 et les années suivantes, où le concret se révélait particulièrement sévère et frappant, est digne de l'*Echo de Paris* et du *Gaulois*. Je connaissais déjà la façon dont Bergson étreignait le concret dans le *Bulletin des Armées*, où il retrouvait Boutroux, un grand spiritualiste aussi[1]. Elle vaut bien la façon dont il étreignait le concret dans ces discours prononcés sous la coupole de l'Institut, dont Arouet fait un exposé terrible. L'oublie qui pourra, si personne n'ose convenir de la victoire d'Arouet, c'est qu'il les bat tous[a].

*

Bergson a cru fonder une philosophie en réfutant quelques physiologistes anglais et allemands sans intelligence, en réfutant Taine qui n'était guère plus intelligent, en réfutant les manuels en usage à l'époque pour le baccalauréat[b].

a. « Car n'est-ce pas, il ne dépendait que de l'Allemagne de la déclencher [la guerre.] – La France était là, chaste et pacifique ; elle était plongée dans la durée, et tendue de tout son être vers l'approfondissement d'elle-même. Elle n'avait pas de curés, de journalistes et d'écrivains, pour prêcher des paroles de haine. Elle n'avait pas de diplomatie secrète ; elle ne se livrait ni en Russie, ni ailleurs à la vente et à l'achat des peuples. Le mot revanche était inconnu en France. La France n'a cherché de 1870 à 1914 qu'à spiritualiser la matière ! » (p. 110).

b. Bergson est un philosophe pour qui existent les *Leçons de philosophie* de Rabier (cf. *Matière et Mémoire*, p. 90, note 1)[2].

1. Dans une lettre à la *Revue des deux-mondes* du 15 mai 1916, sur « L'Allemagne et la guerre » Boutroux recherche les « germes » des « crimes allemands » dans l'histoire de la philosophie allemande. Georges Canguilhem a traduit et publié deux ans auparavant la thèse complémentaire latine de Boutroux, *Des vérités éternelles chez Descartes* (Paris, Alcan, 1927), avec une préface de Léon Brunschvicg (cf. *infra*, p. 935-978). Comme Politzer, Canguilhem reproche ici à Bergson ses prises de position chauvines pendant la guerre.

2. Elie Rabier (1846-1932), professeur de philosophie au lycée Charlemagne puis inspecteur d'Académie et directeur de l'enseignement secondaire, auteur d'un manuel de philosophie en deux volumes. Dans ses *Souvenirs concernant Jules Lagneau*, Alain le moque sous l'appellation du « Pédant », « auteur de manuels réputés en ce temps-là » que Lagneau avait fait « mettre sous clef ». Alain raconte avec jubilation comment il fut « un peu insolent » dans sa réponse à Rabier venu inspecter la classe de Lagneau (*Souvenirs concernant Jules Lagneau*, *op. cit.*, p. 722-723).

Il a traité ces sans-valeur avec le même sérieux qu'il a pris pour faire la leçon à Kant. Et sans doute il mourra – intellectuellement parlant – de n'avoir pas fait une autre différence entre Kant et Spencer[1]. Aussi toute la philosophie dite classique était-elle en lui au moment exactement où il croyait la souffler. Lui qui blâme ses devanciers d'avoir parlé de la vie spirituelle en termes d'espace, il a donné à certaines de ses pages l'aspect de manuels de géométrie, n'arrivant à se faire entendre qu'au moyen de schémas (voir par exemple *Essai*, p. 135 et 145; *Matière et Mémoire*, p. 108, 143, 155, 165, 177). Et lui qui parle à tous moments de *plans* différents, il semble n'avoir pas vu qu'il restait au même plan que ceux qu'il réfutait. Mais il méprisait les leçons de Hegel, qu'Arouet ne méprise pas.

Aussi le concret tel que Bergson l'a saisi, que ce soit la durée dans l'*Essai*, que ce soit la vie dans *L'évolution créatrice*, est-il le concret d'un philosophe qui a essayé d'animer l'abstraction classique. Bergson n'a dit sur la durée et sur la vie que des choses générales, c'est-à-dire abstraites. Les moments de la durée qu'il dit uniques, ne sont vraiment uniques que par le contenu. Or ce contenu qui est l'individuel et le concret, Bergson le néglige. Son point de vue n'est pas moins formel que le point de vue des philosophes qu'il veut anéantir.

La psychologie classique – et Bergson comme elle – part de la réalité du fait psychologique. Elle ne le peut qu'en posant ces faits comme des choses, ce qu'Arouet appelle une position à la troisième personne. Or ce qui caractérise la pensée humaine en ce qu'elle a de spécifique et d'unique c'est de n'être pensée qu'à la première personne, inséparable du *je* sujet. Arouet, nourri de Kant, n'a peut être pas lu Lagneau et Alain. Mais il n'importe. Les voies sont multiples. Sans qu'Arouet insiste beaucoup là-dessus, il n'y a qu'à le lire pour sentir combien loin il repousse les mythes de l'état de conscience et de la vie intérieure. Doctrine mortelle pour les ruminants. On pense invinciblement à ce chapitre de *Mars ou la Guerre jugée* intitulé : Lâches penseurs, que les psychologues n'ont sans doute jamais lu, pour leur repos[2]. Liront-ils Arouet ? Ce n'est

1. Herbert Spencer (1820-1903), philosophe anglais, créateur de cet « évolutionnisme » que Canguilhem qualifiera d'« idéologie scientifique du XIXe siècle », (« Qu'est-ce qu'une idéologie scientifique ? », dans G. Canguilhem, *Idéologie et rationalité dans l'histoire des sciences de la vie* (1977), Paris, Vrin, 2009, p. 50).

2. Alain y écrit notamment : « Imaginez un psychologue, si vous pouvez. C'est un historien de l'âme, pour qui penser n'est rien de plus que savoir ce qu'on pense. Cette froide lumière dont il s'éclaire ne fait rien et ne change rien. Quand il faudrait agir, il décrit; quand il faudrait vouloir, il cherche à prévoir (...). Adorateurs du fait en eux-mêmes et autour d'eux », ils donnent « à la nécessité figure de raison. Non seulement en ces choses qu'il faut subir, comme la pluie ou la neige, mais en ces choses qu'il faut vouloir, et qui ne seront que si on les veut, comme justice et paix. Le tout mêlé. Travail de haute police, que je n'avais pas assez compris, mais qu'ils m'ont

pas sûr. La pensée n'est considérée que si elle est à plat ventre. Or, depuis la guerre, quelques hommes se mettent à penser debout.

En faisant de l'esprit un petit univers à part, séparable, et observable comme avec des appareils, on fait de l'esprit une chose c'est-à-dire qu'on l'enterre comme esprit. Or voici que l'esprit revit, d'une façon, ici, particulièrement ardente et irrésistible : « Il n'y a pas *moi* d'une part et mon corps d'autre part. Il y a moi tout court. Et vous avez beau faire miroiter devant mes yeux une origine lointaine ou les perspectives d'une survivance possible : ce n'est pas *moi*, tel que je suis ici concrètement que ces avatars et cette survivance concernent, c'est quelque chose que vous appelez âme et esprit et que je sais être un extrait seulement de l'homme concret. Et la *survivance* que vous pouvez démontrer ne m'intéresse absolument pas, alors même que ce serait celle de ma personne, car si je veux survivre, c'est dans mon corps que je le voudrais et dans mon corps jeune… L'homme n'est pas une ombre, mais il est précisément homme, c'est la vie actuelle qui est sa vie et celle-ci est une, de même qu'elle est unique. C'est du point de vue de cette vie là que la mort est à jamais *irréparable*. Réfléchir sur les origines et la destinée de l'homme est une occupation abstraite puisqu'elle implique l'élimination du point de vue proprement humain ; on continue dans l'en-deçà ou dans l'au-delà ce qui n'a de sens qu'ici et maintenant » (p. 82). Esprit non séparé, esprit incorporé, humain. Il n'importe qu'Arouet accentue le matérialisme. Son livre est d'un corps et d'un corps passionné. Mais l'esprit seul fait la passion du corps. Tant pis s'il

expliqué en ces tristes années » (Alain, *Mars ou la guerre jugée*, 1921, dans *Les passions et la sagesse*, Paris, Gallimard, 1960, p. 645-646). Dans les *Libres propos* du 20 novembre 1928, Michel Alexandre et Jean Laubier avaient eux-aussi sévèrement critiqué la psychologie expérimentale, à propos de deux livres de Henri Piéron : selon Alexandre, « il existe des situations dans la psychologie expérimentale comme dans les tabacs, et il ne faudrait pas s'étonner d'apprendre que les adjudants en retraite bénéficient là aussi d'un tour de faveur ». Selon Laubier, « la psychologie n'est pas une science encore imparfaite, ni une science possible : l'étude de l'esprit est d'une autre nature et d'un autre ordre. Il est bien vrai que le comportement de l'homme comme le comportement de l'animal sont objets de science, mais cette science est la biologie ». L'hostilité de Canguilhem à la psychologie ne se démentira jamais : ainsi en 1958, dans un article peu connu de *la Dépêche du Midi* sur « Colonels et psychologues », il note : « la technique communiste – mais fasciste aussi – de prise du pouvoir par subversion, qu'on a nommée le viol des foules, a cherché ses fondements d'efficacité dans la théorie du réflexe conditionné que le physiologiste russe Pavlov avait élaborée bien avant que les ingénieurs soviétiques des âmes se soient avisés de l'exploiter. L'arme psychologique, ce n'est donc rien que le nom pompeux donné à une vieille technique, celle du dressage, du montage de réactions et d'opinions, technique rafraîchie par des connaissances théoriques que, d'ailleurs elle avait suscitées » (« Colonels et Psychologues », *La Dépêche du Midi*, 20 août 1958, p. 2.)

n'y a pas de mot en *isme* pour exprimer cette doctrine-là, qui est celle des grands et ne doit rien au spiritualisme des petits.

Je ne veux rien défendre, ni personne. Tous ces morts ou vivants sont assez forts d'eux mêmes, d'eux seuls. Mais quand, déchiquetant justement ces misérables tentatives de dissiper un misérable déterminisme psychologique et de prouver la liberté, et répondant à Bergson que si la liberté est l'expression du caractère, il suffira de poser un caractère adéquat pour justifier la liberté de tout acte, Arouet dénonce « l'ignoble abstraction qui consiste à distinguer liberté *politique* et liberté *métaphysique*, c'est-à-dire *liberté de fait* et *liberté de droit* » (p. 77), il pose ici le plus lourd problème du livre. C'est son argument le plus fort contre Bergson, mais ne devient-il pas moins fort par le fait que c'est un argument qui vaut contre tous les philosophes et contre ceux mêmes dont on ne peut pas dire, dont Arouet ne peut pas dire qu'ils ont été des lâches ou des traîtres. On aura beau jeu de défendre Bergson là-dessus, parce qu'on compromettra tous les autres avec lui, qui valent mieux. Kant ne s'est pas occupé de la liberté de fait, et Arouet sait bien que Kant n'est pas un traître; *La Science et la Morale* de Renouvier n'est pas le livre d'un traître[1]. Ce qu'il dit de la guerre et des conquêtes coloniales ne lui a pas été pardonné par la bourgeoisie qui l'ignore comme penseur et le hait comme homme. Arouet parle du *végétarisme néo-kantien* comme Léon Daudet parle du *Kant des pauvres*[2]. Mais quand Renouvier écrit que la morale est frappée d'impuissance chez chacun par le fait qu'elle ne règne pas sur tous, est-il si loin d'Arouet écrivant: « En consentant à se placer sur ce terrain, on se serait souvenu de l'impératif kantien : « Il faut que tu traites la personne humaine comme une fin et jamais comme un moyen » c'est-à-dire : il faut traiter l'homme comme une *personne*

1. Georges Canguilhem cite toujours élogieusement Charles Renouvier (1815-1903), auteur notamment du *Manuel républicain de l'homme et du citoyen* (1848) et des *Essais de critique générale* (1854-1864). Il apprécie que ce philosophe kantien ait su opposer la « loi morale » au déterminisme scientifique. Ainsi il note en 1962 : « Aussi doit-on saluer comme un trait de grande perspicacité le jugement que, par deux fois, *La critique philosophique*, organe de Renouvier et de son école, porte sur la théorie comtienne du progrès et de l'histoire, dans son rapport avec la loi morale : « Que peut signifier la loi morale dans l'hypothèse d'un mouvement nécessaire, c'est-à-dire d'une seule marche possible de l'histoire ? En telle situation donnée, elle sera conforme ou contraire à la loi historique, c'est-à-dire qu'elle commandera le nécessaire ou l'impossible. Commander le nécessaire, chose inutile; commander l'impossible, chose inutile encore et, de plus, contradictoire » (dans G. Canguilhem, G. Lapassade, J. Piquemal, J. Ulmann, *Du développement à l'évolution au XIXe siècle* (1962), Paris, P.U.F., 2003, p. 53.

2. Léon Daudet (1867-1942), fils d'Alphonse, écrivain et polémiste anti-dreyfusard, militant de l'Action française. Dans *Le rêvé éveillé. Étude sur la profondeur de l'esprit* (1926), Léon Daudet ironisait sur Renouvier, « le Kant du pauvre, qui a consacré un volume entier à la « pensée » de Victor Hugo ! ».

et jamais comme une *chose*. Mais on aurait compris, en même temps, l'illusion de cette maxime. Car vous aurez beau traiter, vous personnellement, l'homme comme une personne et non pas comme une chose : vous vivez dans une société où vous êtes, vous homme vertueux, avec votre vertu et le bénéficiaire de votre vertu, traités comme une chose ; dans une société dont les institutions n'ont, directement ou indirectement que ce but. » (p. 78). Tout cela est vrai et fort, et l'on comprend très bien qu'une philosophie uniquement soucieuse de la pureté spiritualiste soit une philosophie inhumaine. On comprend très bien cette négation à la manière hégélienne qui, anéantissant la philosophie pour l'accomplir, pose les problèmes en termes d'actions et d'institutions. On voit bien ce que Marx a apporté d'humain et de direct dans la solution de tous ces problèmes. Aujourd'hui comme au temps de Marx « *on traite les hommes comme des chapeaux* », et cela n'est pas plus tolérable[1]. Mais c'est intolérable au nom d'une humanité que la philosophie avec Descartes, avec Spinoza, avec Kant a mise à jour, précisément en méditant sur les problèmes non pas abstraits, mais métaphysiques de la pensée et de la liberté. Et si ceux qui parlent au nom de Descartes, de Spinoza, de Kant sont des traîtres, cela ne tient pas à la philosophie, cela tient à ce qu'ils seraient des traîtres dans tous les rangs et aussi bien dans les rangs de l'armée du concret. Ce n'est pas par la forme, mais par le contenu qu'ils sont des traîtres. Au nom du concret Arouet ne doit condamner que des individus. Et c'est du reste ce qu'il a fait en réalité. Son livre est un anti-Bergson.

*

Il faut avouer que les mots d'Arouet sont durs. Il y a là un peu de l'outrance chère aux partis révolutionnaires. Bergson n'est pas un « hystérique », il n'est pas un « prostitué ». Il n'avait nul besoin de se vendre à la bourgeoisie, étant bourgeois lui-même. Je veux dire que le livre d'Arouet me semblerait tout aussi bon sans cette démesure. J'ajoute aussitôt que cette violence mesure peut-être l'épreuve qu'Arouet a pu faire de sa foi révolutionnaire au contact des institutions bourgeoises. Peut-être sommes-nous à l'époque où doit disparaître des discussions d'idées la courtoisie qui cache dans le fond la connivence. Et je vois bien ce que les gens sérieux n'admettront pas du tout, c'est que l'on puisse

1. C'est dans *Misère de la philosophie* (1847) que Marx écrivait : « Si l'Anglais transforme les hommes en chapeaux, l'Allemand transforme les chapeaux en idées. L'Anglais, c'est Ricardo, riche banquier et économiste distingué ; l'Allemand c'est Hegel, simple professeur de philosophie à l'Université de Berlin » (dans *Œuvres*, t. I, Paris, Gallimard, 1965, p. 73).

écrire : « Des gens dont non seulement la pensée, mais l'être tout entier et même physique, est une savante organisation de tout ce qu'il y a de haïssable, simulent l'émotion devant le concret et la vie. Il faut alors savoir si le concret est assez dégoûtant pour sortir de la bouche de ces gens, ou bien alors s'il n'y a pas là un pharisaïsme qu'il faut exterminer » (p. 13). On n'admettra pas que l'on aille de l'homme aux idées, bien qu'en fait tout le monde le fasse. Mais cette démarche du matérialisme est vraie. Sans doute toutes les idées sont-elles politiques, même (nous devrions dire surtout) les idées religieuses.

Pour le reste, la vigueur, la hauteur de ton, la volonté de défi, l'intérêt du parti humain que chaque page fait résonner, font de ce pamphlet une lecture comme les philosophes ne nous en donnent pas souvent. Je l'ai lu et relu, je le sais presque par cœur. Je le tiens comme un hommage au prolétariat tel qu'il déshonore les autres classes, pour n'en pouvoir inspirer un semblable. Il y aurait quatre fois plus à dire à son sujet. Mais on ne peut pas rendre compte d'un livre par un livre. Je pense que les lecteurs de ces Cahiers iront à l'œuvre même.

G. CANGUILHEM

P.-S. : Il est à remarquer qu'au moment où Arouet réincarne le matérialisme pour dénoncer derrière Bergson la voix de l'Autel, Gabriel Marcel pousse dans la *Nouvelle Revue Française* (1er mars 1929) un cri de désespoir et jette l'anathème à la philosophie régnante comme insensible à la spiritualité vraie[1]. Carence de la spiritualité, tel est le titre d'un appel à Bergson. G. Marcel foudroie M. Belot pour avoir dit de Dieu, qui devrait être évident : « Quel scandale si un être souverainement bon refusait de se rendre communicable aux hommes »[2]. Dans le refus d'accrocher l'homme à la transcendance comme à la chaîne d'or de Jupiter, G. Marcel voit avec horreur l'existence par soi transportée de Dieu à l'homme. Peut-être, après tout, nous serait-il consolant et réparateur de nous accrocher au dehors. Mais à Qui ? A nous Bergson ! conclut G. Marcel. Supplication au silencieux vieillard de se découvrir à nous et de rompre le silence éternel des espaces philosophiques. Lui seul se taira-t-il ? dit G. Marcel. Concevez-vous en effet ce silence du philosophe spiritualiste en soi ? Quel scandale si un être souverainement

1. Gabriel Marcel (1889-1973), agrégé de philosophie, élève de Bergson, il a publié en 1926 des fragments de son *Journal métaphysique* dans *Europe*. En 1927 il s'en est pris à Alain dans un article favorable à la métapsychique. Converti au catholicisme en 1929, Gabriel Marcel deviendra, après la seconde guerre mondiale, le chef de file de l'existentialisme chrétien et sera l'auteur d'un certain nombre de pièces de théâtre.

2. Gustave Belot (1858-1929) inspecteur général de l'instruction publique, est notamment l'auteur d'*Études de morale positive* (1907), d'inspiration positiviste.

bon se refusait à se rendre communicable aux hommes. Voilà une manière d'existence par soi conférée à M. Bergson !

G.C.

LE SOURIRE DE PLATON[a]

Europe, n° 77, 15 mai 1929[1]

Alain raconte dans ses *Souvenirs* que Jules Lagneau disait « Nous oublions le sourire de Platon. » Fidèles à l'esprit platonicien nous devons accorder que seul peut dire « j'oublie », celui qui sait cependant. Tant de gens n'ont pas à oublier le sourire de Platon pour n'avoir jamais soupçonné qu'il y ait en Platon un sourire. Si l'on admet que ce sourire fait énigme, c'est seulement en Lagneau et par suite en Alain qu'on pourra trouver réponse.

a. Alain. *Onze chapitres sur Platon*, éd. Hartmann, 1928 : dans la même collection que les *Études sur Descartes*, du même auteur (1927)[2].

1. Cet article sur Platon, comme deux autres articles de Canguilhem parus d'abord dans la rubrique « La chronique des idées » de la revue *Europe*, est également paru dans la revue *La chronique des idées*, n° 29, mai 1929. Cette *Chronique des idées* est une revue mensuelle que le directeur d'*Europe* et des éditions Rieder à l'époque, Albert Crémieux, fait paraître en parallèle avec *Europe* à partir de janvier 1927, et qui reprend certains des articles publiés dans *Europe*. Dans cette revue, il s'agit d'accorder plus de place aux questions philosophiques et religieuses, aux « idées » : comme l'indique l'éditorial du premier numéro, « parmi tant de revues excellentes consacrées aux sciences, aux arts, à la philosophie, aux techniques, il n'y en a pas qui s'occupe immédiatement des idées. On peut en imaginer une qui serait le miroir intellectuel de notre temps (...). Les idées qu'on appelle rationalistes subissent un grave assaut. A vrai dire elles ont besoin d'être remises au point. Les hommes qui ont eu le courage et l'honneur de les formuler et de les défendre dans la génération précédente leur ont souvent donné une base trop étroite, en ont titré des conclusions hâtives. Ils les ont mises incomplètement à l'abri de l'irruption mystique à laquelle sous assistons ». En fait, durant l'année 1927 il est surtout traité dans *La chronique des idées* de questions religieuses, dans l'optique de la collection « Christianisme », publiée aux éditions Rieder sous la direction de Paul-Louis Couchoud, agrégé de philosophie et médecin, qui niait l'existence historique de Jésus. Romain Rolland s'élève alors contre le fait que la revue ne fasse que débattre de problèmes « internes » à l'Église catholique. Par la suite *la Chronique des idées* accordera une plus grande place à des questions philosophiques, en consacrant notamment un numéro à la pensée d'Alain ou à celle de Lagneau, et sera plus critique à l'égard de la religion.

2. Les références sont conservées à ces éditions, ainsi qu'à l'édition de 1925 des *Souvenirs concernant Jules Lagneau*. Ce livre figure dans la bibliothèque de Georges Canguilhem avec un envoi d'Alain : « A Georges Canguilhem, en sa prison. Pour qu'il se garde du courage sans joie. Bien affectueusement ». Canguilhem commente sur la page de garde : « pour Alain "en sa prison" voulait dire en sa caserne à Nîmes ».

Ce n'est pas artifice si la lecture des *Onze chapitres sur Platon* renvoie aux *Souvenirs concernant Jules Lagneau*, dont un chapitre pouvait alors nous faire attendre d'Alain sur Platon le livre que nous avons maintenant[1]. A lire ces pages des *Onze chapitres*, le sentiment vient qu'une partie de nous y est en jeu, et peut-être même tout ce qui est nous, ce destin difficile que nous faisons chaque jour de nos mains. Aussi ne s'agit-il point, dans les lignes qui vont suivre, de critique, mais d'une résolution de cœur plus naïve et plus exigeante; car s'il coûte peu de faire le savant, il peut coûter assez d'étaler le ridicule de ne pas le faire. Mais ne doit-on pas dire que critique et minutie du spécialiste sont vieillesse de l'esprit, et qu'il est un temps pour l'homme où la simple admiration comble?

Onze chapitres. Sans doute faudrait-il avoir plus grande familiarité et présence de Platon pour sentir ce qu'il y a de platonicien dans ce nombre, soit qu'on y admire une rencontre heureuse, soit qu'on justifie par les souvenirs du pythagorisme épars dans les dialogues, l'intention de célébrer un auteur selon lui-même. Dans l'un et l'autre cas, c'est la part de l'inspiration en Alain. Mais surtout, onze c'est le refus librement annoncé de former en système des doctrines que Platon pare diversement, laisse en suspens, reprend, écourte, parfois indique à peine sans les amplifier, que sa générosité de penseur abandonne et se défend de faire rendre au delà. Il n'y eut rien en Platon d'un mercenaire philosophique. Quant à Alain, qui ne le sait? Si donc Platon fut abordé sans préjugé c'est bien cette fois. Peut-être plaira-t-il de dire qu'Alain a abordé Platon, armé par Lagneau, et que c'est là un préjugé suffisant. Je retourne là-dessus aux *Souvenirs* pour y lire : « Platon existe en son œuvre : il est facile de savoir si j'ajoute maintenant quelque chose à Platon (p. 91) ».

1. Le chapitre II des *Souvenirs concernant Jules Lagneau* d'Alain est consacré à Platon. Canguilhem cite toujours très élogieusement ces *Souvenirs*. C'est dans ce livre qu'Alain va pour la première fois donner une figure mythique à Lagneau, qui deviendra une sorte d'idéal-type du professeur de philosophie. Le livre s'ouvre ainsi : « Je veux écrire ce que j'ai connu de Jules Lagneau, qui est le seul Grand Homme que j'aie rencontré » (Alain, *Souvenirs concernant Jules Lagneau* (1925), dans Alain, *Les passions et la sagesse*, Paris, Gallimard, 1960, p. 709). Sur son exemplaire des *Souvenirs concernant Jules Lagneau*, Canguilhem a noté trois citations du livre, dont une tirée de la page 84 : « L'Esprit n'est ni loin, ni caché, ni derrière nous, ni derrière la chose, mais dedans ». Canguilhem donnera en 1951 à Metz une conférence sur « Lagneau, l'homme et le professeur », dont le texte est conservé dans le Fonds Canguilhem du CAPHES. Il montre que pour Lagneau « la véritable expression du philosophe c'est l'enseignement qui ne doit pas être seulement un discours mais un témoignage ». Cf. *supra*, p. 220-221. De même qu'Alain rappelle sa relation à Lagneau lorsqu'il étudie les liens qui unissent Platon à Socrate, Canguilhem évoque aussi ici, notamment à la fin de l'article, sa propre relation à Alain.

Il y a une façon d'exposer les doctrines philosophiques qui commence par faire un immense détour à travers tous les commentateurs et interprètes, corrigeant l'un, anéantissant l'autre, finalement se découvrant devant tous, ne fût-ce que pour honorer le travail matériel de l'étude. C'est là peut-être de l'histoire, mais il n'est pas permis de croire que c'est aussi de la philosophie. C'est attendre des autres, permission de penser. De plus, c'est nous faire contempler un cadavre, celui de Platon par exemple, mis en pièces. Pièces en nombre variable dans cette planche d'anatomie, selon que tel accepte ou refuse tel fragment, tel document, telle source, comme font ceux qui établissent controverses et contre-expertises pour décider d'un éclat d'os s'il doit ou non entrer dans un squelette d'animal.

Dans les chapitres d'Alain, Platon est un vivant, c'est un homme, et qui peut porter un sourire. L'appel à Platon vivant, parlant, agissant ne cesse d'animer ce parcours au travers des dialogues. Une pensée, qu'on le veuille ou qu'on s'en irrite, est portée par un corps. Dans un système quel qu'il soit, comment le corps de l'homme serait-il absent, si le corps est la logette du guetteur sur le monde? Aristote, si bien attaché à la pensée chevillée au corps d'un homme, a manqué à sa propre doctrine en ce qui concerne Platon. Dans ce problème scandaleux qu'est l'animosité d'Aristote à l'égard de son maître, Alain s'élève à la seule hauteur peut-être qui permette de bien juger. «Convenons pourtant que l'humeur d'Aristote devant la doctrine platonicienne est quelque chose d'inexplicable, car la présence de l'homme, le ton, le geste, devaient obtenir indulgence pour les plus hardies anticipations « (p. 65, *Onze chapitres*). Aristote ici est sommé comme il convient, et battu sur son propre fumier, comme Bayle le dit des théologiens[1]. Les hommes ne sont bien jugés que morts. Mais ce que Platon a su faire pour Socrate, Aristote n'a pas su le faire pour Platon. Il n'est pas commode, il est vrai, d'être disciple. Et comme nul n'est contraint de l'être, il faut écrire les *Souvenirs concernant Jules Lagneau* ou rien.

A ce propos, on s'amuse parfois à rechercher si Platon nous a donné en ses dialogues le vrai Socrate. Appelons cette manie l'art de poser de faux problèmes et n'en parlons plus. On peut disputer sur le manque de preuves et l'objectivité du témoignage. Il est sûr que l'entreprise n'était pas moins hardie pour Alain d'écrire des *Souvenirs concernant Jules Lagneau* que pour Platon

1. Pierre Bayle (1647-1706). Historien, philosophe et critique français, auteur du fameux *Dictionnaire historique et critique* (1967) et de *Pensées diverses écrites à un docteur de Sorbonne à l'occasion de la comète qui parue au mois de décembre 1680* (1682), *cf.* p. 209-210.

d'écrire, en dialogues, des *Souvenirs concernant Socrate*. Dans l'un et l'autre cas ce n'est pas à la critique de prononcer, mais au sentiment, si on peut l'avoir, de la grandeur.

Il y a des gens qui considèrent le *Banquet* comme un livre de pédérastie. Quelle preuve apporter contre ? En pareil cas il y a bien quelques mots brefs et expressifs à répondre ; mais une règle – inventée par quel esprit couard ? – veut que l'on soit poli. (Descartes était-il poli, lui qui savait parler de « papier pour le dernier usage » ?) Retenons qu'on n'est pas historien de la philosophie si l'on est incapable de remettre sur pied un auteur. L'entendement, en cette entreprise, n'est que vue d'architecte. C'est la force et le courage qui font tout le reste. Il n'y a pas deux mesures, l'une pour soi, l'autre pour le sujet qu'on traite ; et qui est petit ne fera rien de haut. Il serait trop commode de promener les yeux dans la poussière et de vouloir ensuite prononcer sur l'éclat du jour. La pensée en un homme c'est son unité. Que peut-on espérer, pour la pensée d'un homme, d'un dépeçage plus ou moins propre, plus ou moins conforme aux méthodes cliniques les plus en vogue ?

La manière physiologique de reconstituer le mouvement platonicien qui est celle d'Alain nous fait penser que *les Idées et les Âges* ne sont pas loin en arrière. Le premier des onze chapitres nous donne Platon. Ce n'est même pas une vie de Platon, car une vie contient bien de l'accident en son cours. C'est l'âme de cette vie. Aventure, a-t-on déjà murmuré. Et pourquoi non ? Quand on a l'exactitude de penser, que la critique des textes et tout l'effort pour rétablir les choses telles qu'elles ont été comprennent une bien grande part de suppositions, et qu'au prix de ces suppositions on arrive à ce résultat d'être réduit à supposer encore pour donner un sens à Platon, la conclusion, pour qui a un peu d'indifférence à l'opinion des autres, ne peut faire doute. C'est qu'il est inutile de tant perdre le temps pour finir à se risquer. Mieux vaut aller à Platon droit et courir d'abord le risque, fort de ceci qu'il est vain de chercher les preuves de la pensée, étant ce qui fait les preuves. C'est ainsi que j'explique mon plaisir de voir que ce livre sur Platon ne dérobe pas encore une fois Platon derrière un peu de fumée. Ce plaisir récompense de la honte éprouvée à sentir qu'on a trop lu – si peu qu'on voudra c'est trop – d'opinions sur Platon au lieu de lire tout simplement Platon lui-même et qu'on n'est plus assez naïf pour vivre totalement ce drame de la seule destinée humaine, la reconnaissance et le culte de l'esprit. Sans Alain (sans Valéry aussi), nous aurions pu finir par croire que la réflexion philosophique est un pieux massacre du plaisir[1].

1. Paul Valéry (1871-1945). Ecrivain français, très apprécié de Canguilhem, qui le citera souvent, du début à la fin de son œuvre.

L'âme de la vie de Platon, c'est Socrate. En un corps athlétique, fait pour exercer la force et recueillir l'honneur, le sublime camus fit naître un doute à l'égard de la puissance. Platon en ces années où il attendait de parvenir au pouvoir, vit Socrate le dénué refuser les avances du pouvoir et s'abstenir de participer à l'injuste arrestation de Léon de Salamine. Platon vit ensuite ce mépris de la puissance peser comme rien dans l'ingrate balance de ceux à qui Socrate avait témoigné fidélité. Platon vit Socrate mourir. On peut lire là-dessus la *Lettre VII* (éd. Budé). Quand on choisit de penser après cela, on sait jusqu'à quoi l'on s'expose. « L'esprit est digne d'être crossé, c'est son droit propre » (*Souvenirs concernant Jules Lagneau*, p. 68). Il est sûr que Platon fut crossé en Sicile, preuve qu'il avait bien fait valoir son droit. Comment ne serait-il pas allé en cette galère ? Une pointe d'ambition encore vivante devait l'y pousser et un peu du mépris de l'homme princier pour le maître d'école à lévite élimée. « Je rougissais de passer à mes yeux pour un verbe creux qui ne veut jamais mettre la main à l'œuvre » (*Lettre VII*). Mais comment aussi ne pas penser à Socrate quand se leva sur Platon ce qui tenait lieu de crosses ? « Le vrai Socrate c'est d'abord un homme sans peur et un homme content. Sans richesse, sans pouvoir, et content » (*Onze chapitres*, p. 19). Le sourire n'est pas loin. Disons que le rire peut convenir au vainqueur, au tyran qui a chassé Platon. Mais il y a dans le vainqueur et dans le rire trop d'assurance. L'esprit qui sait secouer la chose établie comme on secoue un prunier, sait bien qu'il n'y a jamais de victoire à jamais. « Ne te fie point à ce qui dure » (p. 108). On n'est jamais tout à fait vainqueur non plus qu'on n'a tout à fait raison. Le sourire est un doute à l'égard du présent et une modestie à l'égard du futur. Le sage dit : « Ne ris ni beaucoup, ni de beaucoup de choses, ni sans retenue » (Épictète, *Manuel*, XXXIII, 4).

Qu'est-ce alors qui dure et en quel port trouver repos si tout pouvoir finit par tomber et tout tyran par fuir? Voici au contraire Socrate, si assuré au moment de la mort, ne s'appuyant à rien qu'à lui-même. Et où est la force d'un homme enchaîné que gagne déjà le froid de la pierre où il va retourner ? Dans l'horreur des derniers instants rendue plus terrible encore par un cercle d'amis désespérés, de quelles profondeurs de joie monte ce sourire ? Ainsi la faiblesse fait apparaître ce qui la nie, comme la force a fait. Socrate n'attend de la mort rien que de la surmonter dès maintenant. Il est difficile de n'être pas pris à l'imagerie de la vie future quand on lit le *Phédon*. Convenons pourtant que la plupart des hommes entendent par immortalité exactement une vie mortelle, faite de mouvement, de contentement et d'ennui dans laquelle le corps n'a plus part, comme si le corps était pour rien dans l'action, le plaisir et la douleur. Ce n'est pas cela que Socrate attend en jouant de la lyre, et cet apprentissage même est une preuve qu'on ne peut travestir. C'est un témoignage contre l'immortalité future pour l'éternité actuelle. Dès maintenant la perfection est cherchée ici même et dans le moment même, et nullement par addition de moments et de vies. La même philosophie qui chante l'éternité nous apprend à ne pas chercher l'instant qui suit l'instant. C'est tout de suite que je dois être sage, mesuré, juste. Platon, dont la gloire communément est d'avoir séparé deux mondes, et sans doute le seul qui n'ait su tenir qu'à ce monde, présent et pressant. « Car cette présence de l'éternel et j'ose dire cette familiarité avec l'éternel, enfin cet autre monde qui est ce monde et cette autre vie qui est cette vie, c'est proprement Platon. Et ce sentiment que j'ai voulu réveiller qui est comme un céleste amour des choses terrestres ne sonne en aucun autre comme en lui » (p. 171). Le récit qui dans Alain achève Platon, c'est le mythe de Er, fils d'Arménios, à la fin de la *République*. C'est le récit de notre mort, entendez de notre vie, mortelle et éternelle indissolublement. Ainsi du dernier chapitre on est renvoyé au premier, où la mort de Socrate éclaire pour nous sa vie. D'une mort vécue à l'autre mort pensée, nous avons Platon, pensant pour l'éternité et faisant de mort vie.

Au temps des *Souvenirs concernant Jules Lagneau*, Alain écrivait de Platon : « Je n'ai jamais eu, une seule fois, le sentiment qu'il y eût jamais en ces œuvres illustres par-dessus toutes la moindre chose à reprendre ni d'autres difficultés que celles qui s'offrent à nous tous dans notre commune situation d'hommes percevants » (p. 87). Si nous sentons en cet aveu la moindre hardiesse nous étonner c'est que nous n'avons pas encore perdu l'habitude de considérer Platon comme une pièce de musée qu'on va voir de temps en temps et qu'on abandonne à sa glaciale immobilité, tel un buste de Phidias. Et sans doute sommes-nous surpris de voir qu'on nous propose la société et le commerce de Platon, homme comme nous, aussi difficilement et pourtant joyeusement homme que nous, plus encore que nous ne fûmes surpris de nous trouver enfants de « notre père Descartes » (*Étude sur Descartes*, p. 14). Puisque nous avons des machines dont les roues sont une invention à laquelle l'histoire ne sait assigner de date, pourquoi répugner à penser que Platon a dit sur la science et la justice tout ce que l'on peut en dire humainement ? « Il y a une théorie de la justice dans Platon, mais elle est bien vieille », personne ne dit cela ; mais savons-nous combien le pensent ?

Les pages d'Alain sur Platon, incomparables pour la façon de percer l'écorce en ce qui a trait à la dialectique et aux idées, soutiens de nos pensées quotidiennes, sont décisives en ce qui concerne la morale. C'est le sujet qui a fait dire peut-être le plus de sottises sur Platon. Il n'y a pas en Platon de morale dogmatique ; il y a en lui comme il y a chez Descartes une théorie des passions et du gouvernement de soi. C'est la marque des grands auteurs. Alain se tient, autant qu'on peut souhaiter, à ceci que la morale en Platon est tout individuelle (« Ici est posé l'individu en son indépendance comme jamais peut-être on ne l'a osé », p. 149), que la *République* n'est nullement un ouvrage de politique et que les mythes concernant l'autre vie et les sanctions futures sont en esprit et à la lettre la peinture de l'intime condition pour chaque être pensant. Et enfin, il n'y a pas une morale selon Platon, non plus qu'il n'y a une science selon Platon. Il y a en Platon la science et la morale. Que les philosophes cherchent s'ils peuvent les limites au delà desquelles les récits de la Caverne et de Er sont sans signification. « La doctrine de Platon portait plus d'avenir qu'aucune autre; et sans doute est-il plus facile aujourd'hui d'entendre Platon qu'il ne le fut jamais » (*Onze chapitres*, p. 60). Ces légendes d'un Platon chrétien, d'un Platon communiste, d'un Platon contempteur des choses de ce monde, qui courent encore partout – il faut avoir été élève pour le savoir – brisées, balayées, envolées ! Que répondre en effet à cette invitation de mieux lire Platon ? Regardons bien. C'est Adimante au livre II de la *République* (366 sq.) qui assure que si les hommes savaient ce qu'est l'injustice considérée en elle-même et dans l'inviolable secret des âmes « au lieu d'être en garde contre l'injustice d'autrui chacun de nous serait en garde contre la sienne propre ». Et ce jugement sur les méchants que « leur punition c'est leur vie même, conforme à l'exemplaire auquel ils se font ressemblants » est-il de Platon ou n'est-ce pas commentaire d'Alain ? Pariez d'abord, lisez ensuite le *Théétète* (177 a). Personne n'osera dire qu'Alain invente Platon. « A quoi bon inventer Platon, puisqu'il existe » a dit une fois Alain. Et s'il plaît même de dire qu'Alain invente, nous en conviendrons, puisque inventer n'est jamais que mieux lire une expérience. « Il est certainement impossible de comprendre Platon par procureur; toutefois peut-être par procureur on peut commencer à l'aimer » (p. 26). Les *Onze chapitres sur Platon*, en apprenant à lire Platon, le font comprendre non par procureur mais par lui-même. C'est de Platon que vient cette lumière jetée sur Platon. Nous voudrions bien croire que certains auteurs n'ont plus de sens pour nous, et les dire morts. Mais c'est en nous, au contraire, par l'infidélité, que meurt ce qui leur donnerait pour nous sens et valeur.

Alain, par son livre, rapproche Platon de nous, ou plutôt nous fait approcher de Platon, et nous savons ainsi comment il nous est plus facile que jamais d'entendre Platon, si nous voulons bien. Incidemment, une toute petite phrase à propos du *Philèbe* : « l'idée même du changement fixé par son contraire, la mesure » (p. 68) nous élève à un sommet. En Platon, la pensée a eu la révélation de son essence. La pensée en Platon est, avant tout, mesure. Ainsi le mot de raison prend tout son sens. On peut alors lire et comprendre ce qui est dit de la dialectique et des sciences mathématiques, particulièrement au livre VII de la *République*. La dialectique est mouvement et passage, elle est parcours synoptique comme le dit proprement Platon. Elle enferme en elle les notions de rapport, de série et d'ordre. Par où l'on vient à comprendre l'importance donnée à ne rien oublier et à tout faire figurer dans la progression des termes. « Les sages d'entre les hommes font *un*, à l'aventure et *plusieurs* plus tôt ou plus tard qu'il ne faut. Après l'unité ils passent tout de suite à l'infini, et les nombres intermédiaires leur échappent », ainsi dit le *Philèbe*. La science est mesure. Et quant à la justice, toute la *République* est pour dire qu'elle est mesure. Platon n'a peut-être pas eu de plus grande précaution que celle d'ordonner les notions les unes par rapport aux autres. Il y a du démesuré en Calliclès, mais non en Platon. Et comme Calliclès est en Platon, il faut bien qu'il y ait un équilibre. Socrate est le contre-poids, comme Alain l'explique amplement. « Les savants, Calliclès, affirment que le ciel et la terre, les dieux et les hommes sont liés ensemble par l'amitié, le respect de l'ordre, la modération et la justice et pour cette raison ils appellent l'univers l'ordre des choses, non le désordre, ni le dérèglement. Tu n'y fais pas attention, je crois, malgré toute ta science et tu oublies que l'égalité géométrique est toute-puissante parmi les dieux et parmi les hommes. Tu es d'avis qu'il faut travailler à l'emporter sur les autres : c'est que tu négliges la géométrie » (*Gorgias*, 508). Des lecteurs de Platon qui ne connaît ce texte ? Cette attention à ne pas laisser une idée l'emporter sur les autres, c'est tout Platon. Devant ce géomètre rien n'a tenu, pas même Dieu. Et l'*Eutyphron* déchoit Dieu d'une place usurpée. Socrate et Platon, d'abord et sans perdre de temps, ont descendu Dieu au-dessous du Juste, en attendant que Descartes vînt l'élever au-dessus du Vrai. Nous n'avons pas espoir de voir jamais qu'on tire Dieu de cette difficile position. Remarquons aussitôt que Platon lui-même n'a point laissé entendre qu'il n'y eût rien au-dessus du vrai, puisqu'il n'a pas manqué de placer le Bien au delà des Idées, donnant un objet à ce qu'Alain appelle la foi des incrédules.

Je pense alors que ce n'est point vanité ou fantaisie de parler du sourire de Platon, car le sourire lui aussi est mesure et porte le signe de l'esprit. Quand Platon, au livre III de la *République*, se jette contre les poètes dans une charge à première vue inexplicable, il réprouve de voir les Dieux figurés dans Homère comme intempérants et impropres à se gouverner, c'est-à-dire à établir en eux cet ordre mesuré qu'est la justice. Et l'exemple donné de ce dérèglement divin largement célébré dans l'*Iliade*, c'est le rire. « Un rire excessif n'est-il pas la marque d'une grande altération dans l'âme… Nous ne devons pas supporter qu'on nous représente les dieux dominés par un rire qu'ils ne peuvent modérer ». Et dans le *Philèbe*, les Dieux sont dits n'être sujets à la joie ni à la douleur, étant certain qu'il y a en l'une et l'autre quelque chose d'indécent. Sévérité inattendue, semble-t-il, mais qui n'est point de Platon seul. On connaît le mot de Lagneau dans les *Simples Notes* : « Il y a une gaieté sérieuse ». Descartes lui-même, si bien armé pourtant par le corps contre la tristesse, écrit à Élisabeth : « Les grandes joies sont ordinairement mornes et sérieuses, et il n'y a que les médiocres et passagères qui soient accompagnées du ris » (6 octobre 1645). Cette pudeur des sages en voici le secret : « Il est dur de voir qu'Homère est chassé deux fois de la *République*, avec honneur, avec regret, mais chassé. On voudrait toujours, et c'est le lot de l'homme, gagner sur le sévère entendement et s'arranger des preuves d'opinion plus clémentes » (*Onze chapitres*, p. 161).

Ainsi le sourire de Platon est un grand refus. Tout est bien facile en effet s'il y a des Dieux un peu jaloux, un peu tracassiers, un peu saouls, mais au fond braves garçons. C'est mettre notre humanité à la merci de ses propres vices et qualités démesurément grossis, mécaniquement et sans compte possible. Et si nous n'avons pas à rendre compte qu'avons-nous besoin de calcul ? Or en Platon la science et la justice vont de front. C'est ayant contemplé la Nécessité que les hommes entendent une voix leur dire : « La Vertu n'a point de maître, elle s'attache à celui qui l'honore et fuit celui qui la méprise. On est responsable de son choix. Dieu est innocent ». Dans les *Onze chapitres*, le sixième qui a pour titre *Timée* donnera peut-être humeur au lecteur précipité, avide de voir « tous les démiurges à l'œuvre, clouant le Même et l'Autre sur l'écliptique » (*Souvenirs concernant Jules Lagneau*, p. 89), car ce chapitre ainsi placé à l'enseigne de la physique traite presque uniquement de morale. Mais c'est pour avertir qu'une fois l'existence balayée et purgée d'incohérence, d'imprévu, et de merveilleux, il reste à l'homme un difficile gouvernement de soi sous cette idée que les fautes sont à nous et de nous, que les choses au dehors n'ont pas d'opinion et n'ont à se prononcer ni pour ni contre. Rien n'est fait pour nous soutenir, rien n'est fait pour nous arrêter. A chaque jour sa peine indéfiniment. Où fonder un renoncement, où fonder un espoir ? « L'espérance n'est que le chant de la vertu » (*Onze chapitres*, p. 99). Dans les *Souvenirs*, signalant ce trait commun à Platon et à Lagneau de tout compter pour rien hors la pensée en acte, Alain écrivait : « Moins d'espérance donc, mais il me semble plus de joie. C'est une des vertus de Platon de réduire le progrès » (p. 95). De la foi des incrédules naît la joie sans espoir. Dieu est bien loin ou bien près, comme il plaira. Mais qu'est-ce qui est loin ou près ? dirions-nous comme Alain dit : « Qu'est-ce qui est long ou court » ? « Ces mythes de Platon où Lagneau vivait et respirait selon son essence terrestre ont en tous leurs replis cela de remarquable qu'ils éloignent Dieu, de même que l'astronome, à mesure qu'il calculait mieux, éloigna de nous le soleil. « Nous oublions, disait Lagneau, le sourire de Platon » (*Souvenirs concernant Jules Lagneau*, p. 131).

De nos pensées et de nos actions, Platon nous remet tout le soin. Et comme un héros de Stendhal dit : « On ne dort point quand on a tant d'esprit » [1], c'est à nous de dire qu'on ne rit pas quand on a la justice à faire. Et encore gardons-nous bien d'aller pour cela mettre notre vie sous le signe de la tristesse au nom de la justice. Ce serait aussi follement manquer à la mesure, en oubliant l'hydre du sac. L'admirable en Socrate n'est point qu'il n'ait jamais roulé sous la table, mais qu'il n'ait pas fui les festins. Le sourire, dit quelque part Alain, est la perfection du rire. Or on n'achève que ce qui a d'abord un commencement. On sait que l'Église a condamné Pascal, alarmée par ce qui est de sauvage en lui. Et il est clair qu'à l'opposé la doctrine du jésuite a quelque chose de rassurant et de réjouissant, en remettant à Dieu beaucoup du métier de l'homme. En Platon, au contraire, il y a la juste balance de notre pouvoir et de notre devoir. « Au sujet de cette théologie, qui a couvert une partie du monde, il faut reconnaître que Platon a dit, ici et là, de quoi nourrir des siècles de pensée mystique, par exemple, dans le *Théétète*, que le travail du sage est d'imiter Dieu. Je ne méprise point cette sagesse ; et j'accorde qu'elle est d'une certaine manière dans Platon ; seulement elle en recouvre une autre bien plus pressante, bien plus positive, bien plus près de nous. Et, quoique la mystique chrétienne offre des profondeurs mieux que métaphoriques, je n'ai pas l'opinion qu'elle ait jamais touché au plus intime notre bien et notre mal, comme Platon a fait » (*Onze chapitres*, p. 89). Platon, ayant fait de la métaphysique le tissu des choses positives, a sans doute porté l'irréligion à son comble du premier coup, en refusant de faire dénouer le drame humain par un Dieu surgissant de la transcendance comme d'un ciel de théâtre. Le *Deus ex machina* de la comédie antique est un symbole aussi profond qu'on le voudra et sans aucune faute, puisque parler de la transcendance c'est parler de l'esprit en termes de chair et dans le lieu. Mais en Platon, et en lui seul peut-être, pas de comédie. Comprenons-nous maintenant ce sourire et que nous ne sommes point au spectacle de notre propre vie ? La métaphysique dans les choses positives, encore une fois c'est Platon. Et Alain, dans le dernier chapitre du livre, se montre platonicien au point de nous faire voir et toucher l'éternité en nous faisant voir et toucher les choses. Celui qui, en ces pages les plus vivement dramatiques qu'ait jamais écrites Alain, ne se sentira pas esprit au contact du monde, perd peut-être pour toujours l'occasion. « A chaque instant une vie

1. Formule du comte Mosca dans *La chartreuse de Parme*.

neuve nous est offerte. Aujourd'hui, maintenant, tout de suite c'est notre seule prise. Ce que je ferai demain, je ne puis le savoir, parce que je ne suis pas à demain. Ce que je puis faire de mieux pour demain, c'est d'être sage, tempérant, courageux, juste, aujourd'hui. Et le passé non plus n'est pas à moi. Même, chose digne de remarque, il ne me tient que par cette folle pensée qu'il me tient; car l'éternel mouvement du *Timée* nous fait des jours neufs et des minutes neuves. Mais notre faute est d'essayer encore une fois la même vieille ruse, en espérant que Dieu changera. C'est pourquoi je me suis attaché au récit de Er, et j'ai voulu prendre pour moi ces choix éternels, et ce jugement, en tous les sens du mot, de moi-même par moi-même à chaque instant. Afin que toi, lecteur, et moi nous soyons dignes de Platon au moins un beau moment» (p. 171). Après cela nous n'avons pas à regretter que Platon ait d'abord été lu et commenté par des moines.

Terminons ici, puisqu'il y aurait encore tout à dire. Si l'on avait choisi d'insister sur la façon dont le sujet est traité plutôt que sur le sujet même, et d'écrire sur Alain à l'occasion de Platon, l'article sans doute n'eût pas été très différent; mais pour un tel article il aurait fallu trouver un autre titre. On se plaît à croire qu'il y aurait eu le choix, mais le vrai c'est qu'il n'y a pas le choix. Il aurait bien fallu inscrire en tête : « De quelques signes de la vraie grandeur. »

HUITIÈME LETTRE À JEAN-RICHARD BLOCH

Jeudi 16 (mai 1929)

J'ai assez attendu, généreux et trop bienveillant ami, à dire ma joie d'avoir reçu *Cacaouettes* pour mériter d'être méprisé[1]. Ce Colleone dont vous parlez j'en ai une reproduction sous les yeux présente à chaque moment, et je pense de lui comme vous. Mais cette journée à Rufisque ne me paraît pas d'un étriqué. La façon de conquérir un pays n'est pas épuisée par la manière militaire, et la vôtre vaut, je vous assure, celle de Mangin[2]. Quant au dialogue sur le « Nordstrand » je ne puis que relire moi-même et faire lire, l'admiration seule

1. Jean-Richard Bloch le lui a adressé avec l'envoi : « A Georges Canguilhem, pour saluer sa libération et sa promotion dans le civil ».

2. Dans l'Avant-propos de ce livre, Jean-Richard Bloch comparaît à la statue du condottiere Bartolomeo Colleoni par le Verrocchio le « donjon disgracieux, mais solide et large, qu'était le général Mangin », une « complexion comme ma nature en voudrait une », (*Cacaouettes et bananes*, Paris, Gallimard, 1929, p. 13.

serait trop simple. C'est de *Sur un Cargo* que date un regret amer d'être terrien[1]. La présente suite n'est pas pour l'apaiser.

Charleville me voit transporter dans les rues ma première serviette. Que fais-je ici dans ce lycée léthargique? Vieux professeurs que l'âge et la première classe consolent de n'avoir que la moitié de ce qu'il faudrait pour être digne non d'enseigner mais d'apprendre à enseigner. Ils regardent si mon ventre pousse, car cela les rassurerait. Un seul attachement sacré, les élèves, pourtant bien nuls et bien somnolents. France et Claude m'ont rendu difficile sur la valeur des collaborateurs, et je peux dire que ces gros garçons de 17, 18 (j'en ai un de 24 ans, moi j'en ai 25 pas encore!) et même plus ne savent pas le dixième de ce que savaient (je ne dis pas de ce que savent maintenant) ces jeunes personnes.

Je vais à Nancy dimanche chercher une bicyclette qui me permettra de rouler dans le pays. Beau pays. Mais quel temps crachottant. Aimable hiver en perspective!

Dites à tous mon amitié et combien je me donne de joie à penser souvent qu'ils existent comme ils sont, recommandez à France de dormir et de boire du vin, et tenez pour fidèle mon admiration et pour entière mon affectueuse fraternité,

Georges CANGUILHEM

SOTTISIER – *JUPITER-SARRAUT*

Libres propos (Journal d'Alain), 20 mai 1929

« Pendant la proclamation du résultat, un orage éclata sur la ville : pluie, éclairs, coups de tonnerre se succédèrent, le tout accompagné de grêle. Décidément, l'élection de M. Blum est marquée par des événements plutôt sinistres… Après l'incendie de l'Alcazar, l'orage, les coups de tonnerre, la grêle… Hum! … Blum! ! ! … – *La Croix de l'Aude*, 21 avril, (communiqué par G.C.)[2].

1. *Sur un cargo. A la découverte du monde connu* de Jean-Richard Bloch a été publié en 1924 à la N.R.F.

2. En avril 1929 Léon Blum (1872-1950) a été élu député socialiste de l'Aude, fief des Sarraut, Maurice (1869-1943), directeur de *La Dépêche de Toulouse* et sénateur radical-socialiste de l'Aude et Albert (1872-1962), également sénateur de l'Aude, plusieurs fois ministre des Colonies et ministre de l'Intérieur.

QUESTION DE G. CANGUILHEM

Libres propos (Journal d'Alain), 20 juin 1929

G. Canguilhem (Lycée de Charleville) pose la question suivante : « Le mécanisme de la preuve est-il le même dans les preuves des quatre opérations arithmétiques ? Pourquoi ces preuves sont-elles concluantes et dans quelles limites ? ».

PRÉJUGÉS ET JUGEMENT

Libres propos (Journal d'Alain), 20 juin 1929

Nous ne pouvons partir que du préjugé, parce que nous partons du langage que nous n'avons pas fait. Nous vivons d'abord de récits, de proverbes et de mythologies. Reprocher à un homme d'avoir d'abord cru et d'avoir commencé par la prière est aussi fou que lui reprocher d'être venu aux hommes et au monde dans le ventre de sa mère. Heureux qui a bien prié Dieu, même jusqu'à la vanité. Cela vaut mieux qu'être comblé pour avoir bien prié les hommes. La parole toutefois peut tuer la pensée, car elle offre une pensée toute faite. Le mot est pris pour lui-même comme un absolu sonore, évocateur, porteur d'émotion. Mais tout mot pris comme absolu fait une erreur. C'est même la définition de l'erreur. « Sésame, ouvre-toi ! » Qui donc ne pense jamais selon Sésame ? Nous sommes tous mages à tous moments. On croirait que *vaccin* est un absolu, et qui n'attacherait un peu à ce mot valeur curative ? Or *vaccine* nous renvoie à vache par l'intermédiaire de vacca. Ainsi je pense à Jenner ; et je vois un sens à ce que je dis. Mais j'ai défait le mot et retrouvé derrière lui un univers d'humeurs salées baignant mes organes, une terre maternelle porteuse de prairies, de vaches ruminantes, et de filles de ferme qui font penser à Tess d'Urberville[1]. J'ai pensé cette fois non par des absolus, mais par des rapports et c'est ainsi que le jugement revivifie le langage. Le langage porte des concepts, mais les concepts sont faux de toute chose, car ils ne sont vrais d'aucune chose. C'est le jugement qui rend vrai le langage en détruisant le concept par une attache qu'il lui donne à l'univers réel. Préjugé et coutume sont même chose, langage et coutume sont même chose. Mais la pensée rompt la coutume. Pascal dans les *Pensées* (section V) rompt la coutume de la morale. Kant dans l'*Analytique transcendantale* rompt, contre Hume, la coutume de la science.

1. Ces évocations du mot « vaccine » évoquent les analyses ultérieures de *La connaissance de la vie* sur les rapports entre mots et concepts, à propos de « tissu », « cellule » ou « milieu ». Le roman *Tess d'Urberville* de Thomas Hardy avait paru en 1891.

L'un et l'autre par le jugement. Descartes a sans doute tout dit en se gardant de précipitation et prévention. Précipitation, prévention, préjugés. Jugements portés avant nous, sans nous. Chacun doit refaire son jugement à partir du préjugé. Mais nul ne jugera s'il n'y a d'abord préjugé. Voilà pourquoi l'erreur instruit.

Il se trouve que ces quelques réflexions dessinent le domaine de certaines investigations sociologiques. Mais vaut-il la peine d'aller chez les Kwakiutl ou les Bororos[1] ?

G. CANGUILHEM

À L'ÉCOLE NORMALE SUPÉRIEURE

Libres propos (Journal d'Alain), 20 juillet 1929

A la suite du discours prononcé le 13 janvier par le président, M. Émile Picard, à l'assemblée générale de l'Association Amicale de Secours aux anciens Élèves de l'École normale supérieure, quelques-uns d'entre nous ont jugé nécessaire d'élever la voix et de donner occasion à leurs camarades de manifester leur sentiment. Une circulaire a donc été adressée à tous les membres de l'Association; on en lira ci-dessous le texte, ainsi que celui des documents annexes. Sans vouloir donner à cette manifestions normalienne une publicité de presse qui serait pénible à beaucoup d'anciens normaliens, nous tenons – par cette publication dans les seuls *Libres Propos* – à faire connaître à chacun des signataires les noms de leurs camarades qui se sont trouvé d'accord pour exclure de notre groupement toute politique, même nationaliste.

Plusieurs ont accompagné leur signature de lettres précieuses, dont quelques-unes particulièrement touchantes. Six des signataires ont fait, en des sens différents, des réserves sur les termes employés par notre camarade Doyen[a]. D'autres ont trouvé trop modéré le texte qu'ils signaient. Plusieurs ont spontanément souhaité que la démission du président permette de rétablir l'harmonie dans notre Association.

Puissent tous les signataires, rapprochés par les circonstances, rester intimement unis. Mais surtout qu'ils n'abandonnent point l'Association : l'Association sera ce que nous la ferons.

Félicien CHALLAYE

a. Nos camarades : Jean Bayet, Joubin, Ellen-Prévost, Poyer, Vallaux, Weulersse.

1. Les Kwakiutl et les Bororo avaient été rendus célèbres en France par Lévy-Bruhl dans son livre sur *Les fonctions mentales dans les sociétés inférieures* (1910). Ils avaient également été évoqués par F. Boas, M. Mauss et E. Meyerson, lors de la séance de la Société française de philosophie du 1er juin 1929 consacrée à la discussion d'un exposé de Lévy-Bruhl sur « L'âme primitive ».

CIRCULAIRE ADRESSÉE AUX MEMBRES DE L'ASSOCIATION [1]

Mon cher Camarade, Paris le 20 Mai 1929.

Vous trouverez, ci-joint, les passages du discours que M. Émile Picard, président de notre Association Amicale de Secours, a prononcé à la dernière Assemblée Générale, et où il a pris vivement parti au sujet d'une pétition rédigée par un certain nombre d'élèves actuels de l'École et relative à leur préparation militaire [2].

Après lecture de ce discours et de son apologie, dans *Le Temps* du 14 janvier dernier, notre camarade Pierre Doyen, professeur au lycée de Valence et grand mutilé de guerre, a adressé aussitôt à M. Émile Picard une lettre que nous tenons à mettre également sous vos yeux.

Cette lettre nous a vivement émus.

Pour l'honneur et dans l'intérêt même de notre Association – par respect aussi pour nos camarades tués à la guerre, que nul n'a le droit de faire servir à soutenir ses convictions, quelles qu'elles soient – nous estimons que sans prendre parti pour ou contre la pétition des Normaliens, tous les membres de notre Association doivent se prononcer sur la question si fortement posée par notre camarade Doyen.

Nous vous prions donc, si vous êtes de notre avis, de signer avec nous le texte ci-contre, qui sera communiqué au Bureau de notre Association et à la presse.

Paul DUPUY (1876). Romain ROLLAND (1886). Émile CHARTIER (1889). Félicien CHALLAYE (1894). Paul-Louis COUCHOUD (1898). Georges BÉNÉZÉ (1910). René MAUBLANC (1911). Maurice LACROIX (1912). Jean LAUBIER (1924). Marcel LOB (1921). Raymond ARON (1924). Georges CANGUILHEM (1924) [a].

a. Notre camarade Albert Bayet se serait joint à notre démarche s'il ne venait de démissionner de l'Association, en raison des paroles prononcées par M. Émile Picard, dans le même discours, contre M. Alphonse Aulard, son beau-père. « Je ne crois pas, a écrit Albert Bayet à M. E. Picard,

1. Cette protestation est reprise dans *Europe*, n° 80, du 15 août 1929 sous le titre « Une protestation des anciens élèves de l'École normale ».

2. Une pétition contre la préparation militaire supérieure obligatoire, publiée dans *Le populaire* en novembre 1928, avait été signée par quatre-vingt-trois, puis, certains se rétractant, vingt-deux élèves littéraires de l'École normale supérieure. Canguilhem qui venait de quitter l'École n'a donc pas signé cette pétition. Il semble pourtant que la pétition avait été signée à l'initiative des normaliens disciples d'Alain, emmenés par René Château. Des informations sur cette pétition avaient été publiées dans le numéro du 20 janvier 1929 des *Libres propos* avec en épigraphe une citation d'Alain : « il y a quelque chose de plus beau à voir que celui qui n'aime pas obéir, c'est celui qui n'aime pas commander. Cette noble espèce se multiplie ». Émile Picard, président de l'Association amicale de secours des anciens élèves de l'École normale supérieure, indigné, avait dénoncé « une méconnaissance singulière du rôle de l'officier, alors que tant des nôtres ont donné leur vie sous cet uniforme, en défendant la patrie ». Sur cette « affaire de la PMS », *cf.* l'étude très approfondie de J.-F. Sirinelli, *Génération intellectuelle. op. cit.*, chap. XIV.

Texte de la déclaration

Les soussignés, membres de « l'Association Amicale de Secours des Anciens Élèves de l'École normale supérieure », après avoir pris connaissance du discours prononcé par le Président Picard dans la réunion générale annuelle du 13 janvier dernier, et de la lettre du camarade Doyen, grand mutilé de guerre, provoquée par ce discours.

Considérant que l'unique objet de l'*Association Amicale de Secours*, tel qu'il a été défini par le Président Dubois, dans la réunion générale annuelle de 1852, est « le bien à faire » et « le malheur à consoler ».

Que l'expression de tout jugement politique dans le discours que le Président prononce à la réunion générale annuelle, où il parle pour l'Association tout entière, risque de compromettre notre œuvre de charité, en altérant les sentiments de camaraderie unanime nécessaires à son accomplissement.

S'abstenant eux-mêmes de prendre parti pour ou contre la pétition des élèves critiquée par le Président Picard,

Expriment le désir que dorénavant le Président, parlant au nom de l'Association dans la réunion générale annuelle, s'interdise tout jugement personnel sur des faits d'ordre politique, à propos desquels l'Association Amicale de Secours n'a pas à se prononcer.

Comptent sur la sagesse du Conseil d'Administration pour obtenir l'observation de cette règle.

Liste des 270 signatures (par ordre alphabétique)[a] :

Georges AILLET (1896). André ALBA (1913). Eugène ALBERTINI (1900). Jean AMIEL (1925). Philippe ARBOS (1904). Raymond ARON (1924). Georges ASCOLI (1904). Gustave AUCOUTURIER (1923). Léonce BACUVIER (1919). Raymond BADIOU (1924). Carle BAHON (1893). Augustin BALLICIONI (1921). Alexandre BAROT (1902). Louis BARRABÉ (1919). Jacques BARRAUD (1914). Stanislas BARTOSZEWSKI (1907). Marcel BATAILLON (1913). Maurice BAUMONT (1911). Jean BAYET (1912). Georges BÉNÉZÉ (1910). Paul BÉNICHOU (1926). Henri BERGUIN (1912). Antoine BERNARD (1919). Adrien BERNELLE (1919). Georges BERNHEIM (1896). Pierre BERTAUX (1926). Maurice BERTHÉLEMY (1921). Roger BERTRAND (1919). René BIZOS (1914). Robert BLANCHÉ (1919). Marc-André

qu'aucun de nous, en adhérant à cette Association, ait pensé un seul instant que ses opinions politiques dussent faire, au lendemain de sa mort, l'objet d'un examen critique et d'une condamnation prononcée par le Président » (21 avril) [1].

a. Trois autres de nos camarades ont signé, mais en demandant que leurs noms ne soient d'aucune manière publiés.

1. Picard avait critiqué les engagements politiques d'Alphonse Aulard qui aurait « eu tendance à ne pas voir l'Allemagne telle qu'elle est, c'est-à-dire n'acceptant pas sa défaite ».

BLOCH (1919). Armand BOGROS (1919). Pierre BOIVIN (1925). Pierre BOLEY (1886). René BOSC (1906). Henri BOUCHÉ (1913). Jean BOURCIEZ (1914). Marcel BOURDIOL (1912). Nicolas BOURGEOIS (1916). Maurice BOURGUEL (1913). Pierre BOUTIN (1923). Émile BOUVIER (1908). Émile BRAILLON (1920). René BRAY (1919). Jean BRILLE (1925). Sylvain BROUSSAUDIER (1924). Jean BRUHAT (1925). Alexandre BRUNEAU (1897). Joseph CAMPINCHI (1919). Sébastien CAMUGLI (1911). Georges CANGUILHEM (1924). Marcel CARAYON (1918). Jean CARRÈRE (1916). Marcel CASTER (1919). Jean CAVAILLÈS (1923). Félicien CHALLAYE (1894). Daniel CHALONGE (1916). Pierre CHAMBON (1926). Pierre CHARDON (1919). Marius CHARLES (1921). Émile CHARTIER (1889). André CHAUVIN (1926). Maurice CHAZEL (1919). Claude CHEVALLEY (1926). Robert CHOUET (1887). Pierre CLARAC (1914). Paul CLOCHÉ (1902). Edwards CLAVENAY (1925). Pierre COMERT (1900). Georges CONNES (1910). Francisque COQUARD (1919). Francis COSTANTINI (1916). Paul-Louis COUCHOUD (1898). André CRESSON (1888). André CUISENIER (1906). Armand CUVILLIER (1908). René DAUDE (1919). Henri DAUDIN (1899). Francis DAUZATS (1896). Marcel DÉAT (1914). Roger DELBIAUSSE (1925). André DELMAS (1922). DIVAN (1901). Pierre DOLL (1912). Pierre DOYEN (1912). Léon DREYFUS (1897). Raphael DREYFUS (1916). DUBUISSON (1897). Auguste DUMARQUE (1906). André DUPIN (1921). Robert DUPOUEY (1898). Paul DUPUY (1876). Jean DUVAL (1919). Alfred ELUECQUE (1921). Jean FABRE (1922). Gabriel FAURE-MURET (1919). G. FAUVERNIER (1901). Henri FÉLIX-ABRAHAM (1911). Robert FENOUILLET (1919). Marcel FINAS (1920). Franck FORGET (1919). Michel FOURNIOL (1923). Jean FOURQUET (1919). Georges FRIEDMANN (1923). FROSSARD (1900). Georges GAILLARD (1920). Jacques GANUCHAUD (1925). Jean GAROBY (1903). de GANDILLAC (1925). Paul GAUDIOT (1909). Louis GÉNEVOIS (1920). Maurice GÉNEVOIX (1912). Maurice GÉRIN (1921). René GÉRIN (1913). Louis GERNET (1902). G. GONTHIEZ (1907). Francis GRENIER (1921). Pierre GROSCLAUDE (1919). Marcel GUEHENNO (1911). Henri GUILLEMIN (1923). Vincent GUILLOTON (1919). Jacques HADAMARD (1884). Frédéric HAEUSSER (1922). Guy HARNOIS (1925). Georges HATEAU (1907). Armand HEMMERDINGER (1899). Louis HERLAND (1924). Paul HEYLER (1920). Louis HIPPEAU (1914). Jean HYPPOLITE (1925). Pierre IMMARIGEON (1908). Vladimir JANKÉLÉVITCH (1922). Paul JOUBIN (1882). Roger JOXE (1925). Albert JUNGBLUT (1924). André KAAN (1926). Alfred KASTLER (1921). Paul LABÉRENNE (1922). Edmond LACKENBACHER (1920). Maurice LACOSTE (1908). Maurice LACROIX (1912). René LAFON (1916). Paul LANGEVIN (1894) Marcel LARNAUDE (1908). Jean (1921). Alfred LAUMONIER (1914). Albert LAUTMAN (1926). Jean LE BAIL (1924). Henri LECARME (1926). Charles LE CŒUR (1924). Joseph LE CORRE (1922). Georges LEFRANC (1924). Henri LEGRAND (1906). Jean LERAY (1926). Emmanuel LEROUX (1903). Florentin LEROY (1910). Louis LESCHI (1919). LESPÈS (1891). Roger LÉVY (1900). Louis L'HÉVÉDER (1919). LITALIEN (1894). Marcel LOB (1921). Achille LOUBET (1913). Georges LUCIANI (1923). René LUGAND (1921). Armand LUNEL (1911). Georges-Henri LUQUET (1897). Paul

MANTOUX (1894). Henri MARESQUELLE (1919). MAROGER (1895). Henri MARROU (1925). Joseph MARTIN (1926). Marcel MARTINET (1907). Pierre MARTINO (1899). Marcel MATHIEU (1922). Albert MATHIEZ (1894). René MAUBLANC (1911). Gaston MAUCHAUSSAT (1909). Fernand MAURETTE (1900). André MÉDARD (1912). Charles MEINRATH (1901). Antoine MERLAND (1921). Fernand METZ (1923). Robert MEYNIEUX (1926). Robert MINDER (1921). Henri MIRABEL (1913). Sylvain MOLINIER (1911). Frantz MOLINO (1926). Maurice MOLINO (1922). Charles MOREL (1926). Jean-Émile MOREL (1905). J. MOTTE (1916). Émile MOUSSAT (1906). Roger NATHAN-CAHEN (1919). Raymond NAVES (1920). Jean NIVAT (1925). Paul-Yves NIZAN (1924). Eugène NOURRY (1905). J. OZIL (1923). Charles PARAIN (1913). Charles PECOUT (1917). Auguste PELLET (1868). Remi PÉRON (1924). André PERRICHET (1919). Francis PERRIN (1918). Roger PETIT (1911). André PÉTRUS (1921). Henri PHILIBERT (1922). Léon PIAUX (1914). Maurice PICARDAT (1910). Joseph PIÉRI (1926). André PIERRAT (1917). André PIERRE (1907). Roland PIETRI (1917). Jean POIRIER (1906). Georges POYER (1905). Pierre PRADINES (1919). Marcel PRENANT (1911). Jean PREVOST (1919). Ellen PRÉVOT (1898). René PRUVOST (1910). Louis RAFFAELLI (1920). Alexandre RAMBAUD (1913). Guy RAYNAUD DE LAGE (1926). Gustave REBEILLÉ (1904). Georges RENARD (1867). Louis ROBERT (1924). Adrien ROBINET DE CLÉRY (1910). Romain ROLLAND (1886). Louis ROUBAUD (1927). Max ROUCHÉ (1922). Paul ROUME (1913). Lucien RUCHE (1911). Théodore RUYSSEN (1889). Louis SARTRE (1912). Pierre SCHIRMER (1924). Franck SCHOELL (1908). Ezio SCHULHOF (1899). Philippe SCHWOB (1925). Louis SÉCHAN (1903). Jean SEZNEC (1925). Emmanuel SIGNORET (1920). François SIMIAND (1893). Joseph SIMON (1913). Paul SUCHER (1906). Lucien SUEUR (1895). Maurice TAILLANDIER (1907). TALAGRAND (1896). Charles TETAUD (1913). Albert THOMAS (1899). Paul THONON (1926). Georges THOVERT (1916). Ernest TONNELAT (1898). Robert TOURNAUD (1923). André VAILLANT (1911). Camille VALLAUX (1891). René VALLOIS (1903). Robert VIEUX (1912). Dominique VIGNAUX (1923). Pierre VILAR (1925). Henri WALLON (1899). Raymond WARNIER (1917). Maurice WEBER (1907). André WEIL (1922). Armand WEIL (1896). Étienne WEIL-RAYNAL (1906). Jules WELSCH (1881). Georges WEULERSSE (1899). Georges WORMSER (1907). Ludovic ZORETTI (1899).

DOCUMENTS ANNEXÉS A LA CIRCULAIRE

1) *Extrait du discours de M. Émile Picard*

« Messieurs, je me suis laissé aller à évoquer le souvenir de quelques-uns de ceux dont notre maison est justement fière. L'École Normale ne se compose pas seulement des bâtiments où nous sommes réunis et de leurs hôtes actuels ; elle est l'ensemble des promotions normaliennes depuis plus d'un siècle. Ceux qui n'ont pas oublié le glorieux passé de l'École ont lu avec tristesse une lettre récente, incorrecte dans la forme comme dans le fond; elle témoignait d'une méconnaissance singulière du rôle de l'officier, alors que tant des nôtres ont donné leur vie sous cet uniforme, en défendant la patrie. C'est ce qu'a heureusement compris la grande majorité des signataires qui ont fini par voir où on voulait les mener. Les heures où nous vivons sont trop graves pour qu'on se laisse aller à des manifestations compromettant l'École et provoquant des commentaires peu favorables à notre pays »[a].

2) *Lettre de Pierre Doyen*[b]

Monsieur le Président, Valence, le 14 janvier 1929

Je viens de lire dans la presse les principaux passages du discours que vous avez prononcé à l'Assemblée générale de l'Association amicale de secours des anciens Élèves de l'École normale supérieure. Comme membre de cette Association, je me permets de vous exprimer la surprise que j'ai éprouvée à cette lecture.

Nos Statuts ne prévoient d'autre objet que de venir en aide, au moyen d'une caisse de secours, à ceux de nos membres qui peuvent avoir besoin d'assistance. Camarades de situations et d'opinions bien diverses, nous nous unissons dans cette œuvre commune de charité, mais nous ne pouvons y rester qu'à condition d'écarter tout ce qui lui est étranger. Nous élisons un Président précisément pour veiller à l'observation des statuts et diriger l'impartiale répartition des secours. Je suis donc très étonné que vous usiez des fonctions que nous vous avons confiées pour exprimer des jugements qui vous sont personnels et que beaucoup d'entre nous contestent. Je crains que ce manquement aux devoirs de votre charge n'ait de fâcheuses conséquences pour notre Association que, pour ma part, je n'hésiterai pas à quitter si elle se détourne ainsi de son but.

Je ne voudrais pas insister sur le sentiment pénible que j'éprouve à vous voir apporter l'appui de votre autorité – et celle de l'Association – aux critiques et aux menaces formulées contre nos jeunes camarades, élèves actuels de l'École. Puisque vos convictions ne vous permettaient pas de prendre le parti des plus faibles dans ce conflit, vous pouviez du moins ne pas prendre aussi publiquement ni avec autant d'éclat le parti des plus forts.

Dans ce passage de votre discours vous faites appel au glorieux passé de l'École et au souvenir de nos camarades tués pendant la guerre. C'est réveiller imprudemment chez ceux qui, comme moi, appartiennent à une des promotions les plus durement éprouvées, qui ont combattu et qui ont été blessés, une indignation que nous risquions d'oublier. Pendant que, jeunes élèves de l'École, nous subissions les fatigues et courions les dangers d'une guerre que les générations précédentes avaient été incapables de nous éviter, et dont nous, en tout cas, n'étions pas responsables, les hommes de ces générations – et parmi eux maint ancien camarade – que leur âge ou leur

a. Annuaire 1929, p. 12.

b. Cette lettre a déjà paru dans les *Libres Propos*, (20 mars), mais nous avons jugé nécessaire de la reproduire. – F.C.

situation mettaient à l'abri, nous exhortaient à combattre courageusement et jusqu'au bout. Nous n'avions pas alors le loisir de rien dire. A notre retour nous avons vu ces mêmes hommes tirer gloire de nos morts, de nos mutilations, de nos souffrances. Nous étions trop las pour protester. Dix ans après, nous vous voyons encore invoquer ce passé à l'appui de vos passions politiques. Cette fois c'est trop ! Laissez les morts en paix. Aucun de nous n'a le droit, quels que soient les liens qui nous ont unis à eux, de les utiliser ainsi. Et quant à nos jeunes camarades, ne recommencez pas avec eux le jeu sinistre que vous avez joué avec nous : quand on est de ceux qui ne sont pas battus et qui ne se battront pas, on a la pudeur de ne pas blâmer les jeunes hommes qui demain seront peut-être appelés à se faire tuer, et discutent seulement aujourd'hui s'ils le seront comme soldats ou officiers. Dans cette question une seule attitude vous convient : vous taire !

Votre discours ayant été rendu public, je pense que vous ne verrez pas d'inconvénient à ce que je ne garde pas par devers moi la lettre que je vous adresse. Je vous serais extrêmement obligé, d'autre part, puisque ma lettre concerne votre activité en tant que Président de l'Association des Anciens Élèves de l'École, de vouloir bien la porter à la connaissance du Conseil d'administration dans sa prochaine réunion.

CIVILITÉ PUÉRILE ET HONNÊTE

Libres propos (Journal d'Alain), 20 août 1929

I. Il est plus douloureux d'être touché dans son corps que dans ses affections. Ceux-là seuls qui sauraient parler de ce qu'est la guerre sont morts. Restent ceux qui ont encore la vie malgré les blessures, c'est-à-dire qui ont positivement le tout. « Chacun est un tout à soi même dit Pascal, car lui mort, le tout est mort pour lui ».

II. La douleur ne donne aucun droit à avoir raison. Ni la perte d'un œil ni la perte d'un bras ne sont des raisons qui sont de nature positives. La voix d'un député aveugle ne vaut pas mieux qu'une autre, ni pour ni contre[1].

III. Avoir vu n'est ni un argument ni une preuve. Les Anciens voyaient le soleil tourner autour de la terre, et nous aussi le voyons, mais nous pensons autre chose. Il n'y a pas de témoignage des sens. Ou bien il faut appel possible d'un sens à l'autre et de tous les sens à autre chose.

IV. Il est donc vain de montrer aux hommes les horreurs de la guerre par le cinéma. Cela ne fera rien pour la paix. Nos raisons même et nos énergiques

1. Allusion à Georges Scapini (1893-1976), aveugle de guerre et député de Paris de 1928 à 1940, qui participera activement à la Collaboration.

jugements, plus constants que les images, nous avons à les refaire à chaque instant. Les images s'oublient.

V. Il n'est pas facile d'être pacifiste si l'on veut l'être pour les vraies raisons. Ceux qui publient que la guerre ne paie pas donnent des raisons qui rabaissent l'homme. Nous ne voulons pas de la guerre parce qu'elle est trop facile.

VI. Il est facile de hurler à la mort, de s'échauffer et de boire. La paix sera sans gnole et sans défilés.

VII. Nous voulons une paix misérable et pauvre, une paix fatigante et importune comme le travail, muette comme l'effort; une paix sans parades d'officiers, une paix sans sermons de prêtres. C'est la guerre qui a l'éclat.

VIII. C'est la guerre qui a l'éclat, et tout ce qui a éclat touche à la guerre. Les bals de l'Opéra, les bijoux des femmes, les expositions coloniales, les fêtes aériennes, les mannequins parés et les hommes suffisants, tout cela c'est guerre et encore guerre.

IX. Qu'est-ce que servir la patrie? A la caserne, les uns brossent les chevaux des capitaines, les autres font les chambres des sous-officiers. On voit bien pour ceux-là qui ils servent. Mais ceux qui font du maniement d'armes? Mais ceux qui font marches ou contre-marches? Quel est ce maître invisible et exigeant? Un dieu?

X. Être chair à canon ne donne aucun droit à parler. Être vieillard donne impérieusement le devoir de ne pas jeter huile sur le feu. Les droits viennent d'ailleurs.

XI. Foch n'avait aucun droit à donner son avis sur la Rhénanie. Il n'y a pas de neutralité politique. L'armée a une politique de guerre. On le sait bien. Et c'est pour cela qu'il faut remercier l'armée.

XII. Remercier l'armée avec les honneurs. Et ce serait aux gardiens de la paix à les rendre.

G. CANGUILHEM

À LA GLOIRE D'HIPPOCRATE, PÈRE DU TEMPÉRAMENT

Libres propos (Journal d'Alain), 20 août 1929

L'individu réapparaît. Le jour où l'on s'apercevra que la science va à l'individu comme à son objet propre, il y aura peut-être une panique chez les philosophes amoureux des généralités. Mais tant pis. C'est qu'il faut expier la paresse intellectuelle, et d'avoir cherché dans des savants sans profondeur une théorie de la science, qu'ils écrivaient pour des philosophes, incapables qu'ils étaient de faire lire leur science chez les savants.

L'individu menace la médecine. Le docteur Allendy, dans l'*Orientation des idées médicales*[a], opposant la médecine analytique à la médecine synthétique, c'est-à-dire la médecine des maladies à la médecine des malades parie pour celle-ci, après avoir sévèrement jugé celle-là. D'une part, ce qui compte c'est l'accident survenu comme de l'extérieur, manifestant la présence d'une cause qu'on peut localiser et circonscrire, donc attaquer et supprimer. D'autre part ce qui compte c'est, non pas le phénomène, limité à son apparition et à sa disparition dans le temps et l'espace, mais le développement total de tel organisme vivant. La maladie devient la traduction de l'histoire d'un vivant. La maladie devient le malade. Lequel des deux est le plus près du savoir, du médecin qui transporte d'un sujet à l'autre les causes du mal, sans tenir compte du sujet, et qui leur attribue en quelque sorte un pouvoir absolu, ou du médecin qui voit dans le malade pris comme individualité propre « l'élément spécifique de l'affection, de préférence au microbe ou à telle cause accidentelle que l'on voudra » (p. 19) ?

Victoire du terrain sur le germe, de l'humeur sur le microbe. Nouvelle déchéance de la *virtus dormitiva.* « Même si l'on connaissait, un jour, le microbe rabique ou celui de toute maladie susceptible d'être *guérie* par vaccination (la variole, de germe également inconnu, n'est pas guérissable, mais seulement évitable par la vaccination), le mécanisme de l'immunité, fait empirique et certain, n'en resterait pas moins mystérieux et inexplicable ; et c'est un spectacle assez divertissant de voir les biologistes, au nom de la science

a. Un volume des *Manifestations de l'Esprit contemporain*, Paris, Éditions Au Sans Pareil, 1929[1].

1. René Allendy (1889-1942), médecin, mais aussi homéopathe, auteur d'une thèse sur *L'alchimie et la médecine* (1912) ou d'un livre sur *Paracelse, le médecin maudit* (1937), est surtout connu aujourd'hui pour être l'un des fondateurs en 1926 de la Société psychanalytique de Paris. Dans le livre dont Canguilhem fait le compte rendu, il oppose « l'impasse de la médecine analytique » et « la Renaissance de la médecine synthétique ». Il souligne l'importance de la notion de « terrain » face aux « déceptions du pasteurisme ». Son exposé des « deux pôles de la médecine » annonce certains traits de l'introduction historique du *Normal et du pathologique* de Canguilhem : « pour les uns, la maladie est une manière d'être vicieuse qu'il faut réduire ou contenir ; pour les autres, c'est un certain aspect de la vie résultant de conditions défavorables et représentant un effort de compensation, c'est-à-dire tendant à la guérison » (*Orientation des idées médicales*, p. 16). L'importance de ce livre d'Allendy pour Canguilhem est bien remarquée par Dominique Lecourt, qui note que Canguilhem « y fera encore référence dès les premières pages » de son article de 1978 sur « Une pédagogie de la guérison est-elle possible ? » (*Georges Canguilhem*, Paris, P.U.F., 2008, p. 36).

positive, jongler avec des entités purement imaginaires, sortes d'abstractions scolastiques, comme le virus et l'antitoxine, pour rendre compte de ces faits » (p. 55). L'auréole de Pasteur pâlit[1]. « Bienfaiteur de l'Humanité », cela est bien dit, et traduit assez l'amour des abstractions; car, enfin, ce qui existe ce sont des hommes. Et même le corps humain est doublement individualisé; il l'est en tant que vivant, et comme n'importe quel animal; mais il l'est – et combien davantage! – en tant qu'humain, c'est-à-dire en tant qu'inséparable d'un esprit, d'une personnalité. C'est tel homme que le médecin doit sauver, et sans doute l'Humanité en chacun, mais cette Humanité nullement abstraite qui fait que sa souffrance, son mal diffèrent de ceux d'un chien, d'un cheval, maux identiques et simples depuis qu'il est des animaux et qui ne pensent pas. Bienfaiteur de l'homme, voilà ce que doit être le médecin, quand il a une foi humaine, et non la foi au microbe. « Les applications thérapeutiques des données microbiologiques sont entachées d'imperfection et d'impuissance dès leur principe même, puisque le microbe est inconstant, variable dans son espèce ou dans sa forme et, en général, d'une spécificité illusoire » (p. 74).

La figure de Pasteur est une belle figure de saint pour écoles publiques. Peu importe aux moralistes laïques de proposer à l'adoration du peuple un homme qui récitait le chapelet entre deux expériences. Le culte de Pasteur n'en est pas moins d'ordre politique. En effet, par les microbes, les hommes devenaient comme égaux devant la maladie, et égaux aussi devant le remède. Le sérum préventif répondait à la devise républicaine. A tous, les bienfaits de la santé, comme à tous, les bienfaits de l'instruction. Voilà comment s'est orientée l'action sociale de la Troisième République : la santé à peu de frais ! Il est bien clair que si l'on s'intéresse à l'homme réel, la médication est plus longue, plus difficile, plus coûteuse. Il faut alors chercher à un individu malade un milieu, une nourriture, une occupation appropriés. Cela suppose que l'homme ne compte plus comme une unité-partie – conscrit à la caserne, enfant dans une crèche, etc. – mais compte désormais comme une unité-tout. Cela suppose la société pour l'individu et non uniquement l'individu pour la société. Renversement difficile.

Le docteur Allendy tient pour l'individu et pour ce qui fait de l'individu un tout indivisible, c'est-à-dire sa pensée. La méthode c'est de « chercher l'âme au-dessus du cerveau » (p. 224); méthode cartésienne dans le fond, qui nie le cerveau comme partie, qui nie toute localisation, et qui cherche dans l'homme entier la raison du mal passager et isolément défini. Certes la sévérité du docteur Allendy ne va pas aussi loin que celle d'Auguste Comte dont on

1. Louis Pasteur (1822-1895). Chimiste et microbiologiste français.

connaît le jugement féroce sur les médecins. « Au fond ils n'étudient en nous que l'animal et non l'homme, dont tous les attributs essentiels leur restent habituellement inconnus, davantage même qu'au vulgaire illettré, d'après leurs préoccupations corporelles. Nos prétendus médecins ne constituent réellement que des vétérinaires, mais plus mal élevés que ceux-ci ne le sont maintenant, du moins en France, et dès lors aussi peu capables ordinairement de guérir les animaux que les hommes ». (*Système de politique positive*, II, 7, 436).

Je ne pense pas que la méthode psychanalytique proposée à la suite de Freud par le docteur Allendy soit, moins que les *virus*, *vaccins*, *sérums*, *toxines*, un artifice verbal. Il n'est pas facile en effet, pour le psychanalyste, de ne pas loger la question dans la réponse ou de ne pas poser la question selon la réponse que l'on souhaiterait. Mais la critique de la médecine analytique n'est pas un artifice verbal, et c'est cela qui importe.

C'est bien tout l'homme qu'il faut sauver, et cela ne se fait point par comprimés ou par emplâtres. Mais, susciter la pensée en l'homme pour qu'il élargisse sa vie organique et la rattache à l'univers selon la perception et l'ardeur, cela peut-être serait le guérir ou mieux le prémunir. Quel médecin voudra redire, mais pour la bonne raison : « Nous avons changé tout cela » ?

G. CANGUILHEM

MAXIME LEROY, *DESCARTES, LE PHILOSOPHE AU MASQUE*
Deux vol. in 8° (Rieder, édit.)

Europe, n° 81, 15 septembre 1929

M. Leroy qui n'avait pas à attendre de ce livre, un renom que lui ont justement acquis ses autres travaux, qui n'est pas un historien spécialiste de la philosophie, avait une magnifique occasion de chercher, lui, profane et prolétaire de la philosophie, une autre méthode d'exposition que la méthode des auteurs, professionnels de la chose, qu'il veut réfuter[1]. C'est un regret de voir que M. Leroy emploie, lui aussi, cette méthode moderne que je veux

1. Maxime Leroy (1873-1957), docteur en droit, professeur à l'École libre des sciences politiques, avait déjà publié des ouvrages sur le syndicalisme, la Société des nations, Henri de Saint-Simon ou sur *Stendhal politique* (1929). Il sera surtout connu par la suite pour son ouvrage classique en trois volumes, l'*Histoire des idées sociales en France* (1946-1954). Il avait publié dans *Europe* du 15 mai 1928 un article sur « Le vrai visage de Descartes ». Sur Descartes, Canguilhem a rédigé, dans les années d'après-guerre, une grande partie d'un livre pour lequel il

appeler policière. Cela consiste à interroger l'entourage du penseur que l'on veut expliquer, à demander en quelque sorte des renseignements au maire de la commune, à tirer les vers du nez du logeur. C'est saisir les gens par l'extérieur et l'étranger. Le farouche Descartes méritait mieux, lui qui a écrit au *Discours de la Méthode : … lorsque j'appris que les personnes à qui je défère, et dont l'autorité ne peut guère moins sur mes actions que ma propre raison sur mes pensées…* Il n'y a pas dans le refus de livrer la pensée comme un otage, de quoi justifier le sous-titre romanesque de philosophe au masque, mais il y a de quoi fonder l'amour de Descartes pour lui-même, l'attachement à Descartes pour lui seul. Comprendrons-nous jamais la hauteur de ce dessein qui n'allait qu'à s'instruire (*Cf.* AT I, 455[a]) et qui arrachait à Huygens en 1638 cette apostrophe sans nuances : *Et en effet, Monsieur, à quels propos nous cachez-vous la chandelle* sub modio, *qui dans ces ténèbres d'erreur ne cessons de nous choquer de contradictions infinies ? Je dis, quand voudrez-vous avoir pitié du monde égaré ? Si cela vous peut toucher, on m'écrase dans la presse des opinions; les nouveaux phénomènes m'accablent de jour à autre. Quelle justice vous fait résoudre de vivre heureux tant d'années et de ne subvenir pas à l'indigence de votre prochain, pour ce peu d'âge qu'il peut espérer ? Voulez-vous voir le pain noir dont il se nourrit ? Voyez comme il va en chercher jusque chez les moines…* (AT I, 510)[1].

Ce qui frappe le plus dans le livre de M. Leroy c'est l'inégalité. Il y a par moments une poussée d'inspiration vraie, quand l'auteur se laisse aller à être cartésien. Par exemple, p. 55 du tome I : *Ce n'est pas en se promenant sous les*

a. Les références sont à l'édition des *Œuvres* par Charles Adam et Paul Tannery en 11 volumes, parue de 1896 à 1909 [rééd. Paris, Vrin, 1996].

avait signé un contrat, *Pour connaître la pensée de Descartes*, conservé aux archives du CAPHES, où il critiquait l'interprétation de Leroy, trop directement inspirée de Leibniz : « M. Maxime Leroy n'ignore pas qu'en prêtant à Descartes une « âme fuyante », il s'inscrit dans une tradition ouverte par Leibniz. Devons-nous dire que celui qui disait : « je commence en philosophe, mais je finis en théologien », qui tirait un chapelet de sa poche quand il importait à sa sécurité de passer pour catholique, s'y entendait en matière d'habileté, sinon de cautèle et jugeait des autres d'après lui ». Dans ce même manuscrit, Canguilhem critique déjà la « chasse aux précurseurs », en s'inspirant des historiens « progressistes », comme Lucien Febvre dans son *Rabelais*.

1. Cette citation de Constantin Huygens (1596-1687), homme d'État et poète hollandais qui entretient une correspondance avec Descartes de 1635 à 1647, est également relevée par Canguilhem, sous le titre « Au secours Descartes ! », dans le recueil de textes de Descartes qu'il a réalisé sous le titre : « École normale supérieure. Recueil de textes fait après l'acquisition d'Adam-Tannery. Monsieur Descartes. Prince de l'entendement ». « Descartes, Prince de l'Entendement » est une formule d'Alain.

ogives d'un cloître, etc. Il est curieux de lui-même. Quel est son pouvoir sur lui-même, sur les autres, sur les choses? par exemple le titre du chapitre VI (Ire partie), «Les songes d'une nuit de Souabe»; par exemple au chapitre «Le chapelet de Leibniz et l'épée de Descartes»: *Descartes pense debout... Leibniz a fait le dévot, Descartes, le cavalier. Que croit ce cavalier, que son irritation batailleuse vient de sauver? Il croit en lui, d'abord. Et ensuite? Il croit encore en lui.* (II, 65). On peut se tromper, mais il est bien difficile de ne pas croire que le lecteur de Descartes et de Leibniz quand il tombe sur les fameux récits où Baillet et Fontenelle racontent comment leurs héros échappèrent aux brigands en mer dans des situations presque identiques, apprend plus sur l'intime pensée de l'un et l'autre philosophe qu'en lisant les *Olympica* de l'un ou les *Leibniziana* de l'autre. Ce qui est beau en M. Leroy c'est lorsqu'il écrit: *Grâce au doute, les sciences ont pu se constituer avec des éléments terrestres, selon les règles du poids, de la mesure et du nombre. Des lignes et des calculs disait Descartes* (I, p. 197). Mais ce qui est insupportable c'est qu'on ait pu lire, quelques lignes auparavant, au sujet du *Discours de la Méthode: La langue assure l'immortalité à ce livre. Elle est vigoureuse, prenante. Le fond, lui, a vieilli çà et là, sur des points précis. Bien des démonstrations demeurent incompréhensibles pour nos têtes modernes. On y est souvent dépaysé. Ces « chaînes de raisons »* (et non de raison comme l'écrit M. Leroy) *qui étaient des points d'appui pour le grand homme, dans son émouvante course à la vérité, nous sont pesantes parfois. Son évidence n'est plus la nôtre; il voit clairement des certitudes là où nous devinons avec peine un rayon tremblant à travers des persiennes qui sont encore closes pour les contemporains de Claude Bernard et de Berthelot* (I, p. 197). C'est grand dommage assurément pour nos têtes modernes si nous croyons devoir suivre Cl. Bernard et Berthelot plutôt que Descartes[1]. Mais Descartes, qu'on le sache, n'y est pour rien. Il a écrit un jour: *Je ne puis pas donner de l'esprit aux hommes, ni faire voir ce qui est au fond d'un cabinet à des gens qui ne veulent pas entrer dedans pour le regarder.* (AT III, 284). Ce qu'il y a d'unique et d'inimitable en Descartes c'est qu'il a d'avance jeté la confusion sur ceux qui voudraient avec lui prendre les choses de haut. Un homme de cette sorte est une joie pour l'humanité.

En outre, ce qui irrite un peu dans le livre de M. Leroy c'est comme une intention diffuse, parce qu'il veut arracher Descartes à la théologie, de le compromettre avec ce qui dans la philosophie française représente la pensée

1. Claude Bernard (1813-1878). Physiologiste français. Marcelin Berthelot (1827-1907). Chimiste français.

laïque sous forme de religion d'état et d'instruction civique. Et dans son zèle à persuader feu Espinas, sociologue, que Descartes n'est pas un moine, M. Leroy jette presque Descartes dans les bras de feu Durkheim, sociologue (voir par exemple t. II, p. 42, 76, 84)[1]. M. Leroy ne veut à aucun prix qu'il y ait en Descartes du gentilhomme. Il me paraît, humblement, que ce n'est point si sûr. Et j'ajoute aussitôt : « Qu'est-ce que cela peut nous faire ? » Il y a des pensées de gentilhomme qui nous sont plus précieuses que bien des discours de politiques républicains. Ce qui est une pensée vraie, où que ce soit, est toujours révolutionnaire. Ce manque de sens critique on le remarque dès le début du livre quand M. Leroy, parlant des « études admirables » qui ont été publiées sur Descartes, cite pêle-mêle les noms de Ch. Adam, Lévy-Bruhl, Brunschvicg, G. Cohen, Gilson, Hamelin, G. Milhaud, Liard, Espinas, Strowsky, Dimier, Roustan, Blanchet, H. Gouhier, Paul Rives, A. Koyré, J. Chevalier, Alain, Valéry, et ajoute : « Vingt travaux du plus rare mérite ». Il faut bien dire à M. Leroy que les coups de chapeau se paient toujours d'un peu d'indépendance intellectuelle, et qu'il ne faut pas s'amuser à mettre sur le même plan Chevalier et Brunschvicg, Lévy-Bruhl et Alain, Strowsky et Hamelin, Liard et Valéry[2]. Nous aurions bien aimé voir là Péguy (de qui M. Leroy reprend l'image du cavalier français sur les routes d'Europe) tenir la place de quatre ou cinq dont nous n'avons que faire assurément. Quant à l'idée surprenante d'avoir écrit à Freud au sujet des rêves célèbres de Descartes on ne peut que la regretter, qu'en être humilié d'autant plus que le livre de M. Leroy est juste de dessein, est vrai, est utile. Quand on fait front ouvert contre les grands seigneurs de la spéculation, on devrait mieux se garder de certaines trivialités qu'ils s'empresseront de tourner aussitôt à argument contre la canaille. Écrire à

1. Alfred Espinas (1844-1922), philosophe et sociologue, auteur d'une thèse qui fit scandale, *Des sociétés animales. Études de psychologie comparée* (1877). Il avait publié en 1925 *Descartes et la morale : études sur l'histoire de la philosophie de l'action*. Canguilhem est toujours sévère avec Durkheim et son « dogmatisme sociologique » (*cf. Libres propos*, novembre 1931, infra, p. 380).

2. Cette liste donne une idée des préférences intellectuelles de Canguilhem : Lévy-Bruhl est disqualifié au même titre que Jacques Chevalier (cf. *Libres propos* du 20 février 1930, *infra*, p. 274) ou qu'un auteur mineur comme Fortunat Strowski (1866-1952) professeur à la Sorbonne, où il est largement ostracisé, et auteur en 1929 d'un livre sur *La sagesse française : Montaigne, Saint François de Sales, Descartes, La Rochefoucauld, Pascal*. Le logicien et réformateur de l'Université française, Louis Liard (1846-1917), auteur en 1881 d'un *Descartes*, semble également peu apprécié par Canguilhem. Mais Léon Brunschvicg est tenu en aussi haute estime qu'Alain ou Valéry. C'est d'ailleurs Léon Brunschvicg qui rédigea la préface, sur « La philosophie d'Émile Boutroux », à la traduction de la thèse latine de Boutroux, *Des vérités éternelles chez Descartes*, que Canguilhem publia en 1927 chez Alcan , et qui est donnée ici en annexe, cf. *infra*, p. 935-978.

Freud au sujet de Descartes est une chose qui ne se fait pas ! Cela se sent quand on a lu Descartes.

Il faut bien s'entendre. Ce n'est pas parce que le livre de M. Leroy est la réponse que l'on attendait à certaine entreprise philosophique qui semble avoir fait vœu de classer les mérites des penseurs à partir d'angéliques doctrines desquelles Descartes a cessé originalement de se réclamer, ce n'est pas pour cela que l'on doit tout accorder à M. Leroy. Au contraire, c'est la raison d'une plus grande sévérité. Et c'est ce qui fait dire que M. Leroy aurait bien dû choisir une autre méthode. Voici un exemple entre mille. Se posant la fameuse question de savoir si Descartes fut ou non Rose-Croix, l'auteur écrit (t. I, p. 74) : *Son grand ennemi hollandais Voëtius appela plus tard Descartes athée, coureur de filles, papiste, rose-croix. Descartes répondit à tous les griefs, à tous ces chefs d'accusation, sauf à celui-ci. M. Jacques Chevalier retient ce silence, comme une présomption d'affiliation ; d'ailleurs en passant, sans prendre parti. Ce silence nous paraît fort troublant : ne donne-t-il pas à penser ?* Passe pour M. Chevalier de l'ignorer, mais l'intérêt même éveillé par M. Leroy nous fait souhaiter qu'il sache que du silence non plus que de l'absence on ne doit rien conclure. Tant qu'il n'y aura pas de texte authentique relatif à une adhésion de Descartes à la doctrine des Rose-Croix, ce problème restera un objet de curiosité, du reste secondaire. *Point de texte faisant preuve*, dit M. Leroy, pour argumenter au sujet du pèlerinage à Lorette. Cette règle doit valoir pour tout ou pour rien. Descartes n'a pas dit non plus pourquoi il quittait la France et pourquoi il allait en Hollande. M. Leroy cherche à répondre à ces questions sans ajouter beaucoup à ce que l'on savait. Il insiste sur la crainte qu'aurait eue Descartes de se voir persécuter, ce qui semble juste. *Descartes avait des motifs de craindre cette persécution qui s'est réalisée peu de temps après sa mort. Bien loin qu'il ait péché par aveuglement, il a fait preuve d'une fine perspicacité* (t. I, p. 147). Mais toutes ces questions sont proprement dialectiques. Nous serions plus contents de savoir ce que Descartes pouvait voir là-bas à son époque. Et sans savoir au juste pourquoi il est parti, nous comprendrions les raisons qu'il pouvait avoir de rester. Ce qu'a écrit là-dessus Paul Valéry dans le *Retour de Hollande* (*Revue de France*, mars 1926) est admirable mais trop bref à notre gré[1].

1. Dans « Le retour de Hollande » Valéry explique le séjour de Descartes à Amsterdam par deux raisons : le goût de la solitude et l'intérêt pour les mécanismes. « Je ne sais s'il entendait leur langage. J'espère bien que non. Quoi de plus favorable au pensif recul en soi-même, à la délimitation bien nette d'un monde extérieur exactement terminé et séparé de l'autre, quoi de plus isolant que l'ignorance des conventions qui règnent et coordonnent le spectacle de la vie autour de nous ? (...) Treuils, poulies, machines simples, et toutes ces manœuvres de manutention qui, de la

Sur cette idée même d'un philosophe au masque qui serait Descartes, on ne peut qu'être très réservé. Il y a ce mot : *Larvatus prodeo*, je marche masqué, qui est la cause de tout le mal. D'où cette supposition de Descartes athée et rebelle à la religion, dissimulant par prudence ses opinions. Il y a un chapitre du livre qui a pour titre : La grande peur de Descartes. M. Leroy cite enfin le mot : *Il y a peu de gens qui veuillent dire tout ce qu'ils croient*, et le mot même de machiavélique vient sous sa plume (II, p. 55). Il ne peut être question ici que de mesure et de sentiment. On peut tirer Descartes dans ce sens, si l'on ne pense pas que l'attitude de Descartes fût simplement celle d'un homme à tous les sens du mot, et d'un homme ayant, comme a dit Alain, une très haute idée de son intelligence et une très petite idée de l'intelligence des autres, et qui en plus ne poussait pas le détachement jusqu'au martyre. Les mots masqué et machiavélique pour Descartes semblent vraiment trop forts. Cela sent la machination. Il y a un texte que M. Leroy aurait dû citer, c'est la fin de la lettre du 12 janvier 1646 à Élisabeth, où se trouvent notamment ces mots : *Et pour moi, la maxime que j'ai le plus observée en toute la conduite de ma vie a été de suivre seulement le grand chemin, et de croire que la principale finesse est de ne vouloir point du tout user de finesse... C'est avec cette ingénuité et cette franchise laquelle je fais profession d'observer en toutes mes actions, que je fais aussi particulièrement profession d'être*, etc. (AT IV, 356-357). Je demande pardon, il ne s'agit pas de se battre à coups de textes, il s'agit d'appuyer un jugement différent à celui de M. Leroy. Quant à décider s'il y a en Descartes réserve ou dissimulation, qu'on lise donc Descartes et tout entier.

Pour le fond même du problème, M. Leroy, je pense, est tranquille. C'est lui qui a raison. Ayant eu cette probité d'expliquer Descartes par ce que sa pensée a de nouveau et d'inouï, et nullement par ce qu'il y a en lui qui ne vient pas de lui, M. Leroy peut saluer les temps nouveaux de la réflexion et de la méditation solitaire. Il faut prendre dans les auteurs ce qui s'y trouve et nous n'avons qu'à reconnaître qu'il n'y a pas chez Descartes une entreprise de dévotion. *Perfectionner l'idée de Dieu, n'est-ce pas, au fond, supprimer Dieu* demande M. Leroy qui aurait pu citer le mot de Hugo : *Écheniller Dieu* auquel il a peut-être pensé. Il n'est pas douteux qu'en Descartes, comme jadis en Socrate l'impiété naît de trop de piété et que la religion arrive irrésistiblement à son contraire. Il ne semble pas cependant que ce que M. Leroy nous dit du Dieu de Descartes, soit bien dans l'esprit cartésien. On ne peut être persuadé en

rive dans les cales, de la cale sur la rive transposent la matière des échanges ; ce sont de charmants objets de contemplation pour un tel amateur de *méchanique* et de choses quantitatives » (Paul Valéry, « Le retour de Hollande », *Variété*, dans *Œuvres*, t. I., Paris, Gallimard, 1957, p. 847, 850).

aucune façon par un rapprochement de cet ordre : *Le Dieu du* Discours *et des* Méditations *ne serait-il pas simplement le symbole de l'ordre scientifique, comme le Dieu de Durkheim n'est que le symbole, sans réalité céleste, de la morale, œuvre de la société ?* Le Dieu de Descartes doit être cherché du côté du sujet et non de l'objet, fût-ce du côté de l'ordre scientifique, et s'il y a une chose qui est entièrement étrangère à l'esprit de Durkheim c'est bien celle-là.

Il faut prendre l'œuvre comme elle est. Elle ne rapetisse pas Descartes. « Il est l'homme d'une revendication terrestre ». Il y a de la chaleur et de la force souvent. On voudrait moins de coquetterie à l'égard des restrictions modernes et plus de fermeté dans l'adhésion à Descartes. Mais tant pis. M. Leroy aurait moins de prudence peut-être et moins d'application à imiter ce qu'il croit être l'intime attitude de son héros, s'il connaissait la phrase du sévère et exigeant Lucien Herr : « Le gilsonisme[1] passera comme le poincarisme, l'ectoplasmisme et le freudisme. Tout cela fait partie des heureux effets de la guerre. J'espère que la génération qui grandit vomira tout cela »[a].

ÉLOGE DE PHILIPP SNOWDEN, *PAR UN FRANÇAIS*

Libres propos (Journal d'Alain), 20 septembre 1929

Pourquoi ne pas avoir d'opinion sur Snowden[2] ? Tant d'autres en ont eu qu'on sentait irritées, qu'il n'est pas indécent d'en former une plus reposée.

Il est sûr que Mme Snowden n'a pas gagné les récalcitrants à la cause du féminisme[3]. Ce rôle revient mieux à Mme Chéron. A elles deux ces femmes de garde-escarcelle ont pu accomplir ce que Pénélope faisait toute seule. L'une tissait la paix que l'autre détissait. « Ils ne connaissent pas les gens du Yorkshire » a dit, parait-il, Mme Snowden. C'est une injure à la paix.

a. *Libres propos*, mai 1927, p. 85 (lettre du 13 décembre 1922).

1. Le « gilsonisme » renvoie au philosophe d'inspiration néo-thomiste Étienne Gilson (1884-1978), professeur à la Sorbonne puis, à partir de 1932, au Collège de France, auteur en 1913 de deux thèses fameuses qui replacent Descartes dans son temps et insistent sur ses sources scolastiques : sa thèse principale sur *La liberté chez Descartes et la théologie*, et sa thèse complémentaire, l'*Index scolastico-cartésien*.

2. Philipp Snowden (1864-1937), homme politique travailliste anglais, d'origine ouvrière, pacifiste durant la guerre de 14, il est chancelier de l'Echiquier en 1929. Il s'oppose alors à la réduction des réparations allemandes, arguant que la Grande-Bretagne deviendrait « la vache à lait de l'Europe ».

3. Ethel Snowden (1881-1951), femme de Philipp Snowden, est une militante féministe et socialiste anglaise.

Albert Dubarry a surnommé Snowden le Porcher du Yorkshire[1]. Quelle aménité dans la bouche de qui reproche à Snowden un langage sans précaution ! Les journaux français ont déclaré sordides ces prétentions à un peu plus d'argent, si peu que c'était honte de compromettre pour cela la paix. Mais quand la France eut concédé à Snowden une partie de ce qu'il réclamait (les autres nations Italie, Belgique, etc. cédant le reste), ces mêmes journaux ont publié les lourds sacrifices faits à la paix. Ainsi la fraction de ce qui est petit là devient ici démesurément grande.

Snowden est un prolétaire. Il sait ce que représente l'argent. Nous blâmerions un homme de ce qu'il sait le prix des choses ? Bon pour les diplomates de carrière, à qui l'argent vient par successions et par dots, de le tenir pour objet qui roule aisément. Qui sait le prix du travail peut de même savoir le prix de l'homme. Snowden qui vient d'exiger des sous n'aurait peut-être pas prononcé un mot où la menace fût appuyée sur des vies humaines. Et de ses partenaires, qui ne se sentirait là-dessus un peu morveux ?

Qui se sent morveux, qu'il se mouche. Pour que sûrement la chose fût faite, Snowden a préféré lui-même les moucher. L'art séculaire de la diplomatie y a perdu son compte. Mais la franchise, sœur de la paix, y a trouvé le sien. Snowden pendant la guerre a toujours refusé et nié la guerre. Il a au moins fait ses preuves sur ce point. Cela explique l'intransigeance de ceux qui l'accusèrent de nationalisme. On n'est jamais furieux que du courage dont on a manqué. Snowden n'avait pas à faire de démonstrations verbales pour la paix, comme ont à les faire ceux qui ont trempé leurs mains dans la guerre.

C'est un service rendu à la vérité, à la pudeur, à la justice qu'à défaut des nôtres, les représentants anglais du Travail ne consentent plus à laisser régler la paix par les Chéron, les Jaspar, les Pirelli[2], etc. Nous attendons trop de la paix pour attendre la paix de ce genre d'amis du genre humain. Dans ces débats sur la paix, seule la vraie voix de la paix ne pourrait se faire entendre ? S'il y a eu de la colère dans la voix, cela se comprend bien. C'est la colère d'un travailleur un peu indigné par les bourgeois. La paix parle sans art, certes. Mais cela ne peut nous faire regretter l'art de la guerre.

G. CANGUILHEM

1. Albert Dubarry (1872-1940) est un journaliste français, réputé pour sa vénalité, proche de Joseph Caillaux et du parti radical, qui sera mêlé à l'affaire Stavisky en 1934.

2. Henry Chéron (1867-1936) est alors ministre des finances, Henri Jaspar (1901-1962), premier ministre belge, Albert Pirelli (1882-1971), ministre plénipotentiaire italien. Tous trois négocient les réparations allemandes à La Haye en 1929.

NEUVIÈME LETTRE À JEAN-RICHARD BLOCH

Castelnaudary, 24 sept. 1929

Je vous appellerai Chers Amis, si vous pensez que je puisse m'y croire autorisé et invité par vos bontés pour moi qui dépassent beaucoup ce que je puis et pourrai faire. Et de vous qui m'avez appris et m'apprenez à vivre un peu je reçois par là bien plus que je suis à même de rendre, sauf s'il venait une famine où je saurais faire pousser le blé. Mais ces choses n'arrivent que sous l'ancien régime et le nôtre est encore nouveau. Si décrépit soit-il. Cela dit, je continuerai à penser à la Mérigote comme à un des rares endroits où la vie est ramenée à ses proportions vraies, où ce qui vaut d'être fait est fait et le reste est rabaissé. Ne dites pas que c'est la simplicité même. La mesure, je pense, est la seule difficulté ; sans cela tous les hommes seraient mathématiciens.

Je viens d'aller passer quelques jours à Nîmes où mes yeux ont retrouvé toutes les splendeurs qui entouraient ma déambulation militaire et qui l'ont rendue, je m'en rends compte maintenant, plus humaine et plus heureuse qu'elle n'est d'ordinaire. Et pourtant ce n'était pas doux. J'ai trouvé Michel Alexandre un peu fatigué par toutes les pérégrinations des vacances et même franchement malade un jour ou deux par révolte et secousses intestinales. Ils ont été enthousiasmés par votre projet de vie provinciale, justifiant cette parole que les vrais paradis sont ceux qu'on a perdus. Je crois pouvoir dire que, sachant combien je souhaitais – vous entendez en quel sens – que France fît sa philosophie avec l'un d'eux, ils étaient pleins l'un et l'autre d'une sainte terreur à la pensée que l'un des deux pourrait avoir en classe Hélène Le Pleynier, jugeant de son banc d'écolière[1]. Les voilà rassurés, sinon réjouis pour France, de l'enseignement qu'elle recevra de Mme Ruyssen. Mais, comme j'ai essayé d'expliquer, je crois que c'est sans importance et que France fera, toute seule, un bien meilleur salut personnel.

Je vais partir samedi soir pour Charleville où j'aurai l'appartement que j'espérais. Mais ayant vu Poitiers et la Provence, je peux de moins en moins consentir à rester à Charleville. Il y a quelques jours on m'a demandé de Châteauroux si je ne désirerais pas y aller. Mais on ignorait que j'étais déjà pourvu sinon comblé. J'ai regardé sur la carte, c'est bien près de Poitiers et cela était agréable. Cela aussi m'est refusé et voilà un regret de plus à emporter vers les Ardennes. Pardon de poser au martyr. Tout est bien.

1. Héroïne de ... *Et compagnie* de Jean-Richard Bloch.

Je pense que Melle Marianne doit être revenue d'Autriche et que vous allez avoir vos quatre enfants pendant un grand mois puisque la paresseuse Faculté ne s'ouvre qu'en novembre. Claude prend-elle toujours des bains ?

Je vous prie de transmettre à tous ma joyeuse amitié et d'y ajouter pour vous mon entier et reconnaissant dévouement.

G. CANGUILHEM

– Donnez mon bon souvenir à Berthe et Alexandre. Est-il promu chauffeur ?

– Je n'ai pas été peu fier de rapporter l'air du Trio de la Mérigote à M. Alexandre qui l'avait oublié. Mais j'ai passé toute une après-midi à le retrouver. *Labor omnia*… etc.

VERSAILLES-1919, PAR K. FRIEDRICH NOWAK
1 vol. Rieder 1928

Libres propos (Journal d'Alain), 20 octobre 1929

« Pour imprimer un caractère répugnant à une collectivité d'hommes, je ne connais rien de tel que la victoire. » Ce mot de Paul Lacombe, dans *la Guerre et l'Homme*[a], revient vingt fois à l'esprit durant la lecture du livre de Nowak[1]. Livre poignant, et qu'il est vain de critiquer pour quelques inexactitudes de détail ; comme si, à eux seuls, les textes rassemblés ne suffisaient pas au jugement ! Que les citoyens français les lisent ou relisent de sang froid, s'ils s'étonnent ces jours-ci qu'on trouve encore en Allemagne quelques millions d'irréconciliables (infime minorité) pour aller signer la demande de plébiscite contre les « offenses et servitudes » du Traité de Versailles. Nous qu'on éleva dans le souvenir des amertumes de 1871, cessons donc enfin d'ignorer ce que furent pour l'autre peuple celles de 1919 ! Il faut acheter le livre de Nowak sur Versailles et le placer sur la planche à coté de *la Victoire* de Fabre-Luce[2].

a. *La Guerre et l'Homme* par Paul Lacombe, analyse pénétrante et savoureuse, paru en 1903 (et couronné alors par l'Institut !). Doit se trouver encore à la librairie Rieder[3].

1. Karl-Friedrich Nowak (1882-1932), journaliste et correspondant de guerre allemand.
2. Dans *La victoire* (Paris, 1924) Alfred Fabre-Luce met en avant les responsabilités de Raymond Poincaré dans le déclenchement de la première guerre mondiale.
3. Paul Lacombe (1834-1919) fut inspecteur général de l'instruction publique.

« Alors tout le peuple cria : Victoire au fils d'Ulysse ! Et j'aidai le Rhodien à se relever », ces mots du *Télémaque* nous les mettions en latin, alors que nous avions quinze ans et que nous apprenions à l'école ce que c'est que la grandeur d'âme dans la guerre et dans la paix. Au même moment, Clemenceau, que nous tenions pour un homme digne de l'antique, s'acharnait du talon sur l'ennemi terrassé. Arrogance des chefs vainqueurs à l'égard des chefs vaincus, âpres incorrections des diplomates, prétention effrontée de juger sans arbitre et sans appel des adversaires tombés, voilà donc ce qui, en 1919, fut baptisé paix et conférence de paix ! On hésite, dans les parts à faire de l'indignation, entre les militaires faisant peser sur un peuple abattu, et en plein travail de révolution purificatrice, la menace d'écrasement et de triomphes bottés, – et entre les gouvernants civils qui laissent ces mêmes militaires entamer de leur propre autorité une politique de séparatisme rhénan ; qui, les hostilités terminées, maintiennent gratuitement tout un hiver le blocus meurtrier ; qui enfin, au moment de renouveler les conditions de l'armistice, font chorus avec quelques généraux enragés pour déplorer qu'on n'ait pas désarmé les Allemands rentrant chez eux. Que les civils soient en reste de générosité et de civilité avec les militaires, cela marque un temps ; car ce n'est ni Poincaré, ni Clemenceau, c'est Foch qui a dit : « Les Allemands se sont bien battus, je ne peux pas prendre leurs armes à de braves soldats. »[1] – Et, pouvant mieux juger que quand nous avions quinze ans, nous nous demandons aujourd'hui : Que faisaient, que disaient alors le parti socialiste, le parti radical, et surtout la *Ligue des Droits de l'Homme* ?

Le livre de Nowak ne juge pas, il décrit et raconte. Il décrit comment on fait la paix ou plutôt comment on ne la fait pas, comment au contraire c'est la guerre qui s'installe au cœur de la paix et comment ce sont les passions qui parlent au lieu de se taire. Et, par un terrible rapprochement, à voir nos Politiques manquer la paix au lendemain de la guerre, nous pressentons comment et pourquoi ces mêmes hommes ont manqué la paix avant 1914 ; nous devinons comment le même emportement, la même obstination à porter œillères et à réciter litanies, cela même qui, en 1919, tua la paix éclose dans les cœurs des héros, contribua d'abord à créer en Europe cette mauvaise foi unanime, d'où la guerre est sortie pour tout abîmer.

1. Raymond Poincaré (1860-1934), député puis sénateur de la Meuse, a occupé différents ministères dont le ministère des finances. Il fut président de la République de 1913 à 1920 et cinq fois président du Conseil de 1919 à 1929. Georges Clemenceau (1841-1929), surnommé le « Père la Victoire », a été président du Conseil de 1917 à 1920. Ferdinand Foch (1851-1929) assure au printemps 1918 le « commandement suprême » des armées alliées et signe l'armistice le 11 novembre 1918.

Si la paix s'établit aujourd'hui, ce ne sera donc pas par la vertu de ceux qui en fixent les conditions. Mais cela même fera notre salut, que la paix soit quelque chose en dehors de la sanction des traités ; car ceux qui ne purent nous la donner, ne pourront non plus nous la prendre, si nous savons la créer et la garder. La paix n'est pas un fait que l'on établit, c'est une idée, comme la guerre aussi est idée. Car ce n'est pas être en paix, si l'on pense, comme les diplomates, que la force seule a pouvoir ou qu'elle seule donne « sécurité ». Empêchons l'idée de la guerre – réellement mise hors la loi – de souiller nos paroles et nos promesses, et nous verrons la paix tenir, non pas grâce à des conventions, mais d'elle-même par la force de son idée.

C.-G. BERNARD

RÉFLEXIONS SUR UNE CRISE MINISTÉRIELLE

Libres propos (Journal d'Alain), 20 novembre 1929

– On a pu lire ça et là pendant la dernière semaine d'octobre : « Le pays est fatigué d'une aussi longue crise ». Le pays, c'était à dire quelques journalistes surmenés et des députés irrités d'attendre si oui ou non on allait faire appel à eux ; tel M. André Tardieu[1]…

– Daladier a fait peur à tous, même à ses amis[2]. C'est à Boncour qu'allaient, faute de mieux, les souhaits résignés de la droite, des généraux et de ce qu'on nomme le monde des affaires. Daladier, dont *La Liberté* a dû dire qu'il était

1. André Tardieu (1876-1945), d'abord journaliste au *Temps*, puis député, chargé pendant la guerre d'une mission aux États-Unis, dont il sera toujours un admirateur, collaborateur de Clemenceau à la conférence de la paix en 1918, ministre des travaux publics puis de l'intérieur dans le gouvernement Poincaré, il succède à Poincaré comme président du conseil en 1929, à la tête d'un gouvernement de centre-droit. Il est alors la cible d'Alain et de l'ensemble des collaborateurs des *Libres propos*, dont Canguilhem qui le critique à plusieurs reprises. Jeanne Alexandre le rappelle à propos de l'année 1930 des *Libres propos* : « Le ciel politique s'assombrit. En France Tardieu est au pouvoir depuis décembre 1929 : « l'ambitieux », « Personnage sans épaisseur » (…) « cinéma, cinéma » (CCLXXIV). Dans la Chronologie, toutes les nouvelles de politique intérieure paraissent sous le titre « le film Tardieu » (J. Alexandre, *Esquisse d'une histoire des Libres propos*, *op. cit.*, p. 89). Renversé en 1930 à la suite du scandale Oustric, Tardieu revient au pouvoir pour quatre mois en 1932. Il dénoncera par la suite les défauts du parlementarisme, qu'il estime mal en point. Sur André Tardieu, *cf.* F. Monnet, *Refaire la République. André Tardieu, une dérive réactionnaire (1876-1945)*, Paris, Fayard, 1993.

2. Édouard Daladier (1884-1970), normalien, agrégé d'histoire, est à l'époque président du Parti radical. Il a été ministre de la guerre dans le gouvernement Painlevé en 1925 et ministre de l'instruction publique dans les gouvernements Briand et Herriot en 1925 et 1926.

probe, a effrayé par cela même. M. Tardieu, lui, a rassuré. C'est un homme de bon ton et avec qui on peut toujours s'arranger. Mais comment s'entendre avec un homme qui n'a rien à se faire pardonner? « Daladier à l'Intérieur, disait Tardieu à Clémentel, ce serait annoncer une politique »[1]. Tardieu au même endroit, cela annonce la Confiance.

– Vite on a dit partout que Daladier est ambitieux pour lui-même. Mais si un homme s'estime au-dessus d'une situation équivoque qui pourrait le faire puissant, s'il ne veut pas du pouvoir à tout prix, nous n'avons rien à dire d'une telle ambition. Le refus du compromis et de l'opportunisme pourrait bien être une vertu ignorée de Tardieu. Si l'âme du radicalisme est dans ce genre d'intransigeance, le radicalisme s'est bien comporté.

– Voici maintenant que la légende Tardieu prend naissance, par le manque de Poincaré. Car lui sur pied, c'est lui que nous aurions. Comme Michelet marquait le règne de Louis XIV par *avant la fistule* et *après la fistule*, nous aurons désormais d'augustes prostates comme pierres milliaires de l'histoire contemporaine… Et donc, celui qui fut le lieutenant de Clemenceau devient aujourd'hui le bouche-trou de Poincaré. Serait-ce à dire qu'il tient d'une absence seule son être et sa réalité? Nous verrons bien; mais déjà nous avons vu; et, quoi qu'il puisse encore nous révéler de ses capacités de travail… et de bluff, nous savons qu'il y a en lui du héros de guignol. Point n'est même besoin de faire sonner sa déclaration-boniment du 7 novembre; il suffit de l'entendre raconter (dans *le Matin* du 6 novembre) sa résistance, pendant la crise, au pessimisme de ses visiteurs, et comme il se compare à un combattant dans la tranchée : « J'appuyais sur un bouton électrique et je disais à l'huissier : Faites entrer le suivant ! » Et les journaux bien stylés de ne plus tarir sur « le sourire crâne » et « le pas vigoureux » et « le rire jeune » et « l'allure sportive » et le « regard franc » ! … Quelle boue chez ceux qui admirent ! Et quelle particulière lâcheté dans la presse de gauche ! Devrons-nous sous peu nous extasier devant les éternuements et autres exhalaisons des maîtres de l'heure, comme on le fit pour le « De quoi s'agit-il ? » de Foch[2] ?

– « J'entends diriger mon ministère », a dit Tardieu. Energie ! De Daladier, pareille intention aurait fait crier au sultan, comme les 28 portefeuilles auraient fait crier aux basses convoitises, du Cartel, et les 5 milliards de largesses à la démagogie dilapidatrice ! Convenons que, s'il nous faut à tous des idoles, les gens d'ordre sont encore les moins exigeants sur ce point.

1. Étienne Clémentel (1864-1936), ministre de l'économie et de l'industrie pendant la première guerre mondiale, il est en 1929 président de la commission des finances du Sénat.

2. Foch passait pour poser en toutes circonstances la question : « De quoi s'agit-il ? ».

– « Je veux aboutir », a dit Tardieu. A quoi donc ? A appliquer un programme de paix et de réformes qui démentirait tout son passé de politique réactionnaire et de journaliste nationaliste au *Temps*, comme il dément le passé de Maginot, de Chéron et des autres ? Et déjà de Poincaré lui-même… ! Ici il faut bien regarder. Il n'est pas un gouvernement qui puisse se constituer sans faire hommage de son programme, qu'il le veuille ou non, au parti radical, et, par delà, aux revendications socialistes. Toutes les idées que l'on réalise depuis quatre ans sont les idées de la gauche. C'est du reste une définition. Les idées sont à gauche – et c'est ce qu'on essaie de cacher – parce qu'à gauche seulement il y a la critique. A droite, il y a, liés comme chiens hargneux, l'Argent, le Taux, l'Instinct de l'Equilibre et la Peur des coups. Ce ne sont pas là des idées. Ce sont des assiettes. La pensée est à gauche avec le Risque. Elle n'est pas chez Tardieu, quoiqu'il en ait.

– Mais il y a à droite une méthode de gouvernement, et je dirais volontiers la méthode. Quoi d'étonnant ? Depuis que les gouvernants gouvernent, ils le font à droite ; c'est-à-dire que finalement sous le nom d'Ordre, de Finance, de Religion, c'est la Force qui gouverne. Or la politique du citoyen est justement la négation de ces forces de fait, au nom d'une idée. Tel est le contrôle démocratique. On n'a pas tort de railler la méthode démocratique de gouverner, car elle n'existe pas. Mais c'est notre tour de rire quand on célèbre, comme aujourd'hui, le bonheur et le soulagement du citoyen à l'annonce d'un « gouvernement qui gouverne » !

– Nous voilà donc dotés d'un gouvernement de force. Le tour de passe-passe va consister à le donner sans cesse pour un gouvernement d'idées. L'idée, si elle y est un peu, vient justement de l'autre camp. Quand Briand maintient à la tribune : « On ne fait pas la paix sans confiance », cet hommage rendu à la vertu du risque humain sonne faux dans cet entourage ministériel issu des conseils de la peur[1]. Le chef de ce gouvernement a choisi de régner sur

1. Aristide Briand (1862-1932), d'abord membre du Parti socialiste, il se rapproche très vite du centre-gauche. Onze fois président du Conseil, ministre à de très nombreuses reprises, il aura un rôle essentiel comme ministre des Affaires étrangères, poste qu'il occupe sans interruption de 1925 à 1932. Avec le ministre des Affaires étrangères allemand Gustav Streseman, il est à l'origine des tentatives de rapprochement franco-allemand qui aboutiront aux accords de Locarno en octobre 1925 et qui leur vaudront le prix Nobel de la paix en 1926. Briand s'efforce également de développer « l'esprit de Genève », c'est-à-dire d'accroître l'influence de la Société des nations, notamment en essayant de l'élargir aux États-Unis. Il est aussi l'auteur de l'appel au secrétaire d'État américain Frank Kellog, qui aboutira au pacte général de renonciation à la guerre, le pacte « Briand-Kellog », signé en août 1928 (cf. *infra*, p. 450). Cible constante de la droite nationaliste, Briand est toujours cité élogieusement par Canguilhem, qui l'oppose notamment à Maginot, comme le représentant de la paix face à celui de la guerre.

la police et sur les fonds secrets ; c'est un symbole. Quand Tardieu dit : « J'ai la volonté d'arriver », nous pouvons comprendre : « J'ai les moyens », et même c'est ce que nous devons comprendre.

– Ainsi dans le débat entre la méthode et l'idée, la méthode a présentement l'avantage. Et voici la suprême habileté : « Je me rends compte aujourd'hui – et j'en fais ouvertement l'aveu – qu'avant de critiquer un gouvernement, il faut y regarder à deux fois, de peur que les critiques ne jettent dans le pays le doute et le découragement » (Discours du 8 novembre). Ainsi, quand Tardieu jadis critiquait si âprement, on pouvait croire qu'il opposait une idée à la méthode gouvernante, mais c'était seulement méthode contre méthode (ou, s'il s'agit de Jaurès, contre idée). Maintenant l'homme de méthode étant en place, c'est-à-dire au pouvoir, tout de suite le voilà qui réprouve le contrôle, c'est-à-dire qui demande le silence de l'idée. Trait suffisant. C'est le propre de l'intolérance de ne pas concevoir et le propre de la tyrannie de ne pas permettre la réciprocité.

– Que conclure ? Aux armes, citoyens ? Mais nos armes de citoyen suffisent encore. Juger et voter. Et d'abord, malgré toute la presse, nourrir en soi et autour de soi une allègre et inépuisable défiance. Simplement rendre à Tardieu ce qui est à Tardieu ; et ce n'est pas grand chose.

G. CANGUILHEM[1]

1. Cet article est suivi d'un *Nota bene* de Michel Alexandre : « Aux réflexions qu'on vient de lire et qu'il me plaît de contresigner, il faut joindre au moins un avis. Une brochure vient d'être publiée par Félicien Challaye sous ce titre : *André Tardieu, aspirant dictateur.* Ceux mêmes qui inclinent à séparer radicalement morale et politique, doivent, lorsqu'ils entendent louer les vertus de notre Président du Conseil, savoir à quoi s'en tenir sur l'homme et sur le citoyen. Cette précieuse et courageuse brochure les édifiera ». Cette brochure est publiée aux éditions de la Révolution prolétarienne. Félicien Challaye (1875-1967) normalien et agrégé de philosophie, est professeur de philosophie au lycée Condorcet. Camarade de promotion de Péguy à l'École normale, dreyfusard et socialiste, un moment communiste, il vient de publier en 1929 un livre sur *Bergson*, apprécié par Michel Alexandre (cf. *supra*, p. 221, n. a). Il a critiqué la politique coloniale française en Indochine ou au Congo, notamment dans ses *Souvenirs sur la colonisation* (1935), qu'il adresse à son « cher camarade et ami » Canguilhem, « avec l'expression d'une sympathie fidèle et d'une gratitude émue ». En 1930 ses prises de position anti-colonialistes lors de meetings de la Ligue des droits de l'homme lui avaient valu d'être attaqué par la presse de droite et d'extrême-droite, à laquelle répliqua une lettre de soutien de normaliens. Pacifiste il fait partie du comité central de la Ligue des droits de l'homme où il représente, avec Michel Alexandre et Léon Émery, la minorité ultra-pacifiste qui s'oppose au président de la Ligue, Victor Basch, qui avait défendu la « guerre du droit ». Félicien Challaye condamne toute guerre dans un article sur *La paix sans aucune réserve*, paru dans la revue *La paix par le droit* en novembre1931 et qui sera repris dans les *Libres Propos* (cf. *infra*, p. 979-988). Il se prononcera ensuite « Pour la paix désarmée même en face d'Hitler » (1934). Au sein du Comité de vigilance des intellectuels antifascistes, il se prononce également contre l'intervention en Espagne. En 1940, il signe, avec notamment

ANNIVERSAIRES
28 DÉCEMBRE – MORT DE BAYLE, À ROTTERDAM (1706)

Libres propos (Journal d'Alain), 20 décembre 1929

« *Combien il est ridicule de chercher les causes de ce qui n'est point.* – Cet ordre est assurément plus naturel et d'une plus grande commodité que celui par lequel on cherche *ce que c'est qu'une chose*, avant que d'avoir vidé la question, *si elle existe véritablement.* Il y a tant de choses effectives dont la recherche peut occuper notre étude qu'on ne saurait trop blâmer ceux qui emploient leur temps à trouver la raison de ce qui n'est pas, et qui se plaisent à faire diversion des forces de leur esprit au préjudice de la vérité, comme ce Philosophe qui apprit avec chagrin que la laine qu'on voyait sur des figues apportées sur la table, venait de quelques brebis qui s'étaient accrochées à un buisson planté au pied du figuier, parce qu'il perdait par là le fruit d'une assez longue rêverie, et la gloire d'avoir imaginé, à force d'y penser, une raison qui montrât comment cette laine avait été produite par un arbre. Je voudrais, pour l'amour de Plutarque, qu'il eût répondu à la question, *Pourquoi les poulains qui ont été courus du loup deviennent meilleurs coureurs que les autres*, ce que l'auteur de l'*Art de penser* lui fait dire fort spirituellement : « Que parce que peut-être cela n'est pas vrai ».

« Montaigne, de qui Messieurs de Port-Royal qui ne sont guère de ses amis, disent quelque part que « n'ayant jamais connu les véritables grandeurs de l'homme, il en a assez bien connu les défauts », est en ceci du sentiment de Sénèque. Écoutez-le parler en son vieux gaulois qui a souvent plus de grâce que les périodes les plus étudiées de nos puristes : « *Je rêvassais présentement, sur ce, combien l'humaine raison est un instrument libre et vague. Je vois ordinairement que les hommes, aux faits qu'on leur propose, s'amusent plus volontiers à en chercher la raison, qu'à en chercher la vérité. Ils passent par dessus les présuppositions, mais ils examinent curieusement les conséquences. Ils laissent les choses et courent aux causes. Plaisants causeurs. Ils commencent ordinairement ainsi : comment est-ce que cela se fait ? Mais, se fait-il, faudrait-il dire ? Je trouve quasi partout qu'il faudrait dire : il n'en est rien ; et emploierais souvent cette réponse, mais je n'ose, etc.* ».

« Il y a bien de gens qui sont ce que dit Montaigne, qui laissent les choses et courent aux causes ; c'était le défaut d'Avicenne, grand Médecin en raisonnement mais sans expérience. Pourvu qu'une chose ne lui parût point impliquer contradiction, cela lui suffisait pour en faire l'objet de ses études, encore qu'elle n'eût jamais été… (*Pensées diverses à l'occasion de la Comète*, § XLIX).

Texte communiqué par G.C.

Jean Giono, le tract « Paix immédiate », rédigé par le militant anarchiste et pacifiste Louis Lecoin. Challaye se ralliera ensuite au maréchal Pétain et écrit régulièrement dans des journaux collaborationistes comme *l'Atelier* et *Germinal*. Il est acquitté à la Libération, notamment grâce au témoignage de Michel Alexandre). Sur F. Challaye, *cf.* J.-F. Sirinelli, *Génération intellectuelle, op. cit.*, p. 453-461.

LE GRAND VOYAGE, PIÈCE DE SHERRIFF (Traduite de l'anglais), au théâtre Édouard VII[a]

Libres propos (Journal d'Alain), 20 décembre 1929

« C'est une curieuse histoire de théâtre que celle du *Grand Voyage*, ou plutôt de *Journey's End* (*La fin du voyage*). L'auteur, R.C. Sherriff, n'est pas un écrivain de profession, mais un homme de banque. Le club auquel il appartient ayant eu un jour l'idée de monter un spectacle d'amateurs, il s'offrit à écrire une pièce d'après ses souvenirs de guerre (il avait été lieutenant de l'armée britannique dans la région de Saint-Quentin). L'œuvre représentée deux ou trois fois devant un public mondain eut quelque retentissement, et des amis de M. Sherriff l'engagèrent à la soumettre à un directeur de théâtre régulier. Elle fut refusée non par un seul, mais par plusieurs directeurs, avec la même unanimité. Il fallut, paraît-il, le patronage puissant de Bernard Shaw pour forcer une porte[1]. Ce fut un succès presque sans précédent. A Londres la pièce n'a plus quitté l'affiche. Aux États-Unis quatre tournées la promènent. Elle a été jouée ou se joue en Allemagne, en Scandinavie. » (*La Petite Illustration*, 2 nov. 1929).

On part de ce spectacle, ignorant que c'est pour la patrie que les combattants se font tuer. Car le mot n'est pas une fois prononcé. Ainsi le sacrifice est le même, sans la patrie ni le patriotisme ni les discours, même de soi à soi, sur le sujet. Tel est l'effet de la pudeur anglaise. Du premier au dernier acte, un poste de commandement de compagnie. Au-dessus et à l'entour, la guerre et la mort. Au-dedans, des chefs, jeunes et vieux, anciens compagnons de collège et de rugby, élèves et professeur. Avec les chefs, dans l'abri, des rats, du whisky, des caisses pour sièges, un cuisinier jovial, du bacon et un Shakespeare. En ces hommes, la peur. Mais je dirais mieux : hors d'eux la peur, venant à eux par tous les sens et tous les pores jusqu'à un point où elle ne peut gagner, là où vit l'idée que l'homme est fait pour tuer la peur. Seuls diffèrent les moyens de la tuer. Six bouteilles d'alcool pour le capitaine ; la menace du revolver pour un lieutenant affolé et anéanti ; et pour les deux

a. Cette pièce a paru dans *La Petite Illustration* du 2 Novembre 1929[2].

1. George Bernard Shaw (1856-1950), célèbre dramaturge irlandais, Prix Nobel de littérature en 1925.

2. *Journey's End*, pièce en trois actes de l'auteur anglais Robert Cedric Sherriff (1896-1975), a été jouée pour la première fois à Londres en 1928. Sherriff y confronte les valeurs des officiers britanniques, issus des *public schools* anglaises, aux horreurs de la guerre, dans les tranchées de Saint Quentin.

autres, le collégien sportif et le professeur, quelques vers du *Songe d'une Nuit d'Été*, par où toute la vie et toute la nature rentrent soudain dans la tanière, avant la mort. Une image de la nécessité passe et repasse dans cet abîme, le colonel, parlant aussi calmement du risque où il envoie les autres que du poisson qu'on servira à sa table le soir. Loin, en arrière, mais présent par la volonté qu'il manifeste, un général qui sera content de ce qu'auront permis par leur mort ses inférieurs. Il n'y a dans la pièce ni déclamation, ni rhétorique; mais des vérités. Ces vérités sont la Gnole, le sacrifice des jeunes, et la liberté humaine. Cela explique beaucoup.

Si les Beaux Arts retenaient un peu plus de la quatre-centième partie du budget actuel, si d'autres que M. François Poncet en avaient charge, cette pièce ferait le tour du pays[1]. Mais ce seraient d'autres temps; et sans doute n'aurions-nous plus besoin de la leçon du *Grand Voyage* pour nous rappeler au devoir de tuer la guerre en nous et au dehors.

Georges CANGUILHEM

DIVERTISSEMENT PHILOSOPHIQUE – DISCUSSION SUR LE TEMPS SELON KANT[2]

Libres propos (Journal d'Alain), 20 janvier 1930

Une défense de Kant. – ... J'admets comme vous que le rationalisme n'a pas fait de progrès depuis Kant. Mais vous pensez qu'il en aurait pu faire

1. André François-Poncet (1887-1975), normalien, germaniste, est sous-secrétaire d'État aux Beaux-Arts dans le gouvernement Tardieu depuis le 3 novembre 1929.

2. Cet article est une réponse à l'article de Georges Bénézé paru dans les *Libres propos* du 20 octobre 1929, dans la même rubrique « Divertissement philosophique », sous le titre « *Métaphysique. Le problème du temps : quelle différence faites-vous entre le Passé, le Présent et l'Avenir ?* », que nous reproduisons ici :

« On ne dira jamais assez que de ces trois moments, le présent seul existe.

On ne saurait donc prétendre qu'il soit la suite du passé, puisque le passé et l'avenir sont au contraire soutenus par lui. Que sont les vieilles lunes, et où est demain ?

Je sais bien qu'on a coutume de donner le temps comme un milieu homogène indéfini, où nous nous mouvons, dans un sens irréversible, entre ce qui a été et ce qui sera. C'est, en philosophie, une vue enfantine qui escamote le vieux problème : comment distinguez-vous, autrement que par des paroles, ce qui a été et ce qui sera ?

Le temps n'est pas un élément, une donnée simple, irréductible. L'analyse montre qu'il est construit : le passé, l'avenir sont des produits du présent, non pas certes chronologiques (ce qui

beaucoup, puisque vous dites de la solution kantienne qu'elle est nettement insuffisante. S'il n'y a pas eu progrès, ce serait, selon vous, parce que les rationalistes n'ont pas eu assez de vigueur pour reconnaître l'insuffisance de cette solution ou pas assez de pénétration pour découvrir ce qu'elle a d'insuffisant. Mais, à mon avis, la solution kantienne n'a nullement le caractère d'insuffisance que vous signalez, et voilà pourquoi le rationalisme ne peut faire beaucoup mieux.

« Pour Kant, dites-vous, le temps reste un milieu homogène, donné d'un coup, simple copie du temps des savants (je ne dis pas de l'espace)... » Je n'ai pas reconnu là mon Kant ; j'ai repris la *Critique de la Raison Pure* et je ne vois

supposerait le temps déjà donné), mais transcendantaux et la « Naissance du Temps » est et doit être un des chapitres fondamentaux d'un cours de métaphysique. Serons-nous toujours dupes de l'Histoire, alors que tout mouvement d'esprit qui lui donne naissance à elle-même s'appuie sur du présent : le document perçu et l'interprétation « actuelle » qu'en donne l'historien ?

Je ne vois guère qu'un philosophe, de notre temps, qui fût prêt à se libérer de cette tradition aveugle : c'est M. Bergson, et je ne puis prendre part aux attaques dont il est l'objet, alors qu'il est le seul qui nous ait donné quelque chose de vraiment nouveau. Reprochez-lui son réalisme du monde, faites le procès de son éducation spencérienne, paraît-il, en tout cas empiriste ; montrez qu'il ne s'en est pas délivré tout à fait, soit. Mais retenez sa protestation contre les prétentions de la science qui voulait mettre à sa remorque la critique philosophique, et qui y a réussi d'ailleurs. Refusez même si voulez les solutions que M. Bergson a données aux problèmes qu'il a posés, mais convenez qu'il les a posés. Nous aurons bien l'occasion de revenir sur cette notion de durée, qui trouble la tranquillité des philosophes. Et je ne parle pas de la fameuse opposition de la mémoire-image et de la mémoire-habitude, qu'on se contente de railler ou d'oublier, parce qu'on ne sait pas la résoudre.

Le rationalisme ? Je ne vois pas qu'il fait beaucoup de progrès depuis Kant ; et la solution kantienne est nettement insuffisante. Certes, le temps n'est pas pour lui une chose, mais une condition transcendantale de la pensée, et cela est bien vu, sinon bien expliqué. Mais pour lui, comme pour tous ceux qui ont parlé après lui, il reste un milieu homogène, donné d'un coup, simple copie du temps des savants (je ne dis pas de l'espace). Quelle différence avec le temps des empiristes ? Aucune. Au lieu que le sujet se transporte au long du temps (faute que M. Bergson n'a pas évitée, en tant qu'empiriste), c'est le temps tout entier que le sujet transporte « au long » des « choses » ; mais ici comme là, passé, présent et avenir ont une réalité objective, comme fondue d'un seul bloc, ce qui est inadmissible pour la moindre analyse.

J'adresse donc cet appel aux connaisseurs ».

Plus âgé que Canguilhem, Georges Bénézé (1888-1978) est l'un des plus anciens élèves d'Alain au lycée Michelet et l'un de ses premiers disciples. Normalien de la promotion de 1910, longtemps malade, il ne passera l'agrégation de philosophie qu'en 1921. Il enseignera en classes préparatoires et finira sa carrière au Lycée Louis-le-Grand. A la Libération, Georges Bénézé est condamné à prendre une retraite anticipée en raison de ses articles dans le quotidien ultra-collaborationiste *L'Œuvre*, dirigé par Marcel Déat. Collaborateur régulier des *Libres propos*, il s'efforcera de donner une version métaphysique de la doctrine d'Alain, avec sa thèse *Allure du transcendantal* (Paris, Vrin, 1936). Sur Bénézé, *cf.* la thèse d'André Sernin, *Un philosophe méconnu, Georges Bénézé (1888-1978)*, Paris, France-Empire, 1982.

pas comment on peut soutenir que le temps, dans la doctrine de Kant, serait un milieu homogène, donné d'un coup (à moins de lui prêter, par pure supposition, la conception du temps de Newton dans les *Principia mathematica*).

Je ferai d'abord une remarque qui me semble importante. Dans la *Critique de la Raison Pure*, après l'*Esthétique transcendantale*, il n'est question de l'espace que par accident, il est question du temps continuellement et essentiellement. Le temps ne cesse pas d'être pour Kant bien autre chose qu'un outil de physicien; il est la trame de toute pensée, que ce soit numération, souvenir, etc. (*Cf.* les trois synthèses dans la *Déduction des concepts purs de l'entendement*, 1re édition). Et, en disant *trame*, je sais bien que je défigure encore Kant, mais moins pourtant – il me semble – qu'en disant *milieu*. En disant milieu, on fait du temps quelque chose de plein et de cohérent en dehors des choses; en disant trame, on entend quelque chose qui va conjointement avec la formation du tissu, et qui le porte. J'insiste : *trame* est encore bien au-dessous de l'analyse Kantienne, mais cette notion est déjà plus près de celle d'un acte que ne l'est la notion de milieu. Or je ne vois rien dans Kant qui m'autorise à juger le temps indépendant de l'acte qui cherche, dans l'intuition actuellement donnée, ce qui s'explique par autre chose qu'elle-même, ou qui attend en quoi elle va se résoudre.

Le temps, conçu par Kant, est si peu homogène qu'il porte en lui l'imprévisible (deuxième *analogie de l'expérience*). Le sujet ne transporte pas, comme vous dites, « le temps au long des choses »; car il n'y a pas pour Kant « le long des choses » et le temps. Il y a la découverte, la composition progressive d'un univers par un esprit qui trouve sur sa route des obstacles. Mais la route n'existe pas avant les obstacles. Les obstacles c'est le présent.

Certes Kant écrit : « Nous représentons la suite du temps par une ligne qui s'étend à l'infini et dont les diverses parties constituent une série qui n'a qu'une dimension, et nous concluons des propriétés de cette ligne à celles du temps, avec cette exception que les parties de la première sont simultanées, tandis que celles du second sont toujours successives ». (*Esthétique transcendantale*, par G.C.). Oui, mais Kant dit, à la ligne précédente, que c'est là une simple analogie destinée à repérer un défaut, et ce défaut, c'est justement l'impossibilité où nous sommes d'avoir jamais une figure du temps, impossibilité qu'il fonde et justifie[a]. Après cela, on ne peut vraiment prétendre que Kant figure le temps comme un milieu homogène.

a. « Le temps ne peut être une détermination des phénomènes extérieurs car il n'appartient ni à une figure, ni à une position, etc.; mais il détermine le rapport des représentations dans notre état intérieur. Et précisément parce que cette intuition intérieure ne fournit aucune figure, nous

Parlant du passé et de l'avenir, vous dites avec raison : « Que sont les vieilles lunes, et où est demain ? » Mais rien en Kant ne contredit à cela. Au contraire.

G. CANGUILHEM [1]

cherchons à réparer ce défaut par l'analogie, etc. » Kant (*ibid.*). Les Bergsoniens et leur maître auraient gagné à méditer quelques années ce texte. – Et encore celui-ci, de sens inépuisable : « Le temps ne peut pas plus être perçu extérieurement que l'espace ne peut l'être comme quelque chose en nous » (*ibid.* par 2). »

1. Georges Bénézé répond à Canguilhem à la suite de cet article :

« Je tiens vos citations comme exactes, inutile de le dire. Bien que je n'aime pas beaucoup discuter sur un texte, même quand il s'agit d'un auteur comme Kant (et peut-être surtout...), je me verrais obligé d'y venir. Alors je préfère m'en tenir à une opinion d'ensemble.

Il m'apparaît certain qu'il ne faut pas seulement consulter *l'Esthétique transcendantale* pour savoir ce que Kant a pensé du temps. Il faut consulter l'*Analytique* et le *Schématisme*. Et dès lors j'ai eu tort de m'en tenir à l'Esthétique pour affirmer que le temps kantien est d'un seul bloc, et vous faites bien de rappeler que les *Analogies de l'expérience* lui donnent un autre rôle.

Mais si je suis resté en deçà de la pensée kantienne en essayant de la résumer, êtes-vous sûr de n'avoir pas été au-delà en la défendant ? Ne pourrons-nous nous mettre d'accord pour reconnaître qu'entre la sensibilité (sous l'aspect d'une forme pure) et l'entendement, Kant ne sait pas, à parler précisément, quelle place assigner au temps (je laisse l'espace de côté), et que c'est, au fond, cette incertitude irrémédiable qui rendrait sans fin toute discussion sur la doctrine kantienne ?

Laissons donc de côté toute paraphrase académique, toute discussion sur l'histoire de la philosophie, qui ne mène jamais à rien ; et ne songeons pas à écrire une thèse.

Il y a contradiction à affirmer le temps comme une forme pure de la sensibilité; "pur" et "sensible" n'ont de signification en philosophie que par leur opposition, qui oblige l'analyste à pousser assez loin son enquête pour choisir définitivement entre eux, et par suite dissocier suivant deux directions différentes (sensibilité ou entendement) *toutes* les notions jusqu'à la simplicité du "pur" d'une part, du "sensible" de l'autre.

C'est ce qui manque *complètement* à l'analyse kantienne. Il n'a pas su critiquer la sensibilité, la tenant presque pour un simple prétexte à l'activité de l'entendement; et il n'a même pas réussi à légitimer sa critique de l'entendement, parce qu'il aurait fallu analyser d'abord les notions de logique formelle, et il n'est pas sûr qu'il n'y ait pas de sensible en elles (je suis même sûr du contraire).

Dans ces conditions, son analyse et sa description rencontrent bien, quelquefois; mais le principe suprême n'étant pas observé (celui qui veut qu'on pousse l'analyse jusqu'au simple du "sensible" ou du "pur"), il lui arrivera d'accorder au pur ce qui revient au sensible. Le contraire ne sera pas fréquent – et je n'en vois pas l'exemple en ce moment – parce qu'il a tendance à négliger le sensible. Dans ces conditions, il devait manquer le problème du temps et ce n'est qu'un cas particulier.

Si vous demandez maintenant pourquoi c'est cependant un grand philosophe, je vous dirai – et nous serons d'accord – que c'est parce qu'il a compris la différence qu'il y avait entre l'attitude transcendantale et l'attitude empirique. Il l'a si bien compris qu'avant lui – sauf erreur – on ne l'avait jamais saisi avec autant de clarté. Il a été moins heureux dans l'expression de cette différence, claire pour lui, et l'on s'est rabattu – faute de la comprendre convenablement – sur ses

La Fin de l'Éternel, par Julien Benda
1 vol. N.R.F. 1929

Libres Propos (Journal d'Alain), 20 janvier 1930

Il n'y a pas de retard à parler maintenant seulement de ce livre. Il pouvait attendre plus longtemps. Il ne passera pas encore. *La Fin de l'Eternel*, comme la *Trahison des Clercs*, est de ces choses qui ne finiront pas. Si je comprends bien, M. Benda distribue des taloches à deux catégories d'intellectuels, le groupe des monarchistes-Thomistes et des sympathisants, – le groupe qu'il appelle de gauche et qui se compose de l'*Union pour la vérité* où vient graviter la Sorbonne, plus quelques satellites. Ce que M. Benda reproche au premier, c'est de tuer l'élément éternel du christianisme par la doctrine de l'Église, et au deuxième, de tuer l'élément éternel du rationalisme par l'engouement bergsonien. Sont contre l'Eternel, d'une part les Généraux[a] et les Jésuites, d'autre part les Fakirs et les Derviches tourneurs. M. Benda fait comprendre ce qu'il appelle l'Eternel en nommant quelques uns de ses purs serviteurs, Socrate, Descartes, Spinoza, Kant[b]. J'approuve et je salue. Ce livre est sévère, strict, dur. Je ne sais s'il plaira trop à M. Benda d'être comparé à A. Comte, mais je ne peux pas ne pas me rappeler, à chaque page de ce livre hautain et fort, la virulence du théoricien qui vit dans le pouvoir spirituel la plus haute attribution de l'humanité[1].

a. M. Benda rappelle le mot de Péguy : « Le temporel est essentiellement militaire ». (p. 187).

b. « L'auteur du *Traité théologico-politique* et celui de l'*Essai sur la paix perpétuelle* me semblent éminemment de ceux qui ont fui l'événement » (p. 33).

analyses, soit pour les exalter, soit pour les combattre. Sa lecture reste donc profitable, et sa doctrine solide. C'est un grand monument; mais il faudrait tout démolir à l'intérieur et reconstruire, sans toucher à la façade… (A suivre) ». – Il n'y aura en fait pas de suite à cet article.

1. En juin 1926 Georges Canguilhem avait soutenu un Diplôme d'études supérieures, sous la direction de Célestin Bouglé, sur « La théorie de l'ordre et du progrès chez Auguste Comte », conservé dans le Fonds Canguilhem du CAPHES. Dans ce diplôme il interprète Comte dans un sens « prolétarien » : « c'est le spectacle de l'injustice dans les rapports sociaux, de l'orgueil et de la futilité des puissants, de la dure condition des travailleurs et du peuple qui a éveillé la généreuse ardeur de Comte ». Canguilhem note qu'il y a, dans le *Discours sur l'ensemble du positivisme*, « quelques pages qui sont les plus belles parmi celles qui furent jamais consacrées au prolétariat, en lequel Comte voyait les représentants du bon sens, du travail, du dévouement ». Il va même jusqu'à soutenir que Comte aurait, « à plusieurs reprises et notamment dans les lettres à Laffitte, rapproché positivisme et socialisme ». A la différence du « positivisme » qu'il critiquera par la suite, Canguilhem estime alors que Comte « n'a voulu en aucune manière laisser entendre que le progrès est fatal et qu'il est donné comme indépendant de nous. Il faut vouloir le progrès. ». Et cette volonté est symbolisée par la religion : « La religion en son essence est telle qu'elle se trouve

Je ferai deux remarques. La première est que dans cette question difficile des responsabilités de la guerre l'auteur ne marque pas assez que ceux qui ont le moins péché contre l'Eternel, et qu'il veut être de notre côté, sont du peuple et nullement des clercs. Si cela était plus explicitement montré, il y aurait là, non pas peut-être un terrain d'accord, mais un terrain de recherche et de discussion possibles. Car, pour ce qui est des clercs, comment ne pas conclure des deux réquisitoires mêmes de M. Benda, qu'ils ont été aussi abjectement temporels ici et là ?

La deuxième remarque est que, dans sa définition de la raison éternelle, M. Benda met l'accent sur l'identité et la contradiction, sans peut-être bien remarquer qu'il y a une certaine opposition avec ce qu'il dit ensuite : que la valeur immuable de la raison n'est pas objet de raisonnement, mais de position intuitive (M. Benda dit de foi). On voit très bien que Descartes et Kant ont posé ainsi, l'un la liberté divine indépendante des vérités éternelles qu'elle crée, l'autre le primat de la raison pratique. Mais en ce sens il y a opposition à la doctrine qui ferait du principe d'identité le fond de la raison, comme serait celle de Leibniz. Je ne vois pas que M. Benda par ailleurs ait mis Leibniz au nombre des purs serviteurs de l'Eternel. Il a bien fait ; le protestant porteur de chapelet n'était dans le fond qu'un conciliateur et un opportuniste[1].

M. Benda dit une chose de première importance en notant que « l'essence du clerc est de ne pas accepter le monde tel qu'il est ; il est essentiellement un utopiste ». Cela rappelle Valéry disant : « L'homme est incessamment et nécessairement opposé à *ce qui est* par le souci de *ce qui n'est pas !* » Notre malheur serait de n'avoir plus ni utopies ni songes. Je salue derechef[a].

G. CANGUILHEM

a. Les *Libres Propos* vont reprendre la publication des *Archives de la Trahison des Clercs* que la négligence seule et non – hélas ! – l'épuisement du sujet a interrompue. [Cf. *supra*, p. 206-209.]

au fond des cultures différentes, c'est la volonté du progrès ; elle concerne les choses qui dépassent la nature ; et le progrès ne se soutient que par religion. C'est la piété à l'égard de l'œuvre humaine passée, à l'égard des morts qui donne à l'homme la force et la foi de poursuivre la lutte et d'enrichir encore le trésor collectif. La vénération des morts et la religion ne font qu'un comme aussi la liberté et le progrès ». De même, « malgré les apparences et malgré ce qu'on en a dit, la sociologie de Comte n'est pas un asservissement de l'individu. » Ce que Comte a détruit c'est sans aucun doute l'« individualisme psychologique » mais non l'individu.

1. Cf. *supra*, p. 172-173, où Canguilhem fait des critiques analogues à Leibniz, qu'il oppose sur ce point à Descartes.

EXAMEN DES EXAMENS. – LE BACCALAURÉAT[1]

Libres Propos (Journal d'Alain), 20 février 1930

Il se peut que l'insuffisance des candidats soit manifeste. Mais on devrait rougir de l'évoquer. La première sévérité ne doit jamais être pour les autres. Nous nous permettons, pour ce qui est de la philosophie seule, d'affirmer que l'insuffisance des candidats peut fort bien être relative à la nature même des sujets proposés, aussi bien à l'incohérence de leur forme qu'à l'invraisemblance des doctrines. Quand un professeur qui a débrouillé des élèves les voit aux prises avec un sujet tel que: *Exposer et, s'il y a lieu, critiquer les thèses essentielles du panthéisme* (Toulouse, juillet 1929), il peut, sans être un Pilate, se laver les mains; car si l'on peut exiger d'un candidat qu'il n'emploie pas hors de propos le mot de panthéisme, on ne saurait exiger de lui qu'il soit capable d'écrire plus de vingt lignes intelligentes là-dessus. Si l'on ajoute que les candidats toulousains, ayant rejeté ce sujet, tombaient dans deux autres du même ordre: *Positivisme et pragmatisme*, et: *Quelles sont les diverses formes de l'idéalisme?* on fera comprendre aisément que les professeurs puissent se réjouir de n'avoir plus à passer le baccalauréat. Il y a mieux. Des candidats ont pu se voir proposer un sujet qui est rigoureusement hors du programme: *Les caractères du sentiment esthétique* (Poitiers, juillet 1929). Renseignements pris, le doyen sous la responsabilité duquel un tel sujet a été proposé est un érudit vénérable et chenu qui a trouvé «*Du nouveau sur la Chanson de Roland*», et qui ignore le nouveau programme du baccalauréat[2].

Mais s'il peut être fâcheux pour la nature et la forme des questions proposées qu'elles dépendent de professeurs entièrement fermés à l'esprit philosophique, il peut être fâcheux également que dans certaines facultés ce soit le philosophe qui ait directement ou indirectement inspiré le choix des sujets. Comment ne pas reconnaître derrière tel ou tel sujet de Grenoble ou de Caen la main spiritualiste de M. Chevalier ou la «structure logique» de M. Spaier[3]? Si l'on ne peut guérir certains professeurs de l'enseignement

1. C'est Jean Laubier qui a eu en 1929 l'idée de cette rubrique «Examen des examens». *Cf.* J. Alexandre, «Esquisse d'une histoire des *Libres propos*», *op. cit.*, p. 86.

2. Canguilhem fait allusion à Prosper Boissonnade (1862-1935), doyen de la Faculté des lettres de Poitiers et auteur du livre *Du nouveau sur la Chanson de Roland* (1923).

3. Jacques Chevalier (1882-1962), professeur de philosophie à la Faculté des lettres de Grenoble en 1930, il sera ministre de l'instruction publique sous Pétain, dont il était le filleul. Albert Spaier (1883-1934), professeur de philosophie à l'Université de Caen depuis 1927, il fondera en 1931 la revue *Recherches philosophiques*, avec l'historien des sciences Alexandre Koyré et l'historien des religions Henri-Charles Puech.

supérieur de croire que la philosophie commence seulement avec eux, on doit exiger qu'ils laissent aux candidats l'illusion invincible que la philosophie fut quelque peu cultivée de 500 ans avant J.-C. jusqu'en 1850 de notre ère.

Que doit alors être un vrai sujet de philosophie pour dissertation au baccalauréat? Nous le verrons mieux une autre fois. Disons dès maintenant que le sujet doit porter sur un problème et non sur une doctrine. C'est ainsi que des questions comme : *Quel est le rôle de la volonté dans le jugement?* (Clermont, octobre 1929), *Qu'est-ce qu'un acte volontaire?* (Lille, juillet 1929), *Qu'est-ce qu'une émotion?* (Dijon, octobre 1929), *Par quels moyens distinguons-nous le vrai du faux?* (Sénégal, juillet 1929) sont le type des beaux et bons sujets. Par contre des sujets comme, *Qu'est-ce que le rationalisme?* ou *Qu'appelle-t-on le pragmatisme?* (Besançon, juillet 1929) sont des sujets non seulement trop spéciaux et partant trop difficiles, mais proprement exécrables ; car la philosophie, chose étrange, n'est pas faite de solutions, mais de problèmes. Et les petites philosophies sont celles qui apportent une solution panacée. Si on oriente l'enseignement de la philosophie vers une indication de solutions, on arrive à ce paradoxe de candidats qui ne peuvent traiter une question d'écrit sans parler de Spencer ou de Taine, et qui, en revanche, interrogés à l'oral sur Descartes qu'ils présentent comme auteur philosophique spécialement étudié, sont incapables de dire ce que contient la cinquième partie du *Discours de la Méthode*. Deux faits, semble-t-il, peuvent rendre compte de cette inadmissible perversion.

Le premier est l'impossibilité matérielle de faire tenir en un an un enseignement philosophique qui soit à la fois une culture appuyée sur la lecture de vrais auteurs, et une réflexion. C'est-à-dire qui laisse aux élèves le temps de sentir que la philosophie ne doit pas être étudiée parce qu'il a plu à des professeurs de l'inscrire au programme des examens, mais parce que la philosophie touche à leurs pensées et à leurs actions de tous les jours, bref parce qu'ils descendent, en tant qu'hommes, plus directement de Socrate et de Descartes que d'Adam ou d'un Lémurien. On a fort bien fait de faire franchir à l'enseignement littéraire le barrage qu'était la première partie du baccalauréat. Rien n'empêche qu'on allège encore plus le programme de la première partie, qu'on fasse passer cet examen de meilleure heure et que l'on donne deux ans aux élèves et à leurs professeurs pour préparer la deuxième partie. Alors peut-être aurions-nous une culture réelle, et non pas une production scolaire en série contre laquelle il ne faut cesser de protester.

Le deuxième fait est le contrôle exercé par l'enseignement supérieur sur l'enseignement secondaire. Ce devrait être une évidence que, mis à part le Primaire qui a ses lois difficiles à tenir et qu'il s'applique vraiment à bien tenir, le Secondaire est le seul véritable enseignement. L'enseignement supérieur n'est pas souvent beaucoup plus qu'un étalage, et n'est jamais, en ce qui concerne les études de littérature et de philosophie, qu'un examen académique des doctrines de spécialistes. Et pourtant, circonstance remarquable, ni Descartes, ni Kant, ni A. Comte n'étaient des spécialistes de la philosophie. L'enseignement secondaire vivant donc sous le contrôle doctrinal de l'enseignement supérieur par l'intermédiaire des examens, on croit que l'idéal de l'enseignement philosophique des collèges et lycées est de mettre les élèves à même de comprendre, s'ils deviennent étudiants, un cours professé sur « l'intuitionnisme moderne », ou « le relativisme contemporain » ! De là cette intolérable et ignominieuse prétention des Manuels qui exécutent, en quelques phrases, le dualisme cartésien, et mettent en douze lignes Einstein à la portée de tous ; qui, passant à peu près sous silence les quatre règles de la méthode de Descartes, exposent amplement les doctrines de Duhem et de Le Roy sur la valeur des théories physiques[1]. De cette complicité tacite des auteurs de manuels et des professeurs de faculté résulte un chef d'œuvre de ce genre : *Quelles sont les idées modernes sur la valeur des théories physiques ?* que l'Académie de Besançon a proposé en octobre dernier, pour le baccalauréat, aux méditations d'élèves de mathématiques élémentaires !

Un professeur ne peut pas se contenter de plaindre ses candidats. Il a aussi à protester contre le rôle de distributeur automatique qu'on prétend lui faire remplir. Nous pensons donc obéir à un devoir strict de critique et de contrôle, en établissant une revue des sujets qui furent proposés pendant les deux sessions de l'année 1929 aux philosophes candidats bacheliers.

(A suivre)[2]

G. CANGUILHEM

1. Pierre Duhem (1861-1916), physicien, philosophe et historien des sciences français. Édouard Le Roy (1870-1954), philosophe et mathématicien français.

2. Cf. *infra*, p. 301-304.

TÉMOINS. – DEUX TÉMOIGNAGES D'OFFICIERS *SOUVENIRS DU TEMPS DES MORTS*[a]

Libres Propos (Journal d'Alain), 20 mars 1930

Beau titre à la Dostoïewsky. Peu de chapitres, mais sur des sujets essentiels : *de la sincérité*, *les Hommes*, *les Chefs*, *les Epreuves*. C'est la guerre qui est la matière de ces souvenirs, et la simplicité en est l'âme. Dès l'abord, on trouve la vraie doctrine philosophique solide et assurée, celle qui décrit le jugement à l'œuvre parmi le chaos des sensations, l'esprit composant l'ordre. « Le présent nous bouscule toujours un peu et se trouve par surcroît brouillé de mille parasites : humeurs, fatigues, soucis qui obscurcissent notre vision. Celle-ci ne se nettoie et ne s'accomplit qu'à la longue » (p. 5). Ceci encore : « Mais savoir ce qu'on pense, surtout ce qu'on pense par soi-même, cela n'est pas peu de chose, et nous devons dire encore, contre l'opinion commune, qu'on ne se leurre sur rien aussi aisément que sur ses pensées. » (p. 9) L'auteur apprenti philosophe au moment de la guerre, a été deux ans homme de troupe, deux ans officier de zouaves. Quatre ans d'infanterie. Blessé avant la fin. Il se dit transformé par ces rudes expériences. Il montre comment le courage de mettre en soi-même l'ordre est beau.

Cet homme a découvert à la guerre les hommes et la vie. Les uns et l'autre simples et rudes. Et le régiment lui a paru plus humain que le lycée. Là dessus on ne peut discuter. Mais comment ne pas trouver étonnant qu'un homme fasse hommage à la guerre de lui avoir découvert cette élémentaire fraternité qui fait partager du pain ou des sous avec qui n'en a pas ? Il faut venir de bien loin dans l'isolement bourgeois. Bridoux, retrouvant dans les tranchées les hommes tels que les peint Homère, apprend quel pouvoir ont sur les hommes soupe chaude, vin, tabac. Il est beau qu'il ait eu une occasion d'apprendre ce sans quoi il n'y a pas d'homme. Mais remercier d'avoir appris ? Et remercier la guerre ? Je confesse qu'il m'est venu une irritation musculaire intolérable à la pensée qu'un homme portait à l'actif de la guerre ce que huit jours de travail physique lui auraient appris pendant la paix. J'ai voulu fermer le livre.

J'ai rouvert le livre parce qu'il faut suivre l'homme jusqu'au bout, quand il paraît. Mais dois-je dire que c'est bien fini ? Il y a là dedans quelque chose qui

a. *Souvenirs du Temps des Morts*, par André Bridoux, 1 vol., « Le Van », Lyon, 1929[1].

1. André Bridoux (1893-1982), l'un des premiers disciples d'Alain, normalien de la promotion de 1914, procurera des éditions de Descartes et d'Alain, publiera un manuel de *Morale* (1946) et un livre sur *Le souvenir* (1953), et sera inspecteur général de l'instruction publique de 1941 à 1963.

n'est pas entièrement clair, ni juste, ni grand. Je n'admettrai jamais qu'il faille en venir à la guerre pour découvrir l'homme, ni que la guerre suscite l'homme par une vertu propre. « Dans la vraie troupe, contenu par les circonstances et la règle, l'homme s'est révélé tel qu'il est, et meilleur que lui-même n'aurait jamais cru. » (p. 33). Qu'est-ce qu'un homme peut bien savoir ou croire de lui-même ? (*cf.* p. 9). Et qu'est-ce qui estimait l'homme au-dessous de lui ? Les curés, les professeurs, les académiciens qui ont nourri l'auteur en ses jeunes années, comme ils ont fait de presque tous les autres ! Bridoux en a pourtant connu d'autres qui enseignaient la meurtrière vanité de cette rhétorique.

Avait-il donc besoin de l'expérience pour mesurer la part de vrai qu'il y a dans les doctrines ? Je pense qu'il répondrait oui. Car voici ce qu'on peut lire aux pages 66 et 67 : « Enfin, cette expérience n'était pas sans exercer une forte influence sur l'orientation d'un apprenti philosophe. Les ébranlements reçus du dehors, la brutalité des objets détournaient des dialectiques constructives, mais inclinaient au respect du monde extérieur, du donné, de la sensation, et à la conviction que l'amorce de tout est dans la secousse de la nature et non dans l'esprit qui achève, mesure, relie et transpose, mais ne commence rien. Qui n'a pas reçu d'obus peut s'obstiner à tout construire. Qui en a reçu est nécessairement ramené à Aristote pour croire avec lui qu'il ne faut pas se monter la tête avec les mathématiques et que toute construction en dehors et à part du sensible sonne le creux. » De tels aveux me font me demander s'il n'y a pas une parenté entre cette soumission au fait dans un problème qui, remarquez-le bien, n'est pas de nature mais de société puisqu'il s'agit de guerre, et cet amour de l'obéissance, cet éloge de la discipline militaire et religieuse qui selon l'auteur prennent leur source en un principe commun.

C'est sûr, il n'y a rien à dire, car on pense toujours au héros. Mais enfin ce héros est heureux d'être mené. Il y a le portrait du capitaine, modèle des capitaines, véritable moine par l'ascétisme et l'abnégation comme l'on dit souvent, chef inflexible, dont Bridoux écrit : « Chacun savait ou plutôt sentait qu'il eût bel et bien risqué une balle dans la tête en cas de défaillance. » (p. 44). Il est entendu qu'il ne faut pas « se monter la tête avec les mathématiques » ; mais il faut tout de même se demander si une raison quelle qu'elle soit peut justifier l'existence de tels rapports entre les hommes, et s'il y a une situation qui explique ces rapports comme pour une expérience d'électrochimie, et enfin s'il est humain et aristotélicien d'entrer dans une peau où l'on sait qu'on aura de tels gestes à faire. Venir dire ensuite du chef qu'il est juste, cela nous fait autant que de dire de lui qu'il est champion de tir au revolver.

Marc-Aurèle, Vigny, chefs illustres par la pudeur virile, sont cités dans ce livre sévère et dur et dont la première sévérité va de l'auteur à l'auteur[1]. Il y a plusieurs espèces d'âmes, et celle-là nous honore tous. Tout ce qui en l'homme aime, recherche et approuve le courage, l'âpreté, la détresse et la misère consenties, tout ce qui nous ferait voler au secours d'un homme quel qu'il soit, tout cela pousse en moi pour que je me découvre. Certes je n'ai pas fait la guerre; mais je sors de la caserne, et j'ai bien vu ceci si je n'ai pas fait cela. Je pourrais écrire des « Souvenirs de la prison des forts ». Je pense à mes camarades de régiment. Et je garde mon chapeau.

G. CANGUILHEM

P.C. DE COMPAGNIE[a]

Libres Propos (Journal d'Alain), 20 mars 1930

Cette simplicité, cette pudeur mesurée qui font le haut prix d'un livre comme celui de Bridoux, ou comme le *Grand Voyage*[b], combien on les met plus haut encore quand on a lu *P.C. de Compagnie!*

La guerre a été gagnée de notre côté. C'est un fait. Qui a gagné la guerre? C'est un problème. On avait répondu jusqu'à présent: Clemenceau, l'Ame Française, Foch, le Pinard, Jeanne d'Arc. Il faudra désormais ajouter à cette liste: Maurice Constantin-Weyer, prix Goncourt 1928. L'opinion publique avait pu se tromper; comment croire que Constantin-Weyer se trompe puisque c'est lui-même qui a fait ce qu'il dit. Il ne reste aux lecteurs plus rien qu'à crier bravo.

Sur la bande du livre ce modeste compte-rendu: *Réponse de l'officier français à tous les livres de guerre français et étrangers*. On a été trop réservé. Il fallait ajouter: passés, présents, à venir, à pied, à cheval, en ballon. Dès la

a. *P.C. de Compagnie*, par Maurice Constantin-Weyer, 1 vol., Rieder, 1930[2].

b. Signalons que *Le Grand Voyage* (v. n° de décembre 1929) vient de paraître chez Berger-Levrault, à Paris. Librairie militaire ! C'est ainsi[3].

1. Marc Aurèle (121-180). Empereur romain et philosophe stoïcien. Alfred de Vigny (1797-1863). Ecrivain français. À la manière de son maître Alain, Canguilhem dira souvent son attachement aux stoïciens. Sur l'interprétation que Canguilhem propose du stoïcisme, *cf.* J. Lautman, « Un stoïcien chaleureux », *Revue d'histoire des sciences*, vol. 53, n° 1, janv.-mars 2000, p. 27-46.

2. Maurice Constantin-Weyer (1881-1964), écrivain et peintre, a reçu le prix Goncourt en 1928 pour son roman *Un homme se penche sur son passé*.

3. Il s'agit de *Journey's End*, pièce de Robert Cedric Sherriff, dont Canguilhem a rendu compte dans les *Libres Propos* du 20 décembre 1929. Cf. *supra*, p. 267-268.

bande donc on est prêt. Au titre on est confirmé : P.C. veut dire poste de commandement. Cette manie de l'abréviation désigne l'authentique militaire né officier comme il le dit. A la dédicace on est converti. Le lieutenant Weyer dédie son livre au deuxième classe Jolinon, et explique quel malheur ce fut pour Jolinon de n'avoir pas servi sous Constantin, perdant ainsi l'unique occasion de n'être pas ce qu'il est présentement, un fantassin mécontent et révolté[1]. Littérairement parlant, on se moque de savoir ce que le romancier Jolinon pense de *P.C. de Compagnie*. Humainement parlant, on voudrait savoir ce que pense Claude Lunant à l'idée rétrospective d'avoir été botté par le lieutenant Constantin-Weyer. Si le fait s'était produit et si Claude Lunant n'est pas que littérature, nous n'aurions peut-être pas le regret d'avoir aujourd'hui à dire ce que nous pensons de Constantin-Weyer.

Ce livre lu, nous ne savons rien de la guerre, nous savons tout de monsieur Weyer. Qu'il descend à gauche et à droite d'officiers, qu'il fut cow-boy et dresseur de chevaux rétifs, qu'il aime les bains froids, qu'il est venu du Canada en France pour défendre des tombeaux, qu'il a la médaille militaire[2]. Le livre est plein de cette médaille militaire. Ce fut une des premières accordées en un temps où on en était chiche ; où elle fut remise, par qui, pourquoi, comment elle attire les yeux de tous, aussi bien de pandores à Salonique que de Sarrail[3] lui-même qui prend C.W. pour un ancien adjudant, tout cela nous est dit. Que Monsieur C.W. a l'horreur de l'ivresse, qu'il a donné des sous à des prostituées, qu'il battait ses hommes, ayant la détente du pied facile, qu'il sait du latin, qu'il s'est une fois comparé à Jugurtha, qu'il donnait ses cigares à ses hommes, qu'il leur disait des gauloiseries pour les faire rire, nous n'en pouvons rien ignorer. Dieu nous pardonne ! Ce n'est pas un témoignage qu'on nous donne à lire, c'est un curriculum vitæ, un palmarès, un tableau d'avancement, une situation-rapport. Mais ce n'est pas un livre. Ce n'est pas de ces pages dont on peut dire qu'elles révèlent un homme. On ne trouve même pas un auteur, on trouve un officier. Les officiers appellent hommes ceux de la troupe. Cette amère et antithétique vérité maintenue dans le langage commun n'a jamais été aussi vraie. De deux choses l'une, ou bien le livre de C.W. n'est pas,

1. Joseph Jolinon (1887-1971) est l'auteur de *Valet de guerre*, paru en 1924 aux éditions Rieder, dont le héros, Claude Lunant, décrit les horreurs de la guerre et l'absurdité des ordres des généraux. Il y fait également le récit des mutineries de 1917.

2. Maurice Constantin-Weyer a vécu dix ans au Canada de 1904 à 1914, ce qui fournira la matière de ses romans d'aventure.

3. Maurice Sarrail (1856-1929), général français, commandant en chef de l'armée d'Orient de 1915 à 1917.

comme il le dit et le fait dire, le livre de l'officier; ou bien un officier n'arrive pas à être un homme.

« Un Dorgelès, un Duhamel, un Jolinon ont apporté sur l'*homme* d'extraordinaires et émouvants documents. Mais on ignore ce que pouvait souffrir un officier » (p. 16). Ce n'est pas C.W. qui nous l'apprend. Sur les souffrances, les fatigues volontairement endurées, les blessures; sur toute la douleur physique et morale, on peut admettre ce que dit C.W.; on admettrait même bien plus, car il n'y a là rien de plus que ce que pouvait endurer un soldat simple. Ce qu'il importe assurément à C.W. de mettre en lumière, c'est cette torture, qu'il dépeint très mal, de l'officier partagé entre la compassion et le commandement, et qui atteint son maximum au moment où il faut tirer sur un fuyard français. Le capitaine de Bridoux aurait tiré. Mais l'a-t-il fait? Le lieutenant Weyer a tiré. Il en a « regret et non remords ». Pareil geste serait sans doute la torture d'une vie, si l'action avait été pensée et délibérée. Mais le fut-elle? On peut en douter. Monsieur Constantin-Weyer fait penser à un comédien qui ignorerait le *Paradoxe* de Diderot. Et surtout cette souffrance, si elle fut telle, disparaît à côté de la dilatation personnelle qui absorbe C.W., tout entier à l'ivresse de jouer un rôle. Être de l'élite, être le maître, disposer de la vie et de la mort, disposer même de la pensée d'autrui en la provoquant par des rossées ou des cigarettes, se sentir remarqué, se poser en prototype, se glorifier de l'ascendant que l'on a et s'enivrer de pouvoir l'écrire, hé quoi! tout cela serait souhaité, convoité, reçu, comme naturel et dû, – et c'est seulement sur le revers de la médaille qu'on voudrait insister? L'auteur a pu s'y tromper, mais non point le lecteur. Car le lecteur voit que C.W. a perdu le sentiment de la mesure au point d'être doué d'ubiquité. Il est partout. Il a tout fait. C'est constamment *moi*, *mon*, *ma*, *mes*. Une question vient inévitablement: que faisaient donc les autres?

Il faut en venir à l'épisode final. A l'armée d'Orient une contre attaque bulgare repousse les Français. Le lieutenant C.W. se précipite vers les fuyards : « Demi-tour et au combat ». On l'injurie. Il tire sur un homme. *Instantanément*, les fuyards s'arrêtent. « Plus que les balles et les shrapnells je domine le champ de bataille. Toujours escorté de Magnin, je les place méthodiquement. Je colmate le front entre Cussac et moi. Et, dès les premiers coups de feu de cette ligne improvisée, la chaîne des tirailleurs ennemis tourbillonne et flotte... Partie gagnée. » (p. 215) Evidemment on n'y était pas; mais cette instantanéité! Mais cette sûreté de tir de la part de soldats aussi affolés de leur arrêt que de leur fuite! D'autant plus qu'on peut lire (p. 132) : « Heureusement le soldat français tire mal ». Il est vrai qu'alors c'était sur C.W. qu'on tirait par mégarde. Concluons qu'autre chose est pour les soldats de tirer sous les ordres de C.W. et de tirer sur C.W. Rien n'empêche non plus que C.W. ait le pouvoir de détourner les balles. Tout le livre est favorable à cette hypothèse d'un demi-dieu. Mais ne chicanons pas, voici la suite de cette miraculeuse action. « Ce n'est pas le moment pour moi qui viens d'exercer l'acte le plus terrible de commandement de demeurer coi. A vingt pas en avant des hommes, droit sur un socle de marbre, je m'expose à la vue de mes hommes. Je n'ai plus qu'une chose à faire : servir d'exemple. » (p. 215) Vous avez bien lu, il y a *socle*. Foch eut, de son vivant, sa statue. Constantin-Weyer est à lui-même sa statue, c'est plus sûr. On pourra lire p. 225, et dans un article paru dans *Candide* du 6 mars, comment cette action a décidé du sort de la guerre dans les Balkans et par contre-coup de la guerre en général. Les Stoïciens disaient : rien n'empêche qu'une goutte de vin répandue dans la mer ne s'étende à toute la mer et finalement à tout l'univers. Conception déterministe absolument, et corrélative à un panthéisme absolu. De même l'action de C.W. est partout présente et omnipotente.

Enfin suprême simplicité ! Dans le même article de *Candide*, Constantin-Weyer exprime son admiration pour un auteur allemand, Ernst Jünger, dans lequel il trouve du ressort militaire et un amour louable de « la vieille cadence accoutumée au fer »[1]. « Voilà un *Monsieur.* » dit Constantin-Weyer. Et il ajoute en toute humilité : « Je me battrais volontiers avec lui. Mais lorsque je l'aurais tué, je saluerais bien bas son cadavre. » (*sic*, *sic*, *et re...sic*) Voilà bien la seule idée que je connaisse à Constantin-Weyer. Elle consiste à rééditer le combat des Horaces et des Curiaces, mais cette fois à un contre un. A la prochaine guerre qui ne saurait manquer d'arriver, comme on voit, contre notre ennemi héréditaire, notre victoire est assurée. Les *Libres Propos* et le *Canard Enchaîné* vont ouvrir une pétition pour que le sort de la prochaine « rencontre » franco-allemande soit réglé en champ clos entre le *Monsieur* Ernst Jünger et le lieutenant Maurice Constantin-Weyer, prix Goncourt 1928.

G. CANGUILHEM

1. Ernst Jünger (1895-1998) est l'auteur d'un récit autobiographique sur la première guerre mondiale, *Orages d'acier* (1920), qui connaît un grand succès dans les milieux nationalistes allemands de l'époque.

ANNIVERSAIRES
9 AVRIL – MORT DE RABELAIS (1553)

Libres Propos (Journal d'Alain), avril 1930

Prélude à la Carmagnole. – (Du récit d'Epistémon, ressuscité par Panurge) :

« … Et là commença à parler, disant : qu'il avait vu les diables, avait parlé à Lucifer familièrement, et fait grand chère en enfer et par les Champs Élysées. Et assurait devant tous que les diables étaient bons compagnons. Au regard des damnés, il dit qu'il était bien marri de ce que Panurge l'avait si tôt révoqué en vie. « Car je prenais, dit-il, un singulier passe-temps à les voir. — Comment ? dit Pantagruel — L'on ne les traite, dit Epistémon, si mal que vous penseriez : mais leur état est changé en étrange façon. Car je vis Alexandre le Grand qui rapetassait de vieilles chausses, et ainsi gagnait sa pauvre vie. Xercès criait la moutarde — Romule était saulnier — Numa, clouatier… — Cyrus était vacher — Thémistocle, verrier —… Démosthènes, vigneron — Cicéron, atise-feu —… Hannibal, coquassier — Priam vendait de vieux drapeaux. Lancelot du Lac était écorcheur de chevaux morts.

Tous les chevaliers de la Table-Ronde étaient pauvres gagne-deniers, tirant la rame pour passer les rivières de Cocyte, Phlégéton, Styx, Achéron et Léthé, quand messieurs les diables se veulent ébattre sur l'eau, comme sont les bastelières de Lyon, et les gondoliers de Venise. Mais pour chacune passade, ils ne ont que une nasarde, et sur le soir quelque morceau de pain chaumeny…

« Trajan était pêcheur de grenouilles — Antonin, laquais — Pertinax, eschalleur de noix —… Hector était fripe-sauce — Paris était pauvre loqueteux — Achille, botteleur de foin — Cambyse, muletier — Artaxercès, écumeur de pots.

« Néron était vielleux, et Fierabras son varlet : mais il lui faisait mille maux, et lui faisait manger le pain bis et boire le vin poussé ; lui mangeait et buvait du meilleur.

« Jules César et Pompée étaient gouldronneurs de navires — Giglan et Gauvain étaient pauvres porchers… Artus de Bretagne, dégraisseur de bonnets… Cléopâtre, revenderesse d'oignons — Dido vendait des mousserons… — Livie, racleresse de verdet…

« En cette façon, ceux qui avaient été gros seigneurs en ce monde ici, gagnaient leur pauvre méchante vie là-bas. Au contraire, les philosophes, et ceux qui avaient été indigents en ce monde de par là étaient gros seigneurs à leur tour… »

Traitement à la russe. – « … Mais davant que poursuivre cette entreprise, je vous veux dire comment Panurge traita son prisonnier, le roi Anarche. Il lui souvint de ce que avait raconté Epistémon, comment étaient traités les rois et riches de ce monde par les Champs-Élysées, et comment ils gagnaient pour lors leur vie à vils et sales métiers. Pour tant un jour habilla son dit Roi d'un beau petit pourpoint de toile tout déchiqueté comme la cornette d'un Albanais et de belles chausses à la marinière, sans souliers (car, disait-il, ils lui gâteraient la vue), et un petit bonnet pers avec une grande plume de chapon. Je faux, car il m'est avis qu'il en avait deux, et une belle ceinture de pers et vert, disant que cette livrée lui advenait bien, vu qu'il avait été pervers.

« En tel point l'amena devant Pantagruel, et lui dit : « Connaissez-vous ce rustre ? — Non certes, dit Pantagruel — C'est monsieur du Roi de trois cuites. Je le veux faire homme de bien : ces diables de roi ici ne sont que veaux et ne savent ni ne valent rien, sinon à faire des maux ès pauvres sujets, et à troubler tout le monde par guerre pour leur inique et détestable plaisir. Je le veux mettre à métier et le faire crieur de sauce vert. Or, commence à crier : « Vous faut-il point de sauce vert ? »

« Et le pauvre diable criait. « C'est trop bas », dit Panurge. Et le prit par l'oreille, disant : « Chante plus haut, en g, sol, ré, ut. Ainsi, diable, tu as bonne gorge. Tu ne fus jamais si heureux que de n'être plus roi ». Et Pantagruel prenait à tout plaisir. Car je ose bien dire que c'était le meilleur petit bonhomme qui fut d'ici au bout d'un bâton.

« Ainsi fut Anarche bon crieur de sauce vert. Deux jours après Panurge le maria avec une vieille lanternière… Pantagruel leur donna une petite loge auprès de la Basse rue, et un mortier de pierre à piler la sauce. Et firent en ce point leur petit ménage ; et fut aussi gentil crieur de sauce vert qui fut oncques vu en Utopie. Mais l'on m'a dit depuis que sa femme le bat comme plâtre, et le pauvre sot ne se ose défendre, tant il est niais. » *Pantagruel*, livre II, chap. 30 et 31, passim.

22 AVRIL – MORT DE JULES LAGNEAU (1894)

Agir. – « L'action vraie c'est l'action contre la nature, contre l'égoïsme. Elle consiste à agir contre la tendance naturelle au plaisir. Celui qui recherche le plaisir n'agit pas. Toute action tendant au plaisir est une inaction. S'il y a effort dans cette poursuite, c'est que l'objet directement poursuivi, c'est la victoire sur l'obstacle. La recherche du plaisir en soi est la négation de l'action. L'égoïsme est aussi la fuite de l'effort. Chercher le plaisir et fuir l'effort, voilà l'égoïsme… Agir c'est donc accepter la loi de la nature, qui est de développer l'être par l'acceptation de l'effort, de la souffrance, par le renoncement à la jouissance actuelle de l'être. Toute vie est une action par laquelle l'être s'arrache à ce qu'il est, pour être quelque chose qu'il n'est pas encore, ce qu'il tend à être. Ainsi l'action est au fond désintéressement, abnégation, renoncement à la jouissance, acceptation de la lutte et de l'effort. Il ne peut y avoir de certitude qu'à mesure que l'esprit renonce ainsi à l'égoïsme. Vivre de la vie universelle, c'est vivre. Vivre pour la vie et non pour la jouissance de vivre, c'est vivre : préférer à la jouissance de la vie la vie même. » (*Célèbres Leçons*, I, p. 59).

Douter. – « Un esprit qui prend conscience du désaccord qui existe toujours entre ce qu'il affirme et ce qui est véritablement, ne peut plus se défaire d'une espèce de doute philosophique. Nous sommes libres en tant que nous conservons toujours une arrière-pensée. Dans tous les cas, la parfaite liberté de l'esprit consiste dans un acte par lequel il comprend l'impossibilité absolue où il est de trouver la certitude dans l'expérience. Comprendre que nous ne sommes pas en présence de la vérité comme d'une chose, que c'est nous qui faisons la vérité, c'est un acte de liberté. » (*Id.* III, p. 230).

24 AVRIL – NAISSANCE DE KANT (1724)

Émotion et Passion. – D'un cours trop peu lu, ces fragments inaltérables :

« L'émotion est une surprise de l'âme par la sensation qui ôte l'empire sur soi-même. Elle est donc précipitée, c'est-à-dire qu'elle s'élève rapidement à un degré tel de sentiment que la réflexion en devient impossible (il y a étourdissement)... Ce que l'émotion de la colère ne fait pas dans le moment de l'exaspération, elle ne le fait pas du tout; de plus elle s'oublie aisément. Mais la passion de la haine prend son temps pour s'enraciner profondément et pour penser à son ennemi... Engagez celui qui vient en colère vous trouver dans votre chambre pour vous dire de gros mots dans son emportement, engagez-le poliment à s'asseoir; si cela vous réussit, ses injures seront déjà moins violentes, parce que la commodité d'être assis est une absence de tension musculaire qui va mal avec les gestes menaçants et les cris de l'homme dressé. La passion au contraire... se donne le temps, si violente qu'elle puisse être, d'atteindre sa fin; elle est réfléchie. L'émotion agit comme une eau qui rompt la digue; la passion comme un torrent qui se creuse un lit de plus en plus profond. L'émotion agit sur la santé comme un coup de sang ; la passion comme une phtisie ou une consomption...

« Où il y a beaucoup d'émotion, il y a ordinairement peu de passion. » (LXXIII).

« On voit facilement que les passions – par le fait qu'elles peuvent se concilier avec la réflexion la plus tranquille et ne doivent pas être inconsidérées comme l'émotion, qu'elles ne sont ni impétueuses ni passagères mais qu'elles peuvent s'enraciner et se concilier avec le raisonnement – portent la plus grande atteinte à la liberté, et que si l'émotion est une *ivresse*, la passion est une *maladie* qui résiste à tous les moyens thérapeutiques, et qui est pire que tous ces mouvements passagers de l'âme, qui du moins excitent la résolution de l'améliorer, tandis que la passion est un enchantement qui exclut l'amélioration morale...

« La passion suppose toujours une maxime du sujet d'agir suivant une fin qui lui est prescrite par la passion. Elle est donc toujours unie à la raison de cette fin...

« L'émotion ne porte qu'une atteinte momentanée à la liberté et à l'empire de soi. La passion en est l'abandon et trouve son plaisir et son contentement dans le sentiment de la servitude. Et comme cependant la raison ne cesse pas de faire appel à la liberté interne, l'infortuné soupire dans ses fers, sans toutefois pouvoir les briser, parce qu'ils se sont pour ainsi dire fortifiés avec ses membres. » (LXXX).

De quelques émotions. – « La peur n'est pas une disposition habituelle à tomber facilement dans la crainte, car cette disposition est la timidité, mais c'est simplement un état et une disposition accidentelle, dépendant en grande partie de causes purement physiques, à ne pas se sentir assez préparé contre un danger subit. Le sang peut bien s'arrêter un instant dans le ventricule du cœur chez un capitaine qui est en robe de chambre lorsqu'il reçoit la nouvelle inattendue de l'approche de l'ennemi; et le médecin d'un général avait remarqué que lorsque celui-ci avait des aigreurs dans l'estomac, il était peu courageux et timide. La bravoure n'est qu'une affaire de tempérament. Mais le courage repose sur des principes; c'est une vertu. La raison apporte alors à l'homme décidé une force que la nature lui refuse quelquefois… » (LXXVI).

« La santé est mécaniquement favorisée par quelques émotions. De ce nombre sont le *rire* et le *pleurer*. La colère, si elle est nécessaire pour se reprendre vigoureusement (sans toutefois qu'il y ait à craindre de la résistance) est aussi un moyen passablement sûr de digérer, et beaucoup de mères de famille n'ont pas d'autre exercice dans leur intérieur que les impatiences occasionnées par leurs enfants et leurs domestiques. Si enfants et domestiques prennent bien la chose, une agréable lassitude se répand uniformément en la machine de leur corps…

« Le rire franc et satisfait (et non le rire dissimulé, mêlé d'amertume) est au contraire agréable et salutaire… La respiration saccadée (en quelque manière convulsive) de l'air (dont l'éternuement n'est qu'un petit, mais vivifiant effet quand le bruit peut se faire entendre librement) fortifie le mouvement de la force vitale par le mouvement salutaire du diaphragme… Le rire est toujours une pandiculation des muscles qui président à la digestion et cette fonction se trouve bien plus favorisée par là que par toute la sagesse du médecin…

« Le pleurer qui est une respiration entrecoupée de sanglots (convulsive) lorsqu'il est accompagné d'un torrent de larmes, est en quelque sorte un moyen de soulager la douleur, une précaution de nature pour la santé ; et une veuve qui, comme on dit, ne veut pas se laisser consoler, c'est-à-dire qui veut donner un libre cours à ses larmes s'occupe de sa santé sans le savoir ou proprement sans le vouloir. »

Anthropologie, LXXVIII

(Fragments recueillis par G. C.)

EXAMENS DES EXAMENS – LA DISSERTATION PHILOSOPHIQUE AU BACCALAURÉAT (JUILLET ET OCTOBRE 1929)[a]

Libres Propos (Journal d'Alain), avril 1930

Un sujet de baccalauréat doit, à notre avis, répondre aux conditions suivantes : *a*) énoncer un problème et non proposer l'examen d'une doctrine ; *b*) ne pas indiquer de plan à suivre ; *c*) à plus forte raison ne pas orienter l'élève en imposant une solution ; *d*) être court dans l'énoncé ; *e*) porter sur des notions rigoureusement définies et définissables ; *f*) quand le sujet porte sur une pensée à expliquer, indiquer l'auteur et l'origine.

a. V. *Libres propos* de février 1930.

D'où l'essai de classification suivant :

1) *Beaux sujets*

A) *difficiles* : Quelle différence y a-t-il entre le sentiment et la sensation? (*Aix* 3, juillet). – Qu'est-ce que l'oubli ? (*Paris* 3, juillet). – Le sentiment et la pensée (*Grenoble* 1, octobre). – La perception du temps (*Lille* 3, juillet). – Conscience et Mémoire (*Lyon* 3, juillet). – L'esprit systématique. Sa valeur et ses dangers (*Sénégal* 3, juillet). – La valeur morale du travail (*Lille* 3, octobre).

B) *classiques* : Qu'est-ce qu'une action volontaire ? (*Caen* 3, juillet). (*Lille* 2, juillet). – Quel est le rôle de la volonté dans le jugement? (*Clermont* 3, octobre). – Par quels moyens distinguons-nous le vrai du faux? (*Sénégal* 2, juillet). – Certitude mathématique, certitude expérimentale, certitude morale ou historique (*Grenoble* 2, juillet). – Rôle du sentiment en morale (*Strasbourg* 3, juillet). – L'idée de patrie et l'idée d'humanité sont-elles contradictoires? (*Poitiers* 3, octobre).

2) *Questions de cours*

A) *doctrinales, donc d'érudition* : Qu'est-ce que le rationalisme? (*Besançon* 1, juillet). – Qu'appelle-t-on le pragmatisme ? (*Besançon* 3, juillet). – Positivisme et pragmatisme (*Toulouse* 1, juillet). – Quelles sont les diverses formes de l'idéalisme ? (*Toulouse* 3, juillet).

B) *trop particulières et limitées* : Le sentiment de l'effort (*Dijon* 3, octobre). – Jusqu'à quel point et de quelle manière gardons-nous mémoire des émotions passées? (*Aix* 2, juillet). – La perception visuelle de la profondeur (*Lyon* 2, juillet). – Analyse de la pitié (*Montpellier* 1, octobre).

C) *classiques et bien posées* : Du rôle de la déduction dans les sciences de la nature (*Sénégal* 1, juillet). – Peut-on fonder la morale sur la sympathie ? (*Paris* 1, octobre). – Quels sont les éléments de la personnalité ? (*Caen* 3, octobre). – Rapports de l'habitude et de l'instinct (*Lille* 1, juillet). – Qu'est-ce qu'une émotion (*Dijon* 1, octobre). – Sensation et perception (*Dijon* 2, octobre). – Le point de vue introspectif et le point de vue objectif en psychologie (*Clermont* 1, octobre).

3) *Sujets classiques mal posés*

La raison et l'expérience dans la connaissance (*Dijon* 2, juillet). – Le sujet est mal posé parce que l'on peut faire entrer dans la notion de raison soit l'entendement et la raison au sens que leur donne Kant par exemple, soit seulement la raison comme principe de maximes régulatrices non de concepts constitutifs. – Rapports de la sensibilité et de la raison (*Caen* 1, octobre).

Même remarque, car sensibilité et raison sont distinctes par exemple chez Kant. En règle générale, raison est un terme de logique ou de métaphysique, sensibilité un terme de psychologie. Le véritable sujet serait : sensibilité et intelligence.

4) *Sujets indiquant un plan*

L'instinct et l'action, l'instinct et la pensée (*Caen* 2, juillet). – De l'influence des faits intellectuels sur les faits affectifs ; et de l'influence des faits affectifs sur les faits intellectuels. Peut-on tracer une ligne de démarcation nette entre ces deux sortes de faits ? (*Nancy* 3, juillet). – Y a-t-il accord ou conflit ou indépendance réciproque entre la morale et la science ? (*Lyon* 1, octobre).

5) *Sujets « Num » et « Nonne », indiquant une solution*

A) *tendancieux* : L'espèce humaine aurait-elle autant tardé à acquérir les vérités scientifiques si la science procédait de l'action et si la vérité se confondait avec l'utilité ? (*Bordeaux* 3, juillet). – De quelle manière l'esprit humain dans l'explication scientifique répond-il à la question *pourquoi* et à la question *comment* ? Peut-il se contenter comme le croyait A. Comte, de la recherche du comment ? (*Grenoble* 1, juillet). (On pourrait dire de ce dernier qu'il est une sorte de provocation à l'assassinat philosophique.)

B) *d'apparence quasi-policière* : La démocratie entendue comme la souveraineté du peuple est-elle concevable et réalisable sans l'aptitude du peuple à dominer ses propres penchants et à résister à ses entraînements (*Bordeaux* 3, octobre). (Et que dirait-on si l'on s'avisait de proposer à des candidats la pensée suivante de Proudhon : « Le peuple renvoie quelquefois ses passions à huitaine. Les vices des grands ne s'ajournent pas »[1] ?)

6) *Sujets énonçant deux problèmes sans rapport réel*

On connaît la théorie célèbre et souvent reprise suivant laquelle la société est ou doit être l'œuvre de la raison. Mais il a été soutenu aussi que c'est la raison qui est l'œuvre de la société, à l'image et sous l'influence de laquelle elle se constituerait. – Vous exposerez les deux thèses et direz quels vous paraissent être les rapports de la raison et de la société (*Dijon* 1, juillet) (Il y a là une confusion totale d'un problème de morale (Spinoza) et d'un problème de

1. Pierre-Joseph Proudhon (1809-1865), philosophe et théoricien anarchiste français. Canguilhem apprécie particulièrement sa formule, déjà reprise par Alain : « la pensée d'un homme en place c'est son traitement ». Cf. *infra*, p. 288 et p. 327.

psychologie ou de sociologie comme on voudra dire (Durkheim), sans parler de la façon même dont le second problème est posé.) – Quels sont les rapports de la morale et de la science? Les progrès de la science et de l'industrie prouvent-ils que l'Homme lui-même soit en progrès ? (*Clermont* 2, juillet).

7) *Sujets de « spécialistes »*

Comment étudie-t-on psychologiquement les animaux, et quel service cette étude rend-elle à la psychologie humaine? (*Toulouse* 1, octobre). – Qu'entend-on par les formes inférieures de l'imagination, et quelles en sont les lois ? (*Strasbourg* 1, octobre).

8) *Sujets « charabia »*

De la douleur morale. Ses rapports et différences à l'égard de la douleur physique; ses principales modalités (*Toulouse* 2, octobre).

Les limites de cette revue ne nous permettent pas de publier tous les sujets. Mais on aura trouvé là les plus caractéristiques. On peut voir que les vraiment beaux sujets sont plutôt l'exception que la règle. Cela tient aux raisons indiquées au début de cet examen (numéro de février). Il reste à publier un ou deux plans types sur une question réelle[1].

G. CANGUILHEM

LA TRAHISON DES CLERCS – AUTOUR DE ROMAIN ROLLAND[2]

Libres propos (Journal d'Alain), avril 1930

Dans la *Nouvelle Revue Française* du 1er avril, Julien Benda, répondant à un article de Jean Guéhenno (*Europe* de février dernier), débute ainsi[3] :

1. Cf. *infra*, p. 301-304.

2. Cette lettre, écrite avec Michel Alexandre, sera reprise sous le titre « Autour de Romain Rolland. Lettre adressée à Julien Benda par G. Canguilhem et M. Alexandre », *Europe*, 90, 15 juin 1930, p. 302-304 et dans *La chronique des idées*, 42, juin 1930, p. 272-273.

3. Jean Guéhenno (1890-1978), fils d'un cordonnier et d'une chaussonnière, normalien, professeur de première supérieure à Louis-le-Grand. Il se fait connaître par son *Caliban parle* (1928). Pacifiste et anticolonialiste, Romain Rolland le fait nommer secrétaire de rédaction d'*Europe* de 1932 à 1935 (cf. *supra*, p. 144-145). Il est ensuite à l'origine, en 1936, avec André Chamson, de la publication de l'hebdomadaire *Vendredi*, qui cessera de paraître en 1938. Guéhenno s'opposera à Vichy dès 1940 et sera dans la Résistance membre fondateur du Comité national des écrivains. Il est déplacé de sa khâgne de Louis-le-Grand pendant la guerre par Abel Bonnard. Dans l'après-guerre, inspecteur général « chargé des fonctions de directeur des mouvements de jeunesse et de culture populaire » il publie de nombreux ouvrages, notamment sur Rousseau (*Jean-Jacques*, 1948-1952).

« Mon cher Guéhenno, — Vous vous indignez que j'aie appelé les rédacteurs d'*Europe* des moutons de M. Romain Rolland. Souffrez que je vous dise mes raisons de cette rubrique et pourquoi je la maintiens.

« J'ai fait, en mes derniers livres, une critique très poussée de l'attitude de M. Romain Rolland dans la question des responsabilités de la guerre, attitude toute sentimentale qui mène directement à l'impunité de tous les coups de force. *Europe* m'a répondu, l'autre jour encore par votre voix, en chantant la belle âme du maître de *Jean-Christophe*, sans entrer dans aucun examen de cette critique. Je ne crois pas que ce silence vienne de ce que vous trouviez mes raisons indignes d'être retenues ; je le crois d'autant moins qu'une revue fort chatouilleuse sur la question des responsabilités de la guerre, les *Libres Propos* (janvier 1930), vient de déclarer que, moyennant une légère retouche, elle est prête à prendre mon argumentation comme base de discussion en cette affaire[a]. J'attribue ce silence à une volonté, chez les vôtres, d'uniquement louer M. Romain Rolland et de rejeter tout débat où vous seriez contraints de lui donner tort. C'est justement ce que je nomme la moutonnerie… »

Julien Benda fait allusion ici à un compte-rendu de la *Fin de l'Eternel*, paru dans les *Libres Propos* de décembre 1929, et signé de Georges Canguilhem. Pour le détourner de penser qu'usage pouvait en être fait contre l'attitude de guerre de Romain Rolland, la lettre suivante lui a été adressée :

Paris, le 12 avril 1930.

Cher Monsieur Benda, — Puisqu'en vos derniers *Scholies* de la N.R.F., vous voulez bien, sur la question des responsabilités de la guerre, prendre à témoin les *Libres Propos*, vous jugerez sans doute équitable de les admettre à définir ce témoignage, en toute cordialité mais aussi en toute rigueur.

Dans le compte-rendu de la *Fin de l'Eternel* auquel vous vous rapportez, il était dit : « Dans cette question difficile des responsabilités de la guerre, M. Benda ne marque pas assez que ceux qui ont le moins péché contre l'Eternel, et qu'il veut être de notre côté, sont du peuple et nullement des clercs. » — Or voici votre traduction : « On me demande de souligner que, si la France est moins responsable que l'Allemagne du drame de 1914, c'est par la tenue qu'y eut le peuple, nullement par celle des clercs. Ce que j'accorde bien volontiers. »

Malgré cette satisfaction de vous voir accorder si volontiers qu'en 1914 « les clercs ont été ici et là aussi abjectement temporels » (texte du compte-rendu), permettez-nous de contester, sur le point même de la responsabilité, l'exactitude de votre traduction.

a. La retouche qu'on me demande, c'est de souligner que, si la France est moins responsable que l'Allemagne du drame de 1914, c'est par la tenue qu'y eut le peuple, nullement par celle de ses clercs. Ce que j'accorde bien volontiers. (Note de J. Benda).

«*Ceux qui ont le moins péché contre l'Eternel*»... – Pécher contre l'Eternel, c'est déraisonner, c'est livrer l'esprit aux passions. Le peuple français, avant et pendant la guerre, a-t-il, comme vous le soutenez[a], moins perdu la tête que le peuple allemand? Le point douteux ici, c'est d'abord si la question a un sens. La «pensée d'un peuple» ou, comme vous acceptez de dire, «l'esprit public» (deux termes bien contradictoires, si l'esprit est par essence secret) – ne sont-ce pas là, au même titre que toutes les «âmes collectives», de ces entités purement verbales, thème ordinaire des déclamations sociologiques, mais dont votre spinozisme se devrait premièrement de démasquer le néant? Aussi bien disait-on dans le passage ci-dessus rapporté: «*du peuple*», et non *le peuple* ou *la France*. Sérieuse divergence, cher Monsieur Benda; car autant vous pourriez vraiment concéder au poète la liberté de s'écrier: *La France* (et même *ma France!*), – autant vous devez refuser au philosophe le droit de philosopher ainsi à demi[b].

Mais admettons un instant qu'on puisse parler de la déraison d'*un peuple*, et supposons même qu'il y ait moyen de la reconnaître plus complète ou plus durable en notre adversaire de 1914 que chez nous. Autre chose est déraison, autre chose responsabilité, et surtout degré de responsabilité. Quelle surprise – déjà ancienne pour nous – de voir le clerc que vous êtes consentir si docilement à manier cette notion vulgaire et tout pragmatique des «degrés de responsabilité», notion forgée contre toute raison pour les seuls besoins de la justice temporelle.

Car enfin, en son sens vrai, c'est-à-dire spirituel, la responsabilité ne résidant évidemment que dans le mauvais vouloir (vouloir la guerre) ou, pour mieux dire, dans la défection du vouloir (ne pas vouloir obstinément la paix contre toute tentation d'intérêt ou de passion), comment pareille défection serait-elle des choses mesurables, et qu'en peut bien signifier la prétendue mensuration? Aux tentations et au délire de guerre, on cède ou on ne cède pas. Or, bien que vous essayiez parfois, par quelques traits habiles, de suggérer que le «peuple français» était en 1914, et même serait resté ensuite, pur de toute passion nationaliste, vous n'oseriez pourtant pas le soutenir, et pour cause. Chacun se rappelle assez l'exaltation provoquée au début d'août 1914 par la seule entrée de l'armée française à Mulhouse, ou même par la seule annonce

a. *La Fin de l'Éternel*, p. 103-111.

b. Vous relevez, dans votre lettre à Guéhenno, des expressions de Romain Rolland, dont vous raillez «le nationalisme». Permettez-nous à notre tour de nous étonner de formules comme celle où vous demandez si tel penchant fait ou non «partie essentielle et inconsciente de l'âme allemande» (p. 111). «L'inconscient» dans une «Ame collective», ô Spinoza, ô Descartes!

d'un progrès de l'offensive par le Luxembourg. Cet enthousiasme de la revanche, si bien ravivé depuis quelques années, à quel paroxysme quelques victoires de plus ne l'auraient-elles pas fait monter, tout comme Charleroi en Allemagne? Eh bien, cher Monsieur Benda, cela seul devait suffire au Juge que vous voulez être. Qui s'abandonne finalement aux forces est, c'est-à-dire se sait responsable, responsable absolument, et non pas plus ou moins. Toute faute, moralement, est égale, dit le Stoïcien. Et Pierre, au chant du coq, ne se juge pas moins coupable que Judas. Tel est, contre les *Idola fori*, l'A.B.C. de toute morale rationnelle, depuis Platon, ou plutôt dans l'Eternel. Alors, que venez-vous nous présenter mythologiquement une « France » (ô connaissance du premier genre !) décidément « moins responsable » que l'autre personnage mythologique nommé Allemagne ! Est-ce bien à vous ou à l'avocat-historien de plaider ainsi – et *pro domo* – à grand renfort d'entités et de notions confuses ? Ne nous prêtez pas en tout cas pareil « jugement ». Quand on se voue à l'Eternel, encore faudrait-il se résoudre à en payer le prix.

Ce n'est pas tout; car voici qu'à la lumière de cette simple rectification apparaît un sens, tout opposé au vôtre, de ce que vous appelez « l'attitude sentimentale », et donc la trahison du clerc en face d'une guerre comme celle de 1914. Une fois reconnu qu'il n'est jamais dans la fonction du clerc de doser des responsabilités (besogne toute pratique et bonne seulement, par une double échelle correspondante des peines et des fautes, à contenter l'imagination commune) – on découvre que, contrairement à votre définition, le vrai clerc n'a jamais non plus pour *première* fonction d'*établir* les responsabilités d'un conflit, c'est-à-dire de prononcer entre le coupable et l'innocent, mais au contraire de résister, en lui et autour de lui, aux courants sentimentaux qui précipitent chacun à ces jugements. Oui, même à l'égard du conflit le plus simple, même là où il peut y avoir au sens strict innocent et coupable, la mission propre du clerc est – comme on voit par cette même affaire Dreyfus qu'en vain vous invoquez – non pas de juger, c'est-à-dire d'affirmer, mais d'abord de nier, c'est-à-dire de s'interdire et d'interdire aux autres cette injustice immédiate, cette sophistique dénonciatrice qui corrompt l'Esprit. « J'accuse » ? Oui ; mais entendez : je vous accuse d'avoir sans raisons accusé et condamné. Un philosophe que vous aimez à citer, Charles Renouvier, a très bien montré que la fonction primordiale de la réflexion libre est de mettre un terme à ce qu'il appelle le « vertige mental » et qui n'est autre que l'obsession de l'immédiat non surmonté.

Au-dessus de la mêlée[1], donc, tel est bien le mouvement libérateur, non pas mouvement de pitié ou geste d'indifférence, non pas « attitude sentimentale », mais refus cartésien de déraisonner, première et sublime discipline de l'Esprit qui ne veut pas se renier lui-même. Après cela, le clerc peut certes se reconnaître le droit et même le devoir de juger, c'est-à-dire de prendre parti, mais à deux conditions trop évidemment nécessaires : premièrement qu'il ait pu rassembler les moyens de vraiment juger; et secondement qu'il s'agisse d'un conflit où raison puisse être finalement donnée à l'un contre l'autre.

Mais alors, cher Monsieur Benda, qu'était-ce que trahir l'Esprit en 1914 ? Qu'était-ce, en pleine ignorance de tous documents authentiques (censure), en plein délire de passions accusatrices et de passions nationales, c'est-à-dire à quoi nul n'était sûr de d'abord échapper, qu'était-ce qu'adopter « une attitude sentimentale » ? Un enfant répondrait. C'était, comme ils firent tous, et continuèrent de faire en bons pharisiens, pendant près de dix ans, c'était accabler au nom de l'Esprit les adversaires de leur troupeau. – Et qu'était-ce que sauver l'Esprit? Dire non d'emblée à toute espèce de mensonges nationaux, et réclamer, avant tout jugement, enquête et arbitrage impartiaux. Dire non aussi à l'injustice évidente qui, au mépris de toute mémoire et de tout bon sens, rejetait sur l'une des parties la culpabilité unique et donc satanique de la guerre. Ainsi, d'une part, exiger la lumière; d'autre part, avant de rien prononcer, refuser la condamnation sommaire et fanatique, nier l'insanité meurtrière de l'adversaire-démon. Ces deux actes indivisibles de raison, de pure et souveraine raison, un homme, vous le savez, les a accomplis, un seul. Un clerc, un seul en Europe, n'a pas renié aussitôt, devant la guerre, le devoir cartésien « d'éviter soigneusement toute précipitation et prévention ». Cet homme a écrit ceci, a lancé ceci dans le monde :

« Un grand peuple assailli par la guerre n'a pas seulement ses frontières à défendre : il a aussi sa raison. Il lui faut la sauver des hallucinations, des injustices, des sottises que le fléau déchaîne. A chacun son office : aux armées, de garder le sol de la patrie. Aux hommes de pensée, de défendre sa pensée. S'ils la mettent au service des passions de leur peuple, il se peut qu'ils en soient d'utiles instruments; mais ils risquent de trahir l'esprit, qui n'est pas la moindre part du patrimoine de ce peuple… »

« Elite européenne, nous avons deux cités : notre patrie terrestre, et l'autre, la cité de Dieu. De l'une, nous sommes les hôtes; de l'autre les bâtisseurs. Donnons à la première nos corps et nos cœurs fidèles. Mais rien de ce que nous aimons, famille, amis, patrie, rien n'a droit sur l'esprit. L'esprit est la lumière. Le devoir est de l'élever

1. *Au-dessus de la mêlée* est le titre du recueil de pamphlets contre la guerre que Romain Rolland réussit à faire paraître en 1915.

au-dessus des tempêtes et d'écarter les nuages qui cherchent à l'obscurcir... » (*Au-dessus de la mêlée*)

L'homme qui a écrit cela, *et qui l'a écrit le 15 septembre 1914*, cet unique clerc qui publiquement n'a pas trahi, Julien Benda, exposant treize ans plus tard la *Trahison des Clercs*, va inscrire en tête du livre ses formules inoubliables, ne fût-ce que par leur date; il va oublier que, pour des raisons à lui propres, il n'aime pas cet homme; car si chacun de nous comme dit Spinoza, ne peut pas ne pas avoir de passions, seul est clerc celui qui les surmonte. Il va oublier aussi, et bien plus aisément, que le grand Hérétique nourrit volontiers une philosophie d'allure romantique et mystique, philosophie de poète qui n'importait guère en 1914 à ceux qui reçurent de lui, au front et à l'arrière, le message de l'Esprit révolté, de la Raison d'emblée affranchie et reconquise. Julien Benda va dédier à Romain Rolland *la Trahison des Clercs...*

Mais non, il l'appelle traître ! Et voici qu'il relève, aux alentours d'un texte immortel, les passages où Rolland, avant de se reprendre et pendant même qu'il se reprenait, parlait encore le commun langage de déraison. Que Julien Benda veuille bien ne nous associer d'aucune manière à son injustice. Il sait comme nous nous accordons à son œuvre, mais puisque, contre Romain Rolland et ses amis, il invoque – nous comptant parmi eux – ceux qui ont cherché le vrai sur les responsabilités de la guerre, qu'il reçoive ici notre témoignage.

En bien sincère regret et admiration.

G. CANGUILHEM, M. ALEXANDRE

LA RENAISSANCE DU VITALISME ?[a]

Europe, n° 89, 15 mai 1930[1]

Si toute analogie que l'on établit entre la pensée et la vie pouvait finalement dépasser la métaphore et si l'on pouvait espérer éclairer en transposant – comme on crut pouvoir tirer une loi de constance intellectuelle de la loi formulée par René Quinton concernant la constance thermique des orga-

a. Louis Vialleton, *L'origine des Êtres vivants. L'illusion transformiste*, Plon, 1929. [Louis Vialleton (1859-1929), professeur d'anatomie comparée à la Faculté de Médecine de Montpellier, a donné dans ce livre une critique célèbre des théories évolutionnistes.]

1. Cet article est repris dans *la Chronique des idées*, n° 41, mai 1930.

nismes[1] – il serait amusant de proposer que la faculté de médecine de Montpellier donne à la fois la loi et l'exemple du vitalisme ou plus exactement de l'irréductibilité des êtres vivants au milieu physico-chimique. M. Vialleton, malgré ses protestations anticipées (p. 324), réincarne Barthez, père de la force vitale[2]. Il y a là un cas intéressant de fixisme intellectuel et de permanence du type. Le grand art serait de faire tourner l'explication de la doctrine à la confusion même de la doctrine, en rattachant cette forme d'esprit au milieu montpelliérain, à la manière biologique de Lamarck et matérialiste de Marx[3]. Mais il ne faudrait pas moins que le génie de Montesquieu pour cette modeste entreprise.

M. Vialleton a passé sa vie à dénoncer les confusions du transformisme (p. 379) et avant sa mort, récemment survenue, il s'est appliqué à en dissiper définitivement l'illusion. Son livre est un peu accablant si on considère le nombre de faits rapportés. Mais à la réflexion on découvre que ces faits, malgré la quantité, sont d'un ordre limité et touchent plus particulièrement à la morphologie du squelette et relativement peu à la physiologie, alors qu'il paraît bien établi que c'est sur le plan de la physiologie chimique qu'est maintenant posée la question du transformisme, depuis notamment la théorie des mutations de de Vries. On découvre aussi que l'auteur insiste beaucoup trop sur la fameuse loi biogénétique fondamentale de Haeckel dont on connaît depuis longtemps le caractère faussement absolu et artificiel[4]. Personne ne peut croire que le sort du transformisme soit lié à la valeur d'une affirmation inconsidérée. On a l'impression que l'auteur combat un transformisme et non le transformisme. Le transformisme dont M. Vialleton repousse les conclu-

1. Sur René Quinton, cf. *Libres propos*, 1931, *infra*, p. 324-325. Selon sa « loi de constance thermique », la vie serait apparue à une certaine température (43°) et se maintiendrait depuis à cette température. C'est Rémy de Gourmont qui avait proposé d'élargir la loi de constance de Quinton en avançant l'hypothèse « que l'intelligence humaine s'est maintenue, à travers les siècles, invariable en son fond » (*Promenades philosophiques*, 2e série, 1908).

2. Paul-Joseph Barthez (1734-1806), l'une des illustrations de la doctrine vitaliste était professeur dans cette même faculté de médecine de Montpellier où Vialleton enseignera un siècle plus tard. Sur le vitalisme de l'École de Montpellier, *cf.* l'article de Canguilhem, « L'École de Montpellier jugée par Auguste Comte », dans *Études d'histoire et de philosophie des sciences* (1968), Paris, Vrin, 2002.

3. Jean-Baptiste de Monet de Lamarck (1744-1829). Naturaliste français.

4. Ernst Haeckel (1834-1919), professeur de zoologie à Iéna, vulgarisateur du darwinisme, dont il s'autorise pour soutenir des thèses philosophiques « monistes ». La « loi biogénétique fondamentale » de Haeckel, selon laquelle l'ontogénie récapitule la phylogénie, marque pour Canguilhem la « subordination de la biologie à l'idéologie « (*Cf.* G. Canguilhem, J. Lapassade, J. Piquemal, J. Ulmann, *Du développement à l'évolution au* XIXe *siècle* (1962), Paris, P.U.F., 2003, p. 81).

sions est une théorie pressée de conclure parce qu'alors elle était jeune et surtout parce qu'elle avait l'intention de jouer un rôle philosophique et métaphysique. L'ambition de Haeckel fut d'expliquer la création par des causes naturelles (p. 367). C'est cette ambition particulièrement qui contrarie M. Vialleton dont on pourrait dire que l'ambition est d'expliquer par la création les causes naturelles : « Le mot création qui avait été banni du langage biologique doit y reprendre sa place, au moins pour bien marquer le fait indubitable que le monde nous est donné comme un ensemble coordonné et par conséquent voulu à quelque moment et dans quelque partie qu'on le prenne » (p. 365). Il semble qu'il y aurait plus de véritable intelligence et plus de grandeur à dire ouvertement d'Haeckel qu'il fut un *minus habens* du transformisme et à réserver l'examen et la critique pour l'idée même, dégagée de ce qu'il y eut en ses serviteurs de maladroit et d'étroit à proprement parler. Mais qui n'aurait la faiblesse de profiter des coups que peut offrir l'antagoniste ?

Le transformisme a été généralement mal soutenu. Le savant résiste mal à la tentation de faire une philosophie non pas à côté de sa science, mais de sa science même. Le Dantec par exemple n'y résista pas, et, même si l'on est scientifiquement du côté transformiste, on peut philosophiquement approuver ceux qui jugent cette philosophie courte et pauvre que Le Dantec prétendit en retirer[1]. Seulement on a le droit d'exiger que la suspicion à l'égard du théoricien ne se porte, peut-être moins involontairement qu'on le pourrait croire, sur la théorie. Ce fut assurément pour Darwin une circonstance défavorable que son livre de l'*Origine des Espèces* parût agrémenté de la belliqueuse préface donnée par Clémence Royer en plus de la traduction française qu'elle en fit. Clémence Royer trouvait que Darwin n'était pas assez hardi[2]. M. Vialleton lui ferait volontiers le même reproche (p. 329). Darwin prenait la vie comme un donné et ne cherchait pas à expliquer l'origine de la vie, ne posait pas le problème des premiers êtres vivants. Il en est des idées comme des hommes. Seigneur, préservez-moi de mes amis, pour mes ennemis je m'en charge.

1. Félix Le Dantec (1869-1917), biologiste néo-lamarckien. Après avoir travaillé dans les laboratoires de Pasteur et d'Alfred Giard, il sera professeur de biologie générale à la Sorbonne. La philosophie qu'il prétend fonder, et à laquelle Canguilhem fait allusion, est le « scientisme », qu'il résume ainsi : « Pour moi, *scientiste* enthousiaste, le mot *philosophie* ne devrait plus avoir, au XXe siècle, d'autre définition que celle du mot *science* » (*Contre la métaphysique. Questions de méthode*, Paris, Alcan, 1912, p. 69).

2. Clémence Royer (1830-1902), première traductrice française de *l'Origine des espèces* en 1862, qu'elle interprète dans un sens anti-clérical. Elle estime qu'il faut étendre les lois de l'évolution des espèces à l'humanité. Selon elle, Darwin confirmerait la théorie lamarckienne de l'hérédité de l'acquis.

M. Vialleton veut à tout prix lier au problème de transformisme celui de l'origine de la vie. On peut bien au contraire admettre que ces deux questions ne sont pas liées, que la question d'origine ici comme ailleurs n'a pas de sens. C'est en particulier l'opinion de M. Cuénot dans un article récent (*Revue générale des Sciences*, 15 janv. 1930)[1].

Mais peut-on dire ce qu'est le transformisme et en quoi il est une idée, indépendamment des formules dans lesquelles on l'a fait tenir? Le transformisme est une hypothèse qui rattache les êtres vivants les uns aux autres et à leur milieu. Expliquer c'est rattacher disait A. Comte. Le transformisme est au sens fort du mot une explication des êtres vivants parce qu'il construit, à propos des organismes, des relations spatiales et des séries temporelles. Ce qui est relié et ordonné est par là même compris. Ce n'est pas le moindre paradoxe offert par le développement de cette théorie qu'il faille aller chercher un de ceux qui l'entendent le mieux dans un monde dont elle souleva dès l'abord les clameurs, et que le P. de Chardin, professeur à l'Institut Catholique, ait signé les lignes suivantes[2] : « Connaître scientifiquement une chose (être ou phénomène) c'est la situer dans un système physique d'antécédences temporelles et de liaisons spatiales… Jusqu'à l'apparition du point de vue évolutionniste, l'histoire naturelle n'a pas été et ne pouvait être vraiment une science » (cité dans Labbé, *Le conflit transformiste*, Alcan, 1929; p. 170). La véritable question se ramène par suite à savoir s'il y a dans l'être vivant quoi que ce soit qui autorise à le comprendre d'une autre manière que celle qui vient d'être dite, ou bien si renoncer à comprendre ainsi ce n'est pas renoncer du tout à comprendre. C'est la valeur et la portée du vitalisme qui se trouvent de

1. Lucien Cuénot (1866-1951) professeur de zoologie à la Faculté des sciences de Nancy, est un des premiers biologistes français à comprendre l'importance de la génétique mendélienne (*Introduction à la génétique*, 1936). Seul darwinien français dans les années 1890, avant la génération de Teissier et L'héritier, il invente le concept de « préadaptation » pour désigner « des caractères indifférents ou semi-utiles qui se montrent chez une espèce et qui sont susceptibles de devenir des adaptations évidentes si cette dernière adopte un nouvel habitat ou acquiert de nouvelles mœurs, changement rendu précisément possible par l'existence de ces préadaptations ». Il s'intéresse également aux questions de finalité (*Invention et finalité en biologie*, 1941), ce que Canguilhem soulignera dans son « Discours prononcé à l'occasion de la remise de la médaille d'or du CNRS » en 1987.

2. Pierre Teilhard de Chardin (1881-1955), jésuite français, il enseigne la géologie et la paléontologie à l'Institut catholique de Paris. Il donne à la théorie de l'évolution une signification philosophique et eschatologique, envisageant une vaste « cosmogenèse », de l'atome à l'homme et à la « noosphère ». Ses idées seront condamnées par le Saint-Office en 1962. Dans *La connaissance de la vie*, Canguilhem souligne le rôle de « ferment » des idées de Teilhard de Chardin lorsqu'il s'agit de considérer la technique comme un « phénomène biologique universel », *La connaissance de la vie* (1952), Paris, Vrin, 2009, p. 163.

nouveau en jeu. M. Vialleton veut bien faire une profession de foi déterministe (p. 324) mais elle est sous réserves. Et l'on conçoit très bien que les réserves sont nécessaires par l'insuffisance du déterminisme. Mais qu'est-ce qui est le plus important pour le vitalisme, est-ce l'assentiment ou les réserves? Comment ne pas penser que ce sont les réserves qui ont pour lui le plus de valeur et qu'elles se posent non pas négativement mais positivement, lorsqu'on lit que les êtres vivants sont discontinus d'avec le reste de la nature (p. 330)? Ils ne peuvent à la fois être discontinus et expliqués si peu que ce soit par un système de relations. D'où tirera-t-on ce qui les constitue pour montrer à quoi ils se rattachent? Ils sont absolument, ils sont ce qu'ils sont.

Laissons cependant à M. Vialleton la charge de dissiper l'illusion transformiste. Distinguant évolution et transformisme, l'auteur entend par transformisme une forme particulière d'explication de l'évolution. L'évolution est « le déroulement de phénomènes consécutifs, liés entre eux et aboutissant à un résultat » (p. 361). Évolution n'implique donc nullement la manière dont elle s'opère : elle peut aussi bien être téléologique que mécanique, dirigée que laissée au hasard. Le transformisme est la théorie mécaniste de l'évolution des êtres vivants, faisant intervenir comme principes d'explication l'influence des milieux, la sélection naturelle et l'hérédité. Ces moyens d'explication, dont l'auteur reprend une critique dépourvue de nouveauté après les échanges réciproques d'objections et de difficultés qu'ont fait les néo-lamarckistes et les néo-darwiniens, pourraient expliquer selon lui la formation d'espèces au sens vrai que le mot prend dans la systématique, mais ne sauraient en aucun cas expliquer la formation des types formels, c'est-à-dire des familles. Au fur et à mesure d'ailleurs que l'auteur passe en revue ce qu'il appelle les facteurs du transformisme et va de l'adaptation antique à la moderne mutation, de Lamarck à de Vries, se fait plus grande la part qu'il accorderait de concéder au transformisme. L'explication mécaniste de l'évolution valable d'abord pour les espèces (p. I et II) devient aussi valable pour les genres (p. 156), peut-être même pour la famille au sens restreint du terme (p. 159). En aucun cas elle ne saurait dépasser la famille ou type formel (p. 205). Il faut dire pour être complet que c'est dans la théorie de la mutation seulement que pareille explication pourrait se donner. Or, pour M. Vialleton la mutation est la moins transformiste des doctrines de l'évolution. Une mutation qui pourrait donner naissance à un type formel équivaudrait à une véritable création, et dans tous les cas n'a rien à faire avec le transformisme (p. 160). Pourquoi? Parce que la loi des corrélations énoncée par Cuvier implique la nécessité pour un organisme de varier totalement et non par additions successives comme l'avaient pensé Lamarck et Darwin. De cette loi, M. Vialleton tire une loi qu'il appelle *loi du tout ou rien*. Un type formel ne pourrait se transformer en un autre type formel que par un bouleversement total, c'est-à-dire à proprement parler catastrophique. M. Vialleton comme Cuvier explique l'ordre de la nature par la scission et la discontinuité. C'est là évidemment l'antipode du transformisme classique. Mais qu'est-ce que le transformisme classique? Peut-être l'opposé de la théorie de M. Vialleton, bien loin que sa théorie soit l'opposé du transformisme. C'est ainsi que M. Louis de Broglie, prix Nobel, qui croit pouvoir être physicien avec une théorie du libre arbitre limité de la Nature pense s'opposer au déterminisme classique lequel n'a jamais été formulé de la façon qu'il croit par un philosophe connaissant l'A B C de la philosophie, (cf. *Revue de Métaphysique et de Morale*, décembre 1929)[1].

Ce n'est pas une petite confusion, semble-t-il, que d'admettre la révolution et la discontinuité dans la nature et de tenir en même temps pour la conservation et la tradition dans la société. Il est vrai que si nul n'est censé ignorer la loi, nul n'est censé savoir le prix et la difficulté de la réflexion et de la pensée, laquelle, dirions-nous, n'a rien à faire avec les spécialités scientifiques. M. Vialleton, ne voit en effet aucune difficulté à admettre la pensée dans les choses et la création dans l'objet. L'idée d'un « facteur psychique présent partout où il y a vie » (p. 253) lui semble non seulement légitime mais nécessaire. Les biologistes ne savent pas très bien ce qu'est la pensée, et ce ne sont pas les psychologues qui le leur apprendront, eux qui se sont mis à l'école des biologistes. Depuis très longtemps, dans la psychologie, la pensée est considérée, selon la forte expression d'un jeune philosophe, comme « une chose entre autres »[2]. Un biologiste peut donc, sans dommage, considérer la pensée comme un facteur. Et ce n'est pas parce qu'on l'appellera *hormé* à la façon de Monakow et Mourgue que cite M. Vialleton (p. 253), que l'explication sera ou plus claire ou plus étrange[3]. Le nom de baptême, sauf pour les cartomanciennes, ne saurait rien révéler sur la nature du baptisé. Il faut beaucoup

1. Louis de Broglie (1892-1987), physicien, prix Nobel de physique en 1929. Dans cet article, « Déterminisme et causalité dans la physique contemporaine », il s'appuie sur la physique quantique pour critiquer le déterminisme classique.

2. Canguilhem fait allusion à la critique par Politzer de la psychologie réaliste, qui « transformera toujours en choses les faits psychologiques » (*La fin d'une parade philosophique : le bergsonis*me (1929), Paris, Pauvert, 1967, p. 59). Cf. *supra*, p. 221-228.

3. Inspirés par Bergson, Constantin von Monakow (1853-1930) et Raoul Mourgue (1886-1950), dans leur *Introduction biologique à l'étude de la neurologie et de la psychopathologie, intégration et désintégration de la fonction* (Paris, Alcan, 1928), mettent à l'origine de la vie un instinct primordial, qu'ils dénomment « *hormé* » (du grec *ormao*, « je mets en mouvement ») et qui correspond, en un certain sens, à l'« élan vital ».

de force d'esprit, et peut-être un intrépide mépris à l'égard du ridicule, pour refuser totalement et d'avance de supposer l'inexplicable afin d'expliquer l'inexpliqué.

On a vu qu'il ne faut pas profiter des coups que peut offrir l'antagoniste. Laissons donc l'auteur pour considérer l'idée. Sur la question proprement scientifique soulevée par le livre, on lira avec profit l'article de M. Cuénot précédemment cité, « le transformisme n'est-il qu'une illusion ou une hypothèse téméraire ? ». Quant à la question d'ordre philosophique sur la signification de la finalité et l'analogie entre la vie et l'esprit, disons, malgré la Société de philosophie de la Nature[1], que l'expression de cause finale est un pur contre-sens (voir p. 324 « ces deux sortes de causes ne s'excluent pas »), et que les rapprochements faits entre la vie et la pensée sont des métaphores venues d'une représentation imaginative de l'esprit ; par exemple pour éclairer le phénomène organique de l'assimilation M. Vialleton cite (p. 313) une parole de Dalbiez : « Il en est de même pour les faits de connaissance. Ma pensée émanée de mon esprit demeure en lui »[2]. Il n'y a pas de faits de connaissance, au contraire tout fait quel qu'il soit, même biologique, est une connaissance ; une pensée n'est pas une émanation ; et l'esprit n'est pas un lieu de stationnement. Sur la finalité on peut lire Hamelin où on apprendra que « la finalité ne fait rien »[3] ; sur la pensée on peut lire Descartes où on apprendra la séparation de la pensée et de l'étendue ; ou encore Bergson, dans « le Paralogisme psycho-physiologique ». Il est vrai que le même Bergson est responsable de *L'évolution créatrice* et a autorisé toutes les confusions. Tant pis. N'ayons pas la

1. Cette Société avait été fondée en 1925 par le philosophe néo-thomiste Jacques Maritain (1882-1973) en vue de rapprocher science et philosophie thomiste. Elle publiera des *Cahiers de philosophie de la nature*, à la librairie Vrin, de 1927 à 1936.

2. Roland Dalbiez (1893-1976), philosophe néo-thomiste, directeur des *Cahiers de philosophie de la nature*, qui jouera par ailleurs un très grand rôle dans l'introduction de la psychanalyse en France. Cette citation est tirée de son article sur « Le transformisme et la philosophie », dans L. Cuénot *et al.*, *Le transformisme, Cahiers de philosophie de la nature*, n° 1, 1927, p. 180.

3. *Essai sur les éléments principaux de la représentation*, 3e éd., Paris, P.U.F., 1951, p. 260. Octave Hamelin (1856-1907), professeur de philosophie à l'École normale supérieure puis à la Sorbonne, est l'auteur de cet *Essai sur les éléments principaux de la représentation* (1907), dédié à Renouvier, et d'études d'histoire de la philosophie portant sur Descartes ou Aristote. Son système de catégories fait une place centrale à la catégorie de relation et propose une alternative rationaliste à la philosophie bergsonienne. Canguilhem, qui avait fait de longs extraits de l'*Essai*, conservés aux CAPHES, se réfère plusieurs fois à Hamelin, en particulier dans son compte rendu du *Devoir* de Le Senne, ou dans sa « Note sur la situation faite en France à la philosophie biologique » de 1947, où il le loue d'avoir essayé « d'intégrer au rationalisme la synthèse » (art. cit., p. 327).

prétention d'enseigner la philosophie aux autres, car ils pourraient répondre qu'il faut l'apprendre d'abord. Hé bien, que chacun l'apprenne, s'il lui plaît.

EXAMEN DES EXAMENS – LE BACCALAURÉAT

Libres propos (Journal d'Alain), mai 1930

Certitude mathématique, certitude expérimentale, certitude historique. (Grenoble, juillet 1929)

PLAN. – La certitude c'est l'état de l'esprit qui est en possession du vrai; cela implique que l'on sait à quels caractères on doit reconnaître le vrai. La certitude naît quand on n'a plus de raison de se refuser à admettre, quand donc on se connaît lié et tenu par une nécessité.

A

I. *Certitude mathématique*. Les mathématiques se présentent comme une série ordonnée de propositions nécessairement enchaînées, la vérité des postérieures démontrée par la liaison à la vérité des antérieures. Ce sont les théorèmes. Il faut poser des points de départ indémontrables ou principes.

a) *Axiomes*, formels, sans contenu; nullement propres aux mathématiques en un sens, puisque première application (par le moyen de la quantité abstraite) au monde, de la forme universelle de la pensée.

b) *Postulats*, ni évidents, ni démontrables, constituant une espèce de scandale intellectuel (Kant pour les justifier crée une forme d'un genre inconnu jusqu'alors: forme a priori de la sensibilité). Posés en tête de la déduction mathématique par décision de l'esprit. Propres aux mathématiques (géométrie, mécanique).

c) *Définitions*. Construction d'un objet par et pour la pensée. Supposent des indéfinissables (espace, temps, nombre).

Pascal, malgré la position d'un idéal qui serait de tout démontrer et de tout déduire, doit convenir que cet idéal est contradictoire. C'est la découverte de ce caractère hypothético-déductif des mathématiques (déduction à partir d'indémontrables et d'indéfinissables) qui fait dire à Russell: « La mathématique est une science dans laquelle on ne sait pas de quoi l'on parle ni si ce qu'on dit est vrai. »

D'où vient alors le caractère de nécessité propre aux mathématiques? Du caractère immédiat (intuitif) des notions qu'elle emploie; de la nature de la démonstration. Lien invincible entre deux propositions; à condition de construire la conséquence, elle est vraie, si l'hypothèse est vraie.

D'où deux conséquences: 1) les mathématiques n'ont pas à craindre de démenti de l'expérience, et ne sont pas soumises aux erreurs de la connaissance sensible; 2) Vérité ici veut dire nécessité et intelligibilité. Le mathématicien est certain parce qu'il déduit ce qu'il énonce.

Conclusion : certitude mathématique, définitive.

II. *Certitude expérimentale*. – Le point de départ des sciences de la nature n'est pas immédiat, mais médiat, non pas idéal mais réel (par ex., le corps simple en chimie). Au lieu que dans les mathématiques on a les principes dès le début, ici on va à leur recherche. Deux problèmes :

a) établissement et observation des faits (erreur);

b) interprétation par le moyen de lois (risque).

Or, on ne peut d'une part séparer fait et loi, au moins supposée; on ne peut d'autre part poser arbitrairement de loi sans la prouver. D'où deux difficultés : penser le fait sous forme de loi (induction); confirmer la loi par le fait (vérification).

Comment penser le fait selon la nécessité ? Nécessité habitude ? (Hume) ou au contraire condition constitutive de toute expérience de fait ? (Kant). Il n'y a pas de véritable constance séparément de la nécessité.

Vérification de l'hypothèse; problème des instruments et des mesures, problème du système clos, c.-à-d. : Que peut-on négliger ?

Mais constater n'est pas comprendre. Comprendre c'est démontrer. La loi est intelligible quand elle est déduite. Donc principe et théorie. Mais principe indémontrable, et théorie invérifiable entièrement (probabilité croissante avec le nombre de lois vérifiées qu'elle permet de déduire).

Conclusion : certitude physique, provisoire.

III. *Certitude historique*. – L'objet de l'histoire n'est à proprement parler ni une construction idéale, ni un fait réel, mais l'idée d'un fait servant à interpréter vraisemblablement un document. Il ne peut pas s'agir pour l'histoire de vérifier dans le présent des lois du passé, ce n'est plus là histoire à proprement parler, mais sociologie. Il s'agit de dire ce que fut un passé, c'est-à-dire une hypothèse dictée à partir du présent. Le vrai ne peut être soumis à la démonstration comme en mathématiques, ni à la constatation comme dans les sciences de la nature. Certitude historique dépendante par rapport :

a) au témoignage (difficulté de l'établissement et de l'interprétation);

b) à la technique expérimentale actuelle (expertise, diagnostic).

Conclusion : certitude historique, aléatoire.

B

Problème des rapports. – Au fond c'est le problème des genres de connaissance (*cf.* Spinoza). Connaissance par ouï-dire, connaissance par expérience, connaissance par raison. Descartes a trouvé ce problème sur sa route 1re et 2e parties du *Discours de la Méthode*; 1re *Méditation*). La connaissance par la tradition (histoire) frappée du doute; la connaissance par les sens (expérience) frappée du doute; la connaissance mathématique? Frappée du doute un bref instant, le temps de voir que la rejeter serait rejeter l'esprit. Impossible, car c'est justement l'esprit qui rejette et qui doute.

a) La certitude mathématique n'est pas relative à la certitude expérimentale; les figures mathématiques ne sont pas des choses, mais des rapports (Platon. *La République*, livre VI fin). Elle relève encore bien moins de la certitude historique, car elle est conçue hors du temps. « La géométrie est la connaissance de ce qui est toujours » (Platon, *Rép.* livre VII).

b) La certitude expérimentale ne relève pas de la certitude historique; elle a beau progresser avec le temps, elle est quand même conçue sous l'aspect intemporel, car elle porte sur des lois c'est-à-dire sur des rapports invariables. Remarquer que les théories nouvelles ont un effet rétroactif: elles intègrent les anciennes qu'elles dépassent.

La certitude expérimentale relève de la certitude mathématique. De plus en plus les sciences de la nature déduisent et calculent. Sciences hypothético-déductives sur le modèle des mathématiques. Mais différence avec les mathématiques. A partir des principes mathématiques on déroule déductivement les conséquences. A partir des principes physiques, chimiques, on doit retrouver l'expérience.

c) La certitude historique relève des deux autres. Un événement singulier du passé (passage du Rubicon, mort de Charles IX, mort de Louis XIV) n'est déterminé scientifiquement que par le moyen de notions empruntées aux sciences de la nature: astronomie (chronologie), physique, médecine. La certitude historique progresse avec la certitude expérimentale (ce qui était miracle et qui ne l'est plus).

C

En définitive toute certitude paraît suspendue à la mathématique. Mais cette certitude n'est dernière et absolue qu'en apparence puisqu'elle n'est qu'hypothético-déductive. Il y a l'esprit au-dessus de tout principe. Toute preuve suppose un esprit. La force et la faiblesse des preuves ne sont que la faiblesse ou que la force de l'esprit. Et c'est le sens caché d'un mot de Leibniz peu connu: « Les figures géométriques paraissent plus simples que les choses morales; mais elles ne le sont pas, parce que le continu enveloppe l'infini» (*Nouveaux Essais*, IV, 3).

G. CANGUILHEM

DEUX HISTOIRES D'HÉRÉSIE – PENSÉES LIMINAIRES

Libres propos (Journal d'Alain), juin 1930

M. Cuvillier est professeur de philosophie au lycée de Laon; il écrit dans le journal *Le Cri du Laonnois* des articles inspirés de la doctrine socialiste[1]. – M. Challaye est professeur de philosophie au lycée Condorcet; il fait, sous les auspices de la Ligue des Droits de l'Homme, dont il est un des plus énergiques et courageux dirigeants, des conférences sur la paix, le désarmement et aussi sur la colonisation[2].

M. Cuvillier, pour avoir dit qu'il y a d'autres modèles de vertu à proposer à la jeunesse que des femmes du Service des Renseignements (2e bureau de l'État-Major), pour avoir affirmé qu'il n'admet pas le monopole militaire de la moralité, se voit dénoncé, calomnié (*Ami du Peuple*, *Action Française*... etc.) et menacé par le feu des Croisés de M. d'Hartoy[3].

M. Challaye, pour avoir affirmé son mépris concernant les pratiques de fait du colonialisme français, en Indochine et ailleurs, pour avoir maintenu que la fin ne justifie pas les moyens, pour avoir exposé son idéal de liberté humaine sans distinction de races, se voit traqué aux chausses par la même presse, désigné aux huées des manifestants patriotes et professionnels par Aymard (de *La Liberté!)*, interpellé à la Chambre par «l'honorable» Outrey, député de la Cochinchine[4], et aussitôt soumis par le ministre à une enquête administrative. Il faut dire que le même Challaye a écrit récemment une précieuse brochure

1. Armand Cuvillier (1887-1973), professeur de philosophie puis de sociologie à la Faculté des lettres de Paris. Ce militant socialiste et syndical, qui a publié des travaux sur Proudhon, est aussi l'auteur du fameux *Manuel philosophique*, le «Cuvillier», qui est publié pour la première fois en 1927.

2. Sur Félicien Challaye, cf. *supra*, p. 265, n. 1.

3. Maurice D'Hartoy (1892-1981) a fondé en 1927 l'association d'anciens combattants les Croix de Feu pour combattre le «défaitisme». Il menace Armand Cuvillier pour avoir critiqué une héroïne de la guerre de 1914, l'agent secret Louise de Bettignies.

4. Ernest Outrey (1863-1981), inspecteur général des colonies, député de la Cochinchine de 1914 à 1936.

sur l'Homs-Bagdad, la N'goko Sangha, et l'optimisme rageur qui préside actuellement aux destinées du peuple français[a].

Dans le même temps, on propose au Concours Général des Lycées et Collèges un sujet de philosophie qui se ramène à ceci : le fait qu'un homme trouve dans la société où il naît une morale toute faite et toute préparée, lui impose-t-il l'obligation d'accepter cette morale sans pouvoir la juger ni même travailler à la détruire s'il l'estime inacceptable ? — Appel au bolchevisme, proteste *Le Figaro* par la plume d'un certain Corpechot ! On voit que la presse parfumée distille une doctrine toujours identique à soi-même.

Ainsi, au moment précis où on propose à des élèves de philosophie d'expliquer que la raison n'est pas un héritage (car c'est bien de cela qu'il s'agit), on poursuit leurs professeurs, coupables de ne pas avaler le Fait comme une couleuvre. Qui trompe-t-on, les élèves ou leurs maîtres ? Et la philosophie n'est-elle qu'un prétexte à faire luire des fonds de culotte sur des bancs ? Doit-on la rendre au bibliothécaire, quand on lui rend à la fin de l'année les livres de Descartes et de Kant ?

M. Cuvillier et M. Challaye ont ceci de commun qu'ils sont l'un et l'autre auteurs d'un manuel de philosophie à l'usage des classes. Ils ont ceci de différent que la morale de M. Cuvillier est une morale étayée sur la conscience collective, que la morale de M. Challaye est une morale fondée sur le libre examen de la conscience individuelle. — Quelle est la morale publique au nom de quoi l'on poursuit MM. Cuvillier et Challaye ? Est-ce celle de la conscience collective, est-ce celle du libre examen ?

Si c'est la morale de la conscience collective, ne faudra-t-il pas que M. Cuvillier s'incline ?

Si c'est la morale du libre examen, que vient-on reprocher à M. Challaye ?

De toutes façons, nous voilà assurés que la Société est bien privée de tête, et que l'inconscience collective est exactement le premier fait sociologique.

G. CANGUILHEM

a. *Un aspirant dictateur : André Tardieu*[1], par Félicien Challaye. Éditions Prolétariennes, 54, rue du Château-d'Eau, Paris (X[e]). Franco : 0 fr. 65.

1. André Tardieu se serait servi de ses relations politiques et journalistiques au profit d'entreprises industrielles. Il avait servi de conseiller auprès de la firme N'goko Sangha, qui réclamait une compensation du gouvernement français en échange de l'association avec la société allemande, Süd Kamerun, que le gouvernement français voulait pour améliorer les relations franco-allemandes. Il se serait également enrichi lors de la construction de la ligne de chemin de fer Homs-Bagdad, dans l'empire ottoman.

DISCOURS PRONONCÉ PAR G. CANGUILHEM, AGRÉGÉ DE L'UNIVERSITÉ, PROFESSEUR DE PHILOSOPHIE, À LA DISTRIBUTION DES PRIX DU LYCÉE DE CHARLEVILLE, LE 12 JUILLET 1930 [1]

Mes chers amis,

Voici venu le quart d'heure de Socrate. Il me plait d'appeler ainsi cet instant, que l'on veut dire inévitable dans la vie de tout professeur, où il lui faut affronter le grave et sévère aréopage formé par les vieillards, les puissants et les sages de la cité, afin d'y subir comme un jugement, préliminaire parfois, mais souvent différé, aux termes duquel l'opinion ratifie ou rapporte la confiance qui fut faite au maître dont la jeunesse suit les leçons. Socrate, vous le savez, dut répondre, devant l'association athénienne des parents d'élèves, d'un crime qu'il eut l'étonnant et naïf courage de ne pas reconnaître, et fut condamné à mourir pour avoir détourné les jeunes esprits, qui s'étaient faits ses disciples, des voies droites et saines dont toujours et partout la société s'est estimée gardienne infaillible et nécessaire. Et depuis, selon qu'elle cherchait dans les inépuisables ressources d'une dialectique sans intransigeance un renfort d'autorité aux doctrines que l'opinion recevait, selon au contraire qu'elle trouvait dans une critique exigeante et stricte un chemin pour aller vers le vrai et vers le juste aussi loin que l'un et l'autre l'exigeraient, sans égard aux

1. Ce discours, publié en 1930 à Charleville par la Typographie et litographie P. Anciaux, s'inscrit dans une série de discours de distribution des prix prononcés par les maîtres de Canguilhem. Celui de Lagneau au lycée de Nancy le 4 août 1880, où Canguilhem apprécie que soit repris « le mot de Kant selon lequel il y a deux ennemis de l'éducation authentique, les parents et les pouvoirs politiques, – pour la raison qu'il voudraient qu'on leur formât, les premiers, des travailleurs capables de se suffire rapidement, et les seconds, des citoyens dociles – et il termine en assignant pour fin à l'éducation la formation d'hommes accomplis et indépendants, de citoyens d'un État libre, "c'est-à-dire des esprits fermes, maîtres d'eux émancipés par la réflexion, ne recevant aucune opinion sur la foi d'une autorité ou d'une apparence, capables de se faire à eux-mêmes, sans entrainement, leurs certitudes" » (Conférence de 1951 sur « Lagneau, l'homme et l'œuvre », Fonds Canguilhem, CAPHES). Le discours d'Alain, au lycée Condorcet en juillet 1904 est publié en 1919 sous le titre « Les marchands de sommeil » (Paris, Camille Bloch, 1919). La bibliothèque de Canguilhem, conservée au CAPHES, en possède l'exemplaire n° 49. Alain s'en prend à tous ceux qui prêchent la résignation à ces jeunes « qui vont entrer dans la cité des hommes » : « Or vous trouverez sur votre chemin, comme dans la fable, toutes sortes de Marchands de Sommeil. Il me semble que je les vois et que je les entends parmi vous, tous les marchands de sommeil, au seuil de la vie (…) On vous dira le réel est ce qu'il est; vous n'y changerez rien; le mieux est de l'accepter, sans tant de peine. Qu'est-ce à dire ? Vos rêves ne sont-ils pas le réel pour vous, au moment où vous rêvez ? Qu'est-ce donc que rêver, si ce n'est percevoir mal ? Et qu'est-ce que bien percevoir si ce n'est bien penser ? » (*Les marchands de sommeil*, p. 29, 36).

considérations extérieures d'opportunité et d'utilité, la philosophie fut rangée parmi les exercices inoffensifs bons à meubler de jeunes intelligences ou parmi les armes diaboliques de l'esprit malin. La fin du dernier siècle et le commencement du nouveau ont vécu sur l'idée que le prudent Bourget et l'assagi Barrès lui donnèrent du professeur de philosophie dans des œuvres, comme *Le Disciple* ou *Les Déracinés*, dont il n'est pas exagéré de dire qu'elles n'allaient à rien de moins qu'à faire du philosophe officiel des lycées le type accompli du destructeur d'âmes, involontaire sinon inconscient[1]. De là à la ciguë il n'y a qu'un pas, qui n'a point encore été franchi, mais à l'égard duquel l'avenir n'est pas engagé.

C'est qu'en effet, il y a, mes amis, deux manières de concevoir une âme. Une âme, c'est, selon les auteurs, un héritage ou une conquête. Une âme c'est un bien que l'on a, comme l'on a un nom dans la société et une place dans l'univers des choses. C'est un fait qu'expliquent le sol natal, la tradition nationale, le sang familial. Vous connaissez ces descriptions communes à tous les panégyriques officiels, où l'esprit et le génie d'un homme sont comparés à la vigueur d'un arbre séculaire, chêne en Ardennes, pin en Provence, dont la racine a tiré de l'humus local les sucs généreux. C'est votre Taine qui

1. Dans *Le disciple*, paru en 1889, Paul Bourget met en scène un jeune homme influencé par la doctrine de son maître, Adrien Sixte, philosophe spinoziste. Ce « disciple », Robert Greslou, particulièrement exalté par les doctrines déterministes de son maître, séduit la fille du marquis qui l'emploie comme précepteur et la laisse se suicider, alors qu'il lui avait proposé un « suicide à deux ». Le personnage de Sixte était inspiré de Taine. C'est à ce même Paul Bourget que Barrès dédie en 1897 *Les déracinés*, qui retrace les méfaits de l'éducation philosophique trop abstraite d'un professeur de philosophie au lycée de Nancy, Bouteiller. Ce professeur, universaliste et kantien, incite un groupe de sept jeunes lycéens à se « déraciner », à quitter leur Lorraine natale pour gagner Paris, ce qui les conduira à l'arrivisme, et, pour l'un d'entre eux, Racadot, au crime. Bouteiller est inspiré par Lagneau, qui avait été le maître de Barrès. Dans un cours donné à l'Institut agronomique de Toulouse en 1939-1940, conservé dans le Fonds Canguilhem du CAPHES, Canguilhem fait référence, sur cette question des « déracinés », à un passage de Léon Brunschvicg : « Sans doute ceux-là se plaindront d'être « déracinés » qui ont le regret de la vie végétative ; mais – le mot est déjà dans Aristote – il faut choisir d'être une plante ou d'être un homme. La philosophie consacre l'homme en l'élevant à la dignité de la liberté, en lui faisant voir, égale à cette liberté, sa responsabilité vis-à-vis des autres » (Léon Brunschvicg, *Nature et liberté*, Paris, Flammarion, 1921, p. 124). Dans ce même cours Canguilhem remarque que Barrès « est parti de l'anarchisme (esthétique) le plus intransigeant – *L'Ennemi des lois*, 1892, préface : "Les morts, ils nous empoisonnent" » pour passer à un déterminisme héréditaire, sous l'influence « d'une psychologie pseudo-scientifique qui – adoptant sans critique les postulats du matérialisme médical – cherche dans la vie organique les raisons d'explication de la vie psychologique, réduite à un mécanisme ». Canguilhem note d'ailleurs que c'est une chose remarquable que, contre les conclusions nationalistes de Barrès, « tous les écrivains à la fois chrétiens et paysans donnent un autre sens au rapport de l'homme et du sol. Claudel. Péguy. Ramuz. Chamson ».

lui-même donna la règle et, qui sait ? peut-être aussi l'exemple. Différemment, une âme c'est l'effort toujours dur, quelquefois tragique, par lequel un homme fait le départ de ce qu'il apporte en naissant d'instinctif, d'aveugle, de périssable et de borné, d'avec ce qu'il veut établir et ordonner en lui de raisonnable, de conscient, d'indestructible et d'universel. Ainsi, ou bien une âme traduit la façon dont l'univers possède l'homme, ou bien une âme traduit la façon dont un homme possède l'univers. Et vous entendez bien qu'il s'agit ici de la seule véritable possession du monde, de celle par quoi l'homme connaît et se connaît. Il suit de là que si l'âme est en nous l'expression mystérieuse d'un passé et la manifestation obscure de notre adaptation au milieu dans lequel nous avons à vivre, éveiller en elle le doute, l'inquiétude à l'égard de ce qu'elle embrasse et contient, c'est l'impiété par excellence. Que si, au contraire, l'âme c'est l'enquête et la conquête, le progrès intérieur et l'élargissement des limites de la connaissance et de l'action, alors susciter en elle ce qui brisera le cadre primitif et étroit où elle est rattachée, lui révéler un monde nouveau à atteindre c'est la tâche délicate et difficile mais nécessaire. Et ce n'est en conséquence ni une mince, ni une insignifiante aberration que de voir comment, de nos jours, on a pu tenir pour scandaleux et sacrilège l'esprit des doctrines qui enseignent à l'homme qu'il lui faut, par sa vertu propre, se recréer et se transfigurer, cependant qu'au contraire l'assentiment de ceux qui se disent des chevaliers de l'idéal allait, secrètement et publiquement, aux théoriciens officiants et attitrés de l'acceptation de soi et de l'adoration du fait, si étranger que soit le fait aux plus légitimes revendications de la justice.

N'est pas penseur qui veut. Il est plus aisé d'être saltimbanque. Et c'est aussi plus immédiatement profitable, car vous savez que le danseur est toujours secrètement préféré au calculateur. Danser est agréable à l'acteur et au spectateur, il n'y faut qu'un extérieur avenant et une souplesse volontairement négligente. Calculer est plus austère : les résultats en sont hors de toute complaisance aussi bien pour soi-même que pour autrui, et la mathématique peut tout faire pour les hommes sauf d'assouplir au gré de leurs désirs la rigidité de ses démonstrations et de ses preuves. Aussi le mathématicien a-t-il cet air froid que donne la certitude et souvent cette sévérité bienfaisante que donne la vérité nue. A lui revient la palme d'être parmi les hommes le seul éducateur qui ne puisse ni ne veuille tromper. Mais, hors de là, quel art d'accommoder la vérité aux instincts les moins avouables, de distendre la justice jusqu'à lui faire suivre les moindres détours du désir incohérent et les plus subtils replis de la passion la mieux raffinée. Ainsi la littérature, la philosophie et la politique sont-elles embarrassées d'une profusion d'œuvres, de traités, de discours où l'œil inexpérimenté ne distingue pas de longtemps la danse du calcul. A quoi il faut ajouter que l'art suprême des amuseurs de toute sorte est de faire passer le calculateur pour un danseur. Vous savez qu'Aristophane, déguisant le philosophe en sophiste, le fit pour Socrate; les Encyclopédistes de salon le firent pour Rousseau; Barrès le fit pour Lagneau[1].

J'entends par calculateur tout homme qui juge et qui définit, c'est-à-dire qui fait la lumière dans l'ordre des idées, quelles que soient les amères vérités que la lumière fera apparaître. Ainsi, il y a une pointe d'héroïsme véritable dans le maintien des idées, comme il y a une incontestable part de volonté dans la spéculation mathématique. Nous ririons, n'est-il pas vrai, d'un géomètre qui sous ce prétexte qu'il n'y a dans la nature ni ligne droite parfaite, ni angle droit parfait, se servirait pour tracer ses figures de règles de caoutchouc? Pourquoi ne serions-nous pas aussi ironiquement et impitoyablement méprisants pour celui qui vient disloquer les membres de la vérité et de la justice, afin de les rendre conformes à son idéal d'homme-serpent? C'est ainsi que Barrès parlait des vérités lorraines et voyait dans les réclamations de la justice, lors d'une affaire à la fois tristement et noblement célèbre, une orgie de métaphysiciens[2]. Il agréait à l'ancien ennemi des lois, devenu ami de la loi, une justice moins métaphysique et plus accommodée aux exigences prétendues de la race, du milieu et du moment. Je vous dois le respect, mes amis, de vos gloires régionales, même enflées, même contestables et contestées. Je ne puis m'empêcher cependant de vous dire que ni la race, ni le milieu, ni le moment ne suffisent,

1. Ces relations entre Barrès et Lagneau sont évoquées plus longuement, en 1951, dans la conférence sur « Lagneau, l'homme et l'œuvre » (Fonds Canguilhem, CAPHES). Canguilhem y rappelle les « jugements lapidaires » de Lagneau sur Barrès : « Barrès, c'est le mal » et « il a volé l'outil ». Il cite également le Thibaudet de *La république des professeurs* (Grasset, 1927), qui a opposé à juste titre « philosophie de boursiers » et « philosophie d'héritiers », Lagneau et Barrès : pour le jeune Lagneau « la France, pour laquelle sa famille opte en 1871 », fut exactement « le contraire d'un héritage », puisque sa famille paya de sa fortune le droit de rester française. Cette option ruineuse créa au philosophe de vingt ans des charges très dures : vingt ans, l'âge où Barrès entre dans la vie d'héritier, annonce dans les trois *Idéologies* du *Culte du moi* une philosophie d'héritier » (A. Thibaudet, *La République des professeurs*, Paris, 1979, p. 143). Mais Canguilhem note aussi l'ambivalence de la relation de Barrès aux professeurs de philosophie : « Barrès a pour l'état d'universitaire, pour le métier de professeur, le mépris normal qu'un fils de famille éprouve pour qui ne peut gagner sa vie qu'au prix d'un concours, mais Barrès a pour l'influence que l'enseignement procure, pour le rayonnement qu'il permet une secrète envie. (...) Il méprise Lagneau, mais il admire Monsieur Taine. Ce qu'il oppose à la philosophie qui lui fut enseignée, c'est une autre philosophie qu'il voudrait enseigner et qu'il a effectivement enseignée par le roman, le journal et le discours politique ». Canguilhem reviendra à la fin de sa vie sur l'image que *Les déracinés* donnent du professeur de philosophie dans « Qu'est-ce qu'un philosophe en France aujourd'hui ? » (*Commentaire*, vol. 14, n° 53, printemps 1991, p. 107-112).

2. *Cf.* M. Barrès, *Scènes et doctrines du nationalisme*, Paris, Plon, 1925, t. I, p. 84.

malgré votre Taine, à définir un homme[1]. Il ne manque à l'homme ainsi recomposé que la pensée. On est en droit de juger que ce n'est pas peu, car il manque du même coup à l'homme la vérité et la justice qui ne sont pas des faits mais des pensées, non des résultats mais des actes.

La définition du juste ne me semble pas mystérieuse : il est ce qui coûte à la suffisance d'un homme, d'une classe, ou d'un peuple, parce qu'il la contredit. Il coûte à la suffisance que nul ne puisse être à la fois juge et partie, que nul ne soit juge en sa propre cause, que le travailleur mécontent, que l'ennemi vaincu, que le voisin turbulent aient exactement le même droit que nous, ni plus petit, ni plus grand, à faire examiner leur revendication, à demander un jugement qui ne soit pas le nôtre ou qui soit celui de notre raison seule, si nous sommes nous-mêmes intéressés à ce jugement. Tel est le commencement et la fin de la justice. Et si le riche prétend, une fois pour toutes, mettre un terme à la revendication du pauvre, si le fort prétend mettre, une fois pour toutes, un terme à la protestation du vaincu, si toutes les cartes ne sont pas étalées au grand jour sur la table où se signent les contrats, nous savons tous, et même le riche et le fort, et même le tricheur le savent, que c'est là injustice et tyrannie et qu'il n'y a point au monde d'autre injustice ou d'autre tyrannie que celle-là. Dire à la justice : tu n'iras pas au-delà, ou le penser sans le dire, c'est aussitôt nier la justice en son cœur et tuer la justice parmi les hommes. Il n'y a pas de justice sans la volonté d'aller jusqu'où la justice l'exigera, car elle est, dans l'ordre des relations humaines, ce au-delà de quoi il n'y a plus de valeur. Ainsi la justice n'est jamais faite, mais toujours à faire, même s'il faut risquer, même s'il faut s'aventurer. La justice est ce pourquoi il n'y a ni race privilégiée ou maudite, ni milieu favorable ou hostile, ni moment opportun ou importun. Ce qui compte, disait Lucien Herr à Barrès, ce n'est pas ce qu'un homme a dans le sang, c'est ce qu'il a dans l'esprit et ce qu'il veut faire[2]. J'entends bien que la science semble se récrier et que sans tomber dans le matérialisme à la fois naïf et grossier qui fut celui de Taine qui se flattait d'expliquer la pensée comme un résidu de réaction chimique, le laboratoire ou la statistique prétendent avertir le philosophe de ramener le Verbe à la Chair et la société à un jeu de forces.

1. Allusion aux trois sortes de « causes » que sont « la race, le milieu et le moment », dans l'Introduction à l'*Histoire de la littérature anglaise* (1864) de Taine.

2. Lucien Herr répond à Barrès par une lettre publiée dans la *Revue blanche* du 15 février 1898, dont Canguilhem a publié des extraits dans les *Libres propos* de mai 1927 : « Soyez convaincu que, si le mot de race a un sens, vous êtes, comme nous tous, non pas l'homme d'une race, mais le produit de trois, de six, de douze races fondues en vous et indissolublement mêlées. (…) L'homme qui, en vous, hait les Juifs, et hait les hommes d'outre-Vosges, soyez sûr que c'est la brute du douzième siècle, et le barbare du dix-septième » (Cf. *supra*, p. 169).

C'est vouloir que l'intelligence soit un produit de l'univers, et la justice une résultante d'intérêts. Si le philosophe tient inlassablement pour l'indépendance de la pensée ce n'est pas parce qu'elle est sa raison d'être et en quelque sorte son gagne-pain, c'est parce qu'elle est, absolument parlant, l'unique raison d'être. On comprend alors que l'on puisse tenir à la justice non parce qu'elle est la raison d'être d'une race, d'un milieu, d'un moment, mais parce qu'elle est, humainement parlant, la seule raison d'être. Voilà ce qu'il y a plus de deux mille ans Socrate disait, en d'autres termes, aux premiers champions de la race, du milieu et du moment, aux Protagoras, aux Gorgias aux Calliclès, et ce que les politiques d'alors ne voulurent pas comprendre. Anytos était pourtant l'un des dirigeants de la démocratie. Mais tout pouvoir corrompt tout dirigeant. C'est sans doute pourquoi les politiques présents et à venir ne comprendront pas mieux. On ne pourra cependant pas faire que la parole de Socrate ne retentisse inlassablement.

Telles sont, mes amis, les quelques considérations parfaitement inactuelles que vous propose un discours voué par l'usage à de plus divertissantes exhortations. C'est qu'il me paraît y avoir du mépris à l'égard des hommes dans ce qu'on appelle l'indulgence ou l'optimisme ou dans la plupart des buts que l'on veut assigner à notre activité. On veut que la justice s'accorde avec l'intérêt comme si l'homme était incapable de vouloir la justice par et pour elle-même, comme si le droit était une amère purge qu'il faut tempérer d'un plaisir. Il est évidemment paternel et philanthropique, croit-on, de présenter d'abord la douceur aux hommes-enfants. L'inconvénient, et le seul, c'est qu'on n'aille souvent pas plus loin et que l'on veuille pousser la philanthropie jusqu'à dispenser de la médecine. C'est prendre l'homme par le bas, et cela n'est pas la justice, aussi vrai que le ventre ne saurait être la tête. Benjamin Constant disait : « Prions l'autorité de rester dans ses limites. Qu'elle se borne à être juste et nous nous chargeons d'être heureux »[1]. Je crois que c'est là parler en homme, et je le crois parce qu'au fond la suprême valeur pour un être capable, comme l'est l'homme, de mettre en doute la valeur des faits, ce n'est ni l'agréable, ni l'utile, mais le juste. C'est là ce qui étonne toujours et irrite parfois tous ceux qui sont plus pressés de parler que de penser et qui entendent avec stupeur les hommes refuser fermement les présents qu'ils estiment devoir leur faire. Prospérité d'abord? Non, mais d'abord justice. Sécurité d'abord? Non, mais d'abord justice. Cette protestation n'est pas près de cesser.

1. Cette citation de l'écrivain et homme politique français Benjamin Constant (1767-1830) est tirée de *De la liberté des anciens comparée à celle des modernes* (1819).

Un théologien respectable, le père Gratry, à qui l'on demandait comment il pensait que l'humanité finirait, eut cette réponse énergique: « Elle finira comme elle pourra »[1]. J'accorde que si l'on considère l'humanité comme l'une des espèces animales qui peuplent la planète terre, il est vain de se demander quelle fin elle fera et à quel degré de température seront portés, par le heurt de quelque comète apocalyptique, les éléments chimiques de notre protoplasma volatilisé, rendant scientifiquement aléatoire la recomposition spontanée des édifices colloïdaux en vue d'une hypothétique résurrection des corps. Que si, au contraire, l'on considère l'humanité comme pensante, la question de fait devient une question de droit et il s'agit dès lors de savoir si l'humanité a un droit de regard sur son avenir ou plutôt, car l'avenir n'est pas tracé d'avance, mais à construire un peu chaque jour, si l'humanité a le devoir de se faire sa destinée. Il y a à cette question deux réponses possibles entre lesquelles, s'il vous plaît, vous aurez à choisir. Vous pouvez dire avec un proverbe italien dont Dickens a montré les inhumaines applications dans un roman sublime qui a nom *Les Temps difficiles* : « Ce qui sera, sera », ou bien vous pouvez dire avec Jules Lagneau, contre tous ceux dont l'idéalisme fatigué revient à se ranger au parti du plus fort: « Ce qui méritera d'être, sera ». Sachez à l'avance que si vous choisissez le second parti, ceux qui s'appellent, par une orgueilleuse humilité, des réalistes vous réfuteront en disant qu'il faut vivre. Si vous perdez la foi en la valeur de vos idées claires, vous hurlerez avec les loups, répétant à votre tour qu'il faut vivre. Si vous avez de la mémoire, vous vous souviendrez de ce que dit Kant, que quand la justice disparaît il n'y a plus rien qui puisse donner une valeur à la vie des hommes sur la terre. Si vous avez du jugement, vous expliquerez que vivre n'est pas le fait de l'homme, mais de l'animal aussi bien, et qu'à l'homme seul il appartient indestructiblement de justifier la vie. Enfin vous saurez dire qu'au lieu d'accommoder, comme on dit, la justice à l'expérience, il faut élever l'expérience humaine jusqu'à la justice, car c'est le seul moyen de ne pas perdre la justice de vue. C'est à vous de savoir si vous devez regretter que Socrate ait fait, comme l'a dit Cicéron, descendre la philosophie du ciel sur la terre.

1. Alphonse Gratry (1805-1872), philosophe et prêtre de l'Oratoire, aumônier de l'École normale supérieure de 1846 à 1851, professeur à la Sorbonne.

DIXIÈME LETTRE À JEAN-RICHARD BLOCH

Béziat, par Plaigne (Aude) dimanche 20 juillet (1930)

Cher Grand Ami, je lis aujourd'hui seulement *Europe* de juillet, et donc aussi seulement aujourd'hui « Orient et Occident de la Révolution »[1]. Et c'est avec une grande joie et une approbation totale. Ne voyez pas là un travers de professeur qui donne des notes, mais un sentiment de reconnaissance. Ce que vous dites sur la valeur première et dernière de l'individu; sur la véritable nature de la révolution qui est, n'est-il pas vrai, la pensée pensante, m'a fait trouver prix à la vie. C'est ce que j'ai tâché d'enseigner en morale à mes élèves, très mal il est vrai, et mes meilleurs élèves qui lisent *Europe* et connaissent bien J.-R.B., n'auront pas manqué, comme moi, de se réjouir. Je ne dirais peut-être pas que la morale est affaire de horde, il me semble au contraire que la morale c'est justement cette valeur suprême trouvée dans l'*unique*. Ce qui est affaire de horde c'est le conformisme, dont nous avons chaque jour à casser les statues de plâtre. Mais il n'importe.

Je suis à la ferme depuis mercredi. J'ai fini ce matin de moissonner. Du 12 au 31 août, j'irai faire le zouave ou plutôt l'artilleur dans un camp de réservistes. C'est dire que je ne sais si la Mérigote et le Clain[2] pourront redevenir pour moi mieux que d'excellents souvenirs.

Je pense que votre famille s'occupe avidement de ne rien faire que de reposant et d'agréable, en ces jours consacrés.

Je vous prie de donner à tous des nouvelles de mon amitié et de croire à mes sentiments d'intime et joyeuse affection.

G. CANGUILHEM

J'attends avec une certaine impatience de savoir quel sera mon sort pour octobre. J'avais demandé Nîmes, Grenoble, Poitiers. Ni Nîmes, ni Grenoble, je crois ne seront vacants. Si Poitiers, après le départ de Laubier, n'est pas attribué au thomiste Mesnard de Rochefort dont je sais qu'il le demande depuis

1. Dans cet article Jean-Richard Bloch note : « Si la révolution devient à ce point une action, une entreprise occidentales, qu'elle emprunte le visage aveugle et mécanique de la machine, – si elle ne fait pas en elle la plus large part à l'Orient, c'est-à-dire à la conscience, si elle n'est pas conçue en vue d'un accroissement en nous de l'Orient et d'une sévère limitation de l'Occident, alors elle n'est plus qu'agitation morne et stérile, désordre sanglant (…) Il y a en nous quelque chose qui n'accepte pas que, sur la foi de quelques observations scientifiques, on traite de notre joie, de notre douleur, notre liberté, notre servitude, comme de la propagation de la vapeur dans un cylindre. » « Orient et Occident de la Révolution », *Europe*, n° 91, 15 juillet 1930, p. 394-395.

2. Le Clain est le fleuve qui arrose Poitiers.

très longtemps, et est donné à un autre qu'à moi-même, je considérerai que l'Administration se f… de moi et dès lors, usant de la réciprocité, je prendrai un congé d'un an, afin de travailler pour moi seul, comme Mme Bloch m'en a donné le précieux conseil en mars dernier[1].

ONZIÈME LETTRE À JEAN-RICHARD BLOCH

Le 23 juillet 30

Chers amis, je me réjouis de la spontanéité qui a fait se croiser nos lettres. Ainsi vous savez à quoi se passera mon mois d'août et vous pouvez deviner comment l'annonce de votre venue dans une région assez proche a fait redoubler en moi la fureur anticipée de cette réincarnation militaire forcée. Il serait regrettable cependant que nous ne puissions nous rencontrer quelque part dans les Pyrénées Orientales en deçà du 11 août ou au delà du 31. Votre Ford et mon vélo pourraient nous porter l'un vers l'autre. Mes parents seraient très heureux de vous recevoir à Castelnaudary ou à la campagne, si vous le vouliez. La campagne pourrait être vers le 9 ou 10 août une de vos haltes pour deux ou trois jours. Elle est à 10 km de Mirepoix. Mirepoix est dans l'Ariège sur la route 119 de Saint-Girons à Carcassonne. Si vous ne pouviez pas, ou ne vouliez pas, et si vous restiez dans les Pyr. Orient. jusque dans les premiers jours de septembre, nous pourrions mes frères et moi, passant par Foix et Ax les Thermes monter jusque vers Mont Louis et même pousser jusqu'à Vernet les Bains;

Je ne sais rien de mon changement, et cela m'ennuie.

Je ne profiterai pas de la complicité inattendue et blâmable des PTT pour vous dire que je vous ai aux environs du 18 mai inondés de ma prose. J'aurais dû le faire, ayant une lettre de Claude pleine de terribles questions métaphysiques. Mais je ne l'ai pas fait. Je suis heureux de limiter votre anxiété de ce côté (Admirable ! voilà que je suis heureux de ne pas vous avoir écrit);

Donnez mes amitiés à tous, et croyez à mes sentiments d'enthousiaste affection.

A bientôt j'espère.

G. CANGUILHEM
5 rue Barbès
Castelnaudary

1. Sur Jean Laubier, cf. *supra*, p. 165, n. 1. Pierre Mesnard (1900-1969) deviendra un spécialiste d'Erasme et de la philosophie de la Renaissance.

Douzième lettre à Jean-Richard Bloch

30 août (1930)

[Carte représentant une corrida, postée Montpellier, adressée à M. et Mme JRB, Hôtel du Parc, Vernet les Bains, P.O.]

Enfin libre après des exercices un peu fatigants (Comment on forme une section d'artillerie !). Rejoins la maison ce soir. Pourrions-nous (((nous))) voir vers la fin de la semaine prochaine vers Vernet ou Bourg-Madame où je grimperai à bicyclette avec mes frères, ou à Ax ou où vous voudrez. Ecrivez à Castelnaudary. Je serai très heureux de vous revoir et j'espère que cela réussira.

Amitiés à tous
Fidèlement à vous,
G.C.

Treizième lettre à Jean-Richard Bloch

21 rue Timbal Albi, 14 octobre 1930

Cher Grand Ami, maintenant que j'ai lu durant une heure (ce matin) à mes élèves le début de *Destin du Théâtre*, je me crois sinon quitte, du moins digne de vous remercier de l'envoi[1]. Etant chargé des compléments de littérature en classe de philosophie, et ayant décidé de parler de littérature contemporaine à de jeunes illettrés, j'ai pensé ne pouvoir mieux commencer non pas mes leçons mais mes causeries qu'en leur proposant ce modèle d'analyse critique et philosophique comme idéal de ce que doit être *la littérature* (au sens scolaire du mot) quand on a le bonheur de pouvoir vomir sa classe de rhétorique. Comme ils m'ont demandé de continuer, il est probable que nous lirons tout. Vous n'êtes peut-être pas d'avis que vous écrivez pour les classes, ni les inspecteurs généraux. Mais, comme vous dites quelque part, les règlements démocratiques ont des soupapes.

J'ai 17 poulains philosophes (bientôt augmentés de 10) plus 8 demi-poulains mathématiciens. Je les ai déjà mis au manège, et ils s'essaient à

1. Dans ce livre Jean-Richard Bloch souligne les dimensions sociales de la création littéraire : « l'écrivain puise sa sève, son inspiration, son élan, dans la société qui le nourrit. Il résume en lui les courants qui circulent à travers son époque (…). Que le corps social tombe malade, la littérature suit bientôt » (J.-R. Bloch, *Destin du théâtre*, Paris, Gallimard, 1930, p. 11-12.

galoper. Ça trébuche encore un peu, mais d'ici un mois ils auront appris à franchir les barres, sans claquement de chambrière.

Je suis dans une vieille maison de roman balzacien, inconfortable au possible, mais m'imprégnant de relents de laudanum et de thériaque : c'est une pharmacie. Je vis seul au deuxième, près d'un réduit que j'imagine garni de bandages et de clysopompes. C'est dans ce milieu que je lis *Offrande à la Musique*, et prépare mes classes de philosophie[1]. Le pharmacien ne s'appelle pas Bézuquet mais il en a l'accent et l'allure[2].

J'ai comme collègues des maniaques dont un a la manie de la persécution, un proviseur papelard, un économe amnésique. C'est ce qu'on appelle un personnel d'élite dans les discours officiels.

Je serai heureux d'avoir par quelqu'une de vos jeunes filles un tableau de votre vie et de vos travaux. Je suis impatient de connaître les réactions de Claude au Lycée de Poitiers, et de savoir pour quel genre d'abstractions scientifiques France a formé un vœu.

Donnez à tous les vôtres mon plus affectueux et fidèle souvenir, acceptez mes remerciements et croyez à mon admirative et joyeuse amitié.

G. CANGUILHEM

UNE CONCEPTION RÉCENTE DU SENTIMENT RELIGIEUX ET DU SACRÉ[a]

Europe, n° 94, 15 octobre 1930[3]

Voici sans doute un livre important. La notion même qu'il prétend analyser, celle de *sacré*, a tenu une place considérable, sinon essentielle, dans l'histoire de la sociologie française d'avant la guerre. L'ouvrage de M. Otto se

a. R. Otto, professeur à l'Université de Marbourg, *Le sacré, l'élément non-rationnel dans l'idée du divin et sa relation avec le rationnel*; traduction française par André Jundt, Payot, 1929[4].

1. *Offrande à la musique*, de Jean-Richard Bloch, est paru chez Gallimard, dans la collection de la N.R.F., en 1930.

2. Personnage de *Tartarin de Tarascon* (1872) d'Alphonse Daudet.

3. Cet article est repris dans *La chronique des idées*, n° 46, octobre 1930.

4. Dans ce livre de 1917, Rudolf Otto (1869-1937), philosophe et théologien, inspiré par Schleiermacher, souligne la radicale altérité de l'expérience religieuse et décrit le sacré à l'aide du concept de « numineux « (tiré du mot latin *numen*, « puissance divine »), afin d'insister sur le « sentiment de dépendance » de la créature à l'égard de la divinité.

présente davantage comme une tentative de réflexion critique que comme une enquête scientifique et descriptive. Par là même, sans que l'on veuille contester l'originalité de cette recherche, cet essai donne une invincible impression de déjà lu.

La place qui y est faite aux doctrines post-kantiennes de l'interprétation des systèmes religieux, et notamment à celle de Schleiermacher[1], fait qu'on est renvoyé à ces théories que notre Victor Cousin[2] national soumit au crible de sa métaphysique spiritualiste quand il les rencontra lors de son voyage en Allemagne, et à l'occasion desquelles il fit vœu, « Dieu aidant », durant sa dernière nuit en Allemagne, de préserver la France « du Dieu de Spinoza et de M. Schelling[3] ». « La nouvelle philosophie française, s'il m'est donné de lui servir de guide après M. Royer-Collard[4], ne cherchera pas plus ses inspirations en Allemagne qu'en Angleterre » (*Fragments philosophiques*. Philosophie contemporaine, p. 208). On ne saurait être plus pleinement et purement un pontife à tous les sens du mot. Ce n'est nullement ici comme reproche que l'on veut dire du livre de M. Otto qu'il ne rend inutile ni qu'il ne diminue en rien une œuvre comme la *Philosophie de la Religion* de Hegel. Les termes hébreux, grecs ou latins, un peu trop complaisamment prodigués, pour mieux marquer le caractère spécifique et irréductible des notions religieuses relèvent d'un procédé qu'Hegel a employé (le mot même de *arrêton*, mis pour inexprimable, se trouve précisément dans Hegel).

L'idée dominante du livre c'est que le sacré se présente, par rapport à tout ce qui est relatif à l'expérience et à la connaissance, comme le *tout autre*. Il y a dès lors une méthode possible pour en parler, ce ne peut être la méthode de définition, c'est la méthode de résidu. Le fond du sacré s'épuise dans le sentiment du mystère, c'est-à-dire la stupeur qui nous saisit devant ce pourquoi nous n'avons ni référence ni mesure. Il n'y a pas là une très grande originalité, semble-t-il, et le seul mérite de ce livre serait d'être une revue historique des sentiments irrationnels par quoi l'antiquité hébraïque, la mystique allemande du Moyen Âge et le luthérianisme ont tenté de traduire leurs expériences religieuses respectives.

1. Friedrich Schleiermacher (1768-1834), philosophe et théologie allemand.
2. Victor Cousin (1792-1867), philosophe français, fondateur du spiritualisme éclectique.
3. Friedrich Schelling (1775-1854), philosophe allemand.
4. Pierre Paul Royer-Collard (1763-1845), philosophe et homme politique français que Victor Cousin célèbre comme le père du spiritualisme français.

Mais ce qui fait le caractère propre de la doctrine, c'est qu'elle attribue au sacré la valeur d'une catégorie (p. 22) c'est-à-dire d'une forme universelle d'évaluation, et dans le cas présent, de réaction sentimentale. Cette catégorie pour laquelle on a forgé le nom de *numineux* est décrite du dehors par l'analyse de certains sentiments d'ordre religieux : le sentiment de l'état de créature (p. 25), le *mysterium tremendum* forme particulière de la terreur qui s'extériorise par le concept de l'*ira deorum*, la *tremenda majestas*. Un passage de saint Augustin (cité p. 49) dont voici la traduction : « Qu'est cela qui luit en moi et frappe mon cœur sans le blesser ! Et je suis saisi d'horreur et je suis enflammé d'amour. Je suis saisi d'horreur pour autant que je lui suis dissemblable. Je suis enflammé d'amour, pour autant que je lui suis semblable », exprime avec précision, dit M. Otto, cet élément stupéfiant du tout autre. Car le mystérieux en même temps qu'il est répulsion est fascination. Ainsi s'explique que toute contemplation mystique s'achève dans la possession et la participation. Cette participation à un « au-delà » inexprimable fait le contenu positif des expériences de la grâce, de la conversion, de la régénération (p. 65), communes aux religions chrétiennes, et du Nirvana de Bouddha et de ses délices « qui ne sont froids et négatifs qu'en apparence » (p. 67).

On voit que malgré l'emploi de la méthode des résidus, le résultat de la recherche est la reconnaissance d'un irrationnel positif. Le mystérieux et le sacré ne sont pas un élément du contenu de la conscience non encore réduit à la conscience claire, ils sont un irréductible et en cela un absolu. Ils ne sont pas non plus l'objet d'un pressentiment, ils sont saisis directement, ils sont les données immédiates du sentiment religieux (p. 90). C'est ce qui explique que le lecteur soit si souvent et si solennellement averti au cours du livre, d'avoir à cesser tout examen s'il n'a pas éprouvé par lui-même quelque émotion ou intuition religieuse (notamment p. 23 et 90), jusqu'à ce qu'enfin on lui annonce que la religion est *terra incognita* pour la raison (p. 96). C'est là le recours classique dans toute discussion sur les sujets de cet ordre. On invite poliment l'incrédule à se retirer sur la pointe des pieds.

Partons, mais non sans vider le carquois, comme dit A. Chénier[1]. Voici ce que le philosophe incrédule pourrait trouver à dire, c'est-à-dire à redire. La notion d'expérience religieuse n'a jamais été ni claire ni acceptable. L'invoquer c'est dire que le surnaturel peut s'intégrer à la nature, que le

1. Citation tirée du poème « Comme un dernier rayon, comme un dernier zéphyre » d'André Chénier (1762-1794).

transcendant se lie au donné. Sans doute la conviction inébranlable du mystique c'est d'être deux en un, mais si l'on ne peut dire où commence l'un et où finit l'autre, de quel droit affirmer que l'on n'est plus seul. « Ce qu'aucun œil n'a vu, ce qu'aucune oreille n'a entendu, ce qui n'est venu au cœur d'aucun homme » ainsi dit saint Paul (p. 60). Et Tersteegen[1] : « Un Dieu compris n'est pas un Dieu » (p. 44). Au risque de paraître diaboliquement profane et vulgaire nous pourrions répliquer : « Ce qui n'est pas compris comment savoir si c'est Dieu ». Et comment nous préserver de la mystification sinon du mysticisme ?

Comment ne pas dire enfin que la notion de « tout autre » est dépourvue de sens. Ma pensée, qu'on l'entende comme on voudra, est soumise à une règle absolue d'unité (ce que Kant appelle l'unité originairement synthétique de l'aperception). Du moment que je pense le tout autre, je ne le pense pas en tant que tel mais en tant que relié et intégré avec ce qui m'est déjà connu. Sans quoi je n'en saurais rien et n'en pourrais rien dire. Depuis Descartes on sait que l'expérience c'est l'expérience pensée, dès lors pouvons-nous conclure depuis ce temps-là on sait que le surnaturel ne peut être dans l'expérience. Aussi Descartes a-t-il cherché Dieu en esprit et en l'esprit. A partir de ce moment le mot surnaturel a un sens. Quand le philosophe incrédule lit dans le livre de M. Otto que « la chair de poule est quelque chose de surnaturel » (p. 33) il a le droit de se demander avec un peu d'étonnement où il risquera de trouver le plus sûrement la pureté religieuse, si c'est dans la religion ou dans l'athéisme. Sans doute, ce surnaturel est de l'ordre le plus inférieur et la chair de poule n'est qu'un « idéogramme » nécessaire pour circonscrire le sentiment proprement *numineux*, inexprimable en soi-même.

Néanmoins, comment ne pas remarquer que toutes les tentatives de description par l'intermédiaire de négations de plus en plus raffinées n'arrivent pas à nous délivrer d'une constante impression d'anthropomorphisme ? Et comment ne pas être préliminairement assuré qu'il n'en peut être autrement et que toute extase se ramènerait à la rigueur à une chair de poule plus subtilement organique, s'il est réflexivement contradictoire que l'expérience renferme son au-delà, et par conséquent se mue en théologie. Que l'on donne aussi comme un approché, même misérable, du mystérieux la peur des spectres, prêterait aux mêmes réflexions. « Le complément nécessaire d'un monstre c'est un cerveau d'enfant », a dit quelque part Valéry. On pourrait dire de même le complément nécessaire d'un spectre c'est un esprit immonde,

1. Gerhard Tersteegen (1697-1769), écrivain mystique protestant allemand.

selon une expression chère à Spinoza. Aussi même quand M. Otto cherche des analogies entre les formes supérieures du sacré et les sentiments du respect ou du sublime, comme nous sommes avertis (p. 34) que l'élément sinistre (autrement dit chair de poule) ne disparaît pas même au degré le plus élevé de la foi en Dieu, comme par ailleurs les analyses de Kant concernant le respect et le sublime sont trop justement célèbres et sans doute décisives, nous ne pouvons pas nous dispenser de croire, malgré la prudence du mot analogie : « Non, ce n'est pas cela ! » Pareille méprise arriva à Durkheim dans l'analyse qu'il fit du sacré (*Détermination du fait moral*, 1906) ; il crut pouvoir faire du respect un sentiment analogue à la crainte, l'un et l'autre englobés dans la notion élastique de tabou.

Le sort des philosophies est étrange. On les oublie et on les retrouve comme des parapluies perdus. Un homme simple et religieux eut un jour l'admirable naïveté de dire à qui prétendait que là où est la crainte est aussi le respect : « Il me semble que beaucoup de gens qui craignent les maladies, la pauvreté et autres choses encore, ont de la crainte mais nul respect pour ce qu'ils craignent… Il n'est donc pas juste de dire : « là où est la crainte est aussi le respect » ; ce qui est vrai c'est que là où est le respect est aussi la crainte, mais il n'y a pas toujours respect quand il y a crainte. La crainte à mon avis s'étend plus loin que le respect. » C'est Socrate qui est le propriétaire premier de ce parapluie perdu, comme on pourra voir dans *Eutyphron*. Et que le fait d'avoir accompagné le respect de la crainte ne fasse pas se méprendre sur la pensée de Socrate : il n'y a qu'à lire le dialogue pour saisir que Dieu est postérieur à la piété et non la piété relative à Dieu.

Il y a ainsi deux façons d'interpréter l'histoire de la philosophie. Il y a la façon *déjà* et la façon *encore*. Quand un penseur un peu pressé et un peu borné quant à la culture découvre dans un auteur ancien ce qu'il croit être un pressentiment des vérités qu'il pense apporter comme un message, il invoque l'autorité de l'ancêtre en disant : « Déjà… ». L'autre méthode consiste à comprendre que la vraie philosophie n'a rien à voir avec les moments, ce qui conduit à penser quand on voit se perpétuer complaisamment, par manque de critique serrée, certaines confusions à prétentions dogmatiques : « Encore… »

DE L'INTROSPECTION[1]

Libres propos (Journal d'Alain), novembre 1930

Auguste Comte, comme on sait assez, fut sévère pour cette idée d'introspection qui depuis… Victor Cousin alors célébrait ses vertus[2]. Regarder en soi, cela paraît simple. On regarde bien les objets. Et puisqu'il est vrai que toute connaissance du monde doit partir de l'observation du monde, pourquoi toute connaissance de soi ne partirait-elle pas de l'observation de soi ? Or, sans même passer par l'idée que le visage du monde n'est pas donné invariable et figé mais répond au biais par lequel le contemplateur l'aborde et que dès lors il n'y a pas d'observation vraie qui n'apporte aux objets une signification dont ils ne sont pas responsables, on peut remarquer que la contemplation de soi est, par une singulière opération dont on ne voit pas que les choses donnent l'exemple, une transformation de soi. « Connaître c'est assurément n'être point ce que l'on est ». (Valéry, *L'âme et la danse*).

1. Canguilhem reviendra sur cette question de l'introspection dans le chapitre I, « Du moi », de la septième partie, consacrée à « La personnalité », d'un ouvrage « dont la rédaction commencée à Charleville, a été achevée à Paris en 1932 lors d'une année sabbatique », qui est conservé dans le Fonds Canguilhem du CAPHES. La première partie de ce chapitre s'intitule « Réflexion devant le miroir » : « Que de subtilités dira l'homme simple qui chaque matin ajuste sa cravate devant son miroir, reconnaissant au coin de sa lèvre quelque cicatrice dont il connaît fort bien la signification et l'origine (…). Hé bien, soit ! Venons au miroir. Ce que je vois au miroir c'est quelque visage gai ou triste, détendu ou contracté que je dis moi. Mais il suffit de quelque réflexion pour se dire qu'un homme n'a pas qu'un visage : cet enfant bouclé, cet écolier stupéfait, ce nageur ébloui, ce soldat résigné sont le même. Et si quelque pénétrant observateur des figures de l'homme nous présente les deux portraits jumeaux d'un même sujet, obtenus par la duplication photographique des deux moitiés de la face, nous aurons souvent peine à reconnaître « l'homme de droite » comme le même que « l'homme de gauche ». C'est qu'à vrai dire je ne suis pas ce que je vois dans le miroir. Je suis cet acte de voir qui embrasse et ce que je dis moi et le miroir et l'ensemble des choses environnantes ». Et Canguilhem cite ici Valéry : « Se mirer c'est affronter l'être et sa fonction. L'œil étonne le voir. Le tout se figure partie au moyen du miroir » (P. Valéry, *Cahier B 1910*). Plus loin il note : « A la réflexion, je suis moi-même toujours un autre, puisque je me découvre chaque jour quelque nouvelle puissance, quelque nouvelle fin, puisque je vis d'être inachevé. Le premier inconnu pour moi-même c'est moi. Je me connais en devenant ce que je n'étais pas, à la faveur de quelque occasion imprévue. Je me connais en niant que je sois ce que je pensais jusqu'alors devoir toujours être. Je me connais quand je me dépasse. En toute rigueur donc, le véritable sujet c'est Je et non Moi. Moi c'est ce qui est posé, à un moment, d'affections, de connaissances, d'aptitudes. Mais je suis celui qui pose. Moi, posé définitivement pour moi, c'est la négation de Je ».

2. Victor Cousin accordait une place essentielle à la « méthode psychologique » pour fonder sa « nouvelle philosophie » éclectique, notamment dans ses *Fragments philosophiques* de 1826.

Nous sommes chacun pour soi-même un, personne et cent mille. Ce titre de Pirandello[a] est un trait de génie. Il faut lire comment le héros de cet étrange roman découvre soudainement qu'il vit en compagnie d'un étranger qui est lui-même tel qu'il s'ignorait et paraissait à autrui; comment il cherche à connaître ce compagnon secret qui est lui-même et qui n'est pas lui puisqu'il n'est pas ce qu'il voit de lui quand il se voit; comment il découvre qu'il est un étranger innombrable et pourtant consubstantiel; comment il se perd lui-même à vouloir détruire cette image de lui à l'usage d'autrui qu'autrui croit être véritablement lui. On doit devenir fou à ce jeu et c'est ce qui arrive. La description est irréprochable à ce qu'il me paraît. Comme dans les mythes platoniciens, le corps dans ce roman est la figure de l'âme. Et la connaissance de soi est tout entière en ce jeu de miroir où le misérable pélerin de son propre sanctuaire, cherche à surprendre sa naïveté qu'il croit être sa nature, en cette « tentative de solitude » où fuyant son propre passé qui le met en rapport avec les choses ou avec les hommes, ce pitoyable obstiné, pour vouloir se trouver pur et simple, perd la conscience de soi. Je veux citer un trait trop juste. Un-Personne-Cent Mille est devant sa glace attendant le moment où il ne sera plus *composé* – c'est-à-dire où il ne sera justement plus ce comédien qu'il est réellement comme devant une table à fard – pour ouvrir les yeux : « J'ouvris les yeux. Je *me vis*. J'étais là, les sourcils froncés, accablé du poids de ma pensée, avec une expression de dégoût. J'éprouvai un dépit extrême et la tentation de me cracher au visage; je me retins, je fis disparaître mes rides, je tâchai d'émousser l'acuité de mon regard; à mesure qu'il perdait de sa fixité, voilà que, peu à peu, mon image pâlissait, devenait presque lointaine…Mais le même phénomène se produisait en deçà de la glace, pour mon propre compte et je faillis tomber. Je sentis que le sommeil me gagnerait si je continuais l'expérience ». Bien souvent et bien plus vigoureusement encore Alain a dit que la méthode de Bergson, la fameuse torsion de la pensée sur elle-même, afin de communier avec sa propre durée, était un apprentissage du sommeil[1].

a. *Un, Personne et Cent Mille*, par L. Pirandello. (1 vol. N.R.F.)[2].

1. Cette méthode de « torsion mentale » est exposée par Bergson dans *L'évolution créatrice* : « pour que notre conscience coïncidât avec quelque chose de son principe, il faudrait qu'elle se détachât du *tout fait* et s'attachât au *se faisant*. Il faudrait que, se retournant et se tordant sur elle-même, la faculté de *voir* ne fit plus qu'un avec l'acte de *vouloir* » (H. Bergson, *L'évolution créatrice* (1907), *Œuvres*, Édition du centenaire, Paris, P.U.F., 1959, p. 696).

2. Il s'agit d'un roman de Luigi Pirandello, qui date de 1926 et dont la traduction française est parue en 1930. Son héros, Vitangelo Moscarda, est un être qui se rend compte qu'il est différent pour sa femme et les membres de son entourage et que son soi ne présente aucune constance au-delà des apparences.

Qui ne voit l'impasse et qu'il n'y a point de séparation possible entre l'étude de soi et la création de soi ? C'est ce que les Stoïciens sans doute donnaient à entendre en nommant la pensée le Redressement. On comprend la violence que met Emmanuel Berl à pourfendre dans *Mort de la Morale Bourgeoise* le fantôme qu'il veut dire bourgeois de la Vie Intérieure[1]. Pauvre spectre assurément au regard des tâches précises qui attendent l'homme. La réponse à la question Un, Personne ou Cent Mille ? elle est dans Pirandello. Et ce n'est pas comme on pourrait croire : Chacun sa vérité, mais bien plutôt : Vêtir ceux qui sont nus. Point d'homme sans habit. Point de pensée sans apprêt. Point de conscience sans reprise, c'est-à-dire sans métier. Chose admirable, c'est dans *Sartor Resartus, une philosophie des habits*, que Carlyle a écrit : « Nos œuvres sont le miroir où notre esprit aperçoit pour la première fois ses exactes proportions. D'où la folie de cet impossible précepte *Connais-toi toi-même* ; précepte qu'il faudrait traduire ainsi pour rester à peu près dans le vrai *Sache ce dont tu es capable* »[2]. C'est bien ainsi certes que Socrate l'entendait. C'est bien en ce sens que Comte enseignait que l'esprit ne peut-être étudié que dans ses œuvres. C'est bien pourquoi Lagneau a dit : « Faire et, ce faisant, se faire ». Assurément il y a une Pensée éternelle et la philosophie est bien hors du temps. Tout ce qui est vrai a déjà été dit. Mais il y a pour chaque moment un ajustement à la vérité qui donne à ce moment sa signification. Disons donc au vingtième siècle que le mot conscience n'a qu'un sens et qu'il n'y a de conscience que professionnelle.

G.C.

1. *Cf.* E. Berl, *Mort de la morale bourgeoise*, 5e éd., Paris, Gallimard, 1929, p. 127 : « Le bourgeois est, nul ne l'ignore, un homme d'intérieur. L'*Esprit* qu'il veut défendre, il se le représente comme un discours que, dans le plus intime du secret, il se tient à soi-même ». Emmanuel Berl (1892-1976) est un journaliste et essayiste qui, après avoir travaillé à l'hebdomadaire *Monde*, créé par Henri Barbusse, sera directeur de l'hebdomadaire de gauche *Marianne*, où il défendra des positions pacifistes radicales. En juin 1940 il rédige deux des discours les plus célèbres de Pétain, alors président du Conseil, mais il se détournera rapidement du régime de Vichy.

2. Thomas Carlyle (1795-1881), auteur de *Sartor Resartus*, est un historien et essayiste écossais, qui s'inspire de la philosophie allemande pour critiquer l'utilitarisme de la société anglaise de son temps. Dans *Sartor Resartus* il est conduit à souligner l'importance des apparences qui ne peuvent être simplement laissées de côté au profit du « fond ». Canguilhem, dont le père était tailleur, apprécie cette « philosophie des habits ». Il donne à ses élèves, pour son cours sur la psychologie, en 1930-1931 un autre texte de Carlyle, tiré des *Héros* : « Tout ce qu'un homme fait est physiognomonique de lui. Vous pouvez voir comment un homme combattrait par la façon dont il chante ; son courage ou son manque de courage est visible dans la parole qu'il prononce, dans l'opinion qu'il a formée, non moins que dans les coups qu'il frappe. Il est un et prêche le même Moi au loin de toutes ces façons » (Fonds Canguilhem, CAPHES).

PRÊTRES DE MARS – MAXIMES SUR LA GUERRE[a]

Libres propos (Journal d'Alain), novembre 1930

Les hommes peuvent rêver qu'ils n'aiment point la guerre. La nature aime la lutte et la mort.

La guerre ne transforme point les hommes ; elle les rend à leur fin native. La guerre est l'état naturel des mâles.

Les mâles de la même espèce ont une ivresse à s'entre-déchirer. L'ivresse de la guerre est une ivresse de l'amour.

La première mission des mâles n'est pas de se reproduire, mais de s'entre-tuer. Dans l'ensemble du monde vivant leurs carnages préludent à l'amour. La femelle propage l'espèce ; le mâle, par sa mort, la sélectionne. La nature qui en bénéficie crée les mâles pour s'entredétruire ; elle leur en donne le goût et la force de risquer.

Le pacifisme est un attentat à l'honneur. L'homme n'a qu'une majesté qui est de savoir mourir. Le pacifisme la lui dénie.

Les peuples qui aiment la guerre sont les peuples mâles.

La mort au combat est la fin naturelle des mâles.

La nature ne crée pas les héros pour vivre, mais pour servir.

Le héros est le mâle né.

L'amour des situations difficiles vient de l'assurance de les surmonter.

C'est la dureté de la guerre qui fait sa beauté.

Le pillage n'est pas ce qu'on croit, mais la revanche de la liberté.

Tout est lointain, vu de la guerre.

La guerre guérit l'âme. Elle est le royaume de l'oubli.

La guerre est sainte parce que la justice n'y préside pas.

On n'est jamais sûr, au pied d'une tombe, d'avoir fait tout son devoir.

Il est délicat de survivre. Les morts sont les remplaçants.

Le courage résulte d'un calcul exact des probabilités.

a. Nous donnons ci-dessus quelques formules extraites du recueil posthume de René Quinton, auquel se rapportent les *Propos d'Alain* CCCXLV et CCCXLVI. Il sera reparlé prochainement de ce livre de guerre. – G.C.[1] [cf. *infra*, p. 338-342].

1. Dans son cours de 1931 sur « Philosophie de la guerre et de la paix », conservé au CAPHES, comme dans le *Traité de logique*, Canguilhem voit dans Quinton le meilleur exemple de ces « moralistes pessimistes » qui, comme Nietzsche, « font l'apologie de la guerre » : « leur thèse est au fond la même : le mal profond que constitue l'existence naturelle trouve son expression nécessaire dans un fait qu'on doit accepter parce qu'il est inéluctable » (Cf. *Traité de logique*, *infra*, p. 919). *Cf.* aussi *infra*, « Deux explications philosophiques de la guerre : Alain et Quinton ». René Quinton (1865-1925), « biologiste génial » selon Alain, assistant au Laboratoire de Marey, auteur de travaux sur l'eau de mer, mais aussi passionné d'aviation, est l'auteur de *Propos sur la guerre*, parus en 1930 dans la collection des Cahiers verts de Bernard Grasset. Il y justifie la guerre d'un point de vue biologique, en expliquant qu'elle est « un chapitre naturel de l'amour, l'état naturel des mâles ».

L'audace est d'abord l'intelligence du non-danger.

L'audace des chefs est faite de la joie d'obéir de la troupe.

Les sacrifices utiles font l'ivresse des troupes.

C'est chez le fantassin que bat le cœur de la Patrie.

L'artillerie n'est pas l'arme propice au héros. Le héros de tempérament y a mal son emploi.

Les hommes qui font la guerre éprouvent qu'ils font le bien.

Les morts sont le matériel qu'on ne remplace pas. Comme les mâles, les armées se parent pour mourir.

La levée en masse des peuples est un progrès du monde.

Le risque est le sel de la vie.

Le téléphone est l'ennemi des chefs. S'ils n'y prennent garde, il les déshonorera.

Tu n'as pas à comprendre les peuples, tu n'as qu'à les haïr.

René QUINTON

FOCH ET CLEMENCEAU OU LA MORT AVEC PHRASES

Libres propos (Journal d'Alain), novembre 1930

Voici deux livres[a] proprement et irrésistiblement ennuyeux et d'une pauvreté essentielle. Seuls le rire, la colère et le mépris que leur lecture provoque leur donnent intérêt, mais non pas vie. Des morts parlent de la Victoire, c'est-à-dire de la mort. Chez l'un, le Maréchal, le trait dominant c'est la Nullité, parce que le Maréchal représente la Force. Chez l'autre, le Président, c'est la Ruse, parce que le Président représente la Police.

M. Recouly qui a la louange facile, mais plate, fait de Foch un fin psychologue pour avoir conseillé à Joffre de décorer quelques généraux anglais limogés (v. Recouly p. 84-85). Psychologie d'académicien? Mieux, truc de dresseur. Foch utilisait ce qu'on appelle pompeusement le réflexe conditionnel. Pawlow faisait saliver des chiens en leur montrant un disque vert. On fait venir l'eau à la bouche d'un général en lui montrant une rosette, disque rouge. Foch crut pouvoir utiliser à propos de Clemenceau un truc relevant de la même méthode. Il lui envoya en 1916 son buste de général

a. R. Recouly, *Mémorial de Foch. (Le Mémorial de Foch. Mes entretiens avec le maréchal* [Paris, Éditions de France, 1929] – Clemenceau, *Grandeurs et Misères d'une Victoire* [Paris, Plon, 1930] [1].

1. Raymond Recouly (1876-1950) est historien et journaliste dans la revue de droite nationaliste *Gringoire*.

(simili terre cuite) avec des compliments, et de même à quinze personnages influents (v. Clemenceau p. 4). Ceci confirme une opinion que peut former le soldat de deuxième classe s'il sait observer et conclure : l'armée qui repose en apparence sur la discipline, repose en réalité sur l'intrigue. Foch est un ambitieux qui voulait jouer un rôle, mais qui rencontra la hargne de Clemenceau. Clemenceau, politiquement, a raison contre Foch. Le Maréchal oubliait constamment qu'il était salarié au même titre qu'un cantonnier de première classe, et que Clemenceau avait, théoriquement, l'investiture du peuple souverain. Mais comment le peuple pourrait-il paraître souverain à un chef d'armées qui conduit le peuple sous la pression des baïonnettes et des balles de Lebel. Car, enfin, qu'est-ce qui retenait ceux qui auraient eu envie de partir, comme en 1917 ?

Le reste du livre de M. Recouly est du même ordre et de la même profondeur. Foch a dit qu'au-dessus de la guerre il y a la paix. L'admiration coule à pleins bords. Mais qu'y a-t-il là d'autre qu'un truisme dans la bouche d'un homme qui ignore manifestement ce que c'est que la paix, qui ne voit la paix que soutenue par la guerre et en fonction de la guerre, comme si toute la guerre n'était pas justement contenue dans cette paix et ne l'empoisonnait déjà ? La paix de Foch, c'est la guerre. Clemenceau qui assomme Foch – à moins d'écrire comme il n'est pas loin de le penser, que le Maréchal méritait pour son insubordination le Conseil de guerre et quelques mois d'arrêts de forteresse, rien n'est aussi féroce pour la mémoire de Foch –, Clemenceau ne sait pas non plus ce que c'est que la paix. La paix de Clemenceau c'est la guerre. « En somme, la paix est une disposition de forces, supposées d'équilibre durable, où la puissance morale d'un droit organisé s'entoure de précautions stratégiques contre toutes perturbations. C'est l'histoire de tous les pays et de tous les temps. Le droit se présente dès lors, comme une organisation de forces historiques appelant de temps à autre, des suppléments de renforts » (p. 169). Foch, là-dessus, redresserait sévèrement Clemenceau, semble-t-on croire : « … Napoléon identifiant la grandeur de son pays avec la sienne propre, prétendit régler par les armes seules le sort de toutes les nations, comme si un peuple pouvait vivre de gloire et non pas de travail ; comme si dans le monde civilisé, la morale ne devait pas avoir raison d'une puissance uniquement fondée sur la force, si géniale fût-elle ». Hélas, pourquoi faut-il que le Maréchal de la page 131 vienne après le Maréchal de la page 125, lequel proclame : « Ce qu'il faut avant tout, c'est empêcher la guerre d'éclater, ôter à l'adversaire possible l'envie, la tentation de vous la déclarer. Le meilleur moyen pour cela, le seul, est de posséder une frontière solide et une excellente armée » ? Foch et Clemenceau sont pleins de contradictions de ce genre. C'est une pareille indigence d'esprit qui est proclamée génie français par une presse d'illettrés et de pompiers. Quand on a laissé conclure la paix par ces fantômes à qui seul convient l'oubli, comment s'étonner de voir l'Europe encore armée jusqu'aux dents ?

Georges CANGUILHEM

PROLÉTARIAT, MARXISME ET CULTURE[a]

Libres propos (Journal d'Alain), décembre 1930

Il faut parler ici de ceux dont on parle peu. Non pas que le fait du silence autour signifie nécessairement valeur au dedans. Mais parce qu'il y a des raisons fortes pour que ce dont on se détourne soit bien plutôt ce qui déplait que ce qui semble insignifiant. Proudhon disait que la pensée d'un homme en place c'est son traitement[1]. Les livres d'E. Berl qui souhaitent et annoncent des déchéances menacent les hommes en place, et il est difficile à un homme d'être au-dessus de son traitement. Sans doute les pamphlets de Berl ont retenti comme des coups de feu, tels les premiers anathèmes de Proudhon. Peut-être est-ce le sort des coups de feu que les échos s'en perdent promptement, comme il en est des rides sur l'eau quand on jette des pierres dans les mares. Non plus cependant qu'une détonation n'est responsable des échos qu'elle éveille ou non, une pensée n'est responsable de l'accueil qui lui est fait. Assurément les réactions extérieures du public indiquent moins si la pensée est vraie ou fausse que si elle est on non conformiste, de bonne compagnie ou de cour d'assises. Mais la pensée peut à la fois être vraie et de cour d'assises, comme le *J'accuse* d'Émile Zola.

L'idée de Berl c'est que l'opposition sociale de la bourgeoisie et du prolétariat a un sens pédagogique qui est l'opposition de la culture et de l'encyclopédie, un sens méthodologique qui est l'opposition de la classification qualitative et du matérialisme quantitatif, un sens moral qui est l'opposition de la soumission hiérarchique et de l'exigence irrévérencieuse. Cette idée, dont ce n'est pas diminuer le mérite de l'auteur que de lui connaître quelques parrains, ne vaut pas seulement par les réclamations vengeresses qu'elle

a. Emmanuel Berl, *Mort de la Morale Bourgeoise*, N.R.F, 1930. – « Révocations » (dans *Europe* du 15 octobre 1930).

1. C'est dans la *Philosophie de la misère* que Proudhon écrit : « la science exige l'insurrection de la pensée ; or la pensée d'un homme en place, c'est son traitement ». Cette « forte maxime de Proudhon », citée par Alain dans un *Propos* du 12 mars 1914, est souvent reprise par Canguilhem.

inspire à Berl mais surtout par tout ce qu'elle permet de comprendre ou de mieux comprendre. On a pu lire ces temps derniers que des chômeurs belges avaient promené dans les rues de larges écriteaux demandant du travail ou le salaire. Cela veut dire je pense : nous avons faim, l'homme ne se nourrit pas d'espérances, il ne faut pas que les règles des quatre opérations servent seulement à maintenir des dividendes, nous savons que toute vie humaine vaut une autre vie et que tout signe d'équivalence suppose commutation et réversibilité, donc cessez de truquer les calculs ou passez la main. On répondra que le prolétariat ne pense pas tout cela et ne va pas si loin. On ne pourra cependant pas dire que mettre en question la distribution des richesses n'implique pas qu'on fait passer l'arithmétique avant le jeu de cartes et l'équation avant la réussite. Ce n'est pas tout à fait par hasard que fortune veut dire à la fois chance et richesse. Faire ses preuves et rendre des comptes c'est ce dont le riche ne peut entendre parler. Là est à mon avis la raison cachée de toutes les critiques, la plupart sophistiques, qu'on a faites à la théorie marxiste de la valeur. La valeur des objets mesurée par la quantité de travail, la mathématique venant à la rescousse de la justice, c'était à la fois trop clair et trop impératif. Tout ce qu'on a pu apporter d'objections là-contre (intervention de l'utilité, du désir, de la qualité, etc. dans la détermination du prix) se ramène en fin de compte à la défense de la hiérarchie et du prestige. Qu'on pense seulement au vocabulaire économique, aux appellations de travail qualifié et non qualifié. Celui qui ne sait offrir que la force de ses bras, s'il a des enfants, faudra-t-il qu'il les entende pleurer de faim, parce qu'on ne met pas le prix à sa force comme à l'art du peintre sur soie ? Ces questions sans doute ne sont pas faciles, encore faudrait-il ne pas les dénaturer.

Ce qui selon Berl les dénature, c'est l'idée bourgeoise de la considération. La bourgeoisie, selon Berl et sans doute selon la vérité, tient en deux mots, droit acquis et héritage. Ainsi s'explique, et sans y voir de machiavélisme, que la culture entendue comme prestige des langues anciennes et par-dessus tout du latin, langue des Codes et des Digestes, soit l'idéal pédagogique de la bourgeoisie. Berl voit dans la culture, en fait sinon en droit, moins une formation de l'esprit qu'un memento de mots de passe. Pouvoir dire à propos *Tu quoque, mi fili* et *Quousque tandem Catilina* c'est montrer qu'on est d'une classe ou qu'on a rapport avec elle. Ainsi la culture secondaire est moins un moyen d'universelle communion spirituelle que le *Sésame, ouvre-toi!* d'un certain milieu social. On voudrait pouvoir protester, surtout quand on vit de dispenser ladite culture (La pensée d'un homme en place...). Et pourtant qui donc a pu prendre au sérieux pendant une heure le métier d'examinateur au baccalauréat sans avoir le sentiment qu'il donne l'estampille à un incontestable faux-semblant? A quoi il faut ajouter pour être exact qu'avoir fait passer le brevet supérieur ne donne pas une impression plus réconfortante. Mais Berl dirait que les responsables de la forme actuelle de l'enseignement primaire sont précisément des secondaires. Ce qui n'est pas faux.

Inversement ce qui définit le prolétariat c'est qu'il n'a pas d'ancêtres, pas de portraits de famille, pas de tradition. On parle bien d'une tradition révolutionnaire mais on ne l'enseigne pas. Et de même que les petits arabes et les petits annamites ont pu apprendre à dire « Nos ancêtres les Gaulois » les petits des prolétaires apprennent l'histoire de Colbert, de La Fayette et de Monsieur Thiers mais peuvent tout ignorer de ceux que ledit Thiers fit fusiller. Cette substitution de généalogie relègue nécessairement le prolétaire au rang de bâtard. Donc tout prolétaire qui participe à la culture donnée sous sa forme présente trahit intellectuellement les siens. Et de là à l'autre trahison il n'y a qu'un pas. Le seul véritable enseignement digne du prolétariat serait un enseignement étranger à toute idée de hiérarchie, de dignité respective des disciplines, c'est-à-dire l'encyclopédie. Ainsi l'encyclopédie, en tant que méthode pédagogique, maintenant comme au XVIIIe siècle est, puisqu'elle est négation d'une hiérarchie de valeurs intellectuelles, le seul enseignement d'inspiration révolutionnaire. On voit par là revenir les mathématiques contre l'histoire, l'ingénieur contre l'archiviste, et finalement la revendication contre le respect.

Ce sont là, à n'en pas douter, des idées importantes et qui permettent d'expliquer beaucoup. Il en est de même pour une idée corrélative de celle d'encyclopédie, l'idée du matérialisme entendu comme méthode, « une certaine manière de s'orienter dans la jungle des causes et une certaine manière de poser ou de ne pas poser les questions ». C'est-à-dire d'expliquer les faits, les actions par les causes plutôt que par les fins, par les conditions plutôt que par les intentions. « Le comportement d'une personne nous surprend ? Considérez, en premier lieu, l'état de son corps et l'état de sa bourse. Il sera temps, après, de voir plus loin ». On ne mange pas parce qu'on a faim seulement, mais aussi parce qu'on a à manger, ou si alors on ne le fait pas, il faut chercher du côté du corps. Là-dessus on peut méditer selon Rabelais (IV, 57) et le fameux *Et tout pour la tripe!* Lucrèce, Montaigne, Molière, Marx sont cités par Berl comme esprits d'une même lignée, celle qui vise d'abord aux conditions terrestres de l'existence humaine, sinon pour justifier l'homme du moins pour l'expliquer. Lignée dans laquelle je regrette personnellement de ne pas voir figurer Descartes[a]. Il est vrai que Descartes est bien réservé et qu'ayant comme peut-être on ne fit jamais travaillé à la déchéance des valeurs de hiérarchie, il sut refuser jusqu'à l'apparence d'un révolté. Le matérialisme ainsi entendu est de ces idées qu'on peut projeter hardiment sur les choses et sur les hommes. Qui rendent, et qui font mesurer toute la différence qu'il y a d'un homme à un pantin. Quand on lit, dans Napoléon : « A la guerre, c'est de souliers qu'on manque toujours » (Lettre à Eugène, 16 sept. 1805), on a beau juger comme on voudra Napoléon au regard de la justice, cela change de *Sambre et Meuse* et de M. Henri Lavedan[b].

(A suivre)[1]

TANT QUE JE SERAI LÀ …

Libres propos (Journal d'Alain), décembre 1930

(Une place revient de droit dans ces Cahiers aux si justes et si courageuses paroles de Léon Blum par lesquelles, retrouvant la pure inspiration socialiste d'avant-guerre et comme l'accent de Jaurès, il définit le devoir de tout homme libre et pacifique devant le vertige et l'obsession guerriers. Voici enfin dévoilé, contre les sophismes des passions de violence et de nationalisme, le remède aux entraînements collectifs. Dire non. Qu'attend *La Ligue des Droits de l'Homme* pour exiger de chacun de ses adhérents le serment de s'approprier le mot de Briand : Tant que je serai là, il n'y aura pas de guerre. – G. C.)

a. « … et que même les histoires les plus fidèles si elles ne changent ni n'augmentent la valeur des choses, pour les rendre plus dignes d'être lues, au moins en omettent-elles presque toujours les plus basses et moins illustres circonstances ; d'où vient que le reste ne paraît pas tel qu'il est, et que ceux qui règlent leurs mœurs par les exemples qu'ils en tirent sont sujets à tomber dans les extravagances des paladins de nos romans, et à concevoir des desseins qui passent leurs forces ». – (*Discours de la Méthode*, 1re partie).

« … et même l'esprit dépend si fort du tempérament et de la disposition des organes du corps que s'il est possible de trouver quelque moyen qui rende communément les hommes plus sages et plus habiles qu'ils n'ont été jusques ici, je crois que c'est dans la médecine qu'on doit le chercher ». – (*Discours de la Méthode*, 6e partie).

b. « Le rire des tranchées, le rire des soldats, c'est un rire exceptionnel, merveilleux qui ne ressemble à aucun autre. Il apaise la faim, il trompe la soif, il rassasie et désaltère quand on a rien que du Boche à se mettre sous la dent et au creux de l'estomac. Qui rit dîne, et le tour est joué ». – (*L'Intransigeant*, 31 octobre 1914, cité dans les *Libres Propos* d'avril 1930, au Sottisier).

1. Cf. *infra*, p. 332-335.

TANT QUE JE SERAI LÀ, IL N'Y AURA PAS DE GUERRE.

« La propagande nationaliste tend visiblement à placer l'opinion publique devant la perspective d'une guerre possible ou probable ; tous les faits qu'elle rassemble et qu'elle exploite concourent à cette sinistre menace, et sa manœuvre a déjà réussi en quelque mesure. Combien de fois, depuis ces dernières semaines, n'avons-nous pas entendu la question posée avec épouvante autant qu'avec bonne foi : « Croyez-vous vraiment à la guerre ? ... Aurons-nous la guerre au printemps prochain ? ». Or, si les difficultés qui agitent aujourd'hui l'Europe sont réelles, nous devons rejeter totalement de notre esprit, nous devons rejeter totalement de l'esprit de ceux qui nous écoutent, que ces difficultés puissent, en aucun cas, conduire à la guerre. La guerre ne sera pas ; et elle ne sera pas si nous ne voulons pas qu'elle soit.

« Voilà ce qu'oublient les Franklin-Bouillon, les Louis Marin[1] et la presse de réaction qui fait chorus avec eux chaque matin, et la majorité gouvernementale qui, dans le fond, les approuve. Voilà ce qui rend leur campagne si pernicieuse et si coupable. La guerre a des causes multiples, et de tout ordre : économiques d'abord, historiques, politiques, personnelles. Mais cet immense phénomène de psychologie collective dérive aussi de causes psychiques. Elle devient possible dès que la masse de l'opinion la croit possible. L'expérience de 1914 nous a instruits qu'elle devenait inévitable et fatale dès qu'elle était conçue, admise, comme inévitable et fatale. Les hommes ont parfois le sentiment qu'ils descendent vers la guerre par une pente irrésistible ; mais cette pente est celle de leur esprit autant que celle des événements.

« La position socialiste est donc d'éclaircir et de débattre au grand jour les faits de toute nature qui contiennent des risques de litiges entre nations, mais en écartant de façon absolue l'idée que ces litiges puissent trouver leur solution dans la guerre. Cette attitude comporte un effort pratique pour acheminer les litiges prévus vers les solutions pacifiques, mais elle comporte aussi au préalable une résolution d'ordre théorique et général : celle d'opposer une fin de non recevoir catégorique à la possibilité même de toute guerre. Chaque homme peut répéter, pour sa faible part, ce que Briand déclarait un jour à Genève : « Tant que je serai là, il n'y aura pas de guerre ! Ce n'est pas un vœu de sentimentalité débile ; c'est une affirmation virile de volonté ».

Léon BLUM (*Le populaire*, 19 nov.)

« La guerre, je ne veux pas analyser en ce moment les causes possibles, et je ne veux pas faire un tour d'Europe pour vous désigner ici ou là un foyer particulièrement actif ou particulièrement dangereux, la seule chose que je veuille vous dire, c'est que le plus grand risque de guerre dans le monde, c'est d'y croire. Ce que je veux vous dire, c'est que la guerre devient possible dès que les masses ont admis dans leur conscience et dans leur pensée l'idée qu'elle était possible, et l'expérience de 1914 nous prouve ceci : c'est qu'elle devient inévitable et fatale à partir du moment où on l'a considérée,

1. Henry Franklin-Bouillon (1870-1937), membre de l'aile droite du Parti radical, qu'il quitte en 1927 pour créer son propre parti. Sur Louis Marin, cf. *supra*, p. 180, n. 1.

où on l'a admise comme inévitable et fatale. Mais aujourd'hui ce sont des paroles de confiance que je veux vous faire entendre.

« Je suis convaincu, c'est le grand changement que la guerre a apporté dans le monde, qu'il y a aujourd'hui dans le monde, même en dehors de nous, socialistes, des millions et des millions d'hommes chez qui l'approche véritable du danger, la perspective du danger comme proche et tangible, éveillerait, susciterait des réflexes de défense, d'interdiction définitive, dont nous ne pouvons pas mesurer nous-mêmes encore la portée.

« Je crois qu'il y a maintenant des millions d'hommes chez qui l'on sentirait ce que les uns et les autres en 1914 nous avons senti chez Jaurès et ce que nous ne pouvons pas nous rappeler sans un émoi religieux qui nous transporte : la résolution invincible de ne pas admettre cela non seulement comme nécessaire, mais comme possible, cette résolution invincible de faire corps, de faire barrière de tout soi, de toute son action, de toute sa personne, de sa vie même s'il le faut, mais d'empêcher à tout prix et quoi qu'il en coûte, le fléau de passer, même sur son propre corps ».

Léon BLUM (Discours prononcé à Limoges le 9 novembre)

HUMANITÉS ET MARXISME – PROLÉTARIAT, MARXISME ET CULTURE[a]

Libres propos (Journal d'Alain), janvier 1931

En conséquence de ses idées Berl s'indigne qu'un enfant dit cultivé puisse ignorer le fonctionnement d'un gazomètre et sache l'histoire de Mucius Scævola[1]. C'est une boutade qui veut être symbolique. Je me permets de penser qu'elle est inexacte. Un enfant élevé au lycée peut savoir ce que c'est qu'un gazomètre et bien d'autres appareils industriels. On le lui apprend. Et si l'on peut dire que cela fâche les marchands d'histoires à la Scævola, si l'on peut dire que la transformation de l'enseignement dans le sens scientifique obligatoirement est mal vue, qu'elle n'a de causes qu'intéressées, cette transformation existe et il faut en tenir compte. La vérité c'est que les enfants du lycée ne savent proprement rien, pas plus la fondation de Rome que le travail de l'acier. Cela vient de ce qu'on s'est bien gardé de leur expliquer en quoi une connaissance par ouï-dire diffère d'une constatation expérimentale

a. Voir les *Libres propos* de décembre 1930, p. 584. [Cf. *supra*, p. 327-330].

1. Caius Mucius Scaevola (fin VIe av. J.-C.), héros de la guerre des Romains contre les Étrusques.

ou d'une démonstration mathématique. On s'est bien gardé de les prémunir contre la crédulité niaise, de leur apprendre l'investigation et l'examen critique. Théoriquement on doit le faire en philosophie, mais c'est déjà un peu tard, et du reste la plupart des lycéens ignorent que la philosophie ne s'identifie pas avec Ribot ou Durkheim[1].

Ce que je reprocherais plus précisément à l'enseignement secondaire, c'est son esprit dogmatique et de confondre instruction et culture et de donner la seconde comme la première. J'appelle instruction l'enseignement qui met à même de connaître le dernier et le plus récent résultat de la science et de la technique. Elle correspond à un genre de connaissance sans ancêtres, sans erreurs, sans tâtonnements. En ce sens l'instruction manque à beaucoup et il est inacceptable que beaucoup d'hommes subissent leur vie comme une fatalité au lieu de la comprendre. Inversement la culture suppose connue l'histoire des arts, des sciences, des techniques, des institutions. La culture correspond à l'accumulation successive, exactement comme l'instruction correspond à l'intégration progressive. L'ingénieur peut ignorer les modes de traction que l'automobile a remplacés, mais il est important humainement de savoir pourquoi ce sont des hommes qui faisaient les charrois pour la construction des Pyramides. Ce que je reproche précisément à l'enseignement secondaire, c'est de donner la culture sous forme d'instruction dogmatique au lieu de la donner sous forme de réflexion critique. Un élève sortant de première n'a pas lu de Pascal les *Discours sur la Condition des grands* ou la section V des *Pensées* et toute la force de Pascal est perdue pour lui, mais il sait dogmatiquement et sottement que Pascal est janséniste, sans pouvoir prononcer si oui ou non Escobar[2] est une fripouille. La culture ne peut pas être générale, elle ne peut être que totale. Et comme il est impossible qu'elle le soit jamais matériellement, elle doit l'être formellement c'est-à-dire qu'elle doit être jugement avant d'être mémoire. Berl cite Lucrèce, Montaigne, Molière, Diderot, Marx. Qu'il le veuille ou non, c'est dans les auteurs qu'il trouve un soutien à sa pensée, comme tout homme. La culture, c'est la pensée qui s'éprouve en se formant par l'aide d'hommes pris pour exemples sinon pour modèles. L'encyclopédie peut être un excellent procédé d'instruction, mais

1. Théodule Ribot (1839-1916), philosophe et psychologue français, auteur de toute une série de livres sur *Les maladies de la mémoire* (1881), *de la volonté* (1882), *de la personnalité* (1885). Il a fondé la psychologie pathologique sur l'idée qu'il n'y a pas de différence de nature entre les états pathologiques et les états normaux. Les références à Ribot, comme à Durkheim, sont toujours négatives chez Canguilhem, du début à la fin de son œuvre.

2. Antonio Escobar y Mendoza (1589-1669), prêtre jésuite espagnol, critiqué par Pascal dans *Les Provinciales*.

peut-elle former la pensée ? On peut être instruit et intelligent dans son métier, sot dès qu'il s'agit de juger d'un problème humain. En dehors du métier les hommes pensent le plus souvent par lieux communs. C'est la force de la religion qu'elle donne aux hommes des solutions toutes faites pour les cas où ils ne peuvent inventer. Faiblesse aussi. La culture ferait bien mieux qui apprendrait à l'homme qu'il peut toujours inventer, car enfin la culture est faite de la succession de ceux qui ont pensé.

Cela implique qu'on reconnaît une valeur au jugement humain, postulat au fond individualiste que Berl dit ne pouvoir accepter. Berl ne croit pas à l'individu. Et pourtant c'est lui, Berl, et non un autre, qui pense, qui écrit, qui effraie, qui anime *Monde*, qui demande dans *Europe*, comme Alain dans *Mars*, un pur Non à la guerre. Alors ? Chose étrange à mes yeux que l'on se serve comme levier de ce que l'on nie. Pourquoi alors ne pas admettre que le jugement individuel, formé par la culture contre les lieux communs, est la seule force contre les forces. Berl pense que c'est seulement la classe bourgeoise qu'a exprimée Pascal en parlant de l'opinion reine du monde. Je ne suis pas loin de penser que Pascal, précédant là-dessus A. Comte, a exprimé la société dans son essence. Berl lui-même pense-t-il autrement quand il dit que l'essentiel du bellicisme est la confiance qu'on a dans le pouvoir de la guerre ? Pour en revenir au prolétariat, la bourgeoisie prend-elle autre chose dans la distribution de la richesse que ce que le prolétariat croit devoir lui laisser ? Cette opinion, c'est l'opinion de la bourgeoisie reflétée par le prolétariat ? Soit. Mais l'histoire de la classe ouvrière au XIXe siècle n'est-elle pas l'histoire de la prise de conscience par le prolétariat de l'opinion directement contraire, née des analyses de Marx. On ne peut pas, humainement, connaître un mécanisme et agir comme si on ne le connaissait pas.

Auguste Comte écrivait en 1844 : « Assurer convenablement à tous, d'abord l'éducation normale, ensuite le travail régulier ; tel est, au fond, le vrai programme social des prolétaires. » (*Discours sur l'esprit positif*). Il n'y a pas en 1931 un mot à changer à ce programme. Ni l'éducation des prolétaires n'est normale, ni leur travail régulier. Je ne crois pas non plus qu'il y ait un mot à changer au programme d'éducation populaire tel qu'il est esquissé dans le *Discours sur l'ensemble du positivisme* (3e partie). Une première éducation, sous la direction familiale, comprend l'éducation physique jusqu'à la seconde dentition ; l'éducation est ensuite esthétique (poésie, musique et dessin) durant les sept années comprises entre la seconde dentition et la puberté, cette culture esthétique est inséparable de l'étude des langues vivantes, au moins celles des pays limitrophes. Telle est la première éducation positive. La seconde éducation consiste à assimiler l'essentiel de la hiérarchie encyclopédique des sciences; deux ans d'initiation mathématique-astronomique, deux ans d'initiation physico-chimique. Un an d'études biologiques. Un an de synthèse sociologique. Ces deux dernières années comprenant l'initiation au latin et au grec et aux théories historiques. Cette seconde éducation positive est inséparable de l'apprentissage industriel. On a le droit de juger que ce programme ne sacrifie ni l'instruction ni la culture, et ne pose pas d'opposition entre prolétariat et humanité. Disons pour être exact qu'Auguste Comte est généralement tenu pour fou.

On ne peut pas faire difficulté pour reconnaître que la culture telle qu'on a tenté ici de la définir n'est pas celle que conseillent les Plans d'études, n'est pas celle que donnent des professeurs pour qui la toge et l'épitoge constituent un insigne inséparable de la fonction. Il y a malgré tout quelques professeurs qui pour seize ou vingt-six mille francs par an essaient de donner à leurs élèves une culture qui soit humaine au sens fort du mot avant d'être secondaire. Ils croient cyniquement pouvoir prouver le mouvement en marchant. Etrange prétention que de prendre sur soi d'essayer. Bref, si l'on a une foi, il faut lui sacrifier, vaille que vaille. J'approuve entièrement la clairvoyance qui fait voir dans le matérialisme la seule vraie méthode. Mais je ne puis penser que le matérialisme puisse proposer une fin. Le matérialisme n'est pas une doctrine. J'avoue ne connaître qu'une doctrine et qu'une foi, qui est en la pensée. Je ne pense pas méconnaître Marx. Mais je ne puis oublier Comte.

G. CANGUILHEM

LA GUERRE ET LA PAIX – LE DISCOURS DE M. PAUL VALÉRY AU MARÉCHAL PÉTAIN[1]

Libres propos (Journal d'Alain), février 1931

A Monsieur Paul Valéry,

Vous êtes bien toujours, Monsieur, la « grande âme » par vous-même chantée dans *Sémiramis*[2]. Il vous faut dominer. Vous avez comme voulu vous faire absoudre du commerce que l'Académie vous impose avec la platitude de

1. Dans sa « Réponse au remerciement du Maréchal Pétain à l'Académie française », le 22 janvier 1931, Valéry avait surtout crédité Pétain d'avoir découvert que « le feu tue ». (*cf.* P. Valéry, *Œuvres*, Paris, Gallimard La Pléiade, 1957, t. I, p. 1098-1128.

2. Canguilhem fait ici allusion à « l'Air de Sémiramis » publié dans *l'Album de vers anciens* de Valéry, paru en 1920, qui inspirera le mélodrame en trois actes de *Sémiramis*, de 1934, sur une musique d'Arthur Honegger.

Doumic, le camail de Baudrillart et quelques monocles hors le vôtre[1]. Vous vous êtes élevé au-dessus de tous ceux dont votre mépris n'avait pas su vous écarter. Vous avez porté un coup au Maréchal. Et du coup vous avez l'approbation de toute une presse rebelle à la guerre, à l'Académie et à vos propres vers. Et voici qu'on parle pour vous d'un futur prix Nobel. A cela, Monsieur, nous sommes quelques-uns, d'ailleurs admirateurs et amis de votre œuvre, qui disons : Non.

Je conviens que le lieu et le passé du lieu où certains mots furent dits par vous leur donne écho du seul fait qu'ils ne sauraient y en trouver aucun. Sans doute l'Académie de Poincaré, de Barthou, de Lyautey, de Madelin, où Barrès et Foch ont laissé trace de leur séant, c'est, du monde, l'endroit où l'exécration de la guerre a le moins de chances d'être prise au sérieux ; et d'avoir là-dedans tenté d'abjurer la guerre, c'est une gageure[2]. Mais enfin les mots ont une valeur en soi. Avez-vous réellement abjuré la guerre ? Et que vaut votre discours pour la paix ?

Nous y lisons d'abord, Monsieur, une certitude absolue quant à l'origine du dernier conflit, un refus de la moindre réserve, une absolution définitive pour tout ce qui n'était pas le bloc géminé des Empires centraux[a]. Nul certes ne vous demandait de hâter le cours déjà précipité des jours poincaréens, de faire la plus légère peine à un Bergson déjà bien accablé. Non. Nous ne pouvions demander de vous qu'il nous fallût évoquer à votre propos un Romain Rolland. Mais un esprit de votre force aurait pu rappeler cette élémentaire règle du vrai que nul n'est jamais sûr d'avoir complètement raison.

Nous y lisons ensuite un couplet, après tant d'autres, sur la Patrie. Vous n'avez point voulu toucher à cette idole. Au contraire, vous apportez votre grain d'encens. Vous avez, assez verbalement du reste et tout académiquement, donné une expression recherchée à un sentiment certes très vif et pour quelques-uns sublime mais dont il ne vous a pas plu de dénoncer le poncif souvent intéressé et toujours meurtrier. Après un bain de sang comme Balzac

a. « On peut affirmer que l'idée de déclarer la guerre à quelqu'une des nations voisines ne s'est jamais présentée à un esprit français depuis 1870 … » Ô Boulanger, ô Déroulède, ô trublions innombrables de la *Ligue des Patriotes*… Quel affront !

1. René Doumic (1860-1937), historien de la littérature et critique littéraire, secrétaire perpétuel de l'Académie française. Le cardinal Alfred Baudrillart (1859-1942), de l'Académie française, se rallia par la suite à la Collaboration.

2. Louis Barthou (1862-1934), ancien président du Conseil, avait été élu à l'Académie française en 1918, Louis-Hubert Lyautey (1854-1934), qui n'était pas encore maréchal, l'avait été en 1912. L'historien Louis Madelin (1871-1956) fut élu à l'Académie en 1927. Maurice Barrès y fut élu en 1906. Ferdinand Foch, maréchal en 1918, fut élu la même année à l'Académie.

n'en avait pu voir, il y avait peut-être et courage et justice à évoquer un autre sentiment non moins sublime mais encore balbutiant. Vous pouviez prêter une voix à l'Humanité. Vous ne l'avez point fait.

Nous y apprenons avec certitude que vous n'êtes pas simple soldat. Ce soldat cartésien c'est une boutade. Cette absence d'automatisme dans notre armée, c'est une ironie. Demandez au Maréchal de vous réciter, entre deux séances du dictionnaire : « La discipline faisant la force principale des armées … que les ordres soient exécutés sans hésitation ni murmure … et la réclamation n'est permise à l'inférieur qu'une fois qu'il a obéi. » Quant à cet éloge de la répression de 1917, il écœurerait proprement si l'on était sûr que vous saviez en l'écrivant ce que Léon Werth vous apprend dans *Monde* : « Comptez-vous par cinq ! Le cinquième, sortez ! Savez-vous ce qu'on faisait du cinquième ? »[1]. Vous aviez une occasion unique d'analyser à ce propos ce que c'est que le mécanisme inhumain du commandement et d'expliquer que nécessité n'a pas de loi. Vous laissez croire à ces sophistes criminels que l'humanité peut être là où la guerre est.

Enfin, Monsieur, vous avez conclu par un jugement d'être extraterrestre, un trait à la Micromégas, au regard de qui nous ne serions qu'insectes. C'est sur la fatalité de notre sort que vous avez terminé. Il y a dans cette fin comme un son de couperet. Vous nous voulez séparés d'espérance. Que signifie alors votre condamnation de la guerre ? Et que peut nous valoir un retour sur nous-mêmes ?

Voilà, Monsieur, quelques-unes des raisons pour lesquelles nous nous permettons le désaccord dans le concert. « Plate, elle me murmure une musique telle… »[2]. Souffrez que nous vous rappelions qu'il y a une épée dans votre panoplie d'Académicien. Vous n'avez pas su, vous qui le pouviez, vaincre le symbole. C'est que votre devise est : « Faire sans croire ». Ne pas croire, assurément, est une force que tant d'autres n'ont pas, qui font. Mais on peut avoir une foi, qui n'est point croire. Vous n'êtes pas assez simple pour avoir la foi. Et le tragique, Monsieur, c'est que voilà une manière de compliment.

G. CANGUILHEM

1. Léon Werth (1878-1955), sympathisant anarchiste, qui fut le secrétaire d'Octave Mirbeau et l'ami de Romain Rolland. Engagé volontaire en 1914, il a fait un récit terrible de la guerre dans *Clavel soldat* (1917), dont Jean Norton Cru, auteur en 1929 du classique *Témoins. Essai d'analyse et de critique des souvenirs de combattants édités en français de 1915 à 1928*, disait qu'il était un « roman vrai » sur la guerre.

2. Extrait de « L'air de Sémiramis ».

DEUX EXPLICATIONS PHILOSOPHIQUES DE LA GUERRE : ALAIN ET QUINTON[a]

Libres Propos (Journal d'Alain), février 1931

Alain et Quinton se sont connus avant la guerre dans les cercles et sociétés philosophiques et se sont mutuellement appréciés. Deux libres esprits. L'un philosophe, juge sévère et scrupuleux peseur des notions. L'autre mathématicien, mais aussi savant observateur et théoricien de biologie. Tous deux en 1914 délivrés d'obligations militaires. L'un s'engage volontairement, l'autre est rappelé à l'activité sur sa demande. Tous deux artilleurs. Mais l'un finit brigadier, l'autre, lieutenant-colonel. Tous deux blessés sur le champ de bataille. Tous deux, dans le chaos du front ont fait ce que faisait tout homme ne renonçant pas à l'honneur de penser, ont voulu confronter avec la brutalité du fait les idées qui leur étaient chères. L'un et l'autre ont rapporté du combat un livre : Alain, *Mars ou la guerre jugée* (N.R.F. 1921) ; Quinton, *Maximes sur la Guerre* (Grasset, 1930). Occasion unique de comparer deux jugements vigoureux, à coup sûr, concernant le même Événement. Examinons.

Le fond de la doctrine exposée dans *Mars*, c'est l'idée même qui inspirait les lumineux Propos de la *Dépêche de Rouen* dans les années où l'on marchait à la guerre, à savoir que la guerre est *le sacrifice des meilleurs*, sinon préparé et voulu délibérément, du moins accepté, toléré, et, de ce fait même, accéléré et précipité par l'immense troupeau des pires, c'est-à-dire des faibles, des irrésolus, des ombrageux. Ce qui rend toute guerre inévitable, c'est le manque de foi en l'homme, en tout homme, aussi bien compatriote qu'ennemi, manque de foi qui est le propre de toute religion et de toute élite sociale, car elles en tirent, pour se rassurer sur leur propre mission, des raisons d'exhortation et de gouvernement qui ne sont au fond l'une et l'autre que mépris ; c'est ensuite cette sinistre comédie de l'honneur, à qui sa qualité de « national » confère cette inhumanité que ceux qui choisissent la défense déshonorante de l'honneur, déshonorante parce que mécanique, choisissent à proprement parler *entre leur honneur et la vie des autres* ; c'est enfin ce piège de la liberté, propre à l'homme, qui nous fait courir au devant de l'épreuve, nous la fait confirmer et assurer ce faisant, et nous y fait succomber, uniquement pour nous montrer à nous-mêmes que nous avons en nous de quoi la surmonter ; mouvement d'opposition humaine, purement humaine, nullement animale, par lequel notre espèce se découronne au moment même qu'elle s'accomplit ; mutilation amèrement et diaboliquement dérisoire, mais inévitable tant que les vieillards

a. Voir les *Libres Propos*, septembre 1930, p. 407-10, et novembre 1930, p. 533 [cf. *supra*, p. 324-325].

n'auront pas compris *qu'il y a des actions qu'on ne propose pas à un homme de vingt ans*. Tel est l'essentiel, il me semble, de la pensée d'Alain.

Cela implique, philosophiquement parlant, que la guerre n'est pas un fait de la nature, déterminé comme la couleur de notre peau; qu'elle n'a rien à voir non plus avec un Dieu dont elle suffirait au contraire à faire rejeter, si l'on pense rationnellement au lieu d'imaginer mythologiquement, la providentielle intervention dans nos agitations sur la planète; qu'il suffit d'une analyse, sans préjugé matérialiste ou spiritualiste, de la situation humaine pour l'expliquer sinon pour la justifier. C'est qu'en effet l'expliquer c'est refuser de la justifier, n'étant pas une fatalité sur laquelle on n'aurait pas prise, mais au contraire la mesure stricte de notre faiblesse à vouloir, de notre abdication dans un domaine où justement il est de notre devoir de gouverner. Un tel fait, comme sans doute tout autre fait d'ordre humain, et par exemple l'injustice sociale, n'est ainsi que la traduction évidente de ce que nous ne faisons pas. L'orage qui nous emporte, c'est nous qui l'avons laissé s'amonceler. Cela ne revient pas à nier systématiquement la part des nécessités, notamment d'ordre économique, ou capitaliste comme on voudra dire; elles sont assez visibles d'elles-mêmes. Mais la pensée d'Alain sur ce sujet (voir notamment *Les Idées et les Âges,* chap. III, § 4 et 5) c'est que l'économique se trouve soumis au politique mieux qu'on ne veut dire d'ordinaire, que par exemple bien des injustices de l'ordre ou plutôt du désordre capitaliste ne durent que par leur subordination à l'organisation de prestige dont la guerre occupe le centre, et bref que le ressort des rapports humains est d'opinion. « Venez donc une bonne fois à apercevoir que la guerre est un fait humain, purement humain, dont toutes les causes sont des opinions » (*Mars*, p. 161). Si ces vues sont fausses, ou simplement faibles, c'est à chacun de le savoir en examinant froidement la situation européenne actuelle, et en se demandant si le chaos économique présent, mathématiquement prévisible d'après cette idée qu'on ne détruit pas impunément tout ce qu'on a détruit, ne pouvait être sinon évité du moins réduit par une moins vaine recherche de prestige, par un moindre attachement à des mots tels que : victoire, sécurité, vigilance, souvenir, mission nationale, etc. Mots magiques, vides comme toute magie. Opinions.

Chez Quinton, un autre son et un autre ton. Non plus des analyses patientes et finalement toujours perçantes, mais des maximes condensées, qui cherchent à frapper plutôt qu'à éclairer. Une forme qui sent le commandement et le rappel à l'ordre. Voilà pour le ton. Voici pour le son. L'idée essentielle, c'est que la guerre est un fait de nature; elle est l'état naturel des mâles. Oubliant qu'il fut jadis l'adversaire du transformisme darwinien par ses lois de constance biologique, Quinton reprend une idée de Darwin, déformée et hypertrophiée par Spencer (qui substitua comme on sait la notion de triomphe du meilleur à celle de l'élimination des faibles) : l'idée de la sélection naturelle, notamment dans la mesure où elle est liée aux phénomènes de la reproduction sexuelle. Le mâle est le serviteur de l'espèce par la lutte qui l'oppose aux autres mâles. La guerre est un chapitre de l'amour. Les peuples qui aiment la guerre sont les peuples mâles. A tout moment revient cette identification de l'homme à l'animal. On aura beau multiplier les vues théoriques et platoniques contre la guerre, les cerfs continueront à bramer dans les bois (p. 32), c'est-à-dire les hommes continueront à s'égorger. L'homme vrai, le héros, c'est le bélier ou le bouc, c'est-à-dire le mâle dans l'affirmation la plus impulsive de sa sexualité (p. 135). Comme la guerre est l'état naturel, le héros, le guerrier, est un produit de la nature. Le héros est prédestiné, il est créé par la nature pour servir, il n'a donc en soi nul mérite (p. 35). Il est le mâle né. Il n'a pas plus de mérite à mourir, que la femelle n'a de mérite à enfanter. Elle est née pour porter, comme l'homme pour combattre. On devine ainsi la conséquence politique de cette théorie, et comment le droit revient lui aussi à un fait de nature, c'est-à-dire à la force. Je veux ici textuellement citer : « Dans le droit des gens, avoir possédé donne titre de possession. C'est par l'honneur du droit des bêtes que m'appartient ce que je tiens dans la gueule, et que mon or ou ma femme ne sont à moi qu'autant que je lutte chaque jour pour les conserver. Il en est ainsi des frontières entre peuples » (p. 132, note 2). Cela dit, plus rien n'étonnera dans les maximes suivantes : « La haine est la grande affaire de la vie » (p. 27) et « Tu n'as pas à comprendre les peuples, tu n'as qu'à les haïr » (p. 133).

Certes, si la force de pensée peut lui venir des sujets qu'elle traite, voici une doctrine sans faiblesse et sans affèterie. On sait que ce fut un lieu commun de reprocher aux Allemands d'avoir divinisé la guerre. Divinisée au-delà du Rhin, naturalisée en-deçà, elle nous montre même visage. Hideux visage, et de l'aveu même de Quinton : « La figure du mâle qui combat est hideuse » (p. 27). Mais d'être sans faiblesse quant à ses prétentions il ne suit pas que cette pensée soit sans faiblesse quant à sa manière de prétendre, c'est-à-dire quant à son ordonnance interne, ce qui reste bien en définitive la pierre de touche d'une pensée. Ici une large fissure se montre en ce système combatif. Même à ne considérer que les théories qui précèdent, comment ne pas sentir immédiatement la contradiction qu'il y a à vouloir glorifier un fait ? Un fait est un fait. Et tous les vainqueurs le savent bien, qui veulent que ce soit le droit qui l'ait emporté avec eux, et non seulement l'avantage du nombre. Si la guerre est un fait de nature, si le héros est une force de la nature, il faut en finir avec l'idéologie propre à la guerre, valeur, justice, droit, sacrifice. Il n'y a point de moralité dans un cyclone. Pourquoi aussi haïr, mépriser l'ennemi, s'il est mâle et guerrier au même titre que moi ? Comment mépriser celui qui est ce que je suis ? Et s'il n'y a point de dépréciation d'autrui, à quoi bon la guerre ?

Mais Quinton ne s'en tient même pas à ses premières propositions. Et là est la seconde contradiction qui n'est plus de l'idée, mais de l'auteur. Car il explique aussi de la guerre qu'elle est une passion de l'âme ; que l'idéal est un prétexte à tuer ; que les idées mènent le monde. Il dit du héros que son courage est fait de l'assurance du non-danger, de la certitude de survivre, d'un calcul exact de probabilités. Tout cela qui définit le héros, et on voit en quoi c'est l'humaniser, forme les éléments du mérite (p. 183), alors que le héros ailleurs (p. 35) n'avait pas de mérite. Enfin, comme comble, voici l'homme avide de sa propre estime (p. 90). On se demandera comment un être qui ne compte que pour l'espèce, qui est par ailleurs défini comme fétu dans le tourbillon vital, peut avoir ce luxe de réflexion sur soi, quand il n'existe pas pour soi. Et décisivement, comment interpréter ce jugement d'ailleurs pathétique : « On n'est jamais sûr, au pied d'une tombe, d'avoir fait tout son devoir. Il est délicat de survivre. Les morts sont des remplaçants. » (p. 72) La voilà bien cette épreuve morale, de soi à soi, de laquelle nul homme, dans la mesure où il est juste et donc sévère, ne sort absous. Le voilà bien le ressort de l'héroïsme. Mais où est maintenant l'animalité ? « Tout sentiment tendre est refoulé aussitôt, et même toute sagesse, dès que l'on peut soupçonner que la peur s'y cache. Car la honte est un mal cuisant », ainsi dit Alain (*Mars*, p. 77) que Quinton a sans le vouloir ramené ici. Ce livre contradictoire finit sur un passage où Quinton, dans cette folle entreprise d'égaler l'homme à l'animal, arrive à faire, à propos de sa jument, une psychologie tout humaine, et parle du libre-arbitre, du savoir et de la réflexion des chevaux ? Pour qui sait de Quinton qu'il fut l'astucieux et piquant dénicheur du truc mathématique par quoi l'on voulut donner figure de calculateurs aux chevaux d'Elberfeld, il y a de quoi sourire et s'instruire[1].

Il n'y a point de psychologie qui ne s'achève en morale, point de proposition théorique qui ne fonde une leçon. Or à ce point de vue, et outre leur différence de valeur intrinsèque mais plutôt peut-être par cela même, les deux livres sont loin d'être à l'alignement. Pacifiques, nous voyons ce que nous avons à tirer du livre sévère d'Alain, quelles que soient par ailleurs nos

1. Ces « chevaux savants » étaient censés effectuer des opérations arithmétiques complexes. Dans la séance du 13 mars 1913 de la Société française de philosophie, le psychologue Édouard Claparède a exposé sa visite au laboratoire de Krall, à Elberfeld, où avaient lieu ces expériences. Lors de la discussion, Quinton démonte le mécanisme du truquage, alors que Claparède est beaucoup plus crédule.

opinions politiques ou syndicalistes : une leçon de jugement, de volonté et de résistance à l'aveuglement collectif, à l'astuce des pouvoirs ; une leçon de foi en l'homme, en tout homme ; un appel au refus de l'esprit, à l'impiété devant la guerre. Mais, guerriers, que tirerions-nous du livre exalté de Quinton ? La suffisance agressive d'être des mâles, la certitude de notre supériorité ? Mais nous n'y pourrions rien. Laisserions-nous alors les armes nous tomber des mains, comme le vainqueur désarmé par sa victoire même ? Après Schopenhauer, après Nietzsche, après Bergson même, c'est encore une fois la philosophie de la Vie qui fait faillite, dans les *Maximes* de Quinton.

G. C.

DÉSARMEMENT. – UN DISCOURS DE TRAVAILLISTE

Libres propos (Journal d'Alain), mars 1931

Henderson, ministre anglais des affaires étrangères et ancien ouvrier mouleur, a osé dire ceci devant le Conseil de la S.D.N. qu'il présidait[1] :

« … En parlant de Désarmement, en se prononçant contre l'anarchie militariste du passé, on ne parle pas seulement au nom d'un gouvernement, mais au nom des millions de ceux qui ne peuvent faire entendre leurs voix, et qui ont mis tout leur espoir dans cette œuvre essentielle de la Société des Nations… Tous les membres de la S.D.N. sont liés à une politique de désarmement collectif par des obligations solennelles… Si ces obligations n'étaient pas accomplies, un doute naîtrait dans les esprits sur la réalité de nos intentions pacifiques… Au surplus, les pactes et engagements de toutes sortes signés dans les dernières années doivent entraîner nécessairement une limitation et une réduction des armements. Et cette politique s'impose en outre assez vivement en présence de la crise économique et sociale… Chômage, pauvreté, misère, et par surcroît insécurité politique… il n'est pas vrai que les temps présents ne soient pas favorables à une restriction d'armements. S'il y a danger, il n'est pas dans un risque immédiat de guerre, mais précisément dans un échec de la politique de désarmement, qui seul pourrait nous ramener à la situation d'avant 1914. Déjà s'esquisse une renaissance des vieux systèmes d'alliances… Sans hésitation, je déclare, et au nom de mon gouvernement, que nous ne voulons connaître d'autres alliances que celle qui repose sur le Pacte lui-même, à savoir la grande alliance mondiale contre la guerre et contre les armements qui la préparent. Je le déclare : ne sont amis du gouvernement et du peuple britanniques que ceux qui veulent travailler avec eux à remporter la victoire du Désarmement… » – (Genève, 20 janvier 1931).

1. Nevile Henderson (1882-1942) sera ambassadeur de Grande-Bretagne à Berlin de 1937 à 1939 et prônera alors une politique d'apaisement très favorable à Hitler.

Le budget français de la guerre

S'il y a un fait réellement inquiétant et gros de dangereuses conséquences, c'est le décalage évident, indiscutable, entre d'une part les déclarations publiques du gouvernement français dans lequel Briand continue à garder la direction des Affaires étrangères, et d'autre part la pratique que ce même gouvernement impose comme non contradictoire avec ses déclarations. Jamais ne s'est mieux affirmée l'incohérence logique et par suite l'inefficacité positive d'une politique de paix qui ne veut pas se prononcer courageusement entre Briand et Maginot, entre la paix et la guerre[1]. Peut-être cette opposition des personnes est-elle symbolique de cette insuffisante probité qui habite tous les partis, le socialisme y compris, qui rend le centre et même la droite favorables du bout des lèvres à une procédure pacifique, qui empêche les radicaux de se prononcer entre un Herriot[2] sentimentalement patriote et un Daladier hostile à l'État-Major, qui détourne les socialistes d'opter entre un Paul-Boncour scandaleusement polonophile et un Blum résolument partisan du seul désarmement qui ait un sens, le nôtre d'abord, en partie, mais immédiatement. Mais cette division même des partis n'est-elle pas celle qui habite un peu tout individu, tout citoyen qui veut et qui ne veut pas, qui est partisan des sacrifices, mais de ceux des autres avant les siens, qui voudrait acheter la paix sans payer ? Il faudrait en finir avec cette attitude de faux-monnayeurs. Ou bien la paix, et alors la payer ce qu'elle vaut, cher, très cher, jamais trop. Ou bien la guerre et alors en accepter clairement et l'initiative et les résultats. Si c'est pour la paix par tous les moyens, il faut voir que c'est contre la guerre par tous les moyens. Or contre la guerre par tous les moyens se traduit par : *contre tous les moyens pour la guerre*. La discussion du dernier budget français de la guerre, par ce qu'elle révèle de folle prodigalité en un temps où des hommes ont faim, par ce qu'elle traduit d'injuste et sotte suffisance en un temps où plus que jamais le droit se révèle fait d'insuffisance et de compromis, et, chose plus grave, par l'apathie qu'elle a traduite de la part de l'opposition, cette discussion nous ouvre enfin les yeux sur une vérité que la guerre aurait dû apprendre à ceux qui l'ont faite : *le pacifisme c'est d'abord l'antimilitarisme*, qu'on entende ce mot comme l'on voudra. Cette solution n'est pas élégante, c'est

1. En 1931, dans les deux gouvernements de Pierre Laval, Aristide Briand est ministre des Affaires étrangères et André Maginot est ministre de la Guerre.

2. Sur Herriot, cf. *infra*, p. 454, n. 1.

pourquoi il faut s'y tenir. Le pacifisme n'est pas que l'antimilitarisme, mais il ne peut pas ne pas être *d'abord* cela[a].

Georges CANGUILHEM

Une doctrine qui ne joue pas sur les mots

A la suite d'une remarquable série d'articles concernant les problèmes de la paix parus en décembre dans *Le Populaire*, Léon Blum a, dans le même journal, esquissé le résumé d'une vigoureuse et courageuse doctrine à propos de l'initiative du désarmement :

« ... Au point ou nous en sommes, j'espère avoir établi ou, pour être plus modeste, je me suis efforcé d'établir :

« Que le Désarmement général était la condition, ou tout au moins, l'une des conditions essentielles du maintien des clauses particulières de Désarmement inscrites dans les Traités de Paix ;

« Qu'il était la condition, ou tout au moins l'une des conditions essentielles de la révision pacifique de ces mêmes Traités, de leur adaptation progressive et amiable à la vie normale de la communauté européenne ;

« Qu'il était la condition, ou tout au moins l'une des conditions essentielles de l'organisation économique de l'Europe sur un plan unitaire ou harmonique ;

« Qu'il était la condition, ou tout au moins l'une des conditions essentielles de la création d'une force armée internationale ;

« Qu'il était la condition, ou tout au moins l'une des conditions essentielles du fonctionnement certain de l'arbitrage et de l'exécution des sentences arbitrales, c'est-à-dire du règlement juridique des conflits internationaux.

« Prenant à la fois la sécurité dans son sens matériel : suppression de toute possibilité de guerre, et dans son sens psychologique : suppression de toute crainte, de toute méfiance, de toute appréhension relative à une guerre possible, j'ai donc établi, ou je me suis efforcé d'établir que la sécurité supposait une Europe désarmée et consistait essentiellement dans le fait même du Désarmement. La formule contenue dans notre dernier programme électoral : Sécurité par l'Arbitrage et le Désarmement, se trouve donc justifiée.

a. Ce n'est pas le récent discours du colonel Van Heems, prononcé à Montpellier devant des soldats, qui nous fera changer d'avis. Voir à ce sujet *l'Éclair* de Montpellier du 26 février et *Le Canard Enchaîné* du 11 mars. Il sera reparlé ici même de ce discours [1].

1. Dans cette allocution portant sur le film tiré d'E. M. Remarque, *A l'Ouest rien de nouveau*, dont il demande l'interdiction en France, ce colonel commandant un régiment à Montpellier aurait justifié la guerre à partir d'arguments tirés de Maistre et de Quinton et fustigé les « germains » belliqueux et menteurs qu'il oppose aux courageux « latins ».

« La nature et la direction de l'effort à accomplir étant ainsi déterminées, le problème se limite à la recherche des moyens, et, comme on dit aujourd'hui, des « modalités ».

« J'énoncerai, à cet égard, une opinion qui m'est personnelle et qui ne doit engager absolument que moi seul. Je pense, pour ma part, que, dans les dispositions morales où la Guerre avait laissé les peuples d'Europe, il était possible à une grande nation de prendre l'initiative du Désarmement intégral. Qu'on m'entende bien : je ne parle pas du projet, de la proposition, mais de l'acte même. Je pense que si une nation s'était ainsi offerte, qu'elle eût d'elle-même jeté ses armes, sans convention préalable avec les autres États, sans stipulation de réciprocité, elle n'aurait, en réalité, couru aucun risque, car le prestige moral qu'elle aurait conquis l'aurait rendue inattaquable, invulnérable, et, parce que la force de l'exemple donné par elle aurait contraint tous les autres États à le suivre. Je crois, en cette matière comme en beaucoup d'autres, à la vertu de l'exemplarité. Cela était certainement possible dans les années qui ont immédiatement suivi la guerre et peut-être, en dépit de circonstances assurément aggravées, n'est-ce pas devenu impossible aujourd'hui. Qu'on se représente la commotion qui frapperait le monde entier devant un tel acte : non plus le petit Danemark, mais une nation comme la France, offrant à la conscience universelle ce gage suprême de sa volonté de paix. Je dis la France parce qu'elle est militairement la plus forte, parce qu'elle a tenu la tête des nations victorieuses, et aussi par amour-propre national, parce que, Français, je voudrais pour elle cette gloire. En nous désarmant, n'aurions-nous pas, du même coup, dans tous les autres pays, brisé les armes des nationalistes, des militaristes, des partis de revanche, et sans doute aussi des Dictatures ? Quel gouvernement aurait été capable de résister au courant d'enthousiasme, à la volonté impérieuse des peuples ? » – (*Le Populaire*, 13 janvier).

Le budget de la guerre chez un peuple pacifique

Axiome initial. — « Messieurs, la valeur militaire d'un pays, croyez-le, c'est encore sa meilleure garantie de paix. (*Applaudissements au centre, à droite et sur divers bancs à gauche*) » – M. Bouilloux-Lafont, rapporteur du budget de la guerre.

Proportion mathématique. — « … Le contribuable français est accablé d'impôts. Il faut qu'il sache que sur 100 fr. qu'il paye au percepteur, 35 fr. sont affectés au budget de la défense nationale. » – M. Chouffet, député socialiste.

Où va l'argent ? — « Savez-vous, Messieurs, – M. le ministre de la Guerre le sait très certainement – qu'au Maroc il y a 303 officiers généraux ou supérieurs qui commandent 56.000 hommes de troupes ? Cela fait un général, un colonel ou un lieutenant-colonel pour 300 hommes de troupe. » – M. Chouffet.

L'art de vérifier les comptes. – M. CAMILLE RIFFATERRE (du groupe socialiste français) : « Quelles que soient les comparaisons auxquelles vous puissiez vous livrer, il n'en reste pas moins que d'année en année, de budget en budget, quels que soient les efforts faits par les autres pays, vous accompagnez ces pays et souvent même vous les précédez dans cette voie.

« Voici un document dont vous ne pourrez contester ni l'objectivité ni l'authenticité.

« Consultez l'Annuaire statistique édité sous le patronage de la présidence du conseil. Les chiffres qu'il donne n'ont pas été choisis pour les besoins de la cause.

« Vous verrez qu'ils accusent une progression singulièrement inquiétante des crédits ouverts pour les seules dépenses militaires ordinaires : en 1926, 6 milliards 704 millions ; en 1927, 8 milliards 431 millions ; en 1928, 10 milliards 906 millions ; en 1929, 13 milliards 348 millions.

« Ces chiffres sont incontestables, ce sont les vôtres. Ils illustrent admirablement votre politique d'accroissement des dépenses militaires, qui est en contradiction flagrante avec votre politique extérieure et qui est un obstacle même, dans son principe, au succès de cette politique extérieure. (*Très bien ! Très bien ! à l'extrême gauche.*)

....

« Vous avez recours à une méthode qui ressemble singulièrement à celle que vous avez appliquée pour comparer nos dépenses militaires d'aujourd'hui à celles d'avant la guerre.

« Vous faites une distinction véritablement trop facile, arbitraire et superficielle entre les crédits budgétaires et les dépenses exceptionnelles.

« S'il vous suffit, pour manifester devant l'opinion internationale que vous n'armez pas ou que vous réduisez vos armements, de faire passer arbitrairement et artificiellement du compartiment des crédits budgétaires dans le compartiment des crédits d'engagement ou des crédits votés hors budget les milliards dont vous avez besoin, j'ai bien le droit de dire que cette méthode manque totalement de sincérité.

« Il n'importe pas de savoir ce que vous inscrivez dans vos budgets annuels du ministère de la guerre, de la marine, des colonies ou de l'air, mais de connaître la totalité des sommes que vous prélevez sur le contribuable pour les consacrer à des préparatifs d'ordre militaire. Cela seul nous intéresse. (*Applaudissements à l'extrême gauche et sur divers bancs à gauche.*)

« Je ne veux pas invoquer l'autorité des bons auteurs. Mais je pourrais donner lecture d'une page de M. Jèze qui, à la page 93 de l'édition de 1922 de son cours de science des finances indique combien est artificielle la distinction entre les crédits annuels et les crédits dits exceptionnels, extraordinaires.

« Dans l'état actuel de la science, étant donnés les progrès constants de la technique, ces dépenses que, pour des besoins budgétaires, vous considérez comme des dépenses exceptionnelles, se reproduisent avec une périodicité telle que l'on doit les considérer comme des dépenses permanentes.

« M. le rapporteur général lui-même, à la page 17 de son lumineux rapport, a montré à quel point la présentation de vos crédits militaires est artificielle et manque de sincérité. C'est lui qui a employé l'expression d'expédient, et ce n'est pas moi.

« Or, lorsque vous devez procéder à la comparaison des armements des diverses nations, pour arriver à leur réduction, pour déterminer la base de cette réduction, vous devez faire un travail d'une absolue sincérité et inscrire dans vos budgets la totalité des sommes correspondant aux payements effectués dans les limites d'un exercice.

« Vous ne le faites pas. A la page 17 de son rapport, à propos du programme d'organisation défensive des frontières, qui a fait l'objet de la loi du 14 janvier 1930, M. le rapporteur général fait remarquer que vous avez voté un programme de 3.300 millions de crédits d'engagement, qui représentera, pendant la période de cinq ans durant laquelle vous le réaliserez, une dépense annuelle moyenne de 600 millions. Où sont, dans votre projet de budget pour l'exercice 1931-1932, les crédits correspondants ?

« Vous n'inscrivez pas cette dépense dans votre budget; mais, bien entendu, vous la faites et vous serez obligés, en cours ou en fin d'exercice, de demander des crédits supplémentaires, et c'est ce que M. de Chappedelaine lui-même appelle un expédient.

« C'est grâce à ces expédients que vous dissimulez à la France et à l'Europe la réalité de vos dépenses militaires ».

M. EDOUARD DALADIER. – « Si je prends les chiffres de M. de Chappedelaine, si je tiens compte des dépenses de la gendarmerie et de la garde républicaine mobile, qui figuraient aux budgets de la guerre avant 1914; si je tiens compte du crédit des fortifications, dont le ministre de la guerre a parlé ce matin et qui s'élèverait, cette année, à 850 millions et si, conformément à l'usage qui existe en Grande-Bretagne et en Italie, je comprends les retraites des officiers et du personnel professionnel dans le budget de la guerre, j'arrive, messieurs, à un total de 11 milliards 400 millions en chiffres ronds.

« Si j'ajoute à ces dépenses celles du budget de l'air, de la marine, bref, ce qu'on appelle les budgets annexes de la défense nationale ou de la guerre, j'arrive à un total d'environ 16 milliards 400 millions, inférieur aux chiffres qui vous ont été donnés ce matin par l'honorable M. Chouffet, très supérieur, par contre, aux chiffres qui vous sont fournis par l'honorable M. Bouilloux-Lafont, mais que je crois avoir calculé sans aucun esprit de polémique, avec le désir de connaître exactement la vérité. (*Applaudissements à gauche et à l'extrême gauche*).

....

« Ce que je tiens à observer, c'est que, dans le même temps où le nombre de nos unités était diminué de plus de la moitié, le chiffre de nos cadres supérieurs était largement augmenté. (*Applaudissements à l'extrême gauche et sur divers bancs à gauche*).

« C'est ainsi que nous avions, sous le régime de la loi de 1905, 47 divisions d'infanterie au lieu des 20 divisions actuelles.

« Mais je dois faire observer que nous avions 110 généraux de division, que nous en avons aujourd'hui 143, que nous avions 120 généraux de brigade et que nous en avons maintenant 220, que nous avions 19 intendants généraux et que nous en avons maintenant 29, que les 187 colonels d'avant-guerre sont passés à 236 et les 299 lieutenants-colonels à 409…

« …Enfin, abordant la troisième partie de mon exposé, ayant indiqué que les effectifs étaient égaux à ceux de 1906, à ceux qui ont été maintenus jusqu'en 1912, que la seule différence était dans la qualité de ces effectifs, qui donnait, désormais, une prépondérance considérable aux soldats professionnels, aux hommes de métier, que les crédits de 1931 étaient supérieurs à ceux des budgets qui ont précédé la guerre, il me reste à montrer que, contrairement à ce qui a pu être soutenu ici, aucune armée d'Europe ne présente des effectifs comparables à ceux de l'armée française, à condition que nous employions une méthode plus exacte et je me permettrai d'ajouter moins dangereuse, pour les conférences qui se tiendront ultérieurement à Genève, que celle qui a été suivie. (*Applaudissements à gauche*).

« Nous remarquons, en effet, dans les raisonnements qui ont été portés à la tribune, une méthode que je n'hésite pas à qualifier de singulière. Elle consiste, au mépris même des lois françaises, à établir une distinction entre l'armée de la métropole et l'armée stationnée dans l'Afrique du Nord. (*Très bien! Très bien! à gauche et à l'extrême gauche*).

« La loi institue deux armées : l'armée métropolitaine, y compris l'armée d'Afrique, et l'armée coloniale stationnée dans les colonies lointaines ou, plus exactement, placée sous l'autorité du ministre des colonies.

« C'est seulement pour des besoins que je ne qualifierai pas : de propagande – je n'emploierai pas des expressions qui trop souvent d'ailleurs, sont employées contre nous – mais pour des besoins de raisonnement, pour des nécessités de dialectique, que l'on a rompu une unité consacrée par les lois de notre pays. (*Applaudissements à gauche et à l'extrême gauche*) ».

L'indignité d'un tel camouflage

M. Riffaterre est le seul député français qui se soit élevé avec vigueur et dignité contre la malhonnêteté et les dangers de telles pratiques qui ne visent à rien de moins qu'à assurer à la France une supériorité incontestable d'armements et d'effectifs, afin de pouvoir à la Conférence du Désarmement feindre le sacrifice d'armements possibles dès lors qu'elle serait arrivée en réalité à « faire le plein ».

M. CAMILLE RIFFATERRE. – « Si nous voulons tirer une conclusion des exposés de M. le rapporteur et de M. le colonel Fabry, cette conclusion serait que la France irait à Genève en février 1932, à la conférence générale de réduction des armements avec un programme purement négatif, pour dire avec M. Bouilloux-Lafont, que l'horizon national n'est pas suffisamment éclairci pour qu'on puisse envisager, sans compromettre la sécurité nationale, une réduction, si faible soit-elle, des charges actuelles, pour affirmer, avec M. Fabry, que la préparation de la guerre a pris dans le monde moderne un caractère industriel tel qu'on ne peut pas envisager de limitation efficace des armements.

« Je suis à la tribune au nom de mes amis pour affirmer, au contraire, notre espérance de voir le Gouvernement de la France aller à Genève avec un programme positif de réduction des armements. (*Très bien! Très bien! à l'extrême gauche et à gauche*)… ».

«… Voilà quelle a été l'attitude du Gouvernement français en décembre, à la Conférence préparatoire du Désarmement.

«Le Gouvernement français a manifesté, par l'organe de sa délégation, que les conditions de sécurité d'ores et déjà acquises rendaient possible, sans que la sécurité fût menacée en quoi que ce soit, une réduction des armements et des dépenses de guerre.

«Lorsque, après de telles déclarations, nous nous trouvons en présence d'un ensemble de budgets militaires où nous n'apercevons aucune tentative de réduction des dépenses et où nous constatons au contraire un accroissement continu de ces dépenses, nous avons le droit de dire qu'il y a, hélas! un divorce profond entre la politique extérieure de ce pays et sa politique intérieure et que c'est là quelque chose de singulièrement grave et troublant. (*Applaudissements à l'extrême gauche et à gauche*).

«Nous voulons, nous, pour l'avenir et pour le succès même de la Conférence générale du Désarmement, que l'on rétablisse entre les principes de notre politique extérieure et l'état de nos institutions militaires l'harmonie nécessaire et que la France n'aille pas à Genève avec un visage équivoque, tourné à la fois vers la paix et vers la guerre… (*Applaudissements à l'extrême gauche et à gauche*)… »

«… Nous entretenons un appareil militaire extrêmement coûteux et vous-mêmes, vous n'êtes pas certains de son efficacité.

«L'heure est grave; ne laissons pas passer l'occasion unique peut-être d'une résolution efficace.

«La France ferait un geste qui l'honorerait et qui servirait la cause de la paix mondiale si elle prenait l'initiative de tenter une réduction de ses forces militaires avant même d'aller à la Conférence générale du Désarmement. (*Applaudissements à l'extrême gauche et sur divers bancs à gauche*).

«Nous ne voulons pas voir à cette conférence la répétition de l'œuvre qui a été accomplie patiemment, pendant tant d'années, par la Commission préparatoire… ".

«…Ne pensez-vous pas, mes chers collègues, qu'une des conditions du succès de la Conférence, condition morale, celle-là, mais essentielle, serait le geste de la France procédant, sans que sa sécurité fût compromise, a une réduction de l'effroyable fardeau de ses charges militaires actuelles (*Applaudissements à l'extrême gauche et sur divers bancs à gauche*)».

La raison morale d'une telle conduite : la raison du plus fort.

La raison d'une aussi inqualifiable conduite, il faut la voir sans contredit dans ce fait que, seule encore parmi les puissances belligérantes de 1914-18, la France s'est refusée avec une hargneuse suffisance à un examen de conscience sévère et loyal sur la question des responsabilités de la guerre, dans ce fait qu'à la question «Dieu est-il Français?», la France ne cesse de répondre «Oui! Dieu est Français!». On ne saurait assez vivement relever les paroles de M. Maginot, ministre de la Guerre, paroles qui ont eu en Allemagne un énorme retentissement et dans le sens que l'on devine (voir plus bas la lettre de notre ami Raymond Aron)[1].

M. MAGINOT. – « Et puis, Messieurs, ne serait-il pas un peu vain de vouloir limiter les armements des peuples par des conventions internationales, si l'on ne commençait pas par tenir compte des traités qui ont consacré pour les uns et permis aux autres les limitations d'armements auxquelles il a déjà été procédé. Et qu'on ne nous dise pas qu'en cette matière tous les peuples doivent être traités sur un pied d'égalité. Non, Messieurs ! Si l'on veut diminuer les risques de guerre, si l'on veut faire régner dans le monde la justice internationale, il est nécessaire comme il est équitable, et c'est une garantie pour les autres nations, que les pays qui ont été les agresseurs subissent des limitations d'armements plus sévères que les nations qui n'ont pas commis d'agression et qui se refusent à en commettre. Il ne saurait donc être question – et d'ailleurs sur ce point, la Conférence préparatoire qui s'est tenue l'an dernier à Genève nous a nettement donné raison – de revenir sur les clauses militaires de ce traité. Ces clauses doivent servir de base et de condition aux limitations ou aux réductions d'armement qui feront l'objet de la prochaine conférence… ».

A quoi Léon Blum a justement répondu dans un article paru dans *Le Populaire* (2 mars) :

« Depuis les déclarations de M. Tardieu sur la révision des traités et sur l'interprétation de l'article 8 du Pacte, rien n'avait été énoncé d'aussi grave ni, à mon sens, d'aussi imprudent. Si la France doit se présenter l'an prochain à Genève pour y soutenir une thèse semblable, autant vaudrait pour elle faire défaut que de s'exposer à l'échec qui l'attend. Jamais l'opinion universelle ne se prêtera à un système de réduction des armements dont l'objet ou l'effet serait de maintenir indéfiniment les inégalités de caractère pénal instituées par le Traité de Versailles. »

Un scrutin. – M. CAMILLE PLANCHE avait proposé, à la suite des interpellations sur le budget de la guerre, le renvoi du budget à la Commission des Finances, afin de manifester la volonté de désarmement de la France en réduisant d'un seizième le total des dépenses prévues. « Aujourd'hui nous vous mettons en présence d'une proposition précise; nous vous disons : Abattez d'abord 1 milliard sur les 16 milliards. Il en restera 15. »

Le renvoi à la Commission des finances de l'ensemble du budget de la guerre a été repoussé par 430 voix contre 155.

Nous avons l'honneur de relever les noms de MM. Daladier, Léon Meyer, Montigny, de Monzie parmi ceux des députés favorables au renvoi ; les noms de MM. Berthod, Borel, Chautemps, Guernut, Herriot, Malvy, Marchandeau, Mistler, Painlevé parmi ceux des députés hostiles au renvoi en compagnie de MM. Maginot, de Saint-Just, Taittinger et autres.

1. Cette « Lettre d'Allemagne » se trouve aux pages 138-140 de ce même numéro des *Libres propos*.

Il faut conclure. Aussi bien l'avons-nous fait dès le début et non par préjugé mais par précaution. Nous donnerons à notre proposition qui ne peut manquer de paraître scandaleuse l'autorité d'un Montesquieu : « La France sera perdue par les gens de guerre »[a].

G. C.

ADRESSE À MONSIEUR LE MINISTRE DES COLONIES

Europe, n° 99, 15 mars 1931

*La Rédaction d'*Europe *a envoyé à un certain nombre d'écrivains et de savants l'adresse suivante qui a recueilli à l'heure actuelle les signatures qu'on trouvera ci-dessous* :

S'il est vrai qu'en Indochine la répression préventive et la répression d'après les émeutes a abouti à des milliers d'années de prison et de détention,

S'il est vrai qu'après les émeutes 83 condamnations à mort ont été prononcées par des tribunaux d'exception,

S'il est vrai que 22 de ces condamnations, ainsi que l'ont annoncé les grands journaux d'information ont été suivies d'exécution,

S'il est vrai que des centaines de détenus politiques doivent être envoyés du bagne de Poulo Condor à la Guyane,

S'il est vrai que cette traversée ne pourrait être effectuée que dans des conditions qui aboutiraient vraisemblablement, après un mois de bord, à une terrible mortalité,

Les soussignés qui ne conçoivent pas que la France puisse, après l'apaisement de l'émeute, poursuivre une répression de vengeance, demandent au Gouvernement la grâce des 61 condamnés à mort qui sont sous menace de la guillotine, demandent qu'il soit sursis au transport des détenus politiques à la Guyane.

Pierre ABRAHAM; Marcel ACHARD; ALAIN; Dr R. ALLENDY; J. et M. ALEXANDRE, agrégés de l'Université; Denys AMIEL; André ANTOINE; René ARCOS; Marcel ARLAND; Gabriel AUDISIO; Marguerite AUDOUX; Georges AURIC; Henri BARBUSSE; Victor BASCH, professeur à la Sorbonne, président de la Ligue des Droits de l'Homme; Marcel BATILLIAT; Gaston BATY; Albert BAYET, professeur à l'École des Hautes-Études; André BEUCLER; J. BECQUEREL, professeur au Muséum; Julien BENDA; André BERGE; Marcel BERGER; P. BERGER, professeur à l'Université de Bordeaux; Gaston BERGERY, député; Emmanuel BERL; Jean-Jacques BERNARD; Marc BERNARD; Tristan BERNARD; René BIZET; Jean BLANZAT; A. BLAQUE-BELAIR, député; Jean-Richard BLOCH; Jules BLOCH. professeur à l'École des Langues orientales; Marc BLOCH, professeur à l'Université

a. Les citations de cet article sont empruntées au *Journal Officiel*, séances des 24, 25 et 26 février 1931.

de Strasbourg; Léon BLUM; Marcel BOLL; Henri BOIVIN, agrégé de l'Université; Pierre BONARDI; Max BONNAFOUS, chargé de Cours à la Faculté des Lettres de Bordeaux; Pierre BOST; Joé BOUSQUET; Émile BOUVIER, maître de conférences à la Faculté des Lettres de Montpellier; BRICE-PARAIN; Ferdinand BRUNOT, doyen honoraire de la Faculté des Lettres, membre de l'Institut; Ferdinand BUISSON, ancien député; Georges CANGUILHEM, professeur agrégé de Philosophie; Pierre CARON, Conservateur adjoint aux Archives Nationales; Louis CAZAMIAN, professeur à la Faculté des Lettres; Jacques CHABANNES; Marc CHADOURNE; Félicien CHALLAYE, professeur agrégé de Philosophie; André CHAMSON; Pierre CHAREAU; Alphonse de CHATEAUBRIANT; Blaise CENDRARS; Jean COCTEAU; André CŒUROY; Jacques COPEAU; Romain COOLUS; Paul-Louis COUCHOUD; Albert CRÉMIEUX; Benjamin CRÉMIEUX; Eugène DABIT; Édouard DALADIER, député, ancien ministre; L. DAUDIN, professeur à l'Université de Bordeaux; Mme L. DAUDIN, professeur au Lycée de Bordeaux; Marcel DEAT; Mlle M. DEBAT, professeur au Lycée de Bordeaux; L. DELAGE, maître de conférences à la Faculté des Lettres de Bordeaux; Marcel DELANNOY; Yvon DELBOS; R. DELORME; Émile DERMENGHEM; Lucien DESCAVES, de l'Académie Concourt; Pierre DESCAVES; Paul DESJARDINS; Pierre DOMINIQUE; René-Louis DOYON; A, DUBOIS LA CHARTRE; Paul DURAS; Georges DUHAMEL; Édouard DUJARDIN; Dominique DUNOIS; Luc DURTAIN; Marc ELDER; Louis EMIÉ; J. ERNEST-CHARLES; Claude ESTÈVE; M. EXSTEINS; Elie FAURE; Fernand FLEURET; Henri FOCILLON, professeur à la Sorbonne; André FONTAINAS; Paul FORT; P. FOURNIER, maître de conférences à la Faculté des Lettres de Bordeaux; FRANTZ-JOURDAIN[a]; Léon FRAPIE; Georges FRIEDMANN; Pierre FRONDAIE; L-O. FROSSARD, député; Stanislas FUMET; Lucien GACHON; Gaston GALLIMARD; Simon GANTILLON; F. GEMIER; L. GENEVOIS, maître de conférences à la Faculté des Sciences de Bordeaux; Mme E. GENEVOIS, Professeur au Lycée de Bordeaux; Maurice GENEVOIX; Claire et Charles GENIAUX; René GERIN, agrégé de l'Université; André GERMAIN; Claude GEVEL; Ch. GIDE, professeur au Collège de France; Marion GILBERT; René GILLOUIN; Jean GIONO; Régis GIGNOUX; Jean GRENIER; Gabriel-Joseph GROS; GRUMBACH, député; Paul GSELL; Pierre GUÉGUEN; Jean GUÉHENNO; Daniel GUÉRIN; Charles GUIGNEBERT, professeur à la Sorbonne; G. GUILLAUMIE, professeur à la Faculté des Lettres de Bordeaux; ROSTAND; Maurice ROSTAND; Louis ROUBAUD; Louis ROUGIER, professeur à la Faculté des Lettres de Besançon; Albert ROUSSEL; Louis ROUSSEL, professeur à la Faculté des Lettres de Montpellier; André ROUVEYRE; Jean ROYERE; Marc SANGNIER; César SANTELLI; Jean SARMENT; Félix SARTIAUX; Georges SAUTREAU; Mme BJŒRNSON-SAUTREAU; Jean SCHLUMBERGER; Florent SCHMITT; Édouard SCHNEIDER; Pierre SCIZE; Edmond SÉE; Henri SÉE, professeur honoraire à l'Université de Rennes; C. SENECHAL; SIGNAC; Charles SILVESTRE; Mme

a. Les réserves faites par M. Frantz Jourdain seront publiées dans notre prochain numéro.

Y. SOULAN, professeur au Lycée de Bordeaux; Philippe SOUPAULT; André SPIRE; Jules SUPERVIELLE; Raymond de la TAILHÈDE; Gabriel TRARIEUX; René TRINTZIUS; VALERY-LARBAUD; Jean VARIOT; Paul VIALAR; Charles VILDRAC; Auguste VILLEROY; Andrée VIOLLIS; Jean VIOLLIS; VLAMINCK; Dr Paul VOLVENEL; E. VUILLERMOZ; Lucien WAHL; Henri WALLON, directeur à l'École des Hautes-Études; Léon WERTH; Émile ZAVIE; Alexandre ZEVAES.

Nous demandons à tous ceux qui sont disposés à s'associer à cette manifestation de bien vouloir nous envoyer, au plus tôt, leur signature que nous publierons dans notre prochain numéro.

RÉVISION DES TRAITÉS – PEUPLE SANS FOI NI LOI [1]

Libres propos (Journal d'Alain), avril 1931

Parlant de la Conférence de la Paix (Versailles 1919) dans son livre sur les *Conséquences économiques de la paix*, l'économiste anglais J.-M. Keynes a écrit (p. 60)[2] : « La délégation allemande ne trouva pas les mots flamboyants et prophétiques qui convenaient pour faire ressortir le caractère par lequel cette affaire se distingue principalement de celles qui l'ont précédée dans l'histoire : l'hypocrisie ». (Cité par G. Demartial, dans son livre *l'Évangile du Quai d'Orsay*[3]).

1. Cet article est écrit avec Michel Alexandre.

2. Le célèbre économiste anglais John Maynard Keynes (1883-1946) a participé, en tant que délégué du Trésor anglais, à la conférence de Paris préparatoire au Traité de Versailles, mais il démissionne avant la signature du Traité, en désaccord avec le côté « revanchard » de ce Traité qui va, selon lui, détruire l'économie allemande. Il s'en explique dans le livre cité ici par Georges Demartial.

3. Georges Demartial (1916-1945), haut fonctionnaire au Ministère des colonies, qui fonde en 1916, avec Michel Alexandre et Charles Gide, la « Société d'études documentaires et critiques » sur la guerre. Il se consacre, lors de sa retraite, à remettre en question *L'Evangile du Quai d'Orsay* (1926), c'est-à-dire l'idée que l'Allemagne serait à l'origine de la première guerre mondiale : la Russie est selon lui « la principale coupable de la guerre », la France et Poincaré en étant également responsables. Après la publication d'un article exposant ses thèses dans la revue américaine *Current History*, une procédure de radiation de l'ordre de la Légion d'honneur est engagée contre lui. C'est contre cette radiation que protesteront, de nombreux normaliens, notamment les disciples d'Alain. Cf. *infra*, p. 397. Demartial écrira dans les *Libres propos* : il

Une nouvelle preuve d'hypocrisie

Déclarant la guerre à la France le 3 août 1914, l'Allemagne adresse à la Belgique un ultimatum aux fins de passage libre sur le territoire neutre. La Belgique ayant répondu qu'elle défendrait sa neutralité, l'Allemagne lui déclare la guerre le 4 août. Le 5 août, les Allemands pénètrent en Belgique par Visé. On sait comment fut appréciée, pendant et après la guerre, la violation de la neutralité belge. Plus que tous les autres, cet acte fit se cristalliser tous les griefs que le *monde civilisé* adressait à *la barbarie.* Parmi les innombrables textes, nous n'en retiendrons que deux :

« Nous sommes sans reproche ». Cette forte parole du chef du Gouvernement français, l'histoire la sanctionnera. Elle l'enregistrera à côté de celle que le chancelier allemand a osé prononcer devant le Reichstag – qui n'en a pas frémi ! – quand, pour excuser l'agression dirigée contre l'héroïque peuple belge, il n'a trouvé que ce mot cynique : « Nécessité n'a pas de loi… ». – Alexandre Varenne (*Bulletin des Armées*, 26 août 1914).

« Au premier jour du conflit, elle (l'Allemagne) niait le droit, elle appelait la force, elle méprisait l'histoire et, pour violer la neutralité de la Belgique et envahir la France, elle invoquait l'unique loi de l'intérêt ». – Déclaration du gouvernement (*Bulletin des Armées*, 20 décembre 1914).

En ces temps de préparation à la conférence du Désarmement, où l'on semble vouloir justifier par des raisons *de morale* l'inégalité de traitement des peuples européens (*cf.* les paroles de Maginot dans les derniers cahiers)[1], nous tenons à mettre sous les yeux de nos lecteurs – et sans plus de commentaires – une lettre écrite *le 28 mars 1912*[a], à M. Paul Cambon, ambassadeur de France à Londres, par M. Raymond Poincaré, ministre des affaires étrangères[2]. Cette lettre fait partie d'un cinquième volume de documents français sur les origines de la guerre, édité par les soins de la revue *l'Europe Nouvelle.* C'est dans le numéro du 21 mars de cette même revue que nous relevons cette lettre, parmi d'autres extraits.

M. Poincaré, après avoir appris à M. Cambon comment Sir Fr. Bertie, ambassadeur d'Angleterre en France, l'a engagé à ne pas se satisfaire des assurances données par Sir Ed. Grey à M. Cambon au sujet de la déclaration de neutralité

a. C'est nous qui soulignons. – N.D.L.R.

sera notamment, en décembre 1932, l'auteur d'un supplément aux *Libres propos* sur le sujet « L'esprit cartésien gouverne-t-il la France ? », où il discute « le point de vue d'Herriot sur les responsabilités de la guerre et sur les réparations ». Pacifiste, Demartial dénonce encore, sous l'Occupation, l'injustice du Traité de Versailles qui serait à l'origine de *La guerre de l'imposture* (1941). Sur Georges Demartial, *cf.* J.-F. Sirinelli, *Génération intellectuelle. op. cit.*, p. 444-453.

1. Cf. *supra*, p. 350.

2. Paul Cambon (1843-1924), ambassadeur de France à Londres de 1898 à 1920.

demandée à l'Angleterre par l'Allemagne (négociation Haldane de février 1912), ajoute[1] :

« Ce conseil s'inspire d'un sentiment trop amical et de considérations trop fortes pour que je manque à le suivre. Je vous serai donc obligé de reprendre, sans retard, la question avec le principal secrétaire d'État des affaires étrangères, en évitant naturellement de mettre Sir Francis Bertie en cause. Il importe essentiellement que l'Angleterre ne s'engage pas à rester neutre entre la France et l'Allemagne, même dans l'hypothèse où l'attaque semblerait venir de notre fait. *Pour ne prendre qu'un exemple, pourrait-on nous imputer légitimement la responsabilité d'une agression, si une concentration de forces allemandes dans la région d'Aix-la-Chapelle nous contraignait à couvrir notre frontière septentrionale en pénétrant sur le territoire belge ?* ... »[a].

Nos lecteurs nous croiront sans doute si nous leur disons que cette lettre fait quelque bruit en Allemagne.

M. A. – G. C.

QUELQUES LIVRES – DEUX LIVRES DE JEAN-RICHARD BLOCH[b]

Libres propos (Journal d'Alain), avril 1931

Destin du Théâtre, Destin du Siècle. Prophéties ? Le premier livre peut-être le donnerait à croire. « Je prévois et je prédis... » dit J.-R. Bloch (p. 140). Mais le deuxième, par son sous-titre : « Seconds essais pour mieux comprendre mon temps », nous confirme qu'il s'agit par-dessus tout d'analyse lucide et non de vaticination. Une réussite admirable à remplir ce programme force et obtient l'assentiment. Cette alliance de l'histoire et de la philosophie sauve ce que la première a toujours d'arbitraire, ce que la seconde a trop souvent de verbal[2]. A la lecture de ces pages, mes souvenirs trouvent leur justification, mes suppositions leur mise en place, mon ignorance sa condamnation. Avec *Destin du Siècle*, J.-R. Bloch devient l'un de nos maîtres, comme s'il ne lui suffisait pas,

a. C'est nous qui soulignons. – N.D.L.R.

b. *Destin du Théâtre*, (1930), N.R.F. – Destin du Siècle, (1931), Rieder.

1. Francis Bertie (1844-1919) est ambassadeur de Grande Bretagne à Paris de 1905 à 1918. Sir Edward Grey (1862-1933) est ministre des affaires étrangères anglais de 1905 à 1916 : il envoie en février 1912 à Berlin lord Haldane pour tenter de reprendre les discussions avec l'Allemagne.

2. Dans son envoi de *Destin du siècle* à Canguilhem, Jean-Richard Bloch note : « A Georges Canguilhem, ce livre d'un « historien » qui se mêle de philosopher (« la grenouille qui voulut ... ! ») est offert avec amitié et appréhension. Mais l'amitié l'emporte » (Fonds Canguilhem, CAPHES). Sur les rapports entre Canguilhem et J.-R. Bloch, *cf.* leur correspondance reproduite dans ce volume.

depuis *Et Cie*... et *Le Dernier Empereur*, d'être un grand frère humain, exaltant et généreux. « Concevoir *bien* est la suprême fonction de l'esprit. Ne pas se payer d'ombres, de simulacres, de nuées, de mots ni surtout de mots d'ordre. Serrer de près le fait et la pensée du fait » (*Destin du siècle*, p. 20). Quand je dis l'un de nos maîtres, je veux dire maître de pensée, non pas docteur ès-sciences sociales et donneur de mots d'ordre. Bloch mieux encore que Valéry nous montre dans l'histoire une raison invincible de nous défier de l'histoire. Ni le théâtre ni la politique ne doivent se laisser duper par le facile et lâche espoir d'une quelconque restauration. Pour le théâtre, il lui faut rejeter son parrainage (p. 73); pour la société, il lui faut savoir qu'une médecine usée ne guérit plus (p. 43). Transformation permanente de l'ordre de grandeur des systèmes humains et de l'ordre d'importance des valeurs auxquelles croient les peuples telle est l'histoire. Aussi la tâche la plus importante de ceux qui veulent penser le temps est-elle de suivre par un progrès réfléchi de pensée la disparition croissante du vieil équilibre et l'altération ininterrompue des notions. « De grands cadavres encombrent notre chemin. Ce sont les mots morts » (p. 149). Et que l'on ne s'y méprenne point. Il n'y a point le moindre bergsonisme dans cette défiance à l'égard des mots. Car l'écart entre les mots et les choses n'est signalé que pour nous inviter à mieux ajuster sans cesse les mots aux choses. « Mettre tout son effort en de justes et précises définitions... »

Au dessus et en dehors de tous les partis et de toutes les écoles, J.-R. Bloch fait dans ces deux livres le point d'une société, usant de rétrospection plus que d'anticipation. Essais audacieux, et à mon avis, toujours perspicaces et très souvent révélateurs pour définir l'indéfinissable, c'est-à-dire ce qui se fait, pour nommer une société qui cherche sa forme et donc son nom, pour appeler l'homme moderne autant que pour le saluer, pour lui montrer son idéal et les moyens de l'exprimer par l'art. Ainsi *Destin du Siècle* renvoie pour mieux l'éclairer à *Destin du Théâtre* paru avant lui. J.-R. Bloch analyse la doctrine marxiste avec la générosité de compréhension, la lucidité de critique, le souci de mesurer haut ce qui l'est, tels qu'on comprend ce qu'il disait récemment à Frédéric Lefèvre[1] : « le socialisme fut pour nous une règle de vie ». Le malheur c'est qu'il ne peut plus l'être probablement parce qu'il a laissé faire la guerre, poussant à la roue au lieu d'enrayer. Quant au communisme, dont Bloch montre lumineusement comment au lendemain du traité de paix les partis capitalistes sentaient l'avènement inévitable, la cause de la méfiance qu'il

1. Frédéric Lefèvre (1889-1949), critique littéraire français, rédacteur en chef des *Nouvelles littéraires*.

inspire à beaucoup de libres esprits, c'est précisément que le mot liberté et le mot individu n'ont pas de sens pour lui. Le communisme qui s'est dressé contre l'impérialisme napoléonien se trouve être un napoléonisme retourné » (p. 298).

L'entreprise solitaire que Jean-Richard Bloch poursuit à La Mérigote, être l'homme du jugement recherchant les mots de passe philosophiques en refusant les mots d'ordre politiques, ne peut admettre le mépris à l'égard du seul être qui ait et soit une conscience : l'individu. Elles sont de J.-R. Bloch ces paroles justes : « La société, la horde n'existent que d'une existence – non pas abstraite – mais seconde et subordonnée. La réalité première est l'individu. La société, la horde peuvent commettre fautes et crimes, pour en souffrir dans sa chair et dans son esprit, il n'y a que l'homme. L'individu est le seul qui ait corps physique, nerfs, sensibilité, entendement. » (*Europe*, numéro du 15 juillet 1930).

Ce qui précède est trop bref en apparence pour des livres si pleins. Mais il me semble que le prix d'une œuvre est proportionnel à la brièveté du commentaire qu'on en peut faire. Un bon critique ne devrait parler longuement que des livres qu'on peut se dispenser de lire. Tout le monde voudrait avoir lu celui dont il parlerait en vingt lignes. Au reste, je dirai que je n'aime pas du tout, dans *Destin du Siècle*, le chapitre intitulé : « Communisme entomique et communisme humain ». Il n'importe. Je le dis simplement pour que J.-R. Bloch et moi-même soyons assurés qu'il n'y a rien dans ces quelques lignes qui soit complaisance arrachée au jugement par l'amitié.

G. CANGUILHEM

L'AFFAIRE DREYFUS ET LA TROISIÈME RÉPUBLIQUE[a] PAR G. CHARENSOL[1]

Libres propos (Journal d'Alain), avril 1931

Un résumé complet et précis de l'« Affaire ». Bon documentaire qui, par le souci louable de rester à la notation simple et objective, fait ressortir mieux encore le prix d'une composition à la Jean Barois[2]. Des photographies pleines d'intérêt. Il y a quelques têtes de militaires qu'il faut avoir vues.

G. C.

a. Kra, éd., Paris, 1931.

1. Georges Charensol (1899-1995), journaliste, critique littéraire et critique de cinéma.
2. *Jean Barois* (1913), roman de Roger Martin du Gard (1881-1958), décrit, à travers la biographie de son héros, les diverses étapes de l'Affaire Dreyfus.

PASCAL[a], PAR E. LEFEBVRE, PROFESSEUR AU LYCÉE DU PARC, À LYON

Libres propos (Journal d'Alain), avril 1931

Il nous est agréable de signaler ce petit livre, paru il y a quelques années. Il se donne comme une introduction à la lecture des *Provinciales* et des *Pensées*. On n'en saurait souhaiter plus simple, plus intelligente. M. Lefebvre a su représenter le sens vrai et éternel des problèmes que se posa Pascal et des solutions qu'il leur donna. « S'il ne fut pas exempt de défaillances, s'il partagea quelquefois les préjugés de son temps, ce fut néanmoins un esprit libre. Nul ne parla plus hardiment des institutions, de la royauté, même du pape. Les moralistes et les sermonnaires contemporains les plus audacieux paraissent bien timides à côté de lui ; la philosophie du XVIIIe siècle, celle d'un Montesquieu, d'un Voltaire d'un Diderot, bien superficielle au prix de la sienne. La révolution de 1789 n'a laissé qu'un intérêt historique aux attaques dirigées contre l'ancien régime. Mais la critique du droit développée dans les *Pensées* est si pénétrante, si radicale, qu'elle fournit aux adversaires de l'ordre présent des armes puissantes. Parmi tous ceux qui nous ont libérés, consolés ou servis, Pascal est sûr, désormais, d'obtenir une place éminente en notre mémoire » (p. 185).

G. C.

DOCUMENTS ET JUGEMENTS

CONTRE LA CAPORALISATION DES INTELLECTUELS
UNE PROTESTATION DE NORMALIENS

Libres propos (Journal d'Alain), juillet 1931

Le Règlement de l'École normale supérieure vient d'être modifié (*Journal Officiel* du 1er mars 1931) :

L'article 36 dit : « Aucune démarche collective ne doit être faite par les élèves sans l'autorisation préalable du directeur.

« Le directeur peut déférer au Conseil de Discipline tous les actes des élèves, individuels ou collectifs, commis à l'école ou hors de l'école, qui seraient contraires à ces obligations ou d'une manière générale qui seraient de nature à causer à l'école un préjudice moral. »

a. Librairie Gédalge, 75, rue des Saints-Pères, Paris. (1925).

L'article 41 dit : « L'assiduité aux séances et exercices dont l'ensemble constitue l'instruction militaire prévue par l'article 31 de la Loi du 31 mars 1928 est obligatoire.

« En cas d'infraction, *sur la demande de l'officier* chargé de diriger l'instruction militaire à l'école et après un avertissement préalable du directeur, l'élève peut être déféré au Conseil de Discipline en vue d'une des sanctions prévues à l'article 3 du Décret du 26 février 1929. »

On sait que dans les dernières années, les normaliens ont opposé une résistance assez vive à l'obligation de la préparation militaire supérieure, et qu'à la suite de différentes pétitions, l'Administration avait interdit aux élèves toute participation à des manifestations publiques non approuvées par elle. Cette modification irrégulière du Règlement Intérieur de l'École vient de recevoir une sanction officielle.

Il s'agit d'abord d'ôter aux normaliens la possibilité de participer à toute activité politique et d'introduire à l'E.N.S. une discipline et un régime militaires qui en modifient entièrement l'assise traditionnelle. Il est clair que ces mesures se relient à un ensemble d'interventions destinées à obtenir la soumission aveugle des universitaires et des intellectuels (Loi Boncour) à l'autorité de l'État. Ce fait est d'autant plus important qu'il s'agit de briser chez les normaliens une attitude rebelle au militarisme et à la préparation de la guerre.

Le passage de l'E.N.S., à laquelle les traditions même de l'Université bourgeoise conféraient un caractère libéral, à un régime aussi nettement militarisé nous paraît un indice grave.

On ne déguise plus qu'on veut réduire les intellectuels au rôle de domestiques dociles de l'État bourgeois, et les séparer totalement du prolétariat révolutionnaire, vers lequel la situation actuelle du monde pourrait les attirer.

Nous protestons avec toute notre énergie contre un acte aussi scandaleux, qui ne doit à aucun prix passer inaperçu. Il nous semble urgent d'organiser une protestation contre un fait sans doute restreint, mais où se manifeste clairement la faillite du libéralisme bourgeois.

Ont signé cette protestation les anciens élèves suivants : Bénichou, J. Barthélemy, J. Bruhat, G. Canguilhem, G. Cogniot, M. Gérin, R. Gérin, Joxe, Labérenne, Lob, H. Lecarme, Maublanc, J. Martin, Meynieux, F. Molino, Nizan, B. Parain, Ch. Parain, M. Prenant, Romain Rolland, Sartre, Dr Wallon.

Ont signé également – sans être pour autant déférés au Conseil de discipline (art. 36) – quatre élèves actuellement à l'École : *Simone Pétrement, Lucien Roubaud, Jean Weil, Simone Weil.*

AOÛT 1914. AOÛT 1931. RÊVERIES TRÈS POSITIVES DU CITOYEN MOBILISABLE

Libres propos (Journal d'Alain), août 1931

En août 1914 j'avais dix ans, en août 1931 j'ai un fascicule de mobilisation, feuille rouge dans mon livret militaire. « Le titulaire du présent ordre de route se présentera *immédiatement et sans délai* à la gare la plus voisine… ». Si je fais ce rapprochement, c'est, en bonne partie, par hasard. L'été est autour de moi la saison des accidents dus aux chevaux. Le visage ces jours-ci endommagé, je songe à l'un de mes frères qui en l'an quatorze, au début d'août, recueillit dans le ventre une ruade, et eut l'esprit de n'en pas mourir. D'une simple association je suis venu à d'autres pensées mieux liées. Et voici que j'évoque ces premiers jours de l'août 1914 comme jamais auparavant je n'avais su faire, faute sans doute d'application.

On avait porté mon frère en ville pour y être soigné. Le seul médecin qu'on put trouver était un vieux docteur de l'Aveyron, chenu et branlant, à qui la guerre venait de rendre quatre galons, mais non une science évaporée. Les usages militaires en avaient fait un médecin-chef d'hôpital. Il ne sut conseiller que des œufs durs à un garçon que toute nourriture torturait. Parti de là, voici que j'évoque le greffier du tribunal, aujourd'hui mort, alors déjà un peu fou, que la guerre, le rappelant au grade de capitaine, avait changé en commandant de place d'un petit canton. Le premier acte militaire de ce personnage avait été de faire arrêter à la gare une petite sœur des pauvres dont le salut ne lui avait pas semblé assez franchement déférent et en qui il crut découvrir un espion déguisé. Je revois. Je les revois tous. Un conseiller général, préposé aux réquisitions, portant dans la rue trop étroite pour lui brassard de commissaire, serviette, canne, cigare. Toutes les nullités d'un chef-lieu d'arrondissement, toutes les vanités, toutes les importances époussetées, redorées, revigorées, le verbe haut, le gosier sec, l'œil protecteur. Je revois, mêlés à ces humains, quatre vieux bœufs, aux cornes démesurées, que l'on emmena de la ferme pour les présenter à la réquisition. Leur prix alors ne me dit rien. Maintenant je sais ce que ces lamentables bêtes purent coûter à l'État…

Voilà ce que je pus voir en août 1914. Et voici ce qu'en août 1931 je devine que j'aurais pu voir, si j'avais eu les yeux d'à-présent. Les militaires rois, la plus inimaginable prodigalité devenue règle d'achat, la faveur et l'arbitraire détruisant jusqu'au nom même du droit, la conquête de toutes les activités, de toutes les transactions, de toutes les relations humaines par un règlement dont on sait qu'il pousse la stupidité jusqu'à prévoir l'imprévisible et dont l'impossible application se muait en la plus inintelligente et la plus tyrannique fantaisie. Bref, le plus total renversement de l'ordre civil par le désordre militaire, dont une séculaire astuce a su pousser si loin l'art de se maquiller que bien des hommes encore l'adorent pour l'ordre, son contraire. Je veux citer un autre souvenir. Ma grand-mère et moi fûmes arrêtés par un territorial, campagnard bien connu de nous, comme nous venions sur la route avec une jument et un break qui suffisaient à nous signaler à vingt kilomètres à la ronde. Il fallait un passeport pour faire deux heures de route. Cela dans un temps et un pays où la stabilité et la familiarité des rapports humains étaient telles qu'on reconnaissait les voitures à leur seul bruit sur la route et qu'on vous aurait ramené votre cheval si par impossible il s'était égaré. Je ne sais comment nous arrivâmes à passer sans sauf-conduit...

Et maintenant je me dis : « Si une nouvelle mobilisation avait lieu ? » J'essaie de donner à l'événement une figure concrète. Je me demande quels sont – malgré les soins préventifs de Painlevé et de Paul-Boncour – les imbéciles, les vieillards, les boute-feu qu'un nouveau décret de mobilisation ramènerait au pouvoir. Je les cherche autour de moi et j'imagine leur attitude. Je tiens à en décrire un spécimen. Il était sergent avant la guerre ; sa femme et lui représentaient ce qu'il y a de plus épais dans la faune humaine. La fin de la guerre le vit capitaine. Je ne discute pas. J'ai à dire seulement qu'il ne sortait plus désormais qu'avec des gants et un fouet à chiens. Et sa femme, Dieu me pardonne, transportait d'un air négligent la *Revue des Deux Mondes* sous le bras. Il est maintenant en retraite. Voilà un de ceux que la guerre ramènerait à la lumière, voilà l'un de cette espèce zoologique à qui moi et bien d'autres de mon âge aurions affaire dans quelque dépôt. Il nous essayerait des masques à gaz, ou nous prendrait les empreintes digitales, nous engueulerait pour ne pas garder l'alignement, et nous n'en ririons qu'à nos risques. J'ai tort d'anticiper ? Mais comment non ? Je cherche à imaginer la partie la plus paisible, la plus laborieuse, la plus intelligente du peuple tombant au pouvoir de son contraire. Je ne puis bien le faire qu'en me donnant des noms, qu'en me citant des cas. Je me dis que tels jeunes paysans que je connais, que tels étudiants que je vois retomberaient sous le commandement de tels sous-officiers dont je suis tenu de convenir qu'ils représentent ce que je connais de moins ardent et de moins perméable à la pensée. J'évoque des gendarmes, des gardes mobiles, des censeurs de préfecture, le moindre pouvoir devenu indiscutable et olympien, le travail gêné et brimé par la police, la production subordonnée à la surveillance, l'exécution tracassée par le commandement, l'intelligence soumise à l'incompréhension, la parole astreinte au mot d'ordre. Le monde renversé.

Un tel désordre une fois reconnu et nommé, je viens à penser qu'il ne faut pas aller en chercher la justification dans un ciel où nous-mêmes l'avons portée, que ce soit ciel religieux ou ciel national. Je ne veux pas voir au-delà de la terre ni au-dessus des hommes. Et je dis alors que rien d'humain ne pourra jamais justifier une telle inqualifiable renonciation à l'ordre humain. Le désordre vrai, à mes yeux, c'est bien ce qu'on tient trop souvent pour l'ordre ; et cela explique que les militaires ne puissent rien avec tous leurs armements pour cette civilité essentielle qu'est la paix. Combien de temps alors continuerons-nous à accepter, sous quelque Maginot, pareille perversion de l'ordre, pareille aliénation de l'homme ?

C'est ainsi qu'aujourd'hui le problème de la guerre et de la paix m'est devenu le suivant : « De quels yeux regardes-tu ce fascicule de mobilisation que tu n'avais pas en août 1914 et que les ans t'ont apporté, avec la réflexion ? »

G. CANGUILHEM

L'INTERNATIONALE SANGLANTE DES ARMEMENTS, PAR O. LEHMANN-RUSSBÜLDT (1 vol., l'Eglantine, Bruxelles, 1930)[1]

Libres propos (Journal d'Alain), septembre 1931

Prolétaires de tous les pays, unissez-vous! Tel fut en 1847, à la fin du *Manifeste communiste* de Marx et Engels, l'appel qui rallia les travailleurs alors et depuis à l'idée de l'Internationale. « Les prolétaires n'ont pas de patrie », disait le *Manifeste*. Et cet anathème n'a pas cessé d'être exploité contre le socialisme, avant qu'il soit devenu tel qu'un Paul-Boncour y puisse respirer. Or, tandis que Marx prêtait ainsi une voix farouche à toute l'injuste misère du travail humain, l'Argent, qu'on savait déjà sans odeur, se découvrait lui aussi sans patrie – mais n'en disait rien. Et l'inhumaine et mathématique loi des affaires qui est de vendre au plus offrant conduisait le capitalisme à nouer par-dessus les frontières l'Internationale des dividendes et des adjudications. Sans Manifeste, sans congrès, sans drapeaux et sans chants, une immense association s'est constituée, répondant au cri que nul ne poussa, mais que chacun entendit : *Actionnaires de tous les pays, unissez-vous!*

Otto Lehman-Russbüldt, secrétaire général de la Ligue allemande des Droits de l'Homme, dans un livre au ton modéré et objectif, établit le dossier d'ignominie de l'Internationale sanglante des armements. Mieux encore que le numéro spécial du *Crapouillot* consacré récemment aux *Mystères de la Guerre*[2], ce petit livre qui est d'abord d'information se mue en réquisitoire. Il ne sert à rien, outre que c'est impossible de résumer une documentation. Il faut la lire, si on y trouve intérêt. Je suppose que l'extrait – ci-joint en donnera le goût à quelques lecteurs.

1. Otto Lehmann-Russbüldt (1873-1964), journaliste et militant pacifiste, est l'un des fondateurs de la Ligue allemande des droits de l'homme. Il sera déchu de la nationalité allemande en août 1933 et devra quitter l'Allemagne pour les Pays-Bas puis la Grande-Bretagne.

2. Revue satirique fondée en 1915 par Jean Galtier-Boissière. Le numéro sur « Les mystères de la guerre » est celui de juin 1931.

Quand Anatole France écrivait : « L'on croit mourir pour la patrie et l'on meurt pour des industriels », on pourrait croire à la boutade ou à l'impiété[1]. Ce n'est plus maintenant ni boutade, ni impiété, mais seulement bon sens. Il est clair à mes yeux qu'on ne meurt pas que pour des industriels, mais il est très sûr que l'on meurt aussi pour eux. Et c'est trop. Le patriotisme n'a de sens que s'il est fait d'intransigeance. Mais s'il lui faut admettre un partage, il se renie comme tel. Et de même que le devoir ne peut pas être aussi l'intérêt, le sacrifice ne peut pas être aussi un accident du travail métallurgique. On pourrait encore mourir à la fois pour le drapeau et pour M. Schneider, si M. Schneider ne s'appelait aussi Vickers, Krupp, Skoda, Poutiloff et autres[2]. De même que dans le roman de J.-R. Bloch la firme Simler et Cie … se réduit, l'esprit Simler étant mort, à un anonyme ET Cie, de même la société pour laquelle les hommes se font la guerre n'est qu'un cosmopolite ET Cie[3].

Il y a donc maintenant deux sens au moins du mot Internationalisme. Il y a l'Internationalisme socialiste et syndicaliste, et il y a l'Internationalisme du Cartel de l'Acier. C'est jouer sur les mots que de voir dans ce dernier une voie vers la pacification du monde, et de compter sur des internationalistes comme Sir Henri Deterding ou M. François-Poncet pour travailler au Désarmement général[4]. L'Internationalisme des travailleurs est, d'intention, une revendication de justice. Il est un Evangile et il fait effort pour qu'un règne arrive. L'Internationalisme des banques et des conseils d'administration est la manifestation d'un règne depuis longtemps arrivé. Il traduit un état de fait, étranger à toute destination. Il est autant séparé de l'humanité véritable qu'un coupon de rente est indifférent à son emploi. Et c'est encore trop peu dire, puisque la preuve n'est plus à faire que cette Internationale a pu accepter déjà pendant quatre ans de vivre et prospérer au prix du meilleur sang humain.

G. CANGUILHEM

1. Cette citation célèbre d'Anatole France (1844-1924) est le titre d'une lettre qu'il a adressée à Marcel Cachin, publiée dans *l'Humanité* du 18 juillet 1922.

2. La famille Schneider est une dynastie industrielle française qui fonda les aciéries du Creusot au milieu du XIXe siècle et se développa dans le domaine de l'armement à partir de 1870. Vickers, Krupp, Skoda et Poutiloff sont des industriels de l'armement respectivement anglais, allemand, tchèque et russe.

3. Cf. *infra*, p. 445.

4. Henry Deterding (1866-1939), patron de la société pétrolière Royal Dutch, puis Royal-Dutch-Shell, architecte du cartel pétrolier dans les années 20, il aura à la fin de sa vie des sympathies pour l'Allemagne nazie. André François-Poncet (1887-1978), ancien élève de l'École normale supérieure, diplomate ; après avoir occupé des fonctions de sous-secrétaire d'État, notamment dans les gouvernements Tardieu et Laval, il est ambassadeur à Berlin de 1931 à 1938.

L'INTERNATIONALE DES ARMEMENTS PENDANT LA GUERRE MONDIALE

« On ne s'était pas fait faute, avant la guerre, de fournir des armes à l'ennemi possible. On le fit quelquefois même dans de meilleures conditions qu'à sa patrie. Pourquoi devrait-on, dès lors, se gêner d'approvisionner, pendant la guerre, l'ennemi déclaré ? C'est ce qui se fit de part et d'autre, du côté des Alliés aussi bien que du côté des Centraux.

« Pendant la guerre, il n'y avait plus qu'une industrie des armements de l'Entente et de l'Amérique d'une part ; de l'Allemagne et de l'Autriche-Hongrie, d'autre part. Il n'y avait entre elles qu'une distinction fondamentale. Du côté de l'Entente, c'est le ministère anglais de la Guerre qui avait la direction des armements, et les capitaux, soi-disant apportés par Basil Zaharoff (fournis en réalité par la Banque d'Angleterre, Ernest Cassel et la Maison Morgan) se trouvaient sous son contrôle. Par contre, en Allemagne et en Autriche, la direction appartenait à l'industrie elle-même qui se trouvait dans une situation bien moins favorable que celle de l'Entente. Il manqua bientôt à l'Allemagne des matières premières qui devaient être acquises par n'importe quel moyen. Et cette acquisition ne fut possible, pour une grande part, que grâce à des échanges qui se sont institués avec les pays ennemis. L'Allemagne exportait, par les pays neutres, des matériaux propres aux armements et recevait, par contre, du caoutchouc, des graisses végétales, des huiles, du cuivre, etc. Et c'est ainsi que la flotte anglaise, qui combattit au Skager-Rak était équipée avec des instruments d'optique (*firing directors*) livrés, six mois avant, par Zeiss (Iéna) et Goerz (Anschütz), à une firme hollandaise. Les soldats allemands montant à l'assaut du fort de Douaumont, à Verdun, sont restés accrochés dans du fil de fer barbelé qui, deux mois avant, avait été livré à la Suisse par *Magdeburger, Draht und Kabelwerke* »[a].

« Pendant les premiers mois de l'année 1916, l'Allemagne exporta par mois jusqu'à 250.000 tonnes de fer et acier. La moyenne mensuelle fut de 150.000 tonnes. Les industriels déclarèrent néanmoins au ministère allemand de la guerre qu'il ne leur était pas possible d'augmenter de 15.000 tonnes par mois leurs fournitures de fils barbelés. L'Union des Aciéries préféra payer une amende de 5 marks par tonne exportée, plutôt que de fournir à l'armée allemande. Il est vrai que le prix payé par l'étranger compensait largement cette amende. L'usine Stinnes, de Differdange, fut particulièrement compromise dans ce genre d'opérations… » (Extrait de *l'Internationale Sanglante des Armements*, p. 65-68).

a. Notes d'un militaire mise à la disposition personnelle de l'auteur (Note de Lehmann-Russbüldt).

QUATORZIÈME LETTRE À JEAN-RICHARD BLOCH

Le vendredi 25 sept. 1931

Cher Grand Ami, le silence entre Castelnaudary et la Mérigote s'est rompu, spontanément de part et d'autre, au même moment. Preuve que l'accord essentiel subsiste. Cette constatation m'a procuré une joie suffisante pour chasser la honte qu'une année de mutisme involontaire et maladroit avait fait s'accumuler progressivement. Je viens de faire un voyage trop bref en Allemagne, plus exactement en Rhénanie. Au retour j'ai lu votre lettre à Luchaire dans *Notre Temps*, elle m'avait échappé au moment même[a]. Je reste encore confondu d'une telle pénétration psychologique et politique. Reprenant en octobre la rédaction des *Libres Propos* je veux reproduire votre article presque intégralement. Le tragique est le décalage entre cette sagesse et hardiesse politiques de quelques uns des Français les plus clairvoyants, et la politique effective et officielle qui se fait au nom de la France. Et ce qui est en question dans ce décalage c'est tout simplement la vie de nous tous à laquelle j'ai le courage et non la faiblesse de tenir. Les solutions ne sont plus à notre portée, tellement les moyens sont complexes et démesurés. La même pensée qui pose clairement les problèmes a-t-elle ou non la capacité d'en entrevoir les solutions ? C'est la question que je me pose de plus en plus.

J'ai appris par Madame Bloch et par France que vous poursuivez votre travail dans l'isolement et la paix. Je souhaite impatiemment d'en pouvoir lire les résultats.

Vous savez sans doute que Michel Alexandre est nommé en première supérieure préparatoire au Lycée Henri IV.

Pour moi, après une année de gros travail à Albi, assez désagréable dans son ensemble, mais dont les résultats ont confirmé ma méthode et ma foi, j'ai décidé de prendre un congé d'un an. Me voici donc à partir du 1 octobre un *heimatlos*. Je me propose de rejoindre Paris en novembre pour y travailler. A quoi ? Je n'en sais trop rien. Mais la possibilité même de plusieurs perspectives possibles me réjouit. Je fais l'expérience que le congé, qui est d'apparence la solution paresseuse, est au fond la solution héroïque. Savoir où et quand on rentrera pour y faire un métier semblable à celui des années passées, anticiper ce qui sera en fonction de ce qui fut et se laisser porter et soutenir par une forme définie, sinon achevée c'est peut-être cela qui est la paresse.

a. Jean-Richard Bloch, « Pour l'union intime franco-allemande », *Notre Temps*, 105, 30 aout 1931, p. 668-670.

Je pense que cette année me procurera le plaisir de vous revoir à la Mérigote ou ailleurs. Cela aussi compte beaucoup à mes yeux.

Je vous envoie l'assurance de mon enthousiaste et affectueuse amitié

Georges CANGUILHEM

DÉSARMEMENT[1]

Libres propos (Journal d'Alain), octobre 1931

Nous consacrons aujourd'hui quelques pages[2] à l'exposé du problème naval franco-allemand. On sait en effet que c'est au sujet de constructions navales que certains pacifistes-patriotes ont recommencé ces derniers temps à déraisonner avec emphase et bonheur. Rien ne nous semble plus dangereux, à la veille de la Conférence de février 1932, que cette atmosphère de défiance et de mauvaise foi créée autour des discours d'un Herriot et renforcée ces tout derniers temps par les hautes considérations de M. Maginot. Sans compter l'annonce de 1300 millions nouveaux réclamés pour la Guerre et pour la Marine françaises.

M. A. et G. C.

LE COIN DES RUADES

Libres propos (Journal d'Alain), octobre 1931

Lettre de G. Demartial

Les journaux anglais et américains, certains au moins, ont un coin du lecteur, où peut s'exercer sa critique. Les *Libres Propos* me permettront-ils deux réflexions que m'inspire le dernier numéro ?

« Supprimez la coutume du brouillon et de la rature », conseille Alain. Avouerai-je que, dans la crainte de n'être jamais assez clair pour le lecteur, je me rature copieusement. « Ce n'est qu'à force de corrections qu'on arrive au naturel », aurait dit Anatole France. Cette proscription de la rature semble excessive. Il faut en laisser le droit à ceux qui en sentent la nécessité.

Pour montrer que les industriels font passer leurs intérêts avant leur patriotisme, Canguilhem cite le fait que, pendant la guerre, les Allemands vendaient aux neutres, qui les repassaient aux Alliés, des instruments d'optique et des fils de fer barbelés. L'exemple n'est pas très pertinent. Ces ventes étaient autorisées par l'état-major

1. Cet article est écrit avec Michel Alexandre.

2. Ces textes que nous n'avons pas jugé nécessaire de reproduire ici se retrouvent aux p.462-467 de ce numéro des *Libres propos*.

allemand, qui n'avait pas d'autre moyen de se procurer de la graisse pour les essieux des wagons, du caoutchouc pour les pneumatiques, du nickel pour les alliages. En temps de guerre, où les gouvernements sont maîtres absolus des exportations, le commerce international est aux mains des états-majors. Il n'y a pas alors opposition, mais accord entre le patriotisme et les affaires. Et c'est ce qui explique bien des choses.

G. DEMARTIAL

En attendant de voir un jour prochain les *Libres Propos* figurer au Sottisier des *Libres Propos*, ces cahiers dont la seule raison d'être est la liberté du jugement, ne permettent pas seulement mais appellent les remarques et réflexions de leurs lecteurs. C'est avec plaisir qu'ils publient les réflexions de M. Georges Demartial.

G. C.

QUINZIÈME LETTRE À JEAN-RICHARD BLOCH

Mercredi 28 oct. 31
Cher Grand Ami,

Vous pensez si vos lettres m'ont intéressé et éclairé. Je vous remercie de m'avoir donné de votre temps. Je comprends combien les lettres de Vermeil et de Fauconnet vous ont été précieuses[1]. L'opinion de Vermeil sur Poncet confirme mes impressions concernant le dit Poncet. *Le Canard Enchaîné* lui aussi s'est méfié dès le premier jour ! « La grande difficulté c'est de voir dans l'ordre pratique par quelles démarches on peut réaliser l'union intime dont vous parlez ». Ce que vous dit là Vermeil est aussi pour moi le point d'interrogation ? De plus en plus je suis préoccupé par la question suivante : qu'est-ce qu'agir ? Est-ce donner des conférences ? Fonder un journal (en admettant qu'on ait l'argent) ? Ecrire à son député ? Il est bien clair que non. Dans le problème singulier qui nous occupe, il faudrait que J.-R. Bloch soit ministre des affaires étrangères tout puissant. Mais vous n'y pensez pas en n'en voudriez pas. L'idéal ce serait donc ici et là des hommes genre Bismarck. Et la démocratie ? Nos généreux démocrates façon Herriot sont ceux qui nuisent le

1. Edmond Vermeil (1878-1964), professeur d'histoire de la civilisation allemande aux Universités de Strasbourg puis de Paris, qui tentera de mettre en garde contre le danger nazi dans *Doctrinaires de la révolution allemande* (1938). André Fauconnet (1881-1965), professeur d'allemand aux Universités de Montpellier et Poitiers, auteur d'un livre sur *Un philosophe allemand contemporain : Oswald Spengler, le prophète du « Déclin de l'Occident »* (1925) et d'*Études sur l'Allemagne* (1934).

plus en posant préliminairement les questions de principe, la main sur le cœur. « Qu'est-ce que la démocratie ? C'est le règne de l'opinion. Et qu'est-ce que l'opinion publique ? La seule chose qui n'existe pas ». Ces mots que j'ai lus dans *Destin du Siècle* n'ont jamais été plus vrais que ces temps-ci.

Si Vermeil vous a communiqué son article sur les Idées politiques de Hégel puis-je vous en demander la référence[1] ? Cela rentre tout à fait dans mes préoccupations de cette année : j'aurai nécessairement à lire Hégel au sujet de l'idée de nation.

J'espère que les oreillons ont fui la Mérigote et que seul le souvenir vous en reste. Je dois depuis longtemps une lettre à France et à Claude. Je finis le mois à la campagne au milieu de toutes sortes de travaux faciles et ennuyeux. Je compte regagner Paris vers le 8 ou 9 octobre, riche de tout ce qui pourra être.

Les Alexandre vont bien : leur adresse est 27 rue Tahère Saint Cloud.

Je vous prie de dire à tous mon affectueux bonjour.

En joyeuse amitié

G. CANGUILHEM[2]

1. Il s'agit de l'article « La pensée politique de Hegel », paru dans B. Croce et al., *Études sur Hegel*, Paris, Armand Colin, 1931.

2. La réponse de Jean-Richard Bloch à Canguilhem, du 31 octobre 1931, est conservée à la Bibliothèque Nationale de France :

« "La grande difficulté est de voir, dans l'ordre pratique, par quelles démarches… etc." Il y a longtemps que je me suis décidé. Le côté pratique n'est pas de notre ressort ; il y faut des machines spéciales et spécialisées, peu compliquées, pas très nerveuses, très robustes, avec une efficacité, un rendement, de 90 % ; il y faut des Bismarck, des Cromwell, des Lénine, qui aient procédé, en eux-mêmes, avec la plus grande facilité aux simplifications préalables ; – qui soient aussi peu artistes et (humanitairement) sensibles qu'il se puisse concevoir. Que serait un général que l'idée de massacre empêcherait de dormir, et qui ne retiendrait pas ses larmes devant les convois de troupes montant en ligne ? Il y en a eu un de cette espèce, Micheler, – l'homme vers qui tous les regards étaient tournés en 1917, grand chef, je crois et bon tacticien, autant que cela peut se laisser supposer ; il a dû quitter le front, abandonner son commandement ; ses nerfs l'usaient ; il avait trop d'imagination et pas assez spécialisée. Lisez les biographies de Napoléon ; courageux, certes, mais encore plus insensible. (Un épisode affreux entre tous est dans les *Mémoires*, de Ségur, lequel ne peut le relater qu'en dominant l'horreur qui lui en restait, après bien des années ; il s'agit de ce fortin espagnol armé de canons, et contre les murs, les pierres, les fossés et les meurtrières duquel Napoléon, furieux de la résistance, fit charger, jusqu'au dernier vivant, toute sa garde montée polonaise. Pas un de ces cavaliers n'en réchappa, – et le fortin se moqua de ces centaures).

L'intellectuel dans l'action ? C'est Kerensky, c'est Milioukoff, – c'est Salvemini contre Mussolini, – c'est Napoléon III à Biarritz, – c'est Jules Favre essayant contre Bismarck son éloquence et son pathos pour le fléchir à des conditions de paix plus douces (il faut lire l'humiliant et instructif récit de ces majestueuses négociations où le bavard luttait contre le silencieux, le sentimental contre l'agissant).

Lénine n'est pas un intellectuel. S'il travaille à la Nationale, pendant l'exil, c'est Bonaparte écrivant *le Souper de Beaucaire* ou envoyant au Grand Turc un plan de réorganisation de l'armée

ÉLECTIONS ANGLAISES

Libres propos (Journal d'Alain), novembre 1931

Effondrement des travaillistes ! Répudiation du socialisme ! Tel est le fait qu'a constaté la plus grande partie de la presse française et l'interprétation qu'elle a proposée. A quoi bon discuter, les chiffres sont là. Calcul et statistique ont leur vérité.

La composition du nouveau parlement britannique est la suivante (*L'Œuvre,* 3 novembre) :

Conservateurs	470		
Travaillistes nationaux	13	Travaillistes	51
Libéraux nationaux	65	Libéraux	7
Indépendants nationaux	5	Indépendants	4
Pour le Gouvernement	553	*Contre le Gouvernement*	62

553 sièges contre 62 ! Quel nom convient à ce résultat ? C'est une « tape ». Mais est-ce là tout ?

*

Nous nous permettrons quelques remarques. Elles s'inspirent d'un excellent article de Léon Blum dans *Le Populaire* du 30 octobre.

En 1929, le Labour Party avait réuni 8.370.000 suffrages. En 1931, le même parti en réunit 6.800.000. Reste donc que le travaillisme perd 1.570.000 voix, soit environ 1 cinquième de ses voix de 1929. En admettant que,

ottomane ; – l'homme d'action qui se cherche et qui use des formes jusqu'à ce qu'il ait rencontré la sienne.

L'écrivain, le philosophe, sont dans leur rôle en méditant des hypothèses et en ne les craignant pas, non plus que leurs suites. Mais ils ont, ils doivent avoir trop d'yeux autour de la tête pour se plier à ne voir qu'un chemin, qu'une foi. Ils en voient cent. La lettre que j'ai écrite aux congressistes de Rethel ne m'empêcherait pas d'en écrire une autre très différente à un Congrès d'une Internationale Prolétarienne qui tendrait aux mêmes résultats par une route opposée. Tous ceux qui, par n'importe quel itinéraire, marchent vers la symbiose dont j'ai parlé sont mes hommes, mais je n'en peux prétendre conduire aucun dans la bataille temporelle. J'en ai été tenté plus d'une fois ; duperie ! Simple effet de la chaleur du sang, dangereuse griserie sportive. Par définition, l'intellectuel dans l'action est un brouillon ; les politiciens de profession ont raison de les craindre et de s'en garder. La politique est une technique, elle veut des gens de métier. On ne s'improvise pas gâte-sauces, à plus forte raison « chef de partie », comme on dit en termes de cuisiniers. L'action est notre *Tentation de St Antoine*, à nous autres. Il nous faut nous en méfier. Hegel, Feuerbach, Marx, Sorel, auraient été parfaitement incapables de réaliser la centième partie de ce qu'un Lénine a pu faire. Que dirai-je alors d'un JRB ? ».

proportionnellement, les travaillistes aient perdu 1 cinquième du nombre de leurs sièges, ils auraient encore 230 députés. Or, ils en ont 51 seulement. D'où vient ce décalage entre le nombre des suffrages et le nombre des sièges obtenus? Du mode de scrutin actuellement en vigueur en Angleterre, scrutin uninominal à un seul tour[a].

Si l'on sait, en outre, que le nombre total des votants a été d'un million inférieur au nombre total atteint en 1929; si l'on comprend, par ailleurs, que les voix restées fidèles au travaillisme dans un moment de désarroi où les chefs ont trahi l'inspiration doctrinale de la classe ouvrière sont des voix qu'on peut bien appeler résolues, on aura quelques éléments pour se faire une idée des récentes élections anglaises.

G. C.

FRANCE-ALLEMAGNE – *INCERTITUDES ALLEMANDES*, PAR PIERRE VIÉNOT Librairie Valois, 1931 (10 francs)[1]

Libres propos (Journal d'Alain), novembre 1931

Ce n'est pas dire grand chose d'un livre que de le proclamer courageux, car d'être tel, il le doit bien plus au public qu'à l'auteur, et donc c'est une qualité étrangère à sa valeur. C'est trop dire d'un livre qu'il est vrai, car c'est laisser supposer qu'on en peut intégrer les thèses principales dans un système de connaissances plus ample et plus compréhensif dont on use comme de

a. C'est ce genre de scrutin qu'une manœuvre de Mandel et consorts va prochainement tenter d'introduire en France. De plus en plus les amis du peuple trouvent plus sûr de se désigner eux-mêmes[2].

1. Pierre Viénot (1897-1944), membre de la SFIO, favorable à un rapprochement franco-allemand dans les années 1930, critiquera néanmoins les accords de Munich et participera activement à la Résistance. Ce compte rendu par Canguilhem du livre de Viénot fait suite à un autre compte rendu, tout aussi élogieux, du même livre par Jeanne Alexandre. Les deux articles sont introduits ainsi : « Par la plus singulière et la plus heureuse des rencontres, la rédaction des *Libres Propos* a eu en mains deux analyses du livre de Pierre Viénot, *Incertitudes Allemandes*. Ce témoignage à la fois de l'importance de cet ouvrage et de l'unanimité des préoccupations chères aux amis de ces Cahiers, a paru mériter d'être marqué par la publication des deux articles. Les *Libres Propos* croient devoir rappeler que la série des numéros de 1931 constitue, tant par les articles reproduits de Jean Schlumberger (janvier), et de Jean-Richard Bloch (octobre), que par les lettres de Raymond Aron, comme aussi par les documents concernant la révision des traités et le désarmement, un dossier élémentaire, pour l'intelligence du problème franco-allemand ».

2. Georges Mandel (1885-1944) proposait alors, sans succès, d'établir un scrutin majoritaire uninominal à un tour, sur ce modèle anglais.

références, et donc c'est faire croire qu'on aurait pu écrire le livre aussi bien que l'auteur l'a fait. C'est bien rarement le cas. Mais on peut dire d'un livre qu'il est intelligent sans se mettre en position de décerner hiérarchiquement un brevet. Un livre intelligent, c'est un livre qui rend le lecteur plus intelligent, qui définit mieux qu'il ne faisait auparavant lui-même les données de certains problèmes et qui ouvre l'esprit à des solutions jusqu'alors incertaines ou inaccessibles. Cela dit, le livre de M. Pierre Viénot, *Incertitudes allemandes*, me paraît essentiellement intelligent.

Dès le début, l'attitude d'esprit choisie par l'auteur se révèle comme l'attitude même de l'intelligence ; renoncer à partir de soi pour comprendre autrui, chercher l'autre centre de perspective. M. Viénot prononce le mot de désintéressement, vertu chère à Descartes et à Spinoza : « L'Allemagne doit être regardée de l'intérieur. Il y faut l'oubli momentané de soi ; au sens profond du mot, du désintéressement. Autrui ne livre rien de ses différences profondes à une curiosité égoïste. Il faut avoir souci de lui, non de soi, pour qu'il se révèle » (p. 15).

Pour comprendre le fait politique qu'est la situation présente de l'Allemagne, M. Viénot remonte jusqu'aux principes philosophiques qu'implique clairement ou confusément une attitude quelle qu'elle soit, prise par les hommes à l'égard de l'état des choses et de l'avenir de l'espèce. L'incertitude allemande est relative à une conception purement relativiste de la Civilisation. « Nous autres, civilisations, nous savons maintenant que nous sommes mortelles ». Ces mots de Valéry, en 1919 (*La Crise de l'Esprit*), résument le drame de la conscience allemande plus que celui de la conscience universelle et pourraient servir d'épigraphe à la première partie du livre de M. Viénot. Que cette crise de l'idée de civilisation soit le premier et principal sujet d'étonnement pour le Français moyen qui s'interroge sur le compte de l'Allemagne, me paraîtrait confirmé par le fait que la pensée hégélienne, philosophie du devenir, est généralement aussi mal connue et aussi mal comprise en France que le fut pendant longtemps la pensée de Kant. Il y a peu d'esprits qui en France aient formé l'idée que l'histoire seule peut se retourner contre l'histoire, à savoir nous délivrer du droit de regard sur l'avenir qu'on attribue au passé. Lucien Herr disait bien qu'il fallait en arriver au point de vue historique en toutes questions de spéculation. Mais ce n'est pas pour rien qu'un article sur Hegel est de tous les travaux de Herr un des rares qui ont vu le jour. M. Viénot explique en outre comment la pensée socialiste, c'est-à-dire la pensée marxiste, est familière au peuple allemand, peuple de civilisation industrielle et urbaine. « Ce mode de penser et de sentir est celui d'un tiers au moins de la population allemande » (p. 55). Or, on peut définir en gros le marxisme comme une doctrine selon laquelle les valeurs de la civilisation sont relatives à un mode de production des richesses, variable comme la technique. Selon Marx, ce ne sont pas les principes qui commandent les époques, ce sont les époques qui commandent les principes (*Misère de la philosophie*). Si l'on ajoute à ces modes de penser les faits d'instabilité politique et sociale dont l'Allemagne est depuis treize ans le témoin : soumission à la merci d'un vainqueur, inflation, chômage, on comprendra que tout concorde à détruire dans les actions, les sentiments, les pensées, le recours à un absolu quelconque en fait de droit, d'espoir, d'adhésion. En bref, la crise de la civilisation bourgeoise en Allemagne fait que tout devient problème là où d'autres peuples, moins ébranlés dans leur confiance en une forme actuellement donnée, persistent à tenir bon pour certaines solutions traditionnelles.

Le livre de M. Viénot fait apparaître pourquoi la revendication de sécurité est une revendication française. La France croit avoir quelque chose à conserver parce qu'elle ne doute pas d'elle-même. L'Allemagne d'avant-guerre manifestait un dogmatisme vital non moins assuré. Mais l'Allemagne d'aujourd'hui n'est pas séparée de l'autre tant par la guerre que par la révolution. « Connaître l'importance de la révolution allemande, c'est posséder une clef pour comprendre et interpréter l'Allemagne actuelle. La plupart des Français la négligent » (p. 77). « L'inflation a fait vivre chaque Allemand dans l'impossible. Elle a détruit en lui la notion de certitude. Puisque *cela* a été possible, tout est possible » (p. 78). D'un mot on peut résumer l'attitude allemande : disponibilité, corrélation d'incertitude.

Que l'incertitude puisse prendre la forme du désespoir s'entend de soi-même. Cela explique le succès d'Hitler et du national-socialisme. « Il (le national-socialisme) prétend faire échapper l'Allemagne à son présent. Il propose une fuite en avant. Et que six millions et demi d'Allemands et d'Allemandes aient, aux dernières élections, répondu oui à son appel, c'est l'expression sous la forme la plus grossière de l'angoisse allemande » (p. 89). *Deutschland erwache! Komm zu Adolf Hitler!*[a]. C'est là l'appel de propagande des nazis. Tout prophète prétend donner la réalité à quelque rêve même absurde. Il est écouté quand le présent n'offre plus aucune règle stable permettant de discriminer l'absurde et ce qui ne l'est pas. Un des effets moraux de la crise allemande, le plus marqué, au dire de M. Viénot, est que la croyance à quelque absolu paraît comme l'immoralité même, la plus dangereuse et la plus lâche illusion. De même la plus haute valeur pour une critique sans faiblesse, pour un relativisme conscient de son inéluctable nécessité, c'est la sincérité et

a. Allemagne réveille toi ! Viens à Adolphe Hitler !

c'est conséquemment la tolérance (p. 98). Tolérance en matière d'art, par exemple liberté de représentation des films russes. Tolérance en matière de morale sexuelle. Tout cela qui paraît, eu égard à nos comportements français limités par bien des censures, dévergondage ou exagération, est au regard des Allemands, pureté et exactitude. L'honnêteté de l'Allemagne viendrait donc contredire la conviction où nous sommes si souvent de sa duplicité.

Après s'être efforcé de susciter pour nous l'Allemagne vue du point de vue allemand, bien différente de celle que les Français limitent à l'ennemie passée et possible, l'auteur achève son propos de désintéressement politique en substituant à l'image de la France vue par les Français l'image de la France considérée selon la perspective allemande. Ce que les Allemands éclairés et informés – car l'opinion des autres ne compte pas plus que ne compte chez nous concernant l'Allemagne l'opinion d'une masse béant passivement devant les lieux communs – comprennent difficilement, c'est la naïve intransigeance avec laquelle la France croit incarner la Civilisation, en incarnant une civilisation, et confond l'humanité avec la société bourgeoise à qui elle confère une valeur d'absolu. L'inquiétude allemande ne comprend pas la sécurité française, le goût nécessaire du risque et du possible reste interdit devant une inertie d'autant plus intolérable qu'elle a l'outrecuidance de se poser en prototype dans un monde dont elle ne sait pas reconnaître la véritable forme, faute d'avoir su l'anticiper. L'Allemagne est choquée par ce refus tranquille de prendre conscience du destin du siècle, qui est peut-être qu'il n'y a pas de destin.

Pour finir de rendre relatives les unes aux autres les positions franco-allemandes, l'auteur s'emploie à dissocier les mots et les institutions du sens et de la portée qu'on leur attribue ici et là. L'identité du vocabulaire est sans doute ce qui fait le plus pour l'incompréhension mutuelle, et il n'y a pas en cela de paradoxe, si l'on remarque que s'entendre en apparence dès l'abord est ce qui détourne de chercher l'originalité d'autrui, pourtant l'essentiel à savoir de lui. Ni le mot de République, ni le mot de Paix, ni les mots de Société des Nations n'ont le même sens en France et en Allemagne. Et il ne faut pas dire que c'est malheureux. Il faut l'accepter comme la difficulté inévitable que tout essai de compréhension devra surmonter.

Nulle part, M. Viénot ne cède à aucun de ces engouements auxquels entraîne facilement la réaction contre la méfiance. Il ne se porte jamais à l'extrême de l'apologie par crainte d'un reste d'injustice. Il sait dénoncer aussi bien l'inintelligence et les faiblesses du point de vue allemand. Son livre donne constamment l'impression si rare d'une incorruptible impartialité. La mesure, la clarté, la cohérence de l'exposé, font de ce court ouvrage un instrument indispensable d'éclaircissement et de libération.

Georges CANGUILHEM

FRANCE-AMÉRIQUE – SUR LE VOYAGE DE LAVAL

Libres propos (Journal d'Alain), novembre 1931

Stendhal dit qu'on peut tout acquérir dans la solitude, hormis du caractère. Cela n'est pas moins vrai pour les peuples que pour les individus. Le voyage de M. Laval à Washington aura au moins servi à montrer que rien n'est plus difficile et rare que le dépaysement[1]. Le président du conseil n'a pas appris en Amérique à juger la situation politique présente différemment qu'à travers les thèmes communément tissés par la presse officielle française. Il n'a pas cherché, de bonne foi, à voir la France autrement qu'il ne la voit de Paris où il est le chef de ceux qui dictent au pays l'opinion qu'il doit avoir de lui-même. En emmenant avec lui des experts, des journalistes et Mlle José, sa fille, il était bien sûr de se sentir, si loin, toujours un peu chez lui. C'est pourquoi ce voyage, par la manière dont il a été conduit, laisse une insurmontable impression de grossièreté. Le voyage de Berlin, déjà, excellait dans le genre. « Nous voulons bien venir chez vous, mais nous ne vous permettrons pas de nous questionner à votre gré. » Révision des traités ? Non et non ! Désarmement ? Non et encore non ! C'est à nous prendre ou à nous laisser. La même presse qui flétrissait, il y a deux ans le gars du Yorkshire, ne tarit pas, aujourd'hui, d'éloges sur l'Auvergnat[2]. Durant ce temps, le monde peut crouler. Si ses ruines portent la France impavide, c'est qu'elle ne se sera aperçue de rien.

Dans *Le Populaire* du 24 octobre, Léon Blum intitule son article : « TOUT LE MONDE SAUF LA FRANCE ! » Il veut dire que le résultat du voyage de Laval est de faire sentir que sur les questions importantes du moment, paix, désarmement, réparations, redressement économique, la France tient un langage que nul ne comprend plus (sauf, bien entendu, les états alliés vassaux, bien payés pour bien comprendre). Le mot français par excellence est, à l'heure actuelle,

1. Pierre Laval (1883-1945), alors Président du Conseil, s'était rendu à Berlin en septembre et à Washington en octobre 1931. A Washington il avait refusé d'abandonner les réparations allemandes si les États-Unis n'acceptaient pas d'abandonner les créances qu'avaient les Alliés à leur égard.

2. Le « gars du Yorkshire » est Snowden. Cf. *supra*, p. 257-258. « L'Auvergnat » est Pierre Laval, originaire du Puy-de-Dôme.

le mot *intangible*. Comme s'il pouvait y avoir des dispositions intangibles en temps de crises et de révolutions. La France s'avoue prête à toutes sortes de rapprochements. Mais on dirait qu'il s'agit pour elle d'attouchement et non d'intellection. On croit avoir travaillé au rapprochement parce que des ministres se déplacent. Jamais les hommes n'ont été spatialement si proches par les avions, les chemins de fer, les transatlantiques, la télégraphie, jamais peut-être ils n'ont été si extérieurs les uns aux autres par les tarifs et les traités, les intérêts et les prestiges. La capacité d'information n'a d'égale que l'incapacité d'objectivité. On se réjouit de pouvoir contrôler incessamment qu'est bien vrai ce qui se dit. Mais à quoi bon, s'il n'est pas dit que ce soit vrai?

G. C.

SOCIOLOGIE. – *LES CAUSES DU SUICIDE*

Libres propos (Journal d'Alain), novembre 1931

Le suicide est impossible à penser comme tel. Il réalise en apparence ce scandale métaphysique d'un être qui, loin de persévérer en soi-même, renonce à soi. De la mort il est faux de dire qu'elle est un accident puisqu'elle signifie seulement ceci qu'un corps, partie dépendante dans l'univers, ne contient pas sa raison d'être. Toute mort serait donc naturelle. Et si l'on parle d'accident on veut entendre une aberration de la volonté ou un échec de l'anticipation soit chez le sujet de l'action soit chez autrui. Si je meurs d'une ruade de cheval ce sera par imprudence. Aussi se plaît-on à penser l'accident, à l'imaginer évité par une autre disposition des choses. On aime à exercer sa sagesse et son pouvoir de combiner, acceptant comme règle du jeu le risque enfermé en toute entreprise, même de descendre un escalier ou de planter un clou. Et ainsi c'est par le sentiment de notre puissance que nous donnons accès en nos pensées à la mort qui est notre impuissance suprême. Mais que dire du suicide? étant inconcevable ce grand renoncement de soi à soi, cet effort de la volonté pour s'anéantir. Il est trop clair que le suicide est sans raison pour qui le pense rétrospectivement, puisqu'on arrive à trouver solution à toutes les questions par lesquelles on en recherche les motifs. On s'éprouve pensant et clairvoyant; on sent, du seul fait que l'on est, l'éminence de l'être relativement à toutes les autres fins qu'il conditionne. Et le plus simple devient alors d'attribuer le suicide à quelque aliénation momentanée. C'est un autre que le mort qui l'a tué puisqu'il n'était plus lui-même. Et admettant la division à l'intérieur d'un homme considéré jusqu'alors comme un homme un, on se trouve du même coup correct envers la logique et pieux envers l'humanité.

Mais si chaque suicide pose quelque énigme, il se trouve que le suicide, pris comme fait humain, répond à des lois et se présente comme institution. Cette régularité de l'anormal est une découverte du XIXe siècle. Un des résultats du recensement statistique progressivement plus souple et varié dans ses procédés, a été de trouver dans l'univers des hommes quelques-uns de ces rapports numériques dont la découverte dans l'univers des choses enchanta Pythagore et donna depuis des ailes à la science. M. Maurice Halbwachs[1] a publié récemment un long et important travail sur *Les causes du Suicide*[a] dans lequel les ressources de la statistique la mieux armée sont utilisées. Au nom de la sociologie, M. Halbwachs discute à fond cette idée, à la fois de sens commun et de psychiatrie, selon laquelle le suicide serait un fait pathologique. On sait que les psychiatres attribuent à l'angoisse, à la dépression nerveuse la détermination d'un grand nombre de suicides. La sociologie va ici plus loin que la

a. Un volume, Paris, Alcan, 1930.

1. Maurice Halbwachs (1877-1945), normalien, agrégé de philosophie, il est alors professeur de sociologie à la Faculté des lettres de Strasbourg, où enseignaient aussi Lucien Febvre et Albert Demangeon, qui développent l'école française de « géographie humaine » initiée par Vidal de la Blache. Professeur à la Sorbonne à partir de 1935, il sera élu au Collège de France en 1944, mais est déporté quelques mois plus tard pour avoir aidé son fils résistant. Il meurt à Buchenwald en 1945. Sociologue de l'école durkheimienne, il est notamment l'auteur d'une thèse sur *La classe ouvrière et les niveaux de vie* (1913) et d'un livre *sur Les Cadres sociaux de la mémoire* (1925), où il discute les thèses de Bergson. Il est l'un des rares sociologues français, avec Célestin Bouglé, à trouver grâce auprès de Canguilhem, pour avoir su préserver l'exigence des valeurs. D'Halbwachs, Canguilhem dirait volontiers ce qu'il rapporte que Cavaillès avait dit aux obsèques de Bouglé, « La sociologie telle qu'il la concevait n'avait rien d'un sociologisme » (« Célestin Bouglé », *Association amicale des anciens élèves de l'École Normale supérieure*, 1978, p. 31). Canguilhem évoquera aussi la mémoire de Maurice Halbwachs en 1947 dans « Maurice Halbwachs, l'homme et l'œuvre » : à la différence de « certains sociologues », c'est-à-dire Durkheim et son école, « qui n'ont pas toujours échappé à la tentation de traiter l'homme comme un mécanisme qu'on peut dominer de l'extérieur du moment qu'on en connaît les lois », Halbwachs a toujours conservé « le sens de la valeur de l'individualité sinon de sa réalité » (« Maurice Halbwachs, l'homme et l'œuvre », dans *Mémorial des années 1939-1945*, *Publications de la Faculté des Lettres de Strasbourg*, Fascicule 103, Paris, Les Belles Lettres, 1947, p. 229-241, p. 238.). Canguilhem interprète ainsi, de manière convaincante, *Les causes du suicide* comme une critique du « dogmatisme sociologique » du *Suicide* (1897) de Durkheim : Halbwachs démontre que « la société comme toute autre réalité a exactement la valeur que lui confère un esprit ». Cf. *infra*, p. 381. Canguilhem revient dans l'article à la mémoire de Halbwachs sur la réaction de celui-ci à cet article des *Libres propos* : « Comme j'avais donné des *Causes du Suicide* un compte rendu où j'avais esquissé une interprétation métaphysique de la conclusion de cet ouvrage où il est montré que le suicide est un fait global en rapport avec le genre de vie des groupes sociaux, et qu'on se tue moins à la campagne qu'à la ville, Maurice Halbwachs m'écrivit, avec cet humour discret qui était le sien : « Ah ! ne me brouillez pas avec la République ». (« Maurice Halbwachs, l'homme et l'œuvre », p. 235.

psychiatrie. Tous les suicides, même ceux qui paraissent dus à la plus inébranlable résolution, sont des actes liés à l'indissoluble perturbation de l'organisme et de la pensée. Aussi n'y a-t-il pas lieu de distinguer entre le suicide dont l'antécédent est une douleur physique et celui dont l'antécédent est une douleur morale, non plus qu'entre celui dont l'antécédent est la douleur en général et celui dont l'antécédent est l'aliénation. Tous se ramènent à un défaut d'adaptation de l'individu à la société. Que ce soit déshonneur, déclassement, sentiment de la singularité par isolement ou abandon, c'est toujours un verdict social dont l'individu se fait interprète qui est la cause du suicide. Or, les fous ne sont-ils pas des égoïstes de pensée ? Ne sont-ils pas fous exactement pour ne croire qu'à eux, pour ne pas douter de leur perspective propre, pour ne pas dépasser leur individualité organique et surtout sociale? Le trouble nerveux n'est donc que l'occasion séparant le malade de la communauté par susceptibilité, défiance, ou peur. Et c'est en fait le sentiment du vide social qui rend compte du suicide. Voilà l'horreur du vide, principe d'explication banni du monde des choses, réhabilité dans le monde des hommes. On se tue beaucoup dans les pièces de Shakespeare et dans tout le théâtre romantique, dit M. Halbwachs tout au début du livre. Qui saura voir dans le romantisme naissant un effort héroïque et périlleux pour mesurer les puissances de l'individu comprendra comment la sociologie peut servir à expliquer *Werther*.

M. Mauss, dans l'avant-propos qu'il a écrit pour ce livre, semble quelque peu inquiet à la pensée que le travail de M. Halbwachs pourrait porter dommage à la célèbre étude de Durkheim sur le suicide et il recommande de bien considérer l'un comme le prolongement nécessaire de l'autre[1]. Je m'amuse à constater que la sociologie ne préserve pas toujours du fétichisme et qu'elle laisse subsister chez certains de ses sectateurs quelque superstition du tabou. Je rappelle ici brièvement que Durkheim expliquait le suicide en fonction d'un affaiblissement des croyances collectives consubstantielles à toute société. On se tue moins chez les gens mariés que chez les célibataires, moins chez les catholiques que chez les protestants, parce que la famille, la religion, comme aussi le métier sont autant de groupes dont la cohésion renforce pour chaque individu les raisons de vivre et lui procure un indispensable milieu humain bien plus qu'elle ne contrarie son expansion et ne limite ses capacités. Dans le système de Durkheim la vie, humainement parlant, tient bien plus à des

1. Le célèbre ethnologue français Marcel Mauss (1872-1950), neveu de Durkheim, est notamment l'auteur de l'« Essai sur le don. Forme et raison de l'échange dans les sociétés archaïques », paru dans *l'Année sociologique* en 1923-1924. Il est élu au Collège de France en 1931.

fictions qu'à des racines. L'analyse de M. Halbwachs confirme en un sens la pensée de Durkheim : on se tue moins, dit-il, dans les périodes de crise politique, par exemple en France pendant l'affaire Dreyfus, comme aussi pendant les périodes de guerre. On peut facilement expliquer le fait par ceci que durant ces périodes d'agitation l'intérêt que les individus portent à la société où ils vivent grandit, s'exalte. Celui qui devait se tuer sur la tombe de Mme de Bonnemain à Ixelles, et donner innocemment à un spectateur de la Porte Saint Martin l'occasion de se tuer ces temps derniers pour ennuyer l'un des auteurs d'une pièce où revit le fameux cheval noir, restera chez les sociologues comme l'un de ceux à qui l'on doit en 1889-1890 une diminution du taux des suicides[1]. On s'est peu donné la mort en France aux temps oubliés du boulangisme.

Mais le grand mérite de M. Halbwachs est de dépasser ce qu'on peut bien appeler les lieux communs des cours de sociologie : idéal social, représentations collectives, etc. Voici comment :

« Les sentiments familiaux et les pratiques religieuses, dont nous sommes loin de méconnaître ou sous-estimer l'importance, sont solidaires d'un ensemble de coutumes et de tout un type d'organisation sociale d'où elles tirent en partie leur force, et dont il est impossible de les séparer. C'est là ce que nous appelons un genre de vie, et nous ne nous distinguons de Durkheim qu'en ce que nous replaçons la famille et le groupe confessionnel dans des milieux sociaux plus compréhensifs dont elles ne sont qu'un des aspects » (p. 6). La distinction est profonde. Il ne s'agit de rien de moins que de replacer la société dans la nature. C'est Vidal de la Blache qui aux environs, je crois, de 1910 introduisit en géographie humaine la notion du genre de vie[2]. Les voies de communication, le relief, les ressources géologiques et biologiques définissent dans chaque région un genre de vie. Vie urbaine, vie rurale en sont les exemples les mieux définis. Le premier ouvrage de M. Halbwachs *La classe ouvrière et les niveaux de vie* fut un essai, dont certains passages semblent bien définitifs, pour rattacher le comportement et l'esprit prolétariens à un genre de travail et à un genre de vie. Le fait de rattacher les causes du suicide à la constitution géographique des sociétés, de replacer la famille et la religion dans leur milieu urbain ou rural (le chapitre VII a pour titre : la répartition des suicides dans les villes et à la campagne) ainsi que les références nombreuses aux travaux géographiques de Vidal de la Blache et de Demangeon, orientent la

1. Le général Georges Boulanger (1837-1891) s'était donné la mort sur la tombe de sa maîtresse à Ixelles, en Belgique.

2. Paul Vidal de la Blache (1845-1918), professeur à la Sorbonne, auteur du célèbre *Tableau géographique de la France* (1903), est le fondateur de l'École française de géographie.

sociologie, telle que l'entend, M. Halbwachs, dans un sens que je n'hésite pas à dénommer marxiste, dût l'auteur n'en pas convenir[1]. C'est peut-être un hasard que M. Halbwachs soit à Strasbourg le collègue de M. Febvre, l'auteur de *La Terre et l'Evolution humaine*, l'un de ceux qui ont le mieux défendu contre l'école sociologique de Durkheim l'explication anthropologique telle que la géographie humaine la conçoit[2]. Ce n'est pas un hasard sans doute si l'équipe de Strasbourg s'emploie à trouver à la société des hommes des racines cosmiques qui soient pour l'esprit un principe d'explication moins arbitraire que des fictions. Je sais bien que Durkheim ne méconnaissait pas la morphologie sociale, qu'il en appelait volontiers à la densité de la population. Mais autre chose est la démographie autre chose la géographie, et il n'est pas dit que la première, loin d'être un principe dernier d'explication, ne soit relative à la seconde, autrement dit que la densité de la population ne soit pas liée d'une certaine manière à son agglomération, c'est-à-dire en définitive à des types de vie. Concernant la famille, M. Halbwachs en arrive à la conclusion suivante : « Si l'on veut atteindre dans toute sa richesse la vie affective et morale du groupe domestique, ses fonctions, ses habitudes, et suivre son évolution, on est bien obligé de la replacer dans la société urbaine ou rurale qui l'enveloppe. Mais, dans cet ensemble de coutumes, il n'est plus possible de distinguer ce qui est spécifiquement familial, et le reste. » (p. 239). Et concernant la religion : « C'est ainsi que les milieux catholiques se confondent souvent avec les milieux paysans. Inversement, c'est dans les villes que le protestantisme s'est d'abord implanté » (p. 264). « Du moment que les influences religieuses

1. Albert Demangeon (1872-1940), disciple de Vidal de la Blache, développa la géographie humaine, qu'il enseigne à la Sorbonne à partir de 1911. Il est notamment l'auteur, avec l'historien Lucien Febvre, d'un livre sur *Le Rhin. Problèmes d'histoire et d'économie* (1935).

2. Lucien Febvre (1878-1956), célèbre historien français, fondateur, avec Marc Bloch, de l'école des *Annales*. Son livre de 1922 *La terre et l'évolution humaine* a pour sous-titre *Introduction géographique à l'histoire*. L'importance de la géographie humaine dans la formation de Canguilhem est considérable, comme en témoigne *Le normal et le pathologique*, mais aussi le cours de 1939-1940 à l'Institut agronomique de Toulouse sur « L'homme et le sol », conservé au CAPHES : il y cite souvent la « géographie humaine » de Jean Brunhes et de Vidal de la Blache. Il note une évolution de Vidal de la Blache de 1902 à 1911 : « d'abord il pense que la nature implique tel genre de vie, puis il vient à penser que tel genre de vie explique la nature telle que nous la voyons ». Vidal arrive ainsi à un « possibilisme » : avec la géographie humaine, « le milieu (sol, végétation, « manufacture vivante d'aliments », faune) présente, offre des possibilités. L'action humaine accuse certains traits, efface d'autres (...). La géographie est la science des lieux, la géographie humaine est la science des lieux modifiés par l'action humaine. Ici la géographie est expliquée par l'histoire ». Dans ce même cours Canguilhem s'inspire également de Febvre et de sa présentation de la « théorie des genres de vie » dans *La Terre et l'évolution humaine*. Il cite en particulier la phrase de Febvre : « l'homme est un agent géographique ».

varient… il faut prendre garde de ne pas attribuer à la religion ce qui résulte du milieu » (p. 293). Le principe d'explication par les genres de vie vaut – et ce n'est pas un des passages les moins intéressants du livre – pour l'étude des modes de suicide à laquelle Durkheim ne s'était pas attaché. Les Anglais manifestent de plus en plus de répugnance à se pendre. Par ailleurs les cultivateurs et les travailleurs des campagnes se pendent plus que les métallurgistes, les marchands, les employés de bureau. Or, l'Angleterre s'est urbanisée et industrialisée de plus en plus. « Il est donc naturel d'admettre que si la proportion des suicidés qui se pendent a diminué en Angleterre, cela s'explique par ces conditions, et non par le fait qu'on y relèverait avec plus d'exactitude le nombre des désespérés qui se noient » (p. 55).

Voulant justifier par l'analyse philosophique les résultats auxquels l'analyse inductive l'a conduit concernant les causes du suicide, M. Halbwachs recherche une définition du suicide assez compréhensive pour s'étendre à la variété de tous les cas, assez précise pour ne permettre aucune ambiguïté. Il ne parvient à ses fins qu'en opposant le suicide au sacrifice : l'un et l'autre sont des actes dont l'issue était à l'avance connue du sujet. Mais l'un est socialement réprouvé, l'autre socialement approuvé. Celui qui se sacrifie à une société a mis son idéal dans la société dont il s'exclut, d'où l'approbation collective. Cette opposition du suicide et du sacrifice présente à mes yeux une importance particulière. Ne pourrait-on dire que celui que dégoûte la société et qui se donne la mort se sacrifie à ses idées ? Il en appelle de la société de fait à une société de droit. Pourquoi distinguer le suicide du sacrifice ? C'est que la collectivité accepte difficilement qu'on l'instruise et ne supporte en aucun cas qu'on ne veuille la supporter. Celui qui se donne la mort témoigne par là ne relever que de lui-même. Il a mis sa dignité au-dessus de son honneur. Il refuse de se laisser définir relativement à autrui. On sait que, juridiquement aussi bien que selon l'opinion, la société a une certaine indulgence pour qui se tue afin de ne pas survivre à l'honneur. La société reconnaît ses règles de condamnation dans ce consentement au code de l'honneur. Mais, et c'est ce qui explique qu'il soit si difficile de retrouver les vraies raisons d'un suicide, les prescriptions de l'honneur ne sont ni systématiques ni invariablement définies. Ici M. Halbwachs conduit son analyse jusqu'à des résultats dont l'importance inattendue ne doit pas passer inaperçue. Ses conclusions, pour qui voudra bien en convenir, rabattent les prétentions de ce dogmatisme sociologique que Durkheim introduisit sans nuances sur le marché philosophique. Seuls ceux que n'a pas encore fatigués l'appel fait à tout propos et hors de propos à l'entité SOCIÉTÉ ne réagiront pas aux textes suivants : « …la société non seulement se décompose en un certain nombre de groupes, mais encore on trouve juxtaposés en chacun d'eux des points de vue et façons de penser différentes et même contraires. Or, suivant qu'il se trouve lui-même en telle ou telle disposition, un homme dans ce concert d'opinions qui se contredisent, n'entendra que ce qu'il est capable de comprendre » (p. 474). Et encore : « La société est comme une sibylle dont les réponses peuvent s'interpréter en plus d'un sens, et d'ailleurs qui profère plusieurs réponses à la fois » (p. 475). Peut-être va-t-on enfin admettre que la société comme toute autre réalité a exactement la valeur que lui confère un esprit. Les faibles d'esprit se tuent parce qu'ils trouvent dans le bric-à-brac social quelque raison qui les condamne, sans qu'ils aient la force de soumettre à la critique des lieux communs remontant à des époques diverses et dont la formule ne correspond plus à rien de ce que l'homme de leur temps doit et peut attendre de soi et d'autrui. Les esprits généreux se tuent quelquefois pour rester inaccessibles à cette marée d'opinions sans jugement qu'on appelle la voix du peuple. *Vox populi, vox Dei* ? Il s'agit d'abord de savoir quel Dieu on reconnaîtra pour tel ? Celui de sainte Thérèse de Lisieux, d'un pasteur mormon, du Mahatma Gandhi, de Spinoza, du journal *La Croix* ? Si je meurs pour une idée je parais renoncer à moi, je mets l'idée au-dessus de l'être. Mais l'idée que j'ai formée est ma raison d'être puisque j'ai mis en elle le plus important de moi. Seulement les hommes admettent difficilement que chaque liberté soit maîtresse chez elle. Ils n'admettent l'exil que s'il est ostracisme, la mort que si elle est châtiment. Il est pourtant souvent trop clair que celui qui se tue témoigne son désespoir de voir, comme le dit Renouvier, la société manifestement inférieure à ses aspirations, de voir les hommes inégaux à leur raison de vivre qui est leur raison tout simplement. Se suicider est donc une manière de sacrifice à l'homme sinon aux hommes. Le suicide ressortirait ainsi à ce principe métaphysique que toute négation suppose une affirmation.

Peut-être serait-il possible de confirmer métaphysiquement la thèse de M. Halbwachs sur la relation directe entre le suicide et le type de vie urbaine c'est-à-dire industrielle et commerciale. Je proposerais de définir l'esprit paysan comme celui dans lequel la chose l'emporte sur l'homme. Le paysan oublie l'homme au profit de la terre et de ses produits. Dans cet oubli qui est une sorte de générosité permanente on trouvera le secret de tout ce qui paraît dureté, âpreté, rigueur à des observateurs pressés. La France d'après-guerre qui réclame ses réparations et son dû c'est la France des paysans. Ce n'est pas pour rien que ce sont des socialistes qui dès 1919 ont formé l'idée que les réparations pouvaient être primées par l'humanité. Le socialisme prolétarien est essentiellement une revendication contre la propriété. Et chez le paysan le sentiment de la propriété c'est le sentiment confus que l'existence humaine vaut dans la mesure où elle se relie à une œuvre durable[1]. La propriété c'est le soutien que les choses donnent à la fragilité humaine. De plus le travail agricole est celui de tous qui est le mieux plié à la tradition, qui donne le moins au travailleur l'impression d'une création, c'est à dire d'une invention simultanée des moyens et des fins. Les moyens du paysan lui sont étrangers. Les saisons obéissent à un rythme inaccessible. La météorologie est impuissante à formuler des lois, leviers nécessaires d'une action consciente de sa portée. Au contraire, l'ouvrier d'usine, participe à une immense sommation que l'humanité fait aux choses. Le plan quinquennal des Soviets est une tentative surhumaine pour démontrer que l'homme peut ce qu'il veut. Mais aussi la technique toujours plus avisée fait du travail ouvrier une entreprise dont les résultats sont passagers et relatifs. Il y a donc chez le paysan à la fois moins d'espoir grâce à la vue directe de ce que l'homme doit subir, et en même temps plus de justesse dans l'appréciation des possibilités humaines toujours estimées conformément à une tradition moyenne. Je crois savoir que Péguy disait à peu près ceci : « Ceux qui vont chercher la religion à la campagne se trompent beaucoup ». Si dans le genre de vie rurale les signes humains tels que l'opinion, l'enthousiasme ont peu de part, si par contre c'est le témoignage permanent des choses qui l'emporte sur le verdict social, il n'est pas étonnant que la vie y soit plus soutenue parce que plus absorbée, plus réglée parce que recevant ses mots d'ordre d'un ordre cosmique plus constamment sensible, plus tenace parce que moins aimée pour elle-même. Au rebours, plus l'homme attend de l'homme, plus aussi il a de raison de s'en détacher. La vie ne vaut plus la peine d'être vécue pour celui qui se promettait beaucoup et qui reçoit peu. Si la vie c'est ce qu'on y apportait, se tuer c'est se la conserver intacte. Si la vie c'est surtout ce que les choses en font, les choses en durant la conservent. Derrière les genres de vie ne peut-on chercher quelles conditions ils font au destin de l'homme c'est à dire au drame de sa liberté ?

Je ne m'excuse pas d'avoir cherché un chemin pour la métaphysique par delà la sociologie. Je ne doute pas que la méthode positive soit plus modeste et plus sûre. Mais porte-t-elle jamais sur autre chose que sur des abstractions ?

G. CANGUILHEM

1. Sur ces questions, *cf.* la brochure sur « Le fascisme et les paysans » et l'introduction de Michele Cammelli, *infra*, p. 515-533.

DÉFENSE DU CITOYEN. LA PRESSE, LE DÉSARMEMENT ET LE CONFLIT SINO-JAPONAIS

Libres propos (Journal d'Alain), décembre 1931

L'Ami du Peuple est un symbole qui ne nous choque que par sa grossièreté ; mais, en fait, tout journal se croit à l'égard du peuple une mission de conseiller et de guide, et le lui dit. La presse nous offre tous les matins une belle apparence d'objectivité, de sincère dévouement à l'intérêt général. Pour bien des lecteurs, l'apparence reste le vrai. Il n'est pas facile de connaître les dessous de cette bonhomie, les journaux gardant les uns sur les autres le silence de la courtoisie et de la connivence. Seul, parfois, un journal d'opposition élève la voix.

Ces temps-ci, l'occasion nous est donnée de nous faire une opinion sur les démarches, le rôle et la valeur de la presse, sur le prix de certaines campagnes, sur les relations intéressées des affaires, de l'information et de la politique. Il ne faut pas laisser passer l'occasion. Il faut former un jugement et le maintenir contre l'assoupissement dû à la coutume. Une sévère méfiance à l'égard de la presse doit être, plus que jamais, la première arme du citoyen.

1) *Rétrospection*

On vient de publier sous le titre l'*Abominable vénalité de la presse*[a] les documents des archives russes (1897-1917) relatifs aux subventionnements de la presse française, aux heureux temps de l'alliance et de l'emprunt russes ; les principaux de ces documents furent publiés par *L'Humanité*, de décembre 1923 au 30 mars 1924. Le retentissement, alors, fut considérable. De ce livre, dont la lecture est indispensable à la formation d'une doctrine politique réelle, nous publions l'extrait suivant (p. 94), sans autre commentaire – mais combien décisif ! – que le texte de Proudhon reproduit ci-dessus aux Anniversaires[1] :

a. Un volume, Librairie du Travail, 17, rue de Sambre-et-Meuse, Paris, 25 francs.

1. Ce texte, cité p. 557-558 de ce numéro de décembre 1931 *des Libres propos*, est tiré de *Du principe fédératif et de la nécessité de reconstituer le parti de la Révolution*. Proudhon y traite « De l'indépendance des journalistes » : « Des décorations ont été distribuées à des journalistes français par le gouvernement du Piémont, en reconnaissance de leurs articles sur l'unité italienne (…) En principe donc, un journaliste ne peut recevoir de qui que ce soit, ni reconnaissance de ses articles, ni gratification, ni décoration, et conserver son office. De deux choses l'une : ou bien il renoncera à un témoignage que, par son zèle, son talent, sa haute probité il peut avoir mérité ; ou, s'il croit devoir l'accepter, il donnera sa démission. Un journaliste ne peut être décoré, même par ses concitoyens, qu'après sa mort…L'homme qui se consacre à la

De M. Raffalovitch à M. Poutilov

Mon cher Collègue, Paris, le 4/17 octobre 1905.

Voici une demande de décoration russe à laquelle je conseillerai fortement de donner une suite favorable : il s'agit d'un homme de talent, qui fera son chemin dans la presse française, qui a ses entrées dans les grands journaux et qu'il y aurait tout intérêt à nous concilier. A qui et par qui faire présenter cette candidature à un Saint-Anne 3) ou à un Stanislas 2), si possible avec les glaives ? Un mot de réponse obligerait.

Votre bien dévoué,

A. RAFFALOVITCH[1]

De M. Recouly à M. Raffalovitch, 86, rue des Martyrs

Cher Monsieur, Ce 16 octobre 1905.

Le bienveillant accueil que vous m'avez fait m'encourage à recourir à vous pour la réalisation d'un désir qui me tient à cœur : je désire, obtenir une décoration russe pour ma campagne de Mandchourie, comme correspondant du *Temps*. La chose n'est pas impossible : plusieurs correspondants, un Russe, un Américain, ont déjà été décorés.

Oserai-je vous prier de prendre en main ma demande ? Dans ce cas je suis certain d'avoir un résultat.

Daignez agréer, cher Monsieur, avec mes remerciements anticipés, l'assurance de ma très vive considération.

Raymond RECOULY[a]

2) *La campagne contre le désarmement*

Depuis le mémorandum de juillet où le gouvernement français a pris position contre toute réduction d'armements avant remaniement des conditions de la sécurité, pour le maintien des inégalités des traités, pour la confirmation de la stabilité territoriale, depuis lors, toute la presse gouvernementale et d'information (mais quelle différence ?) fait chorus contre la possibilité d'une réduction d'armements. On en est venu jusqu'à lier les questions du

a. Le même qui depuis a publié *Le Mémorial de Foch*. [Cf. *supra*, p. 325-327.]

manifestation de la vérité doit être prêt à tout risquer pour elle : fortune, affections, réputation, sécurité. Il faut qu'il rompe toutes les attaches de son cœur et de son esprit, qu'il foule aux pieds popularité, faveur du pouvoir, respect humain. Telle n'est pas la règle de conscience de nos journalistes ».

1. Arthur Raffalovitch (1853-1922), économiste renommé, était aussi un conseiller secret du ministère des finances russes à Paris. Il distribuait nombre de pots-de-vin à la presse française, ce qui contribuera à faire souscrire les Français à l'emprunt russe. C'est lui qui constate « l'abominable vénalité de la presse française », qui donne son titre au livre. Alexei Poutilov, fils du fondateur des célèbres usines d'armement, travaillait alors au ministère des finances russes.

désarmement et de la crise économique d'une façon inattendue. Désarmer, réduire les fabrications d'armements, ce serait aggraver le chômage. Le 5 octobre Saint-Brice pouvait écrire dans *Le Journal*[1] :

« Rien n'est plus difficile à tuer qu'une légende, et pourtant rien n'est plus indispensable. La première condition de la restauration de l'ordre dans le monde n'est-elle pas de s'attaquer aux maux réels et non de s'acharner à poursuivre des chimères ?

« S'il est une légende tenace, c'est bien celle qui attribue la crise formidable que traverse le monde à la course aux armements. Ne voyons-nous pas cette légende reproduite jusque dans l'émouvante encyclique que le Souverain Pontife vient de lancer pour implorer un généreux élan de charité universelle en faveur des victimes du chômage ? Nous pourrions nous contenter de demander comment on a la prétention de réduire le chômage en mettant sur le pavé des centaines de milliers de soldats et en fermant des usines qui emploient un nombre beaucoup plus grand encore de travailleurs. »

Cet accord parfait et ses raisons sont bien rapportés par Pierre Scize, dans le *Canard Enchaîné* du 2 décembre[2] :

« ... Je veux seulement attirer l'attention sur ceci : que toutes les puissances de corruption sont actuellement dans le monde liguées contre le pacifisme. Toutes les caisses occultes, tous les guichets d'ambassade, payent à vue et sur leur bonne mine, les journaux, les éditeurs, les ligueurs, les matraqueurs, les chroniqueurs, toute une canaille besogneuse chargée d'implanter dans l'esprit public cette idée que le désarmement est dangereux, que la guerre est moins terrible qu'on ne dit, qu'elle est même nécessaire pour remédier aux crises, qu'il y a vraiment trop de gens sur la terre, qu'une saignée est nécessaire de temps en temps et que mourir pour mourir, puisque chacun doit en arriver là, mieux vaut que cette issue fatale profite aux malins...

« Or, quand vous avez retourné la question sous tous ses aspects, vous ne pouvez, à ce déchaînement, trouver que deux motifs :

« Le premier est le penchant bien naturel des possédants, à conserver et à transmettre leurs privilèges, dût le monde en crever.

« Le second, moins général, et peut-être plus directement agissant, c'est le souci pour les gros métallurgistes de s'assurer des débouchés. »

Selon la parole de Briand, l'an dernier à Genève, les plumes sont du même acier que les canons.

1. Saint-Brice est le pseudonyme de Louis de Saint-Victor de Saint-Blancard (1878-1952), journaliste maurrassien, directeur de la politique étrangère au *Journal*, il sera également journaliste à *Je suis partout*.

2. Pierre Scize (1894-1956) a été journaliste à *L'œuvre* puis au *Canard Enchaîné*.

3) *Le conflit sino-japonais*

Cette liaison des deux problèmes : crise économique, désarmement, dont on voit bien qui a intérêt à la faire, le conflit sino-japonais a donné occasion à la presse de la mettre au premier plan de ses préoccupations. Dans l'ensemble, la presse française se montre favorable au Japon, sceptique vis-à-vis de la S.D.N. On peut conclure, sans crainte d'erreur, que l'argent a coulé de deux sources : japonaises, métallurgiques. Dans *l'Œuvre* du 18 novembre, Jean Piot jette quelques lueurs dans la caverne[1] :

« Mais comment le Japon ne se sentirait-il pas encouragé dans une attitude d'intransigeance par le ton de certaine presse française ou anglaise ? Il y a des gens, répétons-le, qui agissent exactement comme s'ils souhaitaient voir le conflit s'aggraver. La raison ? Un journal financier ne nous la fournit-il pas, qui écrivait le 13 novembre :

« Il semble que les entreprises indochinoises aient beaucoup plus à gagner qu'à perdre à une extension du conflit japonais. Les guerres n'ont jamais enrichi les belligérants, mais elles ont toujours très largement profité aux pays voisins, qui y trouvent une excellente occasion de se ménager des débouchés abondants et rémunérateurs. »

« Il est vrai qu'on pouvait lire dans le même numéro cet effarant commentaire sur la « bonne tenue » de certaines valeurs :

« Les entreprises d'armements travaillant pour la Défense nationale tournent à plein. Cette situation s'explique parfaitement par l'imminence de la Conférence du Désarmement de février prochain, les États ayant intérêt, en effet, à s'armer au maximum, puisqu'on ne désarme jamais que sur la base acquise.

« Dans cet ordre d'idées, Hotchkiss est particulièrement favorisé. Les achats discrets dont bénéficie le titre depuis un certain temps laissent entrevoir une hausse sensible des cours à brève échéance. »

« Avec une guerre immédiate en Extrême-Orient, la hausse deviendrait vite, n'est-ce pas, une vertigineuse ascension ?

Et il n'est pas jusqu'à un grand quotidien de province, le *Journal du Havre*, qui n'écrive :

« Toute question de sentimentalité mise à part, cette guerre, on ne saurait le nier, pourrait ramener la prospérité par la consommation qu'elle susciterait. »

« On raisonnait déjà comme cela au moment de ces guerres balkaniques dont la dernière fut… la guerre de 1914. Mais quand on affirmera devant vous qu'en l'affaire actuelle, le Japon « représente la civilisation », vous saurez désormais ce que çà veut dire. »

1. Jean Piot (1889-1948), normalien, proche de Marcel Déat est journaliste à *L'œuvre*, dont il sera par la suite rédacteur en chef.

Confirmant et amplifiant les révélations de Jean Piot, M. Jacques Doriot, député communiste, a fait à la Chambre, le 26 novembre, les déclarations suivantes[1] :

« …C'est ce qui explique la passivité du conseil de la Société des Nations, animé par vous, et sa complicité avec le Japon.

« En retour, on dit aussi que le Japon appuie partout les doctrines militaristes du Gouvernement français et qu'il est même décidé à appuyer son point de vue à la Conférence du Désarmement, point de vue fameux depuis qu'il a été exprimé dans le mémorandum issu du ministère des Affaires étrangères et qui se résume ainsi : Nous ne pouvons pas désarmer sur terre, ni sur mer, ni dans les airs. A la veille de la Conférence du Désarmement, voilà ce que vous avez osé affirmer ! Il paraît que le Japon va soutenir votre point de vue sur cette question. D'ailleurs, le journal de la grande sidérurgie de l'Est, le *Journal des Débats*, félicite le Japon de son initiative en Mandchourie et, parlant de M. le président du Conseil, alors aux États-Unis, il dit :

« A son retour, il pourra se faire une idée juste de ce que représente la comédie du désarmement. Il se fera donner le dossier de la dernière session du Conseil de la Société des Nations et il pensera que le Japon… a rendu un service général en rappelant directement à Genève la réalité des forces. » Voilà comment s'exprime le journal de M. de Wendel[2].

« Les capitalistes attendent aussi la guerre en Mandchourie comme une délivrance de la crise. Permettez-moi de vous lire ce que l'*Information économique et financière* ose écrire, à ce sujet :

« Peut-être, enfin, le raffermissement des matières premières est-il le résultat des préparatifs militaires au Japon et ailleurs, déterminés par les événements de Mandchourie. Au risque de nous faire houspiller par ces « foudres de paix », nous écrivons donc qu'une guerre en Mandchourie, ou même un développement important de l'occupation militaire japonaise, qui entraînerait sans doute des opérations soviétiques parallèles, agirait dans le sens de la hausse des matières premières. Dans tous les pays du monde, une armée en campagne constitue un élément important de consommation, voire de gaspillage ; de plus, les hommes mobilisés sont enlevés aux travaux productifs, chacun sait cela en France, par expérience. » Voilà peut-être, Monsieur le Président du Conseil, un moyen de réduire le chômage : faire la guerre !

« Ce journal continue : « Abstraction faite de tout sentiment humanitaire et de toute considération politique, il nous faut donc admettre, en nous maintenant dans le domaine économique, que ce sont là des facteurs qui, s'ils prenaient une réelle

1. Jacques Doriot (1898-1945), à l'époque député communiste de la Seine. Il fondera en 1936 le Parti populaire français, nationaliste et fasciste, qui, à partir de 1941, participera activement à la Collaboration avec les Allemands.

2. La famille de Wendel est une famille de sidérurgistes lorrains, emblématique des « 200 familles qui gouvernent la France », qui seront dénoncées par Daladier en 1934. François de Wendel (1874-1949), député puis sénateur, est président du Comité des Forges de 1918 jusqu'à sa dissolution par le régime de Vichy en 1940.

extension, contribueraient à l'allègement des stocks de matières premières, au ralentissement du dumping et à l'accroissement de la demande d'un certain matériel. Telles sont, selon nous, les diverses raisons qui ont motivé, cette semaine, la reprise de la Bourse. »

« Cette prose cynique et honteuse qui s'étale dans vos journaux financiers montre bien l'humanité spéciale des marchands d'obus. » (*Applaudissements à l'extrême gauche communiste*).

Les déclarations de M. Doriot, relatives à la complicité franco-japonaise, en vue de défendre à la Conférence de février l'intangibilité des armements actuels, se trouvent confirmées par un article de Saint-Brice (*Le Journal*, 4 décembre), dont voici la conclusion :

« A la suite d'un conseil extraordinaire tenu sous la présidence de l'empereur, le gouvernement japonais tient à déclarer loyalement qu'il lui serait impossible d'envisager toute mesure qui réduirait en quoi que ce soit les forces existantes. Spontanément, le Japon a réduit ses forces de plus d'un tiers, par comparaison aux forces d'avant-guerre. Toute réduction nouvelle lui paraît impossible aussi longtemps qu'il se trouve en présence de l'anarchie chinoise et du brûlot bolchevik.

« Cette déclaration mérite d'autant plus notre approbation qu'elle s'inspire des mêmes principes que le mémorandum français. Dans ces conditions, il ne serait peut-être pas très nécessaire de déranger une demi-douzaine de ministres anglais, surtout en des temps où les économies s'imposent, et plus que toutes les autres les économies de gâchis. »

Cette dernière phrase signifie que la question se pose de savoir si la Conférence du Désarmement pourra même se réunir.

4) *L'Internationale sanglante des armements*

Au reste, cette Internationale des informations tendancieuses n'est que l'affleurement à la surface d'une internationale mieux cachée, qu'on commence à faire mieux que soupçonner; celle que Lehmann-Russbüldt appelle l'Internationale sanglante des armements et qu'un livre récent de M. Lewinsohn, *L'Argent dans la politique*, vient de révéler à nouveau[1]. Analysant ce livre dans *La Lumière* du 25 novembre, M. Jean Dublin écrit :

« M. Lewinsohn dénombre aussi avec un soin méticuleux les commanditaires étrangers de Hitler. Il y en a de toutes les nationalités – *même des Français.* Tout d'abord, des amis suisses mettent 300.000 fr. suisses à la disposition des nationaux-socialistes, des Hollandais quêtent en Hollande pour Hitler, des Germano-Américains

1. Richard Lewinsohn-Morus (1894-1968), journaliste et écrivain allemand, qui se réfugiera en France puis au Brésil, après la prise du pouvoir par les nazis.

lui envoient de l'argent et, même en Tchécoslovaquie, les industriels von Duschnitz et von Arthaber lui versent de grosses sommes.

« Mais voici une des révélations les plus sensationnelles du livre de M. Lewinsohn. Nous pensons tous que l'industrie des armements allemande a fondé de gros espoirs sur Hitler. C'est, hélas ! naturel. Mais ce que nous ne savions pas encore, c'est que l'industrie étrangère des armements a fondé et fonde encore sans doute des espoirs non moins grands sur la marche en avant de Hitler. C'est pour développer le mouvement de Hitler que les entreprises Skoda de Pilsen ont versé de grosses sommes à Hitler et à son parti. Or, notons-le : les entreprises Skoda de Pilsen sont contrôlées par des Français – et par quels Français ! Par des Français patriotes qui ont nom : *Schneider.*

« Nous avons là les preuves que le parti national-socialiste de Hitler est une création de l'industrie lourde allemande et étrangère qui, comme le dit M. Lewinsohn, « paraît à beaucoup d'industriels, non sans raison d'ailleurs, au point de vue du capital industriel, moins dangereux qu'une recrudescence du mouvement ouvrier. » Mais tout danger n'est pourtant pas exclu. Aussi, « pour écarter entièrement les nationaux-socialistes de leurs tendances révolutionnaires et les remettre sur la voie du capitalisme traditionnel, l'industrie et les partis soutenus par elle, après les élections de septembre 1930, désirèrent vivement les faire entrer dans un gouvernement de coalition bourgeoise.

« Hitler entrera peut-être demain dans le cabinet allemand. Nous savons maintenant que ce sera sur l'ordre de la grosse industrie. Ces Messieurs pourront alors entamer d'utiles négociations avec les financiers français de Hitler : ils seront en famille ! »

Chacun tirera librement les conclusions. On ne saurait assez se garder de croire. La science est née chez les hommes quand ils ont su douter de la vérité des apparences sensibles. La politique est bien plus longue à naître que la science. Les choses ne sont pas rusées, elles peuvent être cachées, mais non dissimulées. Les hommes sont rusés et comédiens. C'est ce qui explique que les apparences d'ordre humain restent plus longtemps impénétrables.

G. C.

CRITIQUE ET PHILOSOPHIE. SUR LE PROBLÈME DE LA CRÉATION

Libres propos (Journal d'Alain), décembre 1931

C'est le sort des créateurs que, parfois, leurs créatures se retournent contre eux. Dieu en sait quelque chose. En particulier, créer une méthode de critique c'est aussi bien l'appeler à revenir sur elle-même, considérée comme création. Instruit par Pierre Abraham, j'ai découvert que si lui-même, comme d'autres polytechniciens-artilleurs, est assez porté à figurer quelques lois fondamentales des phénomènes par la fameuse courbe de Gauss, dite courbe en cloche (*cf.* p. 273-274), c'est parce qu'elle a très exactement la forme d'un bicorne de grande tenue[1]. Je puis me tromper. Appliquant à l'auteur des *Recherches sur la création intellectuelle*, les conclusions de ses recherches, j'espère de lui mon absolution.

Créatures chez Balzac[a] est un livre sympathique de ton, plein d'idées neuves, fécond en résultats. « Ce livre est ennuyeux et mal composé », prévient P. Abraham. Mal composé, peut-être, encore que le genre soit assez inaccoutumé pour n'avoir pas de lois auxquelles une dérogation pourrait choquer. Ennuyeux ? Nullement; sauf par moments, de ce genre d'ennui que peuvent donner les mathématiques à ceux qui ne les comprennent pas. L'auteur se propose de définir et d'illustrer un nouveau genre de critique. « Depuis quelque temps nous recommençons à croire que les *Fables* de La Fontaine ne sont pas seulement les produits de la Champagne, de la craie de Champagne, du vin de Champagne, des grands-parents, des tantes, des oncles et d'Esope. Nous recommençons à croire que les *Fables* de La Fontaine ont été écrites *aussi* par La Fontaine. Allons, nous sommes dans la bonne voie. Mais *comment* La Fontaine les a-t-il écrites ? » (p. 11). Cette critique *expérimentale* est une conception d'ingénieur, irrévérent quant au passé, audacieux et constructif quant à l'avenir. Le génie n'est pas fait pour être encensé, pour être catalogué dans un musée, mais pour être utilisé, continué, au besoin repris. Le génie ne doit être ni idole, ni même modèle, mais exemple et témoin. Il est donc intéressant par ce qu'il contient de procédés universellement valables, par les moyens mis en œuvre. Ses œuvres doivent être considérées comme des travaux, non comme des fulgurations. En rigoureux nominaliste, P. Abraham ne voit dans l'inspiration, l'imagination, la volonté, l'inconscient que des mots; il apporte à son tour sa contribution à la réincarnation humaine du génie. D'où, dans la critique, nécessité de substituer l'étude des moyens à l'étude des causes, nécessité de considérer les œuvres comme des témoignages et non

a. Un vol., N.R.F., 1931[2].

1. Karl-Friedrich Gauss (1777-1855). Mathématicien, astronome et physicien allemand.

2. *Créatures chez Balzac. Recherches sur la création intellectuelle* est un livre de Pierre Abraham (1892-1974), frère de Jean-Richard Bloch. En 1930 il avait publié, chez Rieder, *Proust. Recherches sur la création intellectuelle*. Cet écrivain et critique littéraire, qui deviendra communiste après la seconde guerre mondiale, sera le directeur de la revue *Europe* de 1949 à 1974. Les réflexions de Canguilhem sur la création annoncent sa conférence sur « Activité technique et création » de 1938 (cf. *infra*, p. 499-510) et ses cours sur le même sujet, conservés dans le Fonds Canguilhem du CAPHES. Sur Pierre Abraham, *cf.* N. Racine, « Pierre Abraham, Lucien Febvre et les tomes *Arts et Littératures dans la société contemporaine* », dans *Lucien Febvre et* l'Encyclopédie française, *Cahiers Jaurès*, n° 163-164, 2002, p. 117-147.

seulement comme des actes, en résumé, de substituer l'universalité à la singularité. « La recherche des causes, la mise en valeur des singularités, sont dans la bonne lignée romantique. Précieuse utilité du romantisme qui, par l'exaltation devant les prouesses d'un héros lointain, compense les petites lâchetés de la vie quotidienne… Les *causes* qui ont fabriqué le grand homme ont disparu avec lui. Les *moyens* qu'il a utilisés subsistent en nous et autour de nous. Les *causes* sont hors d'atteinte de notre volonté. Les *moyens* demeurent perpétuellement à notre disposition. Les *causes*, de par leur singularité, nous excusent de ne pas nous hausser aux dimensions du héros. Les *moyens*, de par leur banalité, nous accusent de les laisser inemployés. Les *causes* nous pardonnent, les *moyens* nous imputent notre négligence, notre crainte ou notre reniement » (p. 13-14). Idée admirable que d'annexer comme un domaine propre à la psychologie l'immense étendue des œuvres de l'art, et de chercher à saisir l'esprit là où il triomphe et non là où il manque, chez le héros créateur et non plus chez les fous. Considérer l'œuvre comme un produit que l'analyse pourra résoudre en composants et de ces composants remonter aux fonctions qui les dominent, tel est le propos de la critique expérimentale.

P. Abraham part de la *Comédie humaine* et plus précisément de ses acteurs, pour retrouver la filiation entre ces créatures multiples et leur unique créateur. Créer suppose d'abord l'oubli de soi, c'est-à-dire d'une forme autour de quoi l'univers s'est figé. Balzac arrive à rompre avec lui-même par des suicides imaginaires (p. 63), c'est à dire par la création de personnages hybrides : Louis Lambert, Albert Savarus, Bénassis, etc., qui sont à la fois lui et un autre ; et aussi par l'incarnation en certains personnages de quelques-uns des pseudonymes derrière lesquels il s'effaçait. C'est par images déformées du créateur que s'opère le passage du créateur à la créature.

Ces créatures sont ramassées souvent dans les limites d'un portrait. On sait l'extrême précision dans la description de la figure humaine, chez Balzac. « Ni deux robes pareilles ni deux têtes semblables. » Copie de la réalité ? En aucune façon. Les tentatives pour établir une clé de la *Comédie humaine* ont échoué. Mise en œuvre de procédés scientifiques ? On sait quel usage fait Balzac des noms et des travaux physiognomoniques de Lavater et de Gall[1]. Mais Balzac doit-il à Gall autre chose que l'idée même d'une correspondance psychophysiologique ? La comparaison des procédés balzaciens et des doctrines sous le patronage desquelles il se place montre qu'il ne leur doit rien. Reste donc à

1. Johann Kaspar Lavater (1741-1801), théologien suisse, qui systématisa et popularisa la physiognomonie. Franz Joseph Gall (1758-1828), médecin allemand, fondateur de la phrénologie.

chercher quels sont les procédés propres à Balzac, en utilisant la méthode analytique, en réduisant le problème à des éléments simples, en recherchant des fonctions à variable unique.

Soit une créature de Balzac ; Véronique Sauviat par exemple[1]. Elle a des yeux d'une certaine couleur, une forme définie par quelque comparaison, des attitudes évoquées par un mot. Cet être original, inimitable, peut-on montrer qu'il se résout en un ensemble de lois convergentes, c'est à dire en autant de procédés permanents de création ? La statistique et l'anthropologie disent que la société réelle est faite en majorité d'individus aux yeux sombres. La société balzacienne comporte une majorité d'individus aux yeux clairs. Dans cette société, les yeux masculins sont de préférence bleus, les yeux féminins de préférence bruns et noirs. L'art balzacien fait correspondre les yeux bleus à l'action, les yeux sombres à la passion (p. 166). Chose remarquable, un même personnage peint à des âges différents et dans des situations différentes, ses yeux changent (p. 168) : preuve que la loi de correspondance entre sentiments et couleur des yeux joue d'elle-même. D'où sort cette loi de correspondance, à quoi est-elle relative ? La couleur est pour Balzac liée à des mots. Bleu comme ciel, mer, acier ; jaune comme fauve, or ; noir évoquant le mystère, l'Orient. La couleur des cheveux ressortit à un autre genre d'association, elle est fonction de l'attitude que Balzac prête à ses héros devant l'amour. Balzac aimait les brunes. Le secret de la correspondance psycho-physiologique est là, mais ce n'est pas sous cette forme que Balzac la livre au public. La liaison de la pigmentation capillaire au caractère passionné devient, dans les romans, la correspondance de la passion et de la latitude géographique. Nord, froid ; midi, flammes. Balzac utilise un poncif, relais entre le lecteur et lui. En utilisant un lien commun, le créateur est sûr d'évoquer chez le lecteur ce qu'il entend évoquer. Jusqu'ici, nous ne sortons pas de la banalité et s'il faut entendre par *moyens*, selon la définition même de P. Abraham, ce qui est commun à tous les hommes ou pourrait l'être, il faut avouer que voilà des moyens bien médiocres.

Mais, l'étude des comparaisons chères à Balzac, quoique plus brève que la précédente, est infiniment plus féconde en résultats. P. Abraham classe les comparaisons balzaciennes sous les rubriques suivantes, disposées selon l'importance : la nature animée, l'histoire, la géographie humaine, les objets, le naturel et le surnaturel. Il n'étudie dans son livre que les deux premières classes du tableau. Premièrement, des paysages, des végétaux, des animaux ce sont les derniers qui fournissent le plus de termes de comparaison. Parmi les animaux, ce sont les mammifères ; parmi les mammifères, ce sont les

1. Personnage du *Curé de village*.

carnassiers. « Pour décrire l'homme, objet de la *Comédie humaine*, Balzac va utiliser l'animal... d'autant plus fréquemment qu'il sera plus voisin de l'homme » (p. 258). Exception qui confirme la règle : Balzac ne se sert que deux fois du singe. La comparaison ici, trop près de la ressemblance, n'apporterait aucun élément nouveau, aucune image imprévue. Balzac use donc de la nature dans la mesure où la forme humaine peut y être retrouvée, c'est à dire à proportion de l'anthropomorphisme qu'elle tolère. Résultat déjà plein d'intérêt, mais d'autant plus que la même loi se retrouve chez divers autres artistes ou savants, chez Le Brun[1], chez Lavater, chez La Fontaine. Il s'agit ici d'une véritable loi de perspective zoologique, ici réellement le mot de *moyen* peut être prononcé : « Nous voyons l'univers en perspective par l'extrémité humaine de son échelonnement. Le gros bout de l'univers, pour nous, est celui de nos voisins zoologiques » (p. 268).

Pareille perspective se retrouve dans l'utilisation de l'histoire. L'intérêt de rapprochement et de comparaison avec une époque historique croît dans la mesure où elle est moins éloignée de l'époque où nous vivons, mais cet intérêt tombe si on se rapproche de l'époque actuelle plus près que d'une génération. Il y a un éloignement historique minimum en deçà duquel l'intérêt romanesque tombe. C'est ce minimum que P. Abraham appelle *distance romanesque*. Il l'évalue à quinze ans environ dans le cas de Balzac, et déclare pouvoir vérifier l'existence de la même loi chez Stendhal, Tolstoï, Zola, Proust. Ici encore nous sommes mis en présence d'un véritable *moyen*. Il ne s'agit au fond que de l'oubli. L'étude de P. Abraham apporte une illustration précieuse à toute analyse psychologique de la mémoire assez perspicace pour trouver dans l'oubli la condition essentielle du souvenir. Ce paradoxe me paraît être devenu une évidence. L'oubli est ainsi l'opération fondamentale d'un créateur. Et c'est vrai même pour la mémoire, qui n'est pas une pure et simple rétrospection, mais au sens vrai du mot, une création du sujet par et pour lui-même. Réellement ici, la méthode de P. Abraham aboutit à instituer un véritable test, présentant, comme nous dirons et comme il sait lui-même, les avantages et les inconvénients d'un test quel qu'il soit, mais de qualité incontestable. Résultat d'autant plus intéressant que la perspective historique propre au romancier, l'une des fonctions qui peuvent servir à expliquer son œuvre, est elle-même fonction de la culture propre à l'époque et à laquelle l'auteur a participé. Entre le créateur et la création se place un *relais*, qui n'est pas pure et simple reproduction de l'acquis collectif donné à l'individu, qui est déjà une mise en forme singulière. Je pense que P. Abraham souscrirait à la proposition que

1. Charles Le Brun (1619-1690), peintre et théoricien français de la peinture.

voici. Tout créateur doit prendre, s'il n'y a pas de création spontanée; tout créateur doit reprendre, si la création est une initiative; mais entre prendre et reprendre, il faut nécessairement placer comprendre et se déprendre. Seulement, un test ne peut renseigner que sur l'assimilation ou sur la prise. Il ne peut pas renseigner sur la capacité, si la capacité est puissance d'invention. Il est contradictoire de vouloir trouver dans et par des formules, ce à quoi toute formule, c'est à dire tout résultat obtenu et terminé, se trouve relatif. Le test permet de déceler – et c'est déjà beaucoup – quels sont les automatismes sur lesquels l'invention s'appuie comme sur des béquilles. Mais on ne peut pas se contenter de recenser des béquilles comme dans une grotte aux miracles, puisque ce dont il est question quand on cherche le secret de la création, ce n'est rien de moins que le miracle. Seul miracle.

Courageusement, P. Abraham aborde le miracle. Les dernières pages de son livre contiennent quelques formules directes et pleines de sens, quand il montre l'opposition de la création et de l'automatisme, et ainsi l'antagonisme entre le créateur et son milieu. « La création, prise en soi, est un phénomène révolutionnaire, Révolutionnaire parce qu'anti-social » (p. 325). « Le créateur c'est l'ennemi » (p. 326). « Il n'y a de pensée que créatrice. Il n'y a de pensée que géniale » (p. 330). Créer, c'est bien réellement, en effet, fuir le milieu qui ne peut être que moyenne ou compromis. Tout créateur est d'intention un extrémiste. Mais enfin, ce n'est là que commentaire, de premier ordre, j'en conviens. Mais toujours commentaire. J'entends par là que P. Abraham commente non pas ce que d'autres ont trouvé, mais ce que lui n'a pas encore trouvé : le secret du miracle, c'est à dire de la création. Ce secret il tente de le faire tenir dans le mot *translation*. On a vu que, par exemple, la couleur des yeux des héros balzaciens est fonction d'une correspondance verbale en vertu de laquelle une couleur évoque un mot. Il y a donc transposition d'une classe d'impressions à une autre classe, en l'espèce de ce qui est visuel à ce qui est sonore. D'où la proposition suivante : est automatisme ce qui est limité à une espèce d'impressions sensorielles; est création ce qui suppose transposition d'une espèce à une autre. Mais on sait, et P. Abraham le sait assurément, qu'il y a des automatismes, résultant d'un dressage ou d'une association naturelle – auxquels on donne le nom savant de réflexes conditionnels – qui supposent transposition d'un sens à l'autre. La création ne serait-elle pas plutôt relation que translation? Cela ne revient-il pas à dire qu'il y a création là où il y a pensée, si penser c'est lier un chaos innommable de sensations en une unité significative ? Cela revient à poser, comme c'est fait explicitement du reste à la dernière ligne de l'ouvrage, l'équation entre création et pensée. Et alors le problème de la création va ressortir non plus désormais à une critique expérimentale, mais à une psychologie réflexive.

Mais qu'une telle méthode de critique nous amène au cœur même de la philosophie, nous délivre d'un fatras de méthodes abstraites dont la moindre prétention est tout simplement de légiférer sur la nature des fonctions auxquelles elles-mêmes, créatures faméliques, doivent une existence instable et menacée, c'en est assez pour que l'on salue ces *Recherches sur la création intellectuelle* comme la première pièce d'une batterie qu'il plaise à l'artilleur Abraham nous donner bientôt pour quelques tirs d'essais... d'abord.

G. CANGUILHEM

SEIZIÈME LETTRE À JEAN-RICHARD BLOCH

26 décembre 1931
Cher Grand Ami,

Votre dernière lettre contient une question directe : « A quand ? » et une information que de moi-même je transforme en interrogation. Je veux parler de la revue d'Arbouse-Bastide (*sic*)[1]. Je ne sais dans quelle mesure vous vous intéressez à Arbouse et à son projet. Mais l'une de vos paroles, lors de mon séjour à La Mérigote, m'est revenue à la mémoire : « Je suis destiné à avoir trois gendres. Il est sûr qu'un au moins sera néothomiste ! » Arbouse-Bastide, protestant impartial et brave, croit pouvoir composer avec les thomistes, sans se rendre compte que c'est là un pur accident dans sa vie, puisque c'est par hasard qu'il est dans l'académie de Poitiers où officient Mesnard et Forest[2]. Son annonce d'une revue à comité directeur englobant des types genre Laubier et genre Mesnard a fait jeter des hauts cris à Alexandre, à Parodi, à quelques membres de l'Union pour la Vérité. A.B. n'a sans doute pas compris que les

1. Il s'agit de la revue *Méthode* qui sera fondée en 1932 par Paul Arbousse-Bastide et Georges Bénézé, et à laquelle collaborera Georges Canguilhem. Cf. *infra*, p. 427, n. 1.

2. Aimé Forest (1898-1983), philosophe néo-thomiste. Lorsqu'il parle de rapprochement entre Arbousse-Bastide et les néo-thomistes, Canguilhem fait notamment allusion à l'enquête « Pour un humanisme nouveau », qu'Arbousse-Bastide avait réalisée pour la revue protestante *Foi et vie* en 1930, et où il avait interrogé, parmi d'autres, Jacques Maritain et Henri Gouhier.

catholiques n'ont que deux attitudes à l'égard des hommes : ou bien ils les annexent (type Gouhier pour Descartes) ou bien ils leur font manger leurs excréments (type Gouhier pour A. Comte – *cf.* les *L.P.* de novembre)[1]. Je parle très librement de tout ça, bien que d'origine catholique, mais converti à la philosophie du parti pris, c à d à la philosophie de l'homme. A.B. en bon conformiste voulait prévenir les Inspecteurs Généraux, les pontifes de la philosophie etc., bref un novateur sans rupture. Je crois que les avertissements reçus lui font faire machine en arrière. Il voudrait repartir seul, changer d'éditeur. Mais au fond je le pense incapable de rompre vraiment avec les thomistes, d'innover autrement qu'en formules. Je ne nie pas qu'il pourrait être utilisé et dirigé. Mais il doit avoir une petite ambition. Seulement une ambition voudrait un fond et je ne lui en crois aucun. Il est bon, incontestablement. Mais à force de louer la bonne volonté on oublie qu'elle est volonté. Il faut être bon à quelque chose. Voilà mon opinion sur la revue de Bastide. J'ajoute que je sens cruellement l'urgence d'une revue de philo, et même mieux d'enseignement de la philo. J'y pense depuis longtemps. Mais si Bastide occupe une place et empêche par son existence de faire mieux, en condamnant toute autre tentative à la misère, ce sera déplorable ; compte tenu des proportions de cet événement. Je ne crois pas que les planètes cesseront de tourner, ni les chômeurs d'avoir faim. Et c'est bien plus important.

A la question A quand ? Je réponds : Quand vous voudrez. Je pensais en février. Mais soit avant, soit après, je me rendrai avec joie à votre signe. Disposez de moi comme il sera le plus commode pour vous.

Je trouve très belle la carte de La Mérigote par Berthold Mann[2]. J'imagine que c'est à peu près le paysage de ces jours-ci. Et je ne serais pas étonné d'apprendre que France et Claude descendent au Clain en traîneau ou en skis.

Bonne année. Grandes amitiés à tous,
Fidèlement votre,

G. CANGUILHEM

1. Le compte rendu par Michel et Jeanne Alexandre de *La vie d'Auguste Comte* d'Henri Gouhier, dans les *Libres propos* de novembre 1931, sera l'occasion d'une vive polémique. Cf. *infra*, p. 412-414.

2. Berthold Mann (1881-1975), dessinateur et illustrateur français.

NOTE SUR UN EXTRAIT DU JOURNAL *LA FRANCE MILITAIRE*, EXPOSANT LE « PROJET DE LOI SUR LA PRÉPARATION MILITAIRE »

Libres propos (Journal d'Alain), janvier 1932

[Canguilhem cite la phrase :] « Tout candidat au sursis devra justifier de son inscription dans un centre ou dans une société de préparation », [et écrit en note :]

« C'est nous qui soulignons et faisons remarquer que cette monstrueuse mesure d'asservissement est citée au nombre des *avantages* du nouveau projet de loi, – *La France militaire* dit de M. Chéron [1], dans ce même numéro, que son nom est « un symbole et un drapeau pour tout ce qui touche à la préparation militaire ». Qu'on en juge !

G. C.

DE QUELQUES HAUTS DIGNITAIRES DE LA LÉGION D'HONNEUR

Libres propos (Journal d'Alain), janvier 1932

[Canguilhem donne une liste de « quelques hauts dignitaires de la Légion d'Honneur » compromis dans des affaires d'escroquerie et écrit en note :]

« A ces noms est venu s'ajouter depuis, celui de M. Merlin, ancien gouverneur des colonies. Espérons que le Conseil de l'Ordre après avoir lesté ces Messieurs de leurs croix, plaques et cordons se fera un devoir de les faire parvenir en bloc à M. Georges Demartial [2] ».

G. C.

LECTURES. *DÉCADENCE DE LA NATION FRANÇAISE – LE CANCER AMÉRICAIN*, PAR ARON ET DANDIEU (RIEDER, ÉD., 1931) [3]

Libres propos (Journal d'Alain), janvier 1932

Avec cette différence qu'ils appellent de leurs vœux la Révolution, alors qu'il voulait y mettre un terme, Aron et Dandieu s'efforcent de renouveler, à

1. Adolphe Chéron (1873-1951) député radical, est le rapporteur de ce projet de loi, spécialiste à l'époque des questions d'éducation physique et de préparation militaire.

2. Cf. *supra*, p. 353, n. 3.

3. Robert Aron (1898-1975), agrégé de lettres et journaliste, il travaille aussi chez Gallimard. Un temps proche des surréalistes, il a signé en 1927 la pétition contre la loi Paul

cent ans d'intervalle, l'entreprise d'Auguste Comte. Ils ne disent pas comme lui que « l'esprit doit être le ministre du cœur », mais ils le disent à leur manière. Par leur truchement, l'anti-intellectualisme et le vitalisme bergsoniens jugent la politique et l'économie d'aujourd'hui. Insurrection du concret contre l'abstrait, de la chair contre le calcul, de l'individu contre les consortiums, trusts, banques etc. Des deux livres c'est au premier qu'ils attachent la plus grande importance. A mes yeux, c'est le second qui est le plus instructif et intéressant; et ce n'est pas parce que le premier contient une violente diatribe contre Alain dont je veux dire un mot par la suite. C'est parce que le second évite de tomber dans la confusion entre rationalisme et rationalisation qui est le moindre grief que l'on puisse avoir contre le premier. Cette confusion, faite par Bergson avant eux, par Pascal avant Bergson, consiste à identifier raison et déduction, à séparer esprit de géométrie et esprit de finesse, pour se donner l'avantage facile d'incriminer et de condamner la raison. Or, Aron et Dandieu finissent par réintégrer l'initiative dans la raison même, ce qui atténue grandement le caractère romantique de leurs revendications : « Il y a raison et raison : il y a la raison inventive, dont les progrès, consistant en élans nouveaux de l'esprit créateur, forment une chaîne héroïque de risques, d'efforts et de jouissances; il y a la raison technique, dont la progression monotone se fait sans heurts et sans mystères, à l'ancienneté, comme on vieillit » (*Cancer*, p. 91-92). Pourquoi dire alors (*Décadence*, p. 66) qu'un rationalisme ne peut être qu'une philosophie statique ?

Cela dit, ce serait mentir contre soi que de ne pas reconnaître l'intérêt d'analyses perçantes, bien que trop rapides, concernant le jeu bancaire, le crédit, l'assurance, bref tout ce qui substitue à la totalité des actions et réactions humaines et cosmiques, une série de plans artificiels et conventionnels d'où

Boncour. Arnaud Dandieu (1897-1933) est bibliothécaire à la Bibliothèque nationale et poète. Ils se sont connus au lycée Condorcet mais ne commencent leur collaboration qu'en 1927. Lecteurs de Proudhon, de Sorel et de Péguy ils critiquent, en 1929, dans la revue surréaliste *Bifur*, le plan Young qui revoit à la baisse le montant des réparations allemandes et contribue, selon eux, à propager en Europe l'« impérialisme américain ». Ils collaborent ensuite pendant un temps à la revue *Europe*. Dans *Décadence de la nation française* ils estiment que la France est le nouvel « homme malade » de l'Europe, ce que manifesteraient sur deux plans différents la dépopulation, liée à l'absence d'« élan vital », et le « rationalisme d'Alain » qui « enseigne fortement la volonté de ne rien faire » ou « l'idéalisme » de Benda, qui « prêche aux véritables clercs le véritable renoncement ». *Le Cancer américain* dénonce « l'esprit yankee, qui n'est (...) pas autre chose que l'exploitation en série, sur une échelle gigantesque, de la plus lamentable erreur que l'Europe ait jamais commise, de l'erreur rationaliste ». Aron et Dandieu fondent la revue *L'ordre nouveau* en mai 1933. *Cf.* J.-L. Loubet del Bayle, *Les non conformistes des années 30. Une tentative de renouvellement de la pensée politique française*, Paris, Seuil, (1969), 2001.

le risque, l'aventure, la création en un mot sont exclus. Par un misérable et meurtrier renversement de dépendance, les créatures que sont nombres, techniques, mesures, statistiques, exercent sur leur créateur, l'homme, la tyrannie de leurs exigences propres. Briser cet esclavage savant et mathématique, telle est l'urgente tâche de la révolution.

Dans *Décadence de la nation française*, Aron et Dandieu s'attaquent à l'un des mythes les plus sanglants et destructeurs de notre temps, l'idée de nation, revêtement d'une immense équivoque. L'idée de nation est le résultat bâtard d'une extension irrationnellement tentée dans le domaine sentimental alors qu'elle est seulement valable dans le domaine intellectuel. La confusion consiste à ne pas traiter différemment la relation politique de citoyen à État et la relation affective d'individu à société. La nation est à la fois trop et trop peu. Trop, sentimentalement, parce qu'elle n'a plus d'objet précis. Trop peu, rationnellement, parce qu'elle n'atteint pas l'humanité, – du reste inaccessible en extension. La révolution consiste à progresser d'une part jusqu'à l'internationalisme, d'autre part à rétrograder vers le fédéralisme.

Mais l'originalité d'un livre est fonction de la culture de son public. Ces idées assurément justes ne sont pas neuves, et la sympathie même que l'on a pour elles empêche qu'on voie en elles une révélation. C'est du Comte et c'est du Proudhon. Les auteurs ne le disent pas, bien que sans doute ils le sachent. Définir la patrie par le groupe affectivement présent dont on fait partie et par la portion d'univers qu'on domine en s'y faisant place, la ramener aux dimensions de l'individu, je le crois juste et nécessaire. Mais lisez A. Comte (*Politique positive*, III, 5), la patrie y est définie comme « l'intime liaison entre l'homme et le milieu ».

Fidèles à cette même vocation d'orphelinage intellectuel, Aron et Dandieu partent en guerre contre l'intellectualisme d'Alain et de Benda. S'ils sont assez fins pour tenir les lignes suivantes – écrites dans les *Libres Propos* – exemptes de quelque flatterie que ce soit je propose les remarques que voici : Ce qui peut valoir pour Benda, ne vaut pas pour Alain. Mieux informés, plus soucieux d'être vrais en compagnie d'autrui que brillants tout seuls, Aron et Dandieu auraient trouvé dans la doctrine d'Alain la parenté substantielle de l'homme et de la terre, l'idée que politiquement, la nation, qu'économiquement, la grande entreprise, le crédit, la banque ne sont pas à la mesure de l'homme et dès lors deviennent très exactement des machines d'esclavage et de guerre. Au lieu de dire que la pensée d'Alain est sans sursaut (*Décadence*, p. 75) ils auraient su voir en *Mars ou la Guerre Jugée* un fameux sursaut de l'individu contre le plus abominable type de rationalisation, idéal et modèle des autres, le système militaire. Il a plu à Aron et Dandieu de mêler leur indignation contre l'époque d'injustice à l'égard des hommes. C'est leur affaire.

Serait-ce chez ces vigoureux champions de l'individu un dernier reste de la bienséance de salon ? Et la pensée révolutionnaire, elle aussi, s'accommoderait-elle d'assez de conformisme pour tenir en suspicion le tirailleur isolé ?

Georges CANGUILHEM

LA PAIX SANS RÉSERVE ? OUI[1]

Libres propos (Journal d'Alain), février 1932

M. Ruyssen, philosophe et pacifiste, donne à Challaye, philosophe et pacifiste, une leçon de philosophie et de courage. Je réponds à M. Ruyssen en philosophe, en pacifiste, et en jeune « animal sportif » qu'une éventuelle mobilisation inviterait à quitter, immédiatement et sans délai, soit sa classe

1. Cet article de Canguilhem s'inscrit dans le contexte d'une polémique entre Théodore Ruyssen et Félicien Challaye autour du « pacifisme intégral ». Challaye avait ouvert le débat par l'article « Paix sans aucune réserve », paru dans *La paix par le droit* en novembre 1931. Théodore Ruyssen lui avait répondu par un article « Paix sous réserves », paru dans la même revue en janvier 1932. *La paix par le droit* était l'organe de l'association du même nom, dirigée par Ruyssen. Sur Ruyssen, cf. *infra*, p. 989, n. 1.

Ces textes et d'autres réponses de Challaye, Ruyssen et Canguilhem ont été publiés en volume séparé par Canguilhem et Challaye, avec, en outre, des textes d'Alain et de Bertrand Russell, sous le titre *La paix sans aucune réserve. Thèse de Félicien Challaye. Suivie d'une discussion entre Th. Ruyssen, F. Challaye, G. Canguilhem, Jean-le-Mataf, et de textes de Bertrand Russell et d'Alain sur La vraie et la folle Résistance*, dans la série des *Documents des Libres Propos* (Cahier I, Nîmes, Imprimerie coopérative « La Laborieuse », 10, rue Émile Jamais, 1932).

L'article de Canguilhem « La paix sans réserve? Oui » était reproduit dans cette brochure sous le titre « Seconde riposte, ou fondements du refus de toute guerre nationale ». La « première riposte » à Ruyssen était celle de Félicien Challaye publiée sous le titre « Première riposte ou du vrai courage ». Celles des interventions de Challaye et Ruyssen, qui sont indispensables pour comprendre les articles de Canguilhem, sont reproduites ici en annexes, p. 979-997. Canguilhem confiera à Thierry Leterre « mi-satisfait, mi-repentant, qu'il aurait pu "se dispenser d'écrire" ce qu'il avait écrit sur Théodore Ruyssen » (T. Leterre, *Alain : Le premier intellectuel*, Paris, Stock, 2006, p. 565).

Raymond Aron critiquera cette brochure dans ses « Réflexions sur le pacifisme intégral » qui sont données en annexe (cf. *infra*, p. 999-1002) et auxquelles Canguilhem répliquera par l'article « Essais – Pacifisme et révolution » de mai 1933, reproduit p. 450-453. Par la suite, en 1941, à Londres, Raymond Aron s'en prendra à « l'équivoque du pacifisme », et de la doctrine de « la paix à tout prix », qui, « exploité par les agresseurs, a servi et risque encore de servir demain la cause des impérialismes qui confondent la paix et l'esclavage » (*L'homme contre les tyrans*, Paris, Gallimard, 1946, p. 86).

qu'il a la faiblesse d'aimer, soit un coin d'univers qui, pour n'être pas Noirmoutiers[1], n'est pas un appel moins énergique à goûter la vie.

Mon cher Challaye, vous êtes, au dire de M. Ruyssen, figé dans l'abstrait, simple d'esprit, myope mental, bourgeois prudent. J'avais cru, je vous avoue, lire de vous quelques fameuses pages sur la question du Congo. Votre livre qui est de 1909 a pris, à la lumière des jours qui suivirent, allure de prophétie. J'ai souvenir aussi d'une brochure, parue en pleine crise de prospérité réaliste, dégonflant comme nul ne le fit, André Tardieu du Homs-Bagdad[2]. En plein paroxysme d'apologie coloniale, comme prélude à la célèbre foire-exposition, vous avez donné à Foix certaine réunion qui vous valut hurlements et injures des amis du peuple, et tracasseries administratives. Vous récidivez, et voici qu'en ces temps d'exaspération nationaliste, vous vous déclarez pour la paix sans aucune réserve, en des termes que M. Ruyssen reconnaît sincères et crânes, disons brutaux. Jamais, Challaye, je le confesse, je n'avais soupçonné que ce défaitisme était un masque que votre prudence bourgeoise s'était donné.

Malgré cette duplicité, Challaye, je vous conserve encore ma confiance. Car vous avez une solidité d'opinions que M. Ruyssen n'a pas. M. Ruyssen, une fois en sa vie, fut, comme vous l'êtes, un bourgeois prudent. On m'a dit qu'en 1913, au retour d'un voyage en Alsace, M. Ruyssen eut la prudence de publier qu'après tout ce que réclamaient les Alsaciens-Lorrains c'était un régime d'autonomie démocratique dans le cadre du Reich allemand. Comme vous pour les colonies, ce myope mental nous paraît aujourd'hui avoir eu alors une certaine longueur de vues, car enfin il y a, malgré les journaux, un problème franco-alsacien. En raison de sa prudence, M. Ruyssen reçut des injures, des coups, des pavés dans les fenêtres. On manifesta contre lui. La prudence de M. Ruyssen lui coûta, dit-on, une chaire en Sorbonne. La platitude de la vie parut alors si écœurante à M. Ruyssen que le goût du risque lui vint peu à peu. Et maintenant nous le voyons, avec terreur, courir le risque de saluer « l'Alsace-Lorraine redevenue française conformément à ses aspirations ». Saurez-vous résister à cet exemple, Challaye, vous déciderez-vous à goûter aussi « l'enivrante volupté du risque », encore accrue par l'espoir d'être un jour décoré par devant et par derrière comme le Polonius de *Liluli*[3] ?

1. Allusion à l'épisode relaté par Ruyssen. *Cf.* p. 993.

2. Cf. *supra*, p. 304-305.

3. Dans *Liluli*, Polonius est un personnage ridicule de pacifiste très modéré qui tient un discours volontairement embrouillé : « Nous poliçons la guerre. Polissons-la, messieurs, et la repolissons. Que serions-nous sans elle ? C'est par elle que la paix a son prix. Et par elle, nous édifions, *in saecula per pocula*, la Société des nations. Car tout se tient, suivez-moi bien. Sans

*

Trêve de plaisanteries. M. Ruyssen, président d'une vénérable et prospère association pacifiste, *reconnue d'utilité publique*, ne trouve rien de mieux pour défendre la paix contre les outrances – j'allais dire les outrages, de Challaye, qu'un appel au sentiment national. Son argumentation revient principalement à dire que la doctrine de Challaye méconnaît une réalité, le sentiment de la justice et le sentiment national. A Challaye qui pose la volonté de paix comme *le plus impérieux des devoirs*, M. Ruyssen oppose, comme *le plus incontestable des faits*, l'existence de sentiments qu'en définitive il ramène – tenez vous bien, philosophes – à des « réactions élémentaires, irrésistibles » et à des gestes instinctifs. C'est à désespérer de la pensée. Et, pour se fortifier d'autorités, M. Ruyssen renvoie Challaye à Bergson, au théoricien de l'élan vital. Et voilà pourquoi, Challaye, vous devez être muet ! Que Challaye, philosophe, ait des sympathies pour le bergsonisme c'est son affaire et je m'en lave les mains. Qu'il y ait quelque incompatibilité entre l'affirmation morale du devoir de paix et une doctrine d'inspiration biologique, liée à une certaine conception d'impérialisme anarchique et oppresseur (à quoi les discours de Bergson pendant la guerre n'apportent pas de démenti, au contraire !), ce n'est pas ici la question, et au surplus ce serait à discuter avec Challaye. Mais que M. Ruyssen se serve de l'instinct et de l'impulsion comme d'arguments pour condamner une revendication de justice, si intransigeante qu'elle peut paraître choquante, c'est un comble, c'est un record sportif. Il n'a pas encore été fondé de prix Nobel digne de ce tour de force.

Invoquer l'existence de fait du sentiment national contre une énergique invitation à surmonter et à dominer les impulsions et le fanatisme du troupeau surexcité, quelle leçon de jugement, ô Montaigne, ô Voltaire, ô Kant, ô Renouvier ! Supposez un Général de Jésuites répondant aux attaques de Voltaire : « Pauvre d'esprit, myope mental, douillet personnage, vos arguments sont misérables. Vous méconnaissez la force du sentiment religieux, de ce sentiment qui porte les catholiques à dragonner quelques parpaillots comme M. Ruyssen, à couper la langue à quelques blasphémateurs, à cuisiner avec

nation, il ne peut être de Société des nations. Sans nation, point de guerre. Sans guerre, point de nation. Or donc, tout est très bien et sera encore mieux. Comptez sur nous ! Laissez-nous faire ! Nous saurons si bien mêler le noir, le blanc, le droit, la force, la paix, la guerre, vous fabriquant des paix guerrières et des guerres pacifères, nous vous embellirons la nature si bien … que vous n'y reconnaîtrez plus rien ». Son discours est accueilli par des quolibets de « la foule » : « Bravo ! Très beau ! le vieux Polo, Napo, la peau ! Quelle tapette ! … Il a la gueule enflée de mots, autant qu'une musette » (*Liluli*, 14e éd., Paris, Ollendorf, p. 99-100).

bonheur quelques insensés. Cette peur du bûcher m'est un écœurement. Cet utilitarisme est pénible. Ne sommes-nous pas mortels ? Et que ce soit d'un caillou dans l'uretère ou d'un pal où vous savez, qu'importe après tout s'il faut quitter ce monde » ! – Supposez encore Gandhi s'attirant du vice-roi des Indes cette réplique : « Vous êtes un idiot accompli, vous méconnaissez la furieuse envie qu'ont les Anglais de rester chez vous pour vous faire du bien. » M. Ruyssen ne dit pas au fond autre chose à Challaye. Mais Voltaire, Gandhi, Challaye vont au plus pressé. Il se peut certes que tout ne soit pas illusion dans les idées de religion, d'exploitation du globe, de patrie. Malgré tout, le premier dit : « Écrasons l'infâme ! », le second : « Décampez ! », le troisième : « Qu'on nous f… la paix ! ». C'est peut-être rude, mais c'est direct, et le but n'est pas perdu de vue.

Qu'il ne faille pas sous-estimer la force de l'adversaire, en l'occurrence, du sentiment national, c'est évident et c'est une question de technique, de choix des moyens propres à l'action. Mais les questions de technique ne doivent pas masquer l'exigence des fins morales. La fin, assurément ne justifie pas les moyens ; la justification des moyens n'est pas dans un idéal en lui-même, puisqu'il peut arriver que l'on vole ou tue par amour, la justification est dans la conscience qui établit entre les moyens et la fin une relation où elle-même est partout présente. *Mais si la fin ne justifie pas les moyens, elle et elle seule les suscite.* Au contraire, à considérer d'abord la réalité du fait, – ici du fanatisme national – que les moyens doivent détruire ou transformer pour que la fin, – ici la paix – arrive à l'existence, il arrive que l'on perde de vue cette fin ou qu'on en sente moins, l'urgence, qui seule peut donner à l'esprit, dans la mesure où s'impose plus douloureusement l'exigence du devoir, le courage et l'héroïsme nécessaires à l'invention de moyens tout nouveaux et plus efficaces. A répéter pathétiquement sa litanie, « La Paix par le Droit », M. Ruyssen donne l'image de ces techniciens dont les procédés n'ont cessé d'avorter et qui ricanent des tentatives des autres. Le malheur de ces pieuses entreprises pour distribution de paix à tous les étages, c'est qu'elles dégénèrent en affaires et finissent par redouter la concurrence. Peut-être allons-nous vers un dumping du pacifisme. Mais pas plus qu'il n'aurait servi d'invoquer contre Ader la chute d'Icare, il ne sert d'invoquer contre Challaye que les hommes se battent et ne renoncent pas à se battre. Que la guerre ait encore une existence de fait, cela signifie seulement que jusqu'ici en aucune conscience d'homme ne se sont trouvés réunis un assez violent sentiment de réprobation de la guerre avec un courage suffisant à affronter tous les préjugés, même ceux des pacifistes, et une intelligence assez vive pour voir une voie où d'autres n'ont rien vu. M. Ruyssen contesterait-il à quelqu'un le droit et le devoir d'être créateur en matière de morale ?

*

Au surplus, que dit Challaye dans ce fameux article qui a ému les juripacistes et qui a pu donner à *La Paix par le Droit* quelques craintes pour son bilan financier et son rapport moral ? Challaye dit qu'il peut y avoir un pacifisme procédant de l'égoïsme mais que le pacifisme vrai procède d'idées morales et d'idées morales communes telles que l'évangélique « Tu ne tueras point ». Cela suffit à faire rejeter l'accusation, que M. Ruyssen croit décisive, d'utilitarisme, d'arithmétique des plaisirs. Challaye n'a pas donné dans ce panneau. Quand il invoque l'intérêt individuel (p. 10) c'est en dernier lieu et après avoir écrit : « Aucun vrai devoir ne nous oblige à tuer ni à risquer d'être tué ». La paix, c'est pour Challaye la justice (p. 9). Challaye ne dit pas non plus, comme le lui fait dire M. Ruyssen par une sorte d'imposture, que la vie est au dessus de toutes les valeurs. Challaye, bien au contraire, dit expressément (p. 5) que l'humanité donne un sens à la vie et au monde en créant des valeurs. Or la guerre, devenue de mieux en mieux une extermination radicale de tout ce qui est jeune et généreux et par là capable de création, – s'il est vrai que la création soit la même chose que l'avenir –, supprime du même coup ce par quoi la vie de l'homme prend une signification. Sur ce point, mon accord avec Challaye est total. Pour que quelque valeur soit donnée à la vie et la justifie, il faut que la vie soit d'abord. Et pour que je puisse changer ce monde, je veux premièrement, ce qui ne veut pas dire uniquement ni principalement, y vivre. Sans doute la mort toujours est possible. Et la mort parce qu'elle vient anéantir l'effort du devoir est le mal absolu. Mais cette mort qui nous viendra toujours au fond d'un accident lequel ne fait qu'un avec celui de notre existence, l'accident même nous en adoucit l'amertume. Ce qui est horrible, ce n'est pas la mort reçue des choses et du mécanisme, c'est la mort donnée par un homme. Ce qui est horrible, ce n'est pas la mort, c'est la tuerie. Or la guerre c'est le meurtre et la mort préparés, parés, honorés. C'est la conscience faite instrument de sa négation, l'anéantissement des consciences par leur décision réciproque. Voilà pourquoi, comme Challaye, je dis : *la guerre est le mal absolu*, étant la mort prise par la volonté comme issue à rechercher et non comme accident possible. Devant ces mots, la guerre est le mal absolu, M. Ruyssen s'étonne de se trouver « sans trop savoir comment en pleine métaphysique ». Certes, pour qui n'a pas complètement dépouillé la théologie, c'est bien toujours sans trop savoir comment qu'on se trouve en pleine métaphysique. Mais pour les autres, s'ils sont dans la métaphysique, c'est qu'ils savent et pourquoi et comment.

Et voici le centre du débat. La guerre que Challaye condamne sans réserves, c'est la guerre entre peuples. Il dit que l'insurrection contre un gouvernement, que la guerre civile, que la guerre sociale ne sont pas condamnées par le pacifisme. Cette division implique un parti-pris que je veux justifier en commentant Challaye (p. 3). La guerre civile, la guerre sociale se font pour renverser une hiérarchie politique, une féodalité économique, c'est à dire pour instituer l'égalité. Et je n'entends pas une utopique égalité de fait, – je cherche à avoir un vocabulaire plus rigoureux que celui de M. Ruyssen – mais l'égalité essentielle selon laquelle aucune conscience ne vaut en soi-même mieux qu'aucune autre, s'il est vrai que ce qui est humain et précieux en tout homme c'est ce qu'il sera s'il le veut. Tout système politique et social dans lequel quelques hommes sont aliénés d'eux-mêmes au profit d'autres hommes est un système immoral. Marx ne serait pas si fort s'il ne demandait pas la justice. Et encore une fois si cette exigence prend la forme de lutte pour la croûte, c'est qu'il faut aller au plus pressé. Toute exploitation de l'homme par l'homme suppose que quelque part des consciences sont traitées comme des choses. *Et cela, déjà, c'est la guerre en son principe.* Quand donc les exploités se retournent contre les exploitants, ce sont des hommes, conscients de leur dignité d'hommes, qui rappellent d'autres hommes au devoir de ne pas confondre homme et chose. Et si à leur tour ils traitent des hommes en choses, la faute en est uniquement à ceux qui n'ont pas su faire l'effort, parfois difficile mais que toujours le devoir exige, pour se montrer des hommes, en traitant leurs semblables comme tels, de conscience à conscience, et hors de ces rapports de hiérarchie qui sont toujours proprement des rapports de dégradation.

Ce qui fait que le pacifisme peut accepter un genre de guerre et refuser l'autre, c'est que ces rapports de hiérarchie et de féodalité sont les mêmes à l'intérieur des autres peuples. Challaye dit (p. 7) : « les mêmes capitalistes exploitent les mêmes prolétaires. Les préfets des divers gouvernements se valent ». M. Ruyssen manque d'en étouffer et réplique en invoquant l'expérience : « les petits paysans de Posnanie qui vers 1910 étaient fouettés parce qu'ils ne pouvaient réciter leur catéchisme en allemand etc. ». M. Ruyssen pourrait aller faire une enquête chez les Croates soumis aux préfets serbes, interviewer les administrés des préfets roumains, rentrer par la Posnanie où, qui sait ? peut-être quelques petits paysans sont fouettés pour ne pas savoir lire en polonais. M. Ruyssen croit-il qu'un préfet puisse être autre chose qu'un serviteur gagé par son gouvernement ? Challaye expose simplement les nécessités de toute politique, même démocratique d'apparence, où les pouvoirs cherchent à maintenir contre les citoyens la chose jugée et le fait accompli. Challaye doit penser comme moi que s'il y a quelque chose comme des préfets soviétiques, ils ne cessent pas, pour être soviétiques, d'être quelque chose comme des préfets. Pour une fois que Challaye invoque une loi de fait, on lui répond qu'il prend d'étranges fantaisies avec l'expérience.

C'est parce que dans l'ensemble, et nul n'y contredira, ce sont des exploités, des hommes dont on se sert comme d'instruments – même si on les persuade ou s'ils se persuadent du contraire – qui font la masse des armées, que la guerre est une duperie sanglante, une injustice devant quoi tout autre s'évanouit. Et c'est pour cette raison que Challaye enferme sa profession de pacifisme dans cette résolution: «Plutôt l'occupation étrangère que la guerre»[1]. La réaction si violente de M. Ruyssen devant cette proposition lui masque ce que ces mots contiennent de logique. L'occupation d'un pays par ordre d'un gouvernement étranger est une telle réalisation d'arbitraire et d'oppression que cette fois l'action militaire y prend son véritable caractère d'iniquité. *Et cette révélation est si irrésistible qu'aucune conscience ne peut justifier une telle action en y participant.* Car la guerre, telle qu'on la fait ordinairement, c'est toujours une occupation étrangère, mais masquée d'obligation morale, exactement comme la spéculation est un vol masqué d'obligation commerciale. Subir l'occupation étrangère sans la compliquer de ces explosions d'honneur national dont les conséquences prêtent quelque apparence de raison et de justice à cette occupation, et la font se donner pour une anticipation des représailles désormais nécessaires, *c'est proprement rendre l'occupation intenable et impossible parce qu'injustifiable.* J'entends les objections. L'opinion aurait-elle force de réprobation nécessaire? Je remarque qu'on invoque toujours la veulerie ou le déchaînement de l'opinion c'est-à-dire très exactement la mesure de ce qu'elle n'est pas et qu'elle pourrait être. Une opinion formée et non déformée par la presse serait irrésistible, mais il y faudrait d'autres articles que ceux de M. Ruyssen.

Par ailleurs, Challaye montre que, le résultat d'une guerre étant aléatoire quant à l'établissement de la justice, mais par contre tout à fait certain quant à la multiplication des ruines, des misères, des déchirements et des injustices d'où la guerre tire de nouvelles raisons de sa perpétuation, c'est une folie que d'y avoir recours. Et que M. Ruyssen n'accuse pas Challaye de tiédeur à l'endroit de l'indépendance nationale. Challaye la revendique expressément comme une fin à maintenir. Mais c'est l'énormité des sacrifices dont elle est l'objet qui l'occupe premièrement.

1. Challaye maintiendra cette position, prônant en 1934 «la paix désarmée même en face d'Hitler» ou signant en 1940, dix jours après l'entrée en guerre, le tract «Paix immédiate», avec Jean Giono, Alain, Henri Poulaille ou l'anarchiste Louis Lecoin.

Pour ma part, j'ajouterai aux arguments de Challaye deux autres arguments. M. Ruyssen, décidément plein d'entrain sportif, reproche à Challaye de s'arrêter à mi-chemin. Challaye admet qu'un homme défende sa famille et n'admet pas qu'un homme défende sa nation. Mais Challaye a dit que la défense de la famille a pour objet le salut de quelques existences précieuses. Ce sont des personnes que je défends en défendant ma famille et des personnes que j'aime. Quand je défends ma nation, je défends non des personnes mais une institution, au lieu que ce n'est pas l'institution que je défends en défendant ma famille. Et si l'on vient nous dire que la nation c'est tous les Français, la réponse est prête. Il y a des Français que nous ne voulons pas défendre. Je suppose que Challaye ne veut pas se battre pour M. Schneider, pour M. de Wendel, pour M. Cognacq[1]. Moi non plus. Nous en sommes en politique à un vocabulaire pré-cartésien, au réalisme des universaux. Mais peut-être est-il temps d'en finir.

Autre argument : un peuple ne défend pas aujourd'hui, pour toutes sortes de raisons, son indépendance par ses seules forces. Il fait appel, par traités et alliances, à d'autres peuples. *Ainsi se crée un marchandage d'indépendances par lequel en définitive quelque vraie volonté d'indépendance se trouve lésée et meurtrie.* Et il arrive qu'après le dénouement de ces marchés, la justice exigerait qu'un peuple prenne parti pour quelque nationalité opprimée par ceux-là mêmes qui l'ont aidé à conquérir ou à défendre son indépendance. Mais alors le souvenir de la connivence passée empêche la voix de la justice de retentir. Réjouissons-nous de voir la Pologne libre. Mais si les choses avaient autrement tourné en Russie, ce serait, en vertu des traités secrets, par le renforcement de l'oppression tsariste qu'aurait été payée la libération de l'Alsace. Croatie opprimée par la Yougo-Slavie, Tyrol par l'Italie, tels sont les résultats de la défense des indépendances nationales au prix de la guerre.

Mais j'ai assez parlé pour Challaye ou à propos de lui. Sa position est celle d'un homme qui a pris parti définitivement contre toute tentative d'imposer du dehors à un homme ou à un groupe d'hommes quelque renoncement à son droit d'humanité, c'est-à-dire à son devoir de faire exister progressivement l'humanité contre les obstacles de la nature, les accidents de la nécessité, la déchéance dans la brutalité, la déraison toujours menaçante. M. Ruyssen et quelques autres ne me comprendront pas. Et je comprends qu'ils ne me comprennent pas. Leur argumentation reviendra toujours à proclamer qu'il y a des hommes ou des groupes d'hommes dont l'existence est une nécessité morale, qui

1. Sur Schneider et Wendel, cf. *supra*, p. 363, 387 et 389. Maurice Cognacq (1870-1949) avait été gouverneur de la Cochinchine de 1921 à 1926.

méritent d'exister où ils sont et comme ils font. Ce sera toujours une argumentation de messieurs décorés. Être décoré, cela revient à invoquer un acquis, cela conduit à croire qu'il y a des choses qui vous sont dues, ne fût-ce qu'un égard, et des hommes qui sont faits pour vous, ne fût-ce que des portiers. Ce n'est pas pour rien que les décorations se nomment des ordres ou des mérites. Mais dans la revendication morale, il n'y a pas à considérer l'ordre établi, ni les mérites de la veille, mais seulement le devoir. Et donc M. Ruyssen est logique avec lui-même en étant président de la *Paix par le Droit.* C'est vous, Challaye, qui n'êtes pas logique. Qu'alliez-vous faire dans cette galère ? Vous mettez au-dessus du droit la justice, le respect de l'homme dont toute institution n'est que moyen. Vous êtes un inventeur fourvoyé chez des ratiocinateurs, un révolutionnaire égaré chez des conservateurs. Parce que vous voulez construire enfin la paix, vous vous prononcez pour la paix sans aucune réserve. Eux veulent le droit, et leur droit c'est de l'acquis. Comprenez, Challaye, que « le droit » ne sert jamais qu'à formuler des réserves et puisque vous ne voulez pas de réserves, laissez-les à M. Ruyssen.

*

Mais puisqu'aussi bien je parle pour moi en parlant pour Challaye, je ne veux pas terminer cette réponse sans expliquer à M. Ruyssen ce que c'est que le sport, la guerre et l'héroïsme. Du sport, j'en ai fait et j'en fais. La guerre je ne l'ai pas faite, mais enfin j'ai été soldat, et j'ai lu des livres. Pour l'héroïsme, cela ne regarde que moi.

Le sport, c'est du jeu. Cela dégénère parfois en brutalité, du côté de Quillan ou de Bordeaux, mais on dit alors que ce n'est plus du jeu ou que ce n'est pas du sport. Le jeu consiste à agir à l'intérieur de conventions définies où, certes, l'innovation est permise, où même tout le plaisir est de réussir un coup nouveau, mais où les obstacles, les limites sont d'avance connus ou connaissables. Tricher au jeu, que ce soit aux cartes, au rugby ou à l'escrime, c'est introduire un élément inattendu de puissance à l'intérieur d'un système de possibilités que l'adversaire continue de bonne foi à croire invariable. La guerre c'est si peu du sport que c'en est le contraire. A la guerre tous les moyens, même les pires, sont bons. Dans le sport, à chaque moment, la conscience intervient pour maintenir les moyens mis en jeu dans les limites de leur définition. Le sport connaît la feinte, mais méprise le truquage. Dans la guerre, une fois posé le but, la conscience démissionne, et parce que la fin justifie les moyens, toutes sortes de moyens sont appelés à la servir. Toute ruse est de bonne guerre. M. Ruyssen qui invoque les leçons de l'histoire et reproche à Challaye d'oublier les Thermopyles, oublierait-il le cheval de

Troie? Dans le sport, l'obligation est de laisser les autres courir leur chance, exercer leur jugement et leur initiative; toute obstruction systématique est réprouvée. L'art de la guerre consiste à priver l'adversaire de sa chance, à espionner, à ruser, à tromper. Comment peut-on parler de sport lorsqu'il s'agit de camouflages, de sources empoisonnées, de faux renseignements? Et qu'on n'aille pas me chercher la chevalerie! Il y a belle lurette que la guerre n'est pas la chevalerie, si même elle le fut jamais. Et au surplus, le chevalier le plus loyal dans un tournoi, se comportait autrement dans le combat. Soyez sportif, M. Ruyssen, quand le combat n'est plus cette lutte à la taille de l'homme où chacun est juge de ce qu'il peut et corrige ses actions d'après leur effet reconnu, mais dans une mêlée où rien ne se laisse saisir des causes et des effets; quand les marmites tombent et que les feux croisés des mitrailleuses, enchevêtrant leurs directions, font de l'espace autour de vous non plus un réseau de chemins, mais une certitude indéfinie de péril. Soyez sportif, M. Ruyssen, quand l'air est empoisonné, quand le feu choit du ciel, quand la terre minée s'ouvre sous vos pas. Il y a entre la guerre et le sport une différence qui tient en ce mot: la mort. La guerre est peut-être une chasse. Et c'est son ignominie. Car la chasse a pour objet l'animal, et l'animal traité en chose. Mais aussi la chasse n'est pas essentiellement un sport, elle est un vrai travail de conquête et d'aménagement du milieu où vit l'homme. Quand la chasse devient un sport, elle revient à s'imposer des règles, à laisser l'animal courir sa chance, à lutter avec lui comme avec une personne. Vous savez bien que les chasseurs méprisent l'apprenti ou le salaud qui fusillent un lièvre au gîte. Relisez l'admirable début de *Stalky et Cie* de Kipling, et vous verrez qu'une chasse sportive n'est pas une guerre. Peut-être, après tout, votre compétence d'animal sportif ne s'étend-elle pas à ce qui est de la chasse.

Quant au courage et à l'héroïsme, voici ce que je crois avoir à en dire. L'héroïsme est au-dessus du jeu. Le héros compte la mort dans les possibles, parce qu'il s'attaque à un obstacle qui n'est pas de convention. Le héros est celui qui surmonte un obstacle devant lequel d'autres reculent ou qui se fait un obstacle là où d'autres passent, fût-ce à plat-ventre et en léchant le sol. Héros celui qui vaincra, par sa patience, le cancer ou la vérole. Héros celui qui bravera la mort, sommé de devenir faux-témoin ou parjure. L'héroïsme suppose la libre disposition de soi-même, l'entière responsabilité des déterminations prises. Ne sont pas héros le fanatique, l'exalté, l'ignorant. Échapper à un danger qu'on n'a pas vu n'est pas le braver. Il ne peut y avoir d'héroïsme en dehors d'une clairvoyance souvent tragique, toujours douloureuse. A ce compte, M. Ruyssen, combien d'authentiques héros dans une guerre? Et inversement, comment attribuer à la peur, à la couardise, le refus décidé que les objecteurs de conscience opposent au Moloch contemporain ? Car il s'agit bien de plus en plus d'un Moloch, et parce que d'avance tout héroïsme est promis par la guerre à la mort, la guerre est devenue incompatible avec l'héroïsme. Car l'héroïsme devient folie, aveuglement, lorsqu'il se sait d'avance voué à l'échec. Car l'héroïsme ne consiste pas à affronter directement la mort. L'héroïsme consiste à tenter, au péril de la vie, d'échapper à la mort pour réussir ce que la mort du héros rendrait impossible. Le héros cherche la puissance et non le sacrifice. Or l'art de la guerre consiste à dépister l'héroïsme, partout où il se manifeste, pour lui opposer les conditions certaines de l'échec. Plus la guerre devient une industrie rationalisée, quantitative, plus l'héroïsme y apparaît inutile et amèrement dérisoire. Tanks, vagues d'assaut, nappes de gaz, tirs de barrage et de concentration se prolongeant des semaines et des mois, contre tout ce déchaînement massif l'héroïsme se mue en désespoir. Nierai-je qu'il y ait à la guerre des coups de mains, des patrouilles, des incidents où l'héroïsme trouve sa place ? Naturellement non. Mais les inondations, le feu, les catastrophes suscitent en temps de paix des héros. Du moment que la guerre ne permet l'héroïsme qu'incidemment au lieu d'en dépendre essentiellement, il ne faut plus laisser dire à qui que ce soit que la guerre offre un champ à l'héroïsme. *La victoire, à la guerre, ne vient plus de ce qu'on a laissé le champ libre à l'héroïsme, mais au contraire de ce qu'on lui a fait d'avance échec aussi inexorablement qu'il se peut.* Que l'on remarque comment, pendant la guerre de 1914, l'héroïsme s'est incarné dans l'aviateur, dans le combattant solitaire qui tire de lui-même l'initiative et la disposition de son action. Qu'est-il arrivé depuis ? Ceci que le développement de l'aviation en élimine progressivement l'héroïsme. Il s'agit de plus en plus de substituer l'attaque en masse au patrouilleur isolé, de fondre l'action personnelle dans la charge anonyme. La guerre c'est de plus en plus l'anéantissement nécessaire et voulu comme tel de tout héroïsme. *C'est pourquoi plus on est assuré que l'homme est un être à vocation héroïque, plus on a de raisons de se prononcer contre la guerre sans aucune espèce de réserve.*

*

J'en viens au dernier mot. Tout ce qui précède ne vise pas plus au fond M. Ruyssen, qu'un certain genre de pensée qui est celui de M. Ruyssen. Je sais qu'aucune idée n'est respectable, que seuls quelques hommes le sont. J'ai tout de même un mot personnel à dire à M. Théodore Ruyssen. Vous vous défendez, Monsieur, de donner dans un certain genre de développement. Vous écrivez : « On a fait du cliché patriotique un si écœurant abus et la politique a exploité le sentiment national avec un si scandaleux cynisme que je me garderai bien d'écrire ici une seule ligne de simple littérature ». Je remarque que Challaye n'a pas eu dans son article, à prendre une précaution oratoire de ce genre. J'y vois la preuve que Challaye pense directement, naturellement en pacifiste. J'y vois la preuve que chez vous, au contraire, le penchant naturel contre lequel vous avez à faire effort va vers la littérature moralisante et le cliché, fût-il patriotique. Et vraiment à vous lire, on cherche vainement quelle différence il y a entre le nationalisme et le pacifisme tel que vous l'entendez. De même que Tardieu a pu, dans sa récente déclaration ministérielle, user de l'expression : la paix par le droit, de même vous tenez un langage que ne désavoueraient ni Tardieu, ni Weygand, que n'aurait pas désavoué Maginot. Il faudrait tout de même quelques nuances entre vous et eux. Le ton claironnant de vos dernières lignes me fait craindre qu'il ne se soit jamais opéré chez vous de véritable conversion, mais seulement un transfert. Je défie qui que ce soit, à la lecture de vos conclusions, de ne pas m'accorder que vous avez encore un panache. Mais il semble que vous en soyez honteux. J'ai l'impudence de penser que ce panache, Monsieur, vous le portez mal. J'ai l'audace, dont je mesure la grossièreté, de vous le dire. Pourquoi faut-il qu'à vous lire me soient revenus à la pensée les mots par lesquels Jules Renard, dans ses *Histoires naturelles*, décrit la queue de l'écureuil : « Du panache ? Du panache ? Sans doute. Mais, mon petit ami, ce n'est pas là que çà se met » [1].

G. CANGUILHEM

DIX-SEPTIÈME LETTRE À JEAN-RICHARD BLOCH

5 févr. 1932

Cher Grand Ami,

Michel Alexandre me dit avoir reçu de vous une lettre où vous lui parlez d'une longue crise de sciatique qu'aurait Madame Bloch. Je pense qu'à défaut de vous dont je devine les occupations, Claude ou France voudront bien me donner quelques nouvelles.

J'ai reçu une longue lettre de P. Abraham, au sujet de la *Création*[2]. Je voudrais être plus avancé dans le recensement des données du problème pour

1. Jules Renard (1864-1910), écrivain français. Ses *Histoires naturelles* ont été publiées en 1894, la même année que *Poil de carotte*.

2. Il s'agit du compte rendu que Canguilhem a fait du livre de Pierre Abraham dans les *Libres propos* de décembre 1931. Cf. *supra*, p. 389-395.

pouvoir discuter utilement avec lui, mais enfin la création a fait de grands progrès chez moi.

Excusez cette interruption intempestive dans votre « champ de conscience ». Partagez avec tous des masses de fidèle amitié,

G. CANGUILHEM

P.-S. J'allais oublier de vous dire ma stupeur admirative à la lecture du dernier « Commentaire » dans *Europe*. Aristote disait « Qui manquerait une porte ? » Hé bien, vous ne l'avez pas manquée[1] !

NOTE À LA SUITE D'UN DROIT DE RÉPONSE D'HENRI GOUHIER[2]

Libres propos (Journal d'Alain), mars 1932

Droit de réponse d'Henri Gouhier

6 février 1932.

Monsieur le Gérant,

Après les cinq pages copieuses ajoutées par J. et M. Alexandre à leur article « Auguste Comte et Basile », ce ne sera certes pas abuser de mon droit de réponse que de réclamer la publication de ces quelques lignes.

Jeanne et Michel Alexandre n'ont pas changé. Ils le constatent avec satisfaction et avec raison. Leurs procédés restent, en effet, les mêmes. Aussi, puis-je très facilement reprendre l'alternative qui m'est aimablement proposée : « Mystification ou imposture ? » Appliquée à Jeanne et Michel Alexandre, la question ne me laisse pas l'embarras du choix, et je réponds : les deux.

1) Un simple mot d'abord sur la folie de Comte. En 1826, Comte est atteint d'une maladie mentale caractérisée ; il est interné et quitte la clinique avec la mention non guéri (veut-on que je dise le contraire ?) ; il se remet lentement chez lui ; à plusieurs

1. Cf. Jean-Richard Bloch, « Commentaires - symbolique d'une réunion (suite) », *Europe*, n° 109, 15 janvier 1932, p. 102-110.

2. Henri Gouhier a publié ce droit de réponse pour protester contre le compte-rendu que Jeanne et Michel Alexandre avaient fait dans les *Libres propos* de novembre 1931 de son livre sur *La vie d'Auguste Comte* (Paris, Gallimard, 1931), où il rappelait la folie d'Auguste Comte. Henri Gouhier avait déjà publié une protestation dans les *Libres propos* de janvier 1932, à laquelle avaient répondu Jeanne et Michel Alexandre en maintenant que le livre d'Henri Gouhier était un « pamphlet clérical » dissimulé. Sur les réactions à la publication de ce livre d'Henri Gouhier, notamment celle très élogieuse de Lévy-Bruhl, *cf.* la postface de Giulia Belgioioso à M.-L. Gouhier et G. Belgioioso (éd.), *Henri Gouhier se souvient ou comment on devient historien des idées : cinq entretiens avec Jean-Maurice de Montrémy*, Paris, Vrin, 2005, p. 145-149.

reprises, il se sent dans un état tel qu'il redoute une nouvelle crise, mais à aucun moment il ne retombe dans l'atroce nuit de 1826 : voilà une première série de faits à peu près clairs. – Pendant les dix dernières années de sa vie, Comte est grand-prêtre de l'Humanité ; ses pensées et ses actes ne peuvent pas ne pas paraître étranges : il y a là une seconde série de faits. – L'erreur de Littré fut d'expliquer la seconde série par la première. Le devoir de l'historien est de situer la seconde série dans son contexte idéologique et sentimental afin de rendre l'étrange naturel (et je dispense J. et M. Alexandre d'un contre-sens sur ce mot). En termes concrets : quand je connais les idées de Comte sur l'histoire, je ne regarde plus le calendrier, les cérémonies de la rue Monsieur-le-Prince, etc. comme ce brave fonctionnaire de Polytechnique qui y trouvait les signes d'« un fort coup de marteau ». Mon rôle d'historien est d'arrêter tout jugement précipité sur la conduite du grand-prêtre. Quant au jugement non précipité, seul un psychiatre peut le porter. Il est d'ailleurs fort probable qu'un psychiatre n'accepterait pas la sommation simpliste : le grand-prêtre était-il fou, oui ou non ? Si étrange que cela puisse paraître à J. et M. Alexandre, il est beaucoup plus difficile de reconnaître un malade qu'un voleur. (C'est même pourquoi certaines affections nerveuses ou mentales peuvent coexister avec le génie. C'est pourquoi aussi il est imprudent de faire trop étroitement dépendre une philosophie de la santé du philosophe).

2) Quelques échantillons sur l'art d'accommoder les textes. Je prétends avoir évité le mot « folie » à cause de son sens populaire et vague. J. et M. Alexandre ripostent en citant quatre textes. Or celui de la page 156 exprime le sentiment de Blainville en avril 1826 ; celui de la page 250, le sentiment de M. Marie devant Comte affolé par l'agonie de Clotilde ; celui de la page 267 ne contient pas le mot cherché et exprime l'opinion d'un fonctionnaire de Polytechnique devant le nouveau calendrier. Il reste qu'à la page 45 j'ai laissé échapper le terme qu'il vaut mieux éviter. On avouera qu'aucune thèse précise n'était engagée dans la ligne rappelée, et c'est là ce qui importe ; on ne trouvera dans mon livre aucune concession à la thèse simpliste de Littré. – Autre exemple : je proteste contre les mots « passion sénile » appliqués à l'amour de Comte pour Clotilde. Mes censeurs me renvoient à la page 227 : je résume la lettre du 17 mai 1845 où Comte avoue son amour à Clotilde et écarte l'objection de leur différence d'âge. Ils y joignent une citation tirée de la page 244 : je résume les propos de la famille de Clotilde d'après les documents publiés par Ch. de Rouvre (il faut tout de même que j'explique les sentiments de ceux qui entourent Comte !). D'ailleurs, constater qu'entre un homme et une femme il y a dix-sept années, ce n'est pas faire la moindre allusion à une « passion sénile ». Il serait puéril d'insister.

3) Jeanne et Michel Alexandre m'infligent une leçon de méthode historique. Leurs travaux historiques bien connus leur donnent en effet une indiscutable autorité. Il n'y a pas de faits sans interprétation… pas de photographie historique, etc. Merci. Ayant essayé de présenter une réponse, je crois avoir vu la question : puisqu'il faut toujours arranger, interpréter, romancer les faits, cherchons un arrangement, une interprétation, un roman qui soient historiques : voyons comment le héros lui-même a arrangé, interprété, romancé… Ma tentative vaut ce qu'elle vaut. Du moins puis-je dire à J. et M. Alexandre : vous prétendez que « j'imagine » des monologues intérieurs, que « je

devine », etc. : si vous voulez me pousser quelques « colles », je suis à votre disposition ; il y a certainement bien peu de lignes dans mon livre qui ne soient l'expression d'un document vivant.

Inutile de perdre notre temps. On peut admirer une vie sans admirer chaque détail. Oui, Comte a épousé une fille publique et peut-être n'a-t-il pas cherché à savoir d'où venaient certaines ressources. Oui, Comte a été ingrat, il a renié son père, calomnié sa sœur, etc. Et pourtant, il y a un contexte historique et idéologique qui ôte toute envie d'en faire un « marlou » ou un « monstre ». Je n'ai pas la prétention de faire comprendre cela à J. et M. Alexandre. Je leur dis très simplement que, sans me lasser, je corrigerai les faux-sens et contre-sens qu'ils ajouteront à ma prose. Par contre, n'ayant pas la sotte ambition d'avoir « le dernier mot », je leur laisse bien volontiers le plaisir de m'injurier et de pourfendre le pseudo-Basile aux bords de leur mare stagnante.

Veuillez croire, Monsieur le gérant, à mes sentiments distingués.

Henri GOUHIER

(Le silence définitif – et bien gagné – de J. et M. Alexandre oblige les *Libres Propos* à laisser leurs lecteurs sur l'horrible vision d'un historien qualifié pourfendu au bord d'une mare, – avec le seul regret que ces *Cahiers* ne comportent pas, comme *le Canard Enchaîné*, un choix de dessins variés).

G. C.

DOCUMENTS. FRANCE – LES INTELLECTUELS ET LE DÉSARMEMENT

Libres propos (Journal d'Alain), avril 1932

« Vous souhaitez de rendre à l'esprit sa primauté et son honneur. Vous le savez, Messieurs, c'est à la guerre qu'il les a perdus, en y prenant part, en s'appliquant à la justifier. C'est contre la guerre qu'il peut les retrouver. Il dépend de vous qu'il prenne une éclatante revanche, ou que nous constations sa définitive démission ». Ce sont là quelques-uns des derniers mots d'une lettre que Jean Guéhenno, dans *Europe*, du 15 mars, adresse aux membres du Comité permanent des Lettres et des Arts de la S.D.N., sous le titre : *Les intellectuels et le désarmement.*

Guéhenno rappelle à quelques éminents défenseurs de la Coopération Intellectuelle qu'il y aurait peut-être mieux à faire pour l'internationale des esprits qu'à palabrer autour de projets un peu ridicules, comme d'organiser des tournées d'auteurs à l'étranger, des équipes de récitants, des discothèques mises à la disposition de la S.D.N.

Guéhenno voudrait que l'idée d'une Correspondance et d'Entretiens entre les plus éminents représentants de l'intelligence, ne reste pas seulement une idée, et qu'une société des esprits libres donne à l'univers les éléments d'un examen et d'une décision sur les problèmes politiques que leur urgence complique de passion, et propose au besoin des mots d'ordre.

Appliquant son attention au problème essentiel de l'heure, celui du désarmement, Guéhenno demande que les hommes de l'esprit prennent un parti résolu et transforment enfin leur analyse en raison d'agir.

« Si la guerre venait, quel exemple nous donneriez-vous ? Fermerait-on à Genève la salle de vos réunions ? Chacun de vous rentrerait-il dans son pays ? Écrirait-il quelque brochure de propagande ? Signerait-il les manifestes de la civilisation française ou de la culture germanique ? Ou bien vous tairiez-vous du moins ? Ou bien encore refuseriez-vous d'entrer dans ce système de violence ? Diriez-vous que s'il est au pouvoir de la guerre de nous tuer, il n'est pas en son pouvoir de nous avilir encore, qu'elle n'aura jamais plus nos cœurs, nos volontés ? A vos nations en armes refuseriez-vous les services de votre esprit ? C'est un politique qui a dit : « Tant que je serai là, il n'y aura pas la guerre »[1]. Auriez-vous le même courage ? Et tant que durerait la guerre, oseriez-vous répondre que vous n'êtes pas là ?

« Et nous, que ferions-nous ? Ces plumes, dont le même Aristide Briand dit qu'elles sont faites du même acier dont sont faits les canons, ah ! Messieurs, ce seraient donc alors toutes les nôtres ? Messieurs, vous savez bien que sans vous, sans nous, la guerre n'est pas possible. Pour conduire les pauvres mangeurs de pain jusqu'à la tranchée, jusqu'au bord de leur tombe, il est besoin de tous nos discours, de tous nos articles, de toutes nos chansons. D'eux-mêmes ils n'iraient pas. Mais nous trompons leur instinct. Nous seuls savons assez bien mentir pour leur faire paraître belle leur mort même. Il y a quinze ans, nous avons assisté à ce singulier travail. Nous en avons eu un assez vif dégoût pour jurer de n'y participer jamais. Nous nous le sommes promis à nous-mêmes. Nous l'avons promis à toute une jeunesse morte, à nos amis, et nous tiendrons notre promesse.

« Messieurs, vous cherchez un emploi. Ne le cherchez pas davantage, mais réunissez-vous pour débattre de votre propre désarmement et donnez-nous des ordres. »

Cette lettre, à laquelle l'auteur de *Caliban parle*, ordinairement plus véhément dans ses revendications et sommations, a volontairement donné un ton de mise en demeure à la fois contenue et angoissée, pose un problème qui ne peut pas être écarté, qui ne doit pas être, abandonné.

1. Il s'agit d'Aristide Briand. Cf. *supra*, p. 331.

Dans la *Nouvelle Revue Française* du 1er avril, on reproche à Guéhenno une certaine ambiguïté, un refus de choisir entre le rôle de l'écrivain et le rôle du politique.

« Que voulez-vous des intellectuels, Guéhenno ? Est-ce l'engagement d'être sincères, et de ne jamais mentir à leur pensée ? Mais je ne pense pas qu'aucun honnête homme ait le goût d'aller crier son honnêteté sur les toits. Ce sont les autres qui signeront. Ou bien est-ce l'engagement d'avoir telle opinion précise, le jour où quelque nouvelle guerre éclaterait ? Mais je ne pense pas qu'aucun honnête homme ose ainsi juger par avance d'un événement qu'il ne connaît pas »[1].

C'est bien là une difficulté vraie. Nul ne sait comment se présentera *pour lui* un événement réel. Mais Guéhenno, aussi, a raison de demander, à l'égard de la guerre, un serment effectif. « Mettons entre elle et nous un engagement, une ferme parole ». Et certes, il ne s'agit pas de jurer à l'avance qu'on ne prendra jamais les armes, puisque en face de l'événement en question, l'insurrection apparaîtra peut-être comme le moyen du courage et de la fidélité à soi. Mais qu'est-ce qu'agir, sinon, après avoir refusé de souscrire à un désordre reconnu, chercher d'autres moyens que ceux dont l'utilisation prolongerait ce désordre condamné par l'esprit ? Sous réserve donc d'un avenir imprévisible, parce que lié à la perspicacité de la pensée qui se définit le présent pour y trouver les lignes de résistance et les points vulnérables, l'intellectuel peut et doit se prononcer sur le concours qu'il entend ou non apporter à l'ordre – c'est à dire au désordre – du moment. Ce concours, dans l'état actuel des choses, c'est sa réponse à un ordre de mobilisation.

Que Guéhenno, dont la voix porte et est écoutée, prenne l'initiative d'un mouvement par lequel les intellectuels résolument pacifistes renverront en bloc, au Ministre de la défense nationale, leurs fascicules rouges de mobilisation. Évidemment, il y a des risques. Mais cette fois, au moins, l'engagement sera pris au sérieux.

G. C.

1. Il s'agit de l'article « Revue des revues. Le désarmement des intellectuels », *Nouvelle revue française*, vol. 20, n° 223, 1er avril 1932, p. 777-778.

Sans plus de réserves qu'auparavant[1]

Libres propos (Journal d'Alain), avril 1932

Dans l'article consacré à la doctrine pacifiste de M. Ruyssen, j'avais pris des précautions dont on peut dire qu'elles rendaient inutiles sa réponse. J'avais reconnu ma grossièreté. J'avais expliqué que M. Ruyssen ne me comprendrait pas. Je posais par anticipation sa défense possible comme nulle et non avenue. La réponse de M. Ruyssen est venue. Elle n'en est pas moins nulle. Et voici pourquoi.

1) M. Ruyssen dit dans sa réponse que les réactions instinctives contre l'injustice dont il oppose à Challaye l'existence de fait ne sont pas, à ses yeux, bonnes en soi. Or, dans son article, il disait : « Mais l'instinct, Challaye, n'est-il pas une sorte de raison et sans doute quelque chose de plus profond que la raison même ? » Si ce n'est pas là conférer à l'instinct une valeur et non simplement le constater comme un fait, je veux renoncer à toute philosophie.

2) M. Ruyssen ne verrait pas d'objection à ce que Challaye propose sa solution « pour un avenir lointain et millénaire ». Ah ! Cet avenir millénaire où M. Ruyssen, Challaye et Canguilhem auront depuis longtemps cessé de nourrir le fenouil des cimetières ! M. Ruyssen se veut à tout prix raisonnable. Mais oui ! C'est entendu, M. Ruyssen est raisonnable et Challaye est absurde. Seulement, quelle est l'invention qui n'est pas d'abord une absurdité puisqu'elle est ce qui déconcerte un raisonnement qui prend perpétuellement sa propre suite, qui s'imite et se répète ? Challaye pose des pétards sur une voie qui mène à la catastrophe. Et M. Ruyssen se plaint de ce que le bruit des pétards l'empêche de dormir.

3) M. Ruyssen cite Alain. Mais nous disons avec Alain que l'homme, courageux et héroïque, se plaît à imaginer la guerre comme champ possible à l'héroïsme et que là est l'erreur. Alain a expliqué assez souvent, – aux jeunes pour qu'ils en tirent circonspection, et aux vieux pour qu'ils cessent d'exciter les jeunes, – que la guerre est le massacre des meilleurs. M. Ruyssen, à la fin de son article, condamnait Challaye au nom de l'animal sportif et disait qu'il faut apprendre aux jeunes qu'il y a d'autres sports que les « jeux de la guerre ». J'ai tenté d'expliquer à M. Ruyssen que le sport n'est pas du même genre que la

1. Cet article, reproduit dans la brochure *La paix sans aucune réserve* sous le titre « Finale en sept points », est une réponse à l'article de Théodore Ruyssen, « Réplique de M. Théodore Ruyssen », paru dans le même numéro et reproduit en annexe, p. 994-997, qui était lui-même une réponse à l'article de Canguilhem, « La paix sans réserve ? Oui », p. 400-411.

guerre, qu'il lui est opposé comme son contraire. M. Ruyssen m'envoie à la face W. James – un bafouilleur s'il en fut – et me parle des équivalents moraux de la guerre. M. Ruyssen n'a pas compris.

4) M. Ruyssen approuve l'une de mes propositions et la retourne contre moi. Mais quand j'ai dit que dans l'occupation d'un pays par une puissance étrangère l'action militaire prend un caractère d'iniquité tel qu'aucune conscience ne peut y participer, je n'ai pas limité le refus de la conscience ou la révolte de l'opinion au pays envahi. Je parle pour tous les peuples, y compris le peuple dont le gouvernement responsable de l'ordre d'occupation perdrait son meilleur argument pour obtenir le consentement et le fanatisme collectifs, puisqu'en se refusant à la lutte, le peuple envahi ôte toute ambiguïté à la question de responsabilité. Car, malgré M. Ruyssen, toute guerre est de tous côtés présentée comme défensive. Voilà pourquoi je disais qu'accepter la théorie de Challaye c'est rendre l'occupation intenable et impossible parce qu'injustifiable. Je maintiens mon jugement. Y a-t-il quelque expérience à l'appui de cette doctrine ? Oui. Il y a l'expérience de la Ruhr où tout de même l'opinion en Allemagne (occupée), en France (occupante) et dans le monde entier (spectateur) a eu quelque part. Il y a l'expérience de l'Inde, moins décisive. Mais aussi la longue occupation anglaise a-t-elle le caractère moins négatif – et dont l'ambiguïté n'est pas encore levée pour tous les esprits – d'une colonisation. Invoquera-t-on inversement l'expérience récente de Mandchourie ? Elle est à considérer, mais elle représente le cas le plus défavorable par la confusion des prétentions et des arguments, le plus éloigné en tout cas des conditions que le monde européen moderne offrirait à une tentative du même genre. Après tout, Challaye avait bien le droit d'invoquer une expérience aussi significative que celle de la Ruhr ! Si celles qu'invoque M. Ruyssen sont plus nombreuses, qu'est-ce que cela prouve sinon que ce à quoi Challaye voue son activité c'est plus ce qui est à faire que ce qui est fait ? L'ampleur de la réforme à accomplir en mesure exactement l'urgence et non l'utopie.

5) M. Ruyssen, on aurait pu le prévoir, parle du gendarme et du voleur. Ce truisme est du même ordre que le *Si vis pacem para bellum*, aussi répandu et non moins bête. Il n'y a pas de rapport entre défense et agression individuelles et défense et agression nationales. Entre nations, les questions de défense et d'attaque supposent des institutions, des tractations de chancellerie. Il n'y a pas, comme l'a expliqué G. Demartial, de cas de légitime défense entre peuples. Tout le monde cherche secrètement l'offensive – c'est la loi de la guerre; tout le monde invoque ouvertement la défensive – c'est la loi de la diplomatie. La guerre, avant le pacte Briand-Kellogg, était considérée comme

un acte juridique. Le vol, l'agression nocturne, l'assassinat des vieux rentiers n'ont jamais, que je sache, été considérés comme juridiques.

6) M. Ruyssen s'étonne de ce que j'accepte de défendre ma famille et de ce que je refuse de défendre la nation. Mais j'ai dit qu'on ne défend pas la famille en tant qu'institution. Je le maintiens. Ce n'est pas pour ou contre telle forme de contrat de mariage que je me bats, pour ou contre les modalités de déchéance de l'autorité paternelle. Je défends mon père ou ma mère ou mes frères ou mes copains, en tant qu'individus. C'est tel ou tel membre de ma famille qui est attaqué et non l'institution. Inversement, c'est à l'institution nationale que s'en prend un gouvernement qui déclare la guerre. Il s'agit d'une substitution d'autorité. Mais la vie de la nation n'est pas menacée parce qu'une nation n'a pas de vie. La nation est une abstraction sans vie. Croire que l'on a à défendre la vie d'une nation revient à mettre en danger les vies des nationaux, aussi bien combattants que non-combattants, lesquelles vies ne sont en rien individuellement menacées par une occupation étrangère. Étrange et tragique confusion qui fait de la sécurité d'une nation le danger de ceux qui la composent. Crier « Vive la France » revient à crier « Meurent les Français ». Mais M. Ruyssen dit : « La nation, ce sont bel et bien des personnes et non une pure abstraction ». Je viens de montrer qu'il n'en est rien. Toutefois, admettons que ce soit vrai, que la France ce soit tous les Français. Il n'en reste pas moins qu'il n'y a pas de rapport entre défendre sa famille et défendre sa patrie. Quand je défends les miens, ce n'est pas par soumission à une consigne, c'est par générosité et d'après un genre de relations humaines où la réciprocité est totale. Le fils défend son père, mais le père peut prévenir le fils et affronter le danger pour défendre son défenseur. A la guerre, il y a spécialisation de la générosité. On décide d'avance que les uns sauveront les autres et les civils délèguent définitivement aux combattants le soin d'être, à eux seuls, héroïques pour tous. Tout se passe comme s'il y avait contrat, mais il n'y a pas contrat, car il n'y a pas réciprocité. Il faut que les parents sachent qu'ils auraient pu faire mieux pour leurs enfants pendant la guerre que de leur envoyer des tricots. Je n'insiste pas. M. Ruyssen comprendra-t-il ? J'en doute. Il confond la consigne que l'on se donne qui est l'obligation morale, et la consigne que l'on reçoit qui est l'obligation légale. Et il peut parler imperturbablement du « soldat patriote » sans même se douter qu'il confond le service et le devoir, le mercantile et le gratuit[a].

a. M. Ruyssen me conseille la lecture du manuel de Challaye. Ce serait à Challaye plutôt qu'à moi de répondre. Mais je vais donner à M. Ruyssen une leçon de lecture critique. Le manuel de Challaye où, à la page 499, se trouve inscrit en effet le devoir de défendre son pays, a eu sa

7) Enfin, dernière ressource, M. Ruyssen fait comparaître ses garants. Ce sont les camelots du roy. J'ai moi-même félicité M. Ruyssen de ses garants… d'avant 1914. Mais Barrès disait : « Les mérites datent de la guerre ». Je souscris à la formule sans avoir besoin de dire en quel sens. Que M. Ruyssen sache que si j'ai pu être délibérément grossier à son égard, c'est non moins délibérément que je n'ai pas été cruel en ne parlant pas de ce qu'il est devenu depuis 1914. Je ne pensais pas pouvoir user de cet argument ridicule qui consiste à dire : « Regardez qui vous siffle ou qui vous applaudit ». M. Ruyssen a voulu des garants de ce genre. Qu'il les ait donc tous. Et qu'après avoir nommé ceux qui l'ont sifflé avant la guerre, il me laisse lui rappeler ceux qui l'applaudissent après la guerre.

Le *Journal des Débats* du 27 décembre 1931 s'en prenait, comme bien on peut penser, à Challaye, pour son article désormais historique. Et cela, comme s'il y avait entre le journal et la *Paix par le Droit* une communion de pensées : « Nous n'aurions pas relevé l'article de la *Paix par le Droit* s'il n'avait soulevé une émotion dont on nous a fait part ». Le même journal, du 25 février 1932, félicite M. Ruyssen de sa réponse attendue et nécessaire : « Cette réponse a paru. Elle est franche et catégorique. *La thèse de Challaye est exposée et traitée comme nous avions fait ici même…*[a]. Nous donnons bien volontiers acte à M. Ruyssen de son utile protestation… ». Et voilà !

Vous avez bien lu. Le garant actuel de M. Ruyssen, pacifiste d'utilité publique, c'est le *Journal des Débats* qu'on nommerait plus exactement *Journal des Combats*. Maison de Wendel, forges, blindages, canons et barbelés ! A la vôtre, Monsieur, bonne et heureuse !

Georges CANGUILHEM

première édition en 1923. La dernière édition de ce manuel est de 1930. A la page 499 une note complète ainsi qu'il suit l'exposé des devoirs patriotiques : « Certains pacifistes répondent en distinguant la légitime défense individuelle ou familiale qui sauve de précieuses existences et la prétendue légitime défense collective qui aboutit à la destruction de millions d'existences. Avec les procédés modernes de guerre bactériologique et chimique, la défense de la nation serait la destruction de la nation ». L'article de Challaye est de 1931, et Challaye prend soin d'y indiquer que la différence à faire entre défense individuelle ou familiale, et défense nationale est une idée qu'il n'a pas toujours eue.

a. C'est moi qui souligne. – G.C.

DIX-HUITIÈME LETTRE À JEAN-RICHARD BLOCH

Vendredi, [29. 4. 32 de la main de JRB]

Chers Amis,

Je voulais vous écrire depuis longtemps. Voici que le brave soldat Chveïk m'en fournit une occasion irrécusable[1]. J'avais lu l'article de J.-R.B. dans les *Nouvelles Littéraires* et j'étais décidé à faire la connaissance de Chveïk quand il s'est présenté à moi. Comment dire ma joie stupéfiée! C'est un livre formidable. Comme on y voit bien que l'homme est au fond partout le même. C'est vrai comme dit la préface qu'il y a dans Chveïk du Panurge et du Charlot, et il y aussi du Crainquebille, du La Guillaumette[2]. C'est bien un type et par là c'est un universel. Tant de popularité unie à tant de vérité, et par là dessus l'ironie qui ne me paraît pas séparable de la description des situations humaines ! L'ironie c'est, à mes yeux, un courage plutôt qu'une faiblesse ; c'est le courage lié à la reconnaissance de ceci que la situation humaine c'est le tragique, que ce tragique est définitif parce qu'initial et que donc il est à surmonter perpétuellement. Savez-vous si on aura la suite des aventures de Chveïk ? Je dois dire qu'une seule chose m'a paru forcée dans le livre : c'est la peinture de l'aumônier Katz. Il me semble que là la note est fausse parce qu'elle dépasse. En tout cas c'est là seulement que j'ai senti comme un frottement contrariant l'enthousiasme. Et je ne pense pas que ce soit en fonction de quelque préjugé.

J'ai eu de vos nouvelles récemment par les Alexandre, je sais par eux votre travail qui du reste se devine facilement. Je souhaite que France ou Claude trouvent quelque moment pour me donner des nouvelles de La Mérigote, si toutefois le souci de leurs examens ne les prive pas de sommeil !

J'ai entendu dernièrement la sonate en la majeur (op. 69) de Beethoven pour violoncelle et piano, et cela a tellement agi sur moi, que j'ai bien juré de ne

1. *Le brave soldat Chveïk*, roman écrit de 1921 à 1923 par l'auteur tchèque Jaroslav Hasek (1883-1923) vient d'être publié en français chez Gallimard en 1932. Il raconte les aventures d'un simple soldat mi-idiot, mi-cynique, qui sont alors interprétées comme une dénonciation de l'absurdité de la guerre et du militarisme.

2. Crainquebille est un personnage de marchand des quatre saisons victime d'un policier chez Anatole France, La Guillaumette est un militaire en permission dans *Le train de 8 h 47* de Georges Courteline.

pas retourner l'an prochain en province sans quelque Gramophone. Ai-je pu être abruti l'an dernier à Albi, sans écouter la moindre musique !

Joyeuses amitiés à tous de G. CANGUILHEM
42 rue Pierre Nicolle, 5e arr.

MENTALITÉ PRIMITIVE, 1932[1]

Libres propos (Journal d'Alain), mai 1932

« La presse française a, dès hier soir et ce matin, fait entendre cette voix émue et grave, dont les accents sont connus de l'Histoire ».

Le Temps du 8 mai

Le débordement de sottises auquel a donné lieu l'assassinat du président Doumer mériterait une étude suivie et documentée[2]. La presse parisienne, dans son ensemble, en est venue à un genre de considérations qui ne relève proprement ni du mensonge, ni de la flatterie, mais plutôt de l'inconscience, toutes les notions ayant perdu leur sens. Ce n'est pas le moindre signe d'une crise de civilisation que cette incapacité de voir clair et de dire juste. Notons ici, à titre d'exemple, quelques passages :

1) *Astrologie*

« Hier soir, dans un ciel où le vent soufflait en tempête, mais qui était d'une pureté merveilleuse, lorsque la nuit est tombée, la lune en croissant est apparue et elle avait, placée très exactement au-dessous d'elle, l'étoile du berger qui brillait d'un éclat extraordinaire… L'étoile du berger sous le croissant de lune constitue-t-elle un heureux présage et faut-il croire que le nouveau Président de la République va être élu, aujourd'hui, sous le signe de la bonne étoile ? ». – *L'Intransigeant* du 11 mai.

2) *Post hoc, ergo propter hoc*

« Samedi, le chanoine Edmond Jacquot, vicaire général du diocèse de Monaco, succombait à une attaque cardiaque. Or, il est établi que la femme de Gorguloff passa tout l'après-midi de vendredi dans l'église du Cœur-de-Jésus, à Monaco. Connaissait-elle, en dépit de ses récentes affirmations, le sinistre projet de son mari et ne se serait-elle pas, au cours de l'après-midi tragique, confessée au chanoine Jacquot ? Dans ce cas, la mort subite du chanoine Jacquot, alors que le prêtre venait d'apprendre la

1. Cet article est écrit avec Michel Alexandre.

2. Le président Paul Doumer (1857-1932) a été assassiné le 6 mai 1932, entre les deux tours des élections législatives, par le médecin émigré russe Paul Gorgulov. Cet acte, que Gorgulov expliqua par le refus de la France d'intervenir contre les bolchéviques, fut interprété soit comme un complot, de droite ou de gauche, soit comme l'acte d'un dément.

poignante agonie et la mort du Président Doumer, s'expliquerait d'une manière fort vraisemblable. Accablé sous le poids du terrible secret de la confession, le prêtre n'aurait pu survivre à sa douleur et la mort serait venue libérer sa conscience torturée. » – *Paris-Midi* du 10 mai.

3) *Loi du talion* – Devant le cadavre, à l'Élysée :

« Tout à coup, dans ce silence, un cri d'enfant monte que les « Chut ! » n'arrivent pas à couvrir. Et ce cri devient sanglot. Le petit marin qui suivait sagement s'est trouvé brusquement face à face avec la mort. Il a brutalement compris. Son petit cœur éclate : « On l'a tué ! Maman, on l'a tué ! » ...Vite, vite, on les laisse passer. On les pousse dehors. Quand je les retrouve sur le trottoir, le petit ne pleure plus. Les yeux flamboyants, le poing tendu, il hurle : « Je veux l'assassin. Je le couperai en morceaux. Et je le brûlerai dans la cheminée ! ». Ce minuscule justicier traduisait bien notre sentiment à tous... » – *L'Intransigeant* du 11 mai.

4) *Tomber en enfance* (ou faire semblant)

« Comme si chacun d'eux eût reçu le même don particulier de souffrir, les Français ont unanimement choisi de subir leur deuil sans se plaindre, de garder en eux leur peine. Mais, pour parcourir ces feuillets endeuillés d'un cadre noir, où s'affirmait leur malheur, leurs mains, sans doute, ont tremblé et leurs doigts se sont faits plus doux. Plus douces aussi leurs voix... (etc., etc.). – On vit, hier matin, des bambins de dix ans extraire du secret de leurs lourdes poches des gros sous pour acheter des nouvelles du Président. On put entendre, dans un square proche des Boulevards, une fillette de six ans demander à sa maman : Alors, puisque le Président est mort, pourquoi donc que tout le monde ne pleure pas ? On ne saurait entourer d'une plus franche et plus pure couronne la tombe qui, demain, va s'ouvrir pour projeter dans l'Histoire son ombre prestigieuse (*sic*) ». – *Le Petit Parisien* du 8 mai.

5) *L'appel au Clan*

« Paris est devenu depuis quelques années la terre d'élection de la canaille ; les étrangers les plus suspects y circulent librement ». – *L'Écho de Paris* du 9 mai.

« Ce Français, qui résumait en lui les facultés et les sentiments de la France, vient de périr sous les coups d'un étranger... Notre désolation doit nous animer de virilité ou elle ne serait que faiblesse... Nous en étions à échanger des reproches et des accusations quand l'arme d'un étranger a fait ce cadavre... Il faut que cette quasi-unanimité des esprits et des cœurs français se prolonge dans nos décisions et nos actes... Ce père que nous venons de perdre (*sic*) ne nous dit-il pas surtout, de sa couche funèbre, que nous sommes liés par une parenté naturelle, et que nos querelles diminuent notre force ?... » – *Le Temps* du 8 mai.

6) *Idées claires et distinctes* (Descartes)

« L'illustre vieillard... tombé lui aussi au champ d'honneur ». – André Tardieu, message au peuple français.

7) *« De ta suite, j'en suis... », ou des rites de la Monarchie française*

« Les fonctionnaires civils et militaires devront prendre le deuil pendant un mois. Nous avons demandé à M. Carré, sous-chef du Protocole, de nous indiquer de quelle façon se manifestera cette période de deuil. D'aucuns pouvaient se demander si les fonctionnaires devraient porter un brassard. Il n'en est rien. Ils devront seulement s'abstenir de participer à des réunions, à des soirées, à des spectacles, où leur présence pourrait paraître déplacée. Il ne s'agit pas, bien entendu, des réunions familiales auxquelles il ne leur est pas interdit de participer. » – *Paris-Midi*, 9 mai.

8) *« Idéologie démente »*

Le Temps interroge (à l'affût du bolchevisme) : « ...Quelle morbide hallucination inspira le meurtrier ? Ce qui est avéré, c'est que le grand citoyen que pleure la France meurt victime du désarroi moral par quoi le monde presque tout entier se laisse gagner... C'est cet honnête citoyen de la France et du monde que la démence d'on ne sait quelle idéologie vient de terrasser. » – (8 mai).

Gorguloff répond : « On sort de la valise un drapeau de soie verte large d'un mètre et long d'un mètre cinquante. Il porte au centre, sur un disque noir, une croix de Saint-Georges en étoffe rouge... En voyant ce drapeau, Gorguloff a pâli ; ses lèvres tremblent... Il s'écrie : « Vive la Russie nationaliste ! Tout est fini maintenant ! » Et, saisissant l'extrémité du drapeau, il la porte à ses lèvres : « C'est pour cela que j'ai tué ! C'est pour cela que j'ai donné ma vie ! Tout est fini maintenant ! » – *Le Temps* du 19 mai.

Tuer et mourir pour son drapeau, voilà donc « l'idéologie démente », au sujet de quoi *Le Temps* conviait si bien « le monde qui se croit civilisé à un examen de conscience »[1]. Ainsi soit-il.

G. C. et M. A.

ÉLECTIONS, 1932

Libres propos (Journal d'Alain), mai 1932

A la veille des élections, M. Tardieu disait en substance : « Voter à gauche, c'est voter contre la France ». Au lendemain des élections, Léon Bailby (*Intransigeant*) écrivait : « La journée d'hier est déplorable pour le pays ». *La Liberté* du même jour annonçait : « La bataille est perdue. Sauvons la

1. *Le Temps* passait, dans les années 30, pour être « l'organe du Comité des Forges ».

patrie». Précieuse unanimité. Si l'on comprend bien, il s'agit d'arracher la France aux Français pour la rendre à nouveau française[a].

Quelqu'un a dit: «Le franc à un sou? Pourquoi pas? La liberté vaut bien dix-neuf sous!». C'est sans doute ce qu'ont pensé bien des électeurs. – A-t-on lu sur les murs: «Tardieu a dit: la participation directe ou indirecte des socialistes au pouvoir, c'est le franc à un sou»? Oui, on l'a lu. A-t-on voté contre Tardieu? Oui, on a voté contre Tardieu. Moralité: qu'on cesse donc de se demander ce que pense ou ne pense pas la Bourse.

*

M. de Kérillis, battu à Paris, dit avoir succombé sous le poids de l'argent[1]. De quel argent? Du sien sans doute. M. de Kérillis se vante. Le peu d'effet produit sur les électeurs par ses affiches, sa radio et les papillons collés dans les vespasiennes, aurait dû lui servir à former une plus juste idée du genre de pouvoir propre à l'argent. Il est vrai que *l'Écho de Paris* laisse croire à ses lecteurs que les socialistes disposaient de plus d'argent que les républicains nationaux. Les amis de M. Tardieu ont une conception publicitaire de la propagande politique. Ils s'imaginent que l'électeur réagit mécaniquement et que le vote est un réflexe conditionnel. C'est encore un méfait de la psychologie expérimentale.

*

Encore que «la musique de Chambre de l'avenue de Messine» n'ait pas obtenu auprès du public un succès même d'estime, on ne saurait trop remarquer l'étrange et inqualifiable coup de force qui assure au gouvernement, pour

a. De Charles Maurras, cette méditation funèbre et sans détours: «Le gouvernement que constituera cette Chambre impossible, pourra-t-il seulement sauver la vie à la France? … Non seulement ce peuple est un peuple, et, comme tous les peuples, il reste toujours disposé à crier *Vive ma mort, meure ma vie!* – mais ce peuple-ci est savamment gardé, préservé, tenu à l'abri des vérités de fait qui lui conserveraient la voie de son salut… ». – *Action Française* du 9 mai 1932.

1. Henri de Kérillis (1889-1958) journaliste conservateur à *l'Echo de Paris*, il sera conscient de la nécessité d'une politique de fermeté à l'égard d'Hitler. Il sera l'un des deux seuls députés non-communistes à refuser de voter les accords de Munich. Pendant l'Occupation il quitte la France pour Londres et New York d'où il participe à la Résistance, même s'il est très hostile à de Gaulle.

les discours politiques, le monopole des émissions par T.S.F[1]. On a beaucoup exalté la démocratie ces jours derniers, lors de l'attentat contre Doumer. Si la nouvelle Chambre n'est pas capable de voir en quoi le régime actuel diffère d'une démocratie, on sera libre de penser que la révolution genre 1789 a désormais donné tous ses fruits, et peut-être devra-t-on prendre pour modèle une révolution genre 1917.

*

Les augures furent consultés. *Paris-Soir* recueillit à Toulouse les craintes de M. Doumergue, et *l'Intransigeant*, à Strasbourg, les ânonneries de M. Poincaré. On devine à qui allaient leurs préférences. M. Poincaré osa déclarer que pour lui « Bloc national et Cartel n'avaient jamais eu de signification », que la guerre n'était pas encore réellement terminée et qu'il fallait continuer l'Union Sacrée. Il laissa même entendre « qu'il ne se condamnait pas au repos éternel ». Il est bien dans le rôle des chefs de compter pour rien la troupe. Mais le peuple vient de prier Poincaré de se consacrer à une prostate défaillante.

*

Toute la presse dite « nationale » avait placé le second tour de scrutin sous l'invocation de feu Doumer. C'était annoncer, avec bien du mauvais goût, qu'il allait s'agir d'un nouveau massacre.

*

Premier résultat des élections. Nous allons enfin ne plus entendre parler du fume-cigarettes de M. Tardieu. Vous dites ? Herriot-ma-Pipe ? Hélas !

G. C.

1. André Tardieu a été le premier homme politique à utiliser la radiodiffusion. Souffrant, il s'adresse au pays à la radio, entre les deux tours des élections législatives de 1932, depuis son appartement de l'avenue de Messine.

L'AGRÉGATION DE PHILOSOPHIE

Méthode. Revue de l'enseignement philosophique, n° 1, mai 1932[1]

Le rapport annuel adressé au Ministre de l'Instruction Publique concernant le concours pour l'agrégation de philosophie fait connaître aux candidats ajournés ou exaucés le sentiment du jury sur leurs exercices. Il serait aussi important que le jury pût connaître le sentiment des candidats à l'égard des exercices qui leur sont proposés. Mais la situation délicate de postulants et de juridiciés conseille la réserve en ce qui touche aux juridiciants. Quant aux exaucés, s'ils ne disent pas tous : « Après moi, le déluge », beaucoup tiendraient sans doute pour une diminution des mérites qu'ils se supposent toute critique concernant la validité d'épreuves dont ils ont triomphé.

Ce n'est certes pas forcer le ton que de reprocher aux programmes proposés ces dernières années leur monotonie et leur médiocrité. On sait que l'histoire des doctrines et la connaissance des auteurs donnent lieu à une composition écrite et à trois explications orales de textes. Or, de plus en plus, disparaissent des questions imposées par le programme les grands systèmes de philosophie. Descartes ? Kant ? Evanouis. Si l'on sait que le programme pour le certificat de licence consacré à l'histoire de la philosophie varie dans le temps et l'espace, rien n'empêche de croire qu'un candidat puisse prétendre à l'agrégation de philosophie sans avoir étudié sérieusement un auteur comme Kant. Par ailleurs, le choix fait de certains auteurs semble aussi mystérieux que l'exclusion de certains autres. Y a-t-il d'autres raisons à la faveur dont paraît jouir Bacon, comme auteur d'oral, que la nécessité commerciale de faire vendre l'édition Mauxion[2] ? Le profit tiré de l'étude de Bacon est, à tous les points de

1. La revue *Méthode* a été fondée en 1932 par Paul Arbousse-Bastide et Georges Bénézé. Paul Arbousse-Bastide (1899-1985), d'origine protestante, sera professeur de sociologie au Brésil pendant douze ans et deviendra un spécialiste d'Auguste Comte, avec sa thèse monumentale sur *La doctrine de l'éducation universelle dans la philosophie d'Auguste Comte* (2 vol., Paris, P.U.F., 1957). Sur Bénézé, cf. *supra*, p. 268, n. 2. *Méthode* cessera de paraître en 1934, après six numéros. La revue est essentiellement rédigée par Georges Bénézé, mais Raymond Aron sur Hegel, Jean Hyppolite sur Descartes, ou Albert Lautman, y collaborent également. Une part importante est accordée à l'enseignement de la philosophie dans le secondaire et le supérieur, avec la rubrique : « la philosophie aux examens et concours ». Dans sa correspondance avec Jean-Richard Bloch, Canguilhem regrette le ton trop « conformiste » de cette revue, qui voulait plaire à l'inspection générale de philosophie : « A.B. en bon conformiste voulait prévenir les Inspecteurs Généraux, les pontifes de la philosophie » (cf. *supra*, p. 396). Canguilhem écrivit trois articles dans cette revue.

2. Marcel Mauxion (1855-1907) avait procuré en 1897 une édition commentée du *De dignitate et augmentis scientiarum*, qui venait d'être republiée chez Delagrave en 1928. Dans la

vue, nul. A la faveur dont jouit Plotin, y a-t-il d'autre raison que l'hommage rendu à une traduction récente et appréciée ? Pourquoi Boutroux a-t-il figuré au programme? L'importance d'une doctrine ne se mesure pourtant pas à sa prolifération universitaire. Trop de raisons familiales, politiques et religieuses interviennent dans la diffusion et les chances de succès d'une doctrine pour qu'on se refuse à juger de sa valeur par le nombre des chaires de faculté qu'elle a fait pourvoir. Dans le même ordre d'idées, scandaleux me paraît être l'ostracisme dont sont l'objet Comte, Hegel, Nietzsche, Renouvier comme auteurs d'écrit. Deux leçons du *Cours de philosophie positive* sont cette année au programme. Mais enfin Comte a un système, lequel jamais, à ma connaissance, n'a figuré au programme d'agrégation. Si peu sociologue que l'on soit, à constater les prétentions du dogmatisme sociologique dans l'enseignement primaire et secondaire, on pourrait s'attendre à voir le fondateur de la sociologie étudié d'un peu plus près. Mais, qui sait? On trouverait peut-être chez Comte la condamnation de certaine forme de sociologie. Pour Hegel, on dira qu'il n'en existe pas de traduction convenable et que tous les candidats ne savent pas l'allemand. Ce n'est pas un argument. Combien de candidats qui ne savent pas le grec ont étudié le système d'Aristote dans des cours et des commentaires plus ou moins bien faits. La traduction Vera de Hegel vaut bien la traduction Barthélémy Saint-Hilaire d'Aristote[1]. Hegel ne figure pas au programme parce qu'il n'est ni étudié ni traduit en France. Il n'est pas étudié et traduit sans doute parce qu'il ne figure pas au programme. On n'en sortira pas. Quel Lachelier II introduira Hegel dans le monde universitaire, comme Lachelier I y introduisit Kant[2]? Certains pensent qu'il y a à cette interdiction de Hegel des raisons politiques[3]. « Hegel *genuit* Marx *qui genuit* Lénine, etc. » Personnellement, je tiendrai cet argument pour saugrenu le jour où figureront

discussion qui suit sa conférence sur « Activité technique et création », Bacon sera critiqué par Canguilhem, dans la mesure où il fait, comme Comte, de la technique une science appliquée (cf. *infra*, p. 509).

1. Auguste Véra (1813-1885), philosophe italien, proche de Victor Cousin, a consacré sa vie à la traduction et au commentaire de l'œuvre de Hegel. Sa traduction française de la *Logique* date de 1859, celle de la *Philosophie de la nature* de 1863-1866, celle de la *Philosophie de l'esprit* date de 1867-1870. Jules Barthélémy Saint-Hilaire (1905-1895), autre élève de Cousin, a traduit l'œuvre d'Aristote.

2. Jules Lachelier (1832-1918). Philosophe français néo-kantien.

3. Georges Canguilhem consacrera en 1949 un article à cette question de l'introduction de Hegel en France. *Cf.* « Hegel en France », *Revue d'histoire et de philosophie religieuse*, vol. 28-29 (1948-49), p. 282-297. Dans le numéro 1 (mai 1932) de la revue *Méthode*, Raymond Aron ironise sur le « fanatisme naïf » avec lequel le philosophe marxiste Henri Lefebvre mène une enquête sur Hegel pour *l'Université syndicaliste*, sans même publier les réponses de Jean Wahl, « le meilleur commentateur hégélien de France ».

au programme *Qu'est-ce que la propriété*? de Proudhon et le *Manifeste communiste* de Marx. Car, quoi qu'on en ait, voilà deux livres qui ont marqué dans l'histoire autrement que les idées politiques du baron d'Holbach qui a cette année les honneurs de l'agrégation. Ou alors qu'on veuille bien dire au nom de quoi *on fait un choix dans l'histoire.* Sans compter que, lorsqu'on choisit, on ne prend même pas la peine de proposer une série historique complète. Cette année, par un tour de force remarquable et du reste remarqué, on a proposé les doctrines morales d'Aristote, des Stoïciens et des Epicuriens, abstraction faite de Platon; de même, les doctrines morales et politiques de Diderot, Helvétius, d'Holbach, Rousseau, abstraction faite de Montesquieu. Qu'est-ce que cette manière de traiter historiquement les doctrines en supprimant l'origine d'une généalogie? C'est comme si on commençait la suite des nombres à 2. On se demande alors si le concours d'agrégation est relatif à autre chose que la tradition et le commerce. En quoi Bacon est il philosophiquement plus important que Cabanis, par exemple? Si c'est une tradition, la philosophie est subordonnée à un préjugé qu'elle a pour fonction de nier comme tous les autres. Si c'est une question d'édition, il faut reconnaître que l'enseignement est soumis au commerce. C'est qu'il en est au fond de l'agrégation comme du baccalauréat, où il y a des idoles qu'on vénère par habitude. Vous pouvez toujours traiter à des élèves de philosophie les problèmes de la causalité en leur parlant du mémoire de Painlevé sur *les Axiomes de la Mécanique*[1]. Ils se feront quand même foudroyer si, confiants dans votre exposé, ils ont négligé d'apprendre dans leur Manuel ce que c'est que les canons de Stuart-Mill[2]. Il y a des examinateurs qui ne désarment pas.

C'est aussi en fonction du baccalauréat qu'il faut juger une réforme, vieille de quelques années, et par laquelle la deuxième composition écrite porte sur une partie, désignée à l'avance, du programme de la classe de philosophie. Cette année, par exemple, sur la psychologie de l'intelligence: abstraction, signification, jugement, etc. Ce cas singulier est bon à discuter. Il n'est pas nécessaire d'être fort pour comprendre l'ineptie du rapprochement entre psychologie et jugement. Le jugement relève d'une étude transcendantale. Ce qui est psychologique, ce n'est pas le jugement, mais ce qu'il a à dominer et en quoi aussi il se dégrade. Mais le programme de psychologie pour le baccalauréat est d'inspiration empiriste. Cela saute aux yeux, à parcourir seulement

1. *Les axiomes de la mécanique. Examen critique. Note sur la propagation de la lumière* de Paul Painlevé a été publié en 1922 chez Gauthier-Villars.

2. John Stuart Mill (1806-1873) est l'auteur d'un *Système de logique déductive et inductive* (1843), traduit en 1866, dans lequel il énonce « les vrais canons de la philosophie inductive ».

l'ordre et la division des notions. Sans doute, il n'y a pas de doctrine officielle. Mais le programme officiel, qui figure sur la table de l'examinateur, est en lui-même l'expression d'une doctrine. Un professeur de philosophie doit choisir d'exposer une doctrine qu'il croit vraie, qui peut être originale, et de préparer ses élèves à répondre à un genre codifié d'interrogations. S'il veut concilier ou, ce qui est mieux, satisfaire simultanément à l'exigence de la réflexion et à l'obligation du métier, c'est un travail surhumain, pour peu qu'il ait une classe nombreuse. Il est donc paradoxal de rendre l'agrégation relative à l'examen auquel les agrégés ont pour mission de préparer leurs élèves. Si réellement ce qui manque le plus à l'enseignement de la philosophie c'est d'être de la philosophie, il serait bon de ne pas subordonner l'agrégation de philosophie à ce qu'elle a pour mission de corriger.

Je sais que certains membres du jury pensent que l'agrégation est un baccalauréat supérieur et qu'on la prépare aussi dans les Manuels. C'est faire de l'agrégation la puissance deuxième d'une insuffisance. C'est admettre implicitement que la vraie philosophie est réservée à l'enseignement supérieur. Mais ce n'est même pas vrai. L'enseignement supérieur en France semble préparer des doctrines et des cours pour l'agrégation. De sorte que tout dépend du plus bas, parce que le baccalauréat, autour de quoi l'enseignement gravite, n'admet de philosophie que conventionnelle. Si le baccalauréat a pour fin de préparer un recrutement de fonctionnaires dont la seule pensée serait traitement, avancement et croix, il n'a que faire de la philosophie comme libre recherche, étrangère à toute loi extérieure. Si, au contraire, on pose la nécessité d'enseigner le prix du jugement comme remède à toute spécialité, qu'on en accepte les risques. Et que dès lors les professeurs puissent parler de la méthode réflexive sans redouter pour de jeunes innocents les foudres de quelque inspecteur d'Académie ignorant de toute psychologie hors celle de Ribot, et qui s'obstine à siéger au jury d'examen. Que l'on puisse parler librement en morale sans avoir à connaître ces étranges philosophes que sont les présidents des associations dites de parents d'élèves. En résumé, l'agrégation de philosophie devrait, une bonne fois, montrer, par son programme et par la conception des épreuves qu'elle comporte, si elle est philosophie, c'est-à-dire en gros critique et invention, ou si elle est agrégation, c'est-à-dire au fond l'autorisation de vendre des denrées agréables à un public qui en veut pour son argent, comme à l'épicerie.

Telles sont les quelques réflexions qu'une philosophie pour qui le mot Méthode désigne autant une doctrine qu'un instrument peut inspirer touchant l'un des concours les plus importants pour l'enseignement d'aujourd'hui et de demain.

Georges CANGUILHEM

DIX-NEUVIÈME LETTRE À JEAN-RICHARD BLOCH

31 août 1932

Chers Amis,

Il y a bien longtemps que nous sommes de chaque côté sans signe venu de l'autre. Non pas que les occasions ou les intentions aient manqué. Mais pour ma part j'ai fini un travail dans l'obsession de l'achèvement bien résolu et dans le désespoir de l'accomplissement c'est-à-dire du compromis. Enfin, depuis juin, un mariage décidé dans le bonheur et l'impatience l'emporte sur bien d'autres préoccupations. Je ne puis ajourner de vous en parler, puisque je me marie le 6. Ma fiancée est professeur de Lettres, universitaire dans mon genre, c'est-à-dire le moins. Mariage purement civil et sans cérémonie.

Je suis nommé pour octobre à Douai et ma fiancée à Valenciennes, où nous habiterons. C'est la seule combinaison acceptable que l'administration ait pu nous proposer au moment où l'irruption du sentiment est venue déranger ses plans.

Puis-je espérer, indigne, recevoir quelques nouvelles de vous ? J'envoie à vous tous mon souvenir affectueux et fidèle,

G. CANGUILHEM

AUTOUR DE LUCIEN HERR [a]

Libres propos (Journal d'Alain), 25 septembre 1932

Plus encore que pour ceux qui connaissaient seulement de lui quelques traits de grandeur ou quelque anecdote significative, – pour ceux qui avaient

a. Lucien Herr, *Choix d'Ecrits* : I, *Politique* ; II, *Philosophie, Histoire, Philologie*. (2 vol., Rieder éd.). Charles Andler, *Vie de Lucien Herr*, (1 vol., Rieder éd.) [1].

1. Sur Herr, cf. *supra*, p. 470, n. 1. Charles Andler (1866-1937), agrégé d'allemand, professeur de langues et littératures germaniques à la Sorbonne puis au Collège de France. Militant socialiste, après sa thèse sur *Les origines du socialisme d'État en Allemagne* (1897), il publia un livre monumental, *Nietzsche. Sa vie et sa pensée* (6 vol. 1920-1931), qui fit mieux connaître Nietzsche en France.

été les témoins des dernières années de Lucien Herr à la Bibliothèque de l'École Normale Supérieure, la publication de quelques-uns de ses écrits et le récit de sa vie laborieuse devaient être un événement d'importance[1]. La vie de Lucien Herr, mort pauvre et respecté, omniscient et caché, est un défi mémorable à tout ce qu'une vie d'homme en place, universitaire ou politique, contient d'apparent et de vain, d'officiel et de dérisoire, de facile et d'usurpé ! Herr, au bureau de qui venaient s'aligner les boutonnières les mieux décorées, n'était pas chevalier de la Légion d'Honneur. Des deux manières de condamner un ordre social, de le mépriser et de le mettre à bas, Herr incarnait d'abord la première, non sans avoir contribué à répandre la deuxième. Cet homme qui savait autant et mieux qu'une Sorbonne, n'a jamais pu se résoudre à enseigner. Ce gardien du pouvoir spirituel était le contraire d'un pontife. Mais beaucoup de ceux qui se donnent à cœur joie de l'être, n'auraient pu le faire sans lui. Ce n'est un secret pour personne que bien des thèses de doctorat sont le délayage de quelque jugement de Herr. On aurait aimé que le livre de M. Andler insistât davantage sur ce décalage entre la cause et les effets. Mais Herr ne recherchait pas la polémique et M. Andler encore moins. Certes, la polémique ne dispense pas du travail réel d'information ; cependant, il n'y eût jamais de révolution sans polémique. Il me semble que ce qui a manqué à la génération dont Herr fut le chef incontesté, c'est, précisément, un peu d'ironie à l'égard d'un certain faux-semblant scientifique. M. Andler, plus encore que Herr, semble attacher toute importance à la documentation méthodique. Le résultat de ces scrupules, par ailleurs explicables, c'est que nous en sommes encore à attendre les moyens d'étudier proprement Hegel, que Lucien Herr et M. Andler auraient pu nous donner.

Lucien Herr, c'est le bibliothécaire de l'École Normale Supérieure. Qu'une fonction ait pu à ce point se vider de son anonymat d'institution pour se confondre avec une des plus fortes individualités qu'on ait vues, c'est un moment de l'histoire que rien désormais n'abolira. Herr, dans la Bibliothèque, ce n'était pas l'administrateur, c'était le souverain ; ce n'était pas le conservateur, c'était le créateur. Une fois on aura vu un penseur de génie à l'une des places habituellement tenues par quelque scribe. Herr fut aussi l'un des chefs, non pas tant occulte que réservé, du parti socialiste en France. C'est là une autre forme de ce que M. Andler appelle excellemment, d'un mot d'Albert

1. Canguilhem, entré à l'École normale supérieure en 1924, y rencontra Lucien Herr qui y fut bibliothécaire de 1888 jusqu'à sa mort en 1926.

Thierry, le refus de parvenir[1]. Alors que bien des collaborateurs de *l'Humanité* de Jaurès s'étaient décolorés ou tricolorés et s'en étaient bien trouvés, Herr resta jusqu'à son dernier jour militant et cotisant socialiste; militant sans triomphe et cotisant sans récompense. Mais la fidélité se suffit. Ce dimanche matin où l'on inaugura, dans une émouvante simplicité, un buste de Herr à la bibliothèque de l'École, on pouvait voir Léon Blum sangloter comme un enfant. Quoi que l'on veuille penser des hommes, il faut bien admirer certains traits. C'est le privilège de l'amitié d'être belle partout, comme sans doute la seule des relations humaines qui connaisse la pureté.

*

Sur l'action de Herr pendant l'affaire Dreyfus, sur ses démêlés avec Péguy et sur l'incompréhensible et injuste animosité de celui-ci, le livre de M. Andler apporte des renseignements précieux et des mises au point décisives. Il n'en reste pas moins que la Vie *de Lucien Herr* contient plus d'un motif de déception. D'abord un certain ton d'accablement dont tous les lecteurs ne sauront pas qu'il est imputable à celui qui parle, bien plutôt qu'il ne convient pour l'homme résolu et serein dont il est parlé. Pourquoi avoir donné au dernier livre de l'ouvrage le titre : Résignation ? A quoi Herr se serait-il résigné? A n'être pas chef d'école comme M. Lanson? A n'être pas de l'Institut comme M. Millerand? M. Andler n'a pas dit qu'à l'inauguration du monument aux morts de l'École, Herr refusa de donner sa main à Millerand, président de la République[2]. Résignation ou révolte ?

Ensuite, il faut reprocher à M. Andler d'avoir inséré dans son livre un long développement sur les problèmes franco-alsaciens de l'après-guerre. On cherche vainement ce que ces récits ont de rapport avec une vie de Lucien Herr, sinon qu'ils tiennent la place plus justement due à Herr lui-même. Pourquoi le lecteur a-t-il l'impression non pas qu'on lui cache des choses, mais qu'on s'abstient de les dire? M. Andler arrive à faire de Herr un modéré. Et c'est ce que je ne puis croire. Herr a dit : « L'insurrection, la révolte, c'est-à-dire, en

1. Albert Thierry (1881-1915), ancien élève de l'École normale supérieure de Saint-Cloud, militant syndicaliste, il choisit de rester instituteur, illustrant ainsi son « refus de parvenir », qui n'est « ni refuser d'agir, ni refuser de vivre », mais « refuser d'agir et de vivre aux fins de soi ». Il a écrit dans les *Cahiers de la quinzaine* de Péguy.

2. Alexandre Millerand (1859-1943), président de la République de 1920 à 1924. D'abord socialiste il s'est ensuite opposé au Cartel des gauches, refusant la détente avec l'Allemagne proposée par Aristide Briand.

langage simple, l'examen et la critique, est un devoir non seulement dans les cas exceptionnels et graves, mais toujours ». (*Ecrits*, I, 27).

Enfin, et surtout, M. Andler prend parti sur les événements historiques importants qui ont marqué la vie de Herr. Sur la conduite des socialistes allemands avant la guerre, sur les responsabilités de la guerre, sur les révolutionnaires russes, M. Andler dit son mot, et c'est le mot d'un patriote conformiste et chagrin. M. Andler est, incontestablement, un homme honnête et droit. Mais nous sommes nombreux à penser que des événements comme la guerre exigent de ceux qui jugent, au risque d'erreur historique – et qu'est-ce que la vérité historique? – un peu plus de parti-pris humain. « Quand on rencontrait M. Raymond Poincaré en limousine découverte, son visage paraissait bien grave » (p. 217). D'accord. Poincaré pouvait avoir ses raisons d'être grave, mais que n'appelle-t-on cela porter la mort sur soi?[a] Je sais, et d'autres aussi, que Herr tenait Poincaré pour un grand responsable. On ne le dirait pas, à lire M. Andler.

*

Et je sais bien que M. Andler pouvait se croire autorisé à écrire la vie de Herr dans un esprit de socialisme patriotique. M. Mario Roques a publié un *Choix d'écrits* de Lucien Herr[1]. Les multiples formes de l'activité intellectuelle de Herr y sont représentées. Avec le célèbre article de la *Grande Encyclopédie* consacré à Hegel, avec l'incomparable lettre à Maurice Barrès, des fragments d'un ouvrage sur le Progrès intellectuel et l'Affranchissement, des articles de critique (notamment le compte-rendu du livre de G. Lyon, *L'idéalisme en Angleterre au XVIIIe siècle*), donnent la mesure d'un jugement réellement magistral. Le petit livre consacré aux *Ecrits politiques* recueille un certain nombre d'articles donnés au jour le jour à des feuilles socialistes. Il y a là des pages d'une force, d'une clairvoyance, d'une humanité admirables. Mais on a terminé ce recueil par la publication de *Lettres écrites à un ami de*

a. Le numéro du *Crapouillot* récemment consacré aux origines de la guerre en dit long sur le sérieux et l'application avec lesquels Poincaré a joué son rôle dangereux et néfaste durant ces années dont parle M. Andler. Et voici, de Herr lui-même, un texte publié il y a 5 ans dans les *Libres Propos* (20 mai 1927), et qui fait apparaître des opinions et une manière de juger, dont le lecteur de M. Andler ne se douterait pas : Lettre du 13 décembre 1922. « …L'optimisme n'est peut-être pas le vrai, mais c'est encore le meilleur ressort de l'action, et il est sage de s'y tenir du mieux qu'on peut. Le gilsonisme passera, comme le poincarisme, l'ectoplasmisme et le freudisme. Tout cela fait partie des heureux effets de la guerre. J'espère que la génération qui grandit vomira tout cela ».

1. Mario Roques (1875-1961), ancien élève de l'École normale supérieure, professeur à l'École des langues orientales vivantes, il sera ensuite professeur au Collège de France.

Russie, qui sont des articles écrits en 1917, destinés à être publiés en Russie pour encourager les socialistes russes, vainqueurs du tsarisme, à continuer la guerre aux côtés des Alliés. D'un mot, c'est de la propagande. Je ne veux pas dire que Herr s'est laissé embrigader, loin de là. Je dois dire cependant que ces pages n'ajoutent rien à Herr, et qu'on pouvait sans dommage nous les laisser ignorer. Herr écrit par exemple, en parlant des socialistes français qui allèrent à Zimmerwald et à Kienthal : « Noble et dangereux aveuglement d'hommes entêtés dans leur rêve ingénu de justice absolue » (I, 239). Gorki, à qui ces lettres étaient adressées, ne les publia pas[1]. C'est lui qui eut raison, et c'est tant pis pour M. Andler s'il traite Gorki d'inconstant et de démagogue enfantin (*Vie*, p. 239). Les bolcheviks qui firent la paix de Brest-Litowsk avaient opté pour la justice absolue, c'est-à-dire pour la vie des hommes. « Sait-on jamais, en définitive, à quoi tient la paix ou la guerre ? » disait Herr en 1898 (I, p. 104). Cette mise en place des impératifs tirés de l'appréciation de l'histoire peut faire juger convenablement toute tentative d'annexion de Herr au clan des cerveaux enchaînés. Quand on lit les pages d'une violence et d'un courage rares que Herr a consacrées à la révolution russe de 1905 : « La révolution vise bien et frappe juste », – on tient les *Lettres à un ami de Russie* pour de la littérature politique que le silence de Gorki jugeait équitablement. Que les amis de Herr n'ont-ils observé la même réserve ! Celui qui applaudissait ouvertement à l'assassinat du Grand Duc Serge (I, 183), n'avait pas l'estomac d'un thuriféraire académique du Droit et de la Civilisation. Je n'ai à annexer Herr à personne. Je ne sais même pas ce que cela veut dire. Je voudrais simplement que sous couleur d'honorer un mort on ne tente pas, même de loin, de redonner un peu de lustre à quelques vivants.

Ce n'est pas la *Vie de Lucien Herr* qui me réconciliera avec l'histoire. L'histoire ne saisit rien d'une vie. Il me semble que la preuve en est faite une fois de plus, et je voudrais que quelqu'un de ceux qui ont bien approché Herr trouve quelque occasion de le dire. Mon premier jugement, après une lecture rapide des livres consacrés à Herr, était que ces publications jugeaient les amis de Herr bien plus que Herr lui-même. Je maintiens aujourd'hui ce jugement.

G. CANGUILHEM

1. Maxime Gorki (1868-1936), grand écrivain russe, qui a soutenu la révolution bolchévique.

UN LIVRE SCOLAIRE … EN ALLEMAGNE[a]

Libre propos (Journal d'Alain), 25 octobre 1932

Le professeur J. Schmidt, de l'Ober-Realgymnasium d'Iena, a fait paraître en édition classique un « *Choix des œuvres d'Alain comme introduction à sa pensée* ». Petit livre sobrement édité, d'une simplicité spartiate, mais remarquable par la présentation, le choix des textes, l'intelligence de quelques commentaires indispensables pour familiariser le lecteur, déjà peut-être un peu gêné par la nouveauté de la langue, avec un genre de pensée sans facilité et sans flatterie. C'est un bonheur de lire un texte comme *Les Marchands de Sommeil*, encadré de quelques brefs renvois à telle ou telle autre partie de l'œuvre, pour faire saisir la cohérence d'une pensée[1]. Quand on lit la phrase : « *Trouver le vrai ainsi, par hasard, quelle triste victoire !* » éclairée par le rapprochement avec cette autre : « *La raison est plus importante que la vérité* », on reçoit un soufflet pour tous ceux qui peuvent douter de l'universalité de l'intelligence.

Le professeur allemand qui a su rapprocher du jugement sur Jaurès (*Mars*, chap. LVIII : Chiens Savants) : *Jaurès eut cette vertu d'être socialiste ainsi : la discipline n'entrait point jusqu'au sanctuaire du jugement. Fidèle qui ne s'aveugle point. Infidèle qui est fidèle par choix*, – le jugement sur le même Jaurès tiré de Péguy (*Cahiers de la Quinzaine*, 1905) : *Un homme qui est si bien doué pour expliquer tout est mûr pour toutes les capitulations*, – un tel professeur peut se flatter de connaître et de comprendre la pensée française contemporaine mieux que bien de ses collègues français actuels. Il est bon de savoir un peu plus chaque jour que notre ennemi peut être plus que notre semblable, qu'il réalise parfois mieux que nous ce que nous devrions être de notre point de vue.

Il faut savoir que ce petit livre d'enseignement secondaire, où les plus vifs jugements d'Alain sur la guerre se trouvent reproduits, se termine ainsi (extrait d'un des *Propos* réunis sous le titre de *Jeanne d'Arc*) : « La paix sera si les hommes la font ; la justice sera si les hommes la font. Nul destin, ni favorable, ni contraire. Les choses ne veulent rien du tout. Nul Dieu dans les nuages. Le héros seul sur sa petite planète, seul avec les dieux de son cœur, Foi, Espérance et Charité. » J'entends que l'on me demande combien de lecteurs ce livre peut

a. Alain, – *Eine Auswahl aus seinen Werken zur Einführung in sein Denken* – von Dr Julius Schmidt, 1 vol. de 96 pages, Westermann, Berlin.

1. Cf. *Libres propos*, 1927, *supra*, p. 155.

avoir en Allemagne. Réponse prête. J'attends que l'on me montre, en France, un livre scolaire équivalent.

G. CANGUILHEM

COMMENTAIRES SUR UN ARTICLE D'ANDRÉ JOUSSAIN, « L'ENSEIGNEMENT DE LA SOCIOLOGIE »[1].

Méthode. Revue de l'enseignement philosophique, n° 4, janvier 1933

Les observations de M. Joussain portent moins sur l'enseignement d'une sociologie constituée en science incontestée que sur la constitution même de cette science. Du point de vue pédagogique la critique revient à montrer l'inopportunité et la faiblesse d'un enseignement relatif à des travaux dont l'autorité est d'ordre social et officiel plutôt qu'objectif et rationnel. Ce n'est pas une petite surprise qu'on éprouve à voir l'objet de son étude transformé par la science des sociétés en moyen de son établissement. On peut et on doit en chercher les raisons dans la politique. Il faut donner sur ce point raison aux critiques des sociologues marxistes ou catholiques.

*

Les critiques de M. Joussain sont fondées. Il reprend les idées d'A. Comte (48e leçon du *Cours de philosophie positive*) même lorsqu'il a l'air d'en condamner l'inspiration, car c'est Comte qui a dit expressément qu'en sociologie on doit aller de l'ensemble aux parties.

C'est Comte qui a défini la méthode historique comme le point de vue propre à la sociologie. Et l'on sait que Durkheim s'oppose à cette conception

1. Dans cet article, paru dans le même numéro de *Méthode*, André Joussain critiquait la « pauvreté des résultats obtenus par une certaine école sociologique, celle de Durkheim, qui s'intitule non sans quelque hardiesse « l'école sociologique française » sans paraître se douter de l'importance d'un courant de pensée qui, bien antérieur aux premiers ouvrages de Durkheim fonde la science sociale sur l'histoire et la psychologie concrète ». L'école de Durkheim aurait le tort de commencer par le simple et de « chercher à expliquer la vie sociale des nations les plus avancées dans la voie de la civilisation par celles qui semblent frappées d'un arrêt de développement ». Une autre erreur de Durkheim consiste à « vouloir, coûte que coûte, expliquer tout fait social par d'autres faits sociaux », en excluant notamment tout « facteur psychologique, comme si l'homme, en tant qu'être social, perdait sa qualité d'être humain ». La société deviendrait pour Durkheim « une sorte d'entité métaphysique ». André Joussain (1880-1969), agrégé de philosophie, est l'auteur d'un livre sur *Le fondement psychologique de la morale* (Paris, Alcan, 1909).

parce qu'elle dérive d'une conception « métaphysique » de la sociologie. Dieu sait ce qu'est la philosophie pour un sociologue. « Pour parler comme le philosophe, c'est-à-dire grossièrement », disait à son cours M. Fauconnet[1]. Si comme on peut l'admettre avec M. Joussain, la méthode de l'école sociologique dite française aboutit à créer des mythes, de quel côté faut-il chercher les fameux « spécialistes des généralités » ?

*

Dans la construction de M. Joussain tout ne paraît pas également solide. Comme Comte, il veut que l'on cherche l'explication des faits sociaux dans les lois de la nature humaine. Comte ne séparait pas la sociologie de la biologie et la 49e leçon du *Cours* étudie les relations de la sociologie avec les autres sciences. Notons du reste, et sans vouloir brouiller M. Halbwachs avec la république sociologique française[2], que son livre sur les *Causes du suicide* ne fait que compléter *Le Suicide* de Durkheim : en fait Halbwachs cherche dans la géographie humaine l'explication des faits que D. cherchait dans la morphologie sociale. Mais, qu'est-ce que la nature humaine? M. Joussain pense l'atteindre par la psychologie et par l'histoire. Oui, si psychologie et histoire sont des sciences. Mais le sont-elles ? On en peut douter.

*

La nature humaine est-elle une donnée ou un problème ? « Pour la première fois depuis dix mille ans, l'homme est à lui-même totalement et sans aucun reste de connaissance, un problème. Car il ne sait plus ce qu'il est et il sait en même temps qu'il ne le sait pas » (Max Scheler[3]). La psychologie saisit-elle des lois ou des habitudes ? L'histoire en tant qu'explication du devenir est-elle une explication ? La même critique qui vaut contre la sociologie de ne pouvoir expliquer, autrement que par artifice, le social au moyen de ce qui est social exclusivement, ne vaut-elle pas contre l'histoire? « Considérer, dit l'abbé Jérôme Coignard, que chaque fois que la cause d'un fait historique est dans un fait qui n'est point historique, l'histoire ne la voit point ». Et par exemple :

1. Paul Fauconnet (1874-1938), agrégé de philosophie, élève de Durkheim, auteur d'une thèse sur *La responsabilité. Étude de sociologie* (1920), professeur de sociologie à la Sorbonne à partir de 1921.

2. Allusion à une anecdote déjà rapportée par Canguilhem. Cf. *supra*, p. 376, n. 1.

3. Max Scheler (1874-1928), philosophe et sociologue allemand.

« La Révolution a été faite dans les cafés. – Encore une lacune dans l'Histoire. – En tout cas, une énorme lacune dans l'histoire littéraire. Toute la littérature française, du XVIIe siècle à nos jours, a été façonnée, fomentée, contrôlée par les salons et par les cafés » (Valéry, *L'idée fixe*). Et quand le même redit dans le même dialogue : « La cause de la dépopulation est claire : c'est la présence d'esprit » à quelle science se rattacher ce genre d'explication[1] ? Ce ne sont pas là que boutades. Assurément, le mythe du primitif est une naïveté, le mythe de la conscience collective une grossièreté. Mais Dieu, mais la nature humaine, mais la lutte de classes ? Mythes également entre lesquels il faut choisir. Et comment choisit-on sinon par et pour quelque morale ? Autant, alors, l'avouer.

G. CANGUILHEM

VINGTIÈME LETTRE À JEAN-RICHARD BLOCH

23 rue de Famars
Valenciennes
5 janv. 1933

Chers Amis,

Je n'ose demander préliminairement mon pardon d'un si long et si apparemment inexplicable silence et j'aime mieux reconnaître le fait de ma sottise et de mon étourderie. Ce n'est pas à l'obéissance automatique aux rites de la nouvelle année que ma lettre doit de sortir enfin du possible, mais à une récente entrevue avec les Alexandre. Ils m'ont rapporté avec quelle sollicitude J.-R.B. s'était enquis de moi et m'ont fait mieux éprouver ma propre honte.

Ce n'est pas que mon mariage ait été une étrange aventure capable de me faire renoncer à toutes les résolutions prises auparavant pour organiser ma vie. S'il a été si vite décidé et si vite accompli, c'est qu'il était préparé depuis longtemps par une succession de hasards sur laquelle il suffisait seulement de réfléchir quelques instants pour lui découvrir le sens d'une volonté qu'il restait désormais à exprimer.

1. Cette référence à Valéry sera reprise par Canguilhem dans sa « Note sur la situation faite en France à la philosophie biologique » (*Revue de Métaphysique et de Morale*, vol. 52, n° 3-4, juillet – octobre 1947, p. 322-332, p. 329).

Mais ce mariage s'est rencontré dans l'histoire avec toutes sortes d'empêchements cosmiques et sociaux, d'où est né un bel embrouillamini dont je sors à peine. D'abord nécessité de faire la moisson chez moi dans des circonstances météorologiques inaccoutumées : pluies continuelles. Un mois de travail harassant. A la rentrée, la sottise de l'administration qui aurait pu nous réunir à Valenciennes nous a placés moi à Douai et ma femme à Valenciennes. Je perds deux heures par jour passées dans le train, j'ai un total de 84 élèves et une classe qui en compte 52. Travail pédagogique absurde et physiquement éreintant. Je n'ai rien fait pour moi pendant ce trimestre. Je n'ai même pas lu *Sybilla*[1]. Et pourtant j'ai été bien heureux de recevoir le livre. Je sais que les Alexandre font quelques réserves. Et c'est pourquoi j'y veux voir incessamment de près.

Si je n'ai pas répondu à votre invitation de rencontre, en septembre, c'est que nous étions perdus, après quelques détours, sur une petite plage de Provence et nous ne pouvions revenir à temps. Il n'empêche que j'aurais bien dû vous écrire et, à ce moment c'est seulement par nonchalance, donc inexcusablement, que je n'ai pas fait.

Je serais pourtant bien heureux, à défaut d'une rencontre difficilement possible maintenant, d'avoir des nouvelles de vous tous et de vos travaux.

Pour moi, bien entendu, les quelques choses que j'avais entreprises l'an dernier sont en panne. J'ai pu seulement terminer des *Eléments de philosophie* qui dormiront jusqu'à la fin de la crise du livre et probablement longtemps[2]. J'ai repris contact avec J. Guéhenno et j'ai un court compte-rendu à faire pour *Europe*, mais quand ?

Ma femme pour qui vous êtes des amis plus qu'en puissance se joint à moi pour vous assurer de la fidélité de notre souvenir et aussi – puisqu'après tout c'est le temps – de la vivacité de nos vœux,

G. CANGUILHEM

1. Sur cet ouvrage, cf. *infra*, p. 445 et p. 453.

2. Le manuscrit de ce *Manuel de philosophie*, comportant des *Eléments de doctrine et textes choisis*, dont la rédaction est achevée en 1932, est conservé au CAPHES.

R. LE SENNE – *LE DEVOIR*
(1 vol., 602 p., Alcan, 1930) [1]

Méthode. Revue de l'enseignement philosophique, n° 5, février 1933

Pour la première fois depuis longtemps la philosophie se définit à nouveau en sa pure fonction d'unité, et le titre même de l'ouvrage, *Le Devoir*, indique comment l'unité doit être à tout instant conquise et défendue, par delà les résultats disparates et tout relatifs de quelque empirisme que ce soit, scientifique ou social.

La philosophie de M. Le Senne est un idéalisme militant. D'une part, c'est à l'intérieur de la conscience que les obstacles, les données prennent un sens, car on ne peut couper l'une de l'autre la résistance de l'objet et cette insistance que le sujet met à vouloir comprendre une des formes les moins contestables du devoir. Le postulat d'intelligibilité totale est donc une présomption préliminaire dont la position nécessaire au jugement ne devient présomptueuse que si le mépris d'une élaboration scolaire des moyens de la connaissance discrédite la fin qu'ils devraient servir. « L'agnosticisme interdirait à notre connaissance de commencer, mais il ne peut le lui interdire que si elle a commencé. » (p. 344).

D'autre part, tout résultat, que ce soit système, théorie, œuvre, vertu, procédé, trouve son insuffisance dans la résolution même qui est à l'origine de sa production, car toute fonction de la conscience, toute vocation de la conscience sont des spécialisations et comme telles génératrices d'illusions,

1. René Le Senne (1882-1954) est alors professeur de khâgne au Lycée Louis-le-Grand. Il sera professeur à la Sorbonne à partir de 1942. *Le Devoir* est sa thèse, publiée en 1930 chez Alcan. Il est également l'auteur d'une *Introduction à la philosophie* (Paris, Alcan, 1925), de *La description de conscience. Obstacle et valeur* (Paris, Aubier, 1934), d'un *Traité de caractérologie* (Paris, P.U.F., 1945) et d'un *Traité des valeurs*, en partie posthume (2 t., Paris, P.U.F., 1951, 1955). Le Senne continue l'idéalisme de Hamelin auquel il veut cependant donner une dimension expérimentale et morale, en s'inspirant de Frédéric Rauh (1861-1909). Il accorde une place centrale à la notion de « valeur » : dans l'aspiration à la valeur, il y « une protestation contre le réel et son insuffisance ». Le Senne se définit lui-même ainsi : « moraliste, se préoccupe de relier l'étude concrète de l'homme à une métaphysique des valeurs ». Du point de vue pratique, il souhaite que la philosophie protège la personne contre « le despotisme croissant de la science et de la technique ». Ami de Canguilhem, Le Senne lui fait parvenir *Obstacle et valeur* avec cet envoi : « La valeur est la libéralité de la liberté. A Georges Canguilhem, affectueusement » (Fonds Canguilhem, CAPHES). Il adresse également, en raison, écrit-il, de son « amitié » pour Canguilhem, plusieurs longues lettres à Camille Planet pour le conseiller au sujet de sa thèse *Valeur et réalité. Essai d'une axiologie de la connaissance*, dont la soutenance venait d'être refusée par les rapporteurs, André Lalande, pour la « grande » thèse, et Charles Blondel pour la thèse complémentaire sur *Valeur des sens* (Sur ce point, *cf.* X. Roth, *infra*, p. 619-621).

de déceptions et de conflits. Constructions fragiles, acquisitions contestées, exigences combattues, voilà quelles sont pour la conscience les raisons de se reprendre ou de se démettre, mais la démission n'est pas plus un argument contre le devoir que l'échec de quelque prévision n'est un argument contre la science.

L'incontestable originalité de M. Le Senne est d'abord en ceci qu'il transpose en termes de valeur toutes les notions que la critique de la connaissance nous a trop habitués à considérer comme des nécessités logiques. La connaissance est un devoir comme les autres, et les catégories sont moins des contraintes intellectuelles que des directives. « La table hamelinienne des catégories est un décalogue. » (p. 328). Chaque type de relation spécifie le devoir de relier.

Cette originalité posée, on peut en essayer une explication valable non en soi, mais comme justification de sympathie. M. Le Senne compose la notion hamelinienne de relation, l'intelligible par excellence, avec l'expérience pascalienne de la douleur, le sensible par excellence. Considérée en soi, la relation est extériorité de termes, or la conscience est intimité. D'où vient que la position initiale de ce système est celle de la contradiction éprouvée, sentie. « Être conscient, c'est se sentir double en exigeant d'être un » (p. 24). M. Le Senne est un affectif qui ne vivrait pas de n'être pas divisé et qui souffre de tout ce qui divise. Son livre est un témoignage précieux de correspondance entre une philosophie et la philosophie, car d'un côté il est vrai que la philosophie, abstraction faite des philosophies et des philosophes, est une idole du discours, et d'un autre côté, il est vrai qu'un philosophe doit d'abord prendre la suite, si ce n'est que pour rompre. *Le Devoir* fait leur place comme philosophes, même aux empiristes : il y a un moment de la pensée où la considération de la contingence et le souci de la réalité sensible doivent garder l'esprit systématique de tourner en esprit de système. M. Le Senne, si profondément redevable à Hamelin, – comme en témoignait, avant *Le Devoir*, l'*Introduction à la philosophie*, – a dédié sa thèse à la mémoire de Rauh. On ne saurait mieux signifier que *Le Devoir* a d'abord été un devoir intimement ressenti, celui de surmonter l'opposition entre l'universalité des lois intellectuelles et morales et la partialité des expériences concrètes, opposition que la philosophie du temps de sa jeunesse proposait à M. Le Senne sous les noms, également chers à son admiration, d'Hamelin, de Rauh, de Bergson. Par Hamelin, Descartes et Kant viennent s'accorder à l'esprit pascalien ressuscité par les autres. Comment ne pas rapprocher le sens de la contradiction selon Pascal et la philosophie construite par M. Le Senne ? Pour l'un comme pour l'autre « le plus réel est la douleur » (p. 40). Mais Pascal avivait impitoyablement les contradictions humaines pour en appeler un dénouement transcendant, alors que M. Le Senne recense héroïquement les contradictions pour susciter autant de triomphes possibles. Selon Pascal, l'état de contradiction est une chute; selon M. Le Senne, l'état de contradiction est l'occasion possible d'une ascension. Dieu a voulu aveugler les uns et éclairer les autres, dit Pascal; Dieu est démocrate, dit M. Le Senne. Descartes inutile et incertain, dit Pascal; aimons Descartes, dit M. Le Senne. Un philosophe peut toujours, à proportion de l'amour qu'il a pour leur pensée, concilier ceux que leur individualité empêchait de se comprendre. Et on pense bien qu'il ne s'agit pas d'éclectisme. *Le Devoir* est le contraire d'une philosophie de la juxtaposition, aussi bien rationnelle qu'empirique.

Ayant reconnu dans la contradiction le fait initial et définitif de la conscience, M. Le Senne s'est donné par là même le moyen et la fin de la propulsion qui va constituer l'être. Il n'y a pas d'œuvre qui montre comme la sienne comment la conscience prise par le sujet de toute insuffisance, douleur, erreur, maladresse, est une raison de poser la suffisance de la conscience. C'est que la contradiction n'existe que par le sujet: « Ce qui peut faire la contradiction, *ce n'est pas l'opposition de l'affirmé et du nié, c'est l'opposition de l'acte d'affirmer et de l'acte de nier* » (p. 112). C'est pourquoi « la crise est la condition normale de la conscience » (p. 129). Ainsi, par un paradoxe dont ne songeront à s'étonner que ceux qui pensent qu'une science de faits, physiologie ou sociologie, ou l'union des deux, puisse en droit épuiser la connaissance du sujet, il se trouve que la conscience est rendue à elle-même par la défaillance des lois biologiques ou sociales. De même que les lois de la résistance ne deviennent objet d'intérêt que parce que je me heurte, de même les lois de la vie ne m'intéressent que parce que je dois mourir, de même les lois de la société ne m'intéressent que parce que le désordre et l'injustice me révoltent. Autant de contradictions entre une prétention d'unité et un déchirement impossible à réparer une fois pour toutes. La contradiction appelle l'option: « L'essence de la moralité consiste à affronter la contradiction, celle de l'immoralité à s'en détourner » (p. 239). C'est dans l'analyse d'un moment de la recherche scientifique que M. Le Senne trouve la vérification fondamentale de ses conceptions: la découverte de l'argon par Rayleigh et Ramsay[1].

1. Cette analyse épistémologique célèbre occupe l'essentiel du chapitre sur « L'analyse de la contradiction » du *Devoir* (p. 69-179). Canguilhem la cite dans le chapitre sur « La fonction scientifique » du *Traité de logique et de morale* (cf. *infra*, p. 698). William Ramsay (1852-1916) est un chimiste anglais et John William Strutt, lord Rayleigh (1842-1919), un physicien anglais.

Ce long passage de son livre est un chef-d'œuvre d'analyse philosophique tant par la rigueur de l'interprétation que par l'art de faire sentir le drame vécu par une conscience de savant. On ne peut résumer, on ne peut que renvoyer au texte. Ces pages méritent de devenir classiques : les apprentis philosophes y trouveraient d'autres lumières que dans l'*Introduction à l'étude de la médecine expérimentale*. Sur cet exemple s'appuie toute une théorie de la science et de la moralité, selon laquelle connaissance et volonté sont perpétuellement activées par le haut. La densité des exposés, la richesse de l'expression interdisent à l'avance toute tentative de compte rendu. M. Le Senne est un généreux vrai, il ne sait pas donner sans exiger, non pour lui-même mais pour son lecteur. Son livre se termine par quelques pages admirables sur l'éducation morale. L'éducation morale tient en trois préceptes : inquiéter, promettre, aider. Inquiéter, c'est tourner l'esprit vers les contradictions ou mieux vers la recherche des contradictions. Promettre, c'est expliquer que la contradiction est pour nous et montrer que l'esprit, parce qu'il peut la porter, peut la supprimer. Aider, c'est montrer à celui qui s'approprie quelque fin les moyens que soi-même on connaît. M. Le Senne attend beaucoup de l'homme et c'est ce qui enthousiasme les jeunes étudiants. Et c'est par pure paresse d'esprit ou totale incompréhension qu'on reproche de viser trop haut à celui qui a écrit : « Tout commandement s'enferme entre deux limites. Inutile de commander un acte, dont la réalisation est si aisée que l'exercice objectif de la nécessité y suffit. On n'ordonne pas aux chats de tomber sur leurs pattes. Ordonner, c'est donc inviter à l'invention ; mais, si l'effort, pour réaliser l'irréalisable, est immoral, il ne peut être moins immoral de l'ordonner. Tyrannique est la conscience, qui ordonne sans se soucier si l'un des moyens indispensables au succès ne manquera pas nécessairement à celui qui le tentera. De la promesse d'un succès, celui qui l'ordonnerait à contre-temps ferait la condition d'un échec, renversant le sens de la moralité qui doit convertir l'échec en succès » (p. 583).

Ces notes n'ont pas voulu être un compte rendu, mais une invitation d'avoir à se rendre compte. Aucune autre conclusion ne semble capable de faire passer dans ces lignes consacrées au livre de M. Le Senne un peu de l'inspiration essentiellement tonique qui est la sienne.

G. CANGUILHEM

VINGT-ET-UNIÈME LETTRE À JEAN-RICHARD BLOCH

23 rue de Famars
Valenciennes
9 février [1933]

Chers Amis,

Nous avons été très heureux de recevoir la lettre de Mme Bloch, et j'ai le sentiment que la distance s'est rétrécie entre la Mérigote et moi. J'ai trouvé tout à fait remarquable de clairvoyance le dernier commentaire de J.-R. Bloch; et j'ai enfin lu *Sybilla*. Je ne peux pas dire que je m'attendais à ce genre de manière pour ce qui est une suite d'*Et Cie*, et c'est jouer la difficulté avec les lecteurs que de commencer par la fin de la suite. Je m'explique par là les réactions diverses dont l'inintelligence évidente m'avait frappé. Mais la première surprise surmontée, il faut saluer la réussite. D'Hélène Le Pleynier à Clotilde de Mazabeyrat l'auteur a passé par *la Nuit kurde* et *les Dix filles dans un pré*. Il était bien plus difficile d'écrire cela sans doute qu'*Et Cie*; difficile de poser, à l'encontre des Simler portés par la tradition et le métier, deux êtres riches seulement de leur invention passée ou future. Mais *Et Cie*, à mon avis, avait une densité terrestre que je regrette de trouver à de trop rares moments dans *Sybilla* – cela il est vrai étant l'expression d'un goût tout personnel.

Votre offre de nous envoyer quelques disques a été accueillie avec une joyeuse émotion. J'ai depuis l'an dernier un phono portatif (Gramophone), mais peu de disques: Beethoven. Coriolan, 7e symphonie, XIVe quatuor, Sonate (op. 69) pour piano et violoncelle – Wagner, Tanhäuser – Bach, Toccata et Fugue en ré mineur, Gavotte – Schubert Trio n° 1 en si b – Qques ballades de Chopin – Mozart: Noces de Figaro, Enlèvement au sérail (ouvertures).

Je ne sais pas encore quand La Mérigote nous verra – et ce n'est pas de gaîté de cœur que je le dis. Mais il faudra attendre au moins la venue en ce bas monde – de plus en plus bas – d'un enfant Canguilhem qui a eu l'idée de s'annoncer. Il est du reste peu probable que nous restions ici l'an prochain.

Mais si l'un ou l'autre d'entre vous venait à Paris et avait loisir, on pourrait faire en sorte de composer les trajectoires.

Recevez, bien chers Amis, notre salut très affectueux,

G. CANGUILHEM

ALAIN, *PROPOS SUR L'ÉDUCATION*,
un vol. in 16. (Collection Europe, Rieder, 1932).

Europe, n° 118, 15 février 1933

Esprit rugueux, Alain aime proposer à ses lecteurs le contraire de ce qu'ils en espèrent. Seuls se fâchent ceux qui assimilent à une étiquette le parti-pris d'un penseur. Mais si une étiquette suffit à définir le contenu d'un bocal, un parti-pris ne doit pas définir un esprit, car l'esprit est capacité et non contenu, et s'il prend parti il ne se limite pas pour autant. C'est ainsi qu'Alain, penseur de gauche et pour qui l'école unique c'est l'unique école, se moque des tests, de la psychotechnique, et demande qu'on fasse réciter Homère aux enfants. C'est pour l'auteur des *Propos* une autre manière de se dire plus révolutionnaire que les révolutionnaires porteurs de cartes et pourvus de professions de foi. On peut rire ou s'indigner de cette prétention, comme beaucoup ne manquent pas de le faire.

Et pourtant le bel avantage si l'on tue les maîtres d'industrie pour se donner des maîtres de psychologie expérimentale et si c'est un graphique ou une statistique et non plus l'argent qui règlent du dehors les destinées humaines! Alain entend par révolution une volonté d'émancipation permanente dont la source est dans le jugement. Être à gauche pour Alain c'est savoir et enseigner que l'homme ne peut, en quelque occasion que ce soit, et pas plus au laboratoire qu'à l'usine, être tenu pour un moyen. C'est une protestation nécessaire contre le dogmatisme des savants, assez peu différent en soi de l'autorité du militaire. Tout spécialiste en tant qu'il veut régir la conduite humaine, c'est-à-dire l'aventure entreprise à ses risques par un être qui ne peut exister que total, est d'avance un fou dangereux. A partir de là, lisons les *Propos sur l'Éducation*.

L'enfance est un moment de l'homme qui s'exprime par la volonté de se dépasser. Ce à quoi il faut rapporter l'éducation, ce n'est pas cette enfance dépassée par l'adulte, mais cette anticipation de virilité qui est l'âme des enfants. De ce principe initial on tire deux conséquences. La première c'est que l'éducation n'a pas pour fin de plaire, puisque l'enfant ne se complait pas en lui-même, mais d'élever, puisque l'enfance est cet âge essentiellement ingrat qui se nie et se renie (la pensée est ingrate, dit Hegel dans sa *Logique*). L'autre conséquence, en apparence contradictoire avec son principe, c'est que l'enseignement doit être retardataire, car d'un enseignement qui distribue la suffisance du savoir le plus récemment formé l'esprit retire plutôt raisons d'assoupissement et de démission que courage et force d'oser, et qu'est-ce alors qu'une éducation qui tue la pensée en lui retirant tout élan avec tout avenir ? Ce principe et ces deux conséquences entendus, tous les prétendus paradoxes, tous les coups de pistolet qu'on se plaît à dénombrer dans la doctrine d'Alain pour lui reconnaître le mérite du piquant quand on s'emploie à lui en dénier tout autre, deviennent des vérités de bon sens, d'audacieux et déconcertant bon sens. Dans le monde humain les apparences sont difficiles à renverser et les Copernic de la sociologie se font longtemps attendre. C'est pourquoi les réactionnaires, disons plus clairement les fanatiques de l'ordre établi et les thuriféraires de l'autorité, ne sont pas tous où on les cherche.

Négation des aptitudes préalables à l'exercice et par suite exaltation du travail même ingrat, bienfaisamment ingrat, – ce qui exclut les problèmes, au fond économiques et matériels, de la sélection et de l'orientation (« la démocratie a pour premier devoir de revenir aux traînards »), – souci de faire d'abord prendre la suite de l'invention séculaire afin d'assurer le jugement, la culture étant ce qui ne se résume point – telles sont les bases de la méthode pédagogique chère à Alain. Quant au programme, il est bref : mathématiques et belles-lettres le résument. Les mathématiques sont la clef de l'expérience (Alain tient d'A. Comte une considération toute spéciale pour l'astronomie) et gardent l'expérimentation de se dégrader en empirisme. Et pour les belles-lettres, (« d'abord le grec »), elles seules peuvent permettre une lecture directe des auteurs, la seule façon profitable de mener une étude nécessaire. « Les Belles-Lettres pour tous ? » – « Et pourquoi non ? »

Mais ici la sourde rumeur des objections devient vacarme, et il faut bien l'entendre. Quel rapport entre cette éducation qui se défend trop mal de se vouloir une sorte de luxe, par les retards, le loisir, les tâtonnements pris comme une fin, bref tout le divertissement qu'elle comporte, – et notre vie moderne faite d'imminence, d'actualité tragique, d'instantanéité ? C'est le mérite et l'originalité les moins contestables de la doctrine d'Alain que de défendre l'école comme institution indépendante, suffisante à soi, dont la fin n'est dans aucune institution autre, ni famille, ni patrie, ni société économique. La fin de l'école, c'est d'élever l'homme au-dessus de toute institution, c'est de préparer l'homme à se faire le juge de toutes les valeurs. L'école est un genre de société où l'enfant est réglé autrement que par l'affection familiale, autrement que par les nécessités très souvent inhumaines de la technique. L'écolier ne prolonge le nourrisson ni ne prépare l'apprenti. D'une part il apprend à juger de ses pensées et de ses actes selon la justesse et la justice et non plus selon l'agrément, et d'autre part « l'école est belle à voir parce que les fautes n'y ont pas de grandes conséquences » (p. 296) de sorte que l'esprit n'est pas détourné de s'essayer en toute liberté, seul moyen pour lui de se créer et de se définir. L'école est ainsi par essence le sanctuaire de la liberté. Entre l'école et l'humanité le rapport est immédiat. Elle est à la fois société, ou humanité selon l'extension, et pensée, ou humanité selon l'idée.

Observez maintenant quels sont ceux, de quelque programme qu'ils se réclament, que ces propositions font le plus s'exclamer ou sourire, et vous verrez qu'ils sont tous ceux qui tiennent l'école pour l'instrument de quelque pouvoir, fût-ce celui des hygiénistes, ou qui attendent de l'école quelque chose pour eux-mêmes, fût-ce les palmes ou la croix.

G. CANGUILHEM

SUR UNE INTERPRÉTATION DE L'HISTOIRE

Libres propos (Journal d'Alain), mars 1933

Un article de Ganuchaud[1], paru dans les *Libres Propos* du 25 novembre dernier, proposait une explication philosophique de l'histoire dont on pouvait penser ce qu'on voulait, mais qui l'avait conduit, pour s'étayer d'un argument, à déformer entièrement les importantes recherches sur l'histoire de la technique, faites par le commandant Lefebvre des Noëttes[2]. Je voulais, sur le moment, proposer la rectification d'exactitude qui s'imposait, mais bien des raisons, moitié travail, moitié paresse, m'en ont détourné. Or voici que par une rencontre sans doute mieux que fortuite, les travaux de Lefebvre des Noëttes qui remontent à 1924, viennent d'être vulgarisés par trois revues différentes d'objectifs et de public. Le *Mercure de France* du 1er février, et le numéro spécial de *Vu* consacré à « La Fin d'une civilisation » (1er mars), contiennent deux articles de l'auteur lui-même, le premier concernant l'esclavage, le deuxième, l'évolution technique; enfin *la Révolution prolétarienne* du 10 mars contient un long article de Louzon sur ce même sujet. Il est par conséquent inutile de laisser à l'article de Ganuchaud le paradoxal privilège de ce genre de liberté qu'on prend avec les textes, quand il est si facile de résumer fidèlement une thèse de cette importance.

1. Sur Ganuchaud, cf. *supra*, p. 162, n. 1.

2. Richard Lefebvre des Noëttes (1856-1936), officier français, spécialiste de l'histoire des techniques, auteur notamment, en 1931, d'un livre fameux sur *L'attelage. Le cheval de selle à travers les âges. Contribution à l'histoire de l'esclavage*. Selon lui l'invention du « collier d'épaule », qui met en place la traction par les épaules, permet d'utiliser la force motrice à plein, alors que l'ancien « collier au garrot » étouffait l'animal. Cette invention jouerait donc un grand rôle dans la fin de l'esclavage. Pierre-Maxime Schuhl accorde également une grande importance au livre de Lefebvre des Noëttes dans son livre sur *Machinisme et philosophie*, dont Canguilhem rendra compte en 1938 dans la *Revue philosophique*. Cf. *infra*, p. 510-511.

Ganuchaud, expliquant la valeur et l'insuffisance du matérialisme historique comme interprétation du devenir des sociétés, citait l'imprimerie et l'attelage du cheval en exemples d'inventions techniques nées de mouvements religieux ou politiques préexistants. On avait besoin de l'imprimerie pour donner à tous les fidèles chrétiens des livres pieux, et donc on l'invente. De même, il a fallu l'abolition de l'esclavage par le christianisme pour qu'on s'avisât d'atteler le cheval sans l'étrangler et qu'on pût ainsi utiliser rationnellement la force motrice animale. Et Ganuchaud se loue de la simplicité de cette explication. Posez les besoins ou les idées morales, nées de la révolution de fraternité que fut le christianisme, et vous avez les relations d'homme à homme et d'homme à univers que comporte une nouvelle conception des choses et des cœurs.

Mais, pour ce qui concerne l'exemple de l'imprimerie, si Ganuchaud avait bien voulu rappeler à quelle date après la mort du Christ et dans quelle langue a été imprimée la première Bible, nous nous serions dit que le besoin impérieux d'assurer à tous les hommes les livres de leur foi avait été, quant à son résultat, singulièrement différé et restreint.

Quant au second exemple, Ganuchaud l'utilise, à contre-sens total, étant données les conclusions de Lefebvre des Noëttes. Ce qui est paradoxal, dans cette histoire d'utilisation de la force animale, c'est que l'auteur apporte au marxisme une contribution inespérée. Lefebvre des Noëttes explique que le collier d'épaules à traits, avec lequel le cheval peut déployer toute sa force, grâce auquel on peut conjuguer les efforts de nombreux animaux, a été inventé vers le Xe siècle après J.-C. ; – qu'à la même époque a été inventé le procédé actuel de ferrure des pieds, procédé sans lequel le cheval use rapidement la corne du sabot et devient très rapidement indisponible. Par conséquent, la force motrice animale étant, dans l'Antiquité, dérisoirement utilisée, les grands travaux publics, la plupart des travaux domestiques ont dû être faits par des hommes. L'esclavage a paru naturel et nécessaire parce qu'il était alors la condition nécessaire de travaux estimés naturels. On a eu beau, dit Lefebvre des Noëttes, prêcher l'égalité et la fraternité humaines (Stoïcisme, Christianisme) il n'en reste pas moins que l'esclavage a persisté et a été même justifié par les Pères de l'Église (Bossuet, au XVIIe siècle même, plaidait sa légitimité).

Nous sommes, avec Lefebvre des Noëttes, loin de Ganuchaud, et cela n'aurait pas d'importance – la théorie de Ganuchaud valant peut-être par ailleurs – si Ganuchaud n'invoquait en sa faveur les travaux de Lefebvre des Noëttes.

L'invention de l'attelage n'était pas compliquée dit Ganuchaud. Il suffisait qu'on en eût besoin. Il est bien vrai que quand les choses sont faites, elles paraissent toutes simples. Mais les travaux de Lefebvre des Noëttes autorisent une autre conclusion. Proclamer l'émancipation des esclaves, c'était chose toute simple. Il suffisait qu'on n'en eût plus besoin.

G. Canguilhem

ESSAIS. – PACIFISME ET RÉVOLUTION

Libres propos (Journal d'Alain), mars 1933

J'avoue n'être pas convaincu par l'argumentation d'Aron[a], si bien divisée et d'apparence si rigoureuse, – ne pas même bien saisir pourquoi nous nous trouvons, Challaye et moi, brusquement enrôlés sous la bannière révolutionnaire et communiste. La faute en est sans doute à ces mots de *guerre civile*, de *guerre sociale* employés par Challaye et repris par moi-même. Nous avons usé du vocabulaire commun, mais ce vocabulaire recouvre une confusion d'idées que, pour ce qui est de moi, je veux dissiper. Au risque de rappeler un mot fâcheusement célèbre, je vais essayer d'expliquer que *la révolution n'est pas la guerre.*

Est guerre un genre de combat et de destruction jugé par la conscience juridique commune – même depuis et malgré le pacte Briand-Kellogg[1] – comme un moyen possible, sinon légitime, de régler un conflit international.

a. A propos des : *Réflexions sur le « Pacifisme intégral »*, dans les *Libres* Propos du 25 février 1933[2].

1. Par le pacte Briand-Kellog, signé à Paris le 27 août 1928, les quinze pays signataires (dont la France, l'Allemagne, les États-Unis, la Grande-Bretagne, l'Italie et le Japon) « condamnent le recours à la guerre pour le règlement des différends internationaux, et y renoncent en tant qu'instrument de la politique nationale dans leurs relations mutuelles » (article 1).

2. Aron revient sur ces questions dans son article « De l'objection de conscience » (*Revue de métaphysique et de morale*, (XLI, 1, 1934). Dans un article paru en janvier 1941 à Londres, dans la revue *La France libre*, sur la « Philosophie du pacifisme », Aron conclut : « Au fond, toute cette argumentation pacifiste résulta d'une réflexion insuffisante sur les origines et la portée de la Grande Guerre. Par réaction contre la propagande antérieure, on s'efforça de disculper l'Allemagne et de disperser les responsabilités. Par manque d'information ou d'imagination, on en vint à oublier ce qu'aurait été la paix allemande. Ces illusions furent soigneusement entretenues par la propagande germanique : il fallut les triomphes de l'hitlérisme pour que l'immense majorité des pacifistes découvrît qu'un mal, en tout cas, était pire que la guerre : la servitude » (R. Aron, *L'homme contre les tyrans*, *op. cit.*, p. 90).

Ce moyen est accepté, comme tel, et justifie à ce titre des institutions dont la plus importante est l'armée. Ces institutions ont un caractère obligatoire et, fait bien remarquable, subsistent alors même que leur fin est abolie. Des États neutres conservent le service militaire et la mise hors la loi de la guerre n'a pas aboli automatiquement l'armée. Belle occasion pour un sociologue de méditer sur l'importance respective des lois et des mœurs.

Or, premièrement, la révolution n'est pas liée à des institutions, – il y a même incompatibilité entre révolution et institution. Il y a bien des partis révolutionnaires, mais recrutés par la seule adhésion des volontés. Il peut bien y avoir des sections d'assaut, des troupes de choc dans ces partis et une « technique du coup d'état », mais l'insurrection, la révolte à main armée peuvent avoir lieu sans préméditation partisane, sans préparation technique.

Secondement, dans la doctrine de Challaye, acceptée par moi, la guerre civile est bien définie comme l'*objectif* volontairement poursuivi par une classe exploitée, objectif lié au fait de la « lutte des classes »; mais quand Challaye lie l'insurrection et le pacifisme, il parle de l'insurrection comme d'un expédient auquel le pacifiste, même intégral, peut recourir, sans se renier, dans son opposition aux actes de gouvernants criminels. Pour ma part, j'ai parlé de la guerre civile se justifiant comme *la réaction de défense et d'intimidation* d'un peuple trompé et pris comme instrument au service du mensonge dit de la légitime défense ou de l'honneur national. Je tiens essentiellement à cette distinction entre la guerre civile telle que peut la vouloir tel ou tel parti révolutionnaire pour une conquête du pouvoir qu'il espère définitive parce qu'elle fera régner un incorruptible âge d'or, – et la révolte telle que peut la vouloir justement, à tout moment et sous quelque régime que ce soit, même établi par une préalable guerre civile, tout homme qui juge infâme et immorale la guerre contre un autre peuple à laquelle, pour quelque raison que ce soit, ses chefs voudraient l'obliger. Cette distinction, tout le monde la fait et non seulement moi. Elle est si universelle qu'il me semble qu'en la formulant je définis *une catégorie de la pensée politique*.

N'est-ce pas, en effet, bien notable que lorsqu'on lance les peuples les uns contre les autres, on laisse croire à chacun d'eux qu'on le lance contre les gouvernants de l'autre ? En 1914, les Français allaient abattre le militarisme prussien lié à la monarchie des Hohenzollern ; actuellement, on ne les lancerait pas contre les Italiens, mais contre Mussolini, non pas contre les Allemands, mais contre Hitler. La révolution populaire contre la politique de guerre est une notion si commune et si fondamentale que les gouvernants eux-mêmes s'en servent comme d'un bon argument pour justifier les guerres dites « du droit » ou « défensives », dont la pseudo-nécessité résulterait seulement de ce que les gens d'en face n'ont pas su faire une révolution justicière. Nous glorifions-nous assez, en France, d'avoir fait *notre* Révolution – que nous nous garderions bien de faire maintenant? A-t-on assez dit ces temps derniers, devant l'effondrement de la république allemande, que les Allemands n'avaient pas su faire *leur* révolution? *Ainsi c'est presque toujours l'absence de révolution chez l'ennemi qui justifie la guerre que l'on fait contre lui.* N'est-on pas fondé à conclure dès lors que la volonté bien arrêtée d'insurrection est, pour les pacifistes, compatible avec leur doctrine? *La révolution n'est pas la guerre, elle est – et même dans les arguments des propagandes bellicistes – le contraire de la guerre.* Et cela, quel que soit le régime politique contre lequel la révolution est à faire.

Je me refuse donc énergiquement à laisser dire de moi qu'au fond je choisis la guerre de la classe contre la nation. Il ne faut pas confondre le contenu actuel des mots « guerre civile », contenu historiquement déterminé et historiquement retouchable, et l'idée même d'insurrection révolutionnaire qui est celle d'*un redressement opéré – et qui sera toujours à opérer – au nom de la communauté contre sa délégation gouvernementale.* Et ce qu'Aron appelle pacifisme révolutionnaire, c'est peut-être simplement la première esquisse d'une révolution pacifique dont le premier effet serait la disparition du système militaire actuel; car, une fois la fin répudiée autrement que du bout des lèvres et par calcul politique, à quoi bon conserver à tout prix – et à quel prix – le moyen?

C'est qu'à mon avis, aucun régime politique ne supprimera la politique, ne supprimera la raison du prince, d'état, de classe, de race (selon que l'extension de la communauté politique coïncidera avec l'extension de l'un quelconque de ces concepts), et par là ne supprimera l'effort héroïque d'humanité qui consiste à dépasser ces cercles limités et à substituer à ces raisons parées d'adjectifs la raison toute nue. Je regrette de retremper dans la métaphysique, mais ce reproche que j'attendais d'Aron moins que d'aucun autre, me laisse indifférent. Cette volonté d'opposition permanente, c'est ce qu'Alain appelle le radicalisme et qu'il faudrait être de mauvaise foi ou au-dessous de l'étourderie pour confondre avec l'inconsistance ventripotente de M. Herriot (si Alain a parfois négligé de prendre des précautions sur ce point, ce n'est pas ici la question). Qu'on donne à cette doctrine tel nom en *isme* qui plaira, peu importe. J'appelle cela la politique du parti-pris humain, que personnellement je fonde et fonderai sur une philosophie du parti-pris. Mais ici je m'arrête. Quel qu'en soit le fondement métaphysique, il suffit présentement de maintenir contre toutes les subtilités cette notion simple : *pas de paix pour les peuples sans promesse et menace de révolte contre la guerre.*

G. CANGUILHEM

SYBILLA, PAR JEAN-RICHARD BLOCH
1 vol., N.R.F., 1932

Libres propos (Journal d'Alain), mars 1933

C'est beaucoup demander au lecteur moyen que de lui donner avec *Sybilla* l'aboutissement d'une suite à *Et Cie*, sans lui donner préalablement l'intermédiaire[1]. Mais cette confiance de l'auteur en nous est signe de rare élégance. Le nom de Simler reparaît, dans *Sybilla*, comme celui d'un ministre de Poincaré. Les romans comme les généalogies font des surprises. C'est un problème, – et seul J.-R. Bloch, en comblant l'entre-deux, nous aidera à le résoudre – que de savoir quelle transition ou quelle révolution fait le passage entre une description de types humains tels que les Simler, portés par toutes les sécurités séculaires de la tradition, de la race et du métier, – et la curiosité que l'auteur ardemment manifeste, dans ce nouveau roman, pour un être aussi volontairement dépaysé et cosmopolite, aussi inattendu, tel un bolide humain, que la danseuse Sybilla. Trois êtres s'affrontent dans ce roman : un écrivain, plutôt snob que créateur, plutôt irritant qu'attachant ; sa femme Clotilde, admirable petite déesse que la province, comme pour Hélène Le Pleynier dans *Et Cie*, a su maintenir prête à toutes les générosités ; enfin Sybilla, la danseuse enivrée de son corps, de son art, et de leur identification. Jusqu'à présent, l'écrivain de Valade joue le rôle de prétexte à la rencontre des deux femmes. Deux forces de la nature se mesurent. Mais plutôt, Jean-Richard Bloch n'a-t-il pas repris le thème nietzschéen de l'antagonisme entre Apollon, dieu de la forme, et Dionysos, dieu de la musique ? Non pas évidemment de propos délibéré. Et peu importe, du reste. Nous sentons bien toutefois que ce récit s'offre à nous comme « l'origine d'une tragédie ». Et c'est pour le moment Dionysos qui l'emporte. Mais attendons le nouveau lever de rideau.

G. C.

1. Cf. *supra*, p. 445 pour les commentaires de Canguilhem.

M. MODESTE HERRIOT VU PAR LUI-MÊME (ET COMMENTÉ)[1]

Libres propos (Journal d'Alain), 25 avril 1933

Surnom pour M. Herriot: « Ôte-toi de là que je m'y mette ». Quand M. Herriot n'est pas au pouvoir, il gouverne quand même, en s'imposant par la photographie, le verbe, la plume. Il traite, avant le gouvernement, des problèmes en cours ; approuve les solutions des autres, en les tirant à soi. Plus encore qu'un écho sonore, c'est un auto-diffuseur. Le *Démocrate* de Lyon, du 15 avril, publie un article de M. Modeste-Édouard Herriot relatif au récent débat à la Chambre sur la politique étrangère : « Ainsi l'accord s'est établi entre le gouvernement, le parti radical et le parti socialiste. Cet accord a été consacré par 430 voix contre 107. Ai-je besoin de dire que j'ai moi-même travaillé de mon mieux à ce résultat? J'ai surtout tenté de rappeler les doctrines : celle de l'égalité des Nations ; celle aussi du droit des peuples à disposer d'eux-mêmes ». On n'est jamais si bien servi que par soi-même. Autre surnom pour M. Herriot (d'après le *Canard Enchaîné*) : « Monsieur Moi-Même Herriot ».

Mais voici mieux. Herriot est envoyé en Amérique, comme informateur (heureusement ! il a été spécifié que les négociations, s'il y avait lieu, se feraient par voie diplomatique) – et probablement aussi comme débarras. Daladier, habilement, sert du même coup sa politique intérieure et sa politique extérieure. Que fait Herriot avant de partir? Il parle. Au déjeuner hebdomadaire de la presse franco-britannique, le 13 avril, M. Moi-Même Herriot mange, écoute, est écouté, parle, déclare, boit, évoque et prononce. Voici quelques sentences, avis, pronostics, définitions. Sur l'égalité des droits M. Herriot a déclaré :

« Dès qu'elle aura été réalisée sur terre, elle ne pourra pas ne pas se poser sur mer. Les traités de Washington et de Londres tomberont. Vous serez alors obligés de rechercher un nouvel équilibre naval. On peut donc dire que la France, quand elle défend, dans une mesure très raisonnable d'ailleurs, son

1. Édouard Herriot (1872-1957), ancien élève de l'École normale supérieure, dreyfusard, sénateur puis député radical, maire de Lyon, il est trois fois président du Conseil, notamment de juin 1932 à décembre 1932. En octobre 1932, Alain était moins sévère à l'égard d'Herriot : « Cet homme-là n'aime pas tant le pouvoir (...) Je pense qu'en ces temps difficiles, nous devrons nous défier de l'indignation et faire crédit à l'enfant du peuple ; ne faisons pas les imprudents. (...). Tout bien pesé, si l'on proposait une trêve de deux ans en faveur d'Herriot, je signerais. Car il ne s'agit pas de rêver » (*Libres propos*, sixième année, nouvelle série, 10, 25 octobre 1932, p. 502). Alain appréciait aussi sans doute qu'Herriot, à la tête du Cartel des gauches en 1924, ait été à l'origine d'une politique de réconciliation franco-allemande.

armée, protège la première ligne de défense de la marine britannique». *Commentaire* : Je ne suis pas un égoïste. En défendant le béton de Lorraine, je défends aussi les blindages de Plymouth. Comprenez donc que la France ne demande jamais rien pour elle-même. »

Parlant ironiquement des difficultés de son voyage et des sombres prévisions de quelques journaux : « Je suis Français, et je ne connais pas bien la peur ». *Sans commentaire!*

« On m'a donné tout à l'heure le titre de libre informateur. J'irai là-bas, en effet, sans engager la liberté de mon Gouvernement. Je serai content d'y retrouver mon vieil ami, M. Mac Donald, que je semble poursuivre[1]. Je l'avais déjà rencontré en 1924 pour ce qu'on a appelé le crime international des Chequers. J'étais tombé ensuite et il avait pu espérer ne plus me revoir, quand, revenu au pouvoir, nous avons dû, en 1932, à Lausanne, discuter de nouveau ensemble. J'ai dans mon caractère de rester toujours fidèle à mes amis : c'est un luxe pour moi. Nous aurons du plaisir l'un et l'autre, j'en suis sûr, à nous retrouver encore ». *Commentaire* : Herriot ne cherche visiblement qu'à trouver place dans les morceaux choisis à l'usage des candidats au certificat d'études. Imaginez ce devoir donné dans vingt ans. « Un grand homme d'État, Édouard Herriot, déclara un jour que le seul luxe qu'il se permît était de rester toujours fidèle à ses amis. Vous direz en quoi la fidélité aux amis est un luxe et vous ferez ressortir tout ce qu'il y a de noble et d'élevé dans ces mots du grand démocrate pacifiste ».

« Je vais donc revoir votre peuple et votre président. Vous savez comment au cours de ces derniers mois j'ai essayé de comprendre et comment dans mes articles et mes discours j'ai essayé d'expliquer au peuple français la situation des États-Unis. Je suis, en effet, un Français qui cherche à voir à l'extérieur des frontières ». *Commentaire* : Oui, on sait comment il a essayé de comprendre – sans y réussir – et combien d'articles il a écrits. Et ce Français qui cherche à voir à l'extérieur des frontières ? Quelle nouveauté, quelle originalité dans le cosmopolitisme ! Sans compter que lorsqu'Herriot ne voit pas, de l'autre côté de la frontière, un autre Herriot à qui taper sur le ventre, il déclare qu'il n'y a rien à voir. Narcissisme politique.

« Voilà dans quel état d'esprit je me rends en Amérique. Je ne sais pas les questions que je vais y traiter, mais je remplirai ma mission avec honnêteté et bonne foi, en y ajoutant un peu d'une vertu plus modeste et qui a une importance primordiale en politique : je veux dire le bon sens, le sens commun ». *Commentaire* : Je suis honnête, j'ai du bon sens. Mais qu'il laisse aux autres le

1. Cf. *supra*, p. 164.

soin de le dire ! Sans compter qu'en mêlant *bon sens*, qui est discernement, et sens commun, qui est verbalisme traditionnel, il montre que s'il incarne dangereusement le second, il ignore non moins dangereusement le premier.

« J'irai là-bas, animé d'un grand amour pour la paix et d'une grande volonté de réconciliation entre les hommes dans le travail, œuvre qui apporte parfois quelques déceptions et qu'il faut poursuivre obstinément ». *Commentaire* : L'amour pour la paix, on s'en f…. Ce qu'on demande, c'est l'intelligence pour la paix. Et la volonté de réconciliation n'est rien sans la volonté des moyens. Or, ces moyens qu'il faut vouloir, dépendent de l'intelligence et non du cœur.

G. C.

DE L'OBJECTION DE CONSCIENCE À LA CONSCIENCE DE L'OBJECTION

Libres propos (Journal d'Alain), 25 mai 1933

Nous aurions dû le prévoir. Si les objecteurs de conscience devaient un jour être d'ordre supérieur désignés à l'intelligente sollicitude des préfets, des policiers, et des militaires, il fallait que ce fût par les soins empressés d'un gouvernement de gauche. Sur l'initiative de Daladier, sous la signature de Chautemps, avec l'approbation tacite d'un ministère où l'on compte Pierre Cot et François Albert[1]. A l'entière satisfaction de *l'Écho de Paris*, du *Journal des Débats*, du *Matin* et de *l'Œuvre*. C'est maintenant fait et bien fait. Tirons-en d'abord une conclusion théorique.

Sommairement on est à droite quand on ramène toutes les questions politiques à la patrie – qui est un fait historique – prise comme origine absolue de références, on est à gauche quand on ramène toutes les questions de même ordre à la justice – qui est une valeur idéale. C'est l'opposition de la conservation (*continuité*, *sécurité*, *prospérité*) et de l'invention (*innovation*, *résolution*, *répartition*). Qu'est-ce qu'un homme de gauche au pouvoir ? Théoriquement un homme qui, prenant la suite comme gouvernant, doit, en tant que de gauche,

1. Édouard Daladier est Président du Conseil pour la première fois du 31 janvier au 24 octobre 1933. Dans son gouvernement Camille Chautemps est ministre de l'Intérieur, Pierre Cot ministre de l'Air, François Albert ministre du Travail. Tous étaient alors membres du Parti radical. Sur cette circulaire du ministre de l'intérieur Camille Chautemps demandant aux préfets de signaler et de surveiller l'action des objecteurs de conscience, *cf.* N. Ingram, « The *Circulaire Chautemps*, 1933 : The Third Republic Discovers Conscientious Objection », *French Historical Studies*, vol. 17, n° 2, Autumn, 1991, p. 387-409.

utiliser ce qu'on lui a conservé à ce qu'il veut inventer. Qu'est-ce en fait qu'un radical au pouvoir? Un homme qui n'invente que pour conserver. M. Paul-Boncour invente à la Conférence du Désarmement les moyens de rester dans la tradition et s'en glorifie au Sénat en citant Vergennes (sans doute à cause de l'encrier du ministère[1]). M. Daladier invente les moyens d'inscrire au fonds de chômage les ouvriers licenciés par Citroën, au lieu d'envoyer leur patron devant les tribunaux pour infraction à la loi des assurances sociales. Rien de tel en effet qu'un radical d'aujourd'hui pour affirmer radicalement des principes et capituler radicalement dans leur application. Un homme de droite qui n'a pas de principes – affirmer la patrie c'est le moyen de ne rien affirmer et de tout justifier, car que n'y peut-on ramener en fin de compte, même la lutte contre le doryphora? – un homme de droite donc, s'il est bridé par une forte opposition de gauche, pour être beau joueur, appliquera les principes de la gauche sans les affirmer (nous l'avons vu sous la dernière législature). La politique après tout est un jeu de puissance et faibles d'esprit sont ceux qui la tiennent pour une sale cuisine.

Cela dit, reconnaissons qu'il restait à l'homme d'État radical un échelon à gravir dans l'ordre de la dignité morale. Il lui fallait cracher sur des principes de justice plus intransigeants – ce n'est pas difficile – que les siens, ramener l'objection de conscience à une apparence de moralité recouvrant l'intérêt et la lâcheté. M. Chautemps vient d'emporter cette gloire, indiscutablement. La circulaire qu'il adressait à ses préfets, et que *l'Écho de Paris* du 1er mai a publiée, a immédiatement provoqué dans le *Canard Enchaîné* (3 mai), sous la signature de Pierre Besnard, une spirituelle et très judicieuse réaction dont voici quelques lignes :

« Il faut féliciter M. Camille Chautemps de son heureuse initiative. Il est temps de mettre un frein à cette propagande malsaine des objecteurs de conscience qui, comme le souligne le ministre, se dissimule « sous des apparences morales ».

« En effet, comme objecteurs de conscience, on ne peut tout au plus tolérer que ceux qui ne veulent pas acquitter leurs impôts ou qui vont toucher leurs coupons à Bâle.

« Ceux-là, au moins, ne se préoccupent pas de moralité.

1. Charles Gravier, comte de Vergennes (1719-1787), longtemps ministre des Affaires étrangères de Louis XVI, est considéré comme l'un des plus grands ministres ayant occupé cette fonction. Une écritoire, en fait fabriquée pour Talleyrand en 1819, était appelée « encrier de Vergennes » car elle a longtemps été conservée sur le bureau de Vergennes. Cet « encrier » symbolise la continuité de la fonction de ministre des Affaires étrangères.

« Quant aux autres, ils se livrent à la plus odieuse des besognes. Aussi, la sévérité de M. Camille Chautemps à leur égard s'explique très bien.

« Que demandent, en effet, les objecteurs de conscience ? A ne pas aller à la guerre.

« Il n'est pas besoin de faire tant d'histoires pour cela.

« Est-ce que M. Léon Daudet ou M. Gustave Hervé sont jamais allés au front[1] ?

« Ceux qui vraiment ne veulent pas partir lors de la prochaine n'ont pas besoin de faire de l'objection de conscience. Ils n'ont qu'à se mettre « patriotes ».

« M. Camille Chautemps a été bien inspiré de le leur rappeler énergiquement ».

Le même jour, dans *Le Populaire*, sous le titre « La circulaire scélérate », Léon Blum se demandait comment les autorités compétentes, civiles et militaires, allaient pouvoir engager la lutte contre une forme sans ambiguïté de la propagande pacifiste :

« Les Préfets n'ont ni qualité, ni moyen pour « poursuivre la lutte » contre les objecteurs eux-mêmes. C'est l'affaire des tribunaux militaires qui s'en sont acquittés jusqu'à présent avec une suffisante rigueur. Alors, quelles sont les victimes qu'on leur désigne ? Ceux qui encouragent les objecteurs par leur propagande, par le témoignage de leur sympathie, par l'expression de leur compassion, car la pitié s'émeut et se révolte naturellement devant le châtiment infligé à un acte qu'on peut juger blâmable ou dangereux, mais qu'on ne peut rattacher qu'à des mobiles nobles. Les coupables désignés à la vigilance préfectorale sont donc les hommes qui auront écrit, pensé, parlé dans un sens favorable à l'objection de conscience. Le crime visé est bien un crime de propagande, c'est-à-dire un crime de presse ou de parole, c'est-à-dire un crime de pensée.

« Voilà ce qui est proprement insupportable. Et comment, je le demande, les Préfets vont-ils « poursuivre la lutte » que l'État-Major et la Sûreté Générale leur prescrivent ? En mettant leur police aux aguets, en épluchant les journaux, en contrôlant les réunions publiques, en surveillant les réunions et les correspondances privées ? Comment distingueront-ils entre la propagande d'objection et la propagande pacifiste proprement dite telle que nous la prati-

1. Sur Léon Daudet, cf. *supra*, p. 225, n. 2. Gustave Hervé (1871-1944), antimilitariste et socialiste dans sa jeunesse, fondateur du journal *La guerre sociale*, il deviendra ultra-nationaliste pendant la première guerre mondiale et créera après la guerre un Parti socialiste national, proche du fascisme italien.

quons tous les jours ? A qui s'en remettront-ils pour opérer cette discrimination parfois vétilleuse ? Et quand ils auront saisi le crime, quand on leur aura dénoncé le coupable, qu'en feront-ils ?

« Ils n'en pourront faire qu'une chose, autant que j'en puis juger : les livrer aux tribunaux, mettre la justice répressive en mouvement après la police. Et la justice elle-même, une fois saisie, quelles sont donc les lois pénales où elle pourra chercher une sanction ? Les lois scélérates, je n'en aperçois pas d'autres pour mon compte. Ou bien la circulaire de la Sûreté Générale et de l'État-Major est dénuée de sens, ou bien elle convie les Préfets et, par leur intermédiaire, les tribunaux correctionnels à englober les propagandistes de l'objection, ou soi-disant tels, dans une interprétation démesurément élargie des lois scélérates ».

A quoi *l'Œuvre* – qui est depuis longtemps et surtout depuis un an un journal comme les autres, après avoir été un autre journal (« Oui… mais *l'Œuvre* est un autre journal », disait jadis une affiche), – dans son numéro du 7 mai, répond que c'est mal connaître Chautemps et Daladier que de les soupçonner ainsi :

« Le moins qu'on puisse dire est que pareille hypothèse donne à sourire à ceux qui connaissent et Chautemps et Daladier. L'action qu'ils ont entreprise, ils l'ont entreprise, comme toujours, d'un commun accord, dans cet esprit de collaboration dont un homme comme Chautemps a sans cesse fait preuve, que ce fût dans un ministère Herriot ou dans un cabinet Daladier. Ils ont jugé nécessaire de l'entreprendre. Mais comment croire qu'ils n'en ont pas eux-mêmes fixé les limites et que, soucieux d'une discipline qu'il est chargé de maintenir, le ministre de la guerre, l'ancien président du parti radical, aurait vu, dans le maintien de cette discipline, prétexte à de nouvelles « lois scélérates » ?

Comment le rédacteur de cet éditorial (Piot ? Guérin ?[1]) a-t-il pu ressusciter ainsi le plaidoyer de Tartuffe : « Ceux qui *Les* connaîtront n'auront pas la pensée, etc. » ? Comment n'a-t-il pas compris que, même si des limites ont été fixées – et la circulaire n'en laisse rien deviner, mais *l'Œuvre* n'a pas publié la circulaire, ô objectivité de l'information démocratique ! – les intéressés civils et militaires seront infiniment moins sensibles à la restriction qu'à l'exhortation. « Dieu est bien haut et le tsar est bien loin », disait jadis le moujik russe quand, victime de quelque vexation, il aurait pu théoriquement en appeler d'un

1. Sur Jean Piot, cf. *supra*, p. 386, n. 1. André Guérin (1899-1988), est normalien, proche de Marcel Déat. Il sera rédacteur en chef de *L'œuvre* sous l'occupation.

pouvoir subalterne, borné à la lettre, à un pouvoir plus élevé et plus près de l'esprit – si l'on peut parler d'esprit en ce cas.

La circulaire Chautemps traduit le fait que le système politique et militaire actuel prend conscience de l'objection sourde, mais résolue, que lui fait, de tous les côtés, une jeunesse lassée de mensonges et d'injustices. D'autres en concluraient qu'il faut *enfin* faire la paix, le gouvernement aime mieux réprimer et réduire. L'existence même de cette circulaire fortifiera la résistance qu'elle prétend anéantir.

Les objecteurs de conscience vont désormais avoir le soutien des esprits non encore enchaînés, de ceux-mêmes qui ne pensent pas comme eux, mais qui poussent avec eux.

G. CANGUILHEM

DEUX NOUVEAUX LIVRES FRANÇAIS SUR LES ORIGINES DE LA GUERRE CAMILLE BLOCH – *LES CAUSES DE LA GUERRE MONDIALE* (HARTMANN, ÉDIT.), 1933[1] JULES ISAAC – 1914-*LE PROBLÈME DES ORIGINES DE LA GUERRE* (RIEDER ÉDIT.), 1933[2]

Libres propos (Journal d'Alain), 25 janvier 1934

Presque au même moment deux livres d'histoire consacrés aux origines du conflit de 1914 ont récemment été publiés. L'esprit différent qui les suscita, la

1. Camille Bloch (1865-1949) chartiste, inspecteur général des archives, fut chargé après la première guerre d'organiser la Bibliothèque-Musée de la guerre et de diriger les publications de la Société d'histoire de la guerre.

2. Agrégé d'histoire, Jules Isaac (1877-1963) est l'auteur, avec Albert Malet, du fameux manuel scolaire d'histoire, le « Malet-Isaac ». Il fera partie de la majorité pacifiste du Comité de vigilance des intellectuels antifascistes après 1936. En 1940 il sera révoqué par le gouvernement de Vichy en vertu du Statut des juifs, sa femme et sa fille seront déportées : Abel Bonnard déclara qu'il n'était « pas admissible que l'histoire de France soit enseignée aux jeunes Français par un Isaac ». Après la guerre, Jules Isaac réfléchira sur *Jésus et Israël* (Paris, Albin Michel, 1948) ou sur la *Genèse de l'antisémitisme* (Paris, Calmann-Lévy, 1956). Son *Jésus et Israël* est conservé dans la bibliothèque de Georges Canguilhem au CAPHES, avec l'envoi suivant : « Cher Canguilhem, je n'ai pas oublié l'aide que vous m'avez donnée si fraternellement aux heures sombres de 1943 ; que ce livre vous apporte le témoignage de ma gratitude et de ma fidélité ». Dans le livre dont Canguilhem fait ici le compte rendu, Isaac veut croire que « la pensée humaine a vaincu l'idée de la fatale échéance des choses » : « Ce livre n'est pas seulement une contribution à l'enquête historique sur les origines de la Guerre ; il répond à une obligation de conscience » (*Le problème des origines de la guerre*, p. V). Il veut s'y refuser à « toute concession, à toute transaction (avec la vérité reconnue telle). A mes lecteurs de dire si j'y ai réussi » (p. VI).

divergence de leurs conclusions, la disparité du sort qui leur est fait méritent d'être signalés.

L'ouvrage de M. Bloch est un *précis*. Ce propos de modestie annoncé en matière d'histoire – et non de cosmographie par exemple – c'est déjà l'ambition même. Mais la bande d'édition par laquelle le précis est présenté le fait un monument d'outrecuidance : « LA VÉRITÉ HISTORIQUE », simple récit de ce qui s'est *réellement* passé en juillet 1914. Que M. Bloch en personne ou que l'éditeur Hartmann soient responsables de cette tranquille suffisance, peu importe ici. Contre 12 francs, recevoir la « vérité historique », quel miraculeux marché !

L'ouvrage de M. Isaac annonce un *débat* et un *problème*, et ne posant au début que des scrupules, se garde en finale de toute formule catégorique. Le tout, au prix de 25 francs. Commercialement maladroite, l'entreprise de M. Isaac est moralement admirable. Deux titres évidents au mépris public. Moralement admirable est en effet l'exposé d'un abandon de certitude, le malaise d'un honnête chercheur qui a découvert le truquage des documents officiels, la fourberie de la propagande patriotique et qui s'efforce de réviser son jugement sur une question capitale pour la vérité en général et pour la paix de l'Europe en particulier. M. Isaac, professeur de l'enseignement secondaire, avait écrit au lendemain de la guerre, pour l'usage classique, un livre où il avait consigné sans hésitation sa conviction en la culpabilité unilatérale des puissances centrales. Il a eu le courage, toujours difficile et universitairement rare – « la pensée d'un homme en place c'est son traitement »[1], – d'avouer son erreur et de rectifier son livre. Il donne aujourd'hui, en une longue discussion, les raisons de ce revirement.

Depuis leur parution quasi simultanée, l'ouvrage de M. Bloch a eu les honneurs des comptes-rendus et des allusions, son auteur ceux de l'interview, – l'ouvrage de M. Isaac a provoqué la conspiration du silence.

Dans le *Petit Parisien* du 28 décembre, en première page, M. Camille Bloch, résumant les conclusions de son ouvrage, commence ainsi : « Je me suis proposé de résumer dans un petit volume que le jeune éditeur Paul Hartmann a rendu accessible à tous par son prix modique, les résultats de la recherche historique et de la discussion internationale sur les événements de juillet 1914, etc. ». Remarquons d'abord que l'auteur invite ses lecteurs à s'avancer avec lui sur un sol ferme. Expliquons en outre que la modicité du prix dont il est parlé suppose la certitude *a priori* d'une large diffusion du livre. Nous ne nous étonnerions pas si les services du Ministère de la Guerre – M. Bloch est Conservateur du Musée de la Guerre – accordaient à cet ouvrage, en le recom-

1. Cf. *supra*, p. 327, n. 1.

mandant ou en l'imposant où il est bon qu'il soit lu, le soutien efficace qui permet à un éditeur de vendre à bas prix. La même conduite de la part des services du Quai d'Orsay ne nous surprendrait pas plus. Et l'on pourrait parier que les puissantes relations universitaires de l'éditeur Hartmann ne seront pas étrangères – je ne dis pas s'emploieront – à la vulgarisation de la « Vérité historique ». Bref, et tant pis pour M. Bloch, son ouvrage, s'il n'a pas été conçu aux fins de propagande, sera utilisé comme tel – et cela revient au même dans le fond. Voilà pourquoi quand le *Petit Parisien*, en présentant l'article précité, dit qu'il vient « vraiment à son heure », nous comprenons ce que parler veut dire. D'autant mieux que dans le *Temps* du 2 décembre, le Comte Wladimir d'Ormesson fait de la solution à notre profit du problème des responsabilités une des « conditions préalables de la conversation franco-allemande »[1]. En revenant comme il l'a fait sur la question des responsabilités de la guerre, le chancelier Hitler a touché, au dire de M. d'Ormesson, « le point fondamental du problème de l'Allemagne et de l'Europe ». (C'est parce que nous savons très bien qu'en effet c'est là un point fondamental, parce que toutes les fois qu'un règlement pacifique est entrevu possible entre la France et l'Allemagne, la question des responsabilités est inopinément jetée par quelqu'un – *is facit cui prodest* – comme un os entre chiens affamés, c'est pour cela qu'il ne faut pas cesser de faire échec à la propagande officielle, dût cette obstination monotone fatiguer, comme je le sais, quelques lecteurs des *Libres Propos*). Or M. d'Ormesson signale dans cet article comme « très objectif » le précis historique de M. Bloch. Le même *Temps* n'a jamais encore, à notre connaissance, mentionné, même comme indication de livre reçu, l'ouvrage de M. Isaac. Le Comité des Forges a probablement souci de ne faire à Monsieur Paléologue aucune peine, même légère[2].

Ce n'est pas au hasard que je nomme ici spécialement M. Paléologue, ambassadeur de France en Russie au moment de la déclaration de guerre. S'il y a une comparaison instructive à établir, c'est bien celle des pages respectivement consacrées par M. Bloch et par M. Isaac aux circonstances et à la portée de la mobilisation russe. M. Bloch parle des télégrammes de Paléologue comme on parle ailleurs des satellites de Jupiter. Le lecteur peut ignorer que l'histoire de la mobilisation russe et l'annonce par Paléologue de la succession

1. Wladimir Le Fèvre d'Ormesson (1888-1973), écrivain et journaliste français, qui fera par la suite une carrière de diplomate.

2. Maurice Paléologue (1859-1944) était ambassadeur de France à Saint-Pétersbourg en 1914. Il a été critiqué pour sa lenteur à transmettre à Paris la nouvelle de la mobilisation générale russe.

et de la signification des décisions prises à Saint-Pétersbourg posent le plus dramatique problème relativement à la sincérité ou à la duplicité de cet ambassadeur, relativement aussi au machiavélisme du pouvoir militaire russe (retard dans la transmission des dépêches diplomatiques destinées à Paris et à Londres ?). En tout cas, on sait – et le lecteur de M. Bloch ne sait pas – que les hésitations de Paléologue et le vague réellement surprenant des notes de son Journal aux dates indiquées ont permis à la propagande française de maquiller les événements qui se passèrent en Russie les 29 et 30 juillet. Les notes 199 et 200 signalent dans le précis de M. Bloch que les télégrammes 102 et 118 ont été « incorrectement reproduits » – d'autres diraient falsifiés – dans le *Livre Jaune*[1]. Si objectivité doit s'entendre euphémisme, M. Bloch doit avoir la palme.

G. Demartial[2] le premier a conté en 1926 dans *l'Évangile du Quai d'Orsay*, et en 1931 dans l'*Histoire d'un mensonge*, l'affaire des faux du *Livre Jaune* et fait ressortir le rôle équivoque joué par Paléologue. Inutile de dire que M. Bloch ne cite pas Demartial dans sa bibliographie des ouvrages français, non plus qu'il ne cite Barnes dans sa bibliographie des ouvrages américains[3]. M. Isaac qui rend plusieurs fois justice à Demartial, dont il est loin malgré tout d'approuver toutes les conclusions, a refait pour son propre compte l'histoire, c'est-à-dire l'examen critique, des journées du 29 et 30 juillet, dans des pages qui sont, à mes yeux, un chef-d'œuvre de méthode historique. « En tout bon historien, dit Isaac (p. 65), il y a l'étoffe d'un juge d'instruction ». Les pages 190 à 214 sont l'exemple de cette règle (*cf.* plus loin). « L'historien est en droit de récuser entièrement le témoignage de M. Paléologue pour la journée du 29 » (p. 200) et « Entre le pseudo-trompeur (Sazonof) et le peudo-trompé (Paléologue) l'entente semble avoir été parfaite, sans un nuage » (p. 212), ainsi prononce M. Isaac.

Par ailleurs, M. Bloch se donne beaucoup de mal dans son livre, dans l'interview des *Nouvelles Littéraires* (1er décembre), dans l'article du *Petit Parisien*, pour atténuer la portée de la décision russe. Il insiste continuellement sur l'appui sans réserves promis par l'Allemagne à l'Autriche. Mais M. Isaac

1. Le *Livre jaune* désigne, d'après la couleur de sa couverture, la sélection de documents diplomatiques qui est publiée dès les premiers mois de la guerre par le Ministère français des affaires étrangères, dans un évident souci de propagande (Ministère des affaires étrangères, *Documents diplomatiques 1914, la Guerre européenne. Pièces relatives aux négociations qui ont précédé les Déclarations de guerre de l'Allemagne à la Russie (1er août 1914) et à la France (3 août 1914). Déclaration du 4 septembre 1914*).

2. Sur G. Demartial, cf. *supra*, p. 353, n. 2.

3. Sur Barnes, cf. *infra*, p. 464, n. 2.

qui n'absout pas l'empereur Guillaume sur ce point, rappelle symétriquement l'appui systématique accordé par la France à la Russie au mépris même des clauses de l'alliance : « En tout état de cause, le gouvernement français était décidé à soutenir la Russie par les armes » (p. 213). Et la différence d'esprit et de méthode entre l'un et l'autre historien ne se laisse pas mieux saisir que dans le sens qu'ils donnent à leurs suppositions rétrospectives. Pour M. Bloch la guerre était fatale quel qu'eût été l'ordre de succession des mobilisations (p. 133); M. Isaac fait du *si* uchronique un usage plus nuancé : « Aurait-on évité la guerre si l'ordre de mobilisation générale n'avait pas été lancé le 30 juillet ? *Très probablement non*. La mobilisation russe rendait-elle la guerre inévitable ? *Certainement oui* » (p. 217).

Comme M. Renouvin, M. Bloch conclut que les Empires centraux ont « imposé » en 1914 la guerre à la Triple Entente. M. Isaac qui se défend, au risque de mécontenter tout le monde, de formuler quelque proposition incisive et décisive fait remarquer que les partenaires des Empires centraux n'ont pas été récalcitrants. Les uns ont *offert* la guerre, les autres l'ont *délibérément acceptée* « avec une promptitude dont l'adversaire même fut surpris » (p. 228). Et donc « bon gré malgré, il faut consentir au partage (inégal) des responsabilités » (p. 227). Conclusion modérée, plus réservée que celle de Demartial, de Gérin ou même de Fabre-Luce[1]. Ce n'est pas le lieu ici de préférer l'une à l'autre, – je ne parle pas en historien. Mais comment ne pas s'indigner de voir que cette modération, vingt ans après, fait scandale, est accueillie par le silence ?

J'aime le livre de M. Isaac pour son esprit, pour sa méthode. Il a volontairement limité l'essentiel de son exposé à la discussion des thèses de trois historiens américains, Harry Elmer Barnes, Sydney Fay, Bernadotte Schmitt[2]. Leurs ouvrages, respectivement parus en 1926, 1928, 1930, tendent à établir, le premier que les responsabilités sont presque exclusivement celles de la Russie et de la France, le second qu'elles sont également partagées entre les deux groupes de belligérants, le troisième qu'elles sont plus lourdes de la

1. René Gérin (1892-1957), normalien, proche des Alexandre, demandera à être exclu de l'ordre de la Légion d'honneur après l'affaire Demartial. Il publie alors *Comment fut provoquée la guerre de 1914* (Paris, Marcel Rivière, 1931). Il est secrétaire général de la Ligue internationale des combattants de la paix en 1932. Munichois, il adhère sous l'Occupation à la Ligue de la pensée française fondée par René Château en janvier 1943 et écrit dans *L'œuvre* de Marcel Déat. Il est condamné à huit ans de prison à la Libération. Sur Fabre-Luce, cf. *supra*, p. 260.

2. Harry Elmer Barnes est l'auteur de *The Genesis of the World War* (1926), Sydney Fay de *The Origins of the World War* (1928) et Bernadotte Schmitt de *The Coming of the War : 1914* (1930).

part des empires centraux. En discutant sur chaque point les opinions divergentes des trois historiens, en étayant d'arguments originaux et de discussions remarquablement avisées et rigoureuses la sienne propre, M. Isaac rend à l'esprit le service inappréciable, celui-là même que *doit* – en raison de la matière de son étude – rendre l'historien, il met en présence d'un problème toujours ouvert. Il y a problème là ou la seule nécessité cesse de faire loi. Dès que la pensée humaine a vaincu l'idée de la fatale échéance des choses, dès que l'événement a repris sa relation avec la résolution libre qui lui donne sens et poids, alors apparaît aussi que la faute consiste également à croire d'autrui qu'il est voué au mal et à croire de soi qu'on est voué au bien.

Communément l'histoire est estimée pour donner aux nations une bonne conscience. Mais de même que toute histoire nationale est une abstraction nécessairement fausse, de même toute conscience morale, à vivre dans le problématique, tue la bonne conscience. « Les hommes ont inventé la bonne conscience pour jouir enfin de leur âme comme d'une chose simple » (Nietzsche). Comme le fanatisme naît du dogmatisme, la guerre naît de la paix de l'âme. M. Bloch, en procurant à ses lecteurs le sommeil du juste, contribue à cette pacification intérieure qui peut devenir guerre à l'extérieur. M. Isaac, en faisant partager à ses lecteurs les doutes qui lui sont venus et qui lui restent, en suscitant la division dans les esprits, travaille pour son humaine part à la paix entre les hommes. C'est d'autant plus louable que si j'en crois quelques mots de son avant-propos, l'auteur est maintenant assez sceptique sur ce sujet : « Telle frontière passée, la notion même d'objectivité est proscrite. Certes, ce n'est pas une raison pour quitter le droit chemin après qu'on l'a retrouvé : mais la rencontre souhaitée ne s'y produira pas » (p. 7). On verra bien, – à condition d'essayer loyalement, en se gardant envers l'hitlérisme, quelque effort qu'il faille faire pour cela, des mêmes fautes que M. Isaac, par son travail même, reconnaît qu'on a faites envers l'Allemagne.

G. CANGUILHEM

JEAN-RICHARD BLOCH. *OFFRANDE À LA POLITIQUE* (COLL. EUROPE, RIEDER ÉDITEUR)

Libres propos (Journal d'Alain), 25 janvier 1934

Offrande à la musique, quel beau titre avait trouvé Jean-Richard Bloch pour un de ses derniers livres ? Mais *Offrande à la politique* n'a-t-il pas de quoi choquer ? N'est-ce pas trop déjà qu'on ne puisse tout à fait empêcher le souci politique de nous prendre un temps et une activité qui seraient plus justement consacrés à la culture ou à la création ? Faut-il encore offrir, choisir le meilleur de soi et remercier de pouvoir le faire ? Mais sans offrir à la politique, peut-être faut-il lui accorder quelque temps si l'on veut par ailleurs pouvoir offrir à la musique et à la poésie.

« La politique fut d'abord l'art d'empêcher les gens de se mêler de ce qui les regarde. A une époque suivante, on y adjoignit l'art de contraindre les gens à décider sur ce qu'ils n'entendent pas. Ce deuxième principe se combine avec le premier. » (Valéry, *Regards sur le monde actuel*). C'est parce que nous sentons trop que quelque chose (mais quoi, exactement?) dans l'embarras politique nous regarde, qu'il nous est si difficile de ne pas nous y laisser prendre. Nous ne pouvons plus avoir de naïveté politique et nous savons que, même vigilants, nous serons trompés. A plus forte raison le serions-nous si nous nous reposions sur les apparences de justice, de compétence, de désintéressement, de clairvoyance, sans nous demander : « D'où vient l'argent ? » ou encore « Qui veut-il supplanter ? ».

Le livre de Jean-Richard Bloch est un recueil de quelques-uns des « Commentaires » qu'il publie chaque mois dans *Europe*. *Offrande à la politique* contient sur la guerre et sur l'objection de conscience des réflexions qui vont souvent au fond du sujet. Il me semble que le livre vaut surtout par la série d'études intitulée : « Symbolique d'une réunion »[1].

Ces pages ont le mérite d'avoir analysé les causes des déboires actuels du parti socialiste. En son temps, cette étude a soulevé des cris d'orfraie parmi quelques-uns des politiques intéressés. Ils auraient bien mieux fait de remercier J.-R. Bloch de cette offrande. Mais pourquoi les politiques auraient-ils plus de sens politique qu'un écrivain qui utilise intelligemment ses loisirs à réfléchir sur la signification de faits que les autres, par la faute de leur déformation, laissent échapper ?[a].

G. C.

a. Les articles de Jules Romains en partie reproduits dans le présent numéro nous semblent un exemple bien significatif[2].

1. Il s'agit d'un récit « de l'extérieur », d'un point de vue tout rhétorique, d'une réunion du parti socialiste animée en 1931 par Marcel Déat, « un de ces jeunes agrégés de philosophie, un de ces Normaliens de la rue d'Ulm parmi lesquels le Parti Socialiste recrute volontiers son État-Major ». D'abord séduite par le discours brillant, la salle se retourne ensuite en faveur d'un ouvrier qui « parle en socialiste », puis elle s'en détache lorsqu'elle s'aperçoit qu'il s'agit d'un militant communiste « fonctionnaire et délégué » de son Parti.

2. Il s'agit de trois articles parus dans *La Dépêche de Toulouse* des 29 novembre, 6 et 26 décembre 1933, rédigés à la suite d'un voyage en Allemagne, et qui portent pour titre « Que veut

VINGT-DEUXIÈME LETTRE À JEAN-RICHARD BLOCH

Février 1934 [de la main de JRB]

Chers Amis,

Je m'en veux d'avoir laissé s'établir entre nous l'habitude du silence. Les Commentaires d'*Europe* si précieux témoignages de la pensée de la Mérigote ne disent rien sur la vie qu'on y mène et je serais bien heureux d'avoir quelques échos de ce que vous faites tous.

J'ai appris il y a à peine quelques jours la mort de M. Richard Bloch. J'avais conservé des deux occasions que j'ai eues de le rencontrer un souvenir très précis. Et devinant combien ce deuil a dû vous affecter j'ai résolu de rompre avec ma paresse à écrire pour vous rappeler mon amitié toujours fidèle et reconnaissante.

Je suis impardonnable aussi de n'avoir pas remercié plus tôt pour *Offrande à la politique* où j'ai eu le plaisir de retrouver les articles que j'avais beaucoup aimés dans *Europe*. Je voulais faire coïncider mon remerciement avec une note aux *Libres Propos*, mais elle a été retardée – comme il est fréquent dans cet étrange follicule.

Il me tarde de lire dans *Europe* ce que vous pensez de ce que nous venons de voir[1]. On hésite encore à dire que le fascisme nous a gagnés de vitesse mais j'estime que l'ampleur du mouvement de protestation ouvrière ne devrait pas cacher son incohérence organique (je l'ai vu sur place ici ayant participé à la grève) et ne pas nous endormir. Il me semble que *Populaire* et *Humanité*, pour des raisons d'ailleurs différentes, s'abandonnent à un optimisme trop facile pour être fondé.

Je vous envoie un portrait de notre petit garçon. Il date de novembre, à l'âge de 5 mois. Cet excellent petit camarade est à la fois fort vif et fort discret. On ne s'aperçoit de son existence que lorsqu'il joue.

l'Allemagne ? » et « Ce qu'il ne faut pas faire avec l'Allemagne ». L'écrivain français Jules Romains (1885-1972) y note que « ce qui importe ce n'est pas de gagner la prochaine guerre – personne ne la gagnera et nous y périrons tous – c'est de l'empêcher. Si nos dirigeants croient que l'alliance russe contribuera à empêcher la guerre, ils commettent une erreur mortelle. Disons-nous bien que l'Allemagne d'Hitler ne se laissera pas plus encercler que l'Allemagne de Guillaume II. Elle préférera tout faire sauter et elle en aura la force. C'est vous qui la lui aurez donnée. Plus vous fermerez et épaissirez le cercle, plus vous rendrez inévitable et irrésistible l'éclatement ».

1. Il s'agit bien sûr de l'émeute d'extrême-droite du 6 février 1934 et de ses suites.

J'adresse à tous mon salut bien amical dans l'attente de quelque lettre et mieux encore de quelque rencontre,

Votre

G. CANGUILHEM
5 place du Pont Delsaux Valenciennes

HÉROÏSME UNIVERSITAIRE

Libres propos (Journal d'Alain), 25 mars 1934

Le Temps, du 7 mars, a publié le mémorable document que voici :

« M.R. Canat, professeur de première supérieure au lycée Louis-le-Grand, président de la Fédération nationale non-syndiquée des professeurs de lycées, vient d'adresser au ministre de l'éducation nationale la lettre suivante :

Monsieur le Ministre,

Ainsi que, dans sa dernière réunion, le bureau de la fédération nationale non syndiquée m'en a donné mission, j'ai l'honneur d'appeler votre attention sur les points suivants :

1) Notre fédération est le seul groupement professionnel de l'enseignement secondaire ayant un caractère légal, puisque, seule, elle est placée sous le régime de la loi de 1901 ;

2) En conséquence, elle vous demande de bien vouloir tenir la promesse de votre prédécesseur qui s'était engagé à associer ses représentants aux travaux de toute commission constituée en vue de l'étude des questions intéressant l'enseignement secondaire ;

3) A l'annonce de la récente grève, notre fédération a donné l'ordre à ses membres, non seulement d'assurer leur service propre le 12 février, mais encore de se mettre à la disposition des chefs d'établissement pour remplacer, le cas échéant, les grévistes. Cet ordre a été suivi partout sans défaillance. Nous espérons que vous apprécierez à sa juste valeur notre attitude en cette occasion ;

4) Notre fédération constate enfin avec quelque étonnement que, jusqu'ici, aucune sanction, si bénigne soit-elle, n'a été prise à sa connaissance contre les fonctionnaires défaillants, ni même contre leurs meneurs, ce qui lui paraît d'autant plus regrettable que la grève avait un caractère nettement politique et était dirigée contre les principes d'ordre que le ministère actuel affirme avec raison vouloir sauvegarder.

Veuillez agréer, etc. ».

Jusqu'à présent, il n'était que de lire les œuvres de René Canat ou de recueillir les impressions de ses élèves de Khâgne, pour savoir que le monsieur était un raseur ou donnait dans le genre si bien nommé « cucu »[1]. Nous saurons désormais qu'il nous faut aussi tenir l'éminent universitaire pour un lèche… pieds et pour un mouchard. Quant à la très légale et très dévouée Fédération nationale non-syndiquée, nous ne manquerons pas d'y adhérer le jour où, justement indignés de loucher encore vers notre boutonnière vierge de ruban, nous estimerons le moment venu de nous convertir à l'ordre.

Certes la grève du 12 février, à laquelle bien des universitaires ont participé, avait un caractère nettement politique. C'est même sans doute pourquoi tant de gens qui auraient hésité à faire la grève pour quelques gros sous de leur traitement n'ont pas craint de montrer qu'ils préfèreraient, le cas échéant, être battus avec les hommes libres plutôt que de prospérer parmi les ânes en imitant leur braiement.

G. CANGUILHEM

SUR LA PHILOSOPHIE CONTEMPORAINE. H. SÉROUYA, *INITIATION À LA PHILOSOPHIE CONTEMPORAINE* (LA RENAISSANCE DU LIVRE). J. BENRUBI, *LES SOURCES ET LES COURANTS DE LA PHILOSOPHIE CONTEMPORAINE EN FRANCE* (ALCAN)

Europe, n° 135, 15 mars 1934

Qui donc l'*Initiation* écrite par M. Sérouya pourra-t-elle initier à la philosophie contemporaine[2] ? Inutile par définition à un spécialiste, elle le sera plus encore à un étudiant, plus encore au commun des lecteurs dont la curiosité ne pourra se satisfaire de rien qui soit clair ou très simplement systématique. Si l'on cherche les raisons du choix opéré par l'auteur dans la foule des doctrines contemporaines qui prétendent à la philosophie, on ne le trouvera pas dans quelque définition de ce qui est pour lui philosophique ou contemporain, et l'on se demandera alors pourquoi telles doctrines sont signalées et non tant d'autres. J'entends bien que M. Sérouya a choisi ce qui lui a semblé le plus représentatif. Mais de quoi et en fonction de quoi ? Par exemple, sans aucune justification rattachée à un plan d'ensemble, la doctrine néo-kantienne de l'École de Marburg est exposée après le pragmatisme et avant la doctrine de

1. René Canat (1873-1945), normalien, professeur de première supérieure au Lycée Louis-le-Grand, auteur d'études d'histoire de la littérature.

2. Henri Sérouya (1895-1968) sera par la suite attaché de recherches au CNRS. Il a également publié en 1932 un livre sur *Le problème philosophique de la guerre et de la paix* (Marcel Rivière). En 1947 il publiera *La kabbale, ses origines, sa psychologie mystique, sa métaphysique* (Grasset).

M. Brunschvicg. Si c'eût été, à la place, l'École de Würzburg dont il n'est rien dit, l'ouvrage n'eût pas été différent. De même pourquoi avoir choisi de parler d'Alexander sans rien dire de Whitehead[1] ? Pourquoi Janet et non Ribot aussi, pourquoi Boutroux et non Lachelier, pourquoi rien de la logistique? Je n'affirme par là ni des exclusions ni des préférences, mais mon étonnement de voir un livre qui ne réfléchit pas ou qui laisse fâcheusement ignorer qu'ait été réfléchie la sélection représentative qu'il propose.

Il y a plus grave. Cette initiation, au lieu de conduire vers les auteurs par une réflexion de sympathie sur les problèmes qu'ils se sont posés et les moyens qu'ils se sont construits pour les résoudre, se contente trop souvent d'exposer leurs conclusions et trop souvent en se référant à leurs critiques plutôt qu'à eux-mêmes. Le chef-d'œuvre du genre est le chapitre consacré à Hamelin; un extrait de M. Bréhier résume la doctrine, un extrait de M. Parodi la célèbre, un extrait de M. Brunschvicg la démolit. C'est se débarrasser à peu de frais d'un penseur comme Hamelin. Sans doute Hamelin n'aimait pas la mode et lui-même n'est pas à la mode contemporaine, mais ce ne saurait être une raison. Ce singulier procédé d'initiation, étrange chez qui se pique de philosophie, s'il paraît inadmissible à l'égard de ceux qu'on aime, ne le paraît pas moins à l'égard de ceux qu'on n'aime pas. Exposer le néo-thomisme en quatre pages presqu'entièrement de seconde main et l'exécuter en quinze lignes avec un mot de M. Meyerson et un autre de M. Brunschvicg c'est donner au néo-thomisme un des meilleurs motifs de sa volonté anti-moderne, s'il est vrai que la pensée moderne se résume en de tels procédés.

L'ouvrage traite, en introduction, de « la philosophie dans notre siècle du machinisme ». On se demande pourquoi, car cette introduction ne prépare en rien ce qui suit. Il est vrai que c'est un passe-partout fort à la mode, mais qui reste ici dans le genre des lieux communs.

L'ouvrage en deux gros volumes de M. Benrubi est un travail sérieux, compact et bien plus systématiquement conçu que le précédent[2]. Ici l'auteur a réfléchi et exposé les raisons de son plan. Se proposant de rechercher sinon des filiations, du moins des attachements doctrinaux, il a dû définir dans la philosophie française depuis le début du dernier siècle des centres d'ébranlement et

1. Samuel Alexander (1859-1938). Philosophe anglais d'origine australienne. Alfred North Whitehead (1861-1947). Mathématicien et philosophe anglais.

2. Joseph (Isaac) Benrubi (1876-1943), Privat-Docent à l'Université de Genève, est l'auteur de ces deux volumes sur *Les sources et les courants de la philosophie contemporaine en France*, parus chez Alcan en 1933, qui sont « le fruit de trente ans de travail » et de « contacts personnels » avec les représentants de la philosophie française, notamment Bergson, Brunschvicg, Lalande, Lévy-Bruhl ou Meyerson.

des sens de propagation de la lumière spirituelle. Ce que M. Benrubi appelle les trois sources ce sont Comte, Kant et Renouvier, Maine de Biran; ce qu'il appelle les trois courants consiste en « un positivisme empiristique et scientiste; un idéalisme critique et épistémologique; un positivisme métaphysique et spiritualiste ». Notons quelle contradiction énonce le titre donné à ce troisième courant par la conjonction des notions de positivisme et de métaphysique spiritualiste. Notons aussi qu'en définissant le second courant comme idéalisme critique et épistémologique l'auteur s'est peut-être condamné à méconnaître que l'épistémologie représente un ordre original de spéculation, trait d'union entre la philosophie critique et la philosophie positive. C'est l'inconvénient d'une semblable division que de porter à nier l'originalité des synthèses que chaque philosophe digne de ce nom tend plus ou moins à réaliser. D'où vient la surprise que le lecteur éprouve à voir Rauh compté parmi les sociologues avec Belot (par ailleurs rattaché à la psychologie pathologique!), à voir encore M. Delacroix[1] signalé comme bergsonien et M. Lalande[2] recensé parmi les continuateurs de Maine de Biran. Le cas de M. Lalande est particulièrement instructif pour faire saisir ce qu'a d'artificiel le schéma de M. Benrubi, car si l'on peut parler d'un courant à propos de l'auteur des *Illusions évolutionnistes*, c'est précisément du courant qu'il a remonté, le courant spencérien, dont la source est depuis longtemps tarie.

Ce n'est pas à dire que l'ouvrage de M. Benrubi soit sans valeur. Il fournira au contraire aux étudiants, aux lecteurs non philosophes, même aux spécialistes pressés, des cadres, des dates, des aperçus généralement fidèles et point du tout caricaturaux, comme il peut arriver quand on résume à l'excès. Toutefois ce genre de travail appelle, à mon avis, de sérieuses réserves. Voici un livre qui suppose un très gros travail de recherches et de lectures. Mais pour quel mince profit intellectuel? On peut se demander si cette forme de travail historique dont tant de nos contemporains sont coutumiers ne cache pas au fond une certaine paresse intellectuelle. Au lieu de rechercher en quoi la pensée contemporaine est philosophique et en quoi elle ne l'est pas, ce qui suppose qu'on attende d'une critique philosophique possible qu'elle conduise à l'histoire, on attend au contraire de l'histoire acceptée comme telle qu'elle conduise à la philosophie. Voilà pourquoi le livre de M. Benrubi est par son intention comme par son succès une manifestation d'académisme philo-

1. Henri Delacroix (1873-1937), philosophe et psychologue français.

2. André Lalande (1867-1963), philosophe français, professeur à la Sorbonne, auteur notamment de *Les illusions évolutionnistes* (1930). Il dirigea la rédaction du *Vocabulaire technique et critique de la philosophie* (1926).

sophique. En acceptant d'un certain conformisme contemporain le projet et la matière de son ouvrage, l'auteur a pu ignorer Valéry qui évidemment ne porte pas l'estampille philosophique, qui est en dehors des courants et dont les sources sont objet de mystère comme celles du Nil l'étaient pour les Égyptiens. Littérateur, dira-t-on? Et Barrès donc, dont il est parlé? En revanche, quatre pages sont consacrées à Jean Izoulet dont nous ne pouvons douter, n'est-ce pas, qu'il fût philosophe puisqu'il enseignait, dit-on, au Collège de France[1].

BERTRAND RUSSELL. *ESSAIS SCEPTIQUES* (COLL. EUROPE, RIEDER, ÉD.)[2]

Europe, n° 139, 15 juillet 1934

« C'est à l'intelligence, de plus en plus répandue, que nous devons nous adresser pour trouver la solution des maux dont notre monde souffre » (p. 69). « Il serait possible d'éduquer les gens de manière à augmenter leurs capacités de peser les preuves et de former des jugements rationnels, au lieu de leur apprendre le patriotisme et la partialité de classe » (p. 328). Cette profession de foi optimiste dans l'avenir possible de l'intelligence rend un son de rationalisme où l'on peut retrouver l'écho affaibli de la parole voltairienne et de la philosophie des lumières. Le scepticisme de Russell n'est donc pas la négation radicale de toute présupposition. La science est-elle superstitieuse? se demande-t-il (chap. III). Mais il fallait aussi se demander s'il n'y avait pas une superstition de la science? Voilà pourquoi, malgré l'appréhension – au fond le désir – qu'il exprime d'être jugé paradoxal et subversif, ce scepticisme reste du meilleur aloi. Que l'auteur ait pu, de bonne foi très certainement, avoir le sentiment de faire œuvre hérétique en écrivant ce livre c'est un signe des temps.

1. Canguilhem n'apprécie guère Jean Izoulet, trop proche de l'Action française. Cf. *Libres propos*, 20 mai 1927, *supra*, p. 168, n. 2.

2. Bertrand Russell (1872-1970), logicien et philosophe anglais, militant socialisant et athée, auteur en 1910, avec Whitehead, des *Principia mathematica*, dont l'influence est grande sur Wittgenstein et le Cercle de Vienne. Canguilhem apprécie le militant pacifiste, condamné à ce titre à six mois de prison durant la première guerre mondiale. Les *Libres propos* avaient publié en 1921 (1re série, 11 juin 1921) un article de Russell, accompagné de commentaires, « La paix par le courage de tous », qui a été repris dans la brochure, *La paix sans aucune réserve*, sous le titre « Résistance armée pour l'Honneur? ». Russell y fait appel à la « résistance passive » de tout un peuple qui désarmerait littéralement toute velléité d'invasion étrangère. On peut voir dans les réserves de Canguilhem à l'égard du rationalisme optimiste de Russell l'annonce de sa critique de « l'assurance, donnée par la philosophie analytique de la science, que la science est maintenant parvenue à sa maturité « (*Idéologie et rationalité dans l'histoire des sciences de la vie* (1977), Paris, Vrin, 2009, p. 26). Il est en tout cas certain que la politique, et plus largement le domaine des fins, ne saurait, selon Canguilhem, être une « science », confiée à des « experts ».

Sans doute, on doit reconnaître que les ironiques et souvent vigoureuses dénonciations de l'hypocrisie puritaine, du conformisme étatique, de la vanité nationaliste, de la pruderie en matière de sexualité frappent juste. Mais opposer à la volonté pragmatique de croire la volonté de douter, au fanatisme des coutumes, le tableau des relativités humaines selon l'espace et selon le temps, ce n'est pas neuf. Ni Montaigne, ni Pascal, ni Voltaire, ni Renouvier ne s'en sont dispensés. Que ce soit bon à redire, il faut en convenir. Cela signifie que les hommes, même les plus dignes de durer, peuvent mourir sans que cessent pour autant les fonctions de la conscience qu'ils incarnèrent. Ainsi l'insuffisance de toute position finie dont le sentiment fait le scepticisme implique que le scepticisme ne passera point, puisqu'il n'y a d'insuffisance jugée que par relation à quelque présomption de suffisance donc de permanence.

On pourrait donc reprocher aux *Essais* de Bertrand Russell de n'être qu'à demi sceptiques. Le scepticisme entendu comme résolution inébranlable d'examen comporte dans son propos plus de fermeté qu'il ne semble à ceux qui le condamnent comme une lâcheté. C'est une épreuve héroïque que la pensée fait de son pouvoir de négation. Mais n'est-ce pas renoncer trop tôt au sentiment du problème toujours ouvert que d'user de la négation à sens unique? Enseigner le scepticisme à l'égard de tout ce qui est opinion, croyance, sentiment c'est voir en eux, pour les nier, autant d'illusions par référence à la raison et préférence de la raison. On fait alors l'apologie des mesures et des preuves et il est logique que l'on renvoie aux experts tous les problèmes de politique (p. 202). Or c'est bien une question de savoir si la juridiction de la mesure s'étend des choses aux personnes et s'il n'y a pas un domaine original qui serait celui des *fins*, où la volonté de mesure scientifique est précisément à son tour l'illusion fondamentale, et qui se subordonnerait comme *moyen* le domaine propre à la preuve objective. Illusion que Russell ne serait pas loin de partager quand il pense que la psychologie peut devenir *science* de l'action de l'homme sur lui-même (p. 289). En fait, il ne paraît pas que nous ayons à nous louer de l'importance toujours plus grande prise par les experts dans la vie politique et économique d'après-guerre. Tout expert, en tant que spécialiste, sera toujours peu ou prou orfèvre à la manière Josse[1]; par exemple un expert financier traitera la monnaie comme réalité et oubliera de voir derrière elle les besoins et la peine des hommes.

1. Emil Josse, professeur de thermodynamique à l'École technique supérieure de Berlin, est un expert particulièrement peu crédible en matière d'incendie lors du procès de l'incendie du Reichstag à la fin de 1933.

De sorte que ce n'est pas tant du scepticisme à base de rationalisme scientifique, comme l'est celui de Russell, que nous aurions besoin aujourd'hui, mais bien plutôt de l'inverse. Je n'entends nullement regretter par là les sottises à la Brunetière[1] – qui précisément revalorisait dans ses théories d'histoire littéraire les postulats qu'il dévalorisait dans sa propagande d'apologie religieuse – ni d'une façon générale tout scepticisme intéressé à faire le lit de quelque dogmatisme dissimulé. Bien des scepticismes, comme tous les chemins, mènent à Rome et je comprends que l'idée du scepticisme soit si mal jugée par bien des hommes, soupçonnant qu'on en tirera des raisons de les maintenir en tutelle et n'aimant de Pilate ni le geste de se laver les mains, ni le mot « Qu'est-ce que la vérité ? ». Je crois toutefois que la place est libre pour une critique systématique du dogmatisme moderne bâti par l'intempérance mathématicienne, critique qui devra prendre d'abord la figure d'un scepticisme de mauvais aloi.

En ce sens du reste, Russell a tenté une escarmouche dans le chapitre VI sur la machine et les sentiments : « Les machines nous privent de deux choses qui sont certainement des éléments importants du bonheur humain, notamment de la spontanéité et de la variété. Les machines ont leur rythme et leurs exigences à elles : un homme qui possède une usine coûteuse doit la faire fonctionner. Du point de vue du sentiment, le grand inconvénient de la machine est sa *régularité*. Et il va de soi, que du point de vue du machinisme, la grande objection contre les sentiments est leur *irrégularité* » (p. 115). Et je sais bien aussi que le scepticisme de Russell prévoit qu'il doit être sceptique à son propre égard. Mais on aurait aimé que de ce scepticisme à la seconde puissance sortît mieux qu'une velléité.

LA CRISE AGRICOLE ET LE FASCISME. – UN QUESTIONNAIRE[2]

Vigilance, n° 13, 20 décembre 1934

Le Comité de Vigilance des Intellectuels Antifascistes vous serait reconnaissant de bien vouloir répondre à tout ou partie de ce questionnaire.

1. Ferdinand Brunetière (1849-1906), historien de la littérature et critique littéraire français, très hostile au « scientisme ».

2. Ce questionnaire est reproduit dans la brochure « Le fascisme et les paysans ». Cf. *infra*, p. 575-577. Il est repris dans *Le populaire*, n° 13, 29 décembre 1934. Canguilhem en est l'auteur comme l'indique un entrefilet dans *Vigilance* du 5 mai 1935, à propos de la brochure sur « Le fascisme et les paysans » : « Cette brochure a été faite par notre camarade Canguilhem spécialiste

(Une réponse, même sur quelques points, peut nous être précieuse.) Étant donné l'importance du problème nous avons dû nous borner pour l'instant à un questionnaire qui néglige des questions aussi graves que celles de la culture de la vigne. Nous aborderons plus tard cette question.

Si des observations personnelles, ne rentrant pas dans le cadre de ce questionnaire, vous semblaient dignes d'être mentionnées, soyez assuré qu'elles seraient les très bienvenues. Aucune publicité ne sera donnée bien entendu, aux noms de nos correspondants bénévoles.
L'essentiel de la documentation sera réuni en une brochure sur LA CRISE AGRICOLE ET LE FASCISME, à laquelle nous tâcherons de donner la plus large diffusion possible.

Il nous serait utile de recevoir les réponses a notre questionnaire pour le 30 DÉCEMBRE, au plus tard.

ALAIN *LES DIEUX*
(1 vol. – N.R.F. – 1934)

Europe, n° 147, 15 mars 1935

Alain écrivait en 1920 dans le *Système des Beaux-Arts* : « Le corps humain est le tombeau des Dieux » (I, 4), formule énigmatique à laquelle donnait son sens une théorie de l'imagination, d'inspiration cartésienne et spinoziste, selon laquelle les désordres de la vie affective, si étroitement liés aux vicissitudes organiques, sont l'occasion de ces fictions objectivement erronées mais subjectivement irréprochables que la science nie comme son contraire mais dont l'art tire son prétexte et son impulsion. On voit du reste assez vite que le corps

des questions paysannes, en collaboration d'ailleurs avec les nombreux membres qui avaient répondu à l'enquête lancée par lui ». Ceux qui ont répondu à ce questionnaire sont remerciés dans *Vigilance*, n° 15, 20 janvier 1935 : « Questionnaire sur la crise agricole et le fascisme. Le Comité a reçu de nombreuses réponses au questionnaire publié ici même le 20 décembre et dans *Le populaire* du 29 décembre. Tous nos informateurs ont mis à nous documenter un soin et une intelligence dignes de nos plus chaleureux remerciements. Ce questionnaire pouvait effrayer par l'ampleur et le détail, et un correspondant aussi ironique et sympathique que, par ailleurs, paresseux, n'a pas manqué de nous le signaler. Mais ces défauts – que les résultats font paraître heureux – étaient dictés par l'objet même de ce questionnaire. Rien n'est moins uniforme, moins stéréotypé que le monde rural de notre pays. Les réponses à ce questionnaire révèlent dans tout le pays la présence d'observateurs perspicaces et « vigilants ». Le Comité leur fait part de toute sa gratitude en attendant de leur communiquer les résultats de l'enquête et les commentaires qu'ils semblent autoriser ». Ces remerciements ne sont pas signés mais doivent bien sûr être attribués à Canguilhem.

humain, étant un fait bien fondé par l'existence d'une physiologie, doit être source permanente de troubles du jugement, à ce moment de conscience où la réflexion critique n'a pas encore dégagé et épuré les notions inversement valables du corps et de l'esprit. Et du même corps, où le philosophe cartésien sait que les dieux périssent, la conscience naïve ignore qu'ils naissent et renaissent toujours.

L'introduction du dernier ouvrage d'Alain reprend de façon à la fois ample et stricte cette théorie de l'imagination, fondamentale dans la recherche esthétique et morale de ce philosophe. Comme, selon le fameux *Système*, l'art est effort pour faire paraître en forme durable ce qui est bien loin de se laisser apercevoir dans l'inspiration, quoi qu'en veuille dire l'artiste inspiré, mieux apte à faire qu'à réfléchir les conditions dans lesquelles il fait[1] – de même la religion, selon ce nouveau système, est effort pour faire exister des dieux, capables de ces responsabilités à notre égard que l'enthousiasme ou la crainte, naturellement liés à notre activité, leur attribuent gratuitement. Créer des créateurs, c'est la fonction religieuse, par l'alliance de la chaleur propre aux émotions et de la puissance propre au langage. Prier les Dieux, parler des Dieux c'est les faire, c'est tisser le miracle, et sans la moindre supercherie. La parole est elle-même le miracle, puisque dans la société des hommes, dont le spectacle est l'objet premier de leur méditation, le langage permet par l'injonction d'obtenir sans faire et rend les vœux du maître efficaces sans causes et sans efforts. Ce que la Bible, le Livre, prête à Dieu, créer en nommant, parler les choses, c'est réellement le rêve de l'homme et le moyen dont il use pour légitimer son rêve en l'affirmant vérité surhumaine.

*

L'intention d'Alain n'a pas été d'écrire sur la vie et la mort des religions mais de retrouver sous leur variété et leur devenir la signification indélébile de la fiction. « Si l'on nomme Dynamique la science du changement, et Statique la science de l'immobile, je me propose d'essayer une statique des religions, et non pas du tout une histoire » (p. 146). C'est pourquoi « la suite des dieux et la guerre des dieux » sont considérées moins comme les étapes de la foi que comme les « étages de l'homme ». Toutes les religions sont ensemble, lisons-nous plusieurs fois dans *Les Dieux*. Il faut qu'elles le soient par leur source : fable, mythe, ou Verbe qui sont la parole. Il faut qu'elles le soient par une

1. Canguilhem reviendra sur cette question dans « La création artistique selon Alain », *Revue de Métaphysique et de Morale*, vol. 57, n° 2, avril – juin 1952, p. 171-186.

dogmatique fondamentale qui fait une origine de ce qui est un exercice et qui raconte au passé une puissance toute d'avenir. Le paradis c'est le lieu de la facilité et il est toujours perdu, l'obstacle c'est l'interdiction, le péché c'est la désobéissance. Toute religion contient peu ou prou ces symboles qui font partie de l'homme comme sa structure et son langage. Les contes qui font aux enfants le récit de la magie sont eux la seule magie. Nous ne cessons pas d'y être pris, restant toujours grandement puérils et ne cessant de nommer Dieu le père. Toutes les religions sont ensemble enfin parce que la nature, la société et l'esprit ne cessent de nous rappeler leurs exigences et de nous faire adorer pêle-mêle la force, la loi, et la charité. Religion agreste, religion politique, religion de l'infini s'offrent encore à nous. Le christianisme est né entre le bœuf et l'âne, et le catholicisme est romain. *Les Dieux* abondent en rapprochements pleins de sens à ce sujet. « L'on trouve encore l'agneau, le bœuf et l'aigle, mêlés aux branches et aux fleurs, dans les ornements de nos cathédrales comme dans les métaphores de Bossuet » (p. 169). « La faveur est partout dans les avenues de la cour et toujours inexplicable. Cette idée a été importée dans la théologie la plus sublime et fait le désespoir janséniste; car c'est visiblement empiéter sur le pouvoir absolu que de compter sur lui et même de compter sur soi » (p. 291).

Je ne pense pas que l'on voudra discuter cette sorte de loi des trois états qu'Alain développe d'une façon plus dialectique qu'historique et plus près d'Hegel que de Comte. L'homme ne peut adorer que ce qui le fait vivre et il vit de la nature, de la société et de l'esprit. Il y aurait donc trois sources de la religion et non pas seulement deux. Il est vrai que selon Bergson l'une des deux sources est l'élan de la vie et qu'il est bien difficile de savoir s'il traite la vie comme nature ou comme esprit. Le goût des divisions nettes n'a au contraire, jamais quitté Alain. Sans entrer dans le détail – un compte rendu ne pouvant qu'inviter le lecteur à se rendre compte – signalons la nouveauté et la profondeur du livre deuxième où les replis du mystère paysan, païen et panthéiste sont étalés comme, il me semble bien, nulle part jusqu'à présent. Que les hommes aient adoré bêtes, plantes, fleuves et astres quoi de plus surprenant et quoi de plus naturel. On connaît le passage célèbre de Michelet dans l'*Introduction à l'histoire universelle* : « L'Égypte est le don du Nil ; c'est le fleuve qui a apporté de l'Éthiopie non seulement les hommes et la civilisation mais la terre elle-même. Le grand Albuquerque conçut au XVIe siècle le projet d'anéantir l'Égypte. Il suffisait pour cela de détourner le Nil dans la mer Rouge; le sable du désert eût bientôt enseveli la contrée. » Où est l'erreur dans la divinisation du fleuve ? Où est l'erreur, de même, dans les cérémonies, si fréquentes encore de nos jours, des épousailles avec la mer ? Uniquement sans doute en ceci qu'un évêque les célèbre. Il n'y a point de faux dieux quand ils sont les seuls, mais il y a de faux dieux dès qu'ils logent à divers étages. On peut alors se tromper de palier et Monseigneur tout comme un autre.

Alain montre ensuite comment Pan s'efface devant Jupiter, dieu du pouvoir civil, dieu des maîtres d'hommes, ni meilleur ni pire qu'eux-mêmes. Dans la cité les forces plient devant les formes, les choses devant les signes. Le pouvoir, tout en gardant en réserve la force, vit de simulacres. Aussi faut-il que le tyran cherche l'amour, force la foi. César est Dieu. Mais que pense l'esclave qui seul pense parce que seul sans pouvoir ? La revanche de l'esclave apparaît dans la légende de saint Christophe cherchant à servir le seul maître qui vaille, le seul qui ne craigne point, et qui le trouve en trouvant un enfant. Alain a placé sous le nom de Christophe le livre qu'il consacre au christianisme, religion de l'esprit, comme en témoignent les deux symboles de l'enfant nu et du crucifié, purs de toute compromission avec la force. « Le premier et suprême paradoxe, c'est que l'esprit n'est point » (p. 316), « quand on dit qu'il n'est point, on entend qu'il est plus qu'être » (p. 320). Il est en effet courage, mérite, valeur. Cette religion n'est nullement celle du fait. « Si l'esprit est libre, et si Dieu est esprit, il s'offre une grâce et un secours qui n'est pas autre chose que la liberté même » (p. 366).

*

Ce livre qui s'est déjà imposé déplaira, malgré tout, aux fidèles et aux athées. Les spiritualistes le jugeront trop alourdi de terre, les matérialistes, trop inspiré. Et pourtant Alain parle de l'esprit en termes plus spirituels que ceux qui veulent que l'âme se sauve et survive ou que la vérité ait été révélée. « L'erreur moderne, qui occupe peut-être quatre mille volumes, est de rechercher si la religion a été révélée, où et quand, et par quels témoins nous le savons… Jésus a nommé le pharisien ; je m'y reconnais ; je m'y juge ; cette manière de dire est attachée en moi, piquée en moi comme une flèche » (p. 340-341). C'est à peu près dans le même sens que Valéry fait dire par Mme Émilie Teste : « Je me suis confessée plus d'une fois d'avoir pensé que je préférerais croire en Dieu que de le voir dans toute sa gloire et j'ai été blâmée. Mon confesseur m'a dit que c'était une bêtise plutôt qu'un péché. » Que la religion du pur esprit rétrograde jusqu'au fétichisme par le culte des médailles et finisse par monnayer Dieu en saints n'est pas moins surprenant que de voir le matérialisme accéder au culte de la justice car le fond de la révolution est toujours héroïsme et négation des forces. Le matérialisme militant c'est le titre d'un livre et c'est une belle contradiction[1], – je ne dis point belle pour dire blâmable mais pour dire admirable –, car si l'on réduit la réalité à un terme, d'où tirer le malaise et l'antagonisme qui justifient de militer ? Ce n'est là du reste que la perfection de l'oubli inhérent à la science. Si l'on est attentif aux résultats du travail intellectuel on est distrait de l'âme de ce travail ; et la nature, soit comme système de lois, soit comme somme d'énigmes, apparaît indépendante de l'esprit, ce que pourtant l'une comme l'autre de ces définitions exclut bien certainement.

Ce n'est pas la seule raison de la résistance que *Les Dieux* pourront rencontrer du côté où l'on pense qu'ils devraient le plus peser. On sait assez, pour l'avoir souvent entendu dire et parfois non sans aigreur, que la méthode d'Alain n'est nullement scolaire. Quelques allusions rapides, de rares citations expresses, quelques paraphrases inaperçues du lecteur pressé sont les seuls signes que cette philosophie laisse découvrir de ses assises. On peut tenir pour assuré, cependant, d'après tel exemple, tel nom ou telle formule qu'Alain est aussi informé des études d'ethnographie et de sociologie que pourrait l'être un auteur moins avare que lui de notes et de renvois. Mais d'avoir confronté les récits aux résultats d'une psychologie réflexive préalable permet à Alain de déduire et de construire là où tant d'autres se contentent de montrer. Parce qu'ils s'appuient sur une métaphysique consciente et voulue *Les Dieux* peuvent prétendre à la dignité d'une « systématique des fictions ». « Si l'erreur n'était pas naturelle il faudrait désespérer de l'esprit humain » (p. 122). Faute d'avoir tiré de la philosophie quelque lumière sur le problème de l'erreur, certains en vinrent en effet, devant le spectacle des superstitions primitives, à désespérer de l'esprit humain. Ils s'en sont excusés depuis. Alain n'a donc pas trop perdu à se garder toute sa vie d'un certain amour des faits. Interpréter hardiment l'expérience humaine à partir d'une analyse critique des conditions de la conscience c'est la marque d'Alain et c'est sa façon à lui d'être religieux par la foi en l'exercice de l'esprit. Inversement tout savant se méfie un peu de l'esprit et il est vraisemblable qu'un trop grand amour des faits vient d'une certaine timidité devant la pensée. Ce n'est pas seulement par ses résultats mais aussi par sa méthode que la science est en conflit avec la religion. C'est sans doute ce qui explique que la science des religions nous ait jusqu'à présent si mal livré l'essence de l'esprit religieux.

1. *Le matérialisme militant* est le titre d'un livre de Georges Plekhanov, paru en français en 1930 dans la Collection orange, aux éditions Les revues.

LE FASCISME ET LES PAYSANS
BROCHURE PUBLIÉE SANS NOM D'AUTEUR PAR LE COMITÉ DE VIGILANCE DES INTELLECTUELS ANTIFASCISTES, CAHORS, 1935 [1]

CHRONIQUE MARXISTE. – ACTUALITÉ DU MARXISME

Feuilles libres de la Quinzaine, n° 2, 25 octobre 1935 [2]

La pensée de Karl Marx, considéré comme philosophe et non plus seulement comme économiste ou théoricien politique, est actuellement en France l'objet d'un intérêt légitime et méthodique. Peut-être cet intérêt n'est-il pas purement philosophique et procède-t-il aussi de certaines sympathies de nature politique. Toujours est-il que l'intention d'étudier Marx pour la valeur propre de sa conception de l'homme et des choses aboutit à des résultats non

1. Le texte est reproduit *infra*, p. 535-593.

2. A partir d'octobre 1935 les *Libres propos. Journal d'Alain* fusionnent avec *La Flèche. Hebdomadaire lyonnais de combat et de doctrine contre le fascisme* de Léon Émery pour former les *Feuilles Libres de la Quinzaine*, qui paraîtront jusqu'en 1939. Dans l'avant dernier numéro des *Libres propos*, du 30 septembre 1935, est insérée une double feuille verte, signée de Jeanne et Michel Alexandre : « Des *Libres Propos* aux *Feuilles libres*. Aux lecteurs » : « Avec ce numéro du 30 septembre 1935 – 213e cahier paru depuis 1921 – cesse la publication mensuelle des *Libres propos*. (...) Ainsi paraîtront deux fois par mois *à partir du 10 octobre prochain*, les *Feuilles libres de la Quinzaine*. Nos lecteurs y retrouveront, autour de deux *Propos* d'Alain (dont l'un au moins inédit), les rubriques qui leur sont familières : *Anniversaires*, *Chronologie*, *Lectures*, *Sottisier* (doublé d'un *Tir à l'Arc*) ». Le premier numéro des *Feuilles libres de la Quinzaine* paraît le 10 octobre1935 avec un « avis aux lecteurs » qui débute ainsi : « Au moment où le fascisme et la guerre sont visiblement des possibilités de demain, nous offrons aux intellectuels qui veulent encore croire à l'humain, aux ouvriers qui ne désespèrent pas de leur destin, à tous les citoyens qui voient la justice et la paix comme une libération, cette revue sûre au moins d'être toujours indépendante, sincère, fidèle à la raison ». Selon Jeanne Alexandre, « il s'agissait d'une alliance ; cette fois avec une nouvelle revue, *les Feuilles Libres de la Quinzaine*, fondée par Léon Émery, et aussi, nominalement du moins, par M. Alexandre. En fait située à la pointe du combat pacifiste, l'entreprise a été portée et dirigée par la volonté et le désintéressement d'Emery et son inlassable travail. Imprimée à Lyon la revue avait des assises provinciales, et une vaste audience chez les instituteurs » (J. Alexandre, *Esquisse d'une histoire des Libres propos (Journal d'Alain)*, p. 128). Dans cette revue publieront notamment d'autres proches d'Alain, comme Claude Jamet, Jacques Ganuchaud ou Jeanne Alexandre. Léon Émery (1898-1981), instituteur puis professeur à l'École normale de Lyon, syndicaliste au Syndicat national des instituteurs, militant pacifiste de la Ligue des droits de l'homme et du Comité de vigilance des intellectuels antifascistes, il adhérera au Front Commun de Gaston Bergery. En février 1937, dans les *Feuilles libres*, il va jusqu'à reconnaître « non de façon spéculative mais pratiquement que l'Allemagne est très loin, en effet,d'avoir sa place au soleil, que l'expansion est pour elle une nécessité ». Munichois, il adhère pendant l'Occupation au R.N.P. de Marcel Déat et écrit dans la presse collaborationiste. A la Libération il sera condamné à cinq ans de prison et à l'indignité nationale, malgré le témoignage en sa faveur de Michel Alexandre.

négligeables, comme le livre récent *A la lumière du Marxisme* ou la brochure *la Philosophie marxiste et l'Enseignement officiel*, auxquels un commentaire sera prochainement consacré ici-même[1]. Que le souci de vérité l'emporte sur les besoins de la propagande, c'est neuf et agréable à constater. Il est bien net en effet que les jeunes philosophes (Friedmann, Maublanc) ou savants (Prenant, Wallon), de tendance marxiste, cherchent dans les écrits de Marx une méthode plus qu'un corps de doctrine, ce qui explique pourquoi l'accent est mis dans leurs exposés sur la notion de « matérialisme dialectique ».

La *Chronique marxiste* qui paraîtra de temps en temps dans ces cahiers ne procédera d'aucun parti-pris méthodologique ou politique, ne sera ni marxiste ni antimarxiste. A vrai dire, on souhaite qu'elle soit alimentée par les réflexions de tous les lecteurs informés. Il serait bon que « l'indépendant » y collabore autant que le « partisan », que le « trotskyste » y affronte le « stalinien ». Il s'agit avant tout d'éviter en matière de jugement politique le dogmatisme prétentieux.

Il est bien plus important d'*utiliser* un auteur que de le *prolonger*. Et il n'y a là aucune concession à un opportunisme de propagande. L'utiliser c'est, à notre sens, comprendre son esprit pour reprendre non pas sa tâche – dont il est impossible de savoir en quelle voie et jusqu'où il l'aurait menée s'il avait duré – mais la nôtre. Prolonger un auteur c'est faire durer jusqu'à soi, jusqu'aux événements du jour, une forme qui ne s'est achevée que par l'accident de la mort, qui n'est qu'un moment d'une formation, moment auquel le fait d'être le dernier ne doit pas conférer la valeur de sacré. Prolonger un auteur c'est à la fois être paresseux et déloyal, en jetant le discrédit sur tous ceux qu'on traîne au tribunal de ses œuvres pour leur faire entendre le mot ou le membre de phrase qui les exclut de la communauté des « bien-pensants ». Il y a eu le temps des bien-pensants et des mal-pensants marxistes. Nous souhaitons que le dogmatisme marxiste aille rejoindre dans l'oubli le dogmatisme thomiste.

C'est pourquoi cette *Chronique marxiste* devrait être moins le compte-rendu souvent sans grand intérêt de travaux de critique ou d'histoire qu'un *exercice* de la méthode marxiste, telle qu'on penserait la devoir comprendre, à propos de problèmes ou d'événements précis à résoudre ou à interpréter. Ces

1. *A la lumière du marxisme. Essais. Sciences physico-mathématiques – Sciences naturelles – Sciences humaines* est un recueil de conférences faites au Cercle de la Russie neuve, publié par les Éditions sociales internationales en 1935, avec des textes Marcel Cohen, Georges Friedmann, René Maublanc, Charles Parain, Marcel Prenant ou Henri Wallon. Un autre volume paraîtra en 1936, consacré à « Karl Marx et la pensée moderne, 1re partie : Auguste Comte, les utopistes français, Proudhon ». Pour la brochure de René Maublanc sur *La Philosophie du marxisme et l'Enseignement officiel*, cf. *infra*, p. 482-484.

exercices seraient corrigés par d'autres exercices, et sans qu'il soit besoin de professeur – car il n'existe pas encore de livre du maître en ces matières, encore que beaucoup aient prétendu l'avoir écrit! –, *Feuilles Libres* tâcherait d'apporter sa contribution à l'éclaircissement philosophique et politique du temps présent.

G. CANGUILHEM

LA PHILOSOPHIE DU MARXISME ET L'ENSEIGNEMENT OFFICIEL, PAR RENÉ MAUBLANC[1]

Les feuilles libres de la Quinzaine, n° 5, 10 décembre 1935

René Maublanc a écrit là une brochure succincte et dense pour rétablir, par delà trop de caricatures (dues tout autant au zèle de certains disciples qu'à la passion de critiques peu loyaux), l'originalité et l'ampleur de la pensée marxiste. Le marxisme n'est pas un recueil de formules pour agitateurs politiques; ce n'est pas davantage une philosophie fataliste de l'histoire (matérialisme historique); ce n'est pas un dogme ou une prophétie. Le marxisme est une philosophie totale, une conception du monde, dont l'importance réside plus encore dans ses promesses que dans ses réalisations.

Une philosophie, c'est d'abord une méthode de pensée. Marx emprunte à Hegel la méthode dialectique, selon laquelle la vérité se constitue peu à peu par la conciliation (ou synthèse) en un point de vue supérieur de deux affirmations contradictoires (exemple: penser qu'une chose *x devient* ce qu'elle est, c'est concilier la contradiction entre ces deux jugements: *x* est ceci; *x* n'est pas ceci). Ainsi se trouve détrônée, selon Maublanc, la logique dite d'Aristote dans laquelle la contradiction est signe d'erreur. Une philosophie, c'est ensuite une incarnation, une application de cette méthode. Marx unit la méthode

1. Cette brochure est publiée par le Bureau d'éditions du Parti communiste. René Maublanc (1891-1960), normalien, est professeur de philosophie en première supérieure au lycée Henri IV. Dans une brochure publiée en 1936 par le Comité mondial contre la guerre et le fascisme, *Le pacifisme et les intellectuels*, il dénoncera les «pacifistes intégraux» comme les «idéalistes, amis ou élèves d'Alain», Challaye, Alexandre, Émery qui ne font pas de différence entre le nazisme et un simple «nationalisme» et qui pensent qu'il convient de «combattre Hitler en cédant à Hitler»: «Antifascistes en politique intérieure, ils en arrivent à paraître profascistes en politique extérieure» (R. Maublanc, *Le pacifisme et les intellectuels*, Paris, Publications du Comité mondial contre la guerre et le fascisme, 1936, p. 6). On peut penser que Canguilhem entendra certains des arguments de Maublanc.

dialectique au postulat matérialiste. A l'inverse de Hegel, pour qui le progrès dialectique est le développement d'un Esprit que la réflexion retrouve à la racine de toute réalité, Marx pose que la dialectique est la loi même des choses, de la réalité indépendante de l'esprit et reflétée par l'esprit, de la matière.

Mais le matérialisme de Marx, en devenant dialectique, rompt avec le matérialisme traditionnel. La matière est au fond mouvement, et le mouvement de la matière est un « progrès ». Ainsi la pensée n'est pas le produit, l'effet de la matière (matérialisme pré-marxiste), elle est le produit « supérieur » de la matière, elle est capable de réagir sur elle. La pensée naît de la matière, mais la connaît et la modifie. Le rapport n'est pas à sens unique : il est réciproque ; il y a de la pensée à la matière un rapport double de descendance historique et d'ascendant théorique et technique.

On voit dès lors comment le marxisme est une philosophie historique, collective et révolutionnaire. Si le mouvement dialectique est l'essence des choses, aucune réalité ne peut se comprendre séparément de l'histoire qui l'a produite ; cette histoire elle-même doit être dépassée, et aucune forme soit de logique, soit de société n'est définitive ; enfin, aucun individu ne peut prétendre proposer un système achevé capable d'expliquer le réel et de diriger l'action réalisatrice, c'est-à-dire révolutionnaire.

En dernier lieu, Maublanc confronte ce qu'il appelle le marxisme véritable (c'est le seul moment où l'amour-propre pointe derrière l'amour de la vérité, mais l'effort d'objectivité fait jusqu'alors dispose à l'indulgence) avec l'image qu'en donnent les manuels de philosophie. On devine quel est le résultat de la confrontation, et on devine quelles conclusions en tire Maublanc ; une phrase au début du livre l'annonce : « Jamais penseur n'inquiéta et ne menaça de plus puissants intérêts ». Maublanc n'a pas dit après Proudhon que « la pensée d'un homme en place c'est son traitement », mais il l'a certainement pensé.

Il faut dire que le travail de R. Maublanc, parce qu'il veut être immédiatement utile – et il l'est – simplifie les problèmes qu'il se propose de résoudre, et, les simplifiant, n'est pas loin quelquefois de les altérer. Sur le sujet idéalisme-matérialisme, il tient une position proprement intenable.

L'idéalisme ne consiste pas à dire que « la théorie de Harvey crée la circulation du sang », que les jugements des individus sont la mesure de l'être. L'idéalisme (Descartes, Spinoza, Kant), c'est la réflexion sur les conditions du jugement de réalité ; mais sur le plan de la réalité, scientifiquement établie, l'individu Descartes, l'individu Spinoza et l'individu Kant n'ont pas de sens. On ne peut pas dire qu'un idéaliste est quelqu'un qui croit sottement être, *lui*, la mesure des choses.

Quant au matérialisme, qu'il soit ou non dialectique, que ce soit par la matière inerte ou par le mouvement qu'il prétende expliquer toute la réalité, il n'en reste pas moins qu'il n'explique pas son point de départ, la matière ou le mouvement; il le prend, et c'est la science qui le lui donne (c'est pourquoi la science du XIXe siècle a donné à Marx un point de départ autre que celui des Encyclopédistes). Il faut donc expliquer pourquoi la science conduit à une philosophie de la nature, et pourquoi il semble naturel que la nature se prolonge dans la pensée de la nature. Autant dire qu'on ne peut éviter de se poser des problèmes sur la valeur du choix qu'on opère (pourquoi préférer une philosophie de la nature à une philosophie de l'esprit?), et sur la signification de la connaissance (quand bien même ce serait la matière qui se réfléchirait elle-même, qu'est-ce qu'une réflexion?). Peut-être ces problèmes ont-ils quelque importance, si peu urgents soient-ils? Et peut-être l'idéalisme est-il la conscience de ces problèmes?

Reste enfin le litige entre la logique de l'identité (Hegel) et la logique de la contradiction (Aristote). Les pages de Maublanc sur le sujet «Logique et dialectique» exposent bien la question. Toutefois il ne semble pas que la valeur du principe de contradiction soit désormais périmée. La nécessité de la cohérence dans le jugement, c'est là un problème qui se pose à tous et que Maublanc n'évite pas de poser sans cesse. Par exemple, Hegel est condamné par lui pour la contradiction entre le système et la méthode (p. 24); le système cartésien est dénoncé comme contradictoire et incohérent (p. 31), parce qu'en ont dérivé et l'idéalisme et le matérialisme mécaniste; les commentateurs officiels du marxisme en France sont raillés pour leur illogisme, c'est-à-dire leurs contradictions (p. 57); Marx est lavé d'un reproche d'illogisme (p. 63 et p. 66); R. Maublanc espère qu'un maître de la sociologie française, «sans défense contre la vérité», reconnaîtra que Marx ne s'est pas contredit (p. 71). Autant de preuves qu'un certain souci d'unité intellectuelle n'est tout de même pas un préjugé bourgeois, comme le droit de propriété (identité du possesseur)!

G. C.

P. M. SCHUHL, *ESSAI SUR LA FORMATION DE LA PENSÉE GRECQUE* (ALCAN ÉD. 1934)[1]

Revue philosophique, 159, 15 mars 1936

Il est assez connu qu'il y a une histoire de l'histoire. Chaque acquisition et chaque progrès méthodique d'une science quelconque sont tournés en moyens d'éclaircissement du passé. En particulier, la sociologie, à certains égards tributaire de l'histoire, permet à l'historien moderne de renouveler son opinion sur ce qui fut. Erwin Rhode, à la fin du siècle dernier, écrivait l'histoire des croyances et des cultes grecs relatifs à l'âme, en projetant sur l'antiquité la lumière des travaux anthropologiques de Tylor[2]. Dans son *Essai*, P. M. Schuhl s'appuie en maints endroits sur les travaux de M. Lévy-Bruhl. La connaissance des croyances mystiques et des techniques magiques propres aux peuples primitifs rend l'historien actuel de la pensée grecque plus sensible à tout ce que comporte d'irrationnel une civilisation dont ont faisait jusqu'ici, un peu conventionnellement, un miracle de sereine lucidité. Soit un exemple. Diogène Laërce, après Aristote, a recueilli, non sans étonnement, quelques préceptes de la pratique pythagoricienne : ne pas s'asseoir sur un boisseau de blé – rouler les couvertures et niveler l'endroit où l'on a dormi – effacer l'empreinte de la marmite sur les cendres. A son époque déjà, D. Laërce voyait dans ces préceptes des symboles dont le contenu latent lui semblait d'ordre éthique. Or, P. Schuhl cite (p. 256) une pratique rapportée par Lévy-Bruhl dans son *Âme primitive*[3] : « Quand ils s'assoient par terre, les Hébridais ont très

1. Pierre-Maxime Schuhl (1902-1984), après avoir enseigné aux Universités de Montpellier puis de Toulouse, sera professeur d'histoire de la philosophie ancienne à la Sorbonne. Après sa thèse de doctorat de 1934, l'*Essai sur la formation de la pensée grecque*, il se consacre à des recherches sur la philosophie antique, mais s'intéresse aussi à l'histoire du saint-simonisme ou à la question du machinisme, avec son livre sur *Machine et philosophie* (1938), dont Canguilhem fera un compte-rendu dans la *Revue philosophique* en 1938 (cf. *infra*, p. 510-511) et qu'il commente dans l'article « Machine et organisme » de *La connaissance de la vie*. Pierre-Maxime Schuhl intervient lors du débat qui suit la conférence de Canguilhem sur « Activité technique et création » (cf. *infra*, p. 499-509). C'est aussi à la demande de son « ami » Pierre-Maxime Schuhl que Canguilhem donnera en 1955, à l'Alliance Israélite Universelle, une conférence sur « Le problème des régulations dans l'organisme et dans la société » (*Cahiers de l'Alliance Israélite Universelle*, n° 92, sept.-oct. 1955, p. 64-81).

2. Erwin Rohde (1845-1898) philologue allemand, proche de Nietzsche, auteur du livre fameux *Psychè. Le culte de l'âme chez les Grecs et leur croyance à l'immortalité* (1890-1894), (trad. fr., Payot, 1928). Il s'inspire pour étudier la Grèce ancienne de la théorie de l'animisme développée par l'anthropologue anglais Edward Tylor (1832-1917) dans son livre *Primitive Culture* (1873-1874).

3. *L'âme primitive* a été publiée en 1927 aux éditions Alcan.

soin, en s'en allant, d'effacer avec le pied la photographie que leur postérieur a laissée dans la poussière, et ce par crainte des sortilèges. » L'intérêt d'une histoire ainsi comprise, même s'il n'est pas expressément cherché, est qu'elle porte en soi, par l'allusion à une unité fondamentale des problèmes humains, la correction du relativisme inhérent à tout point de vue historique.

A cet égard, rien n'est plus net que l'affirmation suivante. « La merveille qui fait de l'Hellade un terrain de choix pour étudier l'évolution de l'esprit humain est précisément la manière dont s'est développée la science chez un peuple adonné à des pratiques si grossières à tant d'égards. Le grand intérêt de l'étude des origines de la pensée grecque réside dans la rapidité et la richesse de cette évolution, opposée à la stagnation de tant d'autres peuples. On pourrait concevoir une humanité à l'esprit figé, dépourvu de souplesse, qui aurait végété ainsi ; avec la Grèce, nous atteignons un des points où a été brisé le cercle dont l'humanité est si souvent prisonnière » (p. 66). C'est pourquoi l'apport le plus original de la thèse de Schuhl consiste à souder directement l'histoire des cultes religieux, des mystères et des pratiques magiques à l'histoire des spéculations et des systèmes philosophiques anteplatoniciens (livre II ; livre III, 2e partie). Les deux fins de la démonstration sont qu'on ne peut comprendre la Grèce sans l'Orient, qu'on ne peut séparer des survivances et des renouvellements d'une pensée mystique pleine de vitalité la formation de la conscience rationnelle. Cette méthode parvient à des résultats d'inégale valeur. Sans doute elle ne modifie pas beaucoup ce qu'on pouvait savoir ou présumer de Pythagore et de sa secte, précisément parce que le caractère ambigu du pythagorisme a toujours apparu nettement ; par contre le court chapitre consacré à Parménide nous paraît remarquable. Parménide a compris qu'il fallait choisir et P. Schuhl montre avec beaucoup de netteté que Parménide a aperçu la valeur rationnelle et pourtant la difficulté de son choix. Le chapitre relatif aux techniques médicales et à Hippocrate est également très dense et plein d'intérêt ; ici aussi Schuhl note comment l'esprit grec a hésité à choisir entre la raison mathématicienne et l'inspiration animiste (p. 314-17). A ce propos on peut regretter qu'une si petite place ait été faite à l'étude des techniques positives, alors que la technique magique et mystique est si amplement examinée.

P. M. Schuhl a voulu faire une œuvre essentiellement historique. En cela réside la valeur incontestable d'un livre alliant à une parfaite clarté une érudition considérable. Mais cela aussi explique peut-être que la curiosité philosophique, le livre une fois fermé, reste encore éveillée. La pensée grecque avait à choisir entre les valeurs différentes du jugement rationnel et du jugement mystique. A-t-elle ou non choisi ? « Platon paraît avoir limité plus étroitement qu'Archytas, en un sens, le domaine de la raison; et de ce fait bien des possibilités furent étouffées pour longtemps. A ce prix il parvint à unir profondément la pensée rationnelle à la pensée mystique» (p. 379). Pourquoi Platon a-t-il refusé de suivre Archytas de Tarente sur le terrain des techniques positives? La réponse est peut-être dans une étude systématique des valeurs, peut-être dans une sociologie des techniques? Qu'elle ne soit pas dans l'histoire c'est peut-être ce que veut signifier P. Schuhl par la modestie volontaire et délicate des conclusions qu'il donne à un livre si intéressant et si plein.

G. CANGUILHEM

RAYMOND ARON - *LA SOCIOLOGIE ALLEMANDE CONTEMPORAINE* (ALCAN ÉD., 1935)

Europe, n° 159, 15 avril 1936

Le travail de R. Aron vaudrait d'être qualifié d'excellent s'il était réellement synoptique et moins sommaire. Mais tel qu'il se présente à nous, dans les dimensions qui lui furent imposées, ce livre a le mérite rare d'apporter, par son objet autant que par son esprit, du nouveau en matière de sociologie.

L'étudiant français en sociologie est ordinairement tenté de confondre sociologie et durkheimisme. J'imagine que la lecture du chapitre, long relativement aux autres mais court en soi, consacré par Aron à Max Weber, sera pour bien des lecteurs une révélation[1]. « Il n'est pas question, dit Aron, de révéler ni d'introduire Max Weber en France « (p. 97). Mais si, Aron, il devrait en être question, à l'usage des non-spécialistes s'entend! Sur les vingt-deux titres composant la bibliographie sommaire concernant Max Weber, un seul article de revue française est signalé. L'explication de cette méconnaissance est, semble-t-il, facile. Pour autant que la sociologie durkheimienne a pris en France une valeur quasi-officielle, elle ne pouvait pas ne pas détourner de la sociologie allemande. C'est seulement sous l'aspect du marxisme que cette sociologie nous est de mieux en mieux connue, et en marge de l'Université. La conclusion (p. 155-170) relative aux présuppositions fondamentales de la sociologie française et de la sociologie allemande est du plus grand intérêt, alors même qu'elle inclut plus de problèmes que de solutions. «L'œuvre de

1. Max Weber (1864-1920), sociologue, économiste et philosophe allemand. L'ouvrage de Raymond Aron dont Canguilhem fait le compte rendu est la première introduction d'ensemble en français à l'œuvre de Max Weber, après un article de Maurice Halbwachs dans les *Annales d'histoire et économique et sociale* en 1929.

Durkheim a pour centre l'antinomie de l'individu et du groupe; la dissolution menace la société présente et il est nécessaire de restaurer une discipline, une morale collectives… Au contraire l'œuvre de Weber, l'œuvre de la plupart des sociologues allemands vise en premier lieu la singularité historique de notre civilisation occidentale, à savoir la rationalisation. Il ne s'agit plus de rétablir une discipline mais une communauté : contre la bureaucratie et l'ordre abstrait, non pas contre l'anarchie. Concepts fondamentaux, perspectives historiques, méthodes d'analyse dépendent largement de cette donnée initiale. Que cette divergence soit accidentelle ou essentielle, on ne sera pas tenté d'en méconnaître l'importance » (p. 70).

Je pense aussi que les quelques pages (75-94) attribuées par Aron à la sociologie du savoir, c'est-à-dire à l'explication des idées par la réalité sociale, sont un modèle d'exposition et d'examen d'un des problèmes sociologiques les plus importants. Si on appelle « idéologie » tout système de jugements théoriques ou pratiques dont on cherche les conditions d'existence dans une infra-structure sociale au lieu d'en chercher les conditions de valeur dans une exigence normative interne, quel moyen a-t-on de discerner l'illusoire et le valable ? La théorie de l'idéologie, à quoi reconnaît-on que ce n'est pas aussi une idéologie ? Les remarques critiques de Aron concernant la position de Marx, celle de Mannheim[1] et à l'occasion celle de Durkheim (puisqu'il y a chez lui une théorie sociologique des catégories) sont très fortes. Ce n'est pas le moindre intérêt de cet ouvrage que l'auteur, non content de faire un rapport objectif, adopte résolument à l'égard de ce qu'il rapporte une attitude philosophique, c'est-à-dire réflexive.

Il est souhaitable que ce petit livre ait pour effet de « compliquer » la conscience moyenne de la réalité sociale, trop simplement réduite en France à quelques concepts de tradition comtienne, marxiste ou durkheimienne. La distinction de la société et de la communauté, de la civilisation et de la culture, il ne serait pas sans intérêt qu'elle nous devînt familière, même si nous ne l'admettons pas. Au moment où il importe plus que jamais de ne pas se méprendre sur la politique allemande, tout ce qui concerne la sociologie allemande (et le livre d'Aron en particulier) est digne de la plus grande attention, s'il est vrai que toute technique – et la politique en est une – implique un savoir correspondant – et la sociologie veut être ce savoir méthodique.

1. Karl Mannheim (1893-1947), sociologue et philosophe allemand, auteur en 1929 de *Idéologie et utopie*.

RÉSOLUTION DE LA SECTION DU COMITÉ DE BÉZIERS DU COMITÉ DE VIGILANCE DES INTELLECTUELS ANTIFASCISTES[1]

Vigilance. Bulletin du Comité de Vigilance des Intellectuels Antifascistes, n° 37 (27 mai 1936)

HERAULT

Béziers. – Le Comité, après examen de la situation politique et diplomatique actuelle, a adopté les résolutions suivantes :

« 1) Ce qui nous paraissait vrai et juste concernant l'absurdité et l'inhumanité des traités de paix, concernant la duperie tragique qu'a été la conférence dite du désarmement, tout cela reste vrai après le coup de force hitlérien. La politique nationale-socialiste ne prend de force que ce qu'on ne saurait sans iniquité lui refuser. La brutalité du geste que nous blâmons ne doit pas masquer la justice de la revendication.

« 2) Nous pensons que « le fascisme porte en lui la guerre » pour toutes sortes de raisons (économiques, sociales et psychologiques). Mais nous estimons aussi que « la guerre ce serait une chance d'extension et de généralisation du fascisme » dans les quelques pays, et d'abord en France, qui lui sont restés jusqu'à présent hostiles. Nous pensons que la paix sera mortelle au fascisme hitlérien en dissipant l'équivoque sur laquelle il vit et en l'obligeant à faire ses preuves pour le peuple allemand sur le terrain économique, quand les victoires du prestige national lui seront devenues impossibles. C'est la désillusion sociale qui marquera, pour l'hitlérisme, le commencement de la fin.

« 3) En conclusion, à condition expresse que toutes les nations européennes y soient admises avec une égalité entière des droits, nous estimons que la France doit participer, sans exiger de gestes symboliques préalables, à une conférence européenne d'éclaircissement de la situation politique et d'établissement de la paix, d'où que vienne l'initiative de cette conférence. A ce moment seulement, les engagements pris ayant un caractère de véritable contrat, toute violation unilatérale en devra être réprimée avec la plus énergique rigueur. »

1. Georges Canguilhem était alors secrétaire de la section de Béziers du Comité de Vigilance des Intellectuels Antifascistes et on peut raisonnablement penser qu'il est le rédacteur de cette résolution.

DESCARTES ET LA TECHNIQUE

In R. Bayer (éd.), *Travaux du IXe congrès international de philosophie. Congrès Descartes, t. II, Études cartésiennes, IIe partie,* Paris, Hermann, 1937[1].

SOMMAIRE :

L'activité technique est-elle un simple prolongement de la connaissance objective, comme il est devenu commun de le penser à la suite de la philosophie positiviste, ou bien est-elle l'expression d'un « pouvoir » original, créateur en son fond, et pour lequel la science élaborerait, parfois à la suite, un programme de développement ou un code de précautions ? La philosophie cartésienne paraît avoir abordé de face ce problème important et avoir considéré le rapport de la théorie et de la pratique de façon plus ample et nuancée qu'on ne le croit généralement. On est en droit de penser que la réflexion sur la signification de la technique est centrale dans le système cartésien.

Descartes n'a cessé d'affirmer que la science dont il avait l'ambition de donner à l'humanité à la fois l'exemple et le modèle était une science « utile à la vie ». Certains passages des *Principes* semblent même laisser entendre que l'utilité de la physique cartésienne dispenserait de s'interroger sur son objectivité (IX, *Principes*, 123)[a]. On n'en doit cependant tirer aucun droit d'assimiler la pensée de Descartes à ces philosophies qui ont, de nos jours, tenté, à diverses fins et de diverses façons, de réduire toutes les valeurs du jugement à la valeur pragmatique. Descartes a très expressément et très fréquemment dit que l'efficacité des arts a pour condition la vérité de la connaissance, remarquant même que le développement d'un art rudimentaire est le signe que ses règles utilisent inconsciemment des vérités (IX, *Principes*, 18). Et bien qu'il n'y ait pas dans son œuvre de traité spécialement consacré au problème technique, il ne nous est pas interdit de penser que la réflexion philosophique sur la nature et

a. Toutes les références s'entendent de l'édition Adam et Tannery.

1. Cet article est paru pour la première fois dans les actes du congrès Descartes de 1937, il a été republié de manière plus ou moins fidèle dans les *Cahiers* S.T.S. *(Science. Technologie. Société)*, 1985, 7, puis dans les *Cahiers philosophiques*, 69, déc. 1996. Il s'agit du premier des nombreux travaux publiés que Canguilhem consacrera à Descartes. Canguilhem avait même signé en 1947 un contrat pour publier un *Pour connaître la pensée de Descartes* aux éditions Bordas, dont il avait rédigé une bonne partie, conservée aux archives du CAPHES, sous le titre « Descartes interrompu ». L'introduction commence ainsi : « un livre de plus sur Descartes ! Il en existe déjà tant. Mais en France c'est à la fois un rite et presque un devoir, même d'abord au sens scolaire que de s'essayer à discourir de Descartes, quand on prétend philosopher quelque peu ». *Cf.* aussi dans le Fonds Canguilhem du CAPHES le volumineux dossier : « Descartes à travers mes âges ».

la valeur de l'activité technique n'est pas chez Descartes accidentelle ni secondaire. Après Léonard de Vinci et Bacon et comme eux, Descartes relève le travail, la construction des machines et l'accommodement par eux de la nature à l'humanité, du mépris dans lequel les avaient tenus la pensée philosophique des anciens, exception faite pour les atomistes.

Sur ce point de doctrine, il n'est pas douteux que la pensée cartésienne a conscience de marquer une conversion. C'est seulement en cessant de considérer le *Discours de la Méthode* comme l'histoire d'une formation qu'on pourrait être surpris par l'opposition des principes de la morale tels qu'ils sont exposés à la troisième partie et à la sixième partie, confirmée par la préface des *Principes*. La résignation stoïcienne à la séparation entre ce qui dépend de l'homme et ce qui n'en dépend pas, la résolution de changer les désirs humains plutôt que l'ordre du monde, comme par exemple de ne pas désirer la santé au moment de la maladie, tous ces aveux d'humilité et d'impuissance sont point par point contredits par la profession de foi technicienne, par l'enthousiasme dominateur qui inaugure la sixième partie. Rendre l'homme « Maître et possesseur de la nature », souhaiter l'invention d'une infinité d'artifices utiles, s'exempter des maladies et peut-être aussi vaincre la mort, tous ces vœux clairement formulés sont présentés comme tout autre chose que des songes. Renonçant à faire de nécessité vertu, Descartes se propose et nous propose de tourner en puissance la connaissance de la nécessité. On sait comment la philosophie stoïcienne niait aussi vigoureusement le progrès humain qu'elle affirmait la providence divine. Toute philosophie qui identifie réalité et finalité doit stabiliser les attributs humains dans un système hiérarchique de qualités et d'essences d'où toute possibilité de correction et de réaménagement est exclue comme devant entraîner la chute de tout l'édifice. Selon les stoïciens, l'espèce humaine est dès l'origine pourvue de toutes ses perfections et quand le monde renaîtra de l'embrasement universel, la même humanité et le même Socrate renaîtront. La pensée stoïcienne est si peu équivoque que Lucrèce, au cinquième livre du *De rerum natura*, dans l'intention de la réfuter, lie la négation de tout plan providentiel relatif à l'univers à l'affirmation du progrès technique par lequel l'humanité, toujours plus ingénieuse et mieux informée, modifie son rapport au milieu cosmique, se donne ce qui ne lui fut pas donné et s'élève par le travail jusqu'à la perfection dont toute philosophie théologique la fait descendre[a].

a. *Namque alid ex alio clarescere corde videbant // Artibus ad summum donec venere cacumen* (*De rerum natura*, V[e] livre, vers 1456-1457) [« Car les hommes voyaient les idées

Dans la doctrine de Descartes, comme dans celle des atomistes, une matière sans qualités réelles, un univers sans hiérarchie téléologique sont les raisons métaphysiques de la foi en l'efficacité créatrice de la technique. L'énergique négation de la finalité naturelle est dans la philosophie de Descartes la condition d'une théorie mécanique de la nature et d'une théorie mécanicienne de l'art. A cet égard, il n'est pas sans intérêt de remarquer que le soin mis par Descartes à défendre, dans sa théorie des vérités éternelles, l'absolue liberté de Dieu et à combattre toute interprétation des attributs divins qui, les distinguant les uns des autres, les subordonnerait les uns aux autres, et spécialement la volonté à l'entendement, est pleinement intelligible dans l'hypothèse qui fait de la préoccupation technique un des foyers de la philosophie cartésienne. N'admettre pas la moindre antériorité, même logique, de l'entendement sur la volonté, tenir les principes de toute connaissance vraie dans sa forme comme dans son contenu pour des créatures, ce n'est pas seulement libérer Dieu d'un esclavage incompatible avec son infinité, c'est nier la finalité dans l'univers. Cette négation n'est pas seulement la condition préliminaire d'une intelligence effective de la matière réduite à l'extériorité quantitative, elle est, aussi et par là même, la raison de formuler l'obligation pour l'homme de la construction technique et d'en augurer le succès.

Qu'est-ce que Descartes connaissait et espérait des techniques? Sa correspondance, relue de ce point de vue, nous impose l'image d'un homme très diversement curieux de recettes et de pratiques et très attentif à découvrir en chacune d'elles les causes ou les lois qui en expliquent l'efficacité. Sans doute, la taille des verres pour instruments d'optique, la construction des machines et l'art médical sont-ils les sujets les plus communs de ses réflexions. Mais les routines du campagnard et du soldat comme aussi l'information pragmatique du voyageur lui fournissent des termes nombreux de comparaison ou des occasions de vérifier ses explications théoriques. La croissance des végétaux transplantés en fonction des terrains, la maturation des fruits sur les arbres, la fabrication du beurre par séparation des corps différemment denses, la façon dont les enfants se hissent sur les chevaux en agitant les jambes, la sonnerie des cloches en vue de crever les nuages à foudre, sont autant d'invitations à réfléchir que la vie à la campagne lui a offertes. Le soldat sait qu'on frotte d'huile les pointes des piques pour les nettoyer et qu'il y paraît quelquefois des flammes. L'habitant d'Amsterdam est sensible à tout ce que la

s'éclairer l'une après l'autre dans leur âme jusqu'au jour où leur industrie les porta au faîte de la perfection » (trad. A. Ernout)].

vie d'un grand port manifeste d'industrie humaine vouée à la création de commodités et d'embellissements, à tout ce que cette population où l'on voit tous les jours plusieurs personnes qui sont revenues des antipodes offre de témoignages de la diversité humaine. C'est avec une surprise admirative qu'on voit Descartes traiter indifféremment et avec le même scrupule d'intelligence méthodique les problèmes techniques les plus spéciaux et les plus disparates : cheminées qui fument, élévation des eaux et assèchement des marais, diagnostics médicaux, usage et dosage des remèdes, fontaines tenues pour miraculeuses, automates, trajectoire des boulets, vitesse des balles, force des épées, sonorité des cloches. Notons d'ailleurs que l'intérêt de Descartes pour l'artillerie, pour la médecine, pour les automates est partagé par beaucoup de ses contemporains en France et en Italie. Mais ce qui est important c'est que l'attention aux détails techniques, à toutes les difficultés, si menues soient-elles, que l'homme rencontre dans sa prise de possession de la nature soit sous-tendue par toute une physique et toute une métaphysique. Quant aux rêves de Descartes dont l'ambition de parvenir à la maîtrise de l'univers est le programme abrégé ils sont bien connus : rendre la vue aux aveugles, voir les animaux de la lune, s'il y en a, rendre les hommes sages et heureux par la médecine, voler comme l'oiseau. Les considérations d'ordre médical sont éparses dans toute l'œuvre cartésienne. Descartes confesse à la princesse Élisabeth que la conservation de la santé a toujours été le principal but de ses études (IV, 329), et il a sans doute pensé, selon le mot populaire que lui cite Huygens, que « cette fâcheuse coutume de mourir prendra fin un jour » (II, 550)[1]. Les préoccupations techniques relatives à l'optique sont consignées dans sa correspondance avec Ferrier (années 1629 à 1638) et dans la *Dioptrique*. Quant aux recherches et expériences de Descartes relatives aux machines nous n'en connaissons, outre le petit traité sur l'explication des engins de levage écrit pour Huygens en 1637, que le résumé fait par Baillet des relations entre Descartes et Villebressieu, ingénieur du Roi (I, 209, 214, 218). Baillet nous fait l'énumération des inventions dont Villebressieu serait redevable aux suggestions de Descartes : machine à élever les eaux, pont roulant pour l'escalade des places, bateau pliant et portatif pour passer les rivières, chariot-chaise pour le transport des soldats blessés. Ce bref recensement des sujets, si infimes puissent-ils paraître, de recherches techniques auxquelles s'intéressait Descartes devait être fait, car c'est, à notre avis, pour n'avoir pas dédaigné « d'abaisser sa pensée jusqu'aux moindres inventions des mécaniques » (I, 185) que Descartes a conçu entre la théorie et la pratique des

1. Sur Constantin Huygens, cf. *supra*, p. 252.

rapports dont la signification philosophique nous paraît importante à la fois pour l'intelligence de sa pensée et pour toute réflexion philosophique en général.

On doit maintenant chercher dans les textes comment Descartes a posé et résolu le problème des rapports entre la théorie et la technique. Les textes sont innombrables où Descartes proclame l'infirmité des routines artisanes étrangères à toute connaissance des objets et des phénomènes qu'elles utilisent, où il affirme que toute action consciente de sa portée est postérieure à la science correspondante. Descartes méprise l'art sans explication (I, 195), les inventeurs sans méthode (X, 380), se défie à l'extrême des artisans qui ne travaillent pas sous sa direction aux applications qu'il leur suggère (I, 501 et 506). Les *Regulae* renferment à ce sujet les passages les plus significatifs. Dès la première règle, Descartes oppose à la diversité des aptitudes techniques, exclusives les unes des autres, l'unité de l'intelligence théorique et se propose de parvenir par elle à une connaissance intégrale et sans omission. Toute acquisition de vérité devenant règle méthodique, la pensée portée de vérité en vérité, se rend capable d'assurer à l'action sécurité et efficacité, conséquences d'une attention sans distraction que la spécialisation artisane, bornée et partiale, recherche vainement. A la règle cinquième, Descartes cite parmi les illusions que sa méthode tend à éliminer celle des gens qui « étudient la mécanique sans savoir la physique et qui fabriquent au hasard de nouveaux moteurs ». A cette absurde présomption s'oppose l'admirable affirmation des *Principes* : « Toutes les règles des Mécaniques appartiennent à la Physique, en sorte que toutes les choses qui sont artificielles sont avec cela naturelles » (IX, 321). C'est pourquoi « il faut avoir expliqué quelles sont les lois de la nature et comment elle agit à son ordinaire avant qu'on puisse enseigner comment elle peut être appliquée à des effets auxquels elle n'est pas accoutumée » (II, 50). Faire sans comprendre, c'est le propre du technicien qui n'est que tel, promettre sans effectuer c'est la définition du charlatan, obtenir à volonté des effets par l'intelligence des causes, c'est l'ambition cartésienne. La conscience du possible technique nous est donnée par la connaissance du nécessaire théorique. Jusqu'ici il n'y a rien dans la philosophie cartésienne relativement à la technique qui ne nous paraisse évident, si nous appelons évidence la longue familiarité de la pensée moderne avec un thème de réflexion qui, de Vinci à Marx en passant par les Encyclopédistes et Comte, a été l'occasion d'un développement devenu classique.

Toutefois, cette thèse de la connaissance convertible en action technique ne va pas dans la pensée cartésienne sans d'importantes restrictions. Descartes aperçoit très clairement, dans le passage de la théorie à la pratique, des « difficultés » que l'intelligence supposée parfaite ne saurait par elle-même résoudre. Toute la connaissance possible supposée donnée ne saurait, en certains cas, éliminer de la réalisation technique certaines imperfections. Encore qu'un ange réalisât un miroir d'Archimède il ne saurait le faire capable de brûler à une lieue de distance sans lui donner une grandeur excessive (I, 109). Encore qu'un ange donnât les instructions théoriques pour la construction d'une romaine capable de peser jusqu'à deux cents livres « il est presque impossible qu'on observe tout si justement en le faisant qu'il ne s'y trouve de la faute et ainsi la pratique ferait honte à la théorie » (II, 469), et c'est pourquoi Descartes conseille de graduer l'instrument par tâtonnement empirique. De même, cinq ans après avoir fait la théorie des lunettes, Descartes écrit à Mersenne, concernant la fabrication de ces instruments, qu'il y a de la différence entre la théorie et la pratique et que celle-ci ne peut atteindre à la perfection de celle-là (III, 585). Il importe de remarquer qu'en ces trois exemples du miroir, de la romaine et de la lunette, les théories, relativement simples, de la réflexion et de la réfraction optiques et du levier ont été les premiers succès de la science cartésienne. Bien plus expressément encore, si le problème du vol paraît insoluble à Descartes ce n'est pas pour des raisons d'ordre théorique, mais pour des raisons d'ordre technique : « On peut bien faire une machine qui se soutienne en l'air comme un oiseau, *metaphysice loquendo*, car les oiseaux mêmes, du moins selon moi, sont de telles machines, mais non pas *physice ou moraliter loquendo*, parce qu'il y faudrait des ressorts si subtils et ensemble si forts qu'ils ne sauraient être fabriqués par des hommes » (III, 163).

Sur ce décalage entre les fonctions humaines de science et de construction que pourtant sa philosophie semble nous inviter à tenir pour homogènes et convertibles dans le sens de la première à la seconde, Descartes ne s'est pas expliqué et c'est à nous de chercher quelque lumière dans les textes ou dans un rapprochement des thèmes de sa pensée. Descartes a affirmé qu'on doit pouvoir déduire l'expérience à partir de principes intuitivement discernés qu'il appelle tantôt « semences de vérités », tantôt « natures simples », tantôt « absolus »; et simultanément il a estimé ne pouvoir rendre compte des effets particuliers sans chercher d'abord à les constater, c'est-à-dire à les subir comme des données qu'un autre acte de Dieu aurait pu faire autres quoique non moins intelligibles. Le célèbre passage du *Discours* (VIe partie), où l'impossibilité d'une déduction intégrale des effets à partir des causes conduit Descartes à admettre l'obligation de « venir au devant des causes par les effets », indique nettement que c'est à proportion de leur possibilité d'utilisation technique que les « formes ou espèces de corps » font obstacle au développement continu de la déduction analytique. Le savant peut déduire des premières causes « des cieux, des astres, une terre et même sur la terre de l'eau, de l'air, du feu, des minéraux », c'est-à-dire des « effets ordinaires », des « choses communes et simples ». Mais si la matière est pour la science l'homogène et l'anonyme, la matière que le technicien se propose de « rapporter à notre usage » c'est le particulier et le divers. C'est pourquoi la science cartésienne avoue la nécessité du tâtonnement expérimental. Et le texte du *Discours* où la pensée de Descartes procède de la théorie à la technique nous paraît recevoir une lumière éclatante de cet autre texte des *Principes* où le progrès de pensée va de la technique à la théorie : « La Médecine, les Mécaniques et généralement tous les arts à quoi la connaissance de la physique peut servir n'ont pour fin que d'appliquer tellement quelques corps sensibles les uns aux autres, que, par la suite des causes naturelles, quelques effets sensibles soient produits ; ce que nous ferons tout aussi bien, en considérant la suite de quelques causes ainsi imaginées, bien que fausses, que si elles étaient les vraies, puisque cette suite est supposée semblable, en ce qui regarde les effets sensibles » (IX, 322). Ainsi donc si, dans bien des cas, la pratique « fait honte à la théorie », c'est parce que « toute application des corps sensibles les uns aux autres », disons toute synthèse technique, doit normalement inclure, opérant sur des espèces de corps dont la déduction ne peut être intégrale, de l'imprévisible et de l'inattendu.

Allant plus loin, on découvre dans l'œuvre cartésienne la conscience d'une forme de relation entre la connaissance et la construction autre que celle qui fait dépendre, même avec des réserves, la seconde de la première. Tel nous paraît être l'enseignement de l'admirable *Dioptrique* attentivement relue en fonction du problème général qui nous occupe. Le point de départ de l'optique théorique c'est l'invention de la lunette d'approche, invention due à l'expérience et à la fortune, suivie d'une imitation servile et aveugle. Mais cette invention souffre encore beaucoup de difficultés et Descartes pense qu'il faut en déterminer scientifiquement les conditions d'efficacité, c'est-à-dire déduire la figure des verres des lois de la lumière. Ainsi une réussite technique purement fortuite est l'occasion à laquelle « beaucoup de bons esprits ont trouvé plusieurs choses en optique » (VII, 82) et spécialement a donné à Descartes « occasion d'écrire ce traité » (VII, 82 et 159). La connaissance de la nature dépend donc doublement, d'après la *Dioptrique*, de la technique humaine. En ce sens d'abord, que l'instrument, ici la lunette grossissante, sert à découvrir de nouveaux phénomènes (VII, 81 et 226). En ce sens, ensuite et surtout, que l'imperfection technique fournit « l'occasion » de recherches théoriques par les « difficultés » qu'il faut résoudre. La science procède de la technique non pas en ceci que le vrai serait une codification de l'utile, un enregistrement du succès, mais au contraire en ceci que l'embarras technique, l'insuccès et l'échec invitent l'esprit à s'interroger sur la nature des résistances rencontrées par l'art humain, à concevoir l'obstacle comme objet indépendant des désirs humains, et à rechercher une connaissance vraie. De cette technique que la science prétend désormais régenter en lui proposant de convertir consciemment des lois en règles, mais dont l'élan n'a pas attendu la permission du théoricien, où faut-il chercher l'initiative? Cette initiative n'est pas dans l'entendement, alors même que l'entendement donne à l'homme informé le moyen de dépasser « la portée ordinaire des artisans » (VII, 227). L'initiative de la technique est dans les exigences du vivant. De même que Descartes éprouve l'urgente obligation de constituer la médecine infaillible dont il rêve depuis longtemps lorsque ses cheveux blanchissent (I, 435) et parce que la mort le priverait de cette « espérance de plus d'un siècle » qui justifie le soin qu'il apporte à se conserver (I, 507) ; de même pour qu'il écrive la *Dioptrique* il faut que des yeux malades ou capables d'illusions aient rendu quelque homme inapte à discerner infailliblement toutes choses utiles à la conduite de la vie. Et puisque « nous ne saurions nous faire un nouveau corps » (VII, 148), nous devons ajouter aux organes intérieurs des organes extérieurs (VII, 148), aux organes naturels, des organes artificiels (VII, 165). C'est dans les besoins, l'appétit et la volonté qu'il faut chercher l'initiative de la fabrication technique (IX, *Principes*, 123). Le soin mis par Descartes à affirmer dans sa théorie de l'union de l'âme et du corps l'irréductibilité des affections et dans sa théorie de l'erreur, l'originalité de la volonté, signifie vraisemblablement l'impossibilité à ses yeux d'unifier dans une philosophie de l'entendement pur, dans un pur système de jugements de connaissance, cette vie que le propos de la philosophie consiste à vouloir bien vivre. Ainsi l'irréductibilité finale de la technique à la science, du construire au connaître, l'impossibilité d'une transformation totale et continue de la science en action, reviendraient à l'affirmation de l'originalité d'un « pouvoir ». Dans la conscience humaine comme en Dieu, la volonté ou la liberté ne sont pas aux limites de l'intelligence. Voir dans la technique une action toujours à quelque degré synthétique, donc en tant que telle inanalysable, ce n'est pas, du point de vue cartésien même, nous semble-t-il, lui retirer toute valeur, puisque c'est voir en elle un mode, quoique inférieur, de création.

Reste évidemment à se poser la question de savoir pourquoi, si les vues sommairement exposées ci-dessus sont exactes, il n'y a pas dans la philosophie cartésienne une théorie de la création, c'est-à-dire au fond une esthétique. Sans doute, de l'absence, il est difficile de conclure quoique ce soit. Mais on peut se demander si Descartes n'a pas peut-être confusément senti qu'en admettant la possibilité d'un problème esthétique en général, il allait contredire la solution donnée au problème théorique en général. Descartes a résolu par une mécanique et une physique géométrique le problème de l'intelligence du réel. En se donnant le mouvement comme une intuition fondamentale du même ordre que l'étendue et le nombre, en éliminant d'avance tout ce que le mouvement inclut de qualitatif et de synthétique, Descartes, encore qu'il vît en cette notion le principe de toute variété matérielle, s'obligeait à ne pas poser le problème de la diversification, qui est un des aspects du problème de la création. Il a très loyalement avoué, comme on sait par le *Discours*, que l'analyse géométrique avait des limites, mais peut-être n'a-t-il pas voulu s'avouer ou avouer que l'impossibilité d'une morale « définitive », puisqu'il ne peut y en avoir dès que l'action comporte normalement un élan et un risque, signifiait également l'impossibilité d'une science analytique « définitive », comme il avait voulu que fût la sienne.

Georges CANGUILHEM (Toulouse)

OBSERVATIONS DE M. CANGUILHEM A LA SUITE DE L'INTERVENTION DE DOMINIQUE PARODI SUR « IDÉALISME ET RÉALISME » LORS DE LA SÉANCE DU 29 JANVIER 1938 DE LA SOCIÉTÉ TOULOUSAINE DE PHILOSOPHIE[1]

Comme l'empirisme n'est pas *la* théorie de l'expérience, mais *une* théorie possible de l'expérience, de même le réalisme n'est pas *la* théorie de la réalité, mais *une* théorie possible de la réalité. On peut penser que ce n'est pas la plus compréhensive. D'un point de vue réaliste pur et simple, on est obligé d'ignorer tout l'effort de pensée par lequel le jugement se complique pour affirmer une réalité pure. Une attitude réaliste stricte interdit l'intelligence de l'illusion théorique et du repentir théorique, c'est-à-dire de la reconnaissance

1. Publié dans *Communications et discussions*, Société Toulousaine de Philosophie, Toulouse, Faculté des Lettres, 1937 et 1938, IIe série. Le texte de Dominique Parodi est reproduit en annexe, p. 1003-1005. La Société Toulousaine de Philosophie a été fondée en 1928 par Jean Delvolvé. C'est à l'occasion de cette intervention que Canguilhem fait pour la première fois référence à Gaston Bachelard (1884-1962), sous la direction de qui il rédigera sa thèse sur « La formation du concept de réflexe aux XVIIe et XVIIIe siècles, et à qui il succèdera en 1955 à la chaire d'histoire et philosophie des sciences de la Sorbonne et à la direction de l'Institut d'histoire des sciences et des techniques. Dans la suite de la discussion Dominique Parodi donne son approbation à Canguilhem : « comme le dit fort bien M. Canguilhem », le donné, ici « le homard » dont parle une des autres intervenantes, « est d'autant plus réel, pour moi et en soi, qu'il est plus complètement pensé ».

et de la correction des erreurs. Si la pensée va au réel et n'en part pas (Bachelard), il faut tenir la réalité comme une valeur possible du jugement.

L'idéalisme, comme théorie de la réalité, ne soulève peut-être d'objections que pour des raisons étymologiques, parce qu'on voit en lui une philosophie des idées ou des concepts, au lieu de le tenir pour une philosophie du jugement. – Le réalisme, comme retour au concret, méconnaît que la réalité est une abstraction du concret empirique initial. La systématisation du concret empirique par affirmation méthodique de ce qu'il inclut de réel, la connaissance, en un mot, est une option, qui en exclut d'autres (l'option esthétique par exemple). En ce sens le réel est, à la lettre, un idéal. Et c'est en tant que philosophie de l'idéal ou de la valeur qu'il faut légitimer l'idéalisme. Intellectualisme axiologique, tel serait le nom de l'idéalisme en ce qui concerne la théorie de la réalité.

ACTIVITÉ TECHNIQUE ET CRÉATION

Séance du 26 février 1938 de la Société Toulousaine de philosophie[1]

I. Toute philosophie se situe entre deux expériences : au départ celle qui nous mécontente par les obstacles ou les absences qu'elle inclut, à l'arrivée celle qui comblerait notre espoir de plénitude. La philosophie est l'ambition

1. Publié dans *Communications et discussions*, Société Toulousaine de Philosophie, Toulouse, Faculté des Lettres, 1937-1938, IIe série. La réunion était annoncée, dans un envoi polycopié, comme suit :

« Société Toulousaine de Philosophie

Vous êtes prié d'assister à la prochaine séance qui aura lieu le vendredi, 28 février 1938, à 16 h 30, dans la salle des Actes de la Faculté des Lettres.

Communication de *M. Georges Canguilhem* :

« Activité technique et création »

I° Place de la notion de *technique* dans un " ensemble " philosophique possible. La fonction de création (arts et beaux-arts).

II° Les normes du *savoir* et les normes du *pouvoir*. Réduction analytique et production synthétique. Valeur de l'*Identique* et valeur de l'*Autre*. Rapports de la science et de la technique.

III° Comment le problème rencontre le problème esthétique fondamental des rapports de la nature et de l'art.

IV° Comment et de quoi la philosophie se trouve-t-elle redevable, dans l'examen de ces problèmes, à la biologie et à la sociologie. Technique et organisation vitale. Technique et besoins.

V. En quoi, cependant, le sens concret de l'activité technique ne peut être approché que dans et par la réflexion philosophique. Signification spirituelle du besoin et signification spirituelle de l'activité qui le sert. Qu'il s'agit de justifier la valeur de l'originalité. Conséquences morales d'une philosophie de la création. ».

d'une « expérience intégrale » (Bergson). Descartes cherchait à la fois la vérité en ses pensées et l'assurance en ses actions. Bergson dit qu'il faudrait agir en homme de pensée et penser en homme d'action.

En 1931-1932 Canguilhem avait fait à Albi un cours sur « La création continuée ». Il y note : « Il y a dans la technique une impiété certaine. Adapter le monde à la mesure de l'homme c'est implicitement poser que Dieu ne s'est pas soucié de la créature ».

Les archives du CAPHES conservent également un chapitre sur « La création » faisant partie « d'un cours ou d'un ouvrage, dont la rédaction, commencé à Charleville, a été achevée à Paris en 1932 lors d'une année sabbatique ». Canguilhem remarque, pour commencer : « créer, c'est semble-t-il faire passer définitivement du néant à l'être et cet acte semble exiger d'être indivisible et instantané. Le Dieu de la Bible créa le monde en six jours mais à chaque coup sans retouche et sans reprise (...). D'où le sentiment très juste des chrétiens lorsqu'ils refusaient leur esprit à l'idée de l'évolution, car l'évolution c'est la formation de la forme, au lieu que la création, c'est l'imposition immédiate d'une forme ». Canguilhem étudie particulièrement trois domaines : « Parce que la philosophie doit, contre toute spécialité, reconstituer le tout, il nous a paru nécessaire d'étudier la création comme la forme générale de la production d'une œuvre, autrement dit du génie. Reste à savoir comment les caractéristiques de la création se retrouvent dans chacune de ses espèces, l'invention du vrai, la construction de l'utile, la perfection du beau ». Sur « le problème de l'originalité », il note : « Comment définir alors la nouveauté ? C'est la rencontre d'un esprit, c'est-à-dire d'une fidélité, et d'un hasard. Ce qui est humain c'est le travail, autrement dit la persévérance avec laquelle on fait de nécessité vertu et de l'accident volonté. L'œuvre originale est souvent une trouvaille continuée ; Michel-Ange a donné au Moïse cette attitude qu'il a, à cause d'un défaut du marbre (...). C'est que toute invention est un risque à courir et qu'il n'y a pour oser se risquer que l'esprit (...). Les choses sont ce qu'elles sont, inertes. L'esprit c'est ce qui anticipe et se tient à son anticipation, avec cette confiance à soi qui est le contraire de l'obstination. Il n'y a pas d'originalité sans ténacité ».

Canguilhem fera également un cours « Technique et création » à Toulouse en 1938, pour lequel il prend de nombreuses notes sur la question de la technologie, et un cours sur « Le problème de la création » à la Faculté des lettres de Strasbourg en 1947-1948. Dans ce cours, il note que la philosophie « ne connait pas de questions réservées » « Il s'agit d'étudier le problème de la création sous tous ses aspects et c'est une question d'esthétique autant que d'ontologie ». Il y discute également longuement le débat entre Bréhier et Gilson sur la question de la philosophie chrétienne et relève que Bréhier comme Gilson ont commis l'erreur de ne pas distinguer suffisamment judaïsme et christianisme : « le dogme de la création c'est moins un dogme chrétien qu'un dogme juif ». Or les Juifs sont si conscients de l'originalité des Écritures qu'il n'y a pas de philosophie juive (...). La création ne peut être ni expliquée, ni retouchée, ni imitée. La création ne peut être jugée, ni mimée. Elle est un événement pur en ce sens qu'elle ne se comprend pas (voir les romans de Kafka), et qu'elle se constate seulement ». Passant du problème de la création à celui de l'origine, Canguilhem cite le *Journal intime* d'Amiel : « Toutes les origines sont des secrets » et « il y a un secret dans l'origine, parce qu'il y a un irrationnel dans l'originalité. Cet irrationnel, c'est que l'originalité ne sait pas d'avance de quoi elle est originalité ». « Donc à l'origine il n'y a pas d'origine. Plus tard il y aura une origine. Plus tard que quoi ? Plus tard qu'une origine qui n'en est pas une et qui sera faite origine par son plus tard. Il n'y aura donc jamais d'origine. Ou bien il y a toujours une origine. Il faut choisir. Il n'y a d'origine que par le choix ».

On a défini le philosophe comme « un professeur d'unité » (Le Senne)[1]. Tout le monde s'accordera là dessus faute de s'entendre. L'unité doit-elle être obtenue par la réduction de toutes les fonctions spirituelles à une seule, ou par leur harmonie, laquelle ne peut consister que dans une subordination des unes à quelque autre. C'est là le seul moyen de concilier autrement que par un compromis instable des fonctions jugées originalement quoique différemment valables.

Le nom de *scientisme* convient à toute philosophie (positivisme ou matérialisme) qui tente de réduire à la fonction de détermination théorique toutes les fonctions de la conscience.

Le nom de *pragmatisme* convient à toute philosophie qui tente de réduire toutes les fonctions à la fonction d'adaptation vitale, utilitaire ou technique. Mais c'est résoudre le problème par le problème, car l'expérience dans laquelle la technique a un sens est précisément pour la philosophie l'expérience de départ et qui doit être valorisée.

Le nom d'*esthétisme* pourrait convenir à toute philosophie qui subordonnerait toutes les fonctions de la conscience à la fonction esthétique. Sans parler ici d'artistes (Delacroix, Baudelaire, Mallarmé, par exemple) en qui cette ambition s'est plus ou moins nettement formulée, retenons que cette philosophie a été *l'une au moins des philosophies de Nietzsche*[2]. « Le problème de la science ne peut être résolu sur le terrain de la science... Il faut considérer la science sous l'optique de l'art et l'art sous l'optique de la vie... L'art est la tâche la plus haute et l'activité essentiellement métaphysique de cette vie... C'est seulement comme phénomène esthétique que peuvent se justifier éternellement l'existence et le monde. » (*Origine de la Tragédie*, passim).

II. Il ne paraît pas possible d'obtenir une unification philosophique solide et valable par réduction scientiste de toutes les normes spirituelles à la forme du déterminisme, en ce sens que la détermination théorique n'étend pas sa juridiction sur la forme d'expérience qui spirituellement nous importe le plus, l'expérience de la production ou de la création.

1. C'est en fait du « métaphysicien » que Le Senne écrivait : « il est donc essentiellement *un professeur d'unité* » (*Le devoir*, Paris, Alcan, 1930, p. 384). A la page suivante de son exemplaire, conservé au CAPHES, Canguilhem a souligné la phrase : « Le positivisme est une philosophie à courte vue, qui compromet l'avenir de la science, parce qu'oubliant les personnes qui sont derrière les œuvres, elle ignore quelle réflexion et quelles vertus inspirent l'invention » (*Ibid.*, p. 385).

2. Canguilhem fait à Comte, Nietzsche et Bergson l'honneur d'être de ces philosophes qui ont « plusieurs philosophies » (« Commentaire au troisième chapitre de *L'évolution créatrice* », *Bulletin de la Faculté des lettres de Strasbourg*, vol. 21, (mars-avril 1943), p. 126-143.

Un scientisme ne peut unifier que par mutilation. En prônant les lois, il méconnaît les méthodes et plus encore l'effort intellectuel vers les méthodes. De plus il se rend coupable d'une méconnaissance ou d'un aveuglement dont la philosophie inverse, l'esthétisme, est nécessairement exemptée. Une philosophie pour qui toute valeur est le réel oublie précisément ce caractère du réel d'être une valeur. Aucune philosophie des valeurs ne peut oublier le réel. En particulier une philosophie esthétique ne peut méconnaître les droits du réel, car l'essence de la création c'est de *réaliser un idéal* – aucun créateur ne se satisfait de son rêve –. Toute création a pour premier souci ce qui lui résiste. Celui qui n'admet d'autre valeur que le réel sacrifie allègrement tous les possibles. Celui qui tend passionnément vers un possible ne peut ignorer le réel puisque la réalité est ce qu'il doit d'abord nier afin de réaliser son possible. La création, passage du néant à l'être, c'est la substitution de l'être du possible au néant du réel.

Comment l'analyse des conditions de l'activité technique apparaît-elle comme un moyen de prospection pour toute philosophie qui refuse de reconnaître la densité de l'expérience intégrale dans un système moniste (matérialiste ou spiritualiste aussi bien)? Situons la technique dans une philosophie de la création.

La technique est dans l'expérience précritique le corrélatif de la perception, comme l'art est dans l'expérience réfléchie le corrélatif de la science.

La perception c'est l'expérience irréfléchie inconsciemment orientée vers la connaissance. Elle est sur la voie qui mène à la connaissance analytique. Percevoir c'est situer et identifier ou classer. Spatiale et conceptuelle, la perception use de déterminations analytiques et grossièrement quantitatives. Mais la perception est une connaissance impure, étant relative à des *intérêts* (affections à la racine de l'attention) et posant l'objet comme complexe de *propriétés sensibles* (rôle utilitaire de la sensation, bien vu par Descartes). La technique c'est l'expérience irréfléchie inconsciemment orientée vers la création. Transformant l'expérience dans le sens des intérêts humains, accordant la nature aux besoins de la conscience par suppression des obstacles, rapprochement des satisfactions possibles ou production de satisfactions nouvelles, la technique vise à des productions qualifiées donc concrètes ou synthétiques. Sa valeur est donc essentiellement subjective et téléologique. L'effort technique mesure l'insuffisance du donné à contenter nos exigences. Sans doute l'activité technique n'est pas puissance pure, puisqu'elle prend ses moyens et ses fins dans l'expérience précritique qui met en rapport les objets de la perception avec les impulsions psychophysiologiques d'un organisme astreint par sa structure héréditaire à un rythme coercitif de besoins d'abord spécifiques. Seul l'art est volonté de création intégrale. Toutefois ce qui fait l'originalité de la technique, dans le couple précritique perception-technique, c'est d'être un effort de *libération* des fins non satisfaites par la perception du réel et qu'on doit nommer, pour cela, proprement spirituelles. L'esprit c'est bien en effet dans notre expérience la possibilité de ne pouvoir être comblé par quelque réalité finie que ce soit, et d'altérer cette réalité en la rapportant à quelque puissance de jugement et donc de correction.

III. La première difficulté à surmonter pour la thèse qui affirme l'originalité créatrice et libératrice de la technique consiste à poser correctement le problème des rapports entre la connaissance et la construction. L'empire sur les esprits modernes des postulats proprement scientifiques est tel que ces rapports semblent ne pas faire question. Savoir c'est pouvoir, connaître conduit à agir. Toute philosophie des lumières et tout positivisme en revient là. Aujourd'hui plus que jamais l'apologie du progrès technique emprunte ses raisons d'optimisme au développement prodigieux du savoir contemporain. Et pourtant, il s'en faut de beaucoup que les faits imposent, comme on dit, cette conclusion. *Le fait c'est que le monde moderne présente simultanément une multiplication de théories et une multiplication de techniques. Mais on ne peut pas lire dans les faits si c'est l'essor technique qui dépend de l'essor scientifique ou l'inverse.* A qui veut interpréter l'histoire sans idée préconçue – c'est-à-dire *sans une seule* idée, mais *avec plusieurs* idées possibles – il apparaît bien que en bien des cas, très significatifs et très importants c'est l'invention technique qui a précédé la théorie correspondante dont l'élaboration a été exigée par quelque embarras ou échec technique. Le besoin de clarté explicative est né fréquemment de l'arrêt étonnant et pénible de fabrications ou de techniques à qui le succès avait jusqu'alors dissimulé leur aveuglement. Soient quelques exemples, pris au rebours du mouvement historique. On sait que la thermodynamique est née de recherches relatives au rendement de la machine à vapeur; que les théories pasteuriennes ont été formulées et vérifiées à propos de mécomptes techniques (maladies de la bière, maladies des vins; maladies des vers à soie); que les lois de l'électrostatique ont été découvertes par Coulomb[1] à l'occasion du problème de la suspension des aiguilles aimantées et d'une meilleure construction des boussoles. On sait que les lois de la dioptrique ont été formulées à propos du problème de la taille des verres (Descartes, *Dioptrique*, I); que les origines de la pensée de Galilée

1. Charles Coulomb (1736-1806). Mécanicien et physicien français.

sont autant des travaux de balistique (problème du boulet de canon) que la méditation des écrits d'Archimède. Et pour prendre des exemples aux dimensions d'une science, on remarquera que la biologie est peu à peu sortie des pratiques de chasse, d'élevage, de médecine, d'agriculture; que la géométrie fut d'abord une technique de l'espace, comme l'astronomie une technique du temps. Invoquer ici l'origine religieuse de toutes les sciences ne changerait rien au problème, car la religion est, surtout primitivement, autant une technique de la vie humaine qu'une explication de la nature des choses.

Du reste affirmer que la science dépend de la technique ce n'est pas professer le pragmatisme, puisque cette dépendance n'est nullement le prolongement d'un élan, mais au contraire son arrêt. *L'essor de la pensée scientifique a pour condition l'échec de la pensée technique.* Le propre de l'élan fabricateur c'est de supposer résolu le problème de l'accord entre les besoins et les choses. *Cette erreur est en tant que telle créatrice.* Au contraire la science apparaît comme réflexion sur les échecs et sur les obstacles. Elle vient apporter une prudence ou une facilité à un élan dont la racine n'est pas en elle. L'homme fait désormais mieux – parce qu'il sait – ce qu'il faisait sans savoir et qu'il n'a entrepris de faire que parce qu'il ne savait pas. La lucidité théorique ne peut jamais être une raison suffisante de passer à l'acte. La célèbre formule « savoir pour prévoir afin de pouvoir » – et dont on oublie toujours qu'elle traduit seulement un aspect de la pensée d'A. Comte – est aussi trompeuse qu'elle est célèbre. Si le savoir conduit à la prévision c'est dans la mesure où l'avenir ressemble au passé, dans la mesure donc où aucun pouvoir ne peut altérer le cours nécessaire des phénomènes. La foi en la conversion possible du savoir en pouvoir suppose qu'au moment où il affirme connaître, l'homme en tant que sujet du savoir et sujet du pouvoir se place implicitement hors du système des objets connus ou à connaître. Mais si au moment où la connaissance d'une situation est élaborée, l'homme est compris comme « une partie de la nature » dans l'objet de cette connaissance, il est clair que la connaissance de la situation exclut tout changement possible de la situation.

Disons autrement et pour conclure. Aucune connaissance ne peut d'elle-même produire. Par définition, elle ne peut que *réduire des produits.* La connaissance ne peut nous porter en avant, elle peut seulement, si nous décidons d'avancer, et quand nous l'aurons fait, servir à relier le point d'arrivée au point de départ. Mais agir véritablement c'est nous faire un chemin qui ne préexiste pas à nos propres traces. Sur tout chemin nouveau il y a des accidents, et l'analyse théorique des accidents d'une exploration nous permet d'éviter ces mêmes accidents à l'avenir sur les mêmes chemins, mais ne peut servir à écarter les obstacles que nous trouverons sur un autre itinéraire.

Ainsi donc parce que c'est la même humanité qui est à la fois savante et fabricatrice c'est en elle que s'opère mystérieusement non pas la conversion de science en technique ou de technique en science, mais l'alimentation des exigences normative de l'une de ces fonctions par les résultats de l'autre. La pensée technique est donc normalement et normativement différente – et en fait antinomique – de la pensée scientifique.

IV. La technique est quelque part sur la voie de la fabrication universelle entre *la vie* et *l'art.* Il n'est pas facile de définir les frontières de l'un et de l'autre mode de fabrication non plus que leurs rapports. Aristotélisme et Romantisme s'opposent à ce sujet comme réalisme et idéalisme. D'une part l'art imite la nature et la connaissance de la dernière nous livre le secret du premier (Aristote), d'autre part c'est l'art qui nous livre le secret de la nature (Schelling) et c'est la nature qui imite l'art (O. Wilde). Il n'y a pas seulement dans cette opposition l'inversion des termes d'un rapport, il y a aussi un changement de sens du mot *puissance.* Dans le système d'Aristote, le concept de puissance est essentiel au concept de nature comme dans l'esthétique romantique le concept de liberté est essentiel au concept d'art, mais la puissance aristotélicienne est une puissance finie que son acte achève, tandis que la liberté romantique est infinie. Comme on l'a remarqué, l'infini n'est plus un attribut de l'absolu, il est la création spirituelle en devenir. La liberté de l'esprit s'affirme à l'égard des produits de son activité, et l'ironie romantique en est l'expression. On comprend alors que la puissance créatrice dépend de l'acte en ce sens que la puissance est postérieure à l'acte. *Le créateur vaut mieux que la créature* (étant en puissance d'autres créatures) *mais après la création et non pas avant.* Selon un mot remarquable : « La genèse crée le dieu » (Henri Focillon)[1].

La solution que l'on donne au problème des rapports de la nature et de l'art est indissoluble de la conception que l'on se fait de la technique. (Ce problème n'a pas échappé à la perspicacité de Lachelier qui en traite dans les dernières pages du *Fondement de l'Induction*). On sait que l'opposition aristotélicienne entre la nature et l'art fait apparaître scandaleuse dans cette philosophie l'assimilation de la nature aux mécaniques et l'explication des mouvements naturels par les mouvements violents. Cette prétention d'assimilation et d'explication apparaît au contraire normale à Descartes. Il y a là un conflit de thèses, au sens hégélien du mot, dont la solution s'impose, car s'il est vrai que sans les fabrications de l'homme nous ne connaîtrions rien de la nature, il n'est pas moins

1. Citation tirée de la *Vie des formes* (1934) de l'historien de l'art Henri Focillon (1881-1943).

vrai que de la seule mécanique nous ne saurions tirer directement la moindre possibilité de fabrication. En aucune façon la connaissance intégrale des lois du frottement n'eût pu conduire à la fabrication du fer à cheval par exemple. Pour tout dire, nous devons noter que toute machine nouvelle ou bien utilise des forces ou des propriétés révélées par une synthèse fortuite (lunette d'approche, radiumthérapie) ou bien corrige ou combine plus savamment des effets obtenus par des mécanismes plus naïfs. Mais en fin de compte *la démarcation entre les machines primitives naïves et les organes montés par la vie est impossible.* Une machine n'est au fond que le produit d'un effort universel d'organisation que la conscience humaine alimente à un moment donné des résultats de son effort de connaissance. Si bien qu'assimiler nature et mécanisme ne doit pas apparaître comme de l'anthropomorphisme. On notera aisément comment la thèse proposée se rapproche du bergsonisme (généralement si mal compris) et comment elle s'en écarte[a].

V. La conclusion c'est que, à côté et indépendamment de la connaissance quoique parfois servie par elle, *la création continue.* Si ce qui est à connaître était *fini*, pourquoi verrions-nous tout idéal de connaissance définitive aussitôt démenti par l'événement? Ce qui est pour la conscience scientifique de l'humanité hors de la connaissance ce n'est pas une réalité dont une autre conscience intellectuelle aurait déjà toute la solution. Si on identifie pensée et déterminisme ce qui est hors du déterminisme est impensable. Mais pourquoi le ferait-on? Pourquoi la philosophie sacrifierait-elle à la tyrannie de la science l'originalité de l'art? Pourquoi ne reconnaîtrait-elle pas que l'histoire de la science – la science n'étant rien d'autre que son progrès – n'aurait aucun sens si une pensée créatrice n'apportait constamment à la pensée déterministe, sous forme de ces mutations brusques ou de ces fabrications par petites variations que sont les machines et les procédés, des occasions de remettre en question ses questions mêmes et les solutions qu'elle leur donnait? *Créer pour connaître*, c'est peut-être *scientifiquement* inintelligible, pourquoi serait-ce aussi *philosophiquement* inintelligible?

CANGUILHEM

a. L'exposé comportait un examen rapide des services que la biologie et la sociologie technologique peuvent et doivent rendre à la philosophie sur le problème considéré. Ces considérations sont volontairement laissées de côté dans ce résumé afin de lui conserver un caractère explicitement métaphysique. – G.C.

Discussion

M. SCHUHL[1] souligne l'intérêt de la communication en insistant toutefois sur ce que peuvent comporter malgré tout de réciproque les relations de la technique et de la science, bien qu'en général ce soit en effet la difficulté technique que l'on trouve à l'origine des développements nouveaux, et il demande à M. Canguilhem d'apporter quelques précisions à son point de vue en ce qui concerne les mathématiques.

M. CANGUILHEM répond que le problème de l'invention mathématique ne lui paraît pas un problème *séparé*. Le mathématicien (Leibniz, Newton, Poincaré[2], par exemple) ne travaille pas à l'écart de la science de son époque. C'est cela qui donne au mathématicien le sens des « combinaisons utiles » (Poincaré). Si l'on admet la relation entre la production technique et la réduction scientifique, il n'y a pas de divisions à marquer dans cette réduction.

M. BUHL insiste sur le caractère esthétique des théories scientifiques ; au plus haut point, elles réalisent un idéal. Il s'avoue un peu choqué par les mots « irréfléchie » et « inconsciemment » introduits dans la définition de la technique : « La technique est l'expérience irréfléchie inconsciemment orientée vers la création ».

M. CANGUILHEM préfèrerait ne point introduire de finalité dans l'appréciation des résultats du savoir sur le plan même de la conscience théorique. Quant aux corrections proposées à la définition de la technique, il ne pense pas pouvoir s'y rallier. Si le jugement philosophique de la fonction technique la fait apparaître créatrice, elle-même doit s'ignorer comme telle, sans quoi elle serait à elle-même sa propre réflexion.

M. LESPINASSE — Les techniques ne sont pas toujours à l'origine créatrices et ne sont pas une expérience irréfléchie. La technique est au contraire le procédé réfléchi d'une idée préconçue. L'homme mis en présence d'un obstacle à surmonter cherche le moyen le plus pratique d'y parvenir, de même que, mû par une idée, il cherche le moyen le plus propre à la réaliser *au mieux* et le perfectionnement des techniques est l'effort vers ce mieux de la réalisation qu'entraînera la recherche du perfectionnement de l'outil. Dire autre chose c'est détourner le mot : technique de son sens véritable, de son acception logique. Il est probable que les premières créations humaines ont eu

1. Pierre-Maxime Schuhl est à l'époque maître de conférences à la Faculté des lettres de Toulouse. Cazals est sans doute Gilbert Cazals de Fabel, qui sera l'auteur d'un *Précis de philosophie à l'usage des candidats au baccalauréat* (1937), Adolphe Buhl (1878-1949) était professeur de mathématiques à la Faculté des sciences de Toulouse, S. Bach sera l'auteur d'un article « Présence de Paul Valéry » dans la revue *Carrefours de Culture humaniste* (Toulouse, septembre 1946). Lespinasse est sans doute le critique d'art toulousain Pierre Lespinasse.

2. Henri Poincaré (1854-1912), mathématicien, physicien et philosophe des sciences français.

l'utilité pour origine, mais mettre cette utilité à la base de toute création est nier l'élévation de la nature humaine ; c'est, en quelque sorte, nier le progrès humain, non le progrès scientifique mais le progrès artistique et moral. C'est d'un pessimisme décourageant qui conduirait à la négation de l'effort en vue du perfectionnement humain.

M. CANGUILHEM déclare ne pas comprendre très bien cette objection, étant donné qu'à son sens il a plutôt tenté de montrer la valeur spirituelle et créatrice des techniques, et que, loin de rabaisser les arts aux techniques, entendues comme progrès matériels, il a apparenté les techniques aux arts, formes diverses de la conscience humaine en tant qu'elle est esprit.

M. BACH — Les problèmes de la technique ou des techniques et de la création sont pour tout philosophe d'un intérêt capital mais plus particulièrement pour ceux qui se réclament du bergsonisme. On discute depuis trois mille ans sur l'*être* et le *connaître*. Le temps est sans doute venu d'ouvrir de fructueuses controverses sur le *faire* et le *créer*. L'esthétique, à mes yeux, est un chapitre, mais essentiel, de la métaphysique. Valéry m'écrivait l'an passé : « Je ne sais bien que ce que je sais faire ». Cette réflexion va loin. Le connaître ne peut être arbitrairement séparé du faire et du créer.

M. CAZALS — Je me séparerai de M. Canguilhem sur le point essentiel de sa thèse à savoir l'indépendance et même l'antériorité de la technique par rapport à la connaissance. J'accorde que la technique est une fonction spirituelle différente de la connaissance et qu'on ne peut tirer *l'agir* du *connaître* : mais les philosophes savent depuis longtemps que les principes de l'action sont distincts de ceux de la connaissance. C'est seulement l'idée d'un bien (bien sensible ou idéal) qui, disait déjà Leibniz, permet de passer du *possible* au *réel*.

Les deux points de vue de la connaissance et de l'action étant différents, reste à savoir celui qui est antérieur à l'autre et, sur ce point, je ne suis plus d'accord avec M. Canguilhem. Je crois que la thèse traditionnelle qui se réclame surtout de Bacon et qui place la condition du *pouvoir* dans le savoir reste vraie. Il est bien certain que les échecs de la technique provoquent des recherches scientifiques permettant de les éviter dans l'avenir. Mais, avant cette technique elle-même, il y a une connaissance rudimentaire, purement empirique qui en a été la condition. L'élan qui aboutit à la création vient d'ailleurs que de l'observation de la nature, il résulte d'un besoin à satisfaire, d'un bien à atteindre, ainsi que nous l'avons dit, mais les moyens de l'obtenir sont fournis par une connaissance antérieure si grossière qu'elle soit. C'est bien la constatation d'un déficit dans le rendement de la machine à vapeur qui a suggéré la *thermo-dynamique*, mais la machine à vapeur elle-même n'a été construite qu'à la suite de l'observation de Papin qui lui a révélé la force motrice de la vapeur. Bien plus, cette seconde étape de la connaissance postérieure à l'échec de la première technique ne naît pas directement de cet échec. L'homme cherche les causes de cet échec et c'est encore la connaissance de ces causes qui permet le perfectionnement de la technique. Bref, la naissance et le progrès de la technique supposent toujours au moins un rudiment de science.

A côté de la preuve *de fait* de l'*indépendance* de la technique par rapport à la connaissance, M. Canguilhem invoque un argument qui est une sorte de preuve *a priori*, et qui cette fois tend à établir une sorte d'*antinomie* entre les deux fonctions spirituelles. La création suppose, nous dit-il, la liberté, la science, le déterminisme. Le déterminisme impliquant la ressemblance de l'avenir avec le passé exclut par là même l'idée d'invention. Il faut supposer que l'homme est en dehors de l'objet de la science pour qu'il puisse modifier cet objet. C'est bien en effet la thèse qu'il faut accepter, mais nous ne voyons pas en quoi elle est inacceptable. La difficulté est, il est vrai, de comprendre comment, placé en dehors de la nature, l'homme peut agir sur elle pour y introduire du nouveau. Mais grâce à son *imagination* mise en branle par ses besoins il peut concevoir des combinaisons nouvelles de causes, et, grâce à sa *volonté*, il peut les réaliser. Ces combinaisons une fois produites donneront leurs effets conformément au déterminisme de la nature et aux besoins de l'homme. C'est encore le *savoir* qui est ici la condition du *pouvoir*, mais un savoir complété par l'imagination qui trouve des arrangements nouveaux entre les données de cette science.

Resterait à comprendre le secret de l'*invention* et l'action de la *volonté* sur la nature, comment cette action peut s'insérer dans la trame des phénomènes. Mais ce sont là des problèmes différents de celui que nous nous sommes posé à la suite de M. Canguilhem et on ne peut les résoudre tous à la fois. Contentons-nous de préparer cette solution en remarquant que le déterminisme que l'exposé de notre collègue nous présente comme le fondement de la science n'est pas aussi nécessaire qu'il le croit à cette science. Ce déterminisme a peut-être assez de souplesse pour rendre possible la réalisation de nos idées.

M. CANGUILHEM — M. Cazals maintenant la thèse de Bacon et de Comte, je ne puis mieux répondre qu'en maintenant la mienne. Je ferai seulement remarquer que l'exemple historique invoqué par M. Cazals n'a pas en fait la signification qu'il lui donne. Papin n'a pas construit la machine à vapeur à la suite d'une observation, il a introduit dans la machine à vapeur un dispositif (le cylindre et le piston), il n'en a pas donné le principe. Héron d'Alexandrie en savait autant que Papin sur la force de la vapeur. Par ailleurs, invoquer l'*imagination* ou la *volonté* comme éléments de solution ne me paraît d'aucun bénéfice. Si une théorie de la création me paraît devoir être faite c'est parce que les mots d'imagination et de volonté sont ce qui est à expliquer et non ce qui sert à expliquer.

P. M. SCHUHL. – *MACHINISME ET PHILOSOPHIE* NOUVELLE ENCYCLOPÉDIE PHILOSOPHIQUE (ALCAN, 1938, 108 PAGES)

Revue philosophique de la France et de l'étranger, vol. 126, n° 9-10 (septembre-octobre 1938)

Le titre du livre de P.-M. Schuhl réunit deux concepts longtemps séparés. Ce petit ouvrage, dense et clair, est le récit de ce qu'on peut appeler la levée d'une longue inhibition. La machine est aussi vieille que l'homme, le machinisme est d'hier. Logiquement le machinisme était possible avec la machine, mais P.-M. Schuhl s'attache à recenser les « obstacles » ou les « interdits » d'ordre métaphysique et social qui bloquaient l'humanité sur la voie où elle a fini par s'engager. *Machinisme et Philosophie* se présente comme une contribution à la psychanalyse de « *l'homo faber* », au moment où M. Bachelard écrit, dans la *Formation de l'Esprit scientifique* une contribution à la psychanalyse de l'« *homo sapiens* ».

Par la façon dont il a posé le problème, P.-M. Schuhl évite une difficulté que n'avait pas évitée Mme Lombroso dans *La Rançon du Machinisme* [a]. Selon Mme Lombroso, les civilisations antiques ont quasi consciemment refusé le machinisme. Il est bien évident qu'Archimède était assez savant pour comprendre les théories élémentaires du frottement ou de la percussion impliquées dans la construction et l'usage du fer à cheval ou du marteau-pilon. Mais la question n'est pas là, à moins d'admettre que la connaissance de la mécanique conduit *d'elle-même* à la fabrication d'engins. Illusion aussi incontestable que répandue. Au lieu de se demander pourquoi les anciens n'ont pas connu le machinisme, exemple-type d'une illusion de rétroactivité, il est mieux de se demander quelles ont été chez les modernes les conditions de l'essor du machinisme.

Ce qui caractérise la civilisation machiniste, ce n'est pas l'ingéniosité technique de quelques inventeurs, c'est d'abord la convergence de certains besoins que seul peut satisfaire l'usage systématique de la machine. Le machinisme est une forme d'industrie qui supposa une certaine forme de

a. Gina Lombroso, *La rançon du machinisme*, Paris, Payot, 1931 [1]

1. Gina Lombroso-Ferrero (1872-1944), est la fille et collaboratrice du célèbre criminologue Cesare Lombroso. Outre ce livre sur le machinisme, elle avait écrit un autre livre très diffusé sur *L'âme de la femme* (1922), qui critiquait les « tragiques conséquences de l'erreur altérocentriste de la femme » et du féminisme.

commerce. L'uniformité mécanique du produit apte à satisfaire un besoin spécial et limité suppose comme compensation l'extension du marché. En outre ce qui caractérise la civilisation machiniste, c'est bien plus que la machine moteur, la machine-outil et la machine à faire des outils. L'idée de la machine-outil ne peut venir qu'à un certain moment de la division du travail. Il faut préalablement que la concentration des travailleurs ait transformé les conditions physiologiques du travail dans la manufacture. Or la manufacture est inséparable de la forme capitaliste de l'économie. En résumé, derrière le machinisme, phénomène technique, il faut apercevoir le capitalisme, phénomène économique, et derrière le capitalisme il faut apercevoir un système de valeurs, un humanisme rationaliste. L'idéal de la vie humaine ce n'est plus le paradis terrestre dont on a la nostalgie : l'idéal c'est le jardin qu'il faut cultiver. L'humanisme machiniste implique que l'homme n'a pas de place toute faite dans la nature, qu'il doit plier cette nature par le travail pour la dominer par l'esprit. Il est clair qu'on est bien loin de l'idée grecque du cosmos, ou de l'idée chrétienne de Providence. Qu'on se rappelle la remarque de Stendhal : « Fond des mœurs anglaises. Vers 1730, quand nous avions déjà Voltaire et Fontenelle, on inventa en Angleterre une machine pour séparer le grain qu'on vient de battre des petits fragments de paille; cela s'opérait au moyen d'une roue qui donnait à l'air le mouvement nécessaire pour enlever les fragments de paille; mais en ce pays biblique les paysans prétendirent qu'il était impie d'aller contre la volonté de la divine Providence, et de produire ainsi un vent factice, au lieu de demander au ciel, par une ardente prière, le vent nécessaire pour vanner le blé, et d'attendre le moment marqué par le dieu d'Israël. Comparez cela aux paysans français. » (*De l'amour*, fragments, 39). On voit maintenant en quoi le machinisme suppose une philosophie. Cela ne contredit nullement le fait que la philosophie moderne suppose un machinisme. De ces effets de réciprocité, Schuhl a décrit un aspect. Son intéressant travail est un document indispensable pour toute philosophie de la technique qui pourra se présenter comme pièce d'une philosophie des valeurs.

G. CANGUILHEM (Toulouse)

LE FASCISME ET LES PAYSANS (1935)

PRÉSENTATION[1]

Michele CAMMELLI

Publié à Paris de manière anonyme en 1935, imprimé à Cahors dans le cadre des publications du Comité de Vigilance des Intellectuels Antifascistes, *Le fascisme et les paysans* est un texte d'analyse et de réflexion politique qui n'a jamais été réédité en France[2].

Ce texte, auquel Canguilhem n'a jamais cessé de reconnaître une véritable importance[3], occupe une place particulière dans ses écrits non seulement en raison de son caractère anonyme mais aussi parce qu'il est le seul texte d'analyse politique d'une telle ampleur qu'il ait publié de son vivant.

Avant de préciser les conditions dans lesquelles *Le fascisme et les paysans* a été écrit, quelle place il occupe dans l'itinéraire de son auteur et comment il s'inscrit dans le débat de l'époque concernant la question agraire et la montée du fascisme en France, quelques informations préliminaires sur le contexte politique et éditorial dans lequel la brochure paraît et sur la manière dont elle se présente aux lecteurs de l'époque sont nécessaires.

1. Ce travail a été soutenu dans le cadre du 7e Programme-Cadre de la Communauté Européenne par une bourse Marie Curie « People » (sous l'identifiant : PIEF-GA-2008-221205).

Je remercie Camille Limoges pour l'aide constante et généreuse avec laquelle il a suivi ce travail en me faisant part des nouveaux textes et des nouvelles informations historiques qui ont été essentiels pour la version définitive du texte ; je remercie également Bernard Canguilhem, Sophie Cureau, Marina Déak, Olivier Doron, Carlo Galli et Yves Schwartz pour l'aide importante qu'ils m'ont donnée à différents moments de ce travail.

2. Le texte a toutefois donné lieu à une publication récente d'une traduction en italien : G. Canguilhem, *Il fascismo e i contadini*, trad. ital. par M. Cammelli, Bologna, Il Mulino, 2006.

3. Selon le témoignage de son fils, BernardCanguilhem.

LE COMITÉ DE VIGILANCE DES INTELLECTUELS ANTIFASCISTES (1934-1939) ET LA BROCHURE *LE FASCISME ET LES PAYSANS*

Le Comité de vigilance des intellectuels antifascistes, à l'origine de cette brochure, est né d'un mouvement de réaction à la violente émeute d'extrême droite du 6 février 1934[1]. A l'initiative d'intellectuels parisiens, il se constitue dès le mois de mars 1934.

Dans l'histoire du fascisme et de l'antifascisme en France, le « 6 Février » fait date. Si, à cette époque, les intellectuels français ne cachent pas leur inquiétude face à la montée du fascisme en Europe, ils ont tendance à le considérer comme un problème extérieur à la France. Il touche, pensent-ils, les nations qui ont perdu la guerre, celles dont les revendications nationales sont restées partiellement insatisfaites, comme l'Italie. Mais les émeutes de février 1934 viennent leur rappeler que la menace fasciste peut aussi bien s'abattre sur la France, qu'ils doivent apprendre à combattre l'ennemi de l'intérieur.

Ce changement de perspective est manisfesté par une large mobilisation des masses ouvrières. Dépassant les divisions parlementaires des partis de gauche, les jours qui suivent immédiatement le 6 février, le 9 et le 12, organisations ouvrières et syndicats appellent au nom de l'unité des travailleurs à de grandes manifestations contre l'éventualité d'un coup d'État fasciste en France.

Le Comité de vigilance des intellectuels antifascistes se crée dans la continuité de ces événements sous le patronage de trois personnalités emblématiques des différentes familles de la gauche : l'ethnologue Paul Rivet, socialiste ; le philosophe Alain, proche du radicalisme; le physicien Paul Langevin, sympathisant communiste. Le CVIA forge dès lors une alliance, au-delà des obédiences partisanes, forte de la mobilisation ouvrière récente (mais en dépit de cette orientation, les partis joueront un rôle important et parfois déterminant dans l'histoire de cette organisation).

Les trois intellectuels lancent un appel dans le texte fondateur du comité, le manifeste « Aux travailleurs » du 5 mars 1934 : « Notre premier acte sera de former un comité de vigilance qui se tiendra à la disposition des organisations ouvrières. Que ceux qui souscrivent à nos idées se fassent connaître »[2]. La réponse ne se fait pas attendre. En quelques semaines, des centaines d'intellectuels, des enseignants, des universitaires, des écrivains et des artistes adhèrent au comité (en décembre 1934, l'organisation compte près de 6000 membres). Le profil de ces nouveaux adhérents définit de fait le comité comme un rassemblement d'« intellectuels », première caractéristique de l'organisation.

Le CVIA a toujours affiché son autonomie vis-à-vis des partis politiques, rappelant son lien avec les travailleurs par l'intermédiaire des syndicats (un des

1. Pour l'histoire du CVIA nous nous référons à l'article très informé de N. Racine-Furlaud, « Le Comité de Vigilance des intellectuels antifascistes (1934-1939). Antifascisme et pacifisme », *Le mouvement social*, n° 101, 1977, p. 87-113.

2. Le texte de l'appel est reproduit alors largement et notamment dans les pages des *Libres Propos*, n° 3, 25 mars 1934, p. 141.

premiers gestes publics de Paul Rivet après la constitution du CVIA est de se rendre à la CGT et à la CGTU[1]). Son histoire demeure pourtant indissociable de celle des partis de l'époque. Il préfigure un premier rassemblement de la gauche, annonçant l'avènement du « Front populaire », qui voit le jour l'année suivante et emporte les élections en 1936. Selon André Delmas, c'est au CVIA qu'on doit, par exemple, l'idée de la manifestation du 14 juillet 1935, première grande manifestation du Rassemblement Populaire[2]. Le plus grand succès du CVIA est également une des premières victoires du Front populaire : Paul Rivet, président du CVIA, s'impose comme candidat unique de la gauche durant la campagne municipale de mai 1935 à Paris et remporte les élections au deuxième tour.

Si leurs chemins parfois s'entrecroisent, le CVIA et le rassemblement parlementaire gardent une existence propre et distincte. De même que le Front populaire, le CVIA est traversé par des clivages, des fractures et des déchirements. Ces conflits de plus en plus profonds, qui se développent autour de la question de la conciliation entre pacifisme et antifascisme ou celle de la définition du « fascisme », épuisent le CVIA qui se dissout en 1939. Sous l'Occupation, les problématiques changent : la question de la résistance pose un rapport différent à l'engagement et à l'action politique, et suscite de nouveaux clivages et de nouveaux liens.

Le but du CVIA, tout au long de son existence, est de soutenir la lutte antifasciste en offrant aux travailleurs un observatoire d'analyses politiques qui surveille, jour après jour, les développements préoccupants du fascisme en Europe et dans la société française. Pour ce faire, le comité crée d'emblée un organe de presse mensuel, le « Bulletin de Vigilance », et publie parallèlement différentes brochures consacrées aux populations-cibles du discours fasciste. A l'approche des élections de mai 1936, l'une des préoccupations les plus urgentes du CVIA est de produire des analyses des strates socio-économiques les plus exposées à la propagande fasciste : les jeunes, les classes moyennes et les paysans.

Le fascisme et les paysans paraît dans cette série de brochures. L'étude porte sur un public sensible à l'influence fasciste. Après *La jeunesse devant le fascisme* réalisée en 1934, une analyse sur les paysans vient faire le point sur les politiques agraires et la situation sociale des paysans français face au fascisme.

Le texte se divise en deux parties. Dans la première, « *Propositions pour une politique agraire* », l'auteur dresse un inventaire : 1) de la diversité du monde rural français (différences géographiques, sociales, techniques, économiques, etc.) ; 2) de la situation des masses paysannes confrontées à la modernisation technique et capitaliste du monde rural, ballottées par les politiques agraires successives, au fil et au

1. La Confédération générale du travail unitaire (CGTU), était un syndicat étroitement lié au Parti Communiste Français fondé en 1921 de par la volonté d'une partie de la CGT de s'affilier à l'Internationale syndicale rouge. En 1936, avec l'expérience du Front Populaire, les deux confédérations se réunifient.

2. A. Delmas, *A gauche de la barricade. Chronique syndicale de l'avant-guerre*, Paris, Éditions de l'Hexagone, 1950, p. 30-32.

gré des gouvernements, pour tenter de sortir de la crise économique (avec un chapitre consacré au blé et au vin, principaux produits de l'agriculture de l'époque); 3) de l'extension et du succès des actions des mouvements du fascisme agraire. En contrepoint, l'auteur présente une définition nouvelle des formes politiques que peut prendre le fascisme. Il revient sur l'idéal d'émancipation que propose le marxisme. Enfin, il envisage les masses paysannes comme un sujet capable de participer activement aux luttes politiques en cours. Dans la deuxième partie, un «*Appendice*», divisé en deux sections – «*Résultat d'une enquête*» et «*Notes sur l'agriculture en Italie et en Allemagne fascistes*» –, Canguilhem rapporte les résultats du travail d'observation mené par le Comité de Vigilance. Ce sont, d'une part, les résultats d'une enquête sociologique menée dans différentes régions françaises pour mesurer l'influence de mouvements fascistes tels le «Parti agraire» et le «Front Paysan», et pour sonder l'opinion dans les campagnes sur les causes de la crise économique du secteur agraire et sur ses remèdes possibles. Ce sont, d'autre part, les résultats d'une étude détaillée des politiques agraires menées en Italie depuis 1922 et en Allemagne depuis 1933, étude révélant les nombreuses incohérences entre ces politiques et l'idéologie agraire que les deux partis revendiquaient dans leurs programmes respectifs.

Le fascisme et les paysans, interrogeant les urgences et les inconnues de son époque, est un texte brûlant d'actualité pour ses contemporains. Cette brochure, à l'instar des autres publications du CVIA, marque l'engagement qu'une organisation d'intellectuels a décidé d'assumer: surveiller et lutter contre un danger politique, le «fascisme», qui pèse de plus en plus lourdement sur l'avenir de l'Europe.

Néanmoins, comme on en a déjà fait la remarque, il n'y a jamais eu, à l'intérieur du CVIA en tant qu'organisation, une définition claire et partagée de l'ennemi auquel il s'oppose.

C'est averti de cette difficulté qu'il faut lire *Le fascisme et les paysans*. Bien que Canguilhem propose des analyses et des réflexions consacrées à une population-cible, les paysans, il prend, avec ce texte, une position singulière face à un problème plus général, s'adressant à toute l'organisation. Il produit une définition du fascisme comme phénomène politique, affirmant les conditions théoriques et pratiques d'une lutte antifasciste en France capable de réaliser la rencontre entre luttes ouvrières et luttes paysannes.

1934-1935 : UNE PÉRIODE DE TRANSITION DANS L'ITINÉRAIRE INTELLECTUEL ET POLITIQUE DE CANGUILHEM

Les années entre 1934 et 1935 constituent pour Canguilhem des années de transition très importantes. Il s'agit d'une période intermédiaire qui se situe entre la décennie 1924-1934, profondément marquée par l'engagement pacifiste et par la fidélité au maître rencontré au lycée Henry IV en 1924, Alain, et une nouvelle période qui commencera en 1936 et sera marquée par deux changements majeurs, le début des études de médecine et le déplacement du philosophe vers une position antifasciste de plus en plus inconciliable avec le pacifisme.

Lorsque Canguilhem évoque ce bouleversement des années 1934-1935 au cours d'un entretien en 1981, il présente cette prise de distance avec le pacifisme alainiste comme un événement déjà en cours à cette période. Jean-François Sirinelli dans *Génération intellectuelle* cite cet entretien : Canguilhem déclare alors qu'« il aurait eu "vers 1934-1935 la prise de conscience qu'on ne peut pas traiter avec Hitler" et aurait, dit-il, connu une "évolution" »[1]. Plusieurs éléments appuient ce témoignage. En mars 1934, précisément au moment de la naissance du CVIA, le philosophe interrompt sa participation aux *Libres Propos*, revue animée par des disciples d'Alain où il avait écrit de manière régulière et intense à partir de 1927, dont il fut même le directeur en 1932. Cela pourrait apparaître comme une première prise de distance. Par ailleurs, la chronologie qu'il donne dans l'entretien de 1981 correspond à l'histoire de la fracture qui se produit peu à peu au sein du CVIA entre les pacifistes à outrance, notamment les alainistes, et ceux qui commencent à s'opposer de plus en plus à toute concession vis-à-vis des prétentions de l'Allemagne nazie, à savoir les communistes. En effet, c'est bien en mai 1935, avec le pacte Laval-Staline, que la scission entre ces deux positions apparaît au CVIA. Canguilhem laisse penser que la rupture avec l'attitude trop compréhensive des pacifistes vis-à-vis de l'hitlérisme s'est produite chez lui « vers 1934-1935 », autrement dit qu'à partir de son engagement dans le CVIA (« vers 1934-1935 ») il a pris petit à petit ses distances vis-à-vis de ce pacifisme à outrance, pour lequel il avait milité jusqu'alors, et que, dès l'année suivante, au moment où le conflit se manifeste au sein de l'organisation, cette prise de distance devient une véritable rupture.

Cependant, les documents découverts par Camille Limoges au cours de ses dernières recherches historiques sur Canguilhem, venant s'ajouter à la bibliographie déjà très détaillée qu'il avait publiée en 1994[2], montrent bien la fragilité de telles déductions. Dans la période en question, Canguilhem continue à être très proche des pacifistes ; ainsi en octobre et décembre 1935, il publie deux petits textes dans les *Feuilles libres de la Quinzaine*, revue fortement vouée au pacifisme et qui vient de se constituer par la fusion de la revue d'Alain (qui cesse de paraître en septembre de la même année) et de la *Flèche de Lyon* ; et, comme on le voit dans le compte-rendu qu'il écrit en mai 1936 en tant que secrétaire de la section du CVIA de Béziers, au moment où la fracture avec les communistes est déjà devenue manifeste et irrémédiable au sein du CVIA, sa position est encore résolument pacifiste concernant l'attitude à adopter vis-à-vis de l'Allemagne hitlérienne.

Le déplacement de Canguilhem vers une position de refus net de toute négociation avec Hitler se fait plus tard, très probablement à partir de la deuxième moitié de l'année

1. J.-F. Sirinelli, *Génération intellectuelle*, Paris, Fayard, 1988, p. 597.

2. C. Limoges, « Critical Bibliography » *in* F. Delaporte (éd.), *A Vital Rationalist. Selected Writings from Georges Canguilhem*, New York, Zone Books, 1994, p. 385-453.

1936, au moment où il est affecté à Toulouse et où il commence à s'engager dans le réseau antifasciste animé entre autres par Silvio Trentin.

Dans l'entretien de 1981 le philosophe a donc dû être victime de sa mémoire. Mais il serait injuste de l'interpréter comme une erreur intégrale. Les signes ne manquent pas qui confirment que la période en question est une période de transformations et qu'à partir de l'expérience du CVIA quelque chose a réellement changé dans la manière dont Canguilhem envisage l'engagement politique.

Lors d'une intervention au colloque tenu en 1985 en hommage au résistant Silvio Trentin, Canguilhem insiste sur la discontinuité profonde que représente pour lui la période qui s'ouvre avec l'expérience du CVIA :

> qu'on se souvienne !, écrit-il, 1934, le 6 février, place de la Concorde ; 1936, le 7 mars, entrée en Rhénanie démilitarisée des troupes allemandes ; mai, victoire électorale du Front Populaire ; 19 juillet, annonce du coup d'État franquiste en Espagne ; 1938, le 30 septembre, Munich ; 1939, le 26 janvier, prise de Barcelone par les franquistes ; 22 août, annonce du pacte germano-soviétique ; 1er septembre, offensive allemande en Pologne ; 3 septembre, la France déclare la guerre à l'Allemagne. Durant cette période, face à ces événements, bien des attitudes et convictions politiques qu'il est convenu de qualifier de "gauche" ont donné lieu à des confusions, à des amalgames, à des translations dont l'interprétation et l'appréciation alimentent encore les querelles idéologiques. On a vu des socialistes prendre leurs distances par rapport à l'antifascisme. On a vu des pacifistes compréhensifs avec l'hitlérisme. On a vu des intellectuels marxistes approuver le pacte germano-soviétique. Par contre, ceux qui ont eu la chance – et j'ajoute l'honneur – d'écouter Trentin dans ses analyses, de le suivre dans ses démarches, parfois de l'accompagner dans ses entreprises, peuvent lui être reconnaissants d'avoir, grâce à lui, évité les pièges où tombent ordinairement les bonnes volontés sans expérience politique critique [1].

Dans cette séquence d'événements historiques qui rappelle, étape par étape, l'histoire du Comité de vigilance, avec ses difficultés et ses clivages, Canguilhem ne cesse de pointer les incertitudes et les doutes qui parcourent tout un chacun depuis les événements de février 1934. Trouver de nouveaux critères d'orientation théorique et politique, se tenir prêt pour de nouveaux choix et des positions nouvelles semble devenir une nécessité. Bien que l'abandon par Canguilhem d'une position pacifiste vis-à-vis d'Hitler n'ait pas eu lieu avant la fin de 1936, on a la nette impression que les années 1934-1935 constituent une période intermédiaire où des vieilles fidélités personnelles, théoriques et politiques ne sont déjà plus aussi solides qu'auparavant. Il est vrai par exemple qu'en octobre 1935 il annonce dans les pages de la nouvelle revue des *Feuilles Libres de la Quinzaine*, en partie animée par le groupe des *Libres Propos*, son intention d'y écrire régulièrement. Mais ce projet reste sans suite et, deux mois plus tard, sa contribution à la revue s'interrompt. Un retour à l'engagement alainiste absolu, dont témoignent encore ses textes jusqu'en mars 1934, n'est plus possible.

1. G. Canguilhem, *in* AA.VV., *Silvio Trentin e la Francia, Saggi e testimonianze*, *op. cit.*, p. 177.

Dans un entretien donné peu avant sa mort en 1995, Canguilhem parle ainsi de l'isolement typique que génère l'attitude radicale des alainistes : « quand on était alainiste, dit-il, finalement on n'avait pas beaucoup de relations, on était très exigeant. Cela m'a passé, et ce qui m'a fait passer cela, c'est précisément l'Occupation, la Résistance et la suite… et la médecine »[1]. Les deux expériences ici évoquées comme étant à l'origine de sa propre sortie de l'isolement alainiste, la Résistance et la médecine, sont des expériences postérieures. Et pourtant la nouvelle période d'ouverture qui commence pour Canguilhem au moment où il est nommé à Toulouse en 1936 est difficilement concevable, si l'on fait abstraction de cette période intermédiaire qui la précède. L'engagement dans le CVIA a certainement préparé la rupture de cet isolement.

La composition du *Fascisme et les paysans*, de l'hiver 1934 au printemps 1935, s'inscrit dans cette période d'incertitudes que nous venons de dépeindre. Des éléments neufs surgissent, par rapport aux textes de la période précédente, dans l'attitude plus constructive, dans le souci du concret, dans l'exigence de l'analyse. Les 42 pages (dans la version originale) de cette brochure en font un texte politique incomparablement plus long que les écrits publiés dans les *Libres propos*, et la différence n'est pas seulement quantitative. Car l'objet et la tâche de l'écriture ont changé. Dans les articles des *Libres Propos* il s'agissait toujours d'un certain événement à commenter (une nouvelle loi votée, un nouveau livre publié, etc.), tandis que, dans *Le fascisme et les paysans*, il s'agit d'une situation à analyser dans son ensemble, afin de fournir au CVIA des réponses concrètes pour une action politique coordonnée et efficace.

En conclusion de l'ouvrage, Canguilhem s'excuserait presque de sa « maigre étude »[2]. Pourtant *Le fascisme et les paysans* reste, à notre connaissance, la première étude que Canguilhem ait publié, bien qu'excentrique et marginale en regard des études épistémologiques qui le feront connaître dans le monde intellectuel français de l'après-guerre. On a l'impression qu'avec ce nouvel engagement quelque chose change dans le rapport même qu'il entretient avec l'écriture, maintenant davantage animée par l'exigence de produire des effets théoriques et pratiques dans le nouveau contexte politique complexe et multiple dans lequel elle s'inscrit. C'est peut-être pour cette raison que dans les pages du *Fascisme et les paysans*, le ton paraît si éloigné de cette attitude d'intransigeance philosophique et de radicalité solitaire qui caractérisait les alainistes et les textes de la période des *Libres Propos*. Un certain état d'isolement de la philosophie et de l'activité du jugement semble désormais céder la place à une manière nouvelle d'entendre l'engagement de la pensée dans l'actualité, l'activité du jugement philosophique étant dans cette étude entièrement intégrée à la démarche théorique et analytique qu'elle est obligée de mettre en place pour aborder de façon concrète son objet.

1. F. Bing, J.-F. Braunstein, « Entretien avec Canguilhem », *in* F. Bing, J.-F. Braunstein, É. Roudinesco (dir.), *Actualité de Georges Canguilhem*, *op. cit.*, p. 121-135, p. 129.

2. Cf. *infra*, p. 571.

Il est possible que le fait de préférer une forme d'écriture anonyme pour *Le fascisme et les paysans* ait été en rapport avec la manière dont désormais Canguilhem envisage l'engagement intellectuel dans le contexte nouveau de cette organisation politique qui s'était donné comme but précis de coordonner une action politique antifasciste. Dans le ton et dans la démarche de l'ouvrage, on ressent clairement l'urgence de donner naissance, concernant le problème traité, à une nouvelle conscience organique capable de se traduire en action politique. Dès le début, Canguilhem parle à la première personne du pluriel. Dans les toutes premières lignes, on lit par exemple : « si nous définissons le fascisme seulement comme un effort du capitalisme aux abois pour détruire (...) la puissance des organisations ouvrières, nous ne tirerons rien d'une telle idée qui soit capable de mobiliser éventuellement les paysans français contre le fascisme »[1]. On voit bien que le « nous » mis en avant ici n'est pas une simple formule de style. En faisant appel à ce « nous », en même temps qu'elle s'exprime à la première personne du pluriel, l'écriture de Canguilhem s'identifie à la nature collective de la tâche que l'organisation s'est donnée. Le « je » de l'auteur semble presque devoir ici disparaître derrière le « nous » auquel il fait appel en s'adressant au CVIA et à ses lecteurs. En ce sens, on peut dire que le choix de l'anonymat est tout à fait en accord avec l'esprit et l'intention qui animent l'écriture tendue et urgente de ce texte.

Après la Seconde Guerre mondiale, dans les nombreux hommages qu'il consacre à la figure de Jean Cavaillès, il est arrivé souvent à Canguilhem d'insister sur le caractère volontairement anonyme de l'engagement de ce mathématicien dans la Résistance. Il n'est pas exclu que ces hommages soient à lire comme des témoignages indirects que le philosophe nous a donnés aussi sur lui-même et sur sa manière d'entendre l'engagement intellectuel à partir de son expérience dans le CVIA. Concernant la période de son engagement dans la Résistance, les témoignages ne manquent pas qui confirment chez lui une attitude très proche de celle de Cavaillès dont il dira qu'il avait été « résistant par logique ». À propos des combats en Auvergne du printemps 1944, on lit que Canguilhem a montré « un courage et une abnégation totale en allant soigner les blessés derrière les lignes allemandes. Il s'est présenté spontanément pour accomplir une mission dangereuse quoique sachant qu'il allait à peu près à coup sûr dans un secteur d'où il ne reviendrait pas. Il a ajouté « il faut que quelqu'un y aille, donc j'y vais »[2]. « Quelqu'un », c'est-à-dire « n'importe qui ». Le sujet est ici mis en avant dans sa forme purement anonyme à peu près de la même manière que ce « nous » mis en avant à plusieurs reprises dans l'écriture anonyme du *Fascisme et les paysans*.

Ce comportement peut paraître surprenant chez un philosophe comme Canguilhem qui n'a jamais cessé de mettre au cœur de ses préoccupations le problème de l'individualité et de l'existence du débat de la personne singulière avec les valeurs.

1. Cf. *infra*, p. 539.

2. Citation à l'Ordre de l'Armée, extrait de l'Ordre général n° 7, 28 septembre 1944 à l'occasion de la remise de la Croix de guerre à Canguilhem par le Ministre de la Guerre, lors de son passage par Clermont-Ferrand.

Mais si l'on prête attention à sa définition de l'antifascisme, on s'aperçoit qu'il y a au contraire une profonde solidarité entre ces deux positions apparemment contradictoires. Comme on le voit déjà dans le texte de 1935, pour Canguilhem, le fascisme représente la négation même de toute subjectivité et de toute possibilité de débat au profit d'une obéissance automatique (ce qui fait du « fascisme » une catégorie applicable au-delà de son contexte historique d'apparition). Il n'y a donc pas de contradiction, pour ce philosophe de la pluralité des normes, à envisager la lutte contre un tel régime comme un devoir à la fois singulier et universel qui se pose de manière absolument anonyme. Dans les nombreux hommages consacrés à Cavaillès, cette position sera affirmée de manière très claire. Il est probable qu'elle soit déjà présente dans les pages anonymes écrites pour le CVIA.

LA PLACE DU TEXTE DANS L'ITINÉRAIRE DE CANGUILHEM : LA GÉOGRAPHIE ET LE MARXISME

Le fascisme et les paysans est un texte politique qui témoigne de l'engagement de Canguilhem dans l'actualité, mais il est aussi un texte d'analyse et de théorie politiques qui témoigne d'un type d'intérêt interne à sa démarche philosophique : l'intérêt qu'il porte tout au long des années 1930 à la géographie, notamment à la géographie humaine de Vidal de La Blache [1] et la manière dont sa « théorie des genres de vie » peut inspirer une nouvelle façon de faire de l'histoire et de l'analyse sociale.

Les études de médecine commençant en 1936, il est plausible que la décision d'accompagner la réflexion philosophique d'études capables de l'introduire « à des problèmes humains concrets », comme il le dira au début de la thèse de médecine en 1943, soit déjà engagée au moment de l'écriture du *Fascisme et les paysans*. L'importance que Canguilhem donne à l'analyse des tendances et des besoins humains, visible dans les notes inédites dès le cours de philosophie donné au lycée de Valenciennes en l'année 1934-1935 sur la « Psychologie » [2] laisse entrevoir que cette exigence du concret est déjà ressentie de manière particulièrement intense dès cette

1. Paul Vidal de La Blache (1845-1918), géographe. Influencé par la pensée allemande, en particulier par Friedrich Ratzel, qu'il a rencontré en Allemagne, il est à l'origine du terme de « possibilisme » qui même s'il n'a jamais été utilisé directement par lui résume de manière efficace son opposition au déterminisme de la nature défendu par certains géographes du XIXe siècle. Fondateur avec Lucien Gallois en 1891 de la revue *Annales de géographie*, base de l'école française de géographie, il a joué un rôle crucial dans l'institutionnalisation de l'enseignement de cette discipline qui a eu lieu en France dans la première moitié du XXe siècle.

2. G. Canguilhem, « Psychologie. Valenciennes 1934-1935 et Toulouse 1934-1938 » (Fonds Canguilhem, CAPHES). Cet ensemble de dossiers contient les notes du cours donné en 1934-1935 ainsi que des feuillets de la période toulousaine qui ont été rajoutés ici et là dans un deuxième temps. À l'analyse des tendances et des besoins, qui revient à différents moments du cours, est consacrée une partie spécifique dans le dossier « Conflit des choses et du moi, l'affectivité », p. 18-19.

époque. Dans l'entretien de 1995 déjà cité, il rappelle ses origines paysannes et sa participation à la gestion de la ferme familiale, aux travaux des champs, puis évoque cette époque de transition qui caractérise la seconde moitié des années 1930, avouant que, s'il n'avait « pas fait de la médecine, il est possible » qu'il se serait « orienté vers la géographie agricole, ce qui finalement s'appelle maintenant l'écologie »[1]. Le texte de 1935, traversé par des analyses géographiques, des lectures des différents modes paysans de produire, d'habiter le territoire, de s'organiser socialement, d'entrer en rapport avec les pouvoirs publics, témoigne précisément de cette ouverture théorique qu'évoque Canguilhem dans cet entretien. Il est donc possible que, durant les années de transition, de 1934 à 1935, le choix concernant la « matière étrangère » qui doit introduire la réflexion philosophique aux problèmes humains concrets n'ait pas encore été fait et que l'éventualité de se consacrer à des études de géographie soit réellement envisagée par Canguilhem.

En tout cas, il serait absurde de penser qu'avec la décision de choisir la médecine à partir de 1936, cet intérêt s'éteigne. Les écrits inédits de Canguilhem attestent que son attention pour l'écologie, pour la géographie et pour la manière dont les hommes se rapportent au sol en le transformant par l'activité technique demeure très vivante tout au long de ses études de médecine. Entre 1939 et 1940, à l'Institut agronomique de Toulouse, il donne ainsi sous le titre de "L'Homme et le sol »[2] une série de leçons, où il aborde les différents possibles de la géographie humaine et les manières d'envisager le problème des rapport des hommes à leur milieu et à l'activité technique. Par ailleurs, comme en témoigne par exemple le texte de 1974, « La question de l'écologie : la technique ou la vie »[3], il est clair que les problématiques liées à cette question, bien que de façon moins visible, resteront toujours présentes dans ses préoccupations.

Reconnaître le rôle majeur que cet axe d'analyse a pu avoir dans la réflexion de Canguilhem au cours des années 1930 est indispensable pour comprendre la singularité de l'approche adoptée dans *Le fascisme et les paysans* et le rapport ambivalent, à la fois de prolongement théorique et de rupture critique, que les analyses contenues dans ce texte entretiennent avec la pensée marxiste.

À notre connaissance Canguilhem n'a pris dans aucun autre texte une posture aussi nettement favorable envers le marxisme que dans *Le fascisme et les paysans*. Pour la légitimer, il effectue dans ce texte un travail complexe à la fois de reprise et de transformation des conceptualisations marxistes dans lequel la référence à la théorie géographique joue un rôle important.

L'attention que Canguilhem porte à la géographie pendant les années 1930 vient d'un problème plus général qu'il envisage déjà dans ses tout premiers travaux philosophiques : le problème épistémologique des rapports multiples qui peuvent exister

1. F. Bing, J.-F. Braunstein, *Entretien avec Canguilhem*, *op. cit.*, p. 133.

2. G. Canguilhem, *Institut agronomique : cours sur « l'homme et le sol », « la race », « la colonisation », « l'honneur », le matérialisme historique, science et morale, textes choisis. 1939-1940* (Fonds Canguilhem, CAPHES).

3. Publié dans *Dialogue* (Bruxelles), Cahier n° 22, mars 1974, p. 37-44.

entre des savoirs différents et de la possibilité qu'une certaine discipline, du fait de la place stratégique qu'elle occupe à un moment donné dans le régime des savoirs, produise des effets théoriques au-delà de son domaine propre de recherche. Cette attention est déjà présente dans son mémoire de diplôme d'études supérieures, « Théorie de l'ordre et du progrès chez Auguste Comte »[1] rédigé en 1925-1926, sous la direction de Célestin Bouglé. Ainsi, il va mettre l'accent sur la manière dont le concept de « normal », central dans la philosophie de l'histoire et dans la sociologie d'Auguste Comte, a été importé par celui-ci directement de la doctrine biologique élaborée par le médecin Broussais pour expliquer les altérations pathologiques de l'organisme[2]. L'attention que porte Canguilhem à la géographie pendant les années 1930 a le même caractère et vient de la place stratégique qu'elle occupe dans le régime actuel des savoirs. Cette discipline qui est confrontée de manière essentielle à la question du milieu et qui se situe à la limite des sciences de la nature, des sciences de la vie et des sciences humaines, constitue pour Canguilhem le lieu privilégié de problématisation de questions théoriques qui vont bien au-delà de son champ spécifique de recherche, notamment celle du rapport entre le vivant et son milieu et celle du rôle de l'activité technique dans la transformation du milieu.

Dans le texte inédit de 1939-1940 sur « L'homme et le sol », apparaissent clairement les enjeux à la fois théoriques et politiques dans lesquels la théorie géographique, qu'elle le veuille ou non, se trouve alors engagée. Canguilhem y marque la parenté des doctrines racistes françaises de Barrès et de Maurras avec la conception substantialiste de la géographie de l'École de Ratzel[3] qui croit en l'existence ordinaire d'un « esprit propre à un espace » et qui, surtout dans les travaux récents de ces adeptes, tend à décrire la relation entre les hommes et le sol dans les termes déterministes d'une adaptation mécanique et d'un enracinement passif. Au « déterminisme géographique » de cette école, il oppose le « possibilisme géographique » de l'école de Vidal de La

1. Georges Canguilhem, *La théorie de l'ordre et du progrès chez A. Comte*, Diplôme d'études supérieures, Directeur : C. Bouglé, novembre 1925-juin 1926 (Fonds Canguilhem, CAPHES).

2. *Idib.*, p. 35.

3. Friedrich Ratzel (1844-1904) géographe allemand. Il a été une figure intellectuelle particulièrement controversée. En tant que fondateur de l'anthropogéographie, discipline qui lie la terre et l'homme dans une vision systématique, il a exercé une influence profonde dans le mouvement de renouveau de la science géographique en Europe à la fin du siècle. Vidal de La Blache lui-même, par exemple, se revendique de son enseignement qui contribue, dit-il, à « rétablir dans la géographie l'élément humain ». Par contre, en tant que pionnier de la géopolitique et théoricien du *Lebensraum* (espace vital), idée qui assimile les États à des organismes vivants s'affirmant les un contre les autres, il a été aussi à l'origine d'une école qui dans les années 30 se liera directement avec la doctrine impérialiste nazie. À l'époque où Canguilhem écrit ce texte, les éléments novateurs qu'un Vidal de La Blache pouvait trouver dans l'approche géographique de Ratzel sont complètement obscurcis par les dérives idéologiques de l'école géopolitique allemande qui s'en revendique. L'opposition tranchante qu'il fait ici du « possibilisme géographique » de de La Blache au « déterminisme géographique » de Ratzel est donc à situer dans le contexte hautement polémique et polarisé où les deux écoles géographiques se trouvent à ce moment-là.

Blache, qui, grâce à la théorie des « genres de vie », met en relief le rôle de l'activité technique dans les relations des groupes humains avec leur milieu.

L'importance de la géographie dans les enjeux théoriques et politiques de l'époque émerge déjà dans la recension que Canguilhem consacre en 1931 à l'ouvrage de Maurice Halbwachs, *Les causes sociales du suicide*. S'il n'évoque pas directement l'opposition entre ces deux approches géographiques, il insiste sur le rôle fondateur de la perspective de Vidal de La Blache, la « théorie des genres de vie », à l'origine de grands bouleversements dans les sciences sociales françaises. Elle a inspiré ce groupe d'intellectuels, dont Halbwachs fait partie – l'« équipe de Strasbourg », comme Canguilhem les nomme – ceux-là même qui ont fondé la revue des *Annales d'Histoire Économique et Sociale* à Strasbourg en 1929 (« Annales » avait été choisi en hommage aux célèbres *Annales de géographie* de Vidal de La Blache fondée en 1898). La solidarité possible de cette approche avec le marxisme est ici explicitement mise en avant : « Le fait, écrit Canguilhem, de rattacher les causes du suicide à la constitution géographique des sociétés (...) ainsi que les références nombreuses aux travaux géographiques de Vidal de la Blache et de Demangeon, orientent la sociologie, telle que l'entend M. Halbwachs, dans un sens que je n'hésite pas à dénommer marxiste, dût l'auteur n'en pas convenir »[1].

Par cette double opération, d'une part, d'insistance sur la relation de filiation entre l'« équipe de Strasbourg » et l'approche géographique de Vidal de La Blache et, de l'autre, de mise en relation de cette nouvelle approche orientée vers l'analyse des formes de vie et la théorie marxiste, Canguilhem se limite dans ce texte à mettre en avant la possibilité d'une rencontre féconde entre des programmes de recherche différents. Dans l'enquête élaborée pour le CVIA en 1935, cette rencontre prend la forme d'un véritable dispositif théorique, complexe et multiple, capable de s'articuler de manière réglée et cohérente et de se traduire en analyses politiques et sociologiques de la situation présente.

Dans un petit article publié en octobre 1935, juste après avoir écrit *Le fascisme et les paysans*, Canguilhem annonce son intention, dans *Les Feuilles libres de la Quinzaine*, de tenir une « *Chronique marxiste* » qui, comme il l'écrit, « devrait être moins le compte-rendu souvent sans grand intérêt de travaux de critique ou d'histoire qu'un *exercice* de la méthode marxiste, telle qu'on penserait la devoir comprendre, à propos de problèmes ou d'événements précis à interpréter »[2]. Les analyses concernant la question agraire et le problème des masses paysannes françaises confrontées au fascisme qu'il vient d'écrire pour le CVIA peuvent être lues dans le même sens, comme un exercice de la méthode marxiste confrontée à un problème et à des événements précis à interpréter. Et l'originalité de ces analyses tient précisément dans la

1. Cf. *supra*, p. 378-379.
2. Cf. *supra*, p. 481.

torsion singulière que Canguilhem fait subir à cette méthode en ouvrant son approche des conflits sociaux sur l'analyse des formes de vie et des formes d'activité technique.

Dans les pages inédites de 1939-1940 sur « L'homme et le sol », l'intention d'ouvrir le marxisme à une problématisation des formes de vie et des rapports techniques est formulée de manière explicite. Après avoir fait le point sur l'approche géographique de Vidal de La Blache et les travaux sociologiques qui s'en inspirent, dans un paragraphe de ce texte auquel Canguilhem donne le titre de « Matérialisme historique », on peut lire : « l'histoire n'est possible que si l'homme qui la fait peut vivre. Donc l'histoire de la conquête et de la transformation des conditions d'existence par l'homme, c'est l'histoire fondamentale. Donc le fait historique fondamental, c'est le rapport d'activité technique des générations humaines à leur milieu (ce milieu est à la fois naturel mais surtout social) »[1].

Bien qu'il ne nous offre pas le même éclairage méthodologique, *Le fascisme et les paysans* reformule la perspective marxiste à l'aune du développement de l'activité technique et de ses conséquences. Ce qui permet à Canguilhem de proposer une nouvelle définition du « fascisme », s'inscrivant contre la perspective marxiste traditionnelle qui tend à le voir comme le simple produit d'un capitalisme en crise. Il emprunte alors au socialiste Giorgio Amendola, qui avait proposé dans les années 1920 d'étudier le fascisme en Italie et en Europe du point de vue du pouvoir d'état, dans son développement « totalitaire ». Un concept que Canguilhem va s'approprier, en définissant le fascisme comme une nouvelle technique de gouvernement qui vise à contrôler de manière « totalitaire » tous les aspects de la vie de la population et à la réduire à une obéissance automatique. Il souligne, dans les toutes premières pages, l'incapacité des marxistes, ne jurant que par les analyses de Marx, à reconnaître l'importance des changements techniques intervenus depuis le XIXe dans le monde rural français. Il propose de rectifier l'analyse marxiste de la question agraire en France, de toute urgence, alors que les travaux des géographes ou des historiens de l'« équipe de Strasbourg » consacrés au monde rural français et à ses transformations se multiplient. Il table sur la capacité des études récentes de géographie humaine d'outrepasser les constats statistiques et démographiques simplistes, de lire et de comprendre les phénomènes sociaux et de faire apparaître les nouvelles distinctions de classe, en devenir dans l'ordre social de son époque. Il dresse, enfin, un portrait consciencieux et sensible du monde rural de l'époque, respectant les nuances et les spécificités des formes de vie paysannes. A l'œuvre dans ce texte, on retrouve la méthodologie, si explicitement dépeinte dans les notes inédites de 1939-1940, à savoir la torsion de la méthode d'analyse marxiste en une théorie critique des conflits sociaux qui se veut centrée sur le problème des formes de vie et des rapports d'activité techniques.

1. « L'homme et le sol », *op. cit.*, p. 15.

LA QUESTION AGRAIRE EN FRANCE EN 1935 ET LA PLACE DU TEXTE DANS LES DÉBATS DE L'ÉPOQUE

Quelques informations sur la question agraire en France à l'époque sont nécessaires pour s'orienter dans la lecture de ce texte [1].

Au milieu des années 1930, la France est encore très rurale. Parmi les grandes nations industrielles, elle est celle qui compte proportionnellement le plus de paysans. Le phénomène d'exode des campagnes, qui a touché de 1880 à 1945 les pays européens, y fut plus lent qu'ailleurs. C'est vraiment après la Seconde Guerre mondiale que le processus s'accélère. Pour ne donner qu'un exemple, ce n'est qu'à partir de 1931, en France, que la population urbaine dépasse enfin la population rurale. Dans les années 1930, le taux des départs est à son plus bas niveau. Si on criait au dépeuplement des campagnes quelques décennies plus tôt, on assiste avec la crise de 1929 qui touche le pays à partir de 1931 au phénomène presque inverse, certaines victimes du chômage urbain revenant à la ferme familiale qu'elles avaient quittée pour la ville.

Une autre crise économique, plus globale, cependant, frappe de manière particulièrement grave les masses paysannes françaises, impuissantes face à la concurrence et appauvries par la chute dramatique des prix des produits alimentaires. Il s'agit d'un phénomène mondial qui commence à la fin du XIXe siècle, avec l'internationalisation du marché des denrées alimentaires. Entre 1870 et 1880, la circulation des marchandises, rendue possible par le bateau à vapeur ou le train, permet d'approvisionner toutes les grandes villes de la planète en produits bon marché (le blé vient de Russie, d'Australie, d'Amérique du Nord et du Sud). Cela vient bouleverser les rapports traditionnels d'échange entre ville et campagne. Avec la Grande Guerre, ce phénomène a pris des dimensions encore plus importantes, les populations européennes engagées au front accentuent la dépendance vis-à-vis de la production agricole extra-européenne à laquelle les nouveaux pays producteurs ne renoncent pas une fois la guerre terminée. Ce sont aussi de nouveaux produits issus de méthodes de fabrication industrielle, qui sont apparus sur le marché et viennent se substituer aux produits des campagne. Des denrées, comme la viande congelée, apparaissent alors dans l'alimentation quotidienne des soldats. Après la guerre, la diffusion de ce type de consommables suscite un peu partout en Europe la colère des paysans. Hitler la reprend à son compte et triomphe lors des élections libres de juillet 1932 dans le seul état allemand à lui avoir donné la majorité absolue, le Schleswig-Holstein.

Le bouleversement des modes de production et du marché des produits alimentaires à échelle mondiale transforme en profondeur le visage des campagnes. Dans les années 1930, deux sorte d'agriculteurs tout à fait différents coexistent en France. Il y a le paysan traditionnel, qui vit dans une petite exploitation familiale, en

1. Pour les informations historiques concernant la question agraire et le fascisme agraire dans la France des années 1930 je me réfère au travail très riche et détaillé de R. O. Paxton, *Le temps des chemises vertes. Révoltes paysannes et fascisme rural 1929-1939*, Paris, Seuil, 1996.

produisant un peu de tout (blé, vin, viande, produits laitiers), qui investit peu et conserve les méthodes de production ancestrales. Et puis, il y a le gros exploitant apparu au cours des décennies précédentes, investissant de gros capitaux dans de grandes surfaces de cultures spécialisées, exploitant un prolétariat rural, souvent étranger, utilisant des méthodes plus rentables et souvent à la pointe de la technique (dans la sélection des semences, l'usage des engrais, la mécanisation du travail agricole, etc.,), et qui, notamment après la Première Guerre mondiale, est devenu particulièrement habile à tisser des relations avec les classes dirigeantes et à obtenir ainsi des aides de l'État.

Ce contraste qu'on vient d'évoquer est particulièrement frappant si l'on considère les deux produits qui sont à l'époque au cœur de l'économie rurale française : le blé et le vin. Ce n'est pas le fruit du hasard si Canguilhem dans son étude a souhaité y consacrer un chapitre à part entière. Cela lui permet justement de souligner le phénomène qui divise le monde rural de l'époque. Presque tous les paysans français produisaient alors au moins un peu de blé, l'agriculture étant bien moins spécialisée qu'aujourd'hui. Mais c'est la nouvelle classe de gros exploitants de cultures extensives de blé dans le Bassin Parisien et les plaines du Nord qui a la possibilité de le produire en grande quantité et de le vendre moins cher (les terres à blé du nord-est du pays, ravagées par la guerre, avaient bénéficié d'investissements massifs dans les années 1920). Le même phénomène prévaut pour le vin. Sa production en petite quantité était très répandue, les vignerons représentant alors 1 500 000 personnes, c'est-à-dire une famille française sur six. Mais, après l'épidémie de phylloxera (puceron venu d'Amérique) qui avait détruit plus de la moitié du vignoble français dans les années 1870 et 1880, à partir des années 1900, grâce aux gros investissements faits à la fin du siècle précédent pour introduire de nouveaux cépages plus résistants, ce sont surtout les grosses exploitations du Languedoc et de l'Algérie (dont les grandes surfaces viticoles avaient presque triplé entre les deux guerres), qui dominent le marché avec leurs vins bon marché, notamment pendant les années de la crise économique.

Pendant les premières décennies du XXe siècle, l'organisation politique du monde rural français a elle aussi profondément changé tant dans sa forme que dans son extension. Comme l'écrit Robert O. Paxton :

> ni Tocqueville ni Marx ne nous ont préparés à comprendre à quel point l'agriculture française des années 1930 était organisée : la démarche historienne de Tocqueville débouchait sur l'image saisissante d'une France rurale vidée de toute forme d'association spontanée au niveau local, d'abord par des monarques centralisateurs, ensuite par la dictature jacobine. Et Marx arrivait à une même image par la sociologie : le petit propriétaire était aussi individualiste et réfractaire à tout action commune que des pommes de terre dans un sac. Ces deux images d'une paysannerie française inorganisée et inorganisable sont profondément trompeuses : entre les deux guerres, l'agriculture française était puissamment organisée, et partout. Les paysans fréquentaient d'innombrables comices, foires, marchés et fêtes, et appartenaient à tout un ensemble

complexe de syndicats, coopératives, mutuelles et caisses, où les recoupements étaient d'ailleurs fréquents [1].

C'est dans un contexte de politisation intense des masses paysannes que la crise agraire a lieu et que les mouvements du fascisme agraire français prospèrent.

Dans les années 1934-1935, le prix du blé, qui a commencé à baisser à partir de 1926, connaît une chute dramatique. L'expérience tentée par Daladier (en juillet 1933, il fixe un prix minimum du blé de 115 F le quintal) ayant accru les inégalités et non pas conduit à la stabilisation des prix espérée (les petits paysans étant obligés de vendre rapidement leur blé à des « spéculateurs » à un prix inférieur au cours minimal), le chef du gouvernement suivant, Pierre-Étienne Flandin, plus conservateur, revient à la liberté des prix (loi du 28 décembre 1934, cinquième loi sur le blé). Suite à cette décision, les cours s'effondrent, et les paysans qui s'étaient plaints de l'intervention de l'État se plaignent désormais de la liberté des prix [2].

En 1935, la question agraire est à l'ordre du jour et devient l'un des sujets les plus alarmants. Après être montés en puissance pendant la première moitié des années 1930, les mouvements agraires français d'inspiration fasciste atteignent l'acmé de leur mobilisation précisément en 1935 (cependant en 1936, avec la victoire du Front Populaire et la mise en place de la nouvelle politique agraire, ces mouvements voient l'adhésion qu'ils suscitaient dans les masses paysannes chuter largement).

Le succès du fascisme agraire et de sa rhétorique réactionnaire sur les paysans venait principalement du vide qu'il venait remplir. Comme l'écrit encore Paxton, « selon la thèse dominante de toute l'économie politique moderne, aussi bien chez les marxistes que chez les libéraux, le déclin de la petite exploitation familiale et la croissance de l'industrie, du commerce et de l'industrie agroalimentaire étaient à la fois souhaitables et inévitables. Pour les partisans enthousiastes du progrès, les vieux paysans qui voyaient le village mourir autour d'eux n'étaient pas fondés à se plaindre; ils n'avaient qu'à disparaître en silence, consolés par l'idée que leur extinction marquait la naissance d'un monde meilleur, celui des foules, des distractions, de l'excitation de la vie urbaine » [3]. À cette dévalorisation de la vie paysanne, le fascisme agraire opposait un discours fondé sur l'idée du retour aux valeurs de la terre et centré sur la représentation d'un monde rural français uni et solidaire. Malgré tout ce qu'il pouvait y avoir de trompeur dans cette idéalisation naturaliste de la figure du paysan et dans la représentation faussement apaisante du monde rural affichée par le discours du fascisme agraire, cette idéologie venait réellement toucher un point politiquement sensible et resté imperceptible pour ceux qui s'en tenaient à la théorie économique héritée du XIXe siècle.

Dans *Le fascisme et les paysans*, Canguilhem essaie précisément de fournir de nouvelles analyses de la question agraire française qui soient capables d'éclairer ce

1. R. O. Paxton, *Le temps des chemises vertes*, *op. cit.*, p. 70.
2. *Ibid.*, p. 33.
3. *Ibid.*, p. 52-53.

point invisible et de répondre aux problèmes concrets, dont le succès du fascisme dans le monde rural n'est que le symptôme révélateur. D'où son insistance sur la nécessité de reconnaître les paysans comme une véritable force politique capable d'agir et pas simplement comme un sujet passif qui ne peut que se laisser tromper par la propagande. D'où l'importance qu'il donne à l'analyse des formes de vie paysannes. Il s'agit de mettre à jour les divisions et les conflits économiques, techniques et culturels que l'idéologie du fascisme agraire essaie de masquer sous l'image fictive d'un monde rural unifié (dans la partie sur « Le blé et le vin » ce diagnostic devient particulièrement détaillé).

Les analyses de Canguilhem se montrent soucieuses de l'effondrement des prix des produits alimentaires qui saigne alors l'économie rurale traditionnelle. En réponse à cette crise, il propose de mettre en place des politiques économiques pour défendre les paysans, en limitant les prétentions de la nouvelle classe des gros exploitants ruraux, en privilégiant une production de qualité, même sur de faibles quantités, ainsi que les formes de culture polyvalente (typiques du mode de production de la paysannerie).

Mais, comme Canguilhem le dit explicitement, de telles propositions se fondent sur un choix de valeur qui échappe à la logique de la rentabilité économique. Tout en analysant le conflit technique et économique existant, Canguilhem propose l'émancipation des travailleurs de toute forme d'exploitation. En ce sens, le texte se fond dans un esprit marxiste, mais d'une façon peu orthodoxe, puisqu'il reconnaît aux paysans à la fois le droit d'exister tels qu'ils sont, dans leur multiplicité, et la capacité réelle à participer activement aux luttes de leur époque.

Les analyses de Canguilhem procèdent entièrement de l'un des principes fondamentaux de l'éthique intellectuelle qui anime les travaux de cette nouvelle école qui, après la guerre, prendra le nom d'« École des Annales » : l'attention généalogique aux nuances, notamment au moment où il s'agit de faire l'histoire ou l'analyse d'un sujet aussi divers et complexe que les paysans.

Nous ne savons pas quels rapports Canguilhem pouvait entretenir avec les intellectuels de l'École des Annales au moment où il écrivait *Le fascisme et les paysans*. Comme en témoigne, en 1931, sa recension de l'ouvrage d'Halbwachs et le texte de 1935, il suit certainement depuis déjà un certain temps avec beaucoup d'attention tant les travaux individuels de Marc Bloch, Lucien Febvre et Maurice Halbwachs, que ceux de la revue qu'ils ont fondée à Strasbourg en 1929 (des liens assez étroits devaient exister avec Halbwachs qui était un familier du groupe alainiste et le frère de Jeanne Alexandre). Mais on ne sait pas précisément quels sont en 1935, s'il y en a, les contacts directs de Canguilhem avec ce collectif d'intellectuels; néanmoins il est clair que l'esprit qui anime *Le fascisme et les paysans* est très proche des analyses des fondateurs des *Annales*.

À partir de mars 1934, Lucien Febvre, qui fait partie des tout premiers signataires de l'appel fondateur du CVIA, dirige l'édition du volume VII de l'*Enyclopédie française* consacré à *L'espèce humaine*, paru en mai 1936, au lendemain de la victoire du Front Populaire. Pour l'écriture de ce volume, il engage entre autres Halbwachs pour élaborer une « démographie comparée » de l'espèce humaine[1]. Le but de cette entreprise est d'opposer au réductionnisme biologiste raciste (intégré aux doctrines anthropologiques et aux approches démographiques fascistes et nazies) une tout autre analyse du problème. Il veut insister sur l'importance du contexte matériel (historique, géographique, social, économique) dans l'étude des phénomènes de population, même dans le cas d'une étude biologique. L'approche géographique et la théorie des genres de vie deviennent ici un véritable levier théorique de l'antifascisme. Et quand Febvre écrit en préface que « l'ennemi, c'est le simplisme », il est clair que la remarque s'adresse avant tout à la science raciste allemande (il ne faut pas oublier que, à ce moment-là, les nazis, au nom de la défense de la « santé de la population », ont déjà mis en place leur grand plan eugénique[2]).

On ne sait pas si, en 1935, Canguilhem a eu connaissance de ce travail en cours sous la direction de Febvre. De toute manière, le sens théorique et politique d'une telle opération intellectuelle est déjà visible à l'époque où il écrit *Le fascisme et les paysans*. On le voit par exemple dans un petit texte comme celui que Halbwachs publie en 1935 dans les *Annales sociologiques* sous le titre de « Note sur les diverses espèces de déplacements de population »[3], où le sociologue critique l'approche « trop mécanique » des problèmes de population développée dans des travaux récents menés pas les élèves de l'école géographique de Ratzel – école qu'il étudie depuis longtemps, comme en témoigne le compte-rendu qu'il fait en 1910 de l'ouvrage de Ratzel paru en 1907, *Raum und Zeit in Geographie und Geologie*[4].

Le débat sur les rapports entre géographie et démographie entre la France et l'Allemagne est largement hanté par le spectre du fascisme. C'est aussi de cette façon qu'il faut lire le passage où Canguilhem signale à ses lecteurs que « l'étude encore trop sommaire de quelques phénomènes de *masse* (phénomènes dits de géographie humaine) a introduit, dans la conception conventionnelle du monde rural français, *des*

1. Sur ce sujet en particulier voir l'article de M. Jaisson, « Crises et civilisations. L'enquête de Halbwachs sur la proportion des sexes à la naissance », dans M. Jaisson et C. Baudelot (dir.), *Maurice Halbwachs, sociologue retrouvé*, Paris, Éditions Rue d'Ulm, 2007, p. 143-158; plus généralement les articles de ce volume fournissent des informations très utiles sur le rôle que Halbwachs a joué dans le renouveau de la sociologie française entre les deux guerres.

2. Pour une reconstruction détaillée du rôle que les sciences, notamment les savoirs démographiques, ont joué dans la mise en place des politiques nazies d'expansion vers l'Est et d'extermination, voir l'ouvrage de G. Aly et S. Heim, *Architects of Annihilation*, London, Widenfeld & Nicolson, 2002.

3. M. Halbwachs, *Note sur les diverses espèces de déplacements de population*, *Annales sociologiques*, fasc. I, série E, ("Morphologie sociale, langage, technologie, esthétique", publié sous la direction de M. Halbwachs; avec la collaboration entre autres de Albert Demangeon et de François Simiand), 1935, p. 78-79 (chap. III, Les déplacements de population, comptes rendus d'ouvrages par M. Halbwachs, p. 78-100).

4. M. Halbwachs, compte rendu de F. Ratzel, *Raum und Zeit in Geographie und Geologie* (Leipzig, J.A. Barth, 1907), *Année sociologique*, n° 11, 1910, p. 720-723 (in sixième section: Morphologie sociale, § I Bases géographiques de la vie sociale (par M. Halbwachs et F. Simiand).

nuances » et que « ces nuances prendront probablement forme de distinction de classe, quand elles s'affirmeront mieux dans l'ordre social ». Dans cette remarque il y a non seulement un rapprochement entre géographie et marxisme mais aussi un geste antifasciste, l'ennemi principal de la nouvelle forme d'analyse nuancée, à laquelle Canguilhem renvoie les lecteurs étant les sciences démographiques fascistes et le déterminisme simpliste qui les inspire.

Une autre proximité est à signaler. L'insistance de Canguilhem sur l'exigence d'analyses différenciées du problème rural en France, qui prennent en compte les différences géographiques et historiques des contextes ruraux et les différences techniques, sociales et économiques qui les accompagnent, va directement dans le sens des travaux d'un autre intellectuel fondateur des *Annales*, Marc Bloch. Le titre même que Canguilhem a décidé de donner à son texte peut être lu comme un hommage à la position que l'historien tenait sur le problème de la paysannerie française dans son ouvrage de 1931 sur *Les caractères originaux de l'histoire rurale française* – ouvrage cité dans la brochure.

Le fascisme et les paysans aborde un sujet concret et multiple. Il ne s'agit ni du « Paysan » à partir duquel le fascisme crée un mythe de la pureté de la Race, ni de la « Classe paysanne » qu'une certaine théorie marxiste voudrait réduire à une figure homogène de Travailleur (raison pour laquelle Canguilhem dans ce texte s'oppose résolument au souhait, très répandu parmi les marxistes français de l'époque, d'appliquer au contexte français le modèle de la collectivisation forcée des campagnes mis en place par Staline en Union Soviétique à partir du plan quinquennal de 1929). Dans *Le fascisme et les paysans*, il s'agit des « paysans » tels qu'ils sont alors à partir de l'histoire variée et spécifique qui est la leur en France.

Sur ce point, Canguilhem ne pourrait être plus proche de la position de Bloch. Au mythe allemand de l'Origine pure qui se servait de la figure du Paysan comme d'un fétiche idéologique, Bloch avait opposé dans son travail sur l'histoire rurale française l'idée de la multiplicité des origines. Et aux représentants de la sociologie agraire nazie qui devaient encore une fois chanter l'éloge prétendument savant de l'authenticité du Paysan de race allemande, au XIVe Congrès International de sociologie de Bucarest en août 1939 (congrès qui n'aura pas lieu à cause de la guerre), il ne fera que répéter une fois de plus ce dont l'ouvrage de 1931 avait été la démonstration historiographique et sociologique : « parler du paysan français au singulier serait user d'un mot sans contenu vivant. C'est les paysans qu'il faut dire »[1].

Pour *Le fascisme et les paysans*, l'enjeu est le même. Mais dans ce texte, qui répond à l'urgence de la lutte contre le fascisme, l'analyse de ce sujet vivant et multiple se traduit par une critique des points de conflits qui parcourent le monde rural français de l'époque.

1. M. Bloch, *Types de structure sociale dans la vie rurale française*, *in* P. Schöttler, « Marc Bloch et le XIVe Congrès international de sociologie, Bucarest, août 1939 », *Genèses*, n° 20, sept. 1995, p. 143-154, p. 151.

LE FASCISME ET LES PAYSANS

Comité de Vigilances des Intellectuels Antifascistes,
Paris, 1935

Nous réunissons sous ce titre :

1) *Un exposé schématique du problème rural en France et de quelques perspectives de solution, pour une lutte antifasciste constructive. L'analyse vise uniquement à susciter les réflexions de ceux que les questions rurales intéressent, en soi ou pour la propagande.*

2) EN APPENDICE :

Un résumé des résultats de l'enquête instituée par Vigilance *sur la crise agricole.*

Quelques indications concernant la situation des classes rurales en Italie et en Allemagne fascistes.

I
PROPOSITIONS POUR UNE POLITIQUE AGRICOLE

1) Observation préliminaire.
2) Le monde rural français d'aujourd'hui.
3) Le blé et le vin.
4) Les masses rurales devant le fascisme.

OBSERVATION PRÉLIMINAIRE

Il ne doit pas y avoir qu'une définition possible du fascisme. Ce serait user d'une déplorable méthode que de s'en tenir à une définition qui a pu faire comprendre certains aspects de la situation critique actuelle, et de lui rattacher, coûte que coûte, tous les autres aspects de l'expérience politique et sociale.

Si nous définissons le fascisme seulement comme un effort du capitalisme aux abois pour détruire, en s'appuyant sur des bandes armées, la puissance des organisations ouvrières, nous ne tirerons rien d'une telle idée qui soit capable de mobiliser éventuellement les paysans français contre le fascisme; car ils sont dans leur quasi-totalité indifférents aux organisations ouvrières, quand ils ne leur sont pas hostiles (voir là-dessus les résultats de l'enquête).

Il faut donc chercher autre chose. Le paysan ne peut comprendre qu'un genre d'argumentation, – en quoi, du reste, il ressemble à tout le monde, – celle qui tire d'un principe quelque conséquence en rapport direct ou indirect avec ses intérêts ou avec ses attachements.

Nous devons donc partir de cette idée que le paysan, comme l'ouvrier, comme tout travailleur, a horreur de l'esclavage. Cherchons alors quel pourrait être l'équivalent dans le monde rural de cette menace pour la liberté du travailleur que sont l'antisyndicalisme et l'antimarxisme des fascistes. Peut-on admettre qu'un fascisme français opprimerait les ouvriers sans opprimer les paysans? Si le fascisme est un système politique et social « totalitaire », – comme il semble bien qu'il doive l'être, et qu'il ait conscience de l'être, – il ne peut tolérer hors de son contrôle, qui est en l'espèce un enrôlement, aucun mode de l'activité sociale. *Même si le fascisme utilise les paysans contre les ouvriers, il doit finalement les asservir. C'est pourquoi nous avons à chercher comment un fascisme français serait un retour déguisé à la féodalité*, ce mot désignant exactement la forme rurale de l'éternel rapport d'oppression et d'exploitation, dont le fascisme est aujourd'hui l'incarnation, sous l'euphémisme « d'autorité ».

Spécifions que c'est à l'égard du *monde rural français d'aujourd'hui* que se pose pour nous le problème. Pénétrons-nous de ceci qu'il *n'y a pas d'argumentation antifasciste à tout faire et universellement valable.* Si cette remarque vaut déjà pour le prolétariat industriel des diverses nations, à qui, pourtant, l'universalité de la technique (fondée sur l'homogénéité de la matière et l'impersonnalité de la science) impose une certaine uniformité de condition et donc de réactions, – à plus forte raison se vérifie-t-elle dans le cas de la paysannerie, poussée sur des sols, portée par des traditions, née d'évolutions historiques si profondément dissemblables.

On ne peut donc pas tenir en France les mêmes discours, géographiquement transposés, qu'on tiendrait aux paysans de Roumanie ou d'Espagne. *En particulier, on n'a pas à promettre la terre au paysan français puisqu'il l'a.* Sans doute faudrait-il ici des nuances, puisque, dans quelques départements français, ce n'est pas rigoureusement exact. Mais il faut poser des principes simples et vrais en gros, que le lecteur corrigera pour les détails (et nous-mêmes proposerons tout à l'heure quelques-uns des correctifs nécessaires). Nous voudrions donc montrer que le fond de la propagande antifasciste, dans la France rurale, doit être cette affirmation : « *Paysans français, propriétaires, vous tenez à votre propriété comme au gage de votre indépendance et de l'humanité de votre travail. Ce n'est pas le socialisme, mais le fascisme qui menace votre propriété, et cette menace est du reste en voie d'exécution.* »

Il ne faut pas développer de sophisme. Si cette argumentation est valable, c'est celle qu'il faut mettre au front de notre défense. Si elle ne l'est pas, si réellement le fascisme n'est pas une menace pour la propriété paysanne, ayons la loyauté de reconnaître qu'il vaut mieux abandonner cette partie, et utiliser autrement notre temps. Il ne s'agit pas de vouloir les paysans autres qu'ils ne sont, d'attendre qu'ils changent selon nos vues. Ils sont ; c'est leur vertu, digne d'admiration, à tout prendre.

LE MONDE RURAL FRANÇAIS D'AUJOURD'HUI

Bien que datant d'avant 1789, la paysannerie française a affirmé sa physionomie propre dans le siècle qui suit la Révolution. Les traits essentiels s'en sont fixés de façon telle que des observateurs d'esprit et de doctrines aussi différents que Paul-Louis Courier, Balzac et Karl Marx (qu'on songe seulement à la position si étonnamment contraire des deux premiers concernant le morcellement des terres et la fameuse « Bande noire »[1]) ont pu les décrire

1. Association de spéculateurs qui se constitue après la Révolution pour acheter les propriétés de la noblesse et de l'Église et les revendre en petit morceaux aux paysans. D'après Marx le morcellement des terres qui a fait devenir les paysans français propriétaires n'est qu'une phase

quasi-identiquement. Il ne paraît pas inutile de rappeler ici quelques passages particulièrement caractéristiques.

De Courier d'abord, dans la *Pétition pour les villageois que l'on empêche de danser* (1822) : « Le peuple est d'hier propriétaire, ivre encore, épris, possédé de sa propriété ; il ne voit que cela, ne rêve d'autre chose et nouvel affranchi de même quant à l'industrie, se donne tout au travail, oublie le reste et la religion. Esclave auparavant, il prenait du loisir, pouvait écouter, méditer la parole de Dieu, et penser au ciel où était son espoir, sa consolation. Maintenant, il pense à la terre qui est à lui et le fait vivre. Dans le présent ni dans l'avenir, le paysan n'envisage plus qu'un champ, une maison qu'il a ou veut avoir, pour laquelle il travaille, amasse, sans prendre repos, ni repas. Il n'a d'idée que celle-là, et vouloir l'en distraire, lui parler d'autre chose, c'est perdre son temps. »

De Balzac, ensuite, dans *Les Paysans* (1844) : « Il s'agit seulement d'éclairer, non pas le législateur d'aujourd'hui, mais celui de demain. Au milieu du vertige démocratique auquel s'adonnent tant d'écrivains aveugles, n'est-il pas urgent de peindre enfin le paysan qui rend le Code inapplicable en faisant arriver la propriété à quelque chose qui est et qui n'est pas ? Vous allez voir cet infatigable sapeur, ce rongeur qui morcelle et divise le sol, le partage et coupe un arpent de terre en cent morceaux, convié toujours à ce festin par une petite bourgeoisie qui fait de lui tout à la fois son auxiliaire et sa proie. Cet élément insocial, créé par la Révolution, absorbera quelque jour la bourgeoisie, comme la bourgeoisie a dévoré la noblesse. »

De Marx enfin, dans *Le 18 brumaire de Louis Bonaparte* (1852) : « Après que la première Révolution eut transformé les paysans de demi-serfs en propriétaires fonciers libres, Napoléon fixa et réglementa les conditions dans lesquelles ils pourraient exploiter le sol français qui venait de leur échoir et passer sur la propriété leurs caprices juvéniles… Sous Napoléon, le démembrement de la terre fut, dans les campagnes, le complément de la libre concurrence, et, dans les villes, le complément de la grande industrie naissante. La classe paysanne devint la protestation vivante et générale contre l'aristocratie foncière qu'on venait de renverser. Les racines que la propriété parcellaire poussait dans le sol français enlevaient au féodalisme toute matière nutritive. Les poteaux frontières formaient le retranchement naturel de la bourgeoisie contre tout coup de main de ses anciens suzerains. »

transitoire, les paysans étant destinés à devenir bientôt des ouvriers agricoles suite à l'arrivé des formes de l'exploitation capitaliste dans les campagnes.

Lorsqu'après le Six Février 1934[1], l'hebdomadaire *Vu* (21 février 1934) a fait entendre « la voix de la province », elle s'est ainsi exprimée par le truchement de Joseph Jolinon : La révolution communiste n'alerte pas la province, qui ne la croit pas réalisable en France. Une conviction profonde est qu'il n'existe pas au monde de pays de terres plus parcellées, partagées entre un plus grand nombre de moyens et petits possédants, ayant tant de maisons particulières et tant de chemins privés, peuplées de plus de regrattiers mieux cramponnés à leur affaire, à leur bricole, à leur boutique, à leur bicoque, à leur lopin, à leur jardin, à leur chemise, animés d'un sens de l'épargne aussi maniaque et d'un entêtement individuel plus cabochard. » Ce dernier texte, tout en confirmant les précédents, nous ramène au présent.

*

Parcellaire et individualiste, tels sont les traits de la propriété et du propriétaire dans le monde rural. On le dit assez, on le dit trop. Une des raisons de l'inintelligence quasi-universelle du problème rural vient de la simplification abusive des données. Simplification d'autant moins excusable, que de remarquables études ont, ces dernières années, modifié la traditionnelle et conventionnelle conception de la physionomie rurale française[a].

a. Gaston Roupnel : *Histoire de la campagne française* (Grasset) [Paris, 1932]. – Marc Bloch : *Les caractères originaux de l'histoire rurale française* (Les Belles Lettres) [Paris, 1931]. – Roger Dion : *Essai sur la formation du paysage rural français* (Arrault, Tours) [1934][2].

1. Le 6 février 1934 est resté dans la mémoire politique française comme le moment du plus grand danger fasciste vécu dans l'histoire républicaine avant l'instauration du régime de Vichy. En fin janvier 1934 le radical modéré Édouard Daladier (1884-1970), renommé pour son intégrité morale, est appelé succéder à Camille Chautemps (1885-1963), dont le gouvernement vient de tomber suite à une série des scandales financiers dans lesquels il a été impliqué et à l'échec des politiques de déflation devant faire face à la crise économique. Le 6 février, une grande manifestation organisée par les ligues et les mouvements qui se situent dans la famille variée de la droite anti-parlementaire (*Croix de feu*, *Jeunesses patriotes*, *Solidarité française*, *Action française*) a lieu à Paris pour empêcher l'investiture de Daladier qui doit avoir lieu ce jour même à la chambre des députés. Les manifestants essayent de forcer les barricades de la police et de faire irruption dans le parlement. Le bilan des affrontements à la Place de la Concorde sera très lourd : 15 morts et 1500 blessés. Le jour d'après Daladier donnera sa démission. À sa place sera nommé Gaston Doumergue (1863-1937) comme chef d'un gouvernement réactionnaire qui représente les intérêts des grands capitalistes et des grands propriétaires.

2. Gaston Roupnel (1872-1946) historien, ruraliste et moderniste. Défenseur d'une « histoire structurale » il sera tenu en haute estime par les historiens de la « longue durée », notamment Ferdinand Braudel. Marc Bloch (1886-1944) historien, membre de la Résistance, fondateur en 1929 avec Lucien Febvre et Maurice Halbwachs de la revue *Les Annales d'Histoire Économique et Sociale*, il a été une figure incontournable pour le renouveau de la pratique et de la théorie de l'histoire ; Roger Dion (1896-1981) géographe et historien.

Il ressort, en particulier des études de Dion, qu'une distinction à la fois géographique et sociale doit être faite entre les types de propriété et de culture qu'on peut trouver au-dessus et au-dessous d'une ligne joignant approximativement Honfleur à Châlon-sur-Saône, mais s'infléchissant en poche de l'Eure au Loir-et-Cher (Vendôme), et remontant vers Orléans pour enfermer la Beauce. Le paysage rural du Nord et de l'Est est un paysage de champs ouverts et de parcelles groupées et uniformes. Le paysage rural du Sud est un paysage de propriétés encloses et dispersées, de champs aux formes moins banales et moins simples.

Les paysans du Nord et de l'Est ont été longtemps soumis au droit germanique de vaine pâture, qui est le droit de pacager sur tout le territoire de la commune, après la première coupe de foin et après l'enlèvement des récoltes. Les pays du Sud furent toujours des pays d'individualisme agraire. « Tout se passe comme si les campagnes du Nord avaient été aménagées par des hommes qui concevaient l'exploitation agricole comme un travail collectif; celles du Sud, par des hommes attachés à sauvegarder l'indépendance et la liberté d'initiative de chaque cultivateur sur sa terre »[a].

A ces divergences de coutumes correspondent des oppositions techniques et culturales. Les Physiocrates du XVIIIe siècle comparaient victorieusement la grande culture des pays du Nord à la petite culture des pays du Sud, dont les étendues cultivées alternent avec les bouquets forestiers ou les landes de pacage, résultat de dévastations forestières, anarchiquement répartis. On s'explique, en effet, qu'on ne pût cultiver au Nord, sur les terroirs à contraintes collectives, que des produits dont la récolte devait être générale et simultanée, afin de laisser le champ libre au troupeau communal. « C'est pourquoi Tacite a pu caractériser l'agriculture des Germains par une courte phrase qui, malgré le récent développement de la culture de la betterave, reste l'image la plus expressive, la plus simple et la plus large qu'on puisse donner des rases campagnes de la France du Nord : *Sola terræ seges imperatur*, on ne demande à la terre que du grain »[b]. A l'abri des clôtures, les paysans du Sud ont pu varier les ensemencements et les plantations. Selon la diversité des terrains, vignes, vergers, jardins, prés entretenus et irrigués, se mêlent aux champs de céréales.

Il faudrait évidemment assouplir ce schéma, noter comment le type rural septentrional s'abâtardit vers l'Ouest où le voisinage de la mer vivifie les

a. Dion, *op. cit.*, p. 31.
b. *Ibid.*, p. 58.

herbages, où l'humidité des sols les rend impropres à être foulés impunément par le troupeau communal, où tout conspirait donc contre le droit de vaine pâture, et comment inversement dans les vallées méridionales (Rhône, Garonne) les terrains d'alluvions, meubles et faciles, ont fixé des collectivités de petits exploitants, disposant de peu de force motrice, qui ont tendu à imposer au paysage la forme du terroir découvert. Mais, même dans ce cas, les différences subsistent, et le morcellement du terroir découvert dans le Sud est un morcellement libre, plus incohérent, moins systématique que le morcellement des régions du Nord et de l'Est, subordonné aux exigences de l'assolement collectif, condition nécessaire de la nourriture du bétail par la vaine pâture.

A ces différences juridiques et techniques entre les économies rurales du Nord et du Sud correspond une différence dans le mode d'habitat. Au-dessus d'une ligne qui va de l'Eure au Jura, donc qui suit en gros le front d'opposition des types agricoles, le Nord et l'Est forment un bloc compact de population agglomérée ; au-dessous s'étend une vaste étendue de population disséminée. Ruralement, c'est l'opposition du village et de la ferme ou de la métairie. Toutefois, la Gironde, la Haute-Garonne et les départements côtiers de la Méditerranée sont des régions de peuplement concentré. Or, la Haute-Garonne mise à part, toutes ces régions sont des régions viticoles. Et voici en quoi cette exception méridionale à la règle d'habitation dispersée nous semble importante. Si l'on admet la relation entre le type d'agriculture collectivement organisée et la concentration démographique d'une part, entre le type d'agriculture individualiste et l'éparpillement démographique d'autre part, il n'est peut-être pas risqué d'établir une relation entre le mode de peuplement dans la Gironde et les départements méditerranéens et le type de culture de ces régions, savoir celle de la vigne. Peu importe que les deux phénomènes agricole et démographique soient sous la dépendance d'un même phénomène géologique (sol sablonneux et manque d'eau). En fait, le raisin est dans ces départements, comme le blé dans le Nord, la seule récolte qu'on demande à la terre, culture uniforme, facilement soumise aux méthodes d'exploitation industrielle.

Ce que le blé est dans le Nord, culture à gros rendement, développée incessamment par les techniques de sélection, c'est la vigne qui en est l'équivalent méridional. Ainsi, le Nord et le Midi viticole, l'un grenier, l'autre cave, analogues (toutes différences réservées) par le caractère uniforme et industriel de l'exploitation rurale, bornent la vaste étendue du territoire français où toutes les cultures sont plus ou moins mêlées et s'allient à l'élevage. On conçoit ainsi que ni le problème du blé, ni le problème du vin ne peuvent se poser uniformément. Certes, il est tentant de parler du « blé français », du « vin français », et beaucoup ne s'en font pas faute. Mais il doit nécessairement y avoir une politique du blé à Chartres ou à Arras différente de la politique du blé à Ruffec ou à Foix. Il ne peut ne pas y avoir à Béziers une politique du vin différente de ce qu'est la politique du vin dans le Loiret[a]. *C'est ce que jusqu'à présent on n'a pas bien vu ou bien dit, et cet aveuglement ou ce silence sont l'atout du fascisme en ce moment de crise agricole.*

Résumons-nous. L'étude encore trop sommaire de quelques phénomènes de *masse* (phénomènes dits de géographie humaine[1]) a introduit, dans la conception conventionnelle du monde rural français, *des nuances.* Ces nuances prendront probablement forme de distinction de classe, quand elles s'affirmeront mieux dans l'ordre social. Il est temps donc, pour les anti-fascistes, de s'interdire une politique aveugle de prétendue « défense de l'agriculture », pour laquelle ils ne répugnent pas toujours à collaborer avec leurs pires ennemis. S'unir au parti agraire pour tuer M. Flandin, c'est seulement montrer qu'on a mal posé le problème[2]. L'union de tous les paysans, quel rêve proprement pastoral ! Mais la paix des champs n'a jamais existé que dans l'imagination des poètes.

*

Il est un autre point sur lequel l'idée commune qu'on se fait de l'individualisme paysan nous paraît devoir être modifiée. On connaît la

a. Il va sans dire que ce qui s'entend du vin du Midi et du blé du Nord s'entend pour des raisons analogues des vins et du blé de l'Afrique méditerranéenne française.

1. L'auteur fait ici référence à l'approche fondée par l'école géographique de Vidal de La Blache à la fin du siècle et poursuivie par les intellectuels de l'École des *Annales* (Bloch, Febvre, Halbwachs, etc.).

2. La cible polémique de l'auteur est ici surtout la complicité récente entre les communistes et les agraires dans leur opposition aux politiques de libération des prix du gouvernement dirigé par Flandin, notamment au sujet du marché du blé qui avait subi après la crise de 1929 un écroulement sans précédent. Pierre-Étienne Flandin (1889-1953), ministre du commerce, des finances et des travaux publics à plusieurs reprises entre les années 20 et le début des années 30, est l'un des techniciens les plus influents dans l'administration de l'économie française, surtout après la crise de 1929. Entre le 8 novembre 1934 et le 31 mai 1935, en tant que chef du gouvernement, il propose de relancer les échanges commerciaux par une baisse des taux des intérêt. Le 28 décembre 1934, avec la loi pour l'"Assainissement du Marché du Blé", Flandin réintroduit cette liberté des prix sur le blé qu'en 1933 le gouvernement Daladier avait limitée en fixant un prix minimum (115 francs par quintal). Dans les premiers mois de 1935, face à l'effondrement du prix du blé à la suite de la loi Flandin, de fortes manifestations de protestation eurent lieu dans les campagnes. Des représentants de l'extrême gauche, notamment Renaud Jean, porte parole des paysans au sein du PCF, et des représentants de l'extrême droite, notamment du Parti Agraire et Paysan Français (PAPF), sont à ce moment-là très proches dans leur opposition à Flandin. C'est probablement cette alliance tactique que Canguilhem attaque.

saisissante image de Marx : « La grande masse de la nation française est ainsi constituée par une simple addition de grandeurs du même nom (la parcelle rurale), à peu près comme un sac de pommes de terre est formé de pommes de terre. » (*18 brumaire de Louis Bonaparte*). Toute définition valant par les rectifications qu'elle permet, examinons ce qui a pu changer la situation condensée par Marx dans la formule précédente. Voici quelques signes :

1) Le paysan renonce de plus en plus à son cheval, moyen de locomotion lent sans doute, mais souple et personnel, parce que le réseau routier actuel, conçu en fonction d'une circulation mécanique et industrielle, tend de plus en plus (goudronnage, roulement intense, etc.) à éliminer un animal ferré et peureux. Le paysan prend l'autobus. On s'en réjouit parfois pour lui en pensant qu'il n'est plus l'esclave d'une bête qu'il faut soigner quotidiennement, même quand elle ne sert pas. C'est oublier que le paysan devient dépendant d'un moyen de transport dont l'initiative et la responsabilité lui échappent. *C'est cela qui est l'esclavage et non le fait d'entretenir son propre outil*, même en renonçant à quelques distractions du dimanche. La route échappe aux ruraux, et sans doute ils sont contents d'avoir moins de prestations à faire, l'État et les départements prenant de plus en plus à leur charge l'entretien des routes, mais on va voir ce qu'ils perdent.

2) L'électricité vient à la ferme. Il ne s'agit pas d'incriminer l'électrification des campagnes, mais d'y voir autre chose que des avantages. L'électrification rurale a pu paraître un « antidote du marxisme », un frein au mouvement de concentration démographique, au brassage des individus déracinés dans les grandes villes où les courants d'idées passent plus aisément qu'aux champs. A supposer qu'elle serve à cette fin, elle a et aura un autre effet, voulu ou non voulu, mais dont un jour on s'apercevra et dont on fera une arme. Le paysan est retenu aux champs par l'électricité, mais il tend par elle à être asservi sur place. La parcelle rurale est soumise de loin à la centralisation industrielle[a]. Le moteur du boulanger, l'élévateur d'eau, la laiterie ou le pressoir coopératif, c'est la ville qui les meut désormais, et elle peut donc aussi les immobiliser. Est-il exagéré de prévoir le moment où les boulangers ne sauront plus pétrir eux-mêmes leur pâte, où l'arrêt du mécanisme sera une menace pour la vie ? Que devient devant ces constatations le vieil aphorisme rural : « Tout ce qui est à la ville vient de la campagne. » ? La ville tentaculaire n'est plus un mythe.

a. Les conditions imposées aux paysans par les compagnies d'électricité sont un scandale.

3) « Les foires et les marchés se perdent », dit le paysan. On vient en effet acheter et prendre à domicile ses bestiaux, sa volaille, ses légumes et tous ses produits. Economie de temps pour lui, mais *perte de son esprit collectif propre*, s'épanouissant au marché, perte de ses institutions économiques propres. En revanche, dépendance à l'égard des intermédiaires, et, finalement, d'un organisme mercantile (trusts, bourse de commerce, etc.), devant lequel le paysan se trouve, en tant qu'individu mal informé, souvent sans défense.

Bref, *l'initiative se déplace de la campagne vers la ville, des champs vers les usines, des assemblées locales vers les bureaux centraux*. L'individualisme rural est subordonné à l'anonymat urbain, et la vie personnelle à l'automatisme social. Tous les avantages concédés aux ruraux par l'État (indemnités pour calamités, prise en charge grandissante des dépenses communales, subventions pour travaux d'utilité rurale) ont leur contre-partie dans un contrôle de plus en plus étendu et de plus en plus serré de la vie locale par le pouvoir central. Que peut-on faire actuellement dans un village sans l'autorisation du préfet ?

La réaction à cette dépossession est un renouveau du régionalisme. La condition rurale, l'originalité locale deviennent, comme toutes les choses, un spectacle et un jeu, quand elles ont cessé d'être une réalité. On croit trouver dans les manifestations du régionalisme l'avenir du paysan, mais c'est sa mort qu'il faut y lire.

Ainsi, le monde rural n'est plus tout à fait comme un sac de pommes de terre. Un réseau de liaison l'unifie, une cohésion s'y révèle. Certains militants et publicistes révolutionnaires s'en félicitent parfois. Mais il ne faudrait pas oublier qu'une opération ne tire sa valeur et son sens que d'un « par qui ? » et d'un « pour quoi ? ». Dans l'état actuel, ce n'est pas être infidèle à l'esprit de la philosophie marxiste, que de déplorer le sens de cette opération. La fin dernière du marxisme ce n'est pas tant la socialisation des moyens de production, que la réintégration du travailleur dans la condition humaine. Le collectivisme n'est qu'un moyen pour faire passer l'humanité « de la préhistoire dans l'histoire », de l'aliénation de soi dans la conscience de soi. Or, l'automatisation technique et politique du monde rural, la dépossession de la vie paysanne au profit du mécanisme industriel sont actuellement une étape de plus dans l'asservissement du travailleur. Le cultivateur français tend à n'être plus que le propriétaire théorique de ses moyens de production. Serait-ce être infidèle à l'esprit du socialisme, que de lutter pour faire de la propriété personnelle et non anonyme du producteur rural une réalité et non plus seulement une fiction juridique ? Ce ne sont pas des raisons d'opportunité uniquement, – et donc sans valeur comme sans efficacité, – mais des raisons bien plus profondes qui devraient éliminer de la propagande socialiste et communiste parmi les ruraux ce qui n'a été pour eux, jusqu'à présent (il faut bien le dire), qu'un épouvantail : le mot de collectivisme. Il faut assurer au paysan travailleur la propriété effective de son entreprise, seul moyen pour lui de maintenir l'unité consciente et humaine des trois moments de tout travail, *initiative, exécution, contrôle.* A vouloir aller trop vite avec le paysan français, on compromettra tout.

Faites de lui un travailleur libre, avant de lui faire entrevoir quelle distance sépare encore la propriété de l'humanité et la possession des choses de la possession de soi.

*

C'est raisonner, dira-t-on, comme M. Flandin : « L'avenir de la France est dans le sol. Il réside d'abord, selon l'évidence, dans le développement de la petite propriété rurale, et le premier souhait à formuler est que, par une ascension ininterrompue, la terre passe tout entière à ceux qui la cultivent de leurs bras. » (*Candide*, 3 janvier 1935). Ce vœu serait irréprochable, s'il n'était pas de ceux que l'allure générale d'une politique tend à contredire radicalement[1]. Oui, le paysan achètera la terre, mais à ces conditions : 1) qu'il gagne de l'argent par son travail, qu'on assure donc à ses efforts une rémunération suffisante ; 2) que les acheteurs de ses produits, consommateurs intégraux de produits agricoles, ouvriers et fonctionnaires, ne soient pas dépouillés par la politique du régime ; 3) que les propriétaires actuels de terres qu'ils ne travaillent pas soient amenés à les vendre.

Or, ou bien le propriétaire non-exploitant vend parce que le revenu des terres est misérable ; qui donc achètera la terre, dans un monde rural misérable, sinon ceux qui, déjà propriétaires, ont quelques réserves ? Et alors, les termes du rapport de production changent, mais le rapport reste le même. Ou bien, les produits du sol se vendent bien et les propriétaires de grands domaines, en retirant un bénéfice réel, conservent leurs propriétés, et le problème n'est pas résolu.

Expropriera-t-on le propriétaire non-exploitant ? Va-t-on mobiliser le sol pour cause d'utilité publique, comme le demande certain agrarisme

1. L'auteur fait référence au fait que la politique économique de libre échange dont Flandin se voulait paladin produisait en réalité le résultat opposé à celui affiché, c'est-à-dire une concentration encore plus forte du pouvoir économique dans les mains du grand capital exploitant le travail salarié.

proudhonien (cf. *L'homme réel* : la réorganisation agraire, avril 1934[1]) ? Mais, toucher au droit de propriété sur ce point, sans toucher à toute la structure sociale, c'est une plaisanterie. Dans le cas contraire, c'est une révolution. Il est à craindre que précisément la « révolution » à laquelle songent les théoriciens de l'agrarisme ne soit une révolution de demi-mesures au profit de la « classe paysanne » dans laquelle ils ne font pas de distinction. Sans doute ils dénoncent la « féodalité économique » (Braibant)[a]. Mais voici où il semble que socialisme et agrarisme doivent se départager, dans la question rurale. Pour les agrariens, la féodalité *économique*, c'est la *féodalité industrielle*, à laquelle s'oppose la *classe paysanne* conçue en bloc comme ayant mêmes aspirations et mêmes intérêts. Pour un socialisme rural, la *féodalité économique est industrielle et agricole.* La division que les agrariens font entre la paysannerie et la féodalité industrielle doit se prolonger, pour les socialistes, par la division dans le monde rural. *Il n'y a pas une classe paysanne. Il y a un monde rural où les intérêts ne sont pas identiques, où les valeurs de la vie ne sont pas les mêmes, où la dignité paysanne n'est pas la même.*

Il est bien impossible, en conséquence, qu'un remaniement des conditions s'opère dans le monde rural, qu'un transfert de propriété s'y accomplisse, si on cherche à la crise agricole des *remèdes uniformes.* A défaut d'exproprier les grands propriétaires fonciers, le seul moyen de les obliger à vendre, et de permettre aux « chaumières » de racheter les « châteaux »[2], ou plus exactement des parts de château, *c'est de prendre des mesures gênantes pour les grands propriétaires, avantageuses pour les fermiers et les métayers.* Ce ne peut pas être le fait des gouvernements actuels, ni probablement du régime. *Ce sont précisément ces mesures qu'il faut avoir l'honnêteté de proposer sans équivoque.*

a. M. Braibant, *La féodalité économique et les paysans*, dans *L'homme réel*, n. 4, avril, 1934, p. 31-33[3].

1. Revue mensuelle publiée à Paris à partir de janvier 1934, inspirée du socialisme proudhonien et d'un idéal de progrès politique et social qui devrait se réaliser par l'union du syndicalisme, de l'humanisme et des sciences humaines. Le numéro auquel l'auteur fait référence, qui porte le titre de "Réorganisation agraire", comprend de nombreux articles sur la crise politique des campagnes à la suite des protestations paysannes qui avaient eu lieu à Chartres au cours des semaines précédentes.

2. L'auteur fait probablement référence au débat contemporain concernant la manière de créer les conditions pour que les grands propriétaires se trouvent forcés de vendre à des associations ou groupes paysans.

3. Il s'agit de la publication d'un discours au congrès du Parti Agraire (tenu les 24-26 janvier 1934) par le vice-président du parti, Marcel Braibant.

Il est louable de proposer des mesures de direction de l'économie rurale, encore faut-il savoir qu'une direction suppose toujours un « *par quelqu'un* » et un « *pour quelqu'un* ». On doit donc choisir le *par* et le *pour*. Pourquoi ruser ? Autant le dire. On ne peut pas organiser le marché agricole par des règlements identiques pour le gros producteur de blé ou de vin, et pour le cultivateur qui « fait de tout et vend de tout ». C'est le moyen sûr de ruiner le second. Ou alors il faut avouer sa préférence pour un type de cultivateur spécialisé comme un industriel et réglé comme un fonctionnaire. Trois raisons de ne pas le préférer se trouvent, à notre avis, dans la variété du sol français d'abord, dans la plus grande humanité d'un travail à fins multiples ensuite, dans la plus grande souplesse enfin d'un genre d'exploitation varié qui offre aux calamités rurales toujours à redouter une prise de moindre étendue.

Le piquant en l'occurrence, c'est que M. Flandin, dans ses discours parlementaires, lors du récent débat relatif à la nouvelle loi agricole, ait très nettement affirmé les divergences d'intérêts des producteurs ruraux. C'est lui qui parle des associations de grands producteurs défendant des intérêts privilégiés qui ne sont pas ceux de la *masse paysanne*. C'est lui qui constate que la loi du prix minimum du blé constituait, à l'abri d'une interdiction théorique, un privilège pour le quart de la production, pour le dixième des producteurs agricoles. C'est lui qui parle du « modeste paysan qui obtient difficilement les avances du crédit agricole, parce qu'il n'a pas pignon sur rue, parce qu'il n'a pas de hautes relations dans les chambres d'agriculture »[1]. D'où la haine des *personnalités* agricoles et les invectives du parti agraire. Il n'y a aucune raison pour que les partis d'extrême-gauche ne fassent pas leur profit de l'astuce de celui-là même qu'ils combattent. Sans doute, M. Flandin, en affirmant la division de ce qu'on appelait académiquement jusqu'alors « les laborieuses populations rurales », vise des fins qui ne sont pas les nôtres ; mais le moyen dont il use recouvre une réalité, celle dont nous pensons que le socialisme rural doit faire sa règle de conduite. Il est bien clair que lorsque, par exemple, MM. Bonnefous[2], Franklin-Bouillon[3],

1. *Journal Officiel de la République Française. Débats parlementaires. Sénat*, Année 1934, n° 101, 23 décembre 1934, § 7 "Assainissement du Marché du Blé" (discussion d'un projet de loi), p. 1505-1517.

2. Georges Bonnefous (1867-1956), député de la Seine-et-Oise dans la liste Républicaine d'Union Nationale Démocratique de 1910 à 1936. Ministre du commerce et de l'industrie en 1928 et 1929.

3. Henry Franklin-Bouillon (1870-1937) député de la Seine-et-Oise entre le milieu des années 10 et le milieu des années 30, membre du parti radical socialiste. Il est ici défini comme

Sarret[1], tous députés réactionnaires de Seine-et-Oise, votent contre le projet de loi Flandin sur les blés, ce n'est pas au même titre que, par exemple, MM. Chasseigne[2], Monnet[3] et Renaud Jean[4], députés d'extrême-gauche. Les premiers défendent les privilèges que de gros producteurs tiraient d'une loi valable seulement pour quelques puissantes associations; les autres regrettent les avantages que les petits cultivateurs, fermiers ou propriétaires, retireraient d'une direction de l'économie agricole que la loi précédente n'assurait que nominalement et à laquelle renonce expressément la loi actuelle. Ainsi, les gros propriétaires, les agrariens et leurs représentants parlementaires protestent *contre un fait, la fin de leurs privilèges.* Les petits cultivateurs, fermiers et propriétaires, et leurs représentants protestent *contre un principe, l'abandon d'une protection légale non effective*, mais qui jouait comme une menace ou comme frein contre leurs exploiteurs, les marchands de grains.

*

En résumé, à partir de toutes les remarques précédentes, il nous semble que l'on puisse proposer ce qui suit:

1) Le monde rural français d'aujourd'hui n'est pas un, et les divisions qui s'y révèlent sont d'ordre technique et social, plus encore que géographiques;

2) Ce n'est pas le *monde rural*, c'est la *masse rurale*, que l'antifascisme doit se proposer de conquérir;

3) Sous réserve d'organisation coopérative, à laquelle les paysans sont loin de s'opposer *a priori*, un antifascisme constructif doit affirmer la nécessité de

"réactionnaire" par l'auteur très probablement en raison de sa position fortement chauviniste et militariste.

1. Roger Sarret (né en 1893) député de la Seine-et-Oise entre 1934 et 1936, président de la Fédération radicale indépendante de la Seine-et-Oise, se faisait défenseur des agriculteurs, notamment des producteurs de blé.

2. François Chasseigne (1902-1977), député de l'Indre de 1932 à 1942, membre du Groupe d'unité ouvrière, s'intéressa particulièrement à des questions agricoles et au problème du marché du blé.

3. Georges Monnet (1898-1980) membre du parti socialiste, député de l'Aisne de 1928 à 1942. En 1934 il créa avec le radical Gaston Bergery et le communiste Jacques Doriot un front commun antifasciste. En tant que ministre de l'Agriculture, entre 1936 et 1938, il créera l'Office du Blé afin de concilier les intérêts des producteurs et des consommateurs, de réguler la production et d'instituer un prix minimum et stable du blé.

4. Renaud Jean (1887-1961), député du Lot-et-Garonne entre les années 20 et les années 40, représentant de la petite propriété paysanne, membre du parti socialiste, puis du parti communiste. Il fut président de la Confédération générale des paysans-travailleurs et directeur du journal *La voix paysanne*.

défendre pour elle-même, et non pas seulement comme un moyen habilement utilisé, *la petite et la moyenne propriété rurale.*

LE BLÉ ET LE VIN

Nous voudrions tâcher de montrer brièvement, à partir des distinctions précédentes, comment les problèmes agricoles du blé et du vin peuvent recevoir des solutions systématiquement favorables à la masse des cultivateurs, propriétaires ou non possédants; solutions évidemment déplaisantes pour les grands propriétaires fonciers ou pour les grands fermiers des pays de blé ou de vin, qui exploitent industriellement les entreprises agricoles, le plus souvent, du reste, avec un prolétariat étranger (Polonais dans le Nord, Italiens et Espagnols dans le Midi).

Il nous semble que l'esprit des mesures auxquelles nous pensons tient en une formule : à moins de tuer la moyenne et la petite culture, il faut *limiter* et *surveiller* la grande.

Considérons que le *produit du travail agricole* (et non pas le produit du sol comme on dit trop souvent) est un objet de consommation directe, et qu'à ce titre il est l'aliment de *besoins limités en quantité*, mais plus encore *exigeants en qualité.* Or, en agriculture, comme ailleurs, il faut distinguer le moment où, selon l'expression de Hegel, *la quantité se mue en qualité*, et, nous ajoutons, en *mauvaise qualité*, eu égard au consommateur possible. La valeur boulangère du blé, et donc la qualité du pain, de même que le degré et le bouquet du vin, sont fonction des variétés de semences ou de cépages, dont le rendement quantitatif est inégal. De sorte qu'on ne peut pas agir sur la quantité de récolte sans agir aussi sur la qualité. Quoi d'étonnant si la culture intensive d'espèces de blé à grand rendement, *en même temps qu'elle augmente la production, diminue la consommation du pain*? Il y a plutôt en France sous-consommation de pain qu'il n'y a surproduction de blé. Et la sous-consommation de pain tient à la fois : 1) à la production de certaines variétés de blé de valeur boulangère médiocre; 2) à la diminution du taux de blutage par laquelle le meunier, éliminant l'albumen au profit de l'amidon, obtient une farine moins rapidement altérable, mais donnant un pain indigeste.

Ces notions ne sont pas nouvelles. Tout le monde sait que, de plus en plus, les gros producteurs voient dans l'agriculture, beaucoup moins la recherche soignée de produits de consommation, qu'une production industrielle de matière première. Tout le monde sait que les minotiers achètent au même prix, indifféremment, le blé de bon et de mauvais pain, et restituent à la consommation la même mauvaise farine.

A cet égard, les débats au Sénat, en décembre 1934, à l'occasion de la loi Flandin sur les blés, ont été parfaitement instructifs, bien plus à notre avis que ceux de la Chambre. M. Jean Durand[1] a très clairement exposé la question du pain : « La diminution de la consommation de pain représente 14 millions de quintaux de blé. Si, depuis trois ans, on avait rétabli à son niveau la consommation du pain, la question du blé ne se poserait pas » (Sénat, *J.O.*, 22 déc. 1934)[2]. « Conseillons aux cultivateurs des variétés de bonne qualité boulangère » (M. Bergeon, *ibid.*)[3]. Conseillez, conseillez, Monsieur le Sénateur ! Il en restera toujours quelque chose : vos paroles à *l'Officiel !* « Si ces gens-là (les grands cultivateurs) étaient raisonnables, s'ils avaient un peu le sens de la solidarité nationale, ils seraient les premiers à reconnaître qu'ils ne doivent pas exagérer leurs rendements. Ils devraient comprendre que nous sommes tous sur le même bateau et que, si le bateau sombre, ce seront les gros, les petits et les moyens qui feront naufrage » (M. Provost-Dumarchais, *ibid.*)[4]. Erreur, Monsieur le Sénateur ! Sur un bateau, il y a des chaloupes de sauvetage, et, à moins que les officiers n'assurent l'ordre, revolver au poing, ce sont les plus forts qui s'y précipitent en cas de naufrage.

Ainsi, nous sommes bien d'accord sur ceci : tout le monde reconnaît l'antagonisme d'intérêts entre la culture de matière première et la culture de qualité ; mais tout le monde se refuse à choisir parmi les valeurs et les intérêts en présence et cherche des solutions de conciliation, c'est-à-dire de confusion.

Remarquons que la dernière loi (loi Flandin) sur le blé introduit précisément des semblants de mesures restrictives concernant les surfaces d'emblavements et les variétés de blés de semence. Là-dessus tout le monde crie à la vexation, à l'impossibilité d'assurer un contrôle effectif. « S'il n'a pas

1. Jean Alexandre Durand (1865-1936), député de l'Aude de 1906 à 1921, sénateur de l'Aude de 1921 à 1936, ministre de l'Agriculture de 1925 à 1926. Membre du groupe radical-socialiste. Défenseur des intérêts agricoles, il avait crée un « Groupe de défense paysanne ».

2. *Journal Officiel de la République Française. Débats parlementaires. Sénat*, Année 1934, n. 101, 23 décembre 1934, p. 1513.

3. *Ibid.*, p. 1506. Il s'agit ici d'Émile Bergeon, député, puis de 1921 à 1939 sénateur des Bouches du Rhône. Il ouvre la séance en présentant le rapport du gouvernement sur la situation du marché du blé.

4. *Ibid.*, p. 1512. Gaston Provost-Dumarchais (né en 1864) fut sénateur de la Nièvre de 1921 à 1941, dans les rangs de la droite, membre de l'Union Républicaine ; il est, pour la défense des produits agricoles français, partisan du protectionnisme en économie.

été possible de contrôler 8.000 meuniers, comment demain contrôlerez-vous 4 millions de producteurs de blé ? » (M. Salmon, Sénat, 22 déc. 1934)[1]. *Ce qui n'a pas été possible dans le régime actuel, c'est précisément ce qu'il faut chercher à rendre possible.* Et surtout, il ne s'agit pas de surveiller tous les cultivateurs. Il y a des propriétés dont les dimensions, la situation, la nature des terrains ne se prêtent pas à une culture intensive de blés à gros rendements. La délimitation de ce qui est momentanément à surveiller n'est pourtant pas un travail d'Hercule !

A ces mesures restrictives, qui sont de bon sens et de justice, si l'on sait comprendre où se trouve l'intérêt massif des producteurs ruraux et l'intérêt également des consommateurs, s'opposent évidemment ceux qu'elles gêneraient. Non pas qu'ils avouent vouloir défendre leurs propres intérêts, la défense serait malhabile. Ils se placent alors sur le plan théorique et contestent la valeur d'une notion telle que celle de qualité boulangère des blés : « Il résulte d'une communication faite à l'Académie d'agriculture, par le plus grand spécialiste de ces questions : 1) que la valeur boulangère est d'un caractère encore mal défini ; 2) que son appréciation par les méthodes actuelles est encore sujette à caution ; 3) que, parmi les facteurs de la qualité, le milieu joue quelquefois un rôle aussi important que la variété » (Marcel Braibant, *La Voix de la terre*, 24 janvier)[2]. Pour être d'une Académie on n'est pas nécessairement une compétence, et si l'Académie d'agriculture est aussi qualifiée pour traiter des problèmes ruraux, que l'Académie Française pour traiter des questions de grammaire, nous savons à quoi nous en tenir.

Il est du reste insuffisant, pour résoudre le problème du blé, de se borner à des méthodes de surveillance et de limitation expressément unilatérales à l'égard des producteurs, à des méthodes de réglementation et de contrôle stricts pour la meunerie et la boulangerie. Il est clair qu'il faut prévoir *un échelonnement des ventes, une compensation des mauvaises années par les bonnes*, et, qu'à cet égard, *la généralisation du stockage* est inévitable. Cela suppose l'organisation coopérative de la production, et très vraisemblablement, l'institution d'un *Office du Blé.* Ce n'est pas à nous à en fixer le mécanisme, et nous n'avons pas ici à nous prononcer entre les différentes

1. *Journal Officiel de la République Française. Débats parlementaires. Sénat*, *op. cit.*, p. 1525. C'est Alfred Salmon (1876-1936) qui parle, député, puis sénateur du Pas-de-Calais entre 1924 et 1934 ; il est spécialiste des questions agricoles et douanières et milite dans les rangs du groupe républicain.

2. M. Braibant, « Des chaînes pour les paysans et de nouveaux impôts », *La voix de la terre*, septième année, n° 314, jeudi 24 janvier 1935, p. 1. *La voix de la terre* était l'organe central de presse du Parti Agraire et Paysan Français.

conceptions de cet Office, que ce soit celle du *Parti Socialiste* S.F.I.O. ou celle de la *Confédération Nationale paysanne* (C.G.T.), proposée au Congrès de Toulouse (3-4 novembre 1934).

Nous pensons simplement avoir montré que la défense de la moyenne et petite propriété paysanne dans la question du blé suppose des mesures énergiques reconnaissant la division dans le monde rural. C'est dire que cette solution exige une politique ayant systématiquement choisi de préférer les petits producteurs et liant leur sort à des revendications sociales sans ambiguïté. Ce sera la même chose ici que de *limiter certains producteurs et d'augmenter la production totale du blé*, puisque en régissant la quantité, on change la qualité du produit et on tend à en augmenter la consommation[a].

*

La même démonstration vaudrait, toutes choses égales d'ailleurs, pour ce qui est du vin. Il est clair que la *limitation des plantations et l'interdiction de certains cépages* sont les seuls moyens de résoudre un problème qui n'a pas la même signification sociale dans les départements de polyculture, où le rendement à l'hectare de vigne est de 50 hectolitres, et dans les départements où le rendement atteint 200 hectolitres, grâce à des méthodes d'exploitation industrielle (Hérault, Algérie). « Coûte que coûte, il faut empêcher cette extension industrielle, dit un de nos correspondants[b], qui n'est que le fait de propriétaires avant tout capitalistes et non des petits propriétaires qui sont partisans de la polyculture, lequel système est le meilleur, le plus solide et le plus sûr pour faire vivre une famille. » Ces mesures paraissent d'autant plus souhaitables qu'ici aussi la question de quantité recouvre une question de qualité. A la valeur boulangère des blés correspond la qualité des vins. En fixant dans certains cas un degré minimum ou en contrôlant la qualité du vin, une extension de la consommation et une restriction de la production ramèneraient le marché du vin à des conditions normales. Mais celui qui prendra ces mesures devra aussi prévoir l'explosion de colère des gros propriétaires, et se tenir prêt à la contenir.

a. Sur ce point, nous sommes heureux de nous rencontrer avec l'un des correspondants les plus documentés et les plus attentifs de notre enquête, M. Lauzeral[1].

b. Il s'agit encore de M. Lauzeral.

1. Nous n'avons pu identifier la personne à laquelle l'auteur fait référence ici.

*

Une objection peut et doit être ici faite. Maintenir systématiquement le moyen et le petit cultivateur, n'est-ce pas aussi maintenir les conditions les plus défavorables de la production rurale, les prix de revient les plus élevés, donc les prix de consommation les plus chers pour la masse des travailleurs et des citadins ? Il faut répondre d'abord que, si on choisit de défendre les masses de petits et moyens cultivateurs, c'est pour des raisons de principe, que c'est *pour eux* qu'on lutte, au lieu de voir simplement en eux les instruments d'une politique ou d'une économie et les simples pourvoyeurs de l'alimentation urbaine ; que, du reste, ce n'est pas un prix absolu de vente qui est rémunérateur, mais un écart entre prix et frais et que, notamment, par la diminution ou l'abolition du profit industriel (machines, engrais), par la diminution des dépenses parasitaires, donc de l'impôt (voir chap. suivant), les charges de la propriété cesseront de peser, comme elles le font aujourd'hui, sur les prix des produits agricoles.

*

« Il est rappelé à tous les cultivateurs, sans exception de petites ou de grandes cultures, aux ouvriers agricoles leurs collaborateurs et aux propriétaires terriens, *qui ont tous les mêmes intérêts*, qu'une grande réunion de protestation aura lieu le dimanche 27 courant, à 10 h. 30 du matin, à Arras. »[1] Voilà comment parlent les leaders du parti agraire. Voilà exactement comment nous proposons de ne pas parler. Nous en avons donné les raisons spéciales d'ordre agricole, nous allons en donner les raisons générales d'ordre économique et politique.

LES MASSES RURALES DEVANT LE FASCISME

Nous avons tenté de justifier *les raisons de principe* pour lesquelles, à notre avis, un socialisme rural doit dès maintenant se faire sans arrière-pensée *le champion d'une politique systématiquement favorable à la moyenne et petite propriété.* Il reste à montrer aux paysans français eux-mêmes pourquoi ils doivent se détourner du fascisme. Il faut leur rendre clair :

1. La référence vient très probablement du journal du Parti Agraire *La voix de la terre*.

1) qu'ils ont à choisir entre les deux adversaires en lutte dans le monde économique actuel : *le capitalisme*, d'une part, avec les seules règles qu'il veuille reconnaître, profit et concurrence individuels, c'est-à-dire exploitation de la collectivité, – *le prolétariat*, d'autre part, avec le seul idéal qu'il puisse confesser, organisation collective de la production pour la libération individuelle ;

2) que, pour sauver à la fois leur bien et leur dignité, ils ne peuvent opter consciemment que pour le prolétariat.

Cette obligation d'opter n'est pas actuellement particulière aux paysans ; elle s'impose aussi bien aux classes moyennes, dont la variété de situations peut être résumée dans une formule unique : état (nécessairement instable et temporaire) d'équilibre et de compromis entre deux conditions bien définies : disposition de capitaux d'exploitation, ou bien disposition à être exploité comme force de travail.

Nous ne considérerons que la partie rurale des classes moyennes. Plus précisément, c'est *le paysan* que vise notre argumentation, car il est clair que nous devons renoncer à persuader le grand propriétaire et le grand fermier, et que le petit fermier, le métayer et le salarié agricole seront d'autant plus facilement convaincus que nous nous refuserons à convaincre ceux dont ils dépendent. Comment définir le *paysan* ? Comme le petit propriétaire qui *ne peut pas exploiter* systématiquement un prolétariat rural, et qui *ne veut pas être exploité* systématiquement comme prolétaire rural.

Entre la possession de grands capitaux, en l'espèce terres et bâtiments ou valeurs de portefeuille permettant de dicter à autrui des conditions de travail, et la possession de la seule force de travail (petits fermiers sans avances, métayer, journalier, valet ou maître-valet), se trouve une condition toujours critique au fond, puisqu'elle est entre-deux, celle du petit propriétaire qu'un capital, personnel (terre, argent d'épargne), ou emprunté, dispense de se louer. Cette situation admet toutes les nuances qu'on voudra, depuis celle du propriétaire qui trouve à affermer et à faire valoir avec un faible appoint de main-d'œuvre d'autres terres que les siennes, jusqu'à celle du cultivateur qui, en dehors de son travail personnel, peut aider temporairement, soit un paysan un peu mieux pourvu, soit un fermier, soit un gros propriétaire. *C'est à ceux-là que doit s'adresser la démonstration des antifascistes, et elle doit s'efforcer de leur représenter que, dans les circonstances économiques et politiques actuelles, ils ont un choix à faire, ou mieux qu'ils n'ont pas le choix.*

*

Si maintenant l'on considère ce petit propriétaire rural non plus objectivement en économiste, mais subjectivement en psychologue, et du reste d'un point de vue massif non individuel, on doit remarquer que *le cultivateur français moyen met sa dignité à se suffire.* Être le producteur de ses propres objets de consommation, ne pas dépendre, c'est son trait caractéristique de fierté. A quoi s'ajoute, et c'est au fond le même, le sentiment collectif d'être *la classe vitale par excellence, celle dont tout part et dont tous partent.* Le paysan tient très souvent pour luxe tout ce qu'il va chercher à la ville, fût-ce le médecin; il tient toujours pour nécessité tout ce qu'il y porte ou y envoie. Il conçoit que les paysans se passeraient à la rigueur des trois quarts des choses qu'on rapporte du marché, il ne conçoit pas qu'on puisse se passer de pain, de lait ou de légumes. De même, le paysan voit qu'on quitte les champs pour la ville, mais voit aussi que cet aller ne comporte pas de retour. Il n'y a pas qu'illusion dans ce sentiment de suffisance économique et de fécondité vitale : il est bien plutôt la conscience confuse d'un fait objectivement incontestable, savoir l'antériorité des besoins et des instincts sur leur réglementation sociale.

C'est pourquoi, – et ceci nous paraît devoir être signalé en vue de toute action politique à laquelle on associera les paysans – *l'homme des champs s'estime supérieur en droits aux autres classes et se juge sous-estimé par elles.* Rien ne lui est plus difficile à concevoir que la réciprocité, et cela même est normal, si l'honneur de la paysannerie tient dans le sentiment qu'elle a d'assurer la jonction entre la nature et la société. Il faut ici la plus grande prudence et le plus grand tact, et se garder de blâmer ce qui doit être expliqué. *Ce qu'on nomme trop vite la cupidité, l'avarice des paysans,* – tant pis pour les mauvais romanciers et les mauvais politiques, – *ce n'est pas autre chose que cette disposition à considérer les autres classes comme plus ou moins parasitaires relativement à eux-mêmes, comme moins fondamentalement dignes, comme plus frivoles.* Cet état d'esprit ne fait que traduire, par un sentiment de plus grande valeur, une plus grande stabilité de fait des conditions de toute existence humaine.

Cette aversion congénitale du paysan pour les parasites, pour ceux « qui ne vivraient pas sans lui », pour ceux « qui trouvent la terre trop basse », etc., on s'en est servi et on s'en sert pour une politique de bonne guerre, c'est-à-dire de mauvaise foi. Il suffit de désigner au paysan souvent l'ouvrier des villes et toujours le fonctionnaire, pour mobiliser une énergie de récrimination inépuisable. Comme, en dehors de la grande presse, ce sont les journaux religieux (Les *Croix*[1] des départements) qui se chargent de cette besogne éminemment évangélique et comme les prêtres ont cessé de figurer dans la catégorie des parasites officiels, se contentant le plus souvent de dons où autrefois ils exigeaient des dîmes, il est bien explicable que les paysans qui n'ont pas grand temps pour réfléchir et à qui on n'a pas appris à le faire, – l'obligation scolaire étant dans les campagnes une fiction – ne voient que les « parasites » qu'on leur montre. Ils ignorent que ceux qui les leur font montrer sont incontestablement des parasites, à la fois pour le paysan et pour ces ouvriers et fonctionnaires que le paysan incrimine, alors que, comme lui, ils vivent et meurent de leur travail.

La difficulté va donc être de faire entendre à la masse rurale que si la fonction humaine qu'elle remplit est essentielle, sa puissance économique actuelle est médiocre, que, de toute façon, cette puissance devra composer avec celle des autres classes, et qu'aujourd'hui on ne cultive en elle le sentiment de sa suffisance et des droits qui s'y rattachent que pour mieux utiliser sa dépendance à l'asservissement des autres travailleurs.

Pour cette démonstration, une brève interprétation du désordre économique actuel n'est pas inutile, à la condition qu'elle porte sur deux points principaux, pour ce qui touche spécialement les ruraux, savoir : la signification et l'emploi dans le régime actuel de L'IMPÔT et de L'ARMÉE. Certes, nous n'allons pas reprendre sur ces deux points des arguments connus de tous les militants. Qu'il suffise d'indiquer de quelle façon ils nous semblent le plus capables de toucher le paysan.

Il n'est pas difficile d'exposer à celui-ci comment l'État moderne n'est qu'en apparence le gardien de l'intérêt général, comment la législation politique et sociale est sous le contrôle des Conseils d'Administration de puissantes Sociétés privées, comment l'échec d'un système économique entraîne ses bénéficiaires, détenteurs de l'argent et de la presse, moyens d'asservissement et d'abêtissement universels, à se maintenir par un redoublement d'oppression et par la force sans ambiguïté. L'intérêt général n'est évidemment dans ce cas que le prétexte derrière lequel se dissimule l'art séculaire du percepteur et du recruteur.

1. Journal catholique réactionnaire fondé en 1880, *La Croix* devient un journal politiquement engagé à la fin du siècle à l'occasion de l'Affaire Dreyfus, adoptant une position anti-dreyfusarde. Quotidien d'information très répandu au niveau local entre les deux guerres il joue alors un rôle important dans l'action de propagande du mouvement catholique, notamment dans l'Action Catholique.

Il n'est pas non plus difficile d'exposer simplement et par des images populaires : 1) la signification de la crise actuelle pour l'économie de type libéral ; 2) les voies inévitables du maintien de l'organisation capitaliste ; 3) les remèdes empiriques et donc sans portée pour atténuer çà et là les plus criants effets de l'anarchie économique, et qui reviennent, en réalité, sous le nom de dénominations savantes ou charlatanesques (renflouement, assainissement, redressement, etc.), soit à anéantir une partie des produits (blé, vin), soit à engloutir dans le relèvement d'entreprises privées une partie de la contribution prélevée sur les travailleurs et les classes moyennes, soit à entretenir, *au profit du patronat et aux frais de la collectivité*, la force de travail momentanément inutile au patronat, lequel gagne ainsi à tous coups, empochant les profits durant la prospérité, faisant entretenir ses ouvriers, comme on ferait de machines, pendant la crise, et cela sous le vocable de « solidarité ».

*

On connaît la description classique de l'ordre économique libéral : la production et la répartition des richesses assurées et réglées par le désir naturel d'un profit sans limites ; – comme stimulant, naturel lui aussi, une concurrence libre ; – une rémunération quasi-automatique et au fond harmonieuse des efforts par des prix fixés en fonction de l'offre et de la demande ; – l'indépendance individuelle garantie par la propriété privée, et une accession toujours possible à cette propriété par la voie de l'épargne. Cet ordre libéral, qui est encore l'idéal conservateur et apparemment bon enfant de la plupart des braves gens des classes moyennes, paraissait trouver dans la moyenne et petite propriété rurale son illustration expresse, sa justification de choix.

Or, cette doctrine est actuellement reniée par tous, et ceux qui, comme M. Flandin, voudraient la voir remise en honneur, s'avouent obligés d'y parvenir par une voie de contrainte, ce qui est dissimuler *un changement de programme sous un changement de décor*[1].

Encore qu'elle soit *rejetée d'aujourd'hui seulement*, on doit avouer qu'*elle n'a jamais été effectivement appliquée.* Pour le motif bien simple que cette doctrine a toujours déguisé en ordre raisonnable une pure situation de fait, le maintien d'une oppression sociale dont quelques-uns tirent profit. Pour ne prendre qu'un exemple aux dimensions de l'évidence, chacun peut savoir que,

1. Malgré la réintroduction de la liberté des prix, le gouvernement Flandin mettait en place des politiques d'intervention massive de l'État dans l'économie tout en continuant à mettre en avant l'argument libéral du gouvernement minimal à des fins exclusivement correctives.

dans les conflits du travail, dans les grèves, la solution de concurrence a toujours été faussée, par l'intervention au profit d'un seul des groupes en présence, de la police et de l'armée, que l'intérêt privé des employeurs trouve son compte dans le maintien de l'ordre public et qu'on n'a jamais vu des troupes mobilisées pour protéger des ouvriers contre des patrons. Les classes moyennes, en assumant les charges du pouvoir, ont tendu à prévenir des conflits trop âpres, reconnaissant aux ouvriers le droit syndical, mais l'accordant aussi aux patrons, et ne faisant, en somme, que perpétuer cet état d'équilibre instable dans lequel seulement elles peuvent vivre et prospérer.

Il est non moins évident qu'en ce qui concerne l'agriculture, le travail des paysans n'a pas reçu la rémunération idéale que devait, selon le système libéral, lui accorder le jeu des « harmonies économiques ». Le produit du travail paysan est un objet de consommation pour l'ouvrier; et la règle du profit industriel voulant que l'ouvrier puisse vivre à bon marché pour que se justifie le bas salaire, il va de soi que la règle du profit industriel va dérégler le profit rural. La pratique de l'importation de produits agricoles, contre-partie de l'exportation de produits manufacturés, permet à l'industrie de gagner sur deux tableaux, à l'extérieur où elle vend, à l'intérieur où ses ouvriers mangent à peu de frais.

Enfin, sous forme de subventions (par exemple pour les industries intéressant la défense nationale), ou de primes d'exportation, etc., les finances collectives, alimentées par l'impôt et l'emprunt, sont, elles aussi, au service d'intérêts privés mais d'appétits puissants.

Actuellement, les contradictions du système se voient en plein. Il n'y a plus une seule branche de l'économie privée qui n'ait utilisé ou n'utilise, qui plus, qui moins, les finances publiques, qui n'obtienne ou n'ait obtenu, ou n'espère obtenir, une « législation de privilèges », si l'on peut ainsi dire. Les cultivateurs eux-mêmes ont vu en certains cas l'intervention de l'État ou la solidarité nationale s'exercer en leur faveur. Que ce soit sous la forme de subventions pour les calamités agricoles (si fréquentes dans le vignoble méridional), ou d'achats massifs de récoltes ou de primes à la dénaturation, comme en ce moment, le fait n'est pas contestable. Et on pense bien que si telle est la règle du jeu, il ne s'agit pas de contester au cultivateur le droit à ce genre d'assistance; il s'agit de lui montrer que ce qui vaut pour lui, vaut aussi bien pour les autres, mais surtout que *cette pratique contredit radicalement l'idée commune qu'il se fait de sa suffisance, de sa capacité à vivre par soi et pour soi dans le régime économique actuel.* Dans un tel régime, quand on s'intéresse au paysan, c'est qu'on ne peut faire autrement, et quand on ne s'intéresse pas à lui, c'est qu'on s'intéresse à d'autres et qu'il en paie les frais, comme du reste d'autres et au fond lui-même paient et paieront les frais de l'intérêt qu'on lui manifeste en ce moment.

Autrement dit, le mécanisme de l'économie capitaliste est toujours grippé, et ce n'est pas fonctionner, pour un moteur, que de marcher péniblement à force de révisions. L'économie libérale, fondée apparemment sur *l'intérêt de tous, simultanément et spontanément assuré*, masque un empirisme économique où la *collectivité porte intérêt tantôt aux uns, tantôt aux autres*. Or, il va de soi qu'*on s'intéresse le plus souvent et le plus fort à ceux qui tiennent dans leurs mains le plus de puissance économique*, parce que du sort de leurs entreprises (banques, usines, chemins de fer, services internationaux de transports, etc.) dépend indirectement le sort de plus grandes masses de salariés, d'usagers ou d'épargnants, et par *cette incidence indirecte l'intérêt privé direct des sociétés anonymes prend figure d'intérêt social*[a].

Tout le monde parle aujourd'hui d'*économie dirigée*, et les cultivateurs savent que les lois fixant un prix minimum du blé en ont été un exemple. Excellent exemple pour comprendre le sens de cette opération. Si l'économie est dirigée, il faut nécessairement se demander *vers quoi* et *par qui*. En fait, tant que les détenteurs actuels de la puissance économique réussiront à se maintenir, toute direction de l'économie sera un appel à la collectivité pour la défense d'intérêts unilatéraux. Fou qui ne le voit pas. Sot qui ne le dit pas. C'est donc qu'il n'y a pas à choisir entre une économie libre et une économie dirigée, comme trop de gens des classes moyennes le croient encore, mais qu'il faut choisir entre deux fins et deux responsabilités possibles de la direction économique, une fin et une responsabilité capitalistes, et une fin et une responsabilité socialistes.

Actuellement, l'oligarchie économique a clairement choisi et son choix tient en quelques mots : le maintien de ses privilèges par l'oppression de tous les non-possédants d'abord, de tous les petits et moyens possédants ensuite. Dans la mesure où l'État viendra au secours des grosses entreprises privées, le budget de l'État deviendra celui de cette économie privée ; lisez que l'impôt,

a. Cas de la B.N.C., de l'Aéropostale, de la Cie Transatlantique, sans parler du déficit permanent des chemins de fer[1].

1. Il s'agit de scandales dans lesquels s'était trouvé impliqué le gouvernement radical Chautemps en 1933 et qui avaient contribué à renforcer un sentiment d'anti-parlementarisme déjà répandu.

l'emprunt et jusqu'à l'épargne de prévoyance sociale (Plan Marquet[1] et assurances sociales, par exemple) sont désormais les sources qui alimentent les grandes entreprises en passant par le réservoir public.

Quand donc les paysans demandent la diminution des impôts, on leur répond « diminution des fonctionnaires », pour la raison simple que, les fonctionnaires étant ceux qui discernent le mieux le jeu précédemment signalé, sont aussi ceux qui ont l'audace de le dénoncer. Quand les paysans demandent la diminution des engrais, des machines agricoles et des produits manufacturés, on leur répond « diminution des salaires ouvriers ». Mais diminution des fonctionnaires et diminution des salaires, c'est augmentation de profits pour l'oligarchie capitaliste et perte de consommateurs pour les paysans, sans la contre-partie d'une diminution d'impôts. Il est naturel que, plus on fait de mécontents, plus on dépense aussi d'argent pour les surveiller et les contenir.

Ainsi, ruine des petites entreprises privées au profit des grandes, tel est le programme anarchique qui se développe sous nos yeux. Il est contradictoire, en effet, qu'on puisse sauver tout le monde de la ruine avec l'argent de tout le monde. Il faut donc sauver quelques-uns avec l'argent de tous les autres. Pense-t-on que les paysans ne comprendront pas ce genre de démonstration ? Qu'ils reviennent, en effet, de ces considérations générales à leur cas spécial. Quand on a redressé le marché du blé, pour qui l'a-t-on fait ? Qui a bénéficié du prix minimum ? Les plus puissants agriculteurs qui ont pu stocker leur blé ; ceux qui ont eu assez d'avances pour acheter des parts de coopératives ou de silos là où il en existait. Pourquoi n'y a-t-il pas eu, partout où c'était nécessaire, les organisations coopératives capables de tenir tête aux minotiers[a] ? Parce que l'État ne pouvait pas avancer l'argent utile à tout le monde à la fois. Il y a eu donc manque d'argent pour certains cultivateurs, les plus nombreux, mais tous ont payé les impôts. Pourquoi a-t-on ainsi sacrifié aux intérêts de quelques-uns

a. « Si l'organisation des coopératives avait été généralisée, on aurait pu soutenir les prix. » (M. Marcel Donon, Vice-Président de la Commission d'Agriculture, Sénat, 22 décembre 1934)[2].

1. Adrien Marquet (1884-1955), député de la Gironde de 1924 à 1942, ministre du Travail du 9 février au 8 novembre 1934, membre du parti socialiste, était un représentant de premier plan de l'aile droite de la SFIO avec laquelle il rompit en juillet 1933 pour fonder avec Marcel Déat et Barthélemy Montagnon le Parti Socialiste Français sous le slogan « ordre, autorité, nation ». En tant que ministre du travail à partir de l'automne 1934 il met en place un grand plan d'actions gouvernementales contre le chômage qui porte son nom, le « Plan Marquet ».

2. C'est Marcel Donon (1879-1943) qui parle, ingénieur et professeur d'agronomie, sénateur du Loiret de 1920 à 1941 ; inscrit dans le groupe de la gauche démocratique, radical-socialiste, il propose de nombreux projets de loi concernant le monde rural parmi lesquels celui sur l'« assainissement du marché du blé ».

la masse des petits ? Parce que, géographiquement, Paris est centre d'une région de gros producteurs de blé. On a donc soutenu les gros producteurs de Beauce ou de Picardie, parce que les pointes de leurs fourches étaient plus près de Paris. La loi du prix minimum était trop belle pour être une loi, ce ne fut qu'un privilège. Ainsi, ce sont deux minorités, l'une agricole, l'autre commerciale (minotiers et boulangers), qui ont profité d'un redressement dit d'intérêt général, les uns, parce qu'un prix fictif pour la plupart des cultivateurs était effectif pour eux, les autres, parce que, achetant à un prix bas, ils cédaient farine et pain à un prix basé sur un prix fort théorique. Est-ce clair ? Est-il besoin d'insister davantage sur la signification de la crise économique actuelle ?

*

Toutefois la description des faits sociaux actuels n'est pas complète. Rien n'importe plus que de mettre en lumière aux yeux des paysans l'aspect nationaliste et militariste des réactions collectives à l'état de crise économique. Les paysans ne peuvent pas, ne doivent pas ignorer la formidable augmentation des dépenses de guerre dans tous les budgets nationaux. Ils ne peuvent pas ignorer non plus que c'est de l'impôt et de l'emprunt, c'est-à-dire toujours directement ou indirectement de leur travail, qu'est prélevé le coût d'entretien du matériel et du personnel militaires.

En désignant, comme on l'a fait avec un plein succès, le fonctionnaire à la hargne du paysan, en lui cachant que le syndicalisme des fonctionnaires est un agent de résistance à la centralisation oppressive de l'État, on a soigneusement détourné son regard de l'institution parasite, essentiellement improductive et destructrice, dont l'extension prend actuellement valeur de symbole : l'appareil de défense policier et militaire. Il y a longtemps que le fils du paysan ne quitte plus les champs pour la compagnie de chemins de fer. Il devient plutôt soldat de carrière, garde-mobile, gendarme, agent de ville. Et le paysan le trouve devant lui quand il lui prend envie d'aller manifester aux grilles de quelque préfecture. Les parasites d'aujourd'hui, ceux que le travail ne tente pas, vont s'instruire à protéger l'ordre établi contre les menaces des pauvres gens qui souffrent également et de travailler et de ne travailler point.

Sans doute cette intensification de recrutement est-elle couverte par des raisons supérieures. Pour le paysan, comme pour beaucoup d'autres, mieux informés que lui cependant, la force militaire se justifie par les visées de l'ennemi, par le péril extérieur, etc. Il y a chez le paysan un sens de l'indépendance nationale qui ne fait qu'un avec l'amour du sol. Le paysan, – et ce trait doit être observé avec le plus grand soin, – sent réellement, entre le sol et lui, un *double rapport de dépendance physique et d'ascendant technique.* « L'armée était le point d'honneur du paysan parcellaire… La parcelle que, dans son imagination, il étendait et arrondissait, devenait la patrie et le patriotisme la forme idéale du sentiment de la propriété. » (K. Marx, *18 brumaire*).

Seulement, ce qui échappe aux paysans, c'est que la guerre n'est plus depuis longtemps une guerre pour le sol ; le sous-sol géologique l'emporte en valeur économique sur le territoire géographique. S'il faut prendre à la lettre le mot du Chancelier Hitler : « Toujours, c'est l'épée qui a ouvert le chemin à la charrue », c'est en tant qu'il exprime le refus des hobereaux prussiens de distribuer leurs terres à ceux qui les travaillent, et ce mot de politique extérieure ne fait que traduire la structure d'un régime intérieur, qui, sous le nom de « national-socialisme », n'est précisément que le maintien des privilèges des gros possédants.

Ce que le paysan doit comprendre, c'est que l'extension en tous les pays de l'appareil militaire, mal dissimulée sous un langage de protestations pacifiques conditionnelles, est avant tout un phénomène et une manœuvre de politique intérieure. Il s'agit, d'abord, de créer un état d'esprit favorable à l'obéissance automatique, seul moyen de *maintenir* un régime quand il ne peut plus être *justifié* ; il s'agit, ensuite, d'assurer à l'État une force répressive foudroyante contre les réactions de révolte des travailleurs ou des petits possédants opprimés. L'intervention, sur les lieux même de la répression, de troupes coloniales, esclaves barbares utilisés contre les insurgés civilisés, a pris tout récemment, en Espagne, une signification irrécusable[1].

En outre, et en ce cas aussi sans la moindre équivoque, le recrutement des *parasites intégraux*, nourris et dressés en vue de la répression de mouvements révolutionnaires, se poursuit dans le privé. Qu'est-ce qui prospère, en France comme ailleurs, sous le nom de *Ligues nationales*, armées et entretenues par

1. L'auteur fait ici référence à la répression militaire organisée et mise en œuvre par le général Franco afin de briser les mouvements insurrectionnels de la « révolution d'octobre » de 1934 dans les Asturies. Confronté aux révoltes populaires déclenchées en octobre 1934, le gouvernement de droite monté au pouvoir en 1933, le gouvernement Lerroux, déclare l'« état de guerre » et recourt directement à l'armée pour les combattre. Pour réprimer les mouvements asturiens, particulièrement vifs et puissants, le ministre de la guerre, en passant par dessus le chef d'état-major, nomme pour diriger les opérations le général Franco, renommé pour la violence de ses méthodes et son absence de scrupules. Sans qu'aucune charge lui soit conférée officiellement, Franco mènera à terme l'opération en faisant d'abord bombarder les deux principales villes asturiennes, Oviedo et Gijòn, et ensuite en faisant débarquer des troupes terrestres d'assaut constituées par la Légion étrangère et par les "tabors" marocains, unité militaire indigène qui faisait partie de l'armée espagnole mais qui était disciplinée par un règlement spécial.

ceux que leur action sert en premier chef, sinon un recrutement de troupes de choc, auxiliaires quasi-officiels et avoués de la police, qu'une morale à base de *discipline* et *d'autorité*, entendez d'automatisme et de cruauté, encourage par tous les moyens à maintenir les pauvres … pauvres. La lie des villes, le voyou des bas-fonds, trouve ainsi, dans les cohortes de l'ordre, une occasion inespérée d'exercer son goût foncier pour l'état, disons …, de souteneur. Des voleurs d'autos sont à leurs heures champions de la propreté et de la propriété, et des déserteurs, professeurs de patriotisme. A accepter et mieux à solliciter parfois certaines collaborations, le brave homme de la classe « moyenne » risque de ne plus pouvoir un jour se distinguer de l'homme du « milieu ». Est-il si difficile de faire comprendre aux paysans la signification profonde de cette promotion de dignité accordée aux *fainéants de profession* ?

Sous ce rapport, le fascisme est donc, comme on l'a dit, l'« ordre militaire prolongé dans la paix »[1], l'aveu bien net que la paix sociale n'est rien d'autre qu'un état de guerre sociale, que seule la disposition des forces en présence empêche de devenir conflit ouvert et lutte sans merci. C'est l'universalité de la crise économique qui tend à faire du fascisme un fait international, comme, du reste, ses récents Congrès tenus en Suisse l'ont montré ; et, s'il dissimule l'internationalité de sa réaction derrière le masque du nationalisme, c'est parce que l'exploitation des ressentiments et des suspicions semés dans le monde par la dernière guerre, crée un dérivatif opportun au mécontentement des masses, dans la mesure évidemment où elles se laissent abuser (et l'expérience montre que cette mesure est large). A cet égard, la forme panique sous laquelle on se plaît à évoquer un peu partout, officiellement et officieusement, le danger aérien et la guerre des gaz, est bien dans la ligne de cette entreprise d'oppression collective que devient l'État actuel. Pour justifier la forme « totalitaire » que prend l'État fasciste actuel, n'admettant, hors de son contrôle, aucune partie de la vie des citoyens, il faut cultiver la peur grégaire et l'angoisse collective, en même temps que dresser la population, par de prétendus exercices de protection, à subir avec reconnaissance le joug d'un pouvoir pour qui nécessité fait loi. Les paysans peuvent penser échapper à ce genre de réglementation et d'oppression, car il va de soi que la ferme sera moins menacée que la cité. Toutefois, le moment n'est peut-être pas loin où les ruraux seront réquisitionnés pour recevoir, en cas d'alerte ou d'attaque, les foules de

1. L'auteur est ici probablement en train de paraphraser les mots utilisés par le CVIA au moment où, après avoir décrit le phénomène de militarisation de la société qui accompagne le fascisme, le comité affirme que « le fascisme est le triomphe de la guerre », dans « Nous voulons la paix ». Résolution du Comité de Vigilance, *Vigilance*, n° 13, 20 décembre 1934, p. 14.

citadins auxquels on ne propose *officiellement*[a] d'autre moyen de salut que la fuite loin des agglomérations. C'est bien beau de conseiller le départ, encore faut-il assurer l'arrivée. Le retour aux champs se fera quelque jour, mais probablement sous une forme qui surprendra les campagnards.

De toute façon, à jouer avec le feu, qui ne sait ce qu'on risque ? A supposer même que le fascisme ne *veuille* pas en soi la guerre, comme le dit M. Flandin : « Quelle nation, dans cette période de remise en équilibre, peut s'affirmer assez sûre de son destin et de son système de gouvernement pour remettre à tous ses nationaux des armes dont ils pourraient ne pas se borner à faire usage contre les ennemis de l'extérieur ? » (*Candide*, 3 janvier), – toujours est-il qu'il évolue parmi les possibilités de conflits comme un danseur parmi les poignards. Les paysans savent ce que devient et peuvent imaginer ce que deviendra leur rôle, à eux bons à tout parce qu'inaptes à toute spécialité, dans une guerre moderne de techniciens spécialisés : purement et simplement, le rôle de matériel humain de barrage et de poussée, destiné à se faire tuer sur place, sans vraie grandeur au fond, tellement la certitude de l'impuissance mue en aveugle désespoir le courage dont toute la vie paysanne est ordinairement faite.

*

Il faut maintenant conclure. Il y a, pour les classes moyennes en général, pour les paysans en particulier, un choix à faire. Or, si les analyses précédentes ont sens et valeur, elles doivent conduire à la conclusion suivante : *pour les classes moyennes et pour les paysans, choisir de soutenir le capitalisme, fondé sur la doctrine du profit illimité* (*doctrine qu'il ne peut renier sans se détruire*), *c'est d'abord se ruiner nécessairement à bref délai, c'est ensuite et surtout ne pas même sauver l'économie capitaliste.* Car, les grosses entreprises bancaires, industrielles, commerciales et même agricoles, ne survivront pas à la ruine de celles de moindre importance qu'elles auront anéanties ou qu'on leur aura sacrifiées; elles ne survivront pas à l'anéantissement général du pouvoir d'achat. Dans une société, où l'épargne sera rendue impossible par la misère collective, que représenteront les banques ? Que représenteront un

a. *Cf.* la brochure éditée par la Préfecture de Police : *Paris sous les gaz*[1].

1. La peur d'une attaque allemande est à ce moment-là particulièrement forte en France. La brochure en question fournit une série de conseils aux citoyens pour se protéger en cas d'attaque aérienne, notamment des conseils pour faire face aux gaz toxiques dont les services de sécurité craignaient l'usage surtout dans les centres urbains.

commerce, une industrie ? Et, si l'on ruine la masse des producteurs, qui donc consommera ?

Ainsi le fascisme, c'est le régime de tyrannie généralisée, au profit de l'oligarchie économique qui sacrifie délibérément, sous couleur de les leur conserver, les droits des classes moyennes. Et les classes moyennes sont dites « fascisées » dans la mesure où elles croient que l'enrôlement et l'embrigadement, en leur donnant des mots d'ordre, en les faisant marcher par quatre, et en les délivrant par là d'abord de la peur de penser et de la peur de mourir, les délivreront de même de la pensée et de la mort.

Ce n'est pas trop s'avancer que de considérer le *Parti agraire* et le *Front paysan* comme des organisations de fascisme rural français[1]. Encore que leurs dirigeants s'en défendent, et, en admettant certains d'entre eux au bénéfice de la bonne foi, c'est leur refus de se séparer du capitalisme qui les condamne au fascisme. Outre les faits politiques, tels que le meeting de Wagram[2], avec discours et ordres du jour antimarxistes et antiparlementaires, outre la participation au meeting de Chartres[3], le 20 janvier, à l'issue duquel les *Jeunesses patriotes*[4] tirèrent sur les contre-manifestants, les événements récents, auxquels le nom de Dorgères (alias vicomte d'Halluin)[5], porte-parole des hobereaux de l'Ouest, reste attaché, auront éclairé tout homme capable de réflexion. Au cirque de Rouen, l'agitateur Dorgères donnait comme mot

1. Inspiré du corporatisme fasciste et de l'idée d'une représentation politique par catégories de travailleurs, le Parti agraire et paysan français (PAPF) est fondé en 1928 par Gabriel Fleurant (1854-1936), journaliste d'origine bourgeoise lié à l'idéal romantique de l'authenticité paysanne, afin de donner une représentation parlementaire aux masses paysannes. À la différence du PAPF, qui demeure toujours assez faible, le mouvement du Front Paysan dirigé par Henry Dorgères (1897-1985), également réactionnaire et inspiré du modèle corporatiste fasciste, poursuivait une stratégie explicitement anti-parlementaire et anti-démocratique. Après la crise de 1929 ce mouvement commence à susciter un très large consensus parmi les masses paysannes. À l'été 1935 Dorgères, qui est à ce moment-là à l'acmé de sa popularité, fonde le mouvement des « Chemises vertes » et propose au PAPF la constitution d'un grand front paysan uni. Après 1936 le "dorgérisme" s'éteindra petit à petit.

2. Wagram est le nom de la salle où le 11 novembre 1925 a lieu à Paris le meeting que l'on considère normalement comme l'acte de naissance du fascisme français. De ce meeting était né le mouvement « Le Faisceau des combattants et des producteurs ».

3. En janvier 1935 à Chartres le mouvement des cultivateurs dirigé par Dorgères occupe la préfecture en signe de protestation contre les politiques agraires du gouvernement.

4. Groupe de l'extrême droite nationaliste, actif en France entre les deux guerres, parmi les protagonistes de l'insurrection du 6 février 1934, il joue un rôle non secondaire dans les agitations du fascisme rural.

5. Le vrai nom de Henry Dorgères était Henry-Auguste d'Hallouin, ce qui amène la gauche à l'appeler "vicomte d'Hallouin" pour en accuser les origines nobles supposées cachées. En réalité Dorgères, qui repoussait de telles accusations, était d'origine populaire, fils d'un boucher.

d'ordre éventuel à son auditoire rural, « le retrait massif des comptes en banque », sans parler de la levée en masse des paysans armés de leurs fusils[1]. Certes, tous les paysans ou presque, ont un fusil, – encore que les propriétaires-hobereaux du genre Dorgères les voient exercer d'un œil assez courroucé, les plaisirs de la chasse, – mais le « compte en banque » n'est pas à la portée de tous, tant s'en faut. Si l'on songe que, par ailleurs, le dogme de l'intangibilité des baux ruraux était proclamé à cette réunion, qu'enfin, et surtout, dans la toute récente campagne électorale de Blois, on distribuait, aux réunions de Dorgères, des tracts sans équivoque, plaçant la rénovation agricole française sous les auspices du roi de France, on sait à quoi s'en tenir sur les intentions réelles de l'agrarisme français. Qu'il se soit trouvé à Blois, plus de 7.000 citoyens, conscients ou dupés, pour approuver une telle politique, c'est un fait très gravement significatif, dont l'échec, par ailleurs réjouissant, du seigneur Dorgères, ne doit pas masquer la valeur d'avertissement[2].

Mais il est bon de lire aussi l'ouvrage que Marcel Braibant, théoricien du parti vert, consacre aux problèmes paysans sous le titre « *D'abord la terre* » : « A ceux qui prétendaient que le parti agraire était une ligue de hobereaux, il a démontré que sa politique, faite d'esprit démocratique et social, appuyait la petite et la moyenne exploitation, et *prenait pour idéal l'agriculture paysanne.* »[3] (p. 184). Cela dit tout ce qu'on veut sans rien dire. En admettant même qu'une option s'y exprime, reste à savoir si ce choix n'est pas contredit par ailleurs. Or, on peut lire cette profession de foi nette : « Si redoutables que soient ses excès, le régime capitaliste apparaît encore précieux pour le principe économique qu'il contient et comme un élément de civilisation. *Mais il ne se soutiendra qu'à la condition de soutenir l'agriculture paysanne.* » (p. 150). C'est nous qui soulignons. On explique aux capitalistes que, s'ils veulent se soutenir, il faut qu'ils soutiennent les paysans. Bref, *on accepte que la paysannerie soit un moyen pour le capitalisme.* Il la soutiendra assurément,

1. Le 22 février 1935, pendant une réunion publique au cirque de Rouen, Dorgères annonce son plan politique pour les paysans, plan consistant à refuser le payement des impôts et à retirer tous les fonds déposés dans les caisses d'épargne agricoles, et il incite les paysans à prendre en main leurs fusils. Poursuivi par la justice en juillet 1935, il sera déclaré par le tribunal de Rouen coupable d'« incitation au refus collectif de l'impôt ».

2. Malgré son mépris ouvert pour les élections comme institution politique, en mai 1935 Dorgères se présente à Blois pour un siège parlementaire devenu vacant. Grâce à la désaffection des paysans pour les notables locaux et aux divisions de la gauche, il sort en tête au premier tour. Néanmoins, au deuxième tour il est largement dépassé par le candidat de gauche Camille Chautemps.

3. M. Braibant, *D'abord la terre. Le salut par les paysans*, Paris, Denoël et Steele, 1935, p. 184.

comme on « soutient » une femme ..., en la battant. Le capitalisme asservira la paysannerie pour prélever plus sûrement sur la collectivité sa part croissante de profits. Après quoi, ayant ruiné les acheteurs des produits agricoles, il restera au capitalisme à ruiner les paysans eux-mêmes, à commencer par les petits. Ce que le parti vert promet à un endroit, il le dément aussitôt après à un autre, et si c'est sans en avoir conscience, le danger est plus grand de se fier à lui. « Rappelons-nous qu'en Hitlérie, Darré fut mangé par le Schacht de l'industrie lourde. Histoire d'hier qu'il faut méditer »[1], lisons-nous dans *La Voix de la terre* (24 janvier, p. 1)[2]. Mais, tout en méditant cette histoire d'hier, nous tournons la page et notre attention est attirée par la publicité des engrais de Saint-Gobain. Les marchands d'engrais ne font-ils pas partie de la féodalité industrielle dont parlent si volontiers les agrariens ?

Dans le Midi viticole, on peut remarquer que c'est le néo-socialisme[3] (Barthe[4], Compère-Morel[5], Marquet), qui représente le refus des solutions systématiquement opposées au grand capitalisme industriel et agricole. Malgré quelques discours pavés de bonnes intentions, les néo-socialistes feront prendre difficilement pour une politique nette la politique du vin rouge national telle que l'entend M. Barthe. Ce n'est pas à dire qu'on doive considérer agrarisme et néo-socialisme rural comme deux variétés d'une même confusion ou d'une même rouerie (ordre ! autorité ! nation !) prenant des caractères apparents distincts, selon qu'elles poussent sur les terroirs cléricaux

1. M. Braibant, *Des chaînes pour les paysans et de nouveaux impôts*, p. 1.

2. Il s'agit d'une critique que le parti agraire français adresse à ce moment-là à la politique économique du régime nazi pour avoir trahi la cause des paysans – qui était incarnée en Allemagne par la figure de Richard Walter Darré (1895-1953), chef de la Reichnährstand, corporation inspirée du traditionalisme *völkish* –, au profit d'une politique de libéralisation très désavantageuse pour les produits agricoles ; cette politique vise d'une part à l'ouverture des échanges avec l'étranger et de l'autre au développement interne de l'industrie lourde, approche soutenue par le ministre de l'économie Hjalmar Schacht (1877-1970).

3. Par "néo-socialisme" on entendait à l'époque le groupe de socialistes de droite qui sous l'impulsion de Marquet, Déat et Montagnon avait rompu avec la SFIO en juillet 1933 en créant le Parti Socialiste Français. Ce mouvement se voulait une rénovation du socialisme face à la crise sociale et économique du système libéral-démocratique ; le principal remède à la crise était vu dans la création d'un État fort. Les positions politiques du néosocialisme (son idéologie nationaliste, son idée corporatiste d'organisation sociale du travail, sa manière autoritaire d'entendre l'exercice du pouvoir étatique) rapprochaient souvent ce mouvement des positions fascistes (sur ce sujet voir P. Burrin, *La dérive fasciste*, Paris, Seuil, 1986, p. 139-175).

4. Édouard Barthe (1882-1949), député et sénateur de l'Hérault entre les années 1910 et 1940 ; il a consacré sa carrière politique à la défense et à l'organisation de la viticulture.

5. Adéodat Compère-Morel (1872-1941), député du Gard de 1909 à 1936, fait alors partie du nouveau Parti socialiste fondé par Marquet ; il est lui aussi spécialiste des questions agricoles.

du Nord-Ouest et de l'Ouest ou sur les terroirs anti-cléricaux du Midi bachique. Mais, enfin, l'un et l'autre traduisent la tentative des classes moyennes rurales de se sauver sans le secours délibérément demandé du prolétariat.

C'est parce que toute cette étude tend à démontrer l'inanité des efforts par lesquels on espère éviter de mettre la paysannerie française en présence d'un problème clair et d'une responsabilité sans équivoque, que nous avons pu dire : *le moyen et le petit propriétaires ont le choix et n'ont pas le choix.*

*

Si donc les partis et les syndicats ouvriers veulent bien admettre les raisons d'ordre à la fois historique et fondamental qu'il y a à ne pas prêcher aux paysans français d'aujourd'hui les Soviets et les kholkozes, mais si, non moins résolument, leur propagande sait montrer aux masses paysannes qu'elles doivent exiger une organisation de la production agricole tenant compte des divisions de fait dans le monde rural actuel, alors, la paysannerie française a des chances de lier son sort au sort des travailleurs des villes. Il est temps d'apporter au paysan français la démonstration qu'il doit choisir; il est temps de lui représenter qu'il ne se sauvera pas seul et que, s'il prétend le faire, il ne fera, en sauvant avec lui ses maîtres, que reculer un peu l'échéance de sa propre fin. Il faut, pour cette tâche, de la clairvoyance et de l'amitié. Le paysan français n'est pas versatile, mais il est réticent. Cela même doit être compris et justifié. Au sentiment de fierté, précédemment noté, d'être la classe dont tout part et dont tous partent, se mêle nécessairement et par là-même le sentiment, souvent amer, *d'être isolé.* Le paysan se croit méprisé, ayant conscience d'être celui vers qui on ne vient ni ne revient, celui qu'on ne choisit pas pour lui-même, à qui seulement on s'intéresse pour son argent qu'on gaspille, pour ses fils qu'on fait tuer.

*

L'alliance contre la tyrannie fasciste exige un double choix :

– Par les partis ouvriers, le choix loyal de la paysannerie à défendre pour elle-même et pour sa valeur humaine.

– Par les paysans, le choix résolu de la classe ouvrière à libérer pour elle-même et pour un commun avenir de justice.

Puisse cette bien maigre étude susciter en quelques-uns la conscience qu'une action urgente pourrait encore déterminer ce double choix et permettre, chez nous et ailleurs, l'accomplissement de ce vœu : une humanité libre, réconciliée avec la terre, autrement que dans la tombe et par la mort.

N.B. – Il est bien entendu que nous n'avons pas entendu désigner par le mot de socialisme, fréquemment employé dans cette étude, la doctrine de tel parti politique actuel. Nous prenons le mot au sens purement théorique, philosophique si on veut, d'organisation systématique de l'économie, pour et par les travailleurs, en vue d'une abolition *réelle* de l'esclavage humain. Cette brochure n'est pas un programme, mais la recherche de notions et de principes pour un programme possible.

II
APPENDICE

1) Résultat d'une enquête.
2) Notes sur l'agriculture en Italie et en Allemagne fascistes

1. RÉSULTATS D'UNE ENQUÊTE

a) LE QUESTIONNAIRE DU COMITÉ

A. *La nature du mal. Causes et interprétations*

1) *Quelles sont, dans votre région, les raisons les plus évidentes du mécontentement rural? (Mévente du blé? Crise betteravière? Crise de l'élevage et des produits laitiers? Coût excessif des machines, des engrais? Taux des salaires, des fermages? Main-d'œuvre étrangère? ..., etc.).*

2) *Comment les cultivateurs de votre connaissance expliquent-ils le plus communément cet état de crise* :

- a) *Manœuvres de spéculateurs?*
- b) *Lois commerciales mal faites? (Contingentement. Protection. Législation des baux? etc.).*
- c) *Abus des intermédiaires?*
- d) *Transports?*
- e) *Impôts?*

3) *Le monde rural autour de vous est-il conscient de sa dépendance* :

- a) *A l'égard du capitalisme industriel* :
  1. *par l'insuffisance de la part qui revient au cultivateur sur les prix de détail*;
  2. *par la restriction des débouchés (betteraves, sucreries)* :
  3. *par la cherté des produits à acheter pour l'exploitation agricole (machines, engrais, charbon, pétrole, courant électrique, etc.)*;
  4. *par la cherté des produits de consommation (pain, chaussures, vêtements, etc.).*
- b) *A l'égard du capitalisme bancaire* :
  1. *dans la fixation du taux des assurances (incendie, grêle, bétail)*;
  2. *dans la fixation du taux de l'intérêt.*

4) *A-t-on dans le monde rural, autour de vous, quelque conscience d'avoir des intérêts communs* :

- a) *avec les ouvriers des villes* :
  en tant que consommateurs,
  en tant qu'adversaires directs du capitalisme;

b) *avec les fonctionnaires* :
en tant que consommateurs,
en tant que pointe avancée du syndicalisme ;
c) *ou, au contraire….., etc.*
D'après vous, quel est le pourcentage des cultivateurs conscients ?

B. *L'aspiration au mieux. Remèdes et vœux*

5) *Selon les explications qu'on se donne du mal (A. 2.), quels remèdes attend-on plus ou moins vaguement* :
a) *contre les spéculateurs ? Par qui ? Comment ?*
b) *contre les parlementaires ? Par qui ? Comment ?*
c) *contre les intermédiaires ? Par qui ? Comment ?*

6) *S'il sent la nécessité d'institutions de défense, comment le cultivateur se les représente-t-il ?*
a) *une protection de l'État (c'est-à-dire un privilège en sa faveur) ? L'État assurant contre tout ? l'État achetant tout ?*
b) *une organisation des ruraux par et pour eux-mêmes ? Syndicats ? Coopératives ?*
c) *connaissez-vous des exemples de cette organisation ? Mécanisme de ces organisations ? Leur succès ? Liste des coopératives existant dans votre région (coopératives d'achat, de vente et conservation, de transformation).*

7) *Quels sont les types de syndicats ou de coopératives les plus généralement réclamés par les paysans ? (machines à battre, laiteries, silos, etc., boucheries de vente directe ?).*

8) *Le paysan se rend-il compte que souvent, sous le nom de syndicats ou de coopératives agricoles, ce sont des associations de vente et de profit capitalistes qui se dissimulent, et non ce que les syndiqués et coopérateurs dignes de ce nom entendent par là ?*

Quelles critiques (bureaucratisme, frais généraux élevés, etc.) fait-on à la gestion des coopératives, même les plus désintéressées ?

9) *Les fermiers et les métayers comprennent-ils l'influence du régime actuel de la propriété sur la nature de leurs contrats et, par suite, sur leurs charges ? Comment pensent-ils à une modification de ce régime ?*

10) *Quelles sont, à votre connaissance, les réclamations les plus ordinaires des fermiers (réduction des baux, indemnités au fermier sortant pour la mise en valeur des terres) ?*

– *Quelles sont les réclamations les plus ordinaires des métayers ?*

– *Quelles sont les réclamations les plus ordinaires des salariés ?*
– *Quelles sont les réclamations les plus ordinaires des petits propriétaires ?*

11) *La concentration des terres se produit-elle dans votre région ? Ou, au contraire, le morcellement ?*

– *Quelle est la surface minimum sur laquelle peut vivre une famille agricole sans être obligée de chercher un salaire d'appoint par un travail salarié ?*
– *Le travail salarié supplémentaire peut-il être un travail agricole, ou industriel, ou artisanal ? (grâce à l'électrification) ?*

12) *Se rend-on compte qu'il y a dans le monde rural des classes qui n'ont pas toutes les mêmes intérêts ? Et comprend-on qu'il y a hors du monde rural des classes (consommateurs, électeurs, producteurs) avec lesquelles certaines classes du monde rural ont, par contre, des intérêts communs ou conciliables ?*

C. *Les réactions actuelles*

13) *A votre avis, quels sont les meilleurs arguments par lesquels on peut montrer à la masse rurale que le fascisme est une solution politique de classe et que s'il y a lieu pour le monde rural de s'unir pour dénouer le mal, il y a peut-être lieu pour la masse de discerner parmi les remèdes ? La vieille formule : « Ni réaction, ni révolution » a-t-elle encore cours et peut-elle être combattue ?*

14) *Quelles sont les organisations politiques ou les groupements corporatifs de votre connaissance qui propagent dans le monde rural une idéologie fasciste ou pré-fasciste (anti-parlementaire, anti-démocratique, anti-socialiste) ? Quel est leur succès ?*

15) *Quelles sont les organisations politiques ou les groupements corporatifs qui développent la propagande anti-fasciste ? Quelles solutions proposent-ils ? Quel succès ?*

16) *Quelle est l'action, dans votre région, du parti agraire ?*

Quelles explications donne-t-il et quels remèdes préconise-t-il concernant les causes économiques, politiques, sociales (régime de propriété de la crise agricole actuelle) ? Quel succès ?

17) *Les paysans et la guerre. Propagande nationaliste ?*

Sous quelle forme ? Succès ? Quel est le nouvel ennemi héréditaire ? Que pense-t-on du budget de la guerre ? de la prolongation éventuelle du service militaire ?

(Décembre 1934 – Janvier 1935).

b) RÉSUME DES RÉPONSES

Le questionnaire précédent a été l'occasion de 45 réponses, dont plusieurs fort importantes et suggestives (notamment de MM. Boussion, Bruneau, Champeaux, Dorchies, Duthu, Fraysse, Guillet, Labry, Lauzeral, Lemonchy, Listrat, Moreau, Turpin, Vallois, Volat). L'enquête porte ainsi sur 28 départements (Aisne, Allier, Alpes-Maritimes, Aude, Basses-Alpes, T[re] de Belfort, Bouches-du-Rhône, Calvados, Charente-Inférieure, Cher, Côte-d'Or, Creuse, Doubs, Gers, Haute-Garonne, Haute-Loire, Indre, Indre-et-Loire, Loiret, Nord, Saône-et-Loire, Seine-Inférieure, Seine-et-Marne, Seine-et-Oise, Tarn-et-Garonne, Vaucluse, Vienne, Yonne).

Il est bien évident que les indications nécessairement abrégées que nous allons tirer de réponses plus ou moins détaillées, plus ou moins précises, émanant d'une partie seulement des terroirs français, – mais dont la dispersion et le disparate compensent le caractère fragmentaire, – ont une valeur de réalité assez réduite.

Si le Questionnaire ci-dessus a un intérêt, c'est, d'une part, par la qualité de ceux à qui il s'adressait et de ceux dont il partait; c'est, d'autre part, par le sens et la somme des questions mêmes qu'il posait. Quant aux réponses, il est clair qu'elles valent surtout *en tant qu'elles rapportent des opinions plus que des faits.* Les réponses concernant *les causes du mal* étaient d'avance connues. Un amas de faits concernant la situation agraire, dans l'ensemble concordants et point trop mythiques, est présent à tous les esprits informés ou militants. Ce qu'on trouvera ci-dessous à ce sujet vaut surtout comme *confirmation.* Mais ce qu'il était important de faire s'exprimer, c'est *la conscience que les paysans ont de ces faits* et qui est elle-même, pour le théoricien ou le technicien politique, *un fait objectif.* Même ce que des hommes pensent de faux concernant des faits par ailleurs établis ne peut pas être négligé quand il s'agit de proposer à *ces* hommes un plan d'action tendant à modifier ces faits.

*

A. *Nature du mal. causes et interpretations*

1) *Raisons du mécontentement*

Mévente du blé (généralement signalée). – *Mévente des produits maraîchers* (Seine-et-Oise, Loiret), *des fruits* (Calvados, Vaucluse, Tarn-et-Garonne), *des fleurs* (Alpes-Maritimes). – *Crise de l'élevage et des produits laitiers* (quasi-généralement signalée). – *Crise betteravière* subordonnée à l'industrie monopolisée du sucre (signalée dans le Nord, l'Yonne, la Saône-et-Loire). – *Mévente des vins* (Aude, Gers, Yonne, Charente-Inférieure, Indre). – *Coût excessif des engrais* (généralement signalé). – *Taux des salaires* : Cher, 12 fr. hiver, 20 fr. été, avec nourriture; Calvados, 10 fr., ou 7 fr. avec nourriture; Aude, 15 fr.; Nord, 3 fr. de l'heure; Yonne, 350 fr. par mois, nourri et logé; 3.000 fr. par an dans la Creuse. – *Taux des fermages* partout trop élevé, souvent basé sur une certaine quantité de blé évalué à 108 fr.; 3 ou 4.000 francs de fermage pour 10 ou 15 ha. dans la Creuse.

2) *Explications rurales de l'état de crise*

Ici, c'est le désarroi. Toute explication, ou à peu près, a cours. – On dénonce la *spéculation* (Aisne, Indre, Saône-et-Loire, Hte-Garonne), particulièrement celle de la minoterie. – On accuse l'*incohérence du législateur* (Aisne, Indre, Allier, Aude). Antiparlementarisme signalé en Calvados, Seine-et-Oise, Seine-Inférieure, Aisne. – *Contre les intermédiaires* (bouchers, boulangers, marchands de bestiaux, marchands de primeurs), quasi-unanimité. – *Prix excessif des transports* (Seine-et-Oise, Indre-et-Loire, Yonne, Alpes-Maritimes, Gers, Hte-Garonne, Nord. Un exemple: de Lomme-lez-Lille (Nord) à Onnaing (Nord), soit 50 km., 2.500 kg. d'engrais paient 84 fr.). – *Les impôts excessifs* sont incriminés par tous et partout, « parce que les fonctionnaires mangent tout », dit-on quelque part en Charente-Inférieure. Les partisans de la grève de l'impôt croissent en nombre, signale-t-on en Hte-Garonne.

3) *Sentiment de dépendance à l'égard du capitalisme ?*

Sentiment généralement inexistant (Indre-et-Loire, Seine-Inférieure, Calvados, Charente-Inférieure, Allier, Belfort, Yonne, Vaucluse, Alpes-Maritimes, Gers, Aude). Sentiment signalé en Aisne, Seine-et-Oise, Basses-Alpes, Hte-Garonne, Tarn-et-Garonne, Nord, Indre, Yonne, Creuse. « Ce qu'on achète est toujours trop cher », dit-on, mais on en voit assez mal la raison. C'est la cherté de l'engrais, des machines, du courant électrique, qui frappe le plus (Aisne, Seine-et-Oise, Nord, Vaucluse, Hte-Garonne, Aude, Loiret, Creuse).

A l'égard des assurances, les agriculteurs ont le sentiment général assez vague d'être « roulés ». Partout où il existe des caisses locales d'assurances mutuelles, les tarifs, moins élevés d'un cinquième environ, permettent de mieux définir le problème de l'exploitation capitaliste. Caisses d'assurances mutuelles signalées en Saône-et-Loire, Nord, Cher, Loir-et-Cher, Indre-et-Loire.

En Seine-Inférieure, les fermiers se plaignent de ne pas trouver d'argent liquide à un taux raisonnable à cause de l'article 2.201 du Code civil, qui accorde un privilège total sur les autres créanciers du fermier au propriétaire si bien que les prêteurs n'ont aucune garantie réelle sur le cheptel.

4) *Conscience d'intérêts communs avec les ouvriers et fonctionnaires?*

On ne signale presque nulle part, sauf sous forme vague (Hte-Garonne), ou très circonscrite (quelques régions de Creuse), un sentiment réel de solidarité avec les ouvriers. Il y a méfiance (Nord), quand il n'y a pas hostilité (Calvados, Seine-et-Oise, Cher). Très souvent, chômeur équivaut à fainéant (Cher, Calvados, Hte-Garonne, Aude). L'ouvrier est jalousé pour son salaire fixe. Un autre motif de jalousie est la différence de durée du travail journalier à l'usine et aux champs (Indre).

A l'égard des fonctionnaires, l'hostilité est générale. – C'est le seul point sur lequel l'enquête fasse l'unanimité. Et, fait bien remarquable, plusieurs de nos correspondants ruraux, non fonctionnaires, dont la loyauté et le bon sens se révèlent par ailleurs incontestables, l'affirment justifiée et excusable. Les fonctionnaires sont méprisés (Allier), haïs (Seine-Inférieure, Haute-Garonne), vivement attaqués (Gers), détestés comme privilégiés (Yonne). Tous nos correspondants signalent la part qui revient à la presse dans la formation de cet état d'esprit. Il n'en reste pas moins que certains formulent des griefs qu'il faut reproduire. « Les jeunes fonctionnaires surtout sont inexacts dans leur service public, pédants et dédaigneux envers le peuple. Ils ne savent pas se faire aimer des paysans. » (Seine-Inférieure). – « Si les fonctionnaires qui reviennent au pays pourvus de retraites étaient tous assez intelligents (la plupart le sont, je dois le reconnaître) pour ne pas venir railler, insulter notre misère ! Pour ma part, je reconnais qu'ils sont des consommateurs, qu'il y en a de bien dévoués, que certains, surtout en ville, ont peine à joindre les deux bouts, mais malgré cela, je n'ai pas le courage de me lever pour essayer de les défendre. Qu'ils nous aident, avant de demander augmentation de leurs traitements, à ramener le standard de vie des paysans à leur niveau, et puis, la main dans la main, nous irons de l'avant, à l'assaut de l'oligarchie capitaliste. » (Hte-Garonne).

Pour indiquer un pourcentage de cultivateurs conscients, tout le monde se récuse. Les chiffres les plus divers sont indiqués et, on le sent bien, au hasard. 1 % en Calvados, Aisne. 2 % en Charente-Inférieure et Nord. En Indre-et-Loire, un correspondant se refuse à évaluer, un autre dit 20 %. Dans le Gers,

10 % est indiqué avec réserves, de même dans le Cher. 15 % en Hte-Garonne. 10 % en Saône-et-Loire. 8 % Alpes-Maritimes. Ces chiffres ne signifient évidemment rien, par la rareté des sondages et par l'ambiguïté du mot *conscient*, qui a pour les uns et pour les autres des significations bien incomparables. Il n'a pas été inutile, toutefois, de poser cette question, elle révèle qu'il faut provisoirement éviter une certaine façon de poser les problèmes.

*

B. *L'aspiration au mieux. Remèdes et vœux*

5) *Remèdes attendus*

Ici encore, désarroi à peu près général. Les « importantes réserves de passivité dans le monde rural » (Creuse) font souvent que « les paysans attendent des remèdes de tout le monde, excepté d'eux-mêmes » (Yonne). La taxation du blé (Nord, Charente-Inférieure), l'Office du Blé (Yonne, Tarn-et-Garonne), la protection de l'épargne par le monopole du crédit (Hte-Garonne), la répression des fraudes (Aisne, Hte-Garonne), la vente directe (Nord, Calvados) sont les remèdes la plus souvent indiqués. D'une façon générale on demande une *législation rapide* à parer aux situations critiques, par exemple dans le cas de la révision des baux (Seine-et-Oise). Ce qu'on peut remarquer de plus instructif dans les réponses sur ce point, c'est *une méfiance diffuse à l'égard du parlementarisme ou au contraire le souci de le domestiquer et de l'utiliser*, l'un n'excluant pas l'autre, au contraire. En résumé, comme dit un correspondant de l'Aude, « personne n'a le même remède. C'est la construction de la Tour de Babel ».

6) *Comment se représente-t-on les institutions de défense ?*

« L'État doit se montrer quand il s'agit de payer, mais pas quand il s'agit de commander » (Seine-et-Oise). Le paysan pense souvent que « l'État devrait être sa chose » (Charente-Inférieure). Cette intervention, souvent sous forme de privilège, est demandée aussi en Yonne, Aisne. Par contre, on pense en Calvados, Hte-Garonne, que « l'intervention de l'État augmenterait les fonctionnaires ».

On signale très fréquemment qu'une grosse difficulté à l'organisation des paysans par et pour eux-mêmes, c'est la répugnance à payer une cotisation de syndicat ou de coopérative (Calvados, Hte-Garonne, Aude, Hte-Loire).

Voici la liste des types de groupements coopératifs ou syndicaux actuellement existants signalés par nos correspondants :

Coopératives d'achats d'engrais, de semences, de machines (Nord, Indre, Indre-et-Loire, Allier, Alpes-Maritimes, Aude, Hte-Garonne). *Coopératives laitières* (Nord, Charente-Inférieure, Yonne, Seine-et-Oise). *Silos coopératifs de stockage et de vente de grains* (Nord, Seine-et-Oise, Yonne, Tarn-et-Garonne, Hte-Garonne, Gers, Aude). *Coopératives d'assurances* (Loiret). *Moulins coopératifs* (Seine-et-Oise, Yonne, Hte-Garonne, Gers). *Boulangeries coopératives* (Indre-et-Loire, Yonne, Charente-Inférieure, Gers). *Coopératives de conservation et de vente de vins* (Yonne, Aude, Saône-et-Loire, Indre-et-Loire). *Coopérative de distillation* (Yonne). *Syndicats de vente de fruits* (Seine-et-Oise, Hte-Garonne). *Syndicats de battages* (Nord, Indre-et-Loire, Tarn-et-Garonne, Hte-Garonne) ; concernant ces syndicats, on signale en Tarn-et-Garonne qu'ils rivalisent difficilement avec les entreprises privées, mais on affirme le contraire en Hte-Garonne.

Sur les coopératives, citons ce mot d'un correspondant : « Le paysan ne sait pas appliquer à ces organisations l'esprit et les méthodes commerciales. La coopérative trop rigide dégoûte et se torpille facilement. » (Charente-Inférieure).

7) *Quels types de syndicats ou de coopératives réclame-t-on ?*

On réclame naturellement l'analogue de ce qui existe, qu'on voit fonctionner et tenir ; donc, voir (6).

8) On signale généralement que le paysan voit bien que la plupart du temps les syndicats ou coopératives agricoles sont des caricatures et que loin de combattre le profit capitaliste, elles le cultivent. Mais l'inverse est parfois signalé (Aisne, Loiret, Allier, Aude). La conscience de ce fait, quand elle existe, est « la raison de désintérêt pour les syndicats » (Calvados). On signale « la tentation des directeurs de se laisser corrompre par les trusts de meunerie et d'engrais » (Yonne). « Le paysan a l'impression très nette de n'avoir fui les mercantis du commerce que pour en trouver d'autres plus adroits et plus redoutables encore au sein des organisations qu'il ne peut contrôler utilement. Ainsi apparaît la nécessité d'un contrôle plus sérieux, qu'il soit fait par l'État ou par un service corporatif spécialisé. » (Creuse).

Quant aux critiques faites à la gestion des coopératives, même réellement désintéressées, elles se résument à : trop de personnel, trop de frais généraux.

9) *A-t-on conscience que le régime de propriété est une des raisons de la crise ?*

Oui (Seine-Inférieure, Charente-Inférieure). Non (Nord, Tarn-et-Garonne, Haute-Garonne, Aude).

10) *Les revendications* :

a) DES FERMIERS : Beaucoup de fermiers redeviennent journaliers, à travail et à salaire moindre ou égal, ils ont beaucoup moins de soucis. Réclamation générale (Belfort, Loiret, Creuse, Yonne, Hte-Garonne, Basses-Alpes, Hte-Loire, Calvados) : *la réduction du prix des baux. – L'Indemnité au fermier sortant* pour la mise en valeur des terres est unanimement souhaitée. Mais on signale (Cher) que les Chambres d'Agriculture demandent dans le cas contraire l'indemnité pour le propriétaire. – Le *Moratoire des dettes* est demandé par tous. – *Possibilité du paiement en nature* (Loiret). – *Suppression de l'article 2.201 du Code civil, cf 3) – Protestation contre le prix exorbitant des frais de justice* (Seine-et-Oise, Calvados).

b) DES MÉTAYERS : *Statut du métayage* (Loiret). – *Partage à demi exactement des recettes et dépenses*, y compris celle de main-d'œuvre (Cher). En beaucoup d'endroits le métayer demande les 2/3 de la récolte, 1/3 seulement pour le propriétaire (Charente-Inférieure, Loiret, Indre-et-Loire, Gers).

c) DES SALARIÉS : *Augmentation des salaires* (Nord, Cher). – *Limitation des journées de travail* (Seine-et-Oise). – *L'application des lois sociales* (assurances sociales). – *Expulsion des travailleurs étrangers* (Seine-et-Oise, Yonne).

d) DES PETITS PROPRIÉTAIRES : *Diminution des impôts* (unanimité). – *Diminution des assurances. – Paiement des impôts en nature* (Loiret). – *Abaissement des droits de mutation et de succession* (Indre-et-Loire). – *Abaissement des prix d'objets de consommation* (unanimité).

11) *Concentration ou morcellement des terres ?*

Morcellement (Aisne, Seine-et-Oise, Charente-Inférieure, Creuse, Indre, Indre-et-Loire, Basses-Alpes, Alpes-Maritimes, Vaucluse, Gers, Belfort). – Stabilité (Nord, Seine-Inférieure, Calvados, Yonne, Cher, Tarn-et-Garonne, Hte-Garonne, Aude). – Concentration (Aisne, Seine-et-Oise, Indre-et-Loire). Citons ce jugement de bon sens : « La concentration des terres se produirait progressivement, attendu que le paysan achète de préférence la parcelle en vente qui le joint. Mais cette progression est pour ainsi dire anéantie par la division qui s'opère à chaque succession où il est de règle constante (entretenue par les hommes d'affaires) que chaque héritier doit posséder une part de chaque parcelle. » (Saône-et-Loire).

Surface minimum sur laquelle peut vivre une famille agricole, en hectares : *1*, Vaucluse (maraîcher). – *1,5*, Tarn-et-Garonne (maraîcher). – *4*, Aude (vigne). – *5*, Vaucluse (fruits). – *5*, Nord, Indre. – *6*, Gers (*2*, vigne, *2*, labour, *2*, prairies). – *7*, Vaucluse (vigne). – *8*, Indre-et-Loire. – *10*, Cher, Hte-Loire, Creuse, Hte-Garonne. – *12 à 15*, Seine-et-Oise. – *15*, Charente-Inférieure. – *15 à 20*, Aude (céréales), Loiret, Yonne. – *20*, Basses-Alpes. – *25*, Aisne, Seine-Inférieure. – *30*, Calvados.

En ce qui concerne le travail salarié supplémentaire, presque pas de réponses, presque toutes négatives. S'il y a supplément, il est agricole.

12) *Se rend-on compte des divisions de classe dans le monde rural ?*

Non (Nord, Seine-et-Oise, Loiret, Indre, Aude [agricole], Hte-Loire, Gers : « Mais on peut le faire admettre »). – *Oui vague* (Belfort, Cher, Vaucluse, Yonne, Hte-Garonne, Tarn-et-Garonne, Aisne). – *Oui* (Creuse, Charente-Inférieure, Calvados, Aude [viticole], Allier : « Les *paysans* sont en train de comprendre qu'ils sont différents des *agriculteurs.* »).

Pour le sentiment de solidarité avec des groupes étrangers au monde rural, *cf.* (4).

*

C. *Les réactions actuelles*

13) *Indiquer les meilleurs arguments capables de toucher les paysans.*

Gros obstacle à vaincre ou à tourner : sentiment religieux (Nord, Calvados, Indre-et-Loire). « Comme ton, une juste indignation, oui. Trop de véhémence, le moindre accent haineux, non. Faire du catéchisme radical-socialiste de gauche. » (Calvados).

« Le paysan a peur de la révolution et du collectivisme. » (Seine-et-Oise).

« Les paysans comprennent peu la lutte de classes et ne réagiraient peut être pas assez contre le fascisme qu'ils supporteraient à la rigueur. » (Alpes-Maritimes). « Il faudrait définir ce qu'on entend par le mot révolution concernant la propriété terrienne. » (Tarn-et-Garonne). « On a peur du socialisme ou plus exactement on craint le terme de révolution. Il suffirait peut-être de le supprimer de notre vocabulaire pour pénétrer dans leurs idées. » (Haute-Gne). « Il faut un socialisme révolutionnaire dans ses grandes lignes et conservateur dans le domaine de la propriété foncière. » (Saône-et-Loire).

« Il faut faire comprendre que les *petits propriétaires* ne sont pas solidaires *des gros capitalistes.* » (Loiret). « Il faut montrer que le fascisme dépouille les acheteurs des produits du travail paysan, ouvriers, fonctionnaires. » (Bouches-du-Rhône). « Peut-être y aurait-il lieu de souligner que ceux qui préconisent le système fasciste se recrutent le plus souvent parmi ceux qui ne font rien ou vivent aux crochets du paysan. » (Yonne). « Il faut faire appel aux souvenirs et aux réflexions du paysan ; dans ce régime de féodaux qui disparaissent à peine, le fascisme n'était pas loin d'exister… On ne rappelle jamais en vain les journées à 9 sous et fort longues, la servitude électorale et les autres servitudes. » (Gers).

Si nous avons donné d'aussi nombreux extraits, c'est à cause de leur *unanimité*, malgré leur disparate géographique et à cause de leur *modération résolue*, malgré les opinions politiques de leurs auteurs, *presque tous militants ou convaincus d'extrême-gauche.*

Quant à la formule « Ni réaction, ni révolution » ; *elle a la faveur générale* et bien des correspondants socialistes avoués ne voient pas qu'elle ait fait faillite dans le monde rural. (Seine-et-Oise, Charente-Inférieure, Loiret, Indre-et-Loire, Belfort, Basses-Alpes, Bouches-du-Rhône, Yonne, Aude, Tarn-et-Garonne, Hte-Garonne).

14) *Organisations propageant l'idéologie fasciste dans le monde rural.*

Front paysan (Dorgères, c'est-à-dire vicomte d'Halluin).
Parti Agraire (Fleurant Agricola).
Croix de Feu.
Jeunesses Patriotes.
Parti Franciste.
Action Française.
Jeunesses Agricoles Catholiques (J.A.C.).
Union Nationale Catholique (U.N.C.).
Ligue des Contribuables.
Chambres d'Agriculture.
Fédération d'associations agricoles.

15) *Organisation développant la propagande anti-fasciste dans le monde rural.*

Confédération paysanne. – Syndicat national des Instituteurs. – Front Social (Bergery). *– Parti S.F.I.O. – Parti communiste. – Ligue des Droits de* *l'Homme.* – Succès des *Comités anti-fascistes.* – *Confédération générale des paysans travailleurs.* – *Ligue internationale des combattants de la paix.*

On ne signale d'action réellement antifasciste du *parti radical* que dans assez peu de régions. En d'autres coins, on ne manque pas d'accuser les radicaux d'une certaine complicité par le silence.

En général assez peu de propagande antifasciste à l'usage des ruraux.

16) *Action du parti agraire.*

Nord. Cher (succès). Seine-Inférieure. Aisne (croissance). Charente-Inférieure (décadence). Yonne (faiblesse). Indre-et-Loire. Loiret (à peu près nul).

N.-B. – Il nous semblerait maladroit de sous-estimer l'importance *possible plutôt qu'actuelle* du Parti vert. Les renseignements précédents sont trop fragmentaires pour qu'on fasse fond sur eux.

17) *Les paysans et la guerre.*

Rapportons des opinions variées et contradictoires. « Ils ont peur de la guerre, mais ils aimeraient mieux la Guerre que la Révolution. » (Nord). « Si tu veux la paix, prépare la guerre », accepté comme vrai (Cher, Seine-et-Oise, Tarn-et-Garonne). S'en rapportent sur ces questions à la presse (Seine-et-Oise). Antimilitaristes (Indre). Cocardiers (Calvados). Plutôt nationalistes (Aisne). Pas nationalistes (Charente-Inférieure). Contre la guerre (Allier). Pour beaucoup l'ennemi est toujours l'Allemand (Yonne, Tarn-et-Garonne). « La propagande contre la guerre est peut-être la plus facile. Les paysans ne veulent de la guerre à aucun prix. » (Loiret). « Les paysans courraient fort probablement au secours de la patrie, ne fût-ce que par peur des gendarmes. » (Gers).

Même flottement concernant la prolongation du service militaire : Hostilité (Cher, Charente-Inférieure, Indre-et-Loire, Allier, Alpes-Maritimes, Hte-Garonne). Vague hostilité et apathie (Yonne, Bouches-du-Rhône, Aude). On déplore, mais on accepterait (Calvados, Belfort). Indifférence normande (Seine-Inférieure).

En résumé, il faut se représenter le paysan comme un « brave type », sans goûts belliqueux, ayant une vague méfiance, un certain besoin de sécurité. Généreux à l'occasion. Mais croyant naïvement aux images, au drapeau. Songer aux trésors de patience et de résignation que contient cette âme.

2. NOTES SUR L'AGRICULTURE EN ITALIE ET EN ALLEMAGNE FASCISTES

« L'Italie est et restera toujours un pays essentiellement agricole. »
M. Accerbo,
Ministre de l'Agriculture, 1931.

« Le Troisième Reich sera un État de paysans ou devra disparaître. »
Adolf Hitler.

Traduction française :
« O vous, législateurs nommés par les préfets, prévenez ce malheur [le morcellement des grandes propriétés], faites des lois, empêchez que tout le monde ne vive ! Otez la terre au laboureur, et le travail à l'artisan, par de bons privilèges, de bonnes corporations ; hâtez-vous. »
P.-L. Courier,
(Discours à l'occasion d'une souscription pour l'acquisition de Chambord, 1821).

I. Mussolini et les paysans

1) *Au temps du premier programme (1919).*

« La terre confiée aux paysans, l'exploitation des industries, des transports et des services publics confiée aux syndicats des techniciens et des travailleurs » (art. 12).

La terre confiée aux paysans, c'est un peu vague comme programme ! Mais la réalisation du programme, elle, est sans ambiguïté.

2) *« La terre confiée aux paysans! »*

« En ce qui concerne les agriculteurs, la *révision du cadastre* ordonnée le 7 janvier 1923 fut faite sous le contrôle des grands propriétaires, qui bénéficièrent d'inégalités scandaleuses dans l'évaluation des terres. De semblables iniquités existent dans l'assiette de *l'impôt sur le revenu agricole* (décret du 4 janvier 1923). » (*Les prétentions sociales du fascisme*[a], p. 10).

a. La brochure du Comité de *Vigilance* sur *Les prétentions sociales du fascisme*[1] a déjà mis au point la documentation relative à l'agriculture en pays fasciste. Nous ne pouvons que l'utiliser en la complétant.

1. Rivet-Alain-Langevin, *Les prétentions sociales du fascisme*, CVIA, Paris, juin 1934.

3) *La bataille du blé.*

Depuis 1925, l'extension de la culture du blé s'appelle « bataille ». Est-ce une façon de dire qu'en cette bataille comme dans les autres, c'est à la masse des petits paysans de mourir sur le champ ?

En 1925, la production de blé est de 49 millions de quintaux ; en 1933, de 74 ; en 1934, de 63.

Quels sont les « encouragements » de l'État fasciste ? Les droits de douane sont portés de 27,50 lires à 75 lires par quintal (1931). 80 lires sont données en avance par quintal de blé en stock.

Qui profite de ces encouragements ? Les agriculteurs capables de produire pour le marché. Ni les petits agriculteurs produisant leur nécessaire, ni les fermiers à moitié n'en peuvent jouir. Bien des Caisses d'Epargne qui font l'avance des 80 lires par quintal fixent à 100 quintaux le minimum de stockage.

4) *La bonification des terres.*

Tout le monde connaît l'immense publicité donnée par la presse et le cinéma à ces travaux de mise en valeur des terres. Il s'agit de récupérer, en 14 ans, 2,5 millions d'hectares de sol stérile, par l'assèchement des marais, la construction de routes, l'irrigation. Il s'agit là de travaux d'intérêt privé, pour lesquels la subvention de l'État varie entre 75 % et 100 % des dépenses. L'exécution de ces travaux est confiée à des consortiums de propriétaires fonciers intéressés à l'assainissement du terrain. Dans certains cas, des Sociétés de spéculation ayant racheté à bas prix des propriétés endettées les revendirent après avoir touché la subvention de l'État (*Prétentions sociales du fascisme*, p. 12).

De 1922 à 1933, 832 millions de lires prélevées sur le revenu de l'impôt collectif, ont servi les intérêts d'une *minorité* de propriétaires fonciers.

5) *La féodalité économique.*

La production des engrais et des insecticides est trustée par la société Montecatini, maîtresse absolue du prix de ces produits.

6) *Les fermiers.*

Les fermiers italiens sont d'abord écrasés par la *politique fiscale* du régime, l'impôt absorbant une grosse partie du revenu. Ils sont achevés par la *politique agricole*. Depuis 1922, les prix des fermages ont augmenté de 65 %. On assiste au développement du *fermage à moitié* : le fermier donne la moitié de la récolte et paie toutes les charges de la culture. Dans certaines régions, le partage est fait comme suit : 1/3 au travailleur et 2/3 au propriétaire.

Livrés à la fiscalité fasciste, *les agriculteurs italiens sont accablés de dettes.* Un total de 8 milliards de lires fut avoué à la Chambre des Députés, en 1932. » (*Prétentions sociales du fascisme*, p. 10).

7) *Les ouvriers agricoles.*

Reproduisons quelques passages du journal de Ferrare : « IL CORRIERE PADANO » (18 nov. 1934). La province de Ferrare, il est bon de le savoir, est une des riches provinces d'Italie.

« La situation des ouvriers agricoles de notre région pourrait, sans exagération, être appelée tragique. » Et plus loin : « En 1925, la moyenne des salaires agricoles était de 19 lires 70; en 1933, elle est à 9 lires 60 centimes. » Ailleurs, le journal apprend qu'en 1934, les salaires sont tombés à 6,60 lires (environ 9 francs). Les ouvriers agricoles ne travaillent pas toute l'année; quand ils sont en chômage, ils ne touchent aucun secours. Pour diminuer le chômage d'hiver et stimuler l'emploi de main-d'œuvre, les fonctionnaires des syndicats fascistes ajoutent une clause aux contrats agricoles, par laquelle les salaires sont réduits de 20 % pendant l'hiver.

Selon le Bureau Central de Statistique du Royaume d'Italie (31 janvier 1934), le salaire moyen des journaliers agricoles de la province d'Avellino est de 5 lires par jour pour les hommes. Encore doit-on remarquer qu'il s'agit là de salaires *officiels*, non *effectifs* très souvent, puisque la presse fasciste parle couramment des violations de contrat par les propriétaires : « La violation permanente des salaires des travailleurs agricoles est faite sur des tarifs qui ont été diminués de 50 % dans une période de 4 ans. » (Corriere Della Sera, 27 juillet 1932).

Le journal précédemment cité (Il Corriere Padano) déclare qu'à la veille de l'hiver, les journaliers se trouvent sans réserves économiques et pas seulement économiques, ce qui signifie qu'ils ont perdu leurs réserves physiologiques mêmes et se trouvent à la merci de la maladie.

Disons pour terminer que le salaire des femmes et des jeunes gens est en général la moitié de celui des hommes.

Saluez maintenant… à la romaine ![a].

a. A recommander : *Fontamara* par G. Silone[1], Rieder, 1935.

1. Il s'agit en réalité de Ignazio Silone (1900-1978), écrivain italien.

II. Hitler et les paysans

Pour ce qui est de la situation des paysans allemands sous le régime national-socialiste, il suffit de se reporter à la brochure : *Les prétentions sociales du fascisme*, dont nous nous bornons à reproduire les principaux passages, augmentés de quelques chiffres et de quelques observations.

1) *Programme et commentaires*

« L'article du programme national-socialiste (1920), concernant les paysans, était d'apparence vigoureusement socialiste, mais un commentaire ultérieur d'Adolf Hitler en donna une interprétation singulière :

« Nous revendiquons une *réforme agraire* appropriée à nos besoins nationaux, l'adoption *d'une loi d'expropriation* du sol pour cause d'utilité publique, *sans indemnisation, la suppression des fermages et l'interdiction de toute spéculation* sur la terre. » (Art. 17).

Mais en 1928, Hitler, rappelant que son parti restait « sur le terrain de la propriété privée », ajouta :

« Il va de soi que le passage sur *l'expropriation sans indemnité* s'applique seulement au sol qui a été acquis d'une manière illégale ou qui n'a pas été administré du point de vue de l'intérêt général. Ceci se rapporte en premier lieu aux sociétés juives de spéculation sur les terres » (et non aux hobereaux prussiens, propriétaires de domaines immenses et mal exploités). » (*Prétentions sociales du fascisme*, p. 15).

2) *La situation rurale allemande.*

A l'avènement d'Hitler, le sol allemand était possédé en majeure partie par des paysans moyens, un cinquième de la superficie totale était réparti en propriétés inférieures à 5 ha. (environ 4 millions de propriétés), un quart était possédé par les grands propriétaires.

La statistique officielle du Reich pour 1925 compte 2.949.000 exploitations rurales au-dessous de 2 ha. La statistique national-socialiste pour 1934 néglige les propriétés naines inférieures à 0,5 ha. Cela ne compte plus. On avoue, aux plus récentes investigations, 2.834.000 propriétés de 0,5 à 2 ha. Cela signifie l'évanouissement de 115.000 entreprises de petite taille.

La comparaison des statistiques de 1925 et de 1933 montre la disparition d'environ 10.000 paysans dans la catégorie de 2 à 5 ha. (en réalité 50.000, mais 40.000 exploitations d'environ 10 ha. apparaissent de 1925 à 1932). Dans la catégorie de 5 à 20 ha., l'augmentation du nombre d'exploitations est de

60.000 environ, de 1925 à 1933. Elle est de 5.000 pour la catégorie de 20 à 100 ha. Les grandes propriétés, supérieures à 100 ha., passent de 35.700 en 1925 à 32.700 en 1933 : mais cela signifie concentration et, en fait, les possesseurs ont à peine changé. En résumé, la classe moyenne perd sa stabilité, s'amenuisant vers le bas, se renforçant vers le haut.

Bien que minoritaire quant à la superficie, la grande propriété allemande domine techniquement la moyenne et petite propriété. Par l'exploitation rationalisée et industrielle du sol, favorisée par la concentration des terres, la grande propriété rurale, spécialisée dans la culture de céréales et de matières premières agricoles, l'emporte en puissance économique sur la petite propriété morcelée, réduite aux cultures de qualité. Ainsi la séparation technique des produits recouvre une séparation économique et politique des propriétés et des classes. A la monopolisation industrielle correspond, en Allemagne, une monopolisation agraire. La réunion de ces deux groupes de bourgeoisie sous le gouvernement d'Hitler leur a permis de se partager les domaines d'exploitation, face aux petits producteurs, aux ouvriers et aux consommateurs.

3) *Les mesures hitlériennes*

La Corporation de l'alimentation du Reich, créée par les lois du 15 juillet et du 13 septembre 1933, est un bon exemple de corporation organisée. En font partie l'économie rurale (agriculture, élevage, sylviculture, horticulture, pêche, chasse), ainsi que les coopératives paysannes, le commerce rural et les industries qui utilisent ou transforment les produits de la campagne. Elle a *un chef national*, dit chef des paysans, qui n'est autre que le Ministre de l'Alimentation et de l'Agriculture Darré[a], puis vingt chefs régionaux et toute une hiérarchie de chefs de districts et de chefs locaux. Tous sont nommés, directement ou non, par le pouvoir central et commandent à la masse des ruraux, pour l'exécution des ordonnances intéressant la corporation.

De ces ordonnances, certaines visent à régler l'économie, en ce qui regarde les fruits, les légumes, les graines oléagineuses, la laine, la fécule, les graisses, la meunerie, la laiterie, les houblons et les vins. L'une des plus intéressantes est la loi du 26 septembre 1933, sur la fixation du prix des céréales. Pour la juger, il faut se rappeler qu'en Allemagne le petit paysan est surtout un éleveur et que les céréales forment à peine un quart de sa production. Les grands propriétaires, au contraire, cultivent largement les céréales. Les prix du

a. Eliminé depuis par le dictateur économique Dr Schacht ; nouvelle preuve de l'intérêt tout spécial porté à la paysannerie allemande par ses maîtres actuels.

bétail, non protégés, tombant sans cesse, le petit paysan pouvait être tenté d'abandonner l'élevage et d'étendre les surfaces jusqu'ici cultivées en céréales. C'est précisément ce que lui interdit la loi, qui garantit ainsi le privilège de fait des grands propriétaires.

Les agriculteurs moyens, dont la propriété suffit à nourrir une famille mais est inférieure à 125 hectares, sont absolument soumis à la loi du 29 septembre 1933 sur le bien paysan héréditaire, loi destinée à assurer la formation d'une classe moyenne stable, disciplinée et conservatrice, en consacrant la suprématie des hobereaux, grands propriétaires fonciers. En vertu de cette loi étonnamment réactionnaire, le bien héréditaire est transmis en bloc à l'héritier privilégié, le fils aîné. Ce bien héréditaire est insaisissable et inaliénable, mais son possesseur n'a le droit ni de vendre, ni d'hypothéquer sa terre sans l'autorisation d'une juridiction spéciale.

Voilà donc la réforme agraire « appropriée aux besoins nationaux » qu'annonçait l'article du programme hitlérien relatif aux agriculteurs.

On croit rêver. Le ministre de l'Agriculture a déclaré : « Nous exigeons de chaque paysan une discipline sans restriction, nous le considérons comme un soldat engagé sur le front de la bataille alimentaire; cependant, en échange, nous lui donnerons la liberté. » Et avec cette prétendue liberté, *le paysan n'a pas le droit de disposer de sa terre. Comme le serf d'autrefois, si l'on n'a pas le droit de l'en chasser, il n'est plus libre de s'en défaire. Il est rivé au sol.*

En fait, peu de jours après la promulgation de la loi et malgré le beau titre de paysan (*Bauer*) réservé aux possesseurs de biens héréditaires (les autres propriétaires ruraux devant s'appeler *Landwirt*, ou cultivateur), les protestations étaient telles que le ministre Darré devait lancer une circulaire « pour apaiser l'inquiétude des plus larges masses, " et interdire toute conférence sur la loi, à moins d'autorisation spéciale du ministère.

Quant aux grands propriétaires prussiens, dont bon nombre de dupes d'Adolf Hitler s'attendaient à voir les propriétés morcelées, après quelques velléités qui s'exprimèrent par une loi du 1er juin 1933 sur l'expropriation, le ministre Darré dut promettre qu'« *on ne toucherait pas aux grandes propriétés, même endettées* », et que « si elles n'étaient pas volontairement offertes pour permettre d'y établir de petits cultivateurs, on les laisserait se tirer d'affaire du mieux qu'elles pourraient, en pleine conformité avec l'esprit d'initiative privée ». Les propriétés des Junkers sont donc sauvées, et la loi d'expropriation jouera uniquement contre le petit paysan endetté, qui sera privé de sa terre. » (*Prétentions sociales du fascisme*, p. 27-28).

Ajoutons à ces explications qu'on compte actuellement environ 845.000 biens paysans héréditaires, de 7,5 à 125 ha. Cela représente 44 % des terres cultivées et 28 % des exploitations. Cette nouvelle classe paysanne est ainsi une classe *stable* et *sûre*, capable de faire un rempart solide pour la défense de l'État contre le prolétariat rural, le cas échéant.

Remarquons, en outre, comment ici apparaît, sous une forme déguisée, une nationalisation du sol aux fins d'esclavage et non de libération du travailleur qui n'est pas un des traits les moins significatifs de ce régime « totalitaire » qu'est le fascisme.

TRAITÉ DE LOGIQUE ET DE MORALE

PRÉSENTATION

Xavier ROTH

CANGUILHEM PROFESSEUR DE LYCÉE (1929-1940)

Onze années dans le secondaire

Sur les quarante-deux années que Georges Canguilhem consacra à l'enseignement (1929-1971), onze ont été passées en lycée. C'est la guerre qui vint vraisemblablement bousculer une carrière *a priori* toute tracée. Quelques mois avant sa retraite, Canguilhem confiait effectivement à Dominique Lecourt : « Moi, j'ai commencé au Lycée de Charleville. Et si Cavaillès n'était pas venu me chercher, je serais certainement resté dans le second degré »[1].

Canguilhem obtint son premier poste de professeur de philosophie en 1929 au lycée de Charleville, lycée que Canguilhem quitta non sans éclat à la suite de son Discours de remise des prix[2]. Il fut ensuite nommé à Albi, où il ne resta là aussi qu'une seule année (1930-1931). Dans une lettre à son ami Jean-Richard Bloch (1884-1947), Canguilhem confie avoir fourni un « gros travail à Albi, assez désagréable dans son ensemble, mais dont les résultats ont confirmé ma méthode »[3]. L'année suivante (1931-1932), Canguilhem obtient un congé pour convenance personnelle ; il fit durant

1. D. Lecourt, « Brefs souvenirs concernant Georges Canguilhem », dans *Georges Canguilhem*, Paris, P.U.F., 2008, p. 122. Le 1er avril 1941, Canguilhem fut nommé chargé d'enseignement à la Faculté des lettres de Strasbourg repliée à Clermont-Ferrand, en remplacement de son ami J. Cavaillès (1903-1944), nommé à Paris.

2. G. Canguilhem, « Discours prononcé par G. Canguilhem, agrégé de l'Université, professeur de philosophie, à la distribution des prix du lycée de Charleville, le 12 juillet 1930 », *supra*, p. 306-312.

3. Lettre de Canguilhem à Bloch du 25 septembre 1931, cf. *supra*, p. 365.

l'été 1931 « un voyage trop bref en Allemagne, plus exactement en Rhénanie »[1], et revint à Paris en octobre pour remplacer Michel Alexandre à la direction des *Libres Propos*, journal créé par celui-ci afin d'assurer la diffusion des *Propos* d'Alain d'une part, et de fournir un commentaire critique de l'actualité d'autre part. L'année scolaire 1932-1933 marque le retour de Canguilhem à l'enseignement : il passe ainsi un an au lycée de Douai (1932-1933). Les deux années suivantes, il enseigne à Valenciennes (1933-1935). Début 1934, il adhère au Comité de vigilance des intellectuels antifascistes, dont il fut l'un des tout premiers membres[2]. L'année suivante il rédige, pour le compte du CVIA, *Le fascisme et les paysans*. En 1935-1936, Canguilhem est muté à Béziers. Il fréquente notamment son ami Ferdinand Alquié (1906-1985), alors en poste à Carcassonne, lequel publiera, la même année que Canguilhem, un manuel scolaire[3]. A la rentrée 1936, Canguilhem se vit confier la Terminale et la Khâgne du lycée Pierre Fermat de Toulouse. Une cinquantaine d'années plus tard, Canguilhem dira : « J'ai mis très longtemps à obtenir le seul poste que j'ai véritablement souhaité de ma vie, c'est-à-dire Toulouse »[4]. On compte alors parmi ses élèves Jacques Piquemal (1922-1990), Robert Pagès (1919-2007) et José Cabanis (1922-2000). C'est pendant ces années toulousaines que sera composé le *Traité de logique et de morale*[5], premier volume d'une trilogie vraisemblablement avortée par la guerre. Ainsi que le rapporte Canguilhem lui-même[6], c'est en octobre 1936 que son condisciple à l'École Normale Louis Herland l'introduisit à la « Librairie Trentin », siège local du mouvement

1. Lettre de Canguilhem à Bloch du 25 septembre 1931, *op. cit.*

2. Voir la présentation contextuelle de Michele Cammelli au *Fascisme et les paysans* dans le présent volume, *supra*, p. 515 *sq*.

3. F. Alquié, *Leçons de philosophie*, Paris, H. Didier, 1939. Parues sous forme de fascicules entre 1939 et 1941, ces *Leçons* sont par leur style assez proches de la systématicité retenue par Canguilhem et Planet pour leur *Traité de logique et de morale*. Loin de rechercher l'exhaustivité, Alquié adopte en effet un ordre d'exposition synthétique, où les thèses philosophiques sont souvent exposées en quelques phrases, de manière à mettre tout le poids sur l'analyse critique de celles-ci.

4. F. Bing et J.-F. Braunstein, « Entretien avec G. Canguilhem », dans F. Bing, J.-F. Braunstein et É. Roudinesco (dir.). *Actualité de Georges Canguilhem*, *op. cit.*, p. 121. Avec le risque d'outrepasser la pensée de Canguilhem, on peut se demander si la Sorbonne n'a pas été aussi un lieu d'enseignement souhaité. Canguilhem obtint en effet ce poste en 1955, succédant ainsi à Gaston Bachelard à la chaire d'histoire et de philosophie des sciences.

5. G. Canguilhem, C. Planet, *Traité de logique et de morale*, Marseille, Imprimerie Robert et Fils, 1939.

6. G. Canguilhem, « Témoignage », dans AA.VV., *Silvio Trentin e la Francia. Saggi e testimonianze*, *op. cit.*, p. 176-178.

antifasciste et haut lieu de la vie intellectuelle toulousaine[1]. Tenue par l'exilé italien Silvio Trentin (1885-1944), la *Librairie du Languedoc* fut de 1936 à 1940 le lieu de rencontre des grandes figures de gauche de Toulouse. Parmi les habitués, on comptait notamment le chirurgien Joseph Ducuing (1885-1963), le médecin Paul Guilhem et Camille Soula (1888-1963), flamboyant professeur de physiologie à la faculté de Médecine dont Canguilhem fut très proche. A noter également la présence de Julien Forgues (1888-1970), syndicaliste et futur membre fondateur de « Libération-Sud ».

Refusant de prêter serment d'allégeance à l'État français à l'automne 1940, Canguilhem demanda sa mise en congé « par convenance personnelle ». Au recteur Robert Deltheil de l'Académie de Toulouse, il aurait écrit : « je n'ai pas passé l'agrégation de philosophie pour enseigner Travail, Famille, Patrie »[2].

C'est désormais à plein temps qu'il pourra se consacrer à la seconde moitié de ses études médicales entamées trois ans plus tôt, mais aussi, quelques mois plus tard, aux activités plus secrètes de résistance, avec la fondation du mouvement « Libération-Sud »[3].

Témoignages

Sur la décennie que Canguilhem passa dans l'enseignement secondaire (1929-1940), nous disposons d'au moins deux témoignages écrits : celui, intimiste, de José Cabanis, et celui, essentiel, de Jacques Piquemal, tous deux élèves de Canguilhem au lycée de Toulouse[4].

Le premier témoignage sur le Canguilhem professeur de Terminale est celui de José Cabanis dans *Les Profondes Années*. Il s'agit d'un journal personnel rédigé entre 1939 et 1945, dans lequel le jeune Cabanis âgé de 17 ans témoigne entre autres de son admiration pour son professeur de philosophie au lycée de Toulouse (année scolaire 1939-1940) :

> Je lui dois d'avoir vu le monde avec un regard curieux, d'avoir compris que c'est la signification de tout dont il est intéressant d'approcher. Se poser la question

1. Sur le chaudron intellectuel que représentait la « Librairie Trentin » dans le Toulouse d'entre-deux-guerres, voir P. Arrighi, *Silvio Trentin. Un européen en résistance (1919-1943)*, Portet-sur-Garonne, Nouvelles Éditions Loubatières, 2007. On consultera aussi avec profit J. Estèbe, *Toulouse 1940-1944*, Paris, Éditions Perrin, 1996, p. 81-90 notamment, et les témoignages de Georges Friedmann repris dans *Georges Friedmann : un sociologue dans le siècle (1902-1977)*, Paris, Éditions du CNRS, 2004, Annexes 1 et 2, p. 73-89.

2. Entretien avec Jean-François Sirinelli, mai 1981, dans J.-F. Sirinelli, *Génération intellectuelle. Khâgneux et normaliens dans l'entre-deux-guerres*, Paris, Fayard, 1988, p. 598-599.

3. G. Canguilhem, « Témoignage », *art. cit.*, p. 178.

4. Bien que bref, il faut également mentionner le témoignage de Robert Pagès, khâgneux au lycée de Toulouse en 1937-38, qui confie être « entré en rapports intellectuels passionnés avec l'enseignement et bientôt la personne de Georges Canguilhem ». Voir *Silvio Trentin e la Francia*, *op. cit.*, p. 188-193.

> des questions, pourquoi? à quoi bon? s'interroger sur n'importe quoi, rien n'était négligeable, c'est ce qu'il nous enseignait dans cette classe tout en gradins… [1].

Le Canguilhem professeur de Terminale ne semblait guère différer du Canguilhem directeur de l'Institut d'histoire et de Philosophie des sciences et des Techniques (IHPST), qui, deux décennies plus tard, allait être autant craint qu'admiré par toute une génération d'étudiants. Ainsi que le rapporte l'élève Cabanis :

> Au début de l'année, il nous terrorisait, ne tolérant pas le moindre bruit, une distraction, une tête qui regarde ailleurs. Les mois passant, le plus compréhensif des hommes, présent à chacun de nous, attentif, avec un regard si direct qu'on avait quand même la gorge un peu serrée, nous faisant parler en toute liberté, et n'en finissant pas de nous donner chaque jour, et sur le moindre des sujets, le spectacle d'une intelligence qui se nourrissait, vivait, et se jouait de tout. J'étais vraiment ivre, buvant à cette source [2].

Au portrait pittoresque de Canguilhem dressé par Cabanis, il faut ajouter le témoignage substantiel et philosophiquement riche de J. Piquemal. Dans le numéro spécial que la *Revue de Métaphysique et de Morale* consacra à Canguilhem en 1985, Piquemal rapporte ainsi qu'en 1937-1938, le maître se réclamait alors de l'héritage réflexif de Jules Lagneau (1851-1894), dont Alain fut en quelque sorte le passeur :

> A parcourir rapidement ces chapitres de cours, on ne tarde guère à identifier certains courants connus de l'opinion philosophique française de l'entre-deux guerres. Une « analyse réflexive » y fait apparaître, comme condition de ce qui, dans l'expérience humaine, pourrait sembler simplement « donné », une activité omniprésente de « jugement » [3].

Opérant une synthèse entre Descartes et Kant sur la question du *Je pense*, l'approche réflexive est une philosophie du jugement et des valeurs dont l'objectif est de révéler, à la base de l'expérience, l'activité par laquelle l'esprit ordonne librement le monde [4]. Par réflexif, il faut donc entendre un retour de la pensée sur elle-même grâce auquel celle-ci prend conscience de son rôle constitutif de toute expérience. « [T]oute la philosophie de Lagneau vise à subordonner l'Entendement au Jugement » [5] écrit Alain dans ses *Souvenirs*; ce que Canguilhem et Planet interprètent dans le *Traité de logique et de morale* comme une volonté de subordonner, à la suite de Kant, l'Être à la

1. J. Cabanis, *Les Profondes Années. Journal 1939-1945*, Paris, Gallimard, 1976., p. 65.

2. *Ibid.*, p. 66.

3. J. Piquemal, « Georges Canguilhem, professeur de Terminale (1937-1938) », *Revue de Métaphysique et de Morale,* vol. 90, n° spécial Canguilhem, janvier – mars 1985, p. 63-83 ; p. 66.

4. Sur les rapports du jeune Canguilhem à la philosophie réflexive, voir X. Roth, *G. Canguilhem et l'École française de l'activité. Juger, Agir (1926-1939)*, thèse soutenue sous la direction de Mathieu Marion et Yves Schwartz, Université du Québec à Montréal / Université de Provence, 2010.

5. Alain, *Souvenirs concernant Jules Lagneau* (1925), dans *Les Passions et la Sagesse*, « Bibliothèque de la Pléiade », Paris, Gallimard, 1960, p. 708-786, p. 738.

Valeur[1]. Hormis Lagneau et Alain, les principaux représentants du courant réflexif sont Jules Lachelier (1832-1918), Émile Boutroux (1845-1921) et Léon Brunschvicg (1869-1944), dont Canguilhem dira qu'il fut « le philosophe pour qui nous avions le plus de considération »[2] durant ses années normaliennes.

Si Canguilhem ne se démarquait donc pas à l'époque par ses options philosophiques en tant que telles, il en allait en revanche tout autrement du côté de son enseignement. La grande originalité de celui-ci résidait en effet dans la confrontation scrupuleusement orchestrée par le maître entre d'un côté, cette philosophie réflexive héritée d'Alain, et de l'autre, ce que *l'Essai* de 1943 appellera des « matières étrangères ». Comme en témoigne Piquemal, c'est en effet sur la base de matériaux initialement non-philosophiques que l'élève était invité à la rencontre des grands auteurs et des problèmes auxquels il se sont confrontés :

> Toute activité humaine jugée caractéristique, qu'elle fût commune, exceptionnelle ou fort spécialisée, relevait au même titre de « l'analyse réflexive ». Mais, pour dégager les valeurs impliquées dans les actes ou les attitudes, les systèmes de jugement sous-entendus par les opinions ou les démarches, on cherchait, autant que possible, le témoignage des intéressés eux-mêmes, sans exclure parfois les documents bruts. D'où notamment, nos collections de textes de non-philosophes, dont quelques-uns assez inattendus ; ceux de philosophes venaient plus tard, comme commentaire ou hypothèse, pour la construction d'interprétations d'ensemble et de systèmes[3].

Que le philosophe ne puisse se suffire à lui-même, et soit pour partie tributaire de « matières étrangères » qui alimentent perpétuellement sa réflexion en problèmes, c'est là une idée que la thèse de 1943 n'hésitera pas à ériger en injonction. Dès l'introduction, Canguilhem justifie en effet son « détour » par la médecine en affirmant que « [l]a philosophie est une réflexion pour qui toute matière étrangère est bonne, et nous dirions volontiers pour qui toute bonne matière doit être étrangère »[4]. Or, le

1. Evoquant la *Critique de la raison pure* dans le *Traité*, Canguilhem et Planet écrivent : « Quelles que soient les conclusions de l'examen, il restera toujours que son inspiration essentielle était de subordonner l'acceptation de tout jugement d'existence à l'épreuve de sa valeur, et c'était en principe un renversement de la relation dogmatique traditionnelle (et par là aussi sans doute de la relation sceptique). » Telle est ce que les deux auteurs définissent comme « une juste attitude *critique* », « qui fait la doctrine kantienne encore vivante et lui confère une signification éducative encore à tant d'égards actuelle. », cf. *TLM*, *infra*, p. 799.

2. G. Canguilhem, « La problématique de la philosophie de l'histoire au début des années 30 », dans Jean-Claude Chamboredon, (dir.), *Raymond Aron, le philosophe de l'histoire et les sciences sociales*, Paris, Éditions de la rue d'Ulm, 1999, p. 9-21, p. 20. Il s'agit d'une communication présentée par Canguilhem au colloque en hommage à Raymond Aron, tenu le 12 mars 1988 à l'École normale supérieure.

3. J. Piquemal, « Georges Canguilhem, professeur de Terminale (1937-1938) », *op.cit.*, p. 75.

4. *NP*, p. 7. Pour une réflexion approfondie sur la notion canguilhemienne de « matières étrangères », voir Y. Schwartz, « Métier et Philosophie », dans *Le Paradigme ergologique ou un Métier de Philosophe*, Toulouse, Octarès, p. 7-68 ; p. 48-52 notamment.

témoignage de Piquemal semble indiquer que Canguilhem a développé assez tôt cette idée que la philosophie, si elle veut se renouveler, doit se mettre en perpétuel apprentissage de « matières étrangères ». C'est que, comme le rapporte Piquemal, le « maître pensait que l'unité systématique, en philosophie, devait prouver sa valeur par son accord, le plus direct possible, avec les témoignages compétents, en chaque domaine concerné »[1]. C'est probablement cette nécessaire humilité du philosophe vis-à-vis des « matières étrangères » qui motivera Canguilhem, à la fin de sa vie, à refuser de considérer son œuvre autrement que comme une « trace de [s]on métier »[2].

Détail qui a son importance, cette obligation de la philosophie aux « matières étrangères » se traduisait, en 1937-1938, par l'utilisation en classe de dossiers à compartiments que l'élève pouvait compléter à loisir, et ce quel que soit le type de documents. « Notre professeur, écrit Piquemal, insiste sur la nécessité, en philosophie – puisque l'existence humaine toute entière y est concernée – d'archives aussi souples, accueillantes, indéfiniment ouvertes »[3]. On imagine ainsi que ces dossiers constituent une première version de la collection « *Textes et documents philosophiques* » fondée par Canguilhem une quinzaine d'années plus tard.

LE TRAITÉ DE LOGIQUE ET DE MORALE (1939)

Le souci pédagogique

Un bref coup d'œil sur la suite du parcours professionnel de Canguilhem confirme l'attention que celui-ci portait à l'enseignement. Inspecteur général de philosophie de 1948 à 1955, instigateur et directeur chez Hachette (1952-1971) de la collection *Textes et documents philosophiques* destinée tant aux étudiants qu'à leurs professeurs, membre (de 1948 à 1955, une année sur deux en alternance avec l'autre Inspecteur général) puis président du jury d'agrégation (1964-1968), directeur en 1953 d'une enquête de l'UNESCO sur l'enseignement de la philosophie dans le monde[4], Canguilhem n'a jamais ménagé ses efforts envers l'institution philosophique. Sans doute était-il, à l'image de ses maîtres Alain et Lagneau, un « boursier » qui se faisait

1. J. Piquemal, « Georges Canguilhem, professeur de Terminale (1937-1938) », art.cit., p. 79.

2. G. Canguilhem, Lettre à Michel Deguy (4 décembre 1990), dans *Georges Canguilhem. Philosophe, historien des sciences*, Paris, Albin Michel, 1992, p. 324. Sur l'expression « trace de mon métier », voir G. Le Blanc, *Le vital et le social. L'histoire des normes selon Georges Canguilhem*, thèse sous la direction de D. Deleule, Université de Paris X-Nanterre, 1999, p. 18 n. 49 ; on se reportera également à l'analyse d'Y. Schwartz dans « Métier et Philosophie », *op. cit.*, p. 51-52. Y. Schwartz renvoie en effet directement ce refus de l'œuvre à l'obligation du philosophe aux « matières étrangères ».

3. J. Piquemal, « Canguilhem, professeur de Terminale », art.cit., p. 64.

4. G. Canguilhem (dir.), *L'Enseignement de la Philosophie. Une enquête internationale de l'UNESCO*, Paris, UNESCO, 1953.

un devoir de rendre à l'école de la République ce qu'elle lui avait donné[1]. Ceci éclaire sans doute en quoi mai 1968 constitua pour Canguilhem une véritable épreuve. Dans ses « Brefs souvenirs concernant Georges Canguilhem », D. Lecourt rapporte en ces termes le « savon collectif mémorable » auquel ses camarades et lui eurent droit à leur retour à l'IHST après les événements : « Vous pouvez être contents ! Vous avez de quoi être fiers ! Vous avez détruit tout ce que nous avions essayé de construire depuis vingt ans ! »[2] Ainsi que l'explique Pierre Bourdieu – un autre disciple de Canguilhem – « il faisait partie de ces oblats qui avaient tout donné à l'École et qui vivaient la sympathie de leurs élèves (de ma génération) pour le mouvement étudiant comme une trahison inspirée par l'opportunisme ou l'ambition »[3].

Ces épisodes sont aujourd'hui relativement bien connus. Cependant, la publication en 1994 de la première bibliographie critique[4] établie par Camille Limoges bouscula quelque peu l'image qu'on se faisait jusque-là du philosophe. Celle-ci révéla en effet à bon nombre de lecteurs qu'il y eut, pour reprendre l'expression judicieuse de J.-F. Braunstein, un « Canguilhem avant Canguilhem »[5]. En 1943, année où paraît sa thèse de médecine, Canguilhem avait déjà à son actif plus d'une centaine d'articles dans diverses revues (dont une grande majorité dans les *Libres Propos*), rédigé une brochure d'action politique sur *Le Fascisme et les paysans*, et co-écrit un *Traité de logique et de morale*. Chose tout à fait étonnante de la part d'un homme à qui on a cru pouvoir imputer une faible propension à l'écriture.

Or, ce que ne pouvait indiquer la bibliographie de 1994 – la donation de la bibliothèque et des archives personnelles de Canguilhem à l'École normale supérieure par la famille de l'auteur ayant été effectuée le 2 octobre 2003 – c'est qu'une importante partie des premiers écrits de ce « Canguilhem avant Canguilhem » était consacrée aux questions relatives à l'enseignement. Des documents conservés au CAPHES témoignent ainsi que lors de son passage à l'École Normale entre 1924 et 1927, Canguilhem avait constitué un recueil de morceaux choisis de Descartes sous le titre – emprunté à Alain – *René Descartes, prince de l'entendement*. Le manuscrit de 76 feuilles reste à ce jour inédit. Signalons brièvement qu'une vingtaine d'années plus tard, Canguilhem fut sollicité fin 1946 par les éditions Bordas pour un ouvrage sur

1. Ce dévouement envers l'institution philosophique n'a toutefois jamais privé Canguilhem de son sens aiguisé de la critique, notamment lorsque ladite institution omit d'inscrire Descartes, Kant, Hegel, Comte et Nietzsche parmi les auteurs obligatoires du programme de l'agrégation en 1932. Voir G. Canguilhem, « L'agrégation de philosophie », *supra*, p. 427-431.

2. D. Lecourt, « Brefs souvenirs concernant Georges Canguilhem », *op. cit.*, p. 119.

3. P. Bourdieu, *Esquisse pour une auto-analyse*, Paris, Éditions Raisons d'agir, 2004, p. 43-44.

4. C. Limoges, « Critical Bibliography », dans F. Delaporte (dir.), *A Vital Rationalist. Selected Writings from Georges Canguilhem*, traduit par Arthur Goldhammer, New York, Zone Books, 1994, p. 385-454.

5. J.-F. Braunstein, « Canguilhem avant Canguilhem », *Revue d'histoire des sciences*, vol. 53, n° 1, janvier-mars 2000, p. 9-26.

Descartes à paraître dans la collection « *Pour connaître la pensée de…* ». Ce projet fut vraisemblablement avorté au cours de l'année 1950[1]. Alors qu'il assurait le remplacement de Michel Alexandre à la direction des *Libres Propos* en 1931-1932, Canguilhem profita de son congé de l'Éducation nationale pour rédiger, de façon complète, un *Manuel de philosophie à l'usage des élèves de l'enseignement secondaire et des étudiants de l'enseignement supérieur*[2]. Le manuscrit (257 feuillets) et le tapuscrit (298 feuillets), tous deux conservés au CAPHES, restent eux aussi inédits. On notera également que lors de ce même congé (1931-1932), Canguilhem constitua un *Choix de textes pour illustrer un cours de psychologie en classe de philosophie* de 219 feuillets dactylographiés. Il ne fut jamais publié.

Il aura donc fallu attendre 1939 pour que ce projet d'édition pédagogique voie enfin le jour. Publié à compte d'auteur, le *Traité de logique et de morale* se présente en effet comme un ouvrage de philosophie destiné aux classes de Terminale. Jusqu'aux années 1950, il n'était pas rare que le professeur de philosophie – qu'il soit laïc ou ecclésiastique – publie son propre manuel, qu'il établissait le plus souvent sur la base des cours dispensés en classe[3]. Ce qui est le cas pour le *Traité de logique et de morale*. Sa couverture indique cependant qu'il ne s'agit pas là de l'œuvre du seul Canguilhem; ses 300 pages furent en effet rédigées de manière conjointe avec Camille Planet (1892-1963), un ami philosophe lui aussi originaire de Castelnaudary, qui partageait alors avec Canguilhem des positions philosophiques extrêmement proches. Charles Mazières[4], ami de Planet et élève de Canguilhem au lycée de Toulouse en 1937, se

1. Dans une lettre du 27 mars 1950, un employé de Bordas remercie Canguilhem pour le début de son *Descartes*, et le prie d'envoyer le reste pour le mois de juillet. Ce que Canguilhem ne fit probablement jamais. Les 150 feuillets de cet ouvrage inachevé – et composé durant la première moitié de son mandat d'Inspecteur général de philosophie – sont conservés au CAPHES.

2. Les dernières lignes du *Manuel* semblent indiquer que l'ouvrage résulte d'une synthèse des différents cours donnés par Canguilhem à Charleville en 1929-30, puis à Albi l'année suivante (1930-31), et que la rédaction finale fut assurée durant son congé sabbatique à Paris (1931-32).

3. La fin de l'âge d'or des manuels scolaires de ce type s'amorce vraisemblablement avec la croissance considérable des bacheliers de l'entre-deux-guerres aux années 1950. Afin de répondre à cette augmentation des effectifs, d'importantes maisons d'édition se sont alors lancées dans la création de collections pédagogiques à large diffusion. On mentionnera par exemple la parution, à partir de 1954 chez Nathan, de la collection dirigée par Denis Huisman (1929-) et André Vergez (1926-2006). Citons notamment *L'Art de la dissertation* (1954), *L'Esthétique* (1954) et surtout le *Court Traité* (1958), qui, sous ses appellations successives (*Nouveau Traité, Cours de philosophie, Nouveau cours de philosophie, Philosophie*) est au cœur de ce véritable phénomène de l'édition pédagogique.

4. Professeur de physique à Orsay, Charles Mazières (1920-) a notamment enregistré en compagnie de Canguilhem un entretien pour la télévision sur la recherche expérimentale. Produite par Dina Dreyfus pour le Centre National de la Documentation Pédagogique, l'émission fut diffusée le 6 février 1967. Pour la retranscription de cette émission sur papier : « La Recherche expérimentale », *Revue de l'enseignement philosophique*, vol. 18, n° 2, décembre 1967 – janvier 1968, p. 58-64.

souvient notamment avoir transporté des liasses de *Traité de logique et de morale* lors d'un déménagement de Planet : selon lui, il aurait été tiré en tout et pour tout 500 exemplaires du dit *Traité*. Mais peu d'entre eux semblent avoir survécu à la seconde guerre mondiale[1].

« *Traité* » versus « *Manuel* »

Que Canguilhem ait pu écrire un *Traité de logique et de morale* (1939), et plus encore, un *Manuel de philosophie à l'usage des élèves de l'enseignement secondaire et des étudiants de l'enseignement supérieur* (1932), voilà quelque chose de tout à fait étonnant de la part d'un professeur qui n'a jamais caché son hostilité envers ce type d'ouvrages. Et ce d'autant plus que rien dans la tradition philosophique dont il est l'héritier ne le prédisposait à ce genre d'exercice littéraire. Canguilhem est effectivement issu d'une lignée de professeurs de philosophie fermement opposés à l'utilisation de manuels en classe. Son maître Alain n'a par exemple jamais caché son hostilité vis-à-vis des manuels scolaires. Selon lui, ces ouvrages asphyxient la réflexion personnelle de l'élève :

> Cette philosophie d'Institut [écrit Alain], laisse encore quelques trous pour respirer ; le manuel n'en laisse jamais. Ces divisions, ces querelles, ces solutions n'ont réellement point de sens. Donnez-moi le meilleur manuel de ce temps-ci ; réellement je n'y comprends rien[2].

Au catalogage de doctrines et de problèmes artificiellement construits que proposent les manuels, Alain a toujours préféré la fréquentation directe des textes des grands auteurs. C'est là un principe qu'il avait lui-même hérité de son maître Lagneau. Dans ses *Souvenirs concernant Jules Lagneau*, Alain rapporte ainsi que Lagneau n'attendit pas une seule seconde pour « mettre sous clef »[3] un bon nombre d'exemplaires des *Leçons de philosophie*[4] de Rabier que venait de recevoir le lycée Michelet de Vanves où il enseignait alors. Ayant appris l'hébreu « pour éviter dans l'interprétation de l'*Éthique* deux ou trois erreurs peut-être, que personne n'aurait

1. Entretien réalisé à Paris en juin 2007.
2. Alain, *Souvenirs concernant Jules Lagneau*, *op. cit.*, p. 722.
3. *Ibid.*
4. E. Rabier, *Leçons de philosophie*, Paris, Hachette, 2 vol., 1884-1886. Pour une preuve de la filiation entre Lagneau et Canguilhem d'un point de vue pédagogique, on se reportera au compte-rendu enflammé de l'ouvrage de Politzer *La Fin d'une parade philosophique*, dans lequel le jeune Canguilhem écrit non sans ironie : « Bergson a cru fonder une philosophie [...] en réfutant les manuels en usage à l'époque pour le baccalauréat. » Et Canguilhem de préciser en note : « Bergson est un philosophe pour qui existent les *Leçons de philosophie* de Rabier (cf. *Matière et Mémoire*, p. 90, note 1) ». *Cf.* G. Canguilhem, « La Fin d'une parade philosophique. Le bergsonisme », *supra*, p. 222, n. b.

relevées »[1], c'était une fréquentation directe des grands textes que recherchait Lagneau. Sans doute tenait-il lui-même cela de Jules Lachelier (1832-1918), son maître à l'École Normale, lequel écrivait à Boutroux en 1868 : « Quant au chemin à suivre, je n'en connais qu'un… c'est l'étude directe, patiente et docile, des maîtres grecs, français et allemands »[2]. Aussi Gérard Granel a-t-il vu juste lorsqu'il écrit, à propos de cette tradition de grands professeurs (Lagneau, Alain et Michel Alexandre), que leur seule

> méthode ne consiste en rien d'autre qu'à lire, et encore lire, les textes eux-mêmes. Non pas à retomber sur eux du haut de quelque principe d'explication ; non pas à les résumer magistralement afin d'en établir les obscurités apparentes, pour en établir ensuite encore plus magistralement la cohérence et l'évolution ; mais à les lire, dans l'ordre et sans rien omettre[3].

Certes, Canguilhem n'a jamais embrassé cette « méthode » philosophique dans sa totalité. D'un point vue pédagogique, c'est relativement tôt qu'il rompit avec la manière qu'avaient ses maîtres d'entrer en réflexion philosophique. Rappelons en effet que pour Lachelier et Alain, la philosophie était déjà accomplie pour l'essentiel dans les œuvres des grands auteurs. Canguilhem tranche radicalement avec cette tradition en ce que chez lui, ce ne sont plus les grands textes qui doivent susciter la réflexion, mais la fréquentation de « matières étrangères » à la philosophie[4].

Cela dit, force est quand même de constater que Canguilhem reste profondément marqué par cette tradition d'enseignants ; notamment en ce qui concerne l'hostilité vis-à-vis des manuels scolaires. En février 1930, alors qu'il venait d'obtenir à vingt-cinq ans son premier poste au lycée de Charleville, il rédigea un article dans les *Libres Propos* pour dénoncer « cette intolérable et ignominieuse prétention des Manuels qui exécutent en quelques phrases, le dualisme cartésien, et mettent en douze lignes Einstein à la portée de tous »[5]. Vingt ans plus tard, en sa qualité d'Inspecteur général, c'est haut et fort qu'il proclama, lors des journées nationales d'études pédagogiques des professeurs de philosophie au printemps 1950, la prohibition de toute espèce de manuels dans les classes. Il y affirmait en effet

> que l'enseignement de la philosophie n'a pas à officialiser des Manuels, mais qu'au contraire un bon professeur de philosophie met son honneur à faire sentir aux élèves que l'essentiel de la pensée philosophique consiste dans une certaine appropriation

1. J. Lagneau, *Célèbres leçons et fragments* (1950), 2e éd., Paris, P.U.F., 1964, p. 3. La citation est tirée de la notice nécrologique rédigée par J. Pacaut pour l'*Annuaire des Anciens Élèves de l'École normale supérieure* de 1895.

2. J. Lachelier, Lettre du 2 octobre 1868 à E. Boutroux, cité dans M. Gueroult, *Histoire de l'histoire de la philosophie*, t. 3, Paris, Aubier, 1988, p. 751.

3. G. Granel, « Michel Alexandre et l'école française de la perception », *Critique* n°183-184, août-septembre 1962, p. 758-788, p. 769.

4. Voir ci-dessus le témoignage de J. Piquemal sur « Canguilhem, professeur de Terminale ».

5. G. Canguilhem, « Examen des examens. – Le baccalauréat », *supra*, p. 276.

> personnelle des problèmes et un goût de la réflexion que, par définition, aucun Manuel qu'elle qu'en soit la valeur, ne peut servir. Les Manuels ne devraient pas être utilisés régulièrement en classe [1].

Dans ces conditions, comment expliquer que Canguilhem ait quand même composé, puis publié, un manuel sous son nom ? Y aurait-il là contradiction entre ses dires et ses gestes ? Absolument pas selon le principal intéressé ; ainsi que le relate la suite du compte-rendu de l'intervention de l'Inspecteur général :

> à un assistant qui s'étonnait de voir M. Canguilhem condamner les manuels après en avoir écrit un, M. Canguilhem répond que l'ouvrage dont il est question est justement un exemple de travail qu'un professeur peut mettre à la disposition de ses élèves. Après avoir, pendant plusieurs années, fait polycopier ou dactylographier son cours, M. Canguilhem l'a rédigé, en collaboration avec un de ses collègues, et l'a fait imprimer. Pour éviter toute confusion avec un manuel, il l'a intitulé : Traité de philosophie et l'a édité à ses frais (l'édition est du reste épuisée) [2].

Pour Canguilhem, il était absolument clair que son *Traité de logique et de morale* n'avait rien d'un « manuel ». Il le considérait au contraire comme un « anti-manuel », ainsi qu'en témoigne une courte note manuscrite tardive [3]. Par opposition à un « manuel » traditionnel, le *Traité* relève moins d'une juxtaposition de doctrines et points de vue que d'une synthèse critique élaborée à partir de quelques principes directeurs fondamentaux, lesquels sous-tendent l'ensemble de l'ouvrage. Dans une lettre du 26 octobre 1984 pour remercier Giuseppe Sertoli de l'étude qu'il venait de faire paraître sur ses travaux [4], Canguilhem écrit :

> *Traité* est un terme que Planet et moi savions prétentieux, mais il était choisi pour détrôner *Manuel*, titre donné à ces conglomérats de théories qu'on offrait aux élèves des Lycées. Nous avons un jour comparé les leçons dactylographiées que nous remettions à nos élèves et décidé de les réunir après révision systématique [5].

1. G. Canguilhem, « Allocution de M. Canguilhem, Inspecteur général de l'Instruction publique », *Revue de l'enseignement philosophique*, 1re année, n°2-3, janvier-février 1951, p. 18-25, p. 19.
2. *Ibid.*, p. 20.
3. En 1984, Flavia Conte-Cappelletti fait état du *Traité de logique et de morale* dans la thèse de doctorat qu'elle vient de consacrer à Canguilhem. Selon elle, celui-ci est « un manuale de filosofia scolastica ». Sur son exemplaire de la thèse conservé au CAPHES, Canguilhem a encerclé le mot « manuale » et écrit en marge : « anti-manuale ». *Cf.* F. Conte-Cappelletti, *Il sapere e la vita : il razionalismo etico di Georges Canguilhem*, thèse, p. 110, note 2.
4. G. Sertoli, « Epistemologia e storia delle scienze in Georges Canguilhem », *Nuova Corrente*, vol. 30/90, n° 91, 1983, p. 101-172.
5. Lettre de Canguilhem à Giuseppe Sertoli du 26 octobre 1984, Fonds Canguilhem, CAPHES.

Que la philosophie soit essentiellement un exercice d'unification par le jugement[1] et non une œuvre d'encyclopédisme, voilà l'idée qui semble avoir été à l'origine de la publication du *Traité*. Selon certains témoignages, c'est Planet et non Canguilhem qui aurait été cette fois-ci l'instigateur de cette publication pédagogique[2]. Planet, alors professeur au lycée Thiers de Marseille, y aurait vu un éventuel moyen d'arrondir ses fins de mois. Néanmoins, la raison pour laquelle son collègue de Toulouse semble s'être engagé dans un tel projet est moins pécuniaire que philosophique. Elle tient en effet à la profonde aversion de Canguilhem pour le classique *Manuel de Philosophie*[3] d'A. Cuvillier (1887-1973), dont les 1400 pages constituaient à ses yeux un bel exemple de l'« intolérable et ignominieuse prétention des Manuels »[4] à vouloir traiter *in extenso* de toutes les questions philosophiques. C'est donc implicitement le *Manuel* de Cuvillier que visent Canguilhem et Planet lorsqu'ils affirment, dès la première ligne du *Traité* :

> Un recueil de renseignements et d'opinions disparates peut former, s'il est habilement ordonné, un travail documentaire utile, et à ce titre prendre quelque valeur didactique ; mais il ne donnera qu'une idée lointaine de la réflexion philosophique[5].

Aussi, poursuivent les deux auteurs, est-ce en réaction contre « les ouvrages d'enseignement les plus répandus »[6] qu'ils déclarent avoir composé le *Traité*, espérant ainsi figurer « par l'exemple » l'effort de l'enseignement philosophique, qui ne réside « ni dans celui de la clarté apparente, ni dans celui de l'érudition la plus poussée, mais dans celui de la systématisation »[7].

1. Toute sa vie durant, Canguilhem accorda à l'activité de juger une importance capitale. C'est que, comme l'écrit Yves Schwartz dans l'introduction au présent volume, « ne pas s'empêcher de penser, c'est ne pas s'empêcher de juger ». Il s'agit certes là de l'héritage réflexif d'Alain et de Lagneau, mais aussi, de manière plus fondamentale encore, de la trace d'un engagement kantien que le philosophe n'a jamais remis en question.

2. Hypothèse soutenue par J. Piquemal, « Georges Canguilhem, professeur de Terminale (1937-1938) », *op. cit.*, p. 64 : « L'initiative de ce *Traité* venait, je crois, de C. Planet ».

3. A. Cuvillier, *Manuel de Philosophie*, Paris, Armand Colin, 1927, t. 1, *Psychologie* (722 p.), t. 2, *Logique, Morale, Philosophie générale* (676 p.). Paru pour la première fois en 1927, puis publié dans une version remaniée sous le titre de *Précis de philosophie* en 1951 et de *Nouveau Précis* en 1959, le *Manuel* de Cuvillier est sans conteste l'un des « ouvrages d'enseignement les plus répandus ». Il est encore édité aujourd'hui en *Livre de Poche*.

4. G. Canguilhem, « Examen des examens. – Le baccalauréat », *supra*, p. 276.

5. *TLM*, Avertissement, cf. *infra*, p. 635.

6. *Ibid.* Parmi les « ouvrages d'enseignement les plus répandus » visés par Canguilhem et Planet, signalons également, au côté du *Manuel* de Cuvillier, le *Précis de philosophie* du jésuite Paul Foulquié (1893-1983). Publié pour la première fois en 1936 aux éditions de l'École, il sera remplacé en 1956 par un *Traité* en trois volumes, lequel sera lui-même remplacé en 1961 par les deux volumes sur *La Connaissance* et *L'Action*.

7. *Ibid.*

La philosophie comme quête d'unité

Sous cet angle, le *Traité* de 1939 est en totale rupture avec le *Manuel de philosophie* rédigé sept ans auparavant par Canguilhem : l'austérité et la systématicité du *Traité de logique et de morale* sont en effet aux antipodes du texte, à la fois développé et parsemé de nombreuses références, du *Manuel* de 1932, qui, de fait, se rapproche ainsi fortement du Cuvillier. A l'image de ce dernier, et en dépit des efforts du jeune Canguilhem pour expliciter et illustrer au maximum les points du programme, les transitions entre les différents chapitres du *Manuel* sont souvent assez abruptes, le principe directeur n'étant pas d'une grande évidence. Ce qui n'est pas le cas dans le *Traité* de 1939, où c'est explicitement le problème de l'unification de l'expérience par le jugement qui constitue la trame de l'ouvrage et le cœur de toute entreprise philosophique. Dans une conférence prononcée en 1938 à la *Société toulousaine de philosophie* – soit un an avant la publication du *Traité* – Canguilhem adoptait une définition de la philosophie sur laquelle il ne reviendra jamais. Se référant à René Le Senne[1], il affirme :

1. René Le Senne (1882-1954) appartient au cercle très restreint de philosophes contemporains pour qui Canguilhem avait un profond respect. Professeur de philosophie aux lycées de Chambéry (1910-1914) puis de Marseille (1914-1923), Le Senne est ensuite nommé au lycée Louis-le-Grand où il enseigne jusqu'en 1929. C'est durant cette période qu'il rédige le rapport qui permettra à Canguilhem d'obtenir son certificat de stage pédagogique (agrégation de philosophie) le 1er avril 1926. Quelques années plus tard, en février 1933, Canguilhem publia dans la revue *Méthode* un compte-rendu très élogieux du *Devoir* paru trois ans auparavant. Selon Canguilhem, le passage que Le Senne consacre dans ce livre à la découverte de l'argon par Rayleigh et Ramsay est « un chef-d'œuvre d'analyse philosophique tant par la rigueur de l'interprétation que par l'art de faire sentir le drame vécu par une conscience de savant. On ne peut résumer, on ne peut que renvoyer au texte. Ces pages méritent de devenir classiques : les apprentis philosophes y trouveraient d'autres lumières que dans l'*Introduction à l'étude de la médecine expérimentale.* » Cf. *supra*, p. 444. Le *Traité de logique et de morale* renvoie expressément aux analyses de Le Senne dans le *Devoir* sur la question des conditions du progrès scientifique. Cf. *infra*, p. 698.

Cette admiration pour l'un des chefs de file du spiritualisme chrétien a évidemment de quoi surprendre. Pourtant, il y a fort à parier que Canguilhem voyait dans la thèse lesennienne d'une obligation à un devoir généralisé, une profonde connivence avec sa propre thèse de l'obligation au jugement, qu'il a du reste héritée d'Alain. Rappelons en effet que pour celui-ci, « La morale consiste à se savoir esprit et, à ce titre, obligé absolument car noblesse oblige » (*cf.* Alain, *Lettres à Sergio Solmi sur la philosophie de Kant*, Paris, Hartmann, 1946, p. 63). Le point de divergence entre les deux approches se situe en ce que pour Le Senne, le devoir s'enracine dans un absolu transcendant alors que chez Canguilhem – philosophe laïque promouvant une philosophie des valeurs qui ne doit rien à une ontologie – le devoir de juger ne repose sur rien d'autre que la pensée elle-même. L'influence des « pages invincibles » (*supra*, p. 179) du *Cours sur Dieu* de Lagneau est ici palpable; pour Lagneau en effet, « il est contradictoire que Dieu puisse exister » (cf. *Célèbres leçons*, *op. cit.*, p. 300; Alain, *Souvenirs concernant Jules Lagneau*, *op. cit.*, p. 739). On notera également qu'en 1939, Le Senne publia chez Alcan, en 1939, une version remaniée et augmentée de 128 pages de son *Introduction à la philosophie* parue en 1925.

> On a défini le philosophe comme « un professeur d'unité » (Le Senne). Tout le monde s'accordera là dessus faute de s'entendre [1].

Si le philosophe est « un professeur d'unité », alors l'examen philosophique consiste dans la hiérarchisation d'une multiplicité de valeurs plus ou moins antagonistes. Cette posture est particulièrement explicite lorsque Canguilhem et Planet abordent la question de la vérité. Pour les deux auteurs, la vérité est la valeur qui norme le processus scientifique [2]; mais ils ajoutent immédiatement :

> si de la sorte et sur le plan de la représentation la valeur de la science est la seule positive, étant la Vérité même, on n'en fera pas sans une confusion dangereuse la seule valeur possible, ni même la valeur définitivement et absolument dominante, ni même enfin peut-être une valeur *absolument* positive [3].

La vérité n'est pas la seule valeur à laquelle l'esprit puisse se consacrer. C'est pourquoi, dans le *Traité*, la vérité de la science est mise en confrontation avec d'autres valeurs possibles pour le jugement, comme les valeurs esthétiques et morales. Et la philosophie, entendue comme projet de totalisation, est précisément le lieu de cette confrontation. Ceci explique le rôle que les deux auteurs assignent à la notion de « synthèse », corrélative de celle de « jugement », que l'on retrouve à bien des étapes de leur argumentation. Sur ce point, la lecture attentive d'Octave Hamelin (1856-1907) a dû être déterminante, comme en témoigne par ailleurs l'insistance du *Traité* à parler de « fonctions de l'esprit » plutôt que de « catégories de la pensée ».

Le peu qui vient d'être dit suffit pour saisir que le *Traité de logique et de morale* est loin d'être un simple manuel élémentaire de philosophie qui suit le programme de Terminale d'alors; cela reviendrait effectivement à reléguer le *Traité* au rang de ce contre quoi ses auteurs l'ont précisément publié: à savoir « un recueil de renseignements et d'opinions disparates [ne donnant] qu'une idée lointaine de la réflexion philosophique ». Car, comme l'affirment Canguilhem et Planet dans *l'Avertissement* au lecteur :

> Si un enseignement philosophique a un sens éducatif, c'est pour autant, croyons-nous, qu'il peut donner le goût de cette unité [de l'esprit]. Encore faut-il qu'il en figure lui-même la possibilité, en quelque sorte « par l'exemple ». Nous avons voulu faire passer au premier plan dans cet ouvrage-ci le souci de cette figuration, ayant cru voir que c'est lui

1. « Activité technique et création », *supra*, p. 501. L'expression se situe à la page 384 du *Devoir*, où Le Senne écrit : « le métaphysicien est donc essentiellement un professeur d'unité ». Que la philosophie soit essentiellement un exercice d'unification par le jugement, un effort de l'esprit vers la totalité, c'est là une position philosophique pérenne de Canguilhem. Il l'énonce à nouveau en 1965, lors des deux entretiens télévisés sous l'égide du CNDP. *Cf.* « Philosophie et Science », dans *Revue de l'Enseignement philosophique*, vol. 15, n° 2, décembre 1964 – janvier 1965, p. 10-17; p. 15. Voir aussi la seconde émission, « Philosophie et Vérité », dans *Revue de l'Enseignement philosophique*, vol. 15, n° 4, avril 1965 – mai 1965, p. 11-21.

2. *TLM*, p. 643 *sq*.

3. *Ibid.*, p. 801.

> qui est le moins visible aux élèves, dans les ouvrages d'enseignements les plus répandus [1].

Que par sa systématicité, le *Traité* ne soit pas un manuel parmi tant d'autres, c'est ce qu'avait bien vu à l'époque le controversé Maurice Gaït [2], ancien collègue de Planet au lycée de Marseille. Ironie de l'Histoire, celui qui allait se compromettre avec la collaboration louait alors, sans aucune réserve, un ouvrage dont l'un des deux auteurs allait devenir un « véritable héros de la résistance » [3]. Voici ce que Gaït écrit en 1941, dans le compte-rendu élogieux qu'il fit du *Traité* pour *Les Études Philosophiques* :

> Comme les auteurs nous en avertissent dès l'abord, le caractère qui définit l'ouvrage est un vœu de systématisation. Il ne s'agit pas tellement de proposer aux élèves une documentation abondante que de leur présenter, en fait, ce que peut être une construction philosophique, où chaque élément n'existe qu'en fonction du tout… Trop souvent, en effet, les ouvrages didactiques, sous prétexte de fournir aux jeunes esprits matière à choix libre, nous avaient habitués à une accumulation redoutable de références et de détails, dont le flot risquait de submerger à jamais l'apprenti philosophe. Ici rien de pareil. Une solide unité soutient l'ensemble ; les idées directrices, déclarées sans ambiguïté, guident vers des conclusions nettes et même impératives. Le thème fondamental n'est-il pas qu'il n'est d'autre philosophie que normative [4] ?

La suite du compte-rendu émet un jugement de première importance. Selon Gaït,

> Le propos des auteurs étant d'instruire par l'exemple, il est naturel que l'allure de leurs analyses reflète le caractère dominant de leur philosophie, dont le terme de « rationalisme autoritaire » ne travestirait pas trop l'esprit, à condition de souligner avec quel soin se trouvent discriminés les principes d'appréciation, de jugement et de choix [5].

1. *TLM.*, p. 635.

2. Ancien élève de l'École normale supérieure (promotion 1929) et agrégé de philosophie, Maurice Gaït (1909-1983) débuta sa carrière en 1935 au lycée de Cahors. En octobre 1938, il est muté au lycée de Marseille, où il eut comme collègue Camille Planet. Ce qui explique sans doute son compte-rendu du *Traité de logique et de morale* pour les *Études philosophiques*, nouvelle formule du *Bulletin de la Société d'Études Philosophiques du Sud-Est* créé à Marseille en 1926 par Gaston Berger (1896-1960), un disciple de Le Senne. A partir de mai 1942, Gaït exerça les fonctions de chef de cabinet puis de directeur adjoint du cabinet d'Abel Bonnard (1883-1968), alors ministre de l'Education nationale et de la Jeunesse. En décembre 1943, Gaït tenta de prévenir la suspension de Planet, ainsi qu'en témoigne un télégramme adressé à Canguilhem (cf. *infra*). Nommé Commissaire général à la Jeunesse du Régime de Vichy le 1er janvier 1944, il est poursuivi à la Libération, mais obtient un non-lieu pour fait de résistance. Par la suite, il fondera et dirigera jusqu'à sa mort l'hebdomadaire d'extrême droite *Rivarol*.

3. R. Aron, *Mémoires*, Paris, Julliard, 1983, p. 57.

4. M. Gaït, « G. Canguilhem et C. Planet, professeurs de philosophie au Lycées de Toulouse et de Marseille. – *Traité de Logique et de Morale*. F. Robert et fils, imprimeurs, Marseille, 1939. 1 vol., 299 p. », dans *Les Études Philosophiques*, 15e année, n° 1-2, juin 1941, p. 41. Texte communiqué par Camille Limoges.

5. M. Gaït, *op. cit.*, p. 41.

Si la philosophie de Canguilhem et de Planet est un « rationalisme autoritaire », mais conditionné, cela tient en ce qu'ils refusent d'unifier l'ensemble de l'expérience selon une norme unique d'appréciation. Cela reviendrait effectivement à unifier « par mutilation »[1] pour reprendre une expression de Canguilhem. C'est pourquoi les valeurs cardinales du rationalisme sont, dans le *Traité*, renvoyées au jugement, faculté qui qualifie ou disqualifie ces valeurs en fonction de la finalité que l'esprit se propose. Autrement dit, si l'ouvrage se présente bel et bien sous une forme systématique, il n'en est pas pour autant dogmatique. A la différence du Cuvillier, le *Traité* de 1939 n'a rien d'un catalogage de doctrines abordant l'ensemble des questions philosophiques. Sa grande originalité réside manifestement dans la tentative faite par les deux auteurs de communiquer, à travers une synthèse critique des problèmes auxquels l'humanité est confrontée, une unité qui ne repose pas sur l'Être – celui-ci étant disloqué dans et par les sciences – mais sur l'activité toujours reconduite du jugement. C'est là l'enjeu de cette « philosophie axiologique », qui, pour reprendre les mots de Canguilhem et Planet, affirme « la primauté de la Valeur à l'égard de l'Être »[2]. Pour les deux collègues, la réflexion philosophique est avant tout une activité de mise en ordre et de hiérarchisation de valeurs :

> Celle-ci [la réflexion philosophique], comme on le voit chez les grands maîtres qui l'ont pratiquée, consiste dans la recherche et finalement dans le choix de quelques principes qui doivent permettre d'apprécier la valeur des renseignements, et de juger les opinions apparemment les plus divergentes ; le choix se justifie lui-même par la cohérence des jugements qu'il rend possible, et par l'unité qu'il assure ainsi à l'esprit[3].

La place du Traité *dans l'itinéraire philosophique de Canguilhem*

Quel peut-être aujourd'hui l'intérêt philosophique de lire un ouvrage originellement destiné à un public de lycéens ? Selon Canguilhem, le *Traité* coïnciderait avec l'amorce de thèses que le philosophe s'emploiera à défendre par la suite. Dans la lettre déjà citée à G. Sertoli du 26 octobre 1984, Canguilhem déclare :

> Il me serait facile de montrer dans le *Traité* le départ de certains itinéraires poursuivis, sans renoncement ni répudiation[4].

Hormis le fait que le *Traité* témoigne, dès 1939, d'une curiosité pour des thèmes qui occuperont le centre de la réflexion canguilhemienne – la vie, la technique, la science – un des principaux intérêts de l'ouvrage tient en ce qu'il explicite les principes depuis lesquels doit se déployer l'exercice philosophique pour Canguilhem. Nous avons effectivement affaire ici à l'une des très rares exceptions où le philosophe

1. « Activité technique et création », *supra*, p. 502.
2. *TLM*, *infra*, p. 793 ; n. a.
3. *Ibid.*, Avertissement.
4. Lettre de Canguilhem à Giuseppe Sertoli du 26 octobre 1984, Fonds Canguilhem, CAPHES.

déroge à la méthodologie qu'on lui connaît habituellement. A savoir qu'il expose directement, sans passer par d'immenses « détours stratégiques »[1] (l'histoire du concept de réflexe, de milieu, de régulation…), des positions philosophiques qu'on ne travestirait guère en affirmant qu'elles s'enracinent dans une philosophie du jugement.

Parce que le *Traité* s'efforce de suivre le programme des classes de philosophie de l'époque[2], il est par conséquent le seul ouvrage publié où Canguilhem discute de sujets de philosophie générale aussi divers que l'Histoire, le suicide, l'impérialisme, la signification des mathématiques, la guerre, la morale kantienne, l'induction, le travail, ou encore le scepticisme. Ce qui contraste avec les problématiques spécialisées auxquelles nous ont habitués les textes de maturité. Précisons toutefois que le respect du programme ne signifie pas une soumission à celui-ci. Comme l'écrira en 1952 l'Inspecteur général Canguilhem dans sa *Présentation* au premier volume de la collection *Textes et documents philosophiques*, ce qui importe du point de vue pédagogique, ce n'est pas de suivre le programme, mais de formuler des problèmes : « par là ne disparaîtra pas, derrière la philosophie en tant que programme, la philosophie en tant que problème. »[3]

Au moment où Canguilhem et Planet rédigèrent le *Traité de logique et de morale*, la dernière réforme du programme officiel des classes de philosophie date de la fin de l'année 1923[4]. La structure de l'ouvrage suit donc d'assez près les directives de celui-ci, du moins dans les parties que les auteurs se proposent d'examiner, à savoir la Logique et la Morale – s'agissant de la Psychologie, Canguilhem et Planet avaient initialement prévu de réserver à celle-ci un volume entier[5]. Quelques libertés ont toutefois été prises à l'égard du programme, comme par exemple l'examen, dans la section des sciences morales, de la scientificité de la psychologie. On notera qu'il faudra attendre 1942, et l'avènement de « L'État français », pour trouver une modification sensible des programmes de philosophie ; notamment dans la section « Morale », avec l'introduction de thématiques nationalistes comme « La patrie. Ses éléments matériels et spirituels ; les sentiments qu'elle inspire et les devoirs qu'elle impose ; l'esprit de sacrifice » ou encore « La profession. Le devoir et l'amour du travail ; la conscience professionnelle, l'esprit de solidarité et leur importance nationale »[6].

D'un point de vue général, le *Traité de logique et de morale* se présente donc comme un texte canguilhemien étonnamment direct, qui peut être envisagé comme

1. Cette expression est de J. Piquemal. *Cf.* « Georges Canguilhem, professeur de Terminale (1937-1938) », art. cit., p. 82.

2. Voir en annexe au *TLM*, *infra*, p. 627-630.

3. G. Canguilhem, *Besoins et tendances*, Paris, Hachette, 1952, p. IV.

4. Voir B. Poucet, *Enseigner la philosophie. Histoire d'une discipline 1860-1990*, Paris, Éditions du CNRS, 1999, p. 233-262 notamment.

5. Cf. *infra*, p. 622-623.

6. Voir B. Poucet, *Enseigner la philosophie*, *op. cit.*, p. 278.

une synthèse systématique des positions philosophiques élaborées par Canguilhem de 1921 à 1939. On notera cependant que le *Traité* marque une rupture par rapport aux textes de jeunesse. Et ce pour au moins deux raisons. La première tient à ce que l'influence d'Alain et de Lagneau, écrasante et explicite dans les textes des *Libres Propos*, se fait maintenant beaucoup plus discrète. Mais elle n'en a pas pour autant disparu. En témoigne l'engagement de Canguilhem et Planet pour une « philosophie axiologique »[1] qui vise à subordonner l'Être à la Valeur. Corrélativement, on notera que les dimensions cartésiennes et kantiennes de l'approche réflexive transparaissent tout au long du *Traité*, en particulier dans le recours constant au jugement. 1939 marque néanmoins l'entrée officielle de deux nouveaux philosophes au panthéon philosophique de Canguilhem, qui, en plus d'Alain et de Lagneau, était essentiellement composé jusque là de Descartes, de Kant et de Comte. Ces nouveaux venus sont Bergson, qui après une critique initiale non exempte de préjugés[2], est désormais présenté comme un « grand philosophe »[3], et Bachelard, salué à l'époque par Canguilhem pour sa « contribution à la psychanalyse de « *l'homo sapiens* » »[4]. Ensuite, le recours aux matériaux habituellement non-philosophiques pour étayer des thèses philosophiques est dans le *Traité* encore plus conséquent que dans les tout premiers textes de jeunesse. Les renvois à des scientifiques, hommes de lettres ou autres artistes écrasent en effet par le nombre – près de quatre fois supérieur – les philosophes auxquels les auteurs font référence. Preuve que le Canguilhem de 1939 était déjà sensible à l'obligation de la philosophie envers ce que *L'Essai* de 1943 allait regrouper sous l'expression « matières étrangères »[5].

1. *TLM*, p. 793, note a.

2. G. Canguilhem, « La Philosophie d'Hermann Keyserling », et le compte rendu déjà cité du livre de G. Politzer « *La Fin d'une parade philosophique. Le bergsonisme* » (cf. *supra*, p. 155-159 et p. 221-228). Dans un article de 1947, Canguilhem reconnaîtra explicitement le caractère pour le moins partial de sa première lecture de Bergson : « ce qui fait, selon nous, la valeur de la philosophie bergsonienne, pourvu toutefois qu'on la lise sans préjugé – ce qui, nous pouvons l'avouer, n'a pas toujours été notre cas – c'est d'avoir compris le rapport exact de l'organisme et du mécanisme… », dans « Note sur la situation faite en France à la philosophie biologique », *Revue de Métaphysique et de Morale*, vol. 52, n° 3-4, juillet – octobre 1947, p. 322-332, p. 332.

3. *TLM*, p. 661, note a.

4. G. Canguilhem, « P.-M. Schuhl, *Machinisme et philosophie*. Paris, 1938 », *supra*, p. 510. Concernant l'aspect bachelardien du *Traité*, signalons une annotation manuscrite de Canguilhem sur la thèse de de F. Conte-Cappelletti, déjà citée. A la note 2 de la page 110, Conte-Cappelletti écrit : « Il Traité infatti si muove in un quadro ancora pre-bachelardiano in cui è prevalente il richiamo a una tradizione filosofica alla Meyerson e alla Bergson » (En effet, le traité s'inscrit dans un cadre encore pré-bachelardien dans lequel prime la référence à la tradition philosophique de Meyerson et Bergson). Sur son exemplaire personnel de la thèse, conservé au CAPHES, Canguilhem a encerclé le « pre- » de « pre-bachelardiano », et inscrit en marge : « NON ». Référence communiquée par Camille Limoges.

5. *NP*, p. 7.

Le *Traité de logique et de morale* n'appartient assurément plus à la période de jeunesse. Il apparaît davantage comme un texte charnière dans l'itinéraire philosophique de Canguilhem, qui témoigne moins d'une doctrine définitivement stabilisée, que d'une philosophie du jugement s'orientant peu à peu vers une rencontre décisive – celle de la vie –, laquelle fournira à cette philosophie en devenir à la fois une assise et une occasion de déplacement.

CAMILLE PLANET (1892-1963)

Biographie

Camille Planet est manifestement le grand inconnu de la présente publication. Le *Traité de logique et de morale* mis à part, il n'a effectivement rien publié, si ce n'est un Discours de distribution des prix prononcé au lycée de Foix à la fin de l'année scolaire 1928-1929[1].

De douze ans l'aîné de Canguilhem, Planet était natif lui aussi de Castelnaudary; ses parents y tenaient un commerce de chaussures. Peintre de talent[2], un de ses autoportraits fut longtemps accroché au mur du bureau de Canguilhem. A noter également qu'un portrait de Canguilhem par Planet est aujourd'hui conservé dans la propriété familiale de Mazalibrand (Haute Loire). Il jouait fort bien du piano, et il lui arrivait de composer régulièrement de la musique, ainsi qu'en témoignent les versos de certains manuscrits, tapissés de partitions. D'après les papiers de Planet conservés au CAPHES, il est très probable que les considérations d'ordre esthétique ont joué pour beaucoup dans son positionnement philosophique.

Planet obtint sa licence de philosophie à l'Université de Toulouse. Mobilisé en 1914, il passa la plus grande partie de la guerre en captivité en Allemagne. A son retour en France, il prépara l'agrégation. Il fut reçu en 1920, parmi le « classement spécial » réservé aux prisonniers et anciens combattants – dont faisait aussi partie le philosophe Étienne Souriau (1892-1979). L'agrégation en poche, Planet commença sa carrière dans le secondaire au lycée de Rochefort (Charente-Maritime); il y eut notamment comme élève Jean Hyppolite, ainsi que le rappelle Canguilhem en 1968, dans l'hommage rendu à son ami philosophe récemment disparu[3]. Planet fut ensuite

1. Vraisemblablement publié dans une revue locale, une copie de ce discours figure dans les papiers de Planet déposés au CAPHES.

2. Un numéro de 1923 de la *Revue du Bas-Poitou et des Province de l'Ouest* rapporte qu'un certain « Camille Planet croque avec beaucoup d'aisance des attitudes typiques de nos villageois ». Il est fort probable qu'il s'agisse effectivement de l'auteur du *Traité*.

3. G. Canguilhem, « Hommage à Jean Hyppolite (1907-1968) », *Revue internationale de philosophie*, n° 90, 1969, p. 548-550. Evoquant le parcours du philosophe, Canguilhem écrit : « Élève, en classe de philosophie, au Lycée de Rochefort-sur-Mer, Jean Hyppolite manifestait pour la philosophie de Bergson un enthousiasme que son maître, Camille Planet, ne partageait pas

nommé professeur aux lycées de Foix, de Marseille et de Montauban à défaut d'obtenir son affectation à Toulouse. Pour l'anecdote, on notera que Planet fut un proche de la poétesse surréaliste et féministe Thérèse Plantier (1911-1990), laquelle lui rendra hommage à trois reprises. Elle lui dédiera un recueil[1], ainsi qu'un poème hermétique sobrement intitulé *Camille Planet*[2]. Enfin, dans *Le discours du mâle* publié en 1979, Thérèse Plantier confie :

> Un des rares hommes que j'aie connu qui ne fut pas un maquereau, il s'agit de Camille Planet, qui riait aux éclats du « beau langage » employé par l'École, s'est pourtant senti lui aussi obligé d'utiliser ce beau langage lorsqu'il écrivit, naviguant de conserve avec son ami Canguilhem, un *Traité de logique et de morale* que de temps en temps je rouvre pieusement. Certes il y a tenté d'éviter l'érudition, d'éviter également ce qu'aujourd'hui on nommerait la transparence, mais il a cédé à l'orientation scientiste de son époque qui prétendait mettre de l'ordre dans les champs de pensée ravagée par les orages de l'anti-rationnel[3].

Que sait-on de l'enseignement de Planet? D'une part, et de manière générale, Planet incitait ouvertement ses élèves à « défendre un idéal de générosité et de justice dans une société d'où seraient bannies toute oppression et toute exploitation de l'homme »[4]. D'autre part, une note individuelle rédigée en 1942 par le proviseur du lycée Ingres de Montauban dresse un portrait assez élogieux du professeur de philosophie :

> M. Planet est soucieux de faire raisonner, de faire réfuter et non de faire conquérir; les explications sont menées avec animation. C'est un professeur bien doué pour l'enseignement qui a la parole facile, pas toujours élégante il est vrai, et qui intéresse vivement ses élèves par la diversité de ses exemples et à la recherche desquels toute la classe collabore naturellement, que sa tenue quelquefois négligée, que son attitude d'où se dégage un esprit d'indépendance n'ont aucune conséquence fâcheuse sur sa discipline qui est parfaitement assise. Les élèves font de sérieux progrès ! Il expose avec clarté et même avec assez de finesse de pensée. On travaille dans sa classe : les élèves sont entrainés à manipuler les idées[5].

alors ». A notre connaissance, il s'agit de l'une des deux seules évocations explicites de Planet dans tout le corpus canguilhemien.

1. T. Plantier, *Mémoires inférieures*, Paris, La Corde, 1966.

2. T. Plantier, *La loi du silence. Omerta*, Paris, Éditions Saint-Germain-des-Prés, 1975, p. 115-116.

3. T. Plantier, *Le discours du mâle. Logos spermaticos*, Paris, Éditions Anthropos, 1979, p. 265.

4. Cité par l'historien montalbanais Jacques Latu dans son article « Deux destins de jeunes lycéens militant », *La dépêche du midi*, 11 février 1999.

5. Note citée dans J. Latu, *La Résistance au lycée Ingres de Montauban 1940-1944*, publication du Comité Départemental de l'Association Nationale des Anciens Combattants de la Résistance, Montauban, 2009, p. 123.

A la différence du jeune Canguilhem, Planet n'était pas un pacifiste convaincu. Son passé d'ancien poilu l'avait toutefois bien gardé d'un certain amour de l'autorité. Aussi, dès la rentrée 1940, Planet ne cachait pas son hostilité pour le nouveau régime. Un de ses anciens élèves du lycée de Montauban, Bernard Piquemal, rapporte à ce sujet une anecdote significative :

> Souvent il était le dernier à rentrer en classe, suivant ses élèves. Il fermait la porte, montait à sa chaire, retournait le portrait de Pétain qui pendait au mur derrière lui et, souriant, il disait « Maintenant nous pouvons commencer »[1].

Cette défiance à l'égard du régime en place attira naturellement l'attention de Vichy. Dans une note du 14 décembre 1943, le préfet du Tarn-et-Garonne demanda au Secrétaire d'état à l'Education nationale de relever Planet de ses fonctions, et de l'écarter du lycée de Montauban avant la rentrée de janvier 1944 :

> Très intelligent, paraît avoir une grosse influence sur ses élèves… Mentalité déplorable concernant les questions touchant à la religion. (…) Ce singulier professeur manque également de respect le plus élémentaire du régime de Vichy et de ses chefs. En outre, il a été constaté à l'occasion d'un incident que, loin de s'efforcer de calmer les antagonismes qui règnent entre les élèves sur les questions politiques à l'heure présente, il entretient et stimule, mène les controverses[2].

On avait en effet rapporté au préfet l'affaire suivante :

> un élève de la classe de philosophie qui se distinguait tout à la fois par son excellente tenue et son travail et par son dévouement à la personne du chef de l'État, a été gravement molesté par ses camarades. L'enquête établit que la bagarre a été provoquée par le professeur lui-même qui avait dénoncé ce jeune homme aux représailles de ses camarades. Ce professeur reprochait à cet élève d'être l'auteur d'une dénonciation au proviseur sur ces pratiques des cours de philosophie… Mais il est reconnu que ses élèves ont obtenu de brillants résultats au baccalauréat et l'un d'eux a remporté le deuxième accessit au concours général de philosophie. Son éloignement du lycée est tout de même réclamé[3].

Instruit des menaces pesant sur son ancien collègue au lycée de Marseille, Maurice Gaït, alors chef de cabinet du ministre de l'Education nationale et de la Jeunesse, informait fin 1943 Canguilhem de la situation inquiétante de son ami :

1. *Ibid.*
2. Note citée dans *La Résistance au lycée Ingres de Montauban 1940-1944*, *op. cit.*, p. 124.
3. *Ibid.*, complété par l'article « Deux destins de jeunes lycéens militant », *op. cit.*

> Situation Planet Montauban devenue impossible Prière le prévenir officieusement choisir congés convenances personnelles jusque 30 septembre ou déplacement Nîmes par exemple Décision Urgente [1].

Poursuivi début 1946 pour indignité nationale, Gaït demanda à Canguilhem de rédiger une attestation témoignant de la sollicitude dont il avait fait preuve fin 1943, lors de « l'affaire Planet »[2]. Dans sa réponse du 3 avril 1946, Canguilhem témoigne avoir effectivement rencontré Gaït par deux fois à Vichy, en décembre 1943 et en janvier 1944, au Ministère de l'Education nationale. A propos de la rencontre de janvier, Canguilhem déclare :

> ma visite avait pour objet d'obtenir des précisions sur le cas de mon collègue et ami Planet, professeur au lycée de Montauban, autrefois collègue de M. Gaït au lycée de Marseille. La semaine précédant le 25 décembre 1943, j'avais reçu à la Faculté des Lettres de Clermont un télégramme officiel où M. Gaït me signalait brièvement les menaces administratives pesant sur M. Planet et me pressait de l'informer qu'il avait encore le choix entre la suspension [mots biffés : mise à la retraite] et le déplacement. Il s'agissait d'une demande de suspension administrative émanant du Préfet du Tarn et Garonne. En fait, la décision de suspension fut prise les premiers jours de janvier à l'encontre de M. Planet[3].

Dans *L'information universitaire* du 15 janvier 1944 – bulletin officiel publié par le Ministère de l'Education nationale – on peut lire : « 30 déc. : M. Planet, prof. Montauban, relevé. »[4]. Victime de cette procédure fréquemment utilisée sous Vichy, Planet retourna à Castelnaudary pour y résider jusqu'à la fin de ses jours

Selon Bernard Canguilhem, le jeune Georges Canguilhem avait fait la connaissance de Planet vers 1927, tout juste après avoir été reçu à l'agrégation[5]. Toutes leurs vies durant les deux hommes sont restés extrêmement proches. Dans une lettre datée du 1er octobre 1962 conservée au CAPHES, Planet déclare peu de temps avant sa mort confier ses « manuscrits à G. Canguilhem pour tel usage qu'il en voudra faire ». Ces « manuscrits » et autres documents de Planet constituent aujourd'hui une partie du fonds Canguilhem.

1. Télégramme en provenance de Vichy : « Ministre Education nationale à Canguilhem, Professeur Faculté des Lettres Université Strasbourg Clermont FD », Fonds Canguilhem, CAPHES.

2. Lettre de Maurice Gaït à Georges Canguilhem du 31 mars 1946, Fonds Canguilhem, CAPHES.

3. Attestation de Georges Canguilhem relative à Maurice Gaït du 3 avril 1946, Fonds CAPHES. Document signalé à nous par Camille Limoges.

4. *L'Information universitaire*, 15 janvier 1944, p. 1.

5. Entretien réalisé à Strasbourg en février 2007.

Les thèses

D'après les documents disponibles au CAPHES, il ne fait aucun doute qu'en 1937, Planet comptait présenter une thèse de doctorat. Cependant, l'accueil hostile que les rapporteurs André Lalande (1867-1963) et Charles Blondel (1876-1939) réservèrent à une thèse apportée en Sorbonne sans que son auteur en ait au préalable préparé « l'acceptation » [1], a certainement conduit Planet à renoncer définitivement à la fois au titre de docteur, et à une éventuelle publication.

La « grande thèse » devait s'intituler *Valeur et Réalité. Essai d'une axiologie de la connaissance.* Comme l'indique Planet dans le long avant-propos,

> cet essai propose une interprétation axiologique de l'expérience, c'est-à-dire telle que les faits ou assertions interprétées s'y comprennent toujours comme de certaines appréciations, estimations, enfin comme valeurs.

Mais le verdict du rapporteur Lalande fut sans appel à l'égard d'une thèse peu orthodoxe. Dans une lettre à Le Senne, Planet relate en ces termes le jugement extrêmement sévère de Lalande à l'égard de *Valeur et Réalité* :

> En substance ces griefs sont: que mon ouvrage est un « torrent d'abstractions et d'allusions » ; qu'il ne contient rien « de démonstratif ni même d'assimilable » ; que la pensée y est « insaisissable » ou douteuse ; le chapitre III « un peu plus accessible » est très loin « de la fermeté et de l'intelligibilité » que « devrait avoir une thèse ». Le rapporteur attribue ces défauts 1) à un « faux idéal de style philosophique » 2) à un vocabulaire arbitraire et sans propriété et cite en exemple les mots : prétexte, avatar, collusion, pallier, etc. (De là le conseil qu'il donne, s'adressant à moi, « d'écrire comme Descartes » *i.e.* « comme les honnêtes gens » de l'époque) … M. Lalande a cependant, me dit-il, indiqué dans son rapport qu'il verrait sans regret un autre lecteur contrôler son jugement, et que l'ouvrage pourrait être représenté après avoir été « réécrit d'un bout à l'autre » [2].

Le rapport du psychologue Charles Blondel concernant *Valeur des sens*, la « petite thèse », ne fut guère meilleur que celui de Lalande à l'égard de *Valeur et Réalité* :

1. Revenant sur les difficultés rencontrées par Planet avec l'institution, René Le Senne écrit à celui-ci dans une lettre du 26 octobre 1937 : « Rien n'est plus dangereux que d'apporter une thèse en Sorbonne sans en avoir préparé l'acceptation. Rien à dire là contre. Le social, c'est le pur "C'est ainsi !". C'est pourquoi d'ailleurs, je ne l'aime guère. Mais si l'on veut passer une thèse il faut bien s'y soumettre, comme on se soumet aux lois de la circulation dans la rue, qu'elle soient raisonnables ou sottes ». Ce à quoi Planet répond trois jours plus tard : « "Préparer l'acceptation d'une thèse en Sorbonne", je sais bien que c'est la coutume, ce n'est pas toutefois "le règlement" ». Lettre de Planet à Le Senne du 29 octobre 1937, Fonds Canguilhem, CAPHES.

2. Lettre de Planet à Le Senne du 7 octobre 1937, Fonds Canguilhem, CAPHES. Dans cette même lettre, Planet évoque une correspondance avec Lalande où ce dernier avouait avoir lu son texte par dévouement, plusieurs de ses collègues ayant refusé de s'en charger.

comme en témoigne une lettre de Blondel à Planet, les écrits de Planet furent là encore qualifié d'obscurs et de confus [1].

Les thèses de Planet semblent être le fruit d'un travail extrêmement solitaire, qu'il est très difficile de rattacher à une école de pensée particulière, sinon à la très générale philosophie des valeurs – lieu commun de la pensée de l'époque – teintée semble-t-il d'une pointe de marxisme[2]. Le style, passablement abstrait, est assez déroutant, et obstrue malheureusement l'accès à la pensée pourtant solide et originale de l'auteur. Il n'y a manifestement rien d'académique dans les travaux de Planet.

Le non-conformisme philosophique de Planet transparaît notamment dans son usage restreint des références, une quinzaine tout au plus pour sa thèse *Valeur et Réalité*, lesquelles témoignent de la dimension internationale de l'activité philosophique des années 1930. Parmi celles-ci, citons : *Die philosophischen Grundlagen von Wahrheit, Wirklichkeit und Wert* (1932) du philosophe Alfred Stern, *Die Philosophie des Als-Ob* (1911) du kantien Hans Vaihinger, la *General Theory of Value* (1926) du néoréaliste américain Ralph Perry, ou encore, pour les français, *Obstacle et valeur* (1934) de Le Senne et *Psychologie et métaphysique* (1885) de Lachelier. Certes, Stern, Vaihinger et Perry n'étaient pas de parfaits inconnus pour le public français de l'époque; reste que Lalande ne manqua pas d'épingler l'option bibliographique retenue pour *Valeur et Réalité*. Ayant anticipé ce genre de critiques, Planet se justifie de la manière suivante :

> Parmi les systèmes proprement axiologiques et même parmi les recherches moins ambitieuses consacrées à l'idée de Valeur prise comme objet « spécial » d'étude, la plupart et les plus poussées sont nées à l'étranger et demeurées assez peu connues en France. En Allemagne et dans les pays de langue anglaise principalement, ces systèmes et des recherches (que nous sommes personnellement loin de bien connaître) sont rapidement devenues assez nombreuses… Expressément et généralement, des thèmes « axiologiques » de discussion n'ont guère été reçus et diffusés en France; et, en ce qui nous concerne, ce n'est point la fréquentation de la littérature axiologique étrangère qui nous a conduit à concevoir d'abord le dessein de cet ouvrage-ci… Les thèses mêmes où nous aurions trouvé les plus nombreux appuis étant peu répandues en France, leur discussion eut beaucoup plus obscurci qu'éclairé notre propre exposition [3].

Il est certain que Canguilhem a lu les écrits de Planet. Ainsi trouve-t-on entre les pages 9 et 10 de *Valeur et Réalité* une courte note manuscrite de Canguilhem, regroupant quelques indications bibliographiques sur le positivisme. Il s'agit vraisemblablement d'une note à l'attention de Planet, laquelle ferait suite aux remarques de

1. Lettre de Blondel à Planet du 6 novembre 1937, Fonds Canguilhem, CAPHES.

2. Dans une lettre à Canguilhem non datée, mais vraisemblablement écrite début octobre 1937, Planet résume en ces termes l'appréciation portée par Le Senne sur son « gros essai » : « En substance, tout ce qui dans mon ouvrage est lesennien est bon; le reste est trop marxiste ». Lettre de Planet à Canguilhem, non datée, Fonds Canguilhem, CAPHES.

3. C. Planet, *Valeur et réalité*, p. 11.

Lalande ; ce dernier reprochait en effet à Planet « d'avoir écarté systématiquement tout ce qui a été écrit sur la conception » qu'il soutient, « parti pris bien singulier et propre à diminuer l'intérêt de l'ouvrage »[1].

D'autre part, on sait que c'est sur les conseils de Canguilhem que Planet envoya ses « gros cahiers » à René Le Senne – alors professeur au lycée Victor Duruy à Paris – après avoir essuyé les sévères critiques de Lalande et de Blondel. Dans une réponse à Planet, Le Senne avoue effectivement avoir lu le « cahier » de Planet « par amitié »[2] pour Canguilhem. Cette recommandation de Planet auprès de Le Senne donne un indice de la manière dont Canguilhem envisageait la philosophie de son ami. Il est effectivement fort probable qu'il ait vu dans la tentative d'« interprétation axiologique de l'expérience »[3] de Planet, une profonde connivence avec la philosophie des valeurs de Le Senne, dont « l'incontestable originalité » tenait à l'époque pour Canguilhem en ce qu'elle « transpose en termes de valeur toutes les notions que la critique de la connaissance nous a trop habitués à considérer comme des nécessités logiques »[4]. La proximité philosophique de Planet à Le Senne est confirmée par l'appréciation que celui-ci portait sur les travaux de celui-là. Dans une lettre à Planet du 2 octobre 1937, Le Senne écrit : « Mon assentiment est acquis à presque toutes vos thèses »[5]. Au point, qu'il proposa à Planet de l'aider à trouver une maison d'édition. Cette offre fut vraisemblablement déclinée par Planet faute d'argent[6].

Une composition à quatre mains

Canguilhem et Planet : des transferts thématiques ?

Reste bien entendu à déterminer si ces écrits de Planet eurent une influence directe sur la pensée de Canguilhem. Nous disposons sur ce point d'un témoignage essentiel. Revenant sur l'ensemble de son parcours à l'occasion de la réception de la Médaille d'or que lui remit le CNRS en 1987, Canguilhem déclare :

> Je ne puis omettre de dire que l'homme, encore inconnu de moi et à qui j'allais tant devoir par la suite, Gaston Bachelard, par le rôle qu'en 1938, déjà, il assignait aux « obstacles épistémologiques » dans la formation de l'esprit scientifique, me semblait une caution de mon intérêt pour les valeurs négatives dans l'étude des valeurs d'un pouvoir. Mon

1. Lettre de Planet à Le Senne du 7 octobre 1937, Fonds Canguilhem, CAPHES.
2. Lettre de Le Senne à Planet du 26 octobre 1937, Fonds Canguilhem, CAPHES.
3. C. Planet, *Valeur et réalité*, Avant-propos.
4. G. Canguilhem, « R. Le Senne. *Le Devoir* (1 vol., 602 p., Alcan, 1930) », *op. cit.*, p. 442.
5. *Ibid.*
6. Lettre de Planet à Le Senne du 2 octobre 1937, Fonds Canguilhem, CAPHES.

> collègue et ami Camille Planet, philosophe, musicien et peintre, m'avait entraîné sur cette voie alors peu fréquentée dans la France des philosophes [1].

La tentative de Planet d'envisager la réalité, dans son intégralité, comme un complexe de valeurs antagonistes n'aurait donc pas laissé Canguilhem indifférent. Il est évident que certaines positions avancées dans *Valeur et Réalité* avaient de quoi satisfaire aussi bien son héritage réflexif, que son intérêt pour la *Wertphilosophie* allemande[2] à laquelle Planet l'aurait peut-être initié. De manière factuelle, remarquons qu'une grande partie de *Valeur et réalité* s'interroge sur la portée de la notion de « norme », et de son intrication avec celle de « valeur », thème brièvement abordé dans le mémoire de 1926 sur Auguste Comte[3], et qui se retrouvera au cœur de la philosophie de maturité de Canguilhem. Un certain § 2 s'intitule ainsi « Valeur et Norme », la section IV porte explicitement sur la question de la normalité, notamment son § 3 « De la Normalité génératrice du disparate des Valeurs », dans lequel Planet développe une critique du jugement au sens kantien dont la notion de norme constitue le cœur. Notons pour terminer que le § 2 de la section II, intitulé « le jugement méthodique », est une longue réflexion de Planet sur le concept de « santé », qu'un autre paragraphe porte sur la relation « Ordre et norme », et enfin que la section III est en partie consacrée à la notion d'erreur, et plus généralement « au rôle positif des valeurs négatives ». Autre exemple de la communauté de pensée entre Planet et Canguilhem à l'époque, une quantité conséquente de notes de Planet témoigne de l'intérêt que celui-ci portait à la technique.

Le Traité de Psychologie

Les documents relatifs à *Valeur et réalité* et à *Valeur des sens* (« grande » et « petite » thèses) semblent constituer la majeure partie des papiers que Planet légua à Canguilhem. Les autres documents s'apparentent davantage à des notes dactylographiées que Planet devait utiliser pour ses cours.

Néanmoins, dans une chemise intitulée de la main même de Canguilhem « *Planet Canguilhem Traité de psychologie* », se trouve un gros document de 203 feuillets dactylographiés – complété par une vingtaine de notes manuscrites préparatoires de Canguilhem et de Planet – qui n'est autre que la suite annoncée, mais jamais parue

1. Canguilhem, « Discours de réception de la médaille d'or du CNRS », 1987, Fonds Canguilhem, CAPHES. Ce texte nous a été communiqué par Camille Limoges.

2. Dans *L'Essai* de 1943, Canguilhem recourt à la *Wertphilosophie* du néo-kantien Robert Reininger (1869-1955) pour appuyer ses thèses sur la normativité du vivant par rapport à son milieu. Cf. *NP*, p. 117.

3. G. Canguilhem, « La Théorie de l'ordre et du progrès chez Auguste Comte », Mémoire dirigé par Célestin Bouglé pour le Diplôme d'études supérieures, Sorbonne, 1926, Fonds Canguilhem, CAPHES.

compte tenu de l'entrée en guerre, du *Traité de logique et de morale*[1]. La preuve en est que le lecteur de ce *Traité de psychologie* est fréquemment renvoyé en notes de bas de page à un « cf. Logique », suivi de numéros de chapitres et de pages, qui correspondent exactement à la pagination du *Traité de logique* de 1939.

Il s'agit-là d'un travail extrêmement avancé, voire définitif. L'esprit de ce *Traité de psychologie* est similaire à celui du *Traité de logique*, a ceci près que l'approche « réflexive » y est nettement accentuée – la matière étudiée s'y prêtant en effet davantage. On peut ainsi lire dans un manuscrit préparatoire de Planet qui constituera la page 15 du document dactylographié définitif :

> « il n'y a de science que de l'objet, il n'y a de psychologie que du sujet ». La science est elle-même le résultat de l'effort du sujet pour connaître l'objet. En ce sens, c'est à la psychologie de comprendre la science, c'est-à-dire d'en définir les moyens et la valeur. Ce n'est pas à la science de comprendre la psychologie comme un tout comprend une de ses parties. La méthode de la psychologie doit être non pas calquée sur la méthode d'aucune autre science ou obtenue par amalgame de plusieurs autres méthodes scientifiques. Elle doit avoir une originalité adéquate à l'originalité de son objet. Quelle sera cette méthode ? [...] une psychologie réflexive.

La science est le produit d'un choix qui lui échappe. Et pour Planet, seule une psychologie réflexive est en mesure de mettre au jour les conditions de ce choix. C'est pourquoi il n'y a selon lui « de science que de l'objet », « de psychologie que du sujet » – celle-là présupposant celle-ci. Lorsqu'une vingtaine d'années plus tard, Canguilhem se présentera devant le Collège philosophique pour y poser sa célèbre question « Qu'est-ce que la psychologie ? »[2], c'est depuis une posture épistémologique sensiblement identique à celle adoptée dans ce *Traité de psychologie* – mais aussi dans le chapitre intitulé « Les Sciences Morales » du présent *Traité de logique et de morale* – qu'il ruinera toute prétention de la psychologie à la scientificité.

1. Un troisième volume, portant sur l'esthétique, était lui aussi annoncé en 1939 à la deuxième page du *Traité de logique et de morale*. Comme le *Traité de psychologie*, il ne vit jamais le jour. Compte tenu du vif intérêt que Planet portait à la peinture et la musique, il est fort probable que celui-ci aurait dû diriger une bonne partie de l'ouvrage. Ce que laisse d'ailleurs penser un ensemble de notes manuscrites de Planet aux titres évocateurs : « Esthétique générale », « Artifice et Nature », « Création », « Art et Nature », « Synthèses dans la technique plastique », « Du Simple », « Sur l'esthétique des passions », « Sur l'Académisme », « Sur la nécessité formelle des Arts », « La Nature de l'Art dans le Classique et dans l'Académique », « Esthétique picturale » ou encore « Analyse esthétique (peinture) ». Il y a fort à parier qu'il s'agit-là des notes préparatoires au *Traité d'esthétique*.

2. G. Canguilhem, « Qu'est-ce que la psychologie ? », Conférence prononcée le 18 décembre 1958 au Collège philosophique à Paris, et parue dans *Revue de Métaphysique et de Morale*, vol. 63, n°1, janvier – mars, 1958, p. 12-25. Repris dans *EHPS*, p. 365-381.

Comment Canguilhem et Planet travaillaient-ils ensemble ?

Si l'on en croit Canguilhem, établir le départ entre ce qui relève de Planet et de lui-même dans la rédaction du *Traité de logique et de morale* ne pose guère problème. Dans la lettre à Sertoli du 26 octobre 1984, déjà citée, il déclare :

> Planet a rédigé les leçons de philosophie des sciences. J'ai rédigé les leçons de morale. De là vient que quelques-unes des citations que vous m'attribuez ne sont pas de moi.

Quand on sait l'importance que Canguilhem accorda toute sa vie durant à la philosophie des valeurs, cette revendication de paternité n'est pas surprenante. Il concevait expressément la philosophie comme une tentative de hiérarchisation d'une pluralité de valeurs et de normes, dont la finalité n'était autre que morale. Aussi est-ce à juste titre que certains commentateurs ont vu, dans le recours à l'histoire du concept de milieu, un « détour stratégique » du Canguilhem de maturité pour étayer sur des raisons scientifiques, un combat éthique contre le déterminisme et le fatalisme [1].

Cela étant dit, il faut néanmoins relativiser cette déclaration rétrospective de paternité. Comment ne pas voir en effet, dans l'examen de l'erreur qui inaugure la partie « Logique » du *Traité*, ou dans l'analyse des rapports normatifs entre science et technique développée dans cette même partie, des thèmes qui sont au cœur des réflexions[2] de Canguilhem en 1937-1938 ? Des notes manucrites de Canguilhem rédigées à Toulouse confirment cette hypothèse : elles recoupent effectivement mot pour mot les pages du *Traité* où sont examinés les conflits entre la science et les autres fonctions de l'esprit[3]. Preuve que Planet n'est pas l'unique rédacteur des « leçons de philosophie des sciences ». Qu'en est-il des « leçons de morale » ? Des notes manuscrites de Canguilhem intitulées « Morale » retrouvées parmi les papiers de Planet – et tirées selon toute vraisemblance de ses cours dispensés en lycée[4] – recoupent les chapitres I, II, III, VI et VII de la partie « Morale » du *Traité de logique et de morale.* Si l'on compare ces notes manuscrites avec l'ouvrage tel qu'il a été publié en 1939, seuls les chapitres VI et VII n'ont pas fait l'objet d'un profond remaniement (« Devoir et Droit » ; « Justice et Charité »). De là l'hypothèse suivante : Canguilhem devait communiquer au fur et à mesure ses notes manuscrites à Planet, afin que celui-ci les complète ; ainsi pensons-nous que les modifications apportées aux manuscrits des chapitres I, II, III de la partie « Morale » du *Traité de logique* sont à mettre au compte de Planet.

1. Voir notamment J.-F. Braunstein, « Psychologie et milieu. Éthique et histoire des sciences chez Georges Canguilhem », dans J.-F. Braunstein, *Canguilhem. Histoire des sciences et politique du vivant*, Paris, P.U.F., 2007, p. 63-89 ; notamment p. 80-81.

2. Cf. *supra*, « Descartes et la Technique » ou encore « Activité technique et création ».

3. Cf. *TLM*, p. 679 *sq*.

4. Retrouvées parmi les papiers de Planet, ces notes manuscrites de Canguilhem recoupent effectivement les notes prises par M. Laleure au cours de Morale dispensé par Canguilhem au lycée d'Albi durant l'année scolaire 1930-1931.

L'inverse fut très certainement le cas, Canguilhem complétant les paragraphes de Planet. On trouve par exemple dans les papiers de Planet un groupe de notes dactylographiées aux titres évocateurs. Parmi celles-ci, citons : « Introduction : philosophie et psychologie », « Psychologie de l'affectivité », « L'attention et les formes, l'intérêt », et surtout « Chapitre IV : Valeurs pragmatiques et réactions primordiales », « Chapitre V : L'affectivité », « VI : Les tendances ». Il est fort probable que ces textes constituent une première ébauche du *Traité de psychologie*, mais par le seul Planet. Or, la comparaison de ceux-ci avec la version définitive, mais jamais parue, du *Traité de psychologie*, laisse apparaître que Canguilhem a synthétisé pour beaucoup le travail de Planet, en le reformulant sur nombre de points[1]. Loin de se répartir la rédaction du livre par parties, il semble donc que les deux amis aient procédé paragraphe par paragraphe. Autrement dit, le *Traité de logique et de morale* – comme le *Traité de psychologie* – sont des ouvrages dont l'écriture est bien davantage intégrée que ne le laisse entendre Canguilhem en 1984. Si, du point de vue de la *forme*, le *Traité* est sans doute une œuvre du seul Canguilhem, il n'est reste pas moins que le fond est assurément le fruit d'une coopération très étroite entre les deux collègues.

Nous arrêtons ici notre présentation d'ensemble du *Traité de logique et de morale*, espérant avoir fourni au lecteur les informations suffisantes pour qu'il puisse replacer l'ouvrage dans l'itinéraire encore largement méconnu de Canguilhem. Nous ne sommes pas entrés dans le détail du texte, cherchant ainsi à éviter toute forme de commentaire. Disciple d'Alain, Canguilhem avait peu de respect pour le commentaire ; cela revenait selon lui à « attendre des autres, permission de penser »[2]. C'était la fréquentation directe des grands textes qu'il recherchait, ou mieux, leur rencontre aux détours de quelques « matières étrangères » à la philosophie.

1. Pour ne prendre qu'un exemple, Planet écrit dans le paragraphe « Prestige et Discrédit de la Philosophie » tiré du *Traité de psychologie* : « pour des hommes d'affaires, des administrateurs, des politiques, pour des « praticiens » de toute sorte, agir est à bien des égards comme le contraire de méditer, et le seul fait de voir dans le philosophe un homme d'étude signifie à leurs yeux que cet homme doit spéculer « dans l'abstrait », sans souci de l'expérience et de la vie « réelle » ». Sans changer réellement le fond de cette phrase, Canguilhem reformule les choses de la manière suivante dans le document « définitif » : « Tant aux yeux des hommes d'affaire, administrateurs, politiques, etc. qu'à ceux aussi des savants et des artistes, une doctrine philosophique est simultanément quelque chose de prestigieux et de vain ». Si Canguilhem a donc probablement retravaillé le style de son ami, il n'est néanmoins jamais revenu sur le fond du travail de Planet : les principes philosophiques qui sous-tendent les versions « Planet seul » et « Canguilhem-Planet » sont identiques. Cependant, la version « définitive » du *Traité de psychologie* s'apparente davantage, ne serait-ce que dans la forme, à une œuvre du seul Canguilhem ; le tapuscrit est en effet très souvent complété de notes manuscrites de Canguilhem, mais jamais de Planet.

2. G. Canguilhem, « Le Sourire de Platon », *supra*, p. 230.

A l'occasion de la publication posthume du livre de Cavaillès *Sur la Logique et la théorie de la science*[1], Canguilhem avait lui-même co-rédigé un « Avertissement des éditeurs ». La grande sobriété de celui-ci traduit la volonté de laisser au lecteur la liberté de se débattre seul avec un grand texte de philosophie. « Tout homme veut être sujet de ses normes »[2], écrivait Canguilhem en 1947 ; c'est pourquoi nous avons tenté d'éviter – autant que faire se peut – tout discours normatif, de manière à ce que chacun puisse suivre, selon ses propres normes, sa propre « allure de vie », le cours d'un texte difficile mais d'une grande richesse[3].

1. G. Canguilhem, C. Ehresmann, « Avertissement des éditeurs », dans J. Cavaillès, *Sur la logique et la théorie de la science*, Paris, P.U.F., 1947, p. III-VIII.

2. G. Canguilhem, « Milieu et normes de l'homme au travail », *Cahiers internationaux de Sociologie*, 2e année, vol. 3, 1947, p. 120-136, p. 135.

3. Pour sa générosité inépuisable, nous remercions Camille Limoges sans qui cette présentation paraîtrait bien incomplète. Qu'il nous soit également permis de remercier Marc Thibaud qui nous a donné à lire le *Traité*, Bernard Canguilhem, Mathieu Marion, Charles Mazières, David Denéchaud et Nathalie Queyroux. Enfin, nous exprimons toute notre dette envers Yves Schwartz, à qui nous devons la rencontre de la pensée de G. Canguilhem et de la réflexion philosophique plus encore.

ANNEXE

Nous reproduisons le programme obligatoire de 1923, tel qu'il figure dans l'ouvrage de B. Poucet, *Enseigner la philosophie*, aux pages 377-378. Nous avons toutefois jugé utile de compléter celui-ci par les sections *Philosophie générale* (auparavant intitulée *Métaphysique*) et *Auteurs philosophiques.*

PROGRAMME D'ENSEIGNEMENT DE LA PHILOSOPHIE
1923

I. PROGRAMME OBLIGATOIRE

N.B. – L'ordre adopté dans le programme n'enchaîne pas la liberté du professeur; il suffit que les questions indiquées au programme obligatoire soient traitées.

INTRODUCTION

Caractère général de la philosophie.

PSYCHOLOGIE

Objet de la psychologie. Caractères propres des faits psychologiques; leurs relations avec leurs faits physiologiques. Le point de vue introspectif et le point de vue objectif. Sensations et images. La perception. L'étendue. L'idée d'objet.

L'association des idées. La mémoire. L'imagination.

L'attention.

L'abstraction et la généralisation. Rôle des signes. Rapport du langage et de la pensée.

Le jugement et le raisonnement.

Sensibilité et activité. Les tendances et les mouvements.

Les plaisirs et les douleurs d'ordre physique et d'ordre moral. Les émotions et les passions.

L'instinct. L'habitude. La volonté.

Conscience, inconscience, personnalité.

Problèmes métaphysiques posés par la psychologie : la raison, la liberté.

Logique

Les procédés généraux de la pensée : intuition et connaissance immédiate, raisonnement et connaissance discursive. Déduction et induction. Analyse et synthèse.

La science et l'esprit scientifique.

Les mathématiques : objet et méthode. Leur rôle actuel dans l'ensemble des sciences.

Les sciences expérimentales : l'établissement des faits ; la découverte et la vérification des lois ; les principes, les théories.

Quelques exemples des grandes théories de la physique, de la chimie ou de la biologie moderne.

Les sciences morales ; le rôle de l'histoire et de la sociologie.

Morale

Le problème moral. La morale et la science.

La conscience morale : sa nature et sa valeur.

Le devoir et le droit. La responsabilité.

La justice et la charité.

Les grandes conceptions de la vie morale. (Il est entendu qu'il s'agit uniquement de caractériser les grandes tendances morales et que l'histoire n'interviendra que pour fournir des exemples.)

La morale et la vie personnelle. La vie du corps et de l'esprit. La dignité individuelle. Rapports de la moralité personnelle et de la vie sociale.

La morale et la vie domestique. La famille. La morale et la crise de la natalité.

La morale et la vie économique. La division du travail. La solidarité. La profession. La question sociale.

La morale et la vie politique. Liberté et égalité. L'État. La loi. Droits et devoirs civiques.

La patrie. La morale et les relations internationales.

L'humanité. Devoirs envers l'homme sans considération de race. Devoirs des nations colonisatrices.

Philosophie générale
LES GRANDS PROBLEMES MÉTAPHYSIQUES

Les théories et la connaissance. Les principes de la raison.

La valeur de la science et l'idée de la vérité.

L'espace et le temps. La matière. La vie.

L'esprit. La liberté.

Dieu.

II. PROGRAMME À OPTION

REMARQUE 1. – Le professeur devra choisir trois articles dans le programme suivant, qui comprend d'une part des questions complémentaires, d'autre part une liste des textes philosophiques à expliquer.

REMARQUE 2. – Les articles choisis par le professeur pourront être, tous les trois, des textes. L'un des trois au moins devra être un texte.

REMARQUE 3. – Quant aux questions complémentaires, il ne devra pas être consacré plus de six leçons à l'enseignement de chacune d'elles.

REMARQUE 4. – Une note écrite indiquant le ou les textes expliqués, et, s'il y a lieu, les questions complémentaires choisies, avec l'indication très sommaire des points étudiés, devra être remise à l'examinateur par le candidat au baccalauréat ou figurer sur le livret scolaire.

1) QUESTIONS COMPLÉMENTAIRES

1. Histoire de la philosophie, sous l'une ou l'autre des formes suivantes :

a) Tableau d'ensemble indiquant la succession et les relations des doctrines et des écoles.

b) Exposé historique, soit d'un grand problème, soit d'une grande doctrine, soit d'une grande époque de la philosophie.

2. Notions de psychologie expérimentale. Par exemple : ce qu'on fait dans un laboratoire de psychologie ; les tests ; les applications actuelles de la psychologie.

3. Notions de psychologie pathologique. Par exemple : les troubles de la personnalité ; les maladies du langage.

4. Notions d'esthétique.

5. Notions de logique formelle.

6. Notions de la science du langage. Par exemple : l'évolution des langues ; linguistique générale.

7. Notions de sociologie.

2) AUTEURS PHILOSOPHIQUES

PLATON : *Phédon*, *Gorgias*, *République* (un livre).
ARISTOTE : *Morale à Nicomaque* (un livre), *la Politique* (un livre).
ÉPICTÈTE : *Entretiens* (un livre).
MARC-AURÈLE : *Pensées*.
LUCRÈCE : *De natura rerum* (livre II ou livre V).
DESCARTES : *Discours de la méthode*, *Méditations*, *les Principes* (livre Ier).
PASCAL : *Pensées* et *Opuscules*.
MALEBRANCHE : *De la recherche de la vérité* (livre Ier ou livre II), *Entretiens sur la métaphysique*, *Traité de morale*.
SPINOZA : *Éthique* (un livre).

LEIBNIZ : *Nouveaux essais* (avant-propos et livre 1er), *Théodicée* (extraits), *Monadologie*, *Discours de métaphysique*.

BERKELEY : *Dialogues entre Hylas et Philonoüs*, *Traité sur les principes de la connaissance*.

HUME : *Traité de la nature humaine* (un livre).

CONDILLAC : *Traité des sensations* (livre III).

J.-J. ROUSSEAU : *Le Contrat social* (un livre), la *Profession de foi du vicaire savoyard.*

KANT : *Critique de la raison pure* (préface de la 2e édition), *Fondements de la métaphysique des mœurs*.

A. COMTE : *Cours de philosophie positive* (leçons I et II) ; *Discours sur l'esprit positif.*

RENAN : *L'Avenir de la science* (extraits).

Cl. BERNARD : *Introduction à la médecine expérimentale* (1re partie).

STUART MILL : *L'Utilitarisme*.

H. SPENCER : *Les Premiers Principes* (1re part.) ; *Introduction à la science sociale*.

COURNOT : *Matérialisme, vitalisme, rationalisme*.

G. CANGUILHEM
Professeur de Philosophie
au Lycée de Toulouse

C. PLANET
Professeur de Philosophie
au Lycée de Marseille

TRAITÉ DE LOGIQUE ET DE MORALE

Un recueil d'informations et de documents, s'il est habilement présenté, peut être un moyen de travail utilisable, mais il ne donne qu'une idée bien imparfaite des fins véritables du travail philosophique. Celui-ci, autant qu'on en peut juger par les Maîtres qui s'y sont consacrés, consiste dans le choix de quelques principes qui permettent en fin de compte de juger et d'unifier informations et documents. La justification du choix se trouve uniquement dans cette unité ou intelligibilité et dans les perspectives de progrès qu'il ouvre à la systématisation philosophique.

Pour donner aux élèves comme aux étudiants le goût d'un tel exercice il fallait faire la preuve de sa possibilité en quelque sorte par l'exemple. On doit avertir le lecteur du sens dans lequel l'effort a été tenté ; ce n'est ni celui de la facilité apparente ni celui de l'érudition la plus poussée, mais bien celui de la cohérence du jugement

Convervé dans le Fonds Canguilhem du CAPHES, ce placard publicitaire reprend la substance de l'Avertissement du *Traité de logique et de morale* (cf. *infra*, p. 635).

G. CANGUILHEM
Professeur de Philosophie
au Lycée de Toulouse

C. PLANET
Professeur de Philosophie
au Lycée de Marseille

TRAITÉ DE LOGIQUE ET DE MORALE

|AVERTISSEMENT[1]

Un recueil de renseignements et d'opinions disparates peut former, s'il est habilement ordonné, un travail documentaire utile, et à ce titre prendre quelque valeur didactique; mais il ne donnera qu'une idée lointaine de la réflexion philosophique. Celle-ci, comme on le voit chez les grands maîtres qui l'ont pratiquée, consiste dans la recherche et finalement dans le choix de quelques principes qui doivent permettre d'apprécier la valeur des renseignements, et de juger les opinions apparemment les plus divergentes; le choix se justifie lui-même par la cohérence des jugements qu'il rend possibles, et par l'unité qu'il assure ainsi à l'esprit.

Si un enseignement philosophique a un sens éducatif, c'est pour autant, croyons-nous, qu'il peut donner le goût de cette unité. Encore faut-il qu'il en figure lui-même la possibilité, en quelque sorte « par l'exemple ». Nous avons voulu faire passer au premier plan dans cet ouvrage-ci le souci de cette figuration, ayant cru voir que c'est lui qui est le moins visible aux élèves dans les ouvrages d'enseignement les plus répandus.

Si notre effort est heureux ou non, dans son principe et dans ses résultats, c'est au lecteur à en décider; au moins devait-il être averti du sens dans lequel nous l'avons tenté : ce n'est ni dans celui de la clarté apparente, ni dans celui de l'érudition la plus poussée, mais dans celui de la systématisation.

1. Les chiffres en marge donnent la pagination de l'édition originale du *Traité de logique et de morale*.

|LOGIQUE[1] 7

CONSIDÉRATIONS PRÉLIMINAIRES

Tous les philosophes entendent sous le nom de *Logique* l'examen philosophique des moyens de la connaissance *vraie*; les modernes appellent plus spécialement *Méthodologie des sciences* l'examen de ces moyens, tels qu'on les trouve mis en œuvre dans les sciences. Il n'y aura pas lieu de distinguer ici deux désignations d'une même discipline, qui peut être dite encore *Philosophie des sciences*: c'est qu'en effet toute connaissance méthodique et vraie doit être dite science, ce dernier mot ne pouvant avoir d'autre sens[a].

On croit utile, parfois, de distinguer la *Logique* de la *Théorie de la Connaissance*, c'est-à-dire d'un examen portant sur la *valeur* des sciences: dans ce cas, on est censé réserver ce dernier examen à une *Métaphysique*, dont on admet que la Logique doit rester indépendante[b]. Nous n'accorderons pas ici de véritable portée à cette distinction, qui n'apparaît guère chez les philosophes importants dont nous aurons à discuter les thèses: Descartes, Kant,

a. Le mot *Épistémologie* s'emploie aussi pour désigner un examen des sciences; il semble qu'il faille le réserver plutôt au travail d'érudition préalable, qui conditionne forcément l'examen philosophique proprement dit.

b. Le sens péjoratif du mot Métaphysique, répandu par la diffusion de la philosophie relativiste en général et positiviste en particulier, s'entend d'un examen sans contrôle possible. On notera à cet égard que tout examen philosophique, quelque nom qu'il prenne d'ailleurs, soulève obligatoirement le problème de son contrôle, c'est-à-dire de la légitimité de ses conclusions: la « Métaphysique » est dans ce cas, certes, mais ni plus ni moins que la Logique elle-même.

1. Pour les ouvrages cités, nous renvoyons autant que possible aux éditions de l'époque ou figurant dans la bibliothèque personnelle de Canguilhem.

A. Comte, St. Mill[1], Poincaré, par exemple, cherchent à décrire la science afin de la *juger*; si leur description pouvait être isolée de leur jugement elle n'aurait pas de sens philosophique puisqu'elle ne pourrait que redoubler inutilement l'exposé, démonstratif ou didactique, des vérités scientifiques proprement dites.

Beaucoup d'auteurs, encore, croient bon de distinguer la Logique, discipline *normative*, de l'examen tout descriptif et explicatif que fait, de
8 l'intelligence savante, une pure *Psychologie* de la | connaissance. Qui admet cette distinction entend par la dernière locution l'analyse des fonctions spirituelles qui concourent à la représentation du monde extérieur, et par Logique une réflexion visant à apprécier les méthodes et les règlements à quoi les mêmes fonctions doivent être soumises pour élaborer une représentation vraie; or, si l'on dit normative toute étude de règles, le qualificatif conviendra à la Logique mais non à la Psychologie. Sur la portée de cette nouvelle distinction nous proposerons les remarques suivantes :

1) Le caractère spécifique des fonctions « théoriques », c'est qu'elles obéissent comme telles (c'est-à-dire en tant qu'elles orientent la pensée vers la recherche de la Vérité) à ces méthodes et à ces règlements que l'on dit « rationnels ». Nulle étude correcte de ces fonctions ne peut donc être séparée de celle de ces règlements, ni écarter celle du *sens*, de la *valeur* et de la *fin* des mêmes règlements : toute psychologie un peu précise de la Connaissance doit satisfaire à la fois à toutes ces préoccupations liées, et il s'ensuit qu'en définitive la Logique n'est qu'un chapitre détaché de la Psychologie générale.

2) L'importance relative du phénomène de la Connaissance dans l'organisation concrète de la vie, et le rôle considérable, par suite, des fonctions théoriques, autorisent à développer séparément, en fait, sous le nom de Logique, le chapitre de Psychologie qui a trait aux fonctions théoriques; mais la séparation ne signifie pas l'indépendance en droit des deux exposés. Si l'on

1. John Stuart Mill (1806-1873). Philosophe empiriste et économiste libéral britannique. Il est notamment connu pour sa théorie de l'induction (*Logique inductive et déductive*, 1843) et son système de morale utilitariste (*De l'utilitarisme*, 1863). Il est le fils du philosophe et économiste James Mill (1773-1836).

admet que la Logique est *normative*, il faut dire que la Psychologie de la connaissance ne l'est pas moins[a].

| 3) Toute considération de méthodes, règles, idéaux, valeurs et normes, est 9
d'essence psychologique; car l'ordre psychologique, qui est celui de la vie mentale, de la pensée, enfin de l'Esprit, c'est celui où l'on découvre des *intentions* derrière les résultats, des *dispositions*, *tendances* ou *pouvoirs* derrière les œuvres, enfin des *valeurs* derrière les opérations et les mouvements. L'aspiration à la Vérité et les méthodes employées à la développer, qu'on examine en *Logique*, sont très précisément de cet ordre, et ne peuvent être d'aucun autre. La Logique est normative parce que toute Psychologie bien comprise doit l'être.

LES CONCEPTIONS SUCCESSIVES DE LA LOGIQUE. – L'histoire de la philosophie d'une part, celle des sciences d'autre part, permettent de distinguer en gros deux conceptions de la Logique, dont l'une s'enseigne encore sous le nom de « *Logique formelle* », et dont l'autre est en voie d'élaboration depuis la fin de la période médiévale.

La première traduit une conception de la science qu'on peut caractériser à peu près comme un *conceptualisme hiérarchique*; le monde y est supposé formé d'« essences » à la fois diverses et coordonnées, autrement dit de « types » variés dont chacun se retrouve dans un plus ou moins grand nombre de choses; les « concepts » qui les figurent dans l'esprit ont plus ou moins d'*extension* selon qu'ils caractérisent plus ou moins de choses, et ils peuvent donc être ordonnés comme espèces et genres, c'est-à-dire comme classes différemment vastes, susceptibles d'être comprises les unes dans les autres. Comme, toutefois, ce sont les caractères, propriétés ou *attributs* des concepts qui règleront en définitive leur coordination, le point de vue dominant ou

a. Les auteurs qui séparent, dans l'examen philosophique, le normatif de l'explicatif, et veulent que la psychologie soit du second genre, comprennent dans le premier, outre la logique, l'*esthétique* et la *morale*, deux disciplines qui, elles aussi, étudient des règlements et des valeurs, tandis que la psychologie pure est censée analyser des faits spirituels comme une espèce de *réalité* observable (*Cf.* plus loin : « Sciences morales »). Cette vue relève d'une conception générale qui amène à exclure la psychologie du nombre des disciplines philosophiques pour la comprendre au nombre des sciences pures, qui sont seules normalement explicatives. Si, par contre, on généralise la remarque ci-dessus touchant l'insertion obligatoire de la Logique dans la psychologie, on va vers les thèses générales suivantes : 1) la psychologie enveloppe, avec la logique, toutes les disciplines normatives, et l'est donc elle-même au moins partiellement; 2) les disciplines normatives composent ensemble la philosophie ; 3) une philosophie est un système de disciplines normatives; plus exactement elle est un examen, au point de vue normatif, de disciplines quelconques. Les exposés qui suivent seront, en principe, inspirés précisément de ces thèses.

fondamental ici doit être dit *qualitatif*: ce dernier mot désigne en effet un rapport entre des choses tel, que si les choses peuvent être groupées ou réunies en classes en vertu de quelques ressemblances, leur groupement du moins ne doit ni abolir ni dissimuler leur diversité radicale. En d'autres termes une science qualitative est celle qui affirme l'hétérogénéité fondamentale des phénomènes. Il suit de cette conception[a] que les problèmes logiques essentiels
10 y sont ceux de la définition | et de la *classification* des concepts; l'étude du raisonnement (syllogisme) y est celle des moyens discursifs qui permettent d'établir l'*inhérence* relative des concepts, et autrement dit de démontrer la légitimité d'une certaine classification.

L'avènement, vers la fin du Moyen Âge, de la science « moderne » amène une sorte de révolution dans la philosophie logique, en raison des deux caractères apparents suivants de cette science : d'une part l'emploi croissant qu'elle fait du calcul, et par conséquent d'un mode mathématique de raisonnement; d'autre part l'emploi qu'elle fait de procédés « expérimentaux » de démonstration. Ces deux traits, soulignés par tous les logiciens modernes, semblent opposer la physionomie actuelle du savoir à une science périmée, en ce que la préoccupation du *quantitatif* y prédomine sur celle des qualités, et en ce que le respect de l'*expérience* l'y emporte sur le souci tout «formel» de la coordination de concepts présupposés.

On aura, dans tout ce qui suit, à juger si l'opposition ainsi traduite et communément admise est rigoureusement fondée ou si elle est plus superficielle que profonde. Ce qui, en tous cas, n'est pas contestable, c'est le rapide essor et la réussite, sur le plan théorique, de la science moderne; c'est le fait même de ce développement et de ce succès qui justifie un examen méthodologique différent, au moins par ses prétextes apparents, de l'examen « formel » ancien, quelque thèse d'ailleurs qui doive être finalement adoptée.

ORDRE DES QUESTIONS DE LOGIQUE. – Le rôle joué, dans notre science, par le calcul d'une part et par l'expérimentation d'autre part, nous fournira les problèmes centraux suivants : comment s'expliquent, d'abord respectivement, ensuite relativement l'une à l'autre, une théorie purement mathématique et une théorie physique (expérimentale) du Réel ? Comment peuvent s'accorder deux procédés de démonstration en apparence distincts et même opposés ? L'un

a. La Logique qui l'exprime est celle même qu'Aristote a systématisée, et qui règne dans les ouvrages de la « Scolastique » médiévale, système doctrinal où est supposée à peu près accomplie l'unification des problèmes philosophiques, scientifiques, moraux, etc.

avance par « déduction » continue, l'autre recourt sans cesse au contrôle des *faits*; comment réussissent-ils à s'unir?

Si ces problèmes sont décisifs désormais pour toute réflexion logique et philosophique, on n'apercevrait toutefois ni leur signification concrète ni la portée des solutions qui peuvent en être données, si on n'essayait d'abord de poser correctement les questions plus générales dont ils empruntent certains de leurs termes: la notion de science, celles de vérité et de réalité, celle de raisonnement, | celle d'expérience, y sont forcément mises en œuvre; mais 11
elles exigent d'être définies, si l'on veut que puissent être complètement formulés les problèmes dont l'énoncé les contient; les débats qu'engendre leur confrontation composent l'aliment de toute discussion philosophique, et on ne pourrait, sans adopter une attitude précise à l'égard de ces débats, apprécier légitimement les solutions proposées.

On aura donc, en premier lieu, à examiner ces notions : cela reviendra, pour qui voit bien que « la science est un discours mental » à esquisser une psychologie de la fonction scientifique, en cherchant ce qui explique le développement privilégié apparent de cette fonction dans notre humanité civilisée[a].

Viendra en deuxième lieu l'examen des problèmes décisifs signalés ci-dessus, qui concernent le rapport de la théorie mathématique et de l'expérience physique[b].

Il faut prévoir ensuite, venant en troisième lieu, une question importante et dont peut-être l'importance philosophique égale celle des autres réunies, car elle permet de préparer un jugement sur la valeur concrète des sciences en général : c'est celle de la légitimité des « sciences morales »[c]; on entend par ces mots un groupe de disciplines qui s'efforcent de soumettre la vie spirituelle même au traitement, aux méthodes que la Physique applique à l'étude des choses matérielles, et donc de rendre cette vie intelligible et explicable de la même façon que ces choses le sont. On doit voir que, si cette entreprise est possible et légitime, la Science doit cesser de paraître une fonction distincte pour devenir indivisément une philosophie complète et un règlement concret et pratique. Un jugement sur ce point, c'est-à-dire sur la *valeur* de la science, sera finalement l'objet de la conclusion.

a. Cet examen est contenu dans les chapitres I, II, III, IV.

b. Chap. V, VI, VI *bis*.

c. Chap. VII.

CONNAISSANCE – RÉALITÉ – VÉRITÉ

Une science donnée est un recueil d'affirmations ou de jugements supposés *vrais*, c'est-à-dire exactement ou fidèlement représentatifs d'une *réalité*. Certes, des affirmations sont des opérations accomplies par un esprit; mais la définition ci-dessus, en leur attribuant une valeur de « représentation », montre que le principe de cette valeur, son étalon ou son critère, est placé par la science hors de l'esprit qui l'apprécie : c'est ce que signifie le mot de Réalité, synonyme à cet égard de celui de Nature.

La séparation ainsi admise de l'Esprit et de la Nature n'est point propre aux savants : c'est une croyance commune qui règle « en pratique » toutes nos activités; il en est de même de celle qui attribue à l'esprit, sous certaines conditions, le pouvoir de se « représenter » fidèlement le réel. Une connaissance, qu'on la dise ou non scientifique, n'a de sens que si l'homme qui la possède aspire par elle à reproduire en lui ce qui n'est pas lui, à figurer pour sa pensée des *choses* indépendantes d'elle. Cette aspiration, la science la fait sienne, n'y ajoutant que la recherche et la mise en œuvre des moyens le plus propres à la satisfaire. Mais l'addition est considérable, et c'est elle qui soulève tout le problème logique, en engageant la question de *méthode*. Une science en effet n'est qu'une connaissance rendue méthodique aux fins de *vérification*, et il importe donc beaucoup pour savoir ce qu'elle vaut, de voir ce qui a pu d'abord faire paraître utile la recherche d'une méthode en fonction de ce but : la découverte de la vérité.

13 | *Le postulat de Vérité :* *Les conditions « formelles » de la connaissance scientifique*

En considérant tout d'abord la croyance de base qui conditionne tout l'édifice théorique, on voit qu'elle est, relativement à cet édifice, une sorte de *postulat* énonçant a *priori* les conditions les plus générales de possibilité et de légitimité de sa fondation, et qui règlemente donc « formellement » l'appréciation des assertions qui le composeront. En la décomposant, on peut la formuler à peu près ainsi :

1) Une Nature existe indépendante de toute affirmation ;

2) Notre esprit peut produire des affirmations soit conformes, soit non conformes à leur prétexte « objectif » ou « naturel » ;

3) L'affirmation théoriquement *légitime* est celle qui est vraie, c'est-à-dire conforme à son objet.

Appelons *postulat de Vérité* la croyance transcrite en ce triple énoncé ; on remarquera que, si le premier propose simplement un Réel distinct de la Pensée, et si le troisième propose l'*obligation*, spécifiquement théorique, de régler la Pensée sur le Réel, et par là de l'amener à la Vérité, le deuxième formule la possibilité de l'*Erreur* ; de quelque façon qu'on veuille traduire les énoncés, il sera essentiel en tous cas d'y réserver l'évocation de cette dernière possibilité, pour expliquer la fonction propre de l'esprit scientifique ; la recherche méthodique du vrai n'aurait point, sans cela, de portée effective intelligible, et sa valeur doit donc lui être relative d'une certaine façon. Il nous semble important d'essayer d'abord de préciser cette relation.

A) LE RAPPORT DU VRAI AU FAUX : LA FONCTION DE L'ERREUR

Une erreur est un jugement de réalité ou une affirmation d'existence non conforme à son objet supposé ; elle a donc même apparence que la vérité et « ne consiste qu'en ce qu'elle ne paraît pas comme telle »[a]. Celui qui se trompe croit savoir. Or si l'erreur ne se révèle erreur qu'au moment où le jugement vrai se substitue au jugement faux, n'est-elle donc en fin de compte que la *privation* de ce jugement vrai ?[b].

a. Descartes, *Méditations* [1641], *Réponses aux 5e objections.*

b. Spinoza soutient, en effet, que l'erreur n'est qu'une privation ; et une privation, dit-il, n'est rien [Cf. *Éthique* (1677), II, proposition 35].

| Il est bien certain que sur le plan théorique et en vertu du postulat de Vérité 14
la valeur du faux est négative; mais il n'est pas moins clair qu'en l'espèce « négatif » ne veut pas dire « nul » : car le faux est ici quelque chose qui est à exclure ou à éliminer, et autrement dit c'est une affirmation possible mais *illégitime.* Comme le pensait avec raison *Descartes*, l'erreur réside dans la « précipitation » et la « prévention » d'un esprit qui surestime sa puissance de jugement et présume le vrai sans vérifier sa présomption.

Or, si l'erreur a même apparence, même origine « formelle » et même fin en somme que la vérité qui la détruira, il faut bien qu'en elle aussi se trouve quelque condition de possibilité de la science. Et en effet elle seule, en affirmant quelque réalité illusoire, fournira l'occasion, le prétexte et l'objet même de ce travail de vérification qu'est par hypothèse celui de la science : pour emprunter un exemple à *Spinoza*, l'ignorant qui pense le soleil à 200 pas se trompe dans le calcul d'une distance; mais ce sont des calculs téméraires de cette sorte qui invitent (une fois qu'ils sont reconnus faux) à chercher des moyens généraux plus précis de mesure. Il est évident que si le vrai pouvait précéder le faux dans un ordre quelconque d'estimations, aucune critique scientifique des jugements d'existence n'aurait de raison d'être : la Science, donnée d'abord une fois pour toutes, ne serait pas ce qu'on voit qu'elle est effectivement, un lent progrès, un laborieux travail de substitution. Il s'ensuit que sa fonction, celle de *vérification* de la croyance initiale, est avant tout privative, car c'est la fonction d'un réducteur de fictions : et cela fait du vrai, psychologiquement au moins, la privation du faux. Il faut renverser la formule de *Spinoza* qui voulait que le faux fût un simple manque. *La Science, c'est d'abord la chasse aux illusions.*

De là, notons-le, l'austérité de cette science, sa sévérité, parfois sa cruauté caractéristique : ce n'est pas que la vérité soit déplaisante en soi, mais elle l'est relativement à la fantaisie qu'elle nous somme de renier. Car c'est la fantaisie des passions, des désirs, des espérances, et d'abord l'urgence directe des besoins vitaux, qui mettent l'erreur dans la pensée. C'est pour imaginer un Réel conforme à nos « volontés » que nous nous trompons. Nous l'interprétons à notre gré avant que des accidents ou des échecs, refoulant notre élan, nous conduisent à réfléchir sur l'*opposition* d'exigences que figurent dans notre
jugement la croyance au réel extérieur | et la croyance au pouvoir de notre 15
esprit : c'est cette opposition devenue consciente qui invite l'homme à dégager d'une expérience confuse le réel seul d'abord, avant de l'autoriser à l'utiliser correctement en faveur de ses propres pouvoirs.

Le fond de toute fiction, mythologie collective ou fantaisie personnelle, consiste à imaginer l'objet sur le modèle du sujet. Incorruptibilité des astres, horreur du vide, génération spontanée, fixité des espèces vivantes, autant d'exemples de l'illusion par laquelle nous projetons dans l'objet des images nées de nos désirs ou simplement de notre hâte. Autant d'exemples d'erreur : car l'Erreur est fiction, et toute fiction a sa source dans la « volonté de puissance » de l'Esprit, méconnaissant d'abord la faculté autonome de résistance de la Nature. Or si l'effort de la connaissance consiste à discerner « le vrai d'avec le faux »[a] il consistera donc aussi bien à éliminer des assertions empiriques ce qui y est le simple fruit « subjectif » de l'imagination, et à ne garder que ce qui ne peut pas être nié. Descartes dit en ce sens qu'il ne faut tenir pour vrai que ce qui « ne peut pas être mis en doute ». Le vrai, c'est précisément ce qu'on n'est pas libre de refuser et qui est par là même légitimement accepté. Disons donc que l'assertion vraie atteint le réel pour autant qu'elle énonce *ce qui ne peut ne pas être.*

B) Le rapport de nécessité : le déterminisme

La dernière formule est proprement celle des jugements que l'on dit « de nécessité » quand on les distingue des simples jugements « de possibilité ». Une affirmation empirique d'existence devenant une affirmation scientifique lorsqu'elle est rendue vraie par élimination des erreurs qu'elle contenait, le Réel qu'elle exprime est donc dit tel avec vérité en vertu de la *nécessité* qui s'impose au jugement, à un moment donné. Ce qu'on peut indifféremment affirmer ou nier est simplement contingent (peut-être pleuvra-t-il, peut-être non) ; ce qui, dans certaines conditions définies, *doit* être affirmé est simultanément nécessaire et réel (si on fait agir un acide sur du zinc, il se dégage nécessairement de l'hydrogène). Ainsi un système de réalités scientifiquement défini n'est plus cet ensemble confus de choses que qualifiait spontanément
16 une imagination | ignorante et trompeuse, c'est le *résultat* d'un travail intellectuel d'élimination.

Prenons un exemple en optique : une « illusion » commune, et d'abord inévitable, affirme la brisure d'un bâton à demi-plongé dans l'eau, sur la foi de la simple perception visuelle. Une théorie *physique* de la vision, au contraire, en établissant le pouvoir « réfringent » de l'eau, rejette et nie l'affirmation de la réalité de la brisure, et lui substitue celle de la réalité de la réfraction. Mais on voit ici ce qui légitime la substitution ; en schématisant grossièrement les

a. Descartes, *Discours* [1637], première partie. – *Cf.* Bachelard, *Formation de l'esprit scientifique* [Paris, Vrin, 1938] et *Psychanalyse du feu* [Paris, Gallimard, 1938].

opérations critiques qui l'ont fondée, ce sont : 1) un contrôle empirique facile de la perception visuelle, qui fait *douter* de la valeur de celle-ci ; 2) le propos de ne conserver du phénomène que les composants susceptibles d'en déterminer *objectivement* l'existence apparente ; c'est ce propos que réalisent les théories physiques combinées de la marche rectiligne des rayons lumineux, de leur réflexion sur des surfaces, de leur déviation dans des milieux transparents, de la formation des « images rétiniennes », etc. ; en supposant complet ce système physique, on voit qu'il vise à démontrer rigoureusement le caractère illusoire, d'abord soupçonné, de la perception initiale, et ainsi d'exclure du Réel (en ne le donnant plus que comme apparence) un certain contenu de l'affirmation initiale. La vérité du concept de réfraction, c'est ce qui résiste à cette exclusion, une sorte de résidu.

C'est pareillement que tous les composants d'une Nature, s'ils sont déterminés de même « en vérité » le sont par là même en vertu de leur nécessité ; et ils ne deviennent vraiment réels qu'ainsi. On appelle *déterminisme* le principe formel et général qui énonce effectivement que tous les faits objectivement considérés sont nécessaires et on peut considérer toute science comme une application de ce principe aux problèmes soulevés par l'expérience commune, c'est-à-dire issus de quelque doute touchant les illusions perceptives. Or, dire que ce principe est général et réglemente toute vérification, c'est dire qu'il doit réglementer à la rigueur toute la démonstration scientifique et aura pour effet de la systématiser en référant tous les jugements de réalité à l'unique critérium de légitimité qu'il définit. Cela veut dire que même les concepts, assertions ou théories résiduelles qui composent, à un moment donné de l'histoire du savoir, un système particulier et *apparemment* fini de vérifiés, devront être soumis aussi à l'épreuve du doute | et accepter ou 17
plutôt exiger à leur tour une critique réductrice. Dans l'exemple pris ci-dessus on supposait une théorie physique achevée de la vision, pour pouvoir décrire le processus de vérification ; mais en fait aucune théorie particulière ne peut être dite achevée, précisément parce qu'elle est particulière : en l'espèce la structure réelle de la lumière reste toujours débattue et le mécanisme de la projection spontanée des « images » rétiniennes, physiologiquement envisagé, est quelque chose de fort obscur et sans doute d'assez mal connu.

Il suit de ceci (c'est-à-dire du caractère formel et normatif du déterminisme) que toute vérification est *relative*, au sens où l'est la nécessité qui la fonde. C'est qu'un jugement vrai n'est jamais, en droit, un jugement isolé, indépendant : il suppose toujours d'autres jugements, et les règles opératives qui permettent de le rapporter à ceux-ci[a]. Un jugement isolé est une abstraction impuissante à se vérifier et dont la pensée aura tôt ou tard à rechercher la valeur de réalité en la replaçant dans un système d'abstractions homogènes. Le déterminisme c'est la prescription formelle de cette recherche, la Vérité étant la présomption d'un système total[b] où toutes les abstractions seraient liées ensemble et par là concrétisées.

C) La relation analytique d'identité : la preuve

Quels moyens vont permettre au jugement théorique son unification, c'est-à-dire la transformation déterministe de l'ignorance (erreur) en son contraire (système de vérités) et enfin la démonstration d'une Réalité imperméable au doute ? Nous n'étudierons pour l'instant que la « forme » de ces moyens, c'est-à-dire les caractères généraux a priori qui en eux relèvent du postulat de Vérité.

18 | Pour apprécier la nature et la fonction formelles de tels moyens il faut considérer que, psychologiquement pris, le postulat fondamental est lui-même le produit d'un choix, d'une option, et emprunte à ce caractère sa portée normative. En invitant l'esprit à préférer le vrai au faux, la science à l'ignorance, il traduit le besoin radical d'unité de l'esprit, qui ne peut s'accommoder de la confusion empirique, et est vite contraint d'ailleurs par quelque échec de chercher à accorder ses désirs propres à la résistance des choses. Mais l'accord que prescrit la croyance théorique fondamentale, c'est un accord par subordination de l'Esprit à la Nature, par soumission de la Pensée au monde extérieur ; cela même enveloppe une option préalable, celle qui demande de juger désormais *comme si* la Nature seule importait, étant seule réelle, et *comme si* l'Esprit était quelque chose d'illusoire, n'étant que représentation, et d'abord représentation ignorante[c].

a. Pour affirmer que telle ville est plus ou moins grande que telle autre, il faut admettre certains procédés de numération et de recensement. Pour affirmer que telle substance est toxique, il faut spécifier à quelle dose et pour quel état défini d'un organisme.

b. « L'air est pesant » est un jugement vrai *si* on tient pour vraie la théorie de la balance ; « il y a une pression atmosphérique » est un jugement vrai *si* on admet le jugement précédent ; « la pression atmosphérique a pour effet l'ascension des liquides dans des tubes vides » est un jugement vrai *si* on admet les jugements précédents et la théorie de l'équilibre des fluides.

c. En adoptant un langage « métaphysique », le choix liminaire qui conditionne toute science peut être dit « réaliste » ou « matérialiste », la référence de la pensée à un réel extérieur posant *a priori* comme critérium unique et permanent une « matière » formée de choses se limitant mutuellement : « partes extra partes ».

Or on peut imaginer que le besoin d'unité du jugement puisse être satisfait par une subordination inverse, autrement dit par la décision de plier la Nature aux exigences propres de l'Esprit; dans ce cas toutefois[a] ce sont les caprices, la fantaisie, la durée mobile et changeante de l'Esprit qui imposeraient leur forme spécifique au jugement; l'accord serait réglé par une référence *intérieure* et obtenu par altération et synthèse perpétuelles. La référence théorique est au contraire *extérieure*, se faisant toujours par rapport à une nécessité limitative; c'est en ce sens qu'on peut la dire physique, ou matérielle, ou encore objective. Ces divers mots expriment en effet l'unique fonction formelle qu'il faille reconnaître a priori à tous les composants supposés du Réel : d'être l'un pour l'autre *limites*, et par là d'être l'un à l'autre *identiques*. Mais il s'ensuit que tout « moyen » d'établir la vérité d'une représentation devant se modeler avant tout sur la structure des composants physiques du monde, aura obligatoirement à imiter, si on peut dire, cette structure : il devra opérer la *limitation* et *l'identification* des | assertions, ou montrer, ce qui revient au même, qu'elles se *déter-* 19
minent mutuellement. La règle formelle *d'Identité* n'est pas autre chose[b]. Elle prescrit au jugement de se référer, aux fins de vérification, à un système total de jugements dont chacun puisse être démontré *le même* que les autres sous un rapport défini. Or le rapport à considérer sur le plan de la vérification c'est toujours celui de l'existence objective; et on sait que c'est aussi celui de la détermination nécessaire. Ainsi formellement pris tout « moyen » de vérification consiste à *identifier* l'une à l'autre des assertions juxtaposées et distinctes; le rapport d'Identité est celui même de *co-existence nécessaire*.

Il n'y a, effectivement, d'autre *preuve* d'une vérité que ce procès d'identification qui réduit une affirmation à d'autres en montrant qu'elle est déterminée par elles, celles-ci par d'autres, et ainsi de suite. Un mouvement probatoire de cette sorte sera dit correctement *analytique*, car, comme ce dernier mot le veut, le mouvement en question consiste à trouver, étant donnée une chose, comment elle se décompose en un ensemble de conditions déterminantes de même nature, juxtaposées et distinctes, et qu'il convient donc de dire « éléments ».

Tout ceci nous permettra de définir maintenant les notions fondamentales qui sont mises en jeu dans le procès de vérification de la Connaissance développé par l'« esprit scientifique », à partir d'une croyance *a priori*. Dans

a. Ce cas est celui de la création esthétique : tout art est effort pour conformer, non la pensée au réel, mais le réel à quelque aspiration de la pensée. « Métaphysiquement », l'Art est « spiritualiste » ou « idéaliste ». *Cf.* chap. IV, B, 3) [*infra*, p. 689 *sq*.].

b. *Cf.* les énoncés des règles directrices du discours, chap. II, B, [*infra*, p. 661-663].

ce procès, la notion du Réel est la donnée formelle qui fournit l'obligation, pour le jugement théorique, d'une référence par extériorisation de la pensée; la notion de Vérité est celle du règlement qui prescrit, par la réduction de l'illusionnisme empirique, la découverte de relations nécessaires entre toutes les choses qu'on suppose exister; et enfin, la combinaison de ces deux notions, qui forme le système normatif général des affirmations d'existence légitimes, prescrit l'Analyse (recherche des éléments de tout donné) comme procédé de démonstration.

On doit mieux voir, maintenant, comment doit s'entendre le mot « formel » employé ici pour désigner certaines conditions de possibilité de la Science; il s'applique à celles des conditions qui définissent une méthode, abstraction
20 faite des obstacles et difficultés | particulières qui en exigeront l'application, et donc uniquement par relation au but poursuivi. L'Erreur généralement envisagée est bien, à cet égard, une difficulté, mais non pas particulière, car, au contraire, elle a cette valeur formelle de conditionner le problème théorique total, en lui donnant pour but sa propre résolution. La considérer nous a permis de voir que ce problème, philosophiquement compris, est avant tout celui d'une *transmutation* légitime, par quoi nous puissions substituer à la valeur douteuse de la croyance initiale une valeur sûre, déduite de l'« Objet » même de la croyance[a].

En fait, on le voit, un tel Objet ne peut être pour l'esprit scientifique qui se réfléchit correctement, que l'unité finale présumée possible de son travail: l'effort critique actif du savant trouve la valeur de chaque affirmation abstraite dans sa relation à un système d'autres progressivement constitué. L'être, l'existence, la réalité ou la matérialité, comme on voudra dire, de la Nature, ce n'est que l'unité régulatrice ou normative du jugement théorique en voie de constitution : c'est ce qui permet d'en dire la notion « a priori ». Ce n'est pas un donné tout fait; ce n'est provisoirement (et pour longtemps, sans doute) qu'un postulat. La science une fois achevée et parfaite, ce serait un *résultat.*

a. *Cf.* le mot de M. Bachelard : « Il n'y a pas de vérités premières, il n'y a que des erreurs premières » [dans « Idéalisme discursif », *Recherches philosophiques*, vol. IV, 1934-1935, p. 21-29, p. 22; repris dans G. Bachelard, *Études*, Paris, Vrin, 1970, p. 87-97, p. 89. Dans le texte original de Bachelard, le passage pertinent se lit ainsi : « Il n'y a pas de vérité *première*, il n'y a que des erreurs *premières* »].

|Chapitre II 21

ANALYSE ET SYNTHÈSE

Au stade illusionniste de l'ignorance, le seul jugement de réalité légitime devrait n'être rien de plus que cette simple privation : « *un monde existe qui n'est pas ma pensée* ». Mais cet énoncé suppose une ignorance consciente, et en le prenant à la rigueur on comprend que nul savoir ne pourrait en sortir ; on voit aussi qu'il ne correspond pas à l'évolution effective de la pensée antérieure à la constitution de l'esprit scientifique ; comme nous l'a montré l'examen du fait de l'erreur, l'ignorance véritable est celle qui se méconnaît, et c'est sur des affirmations de réalité déjà produites, quoique d'ailleurs sujettes à caution, que le savoir naissant, en fait, est appelé à travailler.

Les psychologues appellent *Perception* l'opération intellectuelle qui met notre esprit en rapport avec le monde supposé donné, avant tout examen méthodique de la structure de ce monde ; la Perception figure donc psychologiquement ce stade de la « connaissance vulgaire » ou « usuelle » qui, par rapport à celui de la vérité supposée obtenue, serait mieux nommé celui de l'ignorance. Plus généralement la Perception figure ce que les « métaphysiciens » (sans changer, semble-t-il, l'acception populaire du mot) appellent l'*Expérience.*

Chercher comment la Science sort de la connaissance vulgaire, de l'ignorance ou de l'Expérience commune nous oblige à retracer au moins sommairement la psychologie de l'opération perceptive.

|*Les « données » de l'Expérience :* 22
conditions « matérielles » de la connaissance scientifique

En employant le langage de *Kant*, on dirait assez bien que la Perception est « l'unité d'un divers », et ce serait dire encore qu'elle est une *Synthèse* ; or, si l'on cherche comment et pourquoi cette synthèse suscite une analyse, il faudra chercher d'abord pourquoi et comment, à un moment donné, la conquête spirituelle accomplie d'une diversité se transforme en son contraire : la recherche d'une identité. Le problème des conditions « matérielles » ou des « données » empiriques de fait de la Science, enfin des difficultés particulières qui requièrent l'application d'une pure méthode théorique, se trouve ainsi formulé comme un système de rapports à découvrir entre des termes opposés, dont les uns (contingents, illusoires et divers) doivent être réduits à d'autres (nécessaires, réels et identiques) pour qu'une véritable science naisse.

Or l'assertion perceptive (par exemple : « il pleut, c'est ennuyeux, je voulais faire une excursion ») contient mélangées d'une façon confuse : l'affirmation d'un fait objectif, une réaction affective qui est *notre* fait propre, et des réactions motrices imputables, les unes à l'objet, les autres au sujet, c'est-à-dire à nous-mêmes. L'Expérience est ainsi une sorte de jugement pseudo-concret, spontané et incontrôlé, où s'amalgament sans règle deux systèmes abstraits de jugement, dont l'un est orienté vers le dehors et l'autre vers le dedans : car le fait objectif supposé exprime l'action de la Nature sur nous, et la réaction affective exprime nos besoins ou tendances propres. Il s'ensuit que dans la perception empirique sont engagés au moins deux postulats, deux présomptions, deux croyances a priori, mais dont les *sens* respectifs sont divergents ; il s'ensuit aussi que dans la synthèse perceptive la pensée empirique usuelle suppose conciliés les deux postulats, et que cette pensée, autrement dit, accomplit un *essai* téméraire de jugement pratique. Cela ne va pas sans risques, puisque cela consiste à présumer, dans une affirmation hâtive, la solution du conflit latent entre nos désirs et le mouvement autonome des choses ; et le risque est d'autant plus grand que le conflit est moins conscient : il se dévoile sous la forme d'échecs, c'est-à-dire précisément de
23 ruptures plus ou moins nettes entre | les deux croyances témérairement accordées, et d'où suit la douleur, voire la mort. Ni les instincts des animaux, ni les tâtonnements prudents des hommes ne laissent échapper toujours les uns et les autres à des discordances brutales de ce genre : si la seule Expérience était par soi suffisamment *concrète* et pratique, tous les vivants seraient éternels. Cependant, et si l'on écarte les cas irrémédiables d'échec fatal et total, l'éveil de la conscience théorique *pourra* se produire, c'est-à-dire une réflexion sur les conditions de la rupture : la science humaine n'est effectivement rien d'autre que cette réflexion, lorsqu'elle s'oriente vers l'étude *abstraite* et

méthodique des choses seules, vers l'analyse objective pure; on comprend qu'il y faille d'abord un choix, puisqu'un choix opposé est également possible (celui qu'effectuent, au degré inférieur la réflexion technique et au degré supérieur la réflexion esthétique).

Toute science est analyse des *obstacles* que l'existence supposée d'une Nature dresse dans l'expérience devant nos désirs; pour le jugement théorique qui a ainsi *décidé* de se constituer, l'échec prend la forme examinée plus haut, celle de l'erreur, en se considérant uniquement comme une affirmation de réalité reniée par l'objet même. A ce moment est aussi conçue une valeur possible de jugement, la Vérité, qu'on présume capable de remplacer la valeur imprudemment accordée par la perception à un simple élan affectif et subjectif: la règle d'estimation sera conçue en conséquence, qui prescrit d'identifier en soi et pour soi (et non plus dans son rapport à notre désir) le monde des choses. Elle revient à prescrire l'*analyse* des synthèses perceptives par référence du jugement aux objets seuls (ennuyeux ou non, comment le fait pluie se détermine-t-il et devient-il prévisible?).

En un langage un peu différent mais de même portée, nous dirions aussi bien que l'organisation du pseudo-univers empirique est autant utilitaire et technique qu'objective et théorique, et qu'ainsi la perception nous offre le jugement d'existence contrarié et déformé par un jugement d'intérêt: les préoccupations urgentes de l'Action y combinent au hasard des routines les germes de l'Art aux présomptions de la Science. La perception n'est donc pas strictement une connaissance; mais enfermant une possibilité confuse de connaissance, elle peut être une invitation à « réaliser » cette possibilité par élimination de ce qui est illusoire | dans les synthèses spontanées: c'est son **24**
échec interprété comme une erreur qui formule l'invitation.

La question logique qui apparaît maintenant est celle même qu'on obtient en donnant une forme interrogative à la première Règle de la méthode cartésienne: quelles choses pourra-t-on prendre d'abord pour vraies « que l'on connaisse évidemment être telles » et, en évitant « soigneusement la précipitation et la prévention », que pourra-t-on comprendre dans les jugements « qui se présente si clairement et si distinctement à l'esprit qu'on n'ait aucune occasion de le mettre en doute »? La question s'entend en ce sens, qu'il faut bien, pour résoudre les difficultés proposées par l'expérience à une intention de connaissance, chercher dans ces difficultés ce qu'elles peuvent déjà comme telles recéler de réalité immédiatement appréciable. On peut dire le problème celui de vérités « intuitives ». Y en a-t-il de telles ? qu'apportent-elles à l'œuvre scientifique et comment s'ordonne le rapport discursif de ceci à cela ?[a].

A) Les « intuitions » sensorielles

On entend par intuition l'appréhension immédiate d'un « donné » quelconque. Y a-t-il déjà dans l'Expérience de telles intuitions valant comme affirmations vraies de quelque réalité ? Nous sommes obligés d'envisager d'abord la doctrine, apparemment la plus naturelle, systématiquement développée par *Locke*[1], *Condillac*[2], *Taine*, etc., et qui se retrouve confusément impliquée dans beaucoup de travaux psychologiques et logiques modernes. Cette doctrine consiste à trouver par exemple dans la sensation visuelle le donné intuitif de l'Optique théorique, dans la sensation auditive le donné de l'Acoustique, dans la sensation de pression ou de poids le donné de la théorie de la pesanteur ; le concours et la confrontation du toucher et des autres sens, en
25 fournissant la | notion d'Espace, fonderaient la Géométrie. Des associations sensorielles analogues, avec l'intervention de la mémoire, fourniraient l'idée de Temps et fonderaient la Mécanique, à moins qu'on n'invoque un sens « kinesthésique » comme faculté intuitive de percevoir directement le Mouvement. Il est facile et courant d'invoquer en faveur de la doctrine un argument procédant par l'absurde : si l'humanité était aveugle, eût-elle inventé l'optique ? si elle était sourde, eût-elle pu découvrir l'acoustique ? etc.

a) *Quelle est la valeur théorique des sens ?*

Pour apprécier le sensualisme, on soulignera d'abord l'équivoque du dernier argument : il ne s'agit pas de savoir, logiquement, si les sens sont utiles ou même indispensables, mais quel rôle ils jouent relativement à l'œuvre

a. Pour montrer qu'il s'agit bien d'une *Question* logique, que la simple expérience usuelle ne résout pas, notons que ce que Descartes cherche sous forme de vérités « évidentes », ce sont ces éléments ultimes que la science achevée obtiendrait comme résidus de son analyse. A cet égard, ce grand savant professe une Logique plus près de la conception scolastique que des doctrines modernes, plus « dogmatique » que « critique ». Mais comme ces éléments sont, selon Descartes, des « équations » mathématiques, on peut dire qu'en un sens sa Logique est vraiment moderne.

1. John Locke (1632-1704), médecin et philosophe. Son *Essai sur l'entendement humain* (1689) récuse les idées innées cartésiennes et donne sa forme canonique à l'empirisme des Lumières.

2. Étienne Bonnot de Condillac (1715-1780). Philosophe et logicien. Son *Traité des sensations* (1754) expose de façon systématique les principes de l'approche sensualiste.

scientifique, et s'ils sont pour elle principes de jugement vrais, ou simplement prétextes ou occasions, ou encore obstacles. Il est certain que l'Optique a dû se fonder *à propos* du phénomène lumineux saisi par l'œil humain, mais elle l'a été pour découvrir ce que l'œil n'enseigne pas, à savoir : en quoi la lumière consiste et comment elle agit sur l'œil. La sensation visuelle est certes le révélateur principal, pour l'homme, du phénomène lumière, mais elle en dissimule la nature en même temps qu'elle en laisse deviner l'existence ; elle ne joue donc nullement le rôle de principe, mais elle fait fonction à la fois de prétexte et d'obstacle.

On verra plus loin[a] que les divisions de fait de la Science doivent être expliquées d'une façon bien plus complexe que ne l'admet le simplisme sensualiste ; mais il faut préciser ici d'abord la véritable fonction des Sens. Au point de vue théorique pur, le phénomène sensible (lumière) se distingue de la sensation (vision) comme la cause de l'un de ses effets particuliers ; au point de vue empirique, il est vis-à-vis d'elle dans le rapport de la chose à son idée : la croyance en une Nature joue, dès qu'elle est devenue tant soit peu consciente, pour assigner à nos représentations quelles qu'elles soient quelque objet *extérieur* à elles. Mais en fait les sensations sont disparates et donnent fatalement aussi pour tels, et non pour référables les uns aux autres, les phénomènes qu'elles dépeignent ; autrement dit, paraissant d'abord pour la perception irréductibles entre elles, elles figurent le | « monde sensible » comme un 26
assemblage de *qualités* différentes : lumière et couleur, son, poids, dureté, etc. Or, si nous remarquons qu'en adoptant le pur point de vue théorique la notion de ces qualités mêmes devra être rapportée à l'action des objets extérieurs influant sur le mouvement des organes de notre corps, nous voyons que cette référence implique déjà : 1) la distinction des corps sentis et du corps sentant (toute couleur vue est celle d'un corps qualifié et déterminé par ailleurs) ; 2) la notion du corps sentant comme d'un composé de fonctions différemment aptes à subir des impressions et à réagir diversement (je sais, non que je suis faculté de voir, mais que j'*ai* cette faculté concourant avec d'autres). Bref, l'affirmation théorique préalable d'une réalité physique fonde les pseudo-intuitions sensorielles ; et c'est cette affirmation qui, par dissociation de sa matière empirique, procède déjà à la division des difficultés ; cette division cependant est encore qualitative et pour autant ne donne que des résultats *synthétiques* : cela même montre dans les Sens des facteurs d'illusion qui, s'ils marquent des

a. Voir. notamment chap. IV, *La Fonction scientifique*, [*infra*, p. 679].

étapes fatales sur le chemin de l'Analyse, forment tout autant d'obstacles que l'Analyse aura à renverser.

Contrairement à ce que soutient le sensualisme, on n'attribuera donc ici à la sensation ni valeur formelle de connaissance ni valeur matérielle de donné intuitif pour la connaissance. Si « donné » il y a, il s'agit d'un donné *problématique*, de l'ordre de cette diversité qualitative que la fonction de la science est, non d'accepter, mais de réduire par détermination et identification. Déguisements variés du Réel, les gammes de qualités sont d'abord fatalement classées comme telles par la science, en attendant d'être dissoutes par la découverte des éléments identiques qu'elles nous masquent[a].

b) *L'Espace et le Temps sont-ils des « donnés » intuitifs ?*

On a indiqué que, pour certains sensualistes encore, les notions qui fournissent leur objet principal à la géométrie, à la mécanique et indirectement
27 à la physique, seraient elles aussi des | produits des Sens[b]. Le problème ainsi soulevé est à la fois plus complexe et plus décisif que le précédent; c'est que, comme on le verra mieux en abordant la méthodologie mathématique, ces notions sont bien cette fois au principe de toute analyse effective.

On pourrait réfuter d'abord la thèse sensualiste à leur sujet en notant, comme l'ont toujours fait les intellectualistes, qu'Espace et Temps sont *notions* de rapports et non notions de phénomènes qualifiables, et qu'invoquer quelque combinaison d'impressions pour les expliquer c'est déjà invoquer une opération « intellectuelle » d'analyse, et non plus une synthèse intuitive s'effectuant par simple réception. Mais cette critique, en nous séparant d'une sorte d'intuitivisme nous laisserait rapprochés d'une autre : quelques grands auteurs intellectualistes admettent une thèse selon laquelle Espace et Temps seraient immédiatement saisis, sinon par les Sens, du moins par un entendement (faculté de comparer, juger, référer les unes aux autres les impressions recueillies par ailleurs) ou par une Raison (faculté d'ordonner les impressions selon des formes ou des principes préétablis). *Descartes* fait de l'Espace une « idée innée », *Kant* fait de l'Espace et du Temps des formes universelles « a priori » qui s'imposent comme intuitions à la sensibilité. Le principal argu-

a. Cette critique du sensualisme ne vise en rien à diminuer la valeur communément accordée à la sensation; nous admettrions aisément en psychologie générale la portée « esthétique » considérable du phénomène. Mais, le sens du mot « esthétique » le dit assez, c'est l'Art qui s'enracine dans les synthèses sensorielles et non la Science : il importe de ne pas tout confondre.

b. Pour les uns, *nativistes*, produits immédiats; pour les autres, *génétistes*, produits de combinaisons tardives.

ment de cet intuitivisme rationaliste, c'est que les notions en cause étant des conditions de la perception usuelle même (tout objet perçu, en même temps qu'il a couleur, poids, odeur, etc., a aussi forme, relief, durée) ne peuvent provenir d'un travail quelconque effectué peu à peu sur cette perception, et lui être postérieures.

Quelque considérable que soit la distance entre les deux intuitivismes[a], ils offrent en commun ce trait, d'assigner une origine et comme un point de départ à l'Analyse scientifique dans une ou plusieurs affirmations immédiatement obtenues. Ces thèses nous offrent donc, sous différentes formes, toujours la même | question : l'esprit scientifique dispose-t-il de principes vrais, désignant **28**
déjà comme tels quelque réalité fondamentale et permanente ? Quant à l'argument rationaliste reproduit ci-dessus, on notera qu'il décrit un état perceptif qui est bien, incontestablement, celui que traduit le langage de l'homme adulte civilisé : quand je désigne tel objet, je le détermine aussi bien par lieu et moment que par qualification ; il n'est pas inutile de remarquer toutefois qu'une détermination de cette sorte implique un minimum d'éducation théorique, ce minimum dont des siècles d'efforts ont fait une habitude spécifique, inscrite désormais dans le langage transmis à l'enfant humain : droite et gauche, haut et bas, proche et lointain, avant et après, sont en même temps que des virtualités de concepts géométriques et mécaniques des usages perceptifs vite construits, grâce aux mots qui les désignent. Il paraît peu probable que comme purs concepts ils aient pu être obtenus d'emblée, antérieurement aux tâtonnements, aux recettes pratiques, aux inventions techniques qui ont certainement aidé à leur détermination claire. Ce qui semble le prouver, c'est que cette détermination apparaît historiquement comme un « progrès » toujours en cours, et que l'effort pour l'obtenir de plus en plus parfaite justifie du même point de vue historique l'existence et le développement d'une Mathématique. Cette science n'aurait pas de valeur intrinsèque si les notions qu'elle s'efforce de préciser de plus en plus étaient données dans l'esprit humain avec un contenu fixe, définitif et absolument connu à l'avance[b].

Reste à indiquer ce que sont pour nous l'Espace et le Temps pris au stade empirique de la connaissance. A ce même stade, et donc dans la perception

a. Pour le sensualisme, en somme, les notions scientifiques fondamentales proviennent de l'exercice empirique de fonctions différentes, par un mystérieux dépouillement des résidus qualitatifs : Empirisme. Le Rationalisme en montrant que les dites notions conditionnent tout exercice théorique de fonctions quelconques, souligne du moins ce caractère de la pensée en général et de la pensée scientifique en particulier, d'être d'abord, essentiellement, *jugement*.

b. *Cf.* plus loin, Méthodologie des mathématiques : l'*Axiomatique* et la *Signification des Mathématiques* [p. 710 *sq.*].

usuelle, les deux notions ne s'offrent pas à la pensée sous l'aspect abstrait pur que les mathématiques s'efforceront de concevoir, mais sous celui de « propriétés » mêlées, en quelque sorte, aux qualités sensibles : l'Espace y est contour et forme, épaisseur et distance, enfin *Étendue*; et le Temps y est croissance et transformation, enfin *Durée.* Ces propriétés n'en ont pas moins une valeur déjà remarquable, c'est de permettre une amorce d'identification et d'analyse des choses, en les laissant voir : 1) simultanément présentes et
29 distinctes (co-existantes); 2) antérieures | ou postérieures les unes aux autres (conséquentes) : ces deux modes de référence pourront avoir pour effet de montrer les choses en rapport de détermination mutuelle et ainsi de nous permettre, si nous voulons l'entreprendre systématiquement, une estimation objective cohérente; car, si l'on peut réussir à généraliser absolument le rapport de double sorte défini ainsi, le monde devenant homogène se prêtera à l'Analyse, et sa *réalité* (permanence extérieure de constituants élémentaires identiques) deviendra vérifiable.

Mais pour voir comment se peuvent maintenant formuler les données empiriques du problème théorique, on ne doit pas perdre de vue que dans l'expérience perceptive Étendue et Durée sont mêlées aux qualités qui, elles, nous offrent le monde comme un spectacle fait de disparate, de variété et de changement; l'analyse possible est dans la perception une possibilité confondue avec des possibilités de synthèses de toutes sortes, et si l'esprit scientifique consiste bien à développer méthodiquement la première seule, il ne le peut qu'en « réduisant » les secondes, c'est-à-dire en prouvant effectivement leur caractère illusoire ou « phénoménal », celui qui en fait de simples apparences subjectives. L'expérience prise telle quelle, c'est donc bien en fin de compte un *conflit* : ce conflit que la science, optant pour l'analyse, s'efforcera de résoudre dans le sens même qu'indique a priori son option formelle.

Le moment est venu de schématiser ce conflit ou plutôt de caractériser plus généralement les termes antinomiques qui l'engendrent. Dire qu'Étendue et Durée sont notions d'homogènes, cela les désigne comme de pures sommes dont les unités ajoutées sont supposées de structure identique ou invariable; si on réussit à les constituer en concepts purs (Espace et Temps) ce sera pour en faire de simples milieux pour les mouvements de toutes les choses qu'on y rencontrera, et qu'à ce moment on appréciera *quantitativement.* La Quantité, en effet, ce n'est pas autre chose que la référence par tout et parties identiques, par somme et unités relativement simples; elle permet de ne distinguer les objets que par *plus et moins*, et non comme *tel et tel autre.* Ce qui suscite donc avec un conflit effectif de jugements également possibles (quantité et qualité)

le problème « matériel » de la science, c'est la présence, dans le pseudo-Réel empirique, des synthèses sensorielles, et leur résistance (fondée dans une aptitude de la pensée opposée à l'aptitude | théorique), à l'Analyse réductive. 30
Lourd et léger, violet et jaune, dur et mou, etc., comment tout cela peut-il être analysé, réduit en éléments, et enfin *mesuré et objectivé* ? Il importe en effet de noter maintenant l'équivalence logique des deux dernières expressions : supposer une Nature objectivement réelle ou une Quantité possible comme forme de cette Nature, cela revient toujours à faire d'une chose un tout défini de parties distinctes et impénétrables, et qui se déterminent donc ou se limitent de la même manière que *plusieurs* choses entre elles. La référence du jugement à un monde extérieur, c'est la Mesure ; qu'on la nomme Réalité ou Quantité, la forme consciente de la croyance théorique fondamentale reste la même. Cependant s'il est vrai qu'Espace et Temps sont, non des donnés intuitifs, mais des notions régulatrices à préciser de plus en plus, la notion de Quantité qui les généralise ne peut valoir, elle encore, que comme pur règlement comme méthode à éprouver : et l'épreuve décisive sera forcément la tentative de *résoudre* grâce à elle le disparate sensible (tentative qui constitue le propos normal de la Physique).

Nous nous flattons, en percevant par exemple un objet rouge, de voir la couleur étalée sur une forme, c'est-à-dire simultanément présente en tous les points d'un lieu, et susceptible de durer, c'est-à-dire successivement présente à tous les moments de l'opération visuelle. Mais en prenant acte d'une perception de ce genre, le savant, bien loin d'accepter comme intuitivement donnée la liaison (absurde comme telle) de la qualité couleur avec les mesures abstraites du lieu et du temps, formulera, dès qu'il croira pouvoir le faire, la *question* de savoir comment la couleur s'explique, à la supposer réelle, c'est-à-dire comment on peut la décomposer en ses constituants invariables ; le problème n'est autre que celui de la mesure de la couleur, et donc strictement de sa réduction au lieu et au moment. Cette réduction, qu'on la suppose faite ou à faire, est en tous cas le seul moyen de conférer à la couleur une véritable réalité, avec une extériorité ; et il est vrai que notre idée de la couleur perdra, par ce traitement, *ce qui* faisait la sensation originale et *autre* que toute autre, sa qualité à la rigueur incomparable ; mais tel est bien le résultat à obtenir en effet. Si donc il est certain qu'en fait le jugement théorique accepte, comme moyen provisoire inévitable de classement des difficultés (et même les concepts d'objets n'ont pas d'autre valeur légitime) les pseudo-intuitions | qualifica- 31
tives, il ne les traite, ce faisant, qu'en prétextes à exploiter pour son propre dessein, et en obstacles à renverser. Une physique, encore qualitative dans son ensemble, l'est et le demeure pour autant qu'elle est provisoirement contrainte

de *nommer* ses problèmes avant de savoir les résoudre; car une vérification authentique des « propriétés » diverses des choses, cela devra finalement aller toujours dans le même sens : montrer dans ces propriétés comme telles les illusions d'un esprit qui *fausse* et déforme l'action d'un réel par soi homogène et donc d'essence quantitative. Il y a déjà longtemps que les Pythagoriciens ont énoncé le principe régulateur de toute science : « Mundum regunt numeri ».

Relativement au problème posé (de la possibilité de bases à la fois « matérielles » et intuitivement vraies de la Science), la conclusion normale semble donc être la suivante : de telles bases ne sont données ni par l'expérience perceptive usuelle, ni par la fonction réceptive des sens[a]. Il n'y a pas de vérité antérieurement au savoir. Certes il n'est pas contestable que l'expérience fournit une « matière » à quoi devra s'appliquer la forme régulatrice du savoir pour que la vérité effective se découvre; mais cette « matière », sensoriellement qualifiée ou ajustée par l'intelligence conceptuelle aux milieux quantitatifs de l'Espace et du Temps, ne possède par soi aucune valeur intuitive de réalité : il semble qu'il faille ici récuser à la fois le dogmatisme des rationalistes et l'empirisme des sensualistes. La fonction propre de cette matière, c'est, lorsque se découvre, par l'erreur soupçonnée ou reconnue, le conflit de croyances opposées qui fait le périlleux imbroglio de l'expérience, de susciter, par sa résistance même à une tentative de vérification immédiate, l'entreprise à longue échéance de la Connaissance pure : des deux croyances
32 absurdement emmêlées, la | Science est effort pour dégager l'une et l'autre, par une difficile abstraction. Dans le débat pendant entre la Qualité et la Quantité, le rôle formel de la Science est de présumer d'abord, de démontrer ensuite, la suprématie de la Quantité; l'expérience elle-même est neutre, la fonction « matérielle » de la Qualité est celle d'un adversaire : c'est celle de l'Illusion s'opposant aux exigences de la Vérité.

a. On peut sans doute nommer d'autres sortes d'intuitions : *a*) la doctrine bergsonienne en admet une d'ordre proprement spirituel, qu'on peut vouloir dire psychologique ou métaphysique ; la doctrine ne lui assignant pas de rôle scientifique, il n'y avait pas lieu d'en apprécier ici la portée, par ailleurs considérable; *b*) la psychologie de l'intelligence savante observe des sortes d'opérations divinatrices, brusques révélations de vérités longtemps cherchées; phénomène fort semblable à l'inspiration poétique. Mais très évidemment de tels phénomènes ne peuvent se produire que pour des esprits déjà très informés; leur examen n'eût donc éclairé en rien le problème examiné ci-dessus; ajoutons que d'ailleurs ils ne prennent une valeur théorique qu'une fois *prouvés*, ce qui exclut l'hypothèse, même dans ce cas, de vérités intuitives.

B) INTUITIONS RATIONNELLES : LES RÈGLES LOGIQUES DU DISCOURS

Un fait important résulte de l'obligation, pour l'esprit scientifique, de débrouiller la diversité en l'identifiant : c'est le caractère fatalement progressif de cette identification ; exprimons ainsi, pour l'instant, le fait que la Science est un discours, dont les conclusions *succèdent* à l'énoncé de prémisses, et qui en un mot se développe dans le Temps. Si nous pouvions connaître d'abord par voie intuitive le Réel, nous le concevrions sous l'aspect de l'éternité, à la manière dont le saisit la pensée de Dieu, si l'on en croit les théologiens. Mais si un tel mode de détermination totale et immédiate est incontestablement l'Idéal qui réglemente *a priori* l'effort analytique de la Science, il n'est pas l'unique moteur d'une pensée qui reste capable, par ailleurs, de juger synthétiquement, ou par qualification, les événements du monde. A considérer en psychologue le problème du Temps, comme l'a fait *Bergson* notamment[a], on voit que c'est l'Esprit qui en fournit la donnée initiale sous l'aspect d'une durée qui, bien loin d'avoir la valeur métrique claire de l'Espace, est changement perpétuel, hétérogénéité pure : la Mémoire intègre sans cesse les moments successifs de ce changement, mais dans une Synthèse qui a pour effet l'*altération* continue des phénomènes. Un résultat décisif de l'entreprise scientifique sera, cependant, de découvrir ou plutôt de loger dans cette Durée même, à son tour, un minimum d'homogénéité : c'est que l'analyse des phénomènes, sans cette insertion, serait impossible ; elle ne consiste, en somme, qu'à appliquer le postulat de quantité | à l'ordre de l'enregistrement mémoriel. Mais ce que le 33
postulat ne peut faire, c'est de juxtaposer dans la quasi-éternité de l'Espace les moments successifs supposés identiques de la Pensée : l'ordre de l'altération spirituelle est *irréversible*, comme le progrès de la mémoire elle-même. La conséquence de cette impuissance (qu'on peut croire provisoire relativement à l'Idéal normatif d'un savoir absolu) c'est que l'analyse épousera fatalement le rythme de croissance continue qui est celui de l'Esprit : contrainte de se plier à la distinction de l'avant et de l'après, du passé et du présent, elle est condamnée aussi à donner bon gré mal gré un cours « historique » à l'énoncé de vérités qu'elle présume permanentes ; elle est un discours.

a. Le premier ouvrage de ce grand philosophe est déjà décisif sur l'ensemble de la question. La thèse essentielle des *Données immédiates de la conscience* (1889) est en gros celle-ci : la qualité est ce que pose l'esprit comme tel ; la quantité est la loi de la Matière comme telle ; il n'y a pas de génération possible de l'une par l'autre ; les deux ordres sont opposés, et la philosophie ne doit pas les confondre.

Il s'agit cette fois, répétons-le, d'une contrainte et non plus d'une obligation : les rapports de détermination réciproque entre les parties du monde, que la Physique appelle des *lois*, ne sont supposés réels que dans la mesure où on les suppose aussi invariables ; et si leur invariabilité se dissimule sous des transformations, on devra interpréter en tous cas celles-ci par subordination à celle-là[a], c'est-à-dire encore comme de simples apparences ; c'est bien pourquoi, comme l'a souligné *Bergson*, le Temps des physiciens s'exprime géométriquement, sur le modèle de l'Espace. Cette considération normative nous permet d'interpréter maintenant les règles du discours théorique : il ne s'agit en rien de règles nouvelles, mais de l'application au progrès discursif lui-même de celles qui ont déjà été examinées.

Les logiciens, en les énonçant à leur manière, les attribuent à une faculté qu'ils appellent Raison, mais dont la structure reste celle qui a été décrite et ramenée à une option, à une croyance *a priori*, à un système de postulats. En effet, ce qu'on appelle « *principes directeurs* » ou « *rationnels* », ce n'est que l'énoncé de ces évidences hors desquelles nulle analyse et nulle démonstration ne sont possibles : le *principe d'identité* (ce qui est est, ce qui n'est pas n'est pas) a pour corollaire celui de non-contradiction (une chose ne peut en même temps être affirmée et niée sous le même rapport). Ils traduisent tous deux ce précepte, que la valeur des assertions formant le discours *doit* être celle des
34 composants homogènes | d'un tout ; car ils veulent que toutes les parties du discours, comparées *sous l'unique rapport de l'existence*, soient équivalentes, et qu'en d'autres termes, la sommation ne changeant pas la nature des unités, le cours temporel du jugement ne soit pris que pour une sommation de ce genre et n'altère pas la valeur des assertions qui le composent. Ces principes, on le voit, reviennent donc au fond à imposer au mouvement spontané de l'Esprit la règle de construction de la Quantité : car si on tente de les appliquer à une diversité qualitative, à un changement, ils reviennent à prescrire de considérer ce changement comme illusoire ; subjectivement considéré, le discours verrait les assertions composantes tomber une à une dans le *passé* et n'avoir que la valeur intérieure des souvenirs ; la Raison objective cependant postule que leur suite peut prendre une valeur totale toujours semblable à elle-même, et qu'elle *doit* la prendre en effet pour la pensée qui cherche le Vrai : c'est prescrire de traiter le discours comme une somme, dont les unités doivent avoir la même signification d'actualité que l'unité *présente*.

a. *Cf.* plus loin, *Méthodologie des sciences de la Nature*, chap. VI, L'examen des diverses sortes de lois [*infra*, p. 728-731].

On a coutume de distinguer du principe d'identité et de comprendre dans la Raison le principe du *déterminisme* ou de causalité (pas de fait sans cause – les lois de la Nature sont invariables) ; en fait, ils ont la même signification. De même que, comme obligation d'identité, la Raison impose à la pensée de composer tout jugement vrai par relation à des conditions d'affirmation toujours actuelles quoique antérieurement établies, de même comme obligation de déterminisme la Raison impose à la pensée d'affirmer la réalité d'un phénomène problématique par composition de lois constantes, ou d'éléments invariables. L'Identité, c'est la garantie de valeur du discours ; le déterminisme, c'est la garantie de réalité des faits[a]. Mais c'est une même garantie. De même que la Vérité du jugement c'est l'unité a priori de toutes les affirmations, de même le déterminisme c'est l'unité a priori des choses affirmées. Ces lois dont le déterminisme postule la constance sont les rapports de détermination qui, montrant que les faits sont *fonction* les uns des autres, les unifie de la même façon que le discours s'unifie lui-même, en montrant l'équivalence de ses composantes. Ainsi ce qui est pour le logicien Identité est pour le physicien Déterminisme ; et c'est l'*équation* qui permet le passage de l'un à l'autre : | les 35
mathématiques assurent la communication entre la Raison et la Nature.

C) UNITÉ ANALYTIQUE ET UNITÉ SYNTHÉTIQUE

En résumant tout l'examen ci-dessus, nous arrivons à ceci : l'esprit scientifique cherche à dégager d'une expérience confuse les constances qui doivent s'y trouver, et qui nous permettraient, en la comprenant objectivement, de régler sur elles notre pensée. Mais notre pensée, cela implique à la fois les Sens, la Mémoire et la Raison. Chercher par la Raison ce qui demeure d'immuable et d'identique dans le divers, cela définit une opération exactement opposée à celle des Sens, de la Mémoire et des fonctions qui se rattachent à celles-ci ; car la Raison veut l'analyse et ces fonctions n'accomplissent par elles-mêmes que des synthèses, c'est-à-dire des altérations. Le rapport de l'a priori rationnel à l'expérience doit dès lors s'interpréter ainsi : une « matière » de nature synthétique, diverse et indéfiniment changeante *doit* être pliée à une « forme » de structure fixe ou qui tend à l'être. Toute démonstration scientifique est le fruit fatalement discursif de cette obligation une fois conçue, et proprement de cette *décision* une fois prise.

a. *Cf.* chap. I, B, [*infra*, p. 646-648].

Contre cette interprétation, toutefois, semblent pouvoir se former des objections que nous ne pouvons négliger, et qu'il sera commode de ranger provisoirement sous deux chefs : 1) celles qui viseraient à contester l'opposition psychologique ci-dessus admise entre l'analyse et la synthèse; 2) celles qui viseraient à découvrir, au moins dans le travail scientifique, l'association normale des deux procédés.

1) En s'appuyant sur quelques usages verbaux coutumiers, mais d'ailleurs peu rigoureux, on peut vouloir nommer Synthèse toute opération engendrant l'idée d'une chose par simple composition de ses parties constitutives selon un rapport *connu ou inconnu*. Si le rapport cependant est dit *connu*, on entendra obligatoirement que la composition est relative à une décomposition effectuée; si le rapport est *inconnu*, les deux opérations peuvent être conçues comme également possibles, mais restent séparées, l'une étant effectivement accomplie, l'autre restant à accomplir. (La perception vulgaire de l'eau, par exemple, fournit une synthèse qui n'est relative à aucune analyse et que nous
36 disons ignorante | pour cette raison; la notion chimique de l'eau, par contre, fournit une synthèse relative à l'analyse qui a réduit l'eau à une combinaison définie de deux gaz). Si l'on admet ceci, ne pourra-t-on dire que les deux opérations sont distinctes, mais non opposées, s'éclairent l'une l'autre et ne se contrarient pas, enfin doivent être reconnues complémentaires ?[a].

Cette figuration, très répandue d'ailleurs, semble procéder d'un formalisme logique qui, par souci de simplifier, méconnaît les conditions psychologiques véritables du travail scientifique; si les chimistes eux-mêmes appellent *synthèses* des corps composés, c'est bien en ce sens précis, que de tels corps manifestent des propriétés empiriquement différentes de celles des composants[b] : synthèse au sens propre, c'est donc là encore altération. Et si maintenant les mêmes chimistes tentent l'analyse des composés, c'est pour *opposer*, à l'ignorance trompeuse qui produit les synthèses sensorielles,

a. On invoque souvent l'autorité de Descartes sur le point ici débattu (*Discours de la Méthode*, 2e partie : 2e et 3e Règles); mais il reste à interpréter ses propos, et la discussion ci-dessus peut valoir aussi bien pour cette interprétation. Kant, de son côté, formule une distinction restée célèbre entre jugements analytiques et jugements synthétiques qui ne se justifierait guère par la confusion usuelle.

b. Voici une autre notion de la Synthèse chimique, qui l'apparente davantage à une *production* qu'à une théorie, et semblera d'autant plus correcte : « la synthèse chimique a pour but de fournir, avec le meilleur rendement possible, les corps composés qui sont utiles à notre existence matérielle, ou qui sont le résultat de recherches destinées à satisfaire notre curiosité

perceptives ou même conceptuelles, la connaissance rationnelle des rapports constitutifs ; cette connaissance transforme l'ignorance, elle ne la complète ni ne la prolonge ; encore moins, ajouterons-nous, cherche-t-elle à y retrouver un contrôle de sa propre opération ; si un contrôle de ce genre était possible et légitime, toute la conduite de l'esprit savant serait absurde. Sans doute il faut bien reconnaître que la reconstitution du composé en partant des simples découverts par analyse *confirme* à quelque égard la justesse de celle-ci ; mais il faut bien reconnaître aussi : *a*) que la reconstitution, en tant qu'elle fait état de l'analyse et utilise un rapport *connu* entre les simples, tient sa valeur uniquement de ce rapport ; *b*) qu'en permettant délibérément aux fonctions non-rationnelles de reproduire, dans des conditions désormais | définies, l'image 37
ou le concept empirique initial, la reconstitution ne fait que souligner le rôle illusionniste de ces fonctions, dont l'inaptitude théorique est d'autant plus accusée qu'elle est confrontée plus directement à la vérité découverte. Il nous paraît donc correct, psychologiquement et logiquement, de maintenir une opposition radicale entre l'analyse et la synthèse.

2) Il est certain qu'au fond on doit attribuer à la recherche scientifique, fût-ce à titre accessoire, une valeur pratique ; déjà les analyses particulières et incomplètes effectuées par le savoir moderne semblent avoir ouvert de telles possibilités synthétiques qu'aux yeux des mieux informés tout le « machinisme » contemporain paraît comme un fruit caractéristique des progrès de nos connaissances. Savoir, prévoir, pouvoir, ces termes semblent se suivre et s'enchaîner pour composer « l'action » consciente et lucide qui est celle de nos ingénieurs, et qu'*Auguste Comte* paraît avoir voulu systématiser en fondant son système de philosophie « positiviste ».

Cette deuxième figuration n'est pas moins répandue que la première, et elle est même devenue populaire, se transcrivant couramment dans la notion commune des « merveilles » ou des « conquêtes » de la science, qui sert à désigner bien plus des apports techniques inédits que les théories difficiles auxquelles on en fait hommage. Il faudra traiter plus loin l'importante question des rapports logiques du technique et du théorique ; notons en attendant

scientifique. » Jolibois [1], *Les Méthodes actuelles de la chimie*, chap. VII [Paris, Armand Colin, 1929, p. 168]. C'est dans la *Synthèse Chimique* que Berthelot écrit : « Notre puissance va plus loin que notre Science » [2].

1. Pierre Jolibois (1884-1954). Ancien élève de l'École Polytechnique, il fut professeur de chimie à l'École nationale des mines.

2. Dans le texte original de Berthelot, ce passage se lit : « Notre puissance va plus loin que notre connaissance ». Cf. *La Synthèse Chimique*, Paris, G. Baillière, 1876, p. 275.

quelques remarques qui prépareront cet examen : par hypothèse, le Réel représenté avec vérité n'est plus l'illusion initiale ; c'est ce qui nous a permis de le dire plus haut, sans chercher aucune subtilité, *produit* et non *donné* de l'analyse ; toutefois, il est bien clair qu'il s'agit d'un produit théorique, représentatif, et non d'un effet technique ou pratique qu'on lui rapporterait comme à sa condition d'existence. Reconnaissons-le, tout progrès technique paraît grandement favorisé par celui de l'analyse, et le « rendement » industriel de la science n'est pas niable ; mais encore faut-il bien entendre un rapport complexe. Le fondateur du positivisme a insisté sur le fait que les créations ou inventions utiles ont partout précédé l'analyse de leur fonctionnement : le génie fabricateur de l'homme pose à son génie théorique des questions non moins obscures que celles que leur soumet à tous deux l'Univers empirique de
38 la perception ; or il ne nous semble pas | que les inventions modernes, à les considérer de près, soient plus ou moins transparentes pour la Raison que les anciennes ; si elles l'étaient davantage, c'est que notre connaissance du monde serait achevée, car elle est aussi difficile à obtenir complète à propos d'un objet concret isolé (toute invention en fournit un de tel) qu'à propos de leur ensemble. Reste que ces inventions paraissent à la fois plus subtiles et plus nombreuses à proportion de la profondeur et du nombre des découvertes théoriques. Mais il convient alors de remarquer : *a*) que la proportion s'entend non moins bien dans un sens que dans l'autre ; *b*) que toute invention reste en soi une combinaison originale, et proprement une synthèse, comme telle irréductible à quelque mécanisme donnant automatiquement des résultats ; *c*) que les opérations techniques (de plus en plus complexes)[a] mêlées fatalement aux essais d'analyse ont des effets dissociatifs ou associatifs imprévus[b] ; enfin que les efforts de classification conceptuelle provisoirement liés à une analyse en

a. Si on considère comme principaux facteurs des réactions chimiques la température, la lumière, la pression, la concentration, le contact, la durée (Jolibois, *op. cit.*), l'utilisation expérimentale de ces facteurs, puis la mesure de leurs actions engageront autant de *sortes* de procédés et d'appareils qu'on a désigné de facteurs, soit par exemple : fours, appareils d'éclairage, pompes, balances, cuves ou tubes, chronomètres ou chronographes, etc.

b. La théorie optique des lentilles *suppose* un procédé de fabrication et de traitement du verre, c'est-à-dire un produit technique préexistant ; un procédé de montage des lentilles, indépendant comme tel de l'optique, aboutit en fait à en combiner les effets sur la vision. A partir de ces phénomènes *obtenus*, il est possible de se proposer ce but : augmenter à l'aide de lunettes la puissance de la vision ; on aura recours, pour cela, à la connaissance des lois de l'optique, afin de *préciser* les conditions (indices de réfraction, détermination métrique du grossissement), techniquement assurées, du succès : le *perfectionnement* associe bien les deux modes de jugement, il n'extrait point l'un de l'autre. *Cf.* Descartes, *Dioptrique* [1637], I.

cours et par là incomplète (« analyse qualitative » des chimistes, « morphologie » des naturalistes, etc.) fournissent autant de qualifications synthétiques inédites qu'ils amorcent de dissociations[a]. Il faut conclure de tout cela que la relation empirique actuelle de la connaissance et de l'invention ne fait guère que reproduire à un degré de complication plus élevé celle qui, dans la perception spontanée, lie déjà une ébauche de science à un art | indécis : le 39
problème de l'accord légitime entre les jugements de l'une et de l'autre reste entier ; c'est le problème pratique, au sens philosophique du mot, qu'aucune expérience particulière ne résoud. Cela s'entend : le critérium de l'unité de toute analyse est situé par le savant dans une réalité extérieure à la représentation qu'il s'en forme ; et au contraire le critérium de l'unité de toute synthèse est situé par l'inventeur dans un désir, une aspiration, voire un concept inédit qui lui sont propres, qui sont *sa* pensée. L'expérience usuelle, ce n'est que l'usage confus des deux principes de jugement ; la Science proprement dite est au contraire l'effort pour abstraire l'un de l'autre et en essayer le développement systématique : la prolifération des inventions modernes, par la conjonction de « données » plus nombreuses, ne change rien à la nature logique de ce rapport.

*

On peut tenter de généraliser dès maintenant ce résultat : tous les phénomènes de l'Univers, tels que les saisit notre primitive ignorance, sont des synthèses et peuvent être philosophiquement tenus pour les produits automatiques d'un génie inconscient, latent dans l'évolution « créatrice » du monde, et dont tout au moins la forme de conscience n'est pas celle de l'analyse théorique. Au regard de celle-ci une fois apparue, le monde minéral, végétal, animal et humain, avec ses produits toujours renouvelés, n'est plus que comme un « donné » énigmatique à résoudre, au sens littéral du mot : il est cette Nature trop variée pour pouvoir être comprise telle quelle, et que l'esprit savant se flatte de réduire peu à peu à des rapports d'éléments, se flattant aussi de l'espoir que par cette réduction la Nature, d'opaque, serait rendue transparente.

a. La découverte des gaz « rares » contenus dans l'air atmosphérique, faite en poursuivant l'analyse pondérale de ce dernier corps, isole des gaz composants comme des corps nouveaux, qui, pris tels quels ou techniquement associés à d'autres (courant électrique, tubes de verre), peuvent permettre quelque invention inédite (l'éclairage au néon).

INDUCTION ET DÉDUCTION

L'esprit scientifique, en tant qu'il est réaliste, déterministe et rationnel, est défini entièrement par la notion d'analyse. Mais une analyse fatalement discursive aura-t-elle toujours la même forme? On peut croire, à considérer la valeur et l'origine des jugements sur lesquels l'analyse s'exercera, que deux cas au moins sont possibles, qui peuvent réagir diversement sur la structure du discours.

1) Supposons que nous sommes déjà en possession de quelques vérités: l'analyse peut se développer par une simple conjonction convenable de ces vérités. Par exemple, connaissant quelques propriétés du triangle équilatéral et du cercle, nous cherchons à établir un rapport entre les deux figures; nous confrontons ce que nous savons de chacune, et voyant que le point de rencontre des bissectrices des angles de l'une est équidistant des trois sommets, comme le centre du cercle dans l'autre l'est de tous les points de la circonférence, l'inscriptibilité du triangle dans le cercle s'ensuit. La *conclusion* s'obtient par le simple rapprochement des *prémisses* données.

2) Supposons maintenant qu'on cherche ce qu'il y a de réalité véritable dans un phénomène empiriquement donné: l'analyse ne pourra se faire que par une dissociation directe, si l'on peut dire, de ce phénomène. Par exemple, on signale en un lieu déterminé une «pluie de sang»; l'examen des gouttes de pluie fait apparaître des particules de sable rouge: pour trouver la provenance de celles-ci, on cherche quel courant atmosphérique, après leur incorporation à la vapeur d'eau dans un autre lieu, les a apportées de ce lieu-ci dans le premier. Ce qui est donné d'abord dans ce cas, c'est une apparence qui, comme telle, ne peut fournir de prémisses; l'analyse semble donc ici construire directement ses

41 conclusions, | les obtenir par considération directe et dissociation du phénomène.

Cette distinction de deux modes de raisonnement est classique dans la philosophie empiriste. Si on la tient pour valable et définitive, il faudra admettre deux espèces de discours, dont on comprend d'ailleurs que l'une précède nécessairement l'autre en fait et en droit : car celle qui établit (« *inductivement* ») quelques vérités à partir de l'expérience a dû être antérieure à celle qui les utilise (« *déductivement* ») pour en obtenir d'autres. La seconde ne sera qu'un appoint pour la première, les vérités logiquement déduites ne faisant que prolonger des vérités induites des « faits ». Quoiqu'il en soit d'ailleurs de la primauté des unes ou des autres, il restera que deux « méthodes » de vérification sont possibles.

On a déjà noté[a] qu'en fait ce sont surtout les mathématiques qui obligent à admettre un mode « déductif » de raisonnement ; et c'est la physique qui, par son recours systématique à l'expérience, a par contre suggéré aux logiciens empiristes (*Bacon*, *Stuart-Mill*, notamment) l'idée d'un autre mode, qu'ils appellent induction. L'examen détaillé des deux groupes de disciplines pourra seul nous renseigner tout à fait sur la valeur définitive de la figuration ci-dessus ; mais d'une part on a pu remarquer que cette figuration contredit quelques-uns des jugements obtenus dans les précédents chapitres : car si toute vérification a pour effet de transformer, et non d'accroître, la valeur des synthèses empiriques en les analysant, si donc elle n'accepte de ces synthèses que des prétextes tenus pour illusoires et finalement les renie, il devient absurde d'admettre avec les empiristes qu'un mode quelconque de raisonnement puisse tirer de l'expérience perceptive quelques conclusions vraies que ce soit, propres à servir à leur tour de prémisses pour des conclusions ultérieures ; et d'autre part la figuration retracée ci-dessus, si elle ne dissout pas la difficulté, est conduite à la présenter de telle manière qu'elle la rend inintelligible et insoluble, tant pour les empiristes eux-mêmes que pour ceux de leurs adversaires même qui en acceptent un énoncé absurde[b]. Il ne sera donc pas inutile de débrouiller dès maintenant, s'il se peut, la question ; mais il faut pour cela préciser le sens des notions qui y sont engagées.

a. Voir Considérations préliminaires : *ordre des questions de logique*.

b. Voir l'ouvrage classique de Lachelier : *Du fondement de l'induction* (1871) ; l'énoncé du début. *Cf.* plus loin un énoncé analogue B, [*infra*, p. 673 *sq*.].

| A) L'ANALYSE DÉDUCTIVE 42

Il faut appeler déduction tout raisonnement qui procède, par identification des uns aux autres, de jugements pris comme principes vers d'autres pris comme conséquences; les seconds sont vrais *si les premiers le sont*: la référence qui le démontre est celle qui fait l'identification, c'est-à-dire qui affirme légitimement l'équivalence de tous sous un même rapport; cette référence ne trouve sa garantie de légitimité que dans la règle de l'Identité, et n'a donc qu'un fondement formel ou normatif, dans l'attitude rationnelle de l'esprit.

Le problème de la possibilité d'une analyse déductive pure, c'est de savoir d'où pourraient être pris d'abord des principes effectivement vrais, qui définiraient comme tels le rapport sous lequel leur seraient identifiées les conséquences. Ce problème n'est autre que celui d'une connaissance intuitive, qu'il a fallu résoudre, comme on a vu, négativement. Or s'il n'y a point d'assertions à la fois évidentes et objectivement fondées, il va de soi qu'on cherchera en vain des principes où une déduction puisse s'accrocher; on cherchera donc aussi en vain la définition d'un rapport sous lequel l'identification se puisse poursuivre. S'ensuit-il que le raisonnement déductif soit impossible ou sans valeur probante? Il s'en faut tellement qu'il faut bien le dire comme nous verrons le seul mode de discours théoriquement valable.

Encore faut-il bien entendre les conditions d'un tel discours : ce sont et ce ne peuvent être que les conditions formelles décrites précédemment, et qui « déterminent » la valeur d'un jugement par l'unique et constante référence à une croyance normative. Cette croyance présumant a priori un système d'objets réels, ne peut déterminer aucune espèce définie d'objets, et par conséquent ne peut garantir « matériellement » la valeur d'une identification sous tel rapport spécial également défini; mais aussi bien ne trouvera-t-on de garantie de cette sorte nulle part et par aucun moyen. C'est la garantie totale (par la supposition d'un système total d'objets) que donnent les principes rationnels : il n'y en a point d'autre, et du reste il n'en est pas besoin d'autre. L'exemple emprunté plus haut à la déduction géométrique le confirme, en ce qu'il a fallu pour l'exposer dire: « *Supposons* telle et telle vérité ». La supposition est nécessaire; elle est en outre suffisante pour | que puisse se faire l'identification 43
au point de vue formel. Et sans doute la valeur « matérielle » de l'une et de l'autre restera en question: mais c'est bien ainsi qu'il faut finalement comprendre tous les processus effectifs de déduction scientifique. En ce qui concerne notamment le processus mathématique, on verra qu'il est toujours conditionné par quelques suppositions préalables, dont la forme et la direction « générales » (mais non les déterminations spéciales) sont comprises dans la

notion de Quantité. Quant aux déductions concernant quelque rapport physique spécial défini, il n'est pas douteux que la définition de ce dernier ne trouve encore qu'un cadre (et aucun contenu) dans les Normes de la Raison; il est donc clair aussi que son contenu ne saurait avoir qu'une valeur hypothétique; mais aussi bien aucun concept physique n'en a d'autre, tant que la masse entière des concepts n'est pas réduite à l'état de système entièrement vérifié, c'est-à-dire tant qu'ils ne sont pas tous identifiés les uns aux autres par une analyse intégrale. La structure logique d'une théorie physique est telle que les jugements composants y sont reliés entre eux d'une façon plus ou moins cohérente; la vérité de la théorie est donc relative, comme le sont les unes aux autres les déterminations particulières qui la composent; celles-ci ne valent que par leur rapport légitime mutuel, et c'est dire que leur vérité croît en proportion de l'étendue de la théorie qui les ordonne[a] : au sens étymologique du mot, c'est donc la *probabilité* de la théorie, c'est-à-dire son rattachement présumé possible à toutes les autres qui fait sa vérité, et il va de soi qu'elle reste relative aux *chances* d'une identification totale : il n'y a pas de vérité à la fois spéciale et absolue.

Par exemple, si les lois de *Kepler*[1] prises seules sont vraies, c'est pour autant que, dans un cadre géométrique défini (forme elliptique du mouvement planétaire) les observations fragmentaires des positions successives des planètes se trouvent reliées les unes aux autres, devenant calculables à partir des prémisses géométriques acceptées (propriétés de l'ellipse); mais ces lois deviennent d'autant *plus vraies* que plus tard *Newton* peut les déduire elles-mêmes de prémisses mécaniques plus étendues (lois de l'attraction) et les intégrer dans une théorie plus vaste où sont également comprises les lois de la
44 chute des corps, celles des | marées, etc. A son tour, *Einstein* est amené, en traitant à l'échelle cosmographique le problème optique, à tenter de déduire les lois de l'attraction; mais il doit pour cela proposer des principes mécaniques plus généraux (théorie de la Relativité).

Un jugement vérifié, ce n'est donc que celui qui accepte d'entrer comme composant homogène dans un système d'homogènes; ce système peut être

a. *Cf.* chap. I, B, et les exemples donnés en notes, [*supra*, p. 646-648].

1. Johannes Kepler (1571-1630). Astronome allemand considéré comme le fondateur de l'astronomie moderne, il a établi que les planètes ne tournent pas en cercle parfait autour du Soleil, mais en suivant des ellipses, faisant ainsi éclater la notion d'un cosmos formé de sphères concentriques et limité par une sphère ultime, celle des étoiles fixes.

révisé : l'unité d'un processus déductif est établie hypothétiquement, brisée parfois et puis refaite ; c'est qu'elle n'est pas un fait absolu, mais une norme[a].

On appliquera sans difficulté ces considérations au syllogisme classique, qui apparaîtra ainsi comme le type même du raisonnement par sa forme, et comme la figuration qualitative du même raisonnement par son contenu (tel du moins que cherchaient à le préciser les Scolastiques). Dans un discours de la forme « tout a est b, or b est c, donc a est c », il est facile de saisir le caractère relatif de la conclusion : elle vaut ce que valent les prémisses, en raison de leur enchaînement mutuel. C'est cet enchaînement, et rien d'autre, qui est rationnel ; la valeur des prémisses prises en elles-mêmes reste en question. Toute déduction est de ce type formel ; c'est un système hypothétique, que son achèvement seul rendrait absolument valable ou encore *catégorique*[b].

B) Qu'est ce qu'une analyse inductive ?

La difficulté d'accrocher le raisonnement à des principes vrais est présentée par la Logique empiriste de la façon suivante : l'expérience perceptive ne nous livrant que des *faits* singuliers et divers, comment l'esprit scientifique peut-il extraire de tels faits les relations | constantes et uniformes qu'on **45**
appelle *lois* et qui forment le contenu positif de la Science ? Un nombre quelconque, si grand soit-il, de faits d'une certaine sorte étant toujours fini, ne peut nous donner le droit d'affirmer légitimement que ces faits obéissent à des lois ; car une loi concerne par définition une infinité de faits semblables possibles. Un certain nombre d'expériences montrent que les corps perçus tombent, mais le physicien affirme que *tous* les corps tombent : l'observation est contingente, la loi est nécessaire ; la perception est singulière, la loi est

a. On a admis longtemps qu'un « élément » chimique a un poids atomique constant ; la vérité de cette affirmation semblait garantie par l'unité de la théorie chimique. On vint à découvrir les *isotopes* (« éléments » formés du mélange de plusieurs atomes de poids différent) ; de là rectification du jugement relatif à la constance des poids atomiques, et correction de la notion même d'« élément »

b. Descartes juge le syllogisme « stérile » comme méthode de découverte ; pour bien entendre toutefois son jugement il faut le confronter aux énoncés des règles qu'il propose lui-même : la première suppose le *Doute* ; la deuxième suppose des « *difficultés* » et prescrit de les diviser. Ceci admis, Descartes ne prétend pas qu'on puisse méconnaître la règle d'identité : ce serait renoncer à raisonner ; aussi bien raisonne-t-il syllogistiquement, un *ordre* de difficultés étant *supposé* sinon donné, comme le veut la troisième règle, la quatrième recommandant « de ne rien omettre ». Dans son ensemble la méthode cherche à définir les moyens de choisir convenablement les prémisses du discours.

universelle. Or une analyse syllogistique correcte, c'est celle dont la conclusion n'est pas plus étendue que les prémisses; la règle formelle de toute déduction serait donc violée par le raisonnement expérimental? Les empiristes se croient autorisés par ces remarques à conclure :

1) que l'analyse syllogistique ou déductive n'enveloppe pas le raisonnement expérimental;

2) qu'il faut admettre à côté de cette analyse un mode de raisonnement original, procédant non plus par identification, mais par amplification, et ils appellent en effet ce mode *l'induction amplifiante*[a].

Évidemment, il leur faut alors chercher ce qui garantit un mouvement de pensée que la règle d'Identité ne soutient plus: si l'on appelle principe du déterminisme ou de causalité la règle qui permet d'induire en posant a priori qu'il y a des lois dans la Nature, le problème revient à chercher le *fondement* de cette règle, et autrement dit à essayer de justifier son usage par l'examen des rapports de l'Esprit avec la Nature.

En fait, c'est dans l'habitude[b] que les empiristes trouvent en dernier recours la justification cherchée; mais ce n'est pas là l'important si, comme il faut penser, les données du problème ont été mal conçues.

La perception d'un foyer qui me chauffe peut-elle donner lieu à l'affirmation légitime d'un rapport *général* entre feu et chaleur? La question
46 n'a pas de sens puisque reconnaître feu et chaleur | c'est déjà *concevoir* leur relation sous un aspect général. La définition de l'induction comme « généralisation » est incorrecte; l'empirisme l'a vulgarisée depuis trois siècles en partant de cette hypothèse que toute connaissance prendrait ses données initiales dans des intuitions de faits singuliers, et s'organiserait ensuite en ordonnant ces faits selon leurs ressemblances : mais il ne faut vraiment aucune subtilité pour remarquer que, toute similitude étant relative à la représentation d'un type, la perception de ressemblances suppose la généralité acquise et ne peut donc l'engendrer; on dira de même que la perception suppose le jugement, supposant un minimum d'identification relative (sous un rapport général préconçu). Là où l'on prétend découvrir un germe de connaissance

a. L'adjectif vise à distinguer cette induction du syllogisme par simple énumération qui est celui-ci : si une propriété appartient à toutes les espèces elle appartient au genre; or elle appartient à toutes les espèces, donc… etc.

b. Deux faits ayant été présentés en conjonction ou en succession fréquente, l'habitude nous incline à les *associer*; le principe rationnel du déterminisme ne serait que la forme la plus « abstraite » de cette manière de penser.

possible, il faut découvrir simultanément une intelligence ordonnant déjà l'expérience selon types, espèces et genres et non selon des singularités.

Ceci n'écarte certes pas absolument le problème de l'induction : il reste toujours à comprendre comment nous passons de l'expérience ignorante à la découverte des lois, question déjà indiquée et formulée dans son ensemble au chapitre précédent, et que nous sommes amenés à préciser seulement. Étant écarté le pseudo-problème de la généralisation, nous retrouvons celui de l'application, à une expérience quelconque, des normes formelles de la connaissance pure. On n'oubliera pas, à ce sujet, que toute détermination d'un rapport spécial (et donc sa nécessité et sa vérité) est relative et non absolue ; on n'oubliera pas davantage que sa portée empirique (au regard de la perception usuelle) est purement négative ou limitative, car elle ne consiste qu'à cerner, pour les exclure de la représentation légitime, les illusions ou erreurs qu'on présume contenues dans la représentation spontanée ; enfin, il convient de ne pas oublier que Nécessité, Identité et Quantité sont divers noms d'un même postulat fondamental, réglementant a priori le mouvement de l'esprit scientifique.

Cela étant, le mouvement de l'analyse inductive s'entendra ainsi : un phénomène étant donné, et s'agissant de savoir de quels éléments réels ou objectifs il est fait, on dissocie de sa figuration usuelle, et autrement dit de son apparence perceptive globale (par exemple, feux, chaleur) le *concept* qu'on *suppose* déterminable, c'est-à-dire réductible à quelque relation fixe, constante, enfin nécessaire ; on est par là incliné à chercher dans quelles conditions | *identiques* se produit le phénomène abstrait que ce concept figure, et **47**
cela oblige à identifier effectivement les ensembles perceptifs où il se rencontre (échauffement par choc, par frottement, par compression, par combustion) ; cette identification par abstraction du phénomène vaut comme la première étape de l'induction, et on voit qu'elle consiste très exactement à poser hypothétiquement *la donnée de la question* à résoudre. Il reste à vérifier, déterminer ou expliquer le phénomène, c'est-à-dire à le lier par une équivalence aussi précise que possible à ses conditions ; ceci exige ou bien qu'on sache ou bien qu'on suppose, encore, quelque chose de précis sur la nature de ces conditions elles-mêmes (choc, frottement, compression, combustion = Mouvement), et ainsi qu'on sache ou qu'on suppose pouvoir étendre la détermination au delà d'elles (Mouvement = Énergie). Soit donc que la question se puisse ramener à une autre déjà résolue, soit qu'elle engage à en poser et résoudre d'autres, il y a toujours un enchaînement à accomplir pour compléter l'opération analytique ; à cette étape, celle-ci consiste à dessiner, à la faveur de quelques *hypothèses* réductives, le schéma d'un *raisonnement* possible, c'est-à-dire d'une

déduction possible (une énergie mécanique étant donnée on doit pouvoir obtenir de la chaleur); mais enfin l'opération n'est complète que si les relations déterminantes sont *précises*, c'est-à-dire métriques (calcul de l'équivalent mécanique de la chaleur : loi de Joule) : pour pouvoir raisonner objectivement, il faut disposer d'unités, d'identiques (calories, kilogrammètres).

En admettant cette figuration, on doit voir qu'il n'y a pas à chercher pour l'induction d'autre fondement que celui qui garantit la déduction, puisqu'on n'a pas à faire avec la première à un mode de raisonnement véritable qui différerait de celui que représente la seconde; raisonner c'est démontrer des équivalences, c'est donc toujours déduire. L'« induction », c'est la conjecture par quoi on escompte la réductibilité de *tel* phénomène abstrait à une relation nécessaire : la vérification déductive peut seule faire de la conjecture une loi en lui conférant un aspect relativement déterminé, et donc métrique si c'est possible. La fatalité d'un moment conjectural au début de l'analyse s'explique par ceci, qu'une disposition convenable, par rapport à ce que l'on croit déjà
48 savoir, des concepts disjoints de l'expérience ne peut être | qu'un choix de valeur provisoirement hypothétique, la disjonction elle-même n'étant que *problématique*. Ce caractère de l'enquête expérimentale explique qu'on soit tenté d'y voir une démarche rationnelle distincte; mais logiquement, sa valeur dépendant de la détermination à intervenir, elle n'est que l'acte, encore en partie empirique, par quoi on fournit un corps à la détermination. Si une logique de l'induction pure était viable, elle serait celle de la construction problématique de concepts classés selon le rapport tout *qualitatif* de leurs attributs, et elle serait donc bien en arrière encore de la logique syllogistique d'Aristote. S'il faut bien en admettre une, c'est à condition de la rattacher étroitement à la logique du raisonnement déductif.

En fait, on n'ignore pas qu'aujourd'hui les démonstrations expérimentales des physiciens sont d'autant plus précieuses qu'elles peuvent prendre une forme mathématique plus nette : tant qu'elle ne peut passer par la voie du calcul, la théorie physique reste *vague*, et le vague n'est pas le vrai. Or le calcul est un processus déductif, l'analyse qui l'emploie l'est donc aussi; son histoire effective c'est bien celle du jeu d'hypothèses réductives qui soumettent des concepts choisis à cet effet, à quelques « formes » mathématiques connues comme telles. *Torricelli*[1] disant que les hommes vivent submergés dans un océan d'air comme des poissons dans l'eau, rapporte l'un à l'autre deux

1. Evangelista Torricelli (1608-1647). Physicien expérimentateur et mathématicien italien qui établit l'existence de la pression atmosphérique au moyen d'un tube à mercure, et qui réalisa en même temps le premier vide, dont on niait alors la possibilité. Il fut un disciple de Galilée.

concepts qualitativement dissemblables, et forme la notion de pression atmosphérique en affirmant de l'air et de l'eau une même relation, savoir le poids, traduit par des nombres. On suppose que le changement de couleur d'un papillon est conforme à des lois ; c'est supposer un rapport qu'on tâchera de *préciser* de plus en plus entre la pigmentation et la température. Expliquer un phénomène, c'est le ramener à quelque relation d'où il puisse se déduire ; la vérification expérimentale consiste à confronter un jugement de prévision déduit d'une hypothèse, et un jugement de constatation, de préférence au moyen d'un dispositif intentionnellement construit : il est donc vrai que la recherche part de l'expérience, mais non comme d'un tremplin tout monté ; et il est vrai qu'elle y retourne, mais non comme à un terrain de repos tout aménagé : car c'est entre le point de départ et le point d'arrivée que s'intercale l'*explication* ; et c'est cette explication qui donne son sens théorique à l'idée que nous nous faisons des deux points. L'eau qui est un | liquide pour les Sens semble d'abord incompa- 49
rable à deux gaz ; mais l'équation chimique pose finalement l'identité du liquide à un rapport précis entre les deux gaz : $H_2O = O + 2H$.

Certes, il subsiste une difficulté dans tout ceci, et c'est la suivante : le processus expérimental de vérification suppose une théorie de la Quantité applicable à l'expérience, c'est-à-dire qui ne soit pas une simple Norme formelle, mais un système de règles d'identification propres à réduire une diversité pratiquement infinie ; comment peut naître une telle théorie ? Le problème logique devient celui-ci : *qu'est-ce qu'une Mathématique pure et « comment est-elle possible » ?* Il faut réserver l'examen de cette question décisive ; mais on voit que son énoncé ne doit pas exclure l'évocation de procédés « inductifs » de vérification ; bien au contraire, il la sous-entend.

*

Nous pouvons maintenant schématiser le rapport de l'expérience et du raisonnement : le jugement théorique est toujours Analyse, mais il implique dans des sciences forcément « particulières » la coordination de deux mouvements, dont l'un peut être dit *régressif* et l'autre *progressif* ; le régressif, c'est celui qui conjecture une dissociation telle de l'expérience qu'elle permette, si elle peut être vérifiée, de soumettre l'expérience à la Norme fondamentale de tout savoir vrai ; la croyance en l'extériorité absolue d'une Nature réelle. Ce mouvement qui réfère les concepts problématiques et leur relation hypothétique à un règlement préétabli et formel, enfin a priori, fait l'« induction ». Il reste à vérifier positivement, ce qui ne pourra se faire que par raisonnement, c'est-à-dire par une « déduction » progressive.

Cette déduction en effet va de la norme formelle vers l'expérience, mais en empruntant de la conjecture « inductive » une présomption définie, sinon vraie ; en supposant l'intermédiaire mathématique qui précisera la présomption, le raisonnement sera concluant s'il retrouve, conforme au rapport analytique progressivement déterminé, la donnée problématique initiale qu'il avait accueillie sous réserves. Remarquons que d'ailleurs cette donnée (forme géométrique régulière d'un objet, lumière blanche, corps chimiquement pur, etc.) c'est toujours un « fait » abstrait, et non l'expérience concrète elle-même ; cela
50 encore confirme que toute | détermination est fatalement relative. Si la méprise empiriste s'explique, qui a vu dans les deux mouvements deux sortes d'opérations distinctes par leurs principes, elle n'en est pas moins une méprise, qui ne doit pas faire perdre de vue que la science, une dans ses visées, l'est dans ses principes et dans ses résultats.

LA FONCTION SCIENTIFIQUE

En considérant la science, dans ce qui précède, surtout comme une doctrine (système de croyances) et comme une méthode (système de règles) on a essayé d'en définir la structure « in abstracto ». Mais la science est d'un autre point de vue une *fonction* de l'esprit humain capable comme telle d'entrer en rapport avec les autres fonctions ; il n'est pas sans intérêt de revenir sur ce rapport, qu'on n'a fait qu'indiquer occasionnellement jusqu'ici. Il sera non moins utile d'essayer de comprendre historiquement comment le même rapport influence le travail scientifique, et à quelles conditions est assuré le « progrès » de ce travail.

A) LE RAPPORT DES FONCTIONS EN GÉNÉRAL

La science une fois spécifiée comme fonction abstraite s'accorde une valeur et une destination indépendantes : elle vise uniquement à établir le vrai, à dire ce qui est, indépendamment de l'importance de ce qu'elle établit pour la destinée de l'homme ou plutôt pour l'idée qu'il s'en fait. La visée de sa fin, la fidélité à sa destination peuvent conduire la science à dessiner de plus en plus clairement les conflits, sourdement perçus dans les mécomptes de l'expérience spontanée, qui l'ont amenée à se spécifier comme fonction relativement distincte ; ainsi elle pourra être amenée à s'opposer plus ou moins nettement aux autres fonctions par lesquelles l'esprit humain cherche ou donne encore, mais dans des voies différentes, sens et valeur à son activité : technique, religion, art.

1) *Entre la science et la technique*, le conflit peut se ramener à l'opposition du nécessaire et de l'utile. Ce qui existe nécessairement n'est pas toujours ce qui conviendrait à nos besoins, ce qui nous conviendrait n'est pas toujours
52 réalisable. L'urgence des | besoins à satisfaire par la technique trouve un retard, un frein, dans la méfiance critique du théoricien pur, méfiance et critique que les exigences de l'action nous font souvent mésestimer. En proportion de l'urgence, le technicien accepte de tenter et de réussir sans bien comprendre la portée de ses actes (par exemple, le médecin devant un malade). Inversement, lenteur théorique, négligence de l'intérêt immédiat, souci de vérifier et de comprendre, autant de traits par lesquels le savant s'oppose au technicien.

2) *Entre la science et la religion*, le conflit est trop simplement ramené à l'incompatibilité de la raison et de la foi. Considérons en effet les caractères les plus marquants de la pensée religieuse : affirmations dogmatiques concernant l'origine, la nature, la destinée des choses et des hommes; – règles d'action rituelles et codifiées commandées par les dogmes; – volonté de communication et de communion universelles; – sens d'un mystère, d'une valeur surnaturelle de la nature liée à la foi en une révélation, source d'autorité intellectuelle.

Les occasions de conflit pourront être des divergences d'interprétation scientifique et religieuse concernant: *l'origine*, s'il est vrai que penser scientifiquement c'est relier et qu'une origine absolue est une rupture de relation; – *la nature*, que l'esprit scientifique considère comme un système de lois (causalité des phénomènes); et l'esprit religieux comme un système providentiel (finalité des êtres); – *la destinée*, car si la science fait de l'homme une partie de la nature et montre quelle place il tient dans l'univers, elle ne saurait dire quelle est sa destinée ou son avenir puisque l'avenir qui est la possibilité de la création ou de l'invention ne peut pas être un objet du savoir mais un prétexte d'espérance.

Ajoutons que la science, en garantissant une technique possible, permet de croire à une perfectibilité de la situation humaine (optimisme humaniste de la Renaissance et du XVIIIe siècle), au lieu qu'une théorie religieuse de la condition humaine, la représentant comme une déchéance, recouvre plus ou moins de pessimisme. Il pourra y avoir divergence et conflit entre science et religion pour ce qui touche à leur valeur respective de communication universelle. *La* science s'opposera *aux* religions.

Le conflit naîtra inévitablement entre l'autorité et l'esprit critique, entre la foi et la démonstration vérifiée, entre une méthode qui ne peut confesser que
53 le déterminisme des phénomènes et un | enthousiasme qui s'accommode

volontiers, sous le nom de miracles ou de mystères, d'exceptions à la rigueur du déterminisme scientifique.

3) *Entre la science et l'art*, il y aura la même opposition qu'entre l'amour des vérités analytiques impersonnelles et l'amour des synthèses personnelles originales. La science défait des données, êtres ou phénomènes. L'art prétend créer. La science nie l'originalité au point de ne tenir pour objectivement valables que des résultats obtenus par convergence de méthodes différentes, éliminant ainsi ce qui peut subsister d'invention personnelle dans toute méthode. Inversement, la liberté d'inspiration de l'artiste fait l'effet au savant d'un jeu sans portée. Au mot de Delacroix : « Ce qu'il y a de plus réel pour moi ce sont les illusions que je crée »[1] répond le mot de Claude Bernard : « L'art c'est *moi*, la science c'est *nous* »[2].

B) SUR L'« HISTOIRE » DE LA FONCTION SCIENTIFIQUE

Comment la science se détache-t-elle du complexus de fonctions où elle est d'abord engagée ? Les oppositions qui ont été soulignées ci-dessus n'ont pas détourné des penseurs, qui adoptaient un point de vue « historique », de soutenir qu'une filiation directe devait rattacher la spéculation scientifique proprement dite à l'une ou à l'autre des fonctions concurrentes. Leurs hypothèses veulent être maintenant examinées pour laisser comprendre les conditions effectives du Progrès théorique.

1) *Religion et science*

La science serait-elle née de la pensée religieuse ? Y a-t-il continuité ou discontinuité entre l'adoration d'esprits supposés et la soumission aux choses supposées ?

Pour Durkheim, il y a continuité entre la pensée religieuse et la pensée scientifique. Le caractère universel, obligatoire pour le jugement personnel, des concepts scientifiques rationnellement formés est un dérivé du caractère collectif et contraignant des conceptions religieuses dans un groupement humain donné. La science trouve dans les religions primitives la forme spontanée de la classification. On apprend à diviser et à identifier

1. E. Delacroix, *Journal* (1893-1895), à la date du 27 février 1824.

2. Cl. Bernard, *Introduction à l'étude de la médecine expérimentale* (1865), chap. II, § IV, *Caractère indépendant de la méthode expérimentale.* Claude Bernard emprunte ce mot à Victor Hugo.

génériquement choses, plantes et animaux par rapport aux esprits ou aux
54 | dieux qui les régissent, par rapport aux tribus qui leur doivent un culte. Enfin le besoin d'assigner des causes supposées aux phénomènes effectivement perçus prolonge la foi religieuse en une réalité invisible et cachée.

Pour Lévy-Bruhl, il y a discontinuité entre la pensée mystique (primitive) et la pensée scientifique (civilisée). Lévy-Bruhl pense que la « mentalité » des primitifs est « prélogique ». L'esprit du primitif trouve une réponse à tous les problèmes dans la foi absolue en une liaison possible, par de mystérieuses affinités ou hostilités transcendantes à la constatation expérimentale, entre n'importe quoi et n'importe quoi. Des ombres chinoises sont causes de pêche abondante; un serpent tombe d'un arbre sur un homme et cause la mort de son fils. Ainsi l'esprit du primitif confond ce que l'esprit scientifique sépare scrupuleusement; il ignore le principe de contradiction et le principe de causalité. Le primitif est « imperméable à l'expérience », « le sens de l'impossible lui manque ».

Si la pensée scientifique procède de la pensée religieuse, comment expliquer leur scission et leur conflit? Comment expliquer que la première puisse être pour la seconde une critique et une négation (querelle des antipodes, querelle de l'héliocentrisme, querelle de la dissection, querelle de l'origine de l'homme)? Durkheim a confondu collectivité et objectivité de la pensée. Le groupe social peut aussi bien être le véhicule des superstitions que des vérités.

D'autre part, si l'on admet l'extériorité de la mentalité primitive et mystique à l'esprit scientifique, comment expliquer que nous puissions pénétrer et comprendre avec des habitudes de pensée scientifique les lois fondamentales de la mentalité prélogique?

Peut-être la théorie d'A. Comte, selon laquelle les conceptions humaines relatives à la nature passent de la forme théologique ou fictive à la forme scientifique ou positive par l'intermédiaire de la forme métaphysique ou critique (loi des trois états), est-elle à la fois plus ample et plus vraie que les théories de ses successeurs? Selon Comte il y a, de la religion à la science, transition et critique. La religion est la première satisfaction donnée au besoin d'expliquer (Comte admet une curiosité théorique fondamentale) mais ce besoin ne peut devenir scientifique que par la critique des formes sous
55 lesquelles la pensée religieuse prétend retrouver | l'ordre, postulat commun de la religion et de la science. A cette critique, Comte pense que la réflexion sur les techniques positives n'est pas, dès le début, étrangère.

Il n'y a pas d'origine de la science ; entendons par là qu'en aucune façon on ne peut voir la science prolonger héréditairement une fonction humaine réglée par d'autres présuppositions que les siennes propres. C'est la réflexion qui doit éclairer sur ce point l'histoire. C'est pourquoi nous admettrons comme vraisemblable ce qui suit.

La pensée religieuse a imposé à l'esprit, sous la forme du mystère, l'idée d'un ordre à subir, à ratifier. Là même où nous serions tentés de voir, à première vue, une affirmation de contingence, dans ce mode de pensée à la fois technique et religieuse qu'est la magie primitive, nous devons constater que l'idée d'un ordre à connaître et à suivre n'est pas méconnue puisque l'effort du magicien vise à découvrir et à conserver des formules de conciliation ou de purification constamment valables. En ce sens, c'est sans doute la pensée religieuse qui a gardé l'esprit humain de l'arrogance naturelle au triomphe technique, comme de la hâte aveugle propre à l'instinct animal. Mais l'ordre, expression de la réalité et garantie de la vérité, n'a été véritablement un postulat de la recherche scientifique que du jour où il a été supposé non plus sur le modèle d'un arrangement voulu mais sur le modèle d'une série d'affirmations ou de propositions entre lesquelles le jugement aperçoit un rapport constant. Le premier ordre que l'esprit ait ainsi conçu, c'est l'ordre mathématique. Les hommes ont commencé à comprendre le jour où ils ont abstrait des observations de l'astrologie ou des techniques de l'arpentage des relations constantes soit entre les positions respectives d'astres (soleil et signes du zodiaque) soit entre les éléments d'une figure (triangle). Comprendre, c'est être capable de décomposer et de recomposer par le moyen de la mesure, et par là-même de déduire et de prévoir.

Ce que Renan appelle le « miracle grec »[1] c'est donc, pour ce qui a trait à l'essor scientifique, la constitution d'une mathématique (arithmétique de Pythagore, géométrie d'Euclide, mécanique d'Archimède). Si la science proprement moderne date de la Renaissance, c'est parce que l'humanité, plus encore qu'elle n'a inventé la valeur de l'observation, a retrouvé l'inspiration
mathématicienne | de la philosophie grecque. A l'intuition pythagoricienne : **56**
« tout est nombre » fait écho la parole de Léonard de Vinci : « Aucune connaissance ne mérite le nom de science si elle n'emprunte la voie des mathématiques ».

1. E. Renan, « Prière sur l'Acropole », dans *Souvenirs d'enfance et de jeunesse* (1883), 23e édition, Paris, Calmann Lévy, 1893, p. 59.

2) *Science et Technique*

La SCIENCE est une recherche de *lois*, c'est-à-dire de jugements constants et impersonnels par lesquels est affirmée la réalité ou la véritable nature de ce que nous nommons communément les choses. Par l'effort progressif de la pensée scientifique, les choses au milieu desquelles nous avons plus ou moins clairement conscience de nous mouvoir et de sentir, sont de mieux en mieux comprises c'est-à-dire réduites à une vérité nue. Des objets ou des événements parfois mystérieux, parfois seulement inquiétants, toujours problématiques, qui composent sans cohérence le champ ordinaire de notre perception, la pensée scientifique cherche à prouver la nécessité, ou l'impossibilité d'être autres que ce qu'ils sont, en excluant comme théoriquement nulles toutes les interprétations qu'il peut plaire à l'imagination humaine de construire librement.

La TECHNIQUE est une recherche de *procédés* ou de règles subordonnant à l'emploi de moyens définis la production d'objets ou d'états, souhaités comme utiles ou agréables. L'habileté technique ou l'art, au sens large, est essentiellement adaptation d'un donné à des exigences, d'une nature à des fins. Les exigences ou les fins de l'activité technique sont dictées par les besoins et les tendances de l'humanité, expressions de ses manques, douloureusement ressentis, et donc aussi de ses prétentions. On peut dire que la technique ou le travail est le moyen pour l'homme de plier la nature à ses désirs et à ses rêves d'affranchissement, en cessant de subir cette nature comme une fatalité et une contrainte. Ainsi toute technique tend à substituer, pour l'homme et à sa mesure, un milieu artificiel dominé à une nature brute donnée.

On peut voir dès maintenant que science et technique procèdent de vocations inverses. La science tend à affirmer une existence pure, indifférente aux préférences comme aux répulsions. La technique cherche à permettre une puissance intéressée par ces mêmes tendances humaines, dont la science n'a
57 cure. La | science vise à découvrir ce qui est par delà ce qu'on croit qui peut
être; la technique vise à substituer ce qui n'est pas et qui est souhaité à ce qui est. La science a pour idéal la réalité et la technique veut réaliser quelque idéal. Alors que la science nie l'originalité et l'indépendance de l'humanité par rapport à la nature et la traite comme une partie de la nature (physiologie-sociologie), la technique nie la valeur en soi de la nature indépendante de l'homme et prétend la lui subordonner, la plier aux espoirs de l'impatience.

CE QUE LA TECHNIQUE DOIT A LA SCIENCE. – Le rapport technique fondamental est le rapport de moyen à fin; à la réflexion, ce rapport apparaît comme un rapport de cause à effet, lorsque la volonté humaine a fait une fin ou un but de cet effet prévu (entendons lorsque l'imagination, émue par un besoin, en a anticipé la satisfaction possible). En toute rigueur, une technique est la jonction d'un savoir et d'un vouloir. De sorte que le succès de l'adaptation technique devrait nécessairement dépendre de la vérité d'un savoir correspondant. De fait, on voit toute connaissance permettre une prévision d'éventualités et, de près ou de loin, servir à orienter l'action, d'où l'aphorisme célèbre de Comte : « Science d'où prévoyance ; prévoyance d'où action »[1] reprenant à sa façon le mot de Bacon : « On ne commande à la nature qu'en lui obéissant »[2]. Les exemples de subordination de la technique à la science ne manquent pas à l'époque contemporaine ; l'efficacité de la technique chirurgicale est liée aux recherches de Pasteur concernant les fermentations (découverte des microbes et précautions d'antisepsie), la technique de la communication à distance (T.S.F., télévision) est liée à des travaux purement théoriques sur l'électromagnétisme.

Il est pourtant incontestable que l'habileté technique a précédé dans l'histoire de l'humanité la conscience d'un savoir méthodique possible. De nos jours encore, chez les peuplades primitives, une certaine virtuosité dans la pratique des métiers s'allie à des conceptions théoriques ridicules au regard des connaissances scientifiques. Comment expliquer que la technique ait presque toujours dépassé et précédé le savoir correspondant ?

I. L'urgence des besoins vitaux à satisfaire est la raison des essais d'utilisation et de transformation des choses. Mais avant de | s'adapter par 58
le travail un milieu indifférent ou hostile, l'humanité est naturellement adaptée à ce milieu, puisque cette adaptation c'est la vie même et la permission pour la vie de continuer. Par suite, les premières techniques ont été le prolongement et la confirmation des actes naturels ou instinctifs, comme par exemple la technique du projectile (flèche ou fronde) est le prolongement naturel du mouvement du bras. Une étude des origines de la technique doit nécessairement remonter jusqu'à l'instinct et à la vie.

II. Les succès techniques, qui à la rigueur seraient incompréhensibles en dehors de toute prévision rationnelle même rudimentaire, doivent être expliqués, comme pour l'animal les succès instinctifs, par la méthode dite des « essais et erreurs ». Au cours d'une fort longue évolution, un succès technique

1. A. Comte, *Cours de philosophie positive* (1830), 5e éd., Paris, Schleicher frères, 1907, t. I, 2e leçon, p. 35.

2. F. Bacon, *Novum Organum* (1620), aphorisme 129.

a dû s'acheter, sur un grand nombre de tentatives, par de multiples échecs. C'est pourquoi l'on voit que presque toujours la recette technique est, dans les sociétés antiques et primitives, encadrée dans une tradition qui la fixe et la rend sacrée, par quoi il faut entendre, vraisemblablement, que l'homme attache au succès, souvent inexplicable (dans l'ignorance où il est de la nature vraie et des propriétés définies des objets qu'il utilise) une importance d'autant plus vitale.

CE QUE LA SCIENCE DOIT A LA TECHNIQUE. – Si nous considérons qu'il est essentiel à la recherche scientifique d'être consciente de son effort vers la vérité, nous devons dire qu'une technique sans science peut se concevoir – et l'instinct est ce genre de technique aveugle, spontanée – mais *qu'une science ne serait rien sans une technique préexistante.*

I. Ce n'est pas à dire que la postériorité de l'explication scientifique par rapport à l'efficacité technique soit convertible en relation d'hérédité, que le vrai ne soit qu'un autre nom de l'utile et que la valeur théorique d'un jugement se doive réduire à la « commodité » de ce jugement pour l'action intéressée.

On donne le nom de *pragmatisme* à toute théorie philosophique selon laquelle la vérité de nos conceptions se mesurerait à leur succès technique. Or les notions d'efficacité technique, de commodité, de succès ne pourraient servir à la rigueur de principes d'une explication philosophique que si elles étaient des notions simples, et elles ne sont pas de telles notions. Au contraire
59 l'efficacité, la commodité d'un procédé quelconque sont, comme | on l'a vu, une présomption de la réalité des relations causales propres à faire *un effet nécessaire* de ce qui est *une fin souhaitée.* Ainsi le pragmatisme n'explique rien, puisqu'il se donne une notion de base qui doit être expliquée par la convergence des deux notions inverses de causalité et de finalité. Du reste, on peut remarquer que la pensée technique, à proportion de ses succès, admet d'ignorer comment ses possibilités d'action dépendent de nécessités objectives. On pourrait objecter que la valeur technique de certains procédés seulement, car tous ne sont pas équivalents, a permis à l'humanité de former l'idée d'une liaison positive entre des causes prises comme moyens et des effets voulus comme fins. Or nous voyons que dans les peuplades primitives l'efficacité des techniques positives est attribuée à l'efficacité d'une technique mystique ou magique, à la valeur des rites d'incantation et de propitiation, dont le postulat commun implicite est qu'il y a dans les objets, relativement à nos intentions, une hostilité ou une complaisance, bref, l'inverse d'une nécessité.

Le rapport de la science à la technique n'est pas un rapport de descendance héréditaire, c'est un rapport de libération par rupture : *l'essor de la science a pour condition l'échec de la technique.*

II. *La science doit à la technique* :

A) *Des occasions et des problèmes* :

On peut poser que, mise à part la prolifération de problèmes subsidiaires, à partir d'un problème théorique fondamental, *toutes les fois qu'un problème scientifique se pose c'est qu'un embarras ou un insuccès technique, un obstacle à contourner ou à abolir, a ému, étonné, et fait souffrir quelqu'un.* Aucune anecdote n'est, à cet égard, plus symbolique que l'embarras des fontainiers de Florence devenu problème théorique qu'éclaircissent successivement Galilée, Torricelli et Pascal.

Ainsi seulement on peut comprendre les divisions et les spécialisations de la recherche scientifique, la scission du savoir en mathématique, astronomie, physique, chimie, biologie, sociologie (*A. Comte*, *Cours de phil. pos.*, 2e leçon). On verra amplement par la suite comment et pourquoi savoir c'est unifier ; il suit de là que le savoir retient une diversité non de sa fin, mais de ses occasions et de ses stimulants, c'est-à-dire de la multiplicité des besoins et | des 60
techniques correspondantes dont les mécomptes ont posé à l'humanité le problème, en son fond identique bien qu'apparemment varié, *de comprendre l'obstacle comme objet* et la résistance à l'élan organisateur comme réalité en soi. L'insuccès technique devait conduire l'esprit humain à séparer ses rêves de ses constatations, à rechercher les « raisons » de ses fautes et donc aussi les conditions nécessaires à la justesse de ses prévisions et à la solidité de ses réalisations. Ce sont en fait le commerce, l'art militaire, la chasse, la navigation, la cuisine, la parfumerie, etc., qui ont posé à l'humanité des problèmes de calcul, de mécanique, de biologie, d'astronomie, de chimie, etc. Il suffira ici de quelques exemples :

1) Toutes les connaissances d'anatomie et de physiologie animale et végétale dépendent de près ou de loin des « recettes » acquises et conservées durant des millénaires à l'occasion de pratiques médicales, d'élevage, d'agriculture, de pharmacie, etc. Sans médecine, sans domestication de l'animal et culture de la plante, la biologie ne serait rien.

2) L'invention du verre d'abord, de l'instrument fondamental qu'est la lunette ensuite sont les conditions nécessaires d'une « optique ». La lunette dite de Galilée n'a pas été construite par lui, c'est-à-dire un savant, mais par des Hollandais (1608-1609 ?), c'est-à-dire des navigateurs, des explorateurs.

3) Lavoisier[1], fils de traitant et traitant lui-même, est amené à ses travaux sur la combustion par la recherche de procédés « économiques » pour l'éclairage des rues de Paris.

4) Rumford[2] (1798) est amené à pressentir l'équivalence du travail mécanique et de la chaleur par le problème technique du forage des canons. Et c'est pour améliorer le rendement économique des machines thermiques que Sadi Carnot[3] est entraîné à ses *Réflexions sur la puissance motrice du feu*, base de la thermodynamique.

5) En 1854, Pasteur est nommé doyen de la Faculté des Sciences de Lille et entre en relation avec des industriels qui éprouvaient des mécomptes dans la fabrication de la bière. C'est ainsi qu'il s'attaque au problème des fermentations. Les théories sur les germes microbiens sont vérifiées par l'étude des « maladies » des vers à soie.

61 | B) *Des instruments* :

Sans la fabrication technique, le problème théorique, né du problème technique, ne pourrait recevoir de solution. Le « travail » du savant reçoit de l'artisan ou du technicien les secours suivants :

1) Des corps homogènes : la physique théorique a toujours été sous la dépendance d'une technique chimique plus ou moins rudimentaire, capable de « purifier » le plus possible les corps dont les propriétés sont à analyser.

2) Le verre : invention technique capitale, permettant d'isoler le phénomène à observer, permettant à la seule vue la présence de ce qu'il dérobe à l'intervention du toucher. Le verre est l'instrument par excellence de la curiosité scientifique qui consiste pour l'homme à ne pas se mêler à ce qu'il regarde.

3) Des appareils : *a)* par le moyen d'appareils, c'est une science passée qui sert la science en voie de constitution. La détermination scientifique d'une éclipse n'est rien sans le télescope et l'horloge. Tout appareil « réalise » l'intelligence et l'ingéniosité de ses constructeurs. Rien n'est donc moins

1. Antoine Laurent de Lavoisier (1743-1794). Chimiste, philosophe, fermier général et économiste. Considéré comme le père de la chimie moderne, il énonça la première version de la loi de conservation de la matière, identifia et baptisa l'oxygène, démit la théorie phlogistique, et participa à la réforme de la nomenclature chimique. Il fut guillotiné pendant la Terreur.

2. Benjamin Thompson, comte de Rumford (1753-1814). Physicien d'origine américaine qui établit notamment la correspondance entre chaleur et travail mécanique.

3. Sadi Carnot (1796-1832). Physicien, ingénieur et officier. Il énonça ce que l'on connaît aujourd'hui sous le nom de « second principe de la thermodynamique », d'après lequel il est impossible de transformer la chaleur en travail sans disposer de deux sources de chaleur ayant des températures différentes. Cf. *Réflexions sur la puissance motrice du feu et les machines propres à développer cette puissance* (1824). Il est le fils de Lazare Carnot.

empirique, moins passif, que l'usage d'un instrument d'observation, puisque l'utiliser c'est admettre implicitement ou explicitement la valeur des conceptions théoriques qui l'ont justifié. Le laboratoire, c'est de l'intelligence morte que l'intelligence vivante ressuscite (c'est ainsi qu'il faut, semble-t-il, entendre le mot de Pasteur aussi platement commenté que souvent cité : « Les laboratoires sont des temples, des demeures sacrées »[1]).

b) De plus en plus ce sont des appareils que le savant observe, de moins en moins, la nature elle-même. C'est donc par l'intermédiaire de l'artifice que la réalité se révèle, ce qui ne surprendra que si l'on confond artifice et arbitraire. En particulier, touchant les opérations de mesure qui sont le moment essentiel de l'investigation scientifique, on peut dire qu'il n'y a pas de mesure indépendamment d'une technique (recherche d'alliages invariables, construction d'étalons et de procédés de référence, élimination des causes d'erreur).

c) *Des vérifications massives et incontestables* :

Indépendamment de son utilité pour la satisfaction des besoins humains, la technique, dans la mesure où elle applique des lois | scientifiques, peut être **62**
considérée comme une vérification permanente et étendue de ces lois. Le banc d'épreuves industriel complète le laboratoire d'expériences scientifiques, et la valeur de *réalité* des lois s'accroît de tout ce qu'elles permettent de *réaliser*. « Si je me félicite du développement industriel, ce n'est pas seulement parce qu'il fournit un argument facile aux avocats de la science, c'est parce qu'il donne au savant la foi en lui-même et qu'il lui offre un champ d'expérience immense où il se heurte à des forces trop colossales pour qu'il y ait moyen de donner un coup de pouce. Sans ce lest qui sait s'il ne quitterait pas la terre, séduit par le mirage de quelque scolastique nouvelle, ou s'il ne désespérerait pas en croyant qu'il n'a fait qu'un rêve »[a].

3) *Science et Art*

Le rapport de l'Art et de la Science considérés comme fonctions distinctes, semble avoir bien moins attiré l'attention des philosophes que les rapports précédents; et on peut noter d'abord l'étrangeté de ce fait. Il surprendra d'autant plus qu'il est facile, et quasi-banal, de souligner le « *désin-*

a. H. Poincaré, *La valeur de la Science* [Paris, Flammarion, 1906], (p. 220.).

1. L. Pasteur, dans *Le Moniteur Universel* du 28 janvier 1868. La citation exacte est la suivante : « Prenez intérêt, je vous en conjure, à ces demeures sacrées que l'on désigne du nom expressif de laboratoires. Demandez qu'on les multiplie et qu'on les orne : ce sont les temples de l'avenir, de la richesse, du bien-être. »

téressement » obligatoire de l'une et de l'autre fonctions : entendons par là qu'en dépit des applications industrielles ou commerciales des découvertes théoriques et des œuvres d'art, celles-ci et celles-là semblent pareillement orientées vers des buts qui n'ont rien à voir, en principe, avec la satisfaction immédiate des besoins vitaux. Si l'on convient de dire que les arts poursuivent une *Harmonie* comme les sciences une Vérité, on notera qu'il y a entre ces deux fins au moins cette ressemblance : elles sont pareillement affirmées valables hors de toute appréciation pragmatique consciente, et elles dépassent donc, dans la pensée de l'artiste et du savant, l'urgence oppressive des besoins quotidiens.

Dès lors il peut sembler étonnant que des modes d'activité, caractérisés formellement de manière analogue, n'aient guère été confrontés par les philosophes. Une distinction psychologique généralement admise entre les facultés de connaissance pure (Entendement) et les facultés poétiques (Imagination) ne
63 ferait guère qu'enregistrer et décrire la séparation de fait des résultats | obtenus par les deux groupes ; elle ne donnerait ni l'explication ni le fondement de l'isolement *apparent* des deux systèmes.

Le problème de leur relation normale mérite pourtant d'être examiné, et sous un angle qui devant comprendre deux méthodes de jugement doit être normatif et non simplement empirique ; il oblige non seulement à se demander quels caractères sont respectivement attachés à l'une et à l'autre, mais encore pourquoi leur rapport semble n'attirer que rarement l'attention des penseurs. Considérons d'abord la seconde question, elle éclairera peut-être les données de la première.

A) *Le conflit latent de l'Art et de la Science.*

Au regard le plus préoccupé d'unité l'indépendance apparente de l'Art et de la Science ne fait pas doute ; elle se traduit empiriquement par une tradition pédagogique significative : c'est celle qui, dans notre civilisation tout au moins, confie à des ateliers, conservatoires, écoles spécialisées, le soin de former peintres, danseurs, musiciens, etc., et réserve à de tout autres institutions, universités, académies, la tâche de former des savants. Par ailleurs, une autre tradition, peut-être plus ancienne et plus constante, voit dans la fonction esthétique un « luxe »[a], un ornement de la vie pour les classes sociales

a. On peut vouloir assigner à l'Art comme à la Science des origines « magiques » et ainsi indirectement utilitaires ; mais la fonction épurée et désintéressée, telle que nous la considérons ici n'en serait pas expliquée en tant qu'elle devient par son désintéressement ce que d'autres hypothèses veulent y voir dès le début : un « jeu », comme tel gratuit.

les plus aisées; alors même qu'on l'utilise pour l'éducation des esprits[a] il ne semble pas qu'on lui accorde la valeur formatrice sérieuse et grave qu'on attribue à la fonction théorique, voire sous la forme religieuse ou métaphysique qu'a dû prendre d'abord celle-ci; la division de la philosophie antique en trois parties (Physique, Logique, Éthique) au nombre desquelles l'Art n'est point spécialement désigné, corrobore ce jugement, et on peut le trouver confirmé aussi par la subordination des productions poétiques à des fins politiques, que préconise *Platon* dans le programme de sa République idéale.

Descartes traite la faculté poétique comme un pur « don » à quoi la culture n'ajoute rien; *Spinoza* considère comme un préjugé | sans valeur la distinction 64
du beau et du laid, qu'il ramène au sentiment confus de l'utile et du nuisible[b]. Il faut arriver à *Kant* pour voir reconnaître une signification spécifique au « jugement de goût » : jusqu'à lui, il semble bien que la plupart des philosophes n'y aient vu qu'un mode d'affirmation inférieur, quasi-inconscient de ses principes, et impuissant à définir son objet. Le mathématicien *Roberval*[1] disant d'une tragédie célèbre : « Qu'est-ce que cela prouve ? » … *Pascal* notant dans ses Pensées : « Quelle vanité que la peinture »[2] … affichent une sorte de mépris à l'égard d'une activité qui ne peut guère s'entendre, de leur point de vue, que comme une très grossière ébauche de connaissance. Selon ce point de vue en effet l'essentiel de la production artistique serait dans une vague et maladroite « imitation » des produits réels de la Nature; la Science par l'analyse de ces mêmes produits en obtiendrait une représentation infiniment plus précieuse, dans la mesure où la rigueur de la méthode en garantit la fidélité.

En dépit des esthéticiens qui depuis le XVIIIe siècle ont essayé de suivre *Kant* dans une tout autre voie, il n'est pas malaisé de constater que bien des penseurs modernes ne font que reprendre l'attitude méprisante des dogmatiques classiques. Par exemple, *Poincaré* dit bien, dans quelques pages célèbres de « Science et Méthode », que la Nature vaut d'être connue parce qu'elle est belle[3] : mais les définitions qu'il propose de sa beauté sont celles de cet ordre même que la Science a pour fin de découvrir, c'est-à-dire d'une « harmonie »

a. Rôle de la « Musique » dans la pédagogie de la cité antique, des « arts » « d'agrément » dans celle de la famille bourgeoise moderne.

b. *Éthique*, I, appendice.

1. Gilles Personne de Roberval (1602-1675). Physicien et mathématicien, correspondant de Descartes. Il est à l'origine de la balance qui porte son nom.

2. B. Pascal, *Pensées* (1670), II, 134. Canguilhem et Planet citent d'après l'édition Brunschvicg.

3. H. Poincaré, *Science et méthode*, Paris, Flammarion, 1920, p. 15-16.

opposée à celle « des qualités et des apparences ». La conséquence est inévitable certes en partant de l'affirmation que la « recherche de la vérité » est la « seule fin » digne de l'homme, car la vérité est bien la pensée qui *représente* fidèlement les conditions d'existence objectives du monde, et non celle qui superpose gratuitement à ce monde des fictions plus ou moins plaisantes.

Dans une voie plus équivoque se sont engagés d'autres auteurs pourtant préoccupés d'esthétique : leurs tentatives, « expérimentales » (*Fechner*[1]), « historiques » (*Taine*), « scientifiques » ou « sociologiques » (*Lalo*[2]) s'entendent au fond comme propos de ramener les œuvres d'art au niveau théorique des phénomènes naturels, de manière à traiter les uns et les autres de
65 même | manière, comme des « objets » soumis à des lois. C'est marquer, à la façon de l'ancien dogmatisme, que les productions imaginatives aveugles des artistes ne sauraient devenir conscientes que grâce à la découverte des conditions qui les déterminent, enfin grâce à une *analyse*.

Le sens de toutes ces attitudes parentes, philosophiquement apprécié, nous paraît être le suivant : elles consistent, ayant constaté comme un fait empirique la séparation de l'Art et de la Science, à la juger illégitime en droit ; le principe qui les fonde, qu'on le veuille ou non, c'est toujours la croyance formelle et régulatrice en la primauté du Réel, et dans la mesure où l'Art ne semble pas se soumettre assez strictement à cette croyance, ses écarts sont jugés comme des maladresses ou des lacunes, et ses travaux semblent bien plus impulsifs que conscients, plus instinctifs que rationnels.

Quelle que soit la portée définitive d'une telle attitude, la persistance de la création esthétique, dans le cadre de notre civilisation « positive » même, signifie au moins la possibilité d'une attitude différente, que ne pourraient guère expliquer l'ignorance et l'obstination attardée de quelques songe-creux. Certes on voit les ateliers et conservatoires attachés bien plus à codifier des recettes, procédés, règles opératoires, qu'à en comprendre objectivement la valeur ; et cela paraît d'abord justifier la condamnation portée par les dogmatiques sur les facultés créatrices : si la conscience et la lucidité sont identiques à la Raison théorique et s'expriment par des « lois » objectivement fondées, il faut accorder que l'Art n'obtenant rien de ce genre doit se juger sous le même

1. Gustav Fechner (1801-1887). Philosophe et psychologue allemand à l'origine de la psychophysique, discipline qui se propose de mesurer objectivement des phénomènes d'ordre psychologique.

2. Charles Lalo (1877-1953). Philosophe et esthéticien. Élève de Durkheim, il s'est intéressé aux problèmes sociologiques de l'esthétique de la musique. Cf. *L'Art et la vie sociale*, Paris, O. Douin, 1921.

rapport comme une fonction inférieure, normalement subordonnée à la Science. Quelques remarques toutefois laisseront contester la validité de ce jugement, si elles peuvent récuser celle du rapport qui le soutient; autrement dit, si l'on peut montrer que la fonction esthétique ne doit pas son principe normatif propre à la croyance dans la primauté du Réel, on pourra admettre que sa référence à un critérium de vérité objective n'a que la valeur d'une méprise. Et en fait il n'est pas malaisé de noter dans l'expérience civilisée l'existence d'un dogmatisme esthétique, quasi-symétrique et inverse du dogmatisme théorique, et dont le jugement implicite ou explicite affirme un rapport de valeurs antithétique de celui que nous venons de rappeler; car il tend sponta-
nément ou délibérément | à son tour à subordonner à ses principes et à sa fin **66**
propres la Vérité scientifique elle-même, traitée à son tour comme un simple moyen subordonné. En confrontant les deux jugements, on verra se formuler le problème de savoir si une sorte de conscience, non moins légitime que son adversaire mais de « forme » différente, ne se manifeste pas dans la Création esthétique, le conflit normatif des deux formes expliquant le trouble de l'expérience intellectuelle.

Pour établir tout ceci, notons d'abord que tels artistes ont pu, sans rien perdre de leur puissance créatrice ni rien abandonner de leurs visées, s'adonner à la recherche scientifique : le cas illustre d'un *Vinci* dépasse de beaucoup celui d'un homme simplement informé ou « cultivé »; et il est d'autant plus instructif que, sur le plan logique pur, c'est celui d'un esprit violemment hostile aux méthodes d'érudition qui sont celles des humanistes lettrés ses contemporains[a]. Si la puissance d'un tel esprit est peu commune, ses préoccupations ne sont pas exceptionnelles, car il faut les rattacher à une tradition ancienne : à cette tradition qui a incité tant d'architectes, sculpteurs et peintres, à rechercher par la géométrie, l'arithmétique, l'anatomie, la physiologie, l'optique, la connaissance précise des « rapports » ou « proportions » les plus favorables à des desseins plastiques, c'est-à-dire les plus propres à fournir des « canons » convenables[b]. C'est dans le même esprit qu'on voit *Delacroix* s'intéresser à la « théorie » des couleurs, et les musiciens à la théorie physique de la gamme, à la physiologie de la voix humaine, etc.; enfin bien des œuvres romanesques ou

a. L. de Vinci, *Traité de la Peinture* [1651]. *Cf.* Valéry, *Introduction à la méthode de L. de Vinci* [(1895), repris dans *Les Divers Essais sur Léonard de Vinci de Paul Valéry, commentés et annotés par lui-même*, Paris, Éditions du Sagittaire, 1931].

b. Les enquêtes « expérimentales » de Fechner portent sur la valeur subjective comparée de diverses figures géométriques, que l'on donne à apprécier à divers sujets; la donnée initiale est toutefois fournie par un « canon » ancien, celui dit « section d'or ». V. plus loin § *b*.

poétiques, « anticipations » ou « reconstitutions », prennent dans l'histoire, dans la préhistoire ou dans des théories scientifiques leur matière ; ce dernier cas accuse peut-être un peu plus lourdement, mais non mieux que les autres, le sens dans lequel s'oriente de lui-même le jugement esthétique, alors même qu'il paraît appuyé sur la considération du réel : vulgaire ou scientifique, le
67 Réel devient ici à son tour un simple prétexte, qu'un | principe normatif spécifique prescrit d'employer à la création d'une Harmonie dont les matériaux (mais non la forme constitutive) sont empruntés à la Nature, aux fins d'altération et de transmutation.

Tout ceci montre que la séparation de fait de la science et de l'art, pas plus que des savants, n'est acceptée des artistes comme un droit ; pour les uns et pour les autres c'est une subordination qui seule semble normale, mais ce n'est pas la même, car dans l'art c'est l'Esprit qui doit se soumettre la Nature, et non l'inverse. Et c'est ce qu'expriment divers jugements célèbres parmi les esthéticiens : « l'homme n'est vraiment homme que quand il joue » (*Schiller*[1]) ; « la Nature est un dictionnaire »[2] (*Delacroix*) ; « tout existe pour aboutir à un livre »[3] (*Mallarmé*) ; « la Nature imite l'Art »[4] (*O. Wilde*). Ce dernier propos donne peut-être son sens profond au débat en le plaçant sur le plan où les théologiens l'ont toujours plus ou moins consciemment situé : l'Univers doit-il être conçu comme un Être ou comme une Création continuée ?

B) *Sur les formes respectives de l'Art et de la Science.*

En résumé, il y a un « art pour l'art » qui vise à s'intégrer la science même, comme il y a une « science pour la science » qui vise à se subordonner l'art. L'expérience civilisée est formée du conflit des deux tendances se disputant la faveur des meilleurs esprits ; et c'est pourquoi ceux qui ont une fois opté pour l'une sont enclins à traiter l'autre comme une simple servante : hypnotisés par la fin une fois conçue, ils sont normalement portés à traiter l'autre comme un simple moyen.

On n'a pas ici à essayer de résoudre le conflit au profit d'une des deux thèses antinomiquement dressées l'une contre l'autre (cette tâche relève de la philosophie pratique, autrement dit de la Morale). Mais il importe de caracté-

1. Friedrich von Schiller (1759-1805). Poète, dramaturge, théoricien de l'esthétique et historien allemand. Il fut l'ami et le collaborateur de Goethe. La citation est tirée des *Lettres sur l'éducation esthétique de l'homme* (1795), XV.

2. Pour cette citation, *cf.* le recueil *Pour Delacroix* de Baudelaire, Paris, Éditions Complexes, 1986, p. 83.

3. S. Mallarmé, « Le livre, instrument spirituel », dans *Divagations* (1897).

4. O. Wilde, « Le déclin du mensonge », dans *Intentions* (1891).

riser si l'on peut, et dans leur opposition même, les « formes » normatives des deux fonctions.

Rappelons pour cela que la science est essentiellement Analyse : son déterminisme n'est qu'un aspect du principe qui l'oblige à donner au discours cette forme d'identification métrique progressive qui est celle de toute *démonstration* ; l'existence objective, universellement nécessaire, de ses lois, c'est cette unité normative qu'impose d'abord à la pensée le postulat de Vérité ; la finalité propre de cette pensée, c'est donc celle qui la dirige vers un idéal
| d'identité rigoureuse, qui fait seule le Réel véritable, c'est-à-dire décompo- 68
sable en éléments, et fait donc seule aussi la Raison théorique ou l'esprit scientifique.

Il faut maintenant contredire tous les termes de cette définition rappelée pour obtenir une définition correcte de la pensée esthétique. L'œuvre d'art est essentiellement Synthèse, c'est-à-dire doit, pour être aperçue à la fois comme opération et comme produit poétique, l'être comme un tout indivisible où c'est la diversité des parties qui doit accomplir, d'elle-même, son unité : si cette diversité était comme telle « résolue », cette unité aussi disparaîtrait, car elle doit être ici celle qui résulte de la variété des phénomènes sentis et de leur contraste, et non celle qui les annule dans une identification sans attrait pour la sensibilité ; ainsi s'explique que ce qui est fiction pour le savant, l'« apparence » des qualités, reste l'excitant direct et comme la matière de toute œuvre d'art.

Alors même que les artistes puisent dans le réel, voire dans celui des sciences, ce n'est pas l'uniformité des éléments constituants qu'ils y cherchent : ce sont les composés originaux qui s'en peuvent former pour une Imagination active. Si le fameux rapport dit « section d'or », figuré par un rectangle assez allongé, peut s'exprimer par la fraction $^{1}/_{1,618}$, et si l'accord parfait majeur peut s'analyser comme relation rationnelle et régulière des nombres 4, 5, 6, ce n'est du moins aucune de ces relations qui peut, prise telle quelle, produire un résultat esthétique : dans le premier cas, la formule est celle qui permet de délimiter plus rapidement une diversité par ailleurs à obtenir, en sachant déjà en outre que la forme de la délimitation est satisfaisante pour la vue ; dans le deuxième cas, c'est celle qui permet d'obtenir avec précision (par le réglage des cordes ou des tuyaux, par exemple) une harmonie qu'on a par ailleurs décidé de produire, en tant qu'« apparence » qualitativement agréable à l'oreille. L. de Vinci prescrit d'étudier l'anatomie, mais aussi de ne jamais dessiner les membres du corps humain en position d'extension complète : le deuxième précepte ne s'extrait évidemment pas du premier, il se le subordonne.

C'est en définitive un langage qualitatif que l'art emploie à traduire ses productions, et un rapport quantitatif lui-même doit être d'abord traduit dans
69 un tel langage, pour pouvoir prendre | une valeur esthétique; de là vient que les données des Sens, illusions à dissoudre pour la Science, sont l'étoffe même des œuvres d'art. On voit par là que l'aliment du conflit c'est l'opposition fondamentale, en quelque sorte *normalisée*, du divers et de l'identique, de la quantité et de la qualité. Ce qui est fin pour l'un est transposé en moyen pour l'autre; or si l'on interprète au moyen de cette inversion le déterminisme scientifique, on voit aussi comment par opposition doit apparaître la « forme » propre de la conscience esthétique : comme l'a bien vu *Kant*, c'est celle d'une finalité qui n'a pour fin qu'elle-même; et cela peut s'entendre comme le dessein normatif de l'Esprit de soumettre, à sa puissance jugée a priori sans limites absolues ni fixes, une Nature supposée transformable. A la détermination théorique des phénomènes, l'Art opposant son propos d'altération des mêmes phénomènes, c'est l'Esprit qui oppose le principe de sa propre « liberté »; ce principe est du moins le postulat obligatoire de toute création, affronté dans l'expérience au postulat théorique du déterminisme de la Nature[a].

C) Le progrès scientifique

Deux questions se posent à ce propos : en quoi consiste le progrès scientifique ? A quelles conditions est-il possible ?

I. *Qu'est le progrès scientifique ?*

D'une façon générale, parler de progrès c'est porter un jugement de valeur positive sur la relation d'une succession d'états ou d'actes à une fin anticipée

a. Sur la « réalité » de l'opposition décrite ici, et sur le problème philosophique, pratique et moral qu'elle ne devrait pas manquer de soulever pour toute « conscience » préoccupée de concret, on peut invoquer ce curieux témoignage de Baudelaire (dans « *l'Art Romantique* » [1852]), qui est celui d'un artiste, mais se réfléchissant et devenant donc philosophe : « Le goût immodéré de la forme pousse à des désordres monstrueux et inconnus… *La passion frénétique de l'art est un chancre qui dévore le reste*… Je comprends les fureurs des iconoclastes et des musulmans contre les images. J'admets tous les remords de saint Augustin sur le trop grand plaisir des yeux… La folie de l'art est égale à l'abus de l'esprit. La création *d'une de ces deux suprématies* engendre la sottise, la dureté du cœur et une immensité d'orgueil et d'égoïsme… ». Cité par [J.] Maritain, *Art et Scolastique* [Paris, Librairie de l'Art catholique, 1920, p. 175-176].

ou présumée. Spécialement le progrès scientifique, c'est *le progrès réalisé dans l'affirmation du vrai*, indépendamment de toute utilisation technique. Il y a progrès soit de la *détection* et de la *mesure*, soit de l'*explication*. Le progrès
| réalisé dans la détection et la mesure des phénomènes est, par sa dépendance à **70**
l'égard des constructions d'appareils, progrès technique. Mais parce qu'il fournit à l'explication ses prétextes ou sa vérification, nous ne pouvons le séparer du progrès proprement théorique.

On dit qu'une méthode ou un instrument réalisent un progrès lorsqu'ils permettent d'atteindre dans l'ordre de la grandeur ou dans l'ordre de la petitesse un genre de phénomènes ou un ordre de quantités jusqu'alors inaccessibles. *Ce progrès peut être quantitativement exprimé*: par exemple dans le grossissement optique ou dans la sensibilité thermique, électrique, etc.

On dit qu'une théorie explicative est un progrès par rapport à une autre lorsqu'elle permet de déduire tous les faits que la première expliquait, plus les faits rebelles. Ce progrès se mesure donc à l'intégration possible d'une opposition ou d'une contradiction. *Théoriquement on ne détruit que ce que l'on remplace et que l'on dépasse.*

C'est un problème philosophique et non plus scientifique de savoir si le progrès de l'explication consiste pour la pensée à s'approcher d'une vérité immobile et immuable ou bien s'il est le passage de moins à plus de cohérence intellectuelle.

II. *A quelles conditions y a-t-il progrès ?*

Il faut distinguer la science comme méthode et la science comme fonction.

A) Le progrès scientifique, considéré comme fait intellectuel à l'intérieur de la seule conscience scientifique d'une époque, dépend des secours que se prêtent mutuellement les différentes spécialisations du savoir, du génie des savants, du hasard (c'est-à-dire des coïncidences non intentionnelles).

Une science trouve dans une science plus avancée des *idées directrices* (biologie et chimie), – *des moyens d'investigation* (la chimie doit à la physique la balance, le thermomètre et le calorimètre, la cuve à électrolyse, le spectroscope; la biologie doit à la physique le microscope, à la chimie les réactifs colorants), – *des formules de calcul* (physique et mathématiques: algèbre, trigonométrie, fonctions circulaires et mouvements vibratoires). Inversement,
le mathématicien est stimulé par le physicien, le chimiste | par le biologiste. **71**
Il y a une action réciproque des recherches. On ne peut savoir d'où viendra le progrès.

Un problème attend quelquefois pour être résolu le savant qui en sentira assez vivement l'importance, pour chercher une solution là où les autres ont désespéré. La personnalité du savant importe à la science. La science est un effort personnel vers une vérité impersonnelle. Il a fallu que Ramsay se joignît à Rayleigh pour que l'argon fût découvert à partir de la contradiction des poids des deux azotes (atmosphérique et chimique) variant de 1/200 (1895). Leduc[1] avait été frappé de la contradiction entre les chiffres de Regnault[2] et de Boussingault[3], sans y attacher une importance considérable (1891)[a].

Pour l'invention scientifique, il faut donc la rencontre d'un problème, d'un matériel et d'un génie (« longue patience » dit Buffon, « longue impatience » dit Valéry). En un sens l'invention est un fait social – en ce sens qu'elle n'eût pas été possible à toutes les époques et en ce sens que souvent il y a simultanéité de l'invention par plusieurs savants (calcul différentiel – principes de la thermodynamique) – mais encore faut-il que les éléments de l'invention soient composés et unifiés par une conscience.

Enfin le hasard (absence de finalité) a sa place dans le progrès tant par l'apparition de quelque problème nouveau, dont l'effort pour le résoudre enrichira le savoir ou le modifiera en dehors de tout plan préalable, que par la révélation d'un élément de solution jusqu'alors inconnu (Becquerel[4] et l'action du radium sur les tissus vivants). Toutefois, il faut bien dire que les coïncidences ne sont fécondes que pour des esprits informés qui mériteraient de les avoir provoqués.

B) Le progrès scientifique est un fait de civilisation qui dépend comme tel de la relation entre la fonction scientifique et les autres fonctions sociales :

La recherche techniquement désintéressée suppose une organisation et une hiérarchie des fonctions sociales telle que les membres d'une société admettent la valeur d'un genre d'oisiveté apparente. Il faut que l'urgence de l'action et le souci du rendement utilitaire immédiat s'effacent devant des spéculations sans promesse de rendement ou en tout cas à longue échéance.

a. Cf. *Le Devoir*, de R. Le Senne, p. 72 *sq.* [cf. *supra*, p. 441-444 pour une critique de Canguilhem de cet ouvrage].

1. Anatole Leduc (1856-1938). Physicien connu pour ses méthodes de mesures magnétiques.
2. Victor Regnault (1810-1878). Chimiste connu pour ses mesures précises sur les propriétés thermiques des gaz.
3. Jean-Baptiste Boussingault (1802-1887). Pionnier de la chimie agricole.
4. Henri Becquerel (1852-1908). Physicien qui reçut en 1903 le Prix Nobel de physique en compagnie de Pierre et Marie Curie « pour la découverte de la radioactivité spontanée » (Citation Nobel).

Il faut que la fonction scientifique voie l'indépendance de ses | recherches 72
reconnue par les fonctions humaines qu'animent d'autres valeurs : religion, morale, politique[a].

Le progrès théorique est, comme on l'a déjà vu, en rapport avec le développement propre à l'activité technique. L'activité technique et son succès permettent à l'humanité le loisir de la réflexion en adoucissant par la constitution de capitaux la tyrannie des besoins vitaux. En même temps cette activité propose à l'intelligence théorique des problèmes ou des objets de réflexion lui procurant sans intention préméditée soit des faits d'observation soit des occasions de vérification.

Or l'activité technique est elle-même en un sens sous la dépendance des travaux théoriques, des conceptions religieuses et des valeurs morales. On sait que les Chinois ayant inventé la poudre et l'aiguille aimantée s'en servaient comme de jeux, alors que les Occidentaux en ont tiré les techniques de l'artillerie et de la navigation. Ces techniques ont posé à l'intelligence humaine des problèmes dont l'effort pour les résoudre a engendré, par exemple avec Galilée méditant sur la question de la trajectoire du boulet de canon, et avec Coulomb réfléchissant sur la fabrication et la suspension des aiguilles aimantées (boussole) les principes initiaux de la dynamique et de l'électrostatique moderne[b].

Le progrès scientifique est encore un fait social dans la mesure où il suppose une division du travail, une coopération des chercheurs[c], et une sorte de cosmopolitisme scientifique, dans la mesure surtout où la permanence des résultats théoriques est assurée d'une génération à l'autre ; à cet égard, l'invention de l'imprimerie et l'institution des bibliothèques sont d'une importance évidente pour tous. En ce sens ce même *progrès* implique
l'existence d'une *tradition*, ainsi qu'en témoigne l'existence d'une | autre 73

a. Anaxagore accusé d'impiété pour avoir assimilé les astres à la terre après examen d'un météore tombé à Egos-Potamos (468 av. J.-C.).

– Galilée condamné par le Saint Office (1633).

– Interdiction d'enseigner l'évolution des êtres organisés dans certaines universités américaines (Guerre du Singe).

– Interdiction de la vivisection dans l'Allemagne du IIIe Reich.

b. Sur Galilée, voir [R.] Berthelot, *La Sagesse de Shakespeare et de Gœthe* [4e éd., Paris, Gallimard, 1930], p. 100. – Sur Coulomb, voir [M.] d'Ocagne, *Hommes et Choses de Science*, 2e série, [Paris, Vuibert, 1932] page 59.

c. On sait toute l'importance des Congrès internationaux de savants, de l'unification des nomenclatures ou de la métrologie.

source de la mécanique galiléenne : la méditation par Galilée des travaux d'Archimède.

C'est ce qui explique que les sciences fassent plus de progrès à certaines époques de l'évolution humaine qu'à d'autres. Whitehead écrit : « Quoiqu'en l'an 1500 l'Europe en ait su moins qu'Archimède qui était mort en 212 avant J.-C., néanmoins en 1700 les *Principia* de Newton étaient écrits et le monde était nettement entré dans l'époque moderne »[a]. La réponse à la question implicitement posée par cette constatation serait la même qu'on pourrait faire à la question posée par A. Comte dans son *Système de Politique positive* : « pourquoi Hipparque n'a-t-il pas découvert les lois de Kepler ? »[1]. Une telle réponse ne pourrait être donnée que par une sociologie de la connaissance entendue comme psychologie de la fonction sociale de connaissance ; c'est dire que le génie individuel quoiqu'indispensable, comme on l'a vu, n'est pas la cause suffisante des progrès du savoir.

a. *La Science et le Monde Moderne* [(1925), trad. fr. par d'Ivéry et P. Hollard, Paris, Payot, 1930], p. 17.

1. A. Comte, *Système de politique positive* (1824), introduction fondamentale, Paris, G. Crès et Cie, 4e éd., 1912, t. I, chap. II, p. 475 et t. III, chap. IV, p. 326 *sq*.

CHAPITRE V

LES SCIENCES MATHÉMATIQUES

La thèse suggérée par les examens précédents et qui sera maintenant développée est à peu près la suivante : l'affirmation d'objet en général exige pour devenir scientifique une discipline informatrice précise, un formulaire de règles qui permette la réduction analytique des phénomènes ; le rôle et la valeur des mathématiques est justement de constituer ce formulaire.

A) LA QUANTITÉ ET LES SORTES DE QUANTITÉ

Géométrie, Arithmétique, Mécanique sont des disciplines mathématiques par ce caractère commun : elles cherchent toutes à formuler les règles abstraites de la « mesure des quantités ». On sait ce qu'il faut entendre sous le nom de Quantité en général : c'est un tout supposé formé de parties de nature identique. L'idée de Mesure, c'est celle de l'opération qui compare entre elles des quantités, si on suppose celles-ci données ; c'est celle de l'opération qui les constitue, si on ne les a pas encore.

Si plusieurs choses sont présumées mesurables, on entend qu'elles sont présumées formées des *mêmes* éléments et ne pouvant donc différer entre elles que par le plus et le moins ; on convient de dire qu'ainsi appréciées ces choses ne peuvent être qu'égales ou inégales, et toute discipline métrique ou mathématique a exactement pour objet de dire dans quelles conditions l'égalité et l'inégalité se détermineront.

Or la perception ne nous présente point par elle-même les choses sous cet aspect analytique rigoureux ; bien qu'elle *laisse possible* ou *suggère* une analyse, en logeant les choses perçues dans une Étendue et dans une Durée

comme dans des systèmes vides et indéfinis de pures limites, toutefois elle
75 leur prête encore | des qualités disparates incommensurables comme telles. Maintenant vouloir connaître au sens rigoureux, c'est admettre que ce disparate est sans valeur objective, peut et doit être réduit; et on a vu que c'est l'échec de la perception, autrement dit l'Erreur, qui propose à la pensée cette possibilité et, dans l'hypothèse d'une science, cette *obligation.*

Le développement effectif et *concret*, en quelque sorte, de cette obligation, ce serait la Physique, tranchant le conflit empirique de la qualité et de la quantité au profit de cette dernière; mais pour que le jugement physique puisse se développer, il faut d'abord savoir à quelles conditions il devra se conformer dans le détail de son entreprise, et autrement dit il faut d'abord préciser l'aptitude régulatrice des notions quantitatives générales suggérées par les faits empiriques, à l'égard de ces faits même. Tel est bien le *problème* qui est à l'origine de la pensée mathématique pure : comment donner à l'étendue et à la durée les « formes » normatives rigoureuses qui permettront de ramener à l'homogénéité une diversité phénoménale ?

Ce problème est proprement celui d'un *Code de procédure* à constituer pour le règlement des litiges empiriques. En un sens, il est donc permis de dire que les mathématiques viennent de l'expérience; mais il faut entendre qu'elles naissent autant de ce que l'expérience *oppose* au dessein scientifique que de ce qu'elle suggère; car c'est précisément de la résistance offerte à l'idée d'une *Mesure* par les qualités sensibles que provient la pluralité de fait des mathématiques, la diversité de fait des formulaires, la variété de fait des procédures.

Reprenons sommairement la *question* de l'Espace et du Temps. L'aspect sous lequel les choses sont usuellement perçues est, généralement exprimé, celui qu'une intelligence déjà théoriquement informée détermine comme *Mouvement*, étant celui d'une adaptation de l'être qui perçoit au milieu des objets perçus, que ceux-ci croissent, décroissent, se déplacent ou s'immobilisent par rapport à lui, ou que lui-même se déplace ou s'immobilise par rapport à eux. Or en essayant de découvrir les règles d'analyse du mouvement, l'observateur se heurte aux qualifications tactiles et visuelles, qui donnent aux mobiles des « figures » diverses, à leurs déplacements des « directions » et des « durées » variables; l'analyse mécanique, si abstraite qu'on veuille donc la
76 concevoir, a d'abord | à dissocier et interpréter ces qualifications, c'est-à-dire à rechercher les règles qui feraient de leur affirmation celle de systèmes de conditions homogènes du mouvement.

Si la *Mécanique* seule constitue, à la rigueur et idéalement, la véritable et générale théorie d'une *mesure* des choses, on voit du moins que sa propre condition de possibilité est dans la constitution préalable d'une *Géométrie*, c'est-à-dire d'une théorie qui interprète les figures des mobiles comme des composés (dont l'élément radical idéal semble être d'abord conçu avec le point), les directions comme des lignes figurables; les durées elles-mêmes étant provisoirement écartées (en tant que facteurs d'altération d'un ensemble de composés supposé comme tel). Quand on pourra réintégrer ces durées dans l'interprétation complexe que se proposera la Mécanique, c'est d'ailleurs à l'aide de l'interprétation géométrique qu'on les figurera, en formant le concept d'un Temps homogène traité comme une unique « direction »[a]. Mais pour rendre possible cette réintégration même, il faut une autre condition; autrement dit l'Espace, le Temps, et leur conjonction dans le Mouvement resteraient des concepts séparés, et trop qualitatifs encore, si un *moyen* de référence mutuelle et de commune mesure ne pouvait être formulé : le point, simple limite entre deux segments et comme tel tout privatif, n'offre pas un moyen de ce genre.

Quoique la question de l'origine du Nombre soit trop délicate pour être ici tranchée catégoriquement[b], il n'est du moins pas douteux que la quantité *arithmétique* a dû fournir le principe d'un dénominateur commun de toutes, pour que l'unification relative et la systématisation relative des concepts mathématiques puissent être conçues. Pour entrevoir à quels obstacles en fait cette systématisation devait se heurter, il suffira de noter que la notion même de Nombre est loin d'avoir été prise d'un coup avec toute la souplesse désirable : l'histoire montre, avec le passage de l'entier à la fraction, du rationnel à l'« irrationnel », du « naturel » à | l'« imaginaire », et avec la progression de 77
l'arithmétique à l'algèbre, au calcul des fonctions, différentiel et intégral, le progrès lent de la pensée pour déterminer méthodiquement *l'idéal* métrique entr'aperçu. Le mot de Nombre désigne peut-être ce système absolu de la Quantité qui fournirait un règlement complet de mesure; mais il s'en faut de beaucoup qu'on en puisse former a priori une notion suffisante pour comprendre la variété des modes utiles de numération. La persistance même de cette variété signifie la résistance durable du jugement de qualité à son adversaire.

a. *Cf.* III, B, [*supra*, p. 673 *sq*.].

b. Il peut sembler raisonnable de chercher, dans le concept abstrait du Temps une fois formé, une première figuration intellectuelle du Nombre *ordinal*; cette figuration appliquée à la décomposition progressive d'une donnée géométrique pure suggère l'idée du nombre *cardinal*, si on rétablit, pour le résultat obtenu de l'analyse, la simultanéité des parties de la réalité spatiale : la première figuration était d'une *série*, que la seconde a transformée en *collection*.

B) Les mathématiques comme théorie déductive

Déduire c'est *ordonner* une multiplicité de propositions de façon que la pensée saisisse de l'une à l'autre un rapport d'unification. Cette déduction est également une *mesure* puisqu'elle consiste à rapporter un jugement indéterminé à un jugement admis comme *principe* ou référence (par exemple, la théorie de l'arc-en-ciel mesure les jugements de perception aux lois de l'optique). L'homogénéité fondamentale des rapports supposés et des rapports déjà admis dépend dans toute déduction du postulat d'identité, conformément auquel toute intelligence procède par *identification quantitative.*

On entend par *sciences mathématiques* (ce qui est, étymologiquement, un pléonasme) des systèmes ouverts de jugements, caractérisés par l'usage de la *déduction* quant à leur méthode constitutive, caractérisés par des considérations *d'ordre et de mesure* quant à leur objet. Le mot de *calcul* est celui qui convient le mieux à cette union de la déduction, de l'ordre, et de la mesure[a].

Il y a en mathématiques trois sortes de propositions : les *problèmes*, les *théorèmes*, les *principes*. Un problème énonce les conditions auxquelles une relation indéterminée en un certain sens doit satisfaire. Un théorème est une
78 relation composée par | le moyen d'autres propositions antérieurement admises ou démontrées. Un principe est une proposition qu'on ne démontre pas et dont dépend tout le système déductif.

La démonstration mathématique

Démontrer en mathématiques, c'est lier selon la règle de la nécessité une conséquence problématique à une hypothèse. Pour cela faire, on rapporte, par autant d'*identifications* (Meyerson) qu'il est utile, la conséquence à des propositions déjà établies et présentement incontestées. Exemple : soit à démontrer que le rayon perpendiculaire à une corde la coupe en son milieu. Il suffit d'établir que AB est base d'un triangle isocèle (en rapportant à AB, OA et OB,

a. « L'objet de tout calcul se réduit à trouver les relations qui existent entre certaines quantités proposées, mais la difficulté de trouver immédiatement ces relations oblige souvent de recourir à l'entremise de quelques autres quantités qui ne font point partie du système proposé mais qui par leur liaison avec les premières, peuvent servir comme d'intermédiaires entre elles. » (L. Carnot, *Réflexions sur la métaphysique du calcul infinitésimal* [1797], § 23)[1].

1. Lazare Carnot (1753-1823). Mathématicien, physicien, général et homme politique. À côté de ses travaux sur le calcul infinitésimal, on signalera son *Essai sur les machines en général* (1783), dans lequel il énonce la loi de conservation du travail. Il contribua par ailleurs à clarifier les fondements de la géométrie analytique.

égaux par définition et par là côtés d'un triangle isocèle possible) pour affirmer de OM ce qu'on peut affirmer de la hauteur d'un triangle isocèle, savoir qu'elle est aussi médiane. On voit par cet exemple que le raisonnement mathématique procède par substitution d'équivalents ou par identification. Ce qui permet de résoudre le problème méthodologique si souvent posé : Comment la démonstration mathématique peut-elle être à la fois *rigoureuse* et *progressive* ? Elle est rigoureuse parce qu'elle est fidèle au principe d'identité (quand on a décidé, par le recours à la notion de *limite*, de traiter la tangente à une courbe comme un cas spécial de la *sécante*, ce qui est vrai de la seconde le devient nécessairement de la première). Elle est progressive parce qu'*elle identifie comme homogènes des rapports procédant d'expériences ou de constructions diverses* (une corde d'un cercle ce n'est pas un rapport qu'on puisse, avant la définition du cercle et sa construction, tirer des propriétés du triangle isocèle, et pourtant, une fois donnés le cercle et le triangle isocèle, on peut, *en traitant les figures comme de pures quantités*, identifier la corde du cercle et la base du triangle).

Comme tout nouveau théorème démontré transforme les propriétés d'un être mathématique en augmentant le nombre des relations possibles avec d'autres êtres (tous les théorèmes relatifs aux polygones réguliers sont autant de relations possibles entre aires et angles, segments rectilignes et arcs de cercle, etc.), on peut pour démontrer avoir à choisir entre plusieurs formes possibles de substitution d'équivalents ou d'identification (pour dire qu'un point est sur un cercle on peut dire indifféremment qu'il | est du centre à 79
la distance R ou qu'il fait avec trois autres points un quadrilatère d'angles opposés supplémentaires). Démontrer c'est donc *dénombrer* les équivalents possibles d'une relation problématique et *discerner* celui qu'on pourra construire directement ou indirectement à partir des données du problème. On ne peut pas opposer *esprit de géométrie* et *esprit de finesse*. C'est ce qu'a bien vu Pascal, ordinairement connu pour les avoir opposés : « Si on ne sait pas tourner les propositions à tous sens, et qu'on ne se serve que du premier biais qu'on a envisagé, on n'ira jamais bien loin : ce sont ces diverses routes qui ouvrent les conséquences nouvelles et qui, par des énonciations assorties au sujet, lient des propositions qui semblaient n'avoir aucun rapport dans les termes où elles étaient conçues d'abord. » (*Œuvres*, III, 511)[1].

Deux règles de logique régissent la démonstration mathématique :

1. Il s'agit de l'édition réalisée en 1914 par Pierre Boutroux et Léon Brunschvicg pour la collection *Les grands écrivain de la France* chez Hachette.

a) le vrai n'implique que le vrai;

b) le faux ne peut être impliqué que par le faux.

D'où trois conduites générales de la déduction : *synthétique* ou progressive; *analytique* ou régressive directe; *par l'absurde* ou régressive indirecte.

Les principes des mathématiques

Le système des constructions mathématiques n'est possible qu'à partir de principes, c'est-à-dire d'*indémontrables.* La déduction dépend de propositions qu'elle n'explique pas.

Depuis les traités systématiques des géomètres grecs, notamment depuis Euclide, on distinguait trois sortes de principes ou de présuppositions en mathématiques :

a) des constructions ou des propriétés dont l'exécution ou l'existence sont *demandées* sans justification – ce sont les postulats;

b) des affirmations regardées comme *évidentes* : ce sont les *notions communes* des euclidiens, que les philosophes grecs désignaient du nom d'*axiomes*;

c) des concepts auxquels ces présuppositions ont trait : ce sont les produits de *définitions.*

Les problèmes suivants se posent maintenant à nous : que sont ces principes ? pourquoi trois sortes de principes ? sont-ils ou non réductibles ?

80 | A) *Les définitions.* – Les définitions mathématiques posent un objet de pensée et le désignent : *tangente* d'un angle, *dérivée* d'une fonction, *nombres premiers, vitesse* d'un mouvement, etc. *Elles sont à la fois dénomination et règle de construction* d'un être transparent pour la pensée, ne posant aucun problème, n'étant rien que l'application de la règle. La dénomination est des deux opérations la moins importante. L'être mathématique réside dans le concept et non dans le mot, la figure ou le symbole. D'où la règle de Pascal : « Il faut toujours dans la démonstration substituer mentalement les définitions à la place des définis. » (*Art de persuader*)[1].

Les définitions mathématiques étant *génératrices* de leur objet sont pour cela même des principes, elles sont indémontrables, puisqu'elles doivent rendre possible une démonstration. (Ne pas croire que parce qu'elles sont principes elles doivent toutes venir au début. On les introduit dans le raisonnement au fur et à mesure des besoins.)

1. Cf. *Œuvres*, IX, 282.

Les définitions ne sont légitimes que si les propriétés assignées à l'être mathématique sont compatibles (un triangle trirectangle est impossible). Toute définition se présente donc comme une hypothèse qu'il faut légitimer par une discussion ou admettre comme un postulat. En définissant quelque nouvelle opération ou quelque nouvelle propriété on introduit, explicitement ou implicitement, les postulats qui valident son usage ou sa possibilité. Par exemple, en géométrie euclidienne, définir la rotation, la translation, la superposition c'est postuler l'homogénéité ou l'isotropie de l'espace, c'est-à-dire sa neutralité à l'égard des figures et de leurs déplacements.

B) *Les axiomes.* – Une théorie longtemps classique les réduit à des évidences. Ils seraient les règles que toute pensée utilise (notions communes) mais que le raisonnement mathématique dégage comme une de ses conditions. Ils seraient des spécifications de l'évidence fondamentale *A est A.* Par exemple : deux quantités égales à une même troisième sont égales entre elles ; – l'égalité également augmentée ou diminuée reste égalité ; – le tout est plus grand qu'une partie (*Euclide*, axiomes 1, 2, 3, 8).

En fait ces axiomes sont des définitions transposées et ne présentent un caractère d'évidence que dans leur rapport à une définition générale. L'ensemble des axiomes euclidiens définit la | quantité (c'est-à-dire un objet 81
du jugement tel que les constituants élémentaires soient indifféremment équivalents) et les opérations d'équation, de diminution et d'accroissement des quantités.

Le tout est égal à la somme des parties, c'est en fait la définition de la totalité finie et énumérable. On peut en effet distinguer trois sortes de totalité : *totalité logique* (tous les sages sont heureux), *totalité numérique* (tous les élèves sont présents), *ensemble infini* (tous les nombres entiers). La première et la troisième totalité sont définies par une relation essentielle, soit hypothèse (si *X* est sage, *X* est heureux), soit loi de construction addition indéfinie de l'unité à elle-même), *mais quoique définies ces totalités échappent au dénombrement.* Quant à la deuxième totalité elle est quantitativement déterminée une fois qu'on s'est donné l'unité et la loi de sommation. La quantité finie se dénombre cardinalement, selon le rapport de partie à tout ; dans les suites numériques, au contraire, le nombre est considéré ordinalement. Si l'on continue à user pour elles des notions de tout et de partie, on peut arriver à faire se correspondre univoquement et réciproquement une série totale et une série partielle (nombres entiers et nombres pairs), on dit alors que *le tout est égal à la partie*, ce qui est contradictoire par rapport à l'axiome, c'est-à-dire à la définition.

Ainsi les axiomes définissent les possibilités de *substitution*, de *composition*, de *décomposition* et d'*équivalence* des grandeurs ou des quantités mesurables.

C) *Les postulats.* – Ce sont des affirmations concernant les propriétés de tel ou tel objet défini, affirmations qu'on demande d'admettre pour rendre une démonstration possible. Un postulat est à proprement parler un scandale logique, puisqu'il défie à la fois l'évidence et la démonstration : « La définition et les propriétés de la ligne droite, ainsi que des lignes parallèles, sont l'écueil et pour ainsi dire le scandale des éléments de géométrie. » (D'Alembert[1]).

On peut changer l'ordre d'exposition d'un même système déductif, selon que l'on prend comme postulat telle ou telle proposition. C'est ainsi que Legendre[2] a remanié l'ordre d'exposition des *Éléments* d'Euclide, et définissant la droite comme le plus court chemin d'un point à un autre demande d'admettre qu'il ne peut y en avoir qu'une : « on doit regarder comme
82 évident… » | dit-il. « *L'obligation d'admettre est bien la conséquence de l'impuissance à justifier.* » (Gonseth)[a]. Le géomètre grec définissait la droite comme la ligne qui repose également sur deux quelconques de ses points (il s'agit au fond de la possibilité empirique de retourner une règle en bois sur sa trace) ; plus loin il démontrait, par le moyen des propriétés du triangle, qu'elle est le plus court chemin ; à l'occasion des angles formés par deux droites coupées d'une troisième, il demandait qu'on lui accordât la proposition

a. [F.] Gonseth, *Les Fondements des Mathématiques* [*De la géométrie d'Euclide à la relativité générale et à l'intuitionisme*, Paris, A. Blanchard, 1926], ouvrage dont la lecture est indispensable. On complètera cette lecture par celle de Bachelard, *Essai sur la connaissance approchée* [Paris, Vrin, 1928], et celle de Juvet, *Structure des nouvelles théories physiques*, [Paris, Alcan, 1933][3]. [Pour l'idée directrice de cette citation, cf. *Les Fondements des Mathématiques*, p. 11.][4].

1. Jean Le Rond D'Alembert (1717-1783). Philosophe, mathématicien et physicien. Elu à l'âge de vingt-trois ans à l'Académie des sciences pour ses travaux en mathématiques, il supervisa et participa avec Denis Diderot (1713-1784) à la rédaction de *l'Encyclopédie* de 1751 à 1772. La citation de D'Alembert est reprise du livre de F. Gonseth, *Les Fondements des Mathématiques*, *op. cit.*, p. 78.

2. Adrien Legendre (1752-1833). Mathématicien, auteur des *Eléments de géométrie* (1794) qui connurent près de 30 éditions.

3. Gustave Juvet (1896-1936). Physicien, mathématicien et astronome suisse.

4. Ferdinand Gonseth (1890-1975). Philosophe et mathématicien suisse avec qui Jean Cavaillès était entré en discussion lors des entretiens d'Amersfoort en 1938, lesquels seront aussi cités à plusieurs reprises dans les cours inédits de Canguilhem. Aux côtés des *Fondements des Mathématiques*, on signalera les 6 volumes de son œuvre maîtresse : *La Géométrie et le problème de l'espace* (1945-1955). En compagnie de Bachelard et du mathématicien suisse Paul Bernays (1888-1977), Gonseth créa en 1947 la revue *Dialectica* qu'il dirigea jusqu'à sa mort.

suivante : « Si deux droites situées dans un même plan font avec une sécante, et d'un même côté de celle-ci, des angles intérieurs dont la somme est moindre que deux droits, ces droites prolongées suffisamment se rencontrent de ce côté. » C'est le postulat dit de l'unicité de la parallèle.

Les postulats sont propres à l'ordre de recherches mathématiques pour lequel ils sont formulés ; ils servent à délimiter le domaine à l'intérieur duquel les démonstrations qu'ils permettent sont rigoureusement valables. La preuve en est qu'on peut refuser un postulat et développer à partir d'un autre postulat un système de propositions sans contradiction. La proposition qu'Euclide s'était contenté de demander, ses successeurs ont cherché vainement à la démontrer. Saccheri[1] (1667-1773) est le premier qui recherche les conséquences d'une hypothèse inverse de celle d'Euclide, espérant arriver à une contradiction et démontrer le postulat par l'absurde. Gauss (1777-1855) parvient sans les publier aux résultats que Lobatchefsky[2] et Bolyai[3] énoncent l'un et l'autre en 1826. « La réponse que ces deux géomètres faisaient à la question deux fois millénaire était la même : *le postulat d'Euclide n'est pas démontrable, puisque nous avons pu construire, avec une hypothèse différente, une géométrie complète sans lacune et sans contradiction.* »[4] (Gonseth).

Il en va de même en mécanique. Le principe d'inertie selon lequel aucun corps ne peut changer de lui-même son état de mouvement et de repos n'est pas démontrable et c'est à vrai dire une définition de possibilité, celle de mesurer la force comme produit de la masse par l'accélération, et par suite de justifier
l'équation | et l'addition des forces. On appelle cinématique de Galilée un 83
ensemble ordonné de postulats permettant de définir et de comparer les états de divers systèmes matériels en mouvement. Dans toute mesure de mouvement faisant intervenir le temps, le problème se pose, de définir et de mesurer des égalités ou des inégalités de temps, des simultanéités ou des successions. Painlevé a montré (*les Axiomes de la Mécanique*) que les postulats galiléens (inertie, action et réaction, indépendance des effets matériels) supposent une mesure des distances *et du temps*, telle que « les mêmes conditions initiales

1. Girolamo Saccheri (1667-1733). Jésuite et mathématicien italien, auteur de *Euclide sans erreur* (1733).

2. Nikolaï Lobatchevski (1792-1856). Mathématicien russe qui contribua à la fondation des géométries non euclidiennes (*Pangéométrie*, 1855).

3. János Bolyai (1802-1860). Mathématicien hongrois qui découvrit en 1831, en ignorant les travaux de Gauss et de Lobatchevski, un système de géométrie non euclidienne appelé la « géométrie absolue ».

4. F. Gonseth, *Les Fondements des Mathématiques*, *op. cit.*, p. 79.

transportées dans l'espace et le temps doivent engendrer le même mouvement, transporté de la même manière dans le temps et l'espace »[1]. La seconde de temps solaire moyen est supposée par définition invariable, identique pour tous les observateurs, même animés d'un mouvement relatif. « *Cette* cinématique ne peut être utilisée que dans la mesure où l'expérience confirme *ce* postulat. » (Courtines)[a]. Appelons système galiléen un observatoire entraîné, relativement aux étoiles fixes, d'un mouvement rectiligne uniforme. Dans la mécanique galiléenne un phénomène ayant une vitesse *v* dans un système galiléen doit avoir une autre vitesse *v'* dans un autre système galiléen. Or l'expérience (Michelson[2]) montre que la vitesse V de la lumière est constante, quels que soient les mouvements de la source ou de la terre. Einstein propose, en conséquence, une nouvelle mécanique, où c'est une *vitesse*, celle de la lumière, qui joue le rôle d'étalon fondamental ou d'absolu.

Que sont les postulats ? Ce sont, dit Poincaré, des définitions et mieux des *conventions* adoptées pour leur *commodité*. Une géométrie ou une mécanique ne sont pas vraies ou fausses, un postulat n'est pas vrai ou faux, ils sont plus ou moins d'accord avec l'expérience. La géométrie euclidienne est celle qui s'accorde le mieux avec les propriétés des corps matériels donnés dans la perception.

Sans préjuger pour le moment de la possibilité ou de l'impossibilité d'un accord entre convention et commodité, retenons que le postulat est une *position relative à ce qu'elle permet de déduire.*

D) En résumé, nous pouvons dire que *les principes mathématiques*
84 | *définissent par hypothèse des êtres et des propriétés.* Quel que soit le nom qu'on veuille leur donner, les principes mathématiques sont des *occasions et des permissions de déduire.*

Mathématiques et axiomatique

Le mathématicien établit des *hypothèses*, il démontre ensuite que telles ou telles conséquences sont intelligibles à partir de ces hypothèses. C'est à qui

a. [M. Courtines] *Où en est la physique*, [préface de Paul Langevin] Paris, [Gauthier-Villars,] 1926[3].

1. P. Painlevé, *Les axiomes de la mécanique*, Paris, Gauthier-Villars, 1922, p. 74.
2. Albert Michelson (1852-1931). Physicien américain connu pour ses mesures précises de la lumière. Il reçu le Prix Nobel de physique en 1907 « pour son expérience fondamentale conduisant à remettre en question la notion d'éther » (citation Nobel).
3. Marcel Courtines (?). Préparateur au Collège de France, il fut ensuite maître de Conférences à l'École centrale des Arts et Manufactures.

veut utiliser ces conséquences de se demander s'il peut ou non refuser l'hypothèse et quel crédit il doit lui accorder. Ainsi le caractère de liberté des opérations initiales fixant les principes mathématiques est indéniable. Les recherches contemporaines sur *l'axiomatique* l'ont mis en évidence.

On appelle *axiomatique* l'étude des conditions générales d'un système hypothético-déductif quelconque. Moritz Pasch[1] a donné comme il suit les règles d'une axiomatique géométrique (1882) :

1) on énonce les concepts primitifs avec lesquels on se propose de définir tous les autres ;

2) on énonce les propositions fondamentales grâce auxquelles on démontrera les autres propositions (théorèmes). Ces propositions sont de pures *règles de liaison des concepts*, indépendantes de la signification des concepts.

Par exemple, soient définis *droite* et *point*, grâce au *postulat d'appartenance* ils sont mis en relation, mais de telle façon que les termes de la relation soient interchangeables. Si nous disons « un *x* est défini par deux *y* » nous pouvons indifféremment mettre « point » et « droite » à la place de *x* et de *y*. De même « un *x* est défini par trois *y* » (point et plan). Ainsi le postulat est une proposition indépendante de son contenu.

Plus le nombre des postulats ou des axiomes est grand, plus les relations dans lesquelles sont engagés les concepts sont complexes, de sorte que « la science déductive née de ces combinaisons n'est jamais une étude de choses mais une étude de relations »[2] (Bachelard). Le nombre des postulats n'est pas limité, mais l'adjonction de nouveaux postulats reste soumise à deux conditions ; les postulats doivent être *compatibles* et *indépendants* (ne pas se contredire et ne pas faire double emploi).

Hilbert[3] (*Grundlagen der Geometrie*, 1899), en étudiant les hypothèses euclidiennes, a groupé systématiquement les postulats de la géométrie usuelle
de la façon suivante : l'appartenance, | l'ordre, la congruence, la continuité, le **85**
parallélisme. Ces postulats sont bien indépendants car on peut admettre les uns tout en rejetant les autres : Lobatchefsky et Bolyai, en niant le cinquième

1. Moritz Pasch (1843-1930). Mathématicien et logicien allemand à qui l'on doit l'une des premières axiomatisations de la géométrie euclidienne. C'est à ses *Vorlesungen über neuere Geometrie* (1882) que Canguilhem et Planet font ici allusion.

2. Source non identifiée. Peut-être Canguilhem et Planet font-ils référence ici au chapitre IV de l'*Essai sur la connaissance approchée*, *op. cit.*, consacré aux « Problèmes de la mesure expérimentale » ? Bachelard y discute en effet la phrase d'Arthur Eddington : « La physique est l'étude non pas des choses, mais des mesures » (p. 55).

3. David Hilbert (1862-1943). Mathématicien allemand qui participa à la fondation de l'axiomatique moderne.

postulat et en conservant les autres, ont mieux confirmé le génie d'Euclide que ne pouvaient le faire ceux qui voulaient démontrer le postulat, car ils ont justifié la position d'Euclide à l'égard de ce postulat.

On voit dès lors ce qu'il faut entendre par l'expression des logiciens contemporains : « les mathématiques sont un système hypothético-déductif ». C'est un système de propositions déduites d'axiomes fondés par leur construction même. L'axiome cesse d'avoir sa signification d'intuition rationnelle pour prendre le sens que contient son étymologie : c'est une proposition que l'esprit *juge digne* de faire, qu'il justifie par le rôle, par la valeur qu'il lui prête.

C) De la signification des mathématiques

Les mathématiques se ramèneraient alors à un pur formulaire de règles de construction et de liaison des concepts. Mais que mettent-elles en formules et que construisent-elles ? Faut-il dire avec Russell : « Les mathématiques sont une science dans laquelle on ne sait jamais de quoi l'on parle ni si ce qu'on dit est vrai »[1] ? De même Einstein, dans la *Géométrie et l'expérience*, après avoir dit : « Pour autant que les théorèmes mathématiques s'appliquent à la réalité, ils ne sont pas sûrement valables, et pour autant qu'ils sont sûrs, ils ne s'appliquent pas à la réalité », ajoute ces mots : « d'après l'axiomatique, seuls les faits logiques et formels forment l'objet de la science mathématique, mais non l'élément intuitif qui peut s'y rattacher. »[2]

Si vérité veut dire nécessité logique, les mathématiques sont vraies, mais comme la vérité des conséquences dépend du choix des principes, on doit se demander s'il y a pour un système mathématique une raison du choix des principes ? *Pourquoi tels axiomes et non d'autres ?* Soit un groupe d'axiomes, la logique peut dire s'ils sont compatibles et indépendants. Mais pourquoi ce sont *ces* axiomes qui sont réunis en un groupe compatible, la logique peut-elle le dire ? L'axiomatique peut-elle par exemple justifier le fait qu'Euclide ait
86 ajouté le parallélisme aux quatre postulats avec | lesquels il est compatible et dont il est indépendant ?

Remarquons : 1) que l'axiomatique fonde seulement la valeur probatoire d'un système d'abstractions ; 2) que *le propre d'une axiomatique est de venir*

1. B. Russell, « Les mathématiques et les métaphysiciens » (1901), paru dans le recueil *Mysticisme et logique* (1917), trad. fr. sous la dir. de D. Vernant, Paris, Vrin, 2007, p. 88.

2. Cette citation d'Einstein est tirée des *Fondements des mathématiques* de Gonseth, *op. cit.*, p. 12.

après coup. « En construisant une axiomatique, on cherche à ne pas avoir l'air d'utiliser ce que la science qu'on fonde a déjà appris, mais vraiment ce n'est qu'à propos de choses connues qu'on établit une axiomatique »[1] (Juvet). L'axiomatique est une grammaire mathématique, mais elle n'est pas plus une mathématique qu'une grammaire n'est un langage.

Donc le choix des postulats, la cohérence interne d'un ensemble de principes, ne répond pas à des règles d'axiomatique. *La raison s'impose et impose les postulats relativement à ce qu'elle se propose.* Les mathématiques n'ont pas de signification et de valeur séparées de l'univers physique. Elles n'ont pas leur fin en elles-mêmes. Elles sont le moment le plus abstrait, le plus épuré, de la constitution d'une connaissance systématique de l'expérience. Les mathématiques sont inséparables de la physique. Elles sont une physique possible, comme la physique est une mathématique appliquée et il y a réaction mutuelle et permanente de l'une sur l'autre. « On ne peut pas, sans lui enlever sa signification profonde et sa vie intérieure, isoler une science abstraite – fût-ce la mathématique – de ses origines intuitives »[2] (Gonseth). Ainsi une géométrie, une trigonométrie ne sont pas en soi différentes d'une théorie physique, elles sont des interprétations déductives de l'expérience perçue. Une géométrie est une théorie de l'espace. De quel espace ? *De celui-là même qu'elle se donne ou qu'elle définit* comme rendant possibles des opérations de mesure et de comparaison des phénomènes. Cela veut dire qu'en définitive les postulats d'une géométrie sont relatifs aux phénomènes qui pourront être mesurés, expliqués et prévus par les conséquences nécessaires de ces postulats.

Qu'on entende bien cette dernière proposition. Elle ne signifie pas que le géomètre calque sa géométrie sur une expérience préalable spatialement présentée. La géométrie usuelle n'est pas *euclidienne* parce que l'espace de la perception est euclidien. La perception n'a de valeur et de signification euclidienne *qu'après* la géométrie d'Euclide et non *avant.* Il n'y a pas de droite euclidienne, de plan, de trièdre dans la perception prégéométrique.

Qu'est-ce qui amènera à changer de géométrie ? Cela même | qui amène à **87**
changer de théorie physique, l'incapacité de l'une et la capacité de l'autre à interpréter intelligiblement de nouveaux phénomènes physiques.

1. G. Juvet, *La structure des nouvelles théories physiques*, Paris, Alcan, 1933, p. 162. Canguilhem et Planet ont aussi pu lire ces mots de Juvet dans *Le Nouvel esprit scientifique* (1934), que Bachelard cite à la p. 36.

2. *Les Fondements des mathématiques*, *op. cit.*, p. 96.

A moins d'admettre que l'objet des mathématiques leur est assigné a priori. Mais il est impossible de comprendre que les mathématiques définissent peu à peu leur objet propre, sans se conformer à un plan systématique préétabli, si leur objet est donné dans une intuition nécessaire (de la raison ou de la sensibilité), dont il serait contradictoire qu'elle admît un développement. Il y a une histoire des mathématiques relative aux occasions et aux problèmes qu'elles ont rencontrés dans l'expérience. Sans doute, en s'ajoutant et en se corrigeant, les disciplines mathématiques sont-elles tenues à la fidélité envers un propos d'élucidation et de construction nécessaire de l'expérience. C'est dire qu'elles avouent en un sens un a priori, mais sous forme normative.

Empirisme et rationalisme mathématiques

L'empirisme (Locke, Hume, Stuart Mill) pense réduire les objets et les propriétés mathématiques à des copies des objets de la perception vulgaire. Ce sont les choses multiples étendues et mobiles qui nous *donnent l'idée* du nombre, de l'espace, du mouvement, qui sont aussi l'origine de l'arithmétique, de la géométrie, de la mécanique, etc. « Nous pensons toujours aux objets mêmes, tels que nous les avons vus et touchés, et avec toutes les propriétés qui leur appartiennent naturellement, mais pour la convenance scientifique nous les *feignons* dépouillés de toute propriété, excepté celles qui sont essentielles à notre recherche, etc. » (Stuart Mill, Logique I)[1].

C'est là une réaction contre certaine philosophie rationaliste, pour qui l'idéal du savoir consisterait dans une déduction intégrale à partir d'idées pures, innées et qui réalise les objets mathématiques comme un système tout fait que l'intelligence découvre dans l'illumination d'une intuition pure. Selon *Malebranche*[2], la raison est une vision en Dieu. C'est en Dieu, c'est-à-dire dans la science absolue, que la raison découvre des rapports *universels* et *nécessaires* que l'expérience contingente est impuissante à nous fournir. « Les géomètres sont les plus exacts de ceux qui se mêlent de raisonner... Tous conviennent que l'hyperbole et ses asymptotes, et plusieurs autres semblables
88 lignes, continuées à l'infini, | s'approcheront toujours sans jamais se joindre. Pensez-vous qu'ils découvrent ces vérités en tâtonnant et qu'ils jugent de ce

1. *Système de logique déductive et inductive* (1843), livre II, chap. v, § 1.

2. Nicolas de Malebranche (1638-1715). Philosophe cartésien, prêtre oratorien et théologien. Il est l'auteur de *la Recherche de la vérité* (1674). Pour la citation qui suit, cf. *Entretiens sur la métaphysique, sur la religion et sur la mort* (1688), dans *Œuvres*, « Bibliothèque de la Pléiade », t. 2, Paris, Gallimard, 1979, p. 682-683.

qu'ils ne voient point par quelque peu de chose qu'ils auraient découvert? » (*Entretiens métaphysiques*, I).

On peut considérer la théorie de Kant selon laquelle l'espace et le temps sont des formes a priori de la sensibilité, conditions nécessaires des constructions synthétiques des mathématiques et de l'accord de ces constructions avec la perception des choses, comme un essai de concilier l'empirisme et le rationalisme, grâce à l'intuition d'une expérience mathématique pure.

Nous n'avons pas à choisir entre ces trois partis possibles, recouvrant des affirmations *vraies à leur place, fausses si on les prend absolument.*

Il est vrai que les jugements mathématiques sont inséparables de l'expérience, occasion originelle et destination finale de leur construction (Empirisme).

Il est vrai que l'idéalité, l'infinité, la nécessité propres aux notions mathématiques ne procèdent pas de l'expérience. L'idée mathématique de cercle n'est pas l'image du cercle (Descartes VIe *Méditation* : l'idée et l'image du chiliogone). L'infini n'est pas la répétition du fini. L'infini est un pouvoir et non pas une chose, il est la raison et non la conséquence de l'extension réitérée du fini. « Nous nous sentons du mouvement pour aller plus loin »[1] (Malebranche). La série indéfinie des nombres apparaît comme relative à l'infinité de l'acte qui les construit; c'est cette infinité, saisie par intuition, qui rend possible le *raisonnement par récurrence* (Rationalisme)[a].

Il est vrai enfin que les jugements mathématiques sont synthétiques, c'est-à-dire constructifs, que les règles de la logique formelle ne sont pas les règles de la pensée mathématique (Kantisme).

Ces trois affirmations méthodologiques sont impliquées, comme on l'a vu, dans la conception selon laquelle les mathématiques | sont un système 89
hypothético-déductif, laquelle conception, par contre, échappe à la difficulté inhérente aux trois précédents. En effet, toutes trois supposent que la pensée

a. « A coup sûr si quelqu'un dit qu'il existe une infinité de nombres entiers, il n'entend point que cette infinité de nombres entiers est écrite quelque part, dans quelque gros livre; il ne s'agit que d'une existence dans notre pensée. Or notre façon de penser l'infinité des nombres entiers consiste essentiellement à penser la loi de formation de ces nombres qui en implique l'infinité. » Jules Tannery[2] [Compte-rendu de l'ouvrage « De l'infini mathématique » de Louis Couturat, dans la] (*Revue Générale des Sciences* [*pures et appliquées*, vol. 8,] 1897, [p. 129-140; p. 131 pour la citation]).

1. Cf. *Conversations chrétiennes* (1677), 3e Entretien, dans *Œuvres*, t. 1, *op. cit.*, p. 1196.

2. Jules Tannery (1848-1910). Mathématicien, historien des sciences, professeur à l'École Normale puis à la Sorbonne. Jules est le frère cadet du philosophe Paul Tannery (1843-1904), à qui l'on doit notamment l'édition des œuvres complètes de Descartes.

mathématique trouve (soit dans l'expérience, soit dans la raison, soit dans une sensibilité préformée) des concepts ou des formes, espace, temps, nombre, préalablement donnés avec toute leur signification[a]. De sorte que la vérité mathématique se découvrirait mais ne s'inventerait pas. Dans l'un et l'autre cas, ce qui est retiré à la mathématique c'est son caractère opératoire. La quantité mathématique serait un fait absolu et non la possibilité d'une méthode.

Or les notions mathématiques sont précisément des possibilités opératoires : l'espace, possibilité de mesure réversible, le temps, possibilité de succession ordonnée, le nombre participant sous ses deux formes (cardinale et ordinale) de l'une et de l'autre possibilité.

A bien regarder, avant les opérations qui les définissent il n'y a dans l'expérience ni figures, ni mouvements, ni nombre ; il y a des formes, des altérations, des multitudes, c'est-à-dire des complexes qualitatifs qui appellent bien plutôt qu'ils ne la proposent une délimitation.

1) Il n'y a de figure que par l'énonciation de ses propriétés, c'est-à-dire des relations *invariables* entre éléments définis. La figure n'est géométrique que par les rapports internes qui en expliquent la génération, rapports capables d'être compris sans représentation intuitive par l'équation d'une courbe ou d'une surface (Géométrie analytique) ;

2) Il n'y a de mouvement qu'une fois définis un système *fixe* de référence des positions successives, un repérage des *simultanéités*, une *mesure* des forces et des accélérations (*inertie*) ;

3) Il n'y a de nombre que par une sommation d'unités *identiques*. Cette sommation ne peut s'opérer que successivement, en donnant à chaque unité un rang différent, mais une série ne fait pas encore un nombre. Il faut que les positions successives de l'unité soient jugées comme formant un tout où chacune d'elles perd tout caractère de préséance. Ce tout simultané d'unités indifférentes à leur permutation c'est une collection. Le nombre est donc
90 jugement d'équivalence entre une *collection* posée et une *série de* | *positions* (Brunschvicg).

On voit maintenant quel paradoxe c'est de vouloir tirer d'une expérience diverse et qualitativement changeante, des normes d'*invariance*, de *fixité*, d'*identité* qui sont précisément ce par quoi l'esprit fait de l'expérience en elle-même indifférente à son explication vraie, la matière d'une connaissance. La

a. V. chap. II : A, b, l'espace et le temps sont-ils des donnés intuitifs ? [*supra*, p. 656].

quantité c'est la qualité niée, mais cette négation ne peut pas procéder de ce qu'elle nie.

Il est vrai, par ailleurs, que des pratiques utilitaires ou mercantiles ont été l'occasion de ces opérations, que la réflexion méthodique des géomètres et des philosophes grecs devait abstraire de leurs fins pragmatiques pour en dégager le mécanisme intellectuel. L'humilité originelle des mathématiques est un des aspects de l'humilité originelle de l'humanité, qui a vécu avant de réfléchir et qui a réfléchi pour mieux vivre[a].

La relation des mathématiques à l'expérience est une relation non de descendance héréditaire, mais de méthode d'intelligence suscitée par les problèmes empiriques. Cela explique – et *cela seul* explique – que les mathématiques, en dépit de leur vocation d'intelligibilité, c'est-à-dire d'unité, retiennent de la variété des problèmes empiriques qui les stimulent, la variété même des disciplines qui les composent, variété qui oblige le savant et le philosophe à parler *des* mathématiques et à rêver seulement *de la* mathématique.

Généralisation de la notion de quantité

Généraliser en mathématiques c'est étendre une proposition construite dans un cas donné à un cas quelconque (exemple : somme des angles d'un polygone quelconque, après somme des angles d'un triangle). Au fond, il s'agit moins ici de généralisation que de *complication*, Mathématiquement la généralisation procède du simple au complexe, c'est l'inverse de la généralisation logique classique.

Un autre type de généralisation consiste *à étendre le domaine de validité de certaines opérations*. Du fait qu'il n'y a pas une mais | plusieurs disciplines **91**
mathématiques, on peut chercher à réduire un corps d'objets mathématiques, défini par un groupe de postulats, à un autre corps, par exemple la géométrie à l'arithmétique. On est obligé alors, si l'on veut maintenir dans le corps annexé la validité des opérations possibles dans le corps auquel on se réfère, de faire certaines conventions qui attribuent à la notion qu'on veut généraliser des propriétés fictives ou parfois même absurdes, contradictoires avec les règles

a. On trouvera là-dessus d'utiles informations dans les livres d'A. Rey : *La Science orientale avant les Grecs* [1930]. – *La Jeunesse de la Science grecque* [1933] [t. I et II de *La science dans l'Antiquité*, Paris] (Albin Michel)[1].

1. Abel Rey (1873-1940). Philosophe et historien des sciences. En 1932, il fonda et dirigea l'Institut d'histoire des sciences et des techniques de l'Université de Paris dont Canguilhem, après Bachelard, devait à son tour prendre la direction en 1955.

admises dans la discipline spéciale du départ. Par exemple, la réduction de la géométrie à l'arithmétique pose le problème des irrationnels (diagonale d'un carré connue géométriquement, inconnue arithmétiquement). Alors qu'il y avait exactitude dans l'un et l'autre domaine, il y a approximation dans leur interférence (Bachelard). D'où la création de nouvelles notions : *nombre irrationnel* défini comme *coupure* entre deux classes de nombres rationnels.

La généralisation la plus importante est celle qui a tendu à incorporer toutes les disciplines mathématiques à la théorie analytique du nombre (Généralisation de la notion de nombre : entier, fractionnaire, irrationnel, algébrique, imaginaire). La généralisation du nombre permet de traiter en conservant un sens aux opérations fondamentales, addition, multiplication, élévation à la puissance et leurs inverses, toutes sortes de fonctions, les fonctions algébriques finies et les fonctions transcendantes (logarithmique, exponentielle, trigonométrique) où intervient la notion de passage à la limite (dérivation, intégration).

Que signifie cette préférence du nombre comme notion mathématique devant être généralisée ? Probablement ceci, que toute l'analyse est intelligible à partir de la notion de nombre entier et que le nombre donne lieu à des opérations toutes réductibles à l'addition. Or, si l'addition épuise entièrement la connaissance du nombre, c'est parce qu'elle l'a créé. L'addition est méthode de construction avant d'être méthode fondamentale d'étude. L'esprit ramène tout au nombre dans la mesure où comprendre c'est construire. Ainsi la mathématique crée le monde qu'elle comprend. C'est ainsi, quoiqu'en un sens réaliste, qu'il faut sans doute entendre le mot de Kronecker[1] : « Les nombres entiers nous viennent de Dieu. Le reste est l'œuvre des hommes. »

1. Léopold Kronecker (1823-1891). Mathématicien et logicien allemand connu pour ses travaux en théorie des nombres. La citation de Kronecker est reprise du livre déjà cité de Gonseth, *Les Fondements des mathématiques*, *op. cit.*, p. 197.

|Chapitre VI 92

LES SCIENCES DE LA NATURE

Ayant considéré les mathématiques comme une procédure définie *in abstracto*, nous interpréterons maintenant les *sciences de la Nature* comme l'application de cette procédure au litige empirique : le litige est celui qu'on a déjà décrit et qui laisse voir dans la perception humaine les normes d'analyse et de synthèse se disputant la maîtrise du jugement.

L'expression « sciences de la Nature » s'entend de toutes les disciplines qui tentent effectivement l'analyse de la réalité objective ou matérielle et composent donc (avec l'astronomie, la physique au sens étroit, la chimie et la biologie) une *Physique* au sens large. On a dû faire allusion déjà[a] aux doctrines qui situent cette Physique sur un autre plan logique que les Mathématiques; il n'y aurait pas lieu de les évoquer à nouveau si l'expression « méthode expérimentale », qui peut et doit s'employer pour désigner la méthode propre des sciences de la Nature, ne donnait quelque apparence de valeur aux dites doctrines; pour beaucoup d'esprits le mot « expérimental » signifie un mode de démonstration fort différent du processus rationnel, a priorique en quelque sorte, employé par le mathématicien : car ce mot évoque une sorte d'action directe ou de concours immédiat des choses, venant s'ajouter au raisonnement proprement dit ou au calcul déductif pur[b] pour composer avec lui un mode nouveau, plus concret, de vérification.

a. *Cf.* III, B, [*supra*, p. 673 *sq*.].
b. *Cf.* Cl. Bernard, *Introduction à [l'étude de] la médecine expérimentale*, chap. II, § 1.

Quoi qu'on doive admettre à cet égard, et pour éviter de reprendre l'examen déjà fait des querelles relatives à « l'induction » on ne perdra pas de vue en tous cas deux points que nous considérons comme établis :

93 | 1) aucun problème réel n'est posé par quelque inférence qui irait de faits singuliers à des relations génériques; la légitimité de l'idée de « classe » n'est pas en question pour le physicien : il ne travaille qu'à partir de cette idée tacitement ou expressément admise;

2) aucune sorte spécifique de « raisonnement » n'est définie par l'induction qui n'est que la marche fatalement régressive de la pensée construisant les prémisses conjecturales d'un raisonnement éventuel.

Dès lors le problème effectif de la Physique est celui dont la double donnée est fournie d'une part par le formulaire mathématique, d'autre part par les synthèses qualitatives enfermées dans la perception usuelle : le dessein général du traitement étant de conformer une donnée à l'autre, et plus précisément de soumettre le qualitatif au métrique[a]; il va de soi que *soumettre* s'entend comme *identifier*, n'y ayant de preuve et d'analyse objective qu'à cette condition[b].

Un système de règles de mesures étant donné, supposé ou même simplement présumé, et d'autre part une expérience nous offrant l'énigme de ses « apparences », la Physique postule que ceci sera compris et éclairé, enfin *vérifié*, si on peut le réduire à cela; il s'agit de développer le postulat, c'est-à-dire d'analyser effectivement les phénomènes en prouvant qu'ils *sont* des relations métriques, et rien d'autre.

A) Phénomènes, concepts et lois

Les chapitres précédents ont essayé de montrer que l'expérience commune est équivoque, étant faite d'un compromis entre deux systèmes inverses, également possibles, de jugement. Concurremment à la détermination des

a. « L'étape la plus importante dans le progrès de chaque science est la mesure des quantités. Ceux dont la curiosité est satisfaite par l'observation pure et simple... ont parfois rendu service en dirigeant l'attention des autres sur les phénomènes qu'eux-mêmes avaient vus; mais nous devons les plus grands progrès à ceux qui essayent de trouver les lois numériques des phénomènes. » Maxwell, *Traité de la chaleur* [1871], chap. IV[1].

b. *Cf.* I, C, [*supra*, p. 648-650].

1. James Clerk Maxwell (1831-1879). Physicien et mathématicien écossais considéré comme le père de la théorie de l'électromagnétisme.

phénomènes par lieux, moments et nombres, nos besoins, nos sens, nos coutumes, nos passions et notre ingéniosité même nous en procurent des qualifications dont | la variété va à l'infini : nous *imaginons* de la sorte non 94
seulement des choses colorées, sonores, dures, molles, chaudes, froides, etc., mais encore des objets utiles ou non, comestibles ou non, vénéneux ou sains, mobiles ou immobiles, rapides, lents, légers, lourds ; nous faisons des saisons, des jours et des nuits, des cycles et des périodes qui expriment autant le rythme de nos habitudes que le mouvement des choses[a] ; dans un esprit analogue les êtres nous paraissent inertes ou animés, sauvages ou dociles, et les territoires fertiles ou arides, peuplés ou déserts ; nous logeons dans le ciel un soleil, une lune et des étoiles, comme nous distinguons dans la matière des solides, des liquides et des gaz… En bref, quand nous commençons de dissocier le chaos perceptif en y cherchant des « genres » de choses, nous sommes amenés, pour comprendre ces choses les unes par les autres, à multiplier non seulement ces genres, mais les « points de vue » sous lesquels ils nous *apparaissent* et nous constituons ainsi des *concepts.* C'est par une abstraction couramment effectuée sur le bloc concret indéfini de la perception, qu'un monde *phénoménal* se construit pour nous, à mi-chemin de l'ignorance et du savoir.

Les concepts pris tels quels ne sauraient être des vérités ; au même titre que les sensations, et bien que formés d'autre manière, ils proposent des *problèmes* à qui essaie de les comprendre et pour cela de les ordonner. Ils désignent des « classes » de choses semblables sous quelque rapport présumé définissable (végétal, est-ce cette sorte de vivant qui croît et mûrît sur place ?) mais dont d'ailleurs on ne peut savoir ni la condition d'existence ou de production, ni la relation à d'autres classes (quel est le point d'attache du végétal et de l'animal ? … du vivant et du minéral ? …) C'est que, de la subjectivité impliquée dans l'expérience originelle, les concepts gardent une sorte de contingence, et même une instabilité : tel pense inoffensif ce que tel autre juge dangereux, durable ce que celui-ci croit précaire, etc.

a. E. de Baer a montré que l'échelle à laquelle les hommes mesurent le grand et le petit résulte de leur organisation anatomique. L'année est une mesure du temps suggérée par le système planétaire, mais si nous parlons de 365 jours ou de 100 ans ou de 4 saisons nous avons recours au système décimal et ce système repose sur la structure de nos extrémités [1].

1. Karl Ernst von Baer (1792-1876). Anatomiste et embryologiste russe qui fut l'un des fondateurs de l'embryologie moderne. Une vingtaine d'années après la rédaction du *Traité de logique*, Canguilhem consacrera des pages importantes à la signification des travaux de von Baer sur la « loi biogénétique fondamentale », que celui-ci formula le premier.

Très évidemment c'est de la description conceptuelle du monde que
95 procède d'abord la Physique (astronomie, optique, acoustique, | théories de la pesanteur, de la chaleur…, botanique, zoologie) ; mais, comme des qualités sensibles qui n'en sont que des cas particuliers, elle en procède pour s'éloigner d'elles, c'est-à-dire pour tâcher de mettre quelque unité de type rationnel à la place de leur disparate incommensurable. Sans doute et en un sens le concept est déjà connaissance, pour autant qu'il abstrait et *identifie* le phénomène conçu comme simple exemplaire de sa classe ou de son type ; mais en un sens plus rigoureux, il n'est pas une connaissance *vraie* ou scientifique, pour autant que le type ou la classe, fussent-ils coordonnés aux autres par une classification complète, restent, avec eux tous, les constituants d'une diversité irréductible[a].

En d'autres termes les concepts sont les résidus, synthétiques encore et qualitatifs, d'une dissociation ébauchée de l'expérience : ils n'ont pas de signification explicative proprement dite en tant qu'ils maintiennent la diversité décrite au lieu de l'éliminer ; presqu'aussi éloignés de l'identification métrique que les sensations, on comprend que l'effort ingénieux des docteurs scolastiques pour leur conférer une vertu théorique soit resté vain, et ait finalement provoqué le dédain des chercheurs (Galilée, Pascal, Descartes, etc.), avant les sarcasmes des auteurs comiques. On comprend aussi le discrédit relatif d'une Logique où tous rapports à ordonner restaient finalement de simple convenance et, au mieux, d'emboîtement[b] de concepts une fois

a. « Je dis toujours que si vous pouvez mesurer ce dont vous parlez et l'exprimer par un nombre, vous savez quelque chose de votre sujet ; mais si vous ne pouvez le mesurer, si vous ne pouvez l'exprimer par nombre, vos connaissances sont d'une pauvre espèce et bien peu satisfaisantes ; ce peut être le commencement d'une connaissance ; mais vous êtes à peine, dans vos pensées, avancé vers la science quel qu'en puisse être le sujet. » Lord Kelvin[1], cité par L. Poincaré, *La physique moderne*, [Paris, Flammarion, 1906], chap. II [p. 22-23][2].

b. Les rapports formels considérés par la Logique scolastique sont ceux d'*extension* : vouloir les déterminer revient à chercher quels concepts *enveloppent ou contiennent* les autres et sont eux-mêmes enveloppés ou contenus dans d'autres. Le principe normatif mis en œuvre dans la recherche est donc celui d'une sorte d'emboîtement des concepts du type des classifications adoptées encore dans l'« Histoire naturelle » en tant que celle-ci remplace une explication provisoirement impossible par un tableau des formes de la vie hiérarchiquement coordonnées.

1. William Thomson, dit Lord Kelvin (1824-1907). Physicien britannique surtout connu pour ses travaux en thermodynamique. Il déduisit une définition thermodynamique de la température.

2. Lucien Poincaré (1862-1920). Physicien et haut fonctionnaire, il est le frère cadet du président de la République Raymond Poincaré, et le cousin germain du mathématicien Henri Poincaré.

formés : le problème décisif de leur définition et de leur classification n'était soluble en fait que pour ceux d'entre eux qu'on pouvait dissoudre comme concepts, en les ramenant par la mesure à des relations déterminantes d'homogènes | (figures, nombres, mouvements, et plus généralement 96
quantités)[a].

a. Déjà avec l'école pythagoricienne, l'Acoustique s'était constituée comme une tentative métrique accomplie dans ce sens; mais on pourrait évoquer aussi les travaux poursuivis, depuis les Chaldéens, pour donner des énoncés « exacts » des phénomènes astronomiques. Les conditions du progrès de ces travaux sont d'ailleurs, il convient de ne pas l'oublier même sur ce terrain, aussi techniques; la mesure elle-même exige des dispositifs et des instruments… « Il y a dans chaque science un instrument de précision qui peut servir de symbole matériel à cette science. Chaque science doit ses progrès à l'instrument qui permet aux observateurs de chiffrer les résultats auxquels ils sont conduits », Maxwell, *op. cit.* « On a dit que Lavoisier avait fondé la chimie en lui apportant la balance; on peut dire que chacun des progrès de cette science est lié à l'introduction d'un nouvel instrument de physique; le calorimètre et le thermomètre avec Lavoisier, Berthelot, Raoult[1]; le manomètre avec Gay-Lussac[2] et Sainte-Claire Deville[3]; le courant électrique avec Davy[4] et Moissan[5]; le spectroscope avec Kirchhoff[6] et Bunsen[7]; le polarimètre avec Biot[8] et Faraday[9]; l'électroscope avec Curie[10] » [L.] Houllevigue, [L']*Évolution des sciences*, [(1908), 3e éd., Paris, Armand Colin, 1914, p. 33.][1].

1. François-Marie Raoult (1830-1901). Chimiste et physicien à l'origine des lois qui portent son nom en thermodynamique.

2. Louis Joseph Gay-Lussac (1778-1850). Chimiste et physicien connu pour ses études sur les propriétés des gaz.

3. Henri Sainte-Claire Deville (1818-1881). Chimiste, auteur en 1854 du premier procédé de préparation industrielle de l'aluminium.

4. Humphry Davy (1778-1829). Chimiste, physicien et philosophe des sciences britannique connu pour ses expériences en électrochimie.

5. Henri Moissan (1852-1907). Chimiste, pharmacien et inventeur. Il reçut le prix Nobel de chimie en 1906 « pour l'isolement de l'élément fluor ainsi que pour l'adoption par les organismes scientifiques du four électrique qui porte son nom » (citation Nobel).

6. Gustav Kirchhoff (1824-1887). Physicien allemand considéré avec Bunsen comme le fondateur de l'anayse spectrale.

7. Robert Bunsen (1811-1899). Chimiste allemand, à l'origine du bec de gaz à introduction d'air auquel il a donné son nom.

8. Jean-Baptiste Biot (1774-1862). Physicien, astronome et mathématicien connu pour avoir utilisé le pouvoir rotatoire de la lumière dans l'étude des solutions chimiques.

9. Michael Faraday (1791-1867) Physicien et chimiste britannique à qui l'on doit la théorie de l'électrolyse.

10. Pierre Curie (1859-1906). Physicien et chimiste qui, après la découverte de la radioactivité par Becquerel, découvrit et isola avec sa femme Marie le polonium puis le radium. Les deux époux reçurent le Prix Nobel de physique en 1903 « en reconnaissance des services extraordinaires qu'ils ont rendus par leurs recherches communes sur les phénomènes de rayonnement découverts par le professeur Henri Becquerel » (citation Nobel).

Ces dernières relations, en effet, cessent d'être de simples groupes d'attributs pour devenir ce que la Physique scientifique appellera des *lois naturelles*: il faut entendre par là des énoncés de *conditions déterminant nécessairement* l'existence des phénomènes considérés; par hypothèse de tels énoncés pourraient seuls *définir* strictement et véritablement une réalité, pour autant qu'ils pourraient seuls la relier aux autres, en les montrant toutes interdépendantes, dans un ordre de lieux et de moments énumérables combinés; en principe ils assigneraient à chacun, dans cet ordre, une place précisément déterminée; et c'est donc l'ensemble des lois régissant l'existence d'une espèce de phénomènes donnée qui serait à la rigueur la seule définition vraie de l'espèce même. Le concept, qui avait d'abord servi à la « caractériser », vaudrait-il même à ce moment comme étiquette ? Ce n'est pas sûr, si nous admettons que son insuffisance a dû être un des moteurs de la recherche, et autrement dit qu'il figure un groupement indécis ou imprécis des aspects des choses. Accepté d'abord comme position d'attente, énoncé du problème à résoudre, désignation toute verbale enfin, il a normalement et « en droit » à céder la place à un tissu de relations s'enchaînant et se déterminant mutuellement, par voie d'identifications de plus en plus serrées[a].

97 | Si ceci figure bien la *tendance*, au moins, des sciences modernes de la Nature, on voit que la Logique de ces sciences doit les rapporter aux mêmes principes normatifs que les Mathématiques : tout le problème de leur développement *normal* étant celui d'une mise en équations convenable des phénomènes qu'elles ont à réduire. L'idée d'une Nature n'y est que celle d'un système de rapports constants et nécessaires fixant la manière dont la représentation d'un événement est conditionnée par le système de toutes les autres.

B) MESURE ET LOI EXPÉRIMENTALES

Il était nécessaire, dans ce qui précède, de définir au conditionnel la marche du jugement physique; le processus discursif *normal* ne coïncide pas en fait avec le processus *historique*, et les exemples qu'on peut donner de réduction effective des concepts par l'analyse métrique restent « en pratique » forcément ceux d'une analyse approchée.

a. Dans une classification périodique des « éléments » chimiques, c'est effectivement la place de l'élément dans l'ordre considéré qui « détermine » ses propriétés; dans la physique unifiée de Newton, le phénomène qualifié Pesanteur relève de la formule mécanique et cosmographique générale de l'Attraction; rapporté au principe d'Archimède, le phénomène conçu comme « ascension » des vapeurs ou des gaz chauds dans l'air se détermine comme conséquence ou application de ce principe.

La première raison à donner de l'écart est à emprunter à l'inachèvement des théories mathématiques; celles-ci ne sont que par l'intention « a prioriques »; en fait et fatalement elles se développent sous la pression des exigences progressivement formulées et détaillées par la Physique. Il y a ici une sorte d'échange des problèmes : comme une jurisprudence se superpose à la stricte formalité des codes en accordant peu à peu l'interprétation des lois sociales aux litiges portés devant les tribunaux, de même le formulaire des mathématiciens perfectionne les normes de quantité en les assouplissant au contact des litiges que l'expérience effective propose au physicien : « Certes, dit l'un d'eux, le mathématicien sait bien quelque chose, mais... pas précisément ce qu'on lui demande à un moment donné. »[a] Au reste, on comprend bien que si une théorie de la Quantité pure pouvait se constituer intégralement par déduction a priorique, les Mathématiques contiendraient | ou plutôt *seraient* 98
déjà elles-mêmes toute la Physique. Il reste vrai qu'elles construisent des « formes » dans lesquelles le physicien cherche à faire entrer des « faits » observés[b], mais il est non moins vrai qu'elles ne peuvent a priori construire toutes les « formes » utiles.

Allons plus loin. Dans sa première tentative de mesurer l'expérience, l'esprit présume la proportionnalité en général des changements dans les conditions et dans les conditionnés : plus cela augmente, plus ceci doit augmenter... et l'on est porté à croire qu'il suffit de multiplier les grandeurs pour accroître la connaissance. Mais ce simplisme, ou cette outrance (sans doute rationnels en leur principe) conduisent à des échecs, se heurtant à la prolifération de qualités que tout changement objectif produit pour nous, par l'*altération* des conditions subjectives de leur perception, autrement dit de leur « apparence ». Selon l'ordre de grandeur ou l'*échelle* des phénomènes considérés, les choses paraissent fatalement d'essence différente; et on dirait, en empruntant la formule de *Hegel*, que « passé une certaine limite, la quantité se

a. Einstein, *Comment je vois le monde* [trad. fr. par le colonel Cros, Paris, Flammarion, 1934]. – Un exemple illustre de co-adaptation des deux disciplines est l'invention par Newton du calcul « infinitésimal » exigée par la nécessité d'exprimer les vues cosmographiques suggérées par l'observation.

b. Bouasse, dans [H. Bouasse, P. Delbet, E. Durkheim, A. Giard, F. Le Dantec, L. Lévy-Bruhl, G. Monod, P. Painlevé, É. Picard, Th. Ribot, J. Tannery, P.-F. Thomas, *De la*] *Méthode dans les sciences*, [t.] I, chapitre « Physique générale » [Paris, Alcan, 1909][1].

1. Henri Bouasse (1866-1953). Physicien spécialisé en mécanique des fluides, il est l'auteur d'un traité de physique en 45 volumes intitulé *Bibliothèque scientifique de l'ingénieur et du physicien*.

mue en qualité »[a]. Il va donc de soi que si les sciences de la Nature ont à procéder à l'analyse directe des phénomènes et des apparences, la variété produite dans le monde par la qualification sensorielle et conceptuelle opposera d'autant plus d'obstacles qu'elle proposera plus de « réalités » empiriques à la réduction projetée, sous l'espèce de la Mesure.

C'est au fond la même difficulté, c'est-à-dire le même conflit, que traduisent les opérations complexes impliquées en fait dans toute mesure « expérimentale ». A parcourir un traité de physique ou de chimie, on s'aperçoit vite que, si une partie des exposés est formée de calculs tendant vers
99 l'énoncé et la démonstration les | plus précis possibles des lois obtenues, une partie non moins importante est consacrée à décrire des dispositifs et des « méthodes » exigées pour la « vérification » effective de ces lois[b]. Comme on l'a indiqué déjà en traitant des rapports de la Technique et de la Science, ce sont bien souvent des apports techniques d'origine fort variable qui rendent possibles à un moment donné des opérations métriques; mais si ces apports, qui peuvent être d'ailleurs fortuits ou délibérés, ne trouvent pas leurs conditions propres dans un état défini de connaissances scientifiques, une sorte de hasard dominera toujours et fatalement, en fait, l'extension et le progrès, dans le sens de l'exactitude, des travaux analytiques. Sans doute, la référence de toute

a. Selon le degré de température l'eau est liquide, solide ou vapeur. Au point de vue chimique, la loi des proportions définies et celle des proportions multiples traduisent le fait d'une « discontinuité nécessaire entre un corps pur et un autre corps pur. On s'explique ainsi tout de suite comment les connaissances mathématiques, où les fonctions continues tiennent tant de place, ont fort peu servi en Chimie. Seules l'analyse combinatoire et une sorte de géométrie de position ont pu s'y faire une place d'ailleurs modeste, grâce à l'emploi des formules structurales. » J. Perrin, dans [B. Baillaud, L. Bertrand, L. Blaringhem, É. Borel, G. Lanson, L. March, A. Meillet, J. Perrin, S. Reinach, R. Zeiller, *De la*] *Méth. dans les sc.* t. II [Paris, Alcan, 1911 ; p. 68 pour la citation]. – Au point de vue physique et en admettant la théorie qui fait du son et de la lumière des mouvements vibratoires périodiques, c'est l'ordre de fréquence des ondes qui fait les unes sonores (16 à 40.000), les autres lumineuses (400-800 billions) [1].

b. Si l'on se fonde sur le rapport constant entre la dilatation et la température le premier de ces phénomènes peut servir à mesurer le second; outre une convention de repérage admettant des points fixes pré-établis, il reste à effectuer le choix du corps dilatable en fonction de l'ordre de températures à apprécier (thermomètre à alcool, à mercure, à gaz). *Cf.* note, p. [689].

1. Jean Perrin (1870-1942). Physicien, chimiste et homme politique qui fut l'un des promoteurs de la théorie atomique. Il recut le Prix Nobel de physique en 1926 « pour son travail sur la structure discontinue de la matière et sa découverte de l'équilibre de sédimentation » (citation Nobel). On signalera également sa contribution significative à la diffusion de la science par la création du Palais de la Découverte de Paris en 1937, ainsi que sa participation à la fondation du CNRS en 1939.

découverte expérimentale à des principes généraux de mécanique reste l'obligation formelle que le physicien s'efforce autant qu'il le peut de respecter; et cela garantit à l'ensemble des exposés (acoustique, optique, thermodynamique, électricité, etc.) un minimum de cohérence, en lui conférant un minimum d'unité formelle; mais la référence ne se fait pas toujours aisément: lorsque *Roentgen*[1], en 1895, découvrit les rayons X, il leur choisit ce nom étrange en raison de ce que leur existence n'était pas explicable par les théories admises; c'était indiquer que la constatation limitée à un simple énoncé descriptif n'est en rien satisfaisante pour l'esprit scientifique. La continuité de la notation est pour la Physique la chose la plus souhaitable et aussi la plus difficile à assurer[a].

Ces difficultés n'empêchent pas l'effort vers l'unification de se
| poursuivre : bien plutôt elles l'amènent à s'orienter vers des modes de réduc- **100**
tion d'autant plus souples qu'ils concernent des « espèces » de fait *apparemment* plus différentes. L'assouplissement le plus caractéristique de la pensée moderne apparaît dans le fait que la proportionnalité présumée a priori est traitée désormais comme un cas spécial du rapport général de *fonction*, correspondance déterminée entre deux quantités, la variable et la fonction; $y = f(x)$. L'examen sommaire des divers types de lois obtenus par la Physique va nous montrer d'ailleurs le progrès accompli dans ce sens.

C) Les diverses formes de lois

Toute loi est une relation nécessaire et donc constante, mais on peut distinguer en fait des lois de type *antique, galiléen, newtonien, einsteinien*, enfin *statistique.* Cette diversité n'infirme en rien la croyance générale au déterminisme qui reste la garantie formelle commune de toutes les lois; mais

a. Les problèmes à résoudre pour assurer cette notation comprennent encore en effet :

1) celui de la *constance des étalons* (problème d'alliages, des températures de confrontation, de l'indéformabilité) :

2) celui de la *correction des erreurs*, dont les unes dépendent de l'observateur, les autres du phénomène observé (lecture et calcul des moyennes, d'une part, par exemple; influence de l'humidité sur les poids dans la détermination des poids atomiques, par exemple, d'autre part) ;

3) celui de la *correction des perturbations* (la réfraction de la lumière dans l'atmosphère « décale » les positions des astres : l'eau où le thermomètre est plongé le refroidit; l'éclairement du mouvement d'un électron « trouble » ce mouvement, etc.).

1. Wilhelm Röntgen (1845-1923). Physicien allemand qui reçut le Prix Nobel de physique en 1901 « en reconnaissance des services extraordinaires qu'il a rendu par la découverte des rayons remarquables qui portent désormais son nom » (citation Nobel).

elle illustre le travail accompli peu à peu pour accommoder cette croyance à la résistance des sensations, des images et des concepts, en bref de la Qualité.

La loi de type *antique* rapporte à une grandeur, arithmétique ou géométrique, un phénomène observé ou conçu (ex. : la révolution de la lune est de *29 jours 1/2* ; la terre est sensiblement *sphérique*). La mesure est ici quasi juxtaposée à la notion du phénomène qualifié par ailleurs.

La loi de type *galiléen* est l'énoncé d'une relation entre deux ou plusieurs grandeurs définies comme telles (ex. : lois de la chute – Galilée ; lois d'optique géométrique – Descartes ; loi de la statique des gaz – Mariotte [1]). La mesure tend maintenant à insérer dans les relations qu'elle énonce la notion même du phénomène, ou tout au moins certains de ses aspects importants ; le champ de la connaissance est délimité, et à cet égard tend à se « définir » [a].

La loi de type *newtonien* est une relation entre les états d'un système
101 mécanique à deux instants différents ; elle permet donc | de calculer sous le rapport considéré un état quelconque du système, l'action qui le meut étant elle-même définie. La considération n'est plus seulement statique, elle est aussi dynamique, et autrement dit le concept du système n'est plus seulement réduit *in abstracto*, car ce sont ses transformations successives mêmes qui sont identifiées. La loi est *différentielle*, et autrement dit prétend à traduire « l'écoulement » continu des grandeurs ; si on en trouve l'*intégrale*, c'est-à-dire si on peut faire la sommation des petites différences prises en compte, on sera ramené à la loi de type galiléen [b].

On voit qu'à chacune de ces variétés de lois correspond un type spécial de formulaire mathématique : géométrie ou arithmétique, algèbre, calcul différentiel et intégral. On voit aussi que le déterminisme s'étend de la simple répétition à la variation et à la succession, mais de telle façon que ces types de

a. La distinction des deux types est plus symbolique que chronologique ; en effet la loi galiléenne a été entrevue déjà dès l'antiquité : Pythagore formule un rapport entre la *hauteur* des sons et les *masses* tendant les cordes. D'autre part, des trois lois de Kepler, la première est du type antique (forme elliptique des orbites planétaires), les deux autres de type galiléen (*a*) rapport des aires et des temps, *b*) rapport des durées de révolution et des distances).

b. Si nous connaissons les positions et les vitesses d'un groupe de points matériels à l'instant t, nous connaissons les positions et les vitesses à l'instant $t + dt$; les points sont déplacés suivant les vecteurs v d'une quantité vdt, et les vitesses se seront modifiées d'un vecteur Fdt, F étant la force d'attraction qui agit sur les points. – Si m et m' sont les masses de deux points séparés par une distance d, et si f est l'action attractive exercée par les deux masses l'une sur l'autre, on obtient le rapport général $F = mm'/d^2$.

1. Edme Mariotte (1620-1684). Physicien connu pour avoir complété la loi de compressibilité des gaz énoncée par Boyle.

lois se supposent les uns les autres ; le galiléen suppose l'antique, et le newtonien suppose le galiléen[a] ; enfin il faut remarquer que les deux dernières sortes de lois peuvent se compliquer à l'infini ; d'une part on peut avoir des fonctions à *n* variables, d'autre part des équations à *n* dérivées ou différentielles partielles.

La loi de type *einsteinien* est une loi intégro-différentielle énoncée de telle manière qu'elle est valable dans tous les « systèmes de référence »[b]. « Une branche des mathématiques devait | fatalement se développer en même 102
temps que cette conception nouvelle de la loi ; cette branche… est le calcul différentiel absolu qui semble s'apparenter d'une manière intime avec le calcul vectoriel »[c].

Toutes les sortes de lois ci-dessus énumérées, malgré le degré croissant de complication des phénomènes qu'elles définissent, concernent des relations *abstraites* entre les phénomènes ; qu'elles réussissent ou non à dissoudre les concepts qui les ont prétextées, c'est du moins dans le cadre général délimité d'abord par ces concepts qu'elles restent formulées. Ce cadre n'est pas exactement celui de la perception : dans celui-ci, les phénomènes sont *aussi* interprétés comme réalités individuelles ou singulières en même temps que génériques, sans cesser d'ailleurs d'être soumis à la détermination spatio-

a. Première loi de Galilée : le mouvement d'un corps isolé est rectiligne et uniforme ; loi de Newton qui définit le comportement *in abstracto* du système : les corps s'attirent en raison directe de leurs masses et en raison inverse du carré de leurs distances.

b. « Lorsqu'on étudie le mouvement d'un point ou… d'un système…, on est obligé, pour définir un état de ce système, de donner un certain nombre de quantités que l'on peut appeler ses *coordonnées* : le choix des coordonnées est toujours possible d'une infinité de manières, et on appelle système de référence une manière de noter numériquement l'état d'un système : par exemple lorsqu'on étudie le mouvement d'un point dans un plan, on peut fixer l'état du point en donnant ses deux coordonnées cartésiennes par rapport à certains axes, ou encore en donnant ses coordonnées polaires par rapport à un certain axe polaire et leurs dérivées par rapport au temps. On a très longtemps énoncé les lois physiques en adoptant un système d'axes particuliers que l'on fixait en énonçant la loi. Lorsqu'on énonce une loi de type einsteinien, on ne fixe pas le système de référence… ; après le changement de variables (à partir d'un système supposé fixé au contraire) l'énoncé de la loi (einsteinienne) n'aura pas changé. » Mineur, dans [H. Berr, A. Berthoud, L. Cuénot, V. Chapot, F. Gonseth, M. Halbwachs, H. Mineur, H. Piéron, A. Rey, F. Simiand, H. Wallon] *Science et Loi*, [Paris, Alcan, 1934] p. 61. Le principe de la classification des lois adopté ci-dessus est reproduit de cet exposé[1].

c. Le calcul est celui qui prend en compte, non seulement l'augmentation et la diminution des grandeurs, mais aussi leur *direction*.

1. Henri Mineur (1899-1954). Astronome et mathématicien dont les travaux conduisirent à un doublement de l'échelle des distances dans l'univers.

temporelle, et peut-être même en vertu de celle-ci[a]. L'interprétation scientifique peut-elle réduire cet aspect des choses comme l'autre ?

La loi de type *statistique* nous propose le seul moyen actuellement possible d'une réduction de cette sorte. La statistique est la méthode qui procède à la mesure d'ensembles dont les unités composantes sont supposées par ailleurs réelles, et caractérisables en tant qu'individus ; on suppose donc aussi le décompte possible de ces unités, et on admet que la diversité de leurs actions propres n'influence pas celle des ensembles. Étant donné les conditions initiales d'un état de ceux-ci, on prévoit un autre état *probable*, en vertu d'un
103 comportement global ou massif, et non d'un système de | comportements individuels. Les gaz sont formés de 6×10^{23} molécules par molécule-gramme : on ne peut ni observer, ni décrire le mouvement de chacune ; mais on peut calculer celui du système qu'ils forment, malgré l'irrégularité apparente des composants (mouvement *brownien*).

Une notion corrélative du déterminisme statistique, celle de *probabilité*, se lie à l'emploi des méthodes ainsi admises. Cette notion ne contredit certes en rien celle qui informe les autres lois, et qui veut simplement que l'état initial d'un système conditionne l'état final : s'il y a une « indétermination » dans les données (en tant que les comportements individuels ne peuvent être réduits) il est normal qu'elle se retrouve dans celle du résultat : ayant substitué conventionnellement aux « éléments » supposés réels des données symboliques, on ne peut tirer que de celles-ci des conséquences correctes ; cela implique toujours que rien n'est intervenu dans le système en évolution pour y introduire une influence absente au départ.

L'astronomie aboutit comme la physique à un déterminisme statistique, quoique par des voies inverses ; là on détermine des variables microscopiques dont on déduit des variables macroscopiques : observant les étoiles et leur vitesse on prend des moyennes pour calculer, par exemple, la densité stellaire de la voie lactée, c'est-à-dire le nombre des étoiles dans un volume donné, et la vitesse d'ensemble de ces étoiles ; en physique au contraire c'est l'observation directe des ensembles perceptibles à notre échelle qui invite à rechercher les

a. Il semble difficile en effet de dissocier individualité et matérialité ; c'est pourquoi il semble aussi correct d'admettre qu'une situation phénoménale ou empirique est d'autant plus individualisée qu'elle est plus précisément localisée et datée. Si on l'admet, la conséquence directe est qu'une analyse effectuée par les sciences physiques et portant sur des choses « matérielles » devrait à la rigueur, au travers des genres ou par leur moyen, atteindre finalement l'individualité des choses elle-même. A l'encontre de cette vue, d'ailleurs, on peut citer toujours le mot fameux d'Aristote : « Il n'y a science que du général ».

mouvements microscopiques composants. En biologie les lois mendéliennes de l'hérédité, en sociologie les lois de la natalité, du mariage, du suicide, sont encore des lois statistiques.

D) Les procédés expérimentaux et l'induction

L'observation directe porte toujours en fait sur des rapports qui, pour être « généralement » conçus, n'en sont pas moins isolés les uns des autres (positions relatives de plusieurs astres, degrés de température et de dilatation d'un corps, action réfringente d'un gaz, etc.) Une loi doit poser cependant, pour définir leurs rapports constatés, leur permanence et autrement dit une évolution nécessaire et continue telle que non seulement les constats effectués | mais **104**
aussi les constats possibles y soient également et par avance compris ; la vérification expérimentale ou inductive est celle qui vise à procurer de telles lois, et par conséquent à enfermer dans certains schémas représentatifs un *devenir* comme tel insaisissable. Comment ceci est-il rendu possible, et autrement dit par quels procédés la vérité expérimentale est-elle substituée à la contingence empirique ? Ces procédés sont le mieux figurés par les deux opérations qui consistent à *interpoler* et *extrapoler* les constats.

Considérons l'établissement d'une loi de type galiléen : une fois choisies la quantité variable et la quantité fonction, on constitue un diagramme à deux dimensions ; à chaque mesure empiriquement effectuée correspondent des points notés sur le diagramme ; on les lie par une ligne, droite ou courbe selon les cas, qui figure hypothétiquement le devenir réel du phénomène. Le passage de la discontinuité ponctuelle à la continuité linéaire est interpolation ou extrapolation, selon qu'il rejoint les constats ou les prolonge idéalement : l'effet des deux est de suppléer l'infinité irréalisable des expériences possibles. Bien entendu il s'agit toujours de « faits » abstraits et généraux ; bien entendu encore, des précautions sont nécessaires, la règle est de serrer le plus possible les écarts des expériences ; pour extrapoler, c'est de tenir compte de l'ordre des grandeurs initiales, et de ne pas s'écarter trop des conditions générales de l'expérience en question.

Quel est le sens logique proprement dit de ces opérations ? Elles rendent possible un emploi rigoureux de la déduction (calcul) sous les deux formes qui composent indivisément la représentation scientifique du monde réel : la *découverte* et *l'explication* de ce monde[a]; cette représentation étant à la fois précisée et étendue par la formulation des lois, parce qu'elle prend un aspect métrique supposé universellement valable, c'est la réduction analytique de tous les phénomènes observables qui paraît devenir possible par leur interprétation mathématique continue.

En effet, tout rapprochement de phénomènes apparemment différents se
105 fait par le moyen de quelque *analogie* présumée entre | eux; or, l'analogie prise
à la rigueur, c'est la proportion mathématique, p. ex. $2/3 = 4/6$.
Le jugement théorique affirmant un rapport entre deux termes cherche à retrouver le *même* rapport dans deux affirmations d'abord disparates et enfin à comprendre dans ce rapport le plus grand nombre possible de termes différents. Par exemple: on remarque que le son, transport d'ondes, est réfléchi et réfracté dans l'écho comme la lumière, transport d'ondes: n'y a-t-il pas un phénomène lumineux analogue au phénomène des battements sonores? C'est en raisonnant ainsi que *Young*[1] est conduit à l'idée d'*interférence*[b]. Analogie, on le voit, ce n'est pas ressemblance qualitative: feuille et fleur sont analogues, mais ne se ressemblent pas; baleine et poisson se ressemblent et ne sont pas analogues. C'est donc bien proprement la connaissance d'un rapport entre deux termes et la supposition qu'un terme

a. « Une loi mathématique a plus d'importance qu'une découverte ordinaire car elle est elle-même une source de découvertes. De simples transformations analytiques signalent aux observateurs une foule de résultats plus ou moins cachés dont ils se seraient difficilement avisés. » Arago, *Notice sur Fresnel* [biographie lue en séance publique de l'Académie des sciences le 26 juillet 1830, dans *Œuvres Complètes de François Arago*, t. I, Paris, Gide et Baudry, Leipzig, T.O. Weigel, 1854, p. 107-185; p. 122][2].

b. De même c'est grâce à l'analogie formelle des équations de l'électromagnétisme et de la théorie de la lumière que Maxwell a pu identifier les deux ordres de phénomènes, ce qui lui a fait dire: « Par l'analogie physique je comprends la ressemblance partielle entre deux lois appartenant au domaine de l'expérience, qui fait que l'une éclaire l'autre. » Boyle eut l'idée d'assimiler combustion et respiration, car la flamme s'éteint et l'animal meurt sous la cloche pneumatique[3]; Lavoisier établit l'analogie par la mesure des quantités de chaleur de combustion et de chaleur

1. Thomas Young (1773-1829). Physicien et médecin anglais qui mit en évidence le caractère ondulatoire de la lumière.

2. François Arago (1786-1853). Astronome, physicien et grande figure républicaine. Connu notamment pour ses travaux sur la lumière et les phénomènes électromagnétiques.

3. Robert Boyle (1627-1691). Physicien et chimiste irlandais dont les expériences à l'aide de la pompe pneumatique démontrèrent que la respiration et la combustion ne pouvaient avoir lieu sans air.

autre doit être trouvé dans le même rapport avec un terme inconnu, qui permet de découvrir celui-ci. Toutes les lois physiques expriment des analogies de ce type, autrement dit des relations identiques entre termes conceptuellement différents. Si on pose (principe du déterminisme) que la Nature véritablement réelle est un système de lois, on voit qu'idéalement et à la limite c'est à exclure les différences conceptuellement désignées dans l'expérience que tend la « légalisation » scientifique de cette même expérience.

Ce que les empiristes appellent *Induction*, et qui donne naissance à la formulation d'une hypothèse interprétative, c'est la présomption, toute formelle dans son principe (et qui dans ses applications ne démontre rien, mais suggère seulement quelque forme rigoureuse de démonstration possible), de la nécessité ou du déterminisme qui *doivent* se trouver dans telle ou telle relation
| phénoménale. L'induction est l'acte arbitraire du jugement *présumant la loi* **106**
(Hypothèse) afin d'interpréter un ordre de phénomènes conçus. Comme nous ne pouvons tenir légitimement pour vrai que ce qui est établi nécessaire, l'induction comporte toujours un risque, celui d'énoncer un jugement *faux*; c'est par là (et non par quelque forme de raisonnement qui lui serait propre) qu'elle peut caractériser la hardiesse et la fécondité propres du jugement physique; celui-ci reste d'ailleurs normalement référable et soumis à la prééminence formelle du jugement mathématique[a].

animale. Pasteur ayant découvert le mécanisme microbien des fermentations trouve une analogie entre fermentation et telles maladies (charbon, furonculose, etc.); d'où le mot d'ordre : chercher les microbes des maladies en général. Voir le livre d'H. Metzger[1]. *Les Concepts scientifiques*, [Paris, Alcan, 1926].

a. Exemples : l'expérience d'Œrsted[2] consiste à noter que si on lance un courant électrique dans un fil parallèle à une aiguille aimantée mobile sur pivot, cette aiguille tend à se mettre en croix avec le courant.

L'hypothèse d'Ampère[3] consiste à présumer, à partir de cette expérience, que tout courant crée en son environnement un champ magnétique, identique à celui que pourrait créer un aimant.

1. Hélène Metzger (1889-1944), née Bruhl. Chimiste et historienne des sciences, elle est l'auteur de travaux majeurs sur la tradition newtonnienne et sur l'histoire de la chimie. Arrêtée en 1944, elle fut déportée à Auschwitz.

2. Christian Ørsted (1777-1851) Physicien et chimiste danois à l'origine de la découverte de l'interaction entre électricité et magnétisme.

3. André-Marie Ampère (1775-1836). Mathématicien et physicien; il fut l'un des fondateurs de la théorie de l'électromagnétisme.

Certes la « vérification » physique implique une sorte de retour à l'expérience et même, dans la plupart des cas, une multiplication des expériences qui paraît comme un contrôle extérieur indispensable des présomptions et des hypothèses. Mais il est facile de voir ce que signifient ici contrôle et multiplication : ils nous assurent de la *constance* des relations supposées, relativement aux variations des conditions que nous supposons négligeables (sans action notable sur la relation considérée) ; or si les phénomènes étaient contingents ou fortuits, cette constance ne se manifesterait pas ; elle n'est donc que le signe de la *nécessité* de la relation admise à vérification, un substitut empirique du déterminisme théorique : nous nous contentons de ce substitut, faute d'une interprétation directement déterminante qui *déduirait* le phénomène du système total connu de ses conditions.

A un certain niveau de perfection de la connaissance physique il est incontestable d'ailleurs qu'en effet la déduction assure un exposé plus satis-
107 faisant des lois[a]. Mais la Réalité étant supposée | une et continue, il reste exact qu'on ne peut se dispenser de contrôler quasi « par le dehors » toute hypothèse, tant que la Physique ne peut s'offrir honnêtement comme un système achevé et continu. S'appuyant sur des concepts qui servent de points de départ, l'hypothèse physique est contrainte de négliger une partie des conditions

Le calcul de Laplace[1] consiste à déterminer ce champ en calculant en chaque point la résultante de champs magnétiques séparément attribuables aux divers éléments du courant. (On trouvera la formule dans tous les Manuels de Physique).

La vérification de Biot a consisté à retrouver dans l'expérience les conséquences tirées de cette loi élémentaire.

(Voir à ce sujet Jean Perrin. *Les Éléments de la physique*, [Paris, Albin Michel] 1929, (p. 230).

a. Les lois de Raoult concernant la tension de vapeur, le point d'ébullition, le point de congélation des liquides solvants, formulées entre 1875 et 1890, sont restées des lois empiriques que Van't Hoff[2] a déduites des principes de l'énergétique en assimilant à la pression des gaz la pression osmotique des substances dissoutes. (Voir la *Chimie* [*Nouveau cours de chimie élémentaire*] de [C.] Matignon et [J.-B.] Lamirand, pour la classe de Mathématiques élémentaires [(1911), 8e éd. entièrement refondue, Paris, Masson, 1932]).

1. Pierre-Simon de Laplace (1749-1827). Mathématicien, physicien et homme politique, il fut élu à vingt-quatre ans à l'Académie royale des Sciences. On lui doit des contributions essentielles dans le domaine du calcul intégral et différentiel, de même que sur les fondements du calcul des probabillités. Il est aussi célèbre pour ses hypothèses sur le déterminisme universel et sur l'origine du système solaire.

2. Jacobus Henricus Van't Hoff (1852-1911). Physicien et chimiste néerlandais qui reçut le Prix Nobel de chimie en 1901 « pour la découverte des lois de la dynamique chimique et de la pression osmotique dans les solutions » (citation Nobel).

d'existence des phénomènes considérés; et de là vient qu'aucune science particulière, comme telle, n'épuise le contenu d'une expérience : celle-ci reste définie *par abstraction*, et n'est jamais prise avec sa signification concrète.

Au fond, sous la forme de négligences inévitables et acceptées, c'est peut-être encore l'Erreur qui réapparaît, comme condition générale de toute vérification possible[a] : est-il normal de croire qu'elle peut s'éliminer tout à fait, par réduction progressive de toutes les « négligences » ? L'examen des données de ce problème, évidemment décisif pour apprécier le rôle de la Science en général, va nous permettre de déterminer de plus près, si l'on peut dire, l'essence et la portée du « légalisme » physique.

E) SUR LA PORTÉE CONCRÈTE DES LOIS PHYSIQUES

On a indiqué ci-dessus que le déterminisme des lois physiques devrait, à la limite, fournir la *définition* à la fois stricte et positive des phénomènes que ces lois prétendent éclairer; si c'était possible, cela reviendrait à dissoudre les concepts initiaux qui en avaient été formés et à leur substituer de pures relations de grandeurs. Il convient de voir maintenant pourquoi et dans quelle mesure le physicien reste forcément éloigné de cet idéal d'analyse intégrale; on a suggéré de ceci, dans les premiers chapitres, quelques raisons qui veulent maintenant être précisées; on préparera de la sorte l'appréciation philosophique, que tout logicien doit finalement fournir, du rôle de la Science dans l'organisation de la pensée concrète. Il s'agit avant tout de ceci : le déterminisme vaut-il comme simple « régulateur » de l'Expérience, ou peut-il se donner comme le substitut théorique *absolument* valable de celle-ci ?

| 1) *Causalité et Légalité* 108

Il y a lieu à ce sujet de confronter les deux idées communément confondues de causalité et de déterminisme : les savants prennent encore parfois indifféremment l'une pour l'autre, et plus précisément semblent avoir besoin autant de l'une que de l'autre[b].

a. *Cf.* chap. I, [*supra*, p. 644-646].

b. « La loi différentielle est cette forme qui, seule, satisfait pleinement à la condition nécessaire de *causalité* du physicien moderne. » Einstein, *Comment je vois le monde* [Paris, Flammarion, 1934]. « Nous devons envisager l'état présent de l'univers comme l'*effet* de son état antérieur et comme la *cause* de celui qui va suivre. » Laplace, *Essai [philosophique] sur les probabilités* [(1814), Paris, Gauthier-Villars, 1921, t. I, p. 3].

La notion de cause, comme le soutiennent bien des logiciens modernes après *Hume* et *Comte*, est cependant au moins ambiguë; elle s'entend dans un sens *magique* ou *mystique* d'un pouvoir occulte ou impénétrable, et ne s'appliquerait à la rigueur qu'à la puissance inconditionnée d'un Dieu qui serait, au regard d'un monde pris comme effet, dans un rapport de transcendance. Sur le plan des techniques usuelles, nous appelons cause *ce sur quoi il faut agir* pour obtenir un résultat souhaité, et admettons alors un enchaînement régressif d'efficacités: par exemple l'ouverture de l'écluse est cause du courant dans un canal; elle suppose l'action de l'éclusier, rapportée à la demande de passage d'un batelier, etc.

Dans les deux acceptions, ce qu'on évoque c'est un ordre de fabrication ou d'altération des choses, caractérisé par une finalité implicite et par la liberté supposée de l'action fabricatrice ou modificatrice.

Ce ne sera pas nier la valeur d'un tel ordre que de le distinguer de l'ordre théorique de la Science pure; on a déjà indiqué quelles raisons philosophiques et psychologiques il y a de traiter même comme une *opposition* le rapport de la pensée créatrice ou technique à la pensée représentative ou théorique. Malgré l'usage ordinaire et même scientifique de l'idée de causalité pour exprimer des relations objectives, peut-être faudra-t-il maintenir cette opposition; elle soulignerait dans ce cas ce qui demeure, à l'intérieur du système physique, d'irréductible encore à l'idéal normatif du pur déterminisme.

La relation de cause à effet comprend la notion d'une *dépendance nécessaire* de ceci par rapport à cela, mais aussi celle d'une *différence qualitative*
109 entre les deux qui semble trouver sa condition | dans une *succession* d'états[a]. La première notion serait suffisamment exprimée par le strict déterminisme, autrement dit par le principe d'une *légalité* permanente des faits; c'est la seconde, impliquant une évolution orientée d'un système total des mêmes faits, qui paraît exiger une Causalité proprement dite; car elle suppose un enchaînement tel, qu'une réalité donnée doive être conditionnée par l'action d'une réalité *antérieure.*

a. « La causalité a pour office de soumettre, quant à l'altération et à la spécification, chacune des parties de l'étendue qualifiée à toutes les autres qui sont ou ont été, c'est-à-dire d'empêcher chaque partie d'être ce qu'elle serait si, par impossible, elle était seule dans le temps et dans l'espace. » Hamelin (*Essai sur les Éléments principaux de la représentation* [1907], 2e éd., [Paris, Alcan, 1925], p. 274). C'est ainsi qu'une maladie s'explique par la rencontre d'un germe microbien et d'un terrain organique de façon telle que l'altération n'eût pas eu lieu si le germe n'avait pas été importé ou si le terrain n'avait pas été réceptif pour raisons de fatigue actuelle ou de maladie antérieure, par exemple.

Il ne paraît pas douteux que nos théories scientifiques (et justement les plus « complètes ») traduisent pour une part fort considérable la contrainte de cette dernière sorte de considérations. La loi de type newtonien, on l'a vu, a précisément pour objet de les prendre en compte en formulant un rapport de *succession ordonnée*; on sait par ailleurs qu'il y a un *sens* des réactions chimiques usuelles (l'acide sulfureux obtenu par combustion du soufre garde ses propriétés en refroidissant); le principe de dégradation de l'énergie, d'autre part, définit lui aussi un *sens* des transformations accomplies par les machines thermiques (celles-ci ne restituent jamais intégralement sous forme de travail l'énergie calorifique qu'on leur communique, et plus généralement toute transformation d'énergie admet, sous forme d'échauffement des conducteurs, une « dégradation »).

Or les lois visent, on l'a vu, à formuler des constances, des invariances, des permanences. Elles définissent à ce titre : soit l'*allure* générale d'un phénomène (orbite planétaire, forme rectiligne de la propagation de la lumière), soit sa *périodicité* (marées, révolutions célestes), ou sa *fixité* (points de fusion, d'ébullition), soit une *correspondance* entre ses éléments (lois galiléennes). Les lois newtoniennes, disons-nous, ajoutent à tout ceci la considération de l'ordre des états successifs d'un système, et par là évoquent la notion d'une causalité. On ne doit pas oublier toutefois qu'elles admettent, sous-tendant
l'ordre même qu'elles expriment, un rapport | général d'équivalence entre les **110**
états du système : toute mesure est évidemment à ce prix[a]. Il en va de même pour les réactions chimiques qui admettent pour condition générale la conservation de la masse[b] et pour les phénomènes de la thermodynamique, régis en définitive par le principe de conservation de l'énergie (dégradation ne signifie point disparition).

Reste d'ailleurs que l'idée d'une *direction* dans l'évolution des faits fournit sa matière et son prétexte à l'usage effectif de la Norme d'Identité : cette idée reste contraignante dans la mesure où les rapports sur lesquels les lois s'établissent restent, pour partie, des compositions de concepts qui *qualifient* les problèmes à traiter bien plus qu'ils n'en fournissent des solutions théoriques possibles. S'il en est ainsi c'est sans doute, il faut maintenant le rappeler, que

a. « C'est seulement en passant à l'observation du phénomène pendant un temps infiniment court (loi différentielle) que Newton est parvenu à établir des formules s'appliquant à des mouvements quelconques. » Einstein, *op. cit.*

b. « On a été conduit à penser qu'à toute transformation irréversible, pourvu qu'elle prenne et laisse dans un état d'équilibre le système qui la subit, correspond au moins une transformation réversible ayant même origine et même extrémité, qu'on réalisera par exemple en acceptant d'opérer à haute température. » Perrin, *Méth. dans les sc.* [*op. cit.*], II, 73.

les faits à relier objectivement engagent toujours aussi des *opérations* (même en astronomie, où toute observation implique la mise en œuvre de dispositifs d'autant plus minutieux que l'observation veut être plus précise) : par l'usage des sens, de la mémoire et a fortiori d'instruments, le finalisme latent de la fonction technique de l'esprit imprègne bon gré mal gré l'énoncé de rapports qui ont à traduire tout ensemble ceci et cela, les faits et les conditions opératoires de leur détermination; pour l'ordre temporel de l'évolution, il peut bien être objectivé par un mode purement métrique d'interprétation; reste qu'il s'impose au monde figuré dans le discours comme au discours lui-même[a]. L'acceptation de l'irréversibilité qui découle de cette forme ne signifie certes pas que la pensée scientifique renonce à l'analyse et par là à l'identification du divers; elle signifie pourtant que cette identification, portant effectivement sur une diversité évolutive accueillie d'abord comme telle, ne peut en *définir* entièrement les composants par des lois.

Comme les sensations, comme les concepts, les lois encore sont des
111 *abstractions*; et la légalité n'est que la règle formelle délimitant | un champ, le champ de la connaissance pure. Elle ne donne pas les choses concrètes, dont elle circonscrit seulement l'existence, en en définissant les conditions : entendons que la connaissance fixe les bornes entre lesquelles *doit* se produire cette existence; elle ne fait pas que celle-ci ait lieu, et qu'il y ait des phénomènes et une expérience. Ce qui fait qu'il se passe quelque chose quelque part et à quelque moment, c'est qu'il s'est passé quelque chose ailleurs et antérieurement : c'est donc une sorte d'*action* totale des choses les unes sur les autres qui exprimerait seule la définition *concrète* et positive de l'une d'entre elles. Mais, à vrai dire, si cette action implique un déterminisme de conditions « extérieures » à chaque chose et objectives en cela, elle veut quelque chose de plus et d'autre, à savoir : elle veut la création d'une *apparence* altérant pour nous les dites conditions et nous les offrant sous l'aspect de synthèses où nous puissions prendre appui d'abord, avant de les connaître telles qu'elles *sont*. C'est de cette création, et donc de toutes les formes opératoires impliquées dans le devenir du monde, que le déterminisme ne semble pas pouvoir rendre compte. Si la notion d'une Causalité demeure dans l'esprit du savant même, comme complément de la pure Légalité, peut-être est-ce pour traduire l'insuffisance des normes strictes de la connaissance; elle est ambiguë et équivoque par là-même, ne pouvant se comprendre tout à fait sur le plan de la pure représentation, et évoquant inévitablement celui d'une Création.

a. *Cf.*, II, B, [*supra*, p. 661-663].

Si j'explique l'éclipse comme fait optique, j'utilise des lois; pour expliquer qu'elle ait lieu tel jour, il faut recourir à d'autres lois, celles des mouvements du système solaire; pour comprendre qu'il y ait un système solaire, il faut tenter une cosmogonie (Kant, Laplace) et supposer encore des lois; mais il faut aussi, dans chaque cas partiel et dans l'hypothèse encore de leur réunion, *se donner* quelque chose (trois astres en conjonction, un ensemble en mouvement, une nébuleuse, etc.). Si je dis : « tel métal fond à x° » je pourrai mesurer par approximation la température d'un incendie; mais la loi de la fusion du métal ne donne pas l'incendie, c'est-à-dire la cause.

2) *Déterminisme, prévision et probabilité*

Le déterminisme des lois semble réussir à suppléer le défaut d'une causalité concrète, cependant, dans tous les cas où le physicien | réussit à 112
prévoir le comportement de phénomènes définis, et cette faculté de prévision semble si bien liée au progrès de la théorie scientifique qu'elle est comme un critérium populaire de la puissance de celle-ci. Si l'on étend hypothétiquement le champ des découvertes, ne devient-il pas raisonnable d'admettre, dans l'hypothèse, que le déterminisme, en la transcrivant dans son langage métrique, se subordonne la causalité concrète, et l'ayant soumise à ses formules analytiques, s'en intègre pratiquement toute l'efficacité ?

Il faut, pour en décider, revenir aux problèmes psychologiques soulevés par l'usage de fait des concepts physiques dans la prévision même. Ces concepts sont : tantôt des genres par épuration (miroirs parfaitement plans, corps parfaitement rigides), tantôt des genres par indétermination (un corps opaque est de fer ou de bois, indifféremment). Or, dès lors que les lois restent liées à quelque définition conceptuelle, la prévision qu'elles permettent reste celle, encore, d'un aspect « typique » du phénomène, non celle du phénomène concret; et de là des échecs possibles, ou plutôt normaux[a]. C'est qu'ainsi les lois définissent des *éventualités*, non des *événements* : de ceux-ci elles ne représentent pas la complexité historique, l'usage qu'on fait d'elles pour

a. « Notre intelligence, telle que l'évolution de la vie l'a modelée, a pour fonction essentielle d'éclairer notre conduite… Elle isole donc instinctivement dans une situation ce qui ressemble au déjà connu; elle cherche le même…. La science porte cette opération au plus haut degré possible d'exactitude et de précision, mais elle n'en altère pas le caractère essentiel. Comme la connaissance usuelle, la science ne retient des choses que l'aspect de répétition. Si le tout est original, elle s'arrange pour l'analyser en éléments ou en aspects qui soient *à peu près* la reproduction du passé… Ce qu'il y a d'irréductible et d'irréversible dans les moments successifs d'une histoire lui échappe. » Bergson, *Évolution créatrice* [(1907), 40e éd., Paris, Alcan, 1932], p. 30-32.

prévoir postulant toujours « toutes choses égales d'ailleurs ». Or le cours du Temps fait des situations originales qui ne sauraient comme telles se répéter. Quand donc la prévision scientifique semble prendre en compte des *causes* connues d'un changement, la notion de ces causes s'entend toujours finalement (on les dit connues pour cette raison) de conditions fixes et abstraites de l'évolution d'un système : ce n'est pas le déterminisme qui se fait causalité, mais l'inverse, par hypothèse ; et autrement dit ce n'est pas l'action causale évolutive du système que la prévision détermine, c'est le déterminisme des
113 | conditions qui est référé par la prévision à cette action une fois supposée.

Malgré *Laplace*, qui admet une notion d'« état de l'univers » tenant lieu de cause au regard des états suivants, il faut reconnaître que « même une Logique parfaite ne peut découvrir des propriétés applicables à tout l'univers d'après les propriétés toujours imparfaitement connues d'un coin de cet univers… Cela n'a aucun sens de parler de l'état de l'univers à un instant donné » (Perrin)[a]. Dire que la pensée peut être mise à même de prévoir des événements en plus des éventualités, c'est dire que la conscience scientifique peut être à un moment donné en possession d'une technique expérimentale et d'une théorie explicative également *définitives* ; c'est dire encore que les lacunes du savoir ne sont que de quantité, concernent le contenu mais non la forme, et ainsi que la Durée à courir n'influera ni sur le monde, ni sur notre façon de poser et de résoudre les problèmes qu'il soumet.

Reportons-nous d'abord, pour apprécier ces postulats, au mécanisme normal d'élaboration du Vrai : le Vrai est ce mode de représentation du monde que construit la pensée quand, pour éviter des périls, elle tâche de juger en éliminant les « apparences » ; la construction du Vrai, c'est la vérification, qui est donc non seulement contrôle d'hypothèses mais aussi et d'abord construction de ces hypothèses tendant à exclure les erreurs qui font, avec sa contingence, le péril de l'expérience. Encore faut-il, pour qu'une vérification soit projetée, que l'Erreur soit soupçonnée et reconnue telle. Et pareillement pour qu'un travail de détermination soit entrepris, encore faut-il que contin-

a. « Une intelligence qui pour un instant donné connaîtrait toutes les forces dont la nature est animée et la situation respective des êtres qui la composent, si d'ailleurs elle était assez vaste pour soumettre ces données à l'analyse, embrasserait dans la même formule les mouvements des plus grands corps de l'univers et ceux du plus léger atome : rien ne serait incertain pour elle et l'avenir comme le passé serait présent à ses yeux. L'esprit humain offre, dans la perfection qu'il a su donner à l'Astronomie, une faible esquisse de cette intelligence. Ses découvertes en Mécanique et en Géométrie, jointes à celles de la pesanteur universelle, l'ont mis à portée de comprendre dans les mêmes expressions analytiques les états passés et futurs du système du monde. » Laplace, *Essai philosophique sur les probabilités* [*op. cit.*], (Gauthier-Villars, éd., I, p. 3).

gence et indétermination soient consciemment tenues pour telles. Si une certitude pouvait être obtenue dans la représentation d'un donné concret actuel, si ce | donné pouvait être compris comme entièrement nécessaire et **114**
comme nécessitant, prévoir ses transformations éventuelles serait inutile, et, de ce fait, impossible : nous tiendrions, dans notre figuration du présent, la *cause* de l'avenir et n'aurions pas à tenter d'en préformer l'allure.

Les recherches contemporaines sur la mécanique ondulatoire (*Heisenberg*[1], *de Broglie*) permettent d'ailleurs, sur le plan théorique pur, de préciser les raisons qui doivent nous retenir de croire à la puissance causale de la représentation déterministe. La position et la vitesse d'un électron ne peuvent être simultanément définies avec une égale précision : si on admet que l'électron est 10.000 fois plus petit que l'atome d'hydrogène, on ne peut le photographier qu'en l'éclairant avec de la lumière de longueur d'onde très courte ; la lumière éclairante étant formée de photons, l'électron en reçoit un choc, et l'observation est troublée : il devient dès lors impossible de prévoir avec certitude la position d'un corpuscule à un instant postérieur à celui de l'observation ; on ne peut déterminer que la probabilité de l'événement futur, et tout se passe *comme si* la Nature faisait un choix entre les diverses possibilités. (Dirac[2]).

Certes il est incontestable que la prévision réussit, dans certains ordres différemment complexes de représentations (astronomie, *expériences* physiques et chimiques). Mais si on n'oublie pas l'importante question de « l'échelle » des phénomènes observés[a] on sera reporté vers les mêmes considérations qui ont amené à formuler des lois « statistiques » : l'observation de phénomènes d'un certain ordre de grandeur (en dessous ou en dessus de l'échelle ordinaire) ne peut traduire que des comportements d'ensembles, des faits massifs et enfin généraux. Si on généralise la remarque, on obtient un jugement qui vaut sans doute à tous les degrés : 1) les lois n'expriment point la totalité concrète des phénomènes, elles figurent une sorte de schéma

a. Cf. *supra*, VI, B, [*supra*, p. 724-727].

1. Werner Heisenberg (1901-1976). Physicien allemand qui fut l'un des fondateur de la mécanique quantique. Il énonça en 1927 le « principe d'incertitude » qui donna lieu à d'intenses débats philosophiques. Heisenberg reçut le prix Nobel de physique en 1932 « pour la création de la mécanique quantique et de ses applications qui ont permis la découverte des formes allotropiques de l'hydrogène » (citation Nobel).

2. Paul Dirac (1902-1984). Physicien et mathématicien britannique, il fut l'une des figures majeures du développement de la mécanique quantique. Il partagea en 1933 le prix Nobel de physique avec Erwin Schrödinger (1887-1961) « pour la découverte de formes nouvelles et productives de la théorie atomique » (citation Nobel).

approximativement vrai de leur existence (mais non d'ailleurs de leur production); elles dessinent donc une *probabilité* des événements, non la causalité efficace qui y est supposée comprise; 2) les « classes » désignées par les concepts formés et rectifiés de ces événements valent comme collections de
115 choses énumérables, non plus comme systèmes de | propriétés, mais les unités composantes restent comme telles indéterminées.

Aussi bien dès qu'on emploie à la prévision les lois le plus rigoureusement établies, on n'a jamais « toutes choses égales »; on peut dire qu'une éclipse sera visible à tel moment, mais par le défaut d'une météorologie exacte, on ne peut affirmer qu'elle sera vue. La prévision de la trajectoire d'un obus dépend de la vitesse de lancement, de l'inclinaison au départ, mais aussi de la résistance de l'air et de la vitesse transversale du vent, de l'usure du canon, etc. L'approximation est quasiment de règle; elle frôle l'exactitude entre des limites qui restent celles de nos propres moyens d'action, et à l'intérieur desquelles une technique expérimentale accréditée nous a permis de choisir des unités convenables; au delà de ces limites c'est la loi statistique et la probabilité qui reparaissent.

On ne saurait du reste tirer argument de tout ceci contre la valeur de *principe*, ou formelle, du déterminisme; il reste l'obligation normale du jugement théorique. On peut toujours refuser de faire le *choix* qu'il implique, mais c'est refuser en même temps la science; accepter ou vouloir celle-ci c'est croire à ses Normes fondamentales comme à des règles indispensables de travail (et non d'ailleurs comme à des procédés de sorcellerie). Leur valeur n'est pas à confondre avec celle, bien plus précaire, de tel état donné de nos théories et de nos techniques de contrôle : celle-ci est relative à notre position dans l'univers à un moment donné de son évolution; elle est forcément relative à la double incomplétude de la représentation que nous en formons et des projets que nous avons conçus. En face de cette incomplétude, le dessein de la Science subsiste; c'est le dessein problématique, et tout formel, de compenser par la délimitation minutieuse de nos pouvoirs, la témérité de nos illusions.

| CHAPITRE VI *bis* 116

LES SCIENCES DE LA VIE

Personne ne doute que la Vie fasse partie de la Nature, et autrement dit que les êtres animés soient régis par des lois objectives; et pourtant la Botanique et la Zoologie, composant ensemble une *Histoire naturelle*, ont paru longtemps nettement séparées des sciences physico-chimiques. Après A. Comte, beaucoup de logiciens cherchent encore à expliquer cette séparation de fait par l'hétérogénéité des objets des deux groupes de disciplines; ils admettent que la Vie, comparée à la réactivité minérale, représente un degré de *complication* plus élevé[a], les phénomènes vitaux tenant leur originalité soit de cette complication même, soit d'un principe scientifique[1] manifesté dans ces « organismes » que sont les êtres vivants[b] ; appelant *organisme* en effet une réalité dont les constituants ne sont pas simplement juxtaposés ou même combinés, mais *concourent* ensemble à maintenir une forme caractéristique,

a. On a même soutenu que le déterminisme se fait de moins en moins serré à mesure que la complication des faits augmente; p. ex. [É.] Boutroux, *De la contingence des lois de la Nature* [1874].

b. « Aussi loin que nous descendions dans l'intimité des phénomènes propres aux êtres vivants, la question qui se pose à nous est toujours la même. C'est la question qui a été posée dès l'antiquité au début même de la science : la vie est-elle due à une puissance, à une force particulière, ou n'est-elle qu'une modalité des forces générales de la Nature ? » Cl. Bernard (*Revue des Deux Mondes*, 1867). [La source est ici inexacte : le passage de Claude Bernard n'est pas extrait de son article « Le problème de la physiologie », effectivement paru en novembre 1867 dans la *Revue des Deux Mondes*, mais provient de « Définition de la vie. Les théories anciennes et la science moderne » publié dans la même revue en mai 1875. Cf. *Revue des Deux Mondes*, XLVe année, Troisième péridode, t. 9, 1875, p. 326-349 ; p. 346.].

1. Sans doute faut-il lire ici « spécifique » et non « scientifique ».

on dira *organes* ces constituants en tant qu'ils n'existent que par et *pour* leur collaboration à un résultat global ; on appellera *fonctions* leurs activités en tant que, dans les conditions ordinaires, elles forment un mouvement indivisible qui est la vie même de l'organisme (*individu*) et cessent d'exister en même temps que celui-ci. Si ces notions ne sont pas superficielles et dépassent
117 la portée de | simples descriptions sans valeur explicative, la Vie serait un système de faits imperméable à la pure analyse mécanique; et dans ces conditions des méthodes d'investigation originales devraient apparaître.

Cependant, à examiner les procédés employés par le naturaliste et le biologiste, on verra que nulle originalité irréductible ne permet de les distinguer des méthodes de la physique; si les faits qu'ils concernent nous semblent d'abord plus complexes ou affectés pour nous d'une signification qualitative différente, cette apparence ne peut pas être une raison a priori valable de les distinguer théoriquement de tous autres ; au contraire, le problème soulevé par cette apparence est toujours celui de la réductibilité ; et dire que ce problème est scientifique, c'est dire qu'il doit être traité par l'analyse expérimentale, par l'observation interprétative et le raisonnement déterministe. Qui ne le croit pas s'interdit de voir dans la Vie un objet de science, au sens précis de ce dernier mot[a]. Descartes, en précurseur hardi, l'a bien ainsi compris; son fameux paradoxe des animaux-machines n'est guère en effet que l'application au domaine biologique du postulat formel et général de Vérité : toute science présume la réduction possible de ses prétextes à un déterminisme strict, elle doit donc présumer qu'un organisme, s'il est intelligible théoriquement, n'offre d'autres propriétés que celles qui se trouvent dans les « machines » ; les pièces et leurs mouvements, dans celles-ci, peuvent-elles être moins liées et concourantes que ne sont les organes et les fonctions dans un corps vivant ?

Aussi bien ne sera-t-il guère malaisé de montrer dans la théorie biologique les diverses étapes de la marche vers la forme « légaliste » de l'explication, et que ces étapes sont les mêmes qui ont déjà marqué l'évolution de la théorie physique en général : des tentatives d'unification conceptuelle (et donc une Logique de « classes » hiérarchisées ou qu'on voudrait telles) ont pour rôle
118 de diminuer tout d'abord une variété de phénomènes trop considérable | pour

a. « Quand on voit que les sciences de la vie sont encore séparées par un large fossé des sciences de la matière, on sent le besoin de chercher à établir l'unité. Et quand on constate la force des arguments (par exemple celui qui est tiré du mimétisme) en faveur d'une intention agissante dans la Nature vivante, on ne peut se défaire du sentiment que la biologie est encore dans sa jeunesse. » Langevin, *Science et Loi* [*op. cit.*], p. 142.

être telle quelle intelligible : c'est l'étape descriptive où le *Naturaliste*, par définition et classification, vise à offrir un tableau de formes typiques (Espèces). Mais le problème véritablement scientifique restant d'expliquer ces formes en démontant le mécanisme de leur constitution, l'analyse expérimentale se proposera obligatoirement de les comprendre par des lois et d'abord présumera celles-ci (hypothèses transformistes) ; dès lors la notion même d'Espèce sera moins un principe d'explication qu'une donnée empirique à résoudre, comme les corps composés fournis par l'expérience commune sont à résoudre pour le chimiste : le *Biologiste*, cherchant les rapports permanents qu'il présume sous les apparences de l'évolution vitale, sera orienté à son tour vers un mode métrique d'analyse qui le rapprochera finalement du physicien, en les soumettant tous les deux aux principes formels de la Mécanique générale.

A) LES PROCÉDÉS DESCRIPTIFS DE L'« HISTOIRE NATURELLE » : LA NOTION D'ESPÈCE ET LA CLASSIFICATION

On vérifie ici comme ailleurs la relation des progrès du savoir aux acquisitions techniques ; la culture, la chasse et la pêche, et aussi la médecine, ont sûrement fourni les premiers cadres et la matière initiale d'une Histoire naturelle qui n'a pu être d'abord que le récit des observations faites par des hommes qui exerçaient ces métiers[a]. L'importance exceptionnelle attachée à ces observations tient au fait qu'elles concernent nos besoins les plus fondamentaux (alimentation, hygiène, guérison des blessures et des maladies) et elle est probablement une des raisons qui ont rendu tardif et difficile le désintéressement nécessaire à des enquêtes expérimentales : des préjugés religieux ou moraux ont longtemps prévalu contre la dissection, la vivisection. Par ailleurs, les techniques | en question ne tendaient plus à fabriquer des outils **119**

a. Aux étapes plus avancées la dépendance ne cessera pas, mais elle deviendra évidemment beaucoup plus complexe, participant de celle qui lie toute expérimentation à l'évolution industrielle en général ; par exemple, les études histologiques, cytologiques, etc., sont liées à la microscopie, à la microtomie et à la micrurgie, c'est-à-dire à des procédés instrumentaux de grossissement, de découpage et de dissection ; des procédés de coloration placeront le biologiste sous la dépendance des techniques chimiques. Et ici aussi, les moyens d'expérimentation « troubleront » le phénomène : on appelle « artefacts » les caractères imprimés à la cellule qu'on traite pour l'étudier : il est parfois difficile de les distinguer des caractères de structure.

ou instruments d'action en utilisant quelques propriétés abstraites des corps inertes (dureté, poids, plasticité, maniabilité...); mais conçus comme aliments, remèdes, ou serviteurs possibles, les êtres animés sont pris comme des choses capables d'accomplir déjà par elles-mêmes des opérations transformatrices de l'ordre de celles que nous désirons leur faire subir à notre profit[a]; pour les employer à satisfaire nos besoins, nous sommes donc d'abord contraints de ne pas altérer leur vertu de synthèses actives et vivantes, car c'est précisément les produits de cette vertu que nous souhaitons de nous assimiler, sous forme de nourriture, de remède ou de travail. Il y a peut-être là une autre raison du retard de l'Histoire naturelle à adopter une méthode analytique : car si les techniques qui ont précédé et suscité cette Histoire contraignaient à prendre en bloc et comme des *touts* les êtres à utiliser, c'est d'abord dans le même esprit que l'observation fatalement devait se poursuivre, c'est-à-dire en traitant ces êtres comme des synthèses indivisibles de puissances, comme des *concerts de forces*; les idées, ici primordiales, de fonction, d'organe et d'individualité, n'expriment en somme rien d'autre que cette contrainte, relative au caractère propre des techniques d'exploitation du monde vivant par l'homme.

Ici comme ailleurs, toutefois, le sentiment des difficultés à vaincre et des échecs à prévenir peut réfréner la hâte des appétits : et si l'observation est prescrite par un souci de prudence, elle se traduira, pour une conscience capable d'analyse, par un effort minimum de réduction portant sur la diversité des choses observées : c'est ce minimum qu'offre, dans l'Histoire naturelle, la recherche des types (Espèces) et de leur nomenclature (classification) présumée possible; cette recherche représente, sous la forme du compromis conceptuel déjà rencontré en Physique, la phase descriptive, et donc surtout qualitative, des sciences de la Vie. Visant d'ailleurs à découvrir quelques-unes
120 de ces constances sans lesquelles | aucune connaissance ne serait ni possible ni utile, ces résultats peuvent déjà valoir, bien que qualitatifs, comme une amorce de décomposition : l'Anatomie dissocie les organes dont la Physiologie décrit les mouvements et les réactivités propres; la Morphologie et l'Éthologie spécifient les êtres selon leur structure, selon leurs mœurs et comportements.

a. « On sait que le végétal emprunte directement à l'air, à l'eau et à la terre les éléments nécessaires à l'entretien de la vie, en particulier le carbone et l'azote : il les prend sous leur forme minérale. Au contraire, l'animal ne peut s'emparer de ces mêmes éléments que s'ils ont déjà été fixés pour lui dans des substances organiques par les plantes ou par des animaux qui, directement ou indirectement, les doivent à des plantes, de sorte qu'en définitive c'est le végétal qui l'alimente. » Bergson, *Évolution créatrice* [*op. cit.*], p. 116.

L'abstraction qui donne naissance à ces différentes disciplines permet de fécondes comparaisons, en laissant découvrir des homologies, c'est-à-dire des analogies de structure ou de fonction entre organes divers de diverses espèces (aile et nageoire, branchies et poumons); plus exactement, elle permet de les supposer là où la perception ne saurait les voir[a].

On ne doit pas oublier pourtant que ces diverses façons d'identifier les êtres en classant leurs « propriétés » ne dépassent pas, dans le principe, la portée d'une simple schématisation de l'expérience commune; en dépit de l'érudition qu'elle exige ou plutôt à cause de cela, l'Histoire naturelle n'aurait pas acquis la valeur théorique d'une véritable science, si elle en fût restée à ce stade.

C'est vraisemblablement le problème de l'*origine des espèces*, posé avec l'hypothèse transformiste, qui a joué le plus grand rôle dans l'avènement de la Biologie. Avant cette hypothèse, l'entreprise d'une *classification* implique sans doute une comparaison des espèces entre elles, en plus de leur description comme réalités séparées; mais il s'agit alors seulement de figurer les différents types en se fondant sur la *coordination* et la *subordination* des caractères qui définissent chacun d'eux: certains caractères corrélatifs sont simplement coordonnés (p. ex. dentition et appareil digestif); d'autres sont tels que l'un conditionne l'autre et non l'inverse (p. ex. mammifère et carnivore); on dit dans ce cas que l'un est « dominateur » et le second « subordonné ». Ces distinctions deviennent peu à peu accessoires ou paraissent fragiles, à mesure que l'observation des organes, fonctions, tissus, cellules, conduit à découvrir des | homologies insoupçonnées: le principe d'une équivalence présumée de **121**
tous les mouvements, et donc l'idée d'une unité analytique possible, tendent à remplacer la recherche d'une hiérarchie et d'un « ordre » à imposer à des « apparences ». Le travail du naturaliste ancien se passait à déplacer les êtres d'une classe à l'autre (p. ex. à une certaine époque ce sont les sauterelles qui

a. « La notion de sexualité végétale ne s'imposait pas *a priori* et on a pu longtemps admettre un mode de multiplication des plantes différant de la reproduction animale; pourtant la plupart des naturalistes contemporains de Linné[1] étaient déjà convaincus de l'analogie des phénomènes de la fécondation dans les deux règnes: un siècle et demi de recherches a fourni la preuve que non seulement les manifestations extérieures, mais les caractères essentiels de la sexualité, sont identiques pour tous les êtres vivants. » Blaringhem, *Méth. dans les Sciences*, chap. Botanique [p. 184][2].

1. Carl von Linné (1707-1778). Naturaliste et médecin suédois qui établit une nomenclature binomiale au sein de laquelle chaque être vivant est désigné par un nom de genre et par un nom d'espèce.

2. Louis Blaringhem (1878-1958). Biologiste français qui participa activement à la diffusion des idées de Mendel en France.

sont des locustides, et à une autre ce sont les criquets). En permettant de préciser et d'amplifier à la fois des vues analytiques hardies, la paléontologie et l'embryogénie autorisent à mettre en question la valeur théorique de l'idée d'Espèce elle-même : y a-t-il vraiment des divisions « naturelles » du monde vivant telles qu'elles soient sans communication possible ? Ou bien l'Espèce n'est-elle qu'un *nom* commode pour réunir et désigner synoptiquement des individus au fond très différents quoiqu'à une certaine échelle semblables ? Différences et similitudes, pour le savant, ce ne peut être que déguisements de l'identité profonde, des constances et des lois du Réel.

Pour trancher les débats entre les diverses théories transformistes, le biologiste moderne devait finalement entreprendre de ramener les propriétés de la vie aux formes les plus « simples » possibles, en les analysant expérimentalement[a].

B) L'EXPÉRIMENTATION ET LE DÉTERMINISME EN BIOLOGIE

La recherche du « simple » ne peut s'entendre, dans le domaine
122 empiriquement si varié et comme tel « immense » de la Vie, que | comme

a. Pour les naturaliste modernes, « la sexualité consiste seulement en un dimorphisme préparatoire du stade œuf par lequel commencent tous les individus vivants. Les différences morphologiques qui séparent les Mousses des Prèles, des Fougères, des Gymnospermes et des Angiospermes ont disparu devant la découverte, dans chacun de ces groupes, de feuilles à microsporanges et de feuilles à macrosporanges. On a voulu étendre ce résultat aux Algues et aux Champignons; ici, il n'y a plus de feuilles, ni par conséquent d'organes modifiés en vue de la préparation des éléments sexuels; mais on a trouvé dans le contenu des cellules sexuelles elles-mêmes des éléments groupés dont la répartition et la combinaison subissent des changements analogues à ceux que l'on observe dans les cellules sexuelles des Phanérogames pour la production de l'œuf. L'origine de cette découverte se trouve dans la discussion d'une hypothèse provisoire concernant l'évolution et l'hérédité émise par Darwin en 1868; la *Théorie de la Pangenèse* n'a apporté aucun argument en faveur du transformisme…, mais elle a conduit de Vries[1] à découvrir les lois de l'osmose et Weissmann[2] à énoncer la signification véritable et générale du mot sexualité. » Blaringhem, *op. cit.* [p. 185-186].

1. Hugo de Vries (1848-1935). Botaniste néerlandais qui fut l'un des acteurs de la redécouverte des lois de Mendel, ainsi que l'initiateur de l'explication mutationniste de l'évolution des espèces.

2. August Weismann (1834-1914). Biologiste évolutionniste allemand qui proposa une théorie sur la continuité du plasma germinatif, selon laquelle les caractères acquis par un individu durant sa vie ne peuvent pas être transmis héréditairement.

essai de ramener de proche en proche cette variété aux circonstances physiques et chimiques qu'on présume capables de la déterminer (sinon peut-être de la produire), si l'on suppose ces circonstances déjà déterminées ou déterminables en elles-mêmes : un tel essai peut seul caractériser le mouvement réductif de l'analyse scientifique, en orientant celle-ci vers des mesures finalement mécaniques; quelque hypothèse qu'elle ait à contrôler, l'expérimentation effectivement va toujours dans ce sens[a]. C'est bien aussi dans ce sens qu'il faut comprendre le mot fameux de Cl. Bernard : « La vie c'est la mort », car il signifie qu'il faut, pour les comprendre objectivement, appliquer aux organismes le postulat déterministe de l'analyse, déjà illustré par les sciences de la matière inerte.

Il est vrai que dans ces conditions le mouvement synthétique qui fait la vie intime et la productivité des êtres individuels échappera d'abord (et même sans doute toujours) aux prises d'un jugement qui ne l'aborde que du dehors; mais la négligence de cet aspect subjectif des choses, et mieux le parti-pris de résoudre cet aspect en ses conditions objectives et par là de le démontrer illusoire, c'est l'obligation a priori prescrite à toute science par son dessein même de Vérification. C'est bien pourquoi, en biologie comme ailleurs, toute expérience est instituée pour éprouver la valeur « déterminante » de certains rapports hypothétiques à l'égard d'un phénomène perçu ou conçu, et une épreuve précise de | cette sorte c'est la *mesure* des termes engagés dans les **123**

a. « Il est absolument certain – c'est la pierre basilaire de la biologie – que tout ce qui se passe de phénoménal dans l'évolution de l'être vivant est… parfaitement intelligible pour un mécanicien, un physicien et un chimiste. Il n'y a en jeu que des actions que nous connaissons dans le monde inanimé, et que nous pouvons souvent imiter *in vitro* : de l'osmose, des dissolutions et précipitations, de la catalyse et de l'hydrolyse, des oxydations, des actions diastasiques, des courants électriques, des dégradations d'énergie (les végétaux verts regradent sous forme d'énergie chimique potentielle une partie des radiations solaires)… L'appareillage d'un laboratoire de physiologie est à peu près le même que celui des laboratoires de chimie et de physique… Même si notre attention se porte sur des phénomènes vraiment étrangers aux machines, comme par exemple celui de la régénération des tissus et des organes ou celui de la formation de monstres, nous avons encore la persuasion qu'ils obéissent à un déterminisme physico-chimique strict, car nous pouvons les contrôler dans une certaine mesure ; il y a des sortes de monstres que l'on produit à volonté (les Poissons cyclopes par addition de chlorure de magnésium à l'eau de mer, des Pluteus d'Oursin sans bras par addition d'oxalate de sodium) : on peut provoquer, activer, inhiber, fausser, déplacer des régénérats. » Cuénot, *Science et Loi* [*op. cit.*], p. 127.

dits rapports[a]. L'intelligence de l'expérience suppose la réalisation d'un système clos de conditions, l'analyse rigoureuse des circonstances dans lesquelles on opère; et par suite c'est toujours à des déterminations abstraites qu'on aboutira, l'important étant de voir dans quel rapport de correspondance varient tels aspects d'un phénomène donné et telles circonstances de son « milieu »[b]. Par suite aussi c'est à des énoncés particuliers, de portée limitée, que se réduit la figuration scientifique de la réalité biologique; si maintenant l'on tient compte du retard relatif de cette figuration dans ce domaine, on ne s'étonnera pas que ces énoncés ne puissent guère être offerts sous l'aspect relativement systématique et « organisé » que donnent à leurs propres lois les sciences physiques ou chimiques. Les raisons proposées plus haut de ce retard laissent peut-être entrevoir pourquoi, une masse énorme d'observations documentaires restant offerte à l'interprétation du biologiste, cette masse ne peut guère être pliée d'un coup à une forme métrique générale d'unification, tant que le recueil d'observations lui-même garde pour sa majeure partie un caractère conceptuel. Il manque sans doute au biologiste, pour assurer à sa science l'essor rapide qu'a connu la chimie dans ce sens, de pouvoir choisir, en l'adaptant à ses concepts, l'un de ces moyens uniformes de notation (comme l'analyse pondérale notamment) que le chimiste a su emprunter d'une physique déjà constituée.

Quoiqu'il en soit et sous cette réserve, on peut trouver dans la biologie déjà nombre d'énoncés qui s'apparentent par la précision de leur forme aux divers types de lois décrits dans le précédent chapitre, bien que d'ailleurs leur portée

a. « On ne saurait faire croître la plante dans un sol ordinaire lorsqu'on étudie les conditions de la nutrition. On réalise un milieu synthétique dont on connaît tous les constituants. On rend un sable inerte par lavage, calcination, traitement par les acides…; on remplace le soleil par des lampes électriques dont l'intensité lumineuse est fixe, fournissant une quantité d'énergie stable et mesurable. » Plantefol, dans [J. Perrin, P. Langevin, G. Urbain, Ch. Perez, L. Plantefol, *L'*]*Orientation actuelle des Sciences* [Paris, Alcan, 1930, p. 125-156, p. 132].

b. Expériences de Houssay sur la forme des poules (modifications du bec et des pattes, raccourcissement du tube digestif); expériences qui ont conduit à la découverte des vitamines (nutrition d'animaux avec les mêmes aliments, tantôt naturels, tantôt synthétiquement purifiés); expériences de Carrel sur la culture des tissus; enregistrement des mouvements du cœur; expériences sur les réflexes; nutrition des plantes en milieu analysé et dosé, et recherche des éléments nutritifs indispensables[1].

1. Frédéric Houssay (1860-1920). Zoologiste néo-lamarckien. Sur Carrel, cf. *infra*, p. 751, n. 1.

soit bien moindre | pour l'ensemble de la science. Il va de soi que l'étude des 124
symétries végétales, par exemple, trouve appui dans la géométrie (distribution des feuilles sur une spirale, à des intervalles réguliers; fixité de l'« angle de divergence » des feuilles relativement à la tige, pour toutes les plantes d'une même espèce) ; on trouve des relations de la forme

$$\frac{a}{b} = K$$

(p. ex. le rapport nucléo-plasmatique, le coefficient respiratoire); les expériences de Carrel[1] et de Lecomte du Nouy[2] sur la régénération des tissus vivants (efficacité des différents antiseptiques, cicatrisation des plaies en fonction de leur surface et de l'âge du blessé) permettent de formuler des lois de la forme $y = ax + b$ ou encore $y = ax^2 + bx + c$.

Enfin les lois de type statistique sont de plus en plus fréquemment utilisées, notamment concernant les problèmes de l'hérédité. La valeur du calcul statistique ici se comprend aisément, si l'on se rappelle que la donnée phénoménale de toute expérience biologique c'est l'individualité organique, et que toute statistique vise, par le recensement d'un nombre *assez grand* de phénomènes individuels, à donner forme « légale » à la définition de ces phénomènes; elle pallie ainsi la sorte d'impuissance où reste la science quant à la définition de l'individualité elle-même[a].

1) La statistique intervient en biologie pour la définition de l'espèce : on appelle biométrie le recensement statistique des individus identiques relativement à un type métrique défini. Exemple : poids du haricot, longueur des antennes du criquet, nombre d'étamines d'une plante, dimensions d'un crabe, taille d'un homme. Si on porte en abscisse les dimensions variables de ce caractère et en ordonnée le nombre d'individus présentant ces formes, on

a. *Cf.* chap. VI, C, [*supra*, p. 730].

1. Alexis Carrel (1873-1944). Chirurgien et physiologiste qui reçut le Prix Nobel de médecine en 1912 « pour son travail sur les sutures vasculaires et la transplantation de vaisseaux sanguins et d'organes » (citation Nobel). Auteur en 1936 d'un essai à succès dans lequel il défend des thèses eugénistes (*L'homme, cet inconnu*, Paris, Plon, 1935).

2. Pierre Lecomte Du Noüy (1883-1947). Mathématicien, biologiste et penseur religieux. Collaborateur d'Alexis Carrel, il soutient en 1917 une thèse sur la vitesse de cicatrisations des plaies.

obtient une courbe dite courbe de Quételet[1]. On appelle *mode* la dimension du caractère accusé par le plus grand nombre d'individus. C'est le mode qui caractérise le type. C'est sur cette utilisation de la biométrie que repose la distinction faite par Jordan[2] entre les espèces véritables et les espèces fausses. Jordan prétendait que la fixité des espèces était le vrai, mais que cette fixité s'appliquait aux espèces jordaniennes et non à l'espèce linnéenne, c'est-à-dire au type stable révélé par la biométrie;

125 | 2) Enfin et surtout le calcul statistique intervient dans les lois de l'hérédité mendélienne. Mendel[3] a découvert en 1866 des lois que Naudin[4] avait pressenties. Ce qui fait que Mendel a réussi où Naudin a échoué, c'est qu'il a ramené ses expériences à l'étude d'un seul caractère variable. Mendel a opéré sur des pois de même espèce mais de variété différente s'opposant par un seul de leurs caractères, la couleur, les uns verts, les autres jaunes. Il a opéré sur 10.000 pieds de pois[a].

C) Problème philosophique posé par la méthode de la biologie

C'est une règle méthodologique de toute explication physico-chimique qu'on doit chercher à saisir dans l'expérience des causes mais non des fins.

a. 1re *Loi de Mendel*: l'hérédité se décompose en une somme de caractères-unités.

2e *Loi de Mendel*: parmi les caractères, on n'observe aucun mélange. L'un se développe totalement, on l'appelle dominant, l'autre disparaît temporairement, on l'appelle récessif.

Ces lois sont valables quel que soit le nombre de caractères. Il est impossible de prévoir le patrimoine héréditaire des descendants d'un couple de générateurs, mais on peut prévoir la répartition globale d'un certain groupe de caractères pour un grand nombre de générations.

1. Adolphe Quételet (1796-1874). Mathématicien, astronome, naturaliste et statisticien belge qui tenta d'appliquer les méthodes statistiques aux sciences morales et politiques.

2. Alexis Jordan (1814-1897). Botaniste dont les travaux de culture d'une espèce de crucifères permirent de mettre au jour près de deux cents variétés ou espèces élémentaires dites jordaniennes.

3. Gregor Mendel (1822-1884). Moine et botaniste autrichien considéré comme le fondateur de la génétique.

4. Charles Naudin (1815-1899). Naturaliste et botaniste connu pour ses travaux sur l'hérédité.

L'explication physico-chimique des propriétés de la matière a tendu de plus en plus à éliminer de la représentation des choses, ces notions ambiguës de force ou de tendance, ou de puissance, que le fétichisme spontané de l'esprit humain élabore si facilement. Le problème est de savoir si une explication purement causale de la vie, si la réduction des mouvements aux lois de la matière inerte est possible.

1) Une certaine finalité semble manifestée par les êtres et les phénomènes biologiques. Un organe est une série de tissus différenciés dont la structure et les relations semblent répondre à un plan pour coopérer à une fonction. Sans doute, chaque tissu peut être cultivé à part (expériences de Carrel), mais en perdant les caractères propres qu'il a dans l'organisme du fait de sa coopération avec d'autres tissus morphologiquement différents. Par conséquent, supposé que l'existence artificielle de chaque tissu puisse être réduite à une seule série causale, ce qui est important c'est que dans l'organe et dans l'organisme, ces séries causales sont concourantes. Si nous considérons non plus les organes mais l'organisme, nous constatons qu'il est un système d'organes réciproquement | fins et moyens par rapport les uns aux autres et qu'il se **126**
présente comme une synthèse de fonctions réciproquement dépendantes. Si donc nous entendons par finalité un rapport tel que les éléments divers d'un composé soient unifiés synthétiquement non seulement par et dans un tout, mais pour un tout, ce caractère de finalité est incontestable dans les *phénomènes* de la vie. Par ailleurs, la *croissance*, qui n'est pas seulement un accroissement quantitatif mais la direction irréversible vers une forme, l'*assimilation* qui maintient l'intégrité de cette forme, et la *reproduction* qui assure, au delà et au moyen des individus périssables, la continuité des formes, sont autant d'aspects du vivant qui semblent requérir pour leur interprétation l'appel à une finalité effective. La persistance de la forme et la subordination à l'espèce, autant de relations apparemment irréductibles à un mécanisme causal.

2) Sans doute la physique et la chimie semblent pouvoir donner dans certains cas l'équivalent des phénomènes vitaux puisque la synthèse des substances vivantes et les phénomènes de reproduction peuvent être interprétés comme des phénomènes d'ordre physico-chimiques.

Une des premières synthèses des matières jusqu'alors jugées proprement organiques a été celle de l'urée par Woehler[1] en 1828.

D'autre part, les lois de l'osmose paraissent expliquer mécaniquement l'apparence d'élection et de sélection présentées par le phénomène d'assimilation.

Quant au phénomène de reproduction, les expériences de Loeb[2], de Delage[3] et de Bataillon[4] sur les œufs d'oursin et sur les œufs de grenouille semblent montrer que la segmentation de l'œuf et son développement se réduisent à des phénomènes physico-chimiques, soit concentration variée du milieu, soit traumatisme mécanique.

On objecte à ces expériences et à ces explications que la théorie physico-chimique n'explique pas la vie, mais les instruments qu'elle utilise et les fonctions distinctes qu'elle réunit. Les biologistes vitalistes opposent aux biologistes mécanistes ou matérialistes l'impossibilité où sont les seconds de recomposer la vie. Cet argument prouve trop ou trop peu et n'a aucune valeur quand un biologiste s'en sert contre un autre biologiste.

En effet, on ne peut pas convertir en impossibilité ou en interdiction une
127 impuissance ou une absence. Ce qu'on sait de la vie, | on le sait dans la mesure où on en cherche les lois et le biologiste vitaliste n'en sait pas plus long que le mécaniste ou le matérialiste, alors même qu'il voit dans la vie autre chose qu'un système physico-chimique connu à un moment. La véritable signification de cet argument est qu'aucune méthode scientifique ne peut prétendre à la synthèse, mais cela revient à dire que la vie est la première forme de cette activité synthétique dont la technique, l'art constituent dans l'humanité un exercice plus ou moins pur. Bref, si philosophiquement on éprouve le besoin, par impossibilité de faire autrement, de reconnaître deux formes possibles

1. Friedrich Wöhler (1800-1882). Chimiste allemand dont la synthèse de l'urée démontra que les composés organiques et inorganiques obéissent aux mêmes lois.

2. Jacques Loeb (1859-1924). Physiologiste et biologiste américain d'orientation mécaniste.

3. Yves Delage (1854-1920). Zoologiste et biologiste, qui fonda en 1895 la revue *L'Année biologique*.

4. Eugène Bataillon (1864-1953). Biologiste qui réussit, à la suite des travaux de Loeb, à provoquer une réaction de développement d'œufs non fécondés de grenouille.

d'unification selon le jugement de nécessité et selon le jugement de puissance et de valeur, c'est la nécessité en sa totalité qui se trouve impuissante à rendre compte de l'activité en sa totalité, encore qu'elle en constitue la matière[a].

a. « Les vitalistes se sont toujours retranchés dans l'impossibilité d'expliquer physiquement ou mécaniquement tous les phénomènes de la vie; leurs adversaires ont toujours répondu en réduisant un plus grand nombre de manifestations vitales à des explications physico-chimiques bien démontrées. Il faut avouer que ces derniers ont constamment gagné du terrain. Arriveront-ils ainsi à tout ramener à leurs théories et ne restera-t-il pas, malgré leurs efforts, un quid proprium de la vie qui sera toujours irréductible ? C'est le point qu'il s'agit d'examiner, car loin de ne présenter qu'un intérêt philosophique, il est capable au contraire de nous montrer jusqu'à quel point les problèmes fondamentaux de la biologie tout entière sont sous la domination des méthodes de la chimie et de la physique.

...Les conceptions vitalistes ne peuvent plus aujourd'hui planer sur l'ensemble de la physiologie. La force évolutive de l'œuf et des cellules est donc le dernier rempart du vitalisme; mais en s'y réfugiant, il est aisé de voir que le vitalisme se transforme en une conception métaphysique et brise le dernier lien qui le rattachait au monde physique, à la science physiologique. En disant que la vie est l'idée directrice ou la force évolutive de l'être, nous exprimons simplement l'idée d'une unité dans la succession de tous les changements morphologiques et chimiques accomplis par le germe depuis l'origine jusqu'à la fin de la vie. Notre esprit saisit cette unité comme une conception qui s'impose à lui, et il l'explique par une force; mais l'erreur serait de croire que cette force métaphysique est active à la façon d'une force physique. Cette conception ne sort pas du domaine intellectuel pour venir réagir sur les phénomènes pour l'explication desquels l'esprit la crée; quoique émanée du monde physique, elle n'a pas d'effet rétroactif sur lui. En un mot, la force métaphysique évolutive par laquelle nous pouvons caractériser la vie est inutile à la science, parce qu'étant en dehors des forces physiques, elle ne peut exercer aucune influence sur elles. Il faut donc ici séparer le monde métaphysique du monde physique phénoménal qui lui sert de base, mais qui n'a rien à lui emprunter. Leibniz a exprimé cette délimitation de la façon suivante : « le corps se développe mécaniquement et les lois mécaniques ne sont jamais violées dans les mouvements naturels; tout se fait dans les âmes comme s'il n'y avait pas de corps, et tout se fait dans le corps comme s'il n'y avait pas d'âme ». – Claude Bernard (*Revue des Deux-Mondes*, 1867). [Pour la référence exacte, *cf.* « Définition de la vie », 1875, *op. cit.*, p. 346 et 349.]

| CHAPITRE VII 128

LES SCIENCES MORALES

En présumant possible une interprétation théorique complète et *vraie* de l'expérience, la pensée scientifique ne fixe pas de limites a priori à son entreprise, car celle-ci doit s'effectuer précisément à propos de *toutes* les qualités que la perception usuelle combine confusément avec les déterminations mécaniques par lieux et moments. C'est pourquoi la causalité efficace et la finalité des organismes vivants sont, comme on a vu, traitées par le biologiste comme de simples apparences réductibles en principe à un pur déterminisme. Dans ces conditions le concept même d'un Esprit ou d'une Pensée en général, et toutes les notions qui se rattachent à une organisation *subjective* ou *intérieure* de l'expérience ne devraient-ils pas être soumis à leur tour au traitement analytique et métrique ?

Cette question est celle que proposent au logicien les tentatives faites pour appliquer le postulat général de Vérité et les règles qui en dépendent aux « Sciences Morales ». Les contemporains désignent de ce nom toutes les disciplines qui cherchent les *lois* de la vie des idées, des sentiments, des courants d'opinion, des actes, etc., bref d'une vie « morale » distincte apparemment de la réalité physique.

Nous disons qu'il y a là avant tout une *question* : la philosophie logique ayant à juger les postulats propres de la Science n'a pas à s'incorporer sans examen tout développement qui en peut être proposé : au moment où l'on décide d'étendre ces postulats à la *totalité* des apparences, il s'agit de voir sous quelles conditions l'extension sera légitime et adéquate au but qu'on se propose d'atteindre.

| Or, ce but, c'est d'achever l'édifice théorique en y comprenant la Pensée 129
et la vie intérieure elles-mêmes : car ainsi achevé l'édifice théorique

démontrerait par sa seule existence sa valeur *concrète* d'expression totale de l'expérience; le concept d'Esprit une fois analysé à son tour se trouverait intégré au système vrai de la Nature, et soumis à la permanence des lois qui le composent; il ne resterait donc rien à saisir et à comprendre désormais, en dehors de ce même système.

Mais une difficulté de l'entreprise apparaît a priori en ceci : le concept d'Esprit, et tous ceux qui sont de même sorte (Conscience, Pensée, Sujet, etc.), n'ont de signification que par l'*ordre* original qu'ils permettent d'imposer au devenir empirique; ils n'ajoutent rien en effet, par eux-mêmes, au contenu phénoménal de ce devenir, qu'ils permettent seulement d'envisager *sous un certain point de vue* : une opinion, une idée, une décision, un acte, sont des attitudes, que nous disons *mentales* ou *intérieures*, prises par les êtres pensants en face des aspects du monde ou de ses changements, de la lumière, de la chaleur, de la nourriture, de la vie, de la mort, des institutions, des œuvres, etc., bref de tous les événements que la Science s'efforce d'apprécier en eux-mêmes, *du dehors* ou *extérieurement.* Dès lors, en abordant la réduction de la Pensée, c'est forcément en face des phénomènes déjà analysés ou présumés analysables (par la Physique et la Biologie) que la Science va se retrouver; ce qu'elle rencontrera ici en plus, ce n'est qu'une « forme » de jugement que, par hypothèse, elle s'est déjà efforcée d'écarter; aucun donné « matériel » nouveau ne lui est offert par l'existence apparente de cette forme; et comme, en principe, c'est à l'objectivité totale qu'elle tend, ce ne peut être certes en faisant sienne la forme antagoniste du jugement subjectif, qu'elle cherchera ici à se compléter : en le faisant elle se renierait.

Reconnaissons maintenant que les questions de vocabulaire sont accessoires; peut-être l'expression « sciences morales » peut-elle prendre un autre sens que celui indiqué ci-dessus, et ce qui importe en définitive c'est de savoir si la tentative qu'elle désigne n'a pas donné quelque résultat positif; quel qu'en ait été le prétexte, il se peut que l'effort tenté au dernier siècle, pour dessiner le couronnement du monument scientifique, ait abouti à fonder
130 quelque science nouvelle en appliquant à certains faits négligés, | inaperçus ou mal compris, les principes généraux de l'analyse déterministe. En particulier il n'est pas exclu, quoi que vaille l'interprétation logique qu'il en donne, que le dessein d'*A. Comte* de fonder une science objective des « faits sociaux » ait finalement une valeur scientifique. En effet, par le biais de cette science, la notion de « Mœurs » et de « réalité morale », déjà en partie comprise dans l'éthologie des naturalistes, devient celle d'une catégorie de faits observables, d'ailleurs qualitativement différents des faits physiques; elle semble par là même propre à fournir la matière et le prétexte d'un problème scientifique

nouveau. Dans la même hypothèse, et quelque nom qu'on donne à la Science qui résoudra ce problème ultime (Sociologie, Histoire, ou autre), il resterait d'ailleurs que, par l'élaboration d'un système complet de la Nature, c'est la totalité des phénomènes qui se trouverait unifiée.

Il faut bien voir dès maintenant la portée *philosophique* de cette unification, telle à peu près que l'a présumée possible la doctrine positiviste du même *A. Comte.* Nous l'exprimerons pour l'instant dans les conclusions problématiques suivantes :

1) Quoiqu'elle ne puisse s'attaquer directement aux principes d'une organisation intérieure et d'une finalité de l'expérience, une Science totale des phénomènes doit aboutir, à la limite, à établir le caractère illusoire et donc la vanité de ces principes ; car si cette Science est capable d'organiser « en vérité » et objectivement le tout des apparences, c'est qu'une Nécessité absolue est la loi profonde de l'évolution. Dans ce cas il faut donc bannir de la représentation, comme sans valeur pratique, des concepts destinés à être finalement résolus en lois, fût-ce par voie indirecte, comme ceux que nous avons traduits jusqu'ici par les mots de Causalité, de Finalité, d'Individualité, de Conscience et d'Esprit enfin ;

2) Non seulement la Psychologie et l'Esthétique, comme interprétations subjectives de l'expérience, mais encore la Morale, comme doctrine de l'action libre et orientée, et la Philosophie, comme recherche d'une coordination des postulats opposés de l'Esprit et de la Nature, ne vaudraient plus qu'au titre d'illusions périmées. En effet les croyances qui servent de fondements à ces disciplines (croyance à une Création, à une Liberté, à une Finalité possibles) et tout au moins aux activités qui en sont les prétextes, ne seraient plus que des Normes illusoires faussant, dans la | représentation d'êtres bornés, 131
le développement mécanique de la Nature ; en achevant d'élaborer une représentation *vraie* de cette Nature, la Science aurait indirectement ruiné, dévalorisé, le principe même de toute erreur, et par là aboli tout *droit* de la Pensée à organiser à son gré l'expérience.

La discussion de la validité des « sciences morales » consistera à mettre en question ces conclusions, afin d'en apprécier la portée concrète ; pour cela il faut examiner les titres qui peuvent autoriser à se présenter comme sciences les tentatives diverses poursuivies dans le sens ci-dessus indiqué. Mais en fait, peu de ces tentatives offrent des titres véritables, en dehors des prétentions mêmes qu'elles affichent et du nom qu'elles se donnent ; si tout discours tant soit peu ordonné devait être dit scientifique, et valoir comme théorie vraie ou vérifiable du Réel, ce ne sont pas seulement les diverses doctrines « psychologiques » qu'il faudrait examiner parallèlement aux hypothèses sociologiques, mais encore toutes les branches de l'érudition la plus complexe et la plus variée, tous les systèmes politiques et juridiques, les philosophies et les religions même. Pour débrouiller un amas fatalement confus, il faut un critérium : nous emploierons celui dont nos examens précédents nous ont permis de faire déjà un usage normal, en recherchant dans tout discours à prétention scientifique l'aptitude qui s'y manifeste à prendre finalement une forme métrique ; l'ordre de l'unification scientifique doit rester celui de l'unification par Quantité.

A) Sur la possibilité d'une « science » psychologique

Ce qu'on a tenté de faire sous le nom de « Psychologie scientifique », c'est l'analyse de la Pensée ou de l'Esprit sous la forme phénoménale où se la représente, en lui-même et pour lui-même, un organisme individuel, à quelque espèce qu'il appartienne d'ailleurs. C'est par les caractères que lui confère cette individualité que la « réalité » psychologique est distinguée de la réalité sociale ou collective.

Or considérer l'une et l'autre sous l'angle objectif que définit obligatoirement tout propos scientifique un peu précis, c'est, par hypothèse, s'engager à réduire à un conditionnement extérieur ou physique déterminable
132 comme tel, la représentation que l'une | et l'autre « réalités » se font d'elles-mêmes ; autrement dit, pour qu'il y ait science ici, il faut que les réactions considérées soient contrôlables et mesurables du dehors, pour un observateur ; celui-ci n'a pas à traiter par conséquent ces réactions autrement que ne fait déjà le biologiste, et selon une méthode que celui-ci n'aurait pas pu appliquer. C'est dire que, s'il y a science, il n'y aura pas psychologie, puisque la *subjectivité* caractéristique du « psychique » proprement dit *doit* être de prime abord et comme telle éliminée ; et s'il y a psychologie il n'y aura pas science, car pour comprendre les réactions d'un organisme telles qu'elles se réfractent dans sa « conscience » et y sont saisies comme « pensées », il faut les interpréter comme produits de la *synthèse* organique acceptée telle quelle, et s'interdire de les décomposer.

Ce dernier jugement s'impose si bien, que les psychologues modernes sont à peu près unanimes à condamner en effet, en y découvrant un « atomisme mental » illusoire, les essais faits par certains *Sensualistes* (*Condillac*) et par les *Associationnistes* (*Mill*) pour analyser la vie psychique. Ces essais figurent pourtant le premier effort accompli pour construire une « science » de la vie mentale, en déterminant les éléments qui sont censés la constituer et les lois qui sont censées en régler le cours : ces éléments sont dits sensations, *feelings* ou idées, ces lois sont dites « d'association » ; la combinaison des unes et des autres devait permettre d'« expliquer » le fonctionnement d'un esprit individuel, comme les lois de la chimie expliquent l'existence et les propriétés des corps composés et les lois de l'astronomie le mouvement des corps célestes. Si cet effort semble aujourd'hui périmé à la plupart, c'est bien pour des raisons analogues à celle que nous avons indiquée : dans la *poussière* d'états que la théorie nous propose, la pensée individuelle refuse de se reconnaître ; et dans les soi-disant lois qu'on énonce, nul esprit ne retrouve son dynamisme décrit ou expliqué ; avec la vie subjectivement prise, c'est une altération continue que nous saisissons, et s'il y a bien une sorte de permanence dans l'équilibre instable qu'engendre pour nous l'altération, du moins n'est-ce en rien une Identité ; bien au contraire, la permanence propre de l'esprit individuel, c'est celle qu'assure seule la *succession continue* du disparate phénoménal maintenu comme tel, c'est-à-dire incessamment accru de nos propres *progrès*.

Beaucoup d'auteurs qui reconnaissent l'absurdité de l'« atomisme »
| psychologique admettent cependant la possibilité d'une psychologie scienti- 133
fique : divers essais d'introduire effectivement la mesure dans l'étude du « fait mental » paraissent confirmer cette possibilité de façon assez impressionnante ; nous distinguerons celui des psycho-physiciens, celui des psychophysiologistes, celui de la psychologie « de réaction » ou « de comportement » ; les procédés employés dans les uns et dans les autres sont d'ailleurs volontiers combinés dans la plupart des travaux contemporains qui poursuivent une fin scientifique.

La Psycho-Physique et la Psycho-Physiologie offrent en commun ce trait : elles essaient également d'atteindre le fait psychique par détermination de sa « condition » objective (le *stimulus* physique dans le premier cas, le phénomène physiologique dans le second) ; elles admettent également un rapport de correspondance entre la condition et le conditionné, dont l'énoncé rigoureux serait une loi. Pour apprécier ces deux sortes d'essais, on aura recours à quelques remarques dont l'essentiel reproduira, en somme, celles qu'on fait communément valoir contre l'atomisme des associationnistes classiques :

1) si la correspondance supposée entre le mental (conditionné) et le physique en général (condition) était valable, l'esprit serait, comme les corps, un composé d'éléments énumérables, interprétable en effet par la même analyse qui décompose ces corps en rapports fixes ; mais le fait mental comme tel n'aurait nulle signification propre, n'étant que l'inutile redoublement du fait objectif ;

2) la vérification de telle correspondance précise supposée, entre une réalité physique ou physiologique et un fait mental, oblige à traiter celui-ci

comme celle-là, c'est-à-dire comme fragment dissocié de l'ensemble « organique », et à lui retirer ainsi toute portée subjective et psychique.

Ces remarques viennent en somme à noter que l'interprétation psychologique de la vie, étant une interprétation avant tout *synthétique*, exclut l'idée même d'une Mesure, qui est forcément celle d'une Division en parties identiques : le psychique est par essence ce qui est inapte à la mesure, et c'est donc un propos contradictoire que de chercher à saisir le psychique comme tel,
134 et de vouloir le mesurer. Effectivement les rapports précis que | les psycho-physiciens ont réussi à énoncer[a] peuvent avoir une signification pour déterminer la réponse d'un tissu ou d'un organe à une excitation physique, mais l'« état de conscience » n'y est en rien défini. Il en va de même, au fond, pour les relations psychophysiologique : ce qu'elles énoncent de clair, par exemple, par la « mesure des temps de réaction », ou par les lois des « réflexes conditionnés », c'est encore la définition d'une certaine motricité tissulaire, locale ou générale, mais toujours physiologiquement considérée ; l'activité mentale comme telle, et subjectivement prise, est une synthèse où ces relations sont forcément altérées, si on les y suppose par ailleurs comprises : il est évident par exemple que la fréquence des stimulations nécessaires à la formation d'un réflexe conditionné n'est pas *sentie* ou perçue comme fréquence, puisque l'effet psychique *supposé par ailleurs* obtenu grâce à elle, c'est précisément l'automatisme du réflexe, c'est-à-dire l'oubli par le sujet individuel des conditions originelles de sa formation. Si, en bref, on retranchait d'un traité de « psycho »-physiologie toutes les précisions obtenues par emprunt de la physiologie pure, il ne resterait rien qui pût être mis en forme de lois ; il ne resterait donc rien qui eût valeur de détermination analytique.

Une conclusion de même sorte vaut pour la troisième tentative précitée, la psychologie de réaction ou de comportement. On entend par là celle qui cherche à saisir, dans leur rapport à des conditions extérieures et donc à un milieu défini, les réactions avec leur physionomie d'ensemble, si l'on peut dire, et comme manifestations des aptitudes propres des sujets. Il n'est pas difficile de voir que le problème ainsi posé est celui même que traite l'Éthologie des naturalistes, et que son traitement scientifique normal nous

a. « La première loi dont il ait été question en psychologie est la fameuse *loi psycho-physique* de Fechner (1860) : la sensation croît comme le logarithme de l'excitation … En réalité, cette loi met en relation l'intensité du stimulus et celle de la réaction de l'organisme ; c'est la loi mathématique de la « réponse biologique »… Mais dans ce phénomène, le fait psychologique … n'entre pas en jeu. » Piéron, *Sciences et Loi*, *op. cit.*, p. 147[1].

1. Henri Piéron (1881-1964). Psychologue considéré comme le fondateur de la psychologie scientifique en France.

reconduit à la Biologie ; ce traitement consisterait à la rigueur à analyser les réactions comme des mouvements, et donc à expliquer « mécaniquement » la diversité de comportement des êtres vivants en expliquant de la même manière la génération des espèces entre lesquelles les individus se trouvent répartis. | *A. Comte* avait déjà formulé un jugement de ce genre, en indiquant en effet **135**
que, dans la mesure où elle peut se croire « objective » et « scientifique », la psychologie se confond avec la Biologie, ou plutôt y est déjà comprise.

B) Sur les conditions de validité de la sociologie

Une technique humaine spécifique, la Politique, peut servir à expliquer la possibilité d'une théorie scientifique des faits sociaux (distingués ainsi, qualitativement, des faits biologiques). Cette technique en effet est celle qui s'efforce d'imprimer une forme organique stable à la vie, non plus des individus, mais des groupes humains ; comme toutes les techniques qui ont fourni aux sciences naissantes et séparées une matière qualifiée, la Politique s'est forcément constituée par tâtonnements et par essais hasardeux ; l'intérêt que les hommes portaient à son évolution est assez semblable à celui que suscitaient par ailleurs les pratiques vitales qui sont à l'origine de l'histoire naturelle, si l'on admet avec *Comte* que l'homme est une « espèce sociale ». Ce même intérêt spontané doit donc, ici encore, laisser comprendre la naissance tardive d'une science sous la forme désintéressée et objective qu'exige le jugement théorique méthodique et pur. Cette science est la *Sociologie* ; et elle aussi trouve sa préfiguration confuse dans une doctrine descriptive, opérant plus par qualification que par mesure, qui est dite encore *Histoire*, cette fois pourtant sans adjectif (l'adjectif, dans l'usage ordinaire du mot, est sous-entendu, étant admis que l'Histoire est presqu'exclusivement le récit du passé social *humain*). Il y a incontestablement, en dehors de l'homme, beaucoup d'espèces qui sont « sociables » ; le fait qu'à ses deux stades la théorie des sociétés est principalement celle des sociétés humaines, ce fait ne prouve rien sinon, comme il a déjà été indiqué, que la spécification technique réagit sur les sciences en délimitant, sans raisons théoriques valables, le champ de leurs premières enquêtes. Comme pour la théorie de la Vie, nous étudierons d'abord ici la phase descriptive des théories de la vie sociale, puis la phase analytique ou plutôt les conditions logiques qui peuvent la rendre possible ; cela revient à traiter des méthodes de l'Histoire en premier lieu, de celles de la Sociologie en second lieu.

136 | 1) *L'Histoire, description du passé social*

En fait l'Histoire est un récit qui, pris tel quel, emprunte son intérêt à *l'ordre chronologique* des événements qu'il déroule, et qui sont à la fois accomplis et abolis. Du point de vue scientifique, il y a dans un intérêt de cette sorte une subjectivité qui le discrédite; car des faits qui ne se répèteront pas sont invérifiables, semble-t-il, et ne peuvent donc avoir de valeur objective; ils ne nous passionnent que comme passionnent chacun de nous les aventures personnelles que le *souvenir* nous retrace, avec sa poésie facile et incommunicable. Aussi bien a-t-on pu dire que l'Histoire est comme une « mémoire des peuples ». Ajoutons qu'aucune mémoire ne valant par l'exactitude et la *vérité* de ses figurations, lui comparer l'histoire n'équivaut pas à traiter celle-ci comme une science. Si les « institutions », les « mœurs » et les « régimes » jouent ici un rôle peut-être analogue à celui des règnes et des espèces dans les sciences de la Vie, du moins la perspective de l'historien reste-t-elle assez différente de celle où, pour le naturaliste, les formes vivantes étaient censées s'ordonner : car celui-ci s'efforçait de *classer* et par là de simplifier autant que possible la variété de ses données; le respect de la chronologie par contre oblige celui-là à reconstruire comme de l'intérieur une Durée progressive d'événements et d'actes, qui, en aucun cas, ne pourrait être représentée par une juxtaposition de réalités simultanées.

De là d'ailleurs la tendance, dans l'Histoire traditionnelle, à accorder un rôle décisif à l'« influence » de telles personnalités importantes : la conscience intuitive, directe et synthétique de notre propre vie et de notre « action » alimente ici un préjugé commun, qui co-habite, dans la pensée de l'historien classique, avec le souci de comprendre objectivement un devenir collectif : c'est le préjugé qui nous pousse à concevoir la Durée sociale sur le modèle de notre propre Durée intime, et à chercher donc, à l'origine des événements historiques, des décisions personnelles. Comme toute restauration mémorielle, une interprétation chronologique des événements semble envelopper une orientation délibérée du passé vers le présent; l'une comme l'autre se nourrissent autant de regrets, d'aversions et d'enthousiasmes, d'espérances et de craintes, que d'explications objectives et d'analyses. Cela s'entend : si
137 l'Histoire, en fait, n'est que l'histoire des hommes, | c'est autant par intérêt que par impuissance, l'un portant l'autre d'ailleurs; car c'est pour essayer d'éclairer, de justifier ou de critiquer un donné social présent que nous avons recours au récit du passé (la genèse de l'Histoire doit être comprise comme celle de toutes les théories, en fonction des déboires ou des incertitudes de quelque « pratique » préexistante); et l'intérêt pressant de la recherche est tel que c'est en effet le souci de l'actuel qui délimite souvent le champ de la

recherche dans le passé ; c'est en tous cas le souci de la destinée humaine qui a limité jusqu'ici aux hommes, à peu près, le champ du récit historique. Ce même souci nous fait voir aussi, projetées et agrandies en pouvoirs imaginaires chez des hommes semblables à nous quoique plus forts, nos propres illusions créatrices ; nous aimons à confier, à de telles images fantastiques, le soin de régler effectivement le destin commun, ou à leur imputer nos malheurs : et de là naît, valable pour un passé que nous désirons garant plutôt que simple condition, de l'avenir, le « culte des grands hommes ».

Si les historiens modernes, préoccupés d'arriver à une information scientifique, sont de plus en plus réservés sur la valeur de ce culte, il semble certain en tous cas que les historiens anciens y ont vu l'essentiel de leur discipline : celle-ci ne se distingue probablement guère, dans ses débuts, des œuvres littéraires vouées à la glorification de grands chefs ou d'illustres familles. Ce n'est guère qu'au XIXe siècle que l'Histoire prétend à son tour devenir science positive. L'historien, comme le témoin, pense pouvoir dire « toute la vérité, rien que la Vérité »[a]. Son dessein propre autorise-t-il sa prétention ?

Ce dessein reste le récit des *événements* passés ; or si les *faits* sont susceptibles de quelque définition plus ou moins *vraie*, c'est qu'ils sont, scientifiquement pris, des abstractions ; on l'a déjà assez indiqué, les événements singuliers comme tels ne peuvent être que décrits, c'est-à-dire évoqués pour une imagination grâce à des artifices verbaux qui sont, strictement, des artifices poétiques : et de la sorte c'est l'art du conteur et la réceptivité du lecteur qui continuent de coopérer, quoiqu'on en ait, dans l'histoire.

| Par ailleurs toute méthode historique est subordonnée à l'autorité et au 138
hasard des *témoignages*. Ce n'est pas que l'historien soit lui-même témoin ; car il est juge de témoins, que souvent il ne peut faire comparaître ; et n'ayant ni souvenir propre ni perception directe, il lui faut reconstituer une expérience en l'absence de tout contrôle expérimental. Ce qu'il juge, ce sont déjà des relations et des récits : car tels sont les témoignages, qui ne valent guère comme observations ; ou bien le témoin n'est pas préparé à comprendre l'événement qu'il raconte, ou bien il est trop préparé à interpréter en fonction de ses sentiments des faits qui le touchent ; l'observation serait impersonnelle, le témoignage ne peut l'être, sinon exceptionnellement.

a. L'histoire doit être, dit *Michelet*, « résurrection de la vie intégrale du passé ». On lui donne encore pour fin de dire « ce qu'au juste les choses ont été » (*Ranke*)[1].

1. Leopold von Ranke (1795-1886). Historien allemand, spécialiste de l'Europe des XVIe et XVIIe siècles, qui avait l'ambition de faire de l'histoire une discipline objective.

L'intérêt permanent du passé pour la critique du présent explique que la reconstitution de cela se fasse le plus souvent à partir de ceci ; c'est l'historien qui fera l'historicité du fait, car c'est sa façon de saisir et de juger le présent qui éclairera le passé. En particulier le *choix* décisif des faits à réciter est relatif à une convention *d'importance*, dont la valeur ne peut être décidée, sans cercle vicieux, par recours à l'Histoire même : « l'importance, dit un historien, doit… se mesurer non à la taille du fait initial, mais à la taille des faits qui en sont résultés. »[1] (*Seignobos*[2].) La formule signifie que c'est bien l'actuel (l'avenir du passé) qui sert à reconstituer l'ancien : cela même nie l'irréversibilité créatrice du temps, et laisse voir aisément que le passé historique ne fut jamais effectivement vécu comme tel par aucun contemporain. Cela fait voir aussi qu'il y a, et pourquoi il y a, autant d'histoires que d'historiens, autant d'historiens que d'époques, et que la notion de « vérité historique » s'efface devant celle de « dissentiment historique » (*Valéry*). Il faut, chaque cinquante ans, refaire l'Histoire, et il y a, si l'on peut dire, une histoire de l'Histoire[a].

139 | Sans doute il y a des certitudes historiques : il est certain que la Bastille a été prise le 14 juillet 1789, que Charles XII de Suède est mort le 30 novembre 1718 ; il est certain, par recoupements, que l'histoire de Guillaume Tell est une légende. Mais enfin il s'est passé le 14 juillet 1789 d'autres faits (peut-être par exemple hausse du prix du pain) peut-être plus significatifs que celui qu'on rapporte. De même que Charles XII soit mort, l'essentiel n'est pas là ; c'est de savoir, s'il est mort assassiné et non d'une balle perdue, quelle signification donner à cet assassinat.

a. « L'importance est à notre discrétion comme l'est la valeur des témoignages. On peut penser que la découverte des propriétés du Quinquina est plus importante que tel traité conclu vers la même époque, et en effet en 1932 les conséquences de cet instrument diplomatique peuvent être totalement perdues et comme diffuses dans le chaos des événements, tandis que la fièvre est toujours reconnaissable, que les régions paludéennes du globe sont de plus en plus visitées et exploitées et que la quinine fut peut-être indispensable à la prospection et à l'occupation de toute la terre, qui est, à *mes yeux*, le fait dominant de notre siècle. » P. Valéry (*Discours*, juillet 1932, cité dans *Variété IV*) [Paris, Gallimard, 1938, p. 133]. Voir sur l'ensemble des problèmes psychologiques posés par la reconstitution historique, le livre de R. Aron, *Introduction à la philosophie de l'histoire* [*Essai sur les limites de l'objectivité historique*, Paris] (N. R. F.) [1938]. Une lecture riche en suggestions est celle de Nietzsche, *Considérations Inactuelles* : de l'utilité et des inconvénients des études historiques [1873-1876].

1. Charles-Victor Langlois, Charles Seignobos, *Introduction aux études historiques* (1898), Paris, Kimé, 1992, p. 203.

2. Charles Seignobos (1854-1942). Historien positiviste.

En disant que la méthode de l'Histoire est essentiellement *critique*, on entend que le travail de l'historien consiste à *juger*, et donc à apprécier, relativement au but poursuivi, la valeur significative des documents dont il dispose. Par « documents » il faut entendre les vestiges, présentement conservés, d'opérations ou d'actes révolus relatifs à quelque événement intéressant ; ces documents, quelle qu'en soit la nature (monuments, écrits, relations orales, etc.) et l'intention originelle (" mémoires ", œuvres d'art, édits, contrats, dispositions législatives, etc.) sont à apprécier comme témoignages, et non comme choses valant par elles-mêmes. Ceci étant, on peut distinguer trois moments :

a) la recherche et l'établissement des documents, travail d'*érudition* préalable en principe, engage déjà en réalité des connaissances historiques : car les questions d'origine, d'authenticité, d'importance relative des documents ne sont pas solubles par un simple examen matériel ; elles appellent des comparaisons, des recoupements qui forment déjà un travail critique. Un archiviste, un paléographe, un philologue, un archéologue, etc. doivent être, en pratique, déjà des historiens. Un bibliothécaire, déjà, doit l'être, à une époque où l'abondance des travaux déjà accomplis oblige tout enquêteur nouveau à s'informer des résultats obtenus avant lui ;

b) le passage du document au fait est effectué par l'*analyse critique* du premier ; il peut engager d'une part des connaissances d'ordre très divers, d'autre part un jeu réflexif de pensée qui relève en définitive de la psychologie. Soit à étudier à quel moment telle | maladie infectieuse a fait son apparition 140
dans un pays ; les documents sont des descriptions d'annales, des récits de voyageurs, illustrations de livres, sculptures, lésions sur des ossements ou des momies[a] : il est évident que l'interprétation des documents est sous la dépendance des sciences médicales du moment où on écrit l'histoire. Soit maintenant la mort de Charles XII devant Frédérikshald ; on pense d'abord à une balle perdue ; puis des rumeurs d'assassinat entraînent une controverse historique. En 1917, examen du crâne du roi : pas de trace de poudre sur le crâne, donc le coup venait de loin, mais coup d'une violence extraordinaire vu la forme de la perforation, et coup inexplicable s'il était parti de la forteresse assiégée, étant donné la faible portée des armes de l'époque. Ici c'est la technique des armes à feu qui fournit des éléments de jugement. Mais il s'agirait alors,

a. V. Ch. Nicolle, [*Naissance*,] *Vie et Mort des maladies infectieuses* [Paris, Alcan, 1930]. Les croisades sont un fait politique considérable ; mais par ailleurs elles semblent avoir transporté la lèpre de l'Est à l'Ouest [1].

1. Charles Nicolle (1866-1936). Médecin et microbiologiste. Collaborateur de Pasteur, il reçut le Prix Nobel de médecine en 1928 pour « ses travaux sur le typhus » (citation Nobel).

si l'on conclut à l'assassinat, de découvrir l'auteur et ses mobiles : on entrerait dans la psychologie. A vrai dire on y est toujours dès qu'il s'agit d'établir soit la véracité, soit le caractère mensonger ou erroné d'un témoignage. La critique concerne ces aptitudes ou ces propriétés de l'esprit que sont la *sincérité*, la *compétence*, l'*exactitude*, et qui font la valeur variable des documents[a].

c) Enfin le récit qui présente les faits dans un ordre discursif suppose un travail qui est dit de « *Synthèse* ». Ce travail ne va pas sans un classement des faits reconstitués; les principes de classement sont, l'un *chronologique*, l'autre *géographique* ou *sociologique* (on écrit soit l'histoire d'un peuple ou d'une nation, soit celle d'un groupe de peuples géographiquement défini, par exemple de l'Europe), un troisième enfin qui peut être dit *logique* et qui oblige à répartir les faits en séries conceptuellement distinctes (militaire, diplomatique, économique, religieuse, etc.). Ce dernier point de vue, inévitablement imposé par nos habitudes mentales, ne saurait empêcher l'historien de rechercher la *dépendance* mutuelle des diverses séries de faits, conformément aux principes de causalité | et de finalité; l'interférence est présumée dans le dessein même **14**
d'une Synthèse[b].

Mais selon qu'on adopte telle ou telle philosophie sociale, un même fait pourra s'interpréter comme fait religieux ou comme fait économique : la « révocation de l'édit de Nantes » peut se prendre par exemple dans les deux sens. D'autre part il est ici aussi ou plus difficile qu'ailleurs de donner des significations nettes aux idées de cause et de fin, surtout dès qu'on est amené à considérer l'intercroisement de séries impliqué dans les événements concrets[c]. De là l'impossibilité « en pratique » d'éliminer *l'accident*, c'est-à-dire au fond le *Hasard* : est-ce seulement notre ignorance momentanée (*Spinoza*), est-ce l'interférence même de séries causales séparément

a. « Un témoignage juste n'est pas la règle mais l'exception » (*Claparède* [« Expériences collectives sur le témoinage et la confrontation », dans *Archives de Psychologie*, t. V, n°20, 1906, p. 344-387 ; p. 385]). « Il n'y a pas d'accent de sincérité irrécusable » (*Marie Börst*) [« Recherches expérimentales sur l'éducabilité et la fidélité du témoignage », dans *Archives de Psychologie*, t. III, n°11, 1904, p. 233-315 ; p. 313])[1].

b. Tel fait religieux français, la révocation de l'édit de Nantes, vaut comme cause de tel fait économique allemand, l'hospitalité donnée aux industriels protestants chassés.

c. Dans la *question* des responsabilités de guerre, la cause est-elle ce qui rend l'événement *possible* (jeu d'alliances, tension diplomatique)? ou est-elle seulement ce qui le rend *réel* (ultimatum, mobilisation) ? ou bien est-elle l'un et l'autre ?

1. Édouard Claparède (1873-1940). Pédagogue et psychologue suisse, spécialiste de la psychologie de l'enfant, il collabora notamment au *Vocabulaire technique et crtitique de la philosophie* (1926) d'André Lalande.

Marie Börst (1870-1954). Psychologue suisse, disciple de Claparède.

analysables (*Cournot*[1]) qui fonde la notion paradoxale du Hasard, et nous pousse à chercher absurdement les « petites causes » de « grands effets » (le calcul dans l'urètre de Cromwell met fin à sa dictature, la fièvre maligne qui tue Alexandre le Grand détruit l'empire macédonien)? Ou bien peut-être appelons-nous Hasard le résultat imprévu et imprévisible des finalités combinées des actions humaines[a] ? Accidents, « tournants imprévus », hasards de l'Histoire, tout cela contredit l'idée même qu'il y ait des lois et un déterminisme historiques, mais tout cela est sans doute enveloppé dans l'idée d'une *Synthèse historique.* Cette idée reste celle en effet d'une vaste évolution retracée dans sa mobilité continue et créatrice, et comme telle irréductible à quelques constances simples. Si l'on pouvait écrire une *Histoire universelle*, il est évident qu'elle comprendrait, par exemple, outre les vérités scientifiques
42 obtenues, les erreurs et les échecs qui ont conditionné leur découverte, | et qui ont composé avec bien d'autres faits le cours effectif des événements; la Synthèse concrète idéale enveloppe et s'intègre toute analyse.

*

Y a-t-il donc, comme les orateurs et les politiques aiment à le dire, des « leçons de l'Histoire » ? Ils entendent par là des préceptes de conduite sociale qui se tireraient pour les peuples du spectacle de leurs aventures passées; c'est entendre que « l'histoire est recommencement » ou répétition du passé, et en somme que les événements se déterminent selon des lois fixes. Mais, on l'a vu, les sciences les plus précisément analytiques ne définissent pas d'événements concrets, et leur capacité de prévision porte uniquement sur les conditions abstraites d'existence de ces événements, indéterminables en tant que faits concrets. Si précise et si minutieuse soit-elle, la prévision même n'engendre

a. On peut soutenir au contraire que c'est l'absence de toute finalité apparente qui nous fait conclure au Hasard; si par exemple Alexandre le Grand n'a pas contracté *exprès* une maladie mortelle, nous disons que sa maladie à tel moment déterminé est fortuite.

1. Antoine Augustin Cournot (1801-1877). Mathématicien, philosophe et économiste, il fut l'un des premiers à appliquer les mathématiques à l'étude des faits économiques (*Recherches sur les principes mathématiques de la théorie des richesses*, 1838). Spécialiste du calcul des probabiltés, il développa sur le plan épistémologique une théorie de la connaissance probabiliste ; *Essai sur les fondements de nos connaissances et sur les caractères de la critique philosophique* (1851) ; *Traité de l'enchaînement des idées fondamentales dans les sciences et dans l'histoire* (1861).

d'elle-même rien, si ce n'est cette « économie de pensée » (*Mach*[1]) qui améliore le « rendement » des actions en les faisant moins coûteuses et moins aléatoires, mais n'en fournit pas le principe formateur.

Or le point de vue finalement synthétique de l'Histoire doit lui interdire de limiter ses « leçons » à de simples prévisions analytiques; son domaine n'est pas le permanent ou le stable, mais bien la transformation continue et progressive qui s'aperçoit dans la vie, quand nous la réfléchissons par le souvenir, subjectivement. A cet égard, on peut parler sans doute de leçons à prendre dans l'histoire, mais ce ne seront pas celles que la pure science seule nous donnerait.

Plus que la science l'Histoire pourrait être une école d'*esprit critique*, en nous montrant le caractère tout limitatif de notre représentation et notre impuissance à saisir, par des procédés une fois éprouvés, des changements que nulle méthode arrêtée ne peut épuiser. On peut dire sans paradoxe que si l'Histoire a valeur, c'est parce qu'elle interdit la certitude; elle oblige à chercher toujours, par réflexion et imitation sympathique, à comprendre ce jaillissement d'inventions qui fait la vie concrète, tant des groupes humains que des espèces animales et autres.

Plus modestement envisagée, l'Histoire peut se prendre comme un remède contre la crédulité : comme il y a diverses interprétations | d'un même événe- **14**
ment, elle permet le rapprochement des conjectures, des versions différentes et opposés, et développe mieux encore que la science (au moins sous l'aspect de « tout fait » que peut souvent prendre celle-ci) le sens du relatif. Par ailleurs elle fournit une *information* à la psychologie et à la sociologie, valable dans la mesure où elle est explorée selon les voies (différentes) que ces deux disciplines tracent, et donc mise à l'abri des curiosités d'érudition pure.

On a souvent exalté enfin le rôle de *formation humaine*, la fonction *éducative* de l'Histoire, et cela est juste en un sens, au sens où elle permet à l'individu de renouer avec un passé social, mais pour retrouver sous des traditions figées l'invention des hommes de la veille, et nourrir la foi en l'avenir par le rappel des difficultés passées[a].

2) *La Sociologie, analyse des faits sociaux*

Si ce qui précède est exact, l'Histoire prise en soi offre une figuration plus qualitative et synthétique qu'analytique de l'évolution sociale, et c'est

a. *Cf.* Nietzsche, *Considérations inactuelles*, *op. cit.*

1. Ernst Mach (1838-1916). Physicien et philosophe autrichien promoteur d'une approche positiviste, il exerça une influence considérable sur le jeune Wittgenstein (1889-1951) et sur le Cercle de Vienne.

pourquoi on n'y pourrait trouver et on n'y cherche un déterminisme qu'à la faveur de quelque ambiguïté ou d'une équivoque : c'est une équivoque qui nous fait désigner comme « sciences » des ensembles ordonnés d'idées quelconques, quel que soit le principe normatif qui permet de les ordonner ; les difficultés propres de la « synthèse » historique montrent qu'en fait leur résolution relève plus de l'Art que de la Science.

Nous reviendrons par contre et maintenant à celle-ci et au pur déterminisme en examinant les moyens que la Sociologie tâche de mettre en œuvre, tâchant de *réduire*, à leur tour, les incertitudes et les contingences de l'Histoire à la forme légale que prescrit de donner, à tous phénomènes, le postulat de Vérité. Indirectement, c'est à éliminer de la représentation, en les démontrant illusoires, la croyance au Hasard et la foi dans l'efficacité des vouloirs individuels, que doit aboutir normalement la sociologie. Mais la condition formelle de sa réussite, c'est la découverte ou l'application de moyens de *mesure* qui permettent de formuler des *lois* de la vie | et de l'évo- 144
lution sociales. La raison qui semble soutenir *a priori* cette possibilité, c'est que les faits collectifs étant extérieurs à un observateur individuel, celui-ci semble pouvoir, si seulement il le veut, les examiner *objectivement* dans des conditions analogues à celles où se place le physicien vis-à-vis des faits physiques : celui-ci, pour opérer, doit s'abstraire, et abstraire les phénomènes, du complexe empirique coutumier ; il en ira vraisemblablement de même pour le sociologue. Tout le problème méthodologique de la science étant de dissoudre les illusions incluses dans la perception commune, en identifiant et mesurant les conditions extérieures ou réelles qui les *déterminent*, le sociologue doit pouvoir découvrir ces conditions dans les phénomènes sociaux, pourvu qu'il sache opérer, sur eux aussi, les divisions et les abstractions convenables.

On ne s'étonnera pas qu'à la période de formation d'une science nouvelle, des discussions confuses et abondantes, sur la valeur théorique des abstractions convenables, soient le principal aliment de la théorie elle-même. La passion et l'imagination réagissent ici d'autant plus sur le choix que l'« adhérence » est plus ancienne et plus forte entre l'art politique originel et la théorie sociale à construire indépendamment de lui ; elles réagissent d'autant plus, en outre, que la majeure part des matériaux à dépouiller étant fournie par l'Histoire c'est, presque fatalement, quelque « philosophie de l'histoire » préconçue qui inclinera le choix des abstractions, autrement dit des postulats fondamentaux. Et il n'est pas malaisé, comme on verra, de discerner en effet, parmi les tentatives proposées, celles qu'on peut dire « idéalistes » ou « spiritualistes », et celles qui sont ou se disent « matérialistes », celles qui sont d'inspiration « rationaliste » et celles qui sont « empiristes », etc. On mentionnera ici seulement les plus connues et les plus discutées, et qui semblent donc avoir exercé jusqu'à aujourd'hui la plus grande influence.

Le mot même de Sociologie date d'*A. Comte.* La fin du « Cours de philosophie positive » est l'établissement d'une « Physique sociale » conçue selon les principes de la méthode « positive », c'est-à-dire cherchant uniquement à établir des lois. Toutefois la méthode se trouve prendre en sociologie un caractère nouveau : on n'y peut aller des parties au tout, du simple au complexe ; car
145 l'homme en tant qu'unité n'a de signification que par participation | à l'Humanité[a] : il n'y a ici qu'une unité, c'est l'Humanité ou « Grand Être ». Mais surtout ce qui fait de l'étude des phénomènes sociaux une étude spéciale, c'est le fait du « progrès » historique : la science sociale explique comment le passé agit sur le présent et prépare l'avenir ; « les morts gouvernent les vivants », et c'est par le fait de la société qu'ils les gouvernent, car c'est d'elle que chacun de nous reçoit ses idées et c'est par rapport à elle qu'il joue son rôle.

On doit souligner ce dernier trait : l'inspiration sociologique de Comte est celle qui lui fait voir avant tout dans les courants sociaux des mouvements d'idées, dans le « progrès » l'évolution d'un mode de culture intellectuelle. La fameuse « loi des trois états » prétend démontrer cette vue : la civilisation humaine commence par un mode « théologique » de représentation des faits, passe par l'état « métaphysique » où le monde est figuré comme un système de concepts ou d'entités, parvient enfin à l'âge « positif » où l'homme ne cherche plus dans la réalité que les *rapports* qui permettent de la comprendre telle qu'elle s'offre à notre intelligence méthodique.

En somme *Comte* interprète le devenir social surtout en fonction d'une Logique préconçue. On mentionnera, pour montrer la variété des directions possibles, la tentative « biologique » de *Spencer* et celle de *Tarde*[1], qui est « psychologique ».

Spencer croit pouvoir rendre compte, en termes de biologie, de toutes les notions sociales, en assimilant la *coopération*, la *division du travail*, le *progrès*, à la spécialisation et à la coordination des fonctions organiques, à la lutte pour l'existence.

a. « L'homme proprement dit n'est au fond qu'une pure abstraction, il n'y a de réel que l'humanité, surtout dans l'ordre intellectuel et moral. » *Cours* [*op. cit.*], IV, 418.

1. Gabriel Tarde (1843-1904). Sociologue et criminologue. Il fut un fervant opposant à Durkheim dans les débats donnant naissance à la sociologie. Cf. *Les lois de l'imitation* (1890) ainsi que *L'Opposition Universelle. Essai d'une théorie des contraires* (1897), ouvrage apprécié de Canguilhem.

Tarde admet que ce qui est social c'est l'*imitation* mutuelle des individus : l'opinion, la coutume, la mode sont des répétitions de phénomènes individuels[a].

Durkheim revient au point de vue de Comte en tâchant de préciser les procédés d'observation et de raisonnement, et s'intéressant plutôt à l'évolution des faits moraux et religieux ; de là ses | définitions fondamentales : le 146
fait social est selon lui caractérisé par l'*obligation*, il n'attend rien des individus, étant donné en dehors et indépendamment d'eux. Pour l'étudier, il faut le traiter « comme une chose » ; autrement dit il ne dépend pas de la manière dont chacun le pense, mais ce que chacun en pense dépend de la manière dont tous le pensent ; c'est la « coalescence » de toutes ces pensées qui fait la pensée sociale, dépassant et débordant infiniment la conscience individuelle. La tradition spiritualiste n'est pas moins marquée chez Durkheim que chez Comte, l'objet à saisir pour lui restant de l'ordre « noologique ». Si la première forme que nous en puissions apprécier se trouve dans des faits matériels (monuments, écrits, villes, routes, temples, etc.), il ne s'agit là du moins que des traces visibles d'*institutions* (politiques, juridiques, religieuses, artistiques, etc.), et celles-ci même sont des formes en partie stabilisées d'opinions, de pensées, de croyances, enfin de « *représentations collectives* » ; Durkheim a créé le concept de « Conscience collective » pour désigner le support de ces représentations, ce qui désigne très évidemment une société comme sujet, comme esprit[b].

Une science de la vie subjectivement prise, c'est-à-dire, rigoureusement, une analyse et une mesure de cette vie, cela nous a paru déjà une manifeste impossibilité du point de vue « individuel » ; serait-il maintenant possible et normal d'appliquer la mesure et l'analyse à la même vie, dès l'instant qu'on la considère sur le plan social ? Si c'est possible, c'est parce que sur ce plan, nous dit-on, la pensée étant collective est par là-même objective, exerçant sur nous une oppression, manifestant une résistance identique à celles du monde

a. « L'habitude n'est qu'une imitation de nous-mêmes. La vie sociale n'est qu'une perpétuelle imitation d'autrui. »[1]

b Comte avait déjà dit, dans une formule fameuse : « Les idées gouvernent et bouleversent le monde ou, en d'autres termes, tout le mécanisme social repose finalement sur des opinions ». (Cours, 1re leçon [*op. cit.*, p. 26]).

1. Cette citation n'est pas de Tarde, mais d'un commentateur. Il s'agit de René Hubert (1885-1954), dans son article sur « L'État présent de la sociologie et son enseignement dans les Écoles Normales », *La Grande Revue*, vol. 111, 1923, p. 287-324, p. 301.

physique, et en somme étant aussi « réelle », voire plus réelle que lui[a]. A la vérité on peut se demander si cela a un sens, de faire d'une pensée une chose : cela équivaut à définir un pouvoir comme un acte accompli, une fin à atteindre comme un résultat obtenu, une tendance comme un mouvement, bref un élan
147 | indivisible et synthétique comme une série analytiquement décomposée. Il est vrai, répétons-le à nouveau, que le postulat de toute science, c'est que toute synthèse n'est indivisible qu'en apparence, que l'unité d'un organisme est théoriquement et à la rigueur illusoire, puisque le propos de la science est de la ramener à une multiplicité définie. Certes; mais aussi la science ne connaît et ne traite que de *choses* qu'elle tient d'abord pour telles et non point pour des pensées.

De fait, à considérer l'usage normal qui peut être fait des procédés analytiques prescrits par Comte et par Durkheim, on s'apercevra de nouveau que ces procédés valent, théoriquement, pour la recherche de lois dans la mesure où, concernant des ensembles dénombrables d'objets, ils réussissent à exclure, des énoncés obtenus, l'appréciation qui en peut être faite par ailleurs subjectivement; c'est la *valeur* des choses *pour les hommes*, c'est-à-dire la pensée, qui est normalement éliminée, et c'est une *réalité* présumée valable en soi que l'analyse substitue à cette valeur. Là où quelque précision théorique peut être atteinte, ce sont des conditions d'existence, une fois de plus, qui se trouvent définies; ce n'est ni un idéal, ni une Volonté, ni un pouvoir.

La méthode prescrite par l'école étant *inductive*, les moyens dont dispose le sociologue sont l'observation, l'expérimentation, la comparaison. Ces modes d'enquête empruntent surtout à l'histoire, mais non pas uniquement, car l'inégalité du développement social permet de retrouver dans le présent les états antérieurs des nations les plus civilisées : ainsi espère-t-on dégager le sens de pratiques ou d'institutions que leur observation actuelle seule est loin de révéler (par exemple la confession des péchés). Expliquer c'est chercher la cause d'un fait social dans d'autres faits sociaux antécédents ou simultanés. Par exemple, Durkheim explique la division du travail par un fait de morphologie sociale : l'accroissement de densité de la population. Comment administrer la preuve qu'une relation supposée est vraie? Ici intervient l'expérimentation; elle ne peut être pratiquée directement sans doute, en faisant varier délibérément le conditionné par le moyen de la condition; mais l'observation historique ou statistique en fournit un substitut intéressant; bien plus, comme

a. Dans les « Formes élémentaires de la Vie religieuse » [1912], Durkheim émet cette hypothèse que la notion d'Espace, et plus généralement les idées constitutives de la Raison théorique, ont elles aussi leur origine dans la Conscience collective.

les maladies pour le physiologiste, les périodes de « crises » (crises économiques, guerres, révolutions) sont pour | le sociologue de véritables succédanés 148
d'expériences[a]. On le sait par ailleurs, le bénéfice théorique de l'expérimentation, c'est qu'en démontrant des variations corrélatives de séries phénoménales, elle permet d'énoncer comme lois ces corrélations mêmes (p. ex. taux des salaires comparé au taux des prix, *Simiand*[1]). Il va de soi que quand elle est possible, l'observation statistique sera la plus précieuse, pour autant qu'elle peut amener en principe à des énoncés numériques[b]. Enfin, de même que Comte distingue dans la « Physique sociale » une Statique (conditions générales de l'« ordre » social) et une Dynamique (lois du « progrès », notamment loi des trois états), dans un esprit similaire Durkheim distingue une Morphologie (structure des sociétés, densité de population, répartition sur le territoire, communications) et une Physiologie (catégories d'institutions, et autrement dit fonctions sociales : religion, droit, mœurs, économie, langage, art).

a. « La récente guerre, par les perturbations énormes qu'elle aura apportées dans toute l'organisation économique – suppression totale ou partielle des échanges internationaux, suppression totale ou partielle de la loi de l'offre et de la demande sur le marché intérieur par les réquisitions, etc. – aura été un champ d'expérimentation incomparable pour les économistes du présent et du plus lointain avenir. » Ch. Gide, *Principes d'Économie politique* [(1884), 25e édition, Paris, Sirey, 1926] p. 21[2]. Dans la même période, la Révolution russe peut valoir aussi comme une « expérience », à considérer sous des rapports analogues.

b. Ici la statistique observe et mesure des faits sociaux (chômage, salaires, loyers, suicide, etc.) dans une société définie ; elle permet d'enregistrer dans un ordre temporel régulier les variations quantitatives des faits considérés. On recherche les faits en établissant des questionnaires, en compulsant de rapports officiels ; on totalise les réponses, on compare avec des résultats antérieurs, on établit des tableaux, des graphiques. La valeur de l'interprétation dépend évidemment de l'exactitude et de la sincérité des données rapportées (par exemple, peut-on se fier aux déclarations de revenus ?) ; elle dépend aussi de l'ampleur de l'enquête (le calcul des probabilités qui interviendra ici pour formuler des « lois statistiques » veut des nombres « assez » grands ; et l'ordre de grandeur ne peut être déterminé a priori au hasard de considérations purement historiques, géographiques, politiques) ; enfin, elle dépend de la valeur objective de la sériation des faits dénombrés, sériation évidemment qualitative (conceptuelle). Ces difficultés ne sont pas propres d'ailleurs à la sociologie, mais leur considération doit mettre en garde contre le mésusage fréquent du prestige des nombres sur un terrain complexe : « Il y a trois degrés dans la fausseté », dit l'homme d'État anglais *Disraëli*, « le mensonge, le parjure et la statistique »[3].

1. François Simiand (1873-1935). Sociologue et économiste qui contribua à faire de la statistique la technique d'étude des sciences sociales. Cf. *Le Salaire, l'évolution sociale et la monnaie* (1932).

2. Charles Gide (1847-1932). Économiste qui fut l'un des principaux théoriciens du coopératisme. Très proche d'Alain, les *Libres Propos* (première série) publièrent de très nombreux textes de Gide.

3. Benjamin Disraeli (1804-1881). Homme politique conservateur et écrivain britannique (*Vivian Grey*, 1826).

Durkheim croit devoir corriger Comte sur un point important : il n'admet pas qu'il y ait un ordre social abstrait, et qu'on puisse définir des lois invariables de la nature humaine; par exemple il n'y a pas la Famille ou l'État, il y a une
149 succession de sociétés domestiques d'une part, politiques d'autre | part, et cette correction doit paraître heureuse : la règle générale de toute vérification, c'est d'éliminer de la représentation des phénomènes ce qui provient uniquement de nos aspirations ou de nos espoirs; une Humanité « organisée » comme espèce est peut-être souhaitable, elle ne paraît pas pouvoir être dite « réelle » pour l'instant.

*

Le grand mérite des écoles précitées est d'avoir, en soulignant avec insistance la « spécificité » des faits sociaux, rendu possible l'étude objective de ces faits en y préparant les esprits. Leur commun défaut, tel que nous avons cru devoir l'indiquer déjà, c'est de laisser croire que cette étude atteint directement ce qu'on suppose de « mental » ou de « spirituel » dans ces faits, et que même, loin de le résoudre, elle le conserve et l'explique comme tel. Ainsi conçu, le propos d'une sociologie à la fois scientifique et « noologique » nous paraît contradictoire : la science vérifie son objet, synthétiquement perçu d'abord, en l'analysant et le ramenant donc à de pures relations *mécaniques*, dont toute mesure est finalement l'expression la plus directe, et la seule qu'on puisse dire *précise*. Nous retrouverons aisément ici les remarques qu'il a fallu énoncer contre l'idée d'une « psychologie scientifique »; quand la mesure est possible au sociologue (et c'est surtout par voie statistique) elle porte sur des ensembles traités comme collections, ou comme séries, ou comme figures, ou comme forces; la répartition d'une population, sa densité, le rythme de son accroissement, tout cela implique la mesure (géographique) d'aires territoriales, le dénombrement d'individualités (biologiques) composant les groupes, une chronologie dont la régularité permet de lui rapporter les variations d'« institutions » quelconques prises comme *mouvements*. Il est vrai que les concepts de ces institutions semblent fournir *autre chose* que les mesures qu'on fait de leurs mouvements simples ou combinés; mais le cas n'est en rien spécial : c'est celui de tous les concepts et de toutes les qualifications que la science (physique ou chimique ou biologique) se donne d'abord pour prétextes; la recherche d'un système de lois tend à les rendre à la limite inutiles, illusoires, et les tient provisoirement pour superficiels.

150 Il doit en aller de même ici, pour que le propos d'une science | sociale cesse d'être choquant. Il l'a été pour beaucoup d'esprits, contemporains de sa formulation, en raison même de l'équivoque que les écoles comtistes et Durkheim y

ont enfermée. Il était facile de voir que l'analyse de « choses » n'atteindrait aucune forme de pensée ; un salaire, un prix (ou plutôt un marché), un monument, un Code même ne sont pas de telles formes si on les considère du dehors pour découvrir les rapports mutuels de dépendance que ces divers faits soutiennent entre eux et avec tous les autres de même ordre ; car dans l'hypothèse où cette dépendance *existe*, comme système social définissable, ce sont les *lois* qui l'expriment qui « définissent » seules, théoriquement et à la rigueur, la réalité apparente et diverse des faits. La « justice » est un fait social déterminable si on compulse les jugements rendus par des tribunaux appliquant un Code et constituant une jurisprudence : on peut ainsi définir peut-être le *mouvement* qui fait évoluer le Code vers une certaine jurisprudence, mais si l'on veut rester *objectif*, on n'insèrera dans ce mouvement aucune intention, aucune pensée ; si on le fait on s'interdit de formuler des lois scientifiques. Durkheim cherche la cause du suicide dans la faiblesse variable du lien social ; le taux des suicides change comme le degré d'intégration de la société religieuse, domestique, politique (les célibataires se tuent plus que les gens mariés, les protestants plus que les catholiques). *Halbwachs*[1] explique l'intégration elle-même et est amené pour cela à définir des *milieux* : les catholiques sont des paysans, les protestants vivent dans des milieux urbains ou urbanisés, ont des professions industrielles et commerciales ; c'est un rythme et un type matériel de vie (vie urbaine trépidante et concentrée, vie rustique stable et dispersée) qui, finalement, fournissent donc les conditions objectives d'une réalité. La loi, comme on voit, devient relativement d'autant plus précise que les termes en sont cherchés dans des conditions matérielles (habitat) et non plus dans des dispositions mentales (religiosité).

Si ces conclusions paraissent justes, une sociologie « matérialiste » semblera aussi plus normale que celle dont nous venons de montrer l'équivoque. On peut en trouver une préfiguration au XVIIIe siècle chez les économistes « physiocrates », puis dans beaucoup d'ouvrages économiques dont, après *Ricardo*, *Karl Marx* a tenté de faire la synthèse. Quoique les préoccupations de ce dernier auteur soient d'abord « pratiques », on n'en trouve pas moins | chez lui, nettement marquée, une attitude délibérément objective et 151
déterministe, qui permet de l'étudier comme « théoricien » de la vie et des institutions sociales. L'examen des principes de sa sociologie doit nous laisser voir si l'analyse du devenir social humain peut effectivement couronner

1. On se souvient que Canguilhem avait signé dans les *Libres Propos* (*supra*, p. 375-382) un substantiel compte rendu de l'ouvrage de Halbwachs sur le suicide.

l'édifice scientifique, dans l'esprit même où les fondations de cet édifice ont été construites.

L'abstraction fondamentale adoptée par la sociologie marxiste c'est le « fait » économique, qui exprime directement la réaction mutuelle de la société humaine et du milieu physique : par cette réaction les réalités physiques deviennent des richesses, et autrement dit le phénomène social primordial est ramené à un rapport de production ; une société est un système de forces productives. On doit sans doute chercher les conditions d'équilibre de ce système (étude statique) ; mais de même que les principes d'une statique des faits physiques s'infèrent de la mesure de leurs transformations, de même c'est ici l'observation des « crises » qui peut seule laisser inférer la nature des forces composant le système ; puisque celui-ci évolue en fait, on doit chercher à définir par quelque *opposition* ou conflit de réalités (sociales et économiques) l'équilibre instable de tout organisme social complexe. L'unité statique relativement simple, ainsi déterminée, est une « classe » : on peut appeler Intérêt l'expression phénoménale de cette unité, son mode d'action à l'égard des autres unités composantes, comme *Lamarck* appelle Besoin la réaction spontanée de l'énergie biologique à un milieu donné ; ce langage du moins aura perdu sa signification subjective, en entrant dans la formulation de rapports objectivement vérifiables. Ces rapports sont économiques et par là mesurables ; c'est donc aussi leur mesure qui définira le système social comme une composition de classes et d'intérêts.

Maintenant, d'un point de vue dynamique, le passage d'une forme à une autre d'un composé social sera objectivement intelligible à son tour, si l'on peut mesurer les modifications du rapport de forces qu'est le rapport des classes antagonistes, ou des intérêts à la fois opposés et composés dans un organisme social (comme les fonctions biologiques dans un organisme individuel). La manière dont les individus et les groupes se représentent spontanément leurs rapports et leurs transformations n'étant pas *vraie* (si elle l'était, cela rendrait inutile l'analyse scientifique des conditions sociologiques
152 *réelles* de cette représentation) il n'y a pas lieu de | s'appuyer sur ces « idéologies » prises telles quelles pour comprendre le mouvement social ; elles sont à traiter comme des illusions à résoudre, et dont toute la valeur est de permettre un premier énoncé superficiel des problèmes.

Il suit de là que pour expliquer les institutions en les traitant « comme des choses », il faut les rapporter à leurs conditions économiques, et non à telles fins que la conscience subjective tente de leur donner : cela revient à les rapporter aux relations de forces dont la combinaison forme un groupe donné, et qui définissent les intérêts des classes engagées dans cette combinaison.

Si par hypothèse ces classes sont différenciées, leur solidarité pourra bien se traduire par une commune puissance organique de production, leurs intérêts respectifs n'en resteront pas moins opposés ; le mouvement évolutif des institutions (et des idéologies correspondantes) est à comprendre en fonction de cette opposition et des variations qu'elle subit. Lorsque l'équilibre du groupe total résulte de la prépondérance relative d'une classe (celle qui s'est assuré la « propriété » des richesses produites par tout le groupe), le conflit reste latent et inaperçu ; par contre il s'accuse sous forme de crises quand la prépondérance tend à se déplacer (les historiens marxistes de la Révolution française ont démontré qu'au moment où la crise politique se manifeste, la classe « bourgeoise » détient déjà en fait une importante partie des richesses immobilières, qu'elle a pu acquérir en s'enrichissant par le commerce et en exerçant des professions méprisées de la classe « noble »)[a].

Ainsi la succession des « régimes » sociaux au cours de l'histoire est, au fond et réellement, celle des divers modes d'équilibre que réalisent momentanément des classes en conflit ; tous ces modes sont en définitive des résultats apparents de l'action exercée par les groupes humains sur le milieu physique, pour produire les richesses utiles ; les idéologies qui les traduisent en systèmes juridiques, religieux, moraux ou pseudo-scientifiques sont d'illusoires essais de justification, non de véritables *explications* : pour trouver celles-ci, il faut découvrir, sous la forme conceptuelle des régimes et des institutions, les rapports économiques qui en sont les fondements *réels* ; et comme ces rapports sont directement exprimés | dans le *Travail*, c'est donc aussi la définition 153
des divers modes d'organisation du travail social qui peut seule expliquer l'évolution humaine, d'un point de vue objectif. Le passage progressif de l'esclavage au servage et du servage au salariat figure, sur le plan historique, la donnée du problème à résoudre pour une sociologie dynamique, cette donnée désignant en effet l'ordre dans lequel se sont succédé en fait des régimes d'exploitation du monde par les sociétés humaines, passant ainsi du type antique au type féodal, puis au type bourgeois moderne : le changement des rapports entre les classes est modifié par celui des techniques en tant que celui-ci altère progressivement les modes d'exploitation de la force sociale de travail.

Quelles que soient les conséquences « pratiques » qu'on peut vouloir tirer de cette doctrine, et quel que soit aussi le détail de ses prolongements théoriques normaux, on doit noter sa signification logique, essentielle ici : la doctrine

a. Ce processus est vraisemblablement aussi celui de la « libération » progressive des esclaves dans la société romaine antique, où ils étaient artisans, tenaient boutique, etc.

comtiste faisait naître les rapports objectifs des rapports spirituels, et par là-même inversait l'orientation normale du processus scientifique ; le déterminisme social qui se donne, dans le marxisme, des postulats « matérialistes », nous semble retrouver à bon droit (si on ne l'interprète du moins que dans le cadre de la Vérité où toute science doit être placée pour être correctement jugée) cette orientation même. Par le choix de ces postulats, une sociologie nous invite à essayer d'éprouver la valeur des méthodes scientifiques sur le dernier terrain où l'Erreur paraissait pouvoir encore se retrancher, sur le terrain des « mœurs » et de l'« Action » intentionnelle ; elle nous invite à dépouiller de son illusoire déguisement « idéologique » le milieu social réel, en cherchant, à la base des institutions culturelles et morales, un conflit latent de forces en composition instable. Si cette analyse pouvait être accomplie, elle achèverait la vérification de l'assertion spontanée en invalidant, dans la représentation de l'Homme même, les « illusions » de la conscience humaine.

| CHAPITRE VIII 154

LA SYSTÉMATISATION THÉORIQUE

Comme on l'a vu pour les divers groupes de sciences ci-dessus examinés, le *dessein* unitaire et systématique de vérification se développe en fait grâce à un jeu de conjectures plus ou moins amples, d'hypothèses plus ou moins étendues; par ce jeu l'intelligence tâche d'appliquer, à la matière des synthèses empiriques, les principes préconçus et formels d'analyse, dont le développement intégral rendrait notre représentation adéquate à la Réalité. L'Induction figure l'invention de ces conjectures, faite au contact de l'Expérience; le Raisonnement déductif en figure l'application au détail des problèmes proposés par la même Expérience.

Comme on l'a vu aussi la conjecture la plus vaste et la plus utile est certainement celle qui « fonde » les mathématiques; la diversité des autres sciences, prenant ses prétextes dans celle des activités techniques, les fait paraître beaucoup plus « particulières »: certes leur référence commune aux mathématiques leur garantit à toutes une unité de dessein et d'allure, mais qui n'abolit ni leur disparate de fait, ni le caractère contingent de leurs mutuelles relations.

Nous avons pu noter toutefois, occasionnellement, un effort pour diminuer ce disparate et « comprendre » ces relations: en particulier la tentative de certains biologistes pour raccorder leur discipline à celles du physicien figure un effort de ce genre. Cette tentative, et toutes les autres analogues, restent conjecturales; on ne s'en étonnera pas, et on n'en tirera rien contre elles, si l'on saisit bien le rôle des hypothèses à tous les étages de l'édifice théorique : ce rôle est celui même des opérations par lesquelles l'« esprit scientifique » remplit sa fonction propre, en dessinant, à mi-chemin du plan formel a priori conçu par la Raison théorique et de la | confusion matérielle où reste la perception 155 commune, des esquisses intermédiaires, des systématisations locales, moyens indispensables de réduire l'écart entre ceci et cela.

Entre les conjectures d'inspiration quasi-formelle encore qui fournissent les schèmes fondamentaux des Mathématiques et les hypothèses inductives qui interprètent tel donné spécial de l'observation, il y a obligatoirement place pour un travail de liaison : celui-ci consiste, soit à unifier hypothétiquement tout le donné d'une science particulière, soit à conjoindre hypothétiquement deux sciences différentes. Dans ce genre de présomptions les savants distinguent toutefois deux espèces, les *principes* et les *théories*. La structure et le rôle en peuvent être en effet considérés séparément; ce qui les rapproche pourtant, c'est qu'ils valent également comme les *généralisations maxima* qui peuvent être essayées, à un moment donné et pour un groupe donné de recherches, d'un mode partiellement éprouvé d'interprétation; autrement dit ils consistent pareillement à étendre, à un ensemble de faits présumé comme un tout, une forme d'explication vérifiée sur des parties de cet ensemble.

Ceci indiqué, il faut bien reconnaître une différence apparemment considérable entre les deux sortes de généralisations, mais différence qui ne pourra peut-être s'exprimer que d'un point de vue psychologique et subjectif : les Principes sont traités plutôt comme des affirmations certaines, dont le développement déductif est propre à garantir la vérité des lois en les insérant dans ce développement (celui-ci se poursuivant par la découverte de lois nouvelles). C'est pourquoi on voit figurer les principes *au début* des exposés didactiques, bien que la formulation en ait été historiquement postérieure au contenu (inductivement acquis) de ces exposés. Au contraire, les Théories gardent, aux yeux du savant, un caractère conjectural avoué, et de là vient que les mêmes exposés ne les mentionnent ou ne les proposent qu'au titre de complément suggestif. On *affirme* des principes, dirons-nous encore, pour instruire, on *propose* des théories pour exercer le sens critique et la sagacité de l'homme instruit.

Philosophiquement, il n'y a entre les deux sortes de généralisation qu'une nuance; du point de vue scientifique strict elle peut paraître former une véritable barrière, celle qui sépare le *nécessaire* du simple *possible*. La science
156 figurée par des lois subordonnées | à des principes représente un état quasi-stable, une sorte d'équilibre de la représentation obtenu à un moment donné : si même tous les composants de cette représentation ne sont pas connus, du moins croit-on savoir que la connaissance en sera obligatoirement conforme à un modèle formel, à un schéma fixe de vérification.

Par contre la science systématisée dans une théorie, c'est un mode d'unité qui se cherche, et donc une sorte de transformation en cours : c'est la vérité qui se fait, et non plus celle qui est faite; de là toujours quelque méfiance à l'égard des théories nouvelles, et qui habite l'esprit même du constructeur de théories : il espère la vérification, et redoute l'échec. L'usage des principes donne à la pensée de l'assurance; la construction et le jugement de théories sont toujours sciemment téméraires.

A) SUR LES PRINCIPES

La structure des principes permet de contrôler les vues logiques développées dans les premiers chapitres sur le processus éliminatoire de la science à l'égard des synthèses empiriques : c'est en effet par une abstraction, tendant à exclure le maximum de qualités comprises dans ces synthèses, que se formule un principe : celui-ci atteint par là-même, et prête aux lois qu'il se subordonne, le maximum de généralité, en même temps qu'il définit un ordre de *mesure* applicable à tout un ordre de phénomènes. L'examen de quelques exemples montrera cette efficacité limitative des principes, qui est par essence analytique et métrique.

On admet pour l'étude de la Mécanique des principes tels que celui de l'*inertie*, de *l'égalité de l'action et de la réaction*, de *l'indépendance des effets des forces*; on tient pour fondamentaux en physique et en chimie les principes de la *conservation de l'énergie* et de la *conservation de la masse*; en thermodynamique Carnot a formulé un principe de la *dégradation de l'énergie*, etc. A ne considérer que les énoncés qu'on peut donner des uns et des autres en langage usuel, c'est-à-dire conceptuel, on s'apercevra qu'ils ne consistent guère qu'à appliquer à un concept dont l'usage est escompté la Norme générale d'Identité; car dire par exemple que le mouvement d'un corps n'est pas modifié si aucune force extérieure à ce corps n'agit sur lui, c'est seulement dire que si le corps est en mouvement, il est en mouvement; dire qu'une « action » | s'exer- 157
çant sur lui entraîne une réaction égale, c'est seulement dire que toute modification de son état est telle modification; si on décompose le tout d'un mouvement produit en mouvements partiels, on affirme de même qu'en ajoutant les parties on doit retrouver le tout; ainsi pour les autres. Sous cette forme cependant les principes n'auraient qu'une valeur médiocre, celle de délimiter conditionnellement, et par une convention verbale, le groupe de phénomènes qu'on démontrerait compris dans la convention; mais toute la démonstration dépendant de la façon dont chaque concept est *défini*, c'est finalement à la précision et à la largeur des définitions que la rigueur et l'étendue de la démonstration seront donc relatives. Aussi bien faut-il remarquer maintenant que ni la Mécanique ni la Physique n'effectuent l'énoncé des principes

évoqués ci-dessus et de tous autres de même usage[a], sans avoir d'abord défini (et montré qu'on peut traiter) comme des grandeurs mesurables les phénomènes abstraits dont le concept va servir à l'énoncé de principes[b] : c'est ainsi que l'Inertie suppose « défini », en ce sens, le concept de mouvement comme celui d'une droite décrite par un point matériel se déplaçant sans accélération; de même pour pouvoir déterminer une « action » exercée sur un corps, il faut « définir » métriquement les forces dans leur rapport aux effets (déplacement, travail) qu'elles produisent sur les corps auxquels elles s'appliquent; comme on peut décomposer ces effets, on décomposera de même les forces (vecteurs) : on pourra ainsi *analyser* un mouvement complexe en en rapportant les composants aux forces séparées qui les produisent. C'est dans le même sens que la Masse (rapport de la force à l'accélération) et l'Énergie (égalité de
158 la somme des travaux produits et du travail dépensé) | doivent être définis pour que les principes de conservation concernant l'une et l'autre soient efficacement formulables : généralement parlant, c'est parce qu'ils énoncent des relations *quantitatives* que les principes ont une valeur systématique, permettant d'étendre à des groupes de phénomènes divers un même procédé d'interprétation métrique.

On voit que la systématisation par principes se ramène : 1) à *choisir* convenablement un concept propre à l'interprétation unitaire de tous ceux qui servaient à la figuration empirique d'un groupe de faits, ou même au classement des lois déjà établies; 2) à formuler le choix accompli (qui est *exclusion*, en définitive, d'un disparate) comme un système de relations métriques. On tâche ainsi de réduire autant que possible le champ de la qualification empirique originelle. Bien entendu si cela pouvait se faire à la rigueur, ou absolument, il n'y aurait pour toute la Science qu'un unique principe; il n'en est rien; toutes les formules de principes appellent, comme celles des lois particulières inductivement établies, des commentaires conceptuels qui désignent positivement les aspects abstraits de l'expérience auxquels on va appliquer l'analyse métrique.

a. Le *principe d'Archimède* pose l'*égalité* de la « poussée », exercée par un liquide en équilibre sur le corps qui y est immergé, et du poids du volume du liquide déplacé par le corps. Le principe de *Pascal* pose la proportionnalité des pressions aux surfaces.

b. « Pour qu'une grandeur soit susceptible de mesure, il faut définir l'égalité et l'addition de deux grandeurs de cette nature. Quand il s'agit de mesurer des grandeurs que nous n'avons pas encore rencontrées, notre premier soin doit être de montrer par quels procédés et grâce à quelles hypothèses nous saurons trouver une grandeur égale à une autre de cette espèce et additionner deux grandeurs de cette espèce… Une *mesure* consiste à déterminer le rapport d'une grandeur à l'unité de même espèce. *Elle a pour résultat un nombre abstrait.* » [H.] *Bouasse, Mécanique et Physique* [Paris, Delagrave, 1903, p. 27].

L'usage des principes a donc surtout une valeur normative et formelle, signifiant le *sens* dans lequel *doit* s'accomplir la systématisation théorique ; il signifie la direction d'un effort et d'un progrès vers une délimitation de la Qualité, non l'annulation absolue de celle-ci : l'idéal théorique figure ici, comme dans les pures Mathématiques elles-mêmes, lui-même une *limite* extérieure au processus par lequel on cherche à l'atteindre.

B) SUR LES THÉORIES

Une Théorie peut être dite une systématisation moins « précise » et plus étendue, en somme, que celle que réalisent les principes ; il peut donc arriver, et il arrive en effet, qu'elle se construise sur les mêmes notions qui ont servi à élaborer des principes, mais en étendant encore, hypothétiquement, la valeur expressive de ces notions : l'*Énergétisme* par exemple est la Théorie physique qui propose de traiter tous les phénomènes physiques (pesanteur, lumière, électricité, chaleur, etc.) comme des états phénoménalement différents d'une même réalité, l'Énergie en général ; l'idée | de l'*attraction* à distance envelop- **159**
pant, dans la Physique de *Newton*, un ensemble de lois qu'elle permet de systématiser et de déduire, propose aussi, à certains égards, un mode uniforme d'explication des phénomènes astronomiques, qui, par son ampleur même, a la portée d'une Théorie.

Il est donc difficile, dans certains cas, de séparer nettement, si ce n'est par leur différence d'ampleur, la Théorie proprement dite d'un système de principes et donc de la science acquise elle-même.

Si l'on considère le cas des Théories plus délibérément et visiblement conjecturales, on voit qu'elles procèdent du moins du même dessein : par l'extrapolation de quelques vérités acquises convenablement choisies, permettre, avec la formulation d'un système de principes, une systématisation totale, pour un groupe très vaste de faits et de lois. De cette sorte est par exemple la théorie mécanique de la chaleur[a] énoncée par *Lavoisier* et *Laplace* en 1780 et qu'on peut considérer comme confirmée par les découvertes de *Carnot*

a. « Les physiciens sont partagés sur la nature de la chaleur... Certains pensent que la chaleur n'est que le résultat des mouvements insensibles des molécules de la matière... Dans l'hypothèse que nous examinons... elle est la somme des produits de la masse de chaque molécule par le carré de sa vitesse » (extension du principe de la conservation des forces vives). *Lavoisier et Laplace, Mémoire sur la chaleur*, cité par *M. Lalande, Lectures sur la Philosophie des Sciences* [*Classes de mathématiques* (1893), 7e éd. revue et corrigée, Paris, Hachette, 1924], p. 281.

(1824), *Rumford*, *Joule*[1]. Citons encore la « théorie ondulatoire » de la lumière (*Huygens*) opposée à la « théorie de l'émission » (Newton)[a].

160 | Si, prises dans toute leur ampleur, les théories sont moins précises que les principes, c'est que l'extension qu'elles proposent ne peut être directement validée, car c'est par l'intermédiaire d'une qualification qu'elles visent à atteindre une unification métrique : la validation exige l'établissement *expérimental* des lois particulières, dont les théories ont cette valeur, heuristique, de susciter et de suggérer la formulation hypothétique.

Il n'est guère plus facile de classer et d'ordonner les théories relatives aux divers groupements de fait des sciences, que de classer légitimement ces sciences elles-mêmes. La diversité de celles-ci ayant une origine, comme on a vu, *contingente* d'un pur point de vue rationnel, toute tentative de la comprendre objectivement est en réalité un effort pour la dissoudre ; dans cet effort est sans doute la plus grande valeur systématique des théories les plus amples, alors même qu'elles gardent des concepts qu'elles y emploient une

a. « L'hypothèse de Newton et celle de Huygens restèrent longtemps en balance. Chacune expliquait certains phénomènes et en laissait d'autres hors de ses cadres. Une expérience de Thomas Young, celle des *interférences*, vint donner un grand avantage à l'hypothèse des ondulations. Deux faisceaux de lumière empiétant l'un sur l'autre dans de certaines conditions produisirent dans leur partie commune, non pas une lumière plus intense, mais au contraire des bandes obscures, que l'hypothèse de l'émission ne pouvait justifier. Celle des ondulations au contraire expliquait sans peine que des vibrations qui ne coïncidaient pas devaient se détruire réciproquement … Ce n'était cependant pas encore un triomphe définitif. Les phénomènes de la double réfraction et de la lumière polarisée échappaient encore au système inventé par Huygens. Un des plus grands physiciens modernes, Augustin Fresnel[2], eut la gloire de parvenir à montrer que les vibrations d'un milieu éthéré suffisaient à en rendre compte, en admettant que ces vibrations, ordinairement placées dans n'importe quel plan, peuvent dans le cas de la lumière polarisée s'effectuer toutes normalement à ce qu'on nomme le plan de polarisation. » *Lalande*, *op. cit.*, p. 287. Aujourd'hui « on a été conduit à supposer qu'outre ses ondes classiques de longueur et de fréquence connues chaque lumière contient aussi des *photons*, de nature encore mal définie, qui seraient pour ainsi dire des « grains d'énergie » émanant de la source, dont on ne peut suivre individuellement la trajectoire, mais dont les ondes définissent la répartition. Inversement, on a appliqué avec succès la mécanique ondulatoire à calculer le mouvement des électrons, ce qui introduit dans l'atome la même qualité. Toute cette théorie est en plein remaniement ». *Ibid.*

1. James Joule (1818-1889). Physicien britannique qui établit la proportionnalité entre le dégagement de chaleur et le travail fourni (ce qu'on nommera par la suite « premier principe de la thermodynamique »).

2. Augustin Fresnel (1788-1827). Physicien partisan de la nature ondulatoire de la lumière.

sorte d'équivoque originelle[a]. En dépit de cette équivoque, la | valeur normative des grandes « hypothèses générales » n'est pas douteuse (on a pu signaler 161

a. Tout classement de Théories admet forcément quelque division *préjudicielle* des groupes correspondants de sciences, soit notamment : la séparation des sciences de la « matière inerte », des sciences de la « matière animée », et des sciences dites, comme on a vu, « morales » (vie sociale des êtres animés) ; cette division étant préjudicielle n'a, par hypothèse, qu'une portée empirique ; quand on l'adopte donc comme une règle d'unification et de classement, il est clair qu'on l'emploie précisément comme « théorie », au sens ci-dessus : frappante illustration du rôle de la conjecture dans la marche vers la Vérité.

A condition de ne pas accorder à cette division une valeur autre que de commodité momentanée, reste qu'on peut utilement l'employer pour étudier dans un ordre convenu les principales « hypothèses générales ». Cette étude, pour être philosophiquement suggestive, devrait prendre une forme surtout historique, le mouvement constructif des grandes hypothèses empruntant beaucoup au mouvement *polémique* : elle ne peut prendre place ici, où il faut se contenter d'indiquer leur portée et leurs relations :

1) Les problèmes astronomiques ont suscité dès l'Antiquité des théories, les unes *géocentriques*, les autres *héliocentriques* (V. esquisse historique et références dans *Méth. dans les sc.* [*op. cit.*], t. II). L'héliocentrisme l'emportant avec Copernic (1543) puis Galilée (1632), Newton systématise toutes les observations de ses prédécesseurs dans sa théorie de la gravitation universelle (1687). Cependant Einstein remettant en question certains postulats fondamentaux du système newtonien (temps absolu, espace absolu) propose une théorie « de la Relativité » (1918) (V. notamment L. Fabre, *Les théories d'Einstein* [: *une nouvelle figure du monde*, avec une préf. de M. Einstein, Paris, Payot, 1921][1]), et Einstein et Infeld, *L'Évolution des idées en physique* [, *des premiers concepts aux théories de la relativité et des quanta*, trad. fr. par M. Solovine, Paris] (Flammarion) [1938][2].

2) Le problème de l'*origine* du monde solaire (cosmogonie) confusément impliqué dans la Physique atomiste de Démocrite, Épicure, est abordé par Descartes à l'aide d'une théorie « des tourbillons » (Principes de la philosophie, 1644). Kant, puis plus nettement Laplace, énoncent une « théorie de la nébuleuse » (V. [G.] Laurent, *Les grands écrivains scientifiques* [*de Copernic à Berthelot*, Paris, Armand Colin, 1905]) ; É. Belot tente d'accorder les deux systèmes (1911) dans « *L'origine dualiste des mondes, essai de cosmogonie tourbillonnaire* » (Paris, Gauthier-Villars, 1911][3].

3) Le problème de la structure de la matière en général oppose des théories corpusculaires de la discontinuité (atomisme) aux théories de la continuité (géométrisme) ; mais les deux étant également *mécanistes*, trouvent un adversaire dans des conceptions *dynamistes*. Si, sous leur forme ancienne, ces conceptions n'ont plus qu'un intérêt « historique », cela ne les déprécie pas aux yeux du philosophe ; car on voit que les notions qu'elles ont élaborées et les polémiques qu'elles ont soulevées ont certainement préparé les tentatives plus précises des modernes, pour

1. Lucien Fabre (1889-1952). Ingénieur dipômé de l'École Centrale et homme de lettres, il fit paraître en 1921, chez Payot, un des tout premiers ouvrages en langue française sur la relativité : *Les théories d'Einstein : une nouvelle figure du monde*.

2. Leopold Infeld (1898-1968). Physicien d'origine polonaise et collaboreateur d'Einstein avec qui il rédigea *L'Évolution des idées en physique* (1938) qui connut un très grand succès.

3. Émile Belot (1857-1944). Ingénieur en chef des manufactures de l'État, et vice-président de la Société astronomique de France, Belot fut l'un des premiers théoriciens français de l'organisation du travail.

déjà ci-dessus l'influence déterminante de l'hypothèse transformiste sur l'énoncé du problème biologique, à partir du concept d'Espèce) : en rassemblant sous un même chef une grande variété d'espèces phénoménales, ces hypothèses tendent à rendre le plus homogène possible la représentation du monde ; c'est donc la simplification et, au sens rigoureux, l'*identification* de l'Expérience perceptive qu'elles préparent, quoiqu'elle ne puissent d'ailleurs l'effectuer.

162 | C) SUR LA VALEUR RELATIVE DES SYSTÉMATISATIONS

Il faut rappeler ici ce qui a été établi d'abord sur l'orientation de l'« esprit scientifique », à savoir : tout progrès vers le Vrai consiste avant tout dans une organisation du jugement qui vise à exclure le Faux, par résolution de ce que le sujet met de lui-même dans la Perception, et donc dans l'Expérience ; ceci

autant que ceux-ci devaient concilier des suggestions contradictoires en « simplifiant », par recours à la mesure, ce qui dans chacune semblait pouvoir être utile. De là vint sans doute que les théories modernes sur l'atome (V. [J.] Perrin, *Les Atomes* [(1913), Paris, Alcan, Rédaction nouvlle, 1936]), quoiqu'inspirées dans le principe d'une figuration « mécaniste » dont l'esprit n'a certainement pas disparu (représentation géométrique des rapports des unités composantes), empruntent toutefois au dynamisme, avec l'idée d'une énergie intra-atomique fondamentale (théorie électronique), l'essentiel de son postulat (V. Lalande, *op. cit.*, p. 261-274).

4) Le problème de la « nature » de la vie a, comme on sait (voir chap. VI bis, et Notes, cit. Cl. Bernard [*supra*, p. 755]), opposé la théorie de la réductibilité à celle de l'irréductibilité ; la première conception peut être dite « mécaniste », si l'on entend par là que les principes de toute physique en général, et quels qu'ils soient, doivent suffire à l'intelligence des faits vitaux ; la seconde est dite simplement « vitaliste », en entendant par là que les mêmes faits requièrent pour être compris des principes distincts.

Si l'on sépare du précédent le problème des « formes » de la vie, c'est-à-dire « de l'origine des espèces » (Darwin, 1859), on distinguera le fixisme et le transformisme ; mais la recherche des principes et des lois de la transformation a fait naître une notable variété de transformismes (lamarckisme, darwinisme, mutationnisme, etc.) dont la conciliation est à l'ordre du jour (V. par exemple [Y.] Delage, *Les théories de l'Évolution* [Paris, Flammarion, 1909] ; *cf.* [M.] Caullery, *Le Problème de l'Évolution* [Paris, Payot, 1931]).

5) Enfin le problème de la « nature » essentielle de la vie sociale suscite, on l'a déjà indiqué, des conceptions à certains égards opposées qui empruntent à différentes « philosophies de l'histoire » leurs vues (positivistes, psychologistes, biologistes, matérialistes). (V. notamment l'article *Sociologie* [rédigé par P. Fauconnet et M. Mauss], dans la *Grande Encyclopédie* [Paris, Société anonyme de la Grande Encyclopédie, 1886-1902, t. 30, p. 165-176])[1].

1. Maurice Caullery (1868-1958). Zoologiste, il s'intéressa particulièrement aux cas problématiques pour la théorie de l'évolution dont il fut par ailleurs un ardent défenseur.

revient à dire que le génie propre de l'activité scientifique est essentiellement *limitatif*, en tant qu'il s'exerce sur le contenu des jugements empiriques, pour en établir l'inanité ; le progrès de l'unité dans la vérification consiste à restreindre hypothétiquement, et dans le même esprit, le champ d'application de la Qualité ; la méfiance à l'égard des synthèses spontanées incline à rechercher toujours, dans quelque simplification des données de l'expérience, un moyen de nous passer d'elles en leur substituant des schémas formels d'analyse.

Or, dans toute démarche inductive et dans les lois qui en figurent le résultat, demeurent toujours des synthèses résiduelles, sous la forme de concepts et de qualifications phénoménales, qui ne sont pas immédiatement réductibles ; c'est ce *reste* que la systématisation par principes d'une part, par théories d'autre part, vise à ramener à un minimum, en le comprenant dans un nombre aussi petit que possible de qualifications qui, « à la limite », s'annulerait.

Si les principes semblent avoir un caractère de certitude beaucoup plus accusé que les théories, ce n'est pas qu'ils soient mieux assurés qu'elles d'un contrôle expérimental direct ; c'est plutôt que, précisément conçus pour *définir* telles conditions générales de ce contrôle, ils définissent par là-même la forme obligatoirement prise par les vérités de détail qu'on leur rapportera. Ils jouent donc le même rôle que les axiomes et les postulats en mathématiques ; comme ceux-ci formulaient les hypothèses informatrices (égalité, isotropie, parallélisme, etc.) prescrivant d'effectuer d'une certaine manière les références utiles, et unifiant par là celles-ci, ainsi ceux-là formulent des genres de relations dont toutes les lois découvertes ou à découvrir ne seront plus que des espèces ; dès lors on comprend leur apparente *nécessité* ; c'est celle d'un *langage* une fois adopté, et sans lequel les expériences qu'on analyse resteraient inexprimables comme telles.

Les théories n'ont pas cette vertu de nécessité, ne pouvant recevoir cette valeur conventionnelle d'un simple langage ; c'est | qu'ayant à embrasser une **163**
diversité de qualifications et de rapports métriques dispersés, leur cohérence n'est pas purement formelle : elle participe de la variété des phénomènes qu'elle assemble, et souffre de leur vice, qui est leur désaccord avec la forme même qu'il s'agit de leur imposer ; c'est donc bien leur « matière », encore en partie fatalement qualitative, qui à la fois embarrasse et suscite les théories, les laissant en partie dans l'univers confus de la Perception.

Sans doute elles visent elles aussi et réussissent parfois à prendre la physionomie métrique et relativement simple des principes ; mais la systématisation qu'elles confèrent à une grande variété de lois laisse à l'extrapolation de celles-ci une portée douteuse, tant que n'est pas assurée la réduction d'un disparate phénoménal sur lequel l'expérimentation n'a pas encore prise : si on se rappelle que le progrès de celle-ci met forcément en jeu des dispositifs *techniques* de plus en plus complexes, on doit voir reparaître dans l'évolution des théories la contingence fondamentale qui donne son prétexte positif à l'effort réducteur du déterminisme. La découverte de phénomènes nouveaux (la radio-activité, par exemple), si elle peut orienter et éclairer la pure recherche théorique, fournit aussi de nouveaux dispositifs d'expérimentation et d'action; par là elle altère la simplicité relative des théories anciennes, amplifiant le champ des qualifications à unifier.

| CHAPITRE IX 164

SUR LA VALEUR DE LA SCIENCE

L'ensemble des problèmes examinés par le logicien se condense finalement dans une question globale : quelle est, relativement à l'Expérience humaine, la *valeur* de la Science ? La science constitue un certain éclaircissement de l'Expérience, par ceci qu'elle en donne une interprétation purement objective qui, dans le cadre de cette objectivité délibérée, est plus cohérente que la confusion perceptive. Nous avons maintenant à nous demander :

1) si la Science peut, sans être infidèle à son propos, « comprendre » effectivement dans un tel cadre, qui est celui de la Vérité, toute l'Expérience ainsi référée à une Norme unique ;

2) si, en supposant qu'elle le puisse et puisse donc unifier complètement la représentation, la Science accomplit par là-même l'*amélioration* de l'Expérience qu'elle a dû avoir en vue en se constituant.

Quoique séparément énoncées ces deux questions sont au fond inséparables et se ramènent au problème général formulé ci-dessus ; car elles comprennent aussi bien celle de l'aptitude de la physique et de la biologie à traduire analytiquement l'« évolution » causale universelle, que celle de l'aptitude de la sociologie à traduire l'« évolution » causale de l'être humain ; or affirmer ou nier cette aptitude de l'Analyse en général, c'est affirmer ou nier que la représentation théorique est capable d'épouser en se l'assimilant le tout de l'Expérience, et en bref que toute Valeur et toute Fin se confondent normalement avec la valeur et la fin de la Science : la Vérité, connaissance du Réel validée par le Réel même. Le problème général reste bien, dès lors, de savoir si la fonction scientifique peut s'intégrer efficacement toutes les autres, et en définitive si elle est apte, par la démonstration de son *pouvoir* concret, | à 165 remplacer la religion, l'art et la philosophie, dans l'organisation de la conduite humaine.

Ce problème est populairement connu comme celui de l'*utilité* de la science. Il est facile de voir que le mot « utilité », d'ailleurs, n'a point de sens si ce n'est relativement à quelque fin qui puisse lui fournir un indispensable complément; quelques-uns veulent que cette fin soit « pratique » (d'action) tandis que d'autres la veulent seulement « théorique » (de connaissance); pour les premiers la fin est posée en fonction d'une diversité de besoins, pour les autres elle est posée par la curiosité seule. Du point de vue didactique traditionnel, il faudrait réserver à la seule « Morale » le jugement (concret) de la première opinion, le logicien comme tel ne pouvant apprécier que la seconde.

Pour nous, nous ne saurions voir dans la rencontre des deux un accident superficiel : elle nous paraît prouver l'unité profonde du problème de la valeur de l'Expérience, dont celui de la valeur de la Science n'est qu'une transcription; elle nous démontre aussi, et par là même, la continuité obligatoire de la réflexion philosophique, qui ne saurait sans absurdité reconnaître une coupure entre son objet « logique » et son objet « moral ». Et de fait une histoire sommaire des divers modes d'énonciation et de solution du problème nous montrera que les philosophes ont le plus souvent oscillé entre les deux acceptions du mot « utilité » : encore est-il que ceux qui semblent le plus nettement choisir l'une prétendent surtout, ce faisant, établir la subordination normale de l'autre, plutôt que la réserver pour un autre usage. Il s'agit toujours, en fin de compte, de savoir si la Science doit être servante ou maîtresse, et, dans l'une ou l'autre hypothèse, ce qu'elle sert ou au contraire domine.

A) LES « THÉORIES DE LA CONNAISSANCE »

L'examen qu'on esquissera ici, et qui est au fond inséparable de toute Logique, est usuellement considéré comme un chapitre de « Métaphysique », celui qui concerne les « théories de la connaissance ». Sous ce nom on peut distinguer schématiquement trois attitudes typiques, que nous convenons de dire, l'une *dogmatique*, l'autre *sceptique*, la troisième *critique*.

Est dogmatique l'attitude des philosophes qui définissent catégoriquement
166 | le moyen, pour la pensée théorique, d'atteindre sa fin normale, la Vérité; l'assurance significative du dogmatisme lui vient de ce qu'il suppose la fin antérieure en droit au moyen, et faisant celui-ci à la fois possible et légitime; la Vérité c'est l'« *adaequatio rei mentis* », la pensée conforme à l'être dont elle est une suite et auquel elle retourne quand elle se fait science. La

présupposition de cette dépendance permet de désigner le dogmatisme aussi bien comme un « Réalisme », ou comme impliquant la croyance, par définition invérifiable, que l'Être (Réalité, Existence) préexiste à l'affirmation qu'on en peut faire, et la fonde; la même supposition confère à toute « théorie » dogmatique de la connaissance un caractère forcément *ontologique*[a].

Étant entendu qu'il s'agit ici de caractériser plutôt des époques de la pensée que des systèmes particuliers, on peut convenir de distinguer un dogmatisme antique, un dogmatisme classique, un dogmatisme positiviste; et en négligeant le fait qu'un type antérieur révèle à un esprit informé quelque chose de l'ultérieur, nous proposons de définir leur succession de la façon suivante: le premier type vaut comme théorie ontologique des Qualités (Essences), le deuxième comme théorie ontologique de la Quantité (Mesure géométrique et mécanique), le troisième comme théorie ontologique de la Relation (Lois), les trois déterminations restant celles de l'Existence, qui tâchent de se subtiliser de plus en plus. L'Aristotélisme et la Scolastique en premier lieu, le Cartésianisme en second lieu, et enfin le Positivisme du XIXe siècle nous paraissent incarner successivement ces trois types.

Au point de vue méthodologique qui doit rester ici essentiel, ce qu'il importe de retrouver dans ces variétés du dogmatisme, ce sont les démarches logiques, les règlements de travail qui leur correspondent. Sous ce rapport on n'aura pas de peine à retrouver dans la première la méthode du syllogisme, *conceptualiste* et classificatrice; de même on trouvera dans la seconde la méthode de | déduction et d'analyse *mathématisée*; quant à la troisième 167
variété, il nous semble possible d'y voir un effort pour garder des deux méthodes précédentes ce qu'elles contiennent de « positif », au sens du mot que fixe à cette étape de son parcours la philosophie du savoir: la méthode « positive » est l'usage combiné du calcul et de l'observation, et ses fruits sont des *lois*, qui composent toute la Réalité connaissable; leur enchaînement toutefois exige une « *classification des sciences* » qui se trouvera être forcément une hiérarchie de concepts: pas plus que la Quantité pourtant, qui n'est plus qu'un instrument, la spécification qualitative des concepts ne

a. On trouvera peut-être commode l'opposition suivante: une philosophie « ontologique » est celle qui admet la *primauté de l'Être* à l'égard du jugement, de la pensée et de la valeur; une philosophie « critique » inverse la relation, et devrait donc poser la primauté de la Valeur à l'égard de l'Être; pour éviter toute équivoque (Kant étant, par exemple, à la fois ontologique et critique) on conviendra de dire « axiologique » la philosophie qui accepte et énonce nettement l'inversion considérée.

désigne directement l'Être; celui-ci n'a désormais d'autre « réalité » positive que celle de la relation légale elle-même.

On a signalé déjà (chap. II, C) l'intention normative que le positivisme attribue à l'esprit scientifique : c'est bien celle qui consiste à vouloir régenter toute l'expérience, comme l'indique la formule célèbre de Comte : « Science, d'où prévoyance; prévoyance, d'où action ». Mais certes l'inspiration de la formule n'est pas neuve : elle animait déjà la déduction spinozienne, non moins que les « Sommes » des docteurs scolastiques; c'est qu'elle définit généralement l'« esprit » réaliste et ontologique de tous les dogmatismes. On ne sera pas étonné d'avoir à en apprécier des variantes diversement subtiles en Morale (V. notamment chap. II et III) : pour une philosophie ontologique, l'Action peut prolonger les conclusions de la Connaissance, elle n'y doit pouvoir rien ajouter sinon des « erreurs ».

*

Le scepticisme ne peut se définir que par opposition, et donc corrélativement, aux dogmatismes. Il exprime la *déception* de la pensée comparant les résultats du dogmatisme à ses promesses, ou encore découvrant l'opposition de son contenu à sa règle formelle. Tout dogmatisme renouvelé suscite aussi quelque scepticisme raffiné : à l'affirmation de la valeur absolue d'une méthode théorique, l'Histoire fournit pour réplique quelque négation, c'est-à-dire un jugement qui vient suspecter et par là même *déprécier* l'affirmation.

Traditionnellement le sceptique est celui qui « doute » et encore qui
168 « suspend son jugement » : ce n'est pas là abstention | pure toutefois, et qui ne serait relative à rien; le doute est un refus d'adhérer qui suppose une impuissance avouée ou reconnue d'examiner; mais il faut bien reconnaître qu'un refus ou une impuissance, cela est toujours et ne peut être que relatif à une offre ou à un espoir. Par définition, ce n'est pas à son propre espoir que le sceptique, comme tel, refuse son assentiment, ce ne peut être qu'à celui que le dogmatique avait proposé ou fait maître, en l'espèce à l'espoir d'une « adéquation » possible de la pensée aux choses. Comment la pensée pourrait-elle reconnaître cette adéquation, restant elle-même le seul « moyen », en définitive, de connaître, et ne pouvant donc s'entremettre entre ce qui connaît et ce qui est connu? Pour pouvoir être *vraie*, la pensée devrait pouvoir sortir d'elle-même pour se faire chose, et elle ne saurait dans cette hypothèse rester pensée, ni chercher à devenir vraie.

Relativement au dogmatisme syllogistique, le scepticisme consistait à nier déjà la légitimité des prémisses générales qui fondent la conclusion de tout syllogisme : pour être à bon droit affirmées, ces prémisses exigeraient la connaissance de tout ce qu'elles sont censées inclure, et que la conclusion explicite ; mais dès lors la conclusion est ou bien inutile, n'ajoutant rien aux prémisses, ou bien vicieuse, y ajoutant ce qu'elles n'impliquaient pas.

De *Bacon* à *St. Mill*, la philosophie empiriste a tiré parti de cette critique sceptique du syllogisme ; mais ç'a été surtout pour tenter de substituer, à une méthode viciée seulement par l'inaptitude de la matière conceptuelle à s'y plier, et nullement par sa forme, une méthode d'« amplification » de l'expérience beaucoup plus précaire (*cf.* III, B). On ne reviendra pas ici sur ce point, sauf pour marquer ce que l'empirisme garde de réalisme ontologique naïf, en paraissant emprunter le meilleur de la négation sceptique : il est trop clair, pour qui ne veut pas transporter dans le jugement de la science les préjugés sans valeur de l'expérience coutumière, qu'on ne peut pas plus décider a priori en faveur d'une réalité « immédiate » singulière ou individuelle qu'en faveur d'une réalité « transcendante » universelle ou spécifique ; on a montré par ailleurs que la perception (*cf.* II, A) est un compromis obscur entre deux possibilités d'interprétation, entre lesquelles le jugement par référence conceptuelle n'effectue encore aucun choix assez précis. La référence de l'« expérimentation » inductive des empiristes à un monde de singularités diverses reste une ontologie | par la supposition de ces singularités mêmes, données comme 169
critères de tout jugement.

Les conclusions utiles de la critique sceptique du syllogisme, c'est donc plutôt la réflexion cartésienne qui les tire, en entreprenant la critique des qualités (V. *Descartes*, notamment les *Méditations*, mais aussi *Pascal*, *Traité du Vide*) ; mais d'ailleurs le Doute cartésien ne manque pas d'aboutir à son tour à une ontologie, celle qui « réalise » l'Étendue et le Mouvement (soit d'ailleurs comme « natures simples » dans le monde, soit comme idées dans l'entendement divin) ; le mathématisme et le mécanisme attribuent ici à des essences quantitatives la perfection d'existence refusée aux qualités ; par cette substitution une matière adéquate semble du moins procurée à la forme de la déduction syllogistique, et qui semble capable de la vivifier, en rendant possible *l'analyse universelle* que cette forme prescrit ; la Qualité niée semble laisser s'affirmer le droit à l'existence de la Quantité.

La négation sceptique qui dépréciera la forme classique du réalisme, il est difficile de la localiser dans un système ; *Bayle*, *Leibniz*, *Hume* et *Kant* y ont collaboré, l'un en critiquant les « démonstrations » métaphysiques liées à l'élaboration de la Physique cartésienne, l'autre en prouvant la nécessité de faire sa part, dans la Physique même, à la puissance du qualitatif, enfin les deux derniers en ruinant l'idée d'une Raison humaine capable, par sa seule et propre existence, d'apercevoir intuitivement l'Existence absolue. Encore reste-t-il que tous ces philosophes demeurent agrégés au Réalisme traditionnel, s'ils en condamnent une expression, à leur gré maladroite ou incomplète. On l'entrevoit dans le scepticisme de *Hume* lui-même, préoccupé de découvrir dans l'esprit humain un mécanisme fixe de composition des idées, analogue au mécanisme de l'attraction physique; et pour Kant, s'il est vrai qu'il n'accorde plus aux entités mathématiques elles-mêmes que la valeur de « formes » ou de schémas régulateurs a priori, il est certain aussi qu'il continue de croire à des «choses en soi», dont la mystérieuse existence est censée soutenir la possibilité d'un monde phénoménal.

Le scientisme radical du XIXe siècle, en rompant brutalement avec toute « Métaphysique », semble d'abord en finir avec l'ontologie : sous sa forme la plus lucide et la plus consciente, avec le positivisme d'A. Comte, il n'assigne
170 plus aux divers modes assouplis | de calcul qu'une portée instrumentale, celle d'une « mesure » des « rapports » entre les phénomènes; à l'idée d'un système d'essences douées d'une puissance causale efficace, il substitue la notion vérifiable d'un « progrès » résultant d'une superposition de simples « lois », et ainsi il paraît pouvoir figurer la Science positive elle-même comme la dernière étape d'un mouvement progressif: celle où la pensée réussit à exorciser définitivement tous les fantômes du vieux dogmatisme.

Cependant le positivisme garde le souci d'« ordonner » les sciences les unes par rapport aux autres : il le faut bien si l'on veut qu'elles retrouvent leur vraie fonction, qui est de réaliser l'unification complète de la représentation et de l'action; la gradation dans le sens de la « complexité croissante » et de la « généralité décroissante », et qui superpose donc à l'astronomie la physique, à celle-ci la chimie, à la chimie la biologie, et couronne le tout par la sociologie, cette gradation à la fois sépare et lie entre eux les étages progressivement rétrécis d'un même édifice définitif; elle dispense l'esprit de toutes vaines recherches sur une réalité « inconnaissable », puisqu'elle définit d'ailleurs tous les moyens utiles de perfectionner les arts correspondant aux diverses sciences; elle formule enfin, au dernier étage, les conditions abstraites de toute action concrète raisonnable, c'est-à-dire vérifiable et positive, en constituant la théorie du monde humain. Avec une hiérarchie purement légaliste, le relativisme semble l'emporter, dépouillant la recherche analytique de l'ordre de toute vaine préoccupation substantialiste : Qualité et Quantité cessent d'être des Êtres, il n'y a plus que des *Relations*.

Or, c'est précisément à ce moment que, bien loin d'obtenir une adhésion unanime, la doctrine qui pose la valeur concrète de la Science va susciter le renouvellement le plus varié de négations critiques : il faut bien y reconnaître la renaissance du Doute sceptique, opposant son refus à l'offre d'un règlement total et universellement valable. Le problème de la valeur de la Science nous semble à ce moment d'autant plus nettement posé, que le Doute s'exerce sur un dogmatisme apparemment plus modeste, limité par son « relativisme »; ce problème en effet ne peut plus être que celui-ci : étant donné un système *vrai* ou *vérifiable* de relations, dont *l'objectivité* fait par conséquent tout le prix, et qu'il faut dire encore un système *réel*, est-on en droit d'étendre | à l'interpré- 171
tation de toute l'expérience concrète les règles qui ont assuré l'édification du système? Il s'agit en somme de décider si la fonction théorique, qui est la fonction du Réel (au seul sens précis de ce dernier mot), peut ou non « comprendre » la vie tout entière, et si la valeur de Vérité peut comme telle « comprendre » en les ramenant à soi toutes les autres valeurs.

La négation sceptique opposée à la solution « positiviste » de ce problème a pris vers la fin du XIXe siècle des formes fort diverses, mais qui consistent toujours et toutes à remettre en question le *rapport de la connaissance à l'action*, afin de décider sur la primauté relative de l'une à l'autre. On voit des savants comme *E. Mach* (« *la Connaissance et l'Erreur* »[1]) *Duhem* (« *la Théorie physique* »[2]), *H. Poincaré* (« *la Valeur de la Science* »[3]) s'efforcer de faire une sorte de « psychologie » du comportement scientifique; et cela équivaut à suspecter tout fondement purement objectif ou « réel » que les divers dogmatismes avaient tenté de donner à la science; cela équivaut aussi, peut-être, à soumettre la fonction du Réel à quelque finalité que cette fonction seule ne peut définir : économie de pensée, système cohérent de conjectures, organisation harmonique d'hypothèses, voilà ce que ces savants réfléchissant sincèrement leur science découvrent finalement dans un ensemble de « vérités ».

La critique des savants aboutit à ce qu'on a appelé tantôt « nominalisme », tantôt « conventionnalisme » : ces deux mots servent à désigner un jugement sur la science tendant à n'y découvrir qu'un *langage* commode, un système de *conventions* prétextées par la nécessité d'adapter la variété de l'expérience phénoménale à l'exigence unitaire de notre esprit. Dans un sens analogue va la

1. E. Mach, *La connaissance et l'erreur* (1905), trad. fr. par M. Dufour, Paris, Flammarion, 1908.
2. P. Duhem, *La théorie physique. Son objet et sa structure* (1906), 2e éd. revue et augmentée, Paris, Chevalier et Rivière, 1914.
3. H. Poincaré, *La valeur de la science*, Paris, Flammarion, 1906.

critique des philosophes que n'a pas persuadés le dogmatisme positiviste; le Pragmatisme prolonge à beaucoup d'égards et sciemment la tradition empiriste (V. surtout W. James, « *le Pragmatisme* »); mais il faut lui reconnaître ce mérite d'avoir essayé d'opérer un renversement de l'ordre ontologique classique, en subordonnant tout jugement d'existence, fût-il scientifique, à un jugement de valeur : c'est le sens dans lequel il faut interpréter cette définition célèbre de la Vérité qui prétend réduire celle-ci au « succès », à la « réussite », au « rendement », à ce qui « paie »; si on ne prend pas ces formules à la lettre,
172 elles signifient que le bénéfice du progrès scientifique est dans une | plus stricte organisation intellectuelle, comme telle favorable à l'amélioration des conditions de la vie humaine. Toutefois, cette amélioration restant l'objet unique de toute activité, le vrai problème des valeurs dépasse sans doute celui de la Vérité scientifique; le pragmatisme l'a certes entrevu, mais il n'en a guère conclu que l'obligation de restaurer, avec le pluralisme impliqué dans tout empirisme, le droit des « expériences » les plus diverses (métaphysiques ou religieuses) à se tenir pour également valables. A ce moment, c'est à un amalgame de tous les dogmatismes qu'aboutit normalement le pragmatisme; par une étrange contradiction, c'est la valeur de toute critique qui semble compromise : car toute modalité d'action, mise sur le même plan que toute autre, lui devient équivalente et l'effort de l'organisation théorique n'a ni plus ni moins de *sens* que telle ou telle autre « croyance », satisfaisante un moment pour celui qui juge utile de l'adopter.

Quoique la critique bergsonienne des sciences paraisse la rapprocher du pragmatisme, elle nous semble avoir une tout autre et bien plus profonde portée (V. surtout les « *Données immédiates de la Conscience* » et « *L'évolution créatrice* »). Le sens fondamental du jugement bergsonien nous semble être à peu près celui-ci : en montrant que deux interprétations séparées de l'Expérience sont possibles et légitimes, pourvu qu'on assigne à chacune sa portée propre, ce jugement réserve les droits de l'une et de l'autre et leur assigne des directions et des valeurs différentes; l'orientation objective des sciences reste celle d'une Mécanique dont une théorie des solides géométriques a fourni les premiers principes; à ce titre l'analyse quantitative de l'Expérience qu'effectuent ces sciences convient bien à une Réalité déjà faite et accomplie, définitivement extérieure et étrangère à la vie en devenir; quant à celle-ci elle ne peut être saisie que du dedans, comme *synthèse* créatrice, dont le type est immédiatement fourni à la pensée par sa propre Durée mémorielle (*cf.* II, B, notes); cette synthèse engendre des *qualités* et constitue donc un monde qui s'oppose au Réel mort et passé que saisit l'Analyse scientifique. Il n'y a pas et ne peut y avoir convergence entre le métrique et le qualitatif; c'est

pourquoi pour atteindre le qualitatif *Bergson* propose une « intuition » capable d'accomplir un mouvement inverse du mouvement dissociatif de la science pure; c'est pourquoi il croit aussi que ce dernier, forcément postérieur au processus | créateur qui *fait* et altère continûment le monde, ne peut définir ni **173**
expliquer jamais entièrement ce processus : l'explication est ici une déformation; pour retrouver, par delà le Réel homogène et figé figuré par la science, le devenir *efficace et concret*, il faudra donc toujours tenter de compléter par quelque aperception intuitive les résultats de la pure analyse.

*

Quoique nous ayons dû, dans ce qui précède, marquer ce qui reste d'ontologie dans la philosophie kantienne, il nous semble indispensable maintenant de revenir à cette philosophie pour pouvoir définir ce que nous avons appelé l'attitude *critique*, quant à la question de la valeur de la connaissance. C'est chez *Kant* en effet que cette attitude semble pouvoir être le plus aisément séparée des préjugés ontologiques qui en ont troublé peut-être le développement normal; n'en considérons que l'orientation générale; c'est elle qui fait la doctrine kantienne encore vivante et lui confère une signification éducative encore à tant d'égards actuelle.

Kant cherche à comprendre pourquoi la science « physique » recueille l'assentiment de tous les esprits sur le terrain de la pure connaissance, tandis que la spéculation « métaphysique » continue de susciter les négations sceptiques, les justifiant d'ailleurs par ses propres contradictions; c'est pour résoudre ce problème qu'il entreprend d'abord sa « *Critique de la Raison pure théorique* ». Il s'agit proprement d'un *examen* portant sur l'aptitude de cette Raison, c'est-à-dire en somme sur la possibilité d'une connaissance *légitime* d'un Réel en général; il faut noter ici comme décisive l'idée de légitimité, car c'est elle qui fait le véritable problème, soulevant moins la question d'origine ou de contenu que celle de *valeur* de la connaissance. Quelles que soient les conclusions de l'examen, il restera toujours que son inspiration essentielle était de subordonner l'acceptation de tout jugement d'existence à l'épreuve de sa valeur, et c'était en principe un renversement de la relation dogmatique traditionnelle (et par là aussi sans doute de la relation sceptique). Aussi bien *Kant* est-il conduit à juger que la valeur de toute science est relative à une *Expérience*, en entendant par ce dernier mot l'adaptation, à des « *formes a priori* » de l'esprit (composant ensemble la « Raison pure »), d'une matière
| phénoménale (résultant de l'apparence prise, pour nous, par des « choses en **174**
soi » ou par un Réel « problématique »). Le seul Réel légitimement affirmable

est dès lors le produit de cette adaptation, dépendant de celle-ci au lieu de la conditionner, en somme dépendant uniquement de l'aptitude de l'esprit à accommoder à ses propres règles formelles la matière de ses « intuitions » empiriques. Les « Idées » métaphysiques, celles de l'âme, du monde, de Dieu, ne représentent donc rien, si ce n'est encore de simples règles pour l'unification maxima de l'Expérience, et nous ne pouvons *savoir* si quelque Réalité transcendante leur correspond.

Si la Critique de *Kant* limite ainsi sur le pur terrain de la connaissance la valeur de la Raison théorique, elle la limite aussi d'ailleurs sur un autre terrain. La « *Critique de la Raison pure pratique* » fait suite à la précédente pour examiner l'aptitude de la Raison à formuler des règles de conduite, et en somme pour découvrir les principes de toute action qui peut être dite légitimement *bonne*. C'est bien le problème moral qui est ainsi abordé à son tour comme celui d'une nouvelle *valeur* à définir. Le jugement kantien n'a pas à être ici examiné en détail (V. *Morale*, chap. III); il suffira d'indiquer que pour *Kant*, les deux ordres de valeurs ne coïncident pas, le naturel n'étant pas le moral, le réel n'étant pas le bon; cette indication tout au moins nous semble remarquable et décisive, quelque justification qu'elle trouve d'ailleurs dans le système kantien pris comme tel : c'est qu'elle nous semble en effet avoir cette portée considérable, pour fixer une juste attitude *critique*, de nous inviter à la défiance à l'égard de préjugés « réalistes »; c'en est un (persistant en particulier dans le positivisme, mais aussi dans la plupart des philosophies, « idéalistes » ou autres, qui lui ont succédé) que celui qui consiste à croire, *a priori* et sans nul examen, que la Vérité comme telle, c'est-à-dire comme représentation fidèle du Réel, peut et doit seule incliner le jugement, et autrement dit qu'il n'y a point pour l'homme vivant, pensant et agissant, d'autres valeurs que celles qui sont d'abord empruntées d'une Réalité.

L'ancien ontologisme a toujours cherché dans une telle Réalité présupposée donnée, et tantôt immanente tantôt transcendante, dans l'*existence* préalable d'une Matière, ou d'un Dieu, le fondement absolu du travail humain de vérification de l'Expérience; cette présupposition se retrouve
175 comme postulat formel | de la Science, et définit en quelque sorte la direction de l'effort que cette science poursuit; le jugement philosophique a pour tâche, une fois décrite la fonction ainsi constituée à la faveur de cet effort, de définir, sans épouser pour son compte le « préjugé » formel qui la porte, son rapport normal aux autres fonctions : le problème pour lui est de la confrontation des diverses valeurs du jugement, dont la croyance au Réel ne garantit qu'une.

B) CONCLUSION : VALEUR DE LA FONCTION THÉORIQUE

Si l'on consent à adopter une attitude critique, dont ce qui précède indique tout au moins le principe, il semble qu'on puisse tirer des examens méthodologiques antérieurs les conclusions suivantes :

1) Sur le plan purement théorique la Science se manifeste comme *la fonction même du Réel*; la croyance à une Nature préexistante, croyance qui réglemente son effort, n'a en effet qu'une signification formelle, *normative*, qu'on peut dire « a priori » : sa valeur naît et croît au fur et à mesure de la *vérification* précise que le labeur du savant instaure, et il ne peut donc *exister* de choses véritables avant cette vérification : la Vérité totale, ce ne pourrait être que le tout des vérifications; le Réel c'est ce qu'établit le savoir scientifique, et on n'en peut concevoir d'autre : c'est un résultat, non un donné.

2) Mais si de la sorte et sur le plan de la représentation la valeur de la science est la seule positive, étant la Vérité même, on n'en fera pas sans une confusion dangereuse la seule valeur possible, ni même la valeur définitivement et absolument dominante, ni même enfin peut-être une valeur *absolument* positive. Si l'on se reporte à la relation qui nous a paru s'établir normalement entre l'Analyse théorique et l'action synthétique qui lui fournit indéfinitivement des prétextes, si donc l'on considère (cela revient au même) le cours de l'évolution humaine comme la conjonction de deux forces, dont l'une *crée* témérairement ce que l'autre aura seulement à *comprendre*, enfin si l'on envisage à toutes les étapes de l'évolution la rencontre d'un Art et d'une Science comme le tissu empirique même de cette évolution, on sera peut-être conduit à ne plus voir dans la Science, fonction du Réel, qu'une fonction corrective, une sorte de travail réducteur suscité par les | échecs de la puissance **176**
créatrice et s'efforçant, contre les élans de celle-ci, d'en prévenir les dangers. Si ces vues paraissent acceptables, on pourra accepter de dire peut-être que la valeur de la Science est toute limitative, quasi-négative : c'est celle d'une prudence, d'un système précis de précautions; si précieux (et il doit l'être infiniment) que soit ce système, il n'engendre rien par soi. La prévision même d'événements concrets lui est sans doute interdite; celle qu'il peut accomplir porte sur des ensembles immenses de phénomènes (astronomie, « grands nombres », « espèces »), non sur l'action créatrice imprévisible comme telle qui altère sans doute, hors de notre échelle d'aperception, le devenir effectif des choses; on ne peut oublier que si la *finalité* s'exclut elle-même a priori du déterminisme scientifique, celui-ci cherche en vain, en définitive, à s'intégrer

la causalité ; il n'y aurait pourtant plus de monde en évolution ni de mouvement si la causalité ni quelque sorte inanalysable de finalité n'étaient *possibles* : il est vrai d'ailleurs qu'étant indéterminables par l'analyse, elles ne sont ni « nécessaires » ni « réelles », elles sont seulement possibles. Cela suffit pour que soient réservés les droits propres de l'Action, qui ne se confondent pas avec les nécessités toutes négatives de l'« Existence ».

|MORALE 177

|Chapitre premier 179

LE PROBLÈME MORAL

Il y a jugement moral dès que la pensée admet deux valeurs opposées : le *Bien* et le *Mal.* A quels objets du jugement conviennent ces valeurs ? A des actes. On n'apprécie moralement que des actes, ou bien des hommes ou des choses dans leur rapport effectif ou supposé à des actes passés, présents ou futurs. La moralité c'est l'organisation normative de la conduite en général. La Morale c'est la philosophie en tant que pour elle les notions de jugement moral, d'acte et de moralité posent un problème dont elle recherche les conditions afin de le résoudre.

Le problème logique c'était celui des moyens par lesquels, parvenant à la Vérité, l'Intelligence précise et détaille son affirmation spontanée de l'existence d'une Nature. Le problème moral, ce sera celui des moyens par lesquels, cherchant le Bien en général, la même intelligence essaye de préciser les conditions de sa propre adaptation à la Nature.

Le problème logique était un problème abstrait, en ce sens que nous n'y considérions le système des rapports qui définit l'expérience concrète que sous son aspect objectif : la notion de Vérité à cet égard est significative, ne concernant le rapport empirique qu'en un seul sens, et comme s'il ne pouvait être orienté qu'en une seule direction. En effet, il est certes *meilleur* d'affirmer avec vérité que de se tromper, mais ce qu'il y a de bien dans le vrai, ce n'est que
la perfection relative de la représentation | de l'objet qui est impliquée dans 180
l'expérience. Or, si maintenant nous voulons définir le Bien d'une façon concrète et totale, la pure vérité ne suffira peut-être plus, puisque le rapport

empirique, étant entre l'objet et le sujet, entre la Nature et l'Esprit, peut et doit donc être envisagé à la fois selon les deux directions inverses qu'il faut bien lui reconnaître : en effet, l'adaptation réciproque de l'Esprit et de la Nature, cela suppose, non seulement le Bien de la Nature, c'est-à-dire le Vrai, mais aussi un Bien de l'Esprit dont nous ne savons pas, pour l'instant, en quoi il pourrait bien consister.

Substituons à ces considérations abstruses quelques remarques plus familières mais de même portée.

Connaître le monde c'est mieux que de l'ignorer, parce que, ayant affaire à lui, nous risquerions de périr à chacune de nos actions, si nous le prenions pour ce qu'il n'est pas. Mais cette connaissance suffit-elle à nous rendre heureux ? Il est certain, en tous cas, si nous en jugeons par des exemples particuliers, que, pour nécessaire qu'elle soit, la détermination théorique du réel peut ne pas paraître suffisante. C'est ainsi, que si je suis affecté d'une maladie mortelle, et que je sois assez savant pour faire un diagnostic précis et un pronostic non moins précis, on devine que bien loin d'en être plus heureux, j'en serai peut-être bien plus affecté encore. On voit par là que le jugement vrai ne paraît pas envelopper par lui-même la satisfaction de toutes nos exigences; et nous le verrons mieux encore dans le cas suivant : supposons qu'on cherche à déterminer les causes exactes de la mort d'un homme; l'enquête révèle qu'il s'agit d'un meurtre; un spécialiste que l'on appelle Juge d'Instruction, assisté de savants qu'on appelle Policiers, découvre dans un individu déterminé la cause immédiate du meurtre. Il semble qu'à ce moment, étant en possession de la vérité, les recherches soient terminées et que tout le monde doive être content. Il n'en est rien pourtant, comme on le sait, et c'est précisément à partir de la vérité découverte que procède ce que nous appellerons le jugement moral, lequel est donc quelque chose de plus et quelque chose d'autre que le jugement d'existence.

Il y a donc pour nous, au moins deux manières de considérer les faits de l'expérience; d'une part, sous l'aspect de la pure vérité, c'est-à-dire de la pure
181 nécessité, et d'autre part, sous l'aspect plus | complexe du Bien, où pour parvenir à une détermination les considérations de nécessité ne suffisent plus; peut-être même devrait-on ajouter qu'elles sont gênantes. Sur ce dernier point, en effet, il est aisé de remarquer que si l'astronome ne songe plus sérieusement à reprocher au ciel l'implacable nécessité du mouvement des astres, au contraire le juge et les policiers reprochent violemment à l'auteur d'un meurtre l'implacable nécessité psychologique qui est censée l'y avoir conduit.

Par exemple, si le meurtre est dû à la cupidité de l'auteur ou à un violent amour, la « Justice », dit-on, exigera que la mort ou les travaux forcés fassent regretter à l'auteur du crime d'être ce qu'il est. On voit par ce dernier point, qui est la conclusion *pratique* du jugement moral, comment dans l'expérience courante, les hommes introduisent le Bien qui manquait, et comblent ainsi les lacunes du jugement vrai : c'est par des *sanctions* que les insuffisances de la vérité sont palliées.

Il y a, dans ce qui précède au moins une indication sur le postulat propre de la morale, comparé au postulat de la science. Celui-ci, c'était le *déterminisme*, et il régissait la recherche pure de la vérité. Si nous admettons que les juges reprochent légitimement aux meurtriers d'avoir consenti à être ce qu'ils sont, nous supposons par là même qu'ils pouvaient être autres, et ainsi nous appliquons le postulat propre de la morale, la croyance à la *liberté* humaine.

On voit ainsi que la philosophie morale prolonge et parfait l'ensemble des recherches psychologiques concernant ce que le langage traditionnel nomme la Volonté et la Personnalité. La Volonté c'est la pensée pratique, c'est-à-dire la conscience non plus uniquement passive et réceptive, mais initiatrice et créatrice. Métaphysiquement parlant, la Volonté c'est la médiation entre le réel et l'idéal, entre ce qui est réalisé et ce qui vaut d'être réalisé. Psychologiquement parlant, la Volonté c'est la transformation implicite des réactions individuelles en actions personnelles. Un acte c'est la conscience d'un mouvement par appréciation de sa destination et mesure de son efficacité ; c'est une tentative de construction libre, originale dans sa fin et dans ses moyens, dont le sujet pensant, en tant que connaissant et en tant que créateur, s'affirme maître et responsable.

Naturellement, énoncer la croyance à la liberté ce n'est pas | la justifier tout 182
d'abord ; il est certain que la moralité de l'homme l'implique ; il est moins certain toutefois que cette implication est légitime ou tout au moins que les hommes en comprennent bien les exigences et que la moralité fondée sur cette croyance est la seule possible et la meilleure.

Il est trop facile de voir d'ailleurs que, bâties sur le même fondement, les diverses moralités observables sont aussi nombreuses et contradictoires et changeantes, que l'ont été, au cours des siècles, les théories scientifiques : elles le sont même beaucoup plus, en ce sens que du moins la science ne change guère que dans le temps ; et au contraire on voit que la conduite des hommes, même contemporains, obéit à des règles incompatibles, sauf sur ce point qu'elles sont toutes faites pour rendre tout le monde heureux.

| CHAPITRE II 183

MORALE ET SCIENCE

Sous ce titre, on doit essayer de préciser la sorte de relations que nous avons vu s'esquisser, dans ce qui précède, entre les postulats respectifs de la pensée scientifique et de la pensée morale.

Nous avons vu que, grossièrement résumées, ces relations formaient une opposition, au moins apparente, entre le postulat scientifique du déterminisme et le postulat moral de la liberté.

Rappelons que de son côté le déterminisme est exigé par la science parce que l'intelligence d'un monde dit extérieur ou matériel est celle d'une réalité que l'on suppose pouvoir décomposer à la rigueur en éléments : comme la seule relation possible et intelligible entre de tels éléments, par hypothèse identiques de nature, c'est une relation de coexistence, de composition et enfin de conditionnement réciproque, nous ne pouvons comprendre un monde ainsi construit qu'en admettant que l'existence de chaque partie étant limitée par celle de toutes les autres est déterminée par elle; la détermination est ici la seule explication possible.

Quant au principe de la liberté, il paraît exigible aux moralistes parce que tous les hommes au moins prétendant agir à leur gré ou à leur guise ou, en tout cas, en vue de certaines fins, semblent contraints intellectuellement d'attribuer à leur propre pensée une puissance efficace à l'égard du monde qu'ils utilisent. Or, pour que cette puissance soit efficace en effet, il faut précisément supposer, semble-t-il, qu'elle n'est pas soumise à cette nécessité rigoureuse qu'admet la science pour les corps; et c'est cela, c'est-à-dire cette indépendance à l'égard de la nécessité physique, que le moraliste appelle *Liberté*.

Mais alors le problème devient celui-ci : étant donnée l'existence | de la 184
science, étant donnée la réussite intellectuelle de cette science, étant donné

enfin que son empire s'étend aujourd'hui jusqu'à la « nature humaine » (Biologie et Sociologie) la question est de savoir si d'elle-même, la valeur de la pensée scientifique (qui est incontestable au point de vue théorique) peut et doit devenir une valeur pratique. Si cela était, il faudrait en conclure presque immédiatement que la notion morale de la liberté est une notion creuse et que tous les problèmes pratiques qui embarrassent l'existence humaine seront beaucoup plus vite résolus si les illusions des moralistes sont enfin complètement et définitivement abandonnées.

On remarque que c'est bien ainsi « en pratique » que le problème se pose (quelque solution qu'ils adoptent d'ailleurs) pour tous les hommes dignes de ce nom. Autrement dit, la querelle est bien, dans ce qu'elle a d'intéressant et d'humain, entre les partisans d'une extension méthodique et absolue des méthodes scientifiques, et ceux qui ne croient pas à la valeur concrète de ces méthodes, et qui par exemple admettent encore que sur le terrain éducatif la culture littéraire, les arts, les religions jouent le principal rôle dans la formation morale.

On verra plus loin, pour prendre un autre exemple typique, qu'il y a en politique deux classes philosophiques si l'on peut dire, celle qui croit, avec Auguste Comte, que la saine politique ne pourra jamais être faite que par des savants et celle qui croit, sur la foi d'une certaine tradition historique, que les problèmes politiques sont affaire d'art et échappent au règlement scientifique.

Il est facile de voir, en outre, qu'une énorme quantité de gens se tiennent à mi-chemin entre les deux systèmes, et se contentent d'un compromis plus ou moins ingénieux, nécessairement sans forme logique définie, entre les deux thèses : quelques connaissances empruntées un peu partout, ajoutées à quelques recettes éprouvées par de longs siècles d'expérience, et les moralistes et les politiques forment un système que l'on convient d'appeler Morale, et dont on ne sait pas exactement s'il est le père ou l'enfant de la science, ou s'il est son époux.

Une doctrine de l'action humaine implique évidemment d'abord un jugement, c'est-à-dire un choix : juger, c'est opter. Il ne peut pas être question sérieusement d'un véritable jugement conscient et réfléchi, en face d'un
185 mélange, forcément confus, de | thèses opposées et par conséquent incompatibles. Si l'homme est déterminé comme les pierres, il n'est pas libre, et par conséquent sa vie pratique ne pourra être conduite intelligemment que dans l'exacte mesure où sa raison aura réussi à prendre des conditions de cette action une vue déterministe correcte. Si, par contre, le déterminisme n'a de valeur que théorique, et, autrement dit, si la pensée humaine contient d'autres principes d'interprétation de la vie que ce postulat, enfin si les créations de

l'homme procèdent en lui de facultés différentes des facultés de connaissance, il semble non pas certes que nous puissions alors agir dans n'importe quel sens et en toute liberté de fantaisie, mais que du moins nous puissions espérer de coordonner, avec les conditions déterministes, cette puissance relativement libre d'invention que nous reconnaissons, d'autre part, à l'esprit : le problème ne peut pas être d'un mélange confus, mais d'une coordination ou mieux peut-être d'une subordination d'un groupe de facultés à son opposé.

A) Doctrines qui subordonnent la conduite au principe de vérité : morales réalistes ou naturalistes

On peut appeler Naturalisme ou Réalisme le système moral, d'ailleurs de modalités très diverses, qui pose en principe que le déterminisme naturel, et son observation par la méthode scientifique, conditionne toutes nos possibilités d'action légitime.

Après avoir indiqué sommairement les formes anciennes et classiques les plus significatives de cette position, nous aurons surtout à tenir compte de la forme plus spécialement intéressante qu'a prise le Naturalisme chez les contemporains sous la forme des morales biologiques et sociologiques.

A) Il faut comprendre dans ce groupe presque toutes les morales antiques, parce qu'elles étaient toutes fondées sur le précepte : « Suivre en tout la Nature », ou en tous cas y aboutissaient. Par exemple, l'Épicurisme et le Stoïcisme, quoiqu'avec des interprétations différentes de la Nature humaine, admettent également que cette nature est déterminée à être ce qu'elle est par sa place dans l'Univers; si d'un côté Épicure ne découvre de Bien que dans l'*impassibilité*, les Stoïciens aboutissent, comme on sait, à | une conclusion **186**
analogue en disant par exemple avec Marc-Aurèle : « Monde, je veux ce que tu veux. »

Seulement, dans ces doctrines, l'analyse de la nature humaine sur laquelle la doctrine morale est fondée se ramène évidemment à quelques principes biologiques un peu simplistes.

Pour Épicure par exemple l'homme est un animal égoïste apte à souffrir et qui déteste de souffrir. Partant de cette aptitude et de cette répugnance, le problème de l'organisation de la conduite sera ramené à un calcul prudent des risques de douleur qu'entraînent nos actions éventuelles. Pour les Stoïciens, le Mal consiste dans l'ignorance des causes, et le Bien dans leur connaissance, car lorsqu'on connaît leur enchaînement rigoureux on ne peut raisonnablement ne pas accepter cet enchaînement même; de là le précepte: « Supporte et abstiens-toi ».

Toutes les morales antiques qui vont dans un sens analogue sont strictement « individualistes »; l'intérêt des thèses modernes que nous appellerons sociologistes, c'est précisément dans ce que, par opposition, elles définissent *socialement* les phénomènes sur lesquels elles appuient leur doctrine, et par conséquent les règles qu'elles en déduisent.

B) Selon les Naturalistes modernes, biologistes ou sociologues, la connaissance de la nature humaine, entendue comme espèce animale ou comme société, est le résultat de la science positive.

1) Le naturalisme biologique au XIXe siècle est la conséquence de la révolution intellectuelle due à la diffusion des doctrines transformistes, par la vertu desquelles prend fin la croyance à un règne humain séparé du règne animal. Deux types de morale biologique se dessinent selon que la vie sociale est conçue par analogie à celle d'un organisme ou à celle des espèces vivantes.

Les morales de la *Solidarité* empruntent à la biologie la notion de convergence, de coopération des diverses parties de l'organisme fonctionnellement spécialisées.

Inversement les morales de la *Concurrence* s'inspirent de la notion de « sélection » et de « lutte pour la vie ». Le darwinisme est ainsi utilisé par les moralistes et les politiques d'intentions le moins identiques. Spencer et Nietzsche, les économistes libéraux lui demandent des arguments au même titre que les monarchistes français (Maurras, *Enquête sur la Monarchie*[1]). La
187 biologie | se voit attribuer la responsabilité d'encouragements à l'apologie de l'inégalité humaine ou de la guerre, etc.

Nous pouvons ajouter ici la morale *raciste*, dont l'originalité consiste peut-être à se créer le concept biologique qui en garantirait la valeur. Selon les biologistes, il n'y a pas depuis longtemps de races pures.

2) On a vu, en Logique, que la sociologie est la science qui étudie objectivement les mœurs, qui sont des institutions sociales.

Cette même sociologie, parce qu'elle est science, admet qu'un certain déterminisme spécifique régit les mœurs; elle en conclut qu'il ne faut pas sérieusement songer à préparer une action quelconque si l'on n'est préalablement informé par la science sociologique des conditions objectives, sociales et déterminées de cette action.

1. C. Maurras. *Enquête sur la monarchie*, Paris, Nouvelle librairie nationale, 1909.

La thèse a été développée par *Lévy-Bruhl*, dans un ouvrage désormais classique dont le titre est significatif : *Morale et Science des Mœurs*[1] (1903).

La *Morale* proprement dite, le sociologue sait bien que c'est un art et non une science, autrement dit qu'elle a pour « objet », non la connaissance, mais la délibération et la décision ; or, il faut ici, prétend le même sociologue, considérer ce qui se passe dans tous les autres domaines d'activité où un art s'accommode à une science. Par exemple, en médecine, dans l'industrie chimique et mécanique, on remarque (et Auguste Comte notamment a prétendu partout retrouver cette loi) que l'art humain ne progresse vraiment et n'obtient des résultats importants que lorsqu'une science développée comme telle a conquis d'abord son indépendance et travaille pour soi. C'est ainsi, par exemple, qu'une médecine efficace progresse exactement à mesure qu'une physiologie désintéressée devient indépendante d'elle.

On en conclut que la sociologie désintéressée doit d'abord se constituer pour qu'un art moral puisse se constituer à sa suite en tirant partie de sa découverte. Ainsi, c'est sur le modèle des pratiques d'ingénieurs que le sociologue conçoit la pratique morale. Il y aurait peut-être lieu de critiquer cette thèse, mais il est plus simple d'exposer directement l'antithèse fournie par les morales que nous appellerons Idéalistes. Il restera à comparer les deux positions et à conclure.

I B) DOCTRINES QUI SUBORDONNENT LA RÉALITÉ À UNE FORME SPIRITUELLE : MORALES IDÉALISTES 188

Le principe général de l'*idéalisme* moral, c'est que l'action véritable, loin d'être déterminée par des antécédents et de ne pouvoir être autre chose que ce qu'elle est, peut et doit être une véritable création.

L'action est définie pour les idéalistes, non pas comme un moment quelconque d'une série causale, mais comme un commencement de série délibérée et voulue par l'intelligence, qui ordonne toute la série par rapport à une fin ; en bref le domaine de la Morale, c'est une *finalité* libre.

Ce sont surtout les *doctrines spiritualistes* qui représentent dans l'histoire une position de ce genre ; c'est parce que le spiritualisme consiste à diviser nettement l'esprit et la matière, et admet cependant l'influence possible de l'un sur l'autre.

1. L. Lévy-Bruhl. *La Morale et la science des mœurs*, Paris, Alcan, 1903.

Les spiritualistes admettent en effet que les jugements scientifiques concernant la réalité ne peuvent, en aucun cas, supposer la modification de cette réalité; or, c'est précisément pour la modifier que l'homme moral juge et agit; une fin, une règle de conduite, un idéal d'existence sont précisément, sous des formes diverses, des représentations d'un effort accompli, ou à accomplir, pour modifier une nature donnée.

Selon une expression d'H. Poincaré, les jugements d'existence purs se formulent à l'indicatif: telle chose existe. Et au contraire les jugements moraux se formulent à l'impératif, que ce soit pour interdire certaines actions ou pour en ordonner d'autres : il ne faut pas que cela soit, ou bien : il faut qu'il en soit ainsi. Selon le même auteur, aucun artifice logique ne peut tirer de prémisses indicatives une conclusion impérative[a]; de quoi les spiritualistes pensent pouvoir conclure que l'action n'est pas une suite de la connaissance, et qu'elle ne peut donc avoir son principe que dans le libre arbitre d'une puissance spirituelle, qui crée les idéaux, les buts et les règles par une force spécifique, non pas enchaînée à la nature, mais au contraire opposée par essence et par fonction à elle.

Les doctrines qu'on peut rattacher à ce courant idéaliste ou spiritualiste
189 seront mieux désignées comme systèmes de moralités, | diffus dans l'histoire des civilisations, comme doctrines religieuses, politiques, que comme philosophies proprement dites. Il semble, en effet, que c'est surtout dans ces techniques de vie sociales, individuelles que représentent au cours de l'évolution humaine les religions et les organismes politiques se détruisant et se corrigeant les uns les autres, qu'il faut chercher l'expression la plus forte de la conception spiritualiste de la vie morale.

Presque toutes les philosophies ont été plus ou moins arrêtées dans leur développement vers l'action, par la préoccupation de satisfaire les exigences logiques de la connaissance; les mystiques au contraire, les guerriers, les légistes, les hommes d'État, criminalistes, administrateurs, bref tous les *hommes d'action* sont des moralistes moins soucieux d'assurer leur base théorique, et vont droit au but, lequel est de forger des institutions et non d'expliquer pourquoi elles existent.

a. [H. Poincaré] Morale et Science, dans *Dernières Pensées* [Paris, Flammarion] (1913).

*

En conclusion, la question est beaucoup moins de choisir entre ces prétendus hommes d'action et les prétendus philosophes que de choisir entre deux interprétations également soutenables des conditions de l'Action.

Dans une des deux hypothèses, l'action est représentée comme le produit d'une volonté libre, c'est-à-dire qui ne proviendrait que de la pensée de celui qui agit, sans intervention d'une causalité extérieure ; dans l'autre hypothèse, l'action n'est qu'un terme inséré dans toute la série naturelle de termes qui compose la nature en général.

Dans le premier cas, on suppose que l'esprit de l'homme moral est une puissance originale, qui intercale ses propres effets dans le mécanisme fugitif des événements, et dans ce même cas le problème moral est supposé traitable par une éducation spécifique de l'homme appelé à agir, et autrement dit par une culture de la volonté comme faculté spéciale.

Dans l'autre cas, au contraire, il n'y a de traitement correct du problème moral que par l'éducation de l'intelligence, ou, pour employer l'expression de Spinoza, par la « Réforme de l'entendement ». Quoique Pascal, à certains égards, ne paraisse guère intellectualiste, une de ses formules peut s'interpréter comme une assez exacte expression du grand précepte intellectualiste : | « Apprenons à bien penser, voilà tout le fondement de la Morale »[1]. **190**

En fait, l'analyse théorique de l'existence nous montre, tant par la sociologie que par la physique, que la réalité est à la fois le prétexte et l'obstacle de toute activité, mais qu'on peut définir, en quelque sorte des *degrés* de cette réalité : au plus bas degré, tout ce qui existe n'est pour nous que le produit d'une routine psychologique; à un degré supérieur, cette même réalité se vérifie par la connaissance, c'est-à-dire devient le produit d'une conscience analytique développant en forme de méthode sa croyance au déterminisme. Or, on remarque que plus nous nous élevons de la routine à l'analyse, moins forte se fait l'oppression de la réalité sur nous, en ce sens que nous devenons de plus en plus maîtres de nos idées, et par elles de nos comportements. En d'autres termes, plus nous réussissons à connaître le monde tel qu'il est et plus nous avons le sentiment net de le dominer au moins en partie.

Il faut conclure de là, semble-t-il, en faveur d'un certain réalisme au moins conditionnel, et en d'autres termes, que pour agir consciemment, nous avons d'abord intérêt à connaître le mieux possible cette limite de notre action

1. Pascal, *Pensées*, II, 347. Dans l'édition Brunschvicg, la formule se lit comme suit : « Travaillons donc à bien penser : voilà le principe de la morale ».

éventuelle que constitue la réalité donnée. Ceci ne prétend pas d'ailleurs condamner tout idéalisme, mais remarque seulement qu'il y a un idéalisme inefficace, beaucoup plus dangereux que le plus plat réalisme ; il serait vain de croire à un pouvoir illimité, parce qu'un tel pouvoir en aucun cas n'est le nôtre et qu'une foi sans objet reste au moins oiseuse.

S'il y a un idéalisme possible, c'est à condition qu'il soit conscient des conditions routinières et automatiques qui en entravent le développement normal. On exprimera la même chose en disant qu'il faut *désirer* la possibilité de l'idéalisme mais s'interdire d'abord d'y croire. Ce qui revient encore à admettre que la conscience efficace naîtra de la connaissance de notre *automatisme*.

En fait, quelle est la forme de l'Idéalisme véritable ?

Remarquons que les Sciences les plus avancées sont celles qui concernent les phénomènes les plus éloignés de nous, et que les plus confuses et les plus vagues sont précisément celles que nous aurions le plus d'intérêt pratique à connaître le mieux parce qu'elles nous concernent nous-mêmes.

191 | On peut conclure de cette remarque, qui définit en quelque sorte les conditions de notre liberté effective, que nous deviendrons d'autant plus capables d'agir efficacement que l'ordre ci-dessus aura d'abord été renversé ; en particulier nous ne pouvons guère penser à une action libre tant que les lois de la sociologie humaine restent dans l'état confus où nous les voyons. Nous pourrions agir sur les sociétés et, par conséquent, sur l'homme, si nous les connaissions au moins aussi bien que nous connaissons les mouvements des astres ; mais précisément, nous les connaissons moins bien parce qu'ils sont très près.

En d'autres termes, il demeure vrai, au point de vue moral comme à tout autre point de vue critique, que ce qui pèse sur nous et limite notre puissance, ou plutôt transforme cette puissance en son contraire, c'est l'automatisme de nos pensées, la routine de nos jugements, qui fait que le monde qui est le plus immédiatement proche ne nous paraît qu'un hasard et une fatalité ; supposons que vis-à-vis de ce monde très proche, notre représentation arrive à prendre une forme consciente et d'abord une forme analytique précise : cela revient à supposer que nos réactions automatiques à ce monde, qui contribuent à le faire ce qu'il est, y interviendraient désormais comme véritables décisions.

En substance, la science n'est certes pas la Morale, mais nous voyons trop clairement qu'une morale ne méritera son nom que tout autant qu'elle se sera incorporé la science.

NATURE ET VALEUR DE LA CONSCIENCE MORALE

On doit admettre, en rapport avec les attitudes précédemment définies comme *réalisme* et *idéalisme*, deux interprétations différentes de la nature et de la portée du jugement pratique.

Si l'on estime que le bien est conditionné par la connaissance vraie de l'ordre naturel, on est porté à identifier conscience morale et connaissance discursive ou rationnelle. Cela définit, en rapport avec un réalisme concernant l'objet de la pensée morale, un *intellectualisme* concernant sa forme ou ses démarches.

Inversement, si l'on admet que le bien est une valeur originale par rapport au vrai, on est porté à attribuer le jugement moral à une autre « faculté » ou fonction de la conscience que l'intelligence discursive, que la raison raisonnante. C'est pourquoi nous définirons comme *intuitivisme* cette opinion relative à la nature de la conscience morale.

Au problème concernant la nature de la moralité se joint le problème touchant sa portée et sa valeur. Selon qu'on attribue à telle ou telle fonction le pouvoir d'orientation pratique de la vie humaine, on apprécie différemment cette puissance et cette direction. Nous aurons donc à opter entre l'hypothèse selon laquelle la moralité est un moyen d'adaptation à un ordre ou à un milieu, l'hypothèse selon laquelle la moralité est soumission d'une créature à un créateur, et enfin l'hypothèse selon laquelle la moralité, étant au fond *moralisation*, est la forme que prend, en l'humanité, une *création* qui se poursuit, une ascension progressive.

193 | L'ACTION DÉPEND-ELLE DE L'INTELLIGENCE OU BIEN D'UN POUVOIR INTUITIF ORIGINAL ?

A) L'INTELLECTUALISME professe, selon la maxime socratique, que « la vertu est science » et que « nul n'est méchant le sachant ». Cette formule contient une morale et une pédagogie. Elle admet que le bien peut être déterminé et qu'une éducation de l'âme lui permet de l'obtenir. A l'exception des Sophistes et des Sceptiques, selon lesquels le bien étant relatif aux coutumes et aux institutions changeantes des groupes humains ne saurait être rationnellement compris, toute l'antiquité classique est plus ou moins fidèle à l'idéal d'une *Sagesse.* La Sagesse c'est la détermination d'un *Ordre* universel, confondu avec l'Être total, dans lequel l'homme doit se situer en connaissance de cause afin de vivre heureux. Platon comme Aristote, et plus encore les Stoïciens, ont identifié Réalité et Valeur, en sorte qu'on a dit d'eux avec raison : « Le propre de l'esprit classique est de ne *renoncer* à rien; en trouvant la Vérité, le sage prétendait atteindre, par surcroît, au bien et à la beauté : l'esprit classique et la morale du Sage impliquent la confiance dans l'*Unicité de la Valeur* »[a]. Sans doute on ne doit pas oublier que selon Platon (*République*, VI) « le bien est au delà de l'essence » mais on doit retenir aussi que l'efficacité de la Sagesse consiste à imposer à l'individu comme à l'État un ordre, une harmonie, une mesure, c'est-à-dire une structure de type mathématique (*Gorgias*, 506a-508b).

A la tendance intellectualiste on devrait logiquement rattacher Descartes, selon lequel « il suffit de bien juger pour bien faire et de juger le mieux qu'on

a. Dupréel, [« La place du moment cartésien dans l'histoire de la pensée morale »] Travaux du Congrès Descartes (1937), II, [*op. cit.*, p. 95-100 ;] p. 100[1].

1. Eugène Dupréel (1879-1967). Philosophe et sociologue belge. D'abord docteur en histoire, il soutient ensuite un thèse de philosophie sous la direction de René Berthelot. Couvrant les domaines de la théorie sociologique, de l'histoire de la philosophie, de la philosophie morale et de la philosophie des valeurs, son œuvre est dominée par l'idée de pluralisme. Lecteur attentif des sophistes antiques dont il retient le conventionnalisme, et auxquels il consacrera un livre important (*Les Sophistes,* Neuchatel, Éditions du Griffon, 1949), Dupréel élabore une philosophie probabiliste qui s'appuie sur une critique systématique de l'idée de nécessité. Dans l'*Esquisse d'une philosophie des valeurs* (Paris, Alcan, 1939), il affirme le « pluralisme des valeurs », lesquelles sont irréductibles et relatives les unes aux autres, et ramène les problèmes classiques de la philosophie à un problème de hiérarchisation des différentes valeurs en fonction de leur plus ou moins grandes « précarité » et « consistance ». Ainsi que le rappelle J.-F. Braunstein dans l'introduction au présent volume, « Canguilhem appréciera aussi cette "théorie des valeurs, si originale et si profonde" (*CV*, p. 172) ».

puisse pour faire aussi tout son mieux. » (*Discours de la Méthode*, 3e partie). Les célèbres Lettres de Descartes à la Princesse Élisabeth[a], tout en prétendant corriger et compléter la morale antique, notamment la stoïcienne, ne posent pas autrement qu'elle le problème moral. Toutefois une réserve d'importance doit être faite. Il existe, dans le système de Descartes, une doctrine de la *volonté* conçue comme puissance autonome | par rapport à l'entendement et supérieure 194
en un sens à lui. Cette volonté infinie, infiniment libre, nous rend semblables à Dieu, dont l'attribut essentiel est, selon Descartes, la liberté créatrice. C'est pourquoi dans le *Traité des Passions* Descartes fait de la « *générosité* », sentiment intuitif en chaque homme de l'infinité de son vouloir libre, la clef de toutes les vertus. On conçoit alors que le cartésianisme puisse être d'une certaine façon rattaché aux doctrines intuitivistes, et spécialement à celles selon lesquelles l'intuition morale fondamentale est celle d'une Volonté irréductible à la Raison théorique[b].

Par contre Spinoza professe que l'âme n'a qu'un pouvoir, celui de former des idées, et par suite que sa vertu fondamentale consiste à passer de l'ignorance et de l'illusion à la connaissance vraie, c'est-à-dire à l'affirmation de l'unité de la nature, identique à l'unité de Dieu. Ainsi la « Réforme de l'Entendement » constitue la préface indispensable de « l'Éthique ». La réforme intellectuelle entraîne l'amour intellectuel de Dieu et se confond avec la béatitude qui n'est pas la récompense de la vertu, mais la vertu elle-même.

Enfin on devrait ranger parmi les doctrines intellectualistes toutes les morales scientistes (biologiques ou sociologiques) si elles pouvaient rester entièrement cohérentes.

Toutefois nous devons remarquer que les doctrines intellectualistes précédentes sont des doctrines « métaphysiques » et pour la plupart théologiques. En rapport avec ce caractère indiscutable, on doit noter l'identification établie par elles entre l'intelligence et la déduction. Les morales « scientifiques », si elles peuvent être dites intellectualistes, doivent être dites de type

a. On trouvera ces lettres dans les Éditions de Descartes publiées soit dans la « Collection des Classiques Garnier », soit dans la « Bibliothèque de la Pléiade », – et naturellement dans l'édition Adam et Tannery des *Œuvres Complètes* de Descartes.

b. Lire à ce sujet, de Gurvitch, *Morale théorique et Science des mœurs*, [*leurs possibilités, leurs conditions*, Paris, Alcan, 1937] p. 55 *sq.*[1].

1. Georges Gurvitch (1894-1965). Sociologue, professeur à Strasbourg puis à la Sorbonne, il participa à la rénovation des études sociologiques en France et fonda en 1946 les *Cahiers internationaux de sociologie*. En 1947, Canguilhem y écrira un important compte-rendu de l'ouvrage de G. Friedmann, *Problèmes humain du machinisme industriel* (1946).

inductif. Ces doctrines, auxquelles pourrait convenir l'appellation d'« humanisme empirique », reviennent à penser que la moralité est une donnée de fait de la nature humaine – définie psychologiquement ou biologiquement ou sociologiquement – donnée dont le savant doit d'abord avérer l'existence, dont il doit ensuite tirer toutes les conséquences. Ainsi le savant moraliste ne procède pas comme le Sage, car il calcule à l'usage du vulgaire un système de moyens pour une fin que l'observation révèle être en fait celle
195 de tous, | au lieu que le Sage avait à déterminer l'idéal de l'action par un raisonnement constructif.

Nous rangerons ici les doctrines épicurienne et utilitariste, évolutionniste et les morales sociologiques.

B) L'INTUITIVISME pense, avec le sens commun, que la moralité n'est pas affaire de culture intellectuelle et ne varie pas avec la science ; il tient donc pour vrai que l'action est l'expression d'un effort original et autonome relativement à l'entendement, par là étranger à toute méthode aussi bien qu'à tout programme. L'action et le discours logique sont définis par leur opposition[a]. Selon que l'on envisage la fonction spécifiquement morale de la conscience comme *sentiment* ou comme *volonté*, on obtient deux subdivisions des morales intuitivistes : morales dites sentimentales, morales dites volontaristes.

1) *Les morales sentimentales*

Les morales sentimentales se définissent en général par l'identité qu'elles établissent entre l'impulsion affective et la moralité et aussi par le caractère altruiste et social qu'elles attribuent à cette impulsion morale. Ce sont des morales de la *bonté*. Par là elles s'opposent radicalement à l'épicurisme égoïste et à l'utilitarisme. « Chacun, dit-on, concourt au bien public pour son intérêt. Mais d'où vient donc que le juste y concourt à son préjudice ? Qu'est-ce

a. « Je n'ai qu'à me consulter sur ce que je veux faire : tout ce que je sens être bien est bien, tout ce que je sens être mal est mal ; le meilleur de tous les casuistes est la conscience ; et ce n'est que quand on marchande avec elle qu'on a recours aux subtilités du raisonnement … Conscience ! conscience ! instinct divin ; immortelle et céleste voix ; guide assuré d'un être ignorant et borné, mais intelligent et libre ; juge infaillible du bien et du mal, qui rends l'homme semblable à Dieu, c'est toi qui fais l'excellence de sa nature et la moralité de ses actions ; sans toi, je ne sens rien en moi que le triste privilège de m'égarer d'erreurs en erreurs, à l'aide d'un entendement sans règle et d'une raison sans principe. » Rousseau (*Émile* [1762], IV, *La profession de foi du Vicaire savoyard*).

qu'aller à la mort pour son intérêt ? » interroge Rousseau, dans l'intention de réfuter Helvétius[1] (*Profession de foi du vicaire Savoyard*).

Nous distinguerons dans ces morales celles qui attribuent à une émotion banale, à un sens moral immédiat, le pouvoir de donner, si l'on peut dire, à tout homme son idéal moral, et celles qui attribuent le même pouvoir à une émotion privilégiée, distincte des entraînements automatiques dûs aux passions usuelles[a].

| Dans le premier groupe nous citerons les doctrines de Shaftesbury[2] (1671- 196
1713), de Hutcheson[3] (1694-1747), de Hume (1711-1776), d'Adam Smith (*Théorie des sentiments moraux*, 1759). Selon Smith, la sympathie est cet instinct social qui nous fait vibrer à l'unisson d'autrui, nous porte aussi à désirer l'approbation d'autrui et à craindre sa réprobation. Le principe qui se déduit de cette observation psychologique c'est que nous ne devons agir que dans le sens où notre sympathie nous entraîne.

Dans le second groupe, nous citerons les doctrines de Rousseau et de Schopenhauer, auxquelles on pourrait, en un sens, joindre celles de Tolstoï et même aussi celle d'Auguste Comte.

La doctrine de Rousseau est originale, en ce qu'elle fonde la sociabilité dans un instinct naturel hostile à la société, lieu commun de tous les égoïsmes, corruptrice de l'homme né bon ; on sait que cette doctrine a exercé une influence décisive sur la pensée de Kant, c'est-à-dire sur un intuitivisme volontariste. Il y a ici une liaison possible entre les deux variétés fondamentales de l'intuitivisme.

La doctrine de Schopenhauer (*Le Fondement de la Morale*) repose essentiellement sur la notion de pitié. La pitié c'est l'élan instinctif qui rapproche les unes des autres toutes les créatures malheureuses qui composent un monde absurde. Elle a donc cette vertu d'inviter à communier des êtres que leur nature individuelle sépare. L'égoïsme, « cette plante née de la volonté de

a. Voir à ce sujet Gurvitch, *Morale théorique et Science des mœurs*, [*op. cit.*], p. 37.

1. Claude-Adrien Helvétius (1715-1771). Fermier général, philosophe matérialiste, sensualiste et athée (*De l'esprit*, 1758 ; *De l'homme*, 1772). Bien qu'il collaborât à l'*Encyclopédie*, ses positions furent toutefois critiquées par Diderot.

2. Anthony Ashley Cooper, comte de Shaftesbury (1671-1713). Philosophe britannique qui élabora une morale du sentiment basée sur l'idée que l'homme dispose d'un sens inné du beau et du bien.

3. Francis Hutcheson (1694-1746). Philosophe britannique considéré comme le père des *Lumières écossaises*. Professeur à l'Université de Glasgow où il eut Adam Smith comme élève, Hutcheson développa en la systématisant la morale du sentiment de Shaftesbury.

vivre »[1] est le premier et principal ennemi qu'ait à combattre le motif moral. L'absence de tout motif égoïste, voilà le critérium de l'acte qui a une valeur morale. Et seule la pitié peut vaincre l'égoïsme. « L'homme heureux demeure étranger à notre cœur. »[2] La justification de cette théorie est dans la métaphysique de Schopenhauer, doctrine panthéiste selon laquelle la multiplicité des êtres dans l'espace et le temps est l'illusion génératrice de tout mal, l'étant de toute opposition. La multiplicité et l'individuation des êtres sont des apparences qui doivent être niées. La pitié c'est donc la négation de l'individualité et la fusion dans l'être universel. « C'est un seul et même être qui se manifeste dans ce qui vit. »[3] L'autre que moi et moi-même sommes le Moi absolu, cette Volonté universelle dont l'impuissance définitive à trouver ce qu'elle cherche conduit le philosophe à définir le Bien comme un refus universel opposé à l'impulsion tragiquement dérisoire de la Vie.

197 | Dans la doctrine de Comte[a], le penchant moral est défini comme altruisme en général. Encore que Comte raille l'intuition individuelle des morales sentimentales du XVIIIe siècle, il n'en parle pas moins de sociabilité spontanée, d'instincts sympathiques et d'affections bienveillantes. Toutefois son originalité consiste à noter la faiblesse initiale, le peu de vigueur de ces impulsions et par suite à sentir le besoin d'une éducation morale de cet amour habituellement masqué par l'égoïsme. La moralité consiste à faire prévaloir progressivement l'humanité sur l'animalité, c'est-à-dire l'altruisme sur l'égoïsme. La morale positiviste met donc au service d'un instinct l'efficacité d'une technique sociale éclairée par une théorie sociologique de l'espèce humaine.

Ce qu'il y a de remarquable dans les théories soutenues par les diverses écoles sentimentales, c'est l'accent qu'elles mettent toutes sur le phénomène social comme essentiel à toute moralité[b] : ce trait les caractérise peut-être mieux que le sentimentalisme même, parce qu'il permet de les opposer plus nettement aux écoles intellectualistes, qui sont presque toutes individualistes (sauf les sociologistes). Les deux traits ensemble doivent nous permettre de comprendre pourquoi la plupart des morales sentimentales seront classées un

a. On trouvera un exposé facile à lire dans le *Discours sur l'Esprit positif* [1844], deuxième partie, chap. II et III.

b. On trouvera l'opinion contraire dans le livre de Gurvitch déjà cité, mais la même opinion dans le *Traité de Morale* de Dupréel (Bruxelles, [Éditions de la Revue de l'Université de Bruxelles] 1932), t. I, p. 146.

1. A. Schopenhauer, *Le Fondement de la morale* (1840), § 14.
2. *Ibid.*, § 19, alinéa 6.
3. *Ibid.*, § 22.

peu plus loin comme doctrines du sacrifice. En effet, de ce que l'altruisme seul fait l'honnêteté, il résulte que la seule action bonne est celle qui est faite par abnégation, par dévouement, et qui sacrifie donc ce côté utilitaire de la vie sur lequel insisteront tant les morales de l'intérêt. On peut remarquer encore que la notion vulgaire de l'honnêteté rencontre ici la spéculation des sentimentalistes. Pour la conscience populaire, une action vertueuse n'est jamais une action égoïste.

2) *La morale de Kant : Intuitivisme volontariste*

On peut considérer la doctrine kantienne qui sera exposée plus loin, comme une espèce d'intuitivisme dans le sens suivant : Kant ne fait pas de l'action morale le résultat d'une analyse quelconque mais seulement le fruit de
« la bonne Volonté » ; par cette | dernière expression empruntée au langage **198**
populaire, il entend que la fonction *pratique* est celle d'une faculté qui manifeste quasi intuitivement la position de l'homme dans le monde : cette position c'est celle d'un être qui, par ses appétits et sa sensibilité, participe de la nature phénoménale, et par sa raison participe d'une Surnature.

Pour un tel être, le problème moral, c'est la difficulté issue de sa dualité même ; l'honnête homme est celui qui, sachant quelle est sa nature sensible, s'efforce pourtant d'agir en vertu de sa nature rationnelle pure. Pareillement, on pourrait dire que l'homme moral c'est une bête qui s'efforce d'agir comme un ange. (Voir plus loin les préceptes proprement dits de la doctrine.) Mais c'est l'inspiration générale de la doctrine qui doit nous permettre le mieux de la classer ; très explicitement, elle s'oppose à toutes les morales du bonheur, de l'intérêt, de l'égoïsme, de l'altruisme ; bref elle réclame la « pureté » de l'action morale.

Quelle portée, proche ou lointaine, empirique ou métaphysique doit-on attribuer à l'action morale ?

La question de la valeur de l'action morale c'est de savoir vers quelle fin absolument définie l'effort moral nous oriente et nous conduit. Sur ce point on peut établir une répartition des doctrines qui correspond à peu près à la division déjà reconnue entre les empiristes réalistes et les rationalistes idéalistes.

D'un côté, les doctrines de l'intérêt, du bonheur et aussi bien des doctrines sentimentales ont ceci de commun que le devoir ou la recherche du bien y sont prescrits comme un moyen propre à l'homme de s'adapter à la réalité et de s'en accommoder. Cela est évident pour les morales du bonheur ou de l'intérêt, mais est vrai également pour ceux qui ne voient dans la sympathie ou la pitié que des réactions appropriées à des conditions de vie. La sympathie, même sous la forme douloureuse de la pitié, est un sentiment passif, spectaculaire en quelque sorte, et nullement prospectif ou réformateur[a].

De l'autre côté, les doctrines soit métaphysiques ou mystiques, soit
199 idéalistes ou progressives, tiennent la conscience morale comme | une fonction originale, irréductible à toute autre. Les premières pensent qu'elle consiste à découvrir un monde surnaturel imperceptible à la pensée scientifique; les secondes pensent qu'elle est essentiellement créatrice et productrice progressivement d'un ordre idéal corrigeant le monde réel, tenu dès lors pour un désordre.

En bref, les doctrines morales se partagent sur la question simple mais grave de savoir si l'ordre moral est fait ou donné, ou si l'homme tend à le faire et à se le donner. La position de la morale kantienne est ici à nouveau quelque peu ambiguë, car il est bien vrai que selon Kant le devoir moral ne consiste nullement à ratifier un fait d'existence, mais il est vrai aussi que, selon lui, la vie morale nous donne accès à un monde intelligible de « choses en soi » dont il n'est pas interdit de penser qu'il est la réplique, dans le système kantien, de la surnature qui a sa place dans tout système théologique ou métaphysique.

La manière même dont nous avons formulé plus haut le problème moral, et aussi les rapports du phénomène moral et des phénomènes scientifiques, doit logiquement nous amener ici à opter en faveur d'une interprétation rationaliste et idéaliste de la conscience; mais il convient de remarquer ici encore qu'il ne servirait de rien et qu'il serait plutôt nuisible de croire à une réalité rationnelle, faite une fois pour toutes, de la conscience humaine.

Ce qui nous paraît devoir être retenu des théories idéalistes, c'est qu'une véritable honnêteté ne peut consister en aucun cas dans un simple effort utilitaire d'adaptation au milieu; on ne peut pas dire que tous les hommes agissant et même agissant de façon «correcte» dans un milieu social donné se conduiront de la *meilleure* façon possible.

Il faut bien comprendre que la conscience morale c'est avant toute une conscience créatrice d'elle-même ou encore *progressive*, et par conséquent nous n'avons à aucun moment, et quoique nous ayons fait, le droit de nous considérer une fois pour toutes comme devenus honnêtes. Autrement dit, la conscience morale a cette valeur d'être perpétuellement à la recherche de ce qu'elle n'est pas en fait, et de ce qu'elle ne saurait être d'une façon durable.

a. Voir plus loin la différence entre la charité et la pitié, chap. VII [cf. *infra*, p. 863].

C'est pourquoi d'ailleurs nous devons considérer les morales intellectualistes comme des représentations plus utiles de la moralité | parce 200
que, mieux que leurs opposées elles nous représentent ce qu'il y a toujours d'effort nécessaire dans la recherche du bien pratique.

Le danger des morales sentimentales, c'est surtout de laisser croire qu'il suffit d'une certaine structure donnée en fait, pour qu'une âme soit définitivement excellente; les gens bienveillants peuvent n'exercer que des influences désastreuses parce qu'il y a une certaine paresse qui est incluse dans toute bonté. Au contraire, on ne peut jamais dire qu'on est définitivement devenu intelligent; car être intelligent, cela implique, non la possession de l'intelligence, mais l'effort pour l'acquérir. Les doctrines intellectualistes ont du moins cet avantage de ne pas entretenir en nous de puériles illusions. Il est vrai que très souvent aussi l'exercice de l'entendement n'exclut pas un certain dogmatisme. Mais, en droit, il est normal que l'intelligence soit d'elle-même plus critique que le sentiment.

CONCLUSION : NATURE ET VALEUR PROGRESSIVE DE L'ACTION MORALE

Il n'y a pas de solution *définitive* du problème moral, parce que l'homme n'est pas un être *fini*. Être vivant, *l'homme n'est pas parfaitement adapté*, puisqu'il souffre et meurt. Être social, *l'homme n'est pas parfaitement civilisé*, puisque toute civilisation a ses crises et son déclin. « Nous autres, civilisations, nous savons à présent que nous sommes mortelles »[1] (Valéry).

De même qu'en l'individu, les *tendances* ne sont pas constituées une fois pour toutes, et ne deviennent conscientes que par leurs conflits mutuels ou les obstacles que la réalité leur oppose, – de même dans la société, les *fonctions* et les *techniques* ne sont pas ordonnées une fois pour toutes et ne peuvent être réglementées que pour mettre fin provisoirement aux rivalités d'intérêts que suscite leur développement spontané et d'abord incohérent.

Ainsi le bien des personnes et le bien des sociétés ne peut être défini initialement et irrévocablement. Chaque personne, chaque génération, chaque société a ses *problèmes propres* qu'il n'appartient qu'à elle de résoudre. A moins de nier le *temps* et *l'histoire*, il faut bien admettre que l'*homme se fait* et qu'il n'est pas fait pour un monde invariable dans lequel il tiendrait une place fixe. Comprendre et construire, savoir et pouvoir sont des fonctions humaines | 201

1. P. Valéry, *La crise de l'esprit* (1919), Première lettre, première phrase.

ouvertes sur leur correction et dont l'avenir est, à chaque instant, imprévisible. Par suite, ce que l'homme *doit* tenter, quand il souffre de ne trouver dans son savoir ni dans son pouvoir actuels une réponse à ces problèmes que lui posent l'incohérence de ses inclinations ou l'anarchie des obligations sociales, cela ne peut être déduit a priori et quasi automatiquement de quelque principe ou de quelque système. Lequel vaut mieux du syndicalisme ou du corporatisme pour résoudre les problèmes sociaux actuels, ce n'est pas un problème dont on puisse trouver la solution toute faite dans les morales aristotélicienne ou évangélique. A plus forte raison, cela ne peut être senti dans un cœur pur.

Faut-il renoncer à définir d'avance ce à quoi on pourra rapporter des solutions possibles pour choisir entre elles la plus valable ? Il ne le paraît pas. Si le mot de *valeur* a un sens, c'est en tant qu'il désigne le contraire du *fait.* Tout en avouant l'impossibilité de fixer une fois pour toutes ce qu'est en fait le Bien et qu'elle est en fait la destinée humaine, nous voyons dans cette impossibilité même l'essence de la valeur morale. *La valeur morale c'est de créer de l'unité, là où elle n'est pas.* La moralité du savant c'est de réduire la diversité phénoménale à l'unité des lois; la moralité de l'artiste c'est d'établir la communion entre la nature et l'homme; la moralité du politique c'est d'établir une communauté entre les hommes; – et la moralité de tout homme, éparse en ses vertus et identique en toutes, consiste en une concentration de ses efforts, en la construction progressive d'une personnalité responsable.

C'est pourquoi *la seule fin* qu'on puisse *a priori* proposer à une volonté c'est de réserver et de préserver dans toutes les solutions qu'elle choisira son droit à mieux poser et à mieux résoudre des problèmes, informée qu'elle sera par une expérience plus ou moins heureuse, mais qu'il n'était donné à personne de vivre pour elle. Dire que la personne humaine doit se prendre elle-même pour fin, ce n'est pas engager à l'égoïsme, car l'égoïsme c'est le refus de tout sacrifice, alors que la personne morale ne peut s'affirmer que par l'aveu de valeurs dont elle se sent tenue, au prix de sacrifices individuels, de servir l'avènement.

| CHAPITRE IV 202

EXPOSÉ ET APPRÉCIATION DES PRINCIPALES CONCEPTIONS DE LA VIE MORALE

De même qu'en matière de science l'esprit ne consulte utilement l'expérience qu'en se formulant les questions qu'il entend lui poser, de même en matière de philosophie l'esprit ne consulte avec fruit les systèmes et l'histoire de la pensée qu'en fonction de ses propres positions et de ses propres problèmes. C'est pourquoi il fallait d'abord définir une attitude morale possible, une certaine signification donnée au problème moral avant d'entreprendre un examen des principales conceptions proposées par les philosophes relativement à la manière de former un idéal de la conduite et de lui donner un aspect concret et pratique.

On pourrait se proposer de classer ces conceptions, et on établirait qu'en gros deux types d'idéal moral et donc de doctrine se partagent la pensée philosophique, un idéal d'intérêt ou de conservation d'une part, un idéal de sacrifice d'autre part. On reconnaît le rapport qui lie ces idéaux à l'intellectualisme réaliste d'une part, à l'intuitivisme idéaliste d'autre part.

Mais c'est un fait bien digne d'être noté, et dans lequel il faut voir sans doute comme un signe du caractère concret du jugement moral, que bien des systèmes de morale en viennent, contre les intentions déclarées de leurs auteurs ou en dépit des postulats initiaux, à prendre un aspect contraire de celui qui devrait être normalement le leur. Pour prendre quelques exemples, on voit la morale chrétienne du sacrifice dégénérer assez souvent, par la doctrine du salut personnel, en une sorte de calcul d'intérêt à échéance posthume et surnaturelle ; inversement la morale utilitaire de Mill arrive, par la doctrine de l'intérêt général, à prendre | pour devise un précepte évangélique et à se donner 203
pour une morale du sacrifice. Il arrive enfin que des moralistes prétendent

servir un idéal précaire et donc proprement virtuel, tout en l'induisant de l'observation de la réalité et de l'actualité. C'est le cas notamment des morales sociologiques modernes; ce sont des morales du sacrifice individuel et par certains côtés des morales de conservation sociale, de sorte que malgré leur aversion pour l'utilitarisme, elles y reviennent en un certain sens.

Nous maintiendrons cependant le principe d'une classification des idéaux et des doctrines en distinguant deux groupes possibles : 1) les morales de l'intérêt, comprenant les morales *hédonistes*, morales du plaisir égoïste et immédiat, les morales *eudémonistes*, morales du bonheur personnel et de l'intérêt égoïste, les morales de *l'intérêt général*; 2) les morales du devoir, comprenant les morales chrétiennes, la morale kantienne, les morales sociologiques.

I. L'INTÉRÊT

Morales du plaisir (Hédonisme)

Ce sont des morales naturalistes : on découvre dans la nature humaine, psychologiquement définie, une fin poursuivie universellement. Il s'agit alors de préserver cette fin des illusions qui la masquent. *Le problème de moralité se réduit à un problème d'habileté individuelle ou sociale.*

1) *Aristippe de Cyrène*[1] (disciple de Socrate) : « Le sentiment nous assure que le plaisir est notre fin puisque la nature nous y porte dès l'enfance. » Tous les plaisirs sont égaux, point de hiérarchie. On doit seulement s'aviser *de ménager sa capacité de plaisir futur* en refusant de se laisser absorber par le souvenir ou l'attente du plaisir.

2) On peut citer dans le même groupe la doctrine de *Fourier*[2], l'un des fondateurs du socialisme.

La doctrine de Fourier consiste précisément dans l'essai de systématisation, par une organisation sociale adéquate, de l'impulsivité passionnelle que l'hédonisme met à la base de l'action.

1. Aristippe de Cyrène (vers 435-356 av. J.-C.). Philosophe grec qui fonda en -399 l'école hédoniste de Cyrène. Identifiant bonheur, plaisir et vertu, les cyrénaïques affirment que le bonheur est moins une fin en soi que la somme de plaisirs particuliers.

2. Charles Fourier (1772-1837). Philosophe et économiste qui fut l'un des grands noms du socialisme utopique français. Adversaire de la société industrielle bourgeoise, il critiqua également les théories de Robert Owen ainsi que le saint-simonisme.

Pour cela, il semble à Fourier que suffise une organisation rationnelle mise à la place du hasard qui régit en fait la production : c'est une petite cité de quelque 1.600 membres qui constitue sous | le nom de phalanstère l'organisa- 204
tion en question ; le choix de citoyens se fait d'un point de vue psychologique, de telle sorte que les prédominances passionnelles dans chaque individu se complètent les unes les autres pour le mieux de leur association.

Peu importe ici le détail de la théorie psychologique qui préside à ce choix. L'essentiel est de voir que par un tel système, qui demeure en quelque sorte extérieur à chaque pensée individuelle, toute contrainte sur celle-ci est d'abord écartée ; c'est donc en laissant simplement jouer en toute liberté les *passions* individuelles que l'harmonie collective est obtenue ; et ainsi on est aussi près qu'il est humainement possible du principe hédoniste pur.

Morales du bonheur individuel (Eudémonisme)

On peut admettre la légitimité de l'égoïsme et de la recherche du plaisir mais apporter à cet idéal une correction décisive : c'est la nécessité reconnue pour l'homme, être intelligent, de calculer à l'avance son désir pour une durée à venir. Une telle correction modifie assez profondément la recherche primitive pour qu'il soit utile de changer le vocabulaire. Si je *calcule* ma vie à l'avance ce n'est plus mon plaisir que je cherche, c'est mon *bonheur*

Épicure propose un système de règles de calcul, d'ailleurs assez simples puisque nous les voyons plus ou moins habilement appliquées par la grande majorité des hommes dits civilisés. Selon Épicure c'est négativement que le plaisir se définit, par l'absence de trouble et l'absence de douleur. Il y a deux sortes de plaisirs : les plaisirs du repos, les plaisirs du mouvement. Il faut préférer les premiers aux seconds et les plaisirs de l'esprit à ceux du corps, car le corps ne souffre que de l'affliction présente au lieu que l'esprit souffre en plus du passé et de l'avenir.

Les plaisirs du corps sont : naturels et nécessaires (une nourriture sobre) ; naturels et non nécessaires (une nourriture recherchée) ; non naturels et non nécessaires (luxe).

Le sage doit se contenter des premiers et ne pas choisir les plaisirs qui entraîneraient à leur suite une douleur. Cette morale se termine en abstention, en renoncement. On arrive à fuir le plaisir par amour du plaisir. La morale épicurienne est, malgré la légende, une morale de la sobriété, de la simplicité. C'est une | morale au fond pessimiste. L'*impassibilité*, sans être 205
source de jouissance positive, nous met à l'abri du malheur, c'est-à-dire d'une succession chronique de grandes douleurs.

Examen de l'hédonisme et de l'eudémonisme.

Du moment que toute morale du plaisir comporte, sinon toujours abstention et renoncement, du moins le discernement appliqué aux impulsions, *le plaisir n'est pas une règle puisqu'il est lui-même réglé.* C'est la capacité de discernement et d'abstention qui dirige la conduite.

Mieux encore, le plaisir n'est pas la fin de l'action comme son but, il est la fin de l'action comme son terme, comme signe que l'action a atteint sa fin. Le plaisir est postérieur à la tendance et à l'activité. Le plaisir est l'appréciation que le sujet porte en tant que tel sur la tentative d'assimilation de l'objet à sa propre forme. La jouissance suppose toujours une création, une invention préalable. On a plaisir à agir, c'est-à-dire à être libre, non à subir. Le plaisir est donc subordonné à la fin dont il traduit l'obtention. *Le plaisir ne peut survivre longtemps à la recherche, à l'effort dont il signale le succès.*

C'est donc dans l'effort de libération qu'il faut chercher la fin de l'activité et non dans l'appréciation de la valeur et du sens de cet effort.

Les morales de l'utilité (Utilitarisme).

De *l'hédonisme* à *l'utilitarisme*, la notion du plaisir se transforme en celle *d'utilité*, mais il s'agit toujours d'une fin limitée à la satisfaction individuelle.

Au XVIIe siècle, *La Rochefoucauld* peut être considéré comme un précurseur. Le fond de la nature humaine c'est *l'amour-propre* ou *l'égoïsme.* Toutes nos actions se rapportent à nous-mêmes. « L'amitié la plus désintéressée n'est qu'un commerce où notre amour-propre se propose toujours quelque chose à gagner. »[1] « La pitié est souvent un sentiment de nos propres maux dans les maux d'autrui. »[2] « Les vertus se perdent dans l'intérêt comme les fleuves se perdent dans la mer. »[3]

Mais, aux yeux de La Rochefoucauld, cette nature humaine est une « nature
206 corrompue par le péché »[4]. La recherche de l'intérêt | individuel est pour ce moraliste moins un idéal qu'un fait.

1. F. de La Rochefoucauld, *Réflexions ou sentences et maximes morales* (1665), maxime 83.

2. *Ibid.*, maxime 264.

3. *Ibid.*, maxime 171.

4. *Ibid.*, *Préface* à la 5e édition (1678).

Avec *Bentham*[1], économiste anglais du XVIIIe siècle, l'intérêt, mot d'ordre du commerce alors en plein essor, devient aussi le premier et le dernier mot de la psychologie et de la morale[a].

L'utilité, c'est la propriété qu'a une chose de préserver d'un mal et de procurer un bien. *Mal* c'est douleur ou cause de douleur, *bien* c'est plaisir ou cause de plaisir. « Peine et plaisir c'est ce que chacun sent comme tel, le paysan ainsi que le prince, l'ignorant ainsi que le philosophe »[2].

La vertu se ramène alors à un *calcul des plaisirs*, à une arithmétique dont le résultat n'est plus négatif comme chez Épicure mais positif. L'action calculée utilitairement amènera un surplus de bien-être, soit pour l'individu, soit par solidarité pour la société. La comptabilité morale des plaisirs fera intervenir : 1) *durée* ; 2) *certitude* ; 3) *pureté* (par rapport à la douleur) ; 4) *fécondité* (c'est-à-dire possibilité de plaisirs futurs) ; 5) *étendue* (c'est-à-dire le nombre d'individus qu'il peut intéresser). Ainsi le calcul conduira finalement à vouloir *le plus grand bonheur pour le plus grand nombre.*

Morale de l'« intérêt général »

L'idée d'une arithmétique des plaisirs suppose que l'on puisse traiter le sentiment comme une quantité, bref qu'on lui retire son caractère essentiel de relativité subjective.

Il faut admettre que ce que l'on *escompte devoir être plaisir*, le sera effectivement. Or l'anticipation transforme et souvent détruit le plaisir. Les plaisirs et les maux sont sous la dépendance de l'imagination.

Il faut admettre que l'on peut calculer le plaisir d'autrui. Il s'agit très exactement alors d'une rationalisation de l'activité, d'un taylorisme du bonheur. Dès lors on nie l'originalité individuelle, tout en ayant l'air de chercher dans l'individu le sens de la conduite.

Stuart Mill, qui a été élevé par son père James Mill selon les principes de Bentham, est aussi celui qui a le mieux exposé la faillite du système : « Demandez-vous si vous êtes heureux et vous cessez de l'être … pour être

a. Cet exposé s'inspire du livre de M. Brunschvicg, le *Progrès de la Conscience dans la Philosophie occidentale* [Paris, P.U.F., 1927].

1. Jeremy Bentham (1748-1832). Philosophe et jurisconsulte britannique, considéré comme fondateur de l'utilitarisme moral. Cf. *Introduction aux principes de la morale* (1789), et *Traité des peines et des récompenses* (1811).
2. Bentham (1789) cité par Brunschvicg, p. 429.

207 heureux, il n'est qu'un moyen, qui | consiste à prendre pour but de la vie non le bonheur, mais une fin étrangère au bonheur. » (*Autobiographie*[1]).

En résumé, l'arithmétique des plaisirs enlève à la vie le ressort même du plaisir, c'est-à-dire la capacité subjective d'invention, de création, d'imprévu. Avec le risque disparaît aussi le sel de la vie. C'est une morale de commerçant prudent.

John Stuart Mill (*l'Utilitarisme*, 1861) apporte à la morale de l'intérêt cette correction importante : il faut tenir compte non seulement de la *quantité* mais aussi de la *qualité* des plaisirs. Il y a des plaisirs qui ont plus de valeur que d'autres. Qui en jugera? L'homme compétent qui, ayant goûté de tous les plaisirs, donnera la préférence aux plus élevés. Aucun homme n'accepterait d'être transformé en animal. Il vaut mieux être un homme mécontent qu'un pourceau satisfait, être Socrate malheureux plutôt qu'un imbécile content.

Avec cette correction expresse, Mill considère comme indiscutable l'équation entre moralité et intérêt bien entendu.

D'autant plus qu'il peut expliquer par là que certains hommes renoncent volontairement à leur part de bonheur. Se sacrifier c'est refuser d'être heureux soi-même, mais c'est vouloir le plus grand bonheur d'autrui. Le sacrifice a sa valeur dans son utilité pour accroître la somme de bonheur de l'humanité. « Un sacrifice qui n'augmenterait pas la somme de bonheur serait inutile. »[2] De sorte que « la règle d'or de Jésus de Nazareth »[3] : traiter son prochain comme soi-même, est la règle d'idéale perfection de la morale utilitaire.

Mais comment prouver que la recherche du bonheur est la fin de la conduite humaine ? On ne prouve pas des fins. On montre que telle ou telle fin est poursuivie en fait par les hommes. Mais, dira-t-on, les hommes ne veulent pas seulement être heureux, ils veulent aussi être vertueux. Mill répond en invoquant le transfert des sentiments. La vertu a été désirée comme un moyen pour le bonheur avant d'être aimée pour elle-même.

En parlant des plaisirs de *valeur* différente, Mill introduit dans son système une notion qui ne dérive pas de son principe. Dès qu'on a choisi parmi les plaisirs, dès qu'on a jugé de la qualité du bonheur, dès qu'on pose un ordre des
208 satisfactions, il ne peut plus | être question d'une morale du plaisir. Dès qu'on

1. J. S. Mill, *Mes mémoires* (1873), trad. fr. M. E. Cazelles, Paris, Alcan, 1894, p. 136.

2. J. S. Mill, *De l'utilitarisme*, trad. fr. P. Lemaire, Paris, Hatier, 1922, p. 32-33 pour cette citation et celle qui suit.

3. *Ibid.*

pense à justifier les plaisirs d'une façon universellement valable, le plaisir est subordonné.

Subordonner le sacrifice à l'utilité, lui retirer valeur en soi c'est faire du sacrifice un placement à coup sûr. Quand le sacrifice a réussi, est approuvé, il y a coïncidence entre sa valeur et son utilité. Mais se sacrifier c'est toujours miser sur un imprévu. L'utilité est plus souvent postérieure qu'antérieure au sacrifice. L'utilité actuelle est souvent le fruit d'un sacrifice passé, d'une invention obstinément voulue par *un contre tous*. L'invention est souvent par rapport à l'idée générale que les contemporains se font du vrai ou de l'utile une absurdité ou une folie.

Enfin la règle chrétienne, traiter son prochain comme soi-même, ne peut être exprimée du point de vue individuel du plaisir ou de l'intérêt mais du point de vue universel de la valeur. Les plaisirs varient. Comment savoir si je dois désirer pour autrui ce que je désire pour moi ? Je ne puis imposer à autrui *mon* bonheur. Je puis seulement vouloir qu'il soit libre de créer son bonheur à ses risques comme je sais que je dois être libre de créer le mien. Le bonheur doit naître de l'effort personnel. Je dois seulement veiller que la recherche de mon bonheur ne prive pas autrui des *moyens* de faire le sien. Mais je ne puis vouloir pour lui *la fin* de ces moyens. Je ne puis donc aimer en autrui que ce qu'il voudra devenir *par sa propre valeur*.

Examen. – Il s'agit de savoir si la morale utilitaire, en se fondant en dernier ressort sur la valeur de l'intérêt général, propose à l'activité morale un idéal possible, non pas comme un état à faire, car ce serait là pour une morale un mérite, mais comme un état actuellement réel et donné, car c'est là que cette morale prétend puiser sa force. Et surtout il s'agit de savoir si l'on peut poser comme une vérité que chercher l'intérêt général c'est pour chaque individu chercher, malgré les apparences, son intérêt propre. Or il est vrai que « les hommes ont les mêmes intérêts lorsqu'ils sont associés et dans les limites de leur association » (Dupréel)[a]. Mais *si l'association* | *est un fait de volonté, la* 209
société est un fait de nature. Les sociologues contemporains ont raison contre Rousseau, mais Rousseau n'a pas tort puisqu'il se pose le problème de transformer la société de fait en association de droit[b]. Toute société de fait est un groupement de groupes d'ordre religieux, économique, politique, esthétique, etc., dont les intentions ni les exigences ne sont les mêmes, parce qu'elles

a. On trouvera dans le *Traité de Morale* de Dupréel, [*op. cit.*], (t. I, p. 58) un examen critique très suggestif de la notion d'intérêt général.

b. Voir la leçon sur le Devoir et le Droit [cf. *infra*, chap. VI, p. 847 *sq.*].

supposent des institutions et des traditions différentes. Bref, la société de fait n'est pas homogène. L'intérêt du groupe rural n'est pas l'intérêt du groupe industriel. En sorte que parler d'intérêt commun d'une société empirique c'est parler d'une chimère. On peut parler de l'intérêt commun des membres d'une société de chant choral ou d'une société d'anciens combattants, on ne peut pas parler sans confusion de l'intérêt général des Français tant qu'on n'a pas défini l'idéal commun que recouvre la qualité de Français. On ne peut parler d'intérêt général d'un groupe que lorsque le groupe est *postérieur* à la définition de cet intérêt auquel chaque membre adhérent souscrit en s'agrégeant au groupe. Pour employer le vocabulaire de la logique, il y a intérêt général pour autant que le genre, c'est-à-dire la collection d'individus par ailleurs tous divers, est en rapport avec une compréhension, c'est-à-dire une définition – ici une convention – ou un contrat. On voit alors que la morale ne peut pas être fondée sur l'intérêt général comme sur une donnée de la nature humaine, mais qu'elle doit précisément servir à faire qu'il y ait enfin, au lieu des rivalités actuelles d'intérêts, un intérêt général humain.

II. Le devoir

Nous grouperons sous le titre de *morales du Devoir* les doctrines qui montrent dans la moralité humaine le fruit d'une obligation évidemment oppressive pour les penchants égoïstes, de quelque façon d'ailleurs qu'on apprécie dans l'absolu cette obligation. Autrement dit, au commencement de toute moralité, il y a l'abnégation, et le sacrifice par l'individu de ce qui lui serait naturellement le plus précieux. La question de savoir pourquoi ce sacrifice s'impose à l'individu reviendrait à déterminer à quelle fin le sacrifice est accompli et c'est sur ce point que les doctrines diffèrent.

210 | *Morale chrétienne*

C'est la morale traditionnelle pour l'homme moderne qui exprime le mieux l'obligation du sacrifice. La loi du dogme chrétien c'est que la valeur de la créature humaine n'est que dans son rapport de filiation au Créateur, le même pour toutes les créatures. De là une règle catégorique d'amour des hommes entre eux. En sorte que humilité vis-à-vis de soi et charité à l'égard d'autrui sont les deux devoirs fondamentaux.

Cette morale doit être appréciée en fonction de la solution donnée au problème général des rapports de la morale et de la religion.

La religion est un système de *croyances* et de *rites* fondant la cohésion d'une société en donnant à la vie humaine un sens relatif à une *tradition* et à une destinée.

Il est impossible de séparer primitivement religion et morale, qui coïncident dans la coutume sociale. Selon Bergson, la fonction religieuse crée des *mythes* par lesquels le pouvoir dissolvant de l'individualisme critique, la crainte née de l'idée de la mort, l'angoisse devant l'imprévisibilité de l'avenir et le risque de l'action sont corrigés. (*Deux sources de la Morale et de la Religion.*)

Or, la fonction fabulatrice ou mythologique est critiquée progressivement par la fonction scientifique. D'autre part la fonction philosophique tend à séparer l'idée spirituelle de perfection ou d'absolu de l'image populaire anthropomorphique de la divinité. Dans l'*Eutyphron* de Platon, Socrate explique qu'être juste ce n'est pas faire ce qui *plaît* à Dieu (le bien n'est pas le bon plaisir de Dieu), mais que ce qui plaît à la Divinité c'est l'homme juste (dont l'intention vers le bien est pure). Inversement, au Moyen Âge, Duns Scot est allé jusqu'à dire que le meurtre ne serait pas un péché si Dieu l'avait prescrit. Faire son devoir serait alors subir un décret arbitraire.

Or, une morale religieuse ne peut pas être qu'une *morale de l'autorité.* Si elle prétend s'imposer sans discussion, elle est un dressage, non un principe de vie intérieure, de développement personnel.

Si une morale religieuse est aussi une *morale de l'amour*, elle ne peut être une morale autoritaire. Spécialiser Dieu, en faire par une définition exclusive
la propriété d'un groupe, c'est nier l'idée | même de Dieu. Il n'y a pas de plus **211**
sûre méconnaissance de Dieu que de penser qu'en sont exclus ceux qui s'en font une autre idée. « Il y a bien des demeures dans la maison de mon Père », dit Jésus. « Celui qui aime Dieu ne peut pas exiger que Dieu l'aime en retour »[1], dit Spinoza.

En bref, est-ce la conformité littérale à *une seule sorte* de rites ou de règles qui fait la valeur de la conduite ?

Est-ce la pureté morale, l'intention de chercher par les actes une valeur de la vie (dont la valeur se reconnaisse à ceci que tout homme y puisse participer et s'en trouver grandi) qui fait la valeur et de la vie religieuse (pour ceux qui ne font pas de la religion une commodité) et aussi de toute vie ordonnée hors de la religion ?

1. Spinoza, *Éthique*, 5e partie, proposition 19.

La morale Kantienne

– Fondements de la Métaphysique des mœurs (1785)[a].
– Critique de la raison pratique (1788).

Dans la *Critique de la Raison Pure* (1781) Kant est parvenu à cette conclusion : *il n'y a pas de « connaissance » de l'absolu.* La connaissance ne peut porter que sur des objets d'expérience, déterminés selon l'espace, le temps, la mesure, la causalité. Ainsi, l'âme, la liberté, Dieu, ces trois problèmes classiques de la métaphysique ontologique ne peuvent recevoir de solution théorique définitive[b].

Il s'agit pour Kant de trouver à la conscience morale et à ses jugements la garantie d'une valeur qui ne dérive pas d'une chimérique affirmation de l'absolu (théologie ou ontologie) et qui pourtant ne soit pas induite de l'expérience usuelle (comme l'est par exemple la valeur du plaisir ou de l'intérêt dans l'hédonisme épicurien ou l'utilitarisme anglais) car il serait absurde de trouver des règles concernant ce qui doit se faire, dans l'expérience de ce qui se fait. La morale ne peut donc être fondée « ni dans le ciel ni sur la terre » (F.M.M[1]). Il faut déterminer *a priori* les règles d'une action valable ; on ne peut les trouver que dans la capacité d'affirmer des propositions indépendantes des cas singuliers, auxquels on les applique, comme des individus qui les appliquent.
212 Ce pouvoir | d'affirmation universel, a priori, c'est *la Raison.* La morale kantienne est donc une *morale rationnelle.*

Puisqu'il est impossible de définir métaphysiquement un « but » absolument bon de l'action, il faut chercher la valeur de l'acte dans son « principe ». Un acte peut manquer son but et être bon dans son intention. Ce qui fait la volonté bonne ce n'est pas son succès ou son adresse (valeurs techniques) mais sa droiture (valeur morale). Et cette droiture ou bonne volonté réside dans le pur rapport intime et secret (tout acte perçu de l'extérieur peut être diversement interprété) entre *l'impératif* et l'exécution. Être habile ou prudent, c'est obéir à des *impératifs hypothétiques* (si tu veux ceci, fais cela) ; être moral, c'est obéir à des *impératifs catégoriques* (fais ceci), *par respect* pour la valeur du devoir. Ce respect moral humilie en nous les penchants sensibles (égoïsme, recherche du bonheur individuel) mais grandit en nous l'être raisonnable que

a. En abrégé, F.M.M.

b. Voir *Logique*, chap. IX [*supra*, p. 799-800].

1. E. Kant, *Fondements de la métaphysique des mœurs*, Édition de l'Académie de Berlin (AK), IV, p. 425.

nous sommes. « Le devoir est la nécessité d'accomplir l'action par respect pour la loi. »[1] (F.M.M.) Ne pas mentir, ne pas voler, ne pas se tuer sont des impératifs absolus, des lois universelles. La loi morale c'est la forme universelle d'un acte, ce qui doit être fait sans considération de circonstances. L'immoralité consiste à vouloir ce qu'on ne peut pas avouer être universellement valable.

D'où la première formule de l'impératif catégorique : « *Agis uniquement d'après la maxime dont tu peux vouloir en même temps qu'elle devienne une loi universelle* »[2].

Mais vouloir ce n'est pas seulement vouloir selon des règles, c'est vouloir quelque fin. Y a-t-il une fin universelle de toute action ? Une telle fin ne saurait en aucun cas être un *moyen*, puisque le propre d'un moyen est de n'avoir de valeur que relative et variable. Or si les *choses* sont des moyens pour les *personnes*, les personnes, elles, sont des fins, puisque fins et valeurs n'ont de sens que pour des consciences personnelles. D'où la seconde formule de l'impératif catégorique : « *Agis en sorte que tu traites l'humanité, aussi bien en toi qu'en autrui, toujours en même temps comme une fin et jamais simplement comme un moyen.* »[3]

Enfin si l'être raisonnable a une valeur en soi, il ne saurait être un moyen au service d'une loi qui limiterait sa capacité de concevoir des fins morales. Il faut donc que la première et la deuxième formules de l'impératif moral soient
conciliées. L'homme est à la | fois, et en tant que raisonnable, un *législateur* et 213
un sujet. « *La volonté de tout être raisonnable doit être conçue comme volonté instituant une législation universelle.* »[4] Cette situation unique c'est *l'autonomie morale* : la volonté est l'auteur de la loi à laquelle elle obéit. L'autonomie est le principe de la dignité morale. Les choses ont un *prix* relatif à nos tendances et tout ce qui a un prix admet des *équivalents*. L'homme seul, en tant qu'être moral autonome, a une dignité, c'est-à-dire une valeur intrinsèque. La moralité de l'action c'est son rapport à l'autonomie de la volonté. Le contraire de l'autonomie, c'est *l'hétéronomie*, c'est-à-dire l'obéissance à des règles que l'on doit subir comme un fait extérieur. Selon la définition kantienne, une morale théologique, une morale naturaliste prenant son fondement dans quelque impulsion de la sensibilité, une morale sociale (code de l'honneur) sont des morales de l'hétéronomie.

1. F.M.M., *op. cit.*, p. 400.
2. F.M.M., *op. cit.*, p. 421.
3. F.M.M., *op. cit.*, p. 429.
4. F.M.M., *op. cit.*, p. 431.

L'autonomie morale implique la *liberté*, la possibilité pour l'action d'être déterminée autrement que par des lois nécessaires, l'efficacité du jugement de finalité. Une fois la moralité ramenée à la liberté il faut savoir qu'on ne peut démontrer la liberté comme un fait (cf. *Critique de la Raison Pure*). Il y a là une *antinomie*, c'est-à-dire un conflit de la raison avec elle-même. Nous nous concevons théoriquement comme êtres naturels soumis à la causalité physique, pratiquement comme êtres libres de résister à la nature. Les Fondements n'étudient que le problème de la liberté; nous devons admettre que la science n'a de juridiction que sur le monde des phénomènes, que nous sommes à la fois nature et liberté (Kant dit que comme êtres libres nous appartenons au monde des « noumènes » ou des choses en soi). Dans *la Critique de la R. Pratique* Kant résout le problème posé par les deux idées de l'âme immortelle et de Dieu. Il les tient, comme il avait déjà fait de la liberté, pour des « postulats » de la conscience morale et c'est au seul titre de propositions pratiquement valables (quoique théoriquement indémontrables) qu'il les inscrit dans sa philosophie. Le postulat d'immortalité de l'âme signifie que la mort est au regard de la vocation et des devoirs de l'esprit un pur accident et que la conscience de notre devoir enferme un espoir qui ne peut qu'être illimité. Le postulat d'existence de Dieu signifie que, quel que soit le désaccord apparent
214 entre la vertu et le | bonheur, entre l'effort et le succès, il y a cependant une harmonie fondamentale entre l'élan de la liberté et le cours de la nature.

Examen. – On doit retenir que Kant insiste dans l'analyse de l'acte moral sur l'intention plus que sur l'efficacité (cela distingue bien morale et technique). Toutefois, il marque que « la bonne volonté n'est pas un simple vœu mais l'appel à tous les moyens dont nous pouvons disposer. » (F.M.M.) Il insiste aussi sur le côté intime et secret de la moralité. L'acte ne peut être jugé objectivement. On a reproché à Kant d'avoir dit qu'on n'a aucun moyen de savoir si un acte a jamais été accompli *par devoir*. Il n'est pas sûr que ce soit là du pessimisme; ce peut être de la pudeur morale (*cf.* le mot évangélique : « que celui qui est sans péché… »). Kant insiste aussi sur l'aspect d'universalité des règles morales. Mais l'universalité abstraite est un garde-fou contre l'immoralité, c'est-à-dire la duplicité savante (exemple : il ne faut pas faire de fausse promesse). Elle ne suffit pas à définir la moralité. Kant reconnaît lui-même (Doctrine de la Vertu) que *l'équité*, c'est-à-dire le sens des circonstances, doit corriger la justice, c'est-à-dire le respect de la règle. Soit la règle abstraite : « A chacun son dû. » Mais devant un créancier aucun débiteur ne se présente dans les mêmes conditions et les conditions ne peuvent être définies d'avance.

Il est incontestable que la conception kantienne présente les dangers du *formalisme* (attachement à la lettre des obligations) et du *moralisme* (respect absolu de la règle, oubli de *l'homme* au regard de la *Loi*). Aucune action n'est simple, *aucune décision concrète ne peut se dériver d'une seule règle.* Des règles peuvent se contredire dans un cas donné (médecin que le malade interroge sur sa santé; débiteur qui a emprunté pour faire soigner son enfant, quoique se sachant d'avance dans l'impossibilité de rendre). Il faut donc, chaque fois, s'interroger sur les raisons de suivre telle ou telle règle.

Mais le deuxième impératif kantien corrige en un sens l'insuffisance du premier. Chaque fois qu'on aura à choisir parmi des règles on devra penser à sauvegarder le mieux possible, en autrui et en soi, cette puissance de choix et d'invention des fins qu'on nomme volonté. *Il faudra préférer les personnes aux choses et dans les personnes leur avenir possible à leur passé.*

| Enfin le troisième impératif (autonomie) n'exclut pas la possibilité d'une 215
invention morale.

La morale sociologique de Durkheim

La sociologie seule peut rendre compte du caractère obligatoire du fait moral : nécessité d'obéir à la règle parce qu'elle est la règle. Le devoir c'est l'obéissance à la contrainte collective. Durkheim explique Kant[a].

Il y a *une conscience collective* : « l'ensemble des croyances et des sentiments communs à la moyenne des membres d'une même société »[1].

Cette conscience collective est indépendante des individus, permanente à travers les générations, autoritaire et coercitive.

Cette conscience a ses sanctions. Un acte est réprouvé, criminel quand il offense les états forts et définis de la conscience collective. Ce n'est pas parce qu'un acte est scandaleux que la société s'en offense, c'est parce qu'elle s'en offense qu'il est scandaleux. L'opposition de la conscience collective ne dérive pas de la faute, elle la constitue. Ces sanctions maintiennent automatiquement la cohésion nécessaire à l'existence de la société.

La sociologie seule peut rendre compte du caractère désirable de l'acte moral dont Kant ne tenait pas compte. Il est impossible de poursuivre une fin

a. *Règles de la méthode sociologique* [Paris, Alcan, 1895]. *Détermination du fait moral* [Bulletin de la] Soc. franc. de phil., [VI] 1906, p. 169-212 [repris dans *Sociologie et philosophie*, Paris, Alcan, 1922, p. 51-83] ; *Formes élémentaires de la vie religieuse* [Paris, Alcan, 1912]. [*De la*] *Division du travail social* [(1893), 4e éd. Paris, Alcan, 1922].

1. *De la division du travail social*, *op. cit.*, p. 46.

pour laquelle nous n'aurions aucun attrait. Nous éprouvons que nous faisons bien en faisant notre devoir. En ce sens l'eudémonisme a raison.

La sociologie explique ainsi que l'acte moral soit à la fois *obligatoire* et *désirable.* Il est obligatoire parce que la société nous dépasse, il est désirable parce que la société est ce qu'il y a de meilleur en nous, parce que la société est la fin la plus haute. « Dans le monde de l'expérience je ne connais qu'un sujet qui possède une réalité morale plus riche, plus complexe que la nôtre, c'est la collectivité. »[1] (D.F.M., 1906).

Le fait moral apparaît ainsi comme une espèce au sein d'un genre plus large, le fait religieux. Durkheim s'attache à l'étude de la notion de *sacré*, notion primitivement et indistinctement morale, politique, religieuse:
216 « L'objet sacré nous inspire sinon de la | crainte, du moins un respect qui nous écarte de lui, qui nous tient à distance et en même temps il est objet d'amour et de désir; nous tendons à nous rapprocher de lui, nous aspirons vers lui. »[2] (D.F.M.)

Examen. – Si la sociologie est une science, elle peut proposer à une morale une connaissance plus ou moins sûre des conditions d'une action réformatrice, révolutionnaire ou conservatrice. Mais elle ne peut dire, n'a pas à dire à l'action en quoi elle sera morale; elle peut garantir à une action morale son *efficacité*, mais non sa valeur[a].

Mais on dit que la sociologie a pour objet des jugements de valeur. Cela est équivoque. Elle établit que telles choses, tels actes *sont ou ont été regardés en fait comme des valeurs* dans une société définie à un moment donné. On peut dire que la société mercantile du XVIIIe siècle a attribué valeur *à l'épargne*, condition du crédit commercial et industriel, que la société féodale du XIIe et du XIVe siècle attribuait valeur au *don*, au *luxe*, etc.

Mais la sociologie ne peut pas proposer des règles, pas plus que la biologie ne propose des remèdes. Qu'un réformateur soit aussi un sociologue, cela ne doit pas empêcher de distinguer la fonction de connaissance de la fonction d'organisation.

Ce qui définit la valeur morale c'est le jugement que la conscience porte par elle-même sur le sens de son action. *La valeur est présente en tout esprit qui se sent tenu de justifier par ce qu'il veut ou qu'il n'a pas, ce qu'il est ou ce qu'il a.*

a. Voir ci-dessus, chap. II [supra, p. 810-811].

1. *Détermination du fait moral*, *op. cit.*, p. 74.
2. *Ibid.*, p. 68.

La *conscience collective* peut expliquer une contrainte mais non une obligation. Il y a obligation là seulement où il y a jugement libre de choisir entre un acquiescement et un refus.

De même que l'accord des esprits est le substitut initial de la notion de vérité, de même l'accord des comportements est le substitut initial de la notion de bien. Mais comme la société se trompe sur le vrai, elle se trompe aussi sur le bien et dans l'un et l'autre cas ce sont des esprits critiques d'abord, convaincus et convaincants ensuite qui en appellent de la société mal informée à la société mieux informée, de la société injuste à la société juste. La contrainte sociale peut contenir des prescriptions que | l'examen et l'épreuve révèleront bonnes, **217**
elle peut contenir aussi des archaïsmes ou des modes que l'on rejettera[a].

Que les coutumes d'une société aient prévu et résolu les conflits dont la solution à nos seuls risques nous ferait la vie impossible, c'est exact. Mais à moins de supposer que la coutume est bonne parce qu'elle est coutume et non parce qu'elle est la perpétuation d'expédients ou d'inventions reconnus acceptables, il faut dire que les impératifs sociaux peuvent et doivent être discutés. Qu'au fond les individus retiennent par paresse ou peur la plupart des solutions que la conscience collective leur impose, ce n'est pas douteux ; qu'il y ait peu d'inventeurs ou d'aventuriers, ce n'est pas douteux. Mais cela ne change pas le fond du problème : la contrainte sociale n'est pas l'obligation morale.

Parler de *conscience collective* c'est substituer au jugement personnel le préjugé commun. Car où est le jugement de la société ? Collectivement on peut dire que tout le monde *admet* ce que personne ne *pense*. Penser c'est risquer l'erreur, en pâtir plus ou moins profondément et se reprendre. Il n'y a pas de pensée sans effort de moins à plus de cohérence. Or si on loue la conscience collective d'être *identique* et *permanente* on lui retire, du même coup, tout ce qui en ferait une conscience, c'est-à-dire un effort vers l'unité. La seule preuve que les individus puissent donner de leur pensée c'est qu'ils se trompent et qu'ils en sont malheureux. Si la société est infaillible elle ne pense pas. Pour l'instinct le problème moral ne se pose pas.

La sociologie répond par la voix de Durkheim qu'il y a une valeur que l'évolution sociale a mise au-dessus de tout, c'est celle de la personne humaine, du libre examen individuel, de l'autonomie spirituelle.

Il y a ici une difficulté. Ou bien cette transformation est *un fait* : qui garantit sa stabilité et son avenir ? Ou bien cette transformation répond à *un droit* peu à

a. *Cf.* Hamelin, *Essai*, 2e éd. [*op. cit.*], p. 451.

peu conquis : au nom de quoi la conscience collective se nie-t-elle et transporte-t-elle sa valeur dans son contraire ? Si l'individuel n'est rien que l'expression du social auquel il participe, comment la société peut-elle reconnaître à l'individu sa réalité d'abord, sa valeur ensuite ?

218 D'où les oscillations du jugement de Durkheim sur le « cas | Socrate ». Durkheim tantôt dit que Socrate a été justement condamné – et là il est logique – tantôt il dit que Socrate exprimait mieux que ses juges la société de son temps – et là il est sophistique.

III. Conclusion

On pourrait peut-être ramener à une opposition relativement simple le conflit des deux groupes de morales.

D'un côté, avec le deuxième groupe, et notamment avec le système de Kant, on a une espèce de formalisme, qui place la moralité beaucoup moins dans le contenu de l'action que dans la relation idéale qui la définit rationnellement.

D'un autre côté, avec les doctrines du bonheur, du plaisir, de l'intérêt, on aurait, en somme, une espèce de matérialisme ou de réalisme.

Cette opposition nous rapproche de celles qui ont été entrevues plus haut entre une philosophie idéaliste en général et une philosophie réaliste de l'existence.

La question ainsi se ramène à choisir entre la conception (sous le nom de vie morale) d'une vie *à faire*, et dont le modèle n'est pas donné, et d'une vie toute faite ou tout au moins dont les linéaments sont déjà fournis par la nature.

Le réel, en effet, c'est l'ensemble des relations biologiques entre les appétits et le monde tel qu'il est, et la moralité définie conformément à cette réalité, c'est purement et simplement l'obéissance au déterminisme de la nature humaine. Si l'on admet cependant que ce qui fait l'homme moral c'est une puissance propre d'agir pour la réforme d'une nature donnée, le principe de tout idéal en général sera celui d'une résistance au déterminisme naturel.

Kant nous paraît avoir très bien vu que la moralité consiste, sinon à se faire des illusions puériles sur la force de la nature, du moins à penser et à vouloir organiser la vie, comme si nous pouvions quelque chose contre cette nature : ou la morale est celle de l'autonomie de la volonté, ou elle n'est rien. Mais l'autonomie de la volonté, comme on le découvre quand on réfléchit à ses conditions, suppose la croyance à la liberté de l'esprit. Effectivement, nous
219 avons vu plus haut que nous ne pouvons pas en | fait nous dire libres sans

méconnaître les obstacles réels qu'il y a à vaincre pour devenir honnêtes ; il n'en est pas moins que si nous croyons devoir être honnêtes, nous devons croire aussi que nous pouvons *devenir libres*.

Ceci revient à dire que la moralité n'est sans doute que l'effort même accompli par l'homme pour devenir non la bête qu'il est, mais l'homme qu'il peut être et qu'il n'est pas. En bref, la morale, si elle est possible, consiste non dans l'adoration ou même l'acceptation de ce que nous sommes, mais avant tout dans la volonté de devenir ce que nous ne sommes pas, à savoir : *raisonnables*, *conscients* et *libres*.

LA RESPONSABILITÉ

On appelle responsabilité l'état d'un sujet moral en tant qu'il est jugé apte à recevoir des sanctions.

La *sanction* doit être définie précisément comme le jugement qui *condamne* ou qui *loue* le sujet et l'acte qu'il a commis (il n'y a pas, contrairement aux usages médiocres d'un langage approximatif, de « sanctions naturelles »).

Le problème propre de la responsabilité peut donc se formuler ainsi : dans quelles circonstances, dans quelles conditions (objectives et subjectives) les sanctions s'appliqueront-elles normalement à l'activité d'un sujet ? Cela revient à chercher dans quelles conditions ce sujet pourra être dit responsable.

A) LES THÉORIES SUR LA RESPONSABILITÉ : DÉTERMINISME ET SPIRITUALISME

Le spiritualisme consiste ici à affirmer que la responsabilité ne pourrait être conçue si on ne concevait en même temps le sujet responsable comme libre de ses décisions. Pourquoi ? C'est parce que dans cette hypothèse un acte est jugé légitimement bon ou mauvais parce qu'on y voit le produit d'une volonté personnelle, qui est la *cause finale* des actes. Si donc un sujet était en possession de facultés volontaires ou intellectuelles diminuées, s'il n'était plus qu'un terme mécaniquement inséré dans une série naturelle de termes, nous n'aurions plus de raison de le juger. Dans la même hypothèse, le jugement *pénal* ou *prœmial* s'interprète en tant que sanction de l'acte, comme le jugement qui en apprécie la valeur; la peine, par exemple, est l'*expiation* du crime ou du délit, la récompense est sa *glorification*.

221 | Cette théorie est connue sous le nom de théorie expiatoire de la peine, et les sociologues montrent qu'elle se rattache à la tradition la plus ancienne sur la question, à la tradition de la *vengeance*.

Les sociologues d'ailleurs accordent une grande valeur à cette théorie, car ils admettent eux-mêmes que la fonction de la peine ou de la sanction consiste essentiellement à rétablir, ou à renforcer le prestige de la loi par rapport à laquelle l'acte est jugé. (Les mêmes sociologues font remarquer que le sujet de la responsabilité, comme d'ailleurs celui qui juge, a été très longtemps et demeure encore en partie le *groupe*, et non l'individu).

En fait, l'évolution du droit écrit et des mœurs se caractérise par deux tendances, qui sont loin d'être convergentes :

1) La tendance à *l'individualisation* progressive de la responsabilité, qui se manifeste dans le droit par l'individualisation des peines (cas remarquable d'exception dans les usages pénaux militaires). Le droit, en effet, ne punit que *l'auteur direct* d'une faute, lequel, pour les modernes, est un individu.

2) La tendance à une interprétation déterministe de la responsabilité et des peines, qui se manifeste par la considération (devenue juridiquement normale) des circonstances qui font varier en *degrés* la responsabilité soit pour l'atténuer, soit pour l'aggraver. Ce dernier caractère se manifeste aussi par le fait, qu'au contraire du droit médiéval par exemple, ni les animaux, ni les choses inertes, ni les aliénés ne peuvent être jugés par les tribunaux, ni punis. Les mœurs, sur ce point, tantôt devancent le droit écrit, tantôt sont en retard sur lui, selon les couches de population que l'on considère.

B) CONDITIONS PSYCHOLOGIQUES ET SOCIALES DE LA RESPONSABILITÉ

A considérer les deux groupes de théories ci-dessus on voit que le fond du problème qu'elles traitent est d'ordre psychologique d'une part, sociologique d'autre part.

A) *D'ordre psychologique* : la question est en effet de savoir si la liberté, ou un degré quelconque de la liberté peut être attribué à l'être humain ; or, qu'est-ce que la liberté, sinon « une causalité psychologique » ?

222 On s'accorde pour supposer à l'homme, à des degrés différents | il est vrai, l'intelligence, la sensibilité, la raison ; et la synthèse de ces facultés constitue une volonté ; c'est dire que la volonté est la puissance d'agir par intelligence, par raison et par sentiment à la fois. Au fond, c'est donc selon leurs doctrines psychologiques sur la nature de l'homme, que juristes et moralistes s'engagent dans une voie ou dans l'autre.

Mais il est remarquable que même les spiritualistes les plus intransigeants pratiquent dans le droit comme dans leur jugement usuel un certain déterminisme. A ce point de vue les mœurs, tout au moins de la partie éclairée des sociétés modernes, devancent souvent le droit. En effet tout le monde s'accorde à distinguer, pour apprécier les actes des gens, entre les facultés diverses qui leur sont imparties, et à tenir compte des influences des milieux où ces gens vivent : mais c'est là aborder le point de vue social.

B) *Au point de vue social*, on voit que la manière d'interpréter la responsabilité n'est pas fixe, mais change avec la doctrine diffuse dans chaque groupement organisé. On voit aussi qu'à mesure que les sociétés s'organisent davantage, la notion de la responsabilité *individuelle* l'emporte de plus en plus. Encore faut-il supposer, pour qu'elle puisse l'emporter légitimement, que tous les individus susceptibles d'être jugés responsables sont devenus eux-mêmes plus conformes à la notion que la société s'en fait et ceci nous permet de conclure.

C) Conclusion

En effet, ce ne serait qu'un déguisement hypocrite de la volonté primitive de vengeance que de supposer arbitrairement que des individus sont intelligents, raisonnables et libres, si l'on n'avait rien fait pour les rendre tels. Ce qui fait, pour les juristes et les moralistes d'aujourd'hui, effectivement le tragique de la question, c'est qu'on pose en principe l'obligation afférente à la responsabilité individuelle, sans poser, en pratique et effectivement, le droit et la puissance pratique qui seraient indispensables pour que cette responsabilité fût réelle. Par exemple, le vol est puni de peines fixes selon son degré de gravité objective ; mais si l'on admet que le voleur est jugé comme individuellement responsable, on devrait aussi admettre que l'indigence et la richesse, l'ignorance ou la science, l'isolement ou la fréquentation | de milieux divers, sont des 223
circonstances qui conditionnent en fait la responsabilité, parce qu'elles conditionnent la liberté et la puissance.

Aussi bien est-il vrai que les Codes (et tout au moins la jurisprudence) tendent à se réformer dans un sens déterministe ; il n'y a pas là de contradiction avec le mouvement qui d'un autre côté individualise cependant la responsabilité. On sent, confusément ou nettement, que l'homme devient plus libre et donc plus responsable à mesure que pouvant se cultiver davantage il devient effectivement plus puissant ; encore faut-il que les conditions objectives de ce devenir soient données ; mais c'est ici toute la question sociale qui est en jeu.

| CHAPITRE VI 224

LE DEVOIR ET LE DROIT

Dans ce qui précède, on a défini la conscience morale d'une façon formelle, et d'une façon formelle encore le principe et la fin de toute moralité ; mais dans la pratique, on voit surgir aussi des débats relatifs aux moyens par lesquels la moralité est réalisable. Le rapport du devoir et du droit n'est qu'une façon abstraite d'énoncer ici maintenant le problème où ces débats trouvent leur expression la plus générale. Formulons-le d'abord, sur le plan le plus général et en quelque sorte, métaphysiquement. Si on donne le devoir comme l'expression de la moralité au sens strict, il faut cependant accorder au sujet moral de ce devoir la puissance qui lui permettra de l'accomplir et c'est ainsi, en effet, que quelques philosophes, avec Kant, définissent le droit : « Le droit est le pouvoir de faire son devoir. » Mais il y a là, comme on voit, une subordination du droit au devoir qui n'est pas acceptée par tous les esprits; la conclusion à laquelle nous sommes arrivés précédemment sur l'essence de la moralité peut s'interpréter aussi bien comme une subordination inverse du devoir au droit, puisque, si c'est pour nous libérer, pour nous rendre plus puissants que nous sommes moraux, nos obligations ne sont plus alors que des moyens en vue de cette fin qu'est notre liberté complète.

Ce problème se traduit dans les débats contemporains pratiques de la façon suivante, qui exprimera un exposé plus direct et quasi empirique du même problème : si on admet que le sujet de l'action morale c'est l'individu humain et non plus une entité abstraite, l'action doit-elle tendre à imposer d'abord à cet individu des devoirs auxquels ses droits sont simplement corrélatifs ? | Ou bien 225
faut-il concevoir l'action morale comme ayant pour fin dernière la libération de l'individu, auquel cas, il n'y aura de devoirs que comme contre-partie fatale des droits ?

En fait, le problème nous dévoile deux conceptions opposées, l'une essentiellement sociale et, en même temps, dogmatique et autoritaire; l'autre, essentiellement individualiste et en même temps progressive et libertaire. La division des esprits et des opinions dans la vie contemporaine laisse assez bien apercevoir le conflit pour qu'on y retrouve sous la variété des étiquettes les deux tendances opposées qu'on a essayé de caractériser ci-dessus. Il y a, si l'on peut dire, d'un côté, des esprits en état de revendication perpétuelle ou de révolte continue : ce sont ceux qui exigent pour l'homme individuel toujours et d'abord plus de droits. De l'autre côté, se trouvent ceux qui s'appellent eux-mêmes des « hommes d'ordre ». Pour aboutir à une solution du problème, il est indispensable de pouvoir reconnaître sous les étiquettes, une fois classées, ces deux types d'esprit.

I. *Théories autoritaires subordonnant le droit au devoir.* – Nous citerons d'abord, comme compris dans ce premier groupe, le sociologisme positiviste. Chez Auguste Comte, le fondateur, le progrès social apparaît essentiellement comme un mouvement assuré et conduit par les groupes et non par les individus. Il en résulte que le rôle de ces derniers dans la marche vers l'humanité, c'est d'exécuter les consignes de la vie sociale par pur altruisme et en tout désintéressement. « L'individu, dit Comte, n'a point de droits, il n'a que des
226 devoirs. »[a] C'est pourquoi, | d'ailleurs, Comte révérait, malgré les critiques que sur le plan intellectuel pur il avait à lui adresser, l'œuvre sociale de la société catholique médiévale. Les sociologistes modernes, qui, à la suite de Durkheim, ne voient dans l'individu qu'un phénomène physiologique et ne

a. « Le mot *droit* doit être autant écarté du vrai langage politique que le mot *cause* du vrai langage philosophique. De ces deux notions théologico-métaphysiques, l'une est désormais immorale et anarchique comme l'autre irrationnelle et sophistique. Également incompatibles avec l'état final, elles ne convenaient chez les modernes qu'à la transition révolutionnaire par leur action dissolvante sur le système antérieur. Il ne put exister de droits véritables qu'autant que les pouvoirs réguliers émanèrent de volontés surnaturelles. Pour lutter contre les autorités théocratiques, la métaphysique des cinq derniers siècles introduisit de prétendus droits humains qui ne comportaient qu'un office négatif. Quand on a tenté de leur donner une destination vraiment organique, ils ont bientôt manifesté leur nature anti-sociale et tendant toujours à consacrer l'individualité. Dans l'état positif qui n'admet pas de titres célestes, l'idée de *droit* disparaît irrévocablement. Chacun a des devoirs et envers tous; mais personne n'a aucun droit proprement dit. Les justes garanties individuelles résultent seulement de cette universelle réciprocité d'obligations qui reproduit l'équivalent moral des droits antérieurs sans offrir leurs graves dangers politiques. En d'autres termes, nul ne possède plus d'autre droit que celui de toujours faire son devoir. C'est uniquement ainsi que la politique peut enfin se subordonner à la morale suivant l'admirable programme du moyen âge. » (A. Comte, *Discours sur l'ensemble du positivisme* [1848], conclusion générale.)

trouvent des idéaux que dans la conscience collective, aboutissent à une morale du même esprit, au fond, que celle de Comte : les devoirs « personnels » eux-mêmes ne leur paraissent que des résultats d'impératifs sociaux.

Il faut citer maintenant certains idéalismes, car tout idéalisme n'est pas libertaire : on le voit bien dans une philosophie comme celle de Hegel. Pour ce grand philosophe, l'histoire humaine a ce sens de réaliser progressivement la domination de l'Esprit et l'intégration de la nature à celui-ci. Mais l'histoire ne se déroule que dans la transformation continue de ces réalités que sont les États : l'individu n'est qu'un élément, une composante de la puissance sociale, qui seule peut assumer des fins morales. La subordination, par conséquent, de toute activité particulière à la loi de l'État est ici la condition absolue du progrès.

Il y a dans certaines doctrines socialistes, telles que celle qui est aujourd'hui connue sous le nom de *communisme*, une tendance qui les rapproche des précédentes thèses, au moins par la tactique et les fins provisoires qu'elle se donne ; c'est que cette thèse qui nie la valeur révolutionnaire et pratique des entreprises individuelles, qui, d'autre part, voit l'histoire se développer sous la forme de luttes de classes sociales, affirme l'obligation pour l'une de ces classes de s'unifier et d'agir socialement pour accomplir ce qu'elle appelle sa « mission ». Il en résulte, en pratique, l'hostilité délibérée de cette théorie à l'égard de ce qu'elle appelle des utopies libertaires et, plus généralement, de tout individualisme. Il est important, toutefois, de noter que cette théorie, systématisée par un disciple de Hegel, Karl Marx, ne voit pas dans l'autoritarisme une fin dernière. Ce n'est que l'étape réaliste nécessaire que la doctrine s'impose pour réaliser les conditions objectives d'une | association **227**
normale d'individus libérés[a].

On doit ajouter enfin les doctrines qu'on appelle aujourd'hui « totalitaires », ou « fascistes », ou « nazistes » ou « racistes », qui, elles, tendent délibérément à placer en dehors et au-dessus des individus le sens de toute l'action morale : il en résulte dans les applications de ces doctrines la

a. « Le communisme… est une phase réelle de l'émancipation et de la renaissance humaines, phase nécessaire pour l'évolution historique prochaine. Le communisme est la forme nécessaire et le principe énergique de l'avenir prochain. Mais le communisme n'est pas, en tant que tel, la fin de l'évolution humaine – il est une forme de la société humaine. » Karl Marx (*Morceaux choisis*, [Paris], N.R.F., [1934] p. 228).

soumission totale de la vie individuelle à la vie du groupe que l'on considère comme légitime[a].

II. *Théories individualistes, libérales ou libertaires, subordonnant le devoir au droit.* – Citons d'abord, dans ce groupe, la tradition spiritualiste chrétienne, mais en remarquant qu'elle n'affirme son individualisme que sur le plan métaphysique : c'est sur ce plan que le dogme affirme la liberté de la créature vis-à-vis des autres créatures et que vaut la prescription religieuse du salut personnel ; en fait, on sait que la socialisation de la religion primitive a provoqué, sous le nom de Réforme, une tentative qui, à son tour d'ailleurs, a engendré un personnalisme moral, le Protestantisme, mais qui ne vaut, une fois de plus, que sur le plan métaphysique. Quand une église est constituée, elle tend d'elle-même, comme les groupements politiques, à une constitution hiérarchique qui ramène les préceptes initiaux, dans la pratique, à des commandements sociaux.

Citons maintenant l'adversaire de la doctrine chrétienne, le Nietzschéisme, qui est aussi un personnalisme et professe avec une apparente rigueur, mais surtout avec une exaltation lyrique qui la traduit mieux, que « la destinée normale de l'être humain, c'est le développement de la puissance individuelle ».

228 « Le christianisme, dit Nietzsche, est une morale d'esclaves »[1] | et ce qu'il faut, c'est une morale des maîtres, seuls aptes à préparer le surhomme. Dans cette idée de surhomme, il faut voir surtout le souci de Nietzsche, de faire de la conscience l'effort d'un être « pour se dépasser toujours lui-même ».

Allons plus loin ; il faut surtout citer la forme extrême, à certains égards, de l'individualisme, que nous présentent les anarchistes : l'anarchisme, c'est la thèse de ceux qui identifient le mal et l'autorité sociale et par conséquent ne voient de progrès possible que dans le développement des droits de l'individu, impliquant corrélativement la suppression de toutes les formes d'autorité, religieuse, politique, économique et même pédagogique. On a indiqué plus

a. « Antiindividualiste, la conception fasciste est pour l'État ; et elle est pour l'individu, en tant que celui-ci s'harmonise avec l'État, conscience et volonté universelle de l'homme dans son existence historique… »

« …Pour le fasciste, tout est dans l'État, et rien d'humain ni de spirituel n'existe et a fortiori n'a de valeur, en dehors de l'État. En ce sens, le fascisme est totalitaire et l'État fasciste, synthèse et unité de toute valeur, interprète, développe et domine toute la vie du peuple. » Mussolini (*Le Fascisme*, [Paris] Denoël et Steele, [1933] p. 19 et 20).

1. F. Nietzsche, *La Généalogie de la Morale* (1887), 14e éd., trad. fr. par H. Albert, Paris, Mercure de France, 1929.

haut que les anarchistes étaient en butte à la violente critique des révolutionnaires communistes qui les traitent d'utopistes ; c'est le jugement que portent sur eux les doctrines les plus diverses. Mais il y a une forme accommodée d'anarchisme qui échappe à cette critique, c'est celle qu'on trouve dans les doctrines syndicalistes ; avec celles-ci, en effet, il s'agit d'obtenir l'octroi aux travailleurs des diverses professions du maximum de droits, par l'indépendance accrue du groupement professionnel vis-à-vis des « partis politiques », des « confessions », etc.

Il faut citer enfin maintenant, comme un effort de conciliation qui est en fait un compromis empirique, les doctrines qui s'intitulent démocratiques aujourd'hui et qui font suite au libéralisme du XIXe siècle. Ces doctrines énoncent comme principe et fin de la société, l'égale liberté de tous les hommes. Elles rattachent à ce principe le droit de propriété et aussi prétendent assurer sur les deux plans, politique et économique, la garantie de la dignité personnelle. On sait qu'en fait ces doctrines, par les révolutions qui les expriment, ont abouti à constituer les mœurs d'un État qu'on appelle l'État bourgeois, dont on trouvera la critique socialiste plus loin. (Cf. *Morale et Vie économique et politique*)[1].

La théorie la plus systématique qui ait été proposée de ce compromis, on la trouve exposée dans le « Contrat social » de Rousseau. Rousseau y montre que l'autorité n'est justifiable que si elle est une délégation ; que c'est donc l'accord ou le consentement des individus qui fonde seul leurs devoirs. Rousseau dit d'ailleurs qu'il ne décrit pas ainsi un état historique, mais un état rationnel, où il faut trouver le critère de tout jugement normalement porté sur les institutions humaines.

| DROIT POSITIF ET DROIT NATUREL 229

Il faut considérer la société comme un mode d'existence naturel à l'homme. L'homme naît dans la société comme il naît dans la nature et cette seconde nature c'est la *coutume* (Pascal)[2]. Les coutumes sont des modes traditionnels de régir les rapports sociaux et les rapports du groupe social et de la nature. Par exemple : les servitudes agricoles, droit de passage pour le propriétaire d'une parcelle enclavée, sont des vestiges d'antiques modes de lotissement du sol liés à des pratiques collectives d'assolement et de pacage (vaine

1. Cf. *infra*, chap. X et XI.
2. Cf. *Pensées*, II, 93.

pâture). C'est toujours la règlementation de quelque technique qui est à l'origine d'un droit. Autres exemples : la juridiction concernant les accidents du travail (loi de 1898), le code de la route.

Les droits sont 1) dans leur *forme*, des revendications de permission, des garanties de liberté d'action, un « pouvoir moral », (Leibniz); 2) dans leur *usage*, des prétentions exigibles par la contrainte et la coercition d'un pouvoir reconnu ou par autodéfense; 3) dans leur *origine*, des codifications abstraites et systématiques de coutumes (agricoles, maritimes, commerciales, industrielles, etc.); 4) dans leur *extension*, des règles valables pour une société fermée et à un moment donné de son évolution.

On appelle *droit positif*, l'ensemble des droits reconnus en fait dans une société (codes et jurisprudence). C'est un problème de savoir s'il n'y a de droit que positif ou s'il faut parler d'un *droit naturel* ou *rationnel* fondé à priori par les exigences de la conscience morale (XVIIe siècle, Grotius[1] et Pufendorf[2]; XVIIIe siècle, Rousseau et Kant). Ce problème revient à poser le problème du *fondement du droit.*

Remarquons l'analogie de ce problème avec celui des *origines de l'État.* L'État est en effet de toutes les autorités sociales la plus élevée, celle à quoi toutes les autres sont théoriquement subordonnées. L'autorité d'un père, d'un patron, d'un maire, d'un gendarme est limitée d'une part, appuyée de l'autre, par un ensemble de lois. Tous les droits sont explicitement ou implicitement sanctionnés par l'État. Le pouvoir judiciaire qui définit les droits en réglant leurs conflits suppose un pouvoir législatif et un pouvoir exécutif.

230 On peut chercher le fondement du droit ou l'origine de l'État | d'une façon *empiriste* ou *réaliste* en faisant dériver historiquement le droit d'un état de fait; – on peut chercher le fondement du droit ou l'origine de l'État d'une façon *rationaliste* ou *idéaliste* en rattachant métaphysiquement l'existence du droit à une valeur universelle.

1. Hugo Grotius (1583-1645). Juriste et diplomate hollandais dont l'ouvrage *Le droit de la guerre et de la paix* (1625) est à l'origine du « droit des gens ».

2. Samuel von Pufendorf (1632-1694). Juriste, historien et philosophe allemand du droit naturel. Publié en 1672, son traité *Du droit de la nature et des gens* fait du contrat social la base rationnelle de l'État.

A) Hobbes[1], Nietzsche, Marx expliquent par la force l'origine du droit et de l'État.

Hobbes (*Leviathan*) : le bien-être est la fin de l'homme, la permission de tout faire pour obtenir le bien-être définit le droit naturel, la guerre est l'état de nature où l'homme est un loup pour l'homme, la société est un compromis de forces qui maintient la paix. La société idéale est la société la plus forte.

Nietzsche (*Aurore*) : des hommes, des castes, des peuples se trouvent d'emblée mieux adaptés et investis d'un privilège de force transmis par le prestige même qui s'attache à lui. Entre forts et faibles s'établit un équilibre dont le sentiment respectif sert à établir un code des droits et des devoirs.

Marx (*Manifeste communiste*) : l'histoire humaine est l'histoire de la lutte des classes, l'organisation de l'état traduit la puissance économique d'une classe : « Le gouvernement moderne n'est qu'un Comité administratif des affaires de la classe bourgeoise. »

B) Mais dans un système d'équilibre entre forces, le mot même de *droit* doit être abandonné.

Spinoza (*Traité politique*, chap. II) a montré que le *droit naturel* tel que l'entend Hobbes c'est le *fait de la nature* : le droit de la nature et donc le droit de l'individu, biologiquement défini, c'est la mesure de son appétit et de sa puissance. Autant l'homme a de puissance, autant il a de droit. Le droit naturel ne permet ni n'interdit rien. L'homme appartient de droit, c'est-à-dire en fait, à autrui s'il tombe en son pouvoir, il s'appartient s'il peut repousser toute violence ;

Pascal (*Pensées*, section V). La force établit un état de fait, il ne peut en être autrement. « Les cordes qui attachent le respect des uns aux autres sont cordes de nécessité. » Mais la force ne peut être constamment égale à elle-même, ne peut être constamment en acte. Elle règne moins par son fait brutal que par l'opinion qu'elle donne d'elle-même. Autrement dit, la force impose par
l'opinion, | par le prestige, sa perpétuation. Dès lors ce sur quoi reposent droit **231**
et justice c'est non la force, mais l'opinion que les sujets se font de la force. C'est donc l'opinion et non le fait qui gouverne. L'ordre repose sur des *fictions*, non sur des *contraintes physiques*.

C) Au XVIIe siècle, des juristes comme Grotius et Pufendorf (*Du droit de la nature et des gens*) avaient jeté les fondements de la théorie dite du *droit*

1. Thomas Hobbes (1588-1679). Philosophe anglais dont l'œuvre exerça une puissante influence sur l'évolution de la pensée politique.

naturel. Il s'agit ici de *la nature humaine définie a priori comme raison.* Le droit naturel c'est le droit idéal, non le droit historique. Des philosophes comme Spinoza (XVIIe s.), Rousseau et Kant (XVIIIe s.) ont montré qu'il ne peut y avoir de droit qu'idéal, fondé sur l'accord consenti des libertés individuelles.

Spinoza : Le droit naturel propre aux hommes c'est le consentement commun. Le droit de chacun c'est ce qui est consenti à chacun par tous. L'État est la garantie des libertés.

Rousseau (*Contrat social*) : Trouver une forme d'association telle que chacun s'unissant à tous n'obéisse qu'à lui-même et reste aussi libre qu'avant, tel est le problème dont le contrat social donne la solution. « Chacun de nous met en commun sa personne et toute sa puissance sous la suprême direction de la volonté générale. »[1] Ainsi lorsque l'individu cherche à violer la loi, on ne lui fait pas violence en le contraignant, *on le force à être libre.* « L'obéissance à la loi qu'on s'est prescrite est liberté. »[2]

La déclaration des droits de l'homme et du citoyen fait sienne cette théorie du droit idéal ou naturel : Article 1 : « Les hommes naissent et demeurent libres et égaux en droits » ; article 4 : « La liberté consiste à pouvoir faire tout ce qui ne nuit pas à autrui. Ainsi l'exercice des droits naturels de chaque homme n'a de bornes que celles qui assurent aux autres membres de la société la jouissance des mêmes droits. Ces bornes ne peuvent être déterminées que par la loi. »

D) La théorie du droit naturel ou du contrat social suppose une théorie atomique, individualiste, de la société. Or, ce qui est premier dans l'ordre humain c'est le groupe, la collectivité et non l'individu ; c'est donc la coutume, l'institution et non le contrat librement consenti qui sont *historiquement* les données originelles. Les sociologues (Comte, Durkheim) ont raison là-dessus
232 contre | les philosophes du XVIIIe siècle. *L'association suppose une société préalable.* En effet pour qu'il y ait contrat il faut que le manquement à la parole donnée puisse être sanctionné par une autorité. Au fond, il n'y a peut-être pas eu en fait un seul véritable contrat. La division du travail, les inégalités de capacité, les droits acquis créent des droits qui ne sont pas nés du contrat. Les hommes sont engagés dans la société avant de vouloir et on ne peut fonder le droit sur le contrat que par la fiction du *quasi-contrat.* Mais peut-on conserver la notion de contrat en l'absence de discussion, de liberté d'adhésion, de possibilité de refus ? Naître dans une famille, dans un état, dans une société

1. Rousseau, *Du Contrat social* (1762), livre I, chap. 6.
2. *Ibid.*, chap. 8.

économique, c'est trouver des droits établis à l'avance. Le droit décide toujours de la condition des individus d'après un état antérieur de la société.

Mais pourtant on ne peut nier que l'idée de contrat soit essentielle au droit. Le contrat, en impliquant la réciprocité d'accord et de volonté fonde seul les deux prétentions des parties, chacun liant l'autre dans l'exacte mesure où il se lie. Au lieu que la force des choses ou la contrainte des coutumes crée un rapport qui ne peut conduire qu'à son renversement futur[a].

Le fondement du droit c'est le contrat, mais fondement ne doit pas s'entendre comme point de départ initial, il doit s'entendre comme *idéal d'institution finale*. C'est ce que Rousseau a voulu dire.

| Le conflit entre *droit naturel* et *droit positif* doit s'entendre de la sorte : **233**
formellement, tout homme est une personne morale libre. Le droit naturel c'est le droit de la personne et il est bien vrai que *le droit de la personne à avoir des droits est inaliénable* ; quant à leur contenu *les droits des individus ne sont pas des absolus*, ce sont des compromis, des conventions relatives à la société dans laquelle vit l'individu.

Tout droit déterminé dans son contenu est un droit concret et comme tel variable selon les circonstances. Les droits de l'individu sont des droits a posteriori. Le droit de la personne, c'est-à-dire le droit abstrait de faire respecter les droits, est a priori. Il n'y a pas contradiction. Il faut seulement voir que l'homme peut être considéré comme individu ou comme personne. *L'individu social est subordonné à la société, mais la société elle-même doit être subordonnée à la personne humaine.*

a. « Supposons un moment ce prétendu droit du plus fort. Je dis qu'il n'en résulte qu'un galimatias inexplicable. Car sitôt que c'est la force qui fait le droit l'effet change avec la cause : toute force qui surmonte la première succède à son droit. Sitôt qu'on peut désobéir impunément on le peut légitimement. Et puisque le plus fort a toujours raison, il ne s'agit que de faire en sorte qu'on soit le plus fort ! Or qu'est-ce qu'un droit qui périt quand la force cesse ? S'il faut obéir par force on n'a pas besoin d'obéir par devoir ; et si l'on est plus forcé d'obéir, on n'y est plus obligé. On voit donc que ce mot de *droit* n'ajoute rien à la force : il ne signifie ici rien du tout.

Obéissez aux puissances. Si cela veut dire cédez à la force, le précepte est bon, mais superflu, je réponds qu'il ne sera jamais violé. Toute puissance vient de Dieu, je l'avoue ; mais toute maladie en vient aussi. Est-ce à dire qu'il soit défendu d'appeler le médecin ? Qu'un brigand me surprenne au coin d'un bois, non seulement il faut par force donner la bourse, mais quand je pourrais la soustraire suis-je en conscience obligé de la donner ? Car enfin le pistolet qu'il tient est aussi une puissance.

Convenons donc que la force ne fait pas droit et qu'on n'est obligé d'obéir qu'aux puissances légitimes. Ainsi ma question primitive revient toujours. » Jean-Jacques Rousseau (*Du contrat social*, livre I, chap. 3).

B) Les droits de l'individu et le droit de la personne

Individualisme, libéralisme, concurrence. – Au XVIIIe siècle, l'idée commune en politique c'est l'idée de la souveraineté individuelle. Le contrat est la forme juridique qui lie les individus souverains et autonomes. On ne peut être obligé individuellement que par la loi (expression du contrat social) ou par le contrat. « Les conventions légalement formées tiennent lieu de loi à ceux qui les ont faites. » (*Code civil*, art. 1134.) Des deux façons, loi ou contrat, c'est la volonté individuelle qui crée le droit. En 1789 et par la suite, en réaction contre les coutumes et les privilèges, la politique vise à créer un ordre individualiste et libéral, et à protéger la loi de l'État contre toute autre puissance. D'où liberté du travail, abolition des corporations, prohibition des coalitions d'ouvriers (loi Le Chapelier, 1791).

Dans l'ordre économique, les libéraux établissent qu'il y a harmonie entre l'intérêt individuel jouant librement et l'intérêt collectif. L'État ne doit pas gêner l'action spontanée des individus. Il doit *laisser faire, laisser passer* (Bastiat[1], J.-B. Say[2]). La liberté de produire ce qu'on veut, de vendre comme on veut doit avoir trois conséquences : stimuler le progrès par l'initiative, réaliser le bon marché, égaliser peu à peu les conditions[a].

234 | Dans l'ordre de la moralité, l'extension au domaine social des théories de la sélection naturelle (Spencer, *l'Individu contre l'État*[3]) amène à cette idée que la concurrence libre des individus entre eux entraîne l'élimination des incapables, la sélection des meilleurs.

Contradictions de l'individualisme. – C'est le mérite le moins contestable des penseurs socialistes que d'avoir dénoncé la liaison arbitraire de l'individualisme économique et des droits de l'homme. Où est réalisée dans la société économique l'égalité des contractants ? L'ouvrier discute-t-il vraiment des conditions et de la valeur de son travail ? Le consommateur peut-il discuter de la qualité et du prix de ce qu'il achète ? Les uns peuvent attendre, les autres non. Les uns savent, les autres n'ont aucun moyen de savoir. L'égalité politique rend plus douloureuse l'inégalité économique. « Le droit considéré d'une

a. Voir chap. X, le libéralisme [cf. *infra*, p. 893-894].

1. Frédéric Bastiat (1801-1850). Economiste et polémiste libéral (*Harmonies économiques*, 1850).

2. Jean-Baptiste Say (1767-1832). Économiste libéral. Dans son *Traité d'économie politique* (1803), il énonce la « loi des débouchés » d'après laquelle l'offre crée sa propre demande : le marché est donc en mesure d'absorber une production croissante.

3. H. Spencer. *L'Individu contre l'État* (1884), trad. fr. par J. Gerschel, Paris, Alcan, 1885.

manière abstraite est le mirage qui, depuis 1789, tient le peuple abusé. Le droit est la protection métaphysique et morte qui a remplacé pour le peuple la protection vivante qu'on lui devait… C'est parce qu'on a défini la liberté par le mot *droit* qu'on est venu à appeler hommes libres des hommes esclaves de la faim, de l'ignorance, esclaves du hasard » (*Louis Blanc*[1], *Organisation du travail*). Le XIXe siècle a vu la liberté du travail devenir l'enfer du travail par la lutte pour la vie séparant les ouvriers, a vu la concurrence des producteurs niée par les monopoles et les trusts, par les protectionnismes douaniers, et contrairement à la doctrine du *laisser faire* a vu s'imposer la limitation des droits. On n'a plus tout à fait le droit ni de produire ce qu'on veut, ni de payer comme on veut. En outre, et surtout en 1864, la suppression du délit de coalition, en 1884 la loi sur les Syndicats professionnels ont nié légalement la libre concurrence individuelle. Les lois sociales (durée des journées de travail, accidents du travail) ont réglementé les rapports économiques. L'action des Syndicats a tendu à imposer des *contrats collectifs de travail*. En un sens il y a là atteinte à la liberté individuelle puisque les non syndiqués se trouvent engagés contre leur volonté et autrement que par une loi. Le contrat collectif substitue au droit individualiste un droit social. Il y a en effet, de plus en plus, dans les travaux des théoriciens du droit (Duguit[2], Hauriou[3], Saleilles[4]) tendance à considérer le droit comme réglementations de rapports à l'intérieur
d'une communauté sociale ayant une fin définie. *Le | droit est un ensemble de* 235
règles organisant non des rapports d'individus à individus mais des rapports d'individus à une fin commune. Ce qui explique qu'il n'y ait pas, qu'il ne puisse y avoir un formulaire abstrait des règles de droit. Il y a des institutions autonomes, par exemple une usine (production), une école (instruction), une coopérative (consommation). Le droit à l'intérieur de chaque institution c'est ce qui assure la paix dans le concours. Il est donc impossible que les règles soient identiques, abstraites. Elles ne peuvent être que propres à l'institution,

1. Louis Blanc (1811-1882). Homme politique, historien, journaliste et théoricien du socialisme démocratique. À côté de son essai sur *L'organisation du travail* (1839) dont Canguilhem et Planet citent ici l'introduction, Blanc écrivit une monumentale *Histoire de la Révolution française* en 12 volumes (1847-1862).

2. Léon Duguit (1859-1928). Juriste, auteur d'un influent *Traité de droit constitutionnel* en 5 volumes (1921-1925), il est entre autre considéré comme le père de la notion de « service public ».

3. Maurice Hauriou (1856-1929). Grande figure, aux côtés de Léon Duguit, de la doctrine de droit public (*Principes de droit public*, 1910 et 1916).

4. Raymond Saleilles (1855-1912). Juriste et auteur de *L'individualisation de la peine* (1898), ouvrage dans lequel il défend l'idée que la peine doit être adaptée à la nature de celui qu'elle va frapper.

au groupement original. *La pluralité des sources et des formes du droit ne contredit pas l'universalité et l'identité abstraite des droits de la personne, elle donne à la personne les moyens de se réaliser.*

C) Conclusion

Il semble que si on entend la doctrine de Rousseau comme son auteur a voulu la concevoir, elle offre un type satisfaisant, durable et encore actuel, de jugement normal sur le problème. Nous ne pouvons, avec les spiritualistes, rejeter dans l'au-delà et au compte d'un mythe, la responsabilité de nos institutions; nous ne pouvons, avec l'anarchisme, croire à une vie sociale entièrement dégagée de toute obligation extérieure, car la société est et sera toujours la réalité à partir de laquelle un progrès quelconque pourra être accompli; mais les autoritaires, en prenant cette réalité elle-même comme idéal, commettent une confusion dangereuse. Le principe de Rousseau reste juste, que la société n'est point bonne en soi, et ne peut le devenir que par la correction que peuvent lui apporter les suffrages libres d'hommes éclairés.

| CHAPITRE VII 236

JUSTICE ET CHARITÉ

La question que nous traiterons sous ce titre doit être rapprochée de la précédente, encore qu'il faille en nuancer l'énoncé d'une façon un peu différente. Dans la précédente leçon on considérait en fin de compte quels moyens étaient propres à garantir le développement d'une moralité supposée, mais en se plaçant à un point de vue quasi objectif : en effet, on se demandait, de l'indépendance relative de l'individu vis-à-vis de la société ou de la contrainte sociale, laquelle offrait le meilleur moyen. Maintenant c'est bien au fond la même question qui reparaîtra, mais abordée, si l'on peut dire, du point de vue subjectif et, en quelque sorte, de l'intérieur. En effet ce qu'on entend par *Justice* d'une part, et *Charité*, d'autre part, ce sont avant tout des dispositions de l'âme, et non plus des institutions (quoique d'ailleurs d'un point de vue concret l'un doive toujours conduire à l'autre).

Le mot de Justice comprend un rapport de droits entre des personnes, tel qu'on y trouve respectée, sauvegardée ou garantie, l'équivalence qu'il nous paraît normal de concevoir entre les différentes personnes humaines. Par conséquent, quoique le mot de Justice puisse s'employer pour désigner usuellement l'institution garante des droits relatifs des personnes, cependant il peut s'employer aussi pour désigner l'attitude de chacun au regard de cette équivalence, quand cette attitude est moralement bonne. Le rapport indiqué ci-dessus nous invite à choisir plutôt ce deuxième sens, en somme celui qui fait de la justice une *vertu*. La raison de ce choix, c'est que l'idée de charité, elle, ne peut guère être prise autrement qu'avec un tel sens intérieur et comme psychologique. Charité, cela signifie étymologiquement *amour*; et le mot a gardé
| cette valeur de désigner un élan, une impulsion, enfin, une disposition de 237
l'âme : celle qui, non contente de respecter des droits supposés égaux aux

nôtres, admet pour elle-même l'obligation altruiste indéfinie, illimitée, de faire pour autrui beaucoup plus que pour soi-même.

Maintenant, si on considère ensemble les deux notions, un problème doit surgir du rapprochement : si la justice, c'est-à-dire le respect pratique de l'*égalité des droits* des personnes, est bonne, c'est qu'elle est obligatoire, et si elle est obligatoire, c'est, par hypothèse, parce qu'elle est le moyen nécessaire et suffisant de tout bien ; mais dans ce cas, l'idée de charité perd toute signification pratique profonde ; si des rapports normaux de justice peuvent être garantis par quelques moyens que ce soit, la charité est oiseuse, et par conséquent au fond mauvaise. En d'autres termes, si l'homme peut être rendu juste, vouloir le rendre charitable est absurde, et par conséquent nuisible.

Cependant qui oserait dire sérieusement que le charitable est malhonnête ? Il ne faut pas ici jouer sur les mots ; on sait bien que l'altruisme pratique, que la charité et le dévouement restent toujours louables, encore que l'obligation stricte n'en puisse être imposée du dehors, et que par conséquent elle soit comme *gracieuse*. En pratique le problème se retrouve bien dans les débats coutumiers qui portent sur la religion, sur la politique, sur la vie économique. Ce que l'on cherche dans ces débats, en effet, c'est de savoir ce qui sera le plus fécond pour l'amélioration des hommes : ou bien leur éducation et leur réforme personnelle, leur conversion intérieure ; ou bien la réforme des institutions qui régissent les groupes et qui agirait sur les hommes d'abord du dehors, en les forçant à se plier à des règles justes (le respect de ces règles devenant par la suite automatiquement vertueux).

Ces deux écoles, tout le monde les connaît et doit pouvoir en désigner des représentants sur tous les plans pratiques : il y a d'un côté des gens qui croient à la valeur de l'enseignement moral, à la pédagogie morale, au prosélytisme ; de l'autre côté, on trouve ceux qui ne croient qu'à l'efficacité des réformes extérieures d'institutions, à la refonte des *lois civiles*, des usages économiques, admettant que les mœurs sont toujours, et ne peuvent être que la suite de ces usages et de ces lois. En somme, *réforme par l'intérieur ou par l'extérieur* ?

238

II. NATURE ET VALEUR DE LA JUSTICE EN ELLE-MÊME

On peut remarquer d'abord que la classification de doctrines et d'étiquettes, donnée dans la leçon précédente, ne pourrait peut-être pas s'appliquer directement ici sans commentaires nouveaux ; en effet il faut bien reconnaître que ceux que nous avons appelés réalistes précédemment sont ceux qui demanderaient ici la primauté de la Justice sur la Charité, ceux qui ne veulent pas s'en rapporter, pour l'amélioration des rapports humains, à un bon vouloir problématique des âmes soi-disant bien nées. On trouverait parmi les idéalistes, *au contraire*, si l'on veut se conformer à l'usage du vocabulaire le plus constant, ceux qui se soucient moins d'action sociale que de prosélytisme *personnel.*

Cela dit, distinguons d'abord les acceptions du mot justice : on appelle justice répressive l'ensemble d'institutions sociales chargées de garantir les droits mutuels des individus associés ; on appelle justice commutative l'ensemble d'institutions qui réglementent les échanges de biens matériels, le système d'institutions économiques en vigueur dans un groupe donné. Il est facile de noter ici que les institutions en cause sont relatives aux lois et aux usages qui régissent telle ou telle société ; il est donc facile de remarquer aussi que les deux idées de justice qui viennent d'être définies participent fatalement de cette relativité. Par suite, si l'on entendait par justice, comme disposition intérieure, le simple respect des deux justices relatives que nous venons de définir, il est clair que la tendance réaliste n'exprimerait rien de moral. La simple observance des lois, encore qu'elle soit exigible, n'a pas au fond de véritable valeur ; c'est parce que, là où la *force* appuie l'obligation, là où par conséquent celle-ci peut n'être garantie que par la crainte des sanctions, elle est sans valeur morale. Nous en dirions autant d'ailleurs du respect des simples usages, car ici c'est la crainte de la réprobation publique qui peut être notre seul mobile, et c'est un mobile sans valeur, puisqu'il est, par hypothèse, sans force progressive. Sur ce plan l'axiome romain reste vrai qui dit : « Summum jus, summa injuria » (la stricte justice, c'est la suprême injustice). S'en tenir à des obligations positives peut être *légalement juste, moralement injuste.* Pourquoi ? Parce que le droit est un système de règles abstraites alors que les problèmes humains sont toujours concrets (expulsion de locataires, saisies, etc.).

| Le problème est le suivant : quand un homme est dans son droit, doit-il 239
oublier qu'il est devant les hommes ? Est-on juste quand on ne conçoit rien au delà du droit, quand on force autrui à s'y conformer, quand on attend d'être forcé pour s'y conformer ?

La justice n'est-ce pas au contraire la volonté du droit, et mieux, la volonté de plus de droit ? Il ne faut donc pas, si l'on veut laisser à l'idée de justice la valeur morale que le peuple et les philosophes veulent lui attribuer, limiter sa signification au respect d'un état social donné. Sous cette condition, les écoles qui se rattachent à la doctrine réaliste de la vie morale, sont celles qui, dans la leçon précédente ont été considérées comme affirmant la primauté de la réforme sociale sur l'éducation individuelle.

II. NATURE ET VALEUR DE L'IDÉE DE CHARITÉ

On admet, dans l'analyse classique de la charité, qu'il faut y voir surtout un don plus sentimental qu'intellectuel, plus intuitif que calculatoire. Et il paraît assez peu contestable en effet que, pour l'observateur, ceux qui cherchent la justice sont plutôt des rationalistes, les charitables étant plutôt des intuitifs. Le langage usuel même paraît faire plutôt du Juste avant tout un homme intelligent, et du Saint, le plus souvent aussi, un simple.

Mais la même précaution est ici à prendre pour l'idée de charité que pour l'idée précédente. L'expression « faire la charité » traduit au fond une notion inacceptable de la vertu que le mot doit désigner; pareillement, nous ne confondrons pas avec la pratique efficace de cette vertu ce qu'on appelle « les œuvres charitables » que le mot « philanthropiques » sert aussi à désigner; on verra assez, semble-t-il, la raison de cette distinction nécessaire, si l'on remarque que la première des locutions désigne un usage et non une disposition, un fait et non une volonté. Il n'est pas douteux d'ailleurs que les initiateurs des œuvres dites charitables ont dû être animés de ces bonnes intentions dont on dit que l'enfer est pavé. Mais précisément cela fait voir où est une fois de plus le problème réel : il est bien, comme nous l'avons dit, celui de l'option entre deux méthodes : 1) celle de l'initiative individuelle sur laquelle on peut compter pour gagner, grâce à l'exemple, la plus large diffusion possible; 2) celle de la réforme des institutions sociales, qui, garantissant des obligations par des
240 sanctions, doivent | imposer à tous les hommes d'une société des devoirs précis, dont l'accomplissement forcé obtiendrait d'abord une justice légale, d'où résulteraient seulement ensuite les dispositions intérieures conformes.

Il y a bien quelques autres questions accessoires qui se rattachent à la valeur de la charité : par exemple, celle des « cas de conscience » qui peuvent se présenter à propos de l'exercice de la charité et qui mettent en conflit des intentions opposées, également bonnes. La générosité naturelle qui est au fond de la charité, peut pousser, par exemple, à recueillir ou à sauver un criminel égaré dont on reconnaîtrait par ailleurs qu'il devrait être justement puni. On aperçoit toutefois dans tous les cas du même genre une des difficultés qui font de la charité pure une vertu peut-être inefficace; c'est que le charitable se trouve toujours pris entre l'obligation d'un jugement universel qui, comme tel, relève de la justice, et un élan personnel, qui peut, en définitive, ne pas être juste; mais surtout il faut voir que la véritable charité, passant par dessus la justice stricte, ne fait qu'énoncer au fond, mais de façon timide, ou bien imprudente, le pressentiment d'une véritable justice; car de deux choses l'une : ou bien ceux qui profitent de la charité avaient droit à ce bénéfice, et il vaudrait mieux le reconnaître et le garantir une fois pour toutes ; ou bien ils n'y avaient pas droit et la charité revient alors à reconnaître des droits à l'injustice.

En résumé, la charité n'est pas la pitié. La pitié nous fixe sur la misère humaine. La charité nous attache à la grandeur humaine. Quand on n'est pas décidé à aimer autrui pour la valeur positive qui est en lui en tant que personne créatrice de l'avenir, il est inhumain de lui témoigner de la simple pitié (Max Scheler). La Charité c'est le respect de la dignité humaine en autrui, c'est la volonté d'éveiller en autrui cette dignité s'il la méconnaît. Mais la charité ne peut forcer : elle inspire sans exiger, elle espère sans attendre. On ne peut pas vouloir le bonheur d'autrui, car le bonheur est dans un rapport personnel de moyens à fins. On ne peut donc que faire entrevoir les fins de la vie humaine, mais on doit reconnaître le droit d'autrui à revendiquer les moyens. Ainsi la justice définit un ordre des *exigences* possibles. La charité définit un ordre de *sacrifices* possibles. La charité est ce qui doit non pas remplacer, compléter, mais instituer la justice. C'est en posant la valeur des | autres personnes **241**
humaines, valeur qui justifie mes sacrifices, que je les reconnais identiques, donc dignes de la justice.

Conclusion – Il est donc facile sur un plan spéculatif de résoudre l'opposition signalée ci-dessus. La charité paraît figurer ce moment moralement indispensable d'idéalisme qui nous fait voir au contact de la réalité, d'une part ce que celle-ci a de mauvais, d'autre part ce qui devrait être fait pour la rendre meilleure.

Mais l'action individuelle du charitable se ramène vis-à-vis de la réalité sociale, prise dans son ampleur, sensiblement à un souhait pieux. Il est donc indispensable, en pratique, de faire sa part au réalisme conditionnel que nous avons déjà défini, c'est-à-dire à l'obligation de prendre en compte pour réaliser des aspirations généreuses la réalité sociale sur laquelle les aspirations doivent s'exercer. En bref, la charité définit des buts et la justice les moyens indispensables.

|CHAPITRE VIII 242

MORALE PERSONNELLE OU DES DEVOIRS ENVERS SOI-MÊME

Si par devoir on entend le rapport d'obligation entre un sujet et une valeur, il semble que l'expression « devoir envers soi-même » soit contradictoire. Elle n'a donc de sens qu'à condition que par le Moi on n'entende pas un être limité, fini, fait. Si on définit la conscience comme l'opposition entre un Moi fini et un Moi infini, si penser – que ce soit théoriquement ou moralement – c'est toujours se corriger ou se dépasser, alors tous nos devoirs peuvent être dits en un sens des devoirs envers nous-mêmes, puisqu'ils nous lient à notre propre avenir. En particulier, les devoirs comme les devoirs de conservation de la vie, de sobriété et d'hygiène ne sont pas des devoirs envers le corps, ce qui serait contradictoire, mais envers ce dont la vie du corps la plus intense et harmonieuse possible est le moyen. C'est parce que le corps est le moyen d'expression de l'âme, qu'on a des devoirs envers lui. On a le devoir de faire de l'automatisme corporel un serviteur et non un ennemi[a].

C'est dans le même esprit qu'on doit résoudre le problème du choix entre la vie du corps et la vie de l'esprit. Du moment que le problème se pose de comparaison et de choix entre elles, c'est | qu'il se pose à l'intérieur du jugement. Par 243
conséquent l'examen de ce problème étant un moment de la vie de l'esprit, le

a. « L'être vivant a un corps ; l'âme s'en empare, et elle s'y objective immédiatement. Mais ce n'est pas sans travail que l'âme elle-même fait de son corps un moyen. L'homme doit d'abord, pour ainsi dire, prendre possession de son corps, pour que celui-ci puisse devenir l'instrument de l'âme. » Hegel (*Logique* [*de Hegel*, 1859], trad. fr. par [A.] Véra, [t.] II [2e éd., Paris, Baillière, 1874], p. 323).

problème est résolu du seul fait qu'il est posé; on a choisi la vie spirituelle. Les divergences peuvent exister sur le contenu que tel ou tel donne aux valeurs spirituelles et sur la façon dont il tient que l'avènement de ces valeurs sera servi par telle ou telle vie du corps. On peut donc conclure avec Spinoza : « Par vie humaine j'entends celle qui se définit non pas uniquement par la circulation du sang et par les autres fonctions qui sont communes à tous les animaux, mais par la raison surtout, par la véritable vertu et la véritable vie. » (*Traité politique*, V, 5).

Ce n'est pas à dire que les devoirs nés pour l'individu du fait qu'il se tient pour une personne possible ou pour un esprit virtuel soient limités, quant à leurs occasions et à leurs moyens d'efficacité, à l'individu lui-même. C'est seulement dans un groupe social et *par* ce groupe sinon *pour* lui, que l'individu humain peut prétendre – peu importe ici au prix de quels efforts – à devenir une personne morale. Comme la résistance de l'air est pour la technique de l'aviation à la fois l'obstacle et le moyen, la vie sociale est pour l'individu à la fois l'obstacle à sa création personnelle et le moyen de cette création.

Problème de la culture individuelle

Nous ne pouvons pas définir la culture par le contenu, il faut la concevoir plutôt comme une forme. C'est une disposition acquise à l'enregistrement de plus en plus facile et rapide de connaissances ou de techniques. Le vrai problème relatif à la culture c'est le problème de la méthode et plus encore peut-être le problème d'invention des méthodes[a].

On peut diviser le problème en deux :

1) *Question du sens et du contenu de la culture.* – Ce premier problème se traite par référence à deux systèmes philosophiques dont chacun engendre son système pédagogique et culturel : le déterminisme d'une part, le spiritualisme d'autre part.

244 | Le premier met l'accent sur la valeur primordiale de la science, de l'érudition, de l'histoire, etc. La conception spiritualiste met l'accent sur le développement des facultés proprement personnelles de l'affectivité, du goût, du caractère, toutes qualités qui, dans le système, ne sont pas nécessairement

a. Dans son *Traité de Pédagogie* [1803], Kant définit la culture comme suit : « C'est la possession d'une aptitude suffisante pour toutes les fins qu'on peut avoir à se proposer. Elle ne détermine donc elle-même aucune fin, mais elle laisse ce soin aux circonstances. » (éd. Thamin, [Paris] Alcan, [1886] p. 51.)

liées à l'esprit scientifique; autrement dit, l'éducation morale et l'attention donnée aux sentiments prendraient le pas ici, sur le remplissage notionnel mis en valeur par d'autres groupes[a].

2) *Le problème de l'opposition créée par la culture individuelle* entre l'élite cultivée et le reste du groupe social.

Ici encore, on pourrait subdiviser : cette opposition est-elle profonde dans la société ? Cette opposition doit-elle être maintenue et même accrue ? Ou au contraire, la culture a-t-elle pour sens de l'atténuer et à la limite de la ruiner ?

La première solution est celle des philosophies *aristocratiques*, en quelque sorte, selon lesquelles le sens de la vie humaine est dans la création et dans la protection d'une minorité d'élite, par la soumission de la majorité vulgaire. (Exemple : dans l'antiquité, toutes les philosophies sont aristocratiques.)[b]

La deuxième solution est à la fois individualiste encore, mais aussi universaliste. (Exemple : christianisme primitif, les doctrines politiques démocratiques, les doctrines anarchistes et libertaires, etc.)

On remarquera qu'en fait, il est impossible de traiter le problème de la culture personnelle isolément : l'énoncé des problèmes | ci-dessus engage des 245
positions différentes, à l'égard des problèmes d'organisation sociale. Ceci est vrai autant pour les doctrines aristocratiques que pour les autres. L'on peut cependant, en faisant abstraction de ce conditionnement social de la vie personnelle, chercher comment, pour un individu, peut se poser le problème d'une véritable culture qui, à la rigueur, garantirait et son bonheur et son progrès et sa force, enfin son état éventuel d'homme conscient.

On doit considérer comme vaine la première des oppositions ci-dessus, c'est-à-dire celle qui tend à souligner le contraste de fait entre la science et

a. On trouve la conscience très nette du rapport entre la culture et le système philosophique chez Jules Lachelier : « L'opposition des Lettres et des Sciences est, au fond, celle de la Subjectivité humaine et de l'Objectivité de la nature. L'étude exclusive, ou même prédominante, des sciences de la nature et particulièrement des mathématiques pourrait disposer à ne voir partout que spatialité, extériorité réciproque, mécanisme; l'esprit de ces sciences est empiriste et matérialiste. C'est au contraire l'homme moral et intérieur qu'il s'agit de former, si l'on veut que le philosophe comprenne ce qui est le vrai fond des choses, l'esprit et la liberté. La philosophie est essentiellement la science du sujet et ne s'intéresse dans l'objet qu'à ce qu'elle y retrouve du sujet. Pour l'éducation du philosophe, l'étude qu'il doit pousser le plus loin et surtout celle dont il doit prendre et retenir l'esprit est donc celle des lettres ». (Annotations au Vocabulaire de la Soc. française de philosophie, *Œuvres*, II, [Paris, Alcan, 1933] p. 215). On reconnaît dans ce texte l'option morale d'un spiritualiste absolu.

b. On lira un exposé de la thèse dans Renan, *Dialogues philosophiques* : *Rêves* [(1871), repris dans *Dialogues et fragments philosophiques*, Paris, Calmann-Lévy, 1876]. « Le grand nombre doit penser et jouir par procuration, etc. » [p. 130].

l'érudition d'une part, et le sentiment, le goût, le caractère d'autre part. Il n'y a pas à choisir sur ce point, car précisément le caractère de la vraie culture c'est de rendre peu à peu absurde cette option. Autrement dit, la culture, comme une synthèse de disciplines en fait opposées, ne définit guère qu'une limite; mais une limite définit aussi une *direction* et c'est l'essentiel.

On peut en dire autant sur le deuxième point; l'opposition entre une masse et une élite traduit un *fait* incontestable. Mais reconnaître comme droit ce fait, c'est précisément renoncer à toute culture, car c'est au contraire pour corriger le fait par le droit qu'une véritable culture humaine se justifie. Cela revient à dire que la culture, en aucun cas, ne peut prendre un sens strictement individuel : cela résulte (voir plus haut) de ce que les conditions réelles de cette culture sont nécessairement sociales et humaines en général.

PROBLÈME DE LA CULTURE PHYSIQUE

Deux problèmes à distinguer: 1) *Problème d'hygiène*, nécessairement à traiter du point de vue du conditionnement social; 2) *Problème de la culture physique proprement dite et du sport.*

On peut traiter le deuxième problème par référence de nouveau aux deux philosophies relativement opposées qui sont le naturalisme (paganisme) et le spiritualisme (ascétisme).

Ces deux philosophies engendrent de nouveau deux sortes de jugement sur
246 le culte du corps : l'un relève de l'Hédonisme, et | admet la valeur soit relative, soit absolue de la santé, de l'exercice, des plaisirs corporels. Dans l'autre, l'Ascétisme, on voit dans le corps la source même de tout mal; et la règle est donc, en principe, dans la purification, dans la recherche même de la souffrance, de la maladie, qui préparent la mort.

Des formes de civilisation ont été engendrées par ces divers systèmes. On admettra, en principe, ici, la valeur conditionnelle et relative de la culture physique : c'est admettre d'ailleurs la condamnation du sport qui en est le contraire, étant la compétition collective en vue de la gloire et des récompenses. Compétition absurde[a]. Les défenseurs du sport, toutefois, mettent à son compte positif, le développement qu'il permet des plus hautes vertus morales, l'abnégation, la ténacité, la patience, la soumission aux règles de la

a. On lira sur la culture physique la Section A du *Traité de Pédagogie* de Kant consacrée à l'Éducation physique. On se reportera également au livre II de l'*Émile* de Rousseau dont Kant, on le sait assez, n'a pas caché l'influence profonde sur sa pensée.

vie sociale, etc. Cela peut se soutenir, du point de vue métaphysique; la pratique s'en accommode difficilement[a].

Il faut souligner ici encore, que les problèmes ainsi soulevés, exigent la considération de l'état social comme condition du développement individuel; et c'est dire que tous ces problèmes ont un caractère nettement abstrait.

LE SENTIMENT DE LA DIGNITÉ ET DE L'HONNEUR PERSONNEL

Les notions de dignité et d'honneur, en tant qu'on doit les rapporter à l'action individuelle, et non à l'action collective, ne sont que les notions de la valeur variable qui peut être reconnue en fait à l'individu, et posée en principe d'action; en droit ou idéalement, ces notions par conséquent soulèvent le problème de savoir quelle doit être la valeur accordée à l'individu.

Les variations de fait du sentiment de l'honneur. – Les variations sont relatives à l'évolution de la forme des groupes sociaux. Au début, l'individu ne se distingue pas du groupe, et il n'y a donc pas de dignité individuelle; puis, avec la multiplication des castes, des classes et l'institution d'une société hiérarchisée, c'est | l'appartenance d'un individu à chaque cercle plus ou **247**
moins étroit qui définit sa dignité ou son honneur.

Il est difficile de soutenir que cette conception de l'honneur fondée sur la hiérarchie sociale ait complètement disparu; il serait plus facile de montrer qu'elle continue au contraire à alimenter inconsciemment le sentiment moderne de la dignité individuelle : par exemple, pour un contemporain il est admis que l'on s'honore en montant le plus de degrés possible de *l'échelle* sociale.

Néanmoins, il est incontestable que l'idée d'une valeur propre d'un individu, à quelque cercle social qu'il appartienne, paraît avoir fait quelques progrès depuis que l'universalisme stoïcien et chrétien, puis les révolutions démocratiques dans l'Occident européen, ont souligné la *précarité des hiérarchies sociales.*

Dans quelle mesure peut-on faire fond sur l'individualité pour constituer une notion correcte de l'Honneur? – La question revient à rechercher comment doit s'apprécier normalement la valeur morale de la personnalité et par conséquent par quels moyens normaux cette personnalité peut être faite.

A la première question on répondra en utilisant les discussions ou les exposés de problèmes connexes (la responsabilité, le rapport du droit et du

a. On peut lire une apologie du sport dans [*Les*] *Olympiques*, de Montherlant [(1924), Paris, Larousse, 1931].

devoir), bref, en utilisant le conflit entre des conceptions strictement individualistes et des conceptions autoritaires ou traditionalistes.

A vrai dire, la véritable moralité personnelle, c'est d'abord la *conscience* de ce conflit; la dignité d'un homme augmente avec elle. Elle est ensuite dans *l'effort*, difficile d'ailleurs, pour accommoder les exigences de la morale sociale légitime avec le souci non moins légitime d'un droit propre de l'individu. (Voir Devoir et Droit)[1]. Il est d'ailleurs évident que la question de la moralité personnelle ne peut pas se séparer de la considération d'une moralité sociale.

A la question de savoir par quels moyens la dignité peut se développer, on répond par l'examen des deux groupes de puissance qui définissent simultanément la vie individuelle. (Voir Culture Physique et Intellectuelle)[2]. En réalité, la vie d'une personne moralement considérée, ce n'est que la synthèse plus ou moins *harmonieuse*, c'est-à-dire plus ou moins *honorable* de ces
248 deux groupes de puissance. La question est alors de déterminer | le principe et la fin par rapport à quoi cette synthèse est effectuée. Sur ce point, il faudrait reprendre les discussions entre l'ascétisme et l'hédonisme d'une part, et entre l'humanisme et l'individualisme d'autre part.

Conclusion. – En somme, le problème de la dignité ou de l'honneur n'est pas un problème spécial, et il ne peut être traité et résolu qu'en fonction des systèmes de questions et de jugements qui se rapportent au rôle de la personne comme telle, dans le progrès de la vie morale en général[a]. Est-il bon que je me défende à tout prix contre toute obligation et toute contrainte venues du dehors? Est-il bon que je donne tous mes soins à repousser ou à venger l'insulte, le discrédit, la médisance, etc. ou bien ne s'agit-il avec de tels soins que d'une déviation puérile de la véritable dignité?

a. On trouvera une description de l'honneur comme code de rites sociaux dans Westermarck, *Origine et Développement des Idées Morales* [(1906), trad. fr par R. Godet, Paris, Payot, 1928-1929]. On trouvera une analyse riche en suggestions dans le *Traité de Morale* de Dupréel. A signaler également un bon article dans la revue *Esprit* du 1er janvier 1934. [*cf.* « Le fascisme et le sens de l'honneur » du poète et futur résistant Edmond Humeau (1907-1998), *Esprit*, n°16, 1934, p. 589-603.][3].

1. Cf. *supra*, chap. VI.

2. Cf. *supra*, chap. VIII A et B.

3. Edvard Westermarck (1862-1939). Sociologue, ethnologue et philosophe finlandais dont l'*Histoire du mariage* (1889) adopta une perspective évolutionniste.

En fait, il nous semble, en vertu des références ci-dessus, que le véritable problème d'une valeur durable de la personne ne peut se résoudre qu'en plaçant le principe de cette valeur en dehors même de l'individu et d'ailleurs aussi d'une société quelconque. C'est dans le rapport de l'humanité en général, de l'idée abstraite « d'humanité » avec mon activité personnelle que consiste ma seule dignité : si je concours si peu que ce soit à donner un sens à l'idée abstraite en question, j'ai déjà quelque honneur ou quelque dignité. Si je ne fais rien dans ce sens, et si au contraire je contribue par ma veulerie à rabaisser l'idée de l'humanité en moi, le mot d'honneur n'a aucun sens pour moi.

Le problème du suicide

On a coutume de traiter au nombre des problèmes de morale individuelle la question du suicide ou du devoir de respect et de conservation par l'individu de sa propre vie. Et par ailleurs il n'y a peut-être pas de problème qui retienne autant, sur le plan de la connaissance comme sur celui de la prescription, l'attention des | sociologues[a]. C'est que le suicide apparaît – un peu comme le **249**
sommeil, ce frère de la mort – moins comme une rupture de l'individu d'avec le milieu cosmique (mourir n'est-ce pas redevenir pure nature ?) que comme une rupture de l'individu d'avec la société. Et en effet, pour un vivant apte à devenir conscient de sa vie, ce qui revient à s'interroger sur le sens de sa vie et à se poser les problèmes du savoir-vivre et du vouloir-vivre, la transformation du *fait de vivre* en *sentiment d'exister* est nécessairement liée, encore qu'elle ne s'y laisse pas réduire davantage qu'aucune autre forme de la conscience, au mode de vie social que l'individu n'a pas plus choisi qu'il n'a choisi la vie elle-même. C'est pourquoi en finir avec la vie, fût-ce au fond d'un désert, c'est en finir avec la société.

Il apparaît bien qu'il n'y a pas ici à déterminer quelles sont objectivement les causes du suicide et si elles sont d'ordre psychophysiologique comme le veulent les psychiâtres[b] ou d'ordre social comme le soutiennent les socio-

a. Durkheim, *Le Suicide* [Paris, Alcan] (1897) ; – Halbwachs, *Les causes du Suicide* [Paris, Alcan] (1930) ; – [A.] Bayet, *Le Suicide et la Morale* [Paris, Alcan] (1922).

b. [M.] De Fleury, *L'Angoisse humaine* [Paris, Éditions de France, 1924] ; – [F.] Delmas, *Psychologie pathologique du Suicide* [Paris, Alcan, 1932][1].

1. Maurice de Fleury (1860-1931). Médecin spécialiste des maladies mentales et nerveuses, élève de Charcot, il collabora notamment avec Zola qui le mit à contribution pour le *Docteur Pascal* (1893) et *Lourdes* (1894).

logues. Que des individus angoissés ou socialement désintégrés se donnent intentionnellement la mort, ce fait, une fois que nous l'aurions expliqué, ne nous dispenserait nullement de chercher le *sens* du suicide. Et c'est cela qui importe du point de vue moral.

On remarquera d'abord que la conscience de la vie fait immédiatement paraître cette vie comme un moyen, donc comme de valeur subordonnée. Si la conscience était nécessairement conditionnée à ratifier comme irréprochable, intangible et sacrée la vie dont elle est la réflexion, on peut bien dire qu'elle n'aurait aucune raison d'être. La conscience n'est pas un épiphénomène. Or le jugement que la conscience porte sur la vie diffère du tout au tout du jugement qu'elle porte sur l'un quelconque des actes du vivant. Un jugement normatif, alors même (et c'est le cas le plus fréquent) qu'il survient après un acte défectueux, vise à légiférer pour un acte à venir et assume par là quelque initiative. Mais de la vie de l'individu devenu conscient il n'y a eu *aucune* initiative, personne et à plus forte raison lui-même n'a pu *vouloir* sa vie. La seule initia-
250 tive que l'individu puisse prendre concernant sa vie c'est de | la finir. Le suicide est donc la manifestation de puissance limitée d'un être dont l'engagement dans la vie, inexplicable en fait, devient pour lui injustifiable en droit.

D'une part nous pouvons espérer remédier à l'effet désastreux ou dégradant d'un de nos actes par quelque autre acte et en ce sens tout repentir, tout renoncement, toute conversion peuvent passer pour des sortes de « suicides partiels » (Valéry) que le sens moral commun encourage. Mais d'autre part, la contrainte des composantes biologiques ou sociales de l'individualité est telle souvent que l'espoir de correction, même médiocre, d'une vie jugée inacceptable par une conscience aussi lucide qu'elle est exigeante, ne saurait être tenu pour un sentiment obligatoire.

Que l'individu soit d'abord un effet, lui-même le sent à proportion de son impuissance à être cause. Si l'intelligence de la nécessité combat dans la conscience le besoin de puissance, incriminera-t-on l'intelligence d'être intelligente ou la puissance d'être un besoin ? Ni l'un ni l'autre, sans doute[a].

a. Lire sur le suicide Valéry, dans *Rhumbs* : Moralités [Paris, Gallimard, 1932].

Historiquement, nous voyons l'apologie du suicide (Hégésias le Cyrénaïque[1], surnommé l'Avocat de la Mort) commenter la désorganisation des cités grecques, la perte des libertés politiques et le désarroi de l'individu soumis par la domination macédonienne à un système politique sur lequel il ne pouvait exercer d'action ni de contrôle[a]. De même chez les Stoïciens (notamment Sénèque), la doctrine du suicide semble la conséquence normale d'un sentiment vif de l'impuissance de l'individu à changer, ce qui dans l'Univers comme dans l'Empire, « ne dépend pas de nous ». Et si Épictète est hostile au suicide (*Entretiens*, I, 9), disant à ses disciples : « O hommes, attendez Dieu ! » cela ne change nullement les prémisses d'un système dont la conclusion, étant pratique, n'est pas nécessairement la même pour tous. L'impossibilité de modifier par la technique la structure des choses et par la politique celle de la société, jointe à la conscience exaltée d'une dignité spirituelle à affirmer peuvent aboutir, sans contre-sens, à la décision de devancer une mort inéluctable que le choix de l'événement et des moyens met alors, par la plus tragique ironie, au pouvoir de l'individu.

| Contre le suicide on invoque communément soit la lâcheté dont, dit-on, il **251**
témoigne, soit l'offense faite à Dieu, soit la désertion du devoir social. En fait cela revient toujours à condamner dans le suicide une affirmation, jugée socialement hérétique, d'individualisme complet et indiscutable. Pour beaucoup le suicide est une impolitesse, une incongruité, étant un départ sans demande préalable de congé.

Nous n'avons pas ici à conseiller ou à déconseiller le suicide, mais seulement à proposer des principes de jugement devant le suicide. Il est humain, c'est-à-dire respectueux de la valeur, de s'abstenir de juger le suicide. La vie est à la fois l'occasion, le moyen et l'obstacle de la moralité. Elle n'a de valeur, comme toute chose, qu'en rapport avec ce qui la dépasse et l'enrichit. Nul ne peut savoir si les raisons qu'il juge valables d'espérer en la vie à un moment donné ne seront pas pour un autre les raisons mêmes de son désespoir. Aucune intelligence n'est la mesure du pouvoir de l'intelligence. Supposons, sans grande hardiesse, la persécution des minorités raciales ou politiques

a. On lira une analyse de ce comportement de « sécession » dans *Les Matérialistes de l'Antiquité* de Nizan [Paris, Éditions Sociales internationales, 1936].

1. Hégésias le Cyrénaïque (vers 435-350 av. J.C.). Philosophe grec pour qui le suicide est un acte raisonnable en toute situation. Partant du principe que le souverain bien s'identifie avec le plaisir, Hégésias constate que nous n'éprouvons ce dernier que de manière sporadique : la plupart du temps, c'est effectivement à la douleur que nous avons à faire. Aussi le sage est-il celui qui cherche moins le plaisir que l'indifférence dans la mort.

devenue la règle sur toute la terre, la seule planète jusqu'à présent accessible à l'espèce humaine, et demandons-nous si nous pourrions encore prétendre à juger la résolution de ceux qui préféreraient devoir la mort à leur courage plutôt qu'à la férocité d'autrui. Dieu, s'il admet les pogroms, pourquoi n'admettrait-il pas aussi les suicides ?

En conclusion nous voyons ce problème, dit de moralité individuelle, rejoindre des problèmes qui débordent largement la prise en considération de l'individualité. Si l'individu peut ou non faire moralement quelque chose de sa vie, cela ne dépend pas uniquement de sa seule résolution, car les moyens de faire de la vie le moyen de la moralité quand elle lui est un obstacle (maladie incurable, abjection sociale, etc.) ne sont donnés, comme tous les moyens effectifs d'action sur les choses et sur les hommes, que par un long et progressif effort des groupes humains.

LA FAMILLE

La famille est autant une institution sociale qu'un fait biologique. La vie familiale est liée à l'exercice de fonctions sexuelles instinctives, en même temps qu'elle est réglée par des représentations religieuses, des liens juridiques, des devoirs moraux. En tant qu'institution sociale, la famille est un produit historique et nous ne devons pas prendre pour invariable la forme des relations domestiques.

C'est au point que certains sociologues ont affirmé la réalité exclusive des conditions sociales d'existence de la famille, niant comme illusoires les conditions biologiques du fait familial, étant donné qu'un certain type de relations familiales existe dans certaines sociétés primitives où la véritable nature du rapport sexuel et du rapport de descendance est ignorée[a].

On conçoit que définir la famille comme un fait biologique c'est lui attribuer une nature et un rôle « essentiels » dans la société humaine, c'est la tenir pour le véritable *élément* sociologique, comme dit A. Comte, ou comme on l'a dit depuis pour la « cellule sociale »; par suite c'est lui conférer en même temps qu'une réalité politique définitive une valeur pratique absolue[b].

a. [B.] Malinowski, *The Sexual Life of Savages in North-West Melanesia* [*An Ethnographic Account of Courtship, Marriage and Family Life among the Natives of the Trobriand Islands, British New Guinea*, Harcourt, Brace & World, New York, 1929][1].

b. Voir à ce sujet A. Comte, *Cours de philosophie positive*, 48e et 50e leçons [t. IV, 1839], et *Système de Politique positive*, statique sociale ; théorie positive de la Famille [t. II, 1852].

1. Bronisław Malinowski (1884-1942). Anthropologue et ethnologue britannique d'origine polonaise qui fut le principal représentant du fonctionnalisme.

Inversement, considérer la famille comme une institution en fait relative à des conditions sociales historiques, que ces conditions soient économiques
253 comme le pense Engels[a], ou qu'elles soient religieuses | comme le pense Durkheim[b], c'est permettre du même coup la séparation entre l'existence de fait des rapports familiaux et le problème de la valeur des fonctions que les sociétés humaines ont jusqu'à présent assumées sous la forme familiale.

On retrouvera le problème tel que nous avons à le poser si l'on réussit à raccorder le fait institutionnel et le fait naturel.

Ce qui importe à considérer, ce n'est pas telle ou telle forme de l'institution domestique, mais seulement que les relations domestiques soient réglées par une institution. Le fait biologique ici, qui n'est que la matière de l'institution, c'est la relation déterminée ou naturelle de la sexualité et de la reproduction. Or dès que la conscience humaine saisit cette matière pour l'informer, apparaît une institution dont les variétés pourraient être innombrables sans que le fond du problème soit altéré : tous les problèmes moraux surgissent d'ailleurs ainsi. Formulons celui-ci dans son ensemble. Une institution étant une fonction sociale dont l'aspect qu'elle prend dans la conscience suppose qu'elle a reçu un « sens » ou une valeur organisatrice, nous avons à nous demander quel est précisément ce sens ou cette valeur, et à juger par rapport à ce sens les formes diverses prises en fait par l'institution. Ce problème va donc se subdiviser de lui-même ou plutôt se graduer : on aura à considérer forcément les rapports moraux entre les individus composant l'unité conjugale procréatrice, et c'est la première question. La deuxième résultera de l'institution domestique proprement dite, c'est-à-dire de l'unité formée des procréateurs et de la progéniture. Cette question ne se dissocie pas du problème concret de la nature et de la valeur de l'éducation, car c'est par l'éducation seulement que la procréation humaine se distingue de la reproduction animale.

A) LE RAPPORT CONJUGAL ET LES DEVOIRS CONJUGAUX

L'histoire humaine offre à considérer une étonnante variété de rapports conjugaux sanctionnés toujours par des pratiques religieuses et des obligations juridiques, concernant la possession et la distribution des richesses de la société familiale aussi bien que les rapports de puissance et d'obéissance des

a. *L'origine de la famille, de la propriété privée et de l'État* [1884].

b. *La prohibition de l'inceste* (*Année sociologique*, I) [1897, p. 1-70] ; *La famille* (leçons publiées dans la *Revue Philosophique*, 1921) [t. XCI, p. 1-14]).

conjoints. La | polyandrie et la polygamie, le matriarcat et le patriarcat ont été ou sont encore la règle dans certaines sociétés. On voit en gros l'évolution humaine aboutir à la société conjugale actuelle de l'occident chrétien : l'unité conjugale est réduite au couple, et quoique la femme y soit juridiquement, en fait, soumise à la puissance masculine, l'égalité des sexes paraît vouloir s'inscrire peu à peu dans les coutumes et dans les lois, au moins dans les pays à forme politique démocratique. 254

Dans ce qu'on appelle la famille conjugale actuelle, c'est le *Mariage*, c'est-à-dire l'union contractuelle des deux époux, qui fonde la famille ; comme tous les contrats que la société civile a intérêt à garantir, le Mariage est *sanctionné* : « sacrement » religieux, enregistrement par l'autorité civile, c'est toujours une garantie que l'unité conjugale trouve dans une autre unité sociale plus large, et c'est cela qui en fait un acte juridique, en donnant une forme codifiée aux obligations réciproques des conjoints ou époux.

Quel intérêt a donc la société civile ou religieuse à garantir ici un contrat entre personnes ? La tendance « moderne » à l'égalisation des droits des deux sexes, interprétée comme revendication d'une *liberté* totale de choix, n'explique guère et ne semble pas pouvoir fonder cette garantie ; si le simple « consentement mutuel », si le « droit à l'amour » d'individus disposant librement d'eux-mêmes devaient être seuls pris en compte, ils ne justifieraient que des unions temporaires, formées et défaites au gré des contractants, et réglées uniquement par les lois quasi-objectives de la vie passionnelle[a] ; ce « règlement », si c'en est un, n'est point celui que garantit l'institution conjugale ; bien au contraire. Le devoir de *fidélité* qu'elle impose aux époux en est en effet et proprement la négation : c'est une limitation obligatoire de la puissance passionnelle liée au fait de la sexualité, et qui, bien loin d'en préserver le libre développement, tend évidemment à le « refouler » dans le cadre précis de la seule conjugalité.

La littérature « érotique » a depuis longtemps montré quels drames, intérieurs ou extérieurs[b], engendre ici un système d'obligations | nettement 255
orienté *contre la Nature*, et non pas fait pour la libérer de toute entrave ; les lois et les coutumes tentent de pallier, par des compromis, les effets de ces drames : dans presque toutes les classes sociales, la coutume est indulgente aux infidélités masculines, plus sévère à celles des femmes ; elle tolère et organise la

a. « Il n'aime plus cette personne qu'il aimait il y a dix ans. Je crois bien : elle n'est plus la même, ni lui non plus… » Pascal, *Pensées*, II, 123.

b. De *Balzac* à *Proust*, l'adultère mondain joue dans le roman moderne le rôle d'un thème quasi-essentiel.

« prostitution » comme un grossier dérivatif, tout au moins pour les hommes ; elle tient pour moins graves les crimes « passionnels » (dûs à l'amour et à la jalousie) que les crimes « crapuleux » (dûs à la cupidité ou à la haine). Quant à la loi, elle admet désormais le divorce, en opposition au principe religieux traditionnel qui faisait le mariage indissoluble. Il est vrai qu'en France le divorce ne peut théoriquement être obtenu que sur preuve de la faute d'un des conjoints ; mais l'usage tend à le rendre possible, en pratique, par simple « consentement mutuel ». Reste d'ailleurs que la dissolution, comme la consécration, du lien conjugal sont des actes juridiques, institutionnels, et ainsi nous retrouvons toujours la question : qu'est-ce qui fonde la valeur sociale du Mariage ?

On admet volontiers que le Mariage a pour valeur sociale d'*organiser* les relations des sexes, qu'il discipline l'instinct animal par l'habitude, l'épure et le transforme en amour, remplace donc la promiscuité et les compétitions originelles par un ordre stable, enfin prévient le désordre de conflits dommageables à la vie publique ; cette interprétation nous semble assez mal accordée à l'évolution même de l'institution, et aux divers faits que nous avons sommairement évoqués ci-dessus.

La monogamie n'étant pas universellement de règle, et la stabilité de l'ordre conjugal étant contredite par l'institution du divorce, enfin une foule d'usages et d'actes, « tolérés » sinon prescrits, attestant la persistance des élans passionnels dans le cadre des institutions acquises, ce n'est certainement pas dans le sens précité qu'il convient de chercher une interprétation. Autrement dit, l'institution conjugale n'est pas une solution du problème des sexes, pris en soi par abstraction ; comme tel, ce problème n'aurait pas été sans doute un
256 problème social général[a]. Sa gravité aux | yeux des législateurs et des moralistes tient au fond à ce qu'il est et demeure le problème concret de la *famille*, où les fonctions relatives des conjoints sont et doivent rester celles des procréateurs. Les tolérances de l'opinion comme ses sévérités s'entendent bien ainsi : les fautes des conjoints contre la simple règle de réciprocité semblent légères, tant qu'elles ne portent pas atteinte à l'unité du lien concret ; ce lien est celui du couple aux enfants, et à cet égard les fautes qui risquent de

a. Il n'est peut-être pas absurde d'envisager l'hypothèse selon laquelle l'institution conjugale, et les contraintes morales qui s'y rattachent, sont plutôt des sources de désordre, si on ne les considère que sur le plan de la sexualité ; la jalousie et les « drames de l'amour » ne s'entendent guère si l'on fait la supposition, choquante pour nos habitudes de jugement, d'une entière liberté de rapports sexuels, qui est celle de la promiscuité primitive admise par certains sociologues et prônée par quelques anarchistes. On peut lire sur toutes ces questions le livre de Russell, *Le Mariage et la Morale* [(1929), trad. fr. par G. Beauroy, Les Revues, 1930].

l'affecter, en affectant l'organisme total, paraîtront bien plus graves. C'est la procréation qui fait la valeur de la famille, et ce sont seulement les règles qu'on lui voudra référer qui donneront par incidence quelque valeur de moyen à celles du simple Mariage.

B) Le rapport des parents aux enfants : le problème de l'éducation

C'est donc au fond toujours par référence à l'enfant que les problèmes familiaux sont examinés et doivent l'être. Mais la fin normale de l'enfant étant de devenir un homme, c'est vraiment par rapport à cet homme futur que les problèmes de l'enfance doivent être examinés. Si cet homme futur doit être la pure et simple réplique – la *reproduction* – de l'homme actuel, rien ne permet de distinguer la procréation humaine de la multiplication animale. Mais le seul fait que tout homme se représente la vie comme devant avoir un *sens*, et subordonne son existence d'individu à la valeur de sa personne morale possible change entièrement le sens du rapport de génération. *Biologiquement* le rapport de génération, étant de l'adulte à l'enfant, est de fort à faible; *psychologiquement* ce rapport est de l'actuel au possible, de l'homme d'aujourd'hui à l'homme de demain dont l'enfant est la promesse. C'est pourquoi ce rapport doit devenir, *moralement*, le rapport de moins à plus d'humanité. Pour des hommes conscients, la génération est moins une descendance qu'une ascension, et c'est ce que signifie le mot d'*Éducation.*

Ceci étant, à qui appartient-il de donner aux enfants l'éducation? On pourrait dire immédiatement (*cf.* le problème de la | culture) que l'éducation ne 257
se donne pas de l'extérieur, car étant vie de l'esprit et vie créatrice elle ne peut procéder que de l'intérieur même de la conscience. Et ceci n'est pas en soi faux. Mais il n'est pas moins clair que cette maturation créatrice doit trouver dans une contrainte sociale son origine et ses moyens.

Kant, dans son *Traité de Pédagogie*, dit que l'éducation a deux ennemis, les parents et les gouvernements, c'est-à-dire ceux-là même qui se disputent aujourd'hui le privilège d'en déterminer pour l'enfant et les moyens et les fins : les parents, dit Kant, élèvent les enfants par référence à leur propre idéal de vie et non par rapport à celui qui pourrait devenir pour les enfants l'idéal légitime; et les gouvernements ne cherchent, à travers l'enseignement qu'ils régissent, qu'à former des sujets dociles.

En fait, la situation est la suivante: dans le système politique et économique libéral, les droits absolus du père de famille en matière d'éducation et de formation des enfants ont été peu à peu limités par l'institution, de sens rationaliste, d'un enseignement lui-même libéral, c'est-à-dire admettant qu'on n'impose pas des idéaux ou des valeurs à des consciences normalement dignes de les choisir ou de les créer. A cet enseignement de forme laïque et d'intention libérale, a continué de se juxtaposer un enseignement de forme religieuse et d'intention plus ou moins étroitement traditionaliste.

Quand les familles revendiquent contre l'État le droit de faire prévaloir « l'autorité » du père, c'est la plupart du temps de ce traditionalisme qu'elles se font les interprètes, sciemment ou non; s'il n'en était ainsi au fond, en quel nom et pour quelle fin voudraient-elles rétrécir une liberté intellectuelle qui est la condition positive de toute « moralisation » effective? Dira-t-on que l'État peut *instruire*, c'est-à-dire distribuer des « vérités », mais qu'il ne saurait *éduquer* véritablement, c'est-à-dire persuader les esprits de la valeur de certains « préceptes »? Il faut renvoyer, sur ce point, à la discussion des principes généraux (chap. I à IV): en substance, c'est la formation de consciences *critiques* qui peut seule faire des hommes, en les faisant peu à peu capables de forger eux-mêmes leurs préceptes.

Hors de là, il n'y a que dressage, il n'y a pas éducation. Et certes il est vrai qu'à l'égard de consciences puériles, qui ne sont qu'en germe ou en puissance,
258 une contrainte préalable est obligatoire | qui ne peut prendre d'abord que la forme d'un dressage; il est non moins vrai qu'à cette étape initiale l'amour des parents peut seul compenser l'aridité des tâches imposées; mais il est certain aussi qu'une fois aperçue par l'enfant la valeur humaine et progressive de ces tâches, l'indifférence même et le quasi-anonymat de l'éducateur deviennent préférables à l'attachement qui lie les uns aux autres des êtres de même sang, et que renforce encore la communauté des petites coutumes domestiques[a].

On dirait plus justement peut-être, pour tenter de sauvegarder ou de restaurer les droits de la Famille contre les prérogatives de la société civile, que celle-ci n'est jamais en fait absolument libérale; elle a ses fins, auxquelles il faut bien qu'elle subordonne ses moyens d'éducation même; et on voit bien qu'en pratique les États totalitaires en viennent à réaffirmer nettement leur droit (au moins théoriquement repoussé par les États démocratiques) d'organiser *pour eux-mêmes*, pour leurs fins politiques générales, une discipline

a. « Pour les enfants, Mentor disait: « Ils appartiennent moins à leurs parents qu'à la République. » Fénelon, *Télémaque*, livre XI[1].

1. François de Salignac de La Mothe, dit Fénelon (1651-1715). Prélat et docteur en théologie, il fut nommé précepteur du Duc de Bourgogne, le petit-fils du Roi, en 1689. C'est pour le jeune duc qu'il écrivit *Les Aventures de Télémaque* (1699).

éducative étroitement « conformiste ». Mais à ce moment, le problème soulevé n'est plus strictement celui de la famille et de ses droits propres ; plus exactement ce problème vient s'encadrer dans le système de questions que soulève l'existence, autour de la « cellule » domestique, d'un organisme dont elle est fonction.

| CHAPITRE X 259

MORALE ET ÉCONOMIQUE

L'Économie politique est la science de la production, de la distribution, de la consommation des richesses, c'est-à-dire d'objets capables de satisfaire directement ou indirectement les besoins humains. Les modes historiquement différents de la production, de la consommation et de la distribution des richesses dans les sociétés humaines posent des problèmes relatifs à la valeur ou à la fin de l'activité humaine. Par suite, la morale entre inévitablement en rapport avec l'économie politique, car si la seconde étudie comment en fait ces problèmes se sont posés ou ont été résolus, la première recherche quels seraient en droit les principes normatifs d'une solution juste, quelle que soit la façon dont ces problèmes ont été ou sont résolus.

Les problèmes relatifs à la production des richesses concernent la signification humaine du travail, la division du travail et ses effets sociaux et moraux. Les problèmes relatifs à la distribution des richesses concernent la propriété et le droit de propriété, l'inégalité économique et l'ensemble des problèmes traditionnellement désignés sous le nom de question sociale. Enfin les problèmes précédents doivent nécessairement conduire au problème de la valeur concrète du travail dans son rapport avec l'oisiveté et le loisir.

I. LA PRODUCTION DES RICHESSES ET LE TRAVAIL

A) *Définition et signification du travail*

A. Comte (*Système de Politique Positive*, II, 2) définit le travail comme
la modification utile du milieu extérieur opérée par | l'homme. Marx (*Le* 260
Capital, III, 5) le définit ainsi : « C'est une relation entre l'homme et la nature,

où l'homme est à la fois intermédiaire, régulateur et contrôleur. » De ces deux définitions nous devons retenir que le travail d'une part est, par son utilité, relatif à nos besoins, à notre limitation d'individus dépendant d'un milieu, qu'il est d'autre part un moyen d'affranchissement et de libération par l'activité qu'il implique.

Le travail est une lutte, une conquête. En ce sens, ce que l'humanité se donne par son travail est le contraire des dons qu'elle attend d'une grâce. La condamnation biblique : « Tu gagneras ton pain à la sueur de ton front » énonce précisément la disgrâce originelle. Et en effet l'efficacité causale, dont l'usage des outils et des techniques est l'utilisation, s'oppose à l'efficacité spirituelle ou verbale de l'imploration religieuse ou magique. Mais le travail est aussi une ruse, par laquelle nous obtenons indirectement ce qui nous est directement inaccessible[a]. Il n'y a pas de travail sans outils, c'est-à-dire sans intermédiaires entre les choses et l'homme. Le plus souvent l'action de l'homme se borne, sans intervention directe de sa force, à faire agir les uns contre les autres les composants de la nature. C'est en ce sens qu'on a pu avec raison définir l'homme comme un animal fabricant des outils (Franklin[1], Proudhon, Marx, Bergson). C'est pourquoi le travail s'implique lui-même : le produit du travail, le résultat et la fin du travail deviennent les moyens et le commencement d'un nouveau travail. Tout capital : machines, provisions, monnaie, est comme du travail cristallisé. Mieux encore, le travail s'exige lui-même, s'appelle lui-même. Aucune construction née du travail ne résiste au temps sans travail. Une machine, un bâtiment, la terre végétale, une entreprise quelconque s'usent, se dégradent par l'inertie propre à la matière, en sorte que, loin d'être une raison de repos, le résultat du travail est une raison de travail.

Selon le mot de Marx, « le travail vivant saisit les choses, les ressuscite d'entre les morts. »[2] Ainsi le travail suppose l'homme | tout entier, l'homme
261 comme sensibilité, intelligence et activité. Par le travail, ce qui est extérieur à l'homme prend la forme de l'homme. Le travail, pour employer une formule

a. C'est ce que Hegel appelle la « ruse de la raison » : « La raison est aussi rusée que puissante. Sa ruse consiste surtout dans cette activité médiatrice qui, pendant qu'elle laisse les objets agir les uns sur les autres et s'user dans leur frottement réciproque conformément à leur nature sans intervenir d'une façon immédiate dans ce processus, ne fait en même temps qu'accomplir ses fins ». (*Logique*, trad. fr. par Véra, II, p. 324.)

1. Benjamin Franklin (1706-1790). Philosophe, physicien, inventeur et homme d'État américain, il fut l'un des rédacteurs de la Déclaration d'indépendance et de la constitution fédérale.

2. K. Marx, *Le Capital* (1867), trad. fr. par J. Molitor, Paris, A. Costes, 1926, t. II, livre I, section III, VII, p. 17.

métaphysique, c'est l'appropriation de l'objet par le sujet. S'approprier les choses d'abord étrangères et indifférentes, c'est pour l'homme y imprimer sa marque. Le travail établit ainsi entre les choses et l'homme une relation de propriété, donc d'attachement. Le travail crée à la lettre le sentiment de la propriété. Il ne s'agit pas là, naturellement, d'une création historique ou juridique, mais d'une création, si l'on veut, métaphysique. Par une conséquence remarquable de ce fait, certains primitifs considèrent le produit de leur travail comme partie intégrante de leur personne (Lévy-Bruhl : *L'Âme primitive* : les appartenances). C'est pourquoi toute cession du produit d'un travail est une cérémonie religieuse. L'aliénation de l'œuvre personnelle doit se faire comme à regret (*mancipatio* du droit romain). Historiquement le don a précédé l'échange et l'échange a été initialement la fiction d'un don réciproque (talion économique : *do ut des* : je donne afin que tu donnes).

Le travail étant ainsi défini, nous devons noter la signification différente que les civilisations humaines successives s'en sont faites[a].

L'antiquité grecque et la tradition judéo-chrétienne considèrent le travail comme une peine, pour les uns dégradation, pour les autres expiation. Ce mépris du travail est à la fois cause et effet de l'institution de l'esclavage[b].

a. On trouvera d'intéressants exposés de la question dans le livre d'A. Tilgher, *Le Travail dans les mœurs et dans les doctrines* [*histoire de l'idée de travail dans la civilisation occidentale*, trad. fr. par E. Boubée et R. Maublanc, Paris], Alcan, [1931] et dans la revue *Esprit*, n° du 1er juillet 1933[1].

b. « Parmi les instruments, les uns sont inanimés, les autres vivants, par exemple pour le patron du navire, le gouvernail est un instrument sans vie, et le matelot qui veille à la proue, un instrument vivant; l'ouvrier, dans les arts, étant considéré comme un véritable instrument. D'après le même principe, on peut dire que la propriété n'est qu'un instrument de l'existence, la richesse une multiplicité d'instruments; et l'esclave une propriété vivante; seulement en tant qu'instrument l'ouvrier est le premier. Si chaque instrument, en effet, pouvait, sur un ordre reçu ou deviné, travailler de lui-même, comme les statues de Dédale ou les trépieds de Vulcain, « qui se rendaient seuls, dit le poète, aux réunions des Dieux », si les navettes tissaient toutes seules, si l'archet jouait tout seul de la cithare, les entrepreneurs se passeraient d'ouvriers et les maîtres d'esclaves… »

« …On ne saurait nier qu'il ne soit pour le corps bon et naturel d'obéir à l'âme; et pour la partie sensible de notre être, d'obéir à la raison et à la partie intelligente. L'égalité ou le renversement du pouvoir entre ces divers éléments leur serait également funeste. Il en est de même entre l'homme et le reste des animaux; les animaux privés volent naturellement mieux que les animaux sauvages; et c'est pour eux un grand avantage, dans l'intérêt même de leur sûreté, d'être soumis à l'homme; d'autre part, le rapport des sexes est analogue; l'un est supérieur à l'autre : celui-là est fait pour commander, et celui-ci pour obéir.

1. Adriano Tilgher (1887-1941). Philosophe, critique dramatique et militant anti-fasciste italien.

262 Toutefois, la doctrine chrétienne, | avec saint Paul, ajoute que le travail est, pour le pauvre, le moyen d'acquérir de quoi donner ; ainsi la charité sanctifie le travail. Mais, malgré tout, le désir des richesses est impie car il attache l'homme à un univers qui va incessamment finir et à l'au delà duquel il faut se préparer. Avec le catholicisme médiéval (saint Thomas), le travail prend la signification d'un devoir de nature et d'une justification de la propriété, mais il reste subordonné à l'entretien d'une vie pour qui la glorification de l'œuvre divine est le premier devoir. C'est pourquoi le travail doit être payé à un juste prix, qui dispense l'homme de vivre uniquement pour subsister.

C'est *le protestantisme* qui va identifier le travail et la vie religieuse. Calvin admet la prédestination, selon laquelle les hommes sont d'avance damnés ou élus. Or, comme on ne peut pas vivre dans l'indifférence de la destinée, il faut chercher à savoir si on est élu. Ce qui montre précisément à l'homme son union avec Dieu, c'est l'ardeur avec laquelle il imposera à l'univers une activité qui fera de l'univers le miroir de Dieu. Mais comme la nature humaine est corrompue, il faut se refuser à jouir du produit du travail, à dépenser ; il faut épargner, investir le fruit de l'épargne dans de nouveaux travaux : ainsi se légitime le prêt à intérêt condamné par l'Église. Il y a donc une parenté historique entre capitalisme et protestantisme.

L'esprit moderne garde du protestantisme l'idée du travail fin en soi, mais laïcise les postulats de cette théorie. L'essor de la technique moderne, parallèle à l'essor de la science moderne, a pour résultat de soustraire la signification du travail à la religion pour fonder la religion du travail. C'est dans le travail que l'esprit capitaliste voit la divinité humaine. Selon lui, l'homme crée son propre univers, le progrès lui apparaît comme illimité : l'homme surmontera
263 tout, même la mort (*cf.* Descartes). Au XVIIIe siècle, la | civilisation, c'est-à-dire l'activité humaine, apparaît comme supérieure à la nature (Voltaire) ; la glorification de l'état de nature par Rousseau apparaît comme un son discordant.

Le socialisme, au XIXe siècle, est une réaction contre l'inégalité inhérente au système capitaliste, mais en accepte les postulats fondamentaux. Cette doctrine est un refus de l'au-delà : « La religion est l'opium du peuple »[1], dit

C'est aussi la loi générale qui doit nécessairement régner entre les hommes. Quand on est inférieur à ses semblables autant que le corps l'est à l'âme, la brute à l'homme, et c'est la condition de tous ceux chez qui l'emploi des forces corporelles est le seul et le meilleur parti à tirer de leur être, on est esclave par nature. » Aristote, *Politique*, I, 2).

1. K. Marx, *Contribution à la critique de la Philosophie du Droit de Hegel* (1843), dans *Œuvres philosophiques*, trad. fr. par J. Molitor, Paris, A. Costes, 1927, t. I, p. 84.

Marx. En effet, c'est ici-bas que la destinée humaine doit s'accomplir; elle s'accomplira par le travail, mais pour cela il faut que le travail soit une libération et non un esclavage. Il faut donc abolir le rapport de maître à serviteur, c'est-à-dire de capitaliste à salarié. Tout le monde doit travailler: la doctrine socialiste est négation de l'idée selon laquelle le travail est une déchéance. Quant aux travaux répugnants, la machine, utilisée pour et par les travailleurs et non pour le profit capitaliste, les épargnera. Selon Marx, l'homme se crée lui-même par le travail; il est certes déterminé par le milieu, mais il peut agir sur ce milieu, donc sur lui-même. Connaître l'univers, c'est véritablement le créer; aussi le vrai philosophe, c'est le travailleur. Par là, le socialisme est aux antipodes d'Aristote.

B) *La division du travail*

Le fait humain fondamental c'est le caractère collectif du phénomène technique. Si l'homme est un animal fabriquant des outils, c'est socialement qu'il les fabrique et qu'il les utilise. Quels que soient le type et le volume de la société élémentaire, famille ou clan ou tribu, c'est dans les limites de cette société qu'il faut étudier le travail humain. Le travail humain d'aménagement ou de correction de la nature est toujours un travail divisé, c'est-à-dire réparti entre plusieurs individus, au point que, pour de nombreux philosophes, la division du travail constitue le signe objectif de la civilisation des sociétés[a].

Il importe de ne pas confondre sous le même nom plusieurs faits sociaux et économiques différents. Le travail se divise parce que *les besoins humains sont multiples*, parce qu'*un même besoin peut se satisfaire de façon variée* et que la variété augmente | la satisfaction, parce que *les aptitudes techniques* **264**
individuelles ou collectives sont diverses.

La division du travail peut être considérée sous trois aspects: social, professionnel et technique[b].

La division du travail sociale se fait *selon les sexes*, dans les tribus primitives où les hommes sont guerriers et les femmes ouvrières, ou *selon les castes sociales*, comme dans l'Égypte ancienne ou dans l'Inde, et *les rapports*

a. On trouvera des textes classiques plus ou moins longs, mais tous très nets dans Platon, *République* livre II; Spinoza, *Traité théologico-politique* [1670], chap. V; – Kant. *Fondements de la Métaphysique des mœurs*, préface [AK, p. 388].

b. Les *Principes d'Économie politique*, de Charles Gide contiennent d'utiles leçons d'introduction et d'éclaircissement sur tous les problèmes relatifs à la vie économique. Voir notamment les chapitres concernant la division du travail et la propriété. [Sur Charles Gide, cf. *supra*, p. 775, n. 2.]

de force, qui séparent les vainqueurs des vaincus. Il y a outre des raisons de fait, comme la force physique, des raisons d'origine religieuse ou magique, les secrets, les pouvoirs magiques.

La division du travail professionnelle est celle qui diversifie et spécialise les métiers, formant des corporations. Chaque industrie se subdivise soit en *branches divergentes* (par exemple, dans l'industrie du bâtiment il y a d'un côté les maçons, de l'autre les charpentiers), soit en *tranches successives* (dans l'industrie du bois, on passe successivement des bûcherons aux scieurs, aux menuisiers, aux ébénistes).

La *division du travail technique* apparaît lorsqu'une construction complexe est divisée en une série *de mouvements simples*, partiels et identiques. Elle est caractérisée par une *identité opératoire* de plusieurs travailleurs et une *coopération engrenée* de séries opératoires. Il y a à la fois disjonction qualitative du travail et conjonction quantitative des travailleurs.

Les causes de la division du travail professionnelle et technique résident d'abord dans la condensation des sociétés. C'est la cause principale retenue par Durkheim (*Division du Travail social*). La multiplication des travailleurs les conduit à varier leurs services et les produits qu'ils livrent à la consommation. La division du travail est la forme pacifique de la concurrence (Durkheim).

A côté de la condensation des sociétés, une autre cause est l'élargissement du marché par la colonisation. En effet, on ne peut se spécialiser à l'extrême que lorsque le nombre de consommateurs compense la limitation du besoin
265 que l'on sert. Mais ces causes | sociales et politiques sont elles-mêmes sous la dépendance de phénomènes techniques. C'est ainsi que l'augmentation de la population a été favorisée par le développement agricole rendu possible par l'utilisation de la force motrice animale, grâce à l'invention du collier d'épaules et du fer à cheval; l'extension de l'univers connu, l'exploration de la planète n'ont été possibles qu'avec l'invention du gouvernail d'étambot au XIIIe siècle[a].

Parmi les causes sociales prend place la subordination de l'artisan au marchand quand le marché s'agrandit. Le marchand, qui n'était d'abord que vendeur des produits de l'artisan, devient le fournisseur de l'artisan en matières premières et en outils et réunit les artisans dans la manufacture. Ainsi, de producteur autonome l'artisan est devenu salarié assujetti.

a. Il est clair que nous faisons allusion aux travaux de Lefebvre des Noëttes [*La Force motrice animale à travers les âges*, Paris, Berger-Levrault, 1924].

Enfin, la cause essentielle est la substitution de la fabrique à la manufacture. C'est la révolution industrielle avec la *machine-outil*, dont il faut noter que l'idée ne peut en venir que lorsque le geste humain est simplifié, stéréotypé par la division du travail; la première est la machine à filer de Wyatt[1] en 1735. Une fois résolu le problème de remplacer l'homme comme *opérateur*, se pose celui de le remplacer comme *moteur*, problème que résout la machine à vapeur à double effet de Watt[2] en 1784. C'est de la machine à vapeur que date l'énorme développement du machinisme, aussi Engels a-t-il pu dire que l'histoire des inventions techniques jusqu'à nos jours commence et finit par deux découvertes admirables et inverses: la transformation du mouvement en chaleur (le feu), la transformation de la chaleur en mouvement (la machine à vapeur).

La *division du travail professionnelle* a pour *conséquences* la spécialisation avec l'avantage de l'habileté et de la rapidité, mais aussi l'inconvénient de la routine, du rétrécissement d'intérêt, de l'égoïsme de corps. D'autre part, l'individu accroît sa dépendance vis-à-vis de la société; chaque homme est comme un enfant qui a besoin de tous les autres hommes au dehors de sa spécialité. Ainsi apparaissent deux conséquences contradictoires: la *divergence d'intérêts* et la *solidarité de besoins*, la dispersion et la cohésion. Enfin, se multiplient les groupements professionnels, l'unité sociale s'affaiblit et l'autorité de l'état tombe en décadence. C'est pourquoi les corporations, détruites par la Révolution de 1789, au nom d'un | état un et indivisible, sont rétablies **266**
par l'état fasciste totalitaire sous son contrôle absolu.

La *division du travail technique* sépare l'initiative et le contrôle du travail. Le travailleur est dans l'impossibilité d'être conscient de la signification et de la valeur de son travail; l'*anonymat* se substitue à la *personnalité* dans les relations économiques. Ainsi ne cesse de croître l'extériorité des travailleurs les uns aux autres, étrangers quant aux gestes qui pourtant les font semblables; l'homme devient extérieur à son œuvre, incapable de confronter la cause de détail et l'effet d'ensemble, comme, par exemple, dans la fabrication en série de pièces détachées; enfin la consommation est rationalisée, toutes les satisfactions sont banales. Ces conséquences se manifestent objectivement par la lutte de classes et l'incompréhension d'homme à homme (d'un côté les actionnaires, de l'autre la main-d'œuvre) par les efforts pour la réduction de la journée de travail, enfin par la laideur mécanique des objets fabriqués.

1. [John Wyatt (1700-1766). Charpentier et mécanicien britannique.]
2. [James Watt (1736-1819). Technicien et inventeur écossais connu pour les perfectionnements qu'il a apportés à la machine à vapeur de Newcomen.]

D'une façon générale, la division du travail pose le *problème du machinisme*[a]. Les données de ce problème résident d'abord dans l'accroisse-
267 ment de l'automatisme humain; « dans le métier, | l'ouvrier se sert de l'outil, à la fabrique il sert la machine »[1], selon le mot de Marx. Ainsi les mouvements du travailleur se trouvent rationalisés, on élimine des mouvements techniquement inutiles mais qui sont physiologiquement compensateurs : l'usure physiologique apparaît prématurément; aussi, en Amérique, on n'embauche pas les ouvriers âgés de plus de quarante ans. Enfin, l'entreprise devient indépendante de la main-d'œuvre; la machine rendant l'homme inutile, apparaît le

a. « Tout le monde connaît la division du travail.

C'est dans une industrie donnée, une distribution de la main-d'œuvre au moyen de laquelle chaque personne faisant toujours la même opération ou un petit nombre d'opérations, le produit, au lieu de sortir intégralement des mains d'un seul ouvrier, devient l'œuvre commune et collective d'un grand nombre.

Suivant Adam Smith qui le premier démontra scientifiquement cette loi, et tous les économistes, la division est le grand levier de l'industrie moderne, c'est à elle principalement qu'il faut attribuer la supériorité des peuples civilisés sur les peuples sauvages. Sans la division du travail, l'emploi des machines ne serait pas allé au delà des plus anciens et des plus vulgaires outils; les miracles de la mécanique et de la vapeur ne nous eussent jamais été révélés. Le progrès eut été fermé à la société. La révolution française elle-même manquant d'issue n'eût été qu'une révolte stérile, elle n'aurait jamais abouti. Par la division au contraire le produit du travail monte au décuple et au centuple, l'économie politique s'élève à la hauteur d'une philosophie, le niveau intellectuel des nations va toujours grandissant. La première chose qui devait donc attirer l'attention du législateur dans une société fondée en haine du régime féodal et guerrier, destinée par conséquent à s'organiser pour le travail et la paix, c'était la séparation des fonctions industrielles, la division du travail.

Il n'en a pas été ainsi. Cette puissance économique est laissée à toutes les subversions du hasard et de l'intérêt. La division du travail devenant toujours plus parcellaire et restant sans contre-poids, l'ouvrier a été livré à un machinisme toujours plus dégradant. C'est un effet de la division du travail quand elle est appliquée comme cela se pratique de nos jours, non seulement de rendre l'industrie incomparablement plus productive, mais en même temps d'appauvrir le travailleur dans son corps et dans son âme de tout ce qu'elle crée de richesse à l'entrepreneur et au capitaliste. Voici comment se résume sur ce grave objet un observateur non suspect, M. de Tocqueville : « A mesure que le principe de la division du travail reçoit une application plus complète, l'ouvrier devient plus faible, plus borné et plus dépendant. L'art fait des progrès, l'artisan rétrograde. » Proudhon, *L'idée générale de la révolution* [1851], 2e étude. *Cf.* Schuhl, *Machinisme et philosophie* [cf. *supra*, p. 510-511][2].

1. K. Marx, *Le Capital*, *op. cit.*, t. III, livre I, section IV, chap. XIII, IV, p. 82.

2. Alexis de Tocqueville (1805-1859). Historien et homme politique, auteur de *De la démocratie en Amérique* (1835-1840), ouvrage de référence du libéralisme politique. Son autre grand livre étant *L'Ancien Régime et la Révolution* (1856).

chômage, « le moyen de travail tue le travailleur »[1], comme dit Marx. Mais on peut dire que ce qui est condamnable ce n'est pas la machine, mais l'usage de la machine, d'où le mot de Maurois[2] : « L'invention doit être suivie de l'invention de l'invention », c'est-à-dire de l'adaptation, de la correction de ses conséquences. Étant donnés *les deux usages possibles de la machine*, soit augmenter le profit en diminuant les salaires, soit diminuer la peine en maintenant le niveau de vie, le *problème du machinisme doit être posé par rapport à la question sociale.*

II. La question sociale

A) *Le problème*

On appelle question sociale l'ensemble des problèmes ou *difficultés*, soulevés surtout depuis un ou deux siècles par les relations économiques qui se manifestent à l'intérieur des sociétés modernes ; en effet, sous l'influence des progrès de la technique productive industrielle, ces relations ont pris la forme de plus en plus aiguë d'une opposition, celle-ci affectant d'ailleurs des aspects variables et divers. En particulier, l'opposition est entre le *mode collectif nécessaire de production* et un *mode juridique privé ou individuel* de répartition ; autrement dit elle est encore entre la forme sociale du travail créateur de richesses et la forme individuelle de l'appropriation juridiquement
considérée. L'opposition | fondamentale peut être trouvée encore entre **268**
l'ensemble du système économique qui est d'essence sociale et les titres juridico-politiques qui garantissent seulement à des individus la propriété des richesses produites.

Ces oppositions se sont accusées de plus en plus dans l'ère moderne et dans ce qu'on appelle la société bourgeoise ou à forme capitaliste, par suite du développement suivant : les titres et moyens d'appropriation restant les mêmes que dans les sociétés antérieures, l'accumulation s'est précipitée du fait de la mécanisation de l'industrie, et par conséquent les détenteurs de capitaux se sont approprié infiniment plus de richesses. Mais d'un autre côté, les groupes humains se concentrent et se condensent de plus en plus sur les lieux de production ; par cela même l'opposition devient visible pour ces populations

1. K. Marx, *Le Capital.*, *op. cit.*, chap. XIII, V, p. 95.
2. Émile Herzog, dit André Maurois (1885-1967). Romancier, essayiste et historien qui fut l'élève d'Alain au lycée de Rouen.

agglomérées et, en raison de leur révolte fatale contre un état de choses dont elles souffrent, l'opposition prend le caractère de conflit violent.

En dehors même de ce conflit qui a un caractère nettement politique, les difficultés purement économiques qui s'y ajoutent pour former « la question sociale » résultent de ces phénomènes engendrés par le même développement et les mêmes oppositions que nous connaissons bien désormais : les crises. Il est constant pour tous les observateurs, depuis cent cinquante ans environ, qu'il s'agit là de phénomènes périodiques, mais de plus en plus rapprochés, de plus en plus étendus, donc de plus en plus redoutables.

La question sociale c'est le problème posé par les « contradictions économiques » et par la contradiction entre les conséquences de l'inégalité économique et les exigences de la conscience morale. Cette question, comme toute question, est un fait de souffrance et de conscience. C'est la conscience de cette situation que pour la plupart des hommes il est réellement impossible d'exister comme personne digne comme telle de se cultiver et capable comme telle de créer ou d'inventer de nouvelles valeurs de vie. La question sociale se pose parce que les victimes de l'inégalité économique refusent la condition qui leur est faite.

Cette question, on ne peut empêcher qu'elle se pose. On ne peut même pas dire avec Barrès : « Que les pauvres aient le sentiment de leur impuissance, voilà une condition première de la paix sociale » (*Les Déracinés*, chap. VI)[1],
269 car le sentiment d'une impuissance | suppose l'affirmation d'une revendication et par suite ne change rien au sentiment de l'injustice, sinon qu'il l'accroît. Maintenir un ordre social à tout prix est le signe précis de l'impuissance où sont de le modifier ceux qui en sont les bénéficiaires. Empêcher le problème de se poser dans la réalité de la vie politique c'est pure illusion. La question sociale c'est donc la question de savoir si l'état de choses décrit ci-dessus peut et doit être corrigé et dans quel sens, ou bien s'il est tel que nous devions nous abstenir de toute action à son égard.

On verra que, sans le moindre artifice, les deux types de solutions cohérentes et classiques, correspondant aux deux branches de l'alternative énoncée ci-dessus, rentrent dans la division générale précédemment établie entre les solutions réalistes ou naturalistes d'une part et les solutions rationalistes ou idéalistes du problème moral. A quoi on peut ajouter un troisième type de solution, déjà aussi précédemment reconnu, qui énonce la possibilité d'une

1. M. Barrès, *Les Déracinés* (1897), Paris, Plon, 1922, p. 208.

réforme (idéalisme) mais dans les limites d'un ordre providentiel (réalisme théologique ou laïque).

Le *libéralisme* énonce que l'inégalité économique est naturelle, inévitable, et de surcroît bienfaisante. Le *socialisme* énonce que l'inégalité économique est historique et malfaisante et qu'elle doit disparaître. Les différents *réformismes sociaux*[a] énoncent que cette même inégalité est fondée en nature mais que les effets pernicieux peuvent en être amendés.

B) *Les solutions*

Le *libéralisme* s'est présenté comme une théorie objective ou scientifique, définissant l'*homo œconomicus*, comme un naturaliste définit spécifiquement une espèce vivante. C'est la thèse qui admet un déterminisme des phénomènes économiques. Les lois économiques sont l'expression naturelle et nécessaire des rapports qui s'établissent spontanément entre producteurs *individuels*
ayant pour mobile constant et unique l'*intérêt*: l'homme cherche en | toute 270
circonstance à se procurer le plus de satisfaction possible avec le moins de peine possible.

Le libéralisme défend comme dogmes :

L'initiative individuelle, stimulée par l'appât naturel du profit; *la propriété privée* et l'accession possible à la propriété par *l'épargne*, l'une et l'autre garantissant la fécondité de l'effort individuel; *la concurrence entre individus* sous forme de liberté absolue du travail (contre les corporations du Moyen Âge), de lutte pour le triomphe des producteurs les plus énergiques, les plus audacieux, les plus habiles, bref les meilleurs; *le « laissez-faire-laissez-passer »* politique (opposition à l'intervention de l'État dans la législation économique). L'État ne doit pas imposer certaines formes de contrats entre producteurs. Il doit se borner à faire respecter les contrats librement conclus entre individus autonomes et souverains (État Gendarme et non État Providence). L'État doit se faire oublier. « L'État doit travailler à se rendre inutile et à préparer sa démission. » (Jules Simon[1].)

Le libéralisme économique est un optimisme naturaliste: les lois économiques sont à la fois *naturelles* et *bonnes*. La *loi de l'offre et de la*

a. C'est à Ch. Gide que nous empruntons cette dénomination qui a chez lui un sens analogue. Le deuxième chapitre des Notions Générales, en tête des *Principes d'Économie politique* déjà cités, contient un exposé bien fait des différentes doctrines et méthodes économiques.

1. Jules Simon (1814-1896). Homme politique et philosophe, il publia des ouvrages sur la condition ouvrière (*L'Ouvrière*, 1863; *Le Travail*, 1866).

demande, en établissant spontanément la rémunération des producteurs à proportion des services rendus, de l'utilité de leur travail, engendre les *Harmonies économiques* (Bastiat). Cet optimisme économique a pour contrepartie un *pessimisme politique.* La technique politique ne peut que dérégler le meilleur des mondes économiques possibles.

Objections des socialistes, des catholiques et protestants « sociaux ». – Le libéralisme confond le fait et la valeur. Si les lois économiques sont naturelles, nécessaires, pourquoi veut-on qu'elles soient bonnes ? Un *ordre de fait* peut être un *désordre moral.*

Le libéralisme ne tient aucun compte des faits historiques, du fait que l'ordre économique capitaliste prend la suite d'un ordre humain où les spoliations, les conquêtes, le jeu de la force ont établi toutes sortes d'inégalités et d'injustices. Le *contrat* est une dérision. Par suite on ne peut affirmer à la fois la *concurrence* et la *liberté* comme règles des rapports économiques. Pour qu'il y eût concurrence valable, méritoire, il faudrait l'égalité économique des concurrents. La concurrence se nie en aboutissant aux monopoles des plus
271 puissants ou des moins scrupuleux. Le triomphe, | l'initiative et la liberté des uns c'est la misère, l'asservissement et l'automatisme du plus grand nombre.

Le travail des enfants et des femmes, la durée illimitée de la journée de travail, l'aliénation imposée à l'homme de ce qui fait la valeur de la vie, bref la perversion de la condition humaine, voilà les conséquences du capitalisme libéral.

En fait, toute l'histoire économique du XIXe siècle, c'est l'histoire des démentis donnés au libéralisme (conquête du droit d'association et de grève par les travailleurs ; lois sociales : accidents du travail, assurances ; limitation de la journée de travail, repos hebdomadaire ; pratique des *contrats collectifs*).

*

On ne peut définir ici le *Socialisme* que d'une façon assez large. Nous désignerons ainsi tout le groupe des doctrines qui prétendent résoudre la question sociale en dissolvant les diverses *oppositions* qui la conditionnent, et avant tout l'opposition fondamentale entre le mode privé de l'appropriation et le mouvement collectif de la production : cela revient, en gros, à *rendre sociale* la répartition elle-même, parce que la production l'est déjà nécessairement. On peut dire encore que les divers conflits qui aboutissent à constituer dans une société des *classes* d'autant plus tranchées que cette société est techniquement plus évoluée, et le conflit entre l'état politique et les sujets économiquement subordonnés, ces conflits sont abolis par le socialisme, grâce à la suppression de la classe économiquement privilégiée, et par conséquent par l'harmonisation rationnelle de la distribution des richesses.

Plus populairement, le socialisme dénonce l'*exploitation de l'homme par l'homme* dans laquelle il voit l'injustice fondamentale qui consiste à asservir comme *moyens* des personnes qui, parce qu'elles sont telles, sont dignes et capables du bien-être, de la culture, et en bref de tout ce qui fait la valeur de la vie.

On distingue communément, dans l'histoire des doctrines socialistes, un *socialisme utopique*, c'est-à-dire purement idéaliste, et un *socialisme scientifique*, fondant la technique sociale sur une connaissance de l'évolution sociale qui se veut et se dit objective[a].

| A) Chez Saint-Simon[1], Fourier, Louis Blanc, Robert Owen[2], les thèses 272
fondamentales du socialisme reviennent à proclamer l'obligation du travail pour tous, la supériorité de la fraternité sur l'égoïsme, la perfectibilité indéfinie de l'espèce humaine, donc la possibilité d'un bien-être général, l'abolition de la hiérarchie politique, la substitution de l'*administration des choses* au *gouvernement des hommes*, la suppression de la propriété privée.

B) Marx et Engels réfléchissent sur une situation économique critique (crises, grèves, bris de machines par les ouvriers, vente d'enfants en Angleterre). L'antagonisme entre les entrepreneurs et les ouvriers leur révèle la signification de la *lutte de classes* : « La classe prolétarienne se trouve dans l'abaissement, en révolte contre cet abaissement, révolte à laquelle elle est poussée nécessairement par la contradiction qui existe entre sa nature humaine et sa situation qui constitue la négation franche, nette et absolue de cette nature » (Marx, *Sainte Famille*, *cf.* Proudhon). Le rapport de production ce n'est pas l'*individu* en présence de la *nature*, c'est un rapport social de *maître à serviteur* (esclavage, servage, prolétariat). Le socialisme c'est la philosophie d'une classe qui exerce la fonction essentiellement humaine qu'est le travail dans des conditions inhumaines, l'inhumanité étant dans la subordination de la

a. La distinction entre *utopistes* et *scientifiques* est le fait de ceux qui se disent scientifiques (Engels et Marx), elle peut s'interpréter, d'après nos distinctions antérieures comme celle d'un idéalisme et d'un réalisme conditionnel.

1. Claude-Henri de Rouvroy, comte de Saint-Simon (1760-1825). Economiste et philosophe à l'origine de l'industrialisme optimiste qui porte son nom. Auguste Comte fut un temps son secrétaire.

2. Robert Owen (1771-1858). Entrepreneur et réformateur social britannique à l'origine du socialisme et du mouvement coopératiste. Auteur des *Nouveaux points de vue sur la société, ou Essais sur la formation du caractère humain* (1812).

vie à la matière, de la conscience à l'automatisme machinal, de l'homme à l'argent, signe sans valeur propre des valeurs que le travail humain a créées, car *il n'y a pas d'autres sources de valeurs que le travail.*

Cette situation exige, comme sa correction urgente et indispensable, d'abord l'abolition du régime existant de propriété privée, car la propriété donne un *revenu sans travail* et en frustrant le travailleur de ce qui lui revient, ne lui laisse que les moyens de subsister et de se maintenir uniquement comme force de travail; de plus le capital, qui est le travail mort, l'emporte sur le travailleur qui, personne consciente et réfléchie, est au fond la seule valeur capable d'en créer d'autres.

A cette réforme négative correspond positivement la constitution de *services publics*, gérés par l'association des travailleurs et des techniciens, et la propriété collective par l'État des moyens de la production. Le mot d'ordre d'action immédiate est donc : expropriation des propriétaires actuels par la
273 conquête du pouvoir et | conquête du pouvoir par la lutte de classes[a].

Objections des libéraux, des conservateurs, des catholiques, des fascistes. – Le nivellement des conditions c'est l'abolition d'un stimulant énergique, le désir de surpasser les autres, c'est la fin de l'initiative.

La collectivisation des moyens de production, c'est le développement du bureaucratisme et de l'irresponsabilité, c'est la fin de la liberté.

La doctrine de la lutte des classes est inspirée par le ressentiment, la haine et au fond l'envie, bien plus qu'elle n'est un fait scientifiquement établi.

Le socialisme est la négation des fins véritables de la nature humaine, il subordonne toute l'existence à la production du bien-être, il ignore Dieu, fin dernière de toute chose.

Le fascisme repousse l'idée du bonheur économique, vantée par le socialisme, il nie l'équation : bien-être égale bonheur, qui transformerait les hommes en animaux heureux d'être engraissés. (*Mussolini.*)

*

Nous exposerons, parmi les *Réformismes sociaux*, la doctrine du Catholicisme, autant parce qu'elle est définie de façon cohérente et même dogmatique, que parce que le catholicisme est encore en fait une organisation

a. On trouvera les thèses fondamentales du socialisme scientifique dans le *Manifeste Communiste* de Engels et Marx. Les *Morceaux Choisis* de Marx, publiés à la N.R.F. [1934] par Nizan et Duret donnent une idée juste de l'ampleur de la doctrine marxiste.

puissante dont les mots d'ordre ne peuvent manquer d'avoir un retentissement important.

L'encyclique *Rerum Novarum*[1] (1891) du pape Léon XIII[2], concernant la condition des travailleurs, marque une opposition absolue au socialisme, ruine de la famille et de la propriété, mais reconnaît un mal social dont les causes sont la destruction des corporations, la cupidité de la concurrence, l'usure dévorante, la concentration des richesses imposant à la multitude des prolétaires un joug servile. L'encyclique proclame l'inégalité sociale fondée en nature et par suite affirme indestructible le devoir religieux de charité, mais elle reconnaît la nécessité d'intervention de l'État dans le domaine économique, en faveur premièrement du prolétariat, | le travail des ouvriers étant la 274
source unique de la richesse des états. Le pape Léon XIII, reprenant sur ce point la thèse thomiste, enseigne que le contrat de salaire n'est pas en droit livré à la discrétion de l'employeur; en aucun cas le salaire ne doit descendre au-dessous du taux de « juste salaire », suffisant pour la subsistance de l'ouvrier sobre et honnête. Enfin la nécessité des associations professionnelles est proclamée.

L'encyclique *Quadragesimo Anno*[3] (1931) du pape Pie XI[4] reconnaît que le socialisme condamné par Léon XIII est le socialisme théorique, qu'en fait les partis socialistes actuels ont des objectifs communs avec la politique sociale des catholiques, mais que le socialisme reste condamnable pour sa négation de Dieu, fin dernière de l'activité humaine. L'encyclique admet que la lutte de classes peut prendre la forme légitime d'une discussion d'intérêts et admet la propriété collective des biens dont la détention confère une puissance sociale telle qu'on ne saurait sans dangers l'abandonner à des particuliers. Le pape Pie XI a condamné la dictature économique, « l'impérialisme international de l'argent pour lequel là où est l'avantage, là est la patrie ». L'insuffisance de la charité est reconnue; la vertu de la charité n'est pas de remplacer la justice, mais de l'instituer.

1. *De la condition des ouvriers*, encyclique de S. S. Léon XIII (*Rerum novarum*, 15 mai 1891). Traduction officielle, Paris, P. Lethielleux, 1891.

2. Léon XIII (1810-1903). Pape de 1878 à 1903, il préconisa le ralliement à la République en France (1892).

3. Encyclique *Quadragesimo anno*, de S. S. Pie XI sur la Restauration de l'ordre social, en pleine conformité avec les préceptes de l'Évangile, à l'occasion du 40e anniversaire de l'Encyclique *Rerum novarum* (15 mai 1931), Paris, Maison de la Bonne Presse, 1931.

4. Pie XI (1857-1939). Pape de 1922 à 1939, il signa en 1929 les accords du Latran qui aboutirent à la création de l'État du Vatican.

Objections du socialisme. – Outre l'opposition profonde des principes derniers, on pourrait dire métaphysiques, de l'une ou l'autre doctrine, les socialistes constatent qu'en fait ce ne serait pas une moindre révolution de christianiser effectivement la société que de changer l'ordre capitaliste pour un ordre vraiment socialiste.

*

L'insuffisance du libéralisme est proclamée par le *Fascisme* : le fascisme italien nie que les intérêts économiques en présence puissent être harmonisés autrement que par l'arbitrage obligatoire de l'État, mais repousse le postulat marxiste de la lutte de classes comme cause profonde des transformations sociales et le postulat marxiste de la libération de l'individu comme fin de la lutte politique. De même *l'abolition de tout revenu ne provenant pas du travail, l'étatisation de toutes les sociétés d'exploitation, la suppression de l'intérêt du capital* sont dans le programme national-socialiste allemand (1920).

275 | La solution fasciste du problème économique c'est le *régime des corporations* : l'État accorde aux associations ouvrières et patronales *légalement formées* le monopole de l'établissement des *contrats collectifs* de travail ; les corporations sont constituées par les représentants des syndicats ouvriers et patronaux d'une même profession ; grève et lock-out sont interdits ; si les parties ne peuvent se mettre d'accord, c'est l'État qui décide.

Objections. – a) Des socialistes : au fond l'antagonisme des classes est reconnu et stabilisé par la force, car l'article IV de la Charte du Travail italienne (avril 1927) parle des « intérêts opposés des employeurs et des travailleurs » et de leur subordination aux intérêts supérieurs de la production. Le corporatisme est un moyen d'abolir le droit de grève sans contrepartie ; l'article VIII de la Charte du Travail fait aux associations patronales un devoir d'assurer *par tous les moyens* le perfectionnement des produits et la réduction des prix de revient. Autrement dit, malgré les apparences, la loi du profit capitaliste est maintenue. Enfin l'intérêt supérieur de la production est une fiction dissimulant les intérêts de ceux qui ont porté le parti fasciste au pouvoir, car enfin l'État fasciste n'est pas né de rien. b) Du catholicisme social (Encyclique *Quadragesimo anno* du pape Pie XI 1931) : « On craint que la nouvelle organisation syndicale et corporative ne revête un caractère exagérément bureaucratique et politique et qu'elle ne risque d'être mise au service de fins politiques particulières, plutôt que de contribuer à l'avènement d'un meilleur équilibre social ». c) De certains milieux capitalistes (*Bulletin*

Quotidien du Comité des Forges, 15 avril 1935) : Les corporations étaient adaptées à l'économie urbaine du Moyen Âge. Dans de nombreuses cités, les corporations avaient un pouvoir politique, c'était au fond le règne de la force et la mêlée des intérêts. Actuellement les prétendues corporations sont des services d'État. A l'abri de ce nom, c'est l'État qui dirige tout. Le corporatisme économique c'est l'inertie économique.

*

Sans parler du *réformisme*, dont la contradiction interne suffit à le réfuter puisqu'il ne tend au fond qu'à conserver, ne concevant ni l'obligation ni du reste la possibilité d'une transformation véritable de l'ordre économique actuel, reste à confronter les postulats du *libéralisme* et du *socialisme*. L'im-
moralité du libéralisme consiste | expressément en ceci qu'il approuve comme 276
valable ce qui est. Le socialisme, consistant à séparer les faits économiques et l'idéal d'une économie humaine, nous paraît plus réellement conscient des exigences de la pensée morale. Conclusion paradoxale si l'on prend à la lettre l'objection de matérialisme ou de réalisme si souvent faite aux penseurs socialistes, conclusion normale si l'on admet la distinction déjà faite entre un réalisme relatif aux moyens et un idéalisme relatif aux fins de l'action, disons ici entre un réalisme manifeste et un idéalisme latent.

III. Problème de la valeur concrète du travail
Le travail et le loisir

Le problème de la valeur concrète du travail n'est au fond que le problème de la valeur de l'effort par lequel l'homme réforme la nature et sa nature.

La morale moderne, prenant consciemment ou inconsciemment la suite de vingt siècles de christianisme, affirme la dualité de l'être humain, mauvais par ce qu'il est, bon par ce à quoi il tend, vaincu par la matière, vainqueur par l'esprit. Sans cette opposition il n'y aurait pas à proprement parler de problème moral (*cf.* Kant : *Conflit de la nature et de la liberté*). La vie humaine est donc un effort ou une lutte par laquelle les penchants naturels sont peu à peu corrigés et maîtrisés. Dans l'évolution sociale effective une loi apparaissant avec le monde moderne semble confirmer ce pessimisme religieux ou laïque : c'est la loi du travail. Le travail est l'application de l'activité libre, de la pensée à une tâche unique, s'opposant par là à la facilité d'une vie complaisante à la diversité des penchants, au jeu et à l'oisiveté, ou comme on dit péjorativement, à la paresse. On sait que le paganisme réservait le travail aux esclaves, l'homme libre étant celui qui pouvait librement cultiver tous ses penchants, satisfaire harmonieusement tous ses appétits. L'obligation du travail étendue aux hommes libres c'est, comme on l'a vu, une condamnation de la nature traitée en ennemie, considérée comme le mal originel. Le travail social devient alors la peine universelle, le rachat inévitable, rançon du progrès moral possible.

*

277 | Le jugement moderne relatif au travail concerne une des contradictions du paganisme ou, si l'on veut, du naturalisme antique. Si l'on pose avec le naturalisme la suffisance de la nature, la nature étant nécessairement ce qu'elle est, nous ne devrions pas avoir à la rechercher, et le précepte moral qui nous enjoint de la suivre en coordonnant nos appétits est au fond dépourvu de signification. Il est absurde de prétendre réglementer ce qui est en fait. Si la nature est bonne, la raison humaine qui la juge telle et qui prescrit à l'activité humaine de s'insérer dans son cours inéluctable est dépourvue et de valeur et de portée, étant sans efficacité réelle. Le problème qui se pose c'est de savoir si l'attitude raisonnable pour l'homme c'est l'oisiveté ou le travail. Il faut sur ce point maintenir vraisemblablement l'idéal antique de libre culture et d'oisiveté comme la fin normale de la conscience humaine et l'attitude moderne concernant le travail comme moyen rendu universel, donc généralement obligatoire, conditionnant la fin recherchée. La morale moderne a unifié le problème concernant la valeur du travail en l'étendant à tous les hommes : cette extension doit être maintenue afin que l'idéal antique de l'homme libre reçoive lui aussi la même extension.

L'opposition du pessimisme spiritualiste et de l'optimisme rationaliste devient alors la suivante : le Bien c'est ce qui est possible, le Mal c'est ce qui est. Le travail comme loi fatale, comme idéal des hommes modernes est un mal; la libre culture, le développement des possibilités créatrices de la conscience humaine c'est ce qui est possible et c'est le bien. C'est en ce sens sans doute qu'on doit entendre la formule de Baudelaire : « Être un homme utile m'a toujours paru quelque chose de bien hideux. »[1] Baudelaire n'entend nullement blâmer le travail inévitable par lequel la partie misérable de l'humanité actuelle assure péniblement sa subsistance, mais il entend très certainement condamner celui qui voit dans le travail, dans le rendement

1. Baudelaire, *Mon cœur mis à nu : journal intime* (1887), dans *Œuvres Complètes*, « Bibliothèque de la Pléiade », t. I, Paris, Gallimard, 1968, p. 679.

utilitaire de l'activité humaine une fin en soi et comme la justification de la vie universelle. Pour un poète, c'est-à-dire pour une conscience créatrice, être utile c'est servir, et dans service le poète voit servitude. L'utilité, c'est la finalité d'un acte subordonné à l'instinct de conservation. Le travail producteur de choses utiles c'est donc bien un effort de libération nécessaire mais incomplet et qui reste une sujétion, puisque la volonté d'affranchissement ne va pas en lui | jusqu'au bout de ses possibilités. Au mot de Baudelaire fait écho
celui de Rimbaud[1] : « J'ai horreur de tous les métiers ; maîtres ou ouvriers, tous 278
paysans, tous ignobles »[2]. La moralité, en ce domaine comme en tout domaine, consiste à aller de l'existence à la possibilité, à réformer la nature par le travail en prenant conscience du fait que cet effort implique la subordination conditionnelle du travail à son contraire, la jouissance de l'oisiveté. Le travail est donc mauvais en fait, bon comme condition de son contraire.

1. Arthur Rimbaud (1854-1891). Poète-voyageur au génie précoce dont l'œuvre influença le symbolisme et le surréalisme.

2. A. Rimbaud, « Mauvais sang », dans *Une Saison en enfer* (1873).

MORALE ET POLITIQUE

Le problème politique en général c'est celui des règles qui doivent normalement concerner l'organisation des hommes associés.

Il semble bien, puisqu'il s'agit de *règles* et d'organisation sociale, que le problème soit essentiellement moral; car c'est l'un des deux aspects (l'autre étant celui de l'organisation individuelle) que peut prendre en général la question d'une discipline *pratique* de la vie.

Malgré cela, il y a tout un groupe de théoriciens pour admettre, implicitement ou explicitement, que la Morale et la Politique n'ont rien à voir ensemble. Nous pouvons rattacher ce groupe à la tendance philosophique générale de l'empirisme et du réalisme. En effet ce groupe (dans lequel on inscrira volontiers le fameux Machiavel[1] et aussi Hobbes), considère que les sociétés politiques sont des produits de l'évolution historique, doivent être étudiés expérimentalement par l'*Histoire*, et traités ainsi comme des objets, sans passion, sans préjugés, sans jugement préconçu. Mais, dans ces conditions, les préceptes qu'on retirera de l'étude historique, pourront être des règles techniques fondées sur la Tradition, sur l'observation des pratiques usuelles : elles n'auront à peu près rien à emprunter à des idéologies morales quelles qu'elles soient. La Politique est une science ou un art qui consiste à conduire les hommes, et non à chercher avec eux la différence du bien et du mal[a].

a. *Cf.* [C.] Maurras, *Mes idées politiques* [Paris, Fayard, 1937].

1. Nicolas Machiavel (1469-1527). Penseur politique, son ouvrage *Le Prince* (1513) jeta les bases du réalisme politique moderne.

Évidemment dans cette thèse *l'intérêt d'une société existante* sera le seul mobile valable, et tous les moyens seront bons qui permettront de le sauvegarder.

280 On reconnaîtra ici, en passant, que le nationalisme (théorie de | l'égoïsme sacré) n'est qu'une filiale du réalisme politique. A l'opposé du réalisme nous trouverons des politiques rationalistes; avec ce nouveau groupe, on essaye, sans nier d'ailleurs le moins du monde les caractères effectifs du devenir historique, de réintégrer la Politique à la Morale : agir socialement pose encore le problème de savoir comment on pourra agir *raisonnablement*. Il est certain que, pas plus que les sciences ou les arts humains, les conduites des hommes ne peuvent être tout à fait rationnelles; et les conflits historiques le montrent bien qui montrent le règne constant d'une absurdité meurtrière. Il n'en est pas moins que s'il y a une Politique, comme il y a des Arts et des Sciences, ce doit être pour faire prédominer peu à peu le *rationnel sur l'absurde*. Cela suffit pour que la Politique relève de la Morale.

Si l'on admet ce principe purement formel, les données du problème changent complètement; car il ne s'agit plus d'ajouter quelques recettes empiriques à la somme des recettes traditionnelles, mais il s'agit de rechercher dans cette partie de la morale comme dans les autres, quels sont les fondements normaux, universellement valables de l'action sociale.

La tradition, qui était quasiment sacrée dans le système réaliste, ne sera plus considérée qu'accessoirement et accidentellement; de même pour les formes historiques des groupes, pour leurs régimes et leurs constitutions, que tout le problème est de conduire peu à peu vers une forme *idéale*, c'est-à-dire qui puisse convenir à toute *société humaine* en général[1].

Les positions actuelles traditionnelles sur le problème

La subdivision ci-dessus peut et doit être ramenée à l'opposition philosophique fondamentale du réalisme empiriste et du rationalisme idéaliste.

En effet, ceux qui empruntent à l'Histoire les moyens de construire un art politique actuel sont, par hypothèse, des apologistes de la Tradition, c'est-à-dire du fait accompli, de ces Institutions dont on dit qu'elles ont fait leurs preuves, et que toute l'affaire est de *conserver*.

Or on a établi, par l'analyse des conditions générales de toute moralité, que
281 la conscience morale, bien loin de se définir comme | la conscience théorique

1. *Cf.* [D.] Parodi, *Traditionalisme et Démocratie* [Paris, Armand Colin, 1909].

par la soumission aux faits naturels, doit être définie comme l'effort de la pensée pour imposer à ces faits naturels la forme qu'elle découvre normale et qui n'est que sa propre forme. Ainsi, ceux qui prétendent extraire de la connaissance de la tradition une doctrine pratique, se rangent dans le groupe des philosophies réalistes en général.

Quelles sont les attitudes politiques qui, implicitement ou explicitement, se rangent dans le groupe ci-dessus ?

Il faut ici distinguer, toutefois, deux sous-groupes. Il y a, en premier lieu, *les réalismes absolutistes*, dont on ne trouve l'expression formelle que dans le passé. Citons d'abord les systèmes théocratiques, fondés sur quelques révélations divines (Japon, Abyssinie), les autocraties (Tyrannie ou Monarchie), les Oligarchies de toutes formes, les Positivismes sociologiques, les Nationalismes et les Fascismes corporatistes.

Dans un deuxième sous-groupe, nous comprendrons les *réalismes conditionnels*, tels qu'on les trouve systématisés dans certaines doctrines *socialistes*, et le *communisme*, qui n'en est qu'une variété.

Dans ce deuxième sous-groupe, le réalisme en effet n'est qu'un moyen d'analyse, une attitude *provisoire* prise à l'égard de la réalité historique, pour dominer celle-ci après l'avoir comprise.

La différence est visible avec l'autre sous-groupe car l'un déclare le passé *sacré*, tandis que l'autre ne veut le connaître que pour le *détruire*. Sans doute, on peut trouver dans les tactiques des socialistes révolutionnaires un appel à l'exercice de la force qui peut être aussi violent que dans le réalisme absolutiste ; mais il ne faut pas oublier que l'autorité n'est ici prise que comme un moyen pour donner le pouvoir aux classes qui ont le droit de l'exiger, et non pas pour l'amour du pouvoir en soi. Ceci fait la transition avec le groupe adversaire (les idéalistes) ; car à la limite les socialistes admettent avec les rationalistes que la Politique a pour sens profond et dernier la *libération* totale des personnalités et la réduction à un minimum de toute contrainte.

En deuxième lieu, nous avons à classer dans le groupe idéaliste, les doctrines opposées à l'autorité, qui mettent au premier plan de toute libération politique la libération de la personnalité. L'idéologie classique de ce groupe est évidemment plus ancienne qu'on n'a coutume de l'indiquer. Elle constitue ce que la Renaissance | a appelé *Humanisme* ; on sait que les philosophes **282**
français du XVIIIe siècle ont précisé l'idéologie rationaliste, qui devait aboutir à la « déclaration des droits ».

Les partis qui se sont appelés *libéraux* au début du XIXe siècle, les premiers *socialistes*, c'est-à-dire ceux qui ont promu et qui défendent la valeur des systèmes électifs et *représentatifs* du gouvernement, le suffrage universel, *la liberté d'opinion* et de la presse, l'éducation progressive de toutes les classes de la société, bref, *l'auto-administration* du Peuple par le Peuple, pour le Peuple.

A la suite, nous devons mentionner aussi les *anarchistes* qui, passant d'un seul coup à la limite récusent toute forme d'autorité et toutes les institutions concrétisant une autorité sociale quelconque.

Valeur respective et comparée des diverses doctrines.

Le problème de la valeur morale des doctrines politiques ne peut être traité sérieusement que par référence aux questions fondamentales soulevées par l'examen des rapports généraux entre les règles de la connaissance d'une part, et les conditions de l'action créatrice d'autre part. Ce point a été touché quand on a étudié les rapports de la morale avec la science. On a montré, à ce propos, qu'il est raisonnable de distinguer sur le plan pratique, entre les *fins* à poursuivre qui sont choses de pensée et encore des idéaux, et les conditions d'une action nécessairement localisée et déterminée qui sont choses de *nature*, objets d'analyse.

L'option ou le jugement entre les deux groupes de doctrines ne se fera pas en considérant soit le contenu d'une analyse pris en lui-même, soit la valeur des fins prises en elles-mêmes. Le jugement rationnel devra porter sur la *synthèse possible*, à un moment donné, d'une fin rationnellement conçue (et qui est la libération de la personne même) avec des conditions historiques réelles, déterminées à un moment précis.

Autrement dit, pour juger une activité politique, on doit se demander deux choses, mais *à condition de les considérer comme connexes*:

1) Quelle est l'action réellement possible à un moment donné?

2) En faveur de qui s'accomplit-elle?

283 | On peut poser en principe qu'une action purement conservatrice d'un état de choses donné est moralement nulle, ce qui revient à dire immorale, car l'homme étant toujours en route vers l'humanité, la seule moralité digne de ce nom c'est celle de l'action qui a une vertu progressive; et c'est dans ce sens que l'humanisme classique a conçu le rôle de la pensée, et par conséquent aussi de l'action.

Pour prendre quelques exemples, tous les partis qui s'opposent à l'accroissement de la liberté personnelle, à l'organisation du travail, à la diffusion de la culture la plus large possible, tous ceux qui ont pour préoccupation de *renforcer* les différenciations hiérarchiques de castes ou de classes, sont des partis de conservation, en définitive *immoraux*.

On retrouve, en fin de compte, les positions énoncées plus haut dans l'introduction, ou bien séparées, ou bien conditionnées l'une par l'autre. Il paraît clair que c'est précisément la séparation qui est le vice radical de toutes les doctrines réalistes.

L'ÉTAT ET LA LOI

Le problème politique, non seulement est un problème moral, mais même il est l'un des deux aspects fondamentaux du problème moral en général, l'autre aspect étant constitué par le problème de la réforme personnelle.

Or, qu'est-ce que le problème politique ? C'est celui de la vie en sociétés organisées ; on appelle Cité ou État cette organisation.

La question, si l'on considère l'État comme un fait historique, est de savoir quel fondement moral on peut trouver à ce fait ; si on se le représente comme une organisation légitime et parfaite, la question est alors de savoir quelle forme normale prendra l'État. De ces deux questions nous traitons ici la première (comparer Devoir et Droit).

Deux théories fondamentales s'opposent sur le problème du fondement de l'État, l'une, que l'on peut dire réaliste et qui appuie l'autorité, le pouvoir et donc le droit de l'État, sur la *force* ; cela veut dire que les hommes se sont constitués en Sociétés civiles parce qu'une partie d'entre eux étant plus forte a imposé à tous les autres l'ordre qui lui a paru bon.

| La force, facteur *naturel*, serait le fondement du fait moral, ou légal, ou **284**
juridique, de l'État.

L'autre thèse, que l'on peut dire rationaliste ou idéaliste, admet qu'un fondement d'un droit (« pouvoir moral ») ne peut pas être cherché dans un fait naturel, mais doit l'être uniquement dans une *décision volontaire*, et autrement dit dans une *convention*, ou un *contrat* librement conclu entre les associés.

Le choix entre ces théories ne doit pas être fondé sur la discussion de leur valeur historique ; quant à cette valeur, en effet, personne ne nie que la théorie réaliste l'emporte : l'histoire montre aisément, et on le verra mieux à propos de la nation, que c'est du conflit des forces que naissent les organismes politiques ; c'est aussi par la force qu'ils se maintiennent, aussi bien contre les organismes concurrents que contre une partie de leurs propres sujets (politique intérieure). Dans l'histoire la plus récente, on voit l'Allemagne et l'Italie, la Pologne, les États de l'Europe Centrale, naître ou renaître comme États à la suite de guerres, c'est-à-dire effectivement de conflits mécaniques.

Mais si le problème politique doit être pris et traité sous un angle moral et pratique, cela signifie que la réalité historique ne doit pas être pour nous la seule condition du jugement. Tout problème pratique, en effet, est celui d'un accord entre la donnée de fait et les aspirations propres des hommes. Or, dans la notion même d'un ordre qu'à travers les conflits meurtriers tous les États essaient d'installer, se manifeste précisément l'une de ces aspirations fondamentales qui sont sans fondement dans la réalité et tirent toute leur substance des désirs et de la pensée humaine. Puisque donc un ordre est toujours ce qu'il faut faire et non ce qui existe, on trouvera sans peine dans les doctrines réalistes même, pratiquement interprétées, le principe qui est à la base de leurs antagonistes ; et autrement dit les doctrines réalistes sont contradictoires.

L'unique question, dès lors, et si l'on doit se placer sur le plan idéaliste ou rationaliste, c'est bien de concevoir une forme juste d'État (étant entendu que cette forme juste n'a jamais existé).

L'État s'exprimant en fait et en droit par un droit écrit où sa volonté est traduite, le problème revient à concevoir des lois qui traduiraient cette volonté en tant que volonté de tous les sujets.

285 La loi parfaite, vers laquelle évidemment toute organisation | politique doit tendre, c'est celle qui traduirait, appliquée à la vie collective, la formule abstraite de Kant, selon laquelle les *sujets de la loi* doivent être en même temps *les législateurs*. Des lois de ce genre seules exprimeraient un ordre humain. Toutes les lois imposées par des décisions arbitraires d'un pouvoir historique quelconque peuvent avoir une valeur naturelle. Elles n'ont pas de valeur morale et ne représentent qu'une caricature d'ordre.

DES FORMES DU GOUVERNEMENT : L'ÉGALITARISME

La question soulevée, dans ce qui précède, d'une organisation politique et d'un droit qui exprimerait les volontés concertées du peuple organisé, cette question engage immédiatement le problème classique de la forme du gouvernement.

On appelle gouvernement, en effet, l'organe de l'État qui est chargé, ou qui se charge, d'édicter les mesures légales les plus propres à assurer l'ordre et de les faire respecter.

Le problème soulevé par cette notion de gouvernement se rattache directement au précédent, qu'il consiste seulement à préciser un peu plus. Si l'on admet que l'État doit instaurer un ordre au bénéfice de la collectivité, il s'agit de savoir comment l'organe gouvernemental devra être conçu pour exprimer le mieux les aspirations collectives; le réalisme ici est représenté dans toutes les doctrines *traditionalistes* et *conservatrices* qui montrent que l'état d'ignorance et la diversité des intérêts des divers groupes associés en État ne permet pas en fait de délibérations cohérentes; elle en conclut que c'est à un pouvoir arbitral à chercher le bien *général* en se plaçant au-dessus des intérêts particuliers.

Les théories rationalistes ont trouvé historiquement une expression modérée et une espèce de compromis dans les doctrines égalitaires et démocratiques. On sait que ces doctrines, dont les philosophes du XVIIIe siècle en France et les juristes de la révolution de 1789 ont exposé le principe, admettent :

1) Que la collectivité seule ou le peuple seul est son propre arbitre et, autrement dit, est seul souverain;

2) Que dans l'impossibilité d'obtenir d'un coup la convergence des intérêts, et par conséquent l'unanimité de l'opinion, il faut prévoir que du moins toutes les opinions puissent s'exprimer librement, | et que c'est le droit **286**
d'une majorité qui représentera l'unanimité impossible.

Ce qu'on appelle l'*Égalitarisme*, c'est précisément tout l'ensemble des doctrines politiques qui vont fonder l'organisation de la Société sur un tel droit de tous ses membres à y concourir. On sait que le droit de suffrage, le mode électif de l'organisation, le régime parlementaire, sont les institutions concrètes qui, en fait, découlent de ces principes.

Ce système égalitaire se trouve d'ailleurs en butte à deux sortes d'attaques ou d'objections venant à la fois de deux côtés :

1) Il a contre lui le conservatisme des privilèges anciens ou nouveaux, c'est-à-dire tous ceux qui, s'appuyant sur l'Histoire, montrent que l'ordre social est toujours assuré nécessairement par des groupes plus *éclairés*, plus *puissants* et dont c'est le rôle précisément de conduire les autres;

2) Les autres adversaires de l'Égalitarisme démocratique se trouvent dans les partis révolutionnaires, socialistes et anarchistes. Ceux-ci montrent, en effet, que l'égalité politique demeure un droit abstrait et creux, tant qu'il n'est pas garanti par une égalité économique qui, seule, en permettrait l'exercice rationnel.

Le Suffrage Universel, où les libéraux du XVIIIe siècle ont vu un moyen de libération pour les couches déshéritées du Peuple, le socialisme montre que ç'a été en fait un moyen d'asservir plus durement ceux-là mêmes que l'on voulait émanciper. L'objection se comprend sans peine, si l'on songe que l'expression d'une opinion n'a de valeur libératrice que si elle est en même temps l'expression d'une information, et autrement dit d'une certaine culture; mais comme, avec l'école, avec la presse, la magistrature, l'armée, la police et tout le reste de l'appareil institutionnel, les classes les plus puissantes dans une société restent capables de fabriquer indirectement l'opinion, le Gouvernement et l'État tout entier, il s'ensuit à la rigueur que l'égalité politique posée en principe n'est jamais réalisée.

Les Socialistes montrent notamment que dans les sociétés contemporaines, la classe qui possède (c'est la classe bourgeoise) tient par tous les moyens de gouvernement qui sont indirectement en ses mains, le moyen d'orienter, selon ses propres intérêts privilégiés, tout le mouvement réel d'opinion.

287 | La revendication socialiste, qui a été indiquée à propos de la question sociale, consiste ici à exiger le bouleversement économique préalablement à toute émancipation politique.

La revendication anarchiste est plus grave; elle consiste à demander à la limite l'abolition radicale de tout l'organisme gouvernemental, car par le gouvernement cet organisme est condamné à demeurer toujours une autorité et par cela même un mal.

LA NATION ET LES RELATIONS INTERNATIONALES LA GUERRE ET LA PAIX

L'examen de la question comporte d'une part la description et la définition de certains états de fait, d'autre part l'examen critique et normatif du fondement moral de ces états de fait[a].

1. DESCRIPTION DU FAIT NATIONAL. ESSAI DE DÉFINITION

Un exposé descriptif est ici nécessaire par ceci qu'une nation est un phénomène historique. Quelle que soit l'origine de la société en général, dans la famille ou dans les traditions religieuses, il est certain que ce n'est pas sous la forme nationale que se présentent les sociétés primitives, sur la nature desquelles les sociologues discutent encore. Les sociologues et les historiens, comme aussi les philosophes, ne discutent pas moins en ce qui concerne la nature et le sens des groupements nationaux. Aucune explication historique univoque ne peut être donnée des faits nationaux, valable pour toutes les nations. Cela même du reste doit rentrer dans la définition du fait national : il est essentiel aux nations qu'elles soient diverses et irréductibles. Elles sont ce que *Bergson* appelle des « sociétés closes ». Ce sont des collectivités qui s'affirment par la reconnaissance d'étrangers hors du cercle de leur identité. Ainsi les nations, dans la totalité humaine possible, se présentent à la fois

a. La lecture de l'ouvrage de Valéry, *Regards sur le monde actuel* [Paris, Stock, Delamain et Boutelleau, 1931], est ici indispensable.

comme raisons de concorde et de discorde en deçà et au-delà de leurs limites.
289 La nation c'est l'aspect sous lequel une collectivité | politique se préfère (*Valéry*). On ne peut comprendre en effet la vivacité du sentiment national que par l'existence d'un au-delà humain de la nation. Il est impossible qu'il y ait un fanatisme humanitaire comme il y a un fanatisme national, parce qu'il n'y a pas d'au-delà de l'humanité (*Élie Halévy*[1]).

Les nations, sous une forme juridique et institutionnelle progressivement plus nette, se constituent sous l'influence de conflits qui opposent peu à peu des groupes de plus en plus denses les uns aux autres, amenant chacun d'eux à prendre conscience de lui-même comme groupe. Il ne peut échapper que ces conflits sont historiquement les plus divers : la France s'est faite comme nation contre les féodaux, contre les Albigeois, contre les Plantagenets, contre les rois de France même (en dépit d'un aphorisme monarchiste bien connu) et chaque fois sa plus ou moins grande approximation de la forme nationale présente avait des causes et un sens historiques différents. De même, ce n'est pas dans le même sens et dans le même esprit que le Reich allemand s'est constitué contre la Papauté, contre Napoléon ou contre le Traité de Versailles, ce n'est point au même titre que le philosophe *Fichte* et le chancelier *Adolf Hitler* ont fait effort pour l'unification germanique. Ce n'est point pour les mêmes raisons que les républiques des États-Unis d'Amérique se sont séparées de l'Angleterre et ensuite coalisées contre elle : les États de Virginie, de Maryland et de Massachusetts n'ont pas apporté à la nation américaine les mêmes raisons de s'unir contre les mêmes dangers[a]. L'Italie ne s'est pas faite de la même façon contre les Autrichiens et contre le Pape.

Cependant, comme moment historique de l'évolution humaine, l'âge des nations doit avoir un même sens. On peut estimer que le fait national recouvre,

a. Cf. *Histoire des États-Unis* de Wilson, t. I, trad. fr. par Roustan [Le titre de l'ouvrage de Wilson est incorrectement donné par Canguilhem et Planet. Il a été traduit sous le titre *Histoire du peuple américain*, avec une préface d'E. Boutroux, Paris, Bossard, 1918-1919][2].

1. Elie Halévy (1870-1937). Philosophe, historien et ami d'Alain dont il fut le condisciple à l'École Normale, Halévy fonda avec Xavier Léon (1868-1935) la *Revue de Métaphysique et de Morale* (1893) ainsi que la Société française de philosophie (1901). *L'ère des tyrannies* (Paris, Gallimard, 1938), une analyse "à chaud" de la montée des totalitarismes est aujourd'hui reconnu comme un classique de l'analyse politique.

2. Woodrow Wilson (1856-1924). Avocat, économiste et homme politique, élu président des États-Unis (1913-1921). Il reçut le prix Nobel de la Paix en 1919 pour son projet de création de la Société des nations (SDN).

sous des formes historiques différentes, une aspiration à l'unité de la société humaine. Le fait humain initial c'est la diversité des groupes humains et des symboles religieux comme des truchements linguistiques par lesquels se manifeste cette diversité. Peu importe ici la variété des causes possibles, biologiques, géographiques, techniques, de cette diversité. Cette diversité étant nécessairement rivalité, n'a pu originairement se corriger que par la subordination des groupes les uns aux autres, c'est-à-dire expressément par l'oppres-
sion. Les groupes ont lutté | pour l'Empire – qui est la paix – au profit d'un seul, **290**
au détriment des autres. *Le sentiment national est la forme prise à un moment par l'impatience humaine de l'oppression humaine*, par l'aspiration à un état véritable de sociabilité, la sociabilité étant l'acceptation par tout homme de tout homme *autre*, qui est autre parce que différent, mais homme par la réciprocité de l'acceptation. C'est ce qui explique que le sentiment national ait jailli dans les collectivités humaines tantôt lors d'une guerre dite étrangère, tantôt lors d'une guerre dite civile et par opposition à une faction ou à un gouvernement. On voit du reste que les deux formes apparemment séparées de guerre sont unifiées par la nature identique du mobile qui les explique, *la résistance à une oppression*, mobile que l'existence du fait national masque le plus souvent sans l'altérer[a].

Cette aspiration des groupes humains à une unité humaine étant la plupart du temps inconsciente et ne pouvant pas ne pas l'être, ne pouvait pas non plus manquer d'être confisquée au profit d'intérêts partiaux et égoïstes sans qu'il soit besoin d'invoquer ici un machiavélisme universel. De là vient l'énorme complication de l'histoire humaine, où l'on voit les hommes reculer sur la voie de l'unification au moment même qu'ils pensent le plus avancer. En se faisant contre le pouvoir spirituel catholique, par exemple, les nations européennes ont évidemment marqué un recul par rapport à l'intention chrétienne de fraternité œcuménique; mais en se faisant contre le pouvoir temporel de l'église romaine, elles se sont posées contre une forme de hiérarchie sociale et d'empire politique qui contredisait à l'esprit sinon à la lettre de l'universalisme sémitique chrétien. Mais si l'histoire humaine était simple, aucune philosophie n'aurait besoin, aux périodes critiques, de retrouver le sens et la valeur de la vie

a. On lira dans J. Romains, *Les Hommes de bonne volonté*, X, *Les Pouvoirs*, [Paris, Flammarion, 1935] p. 267 *sq.*, une analyse des phénomènes politiques à partir du besoin humain de sécurité collective. Hobbes a développé systématiquement cette idée dans son livre *De Cive* [1642].

humaine, aliénés dans l'automatisme universel, et les choses belles ne seraient pas aussi les choses difficiles.

Si les vues précédentes ne sont pas purement fantaisistes, reste à expliquer que cet élan humain vers l'unité se soit fragmenté en « unités » rivales, en sociétés closes. Ce n'est pas un problème moindre que celui de savoir pourquoi
291 la conscience en général | est à la fois automatisme et lucidité, extériorité et intériorité. Parce que l'unité humaine est une limite au sens mathématique du mot, elle doit comporter présentement des limites au sens historique et géographique du même mot. Le fait national étant une détermination est par là même négation. L'élan vers l'unité ayant jailli de plusieurs sources doit nécessairement comporter des zones d'interférence c'est-à-dire d'hostilité. C'est en fait ce que nous montre l'histoire. La multiplicité des nations dissimule à chacune d'elles l'identité fondamentale du besoin qui les a toutes appelées à l'existence.

En conséquence nous proposerons les définitions suivantes. Il convient d'appeler *Nation* un groupe politiquement constitué, soutenu par le sentiment de son autonomie par rapport à des groupes semblables et concurrents. Un *Peuple* est l'agrégat humain relativement unifié qui se considère lui-même comme possédant ce sentiment. La *Patrie* peut se définir comme la représentation que le peuple se fait de son devenir historique et de son origine[a]. On voit que la notion juridique d'*État* concerne la forme réalisée du sentiment national lorsque l'effort pour aboutir à l'unification s'est traduit en un système de lois respectées ou obéies par le Peuple en question. On appelle *Nationalité* l'unité purement morale et revendicative d'une collectivité que la pression d'un autre État auquel elle est subordonnée empêche de devenir un État indépendant. Le *Patriotisme* est la réaction affective, la tendance, le système d'habitudes et de préjugés liés, pour les individus appartenant à une nation, à la conscience qu'ils ont de cette appartenance. (Le nationalisme est, comme on verra, une philosophie qui consiste à transformer en devoir absolu le fait affectif spontané qu'est le patriotisme).

a. On lira à propos de tous les problèmes relatifs à la nation la conférence de Renan : *« Qu'est-ce qu'une nation ? »* prononcée en 1882 [reprise dans *Qu'est-ce qu'une nation ? et autres écrits politiques*, Paris, Presses Pocket, 1992].

2. Les philosophies politiques possibles : nationalisme, impérialisme, internationalisme

On appelle *Nationalisme* la doctrine politique, d'essence réaliste et empiriste, qui découvre dans l'existence des nations le terme normal et définitif de l'évolution humaine. Cette doctrine est par là conduite à affirmer le caractère sacro-saint, absolu de | l'idée de Patrie et la valeur également absolue 292
du patriotisme. Elle en conclut le devoir suprême, dominant tous les autres pour les sujets d'une nation, de référer à elle leur conduite sociale[a]. La conséquence et le complément logique d'une telle attitude c'est l'affirmation d'une différence de valeur et d'une hiérarchie qualitative des nations. Le corollaire de l'« égoïsme sacré » c'est le proverbe anglais « Mon pays ne saurait avoir tort », c'est l'affirmation qu'il y a autant de nationalismes que de nations : « Pas plus que les hommes les patries ne sont égales ni les nations. » (Maurras)[1]. En sorte que tout nationalisme engendre, qu'on le veuille ou non, une prétention à l'hégémonie, chacun pensant contenir dans sa partialité même un droit légitime à l'universalité, chacun des « génies » nationaux se posant lui-même comme le génie même de la civilisation.

On doit appeler *Impérialisme* cette forme récente et spéciale du nationalisme qui revient à tenir une nation pour l'instrument à la fois nécessaire et juste de l'organisation de la société humaine, par subordination à une certaine puissance civilisatrice des groupements humains de civilisation dite inférieure, c'est-à-dire en fait de puissance offensive et défensive moindre. En même temps que les nations les plus massivement unifiées et les plus aptes à la domination et à l'exploitation de la Nature ont acquis, par la conquête militaire et industrielle, inséparablement liées, des colonies, en même temps on a vu les philosophies nationalistes devenir des impérialismes, et de faux souvenirs d'empire romain hanter les pensées des hommes politiques[b].

On pourrait appeler *Humanitarisme* en général toute doctrine qui considère le fait national comme un fait transitoire relatif, mieux encore comme une étape dans l'évolution de la conscience pratique humaine vers son terme normal, savoir : la constitution de *la Société humaine* ou si l'on veut de

a. « Un nationaliste conscient de son rôle admet pour règle de méthode qu'un bon citoyen subordonne ses sentiments, ses intérêts et ses systèmes au bien de la Patrie. Il sait que la Patrie est la dernière condition de son bien-être et du bien-être de ses concitoyens… » Maurras, *Mes idées politiques*, [*op. cit.*], p. 278.

b. *Cf.* Lénine, *L'Impérialisme, stade suprême du Capitalisme* [1916].

1. *Mes idées politiques.*, *op. cit.*, p. 284.

293 l'*Espèce humaine*. Si l'espèce | humaine était dès maintenant sociable[a] on peut penser que l'hostilité permanente des groupes humains, liée incontestablement à la forme nationale de ces groupes ne s'expliquerait pas. Mais l'histoire humaine prend un autre sens si l'on admet que l'*humanité est à la recherche de sa sociabilité spécifique* et que la nation est, comme on l'a déjà proposé, une étape sur cette voie.

L'*Internationalisme* socialiste est une variété, dont les principes ont été donnés ailleurs (cf. *la Question sociale*)[1], de cette conception relativiste de l'histoire humaine, qu'on dirait aussi progressiste, si tels doctrinaires (*Engels* et *Marx*) n'avaient insisté sur la différence entre le mouvement dialectique de l'histoire tel qu'ils le conçoivent et le « progrès » tel que positivistes et libéraux se le représentent. L'argument fondamental opposé par l'internationalisme socialiste à toute philosophie nationaliste c'est que, sous le prétexte national, celle-ci confond l'attachement à une forme politique et la défense d'une certaine organisation sociale conservatrice et contre-révolutionnaire, laquelle – pas plus au fond que le prolétariat auquel on a tant reproché ce mot – « n'a pas de patrie »[b].

3. Les relations internationales. Guerre et paix

Les descriptions précédentes, comme aussi l'exposé des diverses attitudes philosophiques relatives au problème national, nous permettent de poser correctement maintenant le problème de la guerre et de la paix.

a. Comte considère l'espèce humaine comme initialement sociable, et cette sociabilité est pour lui un trait constitutif de la nature humaine *actuelle*; son progrès n'est par suite qu'un développement d'un « ordre » déjà acquis, et c'est pourquoi la Sociologie, quoique discipline autonome, trouve dans la Biologie un point de départ. (Cours Phil. posit., 49e et 50e leçons.)

b. On confrontera l'ensemble de ce développement avec l'exposé des doctrines relatives à la « Question sociale ». On trouvera une expression assez claire du nationalisme, propre à confirmer l'argumentation internationaliste, dans Barrès, *Mes Cahiers*, *passim*, et notamment t. III [Paris, Plon, 1931], p. 265 : « Ce seront les conservateurs qui accepteront, appelleront l'étranger… » L'entrecroisement (en apparence absurde) du fanatisme nationaliste et du plus brutal conservatisme se trouve illustré dans l'histoire d'une façon quasi-constante par des actions « interventionnistes » significatives; il peut suffire d'évoquer ici l'action des monarchies européennes contre la révolution française, le soutien accordé par Bismarck à Thiers pour la répression de la Commune, l'action anglaise d'une part, italo-allemande d'autre part, dans la récente guerre civile espagnole.

1. Cf. *supra*, p. 891 *sq*.

Tout être tend à persévérer dans son être : cette proposition | de *Spinoza* 294
traduit à la fois une nécessité naturelle et comme la condition de toute action morale. En supposant avec une morale idéaliste que l'homme doit agir pour devenir meilleur, pour progresser, on doit cependant admettre que le progrès suppose la conservation de l'être dans l'instant même qu'il fait effort. Ainsi la loi naturelle en question, qui peut passer pour une forme du principe d'inertie, prend dans une morale du progrès une valeur conditionnelle.

En fait, chaque groupement national admettant sous la forme juridique de sa souveraineté[a] la validité absolue du jugement qui décide de ses prétentions et de ses exigences vitales, met au service de son autorité toutes les énergies dont il peut disposer et tend à accroître ces énergies pour consolider cette autorité, dont le maintien dans l'avenir paraît toujours aléatoire à quelque degré. Comme la source de ces énergies est la biosphère et que la planète est unique pour des groupes humains multiples (« Nous ne pouvons pas coloniser la lune », dit le chancelier Hitler), la concurrence des souverainetés nationales ne peut manquer de devenir hostilité. Lorsque cette hostilité se traduit en conflits de forces militairement organisées, on dit que *les peuples sont en guerre* ; quand les compétitions et les rivalités internationales sont simplement commerciales, diplomatiques, culturelles, on dit qu'en dépit des rivalités *la paix règne entre les peuples.*

Le problème est de savoir si la sauvegarde et le progrès de chaque peuple sont mieux assurés par la paix ou par la guerre, ou encore, étant donné que dans le passé la paix n'a été que la préparation à la guerre, s'il doit en être toujours ainsi et si chaque peuple n'atteint son plus haut point de développement que par l'effort pour vaincre et dominer les autres peuples.

A) *Conditions et signification de la guerre*

Depuis que les hommes se font la guerre on a pu souvent remarquer que c'est bien *indirectement* pour leur conservation et leur accroissement que les peuples se combattent. On voit en effet | toutes les guerres, *quelqu'en soit le* 295
prétexte (le plus souvent irréductible à une revendication de pur intérêt collec-

a. « La souveraineté est la puissance suprême, le pouvoir le plus entier, le plus complet qu'on puisse imaginer. Appliquée à une volonté humaine, cette notion signifie le droit pour elle de ne se déterminer jamais que par elle-même ». [L.] Duguit, *Traité de Droit constitutionnel* (1911), I, [2e éd., Paris, Fontemoing, 1921] p. 478[1].

1. La citation n'est pas de Duguit mais de Nicolas Politis (1872-1942) dans *Le Problème des limitations de la souveraineté et la théorie de l'abus des droits dans les rapports internationaux. Recueil des Cours de l'Académie de droit de La Haye*, Paris, Hachette, 1926, p. 12.

tif bien ou mal entendu), aboutir à mettre en jeu la possession de richesses au profit de l'un ou l'autre des belligérants. A l'origine on cherche du bétail ou des esclaves, ou des terres fertiles ou fertilisables, puis des débouchés commerciaux, des matières premières pour l'industrie ou bien ce qu'on appelle de la « matière imposable ». Qu'il y ait là une illusion, comme on l'a montré avec force[a], et que la guerre ne paie pas au bout du compte celui qui croit en tirer profit, cela ne change pas le fait profond que les groupes humains luttent entre eux contre leur propre destruction et qu'ils ne peuvent le faire qu'en tendant à s'accroître.

Sur le problème des conditions de la guerre en général, le jugement philosophique aussi bien que populaire est partagé, les uns ramenant toutes les guerres à des conflits idéologiques, les autres voulant les ramener à des conflits économiques. Cette distinction ne nous paraît pas pouvoir éclairer beaucoup la question; toute idéologie a toujours pour condition une certaine puissance vitale dont l'aspect social est forcément économique, et inversement une économie, c'est-à-dire une production sociale de richesses nécessaire à une vie humaine, dépend en fin de compte de la représentation qu'on se fait du niveau normal de la vie à un moment donné. Il est bien évident que dans les consciences individuelles le problème ne se pose pas de la même façon et qu'en particulier aucun individu faisant la guerre ne la fait par intérêt, comme on dit quelquefois : l'intérêt de l'individu est d'abord le maintien de sa vie propre pour laquelle la guerre est sans ambiguïté une menace grave. Chaque individu, dans la mesure où il n'est pas un automate social, ne peut défendre que des raisons de vivre qui se ramènent, comme on l'a vu (*cf.* Devoir et Droit) à la possibilité et même à l'obligation de devenir une personne. Mais ce n'est pas dans le *sens* que des individus comme tels donnent à un phénomène social qui les affecte, que nous devons chercher l'explication des conditions de ce phénomène social comme tel, c'est-à-dire massif et objectif.

Concernant la valeur et la signification de la guerre on retrouve l'opposition des deux attitudes morales déjà maintes fois identifiées.

296 | 1) Le Réalisme revient ici à ratifier comme un bien la nécessité historique, physique ou métaphysique de la guerre. Si l'on voit dans le fait national, en dépit de sa nature historique, la fin dernière de l'évolution humaine, on pose en même temps que l'unité humaine sous cette forme est un bien en soi et que la guerre, sans avoir une valeur absolue, tire du maintien de ce bien une valeur

a. V. Norman Angell, *La Grande Illusion* [(1909) Paris, Nelson] (1911), *Le Chaos européen* [(1919), Paris, Grasset] (1920). [Sur Angell, cf. *supra*, p. 104].

morale indéniable. La valeur de la guerre est de renforcer la conscience de l'unité nationale, d'instaurer « l'union sacrée », de mater l'égoïsme individuel et les rivalités partisanes. De même certains métaphysiciens comme *de Maistre*[a], certains moralistes pessimistes comme *Nietzsche* en Allemagne, *René Quinton* en France[b], font l'apologie de la guerre. Leur thèse est au fond la même : le mal profond que constitue l'existence naturelle trouve son expression politique nécessaire dans un fait qu'on doit accepter parce qu'il est inéluctable ; l'acceptant, on remplit le plus haut des devoirs, on accomplit soit la loi de Dieu, soit la loi de la Nature, en recherchant par une tension de toutes les énergies le maximum de moralité dont l'homme est capable. Dans l'ordre de la pédagogie, les conclusions de ce réalisme aboutissent à rechercher et à cultiver dans l'homme, au-dessus et parfois même indépendamment de toute critique intellectuelle, les vertus d'énergie, de courage, d'enthousiasme. En conséquence l'individu est invité à tendre vers la plénitude de sa ténacité et de son énergie, en même temps qu'à se subordonner à une fin sociale donnée comme un fait intangible, la collectivité nationale. En sorte que cette pédagogie aboutit au culte de l'énergie, mais non à celui de la volonté. Et en effet la grandeur de l'initiative individuelle devient servitude, comme l'a vu A. de Vigny, par son insertion dans les cadres stricts de la « raison d'État ».

2) A l'inverse, les doctrines humanitaires se présentant comme un idéalisme moral se refusent à ratifier dans la guerre un fait humain définitif. La philosophie des lumières et la doctrine juridique du droit des gens au XVIIIe siècle, l'internationalisme socialiste au XIXe, le pacifisme juridique et le pacifisme intégral au XXe se rejoignent dans cette affirmation et dans cette affirmation seulement.

| Interprétant avec plus ou moins de rigueur ou de candeur les théories des **297**
juristes du XVIIIe siècle, beaucoup d'hommes de bonne volonté pensent qu'il dépend de la résolution et de la sagesse des humains d'instaurer la paix définitive. Pour cela il suffit, si l'on ose dire, que les peuples s'entendent, c'est-à-dire que le sentiment humain s'oppose au sentiment national périmé, que la coalition pacifique des civils en tous pays institue une société universelle dont les procédures d'arbitrage se substituent aux règlements de comptes militaires. On sait qu'en 1919 le Traité de Versailles a tenté de faire entrer un tel idéal dans la politique internationale courante par l'institution de la Société des Nations.

a. Lire l'Entretien sur la guerre dans *Les soirées de Saint-Pétersbourg* [1821].

b. [R. Quinton] *Maximes sur la Guerre* [Paris, Grasset, 1930. Cf. *supra*, p. 338-342 pour une critique par Canguilhem des idées de Quinton].

Renchérissant sur les arguments usuels en faveur d'un règlement non militaire des conflits internationaux, les tenants du pacifisme intégral ne manquent pas d'arguments à faire valoir pour refuser la participation à toute guerre : disant d'une part que les guerres sont des affaires, bonnes en fait pour un petit nombre d'exploiteurs internationaux, mauvaises en fait pour la quasi-totalité des peuples qui y participent; disant d'autre part que la guerre opère toujours au sein des nations un fâcheux renversement des valeurs, car faite par la partie de l'espèce humaine la plus généreuse et la plus riche en promesses, elle aboutit systématiquement et partout non pas au triomphe mais au massacre des meilleurs[a].

B) *Réalisme et pacifisme. Conclusion*

Le problème est de choisir entre une attitude de soumission aux contingences historiques ou aux nécessités, qu'on les estime métaphysiquement ou physiquement fondées, et une attitude de résistance ou plutôt d'organisation. Mais quelle résistance et quelle organisation ? Les super-organismes politiques ou juridiques qu'on a mis sur pied pour organiser la société humaine dans un sens pacifique ont souffert de ce vice congénital d'êtres construits par ces mêmes groupements humains que l'unique souci de leurs propres intérêts
298 incline naturellement à la guerre. Plus précisément | la Société des Nations a été réduite à l'impuissance du fait qu'aucune des nations participantes ne renonçait, du fait même de sa participation, à quoi que ce fût de sa souveraineté; de plus elle a été plutôt un consistoire des gouvernements qu'une société des peuples, en sorte qu'on a pu, sans beaucoup d'imagination, la présenter comme un système d'alliances seulement un peu plus vaste que les systèmes classiques.

a. On lira, d'Alain, *Mars ou la guerre jugée* [Paris, N.R.F., 1921], le livre le plus profond sur la question. *La guerre de Troie n'aura pas lieu* [Paris, L'Illustration, 1935], de Giraudoux, est également une lecture tonique [1].

1. Jean Giraudoux (1882-1944). Parallèlement à une carrière de diplomate, il publie avec grand succès des romans (*Siegfried et le Limousin*, 1922) et compose des pièces de théâtre (*La guerre de Troie n'aura pas lieu*, 1935).

Quant à la thèse de ceux qui placent la paix au-dessus de tout, quelle que soit la générosité de son inspiration et la solidité des arguments qu'elle fait valoir, elle souffre aussi de ce défaut : ce qu'elle nomme la paix reste une négation purement verbale de la guerre ; autrement dit le pacifisme semble méconnaître que ce qui a reçu jusqu'à présent le nom de Paix ce n'est pas l'inexistence ou l'annulation des conflits internationaux, mais une forme de ces conflits dont la guerre n'est qu'une autre forme. De sorte que pour construire des relations internationales autres que celles qui ont existé jusqu'à présent, il faut d'abord déterminer les conditions des conflits. L'idée de Paix ne sert en rien à cette détermination. Plus nettement, la faiblesse du pacifisme est de croire qu'on travaille pour le maintien et la défense de la paix en évitant que les conflits internationaux se posent sous la forme de guerres déclarées. De fait, en raison de la vulgarisation actuelle des idées pacifistes, les guerres ne se *déclarent* plus, mais on n'ira pas jusqu'à dire que l'absence de guerres ouvertes soit, depuis bientôt vingt ans, la Paix. Le refus d'une convention qui tendait à organiser le fait de belligérance n'est pas l'abolition, mais l'extension, du fait. Invoquer dans les circonstances actuelles la possibilité d'un arbitrage international, c'est oublier que l'arbitrage, sous forme de diplomatie, de Cours internationales de justice, de Société des Nations, etc., est une couverture, précaire d'ailleurs, de relations entre forces affrontées.

En résumé, étant donnée l'aspiration humaine à une société vraiment pacifique, étant donné le fait des souverainetés nationales et des impérialismes concurrents, refusant d'avance toute limitation de droit de leurs prétentions et de leur autonomie, comment subordonner le fait à l'aspiration ? On conviendra que les moyens restent à définir et qu'en la circonstance les faits pèsent plus lourd que l'aspiration. Le réalisme conditionnel est en l'espèce plus urgent que jamais.

| Que reste-t-il, dans ces conditions, à *choisir* pour aujourd'hui ?[a]. Il reste **299**
que les conflits tendant à prendre une ampleur quasi-universelle, contiennent par cela même le principe de leur propre résolution. Car si les guerres se font désormais entre un petit nombre de groupes de nations et non plus d'une nation à une autre, c'est qu'une forme nouvelle d'association humaine est en gestation, dont il paraît d'ailleurs difficile d'éviter qu'elle soit violente et probablement longue. Au fond, si on confronte les données du problème international avec les données du problème social en général, on voit que les deux pro-

a. « Supposez quelquefois que l'on vous remette le pouvoir sans réserve. Vous êtes honnête homme, et votre ferme propos est de faire de votre mieux… Eh bien, qu'allez-vous faire ? Qu'allez-vous faire aujourd'hui ? » P. Valéry, *Regards sur le monde actuel*, [*op. cit.*] p. 54.

blèmes ne se séparent pas ; la guerre redevient ce qu'elle était naturellement, une lutte de forces entre régimes humains différents. Malgré l'énorme complexité et l'enchevêtrement des problèmes historiques, ce sont des types d'organisation politique et sociale, conformes à un sens général et à une valeur donnée à la vie humaine, qui s'affrontent. Selon que l'on adopte une morale idéaliste ou réaliste, on opte pour les groupements dont on estime qu'ils défendent de près ou de loin telle ou telle conception de la vie. Il n'y a plus de politique intérieure, plus de politique extérieure, la guerre se fait pour l'organisation de la société humaine. Une morale idéaliste enjoint d'opter pour les groupes qui représentent un idéal progressif. Ici, comme l'Hamlet de Shakespeare, il faut choisir.

|TABLE DES MATIÈRES[1] 301

LOGIQUE

1. [Dans l'édition originale du *Traité de logique et de morale*, Canguilhem et Planet n'ont pas pris soin d'harmoniser la table des matières avec les titres contenus dans l'ouvrage. Nous la reproduisons ici à l'identique, la numérotation renvoyant à la pagination de l'édition originale donnée en marge].

|MORALE

ANNEXES

ANNEXE I

RÉPONSES DE RAYMOND ARON ET DANIEL LAGACHE À LA *REVUE DE GENÈVE*[1]

RÉPONSE DE RAYMOND ARON

Parler au nom d'une génération, prétention au dessus de mes forces : je parle en mon nom personnel, convaincu malgré tout de ne pas être un isolé. Or, à mon sens, la tâche la plus urgente de l'heure présente serait précisément de réagir contre ces efforts pour nous ramener, au nom d'un sentiment irréfléchi, à une vie nationale étriquée, contre ces prétentions à trouver l'absolu ou le sublime au-dessous de la réflexion claire, et enfin contre cette lassitude dégoûtée, cette aspiration vague vers un Dieu au froid et éternel silence. Après une calamité, où, semble-t-il, l'optimisme le mieux enraciné aurait dû sombrer, on constate au contraire une paradoxale recrudescence de la foi chrétienne. Preuve que la foi en Dieu part non d'une croyance rationnelle, mais d'un besoin sentimental. Si cette foi neuve élève les âmes, tend les énergies et les sauve d'un bas utilitarisme, parfait. Du moins peut-on espérer de la faiblesse, qui réclame un secours divin, le respect du courage humain. Ce qui me répugne, c'est la lâcheté intellectuelle et morale de ceux qui, sous couleur de « cultiver leur moi », abdiquent toute activité, en quête d'une immortalité qui, sans doute, tourmente tout être pensant. Mais dans la vie seulement l'homme peut découvrir sa vérité, et peut-être, si la grâce le touche, la vérité. Des incroyants comme des croyants, notre première exigence serait : il faut se donner la peine de vivre, en homme.

Il n'est pas douteux, et de récents événements l'ont abondamment prouvé, qu'une grande partie de la jeunesse universitaire française, tout entière recrutée dans la bourgeoisie, tend vers les partis de droite. Sans doute, c'est plus par conservatisme social que par exaltation patriotique. Malgré tout, en face des déceptions de l'après-guerre, beaucoup de Français ne voient de salut possible que dans un repliement sur soi-même du pays, réaction en quelque sorte organique de défense. Le nationalisme exaspéré de la guerre, baptisé pudiquement union sacrée, se survivant à lui-même dans

1. *Bibliothèque universelle et Revue de Genève*, 1926.

la paix, opposerait à l'étranger un bloc fortement uni. Les capitalistes du moins y trouveraient leur compte ... Mais cette façon de penser, sous couleur de réalisme, en dépit de comparaisons biologiques empruntées à un Darwinisme de fantaisie, m'apparaît pour ainsi dire utopique, car, bien loin d'être ajustée à la réalité actuelle, elle vit de souvenirs du passé : les problèmes économiques, politiques ou sociaux, comme l'a montré M. Delaisi par exemple, ne se posent plus dans le cadre national[1] ; en vain on leur cherche des solutions fragmentaires qui, à l'intérieur des nations, restent contradictoires, grosses de difficultés nouvelles. Sans parler de la pauvreté de l'idéologie nationaliste, sans parler du devoir moral de poursuivre l'idéal humain, seul digne de ce nom, je crois à la nécessité de créer une conscience internationale qui serait à la réalité européenne ce que la conscience morale est à la réalité sociale : prendre conscience de l'interdépendance des nations, de la vie commune, économique et intellectuelle qui unit les pays d'Europe, ce n'est pas poursuivre une utopie, c'est rapprocher la pensée de la réalité.

Mais, plus urgente encore que cette tâche intellectuelle, s'impose à nous la sauvegarde de la paix : banalité trop ressassée, mais dont nous avons mal réalisé en nous les exigences et les conséquences. Traquer tous les sentiments guerriers, vivre la paix, dépouiller tous les vieux préjugés, les idées traditionnelles sur les haines et les ennemis héréditaires, sur l'incompatibilité des humeurs nationales, voir en tous les hommes l'humain, « dire non à la guerre » de toute sa volonté, surtout ne pas croire qu'elle soit inévitable, telles seraient, grossièrement esquissées, quelques-unes des tâches morales qu'impose l'esprit de paix. Et d'autre part, pratiquement, notre premier devoir, à nous Français, serait de poursuivre la réconciliation franco-allemande, ou mieux encore, si possible, la réalisation de la *Pan-Europa* dont le comte Coudenhove-Kalergi a tracé une séduisante esquisse[2]. Mais la guerre est à tel point, si je puis dire, le mal absolu, qu'il faut, sans tenir compte de ses préférences personnelles, user contre elle de tous les moyens de lutte : pacte de la Société des Nations, faits régionaux, Locarno et surtout entente internationale de la classe ouvrière, car, à dire vrai, c'est en ces « rudes compagnons » que je mets avant tout ma confiance.

De même dans l'ordre de la politique intérieure, je voudrais que le sens des réalités prît le pas sur le culte des formules périmées. Plus de bataille sur des mots ou même des idées inactuels. Et je songe au parti vers lequel iraient mes sympathies, le parti socialiste qui trop souvent s'attarde au culte stérile des formules magistrales, comme si ces

1. Francis Delaisi (1873-1947), agrégé d'histoire et journaliste, auteur en 1925 d'un ouvrage à succès *Les contradictions du monde moderne* (Paris, Payot), où il proposait de réduire les barrières douanières, puisque les économies sont de plus en plus interconnectées, malgré la montée des nationalismes. Pacifiste, proche d'Aristide Briand, il sera secrétaire général de l'Union pan-européenne de 1927 à 1932. Il sera également membre du Comité de vigilance des intellectuels anti-fascistes avant d'écrire dans *L'Œuvre* de Marcel Déat sous l'occupation.

2. Richard de Coudenhove-Kalergi (1894-1972) avait donné le portrait d'une Europe unie dans son livre de 1923, *Paneuropa*, qui est à l'origine du premier Congrès pan-européen à Vienne en octobre 1926.

concepts – lutte de classes, dictature du prolétariat, capitalisme – qui furent à un moment de l'histoire des visions géniales, mais partielles, de réalités complexes et changeantes, correspondaient à une vérité éternelle. Sans doute ces idées peuvent conserver une valeur de mythe, mais qu'elles s'effacent dans l'esprit des chefs lorsqu'il s'agit de diriger l'action – conscience nette de l'idéal, sans doute, mais aussi vision aiguë des possibilités actuelles. Et surtout, pas de catéchisme socialiste. Que la doctrine de libération matérielle ne dégénère pas en doctrine de l'asservissement de l'esprit : pas plus aux dogmes révolutionnaires qu'aux ukases d'une C.A.P. [1].

Ici comme là, j'ai confiance en la réflexion lucide qui s'attache à connaître le réel pour le soumettre à la volonté d'idéal. L'intelligence m'apparaît donc, non comme une stérile faculté d'idées générales et de classifications, mais comme un effort d'intellection précise, de compréhension subtile. Or, précisément, les philosophes modernes n'ont critiqué qu'une caricature de la raison : la faculté figée dans des principes immuables, incapable de s'adapter au réel ou même de le comprendre, est-ce donc là la rationalité vraie, celle que nous voyons à l'œuvre dans les sciences, toujours prête à rectifier ses erreurs, à assouplir ses méthodes, à renouveler ses principes ? A l'image-caricature d'une raison morte, opposer le « vrai visage » de la raison vivante à travers l'histoire de la pensée, dans son activité souple et changeante, se renouvelant sans cesse au contact de l'expérience, s'affinant en raffinant sur le réel, telle est la tâche du rationalisme de demain. Alors, renonçant à systématiser en une philosophie de la nature les résultats provisoires de la science, le philosophe doit s'efforcer de dégager en une conscience intellectuelle, en une conscience morale, les normes et les principes intellectuels impliqués dans l'activité concrète de la pensée, scientifique et morale : par l'étude du passé et la réflexion sur le présent s'ébauche ainsi une philosophie de l'esprit.

En dépouillant la raison de son appareil conceptuel, scolastique (malgré la faveur curieuse dont jouit le mouvement théologique du néo-thomisme, je garde à ce qualificatif sa vraie valeur – péjorative) la philosophie de l'esprit nous préservera d'un autre danger (encore une tâche urgente !) : l'abdication de la raison en faveur d'un nébuleux intuitionnisme. Je ne crois pas que l'intuition de la conscience immédiate atteigne, par une saisie mystérieuse, l'absolu ou le divin. Je ne vois sous ces mots qu'un culte du primitif et de l'obscur. H. de Montherlant, dans les *Bestiaires*, écrit à peu près : « Plus on est proche de l'animalité, plus on est proche du divin » [2]. Peut-être, mais en tout cas j'ajouterai : plus on est loin de l'humain. Ces régions profondes de l'âme humaine, moralement troubles et sans valeur de connaissance, quel que soit leur rôle dans la création artistique, je ne puis les croire irréductiblement fermées à la raison humaine. S'efforcer toujours d'amener l'âme immédiate à la conscience claire, de dissiper les tristesses vagues et les emportements des passions à la lumière pure de la raison

1. La C.A.P. (Commission administrative permanente) est la direction du Parti socialiste de l'époque.

2. Henry de Montherlant (1895-1972). Romancier, essayiste et auteur dramatique français.

libératrice, malgré les railleries méprisantes de tous les pseudo-mystiques, je m'obstine à y voir la sagesse : car renoncer au raisonnable (qui implique une volonté forte et éclairée, soutenue par l'« amour intellectuel »), c'est renoncer à ce qui, en nous, est proprement humain. Sans doute, une telle conception, parce qu'elle exige un effort incessamment renouvelé pour se connaître et se libérer – soi-même et les autres – répugne à beaucoup d'esprits qui réclament une solution immédiate à leur besoin d'éternité – et pourtant l'effort vers la vérité et la liberté est déjà libération et joie.

On se plaint sans cesse aujourd'hui que les valeurs spirituelles soient rabaissées. Le capitalisme, qu'il soit maintenant à son apogée ou proche de la chute, tend, selon le cliché, à « étouffer l'esprit ». Et l'on attend le Grand Soir. Sans nier la vertu de l'effort révolutionnaire, peut-être les intellectuels gagneraient-ils à faire d'abord leur examen de conscience. Si la vie spirituelle n'a d'autre fin que la recherche inquiète de plaisirs plus raffinés toujours et plus subtils, si elle doit s'interdire tout attachement par crainte de se fermer à quelque jouissance originale, quoi d'étonnant que la société n'admire guère cette éthique égoïste et desséchante. Et puis, trop souvent, les gens de lettres ne se manifestent que par leurs rivalités tapageuses, leurs querelles mesquines, leurs conversions soudaines, indécemment étalées sur la place publique. Trop souvent la faiblesse morale apparaît inséparable du talent littéraire. Et lorsque certains jeunes dégoûtés se retirent plus ou moins du monde des lettres, ils vont, dans la solitude, cultiver littéralement leur « mal d'ennui ». Si bien qu'ils retombent éternellement soit dans l'analyse introspective, soit, comme au théâtre, dans les sempiternels « petits sujets, petits sentiments, petites intrigues ». Malgré mon admiration pour Proust, je crois son influence dangereuse – parce que chez Proust n'apparaît jamais la volonté, force de cohérence intime, qui, en fonction d'un certain type humain clairement conçu, unifie ou mieux crée vraiment notre personnalité ; on lit chaque jour, comme une vérité démontrée, que la personnalité, la volonté sont des fantômes, des mythes. Isolés du monde vrai et de la vie sociale politique qu'ils font souvent profession de mépriser, trop de littérateurs se stérilisent, réalisent même les intermittences de la personnalité, perdent le sens de la vie qui est effort et vouloir. Réagir contre le subjectivisme exagéré, réagir contre ce laisser-aller spirituel, encore des tâches urgentes de l'heure présente. Sans parler de sa valeur éducative et physique, peut-être le sport pourrait-il contribuer à revivifier cette spiritualité de faiblesse. Comprenons que le bien, c'est la santé, la joie, la force, même ou plutôt surtout dans la vie spirituelle, et nous ne serons plus loin de la guérison du « mal du siècle » qui, si sincère soit-il, se nourrit toujours de solitude et de tristesse acceptée. Et la vie spirituelle, animée par l'amour de la vie et la volonté de progrès – personnel et social – n'y perdrait rien ni en intensité, ni en grandeur.

Voilà bien des tâches urgentes, bien des efforts indispensables et pas de solution immédiate à l'inquiétude de tous. Sans doute; mais, je l'avoue, je ne lis pas sans stupeur certains jeunes qui tout pleins d'une sagesse présomptueuse, prétendent avoir découvert d'emblée une philosophie nouvelle et avoir atteint – déjà ! – à une saisie totale de l'être. A la Sagesse, il faut aspirer, mais, plus qu'à ce terme idéal, je crois à la valeur de l'effort vers la liberté et la vérité, qui au fond est sagesse déjà, puisqu'il ne vaut que pour guérir sans fin. Mais, surtout, notre devoir doit être de concilier ces deux valeurs trop souvent séparées : vie spirituelle et santé morale.

Raymond ARON,
Élève à l'École Normale supérieure, Licencié de philosophie

RÉPONSE DE DANIEL LAGACHE

Il est bien difficile d'identifier une génération et d'en rechercher la paternité. Ces termes « notre génération, la génération de nos pères », ne sont sans doute que des métaphores dont il serait, d'ailleurs, malaisé de se passer. Je veux donc, infidèle à la lettre, mais fidèle, je pense, à l'esprit des questions posées, indiquer les quelques idées qu'elles ont éveillées en moi.

Leur texte m'indique que la présente enquête est faite parmi la jeunesse universitaire. Voilà un terme objectif et précis, qui ne présente pas les dangers de l'expression, si souvent et si malheureusement employée, de jeunesse intellectuelle. La jeunesse universitaire est en effet quelque chose d'autre que la jeunesse intellectuelle; ont peut y distinguer deux sortes d'éléments : 1) ceux qui font des études en vue de fins pratiques; 2) les intellectuels par goût. Ce qui fait la différence de ces deux catégories, ce n'est pas le degré de l'intelligence, c'est l'attitude par rapport à l'intelligence ou, plutôt, par rapport au monde de l'esprit : la vie intellectuelle, pour ceux-là, n'est qu'un moyen, une étape qui les rapproche de leur vie d'homme; elle est une fin pour ceux-ci. Les premiers ont fait avec la pensée un mariage de raison, les autres un mariage d'amour. Et cette distinction commande de grosses différences dans l'ordre de la pensée et de l'action.

L'intellectuel par Raison est un sceptique. Son scepticisme est d'abord une attitude et une conduite : le sceptique ne dit ni oui ni non; il ne faut pas se compromettre, il faut suspendre son jugement; il est dangereux d'affirmer quelque chose, dangereux de sembler convaincu : le scepticisme est un moyen de défense. A l'esprit sceptique, *l'esprit de satire* est étroitement lié : il comporte, en plus du scepticisme, une tendance presque morbide à dénigrer le présent et à exalter le passé conçu comme un âge d'or; il accuse, chez le sceptique, une certaine inaptitude à vivre le présent, à aimer le présent, ce que l'on peut appeler « la brouille avec le présent ». C'est le point faible de l'intellectuel par raison. Sa pensée n'est pas progressive : toutes les opinions étant soutenables, mieux vaut se cantonner dans les idées reçues de façon à éviter le changement et le désordre qui en résultent; l'intellectuel par raison est conservateur, en matière politique, religieuse, et aussi et surtout, en ce qui concerne sa famille et sa vie privée. L'action, pour un tel homme, n'est pas difficile : sa faiblesse est qu'il peut n'y pas trouver grand goût; mais, en général, c'est un sanguin, qui ne s'arrête pas aux pensées désagréables et aux questions difficiles; aussi bien n'a-t-il pas de grands obstacles à vaincre, puisqu'il travaille sur l'ordre établi; l'intellectuel par raison est donc un homme d'action; et, ce fait, présenté comme une conséquence, était en réalité le fait initial : car notre homme n'a été intellectuel que pour agir.

Tout autre est l'Intellectuel par Amour. C'est un croyant. La pensée est pour lui une chose concrète, vivante et, par conséquent, progressive. La pensée doit guider l'action; il y a dans la vie privée et dans la vie sociale, des choses à supprimer et des choses à ajuster. Mais l'Intellectuel par Amour a de grands obstacles à vaincre dans l'ordre de l'action; il ne veut pas dégrader et galvauder sa pensée; il a à lutter contre l'inertie du troupeau; il a à lutter contre le rire du sceptique dont il a éprouvé ce que Renan appelait « l'effet physiologique et psychologique »; il a peur du ridicule. Aussi reste-t-il enfermé en lui-même, dans son « autisme ».

Si maintenant nous dépassons les personnalités du sceptique et du croyant, un seul problème se pose à nous : la communication des deux mondes, celui de l'action et celui de l'esprit; la conciliation de deux activités : l'action sociale, d'un côté, et, de l'autre, la vie intérieure, l'esthétique individuelle. Quels ponts avons-nous à notre disposition? Pour des raisons sérieuses, que nous n'avons pas la place d'exposer, la Religion, le sentiment national, le socialisme ne semblent pas pouvoir remplir le rôle. A leur échec s'oppose la grandeur de la philosophie.

La philosophie n'est pas seulement un passe-temps, un métier, ou une spécialité, comme beaucoup d'intellectuels, plus encore que les profanes, se l'imaginent. Admettons même que ce soit une spécialité, une fonction dévolue à certains, comme le voulait Auguste Comte, au nom de la division du travail scientifique : s'il y a une conscience sociale susceptible, comme la conscience individuelle, de degrés, les philosophes ne sont-ils pas la conscience réfléchie de l'humanité? Replaçons-nous dans l'histoire et dans le monde : la philosophie nous apparaît comme la conscience même du passé, du présent et de l'avenir de l'humanité, de sa place dans la durée et dans le monde. La fréquentation des grands philosophes constitue l'accès à cette forme supérieure de la conscience de la communauté humaine; c'est pourquoi je dis qu'elle est plus qu'une spécialité : aux philosophes revient la direction de l'humanité. Directement ou indirectement, ils doivent se substituer aux prêtres, aux hommes de guerre et aux conducteurs de peuples. Ainsi conçue, elle apparaît moins comme une connaissance définie que comme une attitude, comme une direction permanente de la pensée et de la vie; elle devient essentiellement l'attitude de l'Intellectuel par Amour; et cette conception, en dégageant le sens et la fonction véritables de la philosophie, restitue à l'Intellectuel par Amour une place dans le monde et la possibilité d'y agir. Mais comment s'exercera son action? En dehors de la prédication, qu'il semble plus prudent de laisser à la S.A. [1], je vois trois sortes de moyens d'action : d'abord, l'ajustement d'institutions existantes : l'enseignement secondaire reste pour la philosophie la plus large voie d'accès dans la société; mais il faut que l'enseignement de la philosophie y soit conçu non seulement comme la préparation à un examen mais comme le

1. Lagache fait sans doute allusion à la cérémonie de juillet 1926 à Weimar où Hitler avait remis leurs étendards aux « sections d'assaut » (S.A.).

fondement et le but de l'enseignement secondaire ; lui seul peut donner tout son sens à la notion de culture générale, si souvent assignée comme but à l'enseignement secondaire ; l'enseignement primaire est susceptible d'exercer quelque influence si le maître essaye d'y mettre l'expérience de l'enfant en contact avec ces choses extraordinaires, l'Esprit et les inventions de l'Esprit ; on peut ensuite envisager la création de moyens d'action nouveaux, comme des écoles pour ceux auxquels aucune école ne s'adresse, ou des groupements en vue de la discussion de problèmes généraux et de questions pratiques, pour ceux qui ont passé l'âge de l'école. Enfin, un moyen d'action très important sera la restauration et l'ajustement au monde moderne de la fonction de *directeur spirituel*. Cet édifice spirituel ne peut se construire que sur une base psychologique saine ; c'est pourquoi l'on peut prévoir que, dans l'ère qui va venir, le rôle des psychiatres sera considérable, tant dans la communauté internationale que dans la communauté nationale, tant au sein de la famille que chez l'individu. Pour des raisons analogues, l'esprit biologique a une très grande importance dans le monde moderne : il faut que les problèmes de la vie soient envisagés du point de vue de la vie, et moins souvent au nom d'une tradition morte. Au-delà de l'analyse, le goût de la vie, des émotions corporelles est une des intuitions fondamentales de l'esprit philosophique ; et cette intuition trouve un aliment et une détermination dans les études biologiques. Il est en effet indispensable que les diverses intuitions qui sont à la base de la philosophie restent quelque chose d'intime, le noyau concret et vivant d'une activité ; malgré leur profondeur, elles n'ont pas assez d'extension pour suffire à la vie ; elles ont besoin de s'enrichir et de se déterminer par les faits. L'intuition de l'humain, dont je parlais tout à l'heure, ne devra donc pas non plus rester quelque chose d'isolé ; elle sera le noyau d'une enquête sympathique sur l'humanité, enquête dont les diverses branches seront l'histoire des peuples, la géographie, et une connaissance, non seulement analytique et livresque, mais intuitive et directe, des nationalités. Enfin, l'Art apportera à la conscience philosophique son appoint d'intuition et de spiritualité, à condition que les arts ne soient pas considérés, eux non plus, comme des spécialités, mais comme un faisceau de moyens de vie spirituelle, comme des étapes vers « l'Esprit absolu ». La musique, surtout, semble propre à jouer ce rôle. Ce qui veut dire aussi que l'éducation du musicien et, plus généralement, de l'artiste, doit être modifiée dans le sens indiqué pour les autres membres de la communauté ; il faut que leur éducation soit moins formelle, leur formation plus étendue. L'artiste doit fuir l'artiste, il doit vivre davantage avec les autres hommes et prendre un contact plus étroit avec les grandes réalités humaines.

Ici je revois poindre le sourire du sceptique : « Quelle manie de régenter ? me dit-il. Voilà maintenant que vous attentez à la liberté sacrée de l'artiste ? Il faut respecter son individualité. Voulez-vous donc que tous les hommes soient semblables ? » Non, je ne le veux pas, ni ne crois que ce soit à redouter. Je crois cependant qu'il nous faut faire un effort vigoureux pour purifier, fortifier et élargir la conscience des individus, et même des artistes. Il nous faut régenter, éduquer, contrôler : c'est en cela que consiste la civilisation. Aussi bien, si nous devons créer une certaine uniformité, nous ne devons pas en être effrayés : il y a dans la vie un rythme de différenciation et d'uniformisation ;

l'humanité est peut-être arrivée à une époque où, après une crise, elle doit récupérer ses forces pour un nouvel élan; il nous faut édifier une plateforme solide pour un nouvel essor. *Avoir peur* de l'uniformité, c'est déjà de la stérilité. Aussi bien le remède contre ce danger, s'il existe, n'est pas loin : c'est, pour l'humanité, d'utiliser au mieux les ressources humaines dont elle fait un véritable gaspillage, d'appeler à la culture les individus les plus doués. Ainsi se réalisera ce nouvel essor où les hommes, s'ils vont jusqu'au bout de leurs destins, réaliseront des choses extraordinaires, dont nous n'avons nulle idée. Aux plus forts, aux plus intelligents de gouverner les peuples et de diriger les hommes : la véritable aristocratie se fait par la démocratie.

En résumé, le problème qui s'est posé à nous était d'inculquer au sceptique la foi dans certaines valeurs spirituelles et de donner au croyant, à l'Intellectuel par Amour, la possibilité d'agir. La solution nous a paru être la fréquentation de l'humanité, et l'enrichissement de certaines intuitions fondamentales, l'intuition de la vie, l'intuition de l'humain, par la culture biologique et par la connaissance des peuples. Le problème serait donc un problème d'éducation. Le sceptique ne verra dans ces vues que pure spéculation et dans ce système, qu'une mystique. J'accepte le terme, à condition de le commenter. La vie mystique n'est pas purement contemplative; les visions, les extases, les ravissements y sont quelque chose de transitoire; l'achèvement de la vie mystique est l'état théopathique : le mystique sent en lui la permanente présence de Dieu, mais cette présence est efficace : parvenu au terme de son évolution, le chrétien mystique devient homme d'action; il n'est plus qu'un canal au travers duquel Dieu modifie le monde. De même, une philosophie à base rationnelle peut se couronner par une mystique, mais une mystique efficace, un état « biopathique », « sociopathique », ou, si l'on veut même « cosmopathique ». Par le canal du Croyant, du Philosophe, de l'Intellectuel par Amour, ce sont l'humanité, la vie et le monde qui donnent naissance à des formes nouvelles, plus belles et plus variées, de l'Esprit.

Daniel LAGACHE
Né en 1903, élève de l'École Normale supérieure.
Poursuit des études de philosophie et de médecine.
Se destine à la psychologie pathologique.

ANNEXE II

TRADUCTION D'ÉMILE BOUTROUX, *DES VÉRITÉS ÉTERNELLES CHEZ DESCARTES*,

1 vol. in 16 de 146 p., Paris, Alcan, 1927

Émile BOUTROUX

DES VÉRITÉS ÉTERNELLES
CHEZ DESCARTES

Thèse latine traduite par M. Canguilhem, élève de l'École normale supérieure

MAGISTRO SUO JULES LACHELIER

IN SCHOLA NORMALI PHILOSOPHIAE PROFESSORI GRATI ET DEVOTI
ANIMI HOC PIGNUS

D.D.D.

REVERENDISSIMUS

AUCTOR

Nous ne devons concevoir aucune préférence ou priorité
entre l'entendement de Dieu et sa volonté

Descartes, *Lettres à un Révérend Père Jésuite* (le P. Mesland) du 2 mai 1644
(Édition Garnier, vol. IV, p. 148 ; édition Adam-Tannery, vol. IV, p. 119.)

INTRODUCTION

TEXTES DE DESCARTES RELATIFS AUX VÉRITÉS ÉTERNELLES

Descartes a soutenu constamment et explicitement que les vérités éternelles ne sont pas en Dieu comme en un sujet, mais qu'elles ont été établies par lui comme par un législateur.

1. Descartes, le 15 avril 1630, c'est-à-dire sept ans avant la publication du *Discours de la Méthode*, écrivait au Père Mersenne sur le rapport des vérités éternelles à la volonté et à la puissance de Dieu[a] : « Les vérités métaphysiques lesquelles vous nommez éternelles ont été établies de Dieu et en dépendent entièrement, aussi bien que tout le reste des créatures. C'est, en effet, parler de Dieu comme d'un Jupiter ou d'un Saturne et l'assujettir au Styx et aux destinées que de dire que ces vérités sont indépendantes de lui. Ne craignez point, je vous prie, d'assurer et de publier partout que c'est Dieu qui a établi ces lois en la nature, ainsi qu'un roi établit les lois en son royaume. » Descartes ajoute que ces vérités, bien que posées librement par Dieu, sont cependant immuables, puisque la volonté divine est immuable; qu'au surplus la puissance divine est incompréhensible; et que, d'une manière générale, on a bien le droit d'affirmer que Dieu peut faire tout ce que nous pouvons comprendre, mais non pas qu'il lui est impossible de faire ce que nous ne pouvons pas comprendre. Assez souvent, par la suite, la même doctrine a été de nouveau reprise par Descartes sans qu'il en ait jamais relâché ce qui paraissait à certains trop rigoureux.

2. Dans la lettre du 10 mai 1630[1] au Père Mersenne[b], il déclare qu'en réalité on ne peut dire sans blasphème que la vérité de quelque chose précède la connaissance que Dieu en a; qu'en effet, l'existence de Dieu est de toutes les vérités possibles la première et la plus éternelle, et la seule dont toutes les autres procèdent.

a. Garnier, IV, 303 (éd. in-12, IV, lettre 71). – I, 135, Adam et Tannery.
b. Garnier, IV, 134 (éd. in-12, II, 43). – AT I, 148.

1. L'erreur se trouve déjà dans l'édition latine : cette lettre est du 5 mai 1630.

3. Dans une lettre de l'année 1637 à un ami du P. Mersenne[a], Descartes confirme que Dieu n'est pas moins l'auteur de l'essence des créatures que de leur existence; et que cette essence, en somme, n'est pas autre chose que ces vérités éternelles. On peut même savoir que Dieu est infini et tout puissant, bien que notre esprit, en tant qu'il est fini, ne puisse comprendre cela, exactement de la même manière que nous ne pouvons embrasser une montagne, mais du moins la toucher de nos mains. Et encore, que Dieu a été aussi libre de faire qu'il ne fût pas vrai que toutes les lignes tirées du centre du cercle à la circonférence fussent égales qu'il l'a été de créer le monde. Et qu'il ne faut pas séparer l'opération par laquelle il a établi les vérités éternelles, de celle par laquelle il les a voulues et entendues; étant donné qu'en Dieu c'est la même chose de vouloir, d'entendre et de créer: et qu'aucune de ces choses ne précède les autres, même en essence.

4. Dans les *Réponses aux cinquièmes objections* (1641)[b] Descartes déclare que les vérités mathématiques, d'une part, sont immuables et éternelles; d'autre part, ont été posées par Dieu, en tant du moins que ce sont des essences n'existant pas substantiellement.

5. Dans les *Réponses aux cinquièmes objections* (1641) on trouve deux passages sur la question.

L'un a trait au cinquième scrupule du P. Mersenne[c] accusant Descartes de détruire la liberté de Dieu. Alors que celle-là, du moins, doit être indifférente, Descartes, parce qu'il considère l'homme, tient l'indifférence pour le plus bas degré de la liberté. A quoi Descartes répond que l'essence de la liberté divine n'est pas la même que celle de la liberté humaine; qu'en effet, pour ce qui est de l'homme, étant donné que la nature de tout ce qui est bon et vrai se présente à lui comme déterminée déjà par Dieu, il ne peut plus être indifférent si ce n'est lorsqu'il ignore ce qui est meilleur et plus vrai. C'est pourquoi l'indifférence ne convient pas à l'essence de la liberté humaine. Dieu, au contraire, a établi le bon et le vrai et sa volonté de toute éternité fut indifférente à tout ce qui a été ou sera.

Le second passage[d] répond au huitième scrupule où le P. Mersenne demande comment il peut se faire que les vérités géométriques ou métaphysiques soient cependant immuables et éternelles, et qu'elles ne soient pas indépendantes de Dieu. – Apparemment, si quelque raison du bon ou du vrai avait précédé sa préordination, Dieu n'eût pas été entièrement indifférent à créer ce qu'il a créé, mais c'est ce qui précisément ne peut être admis. Donc Dieu doit être appelé cause efficiente du bon et du vrai. Nous comprenons bien qu'il en soit ainsi quoique sans comprendre comment cela se fait. Nous ne devons pas avoir la prétention de penser que tout cela même qui a rapport à Dieu nous doive être intelligible.

6. Dans une lettre de l'année 1644 adressée à un R.P. Jésuite (P. Mesland)[e] Descartes déclare que Dieu n'a pu être déterminé ni forcé à faire que l'impossibilité

a. Garnier, IV, 123 (éd. in-12, II, lettre 41). – AT I, 151.
b. *Sur la cinquième Méditation*, § 1, Garnier, II, 318.
c. § 11, Garnier, II, 362.
d. § 13, Garnier, II, 366.
e. Garnier, IV, 144 (éd. in-12, II, lettre 46). – AT IV, 118.

pour les contradictoires d'exister simultanément soit vraie, mais il s'efforce même d'établir que Dieu a pu le contraire. De plus, quoiqu'il ait voulu que certaines vérités fussent nécessaires, il ne s'ensuit nullement qu'il ait voulu cela nécessairement. Il y a bien certaines contradictions que nous jugeons impossibles entièrement, par exemple que Dieu ait pu faire que les créatures fussent indépendantes de lui-même; mais ce n'est pas vers ces contradictions qu'il faut tourner notre attention si nous voulons connaître l'immensité de sa puissance. En définitive, entre son entendement et sa volonté on ne doit établir aucune priorité.

7. Enfin, dans la lettre du 29 juin 1648 à Arnauld[a], il s'exprime à peu près ainsi : « Puisque toute raison du vrai et du bon dépend de sa toute-puissance, je n'oserais même pas dire que Dieu ne peut faire qu'une montagne soit sans vallée ou que un et deux ne fassent pas trois; mais je dis simplement que de telles affirmations impliquent contradiction dans ma faculté de concevoir telle que Dieu me l'a donnée ».

Si donc on remarque que Descartes a soutenu très fortement cette doctrine pendant tout le cours de sa vie philosophique (puisque le *Discours de la Méthode* est de 1637 et que Descartes est mort en 1650) ; si l'on réfléchit, d'autre part, qu'en tant que géomètre il devait surtout appliquer son esprit aux choses qui regardent la mathématique ; si l'on compare les passages cités concernant les vérités éternelles à plusieurs autres parties de la philosophie de Descartes (par exemple sa doctrine d'un Dieu trompeur, de la certitude dépendant de la connaissance de Dieu, de l'impénétrabilité des fins de Dieu et du jugement relevant de la volonté); si, enfin, l'on considère avec quel soin Descartes s'est plu à ordonner et à enchaîner les propositions[b] et dans quelle relation étroite toutes les autres parties du système cartésien sont réellement jointes entre elles, on ne peut manquer de reconnaître que Descartes attachait la plus grande importance à la doctrine concernant les vérités éternelles librement créées par Dieu, et que, par suite, il n'est pas sans intérêt de rechercher, d'une part, quelle est la raison interne et la signification de cette doctrine considérée en elle-même et, d'autre part, quelle est sa relation avec les autres parties de la philosophie cartésienne[c].

a. Garnier, IV, 202 (éd. in-12, III, lettre 6). – AT V, 223.

b. *Méditations*, lettre à la Faculté de Théologie et Préface.

c. Cette doctrine a été très sagacement éclairée par Secrétan dès la première édition de sa *Philosophie de la liberté* (t. I, *Leçon* VI). Ce philosophe loue Descartes d'avoir tiré de la philosophie du Moyen Âge, qui s'était avant tout attachée à l'étude de la nature de Dieu, cette notion sublime de Dieu, et de l'avoir placée pour fin de la philosophie régressive et fondement de la philosophie progressive. Et de cette manière, dit-il, « le cartésianisme est le programme immuable de la philosophie, programme complet, programme immense qui n'est pas encore entièrement réalisé » (*Philosophie de la liberté*, 1re éd., 1845, I, 184). Par cette doctrine aussi, ajoute Secrétan, Descartes avait surmonté le panthéisme dans lequel ses disciples sont tombés pour avoir négligé cette partie de la philosophie cartésienne. Mais après qu'il a ainsi loué cette notion de Dieu qui est pour Descartes le sommet de la philosophie, Secrétan fait à Descartes le reproche de n'avoir pas déduit cette notion de l'idée de la substance ou de l'existence par soi (la seule qui soit immédiate à l'esprit). Qu'il nous soit permis de prendre la défense de Descartes sur ce point.

PREMIÈRE PARTIE

DE LA DOCTRINE PROPOSÉE, CONSIDÉRÉE EN ELLE SEULE

§ I
DE L'IDÉE DE L'ÊTRE PARFAIT OU DE DIEU

L'idée de la perfection suprême est innée en nous et c'est justement cette perfection que nous appelons Dieu.

Selon la philosophie cartésienne il existe dans l'âme humaine certaines idées innées, non point telles qu'elles existent dès l'abord ouvertement et en acte, mais telles que l'âme a la faculté de les produire et de les développer par le secours de sa propre réflexion[a].

Parmi ces idées, qui sont comme tissées dans l'âme humaine et même au premier rang de toutes, il faut citer cette l'idée de l'être parfait que nous ne pouvons évidemment connaître dès l'abord clairement et distinctement, mais que sans aucun doute nous avons le pouvoir d'extraire de nous-mêmes par nos propres moyens, ou, si elle nous est présentée par autrui, de saisir et d'embrasser comme si elle s'accordait avec un instinct secret.

Pour ce qui est de la forme présente de ma pensée il est manifeste que l'idée de l'être parfait en tant que positive est impliquée dans mes jugements : en effet, je considère certains modes de mon essence, le doute, par exemple, à cause du défaut qu'on peut voir en eux, comme des marques d'imperfection[b]. Et ce n'est point assez que l'idée d'un être plus parfait que moi soit conçue par moi ; car tout ce qui n'est pas infiniment parfait m'apparaît comme imparfait. Assurément c'est du parfait comme

a. *Réponses aux troisièmes objections*, § 55. – *Notae in programma*, Garnier, IV, 65. AT VIII, 366. – *Lettre à Mersenne*, Garnier, IV, 297 (éd. in-12, IV, lettre 21). – AT III, 414.

b. *Discours de la Méthode*, IV, § 4.

d'un archétype absolu que je tire cette règle que j'applique habituellement à toutes les choses imparfaites qui admettent des degrés.

De plus, il n'est pas possible que l'idée de l'être parfait soit ramenée à quelque autre idée que ce soit, car de toutes les idées c'est celle qui contient le plus de réalité objective, et il n'existe aucune autre nature si excellente que l'être parfait ne la surpasse infiniment.

Sans doute, si l'on considère la chose du point de vue logique, on s'apercevra que l'idée de l'être parfait doit et peut être ramenée à une idée plus simple. Car on ne peut trouver, par exemple, l'idée d'un être indéterminé qui soit plus générale que l'idée d'être parfait. Et ainsi pourquoi ne pourrait-on pas faire sortir l'être parfait de l'être indéterminé comme on fait sortir toutes les espèces de leurs genres ?

Mais, par cette méthode logique, on ne saurait rendre compte de l'être parfait sans le faire pour ainsi dire se dissoudre et s'évanouir. Car il est clair que du concept d'un être indéterminé on ne peut tirer la raison pour laquelle cet être est déterminé par le mode de la perfection plutôt que par celui de l'imperfection, étant donné que, pour ce qui est de l'être dépouillé de tout, un tel être est indifférent à choisir entre le parfait et l'imparfait. Mais ainsi ce mode que nous appelons « parfait » ne serait pas vraiment parfait si, au regard de l'être indéterminé qui ainsi serait seul tenu pour la mesure dernière de toutes choses, il ne l'emportait en rien sur l'imparfait.

Que si l'idée de l'être parfait ne doit pas se résoudre en un autre plus simple, n'est-il pas à propos, néanmoins, puisque sa forme présente est le fruit d'une longue réflexion, de remonter historiquement à sa source afin de la considérer comme une idée vraiment innée et primitive ?

Il n'est pas douteux qu'il soit de la plus haute importance de rechercher quelles furent les formes antérieures des idées, surtout lorsqu'il s'agit de cette idée éminente de l'être parfait; du moins si nous désirons connaître l'histoire de l'esprit humain. Mais, pour un philosophe, il suffit qu'une idée existe en réalité actuellement dans l'esprit humain pour qu'il l'accepte et l'étudie comme si elle était fournie par la nature. Du reste, il apparaît bien que l'idée de l'être parfait ne peut être ramenée à une autre qui la précède dans le temps, à moins que l'on ne sache distinguer les antécédents des causes. Cette idée, en effet, offre plus de réalité que n'importe quelle autre. Et nous n'avons aucune raison de faire plus de cas des autres faits que de celui qui consiste dans la représentation présente de l'être parfait.

Mais, si nous n'en pouvons comprendre la nature, cette perfection considérée cependant en soi et absolument, est justement ce que nous appelons Dieu.

Il y a mille façons de définir et de décrire Dieu, soit qu'on l'appelle infini, éternel, immuable, omniscient, omnipotent, exempt de doute et de tristesse[a], ou encore : substance infinie et indépendante[b], source de toute bonté et de toute vérité, créateur de

a. *Disc. de la Méth.*, IV, § 4.
b. *Médit.*, III, § 15.

toutes choses[a], lumière immense et très belle[b], être éminemment bon et le moins trompeur[c], en qui résident tous les trésors des sciences et de la sagesse[d]. L'idée que nous nous faisons de lui on l'exprimera très simplement et à la fois entièrement en disant de lui qu'il est l'être le plus parfait, c'est-à-dire possédant toutes les perfections à un degré infini[e]. Et il ne nous est pas permis, pour rapprocher de notre esprit le concept de Dieu, d'admettre en lui les seules perfections dont nous avons une idée claire, puisque, au contraire, toutes les perfections possibles lui appartiennent et tout autant les morales qui le font bon et digne d'être aimé[f], que les intellectuelles par le moyen desquelles il est la lumière de l'esprit pensant; et, en général, non seulement toutes les perfections que nous connaissons, mais aussi toutes celles dont nous n'avons même pas idée.

§ II
DE LA PUISSANCE PARFAITE ET DE LA PERFECTION EN ACTE

Que la perfection telle que nous la concevons implique, d'une part, une puissance infinie d'indifférence entre les contraires; d'autre part, une essence excellente en acte.

Dieu est pour nous la même chose que la perfection suprême. C'est pourquoi, en développant la notion de l'être parfait, nous pourrons pénétrer la nature de Dieu lui-même autant qu'elle est en nous[g]. Tout ce qui, en effet, est contenu dans l'idée de perfection peut être ramené à deux parties principales.

L'un des éléments de la perfection est la puissance infinie entièrement soustraite à toute dépendance, c'est-à-dire absolument indifférente entre les contraires.

C'est à savoir que, d'abord, Dieu doit être libre à l'égard des choses extérieures, ce qui signifie qu'il ne soit assujetti, si peu que ce soit, à aucune chose distincte de lui[h]. Il est incompatible, en effet, qu'il puisse exister au-dessus de Dieu quelque destin auquel il se reconnaîtrait inférieur.

a. *Principes*, I, 22.

b. *Médit.*, III, § 15.

c. *Principes*, IV, 206. *Lettre à Élisabeth*, Garnier, III, 193 (éd. in-12, I, lettre 7). – AT IV, 292-293.

d. *Médit.*, IV, § 1.

e. *Disc. de la Méth.*, IV, § 4. *Médit.*, III, § 23, 25. *Principes*, I, 14, 16, 18, 19. *Lettre à Élisabeth*, Garnier, III, 203 (in-12, I, lettre 7). – Ad et T., IV, 314. – Réponses aux premières objections, § 5. – Réponses aux Inst., § 11.

f. *Principes*, IV, 206. *Lettre à Élisabeth*, III, 192, 193 (in 12, I, lettre 7). – Ad et T., IV, 291. – *Médit.*, IV, § 2, 4.

g. *Lettres*, Garnier, IV, 326 (in-12, lettre 63). – AT V, 138.

h. Sixièmes réponses, § 11, 13. *Lettres à Mersenne*, Garnier, IV, 303 (in-12, IV, lettre 71). – AT I, 144-45.

Par suite il ne se peut que Dieu rencontre, fût-ce en lui-même, une essence telle qu'à la façon d'un destin intérieur elle détermine selon la nécessité le mode d'action de Dieu. Pareillement il faut que sa puissance soit indifférente non seulement d'une manière relative, mais absolue[a]; et qu'ainsi il existe par soi, c'est-à-dire non seulement négativement (par quoi il faut entendre sans cause posée hors de lui-même), mais positivement, c'est-à-dire par l'excellence de sa puissance propre[b]. Il faut donc qu'il soit pour ainsi dire cause efficiente de soi, c'est-à-dire cause de sa propre existence autant que peut être dite efficiente une cause qui n'est ni antérieure à son effet ni différente de lui[c].

Il faut donc qu'il y ait en Dieu non seulement une liberté externe entièrement indéterminée, mais encore une liberté interne.

Le second élément de l'idée de perfection est une essence renfermant en elle toutes les perfections possibles et cela non seulement en puissance, mais formellement en acte[d]. Ainsi on ne peut rien imaginer en Dieu qui soit indéterminé ou qui ne soit pas encore arrivé à la perfection. Bien plus, tout ce qui se rapporte à la perfection existe réellement en lui de toute éternité et originairement. Par suite, il est par soi et nécessairement ceci et non cela et il présente un seul des contraires, à savoir la perfection, l'autre, l'imperfection, étant entièrement étrangère à lui[e]. Sous ce rapport Dieu est en quelque manière sa propre cause formelle dans la mesure où l'on peut appeler formelle une cause qui enferme l'existence non seulement possible mais même nécessaire, en tant qu'on la pose comme un attribut et une perfection[f].

§ III
DU RAPPORT DE L'UNE A L'AUTRE

Ces deux natures s'accordent entre elles d'une part, de l'autre se contredisent.

Il suit de ce qui précède qu'en la nature de Dieu est contenue, d'une part, une puissance infinie que j'ai encore appelée indifférence absolue en présence de contraires, substance infinie, être infini, existence absolue, volonté pure ; d'autre part, une perfection en acte, c'est-à-dire une essence présentant en acte la totalité du bien à l'exclusion de tout mal ; laquelle, en tant qu'elle est objet de pensée et elle-même chose pensante, semble s'accorder avec la raison absolue ou le pur intellect.

Si l'on examine leur relation mutuelle, on trouve d'abord que chacune d'elles s'accorde à l'autre le plus strictement possible. En effet, toutes les deux sont également

a. Sixièmes réponses., § 11.
b. Premières réponses, § 8.
c. Premières réponses, § 5. – Sixièmes réponses, § 50 *sq.*
d. *Médit.*, III, § 19. *Quatrièmes objections.* § 53, 54.
e. *Disc. de la Méth.*, IV, § 4.
f. Cinquièmes réponses sur la cinquième méditation, 2.

impliquées dans la perfection au point que l'une ne peut être supprimée sans que la perfection étant par là même anéantie, l'autre du même coup ne disparaisse. Comme, d'autre part, la perfection ne saurait être qu'une[a], il est nécessaire que la puissance et l'essence se fondent entièrement en un seul tout. Et pourtant on ne peut dire qu'aucune des deux soit réductible à l'autre. Dès que l'on conçoit l'une d'elles comme antérieure à l'autre, ne fût-ce que par la raison, on prive l'une et l'autre de la perfection.

En effet, supposons la puissance antérieure à l'essence, il n'y a plus de raison que l'essence qui en dépend soit parfaite en acte, vu que rien dans une puissance pure ne détermine la réalisation du bien plutôt que celle du mal. Bien plus, la perfection et l'imperfection se réduisent à n'être que des mots : par rapport à la puissance nue, qui est alors prise elle seule pour un être vraiment absolu, tous les contraires sont entièrement équivalents. Et l'on ne viendra pas alléguer que la perfection peut être ramenée à l'action et l'imperfection à la passion. En effet, la puissance nue n'est pas moins indifférente à l'égard de l'action et de la passion qu'à l'égard de tous les autres contraires, et une action ne serait pas bonne si elle dépendait d'une telle cause.

Et la puissance elle-même est marquée d'imperfection par la présente supposition. En effet, il n'y a plus de raison que la puissance passe jamais à l'acte comme à un état meilleur ; ce qui, cependant, il faut l'avouer, importe à la perfection de la puissance, puisque la puissance ne peut tenir que d'une essence rationnelle apparentée à elle, ce qui constitue vraiment sa perfection, à savoir une raison de se produire interne et se confondant avec elle-même, en sorte qu'elle pose de toute éternité l'action comme meilleure que l'inaction. Par ce qu'enfin la raison ou l'essence de Dieu est parfaite, sa liberté est réelle, inébranlable et efficace[b] ; parce qu'il est parfait il existe[c].

Réciproquement, concevoir l'essence comme antérieure à la puissance, c'est nécessairement priver celle-ci de l'indifférence absolue qu'elle revendique cependant pour elle-même comme condition de sa perfection. Bien plus, c'est l'indifférence elle-même et, par suite, le libre arbitre qu'on retire entièrement au concept de Dieu. En effet, si l'essence par elle-même et par elle seule est prise comme être vraiment absolu, il n'y a plus rien de parfait que le seul intelligible ; mais alors l'indifférence à l'égard du bien et du mal, si faible soit-elle, apparaît entièrement inintelligible, au moment même où le bien est intelligiblement conçu.

Et, ce faisant, on introduit l'imperfection dans l'essence elle-même ; puisque la liberté absolue, impliquant un pouvoir de choix supérieur à toute détermination et une indifférence absolue en présence des contraires, doit être sans aucun doute rangée au nombre des perfections.

En Dieu donc, en tant qu'il est un être complet[d], la puissance et l'essence, que j'appellerais aussi de noms concrets volonté et intellect, sont jointes entre elles par un

a. Deuxièmes réponses, § 15.
b. *Médit.*, IV, § 7.
c. *Ibid.*, V.
d. *Médit.*, IV, § 1.

lien strict et apparaissent ainsi s'accorder l'une avec l'autre, en sorte qu'aucune n'est antérieure, même dans la raison, à l'autre[a]. Il ne conviendrait pas plus de considérer Dieu comme étant cause efficiente ou formelle séparément l'une à l'exclusion de l'autre; il est, en effet, cause de lui, selon un concept qui s'applique à la fois à la cause efficiente et à la cause formelle[b].

Et cette pénétration mutuelle de la puissance et de l'essence est exprimée en quelque façon par ces noms mêmes de volonté et d'entendement dont le sens dépasse en fait la puissance ou l'essence pure. En effet, ce n'est que dans la mesure où elle participe de l'essence ou entendement que la puissance mérite le nom de volonté; et, d'autre part, dans la mesure où l'essence admet la puissance, c'est-à-dire est mue par la volonté et l'action, elle devient l'entendement proprement dit qui saisit les choses non seulement comme possibles, mais comme réelles.

Puisqu'il en est ainsi, on ne peut pas dire que la puissance et la perfection en acte ou l'existence absolue et l'essence absolue ne sont en somme sous différents noms qu'une seule et même chose.

D'un tout autre côté, si on les compare entre elles, elles apparaissent, non seulement différentes, mais même réciproquement contradictoires. En effet, l'indétermination absolue importe à la puissance infinie et, d'autre part, la détermination absolue importe à la perfection en acte. La puissance, en effet, ne peut être parfaite que si elle dépasse tous les actes possibles. Or la perfection de l'acte est d'épuiser la toute-puissance et, dans un acte déterminé, de la cristalliser pour ainsi dire, en sorte qu'il ne reste rien dans la puissance par quoi elle puisse se porter à des actes contraires.

C'est pourquoi si l'essence parfaite en acte est introduite dans la puissance infinie, elle la corrompt et la réduit à rien, par ce fait qu'elle lui impose nécessairement certaines déterminations et ainsi lui retire son infinité et son indifférence. Dans ces conditions, la puissance divine deviendrait compréhensible, ce qu'on ne peut admettre.

Réciproquement, si la puissance infinie est introduite dans la perfection en acte, celle-ci est ruinée et détruite puisqu'elle cesse d'être complètement intelligible et que son existence et sa nature deviennent contingentes et muables. De cette hypothèse, par exemple, il suivrait qu'il faudrait attribuer à Dieu la faculté de se retirer sa propre existence, ce qui est évidemment impossible[c].

Et, enfin, il y a en Dieu une puissance infinie et une perfection en acte qui sont à la fois en liaison très étroite et cependant contradictoires. Comment cela peut-il se faire ?

a. *Lettres*, Garnier, IV, 148 (in-12, II, lettre 46). AT IV, 119. Un homme de la plus grande autorité, F. Bouillier, dans la remarquable *Histoire de la philosophie cartésienne* (3e éd., I, 98 *sq.*) pense que Descartes n'a séparé ni chez l'homme ni chez Dieu la liberté et l'entendement, et il confirme cette opinion par les propres paroles de Descartes sur ce sujet, et par sa doctrine sur l'ordre du monde le meilleur possible.

b. Quatrièmes réponses, § 50.

c. *Lettres*, Garnier, IV, 309 (in-12, IV, lettre 84). – AT V, 545.

§ IV
DE LA CONTRADICTION RELATIVE ET ABSOLUE

Il y a deux genres de contradiction, à savoir la relative et l'absolue. Le concept de Dieu admet l'une et exclut l'autre.

Il est tout à fait invraisemblable que le principe de contradiction ne s'applique en aucune manière au concept de Dieu. Si, en effet, de ce que dans ce concept on voit que sont contenues certaines choses contradictoires entre elles, on conclut que n'importe quelles contradictoires peuvent s'y trouver réunies, on peut dès lors affirmer que tantôt on rencontre en lui l'existence et l'essence et tantôt non; que tantôt il est l'être parfait, tantôt il ne l'est pas; que tantôt enfin il existe, tantôt il n'existe pas. Mais Dieu n'est point suspendu entre l'être et le non-être au point qu'il soit de façon certaine en opposition avec l'être réel et parfait, et que, d'autre part, on ne puisse concevoir une certaine imperfection et une participation, si petite soit-elle, au néant comme incluses dans sa nature. Ainsi, par exemple, ce monde qui participe du néant n'est pas une partie de Dieu et n'a pas été nécessairement créé par lui. Dieu est substantiellement différent du monde[a], bien que celui-ci dépende de lui; et il n'y a rien dans la nature de Dieu qui enveloppe nécessairement l'existence du monde[b].

Mais peut-on donner de toutes les contradictions une seule et même raison, en sorte que la même relation que nous saisissons entre Dieu et certaines contradictions nous soyons obligés de la reconnaître toutes les fois que le concept de Dieu est engagé dans des contradictions? Et, au contraire, certaines contradictions ne paraissent-elles pas plus évidentes et plus impossibles que d'autres? Par exemple, ne répugne-t-il pas d'admettre que Dieu ait pu faire que les créatures soient indépendantes de lui plus que d'admettre qu'il ait pu disposer les choses créées selon un ordre autre[c]?

Il n'y a évidemment contradiction qu'entre deux termes dont l'un agit à la façon d'un principe. Et la perfection objective de ce dernier terme, de même qu'elle est sans importance si les choses sont considérées logiquement, mérite néanmoins d'être prise en considération s'il est question du rapport réel des choses hors de l'entendement. Il ne nous paraît pas étonnant qu'un même esprit humain produise chez des hommes différents des opinions contradictoires. En effet, l'opinion d'un homme ne contient jamais une telle vérité et une telle perfection qu'il refuse à l'opinion contraire le droit de se montrer et d'exister en même temps que la sienne. Tant qu'il s'agit de choses imparfaites, il n'y a pas de raison que les contraires s'excluent complètement puisque, dans l'un comme dans l'autre, il peut y avoir un certain degré de perfection, au-dessus duquel une plus grande perfection puisse être réalisée. Mais s'il s'agit de la perfection absolue, on ne peut plus du tout concevoir qu'il existe en elle quoi que ce soit qui lui serait contradictoire.

a. *Disc. de la Méth.*, IV, § 4.
b. Sixièmes réponses, § 11. – Deuxièmes réponses, § 24.
c. *Lettre à un R.P. Jésuite*, Garnier, IV, 147 (in-12, II, lettre 46). – AT IV, 118-19.

Il y a donc deux genres de contradiction : l'une entre les choses imparfaites considérées en elles seules, l'autre entre la perfection et son contraire. La première n'est que relative puisqu'elle ne fait pas apparaître si la contradiction s'étend aussi jusqu'à la relation des choses elles-mêmes à la perfection ou non et qu'il suffit que, par le moyen d'un terme médiat quelconque, on puisse concilier les choses et faire disparaître de leur rapport la contradiction absolue. La seconde, au contraire, est absolue puisque, au-dessus de l'être parfait, il n'existe nulle nature en laquelle il puisse se concilier avec son contraire.

Donc, lorsque nous développons l'idée de Dieu innée en nous de façon à apercevoir successivement ce qu'elle contenait implicitement[a], il est clair que nous devons prendre pour règle l'exclusion mutuelle et absolue des contradictoires, c'est-à-dire le rejet de toute nature qui serait incompatible avec la nature de la perfection absolue. D'un autre côté, ces termes, que nous extrayons de l'idée de l'être parfait, nous les saisissons comme séparables. Ce qui, sans doute, ne nous semblera pas si étonnant lorsque nous aurons remarqué qu'il nous est impossible de résoudre en parties distinctes l'être le plus simple par nature sans lui donner, bon gré mal gré, une nature apparentée en quelque façon à celle des créatures et le corrompre plus ou moins. Est-ce que les seuls noms de Volonté et d'Entendement que nous tirons de notre propre observation n'évoquent pas nécessairement une nature créée[b] ?

Quoi qu'il en soit, puisque la volonté et l'entendement divins apparaissent contradictoires – une fois qu'on a épuré chacun d'eux de ce qui lui est ajouté par l'autre et qu'on a ainsi ramené leur nature à ce qui constitue leur partie irréductible, c'est-à-dire la puissance infinie et l'essence parfaite en acte, – on peut affirmer avec assez de vraisemblance que Dieu, s'il est soumis en quelque sorte au principe qui concerne les contradictoires absolues, – c'est-à-dire à l'abri de tout néant et de toute imperfection et privé de la faculté de créer ou d'accepter des êtres qui ne soient pas en quelque façon compatibles avec lui, – est d'un autre côté au-dessus du principe concernant les contradictoires relatives, en sorte qu'il a toute liberté de faire les choses, soit contraires les unes aux autres, soit en accord, ou d'admettre dans le monde créé un degré de contradiction entre les choses plus ou moins grand, ou de disposer ce monde de telle sorte qu'il n'y ait point en lui de principe unique auquel tout puisse être ramené[c].

a. Deuxièmes réponses, § 15.

b. Sixièmes réponses, § 9 : « Nulla essentia potest univoce Deo et creaturæ convenire ». – Deuxièmes réponses, § 15.

c. *Lettre à Clerselier*, Garnier, IV, 157 (in-12, II, lettre 49). – AT V, 444-45.

§ V
DE LA CONTINGENCE DES ESSENCES ET DES EXISTENCES

Où il est montré qu'au regard de Dieu du moins les vérités métaphysiques, ou essences, et les choses, ou existences, sont contingentes.

D'après ce que nous venons de dire, les vérités qui concernent Dieu, c'est-à-dire l'être absolument parfait, ne peuvent en aucune façon être autres qu'elles sont. En effet, affirmer que Dieu peut être faible, malicieux ou trompeur[a], ou encore qu'il peut se retirer l'existence[b], ce serait tout simplement soutenir que Dieu peut ne pas exister, c'est-à-dire, en somme, qu'il n'existe pas.

En résumé, l'idée de l'être parfait n'exclut pas le concept de choses moins parfaites pourvu qu'elles soient créées par lui[c]. Il faut simplement refuser à la création de ces choses tout ce qui est incompatible avec la perfection divine et ne pas affirmer nécessairement, si l'on considère les rapports de ces choses entre elles, qu'il existe la même relation que dans le rapport de l'être parfait à lui-même.

On peut déjà distinguer les choses créées en deux genres[d] : celui des essences, c'est-à-dire des vérités métaphysiques, mathématiques, morales[e], et celui des existences, c'est-à-dire des choses particulières qui sont posées hors de l'entendement[f].

1. Assurément les essences doivent être comptées au nombre des créatures. En effet, puisque elles ne dépassent pas notre connaissance, elles sont inférieures à Dieu lui-même dont la nature nous est incompréhensible[g].

De plus, la perfection divine du créateur n'empêche nullement que les relations des essences entre elles ne soient régies par le principe de contradiction. Puisque, en effet, le concept de Dieu se résout pour nous en deux natures contradictoires entre elles, ce système des essences qui, au point de vue logique, est en accord avec lui-même, n'apparaît pour Dieu du moins que comme un des possibles ; et cette vérité d'un fait radicalement contingent ne doit pas être mêlée à la vérité nécessaire de l'existence divine.

Assurément nous pouvons tirer par analyse de l'idée des perfections divines et selon les lois de notre esprit (c'est-à-dire selon le principe de contradiction relative) telle ou telle vérité générale comme sont, par exemple, les principes mathématiques, à savoir la conservation de la quantité de mouvement, ou l'unité de la matière, ou sa

a. *Médit.*, IV, § 2.

b. *Lettres*, Garnier, IV, 309 (in-12, IV, lettre 84). – AT V, 545.

c. Deuxièmes réponses, § 24-25.

d. *Médit.*, I, § 5-7. – *Principes*, I, 48.

e. *Lettre à Mersenne*, Garnier, IV, 123 (in-12, II, lettre 41). – AT I, 370. – Cinquièmes réponses, § 11, 13, 53.

f. *Médit.*, Préface, § 4. – Premières réponses, § 3.

g. *Lettre à Mersenne*, Garnier, IV, 135 (in-12, II, lettre 43). – AT I, 150.

divisibilité à l'infini, et si, par la suite, au moyen du même principe, nous composons et tissons entre elles ces vérités, nous nous représenterons un système de lois naturelles[a]. Ces choses pourront être dites possibles par soi dans la mesure où elles seront compatibles avec l'idée du parfait. Mais puisque le principe de contradiction relative est dépendant de Dieu, ces choses ne seront pas encore vraies tant que nous ne connaîtrons pas d'une autre manière que c'est Dieu qui a voulu les disposer ainsi.

En outre, les vérités ne sauraient être tenues pour absolument nécessaires sans être introduites dans l'essence même de Dieu comme s'y rapportant. Car rien de nécessaire absolument ne peut exister en dehors de Dieu lui-même. Et comme, d'autre part, à cause de son unité absolue, aucune partie de l'essence de Dieu ne peut être comprise exactement sans que sa totalité le soit, il suit de l'hypothèse que l'homme en tant qu'il comprend exactement certaines parties de la mathématique comprend Dieu lui-même et, ce qui en est la conséquence inséparable, qu'il est lui-même Dieu. La fausseté de cette proposition prouve la fausseté de l'hypothèse.

Et, enfin, les vérités mathématiques et les autres vérités du même genre en tant qu'ordonnées selon le principe de la contradiction relative ne peuvent être objets que d'un intellect qui soit joint à la mémoire et qui connaisse les choses discursivement, dans une durée successive. Or aucun entendement de cette espèce ne peut se donner la certitude puisqu'il peut toujours se défier de sa mémoire[b]. Par suite, il est indigne d'appartenir à Dieu. Donc les vérités logiques telles que nous les connaissons doivent être tenues pour créatures de Dieu et objets du seul entendement des créatures.

Enfin ce système de vérités éternelles se compose de parties si étroitement dépendantes les unes des autres, si bien nouées et enchaînées qu'elles ne laissent plus la moindre place pour l'action libre. C'est pourquoi ce serait nier la liberté et la perfection de Dieu que d'admettre la présence en lui de ces vérités comme en un sujet.

Il faut donc avouer que les essences sont créées ou disposées librement par Dieu qui, s'il n'a pu les réaliser que selon sa propre perfection, n'a cependant été nullement obligé de les soumettre à la loi de contradiction relative.

De ce qu'au regard de Dieu les essences sont contingentes, il ne s'ensuit nullement que leur raison soit identique en ce qui concerne l'entendement humain. Au regard de l'homme ces essences sont en réalité nécessaires en tant qu'elles reposent, en somme, sur cette relation nécessaire qui, d'une part, est tirée de la perfection divine proposée à nous comme un objet de connaissance ; d'autre part, de la nature de notre entendement en tant qu'il est soumis par Dieu lui-même au principe de la contradiction relative. Et, certes, ce genre de nécessité sur lequel repose la vérité de la mathématique ne peut être conçu sans Dieu[c]. Notre nature, en effet, étant donné qu'elle est inférieure à cette perfection dont elle-même conçoit l'idée, est manifestement contingente et cette

a. *Disc. de la Méth.*, V, § 2.

b. Deuxièmes réponses, § 22.

c. Deuxièmes réponses, § 23. – Cinquièmes réponses, § 57.

contingence qui lui est propre corromprait cette science si elle s'appuyait sur les seules lois de notre nature. De même la raison des biens que notre volonté poursuit est double.

Une seule chose doit être tenue pour certaine, c'est que ces biens, en tant qu'ils émanent de Dieu non en apparence mais en réalité, sont dignes de ce nom. Dieu, en effet, n'est pas puissance pure : il implique aussi une essence consistant dans une perfection actuelle qui, ne devant pas être ramenée à la puissance, ne peut être tenue pour irrationnelle et susceptible de hasard (ce qui, en réalité, serait incompatible avec la nature du bien). Apparemment Dieu est parfaitement bon et il n'y a aucune racine de sa nature si profonde que la bonté ne l'imprègne. Sa volonté, qui ne fait qu'un avec l'essence, ne peut réaliser que le bien [a].

Il ne faut pas pour cela croire que ces biens relatifs et créés que Dieu propose comme fins aux êtres imparfaits aient été à son regard les seuls qui pussent être créés. En effet, il n'est pas incompatible avec la perfection absolue que Dieu ait pu créer d'autres biens que ceux dont nous avons l'idée et, au contraire, ne pas créer ceux que nous concevons. De même, en effet, que Dieu est bon, son pouvoir est infini ; par suite, de même qu'il est clair que ses fins sont bonnes, de même il n'est pas douteux que ces mêmes fins doivent rester impénétrables à notre entendement fini [b]. Malgré tout il est absolument impossible d'admettre que Dieu ait été libre de pervertir de fond en comble la nature du bien et du mal et de les mêler complètement. Ce qui serait une contradiction absolue entièrement étrangère à la perfection divine. Mais rien n'empêche que Dieu, eu égard à sa volonté parfaite, ait pu réaliser tels biens plutôt que d'autres dans la mesure où il n'est question que de la contradiction relative, c'est-à-dire, en somme, d'une différence de degré et de genre [c].

De ce que, d'autre part, au regard de Dieu les biens sont contingents, il ne s'ensuit pas que leur nature soit identique par rapport aux créatures. Les choses, en effet, que nous concevons bonnes, sont des relations nécessaires qui découlent, d'une part, de la perfection divine, d'autre part, de notre propre nature (telle que Dieu l'a établie). Et cette relation des biens finis à Dieu lui-même fait que ces biens sont de vrais biens, loin qu'il faille les tenir seulement pour des choses utiles ou agréables.

Donc ces vérités et ces biens, dont le système est soumis à l'exclusion mutuelle des contradictoires relatives et est lié à la capacité de l'entendement humain, sont inférieurs à la science et à la bonté incompréhensibles dans lesquelles les contradictoires relatives se concilient. Toutefois, ils ne sont pas moins nécessaires puisqu'ils consistent en relations existant entre Dieu et notre propre nature.

a. *Médit.*, IV, § 4. – Sixièmes réponses, § 11. – *A Élisabeth*, Garnier, III, 212 (in-12, I, lettre 10). – AT IV, 354-55. – *Lettres*, Garnier, IV, 125 (in-12, II, lettre 41). – AT I, 152-53.

b. *Médit.*, IV, § 5. – *Principes*, I, 28.

c. *Lettre à un R.P. Jésuite*, Garnier, IV, 143 (in-12, II, lettre 46). – AT IV, 113. – *Médit.*, IV, § 15.

2. De même que les essences, les existences sont des créatures de Dieu. En effet, elles sont imparfaites, mais il n'est pas possible qu'une imperfection, quelle qu'elle soit, ne dépende pas de l'être parfait.

Il y a deux explications pour rendre compte de la création. On peut admettre qu'elle procède de Dieu, ou bien par l'intermédiaire des essences, ou bien immédiatement. Si les existences consistent seulement en ceci, qu'elles posent les essences elles-mêmes, sans aucune modification hors de l'entendement, par cela seul, soit la contingence, soit la nécessité des choses leur est communiquée. Et ainsi la dépendance mutuelle des parties qui résulte de l'application du principe de la contradiction relative doit se trouver en elles de la même façon que dans leurs archétypes. Si, au contraire, elles sont créées immédiatement par Dieu, on ne peut plus affirmer que leur disposition est la même que celle des essences puisque la diversité et la contradiction elle-même des créatures entre elles est compatible avec la perfection du créateur.

Les choses existantes ne peuvent pas être regardées comme une pure dépendance des essences. Il s'ajoute, en effet, un caractère déterminé qu'on ne trouve pas dans les essences, à savoir la durée. Telle est la condition de l'existence des choses et de leur conservation. Mais les parties du temps ne dépendent pas les unes des autres ni n'existent jamais simultanément[a]. Tout ce qui dure peut à un moment donné du temps cesser d'exister[b]. On ne peut, en effet, concevoir comment une existence qui déjà n'est plus pourrait susciter et alimenter une existence suivante[c]. Donc les substances créées ne s'apportent aucune aide les unes aux autres en vue de l'existence et de la substance[d]. Bien au contraire, n'importe laquelle peut être détruite sans qu'aucune conséquence rejaillisse sur les autres pour ce qui est de l'existence.

Il n'en va pas de même pour les essences. Comme elles sont posées hors de la durée et qu'elles dépendent étroitement les unes des autres on ne pourrait changer n'importe laquelle d'entre elles sans que les autres éprouvent un changement correspondant, ni détruire l'une sans que les autres ne soient détruites.

Bien plus, l'entendement, pourvu qu'il soit considéré comme véracé, peut, par lui-même, s'il déduit régulièrement les conséquences, acquérir des essences cette connaissance qui n'encourt pas le soupçon de fausseté[e]. On ne peut en dire autant des choses existantes, puisque leur connaissance retient toujours quelque chose de douteux et d'incertain[f].

Enfin, les essences finies impliquent une existence non nécessaire[g], mais seulement possible[h], et nous ne connaîtrions jamais réellement l'existence des choses

a. *Principes*, I, 21.

b. Cinquièmes réponses, § 35.

c. *Lettre à Hyperaspiste*, Garnier, IV, 270 (in-12, III, lettre 16). – AT III, 428.

d. *Ibid.*, Garnier, IV, 271. – AT III, 429.

e. *Médit.*, I, § 59.

f. *Médit.*, I, § 59.

g. *Ibid.*, V, § 3, 5, 9.

h. *Principes*, I, 15. – Deuxième réponse, Ax. 10.

finies si une faculté de connaître autre que l'entendement (puisque le propre de celui-ci est de percevoir les essences en soi) ne nous était laissée. Ce n'est que par le concours de toutes les autres facultés de l'âme humaine, à savoir les sens, l'imagination et la volonté elle-même et, en même temps, un certain instinct naturel qui révèle l'harmonie établie par Dieu lui-même entre les diverses facultés de notre esprit, que nous croyons à l'existence des choses extérieures et que nous établissons une relation entre les objets de nos idées[a] et les choses extérieures ou, si l'on veut, entre l'être représenté et l'être en acte posé hors de notre intellect[b].

Donc l'existence n'appartient pas aux essences finies par leur seule nature, mais leur est ajoutée par une action distincte et immédiate de Dieu créant. Et la conservation des existences ne dépend pas de l'éternité même qui caractérise les essences, ce qui aurait lieu si les existences étaient posées par ce seul fait que les essences contiendraient l'existence, et étaient elles-mêmes leur propre être[c]. La conservation des existences n'est pas moins indépendante de la nature des essences que la création elle-même ; et, en réalité, elle doit être tenue pour une création continuée[d].

Il ne faut pas, cependant, conclure de là qu'il n'y a aucune relation entre les essences et les existences. Bien plus, ces dernières sont produites par un mélange d'essences analogue à un mélange de couleurs[e]. Elles sont des choses composées qui sont faites d'essences comme d'éléments simples. Or, comme le mode de composition en quoi consiste proprement l'existence ne se rapporte pas à la nature des essences de la même manière que les propriétés du triangle à sa définition, mais qu'il est créé immédiatement et conservé par Dieu ; et comme les existences ne dépendent pas les

a. Nous donnerons au mot *objet* son sens exclusivement cartésien, c'est-à-dire une essence perçue par mon entendement, mais différente d'une chose posée hors de mon entendement. (Première réponse, § 3. Deuxième réponse, § 59). – Après Descartes la signification de ce mot a partagé le sort du problème des rapports entre les choses et l'esprit. Kant, du moins, comme Descartes, appelle objet un système d'essences intelligibles. Comme il nous défend toute investigation au sujet des choses en soi, il confond finalement la réalité objective, ce qui concerne la connaissance théorique, et la réalité effective. Au contraire, lorsqu'il parle de l'objectivité des idées pratiques il l'entend des choses posées en soi et non des représentations intellectuelles. Donc chez lui, pour ce qui est de la philosophie spéculative, l'objet est d'une certaine manière la même chose que chez Descartes; pour ce qui est de la philosophie pratique, ce mot prend la signification de chose en soi et même d'être absolu. A la suite, les disciples de Kant, persuadés que ce qui ne peut nullement être connu n'existe pas, supprimèrent les choses en soi de Kant et réduisirent entièrement les choses (effectives) aux objets (pensés). Inversement Thomas Reid, n'admettant aucune espèce intelligible entre les choses et l'esprit (comme auparavant Descartes avait supprimé les espèces sensibles posées entre les choses et l'entendement), réduisit les objets aux choses : en sorte que, pour les kantiens et les Écossais, l'objet et la chose sont confondus, mais pour des raisons contraires.

b. *Médit.*, VI, § 8, 9.

c. Cinquièmes réponses, § 56.

d. *Médit.*, III, § 20. – *Principes*, I, 21. – Cinquièmes réponses, § 35. – *Lettre à Hyperasp.*, Garnier, IV, 258 (in-12, III, lettre 16). – AT III, 428-29.

e. *Médit.*, I, § 6.

unes des autres, il suit que la connaissance des choses existantes n'est pas enveloppée dans la connaissance des essences et conserve toujours quelque caractère d'incertitude[a] qui naît, d'une part, de l'indifférence convenant à la liberté du créateur et, d'autre part, de ses fins dépassant les essences logiques et impénétrables à un entendement fini. Ainsi, il serait téméraire d'affirmer que cette exclusion mutuelle des contradictoires relatives qui convient à un système d'essences, mais qui n'est pas nécessaire au regard de Dieu, doit être retrouvé même dans les existences ou dans l'ordre des essences mêlées entre elles.

§ VI
RÉSUMÉ

En fin de compte, il est libre à Dieu (la perfection agissant tantôt comme cause, tantôt comme fin) ou bien de séparer les contradictoires relatives ou bien de les joindre.

Ainsi Dieu est l'être absolument parfait et il ne peut y avoir en lui rien qui soit contradictoire avec cette perfection. Celle-ci, puisqu'elle enferme, d'une part, la puissance infinie, d'autre part l'excellence en acte, c'est-à-dire, d'une part, l'indifférence en présence des contraires; d'autre part, la position de l'un des contraires à l'exclusion du second, et de telle sorte qu'aucune de ces deux natures ne soit antérieure à l'autre pas même en raison, nous apparaît d'un côté comme absolument une, de l'autre comme double. Ainsi elle exclut toute contradiction absolue, c'est-à-dire avec soi-même. Néanmoins, la loi par laquelle les choses relativement contradictoires, c'est-à-dire contradictoires entre elles, se détruisent réciproquement, ne l'atteint pas.

D'où il suit, d'une part, que la volonté de Dieu est radicalement bonne et ne peut créer que du bon; que, d'autre part, Dieu est libre, à cause de son immense pouvoir et de ses fins impénétrables, de séparer les contradictoires relatives ou de les joindre.

Ces contradictoires, Dieu les a séparées en réalité dans la disposition des essences ou des vérités éternelles qui servent d'intermédiaires entre lui et notre entendement, né pour définir et séparer. Mais peut-être Dieu a-t-il décidé que ces contradictoires soient plus ou moins ensemble dans les existences qui sont créées par l'action immédiate et continue du créateur, mélangeant entre elles les essences.

a. *Ibid.*, I, § 7.

DEUXIÈME PARTIE

RAPPORT DE LA DOCTRINE PROPOSÉE AUX AUTRES PARTIES DE LA PHILOSOPHIE CARTÉSIENNE

Descartes pensait « que l'existence de Dieu est la première de toutes les vérités possibles et la plus éternelle et la seule d'où procèdent toutes les autres »[a]. Il faut ajouter qu'il recherchait l'ordre et l'enchaînement des vérités mathématiques[b]. Il est donc assez probable qu'il y a quelque relation entre l'idée qu'il avait de Dieu et les autres parties de sa philosophie.

§ I
LA PREMIÈRE SOURCE DU DOUTE MÉTHODIQUE EST L'IDÉE DE LA VOLONTÉ PARFAITE EN TANT QU'ELLE EST REQUISE POUR LA SCIENCE

C'est une chose digne de remarque, disait Descartes, que fréquemment les choses que les hommes jugent diffèrent de celles qu'ils comprennent[c]. En effet, nos jugements ne dépendent pas du seul entendement, mais requièrent une autre faculté de l'esprit, qu'à mieux regarder on reconnaît être la volonté elle-même[d]. Telle est, en effet, la condition de l'entendement et de la volonté que lui ne peut pas être par soi autre qu'il n'est, mais qu'elle, à cause du libre arbitre, ne renferme en elle rien de fixe. C'est pourquoi, si mes jugements ne dépendaient que de mon entendement, il n'y aurait pas de raison que je les révoque en doute : puisque, pour écarter le doute sur une même chose, il est indispensable de comparer des jugements différents. Mais souvent ma

a. *Lettre à Mersenne*, Garnier, III, 134 (éd. in-12, II, lettre 43). – AT I, p. 150.
b. *Médit.*, Ep. à la Sac. Fac. 4.
c. *Lettre à Hyperasp.*, Garnier, IV, 259 (éd. in-12, III, lettre 16). – AT III, p. 430.
d. *Principes*, I, 34.

volonté éprouve qu'il est en elle d'affirmer ceci ou cela, les mêmes choses étant posées; d'autre part, il est clair qu'elle concourt toujours avec l'entendement pour former complètement un jugement quelconque. Puisqu'il en est ainsi, il est évident que la vérité de tout jugement dépend de la perfection de la volonté. Autrement, qu'arrive-t-il? Souvent la volonté flotte incertaine, souvent encore elle n'est pas d'accord avec elle-même, ce qui, évidemment, ne s'accorde pas avec l'idée de la volonté parfaite qui est placée en ma pensée. C'est pourquoi le doute envahit l'âme au sujet de tous mes jugements, qui me paraissent n'être rien que des opinions vagues et muables [a].

Mais, du moins, il est permis d'appliquer cette volonté libre, d'une part, à chasser de l'esprit les préjugés et, d'autre part, à rechercher quelque base fixe et inébranlable, où elle se puisse appuyer.

D'abord il faut rejeter ces jugements dans lesquels la volonté dépasse la prise de l'entendement: je ne peux que les juger téméraires. C'est pourquoi je doute de l'existence des choses, étant donné que je l'affirme plus par volonté que par intellect, sans en avoir une perception claire [b].

Je dois douter des essences même et des vérités éternelles puisque leur enchaînement, après que ma mémoire en a reçu l'intuition, ne m'apparaît plus clairement et distinctement et qu'ainsi ma volonté, en les affirmant, va plus loin que mon intellect.

§ II
DE CETTE PROPOSITION : « JE PENSE, DONC JE SUIS »

Cette proposition : « Je pense, donc je suis », est certaine à mon avis puisque, en elle, la volonté s'accorde entièrement avec l'entendement.

Que dire d'un jugement dans lequel de toute évidence la volonté ne dépasserait pas l'entendement? Je pourrais en trouver un plus simple que le plus simple des syllogismes. C'est précisément cette proposition: «Je pense, donc je suis», c'est-à-dire une affirmation resserrée dans les limites les plus étroites, et n'énonçant pas autre chose que l'existence de mon esprit [c].

Assurément cette proposition ne peut se confondre avec les autres, et quant à moi du moins, je la tiens pour vraie. En effet, pour ce qui la regarde, je suis bien certain qu'on ne peut y découvrir cette transgression des limites de l'intellect par la volonté. Il est nécessaire que cette convenance intime et réciproque des facultés de mon esprit puisse me servir de principe de certitude.

a. *Médit.*, III, § 59.
b. *Ibid.*, I, § 2 *sq.*
c. Deuxièmes réponses, § 22. *Principes*, I, 7.

§ III
DE L'ÉVIDENCE

L'évidence est le fondement de cette certitude. Les choses que je tiens pour vraies ne sont-elles pas vraies absolument ?

La caractéristique de cette proposition : « Je pense, donc je suis » est que son affirmation est contenue exactement dans les limites de l'évidence intellectuelle, c'est-à-dire qu'elle est évidente. Par la suite j'userai de l'évidence comme d'un critérium de certitude.

La cause de tout doute n'est-elle pas ainsi supprimée ? Ce qui à mon regard est certain peut-il être tenu pour certain absolument [a] ?

Admettons qu'il n'y ait pas de cause de certitude plus élevée que l'évidence intellectuelle : il ne me sera plus jamais permis de savoir s'il existe quelque chose d'autre que ma pensée et ses objets, à savoir les essences en tant qu'elles sont représentées en elle. Puisque, en effet, ma nature et la nature de ces objets, en tant qu'ils sont fournis par ces idées, sont imparfaites, rien ne prouve qu'une existence fixe appartient à l'essence de ces objets et à la mienne [b]. Ainsi donc cette existence que les mots « Je suis » expriment en tant que joints avec l'essence « Je pense » ne doit pas être tenue pour une existence réelle et posée en acte, mais seulement pour une existence pensée et possible [c].

Que si, privé de l'appui de toute raison appropriée, j'affirmais que les choses posées hors de mon intellect existent, je ne pourrais décider comment une relation peut être établie entre ces choses et les objets de mon intellect.

C'est pourquoi le critérium de l'évidence est en soi et pour soi incomplet et imparfait, puisqu'il ne se rapporte pas aux existences. Mais n'est-il pas suffisant pour acquérir une certitude touchant les essences elles-mêmes, c'est-à-dire les objets de notre entendement considérés en eux seuls ?

Si, du moins, je ne désire point autre chose que savoir ce que je pense et de quelle manière mes pensées semblent suivre les unes des autres, il n'y aura rien qui me manque dans l'évidence. Or il m'importe de savoir si les essences même considérées comme objets de pensée sont en soi vraies et éternelles, ou bien si elles sont liées aux actes fugitifs et contingents de mon esprit [d].

Mais cela ne peut être distingué par le seul moyen de l'évidence intellectuelle. En effet, puisque je sais que ma volonté est radicalement imparfaite, comment pourrais-je être assuré d'arriver à une vérité absolue même en faisant accorder ma volonté à mon entendement ? Il ne m'échappe pas que, pour cette raison, sont réalisées en mon esprit

a. *Médit.*, V, § 7.
b. *Notae in programma* (art. XV), Garnier, IV, p. 89. – AT VIII, p. 345.
c. Deuxièmes réponses, ax. X.
d. *Médit.*, V, § 7.

l'harmonie et l'unité que je tiens sans doute pour bonnes. Mais comment puis-je penser que cet usage de ma volonté soit en réalité meilleur que le désaccord entre la volonté et l'entendement ? Ne poserai-je pas mon entendement pour mesure de la vérité absolue ?

C'est ainsi que ma volonté libre, après qu'elle a reconnu sa propre imperfection, met l'entendement lui-même en cause. Je sais de lui d'abord qu'il est entièrement fini et ne s'étend qu'au peu d'objets qui s'offrent à lui[a]. Il est à craindre qu'une connaissance incomplète ne soit fausse par suite d'une représentation inadéquate des rapports entre les choses. Et, qui plus est, quelle perfection poserai-je dans les idées pures dépouillées d'affirmation et de négation ? Elles ne sont en somme ni vraies ni fausses[b], mais seulement susceptibles de vrai et de faux; et on ne voit pas assez clairement comment l'assentiment d'une vérité imparfaite pourrait les revêtir de vérité.

En effet, les objets de pur intellect, c'est-à-dire les idées innées[c], ne sont peut-être rien d'autre que les jugements proprement dits qui sont portés par une volonté plus puissante sur les idées proposées par un intellect supérieur.

Cela posé je ne nierai pas qu'elles puissent être vraies, mais d'où tirer l'assurance que cette volonté, de même qu'elle est plus puissante, est aussi meilleure et plus parfaite que la mienne propre ? Comment saurai-je que cette volonté, pour ce qui me regarde, ne joue pas pour ainsi dire le rôle d'un génie trompeur[d] ?

Donc l'évidence n'est pas un critérium suffisant pour toutes espèces de vérités et même ne se suffit pas à elle-même. Je ne pourrai jamais atteindre une certitude fixe et absolue si je ne saisis un principe qui m'assure non seulement de la vérité de mes idées claires sur les essences, mais encore du droit que j'ai de passer de la connaissance des essences à l'affirmation des existences.

§ IV
DE L'EXISTENCE DE DIEU

Ce doute est levé en dernier lieu par la connaissance que j'ai d'un être parfait, non seulement existant, mais aussi créateur de ma volonté et de mon entendement.

Parmi mes idées, il est possible d'en trouver une qui ne soit comparable à aucune autre, et qui me fournisse ce principe inébranlable qui me manque, c'est l'idée de l'être parfait, c'est-à-dire de Dieu.

Cet être parfait, d'une part, est une essence; d'autre part, et ce qui ne peut être dit d'aucune autre essence, il enferme une existence nécessaire[e]. En effet, il serait imparfait aussi bien s'il n'était qu'une essence que s'il n'était qu'une existence.

a. *Principes*, I, 35.
b. *Médit.*, III, § 6; IV, § 7.
c. *Lettre à Mersenne*, Garnier, IV, 229 (éd. in-12, IV, lettre 22). – AT III, 417-18.
d. *Médit.*, I, § 10.
e. *Médit.*, V.

Assurément, chez lui, l'existence et l'essence sont indissolublement liées. A quoi on ne saurait objecter qu'il s'agit ici d'une essence et d'une existence simplement pensées. En effet, dans l'être parfait est contenue une puissance infinie telle qu'elle ne peut être comprise par l'entendement, et qui, même si on la considère en elle seule, est hors de l'intellect. Mais cette même puissance, lorsqu'elle est jointe à une essence qui requiert l'existence, est comme la cause de l'existence de Dieu. En soi donc l'être parfait existe nécessairement. Mais cela nul ne l'atteindrait s'il ne voulait que cela fût dans le même temps qu'il le conçoit, c'est-à-dire s'il n'appliquait et ne dirigeait sur ce sujet non seulement cette faculté de l'esprit qui a trait à l'essence, mais encore celle qui a trait à l'existence[a].

Bien plus, ne peut-on pas démontrer qu'il y a entre l'être parfait d'une part, et, d'autre part, notre entendement et notre volonté une relation telle que, par son intermédiaire, quelque chose d'absolu rejaillisse de cette existence sur nos pensées et nos actions ?

Chaque fois que mon entendement recherche la vérité, l'idée de la nature parfaite est présente en lui[b]. Mais il n'en est pas de même pour l'objet de cette idée, ou pour les objets sensibles, ou même pour les essences qui paraissent éternelles à mon entendement. Parmi ces choses les unes sont inférieures à mon entendement, les autres lui sont adéquates : seul l'être parfait dépasse infiniment la capacité de mon entendement. D'où il suit que la cause de cette idée, en tant qu'elle doit contenir autant de réalité formelle et actuelle que ma propre idée contient de réalité objective, ne doit pas être posée en moi-même, mais dans l'être absolument parfait, à savoir Dieu, en tant que différent de moi. Dieu donc, de même qu'il est différent de mon entendement et qu'il est à l'abri de toutes les imperfections de celui-ci, admet cependant quelque rapport avec mon entendement en tant qu'il imprime en quelque sorte en ce dernier l'idée de l'être parfait. Et puisque cet être parfait contient en lui plus de réalité formelle que toutes mes idées (à l'exception de son idée) ne contiennent de réalité objective, du fait que je pense que sa réalité formelle est la cause de mon idée de l'être parfait, il m'est égal d'y voir la cause soit de mon intellect, soit des objets ne dépassant pas sa capacité.

Réciproquement, toutes les fois que ma volonté poursuit quelque bien, c'est-à-dire toutes les fois qu'elle s'exerce, l'être parfait lui-même lui sert plus ou moins médiatement de but ultime. Mais, puisqu'elle ne peut acquérir toutes les perfections qu'elle se propose, il lui faut bien avouer qu'elle n'est pas la propre cause de son existence ni même de sa conservation, qui est la même chose sous un autre nom[c]. Donc ma volonté est créée et conservée par un être distinct d'elle-même et, en outre, existant par soi, puisqu'une régression à l'infini n'est pas donnée pour ce qui concerne la conservation présente ; or cet être ne peut pas être autre que l'être parfait lui-même, puisque l'existence de ma volonté m'apparaît comme contingente par ce seul fait

a. *Lettre à Buitendijk*, Garnier, IV, 217 (éd. in-12, III, lettre 18). – AT IV, 63.
b. *Médit.*, IV, § 4. *Médit.*, III, § 7-19.
c. *Disc. de la Méth.*, IV, § 4. *Médit.*, III, § 20-24.

qu'elle n'est pas capable de se procurer la perfection. Ma volonté, donc, et mon existence, non moins que mon entendement et mon essence, soutiennent un rapport avec l'être parfait, c'est-à-dire Dieu, lequel en tant que posé en acte et formellement est le créateur de l'une comme de l'autre.

Puisqu'il en est ainsi il m'est donné de sortir tout entier du doute dans lequel je suis tombé et d'atteindre des connaissances fixes et vraies absolument, c'est-à-dire que je peux attribuer maintenant au critérium de l'évidence une signification et une force nouvelles.

Cette proposition : « Je pense, donc je suis », qui est pour moi l'archétype de l'évidence, a dû être posée avant toutes les autres parce qu'elle est connue de la manière la moins discursive[a], mais par elle-même elle peut être perçue dans un moment indivisible du temps et, par suite, clairement et distinctement, dans sa totalité, et être perçue par l'intuition dans le même temps qu'elle est affirmée. Cependant, même cette proposition n'aurait pu valoir pour moi comme fondement de la vérité parce qu'elle est conçue par un entendement relatif et affirmée par une volonté imparfaite[b].

Telle est donc la dernière condition de la certitude, à savoir un principe éternel pour peu qu'il soit en acte et parfait auquel cette affirmation : « Je pense, donc je suis », qui sert de base à la connaissance humaine, puisse être suspendue.

C'est justement ce principe que je trouve dans la nature de Dieu ; en effet, l'essence et l'existence de Dieu sont de telle sorte que, d'une part, elles sont absolument une et que, d'autre part, elles se rapportent à un moment du temps (c'est-à-dire à ce point infiniment exigu où se rejoignent le temps et l'éternité), mais sont posées entièrement en dehors des parties de la durée et doivent être dites éternelles au sens positif. Dieu n'en est pas moins perfection absolue et actuelle. C'est pourquoi cette affirmation : « Je pense, donc je suis », ou, ce qui revient au même : « Je suis », n'a pas le même sens en Dieu qu'en l'homme. Et non seulement, en effet, Dieu comprend exactement cela, comme moi je comprends exactement l'affirmation : « Je pense, donc je suis », d'où une certitude peut être tirée relative du moins, sinon absolue, mais encore, à cause de la nature caractéristique de l'essence et de l'existence de Dieu, la vérité absolue aboutit à cette affirmation à la fois triple et une qui a trait tantôt à l'existence par le mot « suis », tantôt à l'essence par le mot « je », enfin à l'unité de l'essence et de l'existence par la relation des mots entre eux.

Mais moi, je n'ai pas tiré la connaissance de l'existence de Dieu d'une autre source que de cette proposition : « Je pense, donc je suis », – à savoir en développant cette idée innée de l'être parfait qui est implicitement contenue dans ma faculté de penser. C'est pourquoi un jour nouveau est jeté une fois encore sur cette proposition [c].

a. Deuxièmes réponses, § 22. *Lettres*, Garnier, IV, 326 (éd. in-12, VI, lettre 63). – AT V, 138.
b. *Médit.*, V, § 7.
c. *Médit.*, V, § 8, 9.

Puisque, en effet, cette proposition : « Je pense, donc je suis », révèle l'essence et l'existence de l'être éternel et la relation de chacune d'elles à l'autre exactement dans la mesure où cela peut se faire dans un être hors de la durée, et doit être tenue pour la marque que l'artisan a imprimée sur son œuvre ; et puisque, d'autre part, l'union de ces deux natures se découvre effectivement en Dieu, il est manifeste que l'existence non seulement objective mais même en acte appartient à ma pensée, du moins en tant que l'admet la nature créée.

D'une part, en outre, puisque Dieu est le créateur parfait de mon entendement fini et de ces vérités éternelles qu'il peut comprendre, il est bien clair que tout ce qui est connu clairement et distinctement est vrai. Et puisque la durée tient lieu pour moi de cette image d'éternité qui est accommodée à la nature créée, je transporte aux choses qui sont connues discursivement la certitude qui a trait aux choses connues intuitivement, persuadé que je suis que le raisonnement remplit, pour un entendement soumis à la durée, le rôle de la connaissance intuitive.

D'autre part, puisque le même Dieu parfait a créé et ma volonté et les fins qu'elle poursuit comme dignes de l'existence réelle, il faut attribuer à ma volonté – pourvu qu'elle soit droite, c'est-à-dire qu'elle suive une fin proposée par Dieu lui-même, – une faculté de se prononcer à bon droit sur l'existence actuelle des choses, c'est-à-dire d'intercaler au sens réel le mot être entre le sujet et l'attribut.

D'après cela, grâce à l'aide de Dieu, des connaissances deviennent fixes qui, par elles-mêmes, étaient errantes et changeantes. Apparemment l'évidence garantit encore autre chose que la vérité des objets de mon intellect à l'instant même où je les perçois clairement, car je tiens les choses qui sont vraies à mon regard pour vraies absolument et je connais que les existences posées hors de l'intellect coïncident en effet avec les essences.

Bien plus, l'évidence qui ne peut connaître les choses intuitivement, c'est-à-dire dans leur créateur, tient pour mon esprit lieu d'une règle qui peut non seulement être plus facilement appliquée aux choses, mais qui est prise même de la notion de Dieu si immédiatement qu'elle paraît tenir son rôle, pour ce qui a trait au discernement du vrai.

Il ne faut néanmoins pas oublier qu'en dehors de l'existence de Dieu l'évidence ne peut rien que confirmer pour moi la vérité de mes pensées au moment où je les conçois. Elle n'est donc pas par soi ce fondement sur lequel une science fixe et absolument vraie peut être édifiée. En effet, c'est de l'existence même de Dieu que l'évidence emprunte cette force que nous lui attribuons à juste titre. C'est pourquoi user de l'évidence de façon à tenter par son secours de nier l'existence de Dieu, ne serait point autre chose que déshonorer l'évidence elle-même [a].

a. F. Bouillier (*Histoire de la philosophie cartésienne*, 3e éd., I, 83 *sq.*) a excellemment démontré que le cercle, si souvent reproché à Descartes, existe en apparence plus qu'en réalité. Il a distingué l'évidence considérée en elle-même, c'est-à-dire comme elle a lieu en notre entendement, de ce fondement, posé hors de notre entendement, sur lequel s'appuie l'évidence et en vertu duquel elle montre cette puissance à laquelle on ne peut résister, et il a conclu que

§ V
De la distinction de l'âme et du corps

De la relation de Dieu à cette proposition : « Je pense, donc je suis », je déduis la distinction en acte de mon âme et de mon corps.

Ce n'est donc pas cette proposition : « Je pense, donc je suis », mais l'existence de Dieu elle-même, que l'on doit établir comme fondement de toute existence et de toute réalité[a]. Pour ce qui a trait à la proposition ci-dessus, je dirais qu'elle est comme ce point où les créatures et le créateur se rencontrent mutuellement ou comme une certaine formule magique qui ouvre aux êtres finis l'accès de l'être infiniment parfait.

De la considération de Dieu comme de l'être en qui l'essence et l'existence sont nécessairement réunies, il résulte clairement pour moi que cette existence, qui est affirmée dans ces mots : « Je pense, donc je suis », n'est pas seulement objective, mais effective. Donc cet être qui pense sa propre existence, la possède en tant qu'il la pense, indépendamment des autres existences avec lesquelles il peut être joint, telle que serait, par exemple, l'existence d'un corps non pensant mais seulement pensé. En outre, je dois croire que tant que je penserai je subsisterai comme chose pensante ; et, puisque tout ce que je puis concevoir ou imaginer de moi enferme la pensée, l'existence qui appartient à mon âme pensante apparaît immortelle.

§ VI
Des vérités et des choses

De la relation de Dieu à mon entendement je déduis la vérité des essences en même temps que la réalité des existences qui sont comprises par cet entendement.

Dès maintenant, de la connaissance du rapport qui existe entre l'être parfait et les deux principales facultés de mon esprit je tire d'autres principes.

En effet, puisque mon entendement a été créé par Dieu, de Dieu procèdent aussi ces idées innées que cet entendement saisit en lui-même lorsqu'il scrute à fond sa nature[b], c'est-à-dire ces essences qu'il peut définir et lier entre elles, selon les lois établies en lui et en opérant par raisonnement. Je dirais que ces essences ne sont pas autre chose, que l'essence même de Dieu séparée de l'existence et divisée en parties

l'autorité de l'évidence et l'existence de Dieu ne sont pas l'une pour l'autre, chez Descartes, une preuve selon une seule et même raison ; puisque c'est par la raison de connaissance qu'il juge l'autorité de l'évidence antérieure à la connaissance de Dieu, au contraire c'est par la raison d'essence que Dieu est antérieur à l'autorité de l'évidence.

a. *Lettre à Mersenne*, Garnier, IV, 134 (éd. in-12, II, lettre 43). – AT I, 149. – Deuxièmes réponses, § 23. – Cinquièmes réponses, § 56.

b. *Lettres*, Garnier, IV, 326 (éd. in-12, IV, lettre 63). – AT V, 138.

par suite de la faiblesse de mon entendement discursif[a]. D'où vient qu'elles sont à la fois éternelles et susceptibles d'être comprises par un entendement humain? Les essences sont donc pour l'homme vraies et nécessaires, quoiqu'au regard de Dieu elles soient contingentes, puisqu'il aurait été libre de se révéler autrement aux créatures.

Et désormais je n'accorderai pas mon assentiment à ces seules essences principales que je connais par soi pour ainsi dire. Puisque, en effet, les essences qui me sont discursivement connues peuvent être ramenées par le raisonnement à des essences connues par soi et puisque la durée et ma mémoire dont dépend le raisonnement procèdent de l'éternité de Dieu lui-même et de la connaissance intuitive, je dois accorder le même assentiment aussi bien aux essences connues par soi qu'aux conséquences elles-mêmes correctement déduites à partir de là[b]. Et ainsi l'unité intelligible de l'essence divine (considérée à part de la puissance divine) légitime la déduction logique.

Or de quelle manière peut-on concilier l'existence des vérités éternelles avec la liberté infinie de Dieu qui doit avoir à jamais la liberté de faire ceci ou cela? Ces vérités, bien que créées par Dieu, ne deviennent-elles par pour lui, par leur éternité même, comme un destin insurmontable ?

Bien plus, la liberté et la puissance divines ne doivent pas être imaginées de telle façon qu'elles soient aveugles et semblables à une fortune changeante. Car elles ne font qu'un avec l'essence divine qui est parfaite en acte. Et, séparées de l'essence, elles ne pourraient s'exercer sans cesser d'être puissance divine. Mais la perfection en acte ou, encore, l'entendement divin est immuable. Donc la volonté de Dieu, en tant qu'elle exige que les objets de son intellect divin soient produits, doit aussi être immuable[c]. Au reste, les vérités éternelles n'épuisent pas la toute-puissance divine et ne peuvent être comparées au destin, égal de Dieu lui-même. En effet, comme elles ne sont rien que des essences dépourvues d'existence effective, elles ne participent qu'à un seul attribut de Dieu, à savoir la rationalité, loin de pouvoir être égalées à Dieu, attendu qu'il y a en lui non seulement l'essence mais l'existence parfaite[d]. Il n'y a donc aucun doute qu'elles doivent être tenues pour des créatures et infiniment inférieures à Dieu, et il est toujours au pouvoir de Dieu de créer d'autres vérités telles qu'elles soient même contradictoires avec celles que nous connaissons, pourvu qu'elles s'accordent avec la perfection infinie.

De même que la faculté de connaître les vérités éternelles, de même procède de Dieu cette faculté de l'entendement joint à la volonté par quoi il conçoit des existences posées hors de lui-même[e]. Celles-ci, à la vérité, me semblent consister surtout en nature substantielle, en durée, en ordre et en nombre. Mon entendement, considérant

a. *Disc. de la Méth.*, V, § 2.

b. Deuxièmes réponses, § 22-23. – Cinquièmes réponses, § 57.

c. *Lettre à Mersenne*, Garnier, IV, 304 (éd. in-12, IV, lettre 71). – AT I, 145-46.

d. Cinquièmes réponses, sur la *Cinq. Médit.*, I, Garnier, II, 318.

e. *Principe*, I, 48, 49.

plutôt la volonté divine, juge que Dieu a imparti aux essences l'existence que la perfection de chacune méritait pour ainsi dire. Ce faisant, mon esprit tient la création opérée par la toute-puissance divine pour indépendante de la disposition des essences, et pense que toutes les substances, pour autant qu'elles sont dans la durée, sont mutuellement indépendantes et ne sont conservées que par l'intervention constante et immédiate de Dieu (et non des essences elles-mêmes)[a] et, enfin, que l'existence elle-même n'est rien qu'un complexus[b] déterminé d'essences que Dieu réalise et crée librement hors de notre entendement.

Et puisque je sais que mon entendement procède de la perfection infinie je n'hésite plus à suivre son impulsion pour ce qui touche à la connaissance des existences et des essences, et j'atteins ainsi aux premiers principes de la science qui se rapporte non pas à ce qui paraît être, mais à ce qui est réellement.

§ VII
Du libre arbitre et du jugement

Du rapport de Dieu à ma volonté je déduis la réalité de mon libre arbitre et, du même coup, la vérité de mes jugements rationnels.

Non seulement mon entendement, mais encore ma volonté traduit la nature de Dieu et est créée par lui.

D'où il suit que ce libre arbitre est une faculté réelle et positive, c'est-à-dire la puissance de se déterminer pour l'un ou l'autre des contraires, puissance dont j'éprouve l'existence dans ma volonté[c]. En vérité, à cause de l'infinité du libre arbitre[d], j'étais dans l'incertitude de savoir si c'était là indifférence pure ou bien capacité infinie de déterminations négatives prises à la légère et en dehors des raisons d'agir. En effet, je ne découvre en moi aucune autre faculté positivement infinie. Mais de la contemplation de Dieu, je conclus qu'il y a en lui volonté infinie et cela en un sens positif, puisqu'une telle volonté est perfection. Bien plus, la volonté, à considérer son essence, consiste en une seule chose, pour ainsi dire indivisible[e]. Si donc il y a en moi comme une image et une imitation de la volonté divine, ce doit être assurément une faculté réelle et positive qui traduise cette volonté divine du moins en tant que puissance infinie de se déterminer[f]. Et je tire encore de la connaissance de l'existence de Dieu, la notion de ce qui constitue la perfection du libre arbitre, c'est-à-dire la liberté proprement dite.

a. *Réponse à Hyperasp.* (7°), Garnier, IV, 258 (éd. in-12, III, lettre 16). – AT III, 429.
b. *Médit.*, I, § 6.
c. *Lettre à un R.P. Jésuite*, Garnier, IV, 145 (éd. in-12, II, lettre 47). – AT IV, 116-17.
d. *Médit.*, IV, § 7.
e. *Médit.*, IV, § 13.
f. *Ibid.*, IV, § 7.

De même qu'il est vrai qu'avant toute détermination la volonté est absolument libre de choisir l'un ou l'autre des contraires, qu'elle peut ou non s'abstenir de poursuivre tel bien qui nous est connu très clairement, ou bien d'admettre telle vérité évidente pourvu que nous pensions que le bien c'est d'attester par là même la liberté de notre décision[a]; de même, sachant de Dieu qu'il est parfait, il est impossible d'admettre qu'il ait été proposé à notre libre arbitre d'autre fin que lui-même, et l'on doit reconnaître que toutes ses actions sont également bonnes pour peu qu'elles ne procèdent pas d'une autre cause que de lui-même.

Au premier abord, sans doute, il ne paraît pas possible que le libre arbitre, à le considérer séparément, se pose lui-même comme fin de ces actions. En effet, il ne saurait faire cela qu'en se prenant lui-même pour un des biens[b]. Mais d'où le libre arbitre peut-il tirer cette idée du bien qui est déterminée et qui exclut son contraire (pourvu que cette idée ne soit pas jugée imaginaire), si ce n'est de la connaissance d'une certaine essence qui diffère absolument de la puissance indéterminée ?

Bien plus, supposons que le libre arbitre, fermé le plus possible sur lui-même, soit déterminé par cette idée qui fait que nous nous représentons sa puissance comme un bien, que penser alors d'une telle action ? Le libre arbitre est sans doute infini, même chez l'homme ; non, sans doute, comme en Dieu en tant qu'il est joint à une essence absolument parfaite, mais bien pour autant qu'il est considéré avant toute détermination et en dehors d'elle, c'est-à-dire ayant en lui le moins possible de réalité actuelle. Si, toutefois, le libre arbitre est comme un point où l'homme rejoint Dieu, je dirais volontiers que c'est un point infiniment exigu. Aussi, poser le libre arbitre pour fin de ses actions, c'est-à-dire se déterminer selon l'indifférence (autant qu'il est possible), ce serait pour l'homme tout simplement rester au plus bas degré de la liberté[c].

En outre, puisqu'il est nécessaire que le libre arbitre, pour pouvoir se déterminer, sorte pour ainsi dire de lui-même et se tourne vers le bien comme vers une essence déterminée et posée hors de lui, il est évident qu'il ne remplira pas sa fonction s'il se contente de poursuivre au hasard tel ou tel bien sans tenir aucun compte d'une valeur absolue. Or, la volonté divine dans sa toute bonté a créé les essences vraies et bonnes, de sorte qu'elles révèlent la perfection divine, de la manière qui est appropriée aux facultés de l'esprit humain. C'est pourquoi affirmer ces vérités et réaliser ces biens est tout ce à quoi doit s'appliquer le libre arbitre de l'homme[d]. Il s'ensuit que la liberté elle-même, c'est-à-dire la perfection du libre arbitre, n'est rien d'autre que la condition de cette volonté qui poursuit cette double fin.

a. *Lettre à Mersenne*, Garnier, IV, 136 (éd. in-12, lettre 43). – AT III, 379.
b. *Lettres*, Garnier, IV, 126 (éd. in-12, II, lettre 41). – AT I, 366.
c. *Médit.*, IV, § 7.
d. Sixièmes réponses, § 11.

De même que le libre arbitre est indéterminé, de même la liberté ne supporte aucune indifférence[a], et alors que celui-là est infini ou n'est rien[b], au contraire, celle-ci admet des degrés infinis. Ces degrés dépendent, d'une part, de la clarté de la connaissance qui est jointe au libre arbitre et du nombre des objets auxquels s'étend la connaissance; d'autre part, de la grâce divine qui aide le libre arbitre à embrasser ce que l'entendement lui propose comme étant le meilleur, et aussi de cette puissance efficace qui donne l'existence actuelle aux essences ou aux fins proposées par l'entendement[c]. Mieux ces conditions requises sont données et plus l'homme se détermine librement, fermement et efficacement, c'est-à-dire plus sa liberté devient pleine[d]. Elle peut, en définitive, être tenue pour condition de cette volonté dont le libre arbitre embrasse spontanément les biens proposés par Dieu.

Or, de quelle manière ce libre arbitre, qui sert de racine à la liberté, peut-il être concilié avec la prescience divine et la préordination ?

Sans doute il est évident que Dieu connaît de toute éternité toutes nos actions. Mais il n'est pas permis de séparer l'omniscience divine de l'omnipotence, ni l'entendement divin de la volonté. En effet, l'entendement divin en tant qu'égal à la volonté connaît les choses créées par elle, mais non sous le rapport de cette dépendance mutuelle et connexion nécessaire que l'on découvre chez les essences et les vérités éternelles qui sont elles-mêmes des créatures. Mais il est un genre de connaissance qui surpasse infiniment la forme logique de notre science et notre raisonnement discursif, à savoir l'intuition ou la connaissance des choses en elles-mêmes[e], et c'est le seul genre de connaissance digne d'être joint à la volonté créatrice.

Ce n'est donc pas au moyen de ces essences qui sont jointes entre elles par le lien de la nécessité, mais immédiatement et par une action séparée que Dieu crée et voit toutes les existences considérées séparément[f]. D'où vient qu'il n'y a pas de raison de juger que les existences ont été soumises par Dieu aux mêmes lois que les essences. Il est également évident que les parties du temps et, par suite, les existences qui y sont rattachées sont indépendantes les unes des autres[g] et que chaque existence procède à chaque moment d'une action créatrice séparée. On peut donc admettre qu'il est en Dieu une toute-puissance (qui, d'ailleurs, reste infinie et incompréhensible bien que liée à une raison en acte) de créer des volontés libres et des déterminations de la volonté également libres de la même façon qu'il crée des essences mutuellement indépendantes. Mais on ne peut dire que la connaissance éternelle que Dieu a de ces

a. *Lettre à Mersenne*, Garnier, IV, 137 (in-12, II, lettre 43). – AT III, 380-81.
b. *Médit.*, IV, § 13.
c. *Médit.*, IV, § 7.
d. *Lettre à Marsenne*, Garnier, IV, 138 (in-12, II, Lettre 43). – AT III, 381.
e. *Lettres*, Garnier, IV, 326 (éd. in-12, VI, lettre 63). – AT V, 137-38.
f. *Principes*, I, 41.
g. *Ibid.*, I, 21.

déterminations les rende nécessaires puisque cette connaissance est différente de la connaissance des essences et n'est pas soumise à la loi de liaison nécessaire.

De même que le libre arbitre ou l'existence même de la volonté procède de la perfection et principalement de la puissance divine; de même procèdent de Dieu, du moins considéré plutôt comme perfection en acte, les déterminations que le libre arbitre, avec le concours de l'entendement, se donne à lui-même et qui ajoutent à la volonté leur essence propre. D'où il suit que, même chez l'homme, la bonne volonté a une valeur absolue. Mais qu'est-ce que la bonne volonté ?

D'une part, la perfection de notre volonté ne peut consister à posséder des richesses ou des honneurs ou à l'emporter par l'esprit, le savoir ou la beauté[a], car, pour atteindre ces biens extérieurs, la volonté est plus ou moins inutile ou insuffisante. Ainsi on ne peut placer la perfection de la volonté que dans la possession d'un bien qui doive et puisse être acquis par elle-même.

D'autre part, le concept de bonne volonté ne peut être ramené au concept d'une volonté pure et détachée de toute essence parce qu'il ne reste plus à une telle volonté aucune raison d'un choix quelconque, mais au contraire le bien est quelque chose de déterminé d'avance que l'on doit préférer à son contraire.

En fin de compte sera bonne cette volonté qui possède un bien à la fois différent d'elle-même et qui s'offre à elle-même et à elle seule.

Mais de toutes les opérations de la volonté, il n'y a que le jugement qui puisse satisfaire à ces conditions, c'est-à-dire le décret relatif à l'existence que la volonté rend d'après les idées que lui propose l'entendement[b].

Et, d'abord, toute la vie morale consiste en des jugements. En effet, d'une part, toute action résulte d'un jugement[c] et tout ce qui est volontaire dans une action a d'abord été dans le jugement d'où elle est sortie[d]. D'autre part, tout jugement tend à une action, ou plutôt c'est déjà une action, puisque nous n'entreprenons jamais de rien affirmer qui ne nous soit utile en raison d'une fin poursuivie. Or, qu'est-ce qu'agir au sens moral sinon se proposer une certaine fin et mettre en œuvre tout ce qui paraît approprié à cette fin? Rien d'étonnant que tout jugement ait trait à l'existence, puisque cette existence est requise dans l'action.

Ensuite le jugement implique des essences distinctes de la volonté, entre lesquelles soient établis des rapports, et ainsi il est comme plus plein et plus riche qu'une volonté de nature pure. Il n'en est pas moins vrai que nous avons puissance entière sur nos jugements, c'est-à-dire sur les décrets que notre volonté rend d'après les idées que lui propose l'entendement, et ils sont la seule chose sur laquelle nous ayons entière puissance. D'où il suit qu'on doit chercher dans le jugement un bien déterminé qui puisse et doive être réalisé par la volonté.

a. *Traité des Passions*, III, 154.

b. *Principes*, I, 34. – Rép. aux *Instances*, § 3. – *Médit.*, III, § 6.

c. *Disc. de la Méth.*, III, § 5.

d. *Ibid.*, III, § 4.

Voilà donc la matière de toute vie morale. Mais puisque c'est la forme donnée à la matière qui est la valeur principale et que le jugement est susceptible de formes variées, il faut maintenant rechercher en quoi consiste le jugement qui mérite d'être appelé droit et bon.

C'est donc bien juger que de prendre le vrai et le bien pour règle des relations qu'on établit entre les idées proposées par l'entendement. Mais où faut-il chercher ce vrai et ce bien que la volonté doit avoir pour fin ?

Si on considère Dieu lui-même, assurément il ne peut se faire que l'on trouve en lui une règle d'action distincte de l'être agissant, puisque la nature divine est absolument une (quoique, dans le concept de Dieu que notre entendement fini reçoit, la règle d'action ne se confonde pas avec la puissance agissante). Et même cette règle n'est pas non plus la même chose que la loi elle-même considérée séparément. En effet, la loi n'est autre chose que la relation qui existe entre la puissance et l'essence et, par suite, apparaît irrationnelle et abstraite aussitôt que l'essence en est retranchée.

C'est donc dans l'essence elle-même, en tant qu'elle est distincte à la fois de la puissance et de la loi et qu'elle est aussi essentielle que la puissance elle-même, que l'on découvre, pour ce qui nous concerne, la raison et la règle des décrets de Dieu.

A plus forte raison la volonté humaine ne doit pas rechercher en soi comme dans la puissance pure la règle de ses jugements. Mais c'est l'entendement lui-même auquel elle a été jointe par la perfection divine qui lui offre cette règle concrète dont elle a besoin.

L'objet suprême de notre entendement est donc ce vrai et ce bien, éternels et à la fois accommodés aux facultés humaines, qui nous apparaissent d'autant plus clairement que nous les considérons avec plus d'attention et qui procèdent de Dieu lui-même.

Et il ne faut pas nier que notre entendement, à cause de sa nature finie, ne perçoit que péniblement et imparfaitement cette lumière, pourtant adoucie [a].

Il est vraisemblable aussi que notre entendement ne connaîtra jamais toutes les essences de ce monde, vu qu'il ne connaît que celles qui s'offrent à lui et qu'il ne sait de quel moyen user pour que toutes s'offrent à lui [b]. Mais il est en son pouvoir de percevoir clairement et distinctement certaines essences ; et dans la mesure où à ce moment du moins il connaît des objets créés par la perfection divine tels qu'ils sont vraiment, il atteint la vérité absolue de certaines choses. Donc c'est dans l'entendement lui-même, du moins dans ces idées, claires et distinctes, qu'il peut concevoir, que la volonté trouve cette fin absolument bonne, dont la poursuite puisse déterminer régulièrement le libre arbitre errant et atteigne à des jugements fixes et droits.

Donc la volonté juge correctement lorsque, dans son affirmation, elle ne passe pas les limites de ce qui est perçu clairement et distinctement par l'entendement.

a. *Lettres*, Garnier, IV, 326 (éd. in-12, VI, lettre 63). – AT V, 137-38.
b. *Principes*, I, 35.

Mais lorsque l'entendement ne conçoit que des idées confuses, la volonté doit retenir le jugement[a], et alors les lois intellectuelles dont elle peut user doivent être appliquées de façon que l'on amène sous le regard de l'entendement les objets qui sont aptes à fournir des idées claires, c'est-à-dire des raisons de détermination [b].

Enfin si, à propos d'un jugement général et d'une rectitude assurée qui, dès l'abord, le fasse prendre à bon droit pour fin à poursuivre, il est nécessaire de se prononcer sur des particulières devant jouer le rôle de moyens termes, avant d'avoir pu acquérir sur elles des idées claires, la volonté même alors a le droit de se déterminer, à condition, cependant, qu'elle donne son assentiment à l'opinion qui, considérée en soi, est la plus probable, non à celle qui est le plus facilement acceptée par ses désirs.

Ainsi la volonté, étant donné le rapport qu'elle soutient avec Dieu, tient sa propre existence, c'est-à-dire le libre arbitre, non pour la pure apparence d'une chose, mais pour une chose réelle, et elle apprend comment il faut utiliser ce libre arbitre pour atteindre la liberté, c'est-à-dire un mode d'action délivré de tout obstacle, et, en même temps, se découvre pour elle la fin d'où elle peut tirer l'essence qui la rende elle-même bonne, c'est-à-dire exactement la convenance mutuelle du jugement et des idées claires et distinctes, c'est-à-dire de la volonté humaine et de la volonté divine. C'est à partir de là que fleurissent pour nous les principes de la morale en qui réside la vérité absolue.

a. *Principes*, I, 39.

b. *Lettre au P. Mersenne*, Garnier, 136 (éd. in-12, II, lettre 43). – AT III, 379-80.

CONCLUSION

DE LA PHILOSOPHIE CARTÉSIENNE, EN TANT QU'ELLE EST ÉCLAIRCIE PAR LA DOCTRINE PROPOSÉE

§ I
RÉSUMÉ

En résumé, l'idée de Dieu qu'on voit dans la doctrine proposée sur les vérités éternelles est comme le pivot de la philosophie cartésienne.

En définitive, selon Descartes, Dieu est la perfection absolue qui, de toute éternité, sans aucune priorité même rationnelle de l'une ou de l'autre, contient, réduites à une unité absolue, d'une part l'existence et de l'autre l'essence parfaite, c'est-à-dire d'une part une puissance absolument indéterminée, d'autre part un acte absolument déterminé, ou encore d'une part une liberté infinie, d'autre part un bien complètement fini, ou encore d'une part une volonté parfaite, d'autre part un entendement parfait. Dans son entendement comme dans son sujet, on ne peut admettre qu'il y ait des vérités éternelles puisque, non contentes d'être inintelligibles à l'entendement fini, elles sont encore étroitement liées entre elles selon le principe de contradiction, c'est-à-dire par la loi de la nécessité, en sorte qu'elles ne laissent plus aucune place à la liberté. Ainsi l'existence de ces vérités est absolument impossible à concilier avec l'infinité et la liberté de Dieu, à moins qu'elles soient considérées, même dans la mesure où elles sont soumises au principe de contradiction, non comme une forme imposée à Dieu, mais comme des créatures contingentes; non comme des choses existantes, mais comme des essences qui ne sont posées que comme objets de l'entendement humain.

Et, en effet, comment se peut-il faire que Dieu soit indépendant du principe de contradiction ? Et, pourtant, si l'on admet cela, n'est-il pas alors permis de dire aussi bien que Dieu existe et qu'il n'existe pas ?

Bien plus, lorsque nous examinons la perfection divine nous trouvons en elle, d'une part une puissance indéterminée, d'autre part une essence déterminée en vertu de la perfection ; c'est-à-dire deux natures qui, si elles sont également requises dans la perfection, sont contradictoires entre elles. Donc Dieu n'admet rien qui répugne à la perfection, c'est-à-dire exclut la contradiction absolue. Par contre, les choses qui procèdent de lui peuvent être contradictoires entre elles, c'est-à-dire relativement.

Par là on connaît ce qu'est la liberté divine pour ce qui touche aux vérités éternelles. D'une part, puisque Dieu est parfait, il n'a pu créer les essences que vraies et bonnes, c'est-à-dire convenant à sa perfection. Mais, d'autre part, puisqu'il est au-dessus de l'exclusion mutuelle des contradictoires relatives, il a pu créer des essences telles qu'elles fussent contradictoires entre elles. Si entre elles nous ne trouvons pas de contradiction relative, nous devons penser que c'est la conséquence d'un décret de sa volonté.

Enfin, à cause de cela même, les existences ne procèdent pas de vérités éternelles, comme d'un principe absolument premier. Elles sont, au contraire, créées et maintenues par Dieu immédiatement à chaque moment du temps, leur étant imposé ce complexus d'essences qui est accordé aux fins divines, supérieures aux essences compréhensibles.

Cette doctrine joue assurément un grand rôle dans la philosophie cartésienne. De son examen on tire plusieurs conséquences. D'abord que le doute méthodique s'étend si loin qu'il embrasse même les mathématiques et les vérités éternelles et le principe lui-même de la contradiction relative. Et encore qu'à cette proposition : « Je pense, donc je suis », est attribuée une certitude particulière en tant qu'elle révèle non seulement une essence individuelle que la loi de contradiction relative n'atteint pas, mais encore une existence posée aussi peu que possible hors de l'entendement. Et encore que le critérium de l'évidence est insuffisant tant qu'on n'a pas rendu compte non seulement de la pensée, c'est-à-dire d'une essence qui dépend du principe de contradiction relative, mais encore de la transition introduite entre l'essence et l'existence effective. Et encore, que de toutes les preuves de l'existence de Dieu, celle-ci est première en raison qui démontre qu'en lui essence et existence sont étroitement liées. Ensuite que les principales preuves sont celles qui se tirent d'une part de l'idée du parfait imprimée en notre entendement, d'autre part de la composition de notre existence avec la conscience de notre imperfection, puisque ce sont ces preuves qui nous font connaître le rapport de notre entendement et de notre volonté au Dieu parfait créateur. De là suit qu'en la nature de Dieu on trouve les principes de la connaissance et de l'être. Et, cela posé, l'évidence garantit désormais l'existence en acte de la pensée en même temps que l'enchaînement logique des vérités entre elles et l'existence des choses posées hors de l'entendement. Ainsi est démontrée la distinction entre l'âme humaine pensante et le corps pensé, c'est-à-dire la force effective des mots « Je suis » joints avec les mots « Je pense ». Par là, d'une part, est connue la vérité des essences en même temps que la réalité propre des existences, c'est-à-dire la création immédiate à chaque moment ; ce qui donne à la science un double fondement. D'autre part, est connue aussi la réalité du libre arbitre et de sa forme parfaite, à savoir la liberté ; en même temps que la vérité absolue et la valeur absolue des jugements, c'est-à-dire des déterminations de la volonté, qui s'accordent entièrement avec les idées claires et distinctes de notre entendement ; ce qui donne à la morale un double fondement.

§ II
QUE LES PRINCIPES CARTÉSIENS CONSTITUENT TANTÔT UNE DUALITÉ, TANTÔT UNE UNITÉ

Le propre de cette philosophie est de concevoir l'unité de Dieu comme la causalité réciproque de deux principes contraires entre eux et d'attribuer à toutes les créatures, toutes proportions gardées, une nature semblable.

Donc cette idée d'un Dieu parfait, tel qu'il soit puissance infinie en même temps qu'essence et raison parfaite, tel qu'en soi il relie et amène à l'unité la puissance et la raison par un lien procédant de l'une et de l'autre et dont, enfin, la nature soit d'après cela à la fois une et triple, je dirais qu'elle a pour ainsi dire présidé à l'agencement de la philosophie cartésienne.

Dans ces conditions, toute cette philosophie, quant à ses principes les plus élevés, donne l'idée d'une religion. De là vient qu'en elle l'existence de Dieu apparaît comme devant être abordée et démontrée au plus tôt, afin que tout s'en déduise.

Déjà le doute méthodique et tout le raisonnement à partir de cette proposition « Je pense, donc je suis », ne sont que des degrés par lesquels nous nous acheminons vers Dieu comme vers la fin proposée de la philosophie régressive. Ensuite, toute la philosophie progressive n'est que l'explication de l'essence et de la puissance divines, dans la mesure où elles peuvent être atteintes par notre entendement. De là vient que le Dieu de Descartes n'est pas un Dieu uniquement abstrait et comme dépendant d'un entendement séparé de la volonté, puisque, au contraire, l'existence paraît lui appartenir comme une qualité principale, en dehors de toute raison raisonnée, et qu'elle ne peut être affirmée effectivement, pour ce qui nous concerne, que par une volonté avouant sa faiblesse.

Si on pénètre dans cette doctrine de Dieu, on verra qu'elle revêt un double aspect. Tantôt Descartes, considérant la puissance divine en elle-même et persuadé qu'elle doit être infinie, semble la placer avant l'essence en tant que celle-ci est déterminée. Tantôt, lorsqu'il porte plutôt son attention sur l'essence et qu'il recherche les conditions requises pour qu'elle soit parfaite, il paraît, au contraire, la placer avant l'existence, c'est-à-dire la puissance, en tant que celle-ci ne peut par elle-même rendre raison de soi. Mais quand Descartes affirme qu'il n'y a aucune priorité même rationnelle entre la volonté et l'entendement divins, c'est-à-dire entre la puissance et l'essence, il marque déjà par là que les arguments d'où paraît sortir la priorité de l'une d'entre elles sont accommodés à l'entendement discursif de l'homme (θεωρίας χάριν comme dit Aristote) et possibles parce qu'il existe réellement en Dieu un genre de causalité appelé réciprocité, c'est-à-dire dans lequel l'un ou l'autre des deux peut être considéré comme la cause du second.

C'est pourquoi Descartes se garde également de placer la nature de Dieu dans la seule perfection en acte de peur de rien retirer à sa liberté ou dans la seule puissance infinie de peur de retirer quelque chose à la perfection. Il ne le définit pas non plus comme une loi pure qui, puisqu'elle requiert puissance et essence d'où elle procède, ne paraît pas αὐτάρκης. Mais il affirme que Dieu est aussi bien puissance parfaite que perfection en acte, puisqu'il préfère placer Dieu au-dessus de la compréhension humaine plutôt que d'admettre quelque chose d'imparfait dans sa nature.

Tantôt la distinction de l'essence et de l'existence, tantôt leur égalité et leur unité se retrouvent également chez les créatures, toutes proportions gardées.

Dieu, d'une part, a créé des essences qui sont exclues non pas de toute existence, mais de l'existence effective[a], à savoir les vérités éternelles, et, d'autre part, des existences dépourvues non pas de toute essence, mais de l'essence intelligible, à savoir les moments de la durée chez qui l'antérieur ne rend nullement raison du postérieur [b].

Ensuite Dieu a créé des substances, c'est-à-dire des natures ainsi fondées en essence et en existence qu'aucune des deux ne soit antérieure à l'autre. Elles se divisent, à notre connaissance, en deux sortes, les spirituelles ou pensantes et les matérielles ou pensées.

Il y a dans les substances spirituelles une essence consciente de soi et une puissance, et, tandis que ces deux natures se repoussent, elles sont liées entre elles et s'informent réciproquement au point que c'est tantôt la volonté[c], tantôt l'entendement[d], qui paraît commander à l'âme humaine. L'existence, pour autant qu'elle participe davantage de l'essence, devient libre arbitre, volonté, jugement, bonne volonté et vertu ; l'essence, pour autant qu'elle participe davantage de l'existence, devient idée, entendement, raison, connaissance et science.

Aux puissances spirituelles sont soumises les matérielles qui contiennent aussi puissance et essence mais non pensantes et seulement pensées. Et, l'une donnant sa forme à l'autre, cette puissance se résout en étendue indéfinie, et l'essence en figure et mouvement.

Ainsi la marque du divin artisan est imprimée sur toutes les créatures, sans qu'aucune d'elles puisse s'égaler à Dieu. Dans les substances, il y a bien, comme en Dieu, essence et existence jointes, mais les deux sont imparfaites, et on y trouve, non une unité absolue, mais un simple assemblage. Ainsi les existences pures, c'est-à-dire

a. Premières réponses, § 3.

b. *Principes*, I, 21. – Premières réponses, § 6. – Cinquièmes réponses, § 35.

c. *Médit.*, IV, § 7. – *Lettre à Régius*, Garnier, vol. III, p. 393. (éd. in-12, vol. II, lettre 15). – AT III, 372.

d. *Lettre à un R.P. Jésuite*, Garnier, vol. IV, p. 145 (ed. in-12, vol. II, lettre 46). – *Lettre à D****, Garnier, vol. IV, p. 125-126 (edit. in-12, vol. II, lettre 41). – *Médit.*, IV, § 11. – *Disc. de la Méth.*, III, § 5.

les moments du temps, et les essences abstraites, c'est-à-dire les vérités éternelles, si elles sont parfaites dans leur genre, sont cependant infiniment distantes de la perfection pleine parce que, si elles ne sont pas altérées par leur contraire, elles ne sont pas non plus soutenues par lui. Aussi ni les substances finies ni un être indéterminé ou les vérités éternelles ne peuvent être confondues avec Dieu. Dieu surpasse tout ce que nous sommes capables de comprendre. A son sujet une seule assertion nous est permise, à savoir qu'il est absolument parfait et qu'il est impossible qu'il y ait dans sa nature et dans ses actions quoi que ce soit de contradictoire avec la perfection suprême ; par suite, que Dieu n'agit que selon des fins déterminées puisqu'il est sage, et que ces fins ne doivent pas pouvoir être comprises puisqu'il est infini.

Telle apparaît selon nous la philosophie de Descartes, à qui développe sa doctrine sublime sur ce qui touche à Dieu. Sans doute n'a-t-il pas expliqué ni éclairci lui-même tout ce qui y a trait. Cependant on aura compris que ce n'est pas à la légère et au hasard qu'il a posé pour principe tantôt l'entendement, tantôt la volonté et, en fin de compte, l'unité de l'entendement et de la volonté. Il est vraisemblable que ces trois modes de considérer les choses étaient dans son esprit réduits à un seul. Dans notre examen et dans notre effort pour mettre ces points en lumière, nous n'avons atteint qu'une image bien imparfaite de cette perfection cartésienne en laquelle un esprit des plus féconds et comme infini, et un souci scrupuleux de tout démontrer étaient si justement joints et se prêtaient mutuellement appui.

TABLE DES MATIÈRES[1]

1. La pagination est celle de la réédition Vrin (1985) dont la numérotation est donnée en marge du texte. Cette pagination débute à la page 41 parce que la réédition n'inclut pas la longue préface « La philosophie d'Émile Boutroux » qu'avait signé Léon Brunschvicg dans l'édition originale de 1927.

CONCLUSION
DE LA PHILOSOPHIE CARTÉSIENNE, EN TANT QU'ELLE EST ÉCLAIRCIE PAR LA DOCTRINE PROPOSÉE

ANNEXE III

ARTICLES DE LA BROCHURE *LA PAIX SANS AUCUNE RÉSERVE*

ARTICLE DE FÉLICIEN CHALLAYE DANS *LA PAIX PAR LE DROIT* (NOVEMBRE 1931) « PAIX SANS AUCUNE RÉSERVE »

En face de la guerre et de la paix ; – précisons, pour éviter tout malentendu : de la guerre entre peuples et de la paix entre peuples ; – trois attitudes sont possibles.

Certains proclament la guerre moralement bonne et socialement bienfaisante; ce sont les *bellicistes*. Exemple : Joseph de Maistre [1].

D'autres jugent la paix supérieure à la guerre, mais considèrent la guerre comme nécessaire ou légitime en certaines circonstances. On les a nommés *belli-pacifistes*. Ainsi le maréchal Foch, devant le tombeau de Napoléon, déclare : « la guerre n'est pas le but suprême, car au-dessus d'elle il y a la paix » ; mais il pense que la guerre s'impose en un certain nombre de cas.

D'autres, enfin, condamnent la guerre absolument, quelles que soient les circonstances; ils réclament la paix par tous les moyens, *la paix sans aucune réserve*. Ce sont les *pacifistes*, les partisans du pacifisme intégral. Tel, le plus grand savant du monde, celui que ses pairs (comme Paul Langevin) jugent « un Newton plus grand que Newton », Albert Einstein.

*

Le pacifisme peut procéder de l'égoïsme, d'un *égoïsme* en soi légitime: il est raisonnable de sauvegarder sa propre existence, et de ne la sacrifier qu'à une cause qui en vaille la peine. – Mais l'égoïsme peut aussi bien conduire au bellicisme ou au belli-pacifisme. Beaucoup d'égoïstes tiennent à la guerre, à la condition qu'elle soit faite par d'autres, et qu'elle rapporte à eux-mêmes profit matériel, satisfaction vaniteuse ou distraction. Ce fut le cas des embusqués de la dernière guerre, – qu'il serait abominable

1. Joseph de Maistre (1753-1821). Ecrivain et philosophe français contre-révolutionnaire.

de confondre avec les *objecteurs de conscience*; – ce fut le cas des profiteurs du grand massacre.

*

Plutôt que de l'égoïsme, le pacifisme procède d'idées morales. Il représente l'application aux rapports entre les peuples non point d'une morale rare et exceptionnelle, mais de la morale courante : « *Tu ne tueras point* » ; « *Tu aimeras ton prochain comme toi-même* ».

La guerre représente la suppression ou, plutôt, le renversement des règles les plus précises de cette morale courante : alors qu'en temps de paix on doit ne pas tuer, ne rien prendre aux autres, ne pas causer de peine autour de soi, en temps de guerre, on doit tuer, voler, créer le plus de souffrances possible à l'adversaire afin de lui imposer sa propre volonté. La guerre, c'est le vol et l'assassinat généralisés. Or Victor Hugo l'a bien dit : « l'agrandissement d'un forfait n'en saurait être la diminution... Si tuer est un crime, tuer beaucoup n'en peut être la circonstance atténuante ».

*

Il est vrai que le pacifisme intégral procède de la morale courante. Mais il est faux qu'il soit lié logiquement à la conception tolstoïenne de la non-résistance au mal.

Certes le tolstoïen doit être pacifiste intégral; mais le pacifiste intégral n'est pas nécessairement tolstoïen.

Le pacifiste intégral, celui qui réclame, *la paix à tout prix entre les peuples*, peut très bien *admettre la légitime défense individuelle et familiale*. La légitime défense individuelle ou familiale n'a de commun que le nom avec la défense nationale, la prétendue défense nationale. La légitime défense individuelle ou familiale a pour but, et souvent pour *résultat le salut de quelques existences précieuses* – la soi-disant défense nationale a toujours pour conséquence *la destruction d'innombrables existences précieuses*. Différence radicale, essentielle, entre ces deux faits désignés, à tort, par le même terme.

L'image touchante et respectable du vaillant qui défend sa mère, sa femme ou son enfant contre des assassins ou des barbares, ne doit pas être évoquée pour légitimer le massacre d'innocents qui ne menacent en rien ni les nôtres ni nous-mêmes. La confusion entre ces deux actes, que l'on rencontre si souvent dans les discours officiels, est une illusion ou un mensonge ; illusion de naïf ou mensonge de politicien.

S'il n'hésite point à employer la force pour défendre sa mère, sa femme ou son enfant, le pacifiste intégral pourra très logiquement l'appliquer à empêcher autour de lui tout acte de violence injustifiable, dans la mesure de sa puissance et de son courage. Il volera au secours du pauvre diable attaqué par un bandit, ou du malheureux juif victime d'un pogrom. Il pourra participer à la révolte contre un oppresseur, si de cette révolte peut évidemment résulter l'allégement de certaines souffrances. On peut par exemple être pacifiste intégral et participer à une insurrection contre des gouvernants assez criminels pour précipiter le peuple dans un conflit armé.

La guerre civile, la guerre sociale sont essentiellement différentes de la guerre étrangère. La condamnation de la guerre entre peuples n'entraîne point nécessairement la condamnation de la guerre sociale. La *lutte des classes* n'est pas un idéal ; c'est un fait ; c'est peut-être, comme l'enseigne Karl Marx, le fait essentiel de l'histoire. Il y a toujours eu dans le passé, il y a encore dans le présent, des hommes qui possèdent sans travailler, souvent sans avoir jamais travaillé, et des hommes qui travaillent sans posséder, souvent sans pouvoir arriver à posséder. Ceux qui possèdent font travailler à leur profit ceux qui ne possèdent pas. Entre ces deux groupes d'hommes, entre ces deux classes, il y a lutte, inévitablement. Il s'agit d'atteindre à une société où il n'y aura plus ni classes, ni lutte de classes ; où tous travailleront pour tous et participeront équitablement aux produits du travail de tous. Pour conquérir cette société juste, si la lutte révolutionnaire est indispensable, on doit vouloir cette lutte. L'un des buts que visent les dirigeants lorsqu'ils créent ou maintiennent artificiellement des oppositions entre peuples, c'est précisément de retarder, ou de masquer, la lutte entre classes...

C'est la guerre entre peuples, seulement, qu'interdit le pacifisme intégral tel qu'il est ici défini. Pour quelle raison ?

*

La raison décisive, c'est que les maux de la guerre l'emportent infiniment sur les inconvénients de n'importe quelle autre solution appliquée aux conflits entre peuples.

Toute décision humaine est à la fois choix et sacrifice. Nécessairement elle entraîne l'abandon des profits qu'aurait eus la décision contraire. Elle comporte certains désavantages, certains risques. Toute la question est de savoir de quel côté se trouve le maximum d'avantages ou d'inconvénients. La raison a, ici, pour principal rôle d'établir ce bilan.

Si ma maison est envahie par des insectes, je pourrais, en la brûlant, me débarrasser de ces hôtes importuns. Mais l'avantage d'être délivré des insectes ne compense pas le désavantage d'être privé de maison.

La réflexion va nous permettre de comparer les maux qu'engendre la guerre et ceux auxquels pourrait aboutir la renonciation à toute guerre.

*

Maux de la guerre... Le pacifisme intégral, qui n'est pas l'acceptation bêlante de toute violence, n'est pas non plus un tissu d'abstractions, ni une utopie construite de toutes pièces par une imagination ne tenant aucun compte des faits. C'est, au contraire, une doctrine vivante, développée au contact du réel, nourrie d'expérience.

L'expérience, ici, c'est celle de la dernière grande guerre, celle de 1914-1918.

Maux de la guerre : plus de 10 millions de morts militaires (sans compter les morts civils), – dont plus de 1.400.000 morts français. – 3 millions de disparus, qu'on peut ajouter au chiffre des morts. – Plus de 16 millions de blessés, dont plus de deux millions et demi de blessés français.

Des ruines matérielles innombrables. Des frais de guerre évalués à un chiffre qui varie selon les économistes, entre 1.000 et 2.000 milliards de francs-or (selon la *Banker Trust C°* de New York, 1.812 milliards de francs-or; 1.812.000.000.000 francs-or). Le gaspillage de sommes qui, dépensées en œuvres de paix, auraient assuré une vie confortable à toutes les familles de tous les États belligérants.

Une infinité de souffrances, qu'il faut rappeler pour dresser le bilan de la guerre :

Souffrances des combattants, même lorsqu'ils ne combattaient point; lorsqu'ils se traînaient sur les routes, suant de chaleur ou grelottant de froid, écrasés sous le sac chargé à plein, avec le campement et la toile de tente, avec le bidon et les deux musettes, avec les cartouchières, l'outil, le fusil, parfois les grenades; lorsqu'ils croupissaient dans la boue des tranchées, sous la pluie ou sous la neige, auprès des cadavres, parmi les rats, les puces, les poux, menant parmi les bêtes une vie de bête, de bête malheureuse; Souffrances des combattants quand ils combattaient, les entrailles serrées par la peur, le corps déchiré par les balles ou par les éclats d'obus, ou brûlé par les lance-flammes, les poumons étouffés par les gaz, les membres arrachés, pendants ;

Souffrances des prisonniers ;

Souffrances durables des mutilés, des amputés, des gueules cassées, des gazés, des aveugles (il y a des hommes que la guerre a laissés sans mâchoires, avec un énorme trou au bas du visage ; d'autres qui n'ont plus ni bras ni jambes, troncs vivants) ;

Souffrances des non-combattants, des parents, de celles des femmes qui aimaient leur mari; tous attendant, redoutant, chaque matin de chaque jour, pendant plus de quatre années, la terrible nouvelle, et dont tant ont fini par la recevoir, et dont beaucoup traînent, depuis, une vie solitaire et sans joie ;

Souffrances des orphelins ;

Souffrances de tous ceux que la guerre a matériellement ruinés, pendant que s'enrichissaient, à leur détriment, quelques habiles; chômage, atroce misère de beaucoup;

Souffrances morales, incalculables, provoquées par l'abaissement des caractères, dans tous les milieux; depuis les intellectuels, transformés en policiers de l'esprit, chargés de « maintenir le moral » par le mensonge, jusqu'à certains héros du front revenus avec l'habitude du pillage et du meurtre, et qui se transforment aisément dans la vie civile, en bandits et en assassins.

Telle est l'expérience, – l'expérience d'un passé récent, – qu'invoque, qu'a le droit d'invoquer le pacifisme intégral.

*

Et il a le droit d'invoquer aussi un fait présent gros de conséquences futures : c'est que, dans tous les pays du monde, ont été découverts de *nouveaux moyens de guerre*; des moyens de guerre si terribles qu'ils pourraient amener promptement l'extermination des peuples.

Sans entrer ici dans des détails techniques, on peut affirmer que, si la guerre devait recommencer, les belligérants pourraient ajouter, aux procédés anciens qui ont tué dix ou treize millions d'hommes, des procédés nouveaux, infiniment plus efficaces, procédés physiques, chimiques et biologiques : bombes incendiaires, capables de brûler, en un temps bref, villes et villages ; gaz qui rendent aveugle, qui étouffent brusquement ou asphyxient lentement, qui détruisent les muqueuses en les couvrant d'abcès, qui font disparaître la vie partout où ils se répandent, – et ils pourraient se répandre et pénétrer partout, empoisonnant pour longtemps la terre et les eaux ; – bacilles propageant les épidémies, le choléra, le typhus.

En dépit des mensonges que répand, à son ordinaire, la presse vénale, impossible d'arrêter les avions chargés de ces bombes à gaz ou à microbes, et capables de voler au-dessus de tout obstacle. Aucune possibilité d'échapper au danger mortel, ni au moyen de masques, ni dans des abris.

La guerre nouvelle serait la destruction simultanée des combattants et des non-combattants, vieillards, femmes, enfants ; *l'extermination des peuples.* La guerre nouvelle *serait la destruction, sinon de l'humanité tout entière, du moins de ses groupes les plus évolués.*

S'il est vrai que ce soit l'humanité qui donne son sens à la planète, – l'humanité créatrice d'art, de science, de pensée philosophique et religieuse, – la guerre possible anéantirait toutes les valeurs qui donnent une signification à l'existence ; elle enlèverait à notre terre sa raison d'être.

La guerre n'est pas un mal relatif, un mal parmi d'autres maux. Elle est le pire des maux, le mal par excellence, le mal absolu.

A mal absolu, remède absolu ; pacifisme intégral ; paix sans aucune espèce de réserve.

*

Que placerons-nous, maintenant, sur l'autre plateau de la balance ? Que considérerons-nous comme avantage possible de la guerre, comme danger possible du pacifisme intégral qui se refuse à toute guerre ?

La meilleure des raisons que donnent les belli-pacifistes, c'est que la guerre peut sauvegarder l'indépendance nationale.

Reconnaissons volontiers le droit à l'indépendance nationale ; proclamons-le pour tous (y compris les indigènes des colonies actuellement soumises à des maîtres étrangers). Oui, c'est un droit pour tous les peuples que de vivre, s'ils le préfèrent, en formant l'un de ces groupements que l'on appelle un État ; – à la condition, bien entendu, que ce groupe respecte les droits des autres groupes et les droits de l'humanité. Il est souhaitable même, dans l'intérêt de la pensée et de la sentimentalité humaines, que se maintiennent certaines originalités nationales.

Mais, d'abord, ni la guerre ni la défense par les armes ne sont nécessaires ni ne suffisent au maintien de l'indépendance des patries.

La République d'Andorre, le Luxembourg, la Suisse, le Danemark, etc., ne pourraient résister militairement à aucun de leurs grands voisins. Et ces petits pays subsistent sans qu'aucun de leurs grands voisins attente à leur vie nationale.

D'autre part, la guerre n'assure pas nécessairement l'indépendance d'un peuple. Le résultat d'un conflit armé est toujours aléatoire. L'entreprise belliqueuse peut échouer, aboutir à la perte de cette indépendance tant chérie.

Dans le plateau de la balance opposé à celui des incontestables maux de la guerre, ce n'est pas la certitude de l'indépendance nationale que nous devons placer, c'est seulement la possibilité, la chance de peut-être la sauvegarder par la guerre.

Postulons, cependant, que toujours la guerre aboutisse au maintien de l'indépendance nationale : il faut se demander à quel prix.

Si nous nous rappelons l'ensemble des maux qu'amène la guerre, nous sommes conduits à conclure que *l'indépendance de la nation ou de l'une quelconque de ses régions est, aujourd'hui, payée trop cher si elle est payée d'une guerre.*

PLUTOT L'OCCUPATION ÉTRANGÈRE QUE LA GUERRE. – L'acceptation de cette formule pourrait être le critère séparant les vrais pacifistes des belli-pacifistes.

Certes le joug étranger peut être lourd; nul ne peut en contester les inconvénients, pas plus en Europe qu'aux colonies. Mais le mal de la guerre est pire. PLUTOT L'OCCUPATION ÉTRANGÈRE QUE LA GUERRE.

D'ailleurs aujourd'hui, les peuples se ressemblent extrêmement par delà les frontières. Les mêmes capitalistes exploitent les mêmes prolétaires. Les préfets des divers gouvernements se valent. Les travailleurs en uniforme, qui constituent la masse des armées, ne sont pas fort différents des travailleurs civils parmi lesquels ils camperaient. Cette uniformité réduit les inconvénients de l'occupation étrangère; alors que, chaque année, avec le progrès de la science, croissent les maux d'une guerre possible... PLUTOT L'OCCUPATION ÉTRANGÈRE QUE LA GUERRE.

Qui a visité, tout de suite après la guerre, le nord de la France et la Belgique a constaté avec stupeur le contraste entre une région défendue par les armes et une région occupée sans combat : Arras était en ruines, et Bruxelles intacte.

L'argument, puissant pour le passé, devient irrésistible si l'on pense aux effets d'une guerre physique, chimique et bactériologique. La défense de la nation par les armes serait, à la fois, la destruction des monuments de son passé et l'anéantissement des hommes présents, qui portent les germes des hommes futurs. *La défense de la nation serait la mort de la nation.*

Impossible par les armes, la défense nationale peut se faire à l'aide d'autres procédés que la guerre : la résistance passive et la non-coopération à la manière de Gandhi; l'appel à la conscience du peuple envahisseur; l'appel à la conscience des autres peuples, qui peuvent boycotter économiquement et financièrement l'État agresseur (moyen d'action puissant à une époque où tous les pays ont, économiquement et financièrement, besoin les uns des autres).

Ces procédés ne sont pas d'une efficacité certaine ? Non, mais la guerre ne l'est pas non plus. A supposer qu'ils soient efficaces, ils ne le seront pas immédiatement?

Certes. En tout cas, ils épargneront les horreurs d'une guerre, calamité suprême, mal absolu.

*

Une fois que l'on a, – en pesant, avec la gravité qui convient, le pour et le contre, – renoncé à la défense par les armes de l'indépendance nationale, il est impossible d'accorder aucune valeur aux autres raisons de guerre.

Le déplacement d'une frontière, qui n'était pas la même il y a deux ou trois cents ans, qui ne sera pas la même dans deux ou trois siècles, ne justifie pas une guerre, ne légitime pas ses maux. Le payement d'un tribut ne compense pas les pertes (matérielles et humaines) d'une guerre ni les frais de la coûteuse paix armée qui la précède et la suit.

Les industriels qui s'enrichissent dans les fournitures militaires et dans les industries de guerre, les journalistes et les parlementaires à leur solde, les dirigeants désireux de voir leur nom figurer dans l'histoire belliqueuse de l'humanité, parlent de servir, par la guerre, « les grands intérêts nationaux ». Ils désignent ainsi leurs intérêts privés dans le cadre national. Le véritable intérêt national, c'est que le peuple échappe au massacre et à l'extermination ; c'est aussi que la suppression des dépenses faites pour la préparation de la guerre permette de lutter efficacement contre la tuberculose, contre le chômage, de mettre fin aux pires misères, de donner du bon lait à tous les enfants, du pain, des vêtements, un intérieur convenable, une culture suffisante à tous les hommes.

Les considérations précédentes valent pour les guerres coloniales, qui sont des guerres elles aussi, bien qu'on se trouve ici en face d'adversaires désarmés ou moins armés, sur lesquels l'héroïsme militaire peut s'acharner à moins de risques. Le pacifisme intégral doit repousser toute guerre coloniale, condamner en principe la colonisation née de la guerre, réclamer, dès que les peuples en manifestent évidement le désir, la libération des colonies.

Les moyens par lesquels pourrait être sauvegardée, sans l'intervention des armes, l'individualité nationale, sont les mêmes que ceux par lesquels l'indépendance nationale pourra être obtenue, sans guerre, dans les colonies. Actuellement, dans l'état des forces en présence, l'insurrection à main armée des peuples soumis aboutirait à l'inutile massacre de leurs élites. Mais les indigènes, quand ils seront unis, pourront imposer, par de puissantes actions de masse, – grèves, refus d'impôts ou moyens analogues, – leur volonté à leurs oppresseurs. Et ils peuvent compter, dans les métropoles, sur l'aide des classes qui ne profitent point de leur exploitation. Les moyens de libération efficaces, c'est l'union des indigènes entre eux, qui fera leur force ; et dans les métropoles, l'union de tous les travailleurs manuels et intellectuels, qui seule les rendra assez puissants pour réaliser partout la suppression de tous les privilèges de classe et de race…

*

Ayant ainsi rejeté toutes les raisons nationales de conserver la guerre, peut-on laisser subsister quelque raison d'ordre international ?

Etrange conception que celle de certains de nos belli-pacifistes. Ils voudraient voir notre peuple constamment attentif à toutes les injustices qui risquent de se commettre dans le monde, et les corrigeant par la force armée. Dès que notre peuple serait convaincu d'une injustice (et la presse vénale aurait vite répandu dans l'opinion publique la foi en l'innocence du gouvernement qui l'aurait le mieux payée, et en la culpabilité de l'État adverse), alors nous enverrions armée ou marine soutenir la victime ! Guerre pour le droit ! Guerre perpétuelle ! Eternelle croisade ! *Gesta Dei per Francos !*

Le pacifisme intégral répond : la guerre, qui est l'accumulation des pires injustices, d'innombrables injustices, ne peut créer la justice. Le massacre des innocents, l'extermination des peuples ne peut être un moyen de réaliser la paix par le droit.

A l'avenir, méfions-nous des mouvements d'opinion suscités par la presse vénale ! Si d'honnêtes gens nous démontrent qu'une injustice va s'accomplir dans le monde, nous ferons appel aux forces spirituelles et aux forces économiques sur lesquelles nous comptons pour sauvegarder notre propre indépendance : même si leur intervention est lente ou peu efficace, elle vaudra mieux qu'une guerre. Car tout vaut mieux que la guerre, qui n'est pas seulement crime, mais déraison.

*

Appliquons ces formules, pour les présenter de façon plus vivante, à trois événements historiques récents.

En juillet 1914, l'Autriche-Hongrie veut imposer à la Serbie l'envoi d'une commission d'enquête chargée de rechercher les responsables du meurtre de Sarajevo. Postulons, – ce qui est loin d'être certain, – que les autorités serbes aient eu, en cette affaire, les mains pures. Admettons qu'il eût été fâcheux que cette commission d'enquête étrangère fonctionnât en Serbie. Etait-il raisonnable, était-il équitable, était-il conforme à l'intérêt de l'humanité, et, d'abord, du peuple serbe lui-même, pour éviter l'intervention de cette commission d'enquête, de déclencher la guerre mondiale ? De quel côté était le plus grand mal ? S'il était possible de refaire l'histoire, quel est l'homme de bon sens qui ne se résignerait point à laisser fonctionner cette commission d'enquête, pour ressusciter les dix ou treize millions de morts ?...

Quelques années après la signature du Traité de Versailles, comme l'Allemagne n'a pas livré le nombre fixé de poteaux télégraphiques, la France de M. Raymond Poincaré occupe la Ruhr. Les troupes françaises y commettent de graves injustices. Mais le peuple d'Allemagne, désarmé, ne peut opposer que la résistance passive. Heureusement pour lui ! Certes l'occupation de la Ruhr a fait souffrir les populations envahies et, par contre-coup, par sympathie, tout le peuple allemand ; mais elle les a fait souffrir infiniment moins que ne les eût torturés une guerre destinée à empêcher cette occupation. Plutôt l'occupation étrangère que la guerre ! Quelques mois après, d'ailleurs, des forces de nature différente combinant leur action, la résistance passive de la population occupée, les protestations des Français les plus généreux et l'opposition des nations étrangères libéraient la Ruhr de l'occupation française.

En septembre 1931, les troupes japonaises destinées à protéger le chemin de fer sud-mandchourien, attaquent, à Moukden, les troupes chinoises. Au premier moment, les autorités mandchoues et chinoises prescrivent à leurs soldats de ne point s'opposer à cette action violente. Cette non-résistance a pu causer au peuple mandchou certaines complications pénibles. Mais elle l'a momentanément sauvé de pires catastrophes : Moukden, si elle avait été défendue, serait aujourd'hui en cendres. – Plus tard, les troupes chinoises sont intervenues : leur action a-t-elle amélioré la position des peuples mandchous et chinois ? ...

*

Si aucune raison d'ordre général ne justifie la guerre, aucune raison d'ordre individuel ne peut légitimer la participation au massacre. Aucun vrai devoir ne nous oblige à tuer ni à risquer d'être tué. Aucun intérêt individuel ne compense les dangers courus.

Si les profiteurs de la guerre étaient obligés de la faire, ils préféreraient n'en point profiter et demeurer en paix. Aucun sentiment contraire à la paix n'est justifiable devant la raison : écoutons comment, entre eux, les anciens combattants apprécient ce qu'on nomme la gloire de périr ou d'être blessé au « champ d'honneur ».

*

L'étude précédente impose plusieurs conclusions.

D'abord, l'adhésion sans réserve à la noble formule du Newton contemporain, Albert Einstein, qui, appliquant au formidable problème de la guerre sa géniale intelligence a déclaré :

> *En cas de guerre, je refuserais tout service militaire direct ou indirect, et je m'efforcerais de persuader mes amis d'en faire autant, sans tenir compte des droits ou des torts quant à l'origine du conflit.*

(Remarquons que cette formule n'impose pas nécessairement le devoir de refuser en temps de paix le service militaire : on peut admirer les héros qui refusent d'apprendre à tuer, afin d'éveiller la conscience du peuple, et cependant ne pas conseiller ce geste à la moyenne des jeunes gens, à cause du bouleversement qu'il entraîne dans l'existence individuelle ; l'essentiel est qu'en apprenant l'usage des armes on se promette fortement de ne pas les employer dans une guerre entre les peuples).

Ainsi, devant notre conscience nous reconnaissons à nous-mêmes, et, en face de la société, nous sommes prêts à défendre, LE DROIT A LA PAIX, c'est-à-dire *le droit, pour le citoyen, de ne point participer au crime qu'est la guerre, le droit de n'être pas tué et de ne pas tuer pour une querelle entre États*.

Si la guerre éclatait, quand même, nous la considérerions comme un cataclysme semblable à un tremblement de terre ou à un ras de marée ; – résignés à notre propre mort, et prêts à secourir les victimes, à la condition formelle que cette assistance ne puisse aider en rien à l'œuvre de mort…

Ce cataclysme, qui n'est point fatal, mais qui est amené par des volontés et des résignations humaines, il faut tout faire pour l'empêcher. Il faut organiser la résistance préalable à la guerre, utiliser ensemble tous les moyens d'action possible. L'un de ces moyens, dont l'emploi dépend des travailleurs organisés, c'est la grève générale contre la guerre.

Autre conséquence, celle-ci se rapportant à la société tout entière : le *désarmement. La renonciation à la guerre est une hypocrisie si elle ne s'accompagne point de la renonciation aux moyens de guerre.*

L'objection que les armements sont nécessaires à la sécurité est puérile : la sécurité que procurent les armements, c'est celle dont les combattants ont joui à Perthes-les-Hurlus en 1915 et à la cote 304 en 1916 !

Certes il est infiniment souhaitable que tous les peuples désarment le plus tôt possible, et ensemble. Mais un peuple n'a pas besoin d'attendre, pour renoncer aux moyens de meurtre, que ses voisins aient compris comme lui la valeur de la paix et l'horreur de la guerre. Le courant vers la paix est déjà assez puissant, dans tous les pays du monde, pour que l'exemple d'un seul exerce immédiatement la plus satisfaisante influence.

Le pacifisme intégral réclame donc, en chaque peuple, *le désarmement même unilatéral, total et immédiat*.

Il se résigne, d'ailleurs, à ce que cet idéal se réalise par étapes, dans une mesure que détermine l'état de l'opinion publique. Mais il importe que le but de cette évolution apparaisse en pleine lumière.

Le désarmement est la condition et la garantie du règlement pacifique de tous les conflits internationaux par l'arbitrage. C'est seulement dans une humanité sans armes que se réaliseront la paix définitive et la parfaite justice.

RÉPONSE DE T. RUYSSEN DANS *LA PAIX PAR LE DROIT* (JANVIER 1932)[1] « PAIX SOUS RÉSERVES »

En publiant, en novembre dernier, l'article de M. Félicien Challaye, « La paix sans aucune réserve », la Rédaction de *la Paix par le Droit* a témoigné une fois de plus du libéralisme avec lequel elle accueille l'exposé de thèses fort diverses, même lorsque celles-ci ne s'accordent pas avec les principes auxquels elle demeure fermement attachée. Plusieurs lecteurs se sont même émus de voir une Revue, qui a une tradition doctrinale bien établie, se prêter à l'expression d'un « pacifisme intégral », qui n'a assurément rien de commun avec le « pacifisme juridique » que l'on professe ici. Ils oublient que cette Revue, dans la pensée de ses rédacteurs, est une « tribune libre », dont les articles n'engagent que leurs signataires. Mais sans doute eût-on mieux fait, de rappeler, à l'occasion de l'article de M. Challaye, ce libre caractère de notre périodique, afin de rassurer à l'avance tel lecteur fidèle, qui a pu douter un instant que *La Paix par le Droit* restât fidèle à son programme.

Quoiqu'il en soit, nos lecteurs connaissent, par l'article de M. Challaye, une forme de pacifisme radical, auquel ne manquent ni la sincérité, ni une certaine rigueur logique. Il est temps de dire, à notre tour, en quoi cette doctrine ne saurait nous satisfaire, et la générosité avec laquelle nous lui avons permis de s'affirmer, nous permettra aujourd'hui de la discuter sans ménagement.

*

La thèse de M. Challaye a, tout au moins, un mérite, celui d'une extrême simplicité. Si l'auteur n'admet la légitimité d'aucune espèce de guerre, c'est que, « *les horreurs de la guerre l'emportent infiniment sur les inconvénients de n'importe quelle solution appliquée aux conflits entre peuples* ». Suit l'émunération des « maux de la guerre » : des morts par millions, des « ruines matérielles innombrables », une

1. Théodore Ruyssen (1868-1967), normalien, professeur de philosophie à l'Université de Bordeaux. Protestant libéral, membre dans sa jeunesse de l'association de jeunes protestants nîmois « La paix par le droit », fondée en 1887. Inspiré par l'« école de Nîmes » animée par Charles Gide, Frédéric Passy ou Léon Bourgeois, il fait du *Projet de paix perpétuelle* de Kant sa référence centrale. En 1913 les Camelots du roi interrompent ses cours à Bordeaux et manifestent contre lui à Paris car il avait, lors d'un voyage en Alsace, réclamé pour les Alsaciens-Lorrains un statut d'autonomie à l'intérieur du Reich allemand et refusé que leur situation puisse se régler par une guerre entre la France et l'Allemagne. Le président américain Wilson lui apparaît ainsi en 1918 comme un continuateur de Kant et Ruyssen assurera le « Secrétariat général des organisations des différents pays en faveur de la SDN » de 1921 à 1939. A la veille de la guerre, dans le numéro d'octobre 1938 de *La paix par le droit*, très lucide, il estime que Munich est une paix « hors du droit » et une « nouvelle capitulation », et ne fait aucune confiance à la parole d'Hitler. Sur ces questions, *cf.* R. Fabre, « Un exemple de pacifisme juridique. Théodore Ruyssen et le mouvement « La paix par le droit », (1884-1950) », *Vingtième Siècle. Revue d'histoire*, n° 39, juillet-septembre 1993, p. 38-54.

« infinité de souffrances », atteignant tour à tour ou ensemble combattants, blessés, prisonniers et non-combattants. A ces « maux » des guerres passées, l'auteur ajoute les horreurs souvent décrites de la guerre de demain : celle des avions et des gaz. Or, une guerre qui atteint ces proportions paraît à M. Challaye dépasser les limites du relatif; elle est « le mal par excellence, LE MAL ABSOLU » ; et nous voici soudain, sans trop savoir comment, en pleine métaphysique !

Y a-t-il du moins quelque raison qui puisse encore déterminer des gens raisonnables à affronter les épouvantes des guerres nouvelles ? M. Challaye n'en voit qu'une, qu'il ne cite d'ailleurs que pour la rejeter avec dédain : le souci de l'indépendance nationale. Mais autant M. Challaye est pathétique quand il énumère les maux de la guerre, autant il se montre tiède à l'égard du droit des peuples à disposer d'eux-mêmes. Il « reconnaît volontiers » ce droit : il trouve « souhaitable même... que se maintiennent certaines originalités nationales » ; mais que cette indépendance mérite des efforts et des sacrifices ? Nenni ! D'abord, une guerre de défense d'un petit peuple contre un plus puissant « peut échouer ». C'est un aléa à courir et visiblement M. Challaye n'aime pas les risques. Il nous parle d'ailleurs avec attendrissement de la sécurité dont un peuple faible peut jouir à côté d'un grand. O Danois, écrasés par Bismarck en 1864, que pensez-vous de cet optimisme ? A tout prendre d'ailleurs, – et c'est là l'essentiel de la thèse de M. Challaye, car il a soin de l'imprimer en gros caractères – « PLUTOT L'OCCUPATION ÉTRANGÈRE QUE LA GUERRE », car « les mêmes capitalistes exploitent les mêmes prolétaires, les préfets des divers gouvernements se valent » ; de sorte que l'occupation étrangère ne comporte rien de plus que ce que M. Challaye appelle gentiment par deux fois des « inconvénients ».

Nous avons reproduit avec une scrupuleuse exactitude la théorie de M. Challaye, et sans doute le lecteur effaré se demandera-t-il : « Est-ce là vraiment tout ? ». Pour soutenir cette maxime osée : la paix sans aucune réserve, ce philosophe, ce professeur n'a-t-il vraiment rien trouvé de plus fort, de plus convaincant ? Non, c'est bien tout, et le comble est que M. Challaye assure qu'il nous offre une « doctrine vivante, développée au contact du réel et nourrie d'expérience ».

*

Non, Challaye, votre doctrine n'est pas vivante; elle est mortelle, elle est figée dans l'abstrait, elle est à cent lieues de l'expérience et de la vie.

Car, tout d'abord, vous faites bon marché de l'histoire. Il n'est pas vrai qu'un petit peuple soit condamné d'avance à la défaite. Quand le flot des barbares venus d'Asie menaça de submerger les petites cités helléniques, tout homme raisonnable aurait parié pour Xerxès et pour Darius. Mais l'histoire n'aurait pas enregistré ces dates éternellement fixées dans la mémoire des hommes : Marathon et Salamine, et le « miracle grec » ne se fût pas opéré.

En 1864, tout homme raisonnable devait parier pour l'Allemagne contre le Danemark, qui, en effet, fut battu; mais si les Danois n'avaient pas, pendant cinq semaines, à Duppel, héroïquement résisté par les armes, l'histoire n'aurait pas par la suite imposé à l'Allemagne le plébiscite que Bismarck avait promis, mais qu'il avait négligé d'organiser, et qui permit au Schleswig de rentrer sans coup férir dans la communauté danoise, de par la justice d'un traité réparateur.

En 1914, tout homme raisonnable – raisonnable à la manière du professeur Challaye – pouvait parier pour Guillaume II contre Albert Ier. Mais si le roi des Belges, reniant sa signature, avait livré passage aux armées du Kaiser, la guerre eût sans doute tourné tout autrement; le redressement de la Marne et de l'Yser eût été impossible. La conséquence ? C'était peut-être l'annexion totale de la Belgique et le démembrement de la France; en tout cas, il n'y aurait aujourd'hui ni une Pologne ni une Bohème ressuscitées, ni une Alsace-Lorraine redevenue française, conformément à ses aspirations, bref aucune de ces restaurations du droit, auxquelles M. Challaye semble attacher peu de prix. Mais son échelle des valeurs n'est décidément pas la nôtre.

Vous vous extasiez, Challaye, en constatant que Bruxelles, où l'on ne s'est pas battu, est demeurée intacte, tandis que sur la ligne de feu Senlis et Saint-Quentin furent anéanties. Vous feriez peut-être mieux, sur ce point, de consulter les Bruxellois et de leur demander ce qu'ils eussent préféré des « inconvénients » d'une domination étrangère, ou de la destruction d'une partie de leur élégante cité.

Vous prenez encore d'étranges fantaisies avec « l'expérience », quand vous assurez que « tous les préfets se valent ». Les petits paysans de Posnanie qui, vers 1910, étaient fouettés parce qu'ils ne pouvaient réciter leur catéchisme en allemand sont aujourd'hui des hommes, et ils pourraient vous dire pertinemment ce qu'ils pensent de l'administration prussienne, d'ailleurs méthodique et probe, dont, enfants, ils ont connu les douceurs. En Alsace-Lorraine, aussi, pendant la période allemande, il y avait des « Kreis-direktoren » excellents; la voirie était soignée, les municipalités attentives à l'hygiène; les édifices publics, solides et fastueux, se multipliaient; le « Pays d'Empire » participait à la prospérité générale du Reich. N'empêche qu'en 1913 j'ai encore vu à Strasbourg, Colmar et Mulhouse des vieillards sangloter, après quarante-deux ans d'annexion, dans leur regret de n'être plus Français, tandis que ceux-mêmes qui se résignaient à leur sort ne pouvaient tolérer d'être traités en citoyens de seconde classe, d'être les sujets des gens d'outre-Rhin, alors que leurs voisins badois et bavarois étaient maîtres chez eux.

Et supposez, Challaye, qu'une guerre, toujours possible, aboutisse à l'annexion à l'Italie de tout la rive gauche du Rhône: vos collègues des Universités d'Aix-Marseille et de Grenoble seraient aujourd'hui tenus de prêter le « serment fasciste », sous peine d'être réduits, eux et leur famille, à mourir de faim. Simple « inconvénient », n'est-ce pas ?

Ah ! Challaye, combien votre raison simpliste est ignorante des complexités de la vie; combien votre logique s'accorde mal avec les solides réalités de l'expérience morale ! Et combien votre philanthropie est au fond méprisante pour vos semblables ! Car s'il y avait dans votre théorie une ombre de réalité humaine, les générations innombrables qui se sont sacrifiées pour servir les ambitions des « tyrans » ou les calculs des « capitalistes », seraient tout simplement des cohues d'imbéciles ou des bandes de fous. Or, si des millions d'hommes ont consenti à subir les pires souffrances, c'est sans doute qu'il y avait, comme ressort de leur action, autre chose que votre myopie mentale n'aperçoit pas.

*

Il y d'abord le sentiment de la justice, cette justice dont pas un seul mot de votre article ne révèle le souci. A peine êtres-vous sensible aux « inconvénients » de l'occupation militaire (vous l'étiez sans doute davantage quand, à la Ligue des Droits de l'Homme, vous réclamiez, je n'en doute pas, l'évacuation anticipée de la rive gauche du Rhin), mais vous ne soufflez mot de l'intolérable iniquité que représente une annexion prononcée sans plébiscite. Or, à la base de la guerre défensive, – la seule, bien entendu, qui puisse se justifier – il y a la réaction élémentaire, irrésistible de l'homme qui, voyant son foyer envahi et pillé par un intrus, cherche d'emblée à le bouter dehors. Certes, si le gendarme est proche et si des tribunaux de police fonctionnent, cet homme serait plus avisé d'y recourir ; mais le gendarme international n'existe pas encore et la justice des nations commence à peine à s'ébaucher. En faut-il une autre preuve que l'affaire de Mandchourie ?

Vous répondrez peut-être qu'autre chose est protéger son foyer et autre chose défendre son pays, c'est-à-dire, dans presque tous les cas, le foyer des autres ; car, dans votre article, vous admettez qu'un homme défende, même par la force, sa femme et ses enfants attaqués par un malfaiteur. Mais vous vous arrêtez à mi-chemin dans une situation intenable. De deux choses l'une, en effet, ou le seul bien qui compte est la vie terrestre et, en ce cas, le père de famille est sage qui se met à l'abri tandis qu'un meurtrier massacre les siens ; ou bien l'individu n'est complet que dans la mesure où il s'encadre dans un milieu social, alors pourquoi limitez-vous ce cadre à la famille, et pourquoi méconnaissez-vous les liens de solidarité qui unissent le citoyen à la collectivité politique dont il fait partie ?

On a fait du « cliché patriotique » un si écœurant abus et la politique a exploité le sentiment national avec un si scandaleux cynisme, que je me garderai bien d'écrire ici une seule ligne de simple littérature. Je me borne à constater comme un fait social, dont le philosophe Challaye semble n'avoir pas la moindre idée, l'extraordinaire puissance du sentiment national, puissance non pas diminuée, mais accrue à l'évidence par les événements des vingt dernières années. J'ai peut-être quelque titre à en témoigner, étudiant de près depuis bien des années le problème des minorités nationales, dont voici la conclusion la plus claire : des populations, qui se chiffrent par millions d'âmes, éprouvent comme une souffrance intolérable le fait d'être assujetties à des populations différentes d'elles par la langue, la culture ou la religion ; sentiment qui s'affirme même quand ces populations ne souffrent pas d'excès administratifs graves. Un logicien peut trouver ce sentiment absurde et estimer que, dans la plupart des cas, les minorités seraient beaucoup plus tranquilles si elles acceptaient simplement de s'associer loyalement aux maîtres que les traités leur ont imposés ; mais pas plus pour les peuples que pour les individus, « la raison n'est ce qui règle l'amour », et quand un peuple préfère le risque des luttes pour la liberté à la tranquillité dans l'humiliation, le logicien peut railler, mais le moraliste s'incline.

De ces réalités, Challaye, vous n'apercevez rien, et voici encore une considération qui vous échappe. Au plus profond du sentiment national, il n'y a pas seulement l'attachement sentimental, si puissant déjà, de l'homme à son milieu immédiat ou proche; il y a la conscience d'une obligation, qu'on peut bien discuter académiquement en temps de paix, mais qu'un homme de cœur exécute comme une consigne à l'heure du commun péril. Être solidaire, en effet, n'est-ce pas savoir qu'on peut compter sur autrui comme on est prêt soi-même à servir autrui ? Or, à cette solidarité, il y a des risques évidents. L'utilitarisme de M. Challaye peut raisonnablement détourner un homme de faire la chaîne, au risque d'attraper une pleurésie, pour éteindre un incendie qui ne menace pas sa propre maison, ou de courir au secours d'une femme assommée par un brutal, que cette femme a peut-être trahi. Mais que serait la vie sociale, s'il ne se trouvait des hommes courageux pour accepter les risques de la solidarité et faire honneur au pacte implicite qui sert de base à la Cité ?

Cette réponse du citoyen à l'appel de la « patrie en danger » peut-elle se justifier en pure logique ? Assurément non. A la base des gestes sociaux, il y a une part d'instinct; mais l'instinct, Challaye, n'est-il pas une sorte de raison et sans doute quelque chose de plus profond que la raison même? Je vous renvoie, à ce sujet, à Bergson que vous connaissez bien.

*

A défaut de « raison », Challaye, laissez-moi vous conter une histoire, dont j'ai été le seul témoin. C'était en août 1915. Eloigné par mon âge non seulement du front mais des services de l'arrière, je venais de passer quelques jours dans l'île de Noirmoutiers et je me rendais à Nantes pour y soigner des blessés à titre volontaire. Le hasard me mit sur la banquette d'une vieille diligence à côté d'un fusilier marin, pêcheur et cultivateur en temps de paix. Nous causâmes. J'appris que mon voisin avait fait partie du corps de fusiliers marins de l'amiral Ronarch, qui arrêta sur l'Yser la ruée allemande; et il me raconta très simplement les atroces journées d'octobre 1914, où ces braves gens poussèrent l'esprit de discipline jusqu'à l'extrême limite du sacrifice. L'idée me vint de lui demander quelle était la force qui l'avait soutenu dans cette épreuve surhumaine, et il me répondit, sans une seconde de réflexion : « Que voulez-vous, c'était le devoir ». Pareil mot ne se commente pas; mais j'y trouve, Challaye, non seulement plus de grandeur, mais plus d'expérience profonde et de réalité que dans votre sec théorème de bourgeois prudent.

Votre grand tort, Challaye, laissez-moi vous le dire en toute franchise, c'est de réduire tout le problème de la guerre à un problème de peur; en quoi vous manquez totalement de psychologie; car les horreurs de la guerre, qui ne sont nullement spéciales à celles d'aujourd'hui, n'ont jamais empêché les hommes de se battre, et ceux-ci continueront, si vous n'avez pas d'autre dialectique à opposer à leur souci d'assurer eux-mêmes la justice, quand la justice des hommes est en défaut. Car l'homme, et c'est son honneur, est un animal sportif qui ne redoute pas le risque et y trouve une enivrante volupté. Ruskin a pu dire avec raison : « *All healthy men like fighting and the sense of danger* ». Apprenez donc à l'homme qu'il y a d'autres sports, moins absurdes, plus humains et plus beaux que les « jeux de la guerre », mais ne croyez pas le convaincre en lui enseignant la couardise !

Votre faute, ou votre malheur, c'est encore de mettre ou de sembler mettre au-dessus de toutes valeurs la vie, la vie durable et confortable, et d'oublier les vers du poète latin :

Summum crede nefas animam praeferre pudori
Et propter vitam vivendi perdere causas [1]

En un mot, vous voulez, vous l'affirmez avec crânerie : « la paix sans aucune réserve », fût-ce la paix injuste, la paix déshonorante. Nous demandons, au contraire, la paix dans la justice et dans la dignité. Nous voulons faire en quelque sorte que la force, qui n'a été jusqu'ici solidaire du droit des gens que par accident, le soit par règle et sans exception, comme elle l'est déjà dans une large mesure à l'intérieur des cités humaines.

De sorte qu'après avoir protesté avec quelque rudesse contre votre pénible « arithmétique des plaisirs », il nous reste à vous savoir gré d'avoir, par l'outrance même de votre doctrine, fortifié en nous l'attachement à la maxime qui demeure la nôtre : « La Paix par le Droit ».

RÉPONSE DE THÉODORE RUYSSEN À GEORGES CANGUILHEM DANS LES *LIBRES PROPOS* (AVRIL 1932) « LA PAIX, OUI, MAIS PAR LE DROIT »

N'étant que par occasion lecteur des *Libres Propos*, c'est seulement en cette fin de mars que je viens de prendre connaissance du numéro de février, où je me trouve longuement pris à partie par deux collaborateurs de ce périodique. Ce retard involontaire ne saurait prescrire le droit que je crois avoir de répondre à quelques-unes des critiques auxquelles ma polémique avec M. Challaye sur « la Paix sans aucune réserve » a donné lieu dans les *Libres Propos*. Au surplus, pour ne pas abuser de l'hospitalité de ce *Bulletin*, m'abstiendrai-je de répondre à l'article du soi-disant « Ouvrier du Faubourg », qui ne mérite pas que je m'y arrête un instant[2]. De l'article

1. Juvénal, *Satires*, VIII : « Regarde comme la pire infamie de préférer la vie à l'honneur et, pour sauver ta vie, de perdre la raison de vivre » (trad. H Clouard).

2. Il s'agit d'un article paru dans les *Libres propos* de février 1932, signé du pseudonyme « Jean le Mataf », qui inaugure une rubrique nouvelle : « Le point de vue du faubourg ». Le Mataf ironise sur Ruyssen et son idée que l'homme est un « animal sportif », qui vit dangereusement : « A propos d'âge, je ne sais pas si j'arriverai jamais à celui de M. Ruyssen, qui était déjà trop dur-à-cuire en 1914 pour partir soldat, mais en tout cas voilà un petit vieux qui est d'attaque. « Vivre

même de M. Canguilhem[1], je ne retiendrai non plus ni les menues malices, ni même certaine « grossièreté », par quoi s'achève cet article, de manière assurément plus dommageable pour celui qui a eu le goût de la commettre que pour celui qu'elle vise. J'ai la chance d'être fort peu sensible à ce genre d'arguments et de les mépriser d'assez haut pour ne pas m'en sentir même effleuré.

Enfin, dans la longue argumentation de M. Canguilhem, je ne m'attacherai qu'à un petit nombre de points.

M. Canguilhem s'étonne qu'un philosophe oppose à la thèse de M. Challaye l'existence de certains « faits », notamment la force du sentiment national. Aurait-il mal lu l'article de son client ? M. Challaye se vante d'offrir une théorie « logique » ; en un sens, il a raison et j'ai reconnu la « rigueur » de son raisonnement. Mais M. Challaye mise en même temps sur un autre tableau et nous assure avec complaisance qu'il offre « une doctrine vivante, développée au contact du réel et nourrie d'expérience », ce qui me donne le droit de me demander si sa recommandation d'accepter sans résistance une occupation étrangère n'est pas au contraire totalement ignorante des « réactions » inévitables qu'une injustice flagrante suscite chez ceux qui en sont les victimes, quand il n'existe encore aucun système de droit organisé capable de restaurer la justice. Je ne dis nullement que ces réactions soient bonnes en soi, ni qu'il faille leur laisser libre carrière ; je travaille tout au contraire depuis plus de quarante ans à créer un ordre juridique assez parfait et efficace pour ôter toute légitimité à ces sursauts de l'instinct de défense ; mais du moment où l'on propose, non pour un avenir lointain et millénaire, mais comme solution immédiate, la non-résistance – tout en la combattant d'ailleurs sur le terrain individuel et sur le terrain social – je me sens fondé à signaler au théoricien qui prétend s'appuyer sur l'expérience l'abîme qui l'en sépare. Il est excellent d'« atteler son char à une étoile » ; encore faut-il que le char puisse rouler sur le terrain solide des réalités, puisque c'est cette réalité même qu'on prétend transformer.

C'est exactement dans le même sens que j'ai entendu parler du « sport ». Non que la guerre soit aujourd'hui un sport. Dans ces vastes tueries anonymes, l'héroïsme consiste surtout à savoir rester à son poste, en attendant d'on ne sait où un coup qu'on ne pourra rendre. Je pense seulement que la méthode est mauvaise, qui consiste à dire à des jeunes gens musclés et courageux : « Restez chez vous, cachez votre force, il pourrait vous en cuire ».

dangereusement », voilà sa devise. La vie sans danger – dit-il à peu près, mais bien entendu en langage de professeur – c'est de la cuisine de bistrot sans moutarde et sans chopine de rouge : ça ne peut pas s'avaler. Il est de fait que n'était la faim et le travail, je n'aurais peut-être pas plus d'appétit que lui. Mais quand il m'arrive de faire le docker ou le terrassier depuis cinq heures du matin, en plein hiver, et n'ayant rien mangé la veille pour cause de chômage, je n'ai pas besoin de danger ni d'apéritif pour m'ouvrir l'appétit. Je vis et mange come un ogre et je me fous pas mal d'avoir du courage ». Jean le Mataf collabore également à la revue *Les humbles*, « revue littéraire mensuelle des Primaires », du libertaire et pacifiste Maurice Wullens.

1. Cf. *supra*, p. 400-410.

Mais, au fait, où donc ai-je lu, sinon sous la plume d'Alain, ces remarques excellentes : « Tout homme aime sa propre force et honore son propre courage. Il rêve d'en donner des preuves promptes et indiscutables. Et cela est vrai surtout des jeunes, qui se voient bien loin de savoir persuader, mais qui se voient bien près en revanche, d'enfoncer une porte ou de forcer un retranchement. Ayons d'abord le courage de reconnaître que la guerre plaît. Et ne comptons pas sur les misères et les fatigues. Qui donc peut penser à cela tant qu'il se sent fort? Si la paix ne vient jamais qu'après l'expérience de la guerre, elle viendra toujours trop tard; elle règnera toujours sur les morts »[a]. Bien pensé, Alain, et fortement écrit! Cherchons donc d'autres voies, cherchons, comme le veut William James, des « équivalents moraux » à la guerre[1]. Il n'en manque pas!

J'ai toujours enseigné, à l'inverse d'un certain pacifisme sentimental et décidément par trop « bêlant », qu'on ne construirait la paix réelle qu'au moyen de matériaux réels, savoir des hommes réels, avec leurs passions, leur besoin de vie et d'expansion, qu'il faut seulement canaliser vers des fins justes et fraternelles.

Serrons d'ailleurs la question de plus près. L'article de M. Canguilhem nous le permet, car je reconnais volontiers que sa théorie est autrement intéressante, autrement poussée et forte que celle de M. Challaye, dans laquelle je n'arrive à voir qu'un théorème utilitaire assez écœurant. Tout le fond du problème est une question de justice; et je suis fort aise de lire sous la signature de M. Canguilhem : « L'occupation d'un pays par ordre d'un gouvernement étranger est une telle réalisation d'arbitraire et d'oppression, que cette fois l'action militaire y prend son véritable caractère d'iniquité ». Le simple bon sens conclurait que cette iniquité ne peut être tolérée et que toutes les ressources doivent être mises en œuvre pour la refouler. Vous n'y êtes pas. M. Canguilhem estime que résister à cette iniquité, c'est… y « participer ». Ainsi je retrouve ici, sous une forme plus savante, le sophisme plus ou moins conscient qui gît au fond de tout « pacifisme intégral ». Guerre défensive et guerre offensive, c'est tout un, dit-on, puisque agresseurs et défenseurs manient les mêmes armes et répandent les mêmes ravages. Concluez donc, si vous l'osez, que le geste du gendarme qui abat un malfaiteur avec un browning semblable à celui que le malfaiteur braquait sur lui, vaut le geste de son agresseur.

Mais voici que M. Canguilhem cherche à prouver que cette assimilation de la défense des individus à la défense nationale est injustifiée. « Ce sont des personnes que je défends en défendant ma famille… Quand je défends ma nation, je défends, non des personnes, mais une institution au lieu que ce n'est pas l'institution que je défends en défendant ma famille ». Double erreur, selon moi… Car, tout d'abord, la nation, ce sont bel et bien des personnes, et non une pure abstraction, c'est tel paysan lorrain,

a. *Libres Propos*, septembre 1930.

1. Allusion à la conférence « The Moral Equivalent of War », donnée en 1906 par William James (1842-1910) à l'Université de Stanford, où il cherchait un « équivalent moral à la guerre » pour préserver des « vertus martiales comme le courage, le sacrifice et l'endurance ».

c'est Jacques Bonhomme, que je n'ai nul besoin de connaître en personne pour me sentir solidaire avec lui. Et surtout, la famille est bien, au sens le plus fort du mot, une institution. Un homme de cœur défend les siens non seulement en raison de ses affections, mais parce qu'il se sent lié à eux par tout un système mutuel de droits et de devoirs. Fonder une famille, c'est souscrire implicitement un « pacte de défense » contre tout ce qui peut en ébranler la solidité, maladie, misère, immoralité, périls de tout ordre. En critiquant la doctrine de M. Challaye, j'ai dit qu'un des éléments du patriotisme, c'était le respect d'une « consigne » ; je conçois avec la même netteté une « consigne » familiale.

Quant au patriotisme, je crois bien inutile d'en parler davantage. Qu'il me suffise de conseiller à M. Canguilhem la lecture de pages excellentes que notre commun collègue, M. Challaye, a écrites dans sa *Philosophie Scientifique et Morale*[a]. Il y trouvera une forte justification du sentiment national et l'affirmation non seulement du « devoir » de défendre la « patrie », mais de celui de « préparer » cette défense.

Un dernier mot. Dans les dernières lignes de son article, M. Canguilhem voudrait me faire passer pour on ne sait quel nationaliste mal déteint et comme embarrassé de son panache. C'est là exactement ce qu'on appelle un procès de tendances et je n'aurai garde d'accepter la discussion. Aussi bien ai-je en l'espèce mieux que des arguments à mon appui, j'ai des garants. M. Canguilhem veut bien rappeler que j'ai eu en mon temps quelques… difficultés avec les Camelots du Roi. Or, j'imagine que ces derniers doivent s'y connaître en fait de nationalisme. Quand on a été, pendant cinq semaines durant, vilipendé chaque jour par la voie de l'affiche, de la presse, du tract, de la caricature, par l'injure publique et par la lettre anonyme, on se sent triplement blindé contre les insinuations « impudentes » des jeunes gens de l'autre bord, qui, pas plus que les premiers, ne savent exactement de qui, ni de quoi ils parlent.

a. Paris, Nathan, 1923. Cet ouvrage a donc été écrit bien après « l'expérience » de la guerre, au cours de laquelle M. Challaye a fait loyalement son « devoir » de soldat patriote.

ANNEXE IV

RAYMOND ARON
« RÉFLEXIONS SUR LE PACIFISME INTÉGRAL »[1]

I. *Le Pacifisme du Croyant : l'objection de conscience*

On a le droit de concevoir le refus de servir, simplement comme un moyen d'action contre la guerre. Einstein répète toujours que la seule façon de ramener les gouvernements à la raison est de leur refuser une obéissance qui nous condamnerait à l'inhumanité et à la mort. Soit, mais en ce cas, je demande à discuter « l'efficacité du moyen » ; et, sur ce point, je suis sceptique. On peut aussi, plus simplement encore, approuver l'objection de conscience comme une manifestation utile contre l'esprit militaire, contre l'idéologie de guerre. J'y consens ; mais allons-nous bien loin dans cette direction ?

Laissons de côté ces interprétations utilitaires. L'objecteur de conscience est bien plutôt un révolté, qui place, au-dessus des lois civiles, les lois « non écrites » de la conscience. Mais les lois « non écrites » connaissent-elles de la guerre impérialiste, phénomène d'un jour, ou de la violence, forme éternelle ? Si l'objection de conscience se donne pour un impératif absolu, chrétien ou kantien, je n'ai rien à dire, et je respecte une conception que pourtant je ne partage pas. Mais à une condition : *un impératif moral ne peut viser la guerre impérialiste, mais vise nécessairement la violence en tant que telle* ; en d'autres termes, l'objecteur de conscience ne me paraît logique avec lui-même, et respectable, que s'il refuse la guerre civile comme la guerre étrangère, c'est-à-dire s'il se place sur le plan de la moralité pure. Révolté, il n'a pas le droit d'être un révolutionnaire. La collectivité, à la rigueur, pourrait accepter le refus d'obéir aux lois, s'il traduit une protestation idéale, non s'il manifeste une volonté politique.

1. Article paru dans les *Libres propos* du 25 février 1933.

II. *Le Pacifisme du Philosophe : la vraie et la folle résistance*

« Pas un seul des maux qu'on prétend éviter par la guerre n'est un mal aussi grand que la guerre elle-même ». Que pourrait-on objecter à une réflexion aussi sage ? Sans doute rien, sinon peut-être son excessive sagesse. Doit-on rappeler cette vérité trop banale qu'un bien comme l'honneur ou la liberté ne se prise ni ne se mesure ? Il faudrait donc démontrer aux hommes qu'*aucune* valeur authentique n'est engagée dans les conflits entre nations. Et puis, même si on accepte le calcul, les deux termes de l'égalité dépassent les forces de l'imagination : on se représente aussi peu les calamités de la guerre que les maux de l'invasion subie. Et je ne suis pas sûr qu'on ait tort : à quoi bon imaginer l'impossible, ou en tout cas l'irréel ? Que le philosophe, témoin résigné des folies humaines, prêche une patience, paraît-il, avantageuse, il accomplit sa tâche de clerc ; mais il sait bien lui-même que de telles raisons ne convaincront jamais personne. Les guerres nationales disparaîtront, soit lorsque les conditions techniques obligeront à employer d'autres procédés pour résoudre les litiges, soit lorsque les passions politiques l'emporteront en puissance sur le sentiment national. Il s'agirait donc de substituer des passions humanitaires ou révolutionnaires aux passions nationales ou belliqueuses, non de prêcher la peur ou la prudence.

Et je suis bien sûr de ne pas être en désaccord avec Alain. Il compare, et avec horreur, les calamités certaines de la guerre aux bénéfices d'une victoire incertaine. Tant qu'il fait abstraction des passions humaines et de l'organisation des collectivités, il a raison ; mais sa vérité flotte entre ciel et terre. Or, il a le droit, comme clerc, de se mettre, en dehors de la cité, comme citoyen, d'obéir et de réserver son jugement. Dans la formule de Russell et d'Alain, je trouve comme une « objection de raison », à quoi on peut et on doit reconnaître une parfaite logique et une totale inefficacité.

III. *Le Pacifisme du Révolutionnaire*

La discussion de la thèse Challaye-Canguilhem se trouve, par leurs propres soins, facilitée. Pour accepter, d'un cœur léger, les horreurs de la guerre civile, ils dispenseront leurs critiques de s'arrêter à leurs arguments-massues : la liste des calamités qu'entraîne la guerre entre nations. Pourquoi une future guerre civile serait-elle moins horrible qu'une guerre européenne ? Je ne reproche pas à la formule « mal absolu », de nous transporter, sans qu'on sache comment, en pleine métaphysique ; je reproche seulement à cette métaphysique d'être dénuée de signification. La technique moderne peut bien multiplier par dix ou par cent les destructions de la guerre, mais elle ne peut transformer métaphysiquement un mal relatif en un mal absolu[a]. Et si le mal absolu, c'est la « tuerie », la mort prise pour but, toute guerre, y compris la guerre civile, sera mal absolu. On s'étonne que l'inspiration morale du pacifisme, le « tu ne tueras point »

a. En revanche, si l'on étudiait le problème sur le plan politique, les calamités de la guerre hyperbolique deviendraient un argument décisif : cette manière de résoudre les différends internationaux est devenue absurde. Pratiquement, la guerre est pour tous la plus grande catastrophe.

cesse soudain de valoir, dès qu'il s'agit de tuer des concitoyens. Et pourtant, de la hiérarchie sociale, tel bourgeois en particulier n'est pas plus responsable que, de la déclaration de guerre, le brave soldat Fritz. Il n'y a donc, en vérité, qu'un seul point important pour la discussion, et qui n'a rien à voir, ni avec les gaz, ni avec le massacre des meilleurs, ni avec l'esclavage immédiat de la vie militaire – arguments qui portent contre toutes les formes de guerre – il n'y a qu'une seule question : pourquoi justifions-nous la guerre civile, et non la guerre étrangère ?

Il me semble que l'argumentation de Challaye et de Canguilhem se ramène, au fond, à l'idée suivante : *il n'y a pas de guerre étrangère juste* ; sans suivre le détail de cette argumentation, je la résumerai sous la forme suivante :

1. Il n'y a pas de guerre de légitime défense ; « pour faire la guerre, il faut être deux ». La dernière guerre nous a prouvé que nous sommes et serons toujours trompés : ni dans les derniers jours, ni dans l'ensemble de la politique antérieure, on ne découvrira *un* coupable ; celui qui déclare la guerre est peut-être diplomatiquement le plus maladroit, stratégiquement le plus pressé, mais il n'est pas pour cela le plus coupable moralement, ni le plus responsable dans l'ordre des causes. Bien plus, si les nations favorisées refusaient leur assistance aux nations prolétaires qui n'arrivent pas à vivre, et si celles-ci venaient à les attaquer, même une guerre défensive serait-elle entièrement juste ?

2. Mais cette partie de l'argumentation n'est pas la plus importante. En réalité, il n'y a pas de légitime défense collective ; toute guerre nationale protège des institutions, un ordre hiérarchique, définis et arbitraires ; l'ardeur nationale ne part pas d'une volonté de justice, elle ne traduit pas un attachement réel à des hommes, mais une passion impure, des imaginations collectives, ou des mythes réalisés.

J'accepte sans réserves le premier argument ; il me semble décisif, contre l'optimisme officiel du pacifisme juridique : moralement, on ne justifiera plus jamais une guerre nationale en Europe ; on n'y parvient, à la rigueur, qu'en isolant le fait de la guerre de l'ensemble historique et social. Mais éliminer la guerre ne sera possible que si les pays requis consentent, de bonne foi, les concessions ou les partages, que si le désir de collaboration inspire vraiment la diplomatie quotidienne, que si l'existence de collectivités plus vastes, ou la pratique de l'arbitrage réconcilient droit et force. Tant que ces conditions ne seront pas remplies, le pacifisme juridique, en dépit de sa bonne volonté, sera l'expression des petites nations, impuissantes dans la politique de force, et des nations conservatrices, qui n'ont plus rien à désirer.

Quant au second argument, il me paraît en partie irréfutable : légitime défense collective et légitime défense individuelle ne sont pas comparables ; l'individu ne saurait embrasser la collectivité dans laquelle il est perdu ; elle est pour lui une idée, non une réalité singulière et vivante. Mais l'argument vaut de la même façon pour la collectivité idéale ou concrète, à laquelle le révolutionnaire se dévoue. La Classe Ouvrière internationale est beaucoup moins « réelle » que la France ou que l'Allemagne. La « société où nul ne serait exploité » est un mythe ou une idée-force, au même litre que l'Indépendance nationale. Il fut peut-être des époques où la collectivité politique était assez proche de l'individu pour que la défense du groupe se confondît avec la défense personnelle ; aujourd'hui, en tout cas, il n'en va pas ainsi. Lorsqu'on demande pour quelles valeurs collectives on serait prêt encore à risquer le sacrifice suprême, on hésite. Et on hésite doublement : patrie ou classe, justice pour tous ou indépendance nationale. De quel côté apparaissent pour les hommes les perspectives de justice ? Quelle collectivité a aujourd'hui une « mission historique » ? Le problème politique n'est pas un problème moral. Ainsi, Ruyssen et Canguilhem commettent, tous deux, en face des difficultés qu'ils rencontrent, une erreur initiale : l'un finit par accepter les guerres injustes, car toutes les guerres seront défensives ; l'autre, après avoir parlé de la « tuerie » comme du mal absolu, accepte la guerre civile.

Le citoyen qui veut se faire des opinions politiques raisonnables se trouve en présence d'une double tâche : se situer dans sa collectivité, et situer sa collectivité au milieu des autres. La théorie Challaye-Canguilhem est parfaitement logique, si, au lieu de se perdre dans la métaphysique, elle se présente sous cette forme simple : ou bien, dès aujourd'hui, ils adhèrent à la communauté « classe prolétarienne », et rejettent la patrie capitaliste ; de la révolte des exploités, ils attendent la civilisation de l'avenir ; – ou bien ils ne reconnaissent qu'une valeur authentique, la vie des hommes, et qu'un idéal, la justice conçue comme la possibilité pour tous d'une vie véritablement humaine ; et ils s'orientent dans la société d'après cet idéal ; or la classe promet plus que la nation : ils choisissent la révolution [a].

Le pacifisme intégral est donc une doctrine de chrétiens, de philosophes, ou de révolutionnaires : refus de croyants infidèles à la Cité pour rester fidèles à leur Dieu, – sagesse de clercs (ou d'anarchistes) qui s'isolent de la foule, – foi de communistes qui rêvent d'une véritable communauté, – les trois attitudes se justifient devant la raison, à condition de ne pas se mêler. Le révolutionnaire qui souhaite la bataille n'a pas le droit d'utiliser les arguments du philosophe qui pèse les maux de *toute* guerre ; le chrétien-objecteur ne peut faire sienne la volonté révolutionnaire. Y a-t-il intérêt, dans la pratique, à brouiller les idées et les doctrines ? Je n'en sais rien ; et peu importe, ici. Pour qui veut penser avec rigueur même les réalités qui font horreur à l'esprit, la distinction s'impose. Et peut-être même ces analyses ne sont-elles pas tout à fait inutiles, si elles contribuent à rappeler cette vérité banale que l'anarchiste, le révolutionnaire, et le chrétien ont le droit de désobéir aux lois, mais non le citoyen.

Raymond ARON

a. De même on pourrait concevoir une thèse Ruyssen relativement logique : 1) Adhésion à la collectivité nationale ; 2) Effort constant à l'intérieur de cette collectivité, pour que la politique de celle-ci soit juste ; 3) Même en cas de doute sur la justice de la cause, acceptation de cette politique par le citoyen ; 4) En cas d'agression (apparente), adhésion morale, et défense de la cause, de la culture nationale.

ANNEXE V

COMMUNICATION DE DOMINIQUE PARODI À LA SOCIÉTÉ TOULOUSAINE DE PHILOSOPHIE[1]

IDÉALISME ET RÉALISME

Après une période où, sous l'influence de Lachelier, puis de Hamelin et de Brunschvicg, la pensée métaphysique avait semblé en France incliner nettement vers l'idéalisme, nul doute qu'une réaction dans le sens du réalisme ne semble se dessiner de nos jours et s'affirmer de plus en plus. Et un mouvement analogue est manifeste dans la philosophie allemande comme dans la philosophie anglo-saxonne. Ce qu'on appelle la philosophie existentielle en est l'expression la plus récente. Est-ce là un rebroussement tranché de la pensée européenne ? Ou bien n'est-ce, pour une bonne part, qu'une question de terminologie et une ambiguïté de termes, sous lesquelles se retrouvent des tendances persistantes ?

I. Que faut-il entendre par idéalisme ?

C'est d'abord l'affirmation que toute réalité n'étant saisie que par notre faculté de connaître, lui est donc relative, ne saurait s'en séparer; et si l'on s'en tient là, c'est la forme subjectiviste et phénoméniste de l'idéalisme. Mais il y a plus: c'est la conviction que toute connaissance et par suite toute réalité enveloppe une activité organisatrice et constructive de l'esprit: c'en est la forme critique et ontologique.

Il est possible d'établir:

1. Publiée dans *Communications et discussions*, Société Toulousaine de Philosophie, Faculté des Lettres, 1937 et 1938, Ire série.

a) Qu'il en est ainsi pour la connaissance sensorielle : les qualités sensibles sont subjectives et relatives ; elles n'existent telles que nous croyons les saisir qu'à l'échelle humaine.

b) Qu'il en est de même, bien qu'en un sens assez différent, pour la connaissance intellectuelle : du concept aux lois, toute connaissance valable, la connaissance scientifique en particulier, ne consiste qu'en relations. Or une relation ne saurait être conçue comme une pure chose, une donnée tout objective : elle ne saurait être que posée par l'esprit, par un acte spirituel et un jugement.

c) Rien ne saurait donc être réputé réel ou certain que ce qui est conforme aux lois de la pensée (logique et expérience) et dans la mesure où il l'est ; en d'autres termes, ce qui est, au moins en droit, rationnel ou intelligible, c'est-à-dire susceptible, au moins en droit, d'être assimilé et reconstruit par l'esprit.

L'idéalisme ne va donc dans le sens du subjectivisme et du scepticisme, que s'il n'est pas entier, c'est-à-dire s'il continue à admettre sans s'en apercevoir ce qu'il prétend précisément nier : à savoir qu'il subsiste, au delà du connu et du pensé, quelque chose que la pensée transformerait, et donc pourrait déformer et trahir. Mais, si rien ne peut être posé comme existant qu'en tant que pensé ou pensable, il n'y a plus rien à déformer ou à trahir ; et la réalité de la pensée ne saurait être mise en doute dans une ère de la philosophie qui est née du cogito. L'idéalisme ne consiste donc à aucun degré à considérer la réalité comme illusoire ; et s'il nie la matière comme une donnée ontologique qui se suffise, c'est pour affirmer à sa place et sous son apparence la réalité plus profonde de l'esprit et de ses œuvres. En un mot, l'idéalisme est une certaine conception de la réalité, nullement une négation de cette réalité.

II. En quoi le réalisme s'oppose-t-il donc à lui, au moins dans la philosophie contemporaine ?

a) En ce qu'il prétend aller au concret et dédaigner l'abstrait ; en ce qu'il s'attache à restituer leur valeur à des catégories extra-intellectuelles, comme celles du sensible, de l'émouvant, du changeant, de l'individuel, de l'ennui ou de l'ironie ; par exemple à l'angoisse kierkegaardienne.

b) En ce qu'il prétend saisir le concret par d'autres moyens que l'intelligence pure : de l'intuition bergsonienne à la fusion mystique en Dieu.

c) En ce qu'enfin l'existence est conçue comme autre que la connaissance, comme n'étant par elle-même ni intellectuelle ni rationnelle. La tendance irrationaliste est caractéristique du réalisme contemporain.

III. Mais cet « autre » que l'intelligence et que l'intelligible n'est-il pas malgré tout saisi ou défini uniquement par opposition à la pensée, comme l'objet auquel elle se heurte ou l'obstacle qu'elle rencontre ? C'est-à-dire encore dans son rapport à elle, et par là même sous sa dépendance ?

Le sensible pur n'est pas séparable des relations qui le déterminent, spatiales, temporelles, numériques, causales, etc.

Et de même pour le sentimental ou l'affectif pur : ou bien on n'entend désigner par là que de simples états pathologiques, fugitifs et inanalysables, indiscernables de ceux du fou ; ou bien, des complexes psychologiques où les éléments intellectuels sont essentiels, et qui, étant susceptibles d'être acceptés et voulus par nous, exposés ou proposés à autrui, sont donc soumis à la pensée et à ses exigences, même si l'on veut qu'ils la débordent.

C'est dans cette opposition à la pensée que toute réalité nous est donc donnée : c'est, et c'est seulement l'acte même de penser qui, en affirmant l'objet, enveloppe la position immédiate, et si l'on veut, l'intuition du sujet. Le réel n'est conçu comme vraiment existant qu'en tant qu'il est conçu en rapport au moins virtuel avec le sujet que nous sommes et par analogie avec lui.

IV. Les deux termes d'idéalisme et de réalisme se rejoignent donc et se réconcilient. De deux choses l'une en effet : ou il faut revenir au pur objectivisme antécritique du sens commun et, au fond, au pur matérialisme ; ou bien on devra fonder la certitude de l'existence même sur l'acte qui en nous la révèle et la garantit, à savoir la pensée. Et comme cet acte, par lequel l'esprit s'affirme, se développe et se crée, enveloppe à la fois liberté et raison, nous y trouvons le double aspect du seul type d'existence authentique et qui se suffise, type d'existence qui nous permet sans doute de concevoir et l'être que nous sommes, et les autres êtres. C'est ainsi peut-être le spiritualisme universel qui donnerait à l'idéalisme sa valeur concrète.

INDEX

TABLE DES MATIÈRES

GEORGES CANGUILHEM

ŒUVRES COMPLÈTES, TOME I

ARTICLES, DISCOURS ET CONFÉRENCES (1926-1938)

TRAITÉ DE LOGIQUE ET DE MORALE (1939)

Annexes

ACHEVÉ D'IMPRIMER
EN NOVEMBRE 2011
PAR L'IMPRIMERIE
DE LA MANUTENTION
À MAYENNE
FRANCE
N° 782230A

Dépôt légal : 4e trimestre 2011